W0229686

Eberhard Puntsch

Das große Buch der

WITZE
FABELN UND
ANEKDOTEN

Eberhard Puntsch

Das große Buch der

„WITZE FABELN UND ANEKDOTEN

Für Politiker · Künstler · Wissenschaftler
Pädagogen · Redner · Korrespondenten
Journalisten · Schriftsteller · Manager

BECHTLE

© 1968 by mvg - moderne verlagsgesellschaft mbh, Landsberg am Lech

© 2000 by Bechtle Verlag, Esslingen · München
Alle Rechte vorbehalten
Schutzumschlag: Wolfgang Heinzel
Gesamtherstellung: Jos. C. Huber KG, Dießen
Printed in Germany
ISBN: 3-7628-0558-X

Vorwort

Sie finden auf den folgenden Seiten 6500 Witze, Fabeln, Anekdoten, Schwänke, Kurzgeschichten, Zitate, Gedichte, Epigramme, Schüttelreime, Bonmots, Wortspiele, Rätsel und kommentierende Entrefilets. Aus allen Teilen der Erde, allen Epochen und Seinsbereichen.

Die Gliederung orientiert sich am inneren Gehalt der Stücke. Sie ordnet in 272 Sachgebiete, ihrer Verwandtschaft gemäß zusammengefaßt in 30 Kapitel, in Ablauf gebracht nach dem klassischen Schema »Gott – Raum – Zeit – Mensch – Das Wahre – Das Gute – Das Schöne«, in ihrem Vorhandensein und Umfang bestimmt von den Ergebnissen des drei Jahrtausende hindurch bemühten menschlichen Geistes, die komischen Aspekte des Daseins zu gewinnen und symptomatische Episoden festzuhalten.

Denn das Buch will nicht nur vergnügen; es will auch Auskunft geben demjenigen, der Lust hat zu fragen.

Viele Anekdoten, an historische Personen gebundene Pointen also, haben ein abenteuerliches Schicksal hinter sich. Vermittelt über zehn, zwanzig, dreißig Generationen, von poetischen Köpfen immer wieder ausgeschmückt, von politischen aktualisiert, von parteilichen zu Mythos oder Satire umgeschmolzen, blieb manche geschichtliche Wahrheit auf der Strecke. Umgekehrt entstanden im wechselvollen Licht der Rückschau absurde Überlagerungen von Namen und Handlungen; im Bewußtsein der jeweiligen Gegenwart lebendige Personen, als Autoritäten heraufzitiert, wurden Mannequin fabulierender Mode.

Ich habe mich bemüht, klare Fehler im Historischen zu beseitigen, und danke allen Lesern, die mich auf noch vorhandene aufmerksam machen werden. Stücke, die zwar keine erwiesenen Ereignisse, aber doch mögliche schildern, habe ich nicht ausgeschlossen. Und wo der geschichtliche Name, Ihnen, lieber Leser, offensichtlich, nur notwendiges Element eines geistreichen Einfalles ist, Rolle in gut erfundener Situation, überliefere ich mich Ihrer Phantasie, bittend, daß sie mich vor Ihrem kritischen Verstande rechtfertigen möge.

Inhaltsverzeichnis

I. Kapitel

II. Kapitel

III. Kapitel

IV. Kapitel

V. Kapitel

VI. Kapitel

VII. Kapitel

VIII. Kapitel

IX. Kapitel

X. Kapitel

XI. Kapitel

XII. Kapitel

XIII. Kapitel

XIV. Kapitel

XV. Kapitel

I. Kapitel

Gott
Religion
Konfession
Glaube
Aberglaube
Frömmigkeit
Gottesdienst
Beten
Priester
Mönch
Theologie
Wunder

Gott

Chateauneuf, der Großsiegelbewahrer Ludwigs XIII., wurde als neunjähriger Knabe von einem Bischof gefragt, wo sich Gott befinde. Für die richtige Antwort sollte er eine Orange bekommen. Das Kind soll geantwortet haben: »Zwei Orangen für Sie, Eminenz, wenn Sie mir sagen, wo Er nicht ist.«

Der kleine Hans beschwert sich: »Du hast gesagt, Gott wohne im Himmel, und der Herr Pfarrer hat uns heute erzählt, Er wäre in der Kirche.«
Die längere Erklärung der Mutter faßt der Junge in folgender These zusammen: »Also sagen wir so: Im Himmel wohnt Er, und in der Kirche hat Er sein Büro.«

»Solange ich Gott nicht sehe, leugne ich seine Existenz«, tönte ein junger Aristokrat. »Und ich«, erwiderte der Abbé François Boisrobert, »leugne aus dem gleichen Grunde Ihren Verstand.«

Ein Zweifler besuchte in der türkischen Stadt Konia einen Derwisch und stellte drei Fragen:
»Wie können die Leuchten der Theologie behaupten, Allah sei allgegenwärtig? Ich sah Ihn nie.
Wenn Allah Schöpfer des Guten und zugleich des Bösen ist und ohne Seinen Willen kein Haar von unserem Kopfe fällt: Warum werden Menschen bestraft?
Unsere Theologen lehren, das Feuer sei die Natur des Satans. Warum stößt Allah ihn in die Hölle, also sein eigentliches Element, um ihn zu strafen?«
Der Derwisch bückte sich und warf dem Fragesteller einen Lehmklumpen an den Kopf.
Am Tage darauf trafen sie sich vor dem Kadi wieder, und der Mönch wurde aufgefordert, sein unfreundliches Verhalten zu begründen.
Er sprach: »Der Kläger behauptet, er habe Kopfschmerzen. Wohlan! Er möge sie mir zeigen, und ich werde ihm Allah zeigen.
Der Kläger meint, kein Mensch dürfe bestraft werden, weil nichts ohne Allahs Wille geschehe. Woher nimmt er die Frechheit, mich anzuklagen?
Der Mann dort glaubt, das Feuer der Hölle brenne den Verstoßenen nicht, da es seiner Natur entspreche. Nun: Allah lehrt, der Mensch sei von Lehm gemacht. Wie kann der Mensch also von einem Lehmklumpen Schmerz erleiden?«
Der Kadi erklärte sich für unzuständig.

Ein Priester zeigte Diagoras die Votivtafeln Geretteter an der Küste von Melos: »Nun wirst Du an der Existenz der Götter nicht mehr zweifeln können.«
»Wo«, fragte der Kritische, »ist die Liste der Ertrunkenen?«

Das Schiff begann zu sinken. Ein Lästerer fiel auf die Knie und betete. »Halt's Maul!« fuhr ihn ein Frommer an. »Wenn Gott merkt, daß Du hier bist, ist alles aus.«

Bankett im Kreml. Chruschtschow zieht Gagarin beiseite: »Hast Du – ich meine – da oben – IHN gesehen?«
Der Astronaut nickt.
»Habe ich mir doch gedacht!« ächzt der Boß. »Niemandem was sagen, verstanden!«
Kurz darauf greift sich der Metropolit den Erdumkreiser: »Hast Du – ich meine, als Du da draußen, nicht wahr – IHN, hast Du IHN gesehen?«
Gagarin schüttelt den Kopf.
»Habe ich es mir doch gedacht!« stöhnt der Bärtige. »Niemandem was sagen, verstanden?«

Ein ortsbekannter Zweifler kniet im Kirchstuhl. Der Nachbar spricht ihn an: »Ich denke, Du glaubst nicht an Gott?«
»Freilich nicht«, antwortet der Gast. »Aber weiß ich, ob ich recht habe?«

Ein alter Skeptiker betete: »O mein Gott, wenn Du bist, erbarme Dich meiner Seele, falls ich eine habe!«

Lichtenberg berichtet, eine Kammerjungfer habe geschworen: »Bei Gott! Ich bin Atheistin.«

Gott haben geschaffen Welt und Mond und Mensch. Kommen jetzt Mensch zu beweisen Dasein Gottes! Hätten ich Sohn, der kommen beweisen Dasein meiniges, nehmen ich Karbatsch. (Pogorzelski)

Paul Fechter,
Der Zauberer Gottes, Examen

Da Herrgott liabt d' Welt,
hot's mit Rosan umwund'n.
Da Teufel denkt: Hallo!
Hot's Pulver erfund'n.

Da Herrgott liabt d' Welt,
hot 's guat Weinl erkor'n,
und da Teufel mocht's noch,
is a Schnapsl draus wor'n.

Da Herrgott liabt d' Welt,
hot die Priaster erschoff'n;
da Teufel, sein Feind,
der geht her und mocht Pfoff'n.

Da Herrgott liabt d' Welt,
hat d' schön Dirndln aufbrocht,
und da Teufel, da Teufel
hot olti Weiba draus gmocht.

Da Herrgott sogt jo,
und da Teufel sogt noa,
und dron kennt ma s' holt leicht
ausananda de Zwoa.

Peter Rosegger
Da Herrgott liabt d' Welt

Der alte Pfarrer sitzt vor seinem Roten, leckt sich die Lippen, schüttelt den Kopf und murmelt: »Seltsam! Wenn den Leuten der Wein schmeckt, sagen sie: ›Deifi, is der guat!‹ Wenn er ihnen nicht schmeckt, heißt es: ›Herrgott, is der sauer!‹ «

»Was Gott tut, das ist wohlgetan«, predigte der Pfarrer.
Ein Verwachsener, an einen Pfeiler gelehnt, rief: »Seht meinen Buckel!«
Gütig maß der Geistliche den Renitenten: »Bruder in Christo! Alles nach sei-

ner Art. Für einen Buckel ist er ausgezeichnet.«

Wir nehmen gern die Weisheit an:
»Was Gott tut, das ist wohlgetan!«
Nur ist uns häufig nicht ganz klar,
ob Er es denn auch wirklich war.

Eugen Roth,
Der Wunderdoktor, Frage

Abraham Gotthelf Kästner, als er hörte, daß der Betthimmel auf August den Starken gestürzt sei und ihn verletzt habe: »Gerechter Himmel!«

Während der Rabbi Schalom Mardochaj eines Tages in seinem Hause saß und meditierte, war ein Pogrom losgebrochen: Die entfesselte Menge steckte die Synagoge in Brand. Er aber, Rabbi Schalom, so sagt man, blieb ruhig im Hause bei seinen Gedanken sitzen.
»Denn«, so klärte der weise und sehr würdige Mann, »gibt es eine Gerechtigkeit Gottes, so werden die Verbrecher ihre Strafe finden, und die Synagoge wird neu erstehen. Gibt es aber«, so klärte der Rabbi, »keine Gerechtigkeit Gottes – wozu brauchen wir dann eine Synagoge?«

Gregor von Rezzori,
Maghrebinische Geschichten 12

Ludwig XIII., als er die Nachricht von Richelieus Tod erhielt: »Wenn es einen Gott gibt, wird er büßen müssen. Gibt es keinen Gott, war er ein wackerer Mann.«

Ein Moslem deutete auf den Spruch »Allah segnet, die sich früh erheben« und sprach zum Molla: »Unsinn! Ich bin vor Tagesanbruch aufgestanden, um hier zu beten. Räuber überfielen mich und raubten mir die Börse!«
»Die Räuber«, erwiderte der Prediger, »waren offenbar noch früher auf den Beinen.«

»Wenn unsere Erde so klein ist und das Weltall so groß«, fragte die Dame aus dem Auditorium, »wie sollen wir da noch glauben, daß Gott auf uns achtet?«
»Das, gnädige Frau«, erwiderte der Astronom, »hängt davon ab, wie groß Sie sich Gott vorstellen.«

Problem eines Talmudstudenten: Kann Gott, der Allmächtige, einen Stein erschaffen, der so groß ist, daß Er ihn selbst nicht zu tragen vermag? Kann Er ihn nicht erschaffen, ist Er nicht allmächtig. Kann Er ihn erschaffen, aber nicht tragen, ist Er nicht allmächtig.

Iris: Aphrodite gibt euch durch mich kund, daß die Liebe die Welt regiert. Daß alles, was um die Liebe kreist, ob es auch Lüge ist, Geiz oder Wollust, geheiligt ist; daß sie jeden Liebenden unter ihren Schutz nimmt, vom König bis zum Hirten, und auch den Kuppler! Wenn einer von ihnen hier unter euch weilt, sei er gegrüßt! Und Aphrodite

verbietet euch beiden, dir, Hektor, und dir, Ulysses, Paris von Helena zu trennen. Widrigenfalls es Krieg gibt.
Paris und die Greise: Danke, Iris!
Hektor: Und von Pallas keine Botschaft?
Iris: Ja. Pallas trägt mir auf, euch zu sagen, daß die Vernunft regiert. Jeder Verliebte – läßt sie euch sagen – ist unvernünftig. Sie verlangt, ihr sollt sagen, ob es etwas Dümmeres gibt als den Hahn auf der Henne oder die Fliege auf der Fliege. Mehr will sie nicht darüber sagen. Und sie befiehlt dir, Hektor, und dir, Ulysses, Helena von diesem geschniegelten Paris zu trennen. Widrigenfalls es Krieg geben wird.
Hektor und die Frauen: Danke, Iris!
Priamus: Mein Sohn, es ist weder Aphrodite noch Pallas, die die Welt regiert. Was befiehlt uns Zeus in dieser Unsicherheit?
Iris: Zeus, der Herrscher über alle Götter, läßt euch sagen, daß die, welche überall in der Welt nur die Liebe sehen, ebenso dumm sind wie die, welche sie nicht sehen. Die wahre Weisheit, läßt Zeus, der Herr über alle Götter, euch sagen, ist bald die Liebe, bald die Keuschheit. Darum verläßt er sich auf Hektor und Ulysses, daß man Helena von Paris trennt, ohne sie dabei zu trennen. Er befiehlt allen anderen, sich zu entfernen und die Unterhändler allein zu lassen. Und diese haben es fertigzubringen, daß der Krieg vermieden wird. Ober aber – er schwört es euch, und er hat noch niemals eine leere Drohung ausgesprochen – daß es Krieg geben wird.

Giraudoux,
Kein Krieg in Troja II, 12

Was ist »persönlicher Gott« denn anderes als der Riesenschatten, den wir selber auf den Vorhang der ewigen Mysterien werfen?

Christian Morgenstern,
Stufen, Weltbild, Aufstieg

Ein Landedelmann erklärte, nachdem er an einer Sitzung der Minister Ludwigs XVI. teilgenommen hatte: »Ab heute bin ich sicher, daß Gott die Welt regiert. Der König und seine Minister tun es nicht.«

Religion

Die Marquise gab ihren Sohn ins Jesuitenkolleg: »Vor allem, Pater, halten Sie ihn zur Religion an! Er ist nicht reich genug, sie entbehren zu können.«

Der Küster hat in der Kapelle des Zuchthauses die falsche Nummer in die Tafel gesteckt. Die gehorsame Gemeinde schlägt das Lied auf und singt: »Bis hierher hat uns Gott gebracht in seiner großen Güte.«

Religion = Versicherung im Diesseits gegen Feuer im Jenseits.

Nathan: Vor grauen Jahren lebt' ein Mann im Osten,
der einen Ring von unschätzbarem Wert
aus lieber Hand besaß. Der Stein war ein
Opal, der hundert schöne Farben spielte,
und hatte die geheime Kraft, vor Gott
und Menschen angenehm zu machen, wer
in dieser Zuversicht ihn trug. Was Wunder,
daß ihn der Mann im Osten darum nie
vom Finger ließ und die Verfügung traf,
auf ewig ihn bei seinem Hause zu
erhalten? Nämlich so. Er ließ den Ring
von seinen Söhnen dem geliebtesten
und setzte fest, daß dieser wiederum
den Ring von seinen Söhnen dem vermache,
der ihm der liebste sei, und stets der liebste,
ohn' Ansehn der Geburt, in Kraft allein
des Rings, das Haupt, der Fürst des Hauses werde. –
Versteh mich, Sultan!

Saladin: Ich versteh' dich. Weiter!

Nathan: So kam nun dieser Ring, von Sohn zu Sohn,
auf einen Vater endlich von drei Söhnen,
die alle drei ihm gleich gehorsam waren,
die alle drei er folglich gleich zu lieben
sich nicht entbrechen konnte. Nur von Zeit
zu Zeit schien ihm bald der, bald dieser, bald
der dritte – so wie jeder sich mit ihm
allein befand und sein ergießend Herz
die andern zwei nicht teilten – würdiger
des Ringes, den er denn auch einem jeden
die fromme Schwachheit hatte zu versprechen.
Das ging nun so, solang es ging. Allein
es kam zum Sterben, und der gute Vater
kommt in Verlegenheit. Es schmerzt ihn, zwei
von seinen Söhnen, die sich auf sein Wort
verlassen, so zu kränken. Was zu tun?
Er sendet in geheim zu einem Künstler,
bei dem er nach dem Muster seines Ringes
zwei andere bestellt und weder Kosten
noch Mühe sparen heißt, sie jenem gleich,
vollkommen gleich zu machen. Das gelingt
dem Künstler. Da er ihm die Ringe bringt,
kann selbst der Vater seinen Musterring
nicht unterscheiden. Froh und freudig ruft
er seine Söhne, jeden insbesondre,
gibt jedem insbesondre seinen Segen
und seinen Ring und stirbt. – Du hörst doch, Sultan?

Saladin: Ich hör', ich höre! Komm mit deinem Märchen
nur bald zu Ende! Wird's?

Nathan: Ich bin zu Ende.
Denn was noch folgt, versteht sich ja von selbst.
Kaum war der Vater tot, so kömmt ein jeder
mit seinem Ring, und jeder will der Fürst
des Hauses sein. Man untersucht, man zankt,
man klagt. Umsonst. Der rechte Ring war nicht

erweislich. – Fast so unerweislich als
uns itzt der rechte Glaube.

Saladin: Wie? Das soll
die Antwort sein auf meine Frage?

Nathan: Soll
mich bloß entschuldigen, wenn ich die Ringe
mir nicht getrau' zu unterscheiden, die
der Vater in der Absicht machen ließ,
damit sie nicht zu unterscheiden wären.

Saladin: Die Ringe! Spiele nicht mit mir! Ich dächte,
daß die Religionen, die ich dir
genannt, doch wohl zu unterscheiden wären,
bis auf die Kleidung, bis auf Speis' und Trank!

Nathan: Und nur von seiten ihrer Gründe nicht.
Denn gründen alle sich nicht auf Geschichte?
Geschrieben oder überliefert! Und
Geschichte muß doch wohl allein auf Treu
und Glauben angenommen werden? Nicht?
Nun, wessen Treu und Glauben zieht man denn
am wenigsten in Zweifel? Doch der Seinen?
Doch deren Blut wir sind? Doch deren, die
von Kindheit an uns Proben ihrer Liebe
gegeben? Die uns nie getäuscht, als wo,
getäuscht zu werden, uns heilsamer war?
Wie kann ich meinen Vätern weniger
als du den deinen glauben? Oder umgekehrt.
Kann ich von dir verlangen, daß du deine
Vorfahren Lügen strafst, um meinen nicht
zu widersprechen? Oder umgekehrt.
Das nämliche gilt von den Christen. Nicht?

Saladin: Bei dem Lebendigen! Der Mann hat recht.
Ich muß verstummen.

Nathan: Laß auf unsre Ring'
uns wieder kommen! Wie gesagt: Die Söhne
verklagten sich, und jeder schwur dem Richter,
unmittelbar aus seines Vaters Hand
den Ring zu haben. Wie auch wahr! Nachdem
er von ihm lange das Versprechen schon
gehabt, des Ringes Vorrecht einmal zu
genießen. Wie nicht minder wahr! Der Vater,
beteu'rte jeder, könne gegen ihn
nicht falsch gewesen sein, und eh er dieses
von ihm, von einem solchen lieben Vater,
argwohnen laß: Eh müß' er seine Brüder,
so gern er sonst von ihnen nur das Beste
bereit zu glauben sei, des falschen Spiels
bezeihen. Und er wolle die Verräter
schon auszufinden wissen, sich schon rächen.

Saladin: Und nun, der Richter? Mich verlangt zu hören,
was du den Richter sagen lässest. Sprich!

Nathan: Der Richter sprach: Wenn ihr mir nun den Vater
nicht bald zur Stelle schafft, so weis' ich euch
von meinem Stuhle. Denkt ihr, daß ich, Rätsel
zu lösen, da bin? Oder harret ihr,

bis daß der rechte Ring den Mund eröffne? –
Doch halt! Ich höre ja, der rechte Ring
besitzt die Wunderkraft, beliebt zu machen,
vor Gott und Menschen angenehm. Das muß
entscheiden! Denn die falschen Ringe werden
doch das nicht können! – Nun: Wen lieben zwei
von euch am meisten? – Macht, sagt an! Ihr schweigt?
Die Ringe wirken nur zurück? Und nicht
nach außen? Jeder liebt sich selber nur
am meisten? – O, so seid ihr alle drei
betrogene Betrüger! Eure Ringe
sind alle drei nicht echt. Der echte Ring
vermutlich ging verloren. Den Verlust
zu bergen, zu ersetzen, ließ der Vater
die drei für einen machen.

Saladin: Herrlich! Herrlich!

Nathan: Und also, fuhr der Richter fort, wenn ihr
nicht meinen Rat, statt meines Spruches, wollt,
geht nur! – Mein Rat ist aber der: Ihr nehmt
die Sache völlig, wie sie liegt. Hat von
euch jeder seinen Ring von seinem Vater,
so glaube jeder sicher seinen Ring
den echten! – Möglich, daß der Vater nun
die Tyrannei des einen Rings nicht länger
in seinem Hause dulden wollen! Und gewiß,
daß er euch alle drei geliebt und gleich
geliebt: Indem er zwei nicht drücken mögen,
um einen zu begünstigen. – Wohlan!
Es eifre jeder seiner unbestochnen,
von Vorurteilen freien Liebe nach!
Es strebe von euch jeder um die Wette,
die Kraft des Steins in seinem Ring an Tag
zu legen! Komme dieser Kraft mit Sanftmut,
mit herzlicher Verträglichkeit, mit Wohltun,
mit innigster Ergebenheit in Gott
zu Hilf'! Und wenn sich dann der Steine Kräfte
bei euren Kindes-Kindeskindern äußern,
so lad' ich über tausend tausend Jahre
sie wiederum vor diesen Stuhl. Da wird
ein weisrer Mann auf diesem Stuhle sitzen
als ich und sprechen.
Geht!

Lessing,
Nathan der Weise III, 7

»Seit zweitausend Jahren gibt es das Christentum«, sagte ein Nörgler. »Ich sehe nicht, daß es die Menschen besser gemacht hat.«
»Seit zwei Milliarden Jahren gibt es Wasser«, antwortete der Pfarrer. »Und nun schauen Sie sich einmal Ihren Hals an!«

Ein rebellischer Riese schoß seinen vergifteten Pfeil über sich in den Himmel, niemand Geringerem als einem Gott das Leben damit zu rauben. Der Pfeil floh in die unermessenste Ferne, in welcher ihm auch der schärfere Blick des Riesen nicht folgen konnte. Schon glaubte der Rasende, sein Ziel getroffen zu haben, und fing an, ein gotteslästerliches Triumphlied zu jauchzen.

Endlich aber gebrach dem Pfeile die mitgeteilte Kraft der schnellenden Senne; er fiel mit einer stets wachsenden Wucht wieder herab und tötete den frevelnden Schützen.
Unsinnige Spötter der Religion! Eure Zungenpfeile fallen weit unter ihrem ewigen Throne wieder zurück, und eure eignen Lästerungen sind es, die sie an euch rächen werden.

Lessing,
Fabeln, Der Riese

Konfession

Die Rähligion ist das, wo der Mentsch had, das er sich fom Thürreich underscheiden kahn.
Es giebt ferschidene Rähligionen, wo mahn aber plos lachen muhs, indem es keine Rähligionen nichd sind, sontern käzerisch.
Zun beischpiel die ludderische. Es giebt auch Tierken, wo einer gleich ein Duzend Weiber haben derf und fieleichd ist disses angenäm, haber eine wollistige Gemeinheid, indem ins die richdige Rähligion plos eine ferlaubt und was oft schon genuhg ist.
Es giebt auch Juhden.
Die meischten dafon sind Hobfenhendler, und mus der kristliche Ögonohm ser obacht gehben, damit das er nichd beschiesen wird, sontern fieleicht umgekert, haber sie sind ser schlauh und haben eine feundliche Rähligion.
Es giebt auch Heuden.
Sie sind meischtens schwartz und laufen nakert herum und haben plos eine Schierze da wo mier Kristen die Hosenthiere haben. Sie sind so fräch, das sie nicht an Goth klauben und bein Oktoberfest kahn mahn sie oft sehgen, wo der Eintriet 10 Pfänig kost.

Ludwig Thoma, Jozef Filsers Briefwexel,
Bolidische Gedangen 1

Ein Farbiger, im Begriff, eine den Weißen vorbehaltene amerikanische Kirche zu betreten, wird von einem Polizisten aufgehalten. Auf die Auskunft, er putze das Gotteshaus, läßt ihn der Ordnungshüter laufen. »Aber«, droht er, »laß dich nicht beim Beten erwischen!«

Aus einem Schüleraufsatz: »Die Christen in Deutschland zerfallen in Lutheraner, Reformierte und Katholiken. Eine vierte Konfussion, die Orthodoxen, spielen keine Rolle.«

Aus einem Schüleraufsatz »Unsere Heimatstadt«: »Außer der Hauptstraße, welche das Rathaus, das Amtsgericht sowie die Gasthöfe zum Roten und Schwarzen Ochsen enthält, gibt es noch zwei Abwege, von denen der eine zur katholischen, der andere zur evangelischen Kirche führt.«

Ihr könnt predigen, über was ihr wollt, aber prediget niemals über vierzig Minuten!

Martin Luther

Aus einem Berufsschüleraufsatz: »Luther floh nach Worms, der Bannbulle hinterher. Hier blieb er stehen und sagte: ›Ich kann nicht mehr. Amen.‹ «

Ein kleiner Junge und ein kleines Mädchen begegnen sich hüllenlos im Planschbecken. Sie mustert ihn: »Bist du katholisch?«
»Nein.«
»Drum.«

Der Onkel rät dem gereiften Bobby zum Heiraten, auf daß er versorgt sei, und empfiehlt die wohlhabende Mizzi.
»Geh!« mault der Altgraf. »Die is ja so fad!«
»Dann nimm die Annemirl vom Strachwitz«, lenkt der Alte ein, »wenn du glaubst, du hast noch viel Auswahl!«
Bobby weicht zurück: »Und wovon soll ich leben? Bin ich der Franz von Assisi?« Und nach einer Pause: »Wenn überhaupt – dann nur den Rudi.«
Jetzt erbleicht der Onkel: »Ich glaube, du bist verrückt. Der Rudi ist evangelisch.«

Ein Kaplan an seinen evangelischen Kollegen: »Lieber Stiefbruder in Christo!«

Ein barocker Kanzelredner: »Wenn die lutherische Religion die rechte ist, so soll mich gleich der Teufel holen! ›Der hat gut reden!‹ denkt Ihr. ›Der Teufel hat ja keine Gewalt über sein Priestergewand!‹ Schaut her!« (Zog seinen Umhang aus.) »Jetzt, Teufel, komm! Hole mich!«
Der Teufel kam nicht; der Prediger zog sein Gewand wieder an: »Seht Ihr jetzt, was Ihr von den Lutherischen zu halten habt?«

Wilhelm II. fragte 1898 in Neapel den Kardinal Sanfelice, ob auch Protestanten in den Himmel kämen. Der Kirchenfürst antwortete: »Gottes Barmherzigkeit ist grenzenlos.«

Im Frühjahr 1945 wird ein amerikanischer Offizier mit seinen Soldaten von Pius XII. empfangen. Wie der Papst den Segen spenden will, vermerkt der Offizier, daß er Protestant sei.
»Für Euch«, sprach darauf der Heilige Vater zu den Soldaten, »gilt der Segen.« Und zu ihrem Vorgesetzten gewandt: »Für Sie, Kapitän, der Segenswunsch eines alten Mannes.«

Angelo Roncalli, Nuntius in Paris, und der Oberrabbiner der Hauptstadt wurden auf einem Empfang zur Tafel gebeten. Sie standen vor der offenen Türe, lächelnd die Frage der Rangordnung beschweigend. Da schob der Katholik den jüdischen Kollegen vor: »Erst das Alte Testament, dann das Neue!«

Bei einem Bankett sitzen ein Rabbiner und ein Dechant nebeneinander. Der Jude verweigert Speisen von Schweinefleisch.
»Man muß mit der Zeit gehen, lieber

Doktor«, rät der Katholik. »Religiöse Vorschriften, die ihren Sinn verloren haben, muß man fallen lassen. Schauen Sie diesen Schinken! Welch eine Gabe Gottes!«
Der Rabbiner lächelt: »Auf Ihrer Hochzeit werde ich ihn kosten!«

»Zeuge, wie heißen Sie?«
»Menuchim Jontef.«
»Beruf?«
»Altkleiderhändler.«
»Wohnort?«
»Inowrazlaw.«
»Konfession?«
»Ich heiße Menuchim Jontef, bin Altkleiderhändler und wohne in Inowrazlaw. Werd' ich sein e Hussit?«

Ein russischer General verteilte zu Ostern Eier an die Soldaten, sprach die Formel »Christus ist erstanden« und erwartete die Antwort »Er ist gewiß auferstanden«.
Ein jüdischer Grenadier schwieg. Nach dem Grunde seines unzeremoniellen Verhaltens befragt, erklärte er: »Mechte Eurer Exzellenz nichts rapportieren, was zweifelhaft ist.«

Schülerbeschreibung des Bildes »Auferstehung Christi« von Matthias Grünewald: »Ein Wächter hebt einen Arm; denn er wird durch den grellen Lichtschein geblendet. Jetzt hat Jesus die Gelegenheit, ungesehen von den Toten aufzuerstehen.«

Christ: »An Gott den Vater glaubt Ihr schon.
Warum nicht auch an seinen Sohn?«
Jude: »Wie kann dem Sohn Kredit ich geben?
Der Vater tut ja ewig leben.«

Karl Julius Weber,
Demokritos I, 23

Ein Frankfurter Bankier hat sich taufen lassen. Festlich gekleidet schwingt er ins Prokuristenbüro: »Gute Morche, Ihr Judde!«

Der Teilhaber hat sich taufen lassen. Mit einem goldenen Kreuzchen behängt, betritt er das Büro. Der andere grinst.
»Was Du tust, gehört sich nicht, Nachim«, spricht der Konvertit. »Habe ich jemals über Deinen Glauben gespottet?«

Der alte Mendel ist entsetzt: »Nathan! Was habe ich gehört? Dein Sohn hat sich taufen lassen! Was wirst du sagen Gott dem Herrn, wenn er dich stellt zur Rede?«
»Na, was werd ich sagen?« erwidert der Nathan. »Ich werd sagen: Und Ihr Herr Sohn?«

Schloime Katzenstein will sich taufen lassen. Er fragt einen christlichen Bekannten, was man zu diesem Anlaß trage.
»Dscha«, erwidert der andere nachdenklich. »Was zieht man da am besten an? Wir tragen Windeln.«

Ein Jude, der sich taufen lassen wollte, reiste nach Rom und kehrte enttäuscht zurück. Ein paar Wochen später wurde er dennoch Katholik. Den vorwurfsvollen Fragen der Freunde begegnete er mit selbstsicherem Lächeln: »Glaubt mir: Eine Religion, die das aushält, ist die wahre!«

Mittelloser Klient zum getauften jüdischen Anwalt: »Ich bin im Zweifel, Herr Doktor: Soll ich noch an Ihr weiches jüdisches Herz appellieren oder bereits an Ihre christliche Nächstenliebe?«

Leib Gameldik staunt. Vor acht Wochen wurde sein Freund Chaim evangelisch getauft, und jetzt kommt er aus der katholischen Kirche.
»Will Dir sagen, Leib, warum ich bin geworden katholisch«, erklärt Chaim. »Als ich war evangelisch und die Leute fragten ›Was warst Du vorher?‹ – was mußt ich sagen: A Jud. Jetzt, wenn die Leute fragen ›Was warst du vorher?‹ – was sag ich? Evangelisch.«

Ein Jude, vom Rabbiner begleitet, tritt unter den Galgen. Dort verlangt er einen Kaplan. Unwillig tritt der Rabbi auf die Seite.
Der katholische Geistliche kommt und dankt dem Himmel für die in letzter Minute bekehrte Seele.
»Wenn ich schon muß hängen«, flüstert der Verurteilte zum Rabbiner, »soll a Goi hängen.«

Simche Mandelstamm hat sich taufen lassen. Am Freitag darauf erwischt ihn der Kaplan im Restaurant über einem duftenden Braten.
»Wie können Sie wagen, Fleisch zu essen?« entrüstet sich der Geistliche.
»Das ist Fisch, Hochwürden.«
»Unverschämtheit!«
»Hochwürden«, spricht der Simche begütigend, »Sie haben zu mir gesprochen: ›Du warst Jude und bist nun Christ!‹ Nu. Und ich habe zum Braten gesprochen: ›Du warst ein Schwein und bist nun Fisch!‹«
»Schauen Sie doch hin! Ist es denn Fisch?«
Simche zuckt die Schultern: »Bin ich a Christ?«

Zwei Brüder im Westfälinger Land lebten miteinander in Frieden und Liebe, bis der ältere katholisch wurde. Als der jüngere lutherisch blieb und der ältere katholisch wurde, taten sie sich alles Herzeleid an. Zuletzt schickte der Vater den katholischen als Ladendiener in die Fremde. Nach einigen Jahren schrieb er zum erstenmal an seinen Bruder. »Bruder«, schrieb er, »es geht mir doch im Kopf herum, daß wir nicht einen Glauben haben, und nicht in den nämlichen Himmel kommen sollen, vielleicht in gar keinen. Kannst du mich wieder lutherisch machen, wohl und gut, kann ich dich katholisch machen, desto besser.« Also beschied er ihn in den Roten Adler nach Neuwied, wo er wegen einem Geschäft durchreiste. »Dort wollen wir's ausmachen.« In den ersten Tagen kamen sie nicht weit miteinander. Schalt der Lutherische: »Der Papst ist ein Antichrist«, schalt der Katholische: »Luther ist der

Widerchrist.« Berief sich der Katholische auf den heiligen Augustinus, sagte der Lutherische: »Ich hab nichts gegen ihn, er mag ein gelehrter Herr gewesen sein, aber beim ersten Pfingstfest zu Jerusalem war er nicht dabei.«

Aber am Samstag aß schon der Lutherische mit seinem Bruder Fastenspeise. »Bruder«, sagte er, »der Stockfisch schmeckt nicht giftig zu den durchgeschlagenen Erbsen«; und abends ging schon der Katholische mit seinem Bruder in die lutherische Vesper. »Bruder«, sagte er, »Euer Schulmeister singt keinen schlechten Tremulant.« Den andern Tag wollten sie miteinander zuerst in die Frühmesse, danach in die lutherische Predigt, und was sie alsdann bis von heut über acht Tage der liebe Gott vermahnt, das wollten sie tun. Als sie aber aus der Vesper und aus dem Grünen Baum nach Hause kamen, ermahnte sie Gott, aber sie verstanden es nicht. Denn der Ladendiener fand einen zornigen Brief von seinem Herrn. »Augenblicklich setzt Eure Reise fort. Hab ich Euch auf eine Tridenter Kirchenversammlung nach Neuwied geschickt, oder sollt Ihr nicht vielmehr die Musterkarte reiten?« Und der andere fand einen Brief von seinem Vater: »Lieber Sohn, komm heim, sobald du kannst, du mußt spielen.« Also gingen sie noch den nämlichen Abend unverrichteter Sachen auseinander, und dachten jeder für sich nach, was er von dem andern gehört hatte.

Nach sechs Wochen schreibt der jüngere dem Ladendiener einen Brief: »Bruder, deine Gründe haben mich unterdessen vollkommen überzeugt. Ich bin jetzt auch katholisch. Den Eltern ist es insofern recht. Aber dem Vater darf ich nimmer unter die Augen kommen.« Da ergriff der Bruder voll Schmerz und Unwillen die Feder: »Du Kind des Zornes und der Ungnade, willst du denn mit Gewalt in die Verdammnis rennen, daß du die seligmachende Religion verleugnest? Gestrigen Tags bin ich wieder lutherisch geworden.«

Also hat der katholische Bruder den lutherischen bekehrt, und der lutherische hat den katholischen bekehrt, und war nachher wieder wie vorher, höchstens ein wenig schlimmer.

Johann Peter Hebel,
Die Bekehrung

Der Pfarrer spendet dem alten Much den letzten Trost. Ein leises Lächeln huscht über das Antlitz des Sterbenden: »Lacha müßt i fei scho, Hochwürden, bal mir den rechten Glauben aa net hättn!«

Dem protestantischen Grafen Schaffgotsch fiel die schlesische Herrschaft Schlackenwerth zu. An die Übernahme des Erbes war jedoch die Bedingung der Konversion geknüpft. Schaffgotsch war zum Glaubenswechsel bereit und teilte seinen Entschluß Friedrich II. mit. »Viele Wege führen ins Himmelreich«, antwortete der König. »Ew. Liebden haben den über Schlackenwerth gewählt. Wünsche gute Reise.«

Eine evangelische Gemeinde will eine Kirche bauen. Auch ein jüdischer Architekt bewirbt sich. Seine Pläne gefallen. »Aber«, sagt der Kirchenvorstand, »wir vergäben den Auftrag gern an einen Angehörigen unseres Glaubens.« »Meine Herren«, erwidert der Jude,

»wo sehen Sie Differenzen? Daß Jesus lebte, predigte und Kranke heilte, glaube ich. Daß er Tote erweckte, glaubt mein christlicher Zeichner. Daß er am Kreuze litt und starb, glaube ich. Daß er auferstand und zur Rechten Gottes sitzt, glaubt mein christlicher Zeichner. Daß seine Mutter Maria und sein Vater Josef hieß, glaube ich. Und daß Maria Jungfrau war, glaubt die Firma.«

Benjamin Franklin klopft an die Himmelspforte und gesteht verlegen, er besitze keinen anderen Glauben als die Verehrung der Naturgesetze und Liebe zu den Menschen. Petrus, der alle Ankommenden zunächst in Quarantäne zu nehmen pflegt, wobei er nach Konfessionen ordnet, brummt: »Komm rein und geh hin, wo du willst!«

Vor der Himmelstür ist Stoßzeit. Tausende aus aller Herren Länder kommen gleichzeitig, schwafeln und rühmen ihren Glauben. Petrus liegt mürrisch im Fenster und läßt sie warten – stehen, frieren, streiten und sich langweilen. Plötzlich fangen sie an zu singen: »Wir glauben all an einen Gott!«
»Na endlich, Hundsfötter!« schreit Petrus und öffnet.

Glaube

Lordbischof Carpenter predigte.
»Glauben Sie im Ernst«, unterbrach ein Zweifler, »daß Jonas von einem Walfisch gefressen wurde?«
»Falls ich in den Himmel komme, werde ich ihn fragen«, erwiderte der Bischof.
»Und wenn er nicht dort ist?«
»Müssen Sie ihn fragen.«

Ein Jude sprach zu einem Kaplan: »Heiße diesen Berg dort, sich ins Meer zu stürzen! Tut er es nicht, so ist Dein Glaube nichts wert.«
»Gewiß kann der Glaube Berge versetzen«, erwiderte der Geistliche. »Aber siehe: Der Berg ist voller Reben! Heiße ich ihn, sich ins Meer zu stürzen, werden wir den Tisch des Herrn nicht mehr mit Wein beschicken können. Darum laß ab von Deiner Forderung! Ich darf sie nicht erfüllen.«

Ein Priester predigte von der Speisung der Fünfhundert. Nach dem Gottesdienst erlaubte sich ein Kollege den Hinweis, Fünftausend seien gesättigt worden. Ärgerlich erwiderte der Gerügte: »Es ist schwer genug, sie an fünfhundert glauben zu lassen.«

Rüffel in einer Negerkirche des amerikanischen Mittelwestens: »Euer Unglaube, Schwestern und Brüder, ist ein Skandal! Wir sind hier versammelt, um ein Bittgebet an den Himmel zu richten, er möge uns nach der langen Trockenheit Regen schicken. Und was sehe ich? Nicht einer von Euch hat für den Heimweg einen Schirm mitgebracht.«

Der Lehrer erzählt die Geschichte von Jakobs Traum. Die Kinder fragen, warum Engel, die doch fliegen können, eine Leiter benötigten.
Der Lehrer fordert die Klasse zum Nachdenken auf und erhält nach tiefgründigem Schweigen die Antwort: »Es gibt nur eine Erklärung: Sie hatten die Mauser.«

In Galizien drohte Hungersnot. Die Juden, eingedenk des Berichtes, daß Gott die Unzucht des Königs Ahab dereinst mit einer Dürre gestraft hatte, suchten die Schuldigen.
Entdeckten sie in flagranti und schleppten sie vor den Rabbi. Die Menge warf mit Steinen. Ein alter Jude aber gebot Einhalt: »Macht sie nicht kaputt! Beim nächsten Wolkenbruch brauchen wir sie wieder.«

Die jüdische Frau kommt aufgeregt nach Hause: »Der Messias ist da.«
»Unsinn«, erwidert der Mann.
»Gar kein Unsinn. Du kennst doch den christlichen Metzger vorn an der Ecke? Und du gibst auch zu, daß er noch niemals gelogen hat? Also: Der hat es gesagt.«

Der Herzog von Gramont lag im Sterben. Seine fromme Frau holte den Abbé Bourdaloue, und dieser bemühte sich, den Glauben des Gezeichneten zu festigen.
Mit mühsamem Lächeln wandte sich der Herzog an seine Frau: »Stimmt das, Madame, muß man das glauben?«
Die Frau flehte: »Gewiß ja. Das muß man glauben.«
Der Sterbende schloß die Augen: »Also gut! Glauben wir's!«

Am Ostermontagmorgen 1567 ließ sich Philipp der Ältere, Landgraf zu Hessen, das zwanzigste Kapitel Johannes' vorlesen. Als es hieß: »Viele andere Zeichen hat Christus getan vor seinen Jüngern, die nicht geschrieben sind in diesem Buch. Diese aber sind geschrieben, auf daß ihr glauben sollt, Jesus sei der Christ, und daß alle, so an ihn glauben, das Leben haben in seinem Namen«, schlug der Achtundfünfzigjährige, genannt der Großmütige, das Messer in den Tisch und sprach: »Das glaube ich, das hoffe ich, darauf verlaß ich mich, darauf will ich sterben, und dabei soll es bleiben.« Er begehrte, ins Bett gebracht zu werden, und starb, ohne ein weiteres Wort zu sprechen, am Nachmittag zwischen vier und fünf Uhr.

Cromwell an die Ironsides: »Vertraut auf Gott und haltet Euer Pulver trokken!«

Ein ostpreußischer Landpfarrer pflegte mit seinen männlichen Schutzbefohlenen an einem Sonntag im Frühjahr die Felder abzugehen und für gute Ernten zu beten. Einen schlecht bestellten Acker betrachtete er nachdenklich.

Dann wandte er sich an den Eigentümer und sprach: »Hier hilft kein Beten. Hier hilft nur Mist.«

Der Anakreon Frankreichs, der 1743 verstorbene Kanonikus Grécourt, gab einer Frau das Geld zurück, die eine Messe bestellt hatte, um schwanger zu werden: »Ich verlange nicht von Gott, was ich selbst tun kann.«

Die Gattin ist empört: »Ich bete und bete, daß du gesund wirst, und du läufst bei diesem Wetter ohne Paletot ins Freie! Ich mache mich ja lächerlich vor Gott.«

Die Familie versucht, den gut pensionierten Großvater zu einer Reise nach den Vereinigten Staaten zu bewegen. Der alte Herr lehnt ab: »Auf dem Schiff und im Flugzeug ist man ein wenig zu sehr in Gottes Hand.«

Aus einem Schüleraufsatz: »Da kam ein großer Sturm, und das Schiff schaukelte tüchtig. Da hatten die Jünger Schiß, und einer weckte Jesus. Da sagte Jesus zu ihm: ›Warum hast du denn Schiß? Ich bin doch bei dich!‹«

Voltaire begegnete einem Priester mit den Sterbesakramenten, trat beiseite und entblößte das Haupt.
»Sieh an!« sprach der Geistliche. »Versöhnt mit dem Herrn?«
Der Philosoph lächelte: »Wir grüßen einander.«

Die jüdische Frau klagt, daß sich die Gerüchte verdichten, der Messias käme: Nun, da sie sich endlich eine erträgliche Existenz geschaffen hätten, sollten sie nach Israel ziehen.
»Mache dir keine Sorgen!« tröstet der Mann. »Gott hat uns vom Pharao errettet, er hat uns vor Haman geschützt, er wird uns auch vor dem Messias bewahren.«

Staatsbesuch in Polen. Man geht zur Messe. Der Gast fragt den Kollegen: »Sind Sie katholisch?«
»Gläubig«, antwortet dieser, »aber nicht praktizierend.«
»Verstehe«, nickt der Besucher. »Sie sind Kommunist.«
»Praktizierend, jawohl. Aber nicht gläubig.«

Wer mag der Glaubensstärkste sein,
den's unter Menschen gibt?
Ein Frommer? Eine Heilige? Nein:
Wer blind ist und verliebt.

Martial/Mostar, Der Gläubige

Maschinenbautechniker, 38/174, alleinstehend, durch Schicksalsschläge gereift, nicht ortsgebunden, wünscht zwecks Ehe geistig bewegliches Mädchen (oder Frau mit Kind) kennenzulernen. Sie soll Sinn für savoir vivre haben. Ich liebe die Gesellschaft geistig aufgeschlossener Menschen, denen Logik und Zuverlässigkeit ein Begriff ist. Unter Glauben verstehe ich, ausnahmsweise primitiv ausgedrückt, den Glauben an meine zukünftige Frau.

Nürnberger Nachrichten, 25. 11. 1967

Aberglaube

Als Wilhelm von der Normandie 1066 vom Schiff aus auf englischen Boden sprang, stürzte er. Befürchtungen seines abergläubischen Gefolges zerstreute er, indem er auf den Knien verharrte, die Hände in den Sand drückte und ausrief: »So ergreife ich dich denn, Land der Angeln!«

Friedrich II. von Preußen, als in Crossen an der Oder die Glocke vom Turm stürzte und die Armee Unglück fürchtete: »Das Hohe wird erniedrigt. Brandenburg siegt über Österreich.«

Chrétien de Malesherbes, der greise Minister Ludwigs XVI., stolperte auf den Stufen zum Schafott. »Ein Römer«, sprach er, »kehrte um.«

Ein Freund hatte Ringelnatz gegenüber behauptet, er sei nicht abergläubisch. Der Dichter verlangte einen Beweis: »Leihe mir dreizehn Mark!«

An der Wohnungstür macht sich der früher als erwartet heimkehrende Ehemann bemerkbar. Die bestürzte Gattin fordert den Hausfreund auf, aus dem Fenster zu springen. Er weigert sich mit dem Hinweis, daß man sich im dreizehnten Stockwerk befinde.
Die Frau ringt die Hände: »Hat man das schon erlebt? In solcher Situation auch noch abergläubisch!«

Der ganze Spuk mit 13 rührt wahrscheinlich aus dem Evangelio: Jesus saß zu Tische mit den Zwölfen. Folglich war er der Dreizehnte und endete so unglücklich, weil unter den Zwölfen ein Schurke war, Judas.

Karl Julius Weber, Demokritos III, 17

Sie litt an starkem Aberglauben.
Man mühte sich, ihn ihr zu rauben,
und mehr als eine riet der Schönen,
sie möge sich ihn abgewöhnen.
Allein sie sprach: »Das geht nicht gut.
Er steckt mir so in Fleisch und Blut,
daß ich zum Beispiel meinen Mann
am Freitag nicht betrügen kann.«

Artur Pserhofer (1873–1907),
Die Abergläubische

Mark Twain vermied am Freitag wichtige Unternehmungen. Ein Freund hielt ihm vor, daß Gladstone, Tennyson, Washington und Napoleon an einem Freitag geboren wurden.
»Und?« erwiderte der Dichter. »Tot sind sie. Alle!«

Der Besucher deutet auf das Hufeisen über der Tür: »Glauben Sie daran?«
»Nein. Aber es soll sogar Glück bringen, wenn man nicht daran glaubt.«

Frömmigkeit

Mir ist so seitwärts schielerisch,
ganz Seiten heimwärts fühlerisch,
ganz Lammschweiß-Spur beriecherlich,
ganz Lammherzgruft durchkriecherlich
an der magnetschen Seite.

Aus einem Lied
der Herrnhuter Brüdergemeine

Bei dieser vermutlichen Darstellung des Himmelsreiches (In der Apsis der Basilica di Sant'Apollinare in Classe.) nähern sich sechs Schäfleine dem heiligen Apollinare zu: Sie symbolisieren die Frommler, welcher wegen er stets betet.

Besuchsführer für die Stadt Ravenna,
1954, Seite 62

Kathederblüte: »Die Geißelbrüder, die auch als Flagellanten ihr Unwesen trieben, waren eine Epidemie, die sich von den Anfängen des Mittelalters bis in die Ausläufer der Karpaten erstreckte.«

Schwärmer und Mystiker wenden sich am liebsten an Weiber, und ich glaube, sie haben es dem Teufel abgelernt, der sich auch nicht an Adam, sondern an Eva wandte.

Karl Julius Weber, Demokritos II, 16

Das weibliche Geschlecht muß einmal lieben und tändeln, und wenn es nichts Solides haben kann, so tändelt und liebt es mit Schoßhündchen, Katzen, Vögeln, Tauben und Hühnern oder mit ihrem Putze, endlich gar mit Geistern, mit dem lieben Gott oder Jesus, Maria und Joseph.

Karl Julius Weber, Demokritos II, 16

Die Frauen ergeben sich Gott, wenn der Teufel mit ihnen nichts mehr zu schaffen haben will.

Sophie Arnould

Junge Bettschwestern, alte Betschwestern.

Der Geistliche Parkes Cadman zu einem jungen Mann, der ihn fragte, ob er mit 15 Dollar Wochenlohn in New York ein gutes christliches Leben führen könne: »Es ist das einzige Leben, das Sie führen können.«

Ludwig XIV. fragte Bossuet, ob ein Christ in die Komödie gehen dürfe. »Es gibt starke Gründe dagegen«, erwiderte der Bischof von Meaux, »und große Beispiele dafür.«

Ludwig XIV. gestattete einer italienischen Truppe die Aufführung der frivolen Posse »Scaramuz«. Die Geistlichkeit, die kurz vorher den »Tartuffe« verdammt hatte, erhob keinen Einspruch.

Der Condé, vom König nach einer Erklärung für den Widerspruch gefragt, sagte: »Die Italiener haben nur Gott, Molière aber hat die Frommen beleidigt.«

Bald einer seine Rähligion libt und bald einer seinen Bfahrer libt, muhs er den Zendrumsmahn wehlen.
Disses ist ein Beweus, was einer dengt. Die fornemsten Einrichdungen der kadollischen Kierche sind der Beichdzeddl und der Schtiemzeddl.
Plos durch disse Zeddel kan mahn die Reunlichkeit der Sähle bezeigen und die Schterke seiner Rähligion. Amen.

Ludwig Thoma, Jozef Filsers Briefwexel, Bolidische Gedangen I

Tünnes und Schäl wallfahrten nach Kevelaer. Man hat ihnen empfohlen, zur Förderung des Sündenbewußtseins Erbsen in die Schuhe zu legen.
Auf halbem Wege geht der humpelnde Schäl in die Knie. Tünnes zeigt keine Ermüdung.
»Drücken dich de Erbsen denn jar nich?« fragt der Schäl.
»Nä«, antwortet Tünnes. »Ich han se jekocht.«

Zwei Prozessionen aus verfeindeten Dörfern begegnen sich, geraten in Streit und raufen. Mit zerschlagenem Bittkreuz wenden sich die Unterlegenen: »In vierzehn Tagen bringen wir unseren gußeisernen Herrgott mit. Und dann sei Euch der Himmel gnädig!«

Ein Italiener, der mit roter Fahne zur Fronleichnamsprozession antrat, zum Pfarrer, als dieser auf die Unvereinbarkeit zwischen Anlaß und Requisit hinwies: »Die rote Fahne ist mein heiligstes Symbol, und dieses trage ich heute zu Ehren unserer Himmelskönigin.« Der gute Hirte belästigte ihn nicht weiter.

Johannes XXIII., zum erstenmal in seiner Sommerresidenz, empfing die Gemeinderäte von Castelgandolfo, darunter eine Anzahl Kommunisten. Mit letzteren unterhielt er sich besonders lange.
Nach der Audienz trat der Papst auf den Balkon, für die jubelnden Evviva-Rufe zu danken. Auch die Abgeordneten standen unten.
Ein Kommunist gab sich besonders begeistert. Der Nachbar stieß ihn an: »Wieso schreist du denn? Als Kommunist und Atheist?«
»Der da oben«, erwiderte der Hingerissene mit feuchten Augen, »ist ein Arbeitersohn. Sieh dir seine Hände an! Ich klatsche Beifall, weil er es bis zum Papst gebracht hat. Evviva!«

Mein Beten will kein Bißlein patten,
die Sünden beißen mich wie Ratten,
auch hat der höllsche Beelzebull
gebambt in meine Herzschatull.

O Salems Jäger, hetze unten
mich Sündensau mit Gnadenhunden,
zeuch mir dein Gnadenwammes an,
so bin ich köstlich angetan!

Johann Brenz

»Es war einmal ein großer Sünder«, predigte der Rabbi. »Als er starb, wollte man ihn begraben, aber die Erde spuckte ihn aus. Man wollte ihn verbrennen, aber die Flammen nahmen ihn nicht an. Man warf ihn den Hunden vor, aber die Hunde ließen ihn liegen und wandten sich in Ekel.
Daß es euch nicht ergehe wie jenem! Seid fromm! Dann werdet ihr in der Erde liegen (im Jiddischen = in großer Armut leben), das Feuer wird euch verzehren, und die Hunde werden Euch fressen.«

Ein von Bellinghausen, der 1618 sein Geschlechtsregister schrieb und die Unfälle einer gewissen Fräulein Gertrud erzählt, schließt zum Trost mit dem gottseligen Reim:
Weil Gott die Seinen nicht verläßt,
starb sie hernach bald an der Pest.

Karl Julius Weber, Demokritos II, 10

Euch aber, die ihr meinen Namen fürchtet, soll aufgehen die Sonne der Gerechtigkeit und Heil unter desselbigen Flügeln, und ihr sollt aus- und eingehen und zunehmen wie die Mastkälber.

Maleachi 4, 2

Der Schreuner gät in den Rosengrantz bald er klaubt, das in der Kirchen oder im bfahrhauß eine Arbeit zum fohlenden ist und der Schlohser kniegelt gans forn beim Aldahr bald er schpant das fieleichd das Gieter rebahriert wird und der Waxzieher ist der bäste Kadollik wengen seine Kirzen und wo die freilein bfahrerkechin das fleusch hohlt mus der Mäzger ein Gebät zum Hiemel schteigen lasen haber so das mahn es mergt. Der buchdrugger had einen härlichen Klaubenseifer, intem er den Kierchenanseiger trukt und auch der Schpengler erwäkt sein Gewiesen weul er den bliezableider auf dem bfahrhauße fergohldet und ahles had Goth weuse eingeriechdet, das jäder Mentsch die Rähligion libt intem er seinen Gäldbeidel libt.

Ludwig Thoma,
Jozef Filsers Briefwexel II,
An Herrn Dobias Angerer

Zwei Kölner Bäckerburschen wollen zum Beichten gehen. Der eine bevorzugt den Dom, weil sich hier die Handlung rascher abzuwickeln pflegt. Der andere besteht darauf, seine zuständige Bezirkskirche zu besuchen: »Onser Kaplan kriecht de Brödcher von us.«

Ein Mann, der sich zu kurzer Besinnung in der letzten Reihe einer Großstadtkirche niedergelassen hatte, bemerkte, daß im Abstand von nur wenigen Minuten eine alte Frau hereinkam und Geld in den Stock warf. Als er das Gotteshaus verließ, erkannte er in der Gebefreudigen die Inhaberin eines vor dem Portal aufgeschlagenen Kioskes.
»Ihr Geschäft scheint gut zu gehen«, sprach er zu ihr, »da Sie so viel für die Armen erübrigen.«
»Unberufen«, erwiderte sie. »Früher opferte ich unserem Herrgott täglich fünfzig Pfennige. Aber jetzt, nachdem ich ihn prozentual beteiligt habe ...«

»Hast du Wasser unter die Marmelade gerührt?« fragt MacPherson.
»Jawohl, Sir«, antwortet der Stift.
»Hast du gekochte Kartoffeln in den Heringssalat geschnitten?«
»Jawohl, Sir.«
»Hast du Gips unter den Zucker gemengt?«
»Jawohl, Sir.«
»Gut. Schließe die Ladentür und komm zur Abendandacht!«

Ludwig XIV. wandte sich in reiferen Jahren wieder der Kirche zu, stiftete Klöster und versammelte Priester. Da traf ihn die Nachricht einer militärischen Niederlage. Sein Blick verfinsterte sich: »Hat Gott vergessen, was ich für ihn tat?«

»Ich muß dich doch etwas fragen«, sprach ein junger Adler zu einem tiefsinnigen, grundgelehrten Uhu. »Man sagt, es gäbe einen Vogel, mit Namen Merops, der, wenn er in die Luft steige, mit dem Schwanze voraus, den Kopf gegen die Erde gekehrt, fliege. Ist das wahr?«
»Ei nicht doch!« antwortete der Uhu. »Das ist eine alberne Erdichtung des Menschen. Er mag selbst ein solcher Merops sein; weil er nur gar zu gern den Himmel erfliegen möchte, ohne die Erde auch nur einen Augenblick aus dem Gesicht zu verlieren.«

Lessing, Fabeln, Merops

Alexander von Humboldt in der »New York Tribune« vom 25. November 1856: »Eine Eigentümlichkeit des Chamäleons ist sein Vermögen, zu gleicher Zeit nach verschiedenen Richtungen sehen zu können: Mit dem einen Auge gegen den Himmel, mit dem anderen zur Erde. Es gleicht darin vielen Kirchendienern.«

Gottesdienst

Sächsisches Rätsel: Was haben Pastor und Bäcker gemeinsam?
Breedchen. Der eine bäckt se, und der andre hält se.

Der Herr Pastor sitzt über dem Manuskript seiner Sonntagspredigt. Das Töchterchen fragt: »Hast du mir nicht erzählt, der liebe Gott sage dir, was du schreiben sollst?«
»Gewiß, mein Kind.«
»Warum streichst du dann soviel wieder weg?«

Die Frau Pastorin zu ihrem Gemahl beim Umhängen des Beffchens: »Mach's heute recht lang, sonst wird die Gans nicht weich!«

Bei der Trauung soll das Lied »Habet, Kinder, Angst vor Gottes Zorn« gesungen werden. Der Küster notiert an der Tafel:

»Habet Kinder vor der Trauung 1–3,
nach der Trauung 4–8.«

Predigtanfang des alten Kienitz, Primarius zu Libau: »Trara, trara, die Post ist da! Was bringt sie uns? Einen Brief vom Apostel Paulus. Also wollen wir ihn lesen ...«

Der Pfarrer schimpft seine Gemeinde von der Kanzel mit allen Künsten der Homiletik zusammen. Der Ochsenwirt zu seinem Nachbarn, dem Feriengast, flüsternd: »So schlecht san mir net. Des is bloß, weil mir eahm gestern beim Tarocken zwölf Markln abknepft ham!«

Abraham a Santa Clara wettete zum Wohle seines Augustinerklosters mit dem Grafen Trauttmansdorff, daß er ihn, ohne zu beleidigen, dreimal auf der Kanzel einen Esel heißen werde.
Seine nächste Predigt verbreiterte sich über ein Dorf, das einen ungewöhnlich dummen Schulzen gewählt hatte, und der Fabelhans, wie ihn die Wiener nannten, rief dreimal: »Dem Esel traut man's Dorf!«

In Rouen wetterte ein Kapuziner von der Kanzel wider die Hochzeitsschmäuse. Als ein Hörer einwandte, Jesus sei doch selbst auf der Hochzeit von Kana gewesen, antwortete der Pfaff: »Er hätte besser daran getan, nicht hinzugehen.«

Liselotte von der Pfalz,
Brief vom 22. 9. 1719

Ein englischer Priester wetterte gegen die Unsitte, den Sonntag im Sattel zu verbringen. Ein im Reitdreß erschienener Kirchgänger murrte: »Auch unser Herrgott ritt am Sonntag.«
Dem Geistlichen schoß das Blut in den Kopf. »Jawohl!« schrie er. »Und was geschah mit ihm am Freitag drauf, he?«

Eine Räuberbande fing einen Franziskanermönch. Da er keine Wertgegenstände bei sich trug, zwangen ihn die Banditen, eine Predigt zu ihrem Lobe zu halten. Der Mönch sprach:
»Meine Herren! Ich weiß Euch nicht würdiger zu dienen, als daß ich Euer Leben mit demjenigen unseres Herrn Jesus Christus vergleiche, solange er auf Erden wandelte. Er litt viel; Ihr nicht minder, wie Ihr so unstet dahinzieht. Er ging mit seinen Jüngern; Ihr tut desgleichen, weil Ihr in Haufen auftretet. Er haßte die Schriftgelehrten und Pharisäer; dergleichen Leute sind auch Euch ein Dorn im Auge. Er duldete Regen und alle Unbill des Wetters; auch Ihr seid ihm beständig ausgesetzt. Er ging barfuß; auch Euer Schuhzeug läßt zu wünschen übrig. Er besaß nur ein Gewand; Ihr habt nicht mehr, als Ihr am Leibe tragt. Weder Silber noch Gold war ihm eigen; habt Ihr etwa daran Überfluß? Er ist vom Teufel versucht worden; Ihr werdet es alltäglich. Der Satan führte ihn auf einen hohen Berg; Euch führt er ebenfalls auf Anhöhen, damit Ihr dort der Reisenden besser gewahr werdet. Er wurde von aller Welt verachtet; dasselbe geschieht Euch. Er ist von Judas verraten worden; Ihr werdet von einem aus Eurer Mitte noch verraten werden. Er ist ergriffen, gefesselt und abgeführt worden; so wird auch Euch geschehen. Er hat dem Anas, Kaiphas

und Herodes Rede stehen müssen; in gleicher Weise werdet Ihr Euch verantworten müssen. Er ist mit Ruten gestrichen worden; Ihr werdet sie ebenfalls kennenlernen, sofern Ihr sie noch nicht kennt. Er ist zwischen zwei Schächern gehängt worden; in meinem Geiste sehe ich Euch in gleicher Gesellschaft. Er ist zur Hölle hinabgefahren und dann zum Himmel aufgestiegen; Ihr werdet ihm folgen, aber die Hölle nicht mehr verlassen, sondern verdammt sein und bei den Teufeln bleiben, wohin Euch in alle Ewigkeit schikken werden der Vater, der Sohn und der Heilige Geist. Amen.«
Wenn die Chronik nicht lügt, ließen die verblüfften Banditen den Mönch ziehen.

Ein Bettelmönch predigte in einer Straße Neapels. Da wurde in unmittelbarer Nachbarschaft eine Kasperlbude aufgeschlagen, und die Leute gingen hinüber.
Der Gottesmann erstarrte in Zorn und Enttäuschung. Dann faßte er sich. Sein Kruzifix emporreckend stürzte er sich unter die Abtrünnigen: »Her zu mir!« rief er. »Ecco il vero pulcinella! Hier ist der wahre Kasperl!«

Ein junger Geistlicher soll im Gefängnis predigen. Tagelang sucht er Formulierungen, die geeignet scheinen, harte Herzen zu rühren.
Wie er den Saal betritt, erschauert er unter der Kälte der höhnischen Gesichter. Mit einem stummen Gebet um Erleuchtung steigt er zur Kanzel hinan.
Auf der vorletzten Stufe stolpert er, und über sämtliche verfügbaren Körperteile rollt er ins Parkett zurück.
Das Auditorium brüllt vor Lachen.
Einen Augenblick lang fühlt sich der junge Geistliche von Schmerz und Scham gelähmt.
Dann springt er auf, stürmt die Treppe empor und lacht auf die Gestreiften hinunter: »Deswegen, Männer, bin ich gekommen: Ich wollte Euch zeigen, daß man wieder aufstehen kann, wenn man gestürzt ist!«

Der Pfarrer hält die Fastenpredigt. Breit und gegenständlich schildert er die Höllenqualen für den verstockten Sünder.
Die Gemeinde schluchzt.
Da beugte sich der gutmütige Hirte über die Kanzel: »Weint nicht, Kinder! Vielleicht ist es gar nicht wahr.«

Die Predigt hat die Gemeinde zutiefst gerührt. Nur einer sitzt teilnahmslos.
Der Nachbar stößt ihn an: »Ko dir denn gar nix o?«
Der Gefragte schüttelt den Kopf: »I bin net aus dera Pfarrei.«

Sonntagmittag. Der schwäbische Bauer kommt nach Hause.
»Bist en dr Kirch gwea?« fragt die Bäuerin.
»Jo.«
»Was isch gwea?«
»Mr hat gsunge.«
»Ha, Narr, des moan i net! Verzähl vom Pfarrer!«
»Der hat predigt.«

»Des kann i mir denke! Von was hat rs ghett?«
»Von dr Sünd.«
»Was hat 'r gsait von dr Sünd?«
»'r isch net drfür.«

Seit Tagen hatte der Molla den Gläubigen beobachtet, der während der Predigt immer wieder in Schluchzen ausbrach. Nun sprach er ihn an, auf eine Seele hoffend, die, in ihren tiefsten Gründen zu erschüttern, gelungen war. Der Moslem aber erzählte: »Ich besaß dereinst eine Ziege, die ich über alles liebte. Sie ist tot. Du aber erinnerst mich an sie, wenn du dich ereiferst und dein Bart erzittert, und ich kann die Tränen schmerzlicher Erinnerung nicht zurückhalten.«

Ein Prediger, nach seiner größten Enttäuschung befragt: »Eines Tages ließ sich unter meiner Kanzel ein altes Mütterchen nieder. Sie öffnete ihre Handtasche, schraubte mehrere Teile zu einem Hörapparat zusammen und hielt diesen an ihr Ohr. Zehn Minuten später schraubte sie die Teile wieder auseinander, verstaute sie und harrte still auf das Ende meiner Predigt.«

Der New Yorker Pfarrer Vincent Peale: »Die Menschen sind heute so nervös, daß man sie mit einer Predigt nicht mehr einschläfern kann.«

Dem Römer Pacelli wurde als Nuntius in Berlin einmal vorgehalten, daß sich seine engeren Landsleute in der Kirche benehmen, als befänden sie sich im Theater. Er antwortete: »Ihrem Verhalten liegt wahrscheinlich die gleiche Ursache zugrunde, die den Deutschen veranlaßt, sich im Theater so zu bewegen, als befände er sich in einer Kirche. Das Temperament.«

Als man das Pantheon wieder Kultzwecken zugänglich machte, wollte man die Asche Voltaires umquartieren.
»Laßt ihn ruhen!« bestimmte Louis XVIII. »Es ist Strafe genug für ihn, daß er jeden Morgen die Messe hören muß.«

Der Pfarrer Arlotto aus Macicuoli bei Florenz, von der Gemeinde gebeten, sich kurz zu fassen, hielt am Laurentiustag folgende Predigt: »Heute vor einem Jahr erzählte ich Euch von Leben und Werk des heiligen Laurentius. Seitdem hörte man nichts Neues von ihm. Wer voriges Jahr nicht hier war, wende sich an frömmere Nachbarn! Amen.«

»Denkt an das Ende doch!« schreit,
daß er bersten möchte,
der dicke Pastor Blau. Wenn er doch
selbst dran dächte!

Verfasser unbekannt

Ein Pfarrer pflegte seine Predigt schriftlich auszuarbeiten und das Ma-

nuskript vor dem Gottesdienst auf die Kanzel zu legen. Eines Sonntags stahl ein Unbekannter die letzte Seite.
Die Predigt war auf dem Höhepunkt. »Und Adam sprach zu Eva ...«, las der Gottesmann, legte den Bogen zur Seite und starrte auf das stumme Pult. Er griff noch einmal zur Vorseite, rieb sie zwischen den Fingern und wiederholte: »Und Adam sprach zu Eva ...« Nichts. Murmelnd, doch vom Verstärker der Gemeinde übermittelt, fuhr er fort: »Zum Donnerwetter! Da fehlt ein Blatt!«

Ein junger Kaplan, mit ausgereifter Vorliebe für gehobene Getränke, hatte seine erste Predigt gehalten. »Wie war sie?« fragte er nach dem Gottesdienst den Ortsgeistlichen.
»Bis auf drei kleine Schnitzer recht gut«, bescheinigte der Alte. »Kain hat Abel nicht ertränkt, sondern erschlagen. Christus wandelte nicht über den Kalterer See, sondern über den See Genezareth, und am Ende hätte es ›Amen‹ heißen müssen, nicht ›Prosit!‹ «

Weil kein anderes Gotteshaus vorhanden war, besuchte Stahlkönig Andrew Carnegie in einer kleinen Gemeinde Georgias die Negerkirche. Als der Klingelteller herumgereicht wurde, gab er eine Fünfzig-Dollar-Note.
Der Pfarrer betrachtete den Geldschein zitternd von allen Seiten. Dann stieg er wieder auf die Kanzel und sprach: »Die Kollekte erbrachte einen Dollar und 24 Cents. Wenn die Fünfzig-Dollar-Note echt ist, die uns der Herr dort hinten mit dem grauen Haar gab, haben wir 51 Dollar und 24 Cents eingenommen. Lasset uns Gott bitten, daß die Banknote echt sei!«

Einem Pfarrer ist die Hose von der Leine gestohlen worden. Einige Tage darauf fragt ein Gemeindemitglied, ob er sie zurückbekommen habe.
»Noch nicht ganz«, antwortete Hochwürden. »Aber drei Knöpfe hat mir der Dieb bereits in den Opferstock getan.«

In den jüdischen Gemeinden wurde die Ehre,in der Synagoge den Tora-Segen sprechen zu dürfen, versteigert. Eines Tages ging der livländische Baron von Sparwitz am Gotteshaus vorüber und hörte: »Kohn – zwanzig Rubel!«
Er trat ein und rief: »Hundert!«
Ein Jude mahnte: »Herr Baron, Sie wissen doch gar nicht, worum es sich handelt.«
»Brauche ich nicht zu wissen«, erwiderte Sparwitz. »Wenn Kohn zwanzig bietet, ist der Wert hundert.«

Schleiermacher auf die Frage, warum er stets volle Kirchen habe: »Es sind vor allem Studenten, junge Damen und Offiziere, die zu mir kommen. Die Studenten kommen, weil ich zur Prüfungskommission gehöre; die Damen kommen wegen der Studenten und die Offiziere wegen der Damen.«

Empfehlung einer Berliner Konfirmandin an die Freundin: »Jeh bei Krummachern, der segnet sauber in!«

»Weißt du noch, was der Pfarrer am vorigen Sonntag von den Eheleuten gesagt hat?« fragt der Mann die Frau vor der Kirchentüre.
»Freilich. Daß sie ein Leib sind und eine Seele.«
»Also«, summiert er. »Und deshalb gehst du jetzt in die Kirche und tust etwas für die Seele, und ich tue etwas für den Leib und gehe ins Wirtshaus.«

Alfons hat sich lange nicht mehr in der Kirche sehen lassen. Jetzt sitzt er im Zug, und ausgerechnet der Pfarrer muß ihm gegenüber Platz nehmen. Alfons zieht die Zeitung aus der Tasche; aber er kann sich nicht konzentrieren.
»Wovon bekommt man eigentlich Ischias?« fragt er endlich, um die Atmosphäre zu entschärfen.
Der Pfarrer hat schon lange auf sein Stichwort gewartet: »Vom Saufen, mein Freund. Vom Schnapssaufen besonders. Vom vielen Fressen und Kartenspielen in den Wirtschaften. Und davon, daß sich einer auf seine alten Tage noch mit jungen Frauenzimmern abgibt.«
»Ja sowas!« erwidert der Alfons. »Da lesen Sie einmal, Hochwürden! ›Unser ehrwürdiger Herr Bischof leidet in jüngster Zeit immer häufiger . . .‹ «

Ob die kleine Kirche die ganze Gemeinde fasse, fragte der Feriengast. »Freilich«, antwortete der Pfarrer. »Wenn sie alle hineingingen, dann gingen sie nicht alle hinein, aber weil nicht alle hineingehen, gehen alle hinein.«

Friedrich II. von Preußen, als ihn ein Geistlicher bat, öfter einmal in die Kirche zu kommen: »Es ist besser, daß ich meine Pflicht tue, als daß ich mir eine Predigt anhöre, meine Pflicht zu tun.«

Ein römischer Droschkenkutscher 1903 zum Seminaristen Angelo Roncalli, dem späteren Papst Johannes XXIII., als dieser erzählte, der sterbende Leo XIII. hätte bereits gebeichtet: »Was? Der Papst beichtet auch? Da hat meine Alte vielleicht doch recht, wenn sie sagt. ich solle lieber etwas öfter in die Kirche gehen!«

Beten

»Reine Akzentfragen trennen uns«, sagte ein NS-Gauleiter zum Bischof. »Ihr fordert: Gebet am Morgen, Gebet am Mittag, Gebet am Abend. Wir fordern: Gebet am Morgen, gebet am Mittag, gebet am Abend!«

»Lieber Gott, Du erbarmst Dich doch über wildfremde Leute. Warum nicht über mich?«

Der Bimslechner Hias fährt mit seinem Sohn über den Ammersee. Da bricht ein Gewitter los. Der Hias verspricht den Vierzehn Nothelfern eine Kerze. Die Wellen gehen hoch; der Kahn

tanzt. Der Hias verspricht, eine Messe lesen zu lassen, wenn er gesund ans Ufer kommt. Ein Blitz schlägt unmittelbar neben dem Boot ins Wasser. Der Hias gelobt eine Wallfahrt nach Rom, wenn . . .
»Geh, Vatta«, reklamiert der Sohn. »Was redst denn? So vui Geld ham mir doch gar net!«
»Staad, Bua!« erwidert der Vater. »Wart, bis ma guat drübn san, na werns scho sehgn, was s' kriagn.«

Einen Tag lang treiben die beiden Juden auf der Planke durch den Atlantik. Der eine ringt die Hände: »Rette uns, Herr, aus dem Schlamassel! Mein halbes Vermögen will ich Dir opfern.«
Zehn Stunden später noch immer keine Aussicht auf Hilfe: »Sei gnädig mit uns, Herr! Ich will Dir geben zwei Drittel meines Vermögens.«
Und am nächsten Morgen: »Herr, strecke aus Deine gütige Hand nach Deinen Knechten! Ich will . . .«
»Aufhören mit de Angebote!« schreit der zweite. »Land in Sicht.«

Der Nachbar stößt dem laut das Vaterunser dröhnenden Kirchgefährten in die Seite: »Brülle nicht so! Mit Güte kommst du weiter.«

Ali, der vierte Kalif nach Mohammed, beobachtete in der Moschee einen Mann, der in äußerster Eile seine Gebete murmelte. Er schlug ihm die Peitsche über den Rücken: »Nochmal! Langsamer!«
Der Gezüchtigte tat es.
»Nun«, fragte Ali, »waren deine zweiten Gebete nicht viel besser als deine ersten?«
»Nein, Herr«, entgegnete der Untertan. »Die ersten sprach ich in der Furcht vor Allah, die zweiten nur aus Furcht vor dir.«

Zerstreut kommt Gedalie Hopser am Jom Kippur in die Synagoge. Seine Bücher stimmen nicht. Ein größerer Betrag fehlt.
Er spricht die gemeinsamen Bußgebete mit, in welchen alle Sünden aufgezählt werden, die möglicherweise im abgelaufenen Jahr begangen wurden. Plötzlich tippt er sich an die Stirn und murmelt: »Stimmt schon.«

»O Herr, schenke mir einen hohen Lottogewinn!« betete ein Bedürftiger. »Ich will den zehnten Teil den Armen schenken.«
Dann korrigierte er sich: »Nein, Herr! Ziehe den zehnten Teil gleich selbst ab und gib mir entsprechend weniger!«

An einem Wintermorgen begegneten drei Landsknechte, die mit zerschlissener Kleidung und klaffenden Schuhen, ohne einen Pfennig in der Tasche, aus dem burgundischen Kriege kamen, dem Kellermeister des Klosters zu P. im Elsaß, der in einem Felleisen vierhundert Gulden Pachtgeld mit sich führte.
Sie baten mit gezogenen Hüten um Wegzehrung, doch der Mönch schwur, nur leere Briefe im Sack zu haben. »Weil wir denn«, sprach der Längste, »alle vier nichts haben, so lasset uns

niederknien und Gott bitten, uns einen Almosen zukommen zu lassen!« Der Kellermeister mußte absteigen. Sein Pferd wurde an einen Baum gebunden. Nach der stillen Fürbitte erhob man sich, die drei Landsknechte öffneten des Mönches Felleisen und fanden das Geld.

Nun schwur der Kuttenmann, die Gulden seien schon vorher darin gewesen. Die Soldaten aber sprachen: »Kein Gedanke! Du willst uns um unseren Anteil betrügen!« Gaben ihm hundert Gulden, knieten abermals nieder, dankten Gott und verschwanden im Wald.

nach *Johannes Pauli*,
Schimpf und Ernst, Das erhörte Gebet

Das Kind leidet an Diarrhoe. Die Mutter wendet sich an den Rabbi.
»Sag Tehillim (Lies Psalmen)!«
Das Kind wird gesund. Ein paar Wochen später leidet es an Verstopfung. Wieder geht die Mutter zum Rabbi.
»Sag Tehillim!«
Die Mutter versteht nicht: »Ich denke, Tehillim hemmen?«

»Zweitausend Jahre haben wir um Rückkehr ins gelobte Land gebetet«, seufzt ein Jude beim Betreten israelischen Bodens, »und ausgerechnet mich muß es treffen.«

Ein Jude zog durch die Wüste. »Herr, schenke mir einen Esel!« betete er. »Meine Füße schmerzen.«
Hinter dem nächsten Hügel traf er einen Römer, dessen Eselin soeben geboren hatte. »Du kommst mir wie gerufen«, sprach der Fremde. »Trag das Junge!«
Der Jude gehorchte. »O Herr«, stöhnte er, »Du erhörtest mein Gebet. Aber wie mißverstandest du mich! Ich meinte einen Esel, auf dem ich reiten kann, nicht einen Esel, der auf mir reitet.«

Ein Rinderhirt verlor ein Kalb. Überall suchte er es, aber vergeblich. Da wandte er sich an Zeus und gelobte, eine Ziege zu opfern, wenn ihm der Gott den Dieb zeige. Bald darauf entdeckte der Hirte in einem Eichenwald einen Löwen, der das Kalb verzehrte. Da erhob er die Hände zum Himmel und sprach: »O Herrscher der Götter und Menschen! Ich versprach eine Ziege, wenn ich den Dieb fände. Einen Stier will ich opfern, wenn ich selbst den Klauen des Diebes entrinne!«

Äsop, Der Rinderhirt

Cromwells Tischgebet: »Manche haben Hunger, aber nichts zu essen. Andere haben Speise, aber keinen Hunger. Ich habe beides. Der Name des Herrn sei gelobt!«

Irrtum des Geistlichen vor reich besetzter Tafel: »Unser heutiges Brot gib uns täglich!«

Nu leg ik mi arme Deeren slopen.
Up de Engelken will ik truen, buen un hopen.

Un wenn de Düwel wullte mek anbölken,
so will ik em berotzen, he schall sik bekölken.
Un wenn he käm und wulle mek gar bieten,
so will ik em beschnoddern, beseken und beschieten.

Abendsegen eines pommerschen Fräuleins

Lieber Gott, ich liege
im Bett. Ich weiß, ich wiege
seit gestern fünfunddreißig Pfund.
Halte Pa und Ma gesund!
Ich bin ein armes Zwiebelchen,
nimm mir das nicht übelchen!

Ringelnatz,
Erstes Kindergebetchen

Lieber Gott mit Christussohn,
ach, schenk mir doch ein Grammophon!

Ich bin ein ungezogenes Kind,
weil meine Eltern Säufer sind.

Verzeih mir, daß ich gähne!
Beschütze mich in aller Not,
mach meine Eltern noch nicht tot
und schenk der Oma Zähne!

Ringelnatz,
Drittes Kindergebetchen

Kindergebet: »Lieber Gott, bitte mache aus mir einen braven Jungen! Vati und Mutti schaffen es nicht.«

Der letzte Vers des Abendgebetes »Breit aus die Flügel beide« (Kind soll unverletzt sein) mißglückte der kleinen Lieselotte:
»Will Satan mich verschlingen,
laß Deine Englein singen:
›Dies Kind soll unser Letztes sein!‹ «

Priester

Aus einem Schüleraufsatz: »Die Bischöfe sind die recht mäßigen Nachfolger der Apostel.«

Der Nuntius Quirini kam zu d'Aguesseau, den Kanzler Ludwigs XV. Er blickte sich um und bemerkte: »Hier also werden die Waffen gegen Rom geschmiedet.«
»Die Schilde, Exzellenz«, entgegnete der Staatsmann.

Stalin auf der Konferenz von Jalta zu Roosevelt und Churchill, die auf den Anteil der Kurie bei der Niederwerfung Hitlers verwiesen: »Wieviele Divisionen hat der Papst?«

Bei einem Empfang im Pariser Elysée-Palast fand sich der Nuntius Roncalli links neben dem Botschafter der UdSSR. »Siehe da, Exzellenz«, lächelte der Russe, »der Vatikan steht links!«
»Ich habe mich nur auf die linke Seite

gestellt«, erwiderte der spätere Papst Johannes, »damit Ihr auf den rechten Platz kommt.«

Es ist kein Pfäfflein so klein,
es steckt ein Päpstlein drein.

Luther

Jetzt hab ich noch eine Gewissensfrage, hochwierder herr bfarrer, weil ichs fergessen hab, ob ich fier oder gegen die Beamdenaufbäserung schtimme. In der Bardei is keine Einigkeid nicht forhanden, weil es verschieden ist und die, die wo was kriegen, sind schon dafier, aber die andern wo blos zahlen, sind nicht dafier.
Ich bitt schön, hochwierdigen herr Bfarrer, schreim sie mir meinen Schtandbunkt und obs sie noch befehlen, das inser Bezierksamtman zwegn seiner frechheit gegen inen fersezt wern mus und wohin ich in fersezen lase. Wen sie im nicht ferzeien, bin ich gantz ungnedig und tue in auf einen schlechten Bosden, wo er sich fieleicht besinnd, was er der geischtlingen Obrigkeid schuldig is.

Ludwig Thoma,
Jozef Filsers Briefwexel, An hochwiern hern Bfarrer Emeran Schanderl

Einen durch scharfe Getränke und Spielautomaten reich gewordenen Gastwirt überkam das Bedürfnis nach einer guten Tat. Er gab dem Prediger der Methodistengemeinde einen Scheck. Die Spende sprach sich herum. Die Leute debattierten, ob man das Geld nehmen dürfe.
Am Sonntag winkte der Prediger mit dem zweifelhaften Papier von der Kanzel: »Hier ist Geld, meine Brüder, Teufelsgeld. Aber dem Bösen ist nichts so zuwider, als daß man dem Herrn diene. Und so lege ich es denn in die Kollekte. Amen.«

Ein Prälat bekannte: »Das Gelübde der Armut hat mir hunderttausend Gulden Einkommen und das Gelübde des Gehorsams ein Fürstentum verschafft.«

Franz I. von Frankreich begegnete Leo X. Er betrachtete die prunkvolle Kulisse des Papstes und bemerkte: »Wenn ich der Bibel glauben darf, traten die einstigen Seelenhirten im Glanze der Armut vor die Welt.«
»Gewiß«, antwortete Leo X. »Seinerzeit, als die Könige noch Schafe hüteten.«

Am 1. November 1773 wurde die nach dem Entwurf des Königs gebaute Hedwigskirche in Berlin eingeweiht. Die Feier vollzog der Bischof des soeben säkularisierten Ermlandes, Krasicky. Bei dem anschließenden Festessen sagte Friedrich II., er hoffe, eines Tages unter dem Mantel des Fürstbischofs ins Himmelreich zu schlüpfen.
»Euere Majestät«, antwortete Krasicky, »haben mir den Mantel derart beschnitten, daß ich keine Kontrebande werde mitnehmen können.«

Die Ansichten über die Mitte-Links-Koalition der italienischen Regierung

waren im Vatikan geteilt. Kardinal Ottaviani als Exponent der Gegner versuchte, die Meinung von Papst Johannes zu eruieren und, falls nötig, auf den eigenen Kurs zu bringen. Er hielt einen langen Vortrag, der schweigend angehört wurde. Als sich der Präfekt des Heiligen Offiziums jedoch am Ziel glaubte, erhob sich der Papst, zog seinen treuen Diener ans Fenster der Bibliothek und sprach: »Schauen Sie, Eminenz! Von hier oben – welche prachtvolle Ordnung die Stadt bietet!«
Die Audienz war beendet.

Hochwürden nagelt seine Zaunslatten fest. Ein Bub stellt sich daneben.
»Willst du lernen, wie man so etwas macht?« fragt der geistliche Herr.
»Nein«, erwidert der Bengel. »Mich interessiert, was ein Pfarrer sagt, wenn er sich auf den Daumen klopft.«

Bei einem Bankett wurde dem New Yorker Kardinal Spellman eine Saucenschüssel über der Soutane entleert. Der Begossene saß wie versteinert und regte keine Miene. Dann sprach er: »Ich bin ein Mann der Kirche. Wäre vielleicht einer der anwesenden Herren so liebenswürdig, meinen Gefühlen Ausdruck zu geben?«

Im Girards College in Philadelphia haben aufgrund des Testamentes von Stephan Girard Geistliche keinen Zutritt. Eines Tages kam der Zeitungsverleger Horace Greeley, würdig, im schwarzen Gehrock. Der Pförtner vertrat ihm den Weg.
»Zum Teufel!« fluchte der Pressemann. »Wir haben hier eine Tagung.«
Der Pförtner trat beiseite.

Manchem studierenden Jüngling, der über die Wahl seiner Laufbahn verlegen war, habe ich geraten, Pfarrer zu werden: »Bei Ihrer Gutmütigkeit, bei Ihrem Zutrauen zu den Menschen laufen Sie hier die geringste Gefahr.«

Karl Julius Weber, Demokritos

Ein Offizier musterte einen Geistlichen. »Wenn ich einen dummen Sohn hätte«, sprach er, »ließe ich ihn Pfarrer werden.«
Der Gottesmann lächelte: »Sie denken offenbar anders als Ihr Herr Vater.«

Mein Pfarrer hier befleißt sich fein,
sein Faß zu leeren, um es rein
zum Herbste herzurichten,
dankt Gott, was er ihm Gutes tut,
und spricht, von Herzen wohlgemut,
zur Jüngsten seiner Nichten:
»Zeig' von den Leuten mir nichts an;
der Teufel hole, was er kann!
Komm, Suschen, gib
ein Küßchen lieb
und laß uns milde richten!

Sollt ich den Schafen wehetun?
Mein Amt ist, daß sie sicher ruhn,
die Wölfe zu vernichten.
Ja, meine Herde, Edens Flur
habt Ihr auf Erden, lenkt Ihr nur

auf Frieden Euer Dichten.
Zum Predigen die beste Frist
find ich, wenn Regenwetter ist.
Komm, Suschen, gib
ein Küßchen lieb
und laß uns milde richten . . .«

Pierre Jean de Béranger,
Mein Pfarrer

Der Wiesen-Pater zu Ismaning: »Warum, meine Christen, ist gewachsen dem Hund sein Schwanzerl? Dem Hund sein Schwanzerl ist gewachsen, damit er wedle und wackle, daß ihm nit fahren die Mucken ins Loch. Wir Geistlichen sind die wahren Schwänzerl! Wir müssen wedeln und wackeln, damit nit fahren ins Loch der Höllen die Seelen gläubiger Christen.«

Nuntius Roncalli erhielt bei einem Bankett in Paris den Platz neben der Dame des Hauses, der Frau eines südamerikanischen Botschafters, einer tief decolletierten Schönheit. Die Gäste empfanden den Gegensatz der Tischpartner. Die Gespräche schleppten sich dahin; man blickte immer wieder auf den Vertreter des Heiligen Stuhles, eine distanzierende Reaktion befürchtend.
Da löste der Geistliche die Spannung: »Warum schauen Sie immer auf mich armen Sünder? Meine Nachbarin, unsere charmante Gastgeberin, ist viel jünger und attraktiver!«

Es gibt drei Geschlechter: Männer, Frauen und Geistliche.

Aus Frankreich

Nach der Frumeß haud der geischlinge Her ein bar Wirscht mid Sembf hinunder und drinkt braf Bier oder Weihn das ers aushalden kahn bis Miedag, wo er Knedl krigt und ein Kalpsbradl und ein bfefferten Salad und ein Hähnerraguh und Kiecheln oder Schmahren und drinkt braf Bier oder Weihn.
Und jez get es bei iem los intem das es nichd so schnehl herausget wie bei dem Oegonohm sontern es get umeinahnd und kohmt ins Blüt und jez mus er in Beuchtstul und drukt ien schtark haber er mus Beucht hörn und fieleicht ist es ein junges Mentsch di ieren Läbenswahndel ofenbahrig machd und ist oft so schweihnern das es unsereins auch erfreien mächte und erfreit den geischlingen Hern fieleichd auch und frahgt rechd lübreich.
Mein liber Mentsch nacher weist schohn wis oft get und ist desweng einer kein Batsi sontern ein Mahn wo nichd mer anderst kahn und wie mir ahle, plos ist er geweichd.

Ludwig Thoma,
Jozef Filsers Briefwexel II,
An Hern Sepastian Hingerl

Besorgte Frage eines Franziskaners, der am Stein operiert wurde: »Ich werde doch nicht etwa impotent?«

Heinrich VIII. forderte strenge Sitten von seinen Geistlichen. Ein Pfarrer beruhigte seine Amtsbrüder: »Man kann uns die Weiber nehmen, aber den Weibern nicht die Priester.«

Kaiser Karl V. schalt die Straßburger Abgeordneten, weil sie die Liebfrauenbrüder aus der Stadt gewiesen hatten. Dr. Sturm verhinderte ein allergnädigstes Ungewitter mit den Worten: »Solange sie unserer lieben Frauen Brüder waren, duldeten wir sie. Als sie aber unserer lieben Frauen Männer wurden, wußten wir uns nicht anders zu helfen.«

Main-Post, Mai 1971: »Haushälterin mit Erfahrung in Säuglingspflege ab Oktober von kath. Geistlichem im Raum Oberfranken gesucht ...«

Aus einem Schüleraufsatz: »Die bayerischen Klöster wirkten befruchtend auf die Bevölkerung.«

»Wir werden die Aufhebung des Zölibats nicht mehr erleben«, sagte ein Kaplan zum Kollegen. »Aber unsere Kinder.«

Disses mache ich Dir jäzd zum wiesen mein lüber Mentsch weils fieleichd noch nichd weist das der geischlinge Her im zelabad ahles derf und ist der Bedrefende kein Batsi wo sein gelübte ferlezt sontern plos das sexte Geboth wie mir ahle.
Und hawe ich auch schon gedenkt das ein zelabad was schenes ist intem das keine keischheid nichd dabei sein mus und bald einer ferheirat ist da ist er fil liber keisch und had seine ru fon ier haber im zelabad da kahn einer schohn luschtig sein weils nichd alerweil die nemlinge ist. Da ist es keine kunzt.
Die Weisbielder wo es nichd ferstehen hawen das greste Derbarmniß mit den zelabad und klauben das mahn damid heulig ist und derweil sind plos mir die thumen.

Ludwig Thoma,
Jozef Filsers Briefwexel II,
An Hern Sepastian Hingerl

»Hilf mir, Rabbi!« flehte ein Chassid. »Meine Frau liegt im Sterben.«
»Setz Dich und warte!« befahl der Priester und verließ den Raum.
Nach einer Viertelstunde kam er wieder. »Gehe heim!« sprach er. »Deiner Frau wird nichts geschehen. Ich habe dem Todesengel das Schwert entwunden.«
Der Mann ging. Tränenüberströmt kehrte er zurück: »Tot!«
Dem Rabbi schoß das Blut in den Kopf. »Ha!« schrie er. »Pfui über diese Bestie! Erwürgt hat er sie. Mit bloßen Händen.«

Große Trockenheit in Galizien. Die Leute laufen zum Rabbi. Der Rabbi betet. Es regnet.
Und regnet und regnet.
Wieder laufen die Leute zum Rabbi. Er betet um schönes Wetter. Aber es regnet weiter.
»Gute Leute«, spricht der Diener des Rabbi. »Mein Herr ist noch jung. Regen machen kann er schon. Aber den Regen aufhören lassen, das muß er noch lernen.«

Ein Invalide bat Brigham Young, den Gründer von Salt Lake City, ihm das fehlende Bein zu ersetzen.

»Gern erfülle ich deinen Wunsch«, sprach der Wundertäter, »aber bedenke: Du wirst zwar bis zum letzten deiner Erdentage wieder zwei gesunde Beine haben. Am Jüngsten Tage aber wird auch dein verlorenes Bein auferstehen, und in aller Ewigkeit mühst du dich dann mit drei Beinen. Möchtest du nicht lieber im Diesseits hinken und im Jenseits gesund sein?«

Der Invalide mochte.

Kathederblüte: »Wenn sich zwei Auguren auf der Straße begegneten, so lächelten sie sprichwörtlich.«

Mittelalterliches Wortspiel auf die altrömischen Buchstaben S.P.Q.R. (Senat und Volk von Rom): Sancte Pater Quid Rides? Rideo Quia Papa Sum. Heiliger Vater, warum lachst Du? Ich lache, weil ich Papst bin.

Mönch

Ohne Wünsche, ohne Sorgen
in des Hafens Ruh' geborgen,
von der Leidenschaft befreit,
folgend Gottes weiser Leitung
lebe ich der Vorbereitung
für die nahe Ewigkeit.*

* Dieses sollte jeder Mensch tun.

Ludwig I. von Bayern,
Der Mönch

Ein Höfling zum Duc de Joyeuse, als dieser die Kapuzinerkutte nahm: »Du wirst schön betrogen sein, wenn es kein Paradies geben sollte!«

Der sieche Kapuziner: »Herr, ich bin nicht würdig zu sterben!«

Friedrich II. zu einem Kapuziner, der sein Gesuch mit »Frater indignus« unterzeichnet hatte: »Mein Gott, wessen mag der Mensch noch würdig sein, wenn er selbst zum Kapuziner nicht würdig ist?«

Sophie Arnould, als man ihr erzählte, daß ein Kapuziner von Wölfen gefressen wurde: »Hunger muß furchtbar sein!«

Eine Wiener Magd sollte den Kapuzinern eine Aalpastete bringen. Abraham a Santa Clara rief sie zu seinen Augustinern herein.
»Die sind ja schwarz!« bemerkte das Mädchen zweifelnd.
Der Fabelhans nahm ihr die Speise ab: »Mein Kind, wir haben Trauer.«

Ein Maler hatte in seiner »Versuchung Christi« den Teufel in eine Franziskanerkutte gesteckt. Die Mönche protestierten, beruhigten sich aber über seine Antwort: »Könnte der Versucher leichter täuschen als im Unschuldskleide des heiligen Franz?«

Ein Franziskaner spöttelte über die Jesuiten: »Welche Gesellschaft Jesu? Bei Seiner Geburt lag Er zwischen Ochs und Eslein; Er lebte unter Pharisäern und Sündern und starb zwischen Schächern.«

Ferdinand II. zu den Jesuiten: »Accipite, non semper habebitis Ferdinandum!« (Nehmt! Ihr werdet nicht immer einen Ferdinand haben.)

Ein Barfüßermönch erfüllte sein Gelübde der Demut, indem er Reisende durch einen Fluß trug. Da kam ein Benediktiner und forderte in barschem Ton den ortsüblichen Dienst. Schweigend nahm der brave Mann die gelehrte Last auf.
Mitten im Flusse blieb er stehen. »Was klappert in Eurer Tasche, Herr Pater?« fragte er.
»Mein Reisegeld«, antwortete der Benediktiner.
»Verzeiht, würdiger Herr«, sprach der Barfüßer. »Die Regel meines Ordens verbietet, Geld bei mir zu tragen.« Und der Kollege im Herrn glitt ins Wasser.

Theologie

Johannes XXIII.: »Ich bin der Papst, der aufs Gaspedal drückt.«

Unmittelbar nach seiner Inthronisation ernannte Johannes XXIII. am 15. Dezember 1958 dreiundzwanzig neue Kardinäle. Jedem überreichte er den Galero mit den vorgeschriebenen Worten: »Empfange diesen roten Hut, das sichtbare Zeichen der Kardinalswürde, zur größeren Ehre des allmächtigen Gottes und zur Zierde des Apostolischen Stuhles. Er möge bekunden, daß du unerschrocken, nötigenfalls selbst bis zur Vergießung deines Blutes, einstehen sollst für die Stärkung des heiligen Glaubens, für den Frieden und die Ruhe des christlichen Volkes und für Wahrung und Bestand der Heiligen Römischen Kirche.«
Der letzte war André Jullien. Der Heilige Vater hatte zum dreiundzwanzigsten Male sein Sprüchlein gesagt. Nun neigte er sich zum Ohr des Franzosen: »Und nicht nur das alles soll künftig unter dem roten Hut wirken, sondern auch ein bißchen mehr Grips!«

Johannes XXIII., als ihm von einer neuen Sozialenzyklika abgeraten wurde mit dem Begründen, »Rerum Novarum« von Leo XIII. und »Quadrogesimo Anno« von Pius XI. sagten bereits alles: »Die Welt schreitet schnell voran. Wir müssen uns täglich anpassen. Wir werden sonst überrollt. Von wem, das kann sich jeder selbst ausrechnen.«

Am 25. Januar 1959 hatte Johannes XXIII. in der St.-Pauls-Basilika in Rom ein Ökumenisches Konzil angekündigt. Hohe kirchliche Würdenträger sträubten sich, formierten sich und ihre Argumente, und der Papst lud sie zur Audienz. Schweigend hörte er sie an. Dann erhob er sich, ging zum Fenster, öffnete und sprach: »Deshalb!«

»Trotz allem modischen Geschmier,
mein Herr Konfrater, bleiben wir
die alten Orthodoxen . . .«
Hier ward im Tal das Echo wach
und rief die letzten Silben nach:
»Oxen – oxen – oxen!«

Karl Julius Weber,
Demokritos VII, 19

Wenn man an Raffael getadelt hat, daß er in seinem Abendmahl unter die Tafel Hund und Katze malte, die sich um einen Knochen herumbeißen, so finde ich darin eine satirische Anspielung auf die lächerlichen Klopffechtereien der Sacrosanctorum über das Abendmahl.

Karl Julius Weber,
Demokritos

»Darf ich eine Henne schlachten, die Kücken hat?« fragte eine Frau den Rabbiner.
»Du darfst.«
»Und wenn die Kücken zugrunde gehen?«
Das hatte der Gelehrte übersehen.
»Komme morgen wieder«, entschied er.
»Ich werde heute nacht in meinen Büchern forschen. Vielleicht verhilft mir Gott zur Lösung der Frage.«
Am nächsten Morgen kehrte die Frau wehklagend zurück: »Der Fuchs, Rabbi, heute nacht! Er hat die Henne samt der Kücken gefressen.«
»Siehst du«, sagte der Rabbiner erleichtert. »Gott hat geholfen.«

Die Klosterbücherei zu Reichenau war noch zu meiner Zeit eingeteilt – nicht in Sacra und Profana wie die zu Mergentheim, sondern – in Seria und Jocosa (Ernstes und Heiteres). Die S.S. Theologia gehörte natürlich zu den Seriis, alles übrige von Plato an bis Wolf zu den Jocosis, obgleich umgekehrt weit natürlicher gewesen wäre.

Karl Julius Weber,
Demokritos I, 19

Ein Karmeliter über die Textstelle »Und sie wärmten sich, weil es kalt war«: »Ihr seht, Geliebte in Christo, der Evangelist erzählt nicht bloß als Historiker: ›Sie wärmten sich‹. Er ist auch Philosoph, der auf die Gründe eingeht: ›Weil es kalt war‹.«

Ein Philosoph zu einem Theologen, der darauf bestand, daß die Philosophie die Magd der Theologie sei: »Trägt sie der gnädigen Frau die Schleppe nach oder die Lampe voraus?«

Ein Kanzelredner machte sich über Voltaire her, riß sein Mützchen herunter, legte es vor sich und fragte: »Na,

verdammter Philosoph, was hast du noch einzuwenden?«
Die Mütze schwieg, der Prediger schwieg, die Gemeinde schwieg.
»Du bist also überzeugt?« fuhr der Redner fort. »Nun denn: Kein Wort weiter!« Und er setzte die Mütze wieder auf.

Ein heidnischer irischer Häuptling fragte im Jahre 432 St. Patrick, wie er sich die Dreifaltigkeit vorstellen solle. Der Missionar bückte sich und pflückte ein Kleeblatt.
So wurde der Klee zum Wahrzeichen Irlands.

Altes Rätsel: Ego sum principium mundi et finis saeculorum, sum trinus et unus et tamen non sum Deus. (Ich bin der Anfang der Welt [*m*undi], das Ende der Zeiten [saeculorum], bin dreifach und eines und dennoch nicht Gott.)
Der Buchstabe M.

Voltaire auf die Frage, warum er auf seinem Arbeitstisch stets die Bibel liegen habe: »Wer einen Prozeß führt, muß den Schriftsatz der Gegenpartei zur Hand haben.«

Der Lehrer schweigt. Es schweigt die
  Fibel.
Jedoch gottlob: Es spricht die Bibel!
Sie trägt zu aller Prüden Schmerz
kein Blatt vorm Mund und anderwärts,
sie kündet vielmehr Blatt für Blatt,
wer wen mit wem gezeuget hat,
und pflegt man auch für die, die lernen,
das Lernenswerte zu entfernen,
es bleibt für die, die lernen wollen,
doch viel, was sie nicht lernen sollen.

Herrmann Mostar,
In diesem Sinn Dein Onkel Franz,
Dritte Epistel

Ein Holländer fand heraus: Die Bibel besteht aus 3 566 227 Wörtern; der Name »Jehova« taucht 6855 mal auf, die Konjunktion »und« 46 227 mal und das Wort »flugs« einmal; der 117. Psalm ist das Mittelkapitel.

Die Frau eines Schusters hatte sich beim Konsistorium beklagt, daß sie von ihrem Ehemanne häufig verprügelt werde. Der Schuster wurde angewiesen, künftighin seine Frau mit der Bibel zu belehren. Er mißverstand die Anweisung und griff nun statt zum Knieriemen zu seinem kupferbeschlagenen Folianten.

Der alte Herr lehnt den werdenden Theologen, vom Trunke schwer, an die gewünschte Haustür.
»Danke!« spricht der Geborgene mit wiegender Verbeugung. »Biermann!«
»Bitte!« erwidert der Hilfreiche. »Paulus!«
Der Student kramt in den Taschen nach dem Schlüssel. »Übrigens«, murmelt er, »haben Sie damals von den Korinthern eine Antwort bekommen?«

Wunder

Begeistert kommt der Medizinmann aus England in den Busch zurück: »Stellt Euch vor: Zweiundzwanzig Männer auf einer großen Wiese treten nach einer Lederkugel, und tatsächlich – zwanzig Minuten später regnet es!«

»Ein armer Holzhacker«, erzählt ein Rabbi, »fand im Wald einen Säugling. Er nahm das Kind auf. Wie aber sollte er es ernähren? Er bat Gott um Rat und siehe: Es wuchsen ihm Brüste.«
Die Gemeinde ist ergriffen. Ein junger Mann aber wiegt unbefriedigt das Haupt: »Ist Gott nicht allmächtig? Warum legt er keinen Beutel mit Goldstücken neben das Kind, damit sich der Holzhacker eine Amme leisten kann?«
Der Weise streicht sich den Bart: »Warum soll Gott ausgeben bares Geld, wenn er auskommt mit e Wunder?«

»Auf seiner letzten Reise«, erzählte ein Chassid, »wurde unser Rabbi an einem Hotel, wo er um ein Zimmer bat, grob abgewiesen. Daraufhin sprach er zum Wirt: ›Heute nacht wird dein Haus zusammenstürzen.‹ Da erbleichte der Hotelier und stellte unserem Rabbi sein eigenes Schlafzimmer zur Verfügung.«
Staunende Andacht.
»Und was soll ich Euch sagen?« fuhr der Erzähler fort. »Das Haus steht heute noch. Ich sah es mit eigenen Augen.«

Ein Zweifler im Kreis der Wundergläubigen hat sich die seltsamen Geschichten geduldig angehört. Nun meldet er sich: »Was ihr erzählt, wißt ihr nur vom Hörensagen. Ich aber will euch berichten, was ich selbst erlebte: Eine Mutter brachte ihr totes Kind zum Rabbi und bat: ›Erwecke es!‹ Und der Rabbi sprach zum Kind: ›Stehe auf und lebe!‹ «
»Na und?« rufen die Chassidim, »stand es auf?«
»Nein.«
»Ha!« empören sich die Gefoppten, »ist das ein Wunder?«
»Nein«, entgegnet der Zweifler höflich. »Aber ich habe es mit eigenen Augen gesehen.«

Ein Chassid berichtet: »Einmal, als wir über Land fuhren, setzte ein schreckliches Unwetter ein. Was tat unser Rabbi? Er breitete die Arme aus, murmelte ein Gebet, und plötzlich: Rechts und links strömender Regen, und in der Mitte, wo wir fuhren, trokken!«
»Mir ist Ähnliches widerfahren«, meldet sich ein Zuhörer. »Es ist Freitagnachmittag. Wir fahren im Zug. Ein Schneesturm bricht los und blockiert die Geleise. Wir steigen aus und schaufeln die Strecke frei. Da beginnt der Sabbat, und wir sind noch weit vom Ziel. Was tut unser Rabbi? Er breitet die Arme aus, murmelt ein Gebet, und was geschieht? Links ist Schabbes, rechts ist Schabbes, und in der Mitte fährt unser Zug.«

(Anmerkung: Am Sabbat = »Schabbes« durften die Juden nicht reisen.)

Der Chassid hat die Wunder seines Rabbis gerühmt, der Zuhörer gelacht.
»Wie kannst du lachen über einen Menschen, dem sich Gott an jedem Freitag offenbart?« entrüstet sich der Erzähler.
»Woher weißt du das?«
»Er hat es mir selbst erzählt.«
»Und wenn er lügt?«
Jetzt reißt dem Gläubigen die Geduld: »Gelogen? Wird ein Mensch lügen, dem sich Gott an jedem Freitag offenbart?«

Isidor und Sarah, auf Weltreise begriffen, stehen am See Genezareth und wollen Kahn fahren. Sechs israelische Pfund verlangt der Verleiher.
»Wai!« schreit der Isidor. »Bist du verrückt? Auf dem Wannsee bin ich gefahren für 50 Pfennig de Stund!«
»Auf dem Wannsee!« spricht der Israeli. »Der Wannsee is der Wannsee, aber der See Genezareth is der See, wo der Jesus is zu Fuß gelaufen übers Wasser!«
»Na und?« sagt der Isidor. »Is e Wunder bei den Preisen?«

Ein chinesischer Händler verkaufte einen Talisman gegen Moskitos. Zwei Tage später kam der Kunde wütend zurück: Der Schutz wirke nicht.
Der Händler hob das Kinn: »Irgend etwas in Ihrem Hause«, sprach er würdevoll, »stimmt nicht. Ich sehe es mir an.«
Ging mit, sah und erkannte: »Wo ist das Netz? Habe ich Ihnen nicht gesagt, der Talisman wirke nur innerhalb des Netzes?«

Freifrau von Droste-Vischering,
vi va Vischering,
zum heilgen Rock nach Trier ging,
tri tra Trier ging,
sie kroch auf allen Vieren
und that sich sehr genieren;
sie wollt' gern ohne Krücken
durch dieses Leben rücken.

Sie schrie, als sie zum Rocke kam,
ri ra Rocke kam,
ich bin auf Händ' und Füßen lahm,
vi va Füßen lahm,
du Rock bist ganz unnähtig,
drum bist du auch so gnädig.
Hilf mir mit deinem Lichte!
Ich bin des Bischofs Nichte.

Drauf gab der Rock in seinem Schrein,
si sa seinem Schrein,
mit einem Mal einen hellen Schein,
hi ha hellen Schein.
Gleich fährt's ihr in die Glieder;
sie kriegt das Laufen wieder.
Getrost zog sie von hinnen;
die Krücke ließ sie drinnen.

Freifrau von Droste-Vischering,
vi va Vischering,
noch selb'gen Tags zum Tanze ging,
ti ta Tanze ging.
Dies Wunder, göttlich grausend,
geschah im Jahre Tausend-
achthundertvierundvierzig,
und wer's nicht glaubt, der irrt sich.

Verfasser unbekannt,
Musenklänge aus Deutschlands Leierkasten, Ballade

Die Wunder der Heiligen und selbst ihrer Knochen sind erklärbar. Sie gaben sich so der Beschaulichkeit hin, daß sie dadurch in nähere Berührung mit dem Jenseits kamen, was gar wohl auf ihre Knochen zurückwirken konnte.

Dr. Passavant,
Lebensmagnetismus (1820)

Einem Kloster, voll von Nonnen,
waren Menschen wohlgesonnen.

Und sie schickten, gute Christen,
ihm nach Rom die schönsten Kisten:

Äpfel, Birnen, Kuchen, Socken,
eine Spieluhr, kleine Glocken,

Gartenwerkzeug, Schuhe, Schürzen.
Außen aber stand: »Nicht stürzen!«

Oder: »Vorsicht!« Oder welche
wiesen schwarzgemalte Kelche.

Und auf jeder Kiste stand:
»Espedito«, kurzerhand.

Unsre Nonnen, die nicht wußten,
wem sie dafür danken mußten –

denn das Gut kam anonym –,
dankten vorderhand nur IHM,

riefen aber doch am Ende
nach dem Sender solcher Spende.

Plötzlich rief die Schwester Pia
eines Morgens: »Santa mia!

Nicht von Juden, nicht von Christen
stammen diese Wunderkisten!

Expeditus, o Geschwister,
heißt er, und ein Heilger ist er!«

Und sie fielen auf die Kniee.
Und der Heilige sprach: »Siehe!

Endlich habt ihr mich erkannt.
Malet nun mich an die Wand!«

Und sie ließen einen kommen,
einen Maler, einen frommen,

und es malte der Artiste
Expeditum mit der Kiste.

Und der Kult gewann an Breite.
Jeder, der beschenkt ward, weihte

kleine Tafeln ihm und Kerzen.
Kurz, er war in aller Herzen.

Morgenstern,
Der Gingganz, St. Expeditus

Schmuel hatte einen schweren Unfall. Die Versicherung bietet zehntausend Mark. Schmuel will fünfzigtausend. Fünfzigtausend aber gibt es nur bei totaler Lähmung.
Also legt sich Schmuel ins Bett und markiert.
»Biste verrickt?« fragt Freund Levi. »Das ganze Leben liegenbleiben für fuffzig Mille?«
Der Blessierte lächelt: »Wofür haben wir Lourdes?«

Tünnes und Schäl kommen aus Lourdes. In Frankreich haben sie ein paar Flaschen Schnaps eingekauft, und an der deutschen Grenze müssen sie die Koffer öffnen.
Der Zöllner deutet auf die Flaschen: »Was ist da drin?«
»Geweihtes Wasser«, erklärt Tünnes.

Der Zöllner öffnet, riecht und weiß: »Schnaps!«
Tünnes starrt den Schäl entgeistert an: »Wieder e Wunder!«

Jonas Vogeldreck erzählt: »Gestern war ich in einem Restaurant. So schlecht und so teuer habe ich mein Lebtag noch nicht gegessen. Aber was tut Gott? Ich gehe hinaus und finde in meiner Tasche ein silbernes Besteck.«

Der Berliner Physiker H. W. Dove auf die Frage, ob er Tischrücken für möglich halte: »Warum soll sich ein Tisch nicht bewegen? Der Klügere gibt nach.«

»Er kann Geister beschwören?« fragte Friedrich II. einen Prediger, dem dieser Ruf vorausging.
»Zu Befehl, Majestät«, antwortete der Gefragte. »Aber sie kommen nicht.«

Ein Herr betritt ein Zigarrengeschäft, steigt, weil der Laden voll ist, die Wand hinauf, schreitet über die Decke, kommt hinter der Ladentafel wieder herunter, nimmt sich eine Packung Zigaretten, legt das Geld hin und verläßt auf dem Weg, den er kam, das Geschäft.
»Unwahrscheinlich!« raunen die Kunden.
»Wirklich«, bestätigt der Händler. »Seit wann raucht der Zigaretten?«

Ein Breslauer hatte aus der Kirche Votivgegenstände gestohlen. Vor Gericht behauptete er, auf sein Gebet hin habe Maria ihm die Schätze geschenkt. Der Streitfall kam vor Friedrich II. Der König ließ Theologen rufen, und diese meinten, man dürfe ein Wunder der angegebenen Art nicht ganz von der Hand weisen.
Der Alte Fritz entschied: »Ich begnadige den Inkulpanten, verbiete ihm aber bei Todesstrafe, künftig von der heiligen Maria oder anderen Heiligen Geschenke anzunehmen.«

Pogorzelski: Menschlicher Lebben lebt von Zauber, wo keinen ist, ist keinen Lebben. Wenn Jagel liebt Maruschka, Maruschka ihn verzaubern; denkt er, ist sich gar nicht mehr Maruschka, ist sich schönstes Mädchen von Welt, wo doch Maruschka hat schiefes Maul. Kriegt die Hanka Kind von Janusch, grault sich vor dem Wurm, schreit und heult. Liegen da kleines Mensch und brüllen: Auf einmal Eia popeia und Engel liebes, schönstes Kind von Kutten – alles Zauber! Lieber Gott schenken Leben in Zauber: Einen verzaubert andern, gutt und böse, dumm und klug. Lehrer verzaubert Kinder: Gute Zauber mit Singen und Klatschen, böse Zauber mit Fluchen und Karbatsch. Pfarrer auf Kanzel müssen zaubern, müssen Rogalski und Placzek und Janusch und Maruschka verzaubern, sonst schlafen. Müssen sogar König zaubern, wie liebe Gott. König verzaubern Land, liebe Gott verzaubern Welt. Geht nicht ohne Zauber. Pfarrer haben Zaubermantel auf Kanzel, König haben Zauberstab in Hand. Geht nicht ohne!
Drygalski: Preuße, alter Heide, Götzenanbeter!
Pogorzelski: Binnen ich nicht, Herr

Rat, binnen ich nicht. Preußen können hexen – klix, klax, brack. Können nicht zaubern.

Paul Fechter,
Der Zauberer Gottes, Examen

Ein Trick bringt hundert echte Wunder um ihren Ruf.

Hans Kasper,
Abel, gib acht; Respekt vor Richtern

II. Kapitel

Welt
Erde
Natur
Tiere I
Tiere II
Hunde

Welt

Es steht ein groß geräumig Haus
auf unsichtbaren Säulen;
es mißt's und geht's kein Wandrer aus,
und keiner darf drin weilen.
Nach einem unbegriffnen Plan
ist es mit Kunst gezimmert;
es steckt sich selbst die Lampe an,
die es mit Pracht durchschimmert.
Es hat ein Dach, kristallenrein,
von einem einzgen Edelstein –
doch noch kein Auge schaute
den Meister, der es baute.

Schiller, Rätsel (Weltgebäude)

Welt, wie wirst du angefangen?
Ach, dein Anfang ist ein W!
Wenn zum Ende wird gegangen,
findet sich ein hartes T,
und, noch eh sie wird beschritten,
kommt Elend, Leiden in der Mitten!

Mittelalterlicher Reim

Vier Wochen lang war der Wiener Regierungsbeamte in einem galizischen Dorfe tätig. Am ersten Tag hatte er beim Schneider eine Hose bestellt; am letzten war sie noch nicht fertig.
Sechs Jahre später kam er wieder. Strahlend brachte der Schneider das Beinkleid.
»Was?« rief der Beamte. »Jetzt bringst du die Hose? Nach sechs Jahren. Und Gott hat die ganze Welt in sechs Tagen geschaffen?«
Liebevoll strich der Meister über sein Werk: »Herr, schaut Euch an de Hose! Und schaut Euch an de Welt!«

Wenn ich der liebe Herrgott wär',
dann würde ich mich schämen
und diese Welt verbessert neu
zu schaffen mich bequemen.
Denn wahrlich, recht mißlungen scheint
sie mir in manchem Teile,
was mich durchaus nicht wundernimmt,
denk' ich der großen Eile,
in der Gott dies, sein Erstlingswerk,
vollbracht in nur sechs Tagen,
anstatt mit seiner Schöpfung sich
noch manches Jahr zu plagen.

Das Welterschaffen ist wohl schwer!
Drum, wenn ich's recht betrachte,
muß ich gestehn, daß einzelnes
Gott nicht so übel machte.
Zu früh nur fand er alles gut
mit selbstgefälliger Miene.
Nicht leugnen läßt sich sein Talent,
ihm fehlte bloß Routine.

Maximilian Bern,
Kritik der Weltschöpfung

So mancher hat sich wohl die Welt
bedeutend besser vorgestellt.
Getrost! Gewiß hat sich auch oft
die Welt viel mehr von ihm erhofft.

Eugen Roth,
Der Wunderdoktor, Ausgleich

Alle Werke Johann Sebastian Bachs schließen in Dur. Das Genie hörte, daß der Moll-Akkord nur Sekunden zu leben vermag. Die Natur ist Ordnung.

Verfasser unbekannt

Auf einer großen Weide gehen
viel tausend Schafe silberweiß;
wie wir sie heute wandeln sehen,
sah sie der allerältste Greis.

Sie altern nie und trinken Leben
aus einem unerschöpften Born;
ein Hirt ist ihnen zugegeben
mit schön gebogenem Silberhorn.

Er treibt sie aus zu goldnen Toren;
er überzählt sie jede Nacht
und hat der Lämmer keins verloren,
sooft er auch den Weg vollbracht.

Ein treuer Hund hilft sie ihm leiten,
ein muntrer Widder geht voran.
Die Herde, kannst du sie mir deuten,
und auch den Hirten zeig mir an!

Schiller,
Rätsel (Mond und Sterne)

Du sahest herrliche Gesichte
in finstrer Nacht.
Ein ganzes Blatt der Weltgeschichte,
du hast es vollgemacht!

Friederike Kempner,
Über Johannes Kepler

»Das Licht des Sternes, den ich Ihnen jetzt zeigen werde«, sprach der Astronom, »braucht sechs Stunden bis zu uns.«
Baron von Drewitz zieht Taschenuhr: »Bedaure! Essen pünktlich 20 Uhr.«

Der Lehrer in Köln fragt nach den Planeten.
»De Äat!« antwortet ein Junge.
»Erde heißt das«, verbessert der Lehrer. »Weiter!«
»Josefpeter«, antwortet ein zweiter.
»Was für Zeug?«
»Zu Hause sagen wir: Jupiter.«

Kathederblüte: »Durch das stärkste Fernrohr erscheint der Planet Mars so groß wie mein Kopf auf zehn Meter Entfernung. Aber selbst, wenn es auf dem Mars von Menschen wimmelte, könnte man sie nicht wahrnehmen, da Sie ja aus zehn Meter Entfernung auch nicht sehen können, was auf meinem Kopfe vorgeht.«

Der Astronom Voitüre, mit dem Studium der Sonnenflecke befaßt, auf die Frage einer Dame, was es Neues in Paris gäbe: »Man spricht nicht eben zum besten von der Sonne.«

Sonne niedertaucht
in das blaue Meer,
ganz von Glut umhaucht.
Anmut hat sie sehr.

Friederike Kempner

Wie dünn er auch immer sei – Kaffee braucht der Sachse nicht nur zum Trinken. Er braucht ihn auch zum Titschen, auf sächsisch »Didschn«, auf deutsch: Eintauchen. Der Sachse tut das mit noch größerer Leidenschaft als der Franzose. Er didscht Kuchen in den Kaffee und die Bemme in den Kaffee und die Plinsen in den Kaffee. Alles.
Das Didschn wurde zur Weltanschauung. Und die gebildeten Sachsen sind

deswegen in zwei sich heftig befehdende Parteien zerstritten. In die Transitiven und die Intransitiven. Die einen sagen: Es gibt nur die Plinse, die man in den Kaffee titscht. Die anderen sagen: Nein, die Plinse kann auch selbst titschen. Berühmtes Beispiel seit Jahrzehnten: Darf ein Sachse beim Anblick eines Sonnenuntergangs im Meer sagen »Nu didschtse« oder darf er es nicht?

Wildt, Deutschland deine Sachsen 3

Die ostpreußische Familie beobachtet an der samländischen Küste den Sonnenuntergang. Das Abendessen ist verschoben; die Kinder müssen sich gedulden.
Endlich ist der Feuerball versunken. Man wendet sich zum Gehen und steht dem Vollmond gegenüber. »Erbarm dich!« stöhnt das Fritzchen. »Da isse schon wieder!«

Ein Rabbi auf die Frage eines Nachdenklichen, wer wichtiger sei, die Sonne oder der Mond: »Der Mond natürlich; denn er scheint in der Dunkelheit. Die Sonne aber leuchtet am Tage, wenn es ohnehin hell ist.«

Als Gott den lieben Mond erschuf,
gab er ihm folgenden Beruf:

Beim Zu- sowohl wie beim Abnehmen
sich deutschen Lesern zu bequemen,
ein »a« formierend und ein »z«,
daß keiner groß zu denken hätt.

Befolgend dies, ward der Trabant
ein völlig deutscher Gegenstand.

Morgenstern,
Galgenlieder, Der Mond

»Oh!« rief ein Glas Burgunder,
»Oh, Mond, du göttliches Wunder!
Du gießt aus silberner Schale
das liebestaumelnde, fahle,
trunkene Licht wie sengende Glut
hin über das nachtigallige Land!«
Da rief der Mond, indem er
verschwand:
»Ich weiß! Ich weiß! Schon gut! Schon
gut!«

Ringelnatz

Ein Geistlicher rühmte dem sterbenden Friedrich Wilhelm Herschel das Jenseits.
»Für mich«, erwiderte der Astronom, »wird das Schönste sein, daß ich Gelegenheit habe, den Mond von hinten zu sehen.«

Vor zweitausend Jahren behauptete Rabbi Jehoschua Ben Chananja, wo er stehe, sei der Mittelpunkt der Welt.
Ein Zweifler forderte Beweise.
Chananja sprach: »Miß nach!«

Erde

Wenn wir uns die Geschichte unserer Erde in ein einziges Jahr zusammengedrängt vorstellen, dann sind die ersten acht Monate ohne Leben. Die folgenden beiden Monate gehören den primitivsten Lebewesen, von den Viren und einzelligen Bakterien bis zu den Quallen. Die Säugetiere treten in der zweiten Dezemberwoche auf. Der Mensch, wie wir ihn kennen, erscheint am 31. Dezember gegen drei Viertel zwölf Uhr nachts. Und die Epoche, die unsere Geschichtsschreibung behandelt, umfaßt die letzten sechzig Sekunden.

R. C., Das Beste, März 1956

»Wo sitzt«, so frug der Globus leise
und naseweis die weise, weiße,
unübersehbar weite Wand,
»wo sitzt bei uns wohl der Verstand?«

Die Wand besann sich eine Weile,
sprach dann: »Bei dir im Hinterteile!«

Nun dreht seitdem der Globus leise
sich um und um herum im Kreise
als wie am Bratenspieß ein Huhn,
und wie auch wir das schließlich tun,
dreht stetig sich und sucht derweil
sein Hinterteil.

Ringelnatz, Der Globus

Ein von Köln nach Frankfurt fahrender Zug beansprucht die westliche Schiene stärker als die östliche. Die näher am Äquator gelegene Mainmetropole hat infolge der West-Ost-Drehung der Erde eine größere Rotationsgeschwindigkeit, und in diese höhere Geschwindigkeit hinein muß der Zug durch die westliche Schiene gedrückt werden. Die Schienenstränge nutzen sich jedoch gleichmäßig ab, weil jeder in entgegengesetzter Richtung fahrende Zug von der östlichen Schiene auf die geringere Rotationsgeschwindigkeit Kölns heruntergezögert wird.

Ein Jude entrüstet sich, daß ihm sein Bruder in Australien vorzulügen versuche, er produziere Hosenträger: »Als ob ich nicht wüßte, daß die Leute in Australien auf dem Kopfe laufen! Wozu brauchen sie Hosenträger?«
Der Freund widerspricht: »Freilich braucht man in Australien Hosenträger. Zwar müssen dort die Hosen nicht festgehalten werden, aber es besteht die Gefahr, daß die Leute aus den Hosen rutschen.«

Der Astronom kommt zum Schluß: »In siebzig Millionen Jahren, meine Freunde, wird die Sonne erkaltet sein, erkaltet wie jetzt der Mond. Dann wird es auch auf der Erde keine Wärme mehr geben, kein Licht und kein Leben.«
»Wie lange wird das dauern?« ruft eine Stimme aus dem Auditorium.
»Siebzig Millionen Jahre.«
»Gott sei Dank!« schnauft die Stimme. »Ich verstand sieben Millionen.«

Newton, der sich auch als Wetterprophet versuchte, ging unter wolken-

losem Himmel spazieren. Er traf einen Hirten, fragte, wie das Wetter werde, und erhielt die Auskunft, daß es in Kürze regnet. Lachend, der eigenen Berechnung vertrauend, welche Zuversicht empfahl, ging er weiter.
Zwei Stunden später kam er durchweicht zurück: »Woher wußten Sie?«
»Von dem kleinen schwarzen Schaf dort«, antwortete der Hirt. »Wenn es mit dem Rücken zum Wind rupft, kommt Regen.«

Kathederblüte: »Manche Leute besitzen Hühneraugen, die bei Witterungsumschlägen so schmerzempfindlich sind wie richtige Quecksilberbarometer.«

Aus Tante Karlas Sprachwolf: »Wie ist das Wetter? Steigt's noch?«

Robert Benchley, der amerikanische Humorist, sollte mit seiner alten Tante spazieren gehen. Er hatte keine Lust und beklagte das schlechte Wetter. Als er sich eine Stunde später allein fortstehlen wollte, erwischte ihn die Dame: »Das Wetter ist wohl besser geworden?«
»Ein wenig«, antwortete Robert. »Für einen reicht es gerade, aber für zwei noch nicht.«

Der Regen ist eine primöse Zersetzung luftähnlicher Mibrollen und Vibromen, deren Ursache bis heute noch nicht stixiert wurde. Schon in früheren Jahrhunderten wurden Versuche gemacht, Regenwasser durch Glydensäure zu zersetzen, um binocke Milien zu erzeugen. Doch nur an der Nublition scheiterte der Versuch. Es ist interessant zu wissen, daß man noch nicht weiß, daß der große Regenwasserforscher Rembremerdeng das nicht gewußt hat.

Karl Valentin

Der Blitzableiter ist nicht 1752 von Benjamin Franklin erfunden worden, wie die physikalische Legende berichtet, sondern mindestens 120 Jahre früher von einem Unbekannten; denn in Schillers Drama »Die Piccolomini« sagt Buttler (I, 2) nach einer Analyse des kaiserlichen Heeres über Wallenstein:

»Doch alle führt an gleich gewalt'gem Zügel
ein Einziger, durch gleiche Lieb und Furcht
zu einem Volke sie zusammenbindend.
Und wie des Blitzes Funke sicher, schnell,
geleitet an der Wetterstange, läuft,
herrscht sein Befehl vom letzten fernen Posten,
der an die Dünen branden hört den Belt . . .«

Flog Vogel federlos,
saß auf Baum blattlos,
kam Frau fußlos,
fing ihn handlos,
briet ihn feuerlos,
fraß ihn mundlos.

Reichenauer Handschrift, 10. Jahrhundert
(Schneeflocke und Sonne)

Wo bläst der Wind in die gleiche Richtung, aus der er kommt?
An den Polen. Am Nordpol kommt jeder Wind aus dem Süden und bläst jeder Wind nach Süden. Am Südpol kommt jeder Wind aus dem Norden und bläst jeder Wind nach Norden.

»Vati, was tut der Wind, wenn er nicht weht?«

In Klein-Ernas Poesiealbum: »Durch den Bäumen geht ein Wind.

Von Deine Tante Tiene.«

Heinrich Zille zu einem Kollegen, der ihn auf die Wolkenbildung hinwies: »Ick zeichne keene Kulissen. Ick zeichne nur Menschen.«

Auf Anfrage des Sohnes bestätigt der Papa die Behauptung des Lehrers, daß Kälte die Körper zusammenzieht und Wärme sie ausdehnt: »Im Winter ist es kalt, und wie sind die Tage? Kurz. Also. Und im Sommer ist es warm, und die Tage sind lang.«

Reibung = a) physikalisch: Vorgang, bei dem Wärme erzeugt wird; b) seelisch: Vorgang, bei dem Abkühlung eintritt.

Michael Schiff,
Von Abs bis Zwiebelmuster

»Papa«, fragt der Zehnjährige, »woher weiß man eigentlich, daß die Erde eine Kugel ist?«
»Dummkopf!« brummt der Vater in seine Zeitung. »Hast du noch niemals einen Globus gesehen?«

Auf die Frage, woher wir wissen, daß die Erde eine Kugel ist: »Weil wir uns die Absätze schief laufen.«

Zwei Angesäuselte sind in globales Nachdenken versunken. Einer wirft die Frage auf, warum die Erde weiblichen Geschlechtes sei.
»Weil«, gluckst der andere, »niemand genau weiß, wie alt sie ist.«

Wer es wagt, hat keinen Mut.
Wem es fehlt, dem geht es gut.
Wer's besitzt, ist bettelarm.
Wem's gelingt, der ist voll Harm.
Wer es gibt, ist hart wie Stein.
Wer es liebt, der bleibt allein.

Nichts.

Natur

Der Biologe Edwin Conklin sagte: »Die Entstehung des Lebens auf der Erde mit dem Zufall erklären heißt, von der Explosion einer Druckerei das Zustandekommen eines Lexikons zu erwarten.«

Sich an die Natur zu schmiegen,
ist edlen Seelen Hochgenuß;
sie ist geräumig und gediegen,
wie jeder anerkennen muß,
und bietet uns zu allen Zeiten
poet'sche Sehenswürdigkeiten.

Friederike Kempner, Nachlaß

Es erklingen alle Bäume,
und es singen alle Nester.
Wer ist der Kapellenmeister
in dem grünen Waldorchester?

Ist es dort der graue Kiebitz,
der beständig nickt so wichtig,
oder der Pedant, der dorten
immer kuckuckt, zeitmaßrichtig?

Ist es jener Storch, der ernsthaft
und, als ob er dirigieret,
mit dem langen Streckbein klappert,
während alles musizieret?

Nein. In meinem eignen Herzen
sitzt des Walds Kapellenmeister,
und ich fühl, wie er den Takt schlägt,
und ich glaube, Amor heißt er.

Heine, Neue Gedichte, Neuer Frühling 8

Falsch zitierter Eichendorff:
»O Täler weit, o Höhen,
o schöner, grüner Wald,
du meiner luft'gen Wehen
andächt'ger Aufenthalt!«

Rousseau unter einem Baume: »Verflucht sei, der da spricht: ›Du bist mein‹!«

Im Lenz erfreu ich dich,
im Sommer kühl ich dich,
im Herbste nähr ich dich,
im Winter wärm ich dich.

Baum.

»Ick bin nich so vor Italien«, sagte Schadow. »Immer diese Pinien und Pappeln! Die een'n sehn aus wie uffjeklappte Regenschirme und die andern wie zujeklappte.«

Gehabt euch wohl, Gott segne euch,
euch all im Sonnenlicht,
dich Vöglein, Röslein, Immergrün,
doch Dornen und Würmer nicht!

Friederike Kempner

Mancher hat's am Stiefel,
Mädchen wohlgemut
lieben's vor dem Busen,
beiden steht es gut.

Johann Peter Hebel,
Rätsel (Rittersporn)

Denn der Freieste von allen,
dessen Blick man nie bestach,
Rousseau, fand an dir Gefallen,
ward gerührt, wenn er dich brach,

wenn er deinen zarten Stengel
selten froh in Händen nahm,
zagend forschend, suchend Mängel –
und zum Vorschein keiner kam.

Friederike Kempner, Immergrün

Ein sich manche Chose renkt,
wenn man eine Rose schenkt.

Gerhard Schumann,
Freundliche Bosheiten, Mit einer Rose

An einem Blumenverkaufsstand: »Meine Blumen sind so preiswert, daß sogar Ehemänner sie kaufen können.«

Ein Besucher bemerkte mit Erstaunen, daß sich im Hause des als Blumenfreund bekannten Shaw kein einziger Strauß entdecken ließ. »Weil ich ein Freund der Blumen und der Kinder bin«, erklärte der Dichter, »schlage ich ihnen nicht die Köpfe ab.«

Das Grundgeflecht der Gedankenordnung, welche allem Gartenwesen der Welt gerecht wird, findet seine ewige Geltung auch darin besiegelt, daß es den tiefsten Reiz der Erscheinungen entbindet.

Velhagen und Klasings Monatshefte,
März 1933

In französischen Gärten, wo nichts fehlen durfte als die Natur, mußten Bäume und Hecken sich der Schere fügen wie das Tuch unter der Hand des Schneiders. Der Taxus und der Buchs mußten sich in Gänse und Enten, in Kronen und Kränze, verzogene Namen, ja selbst Gens d'armes verwandeln lassen, in Tische mit Flaschen und Gläsern, Tiere und Schiffe. Zu Broek sah ich Buchs, der eine Hasenjagd vorstellen mußte. Französische Gartenkünstler schnitten aus ihrem Taxus Adam und Eva mit der Schlange; ein Lärchenbaum wurde zum Turm von Babel; einige Dichterbüsten waren von Lorbeer. Doch das ging noch an. Aber die vollständige Abbildung des Trauerspiels auf Golgatha im Garten einer reichen Prälatur, die man den Gästen als Kunstwerk zu zeigen pflegte?

Karl Julius Weber,
Demokritos VI, 12

Georg II. wollte den St. James Park französisieren und für die Öffentlichkeit sperren. Er fragte Chesterfield, was die Umgestaltung kosten werde.
»Drei Kronen«, antwortete der Graf.
Der König verstand, ließ den Plan fallen und behielt seine drei Kronen (von England, Schottland und Wales).

Ein Amerikaner auf einem englischen Landsitz: »Wie lange brauchten Sie, um diesen wundervollen Rasen zu bekommen?«
»Tausend Jahre«, erwiderte der Lord.

Reihenhausbesitzer Tünnes zeigt seinen Garten: »Jroß is er nich.«
»Nä«, bestätigt der Schäl. »Awer unwahrscheinlich hoch.«

Auf allzu verspielte Vorgärten:
Allhier wird ein jeder gebeten,

die Berge ja nicht plattzutreten;
auch lasse man keine Hunde laufen,
sie möchten sonst den See aussaufen!
Hoffentlich wird niemand sich
erkühnen,
zu nahen den bretternen Ruinen
und bei den pappenen Sarkophagen
zu rauchen oder Feuer zu schlagen.
So ungezogen wird keiner sein
und stecken gar die Felsen ein.

Verfasser unbekannt

Alte Scherzfrage: Wann ist es gefährlich, den Garten zu betreten?
Wenn die Bäume ausschlagen und der Salat schießt.

Ein reicher Mann suchte einen Gärtner. Zwei Männer bewarben sich. Seine Entscheidung fiel rasch. Nach den Gründen seiner Wahl befragt, erklärte er: »Die Hosen des Abgewiesenen waren auf der Hinterseite geflickt, die meines neuen Gärtners an den Knien.«

Blümlein auf der Au,
Blümlein wunderblau,
sag', was zitterst so?
Stürmt es irgendwo?

Bächlein silberblau,
Bächlein durch die Au,
Gürtel ziehest so?
Mündest irgendwo?

Friederike Kempner

Lustig quasselt der seichte Bach.
Scheinchen scheppern darüber flach.
Stumm gegen die Wellchen steht ein
Stein,
sieht, wie mir scheint,
ernst aus und verweint.
Denn es macht traurig, unbequem zu
sein.

Ringelnatz, Lustig quasselt

Eine Dame schrieb an eine Brüsseler Zeitung: »Ich habe viel Freude an meinem Garten. Leider aber kann ich noch nicht sicher zwischen Unkraut und wertvollen Gewächsen unterscheiden. Gibt es ein Mittel, das nur das Unkraut vernichtet? Oder gibt es ein allgemeingültiges Merkmal allen Unkrautes?« Der Ratgeber erwiderte: »Es gibt ein allgemeingültiges Merkmal von Unkraut. Bitte reißen Sie alle Pflanzen aus! Was wiederkommt, ist das Unkraut.«

Schüleraufsatz: »Zuerst gleicht die Isar einem fröhlichen Kind, das über Steine hüpft. Später wird sie zu einem kräftigen Mann, der Wiesen und Felder bewässert.«

Im Süden des Nils sind die Katarakte. Das heißt zu deutsch: Da kann man nicht zu Schiff fahren.

Karl Joachim Marquardt

Die Nilquellen liegen noch viel weiter südlich, als wo Bruce sie entdeckte.

Johann Georg August Galletti

Aus einem Schüleraufsatz: »In der Tiefe des Schwarzen Meeres zu leben, ist der Lebewelt unmöglich.«

Der Lehrer fragt nach den Eigenschaften des Wassers. Ein Kind antwortet: »Wenn wir uns waschen, wird es schwarz.«

Ehre sei Gott in der Höhe!
Er hat die Berge so hoch gestellt –
und tat damit seine Weisheit kund –,
damit man nicht jedem Lumpenhund,
womit die Täler so reichlich gesegnet
auch noch in luftiger Höhe begegnet.
Ehre sei Gott in der Höhe!

Verfasser unbekannt, Bergpsalm

Die Afghanen sind ein sehr gebirgiges Volk.

Johann Georg August Galletti

Der Lehrer hat von den Eskimos im Norden gesprochen und fragt, wer dem Südpol am nächsten siedelt. Ein Kind vermutet: »Die Trinkimos?«

Der Berliner Physiker H. W. Dove in einer Vorlesung über Erdbeben: »Bei uns kann es so etwas nicht geben. Im märkischen Sande blamieren sich die größten Naturereignisse.«

In der Sahara liegt der Sand so locker, daß heute Berge sind, wo morgen Täler waren.

Johann Georg August Galletti

Tiere I

Hat er es nicht gleich uns geschaffen?
Mit gleichen Sinnen auch versehen?
Es liebt und haßt, fühlt Weh und
Freude:
Das müßt ihr ja doch zugestehen.
Daß es nicht auch französisch spricht,
das ändert doch die Sache nicht.

Friederike Kempner, Das Tier

Die wilden Tiere dienen zum Leder.

Karl Joachim Marquardt

Die Engländer würden bei weitem nicht soviel Leder machen, wenn sie bloß ihre eigenen Felle gerbten.

Johann Georg August Galletti

Mich wundert es übrigens nicht, daß die Menschen glauben, die Tiere seien nur da um ihretwillen, glauben dies ja doch viele Menschen von ihresgleichen.

Karl Julius Weber,
Demokritos VI, 17

Aus einem Schüleraufsatz über den »Tierpark«: »Die Wärter müssen die

Tiere lieben wie ihre Frauen, aber keine Angst davor haben.«

Zeitgemäß definiert: »Der Tierpark heißt Tierpark, weil darin die Tiere parken.«

Ein Schüler erhob im Naturkundeunterricht Einspruch: »Daß die Störche im Winter nach dem Süden fliegen, das kann nicht stimmen; denn ich bin am 20. Dezember geboren, und meine Schwester ist am 7. Januar geboren.«

Wenn ich einem Tiger begegne und der Tiger frißt mich auf, so muß ich das ganz natürlich finden.

Karl Joachim Marquardt

Kleinkind vor dem Berliner Elefantengehege: »Der ekle Fahne freßt ja mit'n Schwanz!«

Beiträge zur Sondernummer einer Zeitschrift über den Elefanten: Aus Frankreich: »Das Liebesleben der Elefanten.« Aus England: »Wie ich meinen ersten Elefanten schoß.« Aus Deutschland: »Der Elefant als Typus des Dickhäuters in rassischer, soziologischer und kultureller Beziehung unter besonderer Berücksichtigung der mythisch-folkloristischen Darstellungen primitiver Völker.« Aus Österreich: »Erinnerungen eines Elefanten an das alte Burgtheater.« Aus Italien: »Hannibal und die heilige Brennergrenze.«

»Gehe nicht so nahe an die Eisbären!« mahnt die Mutter im Tierpark. »Bist sowieso schon erkältet.«

»Känguruhs sind die Bewohner Australiens«, erklärt der Tünnes vor ihrem Käfig.
Der Schäl erbleicht: »Mein Gott! Meine Schwester hat ins vorije Jahr dahin geheiratet.«

Der witzige Galiani hielt sich noch einen Affen und wußte alle seine Streiche zu bemänteln. Zerbrach er die Lampe auf der Treppe, so daß sich das Öl über den Gesandten ausgoß, so hatte der Affe Beobachtungen über die Oszillation des Pendels anstellen wollen. Warf er eine schöne Schüssel zum Fenster hinaus, so machte er Betrachtungen über die Schwere, und erbrach er gar Briefe, so sah Galiani Anlagen in ihm zum Legationssekretär. Aber endlich schaffte er ihn fort, da er einst ihm, der mit einem Mädchen auf dem Sofa beschäftigt war, von gleicher Paviansiust erhitzt auf den Rücken sprang.

Karl Julius Weber,
Demokritos VI, 22

Kathederblüte: »Die Faultiere leben im tropischen Südamerika und zeichnen sich dadurch aus, daß sie sich von jeder Tätigkeit mit Fleiß fernhalten.«

Ein Wanderer im Oberland wird von einem Wildschwein angegangen. Er trabt über Stock und Stein, bricht end-

lich erschöpft zusammen und erwartet mit geschlossenen Augen den Gnadenstoß. Aber es geschieht nichts. Nach fünf Minuten wagt er, sich umzublicken.
Hinter ihm sitzt der Keiler und grinst: »Pack ma s' wieder?«

»Gestern machte ich einen wunderschönen Waldspaziergang«, erzählt der niederbayrische Lehrer am Montagmorgen. »Und was sah ich? Ein Tier mit einem schönen braunen Pelz, hüpfend von Ast zu Ast. Was für ein Tier mag das wohl gewesen sein?«
Schweigen. Schließlich meldet sich ein zwecks Luftveränderung verschickter Berliner Bengel: »Bei uns in Balijen wäre det 'n Eichhörnchen. Aba wie 'ck den Vaein hier kenne, kann det nur unsa liebet Jesulein jewesn sein.«

Ein Nerz steht schüchtern an der Himmelspforte.
»Komm herein, armes Kerlchen!« sagt Petrus. »Weil man dir auf Erden so nachstellte, hast du einen Wunsch frei.«
Der Ankömmling wischt sich zweimal mit der Pfote über die Nase: »Ein Hemdchen aus dicken, reichen Weibern!«

Ein Hase, der erst jetzt gehört,
daß man der Hasen Felle schert,
sie färbt und daraus kunstbedacht
die feinsten Edel-Pelze macht,
begeistert nun die Flur durchstreift.
Denn das Bewußtsein, hier auf Erden
einst nach dem Tod berühmt zu
werden,
wie es sonst Menschen nur beschieden,
macht ihn zum Glücklichsten hienieden.
Nun weiß er doch, wohin er läuft.

Albert Käufer, Der Edel-Pelz

Der Junge fragt, ob es stimme, daß manche Tiere alljährlich einen neuen Pelz bekommen.
Ängstlich blickt sich der Vater um: »Das stimmt. Aber Mama darf es nie erfahren, hörst du?«

Ein türkischer Kavalleriegeneral, Dano-Pascha zu Mardin, stand schon seit langem in Unterhandlungen mit einem arabischen Stamme wegen einer edlen Stute vom Geschlecht Meneghi; endlich einigte man sich zu dem Preise von 60 Beuteln oder nahe an 2000 Talern. Zur verabredeten Stunde trifft der Häuptling des Stammes mit seiner Stute am Hofe des Paschas ein; dieser versucht noch zu handeln, aber der Scheikh erwidert stolz, daß er nicht einen Para herablasse. Verdrießlich wirft der Türke ihm die Summe hin mit der Äußerung, daß 30 000 Piaster ein unerhörter Preis für ein Pferd sei. Der Araber blickt ihn schweigend an und bindet das Geld ganz ruhig in seinen weißen Mantel, dann steigt er in den Hof hinab, um Abschied von seinem Tier zu nehmen; er spricht ihm arabische Worte ins Ohr, streicht ihm über Stirn und Augen, untersucht die Hufe und schreitet bedächtig und musternd rings um das aufmerksame Tier. Plötzlich schwingt er sich auf den nackten Rücken des Pferdes, welches augenblicklich vorwärts und zum Hofe hinausschießt.

In der Regel stehen hier die Pferde tags und nachts mit dem Palan oder Sattel aus Filzdecken. Jeder vornehme Mann hat wenigstens ein oder zwei Pferde im Stall bereit, die nur gezäumt zu werden brauchen, um sie zu besteigen; die Araber aber reiten ganz ohne Zaum, der Halfterstrick dient, um das Pferd anzuhalten, ein leiser Schlag mit der flachen Hand auf den Hals, es links oder rechts zu lenken. Es dauerte denn auch nur wenige Augenblicke, so saßen die Agas des Paschas im Sattel und jagten dem Flüchtling nach.

Der unbeschlagene Huf des arabischen Rosses hatte noch nie ein Steinpflaster betreten, und mit Vorsicht eilte es den holperigen, steilen Weg vom Schlosse hinunter. Die Türken hingegen galoppieren einen jähen Abhang mit scharfem Geröll hinab wie wir eine Sandhöhe hinan; die dünnen, ringförmigen, kalt geschmiedeten Eisen schützen den Huf vor jeder Beschädigung, und die Pferde, an solche Ritte gewöhnt, machen keinen falschen Tritt.

Am Ausgang des Orts haben die Agas den Scheikh beinahe schon ereilt; aber jetzt sind sie in der Ebene, der Araber ist in seinem Elemente und jagt fort in gerader Richtung, denn hier hemmen weder Gräben noch Hecken, weder Flüsse noch Berge seinen Lauf. Wie ein geübter Jockey, der beim Rennen führt, kommt es dem Scheikh darauf an, nicht so schnell, sondern so langsam wie möglich zu reiten; indem er beständig nach seinen Verfolgern umblickt, hält er sich auf Schußweite von ihnen entfernt. Dringen sie auf ihn ein, so beschleunigt er seine Bewegung; bleiben sie zurück, so verkürzt er die Gangart des Tieres; halten sie an, so reitet er Schritt. In dieser Art geht die Jagd fort, bis die glühende Sonnenscheibe sich gegen Abend senkt; da erst nimmt er alle Kräfte seines Rosses in Anspruch; er lehnt sich vorn über, stößt die Fersen in die Flanken des Tieres und schießt mit einem lauten Jallah! davon. Der feste Rasen erdröhnt unter dem Stampfen der kräftigen Hufe, und bald zeigt nur noch eine Staubwolke den Verfolgern die Richtung an, in welcher der Araber entfloh.

Hier, wo die Sonnenscheibe fast senkrecht zum Horizont hinabsteigt, ist die Dämmerung äußerst kurz, und bald verdeckt die Nacht jede Spur des Flüchtlings. Die Türken, ohne Lebensmittel für sich, ohne Wasser für ihre Pferde, finden sich wohl zwölf oder fünfzehn Stunden von ihrer Heimat entfernt in einer ihnen ganz unbekannten Gegend. Was war zu tun als – umzukehren und dem erzürnten Herrn die unwillkommene Botschaft zu bringen, daß Roß und Reiter und Geld verloren? Erst am dritten Abend treffen sie halb tot vor Erschöpfung und Hunger, mit Pferden, die sich kaum noch schleppen, in Mardin wieder ein; ihnen bleibt nur der traurige Trost, über dieses neue Beispiel von Treulosigkeit eines Arabers zu schimpfen, wobei sie jedoch genötigt sind, dem Pferde des Verräters alle Gerechtigkeit widerfahren zu lassen und einzugestehen, daß ein solches Tier nicht leicht zu teuer bezahlt werden kann.

Am folgenden Morgen, als eben der Imam zum Frühstück ruft, hört der Pascha Hufschlag unter seinen Fenstern, und in den Hof reitet ganz harmlos unser Scheikh. »Sidi«, ruft er hinauf, »Herr, willst du dein Geld oder mein Pferd?«

Helmuth von Moltke, Anekdote

Ein Zoologe ist angeklagt, weil er in einer Durchfahrt, die im Schritt passiert werden soll, seinen Kutschengaul traben ließ.
»Sie wollen beschwören, daß ich Trab gefahren sei?« spricht er zum Zeugen. »Denken Sie sich bitte einmal die Füße des Pferdes von vorn links nach hinten rechts beziffert mit eins, zwei, drei, vier! Im Schritt nun geht das Pferd eins, drei, zwei, vier, im Trab jedoch eins, vier, zwei, drei. Bitte sagen Sie uns, ob mein Pferd eins, drei, zwei, vier ging oder eins, vier, zwei, drei!«

»Wie behandeln Sie ein Pferd, das einen Schlüsselbeinbruch hat?« fragte Adolf von Bardeleben seine Studenten. Der Hörsaal einigte sich auf Tetanus und Gips.
»Falsch«, sagte der Chirurg. »Ans Museum verkaufen. Es wäre das einzige Exemplar mit Schlüsselbein.«

Alte Scherzfrage: Wieviel Nägel braucht ein gut beschlagenes Pferd? Keinen.

Wer hat mehr Beine: Ein Pferd oder kein Pferd?
Ein Pferd hat vier Beine, kein Pferd hat fünf.

Der Partystar fragte: »Wer weiß ein Tier, das Augen hat und nicht sehen, Füße und nicht gehen, aber so hoch springen kann wie das Ulmer Münster?«
Schweigen. Stirnrunzeln. Schnaufen. Keine Ahnung.
»Das Schaukelpferd«, strahlte der Überlegene. »Es hat Augen und kann nicht sehen. Es hat ...«
»Schon recht. Aber springen? So hoch wie das Ulmer Münster?«
»Gewiß. Das Ulmer Münster kann nicht springen.«

Pferdeverstand = Hemmung, sich an Wetten zu beteiligen.

Der alte Ochse arbeitet nicht mehr, wird gut gefüttert und, ist er fett, mit einem Schlage vor den Kopf getötet und verspeist. Und das alte Pferd? Je älter es wird, desto tiefer sinkt es im Werte, wird vom stolzen, müßigen Kutschen- oder Reitpferd zum mißhandelten Karrengaul mit halber Pension und endlich als abgezehrtes Gerippe ein Fraß der Hunde oder wilden Tiere. Die ersten Eltern der Pferde müssen verbotenes Heu gefressen haben.

Karl Julius Weber,
Demokritos VI, 19

Beim Wanderzirkus: »Hol' das Zebra rein! Es regnet.«

Der Zoologe Georg Louis Leclerc Buffon wurde von einem Mädchen nach dem Unterschied zwischen dem Stier und dem Ochsen gefragt. Er zeigte auf eine Anzahl Kälber: »Der Stier ist ihr Vater, der Ochse ihr Onkel.«

Eine Kuh nach dem Almabtrieb: »Herrlich war's heuer! Viel Sonne, beste Weide und ein knuspriger Stier.« Die Gefährtin nörgelt: »Bei uns mehr Steine als Gras und ein alter Ochse, der ständig von seiner Operation erzählte.«

Tiere II

Lisbeth, das kommende Hausmütterchen, auf die Frage, mit welchen Worten der Herr die Schlange des Paradieses verwiesen habe: »Auf dem Bauche sollst du kriechen und staubsaugen dein Leben lang!«

Das Schwein führt seinen Namen mit der Tat; denn es ist ein sehr unreinliches Tier.

Johann Georg August Galletti

»Wie vermehren sich die Stachelschweine?« – »Vorsichtig.«

Die Gans ist das dümmste Tier; denn sie frißt nur solange, wie sie etwas findet.

Johann Georg August Galletti

Wie unterscheidet man eine Gans von einem Gänserich?
Man hält dem Tier ein Stück Brot hin. Schnappt *er* nach dem Brot, ist es ein Gänserich. Schnappt *sie* danach, ist es eine Gans.

Aus einem Schüleraufsatz: »Das Kätzchen ist sehr bassierlich. Es ist mit einem verschiedenen Fell überzogen. Sie wird elektrisch, wenn man ihr entgegenfährt. Wenn man sie fallen läßt, berührt sie stets den Boden. Sie ist auch sehr zehe. Sie lebt oft noch viele Stunden vor ihrem Ende. Hinter ihr ist der Schwanz. Derselbe wird immer dinner und dinner und hört zuletzt ganz auf.«

Der Tierarzt kommt ins Haus, untersucht die Katze und stellt fest: »Trächtig.«
»Unmöglich!« protestiert die Frau. »Ich halte sie stets an der Leine, wenn ich ausgehe.«
Da kriecht ein großer Kater unter der Couch hervor. »Und der hier?« fragt der Arzt.
Die Frau schüttelt den Kopf: »Das ist ihr Bruder.«

»Pfui, Klein-Erna«, schreit Mama aus dem Fenster. »Muscha die Katze nich immer an Schwanz ziehn!«
»Tu ich scha auch gaanich. Die Katze zieht. Ich halt ihr bloß fest.«

Ein Mann hockt sich an die Bar, bestellt zwei Cognac, trinkt einen und schüttet den anderen in die Tasche. Bestellt zwei weitere, trinkt einen und schüttet den anderen in die Tasche. Bestellt wiederum, einen für die Gurgel, den anderen für die Tasche.
Der Mixer fragt endlich: »Warum, um Himmels willen, gießen Sie sich den Cognac in die Tasche?«
»Das geht Sie einen Dreck an, verstanden?« erwidert der Gast. Aus seiner Tasche piepst es: »Für Ihre blöde Katze gilt dasselbe.«

Einen sah ich wie den Wind
rennen durch die Wüsten.
Einen sah ich an der Brust
sich des Liebchens brüsten.
Einen werd ich keck bestehn,
wen danach wird lüsten.

Rückert,
Rätsel (Strauß)

Nehmt vornen mir ein M und hinten mir ein l,
dann wandelt sich wie im Ovid so schnell
ein weiblich Bild, verschmitzt und fein,
in ein bekanntes Vögelein.

Johann Peter Hebel,
Rätsel (Mamsell)

Man läßt ihn sprechen,
man läßt ihn stechen,
es ist ein Vogel
und ein Gebrechen.

Schleiermacher,
Rätsel (Star)

Aus einem Schüleraufsatz: »Der Kuckuck unterscheidet sich dadurch von den anderen Vögeln, daß er seine Eier nicht selber legt.«

Zum Äther frei die Lerche strebt,
der Frosch meist für die Störche lebt.

Ein Mann wollte einen Papagei ersteigern. Angebot erhöhte Angebot, und am Ende bekam der Mann den Vogel für einen irrsinnigen Preis. Besorgt fragte er: »Spricht der denn überhaupt?«
»Selbstverständlich«, erwiderte der Auktionator. »Wer, glauben Sie denn, hat gegen Sie geboten?«

Inserat in einer spanischen Tageszeitung: »Papagei entflogen. Spricht, pfeift und hört auf den Namen ›Pizarro‹. Seine politischen Ansichten teile ich nicht. Er ist ein Geschenk.«

Eine Frau hatte ihrem Papagei suspekte Sprüche beigebracht: »Nieder mit Hitler!« und »Zum Teufel mit dem Nazigesindel!« Das Tier machte von seinen Fähigkeiten bei offenem Fenster Gebrauch, und die Nachbarin lief zur Polizei.
In ihrer Angst wandte sich die Angezeigte an den Pfarrer. Der wußte Rat: Er gab ihr den eigenen Papagei und übernahm den vorlauten.
Es kam zur Verhandlung. Dem Schnabelfertigen wurden die kolportierten Sprüche vorgesprochen. Doch er schwieg. Immer eindringlicher artiku-

lierte der Richter. Nichts. Schließlich brüllten sämtliche Schöffen: »Nieder mit Hitler!« und »Zum Teufel mit dem Nazigesindel!«
Da endlich ließ sich der Vogel erweichen, und mit verdrehten Augen krächzte er: »Der Herr erhöre unser Flehen!«

Allgeliebter Vogel du,
gingest auch zur ewigen Ruh,
liebenswürdig, zahm und zart
und von selten geistiger Art!

Friederike Kempner,
Auf meinen am 15. November 1890
dahingegangenen Papagei

Aus einem Schüleraufsatz: »Als im Harz die Bergwerke kein Erz mehr lieferten, klammerten sich die Bewohner desselben an die Kanarienvögel und gebrauchten diese als Hebel zur Selbsterhaltung.«

Aus einem Schüleraufsatz: »Der Walfisch zeichnet sich durch sein unhandliches Format aus.«

Kathederblüte: »Wenn man einem Walfisch den Bauch aufschneidet, so nährt er sich von kleinen Heringen.«

Man hat sie in dem Laden
in ein intimes Bassin gesetzt.
Dort dürfen sie baden.
Äußerlich etwas ausgefranst,
abgewetzt,
scheinen sie inwendig
doch recht lebendig.
Sie murmeln Formeln wie die Zauberer,
als würde dadurch ihr Wasser sauberer.
Sie kauen Mayonnaise stumm im
Rüssel
und träumen sich gegen den Strich
rasiert,
sodann geläutert, getötet, erwärmt und
garniert
auf eine silberne Schüssel.
Sie enden in Kommerzienräten,
senden die witzigste von ihren Gräten
in eine falsche Kehle.
Und ich denke mir ihre Seele
wie eine Kellerassel,
die Kniebeuge übt.
Ja, und sonst hat mich in Kassel
nichts weiter erregt oder betrübt.

Ringelnatz, Kassel,
Die Karpfen in der Wilhelmstraße 15

Wenn du einen Schneck behauchst,
schrumpft er ins Gehäuse.
Wenn du ihn in Kognak tauchst,
sieht er weiße Mäuse.

Ringelnatz, Überall

Regenwurmfrau, von der Nachbarin nach dem Verbleib des seit einigen Tagen unsichtbaren Gatten gefragt: »Er ist beim Angeln.«

Fliegt in der Luft und macht immer »mus, mus«?
Eine Biene, die rückwärts fliegt.

Mosquito = Kleines Insekt, vom Herrgott erschaffen, um den Ruf der Stubenfliege zu verbessern.

In einer Buttermilch verlor ich Geist
und Leben.
Ein zarter Weiberbauch hat mir das
Grab gegeben.
Sei nicht Domitian! Vergönne mir die
Ruh
und schließe meiner Gruft die Vordertüre zu!

Hofmannswaldau,
Grabschrift auf eine Fliege

Welches Lebewesen kommt mit der wenigsten Nahrung aus?
Die Motte. Sie frißt Löcher.

Der Himmel hat die Laus erdacht,
so jage sie geduldig!
Wenn sie sich bei dir mausig macht,
das spricht dich noch nicht schuldig.

Fritz Grasshoff,
Die große Halunkenpostille,
Barackenmeditation 1946

Aus einem Schüleraufsatz: »Die Wanzen bringen uns zwar keinen unmittelbaren Nutzen, aber sie zwingen uns zur größtmöglichen Sauberkeit.«

»Floh!« spricht der müde Schläfer, »entweder du bist gesund: Was tust du in meinem Bett? Oder du bist krank: Warum hüpfst du?«

Hunde

In den Augen meines Hundes
liegt mein ganzes Glück,
all mein Innres, krankes, wundes
heilt in seinem Blick.

Friederike Kempner,
Nero

Wo bist du hin, du liebes Tier,
das mir so treu gewesen,
das sich vor Freuden nicht fassen
konnt',
durft es in meinen Blicken lesen?

Das hoch hinauf zum Wagen sprang
mit wonnigem Geschreie,
wenn ich nach Hause zurückgekehrt:
Ein solches Herz ist Weihe!

Friederike Kempner,
Neros Angedenken

Nur den Hebräern erschien der Hund unrein. Dafür aber haben sie in ihrem Talmud eine herrliche Genesis der Hunde:
Es jammerte den Schutzengel Adams, daß von der Erde, woraus der Urvater der Menschen gebildet war, noch Überreste hie und da herumlagen, und er bat, solche zu minder edlen Gebilden verwenden zu dürfen. Er nahm den Ton und bildete zuerst den Affen,

der aber nicht warten konnte, bis der Schweif fertig war, und nach einem Baum entschlüpfte. Sodann machte der Engel den Hund und gab ihm den bereits fertigen Affenschweif, der von feinerer Erde war, daher des Hundes physiognomischer Ausdruck weniger im Gesicht als im Schwanze liegt. Dieser hängt nieder in der Traurigkeit, ringelt sich aber beim Gefühl der Kraft, steht straff und steif in der Entrüstung und wedelt bei Freude, Liebe und Schmeicheleien.

Karl Julius Weber,
Demokritos VI, 21

Der weise Rabbi auf die Frage, warum der Hund mit dem Schwanz wedele: »Weil er ist stärker als der Schwanz. Möchte der Schwanz stärker sein als der Hund, so möchte der Schwanz wedeln mit dem Hund.«

Er saß an der Bar und pokerte mit seinem Hund.
»Unwahrscheinlich!« murmelten die Gäste.
»Pah!« lachte er. »Blödes Vieh! Jedes Mal, wenn er ein gutes Blatt hat, wedelt er mit dem Schwanz.«

Ein Hundebesitzer rühmte, daß sein Schützling, wenn man ihm Geld gibt, beim Bäcker Semmeln kauft. Der Besucher zweifelte und bestand auf einer Probe.
Der Hund zog ab und war nach einer Stunde noch nicht zurück. »Wieviel hast du ihm denn gegeben?« fragte der Besitzer.
»Eine Mark.«
»Ja, dann!« Dem Hundehalter war alles klar. »Wenn er eine Mark bekommt, geht er ins Kino.«

Ein Pferd zieht eine Fuhre. Auf dem Wege sonnt sich ein Hund.
»Hau ab, Mistköter!« ruft das Pferd.
»Erlauben Sie mal!« entgegnet der Hund. »Wie sprechen Sie mit einem Steuerzahler?«

Im Schaufenster eines New Yorker Spezialgeschäftes: »Hier bekommen Sie alles für Ihren Hund: Nahrung, Kleidung, Ausrüstung, Hygiene, Literatur.«

Karl Valentin zum Besitzer einer Dogge, die ihn beschnüffelte: »Gehören Sie zu dem Hund?«

»Warum schneidest du der Bulldogge Grimassen, Kleiner?«
»Sie hat angefangen.«

Die Fünfjährige starrt einen Bernhardiner an: »Wenn du glaubst, daß ich zuerst lache, dann täuschst du dich!«

»Wo er bellt«, sprach der Händler zum Käufer des langhaarigen Rassehundes, »ist vorn.«

Ein Herr hat sich eine Promenadenmischung zugelegt. Ein Bekannter amüsiert sich.
»Spotten Sie nicht!« bittet der Besitzer. »Es ist ein Polizeihund.«
Der andere lacht: »So sieht er aber nicht aus.«
Der Hundehalter verzieht keine Miene: »Soll er auch nicht. Kriminalpolizei.«

Ein Bayer behauptete, zwischen einem Brief und einem Polizeihund bestehe kein Unterschied: »A Brief is adressiert, und a Polizeihund is a dressiert.«

Eine Hundebesitzerin war nach New York gezogen. Am nächsten Tage begann das Tier zu kränkeln. Sie schlug im Telefonbuch nach und rief einen Arzt an. Die Assistentin fragte: »Um was für einen Hund handelt es sich?«
»Einen Cockerspaniel.«
»Tut mir leid«, beschied das Mädchen. »Dr. Ypsilon ist Facharzt für französische Pudel.«

Aus einem Schüleraufsatz: »Als unser Hund nachts zu bellen anfing, ging meine Mutter hinaus und stillte ihn.«

Drei Uhr morgens. Das Telefon läutet. Eine wütende, weibliche Stimme: »Nehmen Sie gefälligst Ihren Köter ins Haus! Seit einer Stunde kläfft er unter meinem Fenster.«
Der Gescholtene erkundigt sich höflich nach dem Namen der Sprecherin und sagt Abhilfe zu.
Am nächsten Morgen, punkt drei Uhr, ruft er zurück: »Es tut mir sehr leid, gnädige Frau, daß Sie gestern gestört wurden. Aber mein Hund kann es nicht gewesen sein. Ich besitze keinen.«

Herr mit Hund saß auf Parkbank. Ein hageres, spätes Fräulein setzte sich dazu und fand das Interesse des Vierbeiners.
»Nehmen Sie den Köter weg!« giftete sie.
»Komm her, Purzel!« sprach der Herr. »Das sind keine Knochen für dich.«

Pudelweibchen zur Gefährtin: »Hinsetzen! Dort kommt der mit der kalten Schnauze.«

Dem kleinen Wilhelm war vor dem Spaziergang eingeschärft worden, die Schäferhündin Frigga fest an der Leine zu halten. Aber sie riß sich los und türmte mit einem Bernhardiner.
Die Mutter schlug die Hände über dem Kopf zusammen, als sie die Nachricht erhielt: »Hoffentlich ist der armen Frigga nichts passiert!«
»I wo«, tröstete Wilhelm. »Der hatte einen Beißkorb.«

Ein Mann, der seinen Hund »Gauner« getauft hatte, berichtete: »Unglaublich, wieviele Leute sich angesprochen fühlen, wenn ich auf der Straße meinen Hund rufe!«

»Gehorcht Ihr Hund?«
»Auf's Wort. Wenn ich zu ihm sage: ›Kommst du jetzt her oder kommst du nicht?‹, dann kommt er entweder oder er kommt nicht.«

Als Max Reger in Meiningen tätig war, besuchte ihn sein Dackel oft im Theater. Der Vierfüßer riß daheim aus und legte sich still unter den Flügel.
Als der Komponist mit dem Hofmarschall Meinungsverschiedenheiten bekam, entsann sich letzterer, daß Tieren der Zutritt im Theater untersagt war. Er wies den Oberpfälzer schriftlich auf das Verbot hin.
Reger antwortete, er habe seinem Waldl das Schreiben vorgelesen; das Tier habe auch verständnisvoll geknurrt; ob es sich aber an die Anweisung halten werde, könne er nicht sagen.

Eine Großstadtfamilie erwarb ein Landhaus. Man empfahl ihnen, einen Hund anzuschaffen, und sie kauften das größte Tier am Lager.
Kurz darauf wurde bei ihnen eingebrochen und, während der Hund schlief, das Haus ausgeraubt. Erbittert begab sich das Ehepaar zum Hundehändler.
»Dschaaa«, sagte dieser. »Der große ist dafür da, die Einbrecher abzuwehren. Um ihn aber aufzuwecken, brauchen Sie noch einen kleinen. Da hätten wir zum Beispiel hier ...«

»Dieser kleine Wachtelhund, bitte sehr, dreihundert Mark, die Dame. Der Zwergspitz hier auch nicht teuer: Vierhundert. Oder soll es ein winziger Rehpinscher sein? Dieser vielleicht: Fünfhundert.«
»Was, bitte«, fragte die Kundin, »kostet bei Ihnen überhaupt kein Hund?«

Auf die Frage der Kundin, ob der zum Kauf erwählte Hund treu sei, erwiderte der Händler: »Wie Gold! Viermal habe ich ihn schon verkauft, und jedes Mal kam er zurück.«

Ein Schwede fragte bei einem spanischen Hotelier an, ob er seinen Hund mitbringen dürfe, und erhielt zur Antwort: »Während der dreißig Jahre, die ich mein Haus führe, hat mir noch niemals ein Hund einen Löffel gestohlen. Kein Hund putzte sich seine Pfoten an den Vorhängen ab, legte sich mit brennender Zigarette ins Bett oder lärmte in der Badewanne. Ich erwarte Sie und Ihren vierfüßigen Freund mit Vergnügen.«

Auf einem Hundegrab:
Hier liegt Citron, der, ohne Spaß,
mehr Hirnschmalz als sein Herr besaß.

Wer einen Hund hat, der verehrungsvoll zu ihm aufsieht, sollte zum Ausgleich auch eine Katze besitzen, die keine Notiz von ihm nimmt.

Verfasser unbekannt

III. Kapitel

Zeit
Vergangenheit
Zukunft
Frühling
Pünktlichkeit

Zeit

Reb Abraham Jontefson ist im Himmel, schmust mit allen, interessiert sich für alles und gelangt auch zu Gottvater.
»Sag, Herrgottleben«, fragt er, »was sind für Dich tausend Johr?«
»Eine Minute.«
»Und was sind für Dich tausend Gülden?«
»Ein Kreuzer.«
»Herrgottleben«, schmeichelt der Abraham, »schenk mer an Kreuzer!«
»Warte eine Minute!«

»Weißt du noch«, so frug die Eintagsfliege
abends, »wie ich auf der Stiege
damals dir den Käsekrümel stahl?«

Mit der Abgeklärtheit eines Greises
sprach der Fliegenmann: »Gewiß, ich weiß es!«
Und er lächelte: »Es war einmal –.«

»Weißt du noch«, so fragte weiter sie,
»wie ich damals unterm sechsten Knie
jene schwere Blutvergiftung hatte?«

»Leider«, sagte halb verträumt der Gatte.

»Weißt du noch, wie ich, weil ich dir grollte,
Fliegenleim-Selbstmord verüben wollte?
Und wie ich das erste Ei gebar?
Weißt du noch, wie es halb sechs Uhr war?
Und wie ich in Milch gefallen bin?

Fliegenmann gab keine Antwort mehr,
summte leise, müde vor sich hin:
»Lang, lang ist's her – – lang – –«

Ringelnatz,
Ein ganzes Leben

Ein Bauer, der sein Wasser im Gehen abzuschlagen pflegte, nach dem Grunde seines außergewöhnlichen Verhaltens gefragt, erklärte: »Ich spare auf diese Weise pro Jahr einen ganzen Tag.«

Ein New Yorker will einem Gast aus China eine Sehenswürdigkeit am Rande der Stadt zeigen. Sie fahren mit dem Zug, steigen aus und schicken sich an, die letzten fünfhundert Meter zu Fuß zu gehen. Da kommt ein Bus, und der Amerikaner ruft: »Kommen Sie, rasch! Steigen Sie ein! Wir gewinnen drei Minuten.«
Der Asiate rührt sich nicht: »Und was tun wir mit den gewonnenen drei Minuten?«

Ratenzahlung = Möglichkeit, die Monate zu verkürzen und die Jahre zu verlängern.

Wer am Nordpol steht, nach dem Null-Meridian von Greenwich blickt und die Uhr auf Mittag stellt, gelangt, wenn er einen Schritt zurücktritt, nach Mitternacht. Tritt er einen Schritt nach rechts, so erlebt er 6 Uhr morgens, einen Schritt nach links, 6 Uhr abends.

Aus einem Schüleraufsatz: »Die Sommerzeit hat auch noch den Vorteil, daß man am Abend bei Tageslicht seinen Nachmittagsspaziergang machen kann.«

Wohlan, ihr Herrn, erratet mich:
Ein Siebteil von mir selbst bin ich
und habe links und habe rechts
noch drei des nämlichen Geschlechts.
Rechts strahlt mir hohes Himmelslicht
und Lunas freundliches Gesicht;
doch beut im ärmlichen Gewand
ein müder Sklave mir die Hand.
Links rollt der Donner um und an,
doch mutig steht ein freier Mann
und ein maskiertes Angesicht;
was dem im Kopf steckt, weiß ich nicht.

Johann Peter Hebel,
Rätsel (Mittwoch)

In Silber kleidet's sich, in Gold,
in Perl und Demant, wenn ihr wollt.
Es geht, doch geht es nicht auf Füßen,
und wenn es steht, wird dich's verdrießen.
Es spricht nicht leicht, doch deutet's fein;
es hat zwei goldene Fingerlein,
und wenn es auf Verlangen dir
laut, was es weiß, allzeit bekennt,
so ist es schon ein vornehm Tier.
Es ist gleichsam ein Repetent.
Kurz, wer's erfand, der hat ein Tüchtiges
in dieses Ding hinein
geheimnisset und ließ ein Wichtiges
der Menschheit angedeihn.

Mörike,
Kinderrätsel (Taschenuhr)

Als in Berlin das Spiel an der Tagesordnung war, geistreiche Beziehungen zwischen verschiedenartigen Dingen zu finden, fragte eine Gastgeberin Fontane: »Welcher Unterschied besteht zwischen mir und einer Taschenuhr?«
Der Dichter antwortete: »Die Taschenuhr erinnert uns an die Zeit. Sie gnädige Frau, lassen uns die Zeit vergessen.«

Mors certa, hora incerta est. Todsicher geht die Uhr falsch.

»Geht die Uhr richtig?« fragte ein Besucher der Irrenanstalt.
»Nein«, antwortete der Pförtner. »Wäre sie sonst hier?«

Karl Valentin wurde gefragt, warum am Petersturm in München acht Uhren angebracht sind, zwei übereinander an jeder Seite.
Der Volkssänger verwies auf den regen Fremdenverkehr und erklärte: »Damit zwei Leute gleichzeitig feststellen können, wie spät es ist.«

Ein Tourist starrt zu den beiden Uhren des Alten Peter hinauf und macht einen Münchner aufmerksam, daß sie um anderthalb Stunden differieren.
Der Einheimische faßt den Kritiker scharf ins Auge: »Wann's die gleiche Zeit ozeign dadn, brauchtn ma koane zwoa Uhrn, net wahr?«

Schild an der Standuhr in einer schottischen Hotelhalle: »Nur für Gäste!«

»Merkwürdig«, sinnierte ein Student. »Ick stelle meine Uhr nach'n Rathausturm, und imma jeht se nach't Leihhaus.«

Jean-Jacques Rousseau, als er, nachdem ihm alle Wäsche gestohlen worden war, seine goldene Uhr verkaufen mußte: »Dem Himmel sei Dank! Ich brauche nicht mehr zu wissen, wie spät es ist.«

Ein Tourist fragt einen Prager Polizisten nach der Uhrzeit.
»Halb acht«, antwortet der Ordnungshüter wie aus der Pistole geschossen.
»Woher wissen Sie?«
»Schauen Sie sich um! Man schließt die Fenster, um die Stimme Amerikas zu hören.«

Die Zeit ist eine große Lehrerin. Schade nur, daß sie ihre Schüler umbringt.

Curt Goetz

Vergangenheit

Der Museumsdirektor tadelte einen Kustos, der den Besuchern das Alter eines Steinsarges mit dreitausendundsieben Jahren angab. Der Angestellte fühlte sich im Recht: »Als wir den Sarg erhielten, sagten Sie, er sei dreitausend Jahre alt. Das war vor sieben Jahren.«

Ja, es war ein wonnig schönes Leben,
alles geistig sinnlicher Genuß,
und der alten Griechen ganzes Leben
war nur ein entzündungsvoller Kuß.*

* Es soll hiermit keineswegs gesagt sein, daß der Alten Leben vorzuziehen wäre, nein! Das ist es nicht; es war nur ein irdisches. Und die Millionen, die vielen Millionen Sklaven, die bloß als Sache betrachtet wurden, sind nicht zu vergessen; sie allein schon bilden die Schattenseite.

Ludwig I. von Bayern,
Die antike Welt

Ich bin ein mächtiger Gott, nach alter
Erfindung der Griechen,
aber ein schmales Land Afrikas, kehrst
du mich um.

Platen, Rätsel (Suez)

Daß es in Griechenland vorkam, Helden als Götter zu verehren, die man dann Heroen nannte, war in Rom nicht Sitte.

Karl Joachim Marquardt

»Der Unterschied zwischen Römern und Griechen besteht darin«, erklärte

ein Stimmungsmacher, »daß die Griechen zwar aus Römern trinken konnten, die Römer aber nicht aus Griechen.«
»Wieso denn nich?« fragte ein Sachse.

Carl Ludwig Schleich berichtet in seiner »Besonnten Vergangenheit« vom Stralsunder Konrektor Freese, der als Altphilologe Athen und Rom besser kannte als seine Heimat. Einmal wurde er nach einigen Umständen der Belagerung Stralsunds durch Wallenstein gefragt. Freese paßte: »Das war nach meiner Zeit.«

In den ersten Jahren des Dritten Reiches. »Was weißt du von den alten Germanen, Moische?« fragte der Lehrer.
Der kleine Moische sprang auf und knallte die Hacken zusammen: »Nur das Beste, Herr Lehrer!«

»Wann lebte Gottfried von Bouillon?«
»Als er nichts anderes hatte.«

Aus einem Schüleraufsatz »Die Burgen am Rhein«: »Dort, wo jetzt verlassene Trümmer ragen, standen einst stolze Burgfräulein und warteten auf ihre ausgezogenen Ritter.«

Aus einem Schüleraufsatz »Burgenleben im Mittelalter«: »Neben Trinksälen hatten die Ritter auch heizbare Frauenzimmer.«

Wenn der Ruinenzauber glüht,
erschauert unser Volksgemüt,
und eine romantische Wärme
gießt Bowle durch unser Gedärme.

Lichtbirne hinter Buntpapier
gibt Sängerkehlen ein Klistier,
und sehnsüchtig weinendes Lachen
läßt uralten Schwindel erwachen.

Ringelnatz, Ruinenkult

Aus einem Schüleraufsatz: »Die Periode der Königin Elisabeth I. dauerte von 1558 bis 1603.«

Aus einem Schüleraufsatz: »Karl V. war ein großer Kaiser. Mit dem einem Fuß stand er noch im Mittelalter, mit dem anderen winkte er bereits einer neuen Zeit entgegen.«

Aus einem Schüleraufsatz: »Goethe lebte ein Jahr im Spätbarock, achtzig Jahre im Klassizismus und zwei Jahre im Biedermeier.«

Eine Reisegesellschaft besuchte eine verlassene Goldgräberstadt in Nevada. Vor einem verfallenen Haus erklärte der Führer: »Dieses Gebäude hier, meine Damen und Herren, ist über einhundertfünfzig Jahre alt.«
In das Schweigen der Ehrfürchtigen raunte ein Student aus dem Nahen Osten: »Das muß ich meinen Leuten in Damaskus erzählen. Die werden staunen!«

Im vorigen Jahrhundert tat sich in Berlin und Umgebung ein Oberlehrer Müller als Altertumsforscher hervor. Seine Freizeit und seine Gespräche kannten keinen anderen Inhalt.
Eines Tages erhielt er von einem Freund aus der Mark, der gerade seinen fünfzigsten Geburtstag feierte, ein Telegramm: »Komme sofort! Seltsamer Fund stop Römisch?«
Müller stürzte zum Zug, wurde von sichtlich ergriffenen Freunden empfangen, eilte zur Grabstelle, bohrte sich in die Erde und förderte eine Urne zutage. Hielt sie in zitternden Händen und las die Inschrift: »Gajus Julius Cäsar grüßt Heinrich Müller!«

Agatha Christie ist mit einem Archäologen verheiratet. Sie sagte: »Der Archäologe ist der beste Ehemann; denn je älter die Frau wird, desto interessanter wird sie für ihn.«

Ein Hirsch, den die gütige Natur Jahrhunderte hatte leben lassen, sagte einst zu einem seiner Enkel: »Ich kann mich der Zeit noch sehr wohl erinnern, da der Mensch das donnernde Feuerrohr noch nicht erfunden hatte.«
»Welch glückliche Zeit muß das für unser Geschlecht gewesen sein!« seufzte der Enkel.
»Du schließest zu geschwind«, sagte der alte Hirsch. »Die Zeit war anders, aber nicht besser. Der Mensch hatte da anstatt des Feuerrohres Pfeile und Bogen, und wir waren ebenso schlimm daran als itzt.«

Lessing,
Fabeln, Der junge und der alte Hirsch

Aller Fortschritt beruht auf dem Bedürfnis des Menschen, über seine Verhältnisse zu leben.

Samuel Butler

Zivilisation = Die Kunst, mehr Bedürfnisse zu schaffen als Mittel zu ihrer Befriedigung.

Fortschritt = Umwälzende Produktverbesserung. Zum Beispiel: Vogelsand in Streudose, Heizöl in der Tube, Autokühlergrill mit Goldkrone.

Michael Schiff,
Von Abs bis Zwiebelmuster

Einst haben die Kerls auf den Bäumen
gehockt,
behaart und mit böser Visage.
Dann hat man sie aus dem Urwald
gelockt
und die Welt asphaltiert und
aufgestockt
bis zur dreißigsten Etage.
Da saßen sie nun, den Flöhen entflohn,
in zentralgeheizten Räumen.
Da sitzen sie nun am Telefon,
und es herrscht noch genau derselbe
Ton
wie seinerzeit auf den Bäumen.
Sie hören weit; sie sehen fern;
sie sind mit dem Weltall in Fühlung;
sie putzen die Zähne, sie atmen
modern.
Die Erde ist ein gebildeter Stern
mit sehr viel Wasserspülung.
Sie schießen die Briefschaften durch ein
Rohr,
sie jagen und züchten Mikroben.

Sie versehn die Natur mit allem
  Komfort,
sie fliegen steil in den Himmel empor
und bleiben zwei Wochen oben.
Was ihre Verdauung übrigläßt,
das verarbeiten sie zu Watte.
Sie spalten Atome, sie heilen Inzest,
und sie stellen durch
  Stiluntersuchungen fest,
daß Cäsar Plattfüße hatte.

So haben sie mit dem Kopf und dem
  Mund
den Fortschritt der Menschheit
  geschaffen.
Doch davon mal abgesehen und
bei Lichte betrachtet sind sie im Grund
noch immer die alten Affen.

Erich Kästner,
Die Entwicklung der Menschheit

Zukunft

Man kann oft jar nich so dumm denken, wie't kommt.

Ein Chefarzt zur bildhübschen neuen Sekretärin, die sämtliche Assistenten beunruhigt: »Ich glaube, Sie haben eine bewegte Vergangenheit vor sich.«

Der Lyderkönig Krösus befragte vor seinem Feldzug gegen den Perserkönig Cyrus die Pythia. Sie antwortete: »Wenn du über den Halys gehst, wirst du ein großes Reich zerstören.«
Sein eigenes ging unter.

Deutsche Truppen hatten Griechenland besetzt. Goebbels begab sich zur Pythia: »Haben wir Deutschland gut geführt?«
»Noch nie wurde ein Volk so angeführt«, antwortete die Seherin.
»Wird unsere Regierung allen Anfeindungen trotzen?«
»Noch nie saß eine Regierung so fest.«
»Siegen wir?«
»Ihr müßt dran glauben.«

Hitler ließ einen Wahrsager kommen und fragte nach dem Ausgang des Krieges.
Man müsse die Münze werfen, sprach der Weise: »Wenn die Zahl oben liegt, siegt Rußland. Ist das Wappen sichtbar, gewinnen die Angloamerikaner.«
»Weiter!« drängte Hitler.
»Bleibt die Münze auf der Kante stehen, siegen die Franzosen, und verharrt sie in der Luft, die Tschechen.«

Hitler fragte einen Hellseher, wann er sterben werde.
»An einem jüdischen Feiertag«, antwortete der Weise.
»An welchem? In welchem Jahr?«
»Das kann ich ihnen nicht sagen, mein Führer. Aber es wird ein jüdischer Feiertag sein.«

»Sie wollen etwas über ihren Zukünftigen wissen, kleines Fräulein?« fragte die Bucklige.
»Nein«, sprach die Kundin. »Etwas über die Vergangenheit meines Gegenwärtigen.«

Die junge Frau zur Wahrsagerin: »Ihre Prophezeiung über den hübschen, jungen, reichen Mann ist sehr schön. Was aber soll ich mit dem häßlichen, alten, armen machen, den ich habe?«

Vor dem Amtsgericht in Detmold hatte sich im Januar 1954 eine Frau zu verantworten, weil sie ihren Mann mit einer Pfanne auf den Kopf geschlagen hatte. Sie behauptete, im Affekt gehandelt zu haben.
Der Ehemann widersprach: Seine Frau habe am Vorabend die Karten gelegt und prophezeit, daß ihm ein schwerer Schlag bevorstünde.

Ein Wahrsager saß auf einem öffentlichen Platz und gab Auskünfte. Da wurde ihm gemeldet, alle Türen seines Hauses stünden offen und sein Eigentum sei geraubt worden. Laut schreiend rannte er nach Hause. Die Leute aber schüttelten die Köpfe und sprachen: »Da gibt er nun vor, fremde Angelegenheiten zu kennen! Aber was ihn selbst betrifft, das weiß er nicht.«

Äsop, Der Wahrsager

Im alten Rom ging eine Mutter zum Sterndeuter, die Zukunft ihres Sohnes zu erfragen. Anwalt würde er, sprach der Hellsichtige, später Senator und endlich Feldherr. Die Frau dankte und zahlte.
Ein Jahr später kam sie wieder, meldete den Tod des Sohnes und forderte das Geld zurück.
»Gute Frau«, sprach der Astrologe. »Was ich dir prophezeite, ist richtig. Diese Karriere hätte dein Sohn gemacht. Wenn er nicht gestorben wäre.«

Bauer Kalligenes, als er den Samen
gestreut in die Felder,
sprach zum Besuch bei dem Sternfreund
Aristophanes ein,
bat zu verkündigen, ob ihm die Ernte
auch würde gesegnet
sein und der Ähren Ertrag reichlich
belohnen die Müh'.
Jener aber mit Steinchen und Täfelchen
rechnete fleißig,
krümmte die Finger gespreizt, und zum
Kalligenes sprach er:
»Wenn dein Feldchen nur anders beregnet wird werden nach Notdurft,
auch Unkraut nicht drin wurzelt noch
wildes Genist
und wenn Frost nicht die Furchen
zerreißt und die obersten Halmen
sprossen, nicht niedergebleut werden
vom Hagel etwa,
auch nicht das Wild dir die Saaten
berupft und vor allen den andern
Schäden der Erd' und der Luft
glücklich sie bleiben bewahrt:
Dann weissag ich dir reichlichen Herbst
und der Ähren in Fülle.
Nur vor der Heuschreck, du, nimm
noch zuletzt dich in acht!«

Unbekannter griechischer Verfasser

Der Priester Prusias riet nach gründlicher Beschau der Eingeweide des Opfertieres von jeglicher Unternehmung ab. Hannibal erwiderte: »Willst du einer Kalbsleber mehr glauben als einem erfahrenen General?«

Petrarca hatte jahrelang über einen Astrologen gespottet. Eines Tages sprach der Mann: »Ich denke wie du. Aber ich habe Frau und Kinder.« Den Sterndeuter traf kein böses Wort mehr aus dem Munde des Dichters.

Frühling

Der Winter hat die Gunst verscherzt.
Im Frühjahr wird er ausgemärzt.

Das schönste am Frühling ist, daß er kommt, wenn man ihn am nötigsten braucht.

Stapft blau bejoppt feldein der März,
stütz, Bauer, dich nicht auf den Sterz!
Pflüg zu! Schneid wacker Bahn um
Bahn
dein Deputat vom Nachbarplan!
Rauf, runter, rauf – schraffier die Flur
und stier nicht nach der Kirchturmuhr!
Ist's Cypriani kühl und hell,
trieft Gabrieli dir das Fell.

Die Rübenmiete reiß jetzt auf!
Was faul und muffig ist, verkauf!
Den Gluckenkorb ins Dunkel rück
und dich nicht zu den Weibern drück!
Nicht sauf und mit der Frau krakeel,
Phosphat geh streun und Thomasmehl!
Schütz Strauch und Baum vor Laus
und Mad,
vergiß auch nicht die Hosennaht!

Die Hügel sind nun grün bepelzt.
Die Krähe hinterm Krümmer stelzt.
Das Schaumkraut schäumt, die Wiese
schmatzt.
Der Igel hat jetzt ausgeratzt.
Schon Krokus blüht und Hühnerdarm
und der Furunkel unterm Arm.
Der Löwenzahn nagt sich ins Beet.
Nachts überm First der Löwe steht.

Fritz Grasshoff,
Die große Halunkenpostille,
Bauernkalender, März

Frühling = Jahreszeit, in welcher die Phantasie des Jünglings ahnt, woran das Mädchen einen Winter lang dachte.

Wenn der holde Frühling lenzt
und man sich mit Veilchen kränzt,
wenn man sich mit festem Mut
Schnittlauch in das Rührei tut,
kreisen durch des Menschen Säfte
neue, ungeahnte Kräfte.
Jegliche Verstopfung weicht,
alle Herzen werden leicht,
und das meine fragt sich still:
»Ob mich dies Jahr einer will?«

Friederike Kempner, Nachlaß

Frühling ward es, und wieder blüht,
vom sanftströmenden Bach getränkt,
der Kydonische Apfelbaum,
wo jungfräulicher Nymphen Schar
tief im Dunkel des Haines spielt,
und die Blüte der Rebe schwillt
unter schattendem Weinlaub.

Doch nicht achtet der lieblichen
Jahrzeit Eros und läßt mich ruhn,
nein, wie thrakischer Wintersturm,
widerleuchtend von Blitzesschein,
fällt er, Kyprias wilder Sohn,
mit blindsengender Wut mich an
und erschüttert gewaltsam mir
die Grundfesten des Herzens.

Ibykos/Geibel

Sicherstes Zeichen für den nahenden Sommer: Ein Schotte wirft seinen Christbaum weg.

Inserat zur Partnersuche: »Wir sind dem Frühling begegnet und möchten nicht länger allein sein. Wissenschaftler, 36/1,73, vermögend; Technischer Kaufmann, 46/1,83, gutaussehend...«

Badische Neueste Nachrichten, 23. 3. 1968

Aus einem Schüleraufsatz: »Die Vögel singen, die Bäume schlagen aus, die Veilchen blühen, und selbst die Großmutter hinterm Ofen ist guter Hoffnung.«

Stets wenn Jahreszeiten sind,
freue ich mich wie ein Kind,
hüpfe auf der Heimatflur
durch die Reiche der Natur.

Friederike Kempner, Nachlaß

Pünktlichkeit

Drusus war vergiftet worden. Aus allen Teilen Europas, Nordafrikas und Vorderasiens kamen Gesandtschaften nach Rom, dem Vater Tiberius zu kondolieren.
Viele Monate später meldeten sich die Boten Ilions. Sie brachten ihr Beileid mit bewegten Worten vor.
»Dank euch!« antwortete Tiberius. »Nehmt auch mein Mitgefühl entgegen für das Hinscheiden eures tapferen Mitbürgers Hektor.«

Friedrich August III. von Sachsen verbrachte die Ferien mit seiner Familie auf Juist. Er saß in der fahrbereiten Miniatureisenbahn zur Landungsbrücke und wartete auf die Söhne. Als sie endlich kamen, drohte er: »Wenn ihr nich binkdlich seid, derfd ihr nich Geenich wer'n!«

Adolph Menzel kam meist zu spät ins Theater. Nach einer »Don Giovanni«-Aufführung sagte er: »Den alten Komtur habe ich noch nie lebendig gesehen.«

Karl Valentin kam zehn Minuten zu spät in den Konzertsaal und fragte den Einlaßdienst, was gerade gespielt werde.
»Vierte von Beethoven«, sagte der Livrierte.
Valentin zog seine Taschenuhr, starrte drauf, schüttelte den Kopf und murmelte: »Woas? D'Vierte scho?«

Leopold Stokowsky ärgerte sich in Amerika über die Unpünktlichkeit des Publikums. Er bat und rügte: Erfolglos. Die Leute kamen und gingen, wie es ihnen behagte. Da entschloß er sich zu einer Demonstration.
Halb neun sollte das Konzert beginnen. Pünktlich erschienen etwa zwanzig Musiker. Sie begaben sich auf ihre Plätze und fingen an. Fünf Minuten später kamen einige weitere Orchestermitglieder. Sie rückten Stühle und Pulte, stimmten die Instrumente und fielen ein. Ein paar Minuten später stürzte ein eiliger Klarinettist auf das Podium, stolperte über Beine, entschuldigte sich, lächelte verbindlich und stülpte sich über die Röhre. Ein freundlicher Bassist trat zehn vor neun auf. Er grüßte in die Runde der Kollegen, schlängelte sich zu seinem Hocker, zog ein großes, buntes Taschentuch aus der Hose und schneuzte sich.
Kurz darauf tauchte Stokowsky auf. Er benahm sich so unauffällig wie möglich, mußte aber, um zu seinem Stöckchen zu gelangen, das ganze Orchester umschreiten. Mit dem Paukenschläger, der, offenbar stark erkältet, gegen neun Uhr hereinhustete, wurde die Philharmonie komplett.
Das Publikum, gegen erkleckliche Dollarbeträge eingelassen, atmete auf. Es fand die Vorgänge auf der Bühne keineswegs erheiternd. Aber nur eine Stunde lang ging alles gut.
Dann erhob sich eine Harfenistin. Sie holte für sich und zwei Kolleginnen die Mäntel und legte sie über die Stuhllehnen. Kurz darauf schüttelte ein Geiger seinen Nebenleuten die Hand, packte seine Fiedel ein, nickte dem Dirigenten und verschwand. Ein Hornist ging hinaus, kehrte bemäntelt und behütet zurück, blies die letzten Takte stehend im Hintergrund und huschte davon. Stokowsky hatte bereits mehrfach auf seine Taschenuhr geblickt. Schließlich legte er seinen Taktstock nieder und schlich auf Zehenspitzen weg, wiederum um das ganze Orchester. Seinem Beispiel folgten noch einige Musiker. Der Rest beschleunigte und spielte für den letzten Satz eine außergewöhnlich gute Zeit heraus.
Seit diesem Tage war Stokowskys Publikum pünktlich.

Hans Pfitzner hatte sich mit Wilhelm Furtwängler für 19 Uhr in einem Berliner Lokal verabredet. 19.05 verschwand Pfitzner; 19.06 traf Furtwängler ein und wartete vergeblich eine halbe Stunde.
Beim nächsten Zusammentreffen entschuldigte sich Furtwängler: »Ich wurde einige Minuten aufgehalten.«
»Wäre ich der Nachtschnellzug nach Paris«, grollte Pfitzner, »so wären Sie zehn vor sieben eingetroffen.«

Pünktlichkeit = Fähigkeit abzuschätzen, um wieviel Zeit sich der andere verspäten wird.

»Keine Sorge!« erwiderte der Gatte seiner Frau, die ihn rügte, weil er jeden zweiten Morgen zu spät ins Büro geht. »Mir wird nicht gekündigt: Zuviel Vorschuß!«

Der Abteilungsleiter zum Angestellten: »Sie waren in dieser Woche pünktlich. Sie haben einen Wunsch?«

»Was haben Sie am Sonntag vor, schöne Julia?« fragte der Chef am Freitagabend.
»Nichts«, erwiderte die Sekretärin errötend.
»Sehr gut«, konstatierte er. »Dann versuchen Sie einmal, am Montag pünktlich zu sein!«

Chef zur Sekretärin: »Gratuliere! So früh wie heute sind Sie noch nie zu spät gekommen.«

Der Chef zum dritten Buchhalter: »Um acht Uhr beginnt die Bürozeit, nicht halb neun. Ich verlange, daß Sie pünktlich sind. Ich bin es auch.«
Der Gerügte fingert an seiner Krawatte: »Für Sie, Herr Direktor, mag es angenehm sein, schon um acht Uhr zu erfahren, daß Sie der Chef sind. Ich aber merke halb neun immer noch früh genug, daß ich nur der dritte Buchhalter bin.«

Eine junge Schauspielerin beschwerte sich bei Adele Sandrock, daß ihr Freund bei jedem Rendezvous unrasiert sei. Was sie tun solle?
Adele donnerte: »Sei pünktlich!«

»Jetzt wird er bald kommen«, sagte die Freundin zur besorgt unter der Normaluhr Wartenden. »Die Leute werden ihm schon ähnlicher.«

»Du hast mir doch versprochen, heute pünktlich sechs Uhr daheim zu sein, Karlchen.«
»Stimmt, Papa. Und du hast mir versprochen, daß du mich verprügelst, wenn ich zu spät komme. Aber da ich mein Versprechen nicht gehalten habe, brauchst du deines auch nicht zu halten.«

Auf die Frage der Mutter, warum er nicht zum Essen gekommen sei, als sie das erste Mal rief, antwortete der Lausbub: »Ich habe dich erst beim drittenmal gehört.«

Eine Mutter hatte sich folgende Maßnahme gegen die Unpünktlichkeit ihres Kindes ausgedacht: Sie beschaffte ein Zifferblatt aus Pappe mit Minutenzeiger. Die Minuten, die das Kind zögerte, wenn es gerufen wurde, oder zu spät kam, registrierte die Pappuhr. Um die Summe mußte das Kind am Abend früher zu Bett. Die Mutter behauptet, ihre Methode habe sich in kürzester Zeit glänzend bewährt.

IV. Kapitel

Mensch
Mann
Frau
Dame
Wesen
Größe
Adel
Rang
Schicksal
Freiheit

Mensch

Der Mensch ist das Wesen, welches die oberste Stufe in der sichtbaren Schöpfung einnimmt, welcher sich sogar für das Ebenbild Gottes ausgibt, worüber sich jedoch Gott nicht sehr geschmeichelt fühlen dürfte.

Nestroy,
Die schlimmen Buben in der Schule

Ein amerikanischer Biologe hatte die Schimpansin Bonga auf einer kleinen Insel in einem See ausgesetzt. Bonga konnte nicht schwimmen und mußte sehen, wie sie zurechtkam. Sobald Schnee lag, richtete sie sich auf, damit Hände und Bauch nicht naß wurden, und ging aufrecht.
So könnte es möglicherweise angefangen haben, meint der Gelehrte, als sich vor einer Million Jahren die Gletscher ausbreiteten.

Time

Es giebt schwahche und schtarke Kadolliken.
Die schwahchen Kadolliken kohmen durch die Unifersatet, wo die brofesser leuder gans fräch und unferschembt sein dierfen, indem sie biecher schreihben, wo es zum beischpiel heußt, das der Mentsch vom Ahfen abschtamt.
Gozeidank, das der Ögonohm disses nicht bekreift, indem mir es durch Erfarrung wiesen, das die Ku ein Kaibl krigt, und der Mentsch einen Mentsch, haber kein Ahfe nichd einen Mentsch.

Ludwig Thoma,
Jozef Filsers Briefwexel,
Bolidische Gedangen 1

Aus einem Schüleraufsatz: »Der Affe unterscheidet sich von den Menschen nur durch das Fehlen der Sprache. Könnte er nämlich sagen ›Ich bin ein Affe‹,dann wäre er schon ein Mensch.«

Ohne Durst saufen und zu jeder Zeit die Frau karessieren, das ist alles, was der Mensch dem lieben Vieh voraus hat. (Gärtner)

Beaumarchais, Figaros Hochzeit

Die Römerin Popilia auf die Frage, warum sich die Tiere nur zu bestimmten Zeiten gatteten: »Weil sie keinen Verstand haben.«

Nach der Französischen Revolution wurde in einem deutschen Kleinstaat das Politisieren in Wirtshäusern verboten. »Was sollen wir denn tun in der Schänke?« fragten einige Bürger den Polizeipräfekten.
»Essen und trinken.«
»Und worin unterscheiden wir uns dann noch vom Vieh?«
»Durch's Bezahlen.«

Pfeifenraucher Helmuth von Moltke, nach dem Unterschied zwischen Mensch und Tier befragt: »Kein Tier raucht.«

Aus der Gemeinschaftswerbung nordamerikanischer Optiker: »Nichts unterscheidet den Menschen so deutlich vom Tier wie eine Brille.«

Der Mensch ist das einzige Tier, das errötet oder erröten sollte.

Mark Twain

»Wer sieht besser als der Mensch?« fragt der Lehrer.
»Der Adler.«
»Richtig. Wer hört besser?«
»Die Katze.«
»Richtig. Wer riecht besser?«
»Die Rose.«

Kathederblüte: »Hölderlin steht zwischen Klassizismus und Romantik; außerdem ist er gemütskrank. Was liegt also näher, als daß er sich mit der Frage befaßt: Was ist der Mensch?«

O Faust, du Bild des Menschen,
bald groß und klar, bald düster wild:
Wer dich gemalt, er war an Kunst ein Riese,
gigantisch war der Stoff, und schön gelang das Bild.

Kempner, Faust

Unweit Marburg steht eine tausendjährige Eiche. Oben singen die Vögel in den grünen Zweigen, und der hohle Stamm ist ein Schweinestall. Gerade so verhält sich oft der obere und untere Mensch, Kopf und Herz.

Weber, Demokritos I, 28

Man hat für ›Mensch‹, soviel man schreibt,
noch keinen Reim erlesen.
Der Schöpfung Krone ist und bleibt
ein ungereimtes Wesen.

Adolf Frankl, Lose Sachen 1

Diogenes lief am hellen Tage mit der Laterne durch Athen. Nach der Ursache seines seltsamen Verhaltens befragt, erklärte der Philosoph: »Ich suche Menschen.«

Philipp von Mazedonien ließ sich täglich zurufen: »Du bist ein Mensch!« Statt des Kuckucks könnte man bei unserer Maschinenkunst leicht »Du bist ein Mensch!« schlagen lassen: Beim Viertel »Du«, beim Halb »Du bist«, bei Dreiviertel »Du bist ein«. Diese Worte müßten bei schlaflosen Nächten erstaunende Wirkung tun, ein wahres Vorbild des Lebens, wo man in der Regel erst am vierten Viertel nachdenkt. Wohl dem, der bei den Worten »Du bist ein« oder »Du bist eine« das Substantiv mit Ruhe abwarten kann!

Weber, Demokritos II, 6

Frage eines Selbstkritischen: »Warum nehmen wir in unseren Zukunftsromanen stets an, daß die Lebewesen auf anderen Sternen gescheiter sind als wir, aber nicht so hübsch?«

K. Lorenz in »Das sogenannte Böse«: »Das langgesuchte Zwischenglied zwischen dem Tier und dem wahrhaft humanen Menschen – das sind wir.«

Mann

»O Mahadeva«, rief das Weib, nachdem es sich lange im See betrachtet hatte, »ich bin schön! Wer aber bewundert mich?« Da erschuf der Herr die Vögel. Sie sangen und lobten das Weib.

Am nächsten Tage drangen neue Klagerufe zum Himmel: »Ich danke dir, o Mahadeva, für die Vögel. Sie rühmen meine Schönheit. Was aber nützt sie mir, wenn niemand das Begehren empfindet, sich an mich zu schmiegen?« Da formte der Herr die Schlange, und eine Zeitlang schien das Weib zufrieden.

Dann aber rief sie: »O Mahadeva, warum gibt es kein Wesen, das mich nachzuahmen versucht? Ist meine Schönheit gar nicht so strahlend, wie ich glaube?« Da runzelte der Herr die Stirn und gab dem Affen das Leben.

Aber nur sechs Stunden währte das neue Glück des Weibes. Dann jammerte sie: »Schutz, o Mahadeva! Der Affe und die Schlange kränken mich in Eifersucht. Wer schützt mich?« Mahadeva zeigte Einsicht und brachte den Löwen auf die Erde. Affe und Schlange trennten sich, und der Friede im Paradies schien gesichert.

Doch das Weib begehrte alsbald ein Wesen, das sie nicht nur rühmt, umfaßt, nachahmt und schützt, sondern das sie selbst liebkosen könne. Und so kam Mahadeva auf den Hund, der sich der Schönheit zu Füßen schmiegte und ihre Zärtlichkeiten duldete.

Weil das Weib nun aber alles besaß, was sie begehrte, geriet sie in Zorn. Sie schlug den Hund. Der Hund biß den Löwen. Der Löwe trat auf die Schlange. Die Schlange fuhr auf den Affen los, und die Vögel flogen davon.

»O ich Unglückliche!« klagte das Weib. »Wo sind sie, meine Gefährten, jetzt, da ich ärgerlicher Stimmung bin und sie am meisten brauche? Habe ich kein Recht auf meine Launen?«

Mahadeva meinte, sie habe, und schuf den Mann.

Es legte Adam sich im Paradiese schlafen;
da ward aus ihm das Weib geschaffen.
Du armer Vater Adam, du!
Dein erster Schlaf war deine letzte Ruh!

Matthias Claudius, Aus dem Englischen

Die Zahl der idealen Männer entspricht derjenigen der Frauen, die in der Lage sind, zu erklären, was ein idealer Mann ist.

Aus den USA

Der ideale Mann = Jener, dem eine Frau den Laufpaß gab, bevor sie heiratete.

Es gibt einen unfehlbaren Test, Männer zu bewerten: Jene, die häßlich werden, wenn sie lächeln, sind böse.

Colette

Männer können analysiert werden, Frauen nur angebetet. (Mrs. Cheveley)

Wilde, Ein idealer Gatte I

Ex socio (an seinem Gefährten) wird man nicht halb so gut erkannt wie ex socia (an seiner Gefährtin).

Lichtenberg

Eine Schauspielerin auf die Frage, worauf sie angesichts eines Mannes zuerst achte: »Darauf, worauf alle Töchter Evas achten: Ob er Notiz von mir nimmt oder nicht.«

Nachdem die Pariser Frauenrechtlerin die Gleichheit der Geschlechter dargelegt hatte, setzte sie zum Beweis der weiblichen Überlegenheit an: »Dennoch bleibt zwischen den Geschlechtern ein kleiner Unterschied ...«
Zwischenruf eines Hinterbänklers: »Vive la petite différence!«

Eine fanatische Suffragette zu Lloyd George: »Wenn Sie mein Mann wären, ich würde Ihnen Gift geben.«
Der Premier antwortete: »Ich würde es nehmen.«

Eine erfahrene Frau behauptet: »Das Unausstehlichste an den Männern ist, daß sie unentbehrlich sind.«

Kathederblüte: »Man hat viel darüber gestritten, ob die altägyptische Sphinx ein Weib oder ein Mann gewesen sei. Die Wahrheit liegt wie so oft in der Mitte.«

Frau

So sehen die Hindus die Erschaffung des Weibes: Der Schöpfer nahm das leichte Schweben eines Blattes, die Farbe eines Rehs, die frohe Munterkeit tanzender Sonnenstrahlen und die Tränen des Nebels, die Unbeständigkeit des Windes und die Ängstlichkeit eines Hasen, die Eitelkeit eines Pfaus, die Schmiegsamkeit der Daunen und die Kehle einer Schwalbe. Dazu fügte er die Härte eines Diamanten, den süßen Duft des Honigs, die Grausamkeit des Tigers, die Wärme des Feuers und die Kälte des Eises, das Plappern der Elster und das Girren der Tauben.

»Euer Gott ist ein Dieb«, sprach der Kaiser zu Rabbi Gamaliel. »Er raubte Adam eine Rippe.«
Der Rabbi ging betrübt nach Hause.
»Laß mich zu ihm gehen«, sprach seine Tochter. »Ich will ihm antworten.«
»Gebt mir einen Offizier!« sprach das Mädchen zum Kaiser. »Heute nacht wurde bei uns eingebrochen. Man stahl uns einen silbernen Krug und stellte dafür einen goldenen ab.«
Der Kaiser lachte: »Solche Diebe lobe ich mir. Sie dürfen jede Nacht zu mir kommen.«
Die Augen des Mädchens blitzten:

»Seht, Imperator, so ein Dieb ist unser Gott: Er stahl Adam eine Rippe und schenkte ihm dafür ein Geschöpf, das ihn wartet und erfreut.«

Von Freude Frauen sind genannt,
ihr Freude freuet alle Land.
Wie gut der Freude kannte,
der Frauen zuerst sie nannte!

Freidank,
Frau und Freude

In einer Gesellschaft stellte Kant die These auf: »Eine Frau soll sein und nicht sein wie ein Echo, sein und nicht sein wie eine Stadtuhr, sein und nicht sein wie eine Schnecke:
Sie soll sein wie ein Echo und ohne Übertreibung, treu und wahr nur das Gehörte wiedergeben. Sie soll nicht sein wie ein Echo und sich nicht überall selbst hören. Eine Frau soll sein wie eine Stadtuhr, regelmäßig in ihrer weiblichen Bestimmung. Nicht aber soll sie sein wie eine Stadtuhr und nicht überall gehört werden. Sie soll häuslich leben wie eine Schnecke unter ihrem Dache, anderseits aber nicht überall herumkriechen.«

Das schwächere Geschlecht ist das stärkere wegen der Schwäche des stärkeren für das schwächere.

Die ganze angewandte Mathematik vermag kein Werkzeug zu erfinden, das soviel vermag wie das, welches die Mediceische Venus mit der linken Hand bedeckt.

Karl Julius Weber,
Demokritos II, 18

Wenn der Frau jenes »Etwas« nicht zu eigen ist, wird ihr erbarmungslos der Stab gebrochen. Was aber ist es, jenes Etwas? Ja, was es ist, kann man wohl sagen: Es ist – es ist – nun, es ist eben das Ding an sich.

Isa von der Lütt,
Die elegante Hausfrau (1892)

Ninon de Lenclos auf die Frage, welche Bitte sie an den Herrgott richte: »Mache einen anständigen Menschen aus mir, aber bitte keine anständige Frau!«

Die bevorzugte Scherzfrage eines Dozenten der Medizin ging nach der Gemeinsamkeit von Frauen und chirurgischen Instrumenten. Seine Antwort: »Je ausgekochter, desto steriler!«

Conceptio est amentium, non amantium. Schwanger werden die Dummen, nicht die Galanten.

Terenz

Berechnende Frauen werden lästig, anständige langweilig. (Cecil Graham)

Wilde,
Lady Windermeres Fächer III

Bemerktet Ihr schon, daß im Alten Testament Gewalttaten und Verbrechen stets von ›Menschenkindern‹ begangen, Torheiten und Schwächen aber ›Dem, was vom Weibe geboren ist‹ zugeschrieben werden?

Chamfort

Gonnella, der Narr von Ferrara, hatte die Herzogin beleidigt. Sie rüstete ihre Mägde mit Knüppeln aus, postierte sie im Hofe und ließ den Schalk rufen.
Gonnella ahnte Schlimmes, als er die bewaffneten Frauenzimmer erblickte, und sprach: »Gern unterwerfe ich mich dem Gericht, das über mich verhängt ist. Eine Bedingung nur: Diejenige soll zuerst schlagen, die mich am meisten liebt.«
Eine forderte die andere auf, den ersten Schlag zu tun, jede fühlte sich beleidigt, und als sich die Mägde gegenseitig durchbleuten, schlüpfte Gonnella ins Haus.

Wer einen Aal beim Schwanz
und Weiber faßt bei Worten
wie feste der gleich hält,
hat nichts an beiden Orten.

Logau

Fragt die Frau einen Mann, wo er die neue Krawatte gekauft habe, wird er antworten: »Bei Meier & Meier in der Bahnhofstraße.« Fragt der Mann die Frau, wo sie die Schnitzel gekauft habe, wird sie erwidern: »Wieso? Schmekken sie nicht?«

Oft bilden Frauen sich ein, die Initiative ergriffen zu haben, und taten doch nur das Gegenteil dessen, was der Mann von ihnen verlangte.

Jean Gabin

Ein junger Edelmann, mit dem Knecht auf dem Wege zur Jagd, zügelte sein Pferd. »Kunz«, sprach er, »heute ist Donnerstag, und der Kaplan kommt, die Messe zu lesen. Reite zurück und sage meiner Frau, sie möge ihn nicht einlassen. Er ist glatt in seinem Fell, und der Hafer könnte ihn stechen.«
»Wenn der gnädige Herr erlauben«, erwiderte der Knecht, »so möchte ich abraten. ›Was man einer Frau verbietet‹, sagt König Salomo, ›das tut sie erst recht.‹«
Doch der Herr bestand auf seiner Anordnung.
»Ist Euch das Pulver naß geworden?« fragte die Frau, als Kunz vor sie trat.
»Nein«, erwiderte der Knecht, »nur: Der Herr läßt bestellen, Sie möchten heute beileibe nicht auf dem großen englischen Reithund aufsitzen; er beiße zu.«
»Es riecht nach Wein«, entgegnete die Frau. »Ich glaube, du siehst, daß du weiterkommst.«
Kaum war Kunz aus dem Tor verschwunden, erfaßte sie ein heftiges Verlangen, den Morlacken zu reiten. Sie ging in den Zwinger hinab, stieg auf und trotzte seinem Zorn, bis er zuschnappte und ihr zwei Wunden in Hand und Fuß beibrachte. Darauf ließ sie sich verbinden, legte sich ins Bett, und als gegen Mittag der Kaplan vorsprach, bedeutete sie ihm, der Junker sei über Land geritten und sie selbst

könne ihn, da sie krank sei, nicht empfangen. Worauf der Geistliche betrübt wieder abzog.

nach »Scherz mit der Wahrheit«

Nasr-eddin Hodschas Schwiegermutter ist von der Brücke in den Fluß gestürzt. Das halbe Dorf läuft herbei und sucht unterstrom. Nur der Hodscha geht stromauf.
»He, Nasr-eddin!« rufen die anderen. »Hier muß sie liegen!«
Der Eulenspiegel winkt ab: »Ich kenne sie besser.«

Ungalante Zungen behaupten eine dreifache Gemeinsamkeit von Frauen und Fröschen: »Ganztägiges ›Quakquak‹, ständig kalte Füße und Angst vor dem Storch.«

Die meisten Frauen haben drei Füße: Zwei entzückende kleine, auf denen sie laufen, und einen großen, auf dem sie leben möchten.

Ein Mann fragte: »Wozu brauchen Frauen Geld? Sie rauchen nicht, sie trinken nicht, sie spielen nicht, und Frauen sind sie selbst.«

Der Solotänzer bittet eine Berliner Balletteuse um zehn Mark.
»Ick verstehe nich, daß du nich auskommst mit deinem Jehalt«, sagt das Mädchen. »Ick bekomme viel wenijer und brauch nie pumpen.«
»Logisch«, gibt der Kollege zurück. »Wat mir arm macht, macht dir reich.«

Madame Necker definierte: »Die Frauen gleichen den Kissen in den Porzellankisten. Sie gelten nichts, aber sie füllen die Lücken der Gesellschaft und verhindern, daß sie in Scherben fällt.«

Sophokles auf die Frage, warum er die Frauen im Gegensatz zu Euripides schmeichelhaft schildere: »Ich zeige sie, wie sie sein sollen, Euripides zeigt sie, wie sie sind.«

Die Gattin zu ihrem Ehemann, der die Frauen als eine unbegreifliche Mischung aus Dummheit und Schönheit definierte: »Eine durchaus logische Mischung! Die Schönheit brauchen wir, damit Ihr uns liebt, und die Dummheit, damit wir Euch lieben.«

Ein Lord erklärte, er bevorzuge bei Frauen Intelligenz, Schläue und Schlagfertigkeit. Ein Zuhörer empfahl: »Heiraten Sie einen Jesuiten!«

Ein New Yorker Bankier warb um die englische Schriftstellerin Rebecca West: ». . . und möchte gerne heiraten. Meine Frau muß mir zuhören können, im rechten Moment zu schweigen verstehen und treu sein.«
Sie antwortete: »Zuhören! Schweigen!

Treu sein! Was wollen Sie mit einer Frau? Schaffen Sie sich einen Hund an!«

»Auf der Suche nach einer Frau, die ihn verstand« – nebenbei bemerkt, der größten Liebestorheit unseres Zeitalters.

Balzac

Ist sie häßlich, so mißfällt sie; ist sie schön, so gefällt sie anderen; ist sie reich, so ist der Mann arm; ist sie arm, so ist sie schwer zu ernähren; ist sie klug, so will sie regieren; ist sie dumm, so versteht sie nicht zu gehorchen; ist sie jung, so besorgt man, wenn sie fünfundzwanzig wird, böses Geschick; ist sie alt, so braucht sie Pflege – aber sie sei, wie sie wolle: Sie ist eine Frau, das ist genug!

Theodor Gottlieb von Hippel senior

»Die Frauen«, sagte ein Weiser, »sind das Beste, was es in dieser Art gibt.«

Dame

Definition eines Berliner Schuljungen: »Ne Dame hat nen Hut uff'm Kopp und Handschuh an de Hände und ne Frau hat nischt.«

Frau Pumeier hat Klein Erna schon öfter erwachsen verkleidet, geschminkt und in jugendverbotene Filme mitgenommen. Eines Tages erzählt sie entrüstet, daß ihrem Kind von unbekannter Hand in den Po gekniffen wurde.
»Da brauchen Sie gar nicht verwundert zu sein«, erwidert die Nachbarin, die das Erziehungsgebaren der Pumeiern schon lange mißbilligt. »Wenn Sie ihr als Dame anziehen, wird sie als Dame behandelt.«

Talleyrand zu Madame de Staël über den Unterschied zwischen einer Dame und einem Diplomaten: »Ein Diplomat, der ›ja‹ sagt, meint ›vielleicht‹, der ›vielleicht‹ sagt, meint ›nein‹ und der ›nein‹ sagt, ist kein Diplomat.
Eine Dame, die ›nein‹ sagt, meint ›vielleicht‹, die ›vielleicht‹ sagt, meint ›ja‹ und die ›ja‹ sagt, ist keine Dame.«

Balzac und Heine schlenderten durch Paris und begegneten einer auffallenden Dame. »Welch eine Frau!« sprach der Franzose. »Die Haltung, der Gang, die Kleidung! Geschmack und Stil! So etwas kann man nicht lernen. Ich wette, es ist eine Herzogin.«
»Eine Kokotte ist das, eine gut ausgebildete Kokotte!« erwiderte der Deutsche. Sie wetteten, forschten nach und wurden beide bestätigt.

An einem kleinen deutschen Hofe soll zu Anfang des neunzehnten Jahrhunderts der Hauslehrer dem Prinzen beim Lehrstoff »Salomo« auf dessen Frage, was »Kebsweiber« seien, geantwortet haben: »Die Hofdamen des Königs.« Einige Tage später habe ein Ball stattgefunden, und in feierliches Schweigen hinein habe der Junge, auf eine Anzahl geschmückter Damen weisend, gefragt: »Nicht wahr, Mutti, das sind die Kebsweiber vom Papa?«

Eine Dame ist eine Frau, mit der man weder vorher noch nachher darüber sprechen kann.

Sigmund Graff,
Lächelnde Weisheiten

Inserat: Damen, auch Anfängerinnen, gesucht.

Wesen

Ein Mann kaufte einen Mohren, und weil er glaubte, seine dunkle Hautfarbe sei eine Folge der Nachlässigkeit des früheren Besitzers, steckte er ihn in Bäder und versuchte mancherlei Reinigungsmittel. Der Mohr blieb ein Mohr, wurde aber krank.

Äsop,
Fabeln 75, Der Mohr

Ein Hirte fand einen eben zur Welt gekommenen Wolf. Er nahm ihn mit und zog ihn bei seinen Hunden auf. Gemeinsam mit den Hunden schützte der Wolf die Herde, und wenn ein fremder Wolf ein Lamm raubte, jagte er ihm die Beute ab. Da ihm die Hunde aber bald nicht mehr zu folgen vermochten und auf halbem Wege umkehrten, gewöhnte er sich daran, die dem fremden Wolf abgejagte Beute zu verzehren. Dann verfiel er darauf, selbst Lämmer zu töten, wenn sich keine Räuber sehen ließen. Als ihm der Hirt auf die Schliche kam, hängte er ihn auf.

Äsop,
Fabeln 71, Der Hirt und der Wolf

Eine Katze hatte sich in einen hübschen Mann verliebt. Sie bat Athene, sie in eine Frau zu verwandeln und in ihrem Geliebten das Verlangen nach ihr zu entzünden. Die Göttin erfüllte die Bitte. Als das Paar zur Hochzeit schritt, erblickte die Braut eine Maus. Sie verließ den Mann, eilte zur Maus und wurde wieder eine Katze.

Äsop, Die verliebte Katze

Wenn ihr dem Esel Rosmarin gebt,
so meint er doch, es sei Heu.

Luther

Oft ließ, der Kunst und seinem Wirt zu Ehren,
sich der Kanarienvogel hören
und freute sich, wenn durch ihr schmetternd Lied
die Lerche minder Kunst verriet.
»Oh«, sprach sie, »wenn ich doch ein Lied
gleich seinen hohen Liedern sänge!«
Und sang, indem sie dieses sprach,
dem Nachbar eifersüchtig nach,

verliebte sich in seine fremden Gänge
und quälte sich, den angebornen Ton
durch den erlernten zu verdringen,
und trug nach vieler Müh zuletzt das Glück davon,
kanarisch fehlerhaft zu singen.

»Oh!« sprach die Nachtigall, die lang ihr zugehört,
»wie sinnreich bist du nicht, mein Ohr und deins zu quälen!
Dich hatte die Natur vortrefflich sein gelehrt,
und sieh, nun lehrt der Zwang dich fehlen.«

Gellert, Die Lerche und die Nachtigall

Eine Schildkröte bat einen Adler, sie fliegen zu lehren. Der Adler hielt ihr vor, daß Fliegen ihrer Natur unangemessen sei. Sie aber bestand auf ihrer Bitte. Da packte sie der Adler mit seinen Krallen, trug sie empor und ließ sie fallen. Sie schlug auf einen Felsen und wurde zerschmettert.

Äsop, Die Schildkröte und der Adler

Zur Juno kam voll Unmut einst der Pfau:
»Wie schön ist, ach, das Lied der Philomele!
Ich aber, wenn ich meinen Schnabel öffne,
erlange Spott nur, Abscheu, Naserümpfen!«
»Dein Vorzug ist die Schönheit«, sprach die Göttin.
»Smaragdenschimmer strahlt von deinem Halse,
und herrlich bunt erglänzt der Federn Pracht.
Das Schicksal ist gerecht und bietet jedem
von seinen Schätzen den gemäßen Teil:
Dir Schönheit, Kraft dem Aar, der Nachtigall
das Lied, und Rabe, Krähe sind Propheten.
Ein jeder sage Dank und sei zufrieden!«

Phädrus,
Fabeln III, 18,
Der wegen seiner Stimme unzufriedene Pfau

Ein Hirsch erblickte sein Bild im Wasser. Er tadelte seine dünnen Beine; das Geweih auf seinem Haupte hingegen gefiel ihm über alle Maßen. Da tauchte plötzlich der Jäger auf, und der Hirsch mußte fliehen. Seine Beine trugen ihn rasch davon, und sie hätten ihn wohl in Sicherheit gebracht, aber sein Geweih verfing sich in den Ästen.

Äsop,
Fabeln 169, Der Hirsch

»Vater der Tiere und der Menschen«, so sprach das Pferd und nahte sich dem Throne des Zeus, »man will, ich sei eines der schönsten Geschöpfe, womit du die Welt gezieret, und meine Eigenliebe heißt mich es glauben. Aber sollte gleichwohl nicht noch Verschiedenes an mir zu bessern sein?«
»Was meinst du denn, das an dir zu bessern sei? Rede! Ich nehme Lehre an«, sprach der gute Gott und lächelte.
»Vielleicht«, sprach das Pferd, »würde ich flüchtiger sein, wenn meine Beine höher und schmächtiger wären; ein langer Schwanenhals würde mich nicht

verstellen; eine breitere Brust würde meine Stärke vermehren; und da du mich doch einmal bestimmt hast, deinen Liebling, den Menschen, zu tragen, so könnte mir ja wohl der Sattel anerschaffen sein, den mir der wohltätige Reiter auflegt.«
»Gut«, versetzte Zeus, »gedulde dich einen Augenblick!« Zeus, mit ernstem Gesichte, sprach das Wort der Schöpfung. Da quoll Leben in den Staub; da verband sich organisierter Stoff, und plötzlich stand vor dem Throne das häßliche Kamel.
Das Pferd sah, schauderte und zitterte vor Abscheu.
»Hier sind höhere und schmächtigere Beine«, sprach Zeus. »Hier ist ein langer Schwanenhals; hier ist eine breitere Brust; hier ist der anerschaffene Sattel! Willst du, Pferd, daß ich dich so umbilden soll?«
Das Pferd zitterte noch.
»Geh!« fuhr Zeus fort. »Diesmal sei belehrt, ohne bestraft zu werden. Dich deiner Vermessenheit aber dann und wann reuend zu erinnern, so daure du fort, neues Geschöpf« – Zeus warf einen erhaltenden Blick auf das Kamel –, »und das Pferd erblicke dich nie, ohne zu schaudern.«

Lessing,
Fabeln, Zeus und das Pferd

Ma sieht it in d' Leut nei, bloß dra' na'.

Aus dem Allgäu

Gellert und Ernst von Laudon trafen sich in Karlsbad. »Sagen Sie mir doch, Herr Professor«, sprach der General, »wie Sie so viel Munteres haben schreiben können! Ich kann es nicht begreifen, wenn ich Sie ansehe.«
Der Dichter entgegnete: »Sagen Sie mir erst, Herr General, wie war es möglich, die Koliner Schlacht zu gewinnen und Schweidnitz zu nehmen? Ich begreife es nicht, wenn ich Sie ansehe.«

Karl V. beim Anblick Luthers: »Der sollte mich gewiß nicht zum Ketzer machen!«

Des Dritten Reiches würdiger Repräsentant hatte zu sein: Blond wie Hitler, groß wie Goebbels, schlank wie Göring, männlich wie Röhm.

Goebbels hatte auf einer Versammlung zu sprechen und winkte einem Taxi.
»Dalli!« rief der Fahrer aus dem Fenster. »Will zu Joebbels uff de Massenplärre.«
Der Braune war erfreut: »Genau dahin will ich auch.«
Am Ziel erhielt der offenbar wohlgesinnte Volksgenosse ein stattliches Trinkgeld, das er mit glänzenden Augen betrachtete. Dann machte er Anstalten, das Fahrzeug zu wenden.
»He!« rief der Kleine. »Ich denke, Sie wollen Goebbels hören?«
»Wollte ick, Moses. Wollte ick. Awa wenn Ihr so anständig seid, denn kann mir der Joebbels am . . .«

Kathederblüte: »Glauben Sie ja nicht, wen Sie vor sich haben!«

Aus Tante Karlas Sprachwolf: »Das hätte ich nicht von dir getraut!«

Max Halbe war zur Premiere seines »Haus Rosenhagen« nach Berlin gekommen. Am Abend der geplanten Rückreise stellte er fest, daß im Hotel seine Schuhe gestohlen worden waren. Glücklich über den Verzögerungsgrund drahteten die Freunde nach München: »Max heute an Abreise verhindert stop Stiefel gestohlen.« Antwort der Gemahlin: »Bin vom Schlag gerührt stop Nehmt auf meine Kosten besten Anwalt Berlins.«

Aus Tante Karlas Sprachwolf: »Ich weiß nie, was hinter ihm vorgeht.«

Ein Fieberkranker hat voll Kraft,
sich aufgerafft und hat's geschafft:
Er ging trotz bösem Fieberrest
höchst lebenslustig auf ein Fest
und tanzte dort und trank sich frei.
Am andern Morgen war's vorbei.
Er galt von nun an aller Welt
als ausgemachter Willensheld.
Mit Fieber von dem gleichen Grade,
auch überzeugt, daß es nicht schade,
durch inneres Schweinehund-
  Bekämpfen
des Fiebers letzte Glut zu dämpfen,
ging gradso zuversichtlich heiter
auf dieses selbe Fest ein zweiter.
Doch hatte dieser wenig Glück:
Am andern Morgen fiel er rück.
Er galt der Welt nun, wenn auch tot,
als ausgemachter Idiot.

Bei allem, selbst bei Fieberleiden,
wird stets nur der Erfolg entscheiden.

Eugen Roth,
Der Wunderdoktor, Urteil der Welt

Ein Mensch und ein Satyr hatten Freundschaft geschlossen. Einst, im Winter, als es kalt war, hielt der Mann die Hände vor den Mund und hauchte hinein. Warum er das tue, fragte der Satyr. »Um sie zu wärmen«, antwortete der Mann. Bald darauf wurde die warme Suppe aufgetragen. Der Mann blies hinein. Warum er das tue, fragte der Satyr. »Um sie zu kühlen«, antwortete der Mann. Da entgegnete der Satyr: »Wer aus dem gleichen Mund Warmes und Kaltes herauskommen läßt, kann mein Freund nicht sein.« Und ging davon.

Äsop,
Fabeln 126, Der Mensch und der Satyr

Größe

Aus Tante Karlas Sprachwolf: »Gegen den ist kein Wasser gewachsen.«

Thomas Alva Edison hatte eine Methode der elektrischen Spannungsteilung erfunden, die sich über weite Strecken mit dem Forschungsergebnis des Physikers Tyndall deckte. »Nur den letzten Schritt, der so kindlich einfach ist, bin ich nicht mehr gegangen«, erklärte Tyndall.

»Warum denn nicht, wenn er so kindlich einfach ist?« wurde er gefragt.
»Weil ich kein Genie bin.«

Genie und gesunder Menschenverstand sind Brüder. Der Esprit ist nur ein entfernter Verwandter.

Aus Frankreich

Genie ist zu 10 % Inspiration und zu 90 % Transpiration.

Edison

Paganini, als man ihn einen Zauberer und Teufelszögling nannte: »Der Fleiß ist mein Teufel. Zwanzig Jahre lang täglich sechzehn Stunden üben, bis die Haut von den Fingern blättert, das ist meine Zauberei.«

Genies reden soviel. Eine schlechte Angewohnheit. Auch denken sie dauernd über sich selbst nach. (Mabel Chiltern)

Wilde, Ein idealer Gatte II

Heinrich Zille, nach dem Unterschied zwischen Genie und Talent gefragt: »Talent kriegt Jehalt.«

Napoleon versuchte vergeblich, ein hoch eingeordnetes Buch aus dem Regal zu ziehen. Marschall Moncey sprang hinzu: »Erlauben, Majestät. Ich bin größer.«
»Länger«, korrigierte der Korse.

Die Generale, die nach der Schlacht von Salamis eidlich den Mann anzeigen mußten, der sich am besten gehalten habe, gaben dem Themistokles alle den zweiten Platz, jeder aber sich den ersten. Aber der ist sicher der Größte, den alle nach sich selbst für den Größten erklären.

Karl Julius Weber,
Demokritos IV, 9

Scipio fragte den besiegten Hannibal: »Wer ist der größte Feldherr?«
Der Karthager erwiderte: »Alexander. Dann Pyrrhus. Dann ich.«
»Und wenn du mich geschlagen hättest?«
»Dann würde ich mich an erster Stelle nennen.«

Ein Held, der sich durch manche Schlacht,
durch manch verheertes Land des Lorbeers wert gemacht,
floh einstens nach verlorner Schlacht
verwundet in den Wald, den Feinden zu entkommen,
traf einen Eremiten an
und ward von diesem frommen Mann
nebst seinem Reutknecht aufgenommen.
Doch beider Tod war nah.
»Ach!« fing der Reutknecht an,
»werd ich denn auch in Himmel kommen?
Ich habe leider nichts getan,
als meines Herrn sein Vieh getreu in acht genommen.
Ich armer und unwürdger Mann!
Allein mein Herr, der muß in Himmel kommen;

denn er, ach er hat viel getan!
Er hat drei Könige bekrieget,
in sieben Schlachten stets gesieget
und Sachen ausgeführt, die man kaum
glauben kann!«

Der Eremit sah drauf den Helden kläglich an:
»Warum habt Ihr denn alles dies getan?«
»Warum? Zu meines Namens Ehren,
um meine Länder zu vermehren,
um, was ich bin, ein Held zu sein.«
»Oh!« fiel der Eremit ihm ein,
»deswegen mußtet Ihr so vieles Blut
vergießen?
Ich bitt Euch, laßt's Euch nicht verdrießen,
ich sag es Euch auf mein Gewissen:
Der Reutknecht als ein schlechter Mann
hat wirklich mehr als Ihr getan.«

Gellert,
Der Held und der Reutknecht

Epaminondas sollte unter sich selbst, Chabrias und Iphikrates den Größten bestimmen. Er sagte: »Warten wir, bis wir tot sind!«

Robert Schuman über Angelo Roncalli, den zum Kardinal ernannten, von Paris scheidenden Nuntius: »Ein Mensch, in dessen Gegenwart man geradezu körperlich eine Empfindung von Frieden verspürt.«

Ein Kutscher, 1903, als Leo XIII. im Sterben lag: »Er ist für mich der größte Papst aller Zeiten. Wenn er stirbt, wird ein anderer kommen, aber der neue wird nicht in der Lage sein, so viele Pilger nach Rom zu locken. Kein anderer wird uns Kutschern jemals wieder soviel Arbeit und Brot verschaffen.«

Eine alte Kirche, welche den Sperlingen unzählige Nester gab, ward ausgebessert. Als sie nun in ihrem neuen Glanze dastand, kamen die Sperlinge wieder, ihre alten Wohnungen zu suchen. Allein sie fanden sie alle vermauert. »Zu was«, schrien sie, »taugt denn nun das große Gebäude? Kommt, verlaßt den unbrauchbaren Steinhaufen!«

Lessing,
Fabeln, Die Sperlinge

Der rasende Nordwind hatte seine Stärke in einer stürmischen Nacht an einer erhabenen Eiche bewiesen. Nun lag sie gestreckt, und eine Menge niedriger Sträuche lagen unter ihr zerschmettert. Ein Fuchs, der seine Grube nicht weit davon hatte, sah sie des Morgens darauf. »Was für ein Baum!« rief er. »Hätte ich doch nimmermehr gedacht, daß er so groß gewesen wäre!«

Lessing,
Fabeln, Die Eiche

Adel

Auf die Frage Gottes, welchen Familiennamen er wünsche, antwortete Adam: »Von Tiesenhausen, bitte!«
»Was?« brauste der Herr auf. »Parvenü, widerlicher! Einen so guten alten livländischen Namen?«

Ein Herr Pappenheimer hatte sich den Adel gekauft und war zum Herrn von Karstorf geworden. Aber sein Ehrgeiz war noch nicht befriedigt. Er wurde mehrfach bei Ludwig I. von Bayern vorstellig und bat schließlich um den Titel eines Grafen von Andechs.
»Der Graf von Andechs«, sprach der König, »bin ich selbst. Aber nenne Er sich meinetwegen Graf von Podex.«

Joseph II. haßte die Wiener Titelsucht. Im Scherz rief er eines Tages einen Bedienten: »Herr von N!« Der erschien, bedankte sich für seine Nobilitierung, und der Kaiser, aus Unlust zum Dementi, akzeptierte.

Dem Fürsten Potjomkin wurde berichtet, daß ein gewisser Graf Morelli in Florenz vorzüglich Geige spiele. Potjomkin befahl, ihn zu holen.
Ein Adjutant erschien bei Morelli und schlug ihm vor, sich sogleich in den Reisewagen zu setzen und nach Rußland zu fahren. Der Virtuose aber schickte Petersburg und den Kurier mitsamt seiner Kutsche zum Teufel.
Wie sollte der Adjutant dem Fürsten vor die Augen treten, ohne dessen Befehl ausgeführt zu haben? Er suchte also irgendeinen Geiger, einen armen, aber nicht untalentierten Mann und überredete ihn, sich Graf Morelli zu nennen und nach Rußland zu reisen. Als Graf Morelli blieb er denn auch in Rußland, trat in die Armee ein und brachte es bis zum Oberst.

Alexander Sergejewitsch Puschkin

Der Herzog Galeazzo von Mailand adelte seine Geliebte und deren Familie. Das Dekret begründet: »Ob delectationem corporis nobis ab illa praestitam.« (Wegen der uns von ihr geleisteten Leibesergötzung.)

Dein Adel wird durch mehr als sechzehn Ahnen wichtig,
wär eine Frage nur, des Vaters wegen, richtig.

Nikolaus von Bostel (1670–1704),
An Herrn von Flaus

Der Adel ist das Bindeglied zwischen dem König und dem Volk, wie der Hund das Bindeglied ist zwischen dem Jäger und dem Hasen.

Chamfort

Die kleine Prinzessin betrachtet erstaunt die Hand ihrer Erzieherin: »Was? Ihr habt auch fünf Finger?«

Der Minister meldete dem König, die Armen hungerten. »Mein Gott«, rief die Prinzessin, welche neben dem Throne stand, »warum kaufen sie sich keine Semmeln?«

Ein Herzog ritt am frühen Morgen über seine Besitzung und traf einen Bauern: »Ich hole mir etwas Appetit für mein Frühstück.«
»Ich hole mir etwas Frühstück für meinen Appetit«, erwiderte der Bauer.

Ernst Ludwig Heim saß am Schreibtisch in seiner Berliner Praxis. Die Türe ging. Es trat jemand ein.
»Nehmen Sie einen Stuhl!« sprach der Arzt, ohne aufzublicken.
Es rührte sich nichts. Dann ertönte spitz: »Ich bin die Gräfin von Y.!«
Heim schrieb immer noch: »Nehmen Sie zwei Stühle!«

Wenn der Herr von Brissac von Gott sprach, sagte er gelegentlich: »Der Edle da oben!«

Das junge Mitglied einer englischen Adelsfamilie ist in Chikago Callgirl geworden.
Lord Randolph, erschüttert: »O tempora, o mores! Ein Mitglied unserer Familie arbeitet!«

Ein Sproß ältesten Adels verlobte sich vor dem Ersten Weltkrieg mit einer Tochter des Hauses Krupp, der reichsten Familie Deutschlands.
Die Heirat folgte nicht, da der Bräutigam eines vorgerückten Abends geäußert hatte: »Das Mädchen ist prima, aber was soll ich mit dem Klempnerladen?«

Es war einmal ein Prinz, der wollte eine Prinzessin heiraten; aber es sollte eine wirkliche Prinzessin sein. Da reiste er in der ganzen Welt herum, eine solche zu suchen.
Prinzessinnen gab es genug, aber ob es wirkliche Prinzessinnen waren, konnte er nicht herausbringen. Da kam er denn wieder nach Hause und war ganz traurig.
Eines Abends zog ein schreckliches Gewitter auf; es blitzte und donnerte; der Regen strömte herunter. Da klopfte es an das Schloßtor, und der alte König ging hin, um aufzumachen.
Es war ein Mädchen, das draußen vor dem Tore stand. Aber, o Gott, wie sah es von dem bösen Wetter aus! Das Wasser lief ihr von den Haaren und Kleidern herunter; es lief in die Schnäbel der Schuhe hinein und an den Hakken wieder heraus, und doch sagte sie, daß sie eine wirkliche Prinzessin sei.
»Ja, das werden wir schon erfahren!« dachte die alte Königin, ging in die Schlafkammer, nahm alle Betten ab und legte eine Erbse auf den Boden der Bettstelle; darauf nahm sie zwanzig Matratzen und legte sie auf die Erbse und dann noch zwanzig Eiderdaunenbetten über die Matratzen.
Da mußte nun die Prinzessin die ganze Nacht liegen. Am Morgen wurde sie gefragt, wie sie geschlafen habe.
»Oh, schrecklich schlecht!« sagte die Prinzessin. »Ich habe meine Augen fast

die ganze Nacht nicht geschlossen! Gott weiß, was da im Bette gewesen ist! Ich habe auf etwas Hartem gelegen, so daß ich ganz braun und blau an meinem ganzen Körper bin!«
So empfindlich konnte niemand sein als eine wirkliche Prinzessin. Da nahm der Prinz sie zur Frau.

Hans Christian Andersen,
Die Prinzessin auf der Erbse

Lord Chesterfield und Samuel Johnson hatten Streit. Ein Freund des Kritikers legte ein gutes Wort für den schriftstellernden Grafen ein: »Er ist einer der ersten unter den Lords und ein Mann von Geist und Witz.«
»Er ist«, widersprach Johnson, »ein verhältnismäßig großer Geist unter den Lords, unter den großen Geistern aber nichts als ein Lord.«

Wenn Luther zur Wartburgzeit als Ritter Georg incognito ausritt, galt sein Interesse häufig den in den Herbergen aufgestellten Büchern. Immer wieder mußte ihn der Reitknecht mahnen: »Herr, Ihr verratet Euch! Das tut kein Ritter.«

Chamfort zu einem hochmütigen Herzog: »Ich weiß, Sire, daß Sie über mir stehen. Aber glauben Sie: Neben mir zu stehen ist schwieriger.«

Die Wetterauer Bauern angesichts vieler leerer Halme: »Der Roggen junkert.«

Ein Kamel durchschritt einen Fluß, verrichtete seine Notdurft und sah plötzlich den eigenen Mist vor sich auf der Strömung. »Was ist das?« sprach es. »Was hinter mir war, nun vor mir?« Die Fabel lehrt, daß die Verachteten oft die Angesehenen übertreffen.

Äsop, Das Kamel

Der Papst darf seine engsten Verwandten adeln und ihnen im Vatikan mietfrei Gemächer anweisen.
Im Frühjahr 1959 fragte der Zeremonienmeister Johannes XXIII. nach seinen Wünschen. Der Heilige Vater entschied: »Man nenne sie Brüder und Schwestern des Papstes. Auch möchten sie in Sotto il Monte wohnen bleiben. Dieser Adel genügt.«

Rang

Was hat Gott nit, der Papst selten und der gemein Mann täglich?

Straßburger Rätselbuch, um 1500
(Seinesgleichen)

Kardinalstaatssekretär Domenico Tardini, jahrelang engster Mitarbeiter Pius' XII., konnte sich zunächst nicht mit der unkonventionellen Arbeitsweise des neuen Papstes Johannes be-

freunden. Oft grollte er, wenn er, im ersten Stock des Palastes beheimatet, zu ungelegener Zeit in den dritten beordert wurde: »Was will der da oben denn schon wieder ...« oder »Kann der da oben denn nicht endlich einmal ...«
Johannes kannte den Spruch und monierte eines Tages: »Caro Tardini! ›Der da oben‹ ist unser aller Herr, der Ewige Vater im Himmel. Ich bin bloß ›der vom dritten Stock‹!«

Als Joseph II. den Wiener Prater und den Augarten der Öffentlichkeit freigab, beschwerten sich die Adligen: Sie seien nunmehr zur Tuchfühlung mit dem Pöbel genötigt.
Der Kaiser antwortete: »Wollte ich nur mit meinesgleichen verkehren, müßte ich in die Kapuzinergruft steigen.«

Benedikt XIV. blickte aus dem Fenster seines Palastes und sah, wie im Hofe der zur Audienz gebetene französische Gesandte seine Notdurft verrichtete.
Als der Herzog von Choiseul vor ihm stand, bat der Heilige Vater: »Tun Sie das nicht wieder! Wenn der spanische Gesandte, welcher, wie Sie wissen, auf Vorrechten besteht, davon erfährt, wird er verlangen, sein Wasser in meinem Schlafzimmer abschlagen zu dürfen.«

Die Frauen zweier hoher Berliner Beamten stritten, wer bei Empfängen den Vortritt habe. Sie fragten Friedrich II., und der König entschied: »Die größere Närrin geht voran.«

Der Rechnungsrat einer preußischen Provinzregierung litt darunter, daß eine große Verbindungstür auf dem Flur häufig offenstand. Er ließ folgende Aufforderung anbringen:
»Die Herren Mitglieder der Regierung werden gebeten,
die Herren Bürobeamten werden ersucht,
die Boten werden angewiesen,
die Tür (zu 1: gefälligst) zu schließen.«

Eine englische Familie war mit zahlreicher Dienerschaft zu einem längeren Urlaub nach Brighton übergesiedelt.
Ein dienstbarer Geist nach dem anderen kündigte.
Endlich nannte einer den wahren Grund: »Wir speisen an einem runden Tisch, und nun weiß niemand, wer oben und wer unten sitzt.«
Die Herrschaft besorgte einen viereckigen Tisch, und die Zufriedenheit kehrte zurück.

Der Löwe fuhr fort: »Der Rangstreit, wenn ich es recht überlege, ist ein nichtswürdiger Streit! Haltet mich für den Vornehmsten oder für den Geringsten; es gilt mir gleich viel. Genug, ich kenne mich!« Und so ging er aus der Versammlung.
Ihm folgten der weise Elefant, der kühne Tiger, der ernsthafte Bär, der kluge Fuchs, das edle Pferd, kurz, alle, die ihren Wert fühlten oder zu fühlen glaubten.
Die sich am letzten wegbegaben und über die zerrissene Versammlung am

meisten murrten, waren der Affe und der Esel.

Lessing,
Fabeln, Der Rangstreit der Tiere 4

Der Marquis de N. fand seine Gattin in enger Gemeinschaft mit dem Prinzen C. Er schloß die Türe des ehelichen Schlafzimmers leise und flüsterte: »Dank, Héloise, daß du dich nicht mit dem Pöbel abgibst!«

Am Hofe Ludwigs XV. sprach man von den bürgerlichen Literaten und Künstlern, die häufig in den Salons zu Gast waren. Eine alte Herzogin entrüstete sich: »Damen von Rang? Dergleichen familiär in ihrem Hause? Pfui! Zu meiner Zeit empfing man so etwas höchstens im Bett.«

Baron, Mitglied der Truppe Molières, erfreute sich der Gunst der Marquise von T., war aber, da die Dame auf ihren Rang achtete, nur im Familienzirkel erwünscht. Das verdroß den Mimen.
Eines Abends besuchte er seine Gönnerin, die einen illustren Kreis versammelt hatte. »Was führt Sie zu mir, mein Herr?« fragte sie spitz.
Baron verbeugte sich tief: »Ich wollte nur meine Nachtmütze holen.«

Die Marschallin de X hatte Verlangen nach dem kleinen Abbé de Courval und ließ ihn rufen. Im Bestreben, der ungeübten Rolle zu genügen, begann er mit Vertraulichkeiten. Sie fuhr ihn an: »Merken Sie sich ein für allemal, junger Mann: Wenn ich Sie holen lasse, dann zu meinem Vergnügen, nicht zu Ihrem!«

Eine Dame der Pariser Gesellschaft, Sechzigerin, hatte einen jungen Mann unbekannter Herkunft als Liebhaber. Als sie Zeuge wurde, daß man ihn ob seines Amtes bedauerte, bemerkte sie: »Eine Dame von Rang ist für einen Bürgerlichen nie älter als dreißig.«

Aus einem Schüleraufsatz über »Kabale und Liebe«: »Leicht setzt sich Ferdinand über den abgrundtiefen Riß, den ihre niedrige Geburt verursachte, hinweg.«

Eine adlige Dame in der Französischen Revolution: »Sehr gut, Gleichheit! Ich bin auch dafür. Aber könnte man nicht ein bißchen mehr gleich sein als andere?«

Der österreichische Gesandte Pentenrieder in Paris begann eine Rede an Ludwig XIV. mit den Worten: »Sire! L'empereur! Mon maître! (Sire, König, mein Herr!)«
Der König unterbrach: »Plus haut! (Höher!)«
Pentenrieder begann noch einmal: »L'empereur! Mon maître! Sire!«

Schicksal

Ich lasse das Schicksal los.
Es wiegt tausend Milliarden Pfund;
die zwinge ich doch nicht, ich armer
Hund.

Ringelnatz,
Aufgebung

Eins ist mir klar zu jeder Frist:
Das Leben ist so, wie es ist;
denn selbst, wenn's würde anders sein,
stimmt's mit sich selber überein,
so daß man dann auch sagen müßt:
Das Leben ist so, wie es ist.

Friederike Kempner,
Nachlaß

O Sohn, der Ausgang aller Dinge steht
beim Zeus,
dem Donnergott; er lenkt und fügt sie,
wie er will.
Die Menschen leben sinnlos in den
Tag hinein,
den Tieren auf der Weide gleich, und
wissen nicht,
wie Gott ein jeglich Menschenlos zu
Ende führt.
Doch alle nährt die Hoffnung und die
Zuversicht
im Streben nach Unmöglichem. Der
eine hofft
auf morgen, der andre auf den Kreis-
lauf eines Jahrs,
und keiner, der nicht übers Jahr im
Schoß des Glücks
mit allen Gütern reich versehn zu
sitzen glaubt.

Simonides von Amorgos,
Menschenlos

Ein Schuhflicker über einen Betrunkenen in der Gosse: »Schrecklich! Am Sonntag werde ich genau so daliegen.«

Was da kommen soll, kommt.
Freudevoll find' uns der Tod! *

* Weder der Vernachlässigung der erforderlichen Vorsicht, noch dem Ungehorsam gegen ärztliche Vorschrift soll hiermit das Wort geredet werden.

Ludwig I. von Bayern,
Gedanken in der Cholerazeit

Ein Mann schlief auf einem Brunnenrand. Da trat die Schicksalsgöttin zu ihm, weckte ihn und sprach: »Lege dich an einen anderen Ort; denn wenn du hier hinabstürzt, werden deine Angehörigen mir die Schuld geben!«

Äsop,
Fabeln 168, Die Schicksalsgöttin

Der Prediger einer Sekte im Mittleren Westen, die an absolute Prädestination glaubt, rüstete sich zu einer Reise durch ein Gebiet unbefriedeter Indianerstämme. Sorgfältig reinigte er seine Flinte.

»Was soll der Unfug?« fragte ein Freund. »Wenn deine Stunde gekommen ist, brauchst du keine Waffe.«
Der fromme Mann ließ sich nicht stören: »Und wenn die Stunde des Indianers gekommen ist?«

Eine Dame aus dem Berlin des vorigen Jahrhunderts erwog, sich operieren zu lassen. Sie bat den Pfarrer Büchsel und den Pfarrer Johannes Knak von der Bethlehemskirche zu sich.
Büchsel sprach: »Unterziehen Sie sich der Operation; denn Gott schenkte den Ärzten Weisheit und Geschicklichkeit!«
Knak sprach: »Tragen Sie Ihr Schicksal, gnädige Frau, wie es der Himmel spendet!«
Als die Geistlichen das Haus verließen, goß es in Strömen. Büchsel spannte den Schirm auf, Knak hatte den seinen vergessen und bat um Schutz.
»Tragen Sie Ihr Schicksal, wie es der Himmel spendet, lieber Kollege!« sprach Büchsel.

»Nacht muß es sein, wenn Friedlands Sterne strahlen«, wurde im Deutschunterricht gelesen. Die klassische Hochstimmung unterbrach ein Schüler mit der Frage, wessen Sterne nicht der Nacht bedürften, um zu strahlen.

Neue Zürcher Zeitung, 18. 5. 1969: »Ich halte nicht viel von Horoskopen, doch will dieses die Schicksalsgestaltung meines Tierkreises wie folgt wissen: Ihre Vorzüge drängen Ihre Zurückhaltung für einmal in den Hintergrund. Eine nicht ganz alltägliche Art, z. B. eine Annonce, könnte Sie Ihrer Lebenspartnerin entgegenführen. Verkaufs-Ingenieur, ledig, 45/173 ...«

Freiheit

Ein wilder Esel sah einen zahmen in der Sonne liegen. Er trat zu ihm und pries ihn glücklich wegen seines guten Aussehens. Da kam der Treiber herbei, belud den zahmen Esel und stieß ihn mit dem Stocke vorwärts. Da sprach der wilde Esel: »Du Armer! Nun sehe ich, mit welchem Unglück dein Glück verbunden ist.«

Äsop,
Fabeln 111, Der Wildesel

Konfuzius trifft eine Frau, weinend an frischem Grabe.
»Mein Vater, mein Mann und meine beiden Söhne«, erklärt die Trauernde.
»Der Tiger hat sie zerrissen.«
»Entsetzliche Gegend«, spricht Konfuzius bewegt. »Zieh fort von hier!«
»Nein!« entgegnet die Frau. »Hier sind nur Tiger. Bei euch ist die Regierung.«

Dem feisten Hund begegnete der Wolf,
verkommen, ausgehungert, ein Skelett,
und fragte: »Sag, wie kommst du zu
dem Fett?
Wer hat den runden Wanst dir angemästet?«
»Der Herr, dem treu ich diene«, sprach
der Hund.
»Komm mit mir, und es wird dir wohlergehen!«

Von welcher Art der Dienst sei, fragt
der Dürre.
»Nicht schwer«, erzählt der Hund:
»Das Tor bewachen
und unser Haus des Nachts vor Dieben
schützen.«
Die Arbeit schien dem Wolf erträglich,
und
er folgte dem Gefährten, Nahrung hoffend.
Doch plötzlich traf sein Blick den Hals
des Hundes,
zerrieben von der Kette, und er fragte,
woher die kaum vernarbten Wunden
stammten.
Es zögert mit der Antwort der Gefragte,
doch wiederholtem Forschen beugt er
sich
und, flüsternd fast, gesteht er: »Wisse,
Freund,
weil ich zu heftig, legt man tags mich
an.«
Und lauter wieder: »Abends aber, Ha!,
da schweife ich, wohin das Herz mich
führt,
und fette Bissen wirft mir das Gesinde,
und Brot bekomme ich vom Tisch des
Herrn
und Zukost ...« – »Danke!« unterbrach der Wolf.
»Genug! Bin ich mein Herr nicht, will
ich hungern.«
Und wandte sich und schwankte müde
heim.

Phädrus,
Fabeln III, 7, Hund und Wolf

Magna pars libertatis bene moratus venter. Ein gut Teil der Freiheit beruht auf einem wohlerzogenen Magen.

Verfasser unbekannt

Brasidas fing eine Maus. Das Tier biß ihn in den Finger. Der spartanische Feldherr ließ es laufen und sprach: »Wer für seine Freiheit kämpft, und sei er noch so armselig, verdient sie.«

Freiheit = Recht, die Nase in jedermanns Angelegenheit zu stecken.

»Freiheit ist«, erklärte ein Kind auf Anfrage des Lehrers, »die Möglichkeit, sein Leben nach den eigenen Vorstellungen zu führen und andere zu veranlassen, das gleiche zu tun.«

Ein tschechischer Lehrer fragt: »Warum lieben wir die Sowjetunion?«
Ein Kind ruft: »Weil sie uns befreite.«
»Richtig. Warum lieben wir nicht die Amerikaner?«
»Weil sie uns nicht befreiten.«

Polnischer Fluch: »Daß dich die Deutschen besetzen mögen und die Russen befreien!«

Ein Amerikaner und ein Russe streiten, in wessen Vaterland größere Freiheit herrscht.
»Angenommen, Gospodin«, sagt der Transozeane, »ich schreibe ans Weiße Haus ›Präsident und Regierung der USA sind komplette Hornochsen!‹ Was passiert mir? Nichts.«
»Brüderchen, Brüderchen!« lacht der Russe. »Wenn ich schreibe diesen Satz an Kreml: Was passiert mir? Auch nichts!«

Ein Leipziger Lehrer erhielt auf die Frage, worin der Unterschied zwischen der sogenannten Meinungsfreiheit in der Bundesrepublik und der Meinungsfreiheit in der DDR bestehe, zur Antwort: »Im Westen ist man auch nach der Meinungsäußerung noch frei.«

Schulungsabend in der Zone: »In unserem Arbeiter- und Bauernstaat darf jeder frei und offen sagen, was er denkt. In der Ausbeuterkolonie Westdeutschland dagegen ...«
Einwurf aus der letzten Reihe: »Entschuldige, Genosse Schulungsleiter! Aber der Lehmann, was immer neben mir gesessen hat, den hammse kürzlich ...«
»Ich weiß, was du sagen willst«, unterbricht der Schulungsleiter. »Wir dürfen frei und offen sagen, was wir denken. Aber natürlich dürfen wir nur denken, was wir frei und offen sagen können.«

Ein Mensch, der mit Descartes gedacht,
daß Denken erst das Leben macht,
gerät in Zeiten, wo man Denker
nicht wünscht – und wenn, dann nur
zum Henker.
Er kehrt den alten Lehrsatz um
und sagt: »Non cogito, ergo sum!«

Eugen Roth,
Mensch und Unmensch, Zeitgemäß

Drei Berliner saßen Ende 1944 im Café Fürstenhof am Potsdamer Platz. »Jajajaja«, murmelte der eine. Der zweite atmete tief. Der dritte schüttelte den Kopf.
Da erschien neben ihnen eine Gestalt in Schaftstiefeln. »Meine Herren«, sagte diese, »wenn Sie nicht sofort aufhören, über den Führer und die Partei zu meckern, lasse ich Sie verhaften.«

Lieber Gott, mach mich stumm,
daß ich nicht nach Dachau kumm!

Karl Valentin 1934: »I sag nix. Des wird ma doch nor sag'n derfa!«

Auf einem Markt Altberlins hat es Krach gegeben, und als die Polizei kam, schimpften die Händlerinnen über alle Stufen der Obrigkeit.
Endlich war die Ruhe wieder hergestellt. Da brüllte ein Blauer nochmal: »Maul halten!«
»Wat denn?« brummte es aus dem Pulk der Wohlbeleibten. »Wir saren ja jar nischt!«
Der Polizist erwiderte: »Ihr räsoniert inwendig!«

Ein bretonischer Bauer wurde wegen Verunglimpfung der Fünften Republik zu einer Strafe von zweihundert Neuen Francs verurteilt.
»Haben Sie noch etwas zu sagen?« fragte der Richter.
»Jede Menge«, antwortete der Bauer. »Aber nicht zu dem Tarif.«

Mendes-France wurde in Straßburg erwartet. Eine Rotte Poujadisten hatte den Haupteingang des Bahnhofs besetzt. Der Zug verspätete sich um eine Stunde, und das Empfangskomitee wollte den Ministerpräsidenten durch den Seitenausgang schmuggeln. Mendes-France aber benutzte den Hauptweg: »Seit Stunden warten die Kerle darauf, ihre Wut loszuwerden. Sie haben ein Recht darauf, daß man sie nicht um ihr Vergnügen bringt.«

Dem Pyrrhus von Epirus wurde der Rat gegeben, einen notorischen Stänkerer zu verbannen.
Der König entschied: »Laßt ihn! Es ist besser, er schimpft hier über uns als bei Fremden.«

Josef Jakubowski aus Warschau hat ein Visum für Österreich erhalten. »Grüße aus dem freien demokratischen Berlin!« lautet seine erste Karte, »Grüße aus dem freien Prag!« seine zweite, »Gruß aus Wien vom freien Josef!« seine dritte.

Eine Anzahl Menschen trat vor den Käfig eines Kanarienvogels und verspottete das Tier, weil es gefangen war. Plötzlich fragte einer der Leute, was denn überhaupt Freiheit sei. Über dieser Frage gerieten die Spötter in Streit, und bald balgten sie sich vor den Augen des Vogels, der, als sich die Zerschundenen vom Boden aufrafften, freundlich bemerkte: »Solange Ihr streitet, ob Ihr in einem Käfig seid oder nicht, seid Ihr drin.«

Der Affe über die Zoobesucher: »Wie gut, daß alle hinter Gittern sind!«

(Simpl)

V. Kapitel

Geburt
Kindheit
Jugend
Altersstufen
Alter
Tod
Sterben
Begräbnis
Grabschriften
Trauer
Jenseits
Nachlaß

Geburt

Man fragte im Ärztezirkel nach dem Unterschied zwischen einem Polizisten und einer Hebamme. Und antwortete: »Der Polizist sorgt für öffentliche Ordnung, die Hebamme für ordentliche Öffnung.«

Seit Stunden sitzt der werdende Vater am Bett der Kreißenden. Nun streicht er ihr über den Kopf und flüstert: »Wenn es so schwierig ist, dann laß nur!«

Der Gatte sitzt angstvoll am Bett der Kreißenden. Sie streicht ihm die schweißnassen Hände: »Du kannst ja nichts dafür!«

»War's arg?« fragt der Mann.
»Zwölf Stunden«, antwortet die junge Mutter schwach. »Und dann mußte ich zugenäht werden.«
»Mein Gott!« stammelt der Vater.
Sie lächelt: »Nicht ganz.«

Eine geistreiche Dame des achtzehnten Jahrhunderts behauptete: »Hätte die Natur Schwangerschaft und Niederkunft zwischen Weib und Mann gleich verteilt, so wäre das erste Kind von der Frau, das zweite vom Mann, das dritte wieder von der Frau und dann basta!«

Die schwierige Entbindung ist geglückt. Der Frauenarzt und der Chirurg waschen sich die Hände.
»Was war es eigentlich?« fragt der Gynäkologe. »Junge oder Mädchen?«
»Keine Ahnung«, brummt der Chirurg.
Die junge Schwester schaltet sich ein: »Wenn ich das Kind einmal sehen dürfte, könnte ich es Ihnen sagen.«

Der Neunjährige zu seiner Mutter: »Daß der Storch die Kinder nicht bringt, weiß ich. Also kann er dich auch nicht ins Bein beißen. Bleibt die Frage: Warum legst du dich jedesmal ins Bett? Aus Schreck oder aus Faulheit?«

»Du kannst jetzt nicht hinein«, gebietet die Hebamme an der Türe dem Erstgeborenen. »Der Storch hat deine Mutti ins Bein gebissen.«
»Au wacke«, sagt Karlchen. »Die Entbindung und nun das auch noch!«

Tante Sstine fordert Klein-Erna auf, im Garten zu spielen. Schmollend zieht die Göre ab.
Nach einer Stunde wird sie hereingerufen. »So«, spricht Tante Sstine, »nun hat dir der Klapperstorch ein Brüderchen gebracht. Willst du es sehen?«
»Nein«, antwortet Erna. »Den Storch.«

Die Hebamme gebietet Nasreddin Hodscha, die Kerze zu halten. Ein

Kind erscheint. Der Vater stellt das Licht ab und wendet sich zur Tür.
»Hierbleiben!« befiehlt die Hebamme. »Es kommt noch eines.«
Der Vater gehorcht. Ein zweites Kind erblickt das flackernde Licht der Welt.
Nasreddin will gehen.
»Hierbleiben!« sagt die Hebamme.
Nasreddin bläst die Kerze aus: »Schluß jetzt! Wenn sie das Licht sehen, schwärmen sie heran wie die Mücken.«

Im Büro über einen Kollegen, der schlecht aussieht: »Die ständigen freudigen Ereignisse machen ihn fertig.«

Der Sechsjährige bei Ankunft des dritten Geschwisters: »Kein Fernsehen im Haus, aber für so was ist Geld da!«

Der Unterschied zwischen Wasser und Zwillingen?
Wasser hat die Formel H_2O; Zwillinge werden mit OH_2 (Oha! Zwei!) begrüßt.

Sohn Udo meldet: »Beim Nachbarn sind Zwillinge angekommen.«
»Schon jehört«, erwidert Baron von Drewitz. »Eins soll Junge sein, anderes Mädchen. Oder umjekehrt.«

Ein betagter Jäger hat Drillinge gezeugt. »Gut geschossen!« gratuliert ein Waidgefährte.
»Papperlapapp«, entgegnet der Vater. »Alte Büchse streut ein bißchen.«

Im Försterhaus sind Drillinge angekommen. Der Sechsjährige betrachtet sie kritisch, zeigt auf den mittleren und entscheidet: »Den ziehen wir auf.«

Karlchen erscheint zu spät zur Schule und berichtet, seine Mutter habe ein Kind bekommen und er habe erst den Arzt holen müssen.
»Du hast doch einen kleinen Bruder«, entgegnet die Lehrerin, »konnte der denn nicht...«
Karlchen winkt ab: »Nix. Da muß der Doktor her.«

»Sehr geehrter Herr Lehrer! Entschuldigen Sie, daß mein Otto gestern nicht nach der Schule gekommen ist. Bei uns war der Storch. Morgen kommt er wieder. Hochachtungsvoll!«

»Gratulieren Sie mir, Graf!« sprach die Baronin im Opernfoyer zu Bobby. »Ich bin heute Großmutter geworden.«
»Donnerwetter!« staunte der Altgraf. »Und abends schon im Theater?«

Nach sechs Töchtern der erste Junge. Drei Tage feiert der Vater. Am vierten wird er gefragt, wem der Kleine ähnlich sähe. »Keine Ahnung«, erwidert der Glückliche. »Das Gesicht haben wir noch nicht betrachtet.«

»Rebekka glücklich entbunden Sohn«, lautete das Telegramm. Die Schwieger-

eltern setzten sich in den Zug, und der Alte knöpfte sich den frischgebackenen Vater vor:
»Wenn du so weitermachst, wirste niemals a reicher Mann. ›Rebekka‹: Natürlich Rebekka. Man telegraphiert doch nicht für fremde Frauen. ›Glücklich‹: Natürlich glücklich. Telegraphiert man, wenn die Geburt ist mißlungen? ›Entbunden‹: Natürlich entbunden. Hast du gemeint, wir glauben noch an den Storch? Na und ›Sohn‹: Natürlich Sohn. Telegraphiert man wegen einer Tochter?«

Man hißt auf dem Schlosse die Fahnen,
Klein-Dolfchen stimmt das froh.
Mama sagt: »Ein Prinz ward geboren,
da macht man es immer so.«

Und Schüsse, hundert und einer,
ertönen. Klein-Dolfchen ruft »Ho!«
Und fragt: »Wenn ein Prinz wird geboren,
knallt das dann immer so?«

Demetrius Schrutz,
Ein Prinz geboren

Der Chef gratulierte einem seiner Angestellten zur Geburt des Erben. »Herr Direktor«, erwiderte der junge Vater, »unsereiner bekommt keine Erben, nur Kinder.«

Das war vor einigen Jahrzehnten in einem bayerischen Dorf. Es gab noch kein elektrisches Licht. Der Landarzt wurde zur Bäuerin gerufen, um den neuen Erdenbürger in Empfang zu nehmen. Der fünfjährige Maxl mußte die Kerze halten und leuchten.
Das Kind erschien. Es war ein Junge. Um ihn zum Schreien zu veranlassen, schlug ihm der Doktor einige Male auf das Hinterteil.
Da nickte der Maxl und sprach: »Des denk i mir, daß der Schläg kriegt. Da schlupft ma a net nei.«

Die Lehrerin hat ein Märchen vorgelesen, und das Karlchen möchte wissen, was das heißt: »Die Königin gebar ihrem Gemahl einen Sohn.«
»Sie schenkte ihm einen Sohn.«
Am nächsten Tag hat das Karlchen Geburtstag. Nach seinen Geschenken befragt, berichtet er: »Tante Ida gebar mir einen Dackel.«

Eine Sechsjährige belehrt ihre Freundin: »Kinder bringt nicht der Storch, sondern sie werden geboren. Und was das für ein Bohrer ist, kriege ich auch noch heraus.«

»Wann bist du geboren?« fragt der Schularzt.
»Ich bin überhaupt nicht geboren«, antwortet die Erstklaßlerin. »Ich habe eine Stiefmutter.«

Neugeborene Kinder weinen. Das Knäblein wimmert A und das Mägdlein E. Beide klagen über Adam und Eva und die Erbsünde.

Innozenz III.

Kindheit

Daß eure Windeln wie Segel sind,
das wißt ihr Kinder noch nicht.
Ihr kümmert euch nicht um den eigenen
Wind,
um den fremden Wind, um das fremde
Licht.
Ihr reist wie Passagiere.
Und wenn das Schiff mit euch ersauft,
dann seid ihr himmeltief getauft,
unschuldige, glückliche Tiere.

Ringelnatz, Babies

Zur Zeit des Goldrausches im amerikanischen Westen. Ein Orchester besuchte die Schürfer. Eine Frau hatte ihr Baby ins Konzert mitgebracht. Plötzlich fing das Kind an zu schreien.
Unruhe. Mißbilligende Blicke des Dirigenten.
Da rief ein Mann: »Hört auf mit eurem Gefiedel und laßt das Kind schreien! Ich habe diese Töne seit zehn Jahren nicht mehr gehört.«
Die Mehrheit des Publikums applaudierte, und die Musiker legten die Instrumente weg, bis die Frau das Kind beruhigt hatte.

Ein Tatarfürst, von dem man in Geschichten preist,
daß er als Prinz Europa durchgereist,
befahl, weil er sein Volk galanter machen wollte,
daß kein vornehmes Weib ihr Kind
selbst stillen sollte.
Die wilden Damen lachten nur;
sie nährten nach wie vor ihr Kind mit
ihren Brüsten
und glaubten, daß sie der Natur
und ihren Müttern folgen müßten.
Der Khan fing an, sich zu entrüsten,
gab ein sehr scharf Mandat und schwur,
daß jede Frau vom Stande sterben
sollte,
die für ihr Kind nicht Ammen halten
wollte.
Und weil sie sich gezwungen sahn,
so nahmen sie denn Ammen an.
Allein sie konnten sich des Triebs nicht
lang erwehren,
ihr eigen Blut an ihrer Brust zu nähren.
Die meisten fingen an, dem Khan den
Tod zu schwören.
Einst als der Tatarfürst sich ganz
allein befand,
kam, mit dem Degen in der Hand,
ein vornehm Weib auf ihn gerannt
und sprach, von edlem Grimm entbrannt:
»Hör auf, mein Kind mir abzudringen,
sonst bin ich hier, dich umzubringen.
Ich säug es selbst, und säug es mir zur
Lust,
deswegen hab ich diese Brust.
In dieser Pflicht, mein Kind daran zu
nehmen,
soll mich, o Fürst, kein Tier beschämen.«
Der gute Tatarfürst erschrak
und unterließ, um nicht sein Leben zu
verlieren,
den europäischen Geschmack
in seinen Horden einzuführen.

Gellert, Der Tatarfürst

Eine Oberschulklasse erarbeitete folgende Vorzüge der Muttermilch: Sie ist bekömmlicher und billiger; sie brennt nicht an und kocht nicht über; die

Katze kann nicht heran, und die Verpackung ist geschmackvoll.

Baby zum Zwilling an der Nachbarbrust, augenzwinkernd: »Ex!«

In der Kattowitzer Straßenbahn will eine Mutter ihren Säugling stillen. Dieser aber ziert sich. »Nimm«, spricht die Mutter, »sonst nimmt Schaffner!«

Aus einem Informationsblatt über Kleinstkinderernährung: »Eine junge Mutter ist in der gleichen Situation wie eine Filmschauspielerin: Was sie nicht im Büstenhalter hat, muß sie im Kopf haben.«

Der Achtjährige sieht zu, wie die Mutter das Schwesterchen wickelt, und empfiehlt: »Gib ihr Trockenmilch! Brauchst sie dann nur noch abzustauben.«

Paulchen auf die Frage, wie ihm sein neues Schwesterchen gefalle: »Gut. Aber dumm ist sie. Man kann ihr in den Mund stecken, was man will: Käfer, Würmer, Fliegen – die frißt alles.«

Die Ernährung meines Zweijährigen setzt sich so zusammen:
Frühstück: Drei Mundvoll Haferbrei, ein Schluck Milch, eine Handvoll Reis (roh, wie er ihn aus dem Kasten langte, als es draußen läutete), ein grünes Band unbekannter Herkunft (ich sah nur noch das letzte Ende verschwinden), ein Hundekuchen (den er dem Hund weggenommen hat) und ein Pfirsich.
Mittag: Ein weiches Ei, ein halbes Glas Milch, zwei Bissen Seife (er wollte mehr, aber ich nahm sie ihm weg), ein Gummiband (das ich gerade noch zu fassen bekam, bevor es den Weg alles Fleisches ging) und etwas Toast (den er, als ich in der Küche war, reichlich mit Chlorophyll-Zahnpasta bestrich).
Abendessen: Ein gehacktes Steak (mit Zwiebeln und Ketchup, weil sein Vater es so ißt und er da keine Unterschiede duldet), ein paar grüne Erbsen, ein Bissen Weichkäse (den ich später auf dem Teppich wiederfand), ein ganzes Glas Milch (in die ich Schokolade gequirlt hatte) und eine halbe Flasche Haaröl (die er sich als Nachtisch einverleibte, während sein Vater und ich lasen).
Mein Sohn ist ein gesunder, rotbäckiger Bursche, der einige Pfund mehr wiegt und einige Zentimeter größer ist als die Gleichaltrigen in der Nachbarschaft. Der Arzt sagt, daran sei die vernünftige Ernährung schuld.

D. W. M.,
Das Beste, Dezember 1954

Ein Schwabenbub schiebt den Wagen mit dem Schwesterchen. Eine Tante fragt ihn, ob er es verkaufen würde. »Na«, antwortet der Knirps. »Vor acht Woche hätt mer's noch hergebe, aber nau han mer zeviel drag'futtert.«

Altgraf Bobby sitzt auf einer Parkbank. Eine junge Frau neben ihm rüttelt den Kinderwagen, aber das Kind schreit und schreit. »Er bekommt Zähne«, erklärt sie entschuldigend. Bobby starrt auf den Plärrer: »Will er keine?«

»Kleiner Bursche von Hausmeister sitzt schon«, meldet Udo von Drewitz. Bodo, der Alte, murmelt: »Tolle Zustände! Was hat er ausjefressen?«

Erste Mutter: »Mein Hansi war so gescheit, daß er mit zehn Monaten schon laufen konnte.«
Zweite Mutter: »Mein Ulli war so schlau, daß er sich mit zwei Jahren noch tragen ließ.«

Eine Mutter klagte: »Gestern habe ich vier Bengels abgeschrubbt, bevor ich meinen fand.«

»Fritzeken is fort«, jammert die Mutter. »Wo mag er bloß sinn?«
»Der jeht nich valorn«, tröstet die Großmutter. »Den kennt jeder inne Stadt.«
»Heute nich«, widerspricht die Mutter, »ick hab'n jewaschen.«

Daß Kinder groß werden, merkt man daran, daß sie plötzlich Fragen stellen, die man beantworten kann.

Verfasser unbekannt

»Wir müssen etwas vorsichtiger sein in unserer Unterhaltung«, rät die Mutter. »Monika fängt an, unangenehme Fragen zu stellen.«
»Zum Beispiel?« will der Vater wissen.
»Heute morgen: Warum ich dich geheiratet habe.«

Jugend

Auf einer ägyptischen Steintafel des Mittleren Reiches (2100 bis 1700 vor Christus): »Wir leben in einem lügenhaften, sehr heruntergekommenen Zeitalter. Die heutige Jugend zeigt kaum noch Respekt vor den Eltern. Sie ist von Grund aus verdorben, voller Ungeduld und ohne jede Selbstbeherrschung. Über die Erfahrungen und Weisheiten der Älteren spottet sie. Das sind sehr bedenkliche Zeichen, und man muß vermuten, daß sich darin Verderben und Untergang des Menschengeschlechtes drohend ankündigen.«

Ein junger Bursche wandte sich im Zug an den alten Gustav Freytag: »Verzeihen Sie! Ich bin farbenblind. Ist das da drüben Rotenburg oder Schwarzenhasel?«
»Bedaure«, antwortete der Dichter. »Ich habe das gleiche Leiden. Seit Ta-

gen schon suche ich den Unterschied zwischen einem Gelb- und einem Grünschnabel.«

Aus einem Schüleraufsatz »Im Wartesaal«: »Die Jugendgruppe wanderte wieder der Türe zu und hinterließ nur einige Eierschalen.«

Als Mark Twain Redakteur und für die Sorgenspalte zuständig war, klagte eine Siebzehnjährige, sie verstehe sich mit ihrem Vater nicht; er sei rückständig und ohne Sinn für das Moderne. Mark Twain antwortete: »Ich kann Sie gut verstehen. Als ich siebzehn Jahre alt war, zeigte mein Vater ebenfalls keinerlei Bildung. Haben Sie Geduld mit alten Leuten! Die entwickeln sich langsamer. Zehn Jahre später, mit siebenundzwanzig Jahren, konnte ich mich schon vernünftig mit ihm unterhalten. Heute bin ich siebenunddreißig, und – ob Sie es glauben oder nicht – ich kann ihn fragen, wenn ich keinen Rat mehr weiß. Es ist verblüffend, was der alte Herr dazugelernt hat.«

Jeder junge Mensch macht früher oder später die verblüffende Entdeckung, daß auch Eltern gelegentlich recht haben können.

André Malraux

Gönnt doch den jungen, frischen
Tieren ihr freudiges Weichmaulgefräß!
Ihrem Zahnarzt entwischen
sie doch nicht. Bestimmungsgemäß.

Ringelnatz, Gewisse junge Burschen

»Das dumme Gerede dauernd, die heutige Jugend sei unerzogen!« entrüstet sich die alte Dame. »Früher wurde ich auf der Straße angesprochen und belästigt. Die heutige Jugend geht manierlich an mir vorüber.«

Junger Mann, 45, 1,67, wünscht die Bekanntschaft einer Frau zw. Geselligkeit.

Westdeutsche Allgemeine, 4. 11. 1967

Hier ruht
der ehrenreiche Jüngling
Peter Richter
Jetzt stumm und kalt
War 89 Jahre alt.

Grabschrift in Plangeroß/Pitztal, Tirol

Aus dem Aufsatz einer Schülerin: »Wenn ich groß bin, werde ich wahrscheinlich heiraten. Es kann aber auch sein, daß ich erledigt bleibe.«

Unterschied zwischen Backfischen und Teenagern: Letztere tun, was erstere träumen.

Der Lehrer zur Höheren Mädchenklasse: »Ihr seid jetzt Teenager, Kinder. Benehmt euch gefälligst wie Erwachsene!«

Es hat mich mit Lachen und Küssen
mein lustiger Vater gemacht.

Was brauch ich denn weiter zu wissen,
als wie man stets küsset und lacht?

Verfasser unbekannt

Ich kenn ein Rehe,
dem frei tut wehe,
das nach dem Fangen
trägt ein Verlangen,
das ungejaget
ins Garn sich waget,
das ihm ein Netze
für Zierat schätze,
das seinen Jäger
nimmt in sein Läger.

Friedrich von Logau,
Rätsel (Jungfrau)

Du Pol von seltner Anzugskraft,
nach dem sich alle Nadeln wenden,
Heil dir, kranzwürdige Jungfernschaft,
Heil dir an allen Erdkreisenden!
O Mädchen, lernt des Kleinods Wert,
lernt mit der Myrtenkrone geizen,
doch nicht zu lang, sonst fällt ihr Wert
und ihre Kraft, zum Kauf zu reizen!

Johann Georg Scheffner (1736–1820),
Die Jungfernschaft

Juristen zählen die Mädchen unter die res, quae servando servari non possunt (Dinge, die sich durch Aufbewahren nicht erhalten lassen).

Karl Julius Weber,
Demokritos II, 16

»Du hast deinen größten Schatz eingebüßt«, grollt es dem Mädchen, das seine erste Neigung gestand, aus dem Beichtstuhl entgegen.
»Ach, hochwürdiger Herr!« erwidert sie traurig. »Wie sollte ich ihn bewahren? Jeder Hanswurst hat einen Schlüssel.«

Die Schauspielerin Arnould tröstete eine Gefallene mit den Worten: »Mon Dieu, un souris qui n'a qu'un trou, est bientôt pris!« (Eine Maus, die nur ein Loch hat, ist bald gefangen.)

Ein Franziskaner in Bonn behauptete, er könne sämtliche Jungfrauen der Stadt auf einem Schubkarren hinausfahren. Die Schönen empörten sich, und er setzte lächelnd hinzu: »Eine nach der anderen, versteht sich.«

Die größte, reinste, frischeste, älteste, weißeste und nie von einem Manne berührte Jungfrau war im Berner Oberland. War es wie so manche Vesta und ist nicht mehr seit unserem verhängnisvollen Jahrhundert. Die Gebrüder Meier bestiegen sie 1810, und sie heißt seitdem Madame Meier.

Weber, Demokritos II, 24

Der Unterschied zwischen einer Jungfrau und Persil?
Persil bleibt Persil.

Hier liegt begraben
die ehrsame Jungfrau J. B.

Gestorben ist sie im siebzehnten Jahr,
just als sie zu brauchen war.

Grabschrift im Oberinntal

Es war einmal ein Bürger, der hatte drei Töchter. Für alle drei war es Zeit, sie unter die Haube zu bringen. Aber der Vater wußte nicht, welche er zuerst versorgen solle; denn alle drei hatten schon Werber. Da rief er sie zusammen und sprach: »Ich will euch Wasser geben; ihr sollt euch die Hände gleichzeitig waschen und dürft sie an keinem Tuch trocknen, sondern sollt sie von selbst trocknen lassen. Die, deren Hand zuerst trocken wird, soll als erste einen Mann bekommen.«
Der Vater goß ihnen Wasser über die Hände. Das jüngste Töchterlein wehte mit der Hand hin und her und sprach: »Ich will keinen Mann! Ich will keinen Mann!« Und von diesem Wehen wurden ihre Hände zuerst trocken.

Johannes Pauli,
Schimpf und Ernst,
Drei Töchter waschen ihre Hände

Hier unter diesem Leichenstein
ruht eine Jungfrau: Rosa Klein.
Sie suchte lang vergebens einen Mann;
zuletzt nahm sie der Totengräber an.

Grabschrift in Wien

Hier ruht die ehr- und tugendsame
Jungfrau Genovefa Roggenhuberin,
betrauert von ihrem einzigen Sohne.

Grabschrift in Kitzbühel

Altersstufen

Zwei talmudgelehrte Juden streiten, nach welcher Seite hin der Mensch wachse.
»Nach oben natürlich«, behauptet der erste. »Hast du schon einmal eine Kompanie Soldaten gesehen? Unten sind sie alle gleich, aber oben verschieden.«
Der andere widerspricht: »Ist dir noch niemals eine Hose zu kurz geworden? Wo war sie zu kurz? Oben oder unten?«

Erwachsener = Ein Mensch, der nicht mehr an seinen beiden Enden, sondern in der Mitte wächst.

Das Kind wird erwachsen – drei Jahre früher, als die Eltern glauben, und drei Jahre später, als es selbst glaubt.

Verfasser unbekannt

Ein Vater auf die Frage des Sohnes, wann der Mensch erwachsen sei: »Wenn er seine Dummheiten bewußt macht.«

Mittleres Alter: Die Jahre, in welchen nicht mehr der Polizist, sondern der Arzt gebietet: »Langsamer fahren!«

Ein kluger Mann von vierzig Jahren ist sein Beichtiger, Arzt und Jurist.

Verfasser unbekannt

Derjenige ist in den besten Jahren, bei dem sich die Jungen über die Alten und die Alten über die Jungen beschweren.

»Ich heirate nicht, bevor ich vierundzwanzig bin«, verkündet eine Oberprimanerin.
»Und ich«, erwidert die andere, »werde nicht vierundzwanzig, bevor ich verheiratet bin.«

Die Gattin deutet zur anderen Straßenseite und flüstert: »Der da drüben gebe ich gut und gerne fünfzig Jahre.«
Der Mann erwidert: »Die nimmt sie nicht.«

Aus einem Schüleraufsatz: »Meine Mutter kennt unseren Bäckermeister schon seit vielen Jahren. Als Schulkameraden waren sie sogar gleichaltrig.«

»Sie haben ein falsches Alter angegeben, Zeugin.«
»Nicht falsch, Herr Richter. Nur von früher.«

Der Filmproduzent schüttelt befremdet das Haupt: »Fünfunddreißig? Meine Beste: Das haben Sie mir schon vor zehn Jahren erzählt.«
»Gewiß«, nickt die Bewerberin. »Was ich gesagt habe, das habe ich gesagt.«

Zwei Schauspielerinnen treffen sich nach längerer Trennung.
»Wie die Zeit vergeht!« ruft die eine. »Nun nähere auch ich mich schon der Dreißig.«
»Nicht zu glauben, Liebste!« entgegnet die andere. »Von welcher Seite?«

»Schlampe!« schrie eine Schauspielerin. »Weißt du überhaupt, wer deine Mutter ist?«
»Nein«, erwiderte die Kollegin. »Vielleicht bist du es.«

»Haben Sie das Gesicht der Mutter gesehen«, fragte ein Champion des Kompliments, »als ich ihr sagte, sie sähe so jung und hübsch aus wie ihre Tochter?«
»Nein«, erwiderte der andere. »Aber das Gesicht der Tochter.«

Die Dame des Hauses macht in großer Gesellschaft Andeutungen über ihr Alter.
»Mama!« zischelt die Tochter. »Laß doch wenigstens neun Monate zwischen uns!«

»Hoheit«, sprach die Marquise von Sévigné zur Fürstin Harcourt, »man weiß, daß wir im gleichen Jahr, am gleichen Tag geboren sind. Wir müssen uns verständigen.«

Die Frau legt die Früchte ihres Einkaufs auf den Tisch: »Ich bin heute dreimal mit ›Fräulein‹ angesprochen worden!«
Er blättert die Zeitung um: »Ich verstehe auch nicht, daß du einen Mann bekommen hast.«

»Raten Sie, wie alt ich bin!« verlangte eine Dame.
Der Gefragte zögerte: »Das ist schwer. Beurteile ich Sie nach Ihrer Schönheit, so mache ich Sie um zehn Jahre jünger, und halte ich mich an Ihre Klugheit, zehn Jahre zu alt.«

Ein Wiener Kavalier begrüßte Pauline Metternich auf dem Ring und fragte nach Dero Wohlbefinden.
»Wie's aan halt geht, wammer sechzig is«, antwortete die einst in ganz Europa berühmte Schönheit.
»Aber gehn S', Frau Gräfin!« widersprach der Geübte. »Is doch ka Alter!«
Die Paulin zuckte die Schultern: »Für a Kathedraln is nix, aber für a Frau'nzimmer is schon ganz anständig.«

Ein Diplomat ist ein Mann, der sich den Geburtstag einer Dame merkt und ihr Alter vergißt.

Robert Frost

Nichts macht die Frauen heutzutage so altern wie die Anhänglichkeit ihrer Bewunderer. (Mrs. Cheveley)

Wilde, Ein idealer Gatte I

Ein Arzt erklärte: »Auf der ersten Lebensstufe dominiert das Essen, auf der zweiten die Liebe, auf der dritten der Stuhlgang.«

Der Fürst von Ligne auf die Frage, was er am liebsten sein möchte: »Bis zum dreißigsten Lebensjahr eine schöne Frau, bis zum sechzigsten ein erfolgreicher Feldherr und dann Kardinal.«

Halt fein den Kragen warm,
fülle nicht zu sehr den Darm,
mach dich der Grete nicht zu nah,
so wirst du langsam werden graw!

Luther

Alter

»Wie alt, glauben Sie, Herr Doktor, kann ich werden?«
»Rauchen Sie?«
»Nein.«
»Trinken Sie?«
»Nein.«
»Frauen?«
»Niemals.«
»Warum wollen Sie alt werden?«

Einem Mann mit dem Ehrgeiz, hundert Jahre alt zu werden, riet der Arzt zum Verzicht auf Alkohol, Tabak und Frauen.
»Und Sie garantieren mir hundert Jahre?«
»Ich garantiere Ihnen«, sprach der Doktor: »Sie werden sich wie ein Hundertjähriger vorkommen.«

»Ist es wahr«, fragte ein Mann seinen Psychiater, »daß Ehemänner länger leben als Junggesellen?«
»Nein«, antwortete der Arzt. »Das Leben erscheint ihnen nur länger.«

François Auber zu einem Bekannten, der sich beklagte, daß er alt werde: »Das Altwerden ist leider bisher das einzige Mittel, lange zu leben.«

Ein betagter ungarischer Baron, nach seinem Alter befragt: »Weiß nicht genau. Zähl meine Pferde, meine Stiefel, mein Geld. Wozu soll ich zählen meine Jahre? Stiehlt mir niemand.«

Im naßkalten Nordweststurm sitzt ein alter friesischer Bauer vor dem Haus. Ein Urlauber spricht ihn an: »Geh rein bei dem Sauwetter!«
»Darf nicht«, antwortet der Greis. »Mein Vadder hat mich rausgeschmissen.«
»Dein Vadder? Wie alt bist du denn?«
»Zweiundsiebzig.«
»Und dein Vadder?«
»Vierundneunzig.«
»Warum hat er dich denn rausgeschmissen?«
»Weil ich dem Großvadder den Schnaps weggesoffen habe.«
»Was? Der Großvadder lebt auch noch?«
»Freilich.«
»Wie alt ist der denn?«
»Hundertzwanzig. Frag den Pfarrer! Der hat ihn getauft.«

Die im neunzigsten Lebensjahr stehenden Eltern müssen ihren siebenundsechzigjährigen Sohn zu Grabe tragen. Im tiefsten Schmerz stammelt die Mutter: »I hoab's oiwei gsagt: Den Hias kriag'n mer net groß.«

Der Hundertjährige auf die Frage des Reporters, worauf er sein hohes Alter zurückführe: »In erster Linie auf die Tatsache, daß ich heute vor hundert Jahren geboren wurde.«

Ein Hundertjähriger, vom Reporter gefragt, worauf er sein hohes Alter zurückführe: »Ich rauchte nie, trank keinen Alkohol und stand regelmäßig sechs Uhr morgens auf.«
Der Pressemann zweifelte: »Ein Onkel von mir verhielt sich ebenso. Er starb mit fünfundsiebzig.«
Der Alte lächelte: »Er hielt diese Lebensweise eben nicht lange genug durch.«

Ein hundertjähriger Cowboy, vom Reporter nach seinem Gesundheitsrezept

gefragt: »Können Sie sich an die Geschichte mit Pancho Veretto erinnern?«
»Freilich«, erwiderte der Zeitungsmann.
»Nun: Wenn ich jetzt meinen hundertsten Geburtstag feiere, so in erster Linie deshalb, weil man bis heute nicht herausgefunden hat, wer ihn umlegte.«

Der Hundertjährige erzählt, daß er keine Feinde habe. Er lächelt auf seine im Schoß gefalteten Hände: »Ich habe sie alle überlebt.«

»Ungebeugt durch die Last der Jahre steht der Jubilar heute vor uns«, sprach der Präsident der Festversammlung.
Die Zeitung schrieb: »Ungebeugt durch die Lasterjahre ...«

Ein Hund, der seinem Herren viele Jahre
mit Mut und Tapferkeit getreu gedient,
begann nun müde, alt und schwach zu werden.
Er ging zur Jagd noch, stellte auch die Sau
und faßte sie am Ohr mit stumpfen Zähnen,
allein das Wild entriß sich ihm und floh.
Der Jäger schalt den Hund, doch der erwiderte:
»Es schwanden mir die Kräfte, nicht der Mut.
Lob', was ich war, willst, was ich bin, du rügen!«

Phädrus, Fabeln V, 10,
Der Hund, die Wildsau und der Jäger

Wer den Lebensbecher bis auf den Grund ausleeren will, muß sich auf die Hefe gefaßt machen oder auf Kaffeesatz und, wenn er die Unzahl der Krankheiten kennt, welche die Ärzte registriert haben, sich glücklich preisen, wenn er nur mit einer zu tun bekommt.

Karl Julius Weber,
Demokritos III, 2

Ein Patient, als ihm der Arzt die Beschwerden im rechten Knie als Alterserscheinung deutete: »Unsinn! Das linke ist genau so alt und in Ordnung.«

Der alte Prinzregent Luitpold kam nach Berchtesgaden zur Jagd. Jahrgang 1821 begrüßte ihn. Der Wittelsbacher kannte die meisten.
»Na, Wastl«, sagte er zu einem, »wie geht's uns denn?«
»I ko net klag'n, Prinzregent. Aba woaßt, oid werd mer hoid, oid und dacklet.«
»Dacklet? I merk nix dervoh.«
»Ja mir! Mir merken's net, aba die andern merken's.«

»Wie fühlst du dich denn jetzt als Großvater?« fragten die Stammtischbrüder.
»Daß ich Großvater bin«, erwiderte der Gefragte, »stört mich nicht, wohl aber der Gedanke, mit einer Großmutter verheiratet zu sein.«

Niedergeschlagen saß Gottfried Keller in seiner Weinstube: »Ungezählte Male bin ich gefragt worden, warum ich nicht heirate. Vor zehn Minuten aber fragte man mich: ›Herr Keller, warum haben Sie nicht geheiratet?‹«

Der zweite Frühling stellt sich sogar bei Männern ein, die nicht einmal einen ersten gehabt haben. Jetzt sind sie natürlich ganz unwiderstehlich. Sie haben Silber im Haar, Gold in den Zähnen und Blei in den Füßen, aber das Herz ist jünger denn je. Elastisch und unternehmend balancieren sie ihren Embonpoint dahin, lächeln gewinnend und siegessicher auf tadellosen Plomben und halten ihre Weisheiten, die sie freigebig vor allem an junge Mädchen verteilen, für jugendlichen Elan, während es sich doch lediglich um Altersprämien handelt.

Gerhart Grüninger, Sie und Er

Witwer, 76/176, in sehr guten Verhältnissen, häuslich, charaktervoll, mit Humor, sonniges, ruhiges, angenehmes Wesen, natur- und tierliebend, möchte hübsche, charmante Frau, der er alles auf der Welt sein kann, als guter Ehemann verwöhnen. Geschiedene zwecklos. Zuschriften ...

Süddeutsche Zeitung, 18. 11. 1967

Drei alte Herren beschließen einen Jagdausflug. »Ich fühle mich noch wie ein Junger«, erzählt der erste. »Nur die Augen wollen nicht mehr so recht mitmachen.« Der zweite sekundiert: »Munter wie ein Fisch. Aber das Gehör läßt nach.«
»Bei mir das Gedächtnis«, ergänzt der dritte. »Gestern will ich meiner Frau zum Geburtstag gratulieren. Ich trete an ihr Bett und sage: ›Rück ein bißchen!‹ – ›Was denn?‹ fragt sie. ›Schon wieder? Du bist doch gerade erst raus!‹«

Drei Fünfundachtzigjährige sitzen auf einer Bank im Park. Ein junges Mädchen wippt vorüber.
»Ich möchte sie streicheln«, sagt der erste.
»Ich möchte sie küssen«, sagt der zweite.
»Ich möchte sie ...«, sagt der dritte und stockt. »Da war noch etwas.«

Fahrstuhl im Warenhochhaus. Der männliche Teil eines älteren Ehepaares drängt sich, mehr als die Umstände erfordern, an eine hübsche junge Dame. Trotz der Enge gelingt es ihr, ihm eine schallende Ohrfeige zu verpassen: »Gezwickt wird nicht.«
Im nächsten Stockwerk, bevor sich der Mann noch von der Überraschung erholen kann, steigt die Entrüstete aus. Verlegen wendet er sich an seine Frau: »Ich habe sie wirklich nicht gezwickt.«
»Ich weiß«, erwidert sie. »Das war ich.«

Maurice Chevalier, 78, betrachtete hingerissen die Revue im »Casino de Paris«.
»Mon Dieu«, stöhnte er. »Wäre ich bloß zwanzig Jahre älter!«
»Jünger«, verbesserte der Begleiter.
»Nein. Älter.«

Der späte Charmeur erprobt sich seit Monaten an der hübschen jungen Kellnerin im Stammlokal.
»Herr Hofinger«, spricht sie schließlich und hebt drohend den Finger, »wenn Sie jetzt nicht Ruhe geben, sag ich ›Ja‹. Und dann?«

Der achtundneunzigjährige Fontenelle besuchte am frühen Morgen eine Dame. »Ihnen zum Gefallen bin ich aufgestanden«, sprach die Gastgeberin.
»Das ist es, was mich rasend macht«, erwiderte der Dichter. »Anderen zum Gefallen legen Sie sich nieder.«

Der steinalte Fontenelle interessierte sich handgreiflich für ein Mädchen. Sie schrie, und der Dichter reimte:
»Recht! Schrei noch lauter! Schrei wie
toll!
Das ist uns beiden ehrenvoll.«

Fontenelle auf die Frage nach der größten Liebe seines Lebens: »Das kann ich nicht sagen. Ich bin erst fünfundneunzig.«

Eine Genferin, deren bejahrten Gatten es immer noch zu freudvollen Etablissements zog, mietete Bettler, die sich am Wege postieren und dem späten Freier zurufen mußten: »Ehrwürdiger Greis! Gedenke der Armen und gib!«

Je mehr wir Frauen altern, desto klarer erkennen wir, was Männer sind: Heuchler, Aufschneider, Böcke! Je mehr die Männer altern, desto beflissener behängen sie uns mit allen Tugenden. Jede Hure, die an einer Straßenecke steht, wird in eurer Erinnerung ein Geschöpf reiner Liebe. (Hekuba)

Giraudoux,
Kein Krieg in Troja I, 6

Im Alter tun negative Vergnügungen soviel als vormals positive: Nicht krank, nicht verliebt, nicht verstopft, nicht zu Tafeln und Gesellschaften gezwungen und nicht in seiner Ruhe gestört sein.

Karl Julius Weber,
Demokritos III, 3

Laß sie nur die Köpfe hängen lassen,
wenn die Köpfe ihre eignen sind!
Wir, wir wollen unsre Segel brassen
in den Wind.

Wir, in unserm Alter, wollen wissen,
daß der Weg nun wieder rückwärts
geht.
Glücklich, wer den freien Drang noch
spürt,
das Getrunkne über Bord zu pissen.

Wenn die Wetter lange düster grollen,
glücklich, wer dann trotzig lächeln
kann,
ohne Herr der Woge sein zu wollen,
sondern nur »auf See ein Fahrens-
mann«.

Ringelnatz,
Kopf hoch, mein Freund!

Ein großer Vorteil, alt zu sein, liegt darin, daß niemand mehr behauptet, man werde alt.

Aus den USA

Der Generaladjutant Franz Josephs, ein Jahr jünger als der Kaiser, befleißigte sich, um seinem Herrn das Gefühl relativer Rüstigkeit zu vermitteln, der Hinfälligkeit. Eines Abends, als der Kaiser längst schlief, berichtete er seinen bechernden Freunden: »Heit hab i dem Franzl wieder a Freid g'macht: I bin vom Pferd g'falln!«

Der neunzigjährige Prinzregent Luitpold von Bayern, von seinem Barbier gefragt, wie es ihm gehe: »Sehr guat. Hab heut alle meine Minister fortgeschickt!« Und nach einer Pause zu sich selbst: »Da sag'n d' Leut, i war'd oid!«

Der Zweiundachtzigjährige auf die Erklärung des Arztes, er könne ihn nicht wieder jung machen: »Sie sollen mich nicht wieder jung machen, sondern dafür sorgen, daß ich weiterhin alt werde.«

Napoleon prophezeite dem sechsundneunzigjährigen Erzbischof von Paris, De Belloy, er werde die Hundert erreichen.
»Weshalb wünschen Euer Majestät«, fragte der Kirchenfürst, »daß ich in vier Jahren sterbe?«

Ein alter Mann fällte einst auf einem Berge Holz und lud es sich auf die Schultern. Als er schon weit gegangen und müde geworden war, ließ er es zu Boden fallen und rief den Tod. Dieser erschien augenblicklich und fragte, warum man ihn rufe. Der alte Mann sprach: »Damit du mir hilfst, die Last wieder aufzunehmen.«

Äsop, Fabeln 20,
Der Greis und der Tod

Und die alten Matronen? Die häßlichen entschädigt das Alter für ihre Jugend; denn sie verlieren das nicht, was die schönen und galanten Weiber verlieren. Bei diesen vergaß man sogar die größten Albernheiten, die sie sagten, und da sie solche fortsagen, so fallen sie jetzt erst recht auf.

Karl Julius Weber,
Demokritos III, 2

»Döscht gspäßig«, hot derseal gsait, »wie mehner Zäh' daß mei Alte verliert, um so bissiger wird se.«

Aus dem Allgäu

Ein Studentenehepaar, das mit der fast neunzigjährigen Großmutter die Wohnung teilt, will ausgehen, bittet eine Kommilitonin zu omasittern, und gestattet, den Freund mitzubringen: Die Oma gehe acht Uhr zu Bett.
Zwei Uhr morgens kommt das Ehepaar heim. Die Studenten brüten mit mürrischem Gesicht über ihren Kollegheften. Oma strahlt aus dem Lehnstuhl.

»Aber Großmama, warum bist du denn nicht im Bett?« fragt die junge Frau. »Im Bett? Ha!« Die alte Dame richtet sich auf. »Und wer achtet auf diese Kinder hier?«

Johann Heinrich Cohausen, der Senior der Münsterschen Leibärzte, gab 1753 eine Schrift heraus, die den Vermerk »aus der alten Knaben Buchdruckerei« und den vielversprechenden Titel trug: »Der wieder lebende Hermippus oder Kuriose physikalisch-medizinische Abhandlung der seltenen Art, ein Leben durch das Anhauchen junger Mädchen bis auf 115 Jahre zu verlängern.«

Eines der besten Mittel gegen das Altwerden ist das Dösen am Steuer eines fahrenden Autos.

Juan Manuel Fangio

»Heutzutage«, erklärte Karl Valentin, »wird koa Mensch mehr oid. Die wo noch da san, san alle von früher!«

Es kommt nicht darauf an, wie alt man ist, sondern wie man alt ist.

Verfasser unbekannt

Tod

Ach wie nichtig, ach wie flüchtig
ist des Menschen Leben!
Lies es rückwärts und von hinten:
Du wirst einen Nebel finden,
welcher plötzlich muß verschwinden.

Verfasser unbekannt

Während dort der Wolkensturm
über Meer und Länder fährt,
pickt ganz leis der Totenwurm.
Wer ihn wohl das Picken lehrt?

Friederike Kempner,
Anobium pertinax

»Du bist von den Athenern zum Tode verurteilt worden«, verkündete man dem Sokrates.

»Sie sind es auch«, erwiderte der Weise. »Von der Natur.«

Auf der Brücke Schweigestill
wird man dich shanghaien.
Keiner, wenn er helfen will,
kann dich mehr befreien.

Auf dem Flusse Achsolang
gleite, treibe, fahre!
Unter einer Ruderbank
liegst du tausend Jahre.

Nach der Insel Weißnichtwo
wird man dich entführen.
Als ein weißer Domino
darfst du dort gastieren.

Fritz Grasshoff,
Die große Halunkenpostille,
Einmal wird man dich shanghaien

Der Lieblingsdiener stürzte ins Gemach des Sultans, warf sich ihm zu Füßen und bat um das schnellste Roß: Er müsse nach Basra fliehen. Im Park stünde der Tod und strecke seine Hände nach ihm aus.
Der Sultan gab ihm das Pferd; der Jüngling sprengte davon. Der Herrscher begab sich in den Garten und sah den Tod: »Was fällt dir ein, meinen Diener zu bedrohen?«
»Ich habe ihn nicht bedroht«, antwortete der Tod. »Ich hob nur meine Arme, erstaunt, ihn noch hier zu sehen; denn ich bin in fünf Stunden mit ihm verabredet. Auf dem Markt in Basra.«

In Gegenwart des alternden Ludwig XIV. durfte nicht vom Tod gesprochen werden. Eines Sonntags entwischte einem Prediger die Feststellung: »Alle Menschen müssen sterben.«
Er bemerkte seinen Faux Pas und erkannte auf dem Gesicht des Monarchen eine düstere Drohung.
»Fast alle Menschen«, setzte er hinzu.

Hans Christian Andersen litt in späteren Jahren unter der Furcht, man könne ihn lebendig begraben. Allabendlich legte er auf seinen Nachttisch einen Zettel: »Ich bin nicht tot, sondern nur scheintot.«

Der einundachtzigjährige Baron Rothschild glaubte, sein jüngster Tag nahe. Doch der Hausarzt konstatierte: »Ihre Organe sind vollkommen gesund. Sie werden hundert, Exzellenz!«
Der Bankier schüttelte den Kopf: »Wenn Er mich kriegen kann für einundachtzig, der Herrgott, warum soll Er mich nehmen für pari?«

Fontenelle kurz vor seinem Tode: »Es ist an der Zeit, daß ich das Feld räume. Ich beginne, die Dinge so zu sehen, wie sie sind.«

Der Weg in die Ewigkeit
ist doch gar nicht weit.
Um 7 Uhr fuhr er fort,
um 8 Uhr war er dort.

Marterl im Stubaital

Todesnachrichten aus dem Verwandtenkreis gingen dem alten Prinzregenten Luitpold arg ans Herz, und alle befleißigten sich bei ihrer Übermittlung äußersten Feingefühls. Als das Ableben des österreichischen Erzherzogs Franz Salvator bekannt wurde, befand sich der Prinzregent auf der Jagd. Franz Skell, der Leibjäger, wurde beauftragt, die traurige Mitteilung taktvoll zu übernehmen.
Kurz darauf schoß Luitpold einen prachtvollen Hirsch.
»Sakra, sakra, Königliche Hoheit!« rief Skell begeistert. »Den hat's draaht, grad wia an Erzherzog Franz Salvator!«
Der Prinzregent fuhr auf: »Was soll das heißen?«
Dem Leibjäger kamen Bedenken, ob er den richtigen Zeitpunkt gewählt habe, und verlegen murmelte er: »No ja! Der lebt seit gestern aa nimma.«

Dem jiddischen Sprichwort »A Hintele is erdrückt worden« liegt folgende Geschichte zugrunde:
Ein Mann trifft einen Bekannten: »Du hier? Nanu! Was gibt es Neues in unserer Kille?«
»Ein Hündchen ist erdrückt worden.«
»Soso. Ein Hündchen. Warum denn?«
»Es gab einen Auflauf in der Stadt.«
»Einen Auflauf? Warum?«
»Weil einer das Rathaus angezündet hat.«
»Das Rathaus angezündet? Und dabei entstand ein Auflauf?«
»Nein, dabei nicht. Erst als sie den Brandstifter gehenkt haben, gab es den Auflauf.«
»Wen haben sie denn gehenkt?«
»Deinen Vater!«

Auf dem Berliner Nollendorfplatz brach ein Mann tot zusammen. Ein alter Droschkenkutscher erklärte sich bereit, die Frau zu verständigen, fuhr hin, stieg hinauf und klingelte.
»Verzeihen Sie!« sprach er. »Sind Sie die Witwe Kniffke?«
»Kniffke schon«, erwiderte die Frau, »aber Witwe is nich.«
Der Biedere kniff ein Äuglein zusammen: »Wetten?«

In einem großen Dorf der Batschka erfuhr ein Wirtshausgelage ein abruptes Ende: Einen Teilnehmer traf der Schlag.
Vier Freunde nahmen den toten Bauern auf, und der fünfte erklärte sich fähig, der Witwe zartfühlend Mitteilung zu machen.
Er schellte am Haus. Oben ging ein Licht an. Ein Fenster öffnete sich: »So brenget Er se wieder, d'Sau, de wiascht?«
»Joo!«
»Hot er wieder gsoffa?«
»Joo!«
»Ond kartelt?«
»Joo!«
»Hot er sei Geld wieder verspielt?«
»Joo!«
»Wenn er no verrecka dät!«
»Des isch er.«

Die trauernde Witwe über die Todesursache ihres Verschiedenen: »Die Liebe und der Suff!«
Der Teilnahmsvolle: »Was Sie nicht sagen? Liebe auch?«
»Ja. Zum Suff.«

Auf die Frage des Versicherungsvertreters, woran seine Eltern gestorben seien, antwortete ein Interessent: »Keine Ahnung. Etwas Gefährliches war es nicht.«

»Was würdest du tun«, fragte man den rasenmähenden Franz von Assisi, »wenn du jetzt erführest, daß du in einer Stunde sterben mußt?«
Er antwortete: »Ich würde mir auf dem Teil der Wiese, der noch zu schneiden ist, ganz besondere Mühe geben.«

Einer alten Dame wurde empfohlen: »Lebe jeden Tag so, als sei es dein letzter!«
Sie erwiderte: »Meine Lebensregel lautet anders: ›Behandele jeden Menschen so, als sei es sein letzter Tag!‹ «

Der alte Jerolinam, Veteran des amerikanischen Unabhängigkeitskrieges, liegt auf dem Totenbett. Er läßt einen Arzt rufen: »Irgendwo in meinem Oberschenkel steckt seit 48 Jahren eine englische Kugel. Suche sie, Doc, und schneid sie raus! So trete ich nicht vor meinen Schöpfer.«

Kinderaufsatz: »Erst dann, wenn uns der Arzt für tot erklärt, können wir überzeugt sein, daß wir tot sind.«

Sterben

Zu des Orkus finsteren Gewalten
lege ich mein lebensmüdes Haupt.
Viel hab' ich gestrebt und viel geglaubt –
Ungeheuer, öffne deine Falten!

Kempner, Letztes Gedicht

»Wie geht's?« fragte der Astronom Laplace den todkranken Piron.
Der Gefragte antwortete: »Ich gehe.«

Der Arzt fragte den sterbenden Fontenelle nach seinen Empfindungen. Der Dichter antwortete: »Keine Schmerzen. Nur gewisse Schwierigkeiten, weiter zu existieren.«

Heinrich Zille besuchte eine alte Bekannte in der Berliner Waisenstraße, die früher in der Neuen Friedrichstraße einen Blumenstand hatte. Sie lag auf dem Sterbebett und stöhnte.
»Ween doch nich so«, tröstete Pinselheinrich, »und jib nich so ville an! Eenmal missen wa alle sterben.«
»Dussel«, empörte sich die Frau, »det isses ja! Wenn ma een dutzendmal sterben täte, da käm's ma uff det eene Mal nich an.«

Eine Bäuerin meldete auf dem Standesamt den Tod ihres Mannes. Der Beamte verlangte den ärztlichen Totenschein. Die Frau erklärte: »Er ist ohne ärztliche Hilfe gestorben.«

Max Liebermann fragte Fürstenberg: »Wissen Sie schon, wer heute gestorben ist?«
Der Bankier erwiderte: »Mir ist jeder recht.«

Der Marquis d'Argenson widersprach der Behauptung, Sterben sei eine schwere Sache: »Soviel ich weiß, gelang es bisher noch jedem.«

Bestände das Sterben nur in Geistesaufgebung, so könnten Millionen unsterblich sein.

Karl Julius Weber, Demokritos XII, 20

Eine werdende Kölner Witwe zur Nachbarin: »Vater is dat Zeitlische am Segnen.«

Frage: »Im wievielten Lebensjahr starb Johann Wolfgang von Goethe?« Antwort: »In seinem Todesjahr.«

Louis Philippe besuchte Talleyrand am Sterbebett.
»Sire, ich leide Höllenqualen«, stöhnte der Wandlungsfähige.
»Schon?« fragte der König.

Der in Frankfurt an der Oder, wo er ein Infanterieregiment besaß, verstorbene General Dieringshofen, ein Mann von strengem und rechtschaffenem Charakter, aber dabei von manchen Eigentümlichkeiten und Wunderlichkeiten, äußerte, als er in spätem Alter an einer langwierigen Krankheit auf den Tod darniederlag, seinen Widerwillen, unter die Hände der Leichenwäscherinnen zu fallen. Er befahl bestimmt, daß niemand, ohne Ausnahme, seinen Leib berühren solle; daß er ganz und gar in dem Zustand, in welchem er sterben würde, mit Nachtmütze, Hosen und Schlafrock, wie er sie trage, in den Sarg gelegt und begraben sein wolle; und bat den damaligen Feldprediger seines Regiments, Herrn P..., welcher der Freund des Hauses war, die Sorge für die Vollstreckung dieses seines letzten Willens zu übernehmen. Der Feldprediger P... versprach es ihm; er verpflichtete sich, um jedem Zufall vorzubeugen, bis zu seiner Bestattung, von dem Augenblick an, da er verschieden sein würde, nicht von seiner Seite zu weichen. Darauf, nach Verlauf mehrerer Wochen, kommt, bei der ersten Frühe des Tages, der Kammerdiener in das Haus des Feldpredigers, der noch schläft, und meldet ihm, daß der General um die Stunde der Mitternacht schon, sanft und ruhig, wie es vorauszusehen war, gestorben sei. Der Feldprediger P... zieht sich, seinem Versprechen getreu, sogleich an und begibt sich in die Wohnung des Generals. Was aber findet er? – Die Leiche des Generals schon eingeseift auf einem Schemel sitzend: Der Kammerdiener, der von dem Befehl nichts gewußt, hatte einen Barbier herbeigerufen, um ihm vorläufig zum Behuf einer schicklichen Ausstellung den Bart abzunehmen. Was sollte der Feldprediger unter so wunderlichen Umständen machen? Er schalt den Kammerdiener aus, daß er ihn nicht früher herbeigerufen hatte, schickte den Barbier, der den Herrn bei der Nase gefaßt hielt, hinweg und ließ ihn, weil doch nichts anderes übrigblieb, eingeseift und mit halbem Bart, wie er ihn vorfand, in den Sarg legen und begraben.

Heinrich von Kleist,
Mutwille des Himmels

Dienerin zur sterbenden Herrin: »Legen Sie sich auf die linke Seite, Madame! So wirken Sie am vorteilhaftesten.«

Gallet, der die Wassersucht hatte, zu einem Priester, der ihm die heilige Ölung geben wollte: »Nicht nötig, Abbé, daß Ihr mir die Sohlen schmiert. Ich reise per Wasser.«

Ein Priester riet dem sterbenden Voltaire, Gott in letzter Minute um Vergebung zu bitten.
»Er wird mir vergeben«, flüsterte der Dichter. »Es ist sein Metier.«

»Hören Sie auf!« sprach der sterbende Marquis zum Trost spendenden Abbé. »In zehn Minuten spreche ich mit Ihrem Chef.«

Karl Julius Plötz, der große Grammatiker des Französischen, in Görlitz auf das Sterbelager gebettet, richtete sich noch einmal auf: »Je meurs!« flüsterte er. »Man kann auch sagen: Je me meurs.« Sank zurück und verschied.

Wassili Lwowitsch, der Onkel Puschkins, blickte seinen Neffen groß an, flüsterte: »Wie langweilig sind doch die Aufsätze des Katénin!« und verschied.

Samuel Issacsohn diktiert mit letzter Kraft seinen Söhnen die Namen der Schuldner.
»Und die Gläubiger, Vater?« fragt der Älteste.
Der Sterbende lehnt sich zurück: »Die melden sich.«

McNepp wacht seit Tagen am Sterbebett seines Vaters.
Nun sagt er: »Pap, ich muß dringend geschäftlich weg. Aber ich komme so schnell wie möglich wieder. Solltest du merken, daß es mit dir zu Ende geht, dann puste bitte das Nachtlicht aus!«

Noch einmal schlägt der Wucherer die Augen auf, erblickt das Kruzifix des Priesters über sich und flüstert: »25 Mark. Äußerst.«

Don Frances, der Hofnarr Karls V., lag auf dem Sterbebett. Perica de Ayala, der Narr des Marquis de Villena, besuchte ihn.
»Bruder«, sprach der Gast, »bitte für meine arme Seele, wenn du in den Himmel kommst!«
Don Frances hob seinen Zeigefinger über die Decke: »Binde mir einen Faden an, damit ich's nicht vergesse!«
Und starb.

Der gute Kaiser Claudius verschied, nach Senecas Apotheose, wie er gelebt hatte. Sein letzter Seufzer und sein letzter Ton war ein Donner aus dem Orte, mit dem er bei Leibesleben am vernehmlichsten zu sprechen geruhte.

Karl Julius Weber,
Demokritos XII, 19

Der Mann erachtete sein letztes Stündlein als gekommen. Die Frau widersprach.
»Alles mußte nach deinem Kopf gehen«, murrte der Sterbende. »Jetzt will ich endlich einmal meinen Willen haben.« Drehte sich um und verschied.

»Das war das erstemal,
daß sie nicht ihren Willen hatte«,
sprach bei Ismenens Todesfall
ihr tiefgebeugter Gatte.

Christoph Friedrich Sangerhausen
(1740–1802),
Beim Tode einer herrschsüchtigen Frau

Ein armer Mann bereitete sich zum Sterben. Auf der einen Seite des Bettes stand der Priester, von der anderen Seite beugte sich die junge Frau über das Lager. Zärtlich strich der Todkranke über ihre Brüste.
»Mein Gott!« stammelte der Geistliche. »In diesem Augenblick, da du vor das Angesicht Gottes treten sollst!«
»Laßt mich Abschied nehmen von den Freuden dieser Welt, Ehrwürdiger Vater«, flüsterte der Sterbende, »bevor ich mich den jenseitigen zuwende.«

Ein Texaner fühlt sein Ende, ruft seine Frau und flüstert: »Noch ein Geständnis, Darling! Vor zwei Wochen, weißt du, als ich sagte, ich ginge die Herden inspizieren . . .«
»Still, Liebling!« spricht die Frau, streicht ihm das Haar und drückt ihn sanft ins Kissen zurück. »Ich weiß. Deshalb habe ich dich ja vergiftet.«

Mit der alten Sybille Nägele geht es zu Ende. Der Mann muß die Gemischtwarenhandlung im Erdgeschoß betreiben und läuft nun dauernd die Stiege herauf und herunter.
»Alderle«, flüstert die Frau, »kenntscht mer so e bissle von dem Zibebewei gebe, weischt, von dem sieße.«
»Ha no!« ruft der Mann. »Nix Zibebe. Jetzt wird geschtorwe!«

Der Gemahl der Madame Dutitre in Berlin lag im Sterben. Sie war mit dem Backen des Kuchens für die Trauergäste beschäftigt. Der alte Heim umsorgte den Mann, der noch einmal nach seiner Frau verlangte.
Ärgerlich kam sie ins Zimmer: »Jott, Vater, wat soll denn das? Du weeßt doch, ick kann keene Doten nich sehn!«

»Olleken«, sprach der alte Berliner zu seiner Frau, »wenn eener von uns beede stirbt, zieh' ick nach Potsdam.«

Orjes letztes Stündchen ist gekommen. Sie sitzt auf seinem Bett und weint: »Ick werd' dir bald foljen.«
Der Sterbende flüstert: »Et eilt nich, Emma.«

Der Sarg mit der toten Leimgruber Kathi wird aus dem zweiten Stock in den Hof hinuntergetragen. Auf dem letzten Absatz stolpert ein Träger. Der Kasten macht sich selbständig, und unten kehrt die Scheintote ins Diesseits zurück.
Fünf Jahre später geht der gleiche Sarg mit gleicher Last den gleichen Weg. »Vorsicht!« ruft der Leimgruber vor dem letzten Absatz. »Jetzt kimmt a gfährliche Stell'!«

Der Sterbende riet seiner Frau, nach seinem Tode den N. N. zu ehelichen. Sie erwiderte: »An den habe ich auch schon gedacht.«

Die sterbende Ehefrau bittet: »Schwöre mir, daß meine Nachfolgerin niemals meine Kleider tragen wird!«
»Unsinn«, erwidert der Mann. »Erstens bist du in vier Wochen gesund, und zweitens ist sie größer als du.«

»Heirat den Huberbauern!« sagt der Waldbauer mit schwacher Stimme zur Bäuerin, die auf seinem Bett sitzt.
»Na, Schorsch«, entgegnet sie sanft. »I nehm den Unterwirt, und der Franz soll den Hof hab'n.«
Der Sterbende wird zornig: »Den Huberbauern nimmst, soag i!« Er schnauft schwer und will sich aufrichten.
»Reg di net auf, Schorsch!« Die Bäuerin drückt ihn liebevoll ins Kissen zurück. »Jetzt stirbst erst mal, und nachat seng mer's scho.«

Der französische Arzt Pierre Chirac hatte einen schweren Schlaganfall erlitten. Kollegen ließen ihn zur Ader. Der Kranke kam wieder zu sich, verfiel ins Delirium und griff nach seinem eigenen Puls. »Ich bin zu spät gerufen worden«, sprach er, den Kopf schüttelnd. »Der Kranke liegt im Sterben. Seine Stunde ist gekommen.«
Ließ den Kopf sinken und verschied.

Albrecht von Hallers letzte Worte, während er den eigenen Puls fühlte: »Die Arterie schlägt... schlägt noch... schlägt nicht mehr.«

Begräbnis

»Gestern ist der Schwitzgäbel beerdigt worden«, fährt der Chef seine Sekretärin an. »Warum haben Sie mich nicht daran erinnert?«
»Entschuldigen Sie«, erwidert die Dame, »ich habe es vergessen!«
»Vergessen! Vergessen!« äfft der Chef nach. »Was soll der Mann denn jetzt von mir denken?«

Der wohlbeleibte englische Schauspieler George Stephen Kemble war wieder einmal auf der Bühne gestorben. Die Leichenträger stellten sich sehr ungeschickt an, und schon rief jemand aus dem Publikum: »Der Plumpudding ist doch viel zu schwer!« Unter dem Gelächter erhob sich Kemble und dröhnte: »Mehr Achtung vor einem Toten, mein Freund!«

Der Leiter des Telegraphenbautrupps an seine Leute: »Aufgepaßt! Wenn nachher der Trauerzug hier vorbeikommt, rutscht ihr auf Halbmast!«

Aus dem Brief einer Mutter, die das Fernbleiben ihrer Tochter vom Unterricht entschuldigte:
»Sehr geehrter Herr Schullehrer! Ich bitte Sie, mein Kind zu entschuldigen. Ich selbst war mit das Lieschen zu einer befreundeten Leiche. Ich wollte dem Kind das Vergnügen nicht rauben, da es doch wahrscheinlich keinen neuen Vater nicht mehr bekommt.«

Der kleine Jackl will zur Beerdigung des Großvaters die neue rote Weste anziehen. Die Mutter versagt ihre Einwilligung. Der Kleine mault: »Wenn i mei rots Leibl net oziagn derf, na gfreut mi de ganze Leich net!«

Der achtundachtzigjährige Daniel François Auber auf dem Begräbnis eines Freundes: »Mir scheint, ich mache heute diese Zeremonie zum letztenmal als Amateur mit.«

Die Haffnerin wird beerdigt, ein zänkisches, selbstsüchtiges Weib. Der Pfarrer lobt ihren Familiensinn, ihre Güte und Tüchtigkeit.
»I glaub«, flüstert der Haffnerbauer zu seinem Nachbarn, »mir san auf der falschen Leich!«

Früher herrschte in England die Sitte, dem Verstorbenen Geld in den offenen Sarg zu werfen.
Der erste Trauernde legte eine Fünf-Pfund-Note hinein. Der zweite legte eine Zehn-Pfund-Note hinein. Der Verwandte aus Schottland schrieb einen Scheck über 100 Pfund.

Der Berliner Cellist Professor Grünfeld wurde von einem reichen, alten Kaufmann gefragt, ob er gegen entsprechendes Honorar bei seiner Beerdigung zu spielen bereit sei.
»Mit dem jrößten Vajnüjen«, antwortete Grünfeld. »Wat wolln Se denn hörn?«

»Hopfenschmitz ist gestorben. Gehst du zu seiner Beerdigung?«
»Fällt mir nicht ein. Kommt er zu meiner?«

Vorwurf des Professors B. vom Berliner Friedrich-Wilhelm-Gymnasium an einen Schüler: »Sie taten unrecht, Müller, daß Sie an dem Begräbnis des Herrn Dr. Ypsilon nicht teilgenommen haben. Ein solcher Mann stirbt nicht alle Tage.«

Über dem Beinhaus: De mortuis nil nisi bene. Hier liegen von den Toten nur die Beene.

Der an der Spitze stehende Pinienzapfen zeigt, daß das Gebäude (Mausoleum der Galla Placidia) als Leichenwohnung bestimmt war.

Besuchsführer für die Stadt Ravenna, 1954, Seite 24

Die Baupolizei wies den Entwurf eines Erbbegräbnisses zurück: »Die Treppe ist zu schmal. In Gebäuden, die zum ständigen Aufenthalt von Personen dienen, haben die Treppen mindestens einen Meter breit zu sein.«

Armer Mann vor prunkvollem Familiengrabmal: »Das heißt gelebt!«

Der Erzbischof von Paris verweigerte dem toten Molière die Bestattung in geweihter Erde. Die Frau des Dichters wandte sich an den König.
»Wie tief dringt der Segen in die Erde?« fragte Ludwig XIV. den Kirchenfürsten.
»Sechs Fuß, Sir. So tief werden die Verstorbenen gebettet.«
Ludwig befahl: »Begrabt ihn acht Fuß tief!«

Der berüchtigte Verräter Benedict Arnold nahm im Unabhängigkeitskrieg einen amerikanischen Hauptmann gefangen. »Was geschähe mit mir, wenn ich in Eure Hände fiele?« fragte Arnold.
Der Hauptmann antwortete: »Ich glaube, man schnitte Euch zunächst Euer gelähmtes Bein ab. Es litt, als Ihr in Quebec noch für die Freiheit kämpftet, und würde daher mit allen militärischen Ehren bestattet. Der Rest käme an den Galgen.«

Friederike Kempner litt unter der Sorge, daß Scheintote als Tote begraben und viele Menschen somit im Sarg ermordet werden. Vorbeugend ließ sie in die eigene Familiengruft in Reichenthal/Schlesien eine Klingelleitung legen. In jedem Sarg befand sich ein Druckknopf.

»Ne Mumie«, erklärt Schmitz seinem Sohn, »dat is ene einjemachte Könich.«

Aus einem Schüleraufsatz: »Die Ägypter benutzten zum Bau der Pyramiden teils Backsteine, teils die alten Israeliten.«

Wohl die sonderbarste Ruhestätte, die sich je ein Mensch zu seinen Lebzeiten ausbedungen hat, befand sich im Anatomischen Institut der Universität Halle. In einem Mahagonischrank wurde das Skelett des Professors Johann Friedrich Meckel aufbewahrt. Er hatte bestimmt, daß sein Skelett präpariert werde und in dem Hause bleibe, dem er lange als Direktor vorgestanden hatte. Meckels Witwe stiftete den Schrank und besuchte wöchentlich einmal das Skelett ihres Mannes.

Der Herr Professor zu seiner Frau, als sie ihm mitteilte, sie wolle dem Feuerbestattungsverein beitreten: »In dem Augenblick, in dem du dich verbrennen läßt, sind wir geschiedene Leute.«

»Werden Sie Ihre verehrte Frau Gemahlin beerdigen lassen oder einäschern?«
»Verbrennen.«

Der Fragesteller nickt zustimmend: »Sicher ist sicher.«

Der schwäbische Opa ist gestorben. Man berät, ob der Leichnam bestattet oder verbrannt werden soll. Oma entscheidet: »Einäschern und in die Eieruhr! Schaffe soll er!«

Der alte Hafenbrädl wird auf seinem letzten Gang zum Krematorium nur von seinen Freunden begleitet. Auf dem Heimweg überfällt sie der Durst. Sie gehen ins Wirtshaus, und als sie den Weg fortsetzen, fällt die Urne zu Boden.
Mit einer Zeitung fegen die Bestürzten Hafenbrädls Überreste in das zum Glück unversehrt gebliebene Gefäß zurück.
Die bettlägerige Witwe öffnet den Dekkel, als man ihr die Urne überreicht, und schluchzt: »Ach, du mein herzensguter Emil! Das ist nun alles, was mir von dir blieb: Ein Häuflein Asche, ein Knochen, der Nierenstein und zwei Eierschalen!«

Aus der Grabrede des Schuldirektors für einen verstorbenen Kollegen: »Sein Tod hinterläßt eine Lücke, die ihn nur unvollkommen ersetzt.«

Einem Juden, der beharrlich die Steuer an die Kultusgemeinde verweigerte, wurde gedroht, man werde ihn, falls er stirbt, unbeerdigt lassen. Er lachte: »Ich verlasse mich aufs Stinken!«

An einer Straßenkreuzung in Celle Saint Cloud, Frankreich, wollen Touristen zwei nebeneinanderstehende Schilder entdeckt haben: »Zum Friedhof« und »Sackgasse«.

Mark Twain verweigerte eine Spende für den Friedhofszaun: »Wozu braucht ein Friedhof einen Zaun? Wer drin ist, kommt nicht wieder heraus, und wer nicht drin ist, will nicht hinein.«

Dreispaltige Überschrift der Süddeutschen Zeitung vom 2. 11. 1967: »Reges Leben auf den Friedhöfen.«

Grabschriften

Der Vater geht mit seinem Sohn über den Friedhof. Sie lesen die Schriften auf den Grabsteinen. Fragt der Bub: »Was is, Tate? Ganovim sterben nie?«

Grabschrift = Text, der oben lügt über einen, der unten liegt.

Auf dem Trauerdenkmal einer Kaufmannsfrau in Potsdam aus dem Jahre 1762 überreicht ein Knabe einem Weibe einen Briefumschlag mit der Aufschrift: »An Madame Dickers in Grünthal à Potsdam.« Der Umschlag verliert ein Blatt mit folgendem Wortlaut: »Golgatha, am allgemeinen Erlösungstage. Auf diesen meinen Solawechsel, dessen Valuta ich an Frömmigkeit und ehelicher Treue erhalten, zahlet sogleich nach deinem Absterben die ewige Seligkeit

Dein Heiland Jesus Christus.«

Herodot berichtet, daß auf dem Grabe der Semiramis die Worte standen: »Welcher Fürst Geld braucht, der öffne dieses Grab und nehme!« Darius war so frei und fand statt des Geldes in der Kammer eine Tafel: »Wärest du kein Bösewicht und unersättlicher Geizhals, so ließest du die Asche der Toten ruhen.«

Benjamin Franklin entwarf sich folgende Grabschrift: Der Körper / B. Franklins, eines Druckers / liegt hier (gleich dem Einband eines alten Buches / dessen Blätter zerrissen / dessen Titel und Vergoldung verwischt sind) / den Würmern zur Speise / Das Werk selbst aber soll nicht verlorengehen / sondern (so hofft er) noch einmal erscheinen / in einer neuen, schönen Ausgabe / verbessert / vom Verfasser!

Hier liegt begraben Christoph Katzenberger, im Leben gewester Hof- und Akademischer Buchdrucker, welchem der Tod Anno 1653 den 3. Junii umb 4 Uhr in der Fruehe ein unverhofftes Decret gebracht, ohne Preß, Schrift, Farb, Papier abzutrucken.

Salzburg, Petersfriedhof

Hier liegt ein junges Oechselein,
des Tischlers Ochs sein Söhnelein.
Der liebe Gott hat nicht gewollt,
daß es ein Ochse werden sollt,
drum nahm er es aus dieser Welt
zu sich ins schönre Himmelszelt.
Der alte Ochs hat mit Bedacht
Kind, Vers, Sarg, alles selbst gemacht.

Karl Julius Weber,
Demokritos II, 11

Für einen fünfjährigen Knaben:

Parce tamen lacrymis, hospes, nam si data nobis
vita brevis, vitae sunt breviora mala.
Spare die Tränen, o Fremdling; denn währte nur kurz unser Leben,
nun so dauerten auch kürzer die Leiden für uns.

Hier ruht leider mein Gemahl,
er war Schneider unten im Tal.
An seiner Stelle setz ich dort
mit dem Gesell die Arbeit fort.

Hier liegt der Jeremias Keil,
gebürtig aus Dortelweil.
Der machte sich auf ganz allgemach
und kam nach Butzbach.
Dann that er einen Schlich
und kam nach Lich.
Nachdem er den Leuten die Löcher gefegt,
hat man ihn hier zur Ruhe gelegt.

Lich/Oberhessen

Du fragest, wer logiert da drin?
Es ist die Anna Schnitzelin.
Sie lag mit 45 Jahr
grad zu Martini auf der Bahr.
Sie war von allen Lastern frei
und trieb sehr stark die Gärtnerei.
Sie hat gebaut viel Rub'n und Rettig,
Gott sei der armen Seele gnädig. Amen.

Bei Regensburg

Ein braver Soldat ist er gewesen,
bei siebthalb Schuach hat er gemessen.
Er zog für König und Vaterland
hinein mit ins Franzosenland.
Da haben die feindlichen Granaten
zerrissen ihm Schienbein und Waden.
Einen Fuß den mußt er in Frankreich
lassen
und hier dann ganz zu Tod erblassen.
O heiligste Dreifaltigkeit,
mach ihm den Himmelsweg nicht weit!
Mit einem Fuß an seiner Krücken
kann er die Straß nur langsam hinken.

Auf dem Grab des Kanoniers
Sebastian Burker, Schongau/Lech

Hier liegt der Huber Beni.
Gschaffn hat er z'weni,
hinterlassen nix
außer a schwangres Mensch
und a Kruzifix.

Hier lieget Simon Maas,
im Leben ein faules Aas.
Das gleiche er im Tode ist.
Gelobt sei Jesu Christ!

Befreie doch mich arme Gruft,
o Wanderer, von diesem Schuft!

Ich wuchs ganz allgemein heran
in meiner Sündenblüthe.
Da kam ein Stier an mir vorbei
und stieß mich in die Mitte.
Zur Himmelsfreud', zur ewigen Ruh'
kam ich durch dich, du Rindvieh, du!

Bei Brixen

Hier ruht der ehrsame Johann Missegger, auf der Hirschjagd durch einen unvorsichtigen Schuß erschossen aus aufrichtiger Freundschaft von seinem Schwager Anton Steger.

Lavanttal, Kärnten

Hier ruht Theresia Feil,
sie starb in aller Eil'.
Von Heustocks Höh' fiel sie herab.
Sie fiel in eine Gabel.
Zum großen Lamentabel
fand sie darin ihr Grab.

Bayerischer Wald

Hier ruht, von manchem Mahle satt,
ein wohlgemästeter Prälat.
Sein Wille ist, daß man ihn ruhen läßt,
bis man zur Himmelstafel bläst.

Allhier liegt begraben eine äußerst
tugendsame

Jungfrau, Viktoria Schreiner war ihr
Name.
Sie trieb im Pfarrhaus die Kocherei,
doch sonst war sie von Lastern frei.
Wanderer, beuge dein weltliches Knie
und lebe rein und keusch wie sie!

Hier ruht Herr Kaspar Melcher,
ein Meßner gewesen ist welcher.

Hier liegt Maria Zundner,
eine geborene von Grundner,
welche in ihrem Leben hat lassen
den Altar in Gold einfassen.
Sie starb im Monat Augustus.
Gelobt sei Jesus Christus!

Im Salzburgischen

Wanderer, stehe still, betrachte die
Zergänglichkeit,
bette vor die Abgeleibte und folge ihr
nach!

Salzburg, Mariazell-Kapelle

Allzufrüh den Seinigen mähte der Herr
den Lebensstengel dieses Mannes ab.

Axams, Tirol

Im Leben rot wie Zinnober,
im Tode wie Kreide so bleich:
Gestorben am 12. Oktober;
am 14. war die Leich.

Brixen

Hier liegt unser geliebter Junker,
und als er tot war, stunk er.

Hier ruhet Aalke Pott.
Bewahr my, leve Herre Gott,
als ik Dy wulle bewahren,
wenn Du werst Aalke Pott
und ik de leve Herre Gott!

Im Kloster Doberan in Mecklenburg

Jesus
ist die Auferstehung und das Leben.
Wer an ihm glaubt,
wird auch
nach seinem Tode leben.
Auf Kosten der
Schnoboliner Pfarrlinge.

Schnobolin bei Olmütz

Here lies John Small
and that is all.

Hier ruhen meine Gebeine.
Ich wollt, es wären deine!

Für sich selbst vorgeschlagen von
Karl Julius Weber
(Demokritos XII, 21)

Marsch fort, Leser! Verliere hier deine Zeit nicht mit Lesen alberner Prosa und schlechter Verse! Was mich betrifft, so sagt dir mein Grab, was ich bin, und was ich war, geht dich einen Dreck an.

Altenburg/Thüringen

Trauer

Joseph Wolfsohn ist geschieden,
Mann von Ehre, höh'rem Sinn.
Unverstanden blieb hienieden
Joseph Wolfsohn! Er ist hin.

Friederike Kempner

Moritz Veilchenblum hat eine willige Dame in sein Hotelzimmer geladen. Der Hausdiener bringt ein Telegramm. Moritz öffnet es, wirft einen schnellen Blick auf den Text, erfährt, daß seine Frau gestorben ist, steckt das Formular ein und murmelt: »Mein Gott, wie werde ich morgen traurig sein!«

Zwei Freunde lebten einst am Rheine
in denkbar bester Position.
»Lehmann«, so nannte sich der eine,
der andere hingegen »Cohn«.

Es war den beiden längst zu einsam.
Und da man glänzend sich verstand,
so mieteten sie sich gemeinsam
drei Zimmer, nett und elegant.

Und um das Mittagsbrot zu kochen
und ihrer Wirtschaft vorzustehn,
hat man sich dann in ein paar Wochen
nach einer Wirtin umgesehn.

Es war ein hübsches junges Mädchen,
das nie vorher in Stellung war,
aus einem mecklenburgschen Städtchen.
Sie zählte cirka zwanzig Jahr.

Sie kochte, daß es jeden freute,
sah stets adrett und sauber aus.
Es schätzten sie die jungen Leute
und blieben meistenteils zu Haus.

Ja, täglich ward sie ihnen lieber!
Sie waren glücklich, waren froh.
Das Mädchen freute sich darüber
und dachte, das gehört sich so.

Da, eines Tages kam die trübe
Erkenntnis über alle drei,
daß man in Wertschätzung und Liebe,
etwas zu weit gegangen sei.

Man schickte zu der Witwe Meyer,
und als die Sache kritisch war,
da war den Freunden nichts zu teuer:
Man holte einen Arzt sogar.

Und ängstlich saßen sie und bange
im Speisezimmer sorgenschwer.
Herrgott, wie dauert sowas lange!
Wenn's doch nur erst vorüber wär'!

Da endlich, endlich ist's zu Ende.
Es tritt der Doktor in die Tür,
er schüttelt beiden warm die Hände
und ruft erschöpft: »Ich gratulier'!

Zwillinge sind's! Zwei stramme Jungen!
Die Mutter war in großer Not.
Der eine brüllt aus vollen Lungen,
der andere ist leider tot.«

Da sinkt Herr Cohn aufs Sofa nieder,
in Strömen seine Träne rinnt.
Und traurig stöhnt er immer wieder:
»Mein armes Kind!«

Edwin Heilborn,
Vaterschmerz

Inserat: »Teile hierdurch meinen Freunden und Bekannten mit, daß mir der Tod gestern meine innigstgeliebte Gattin entriß, just in dem Augenblick, da sie mir ein kräftiges, gesundes Mädchen schenkte, für das ich eine gute, liebevolle Amme suche, bis ich eine neue Lebensgefährtin gefunden habe, jung, hübsch und im Besitze von etwa 20 000 Dollar, die imstande ist, mein renommiertes Wäschegeschäft zu leiten, dessen Lager ich in den nächsten beiden Wochen ausverkaufe, weil ich mein neues Geschäftshaus in der Riverstreet beziehe, woselbst noch schöne Wohnungen und Geschäftslokale preisgünstigst zu vermieten sind.«

Eine vielköpfige Leipziger Familie kauft im Warenhaus schwarze Kleidung. Auf teilnahmsvolle Anfrage hin erfährt die Verkäuferin, daß man ein Kind der Schwägerleute zu betrauern gedenkt, welches noch gar nicht geboren war.
»Aber da brauchen Se doch nich, verzeihn Sie, ich meine ...« stammelt die erstaunte Verkäuferin.
»Nadürlich nich«, bestätigt die Klanchefin. »Aber de Leude solln auch nich denkn, mir wärn froh drüwer.«

Ein Münchner nimmt an einem Begräbnis in Niederbayern teil: »Sag'n S', Frau Nachbarin, wie is das hier bei euch? Woant mer scho vom Haus weg oder erst auf'm Friedhof?«

Hinter dem Sarge Rothschilds schluchzte ein abgelumpter Jude.
»Bist du auch mit ihm verwandt?« fragte ein Trauergast.
Der Fremde schüttelte den Kopf: »Eben nicht.«

Am Grabe: »Wenn ich in die Gesichter dieser traurigen Gesellschaft sehe ...«

Am Grabe des Vereinsbruders: »Der Zahn der Zeit, der schon so manche Träne trocknete, wird auch über diesen Schmerz Gras wachsen lassen.«

Aus einer Trauerrede: »Was die Verstorbene dem einen als Gattin war, das war sie vielen als Mensch.«

Die schöne Lieselotte ist gestorben. Der Ehemann steht gefaßt am Grabe; der Hausfreund schluchzt. Heimlich greift der Gatte nach der Hand des Verzweifelten, drückt sie sanft und flüstert: »Ich heirate ja wieder.«

Simon Knoll, Pfarrer an der Mariahilfkirche in München, sollte der verschiedenen Gattin des Kommerzienrates Landes die letzten Worte sprechen. Das Firmament öffnete alle Schleusen.
»Liebe Trauergemeinde!« sprach Knoll. »Wenn unsere teure Verstorbene jetzt vom Himmel herunterschaut, wird sie sagen: ›Herr Geistlicher Rat, Sie werden doch bei dem Sauwetter keine lange Rede halten!‹ Und so wollen wir ihrem Wunsche entsprechen und beten: Unser Vater, der Du bist im Himmel ...«

Der alte Januscheit war gestorben. Wieder einmal hatte sich die alte ost-

preußische Sitte behauptet, den Heimgang mit Tanz zu feiern.
Der Landrat ließ sich den Jungen kommen: »Hatten Sie denn überhaupt Platz in Ihrem kleinen Haus?«
»Erst nicht«, erklärte der Sohn. »Aber dann haben wir ihn hochkant jestellt.«

Friedrich August III. von Sachsen hat einem geschätzten Minister die letzte Ehre erwiesen. Man sitzt in der Wachwitzer Villa und rühmt den Verstorbenen.
Nach langem Schweigen läßt der König einen kummerschweren Blick schweifen und fragt: »Wer wird'n nu von eich der nächste sein?«

»Nein, meine liebe Jenny, was man heutzutage für Scherereien mit der Bestattung und den Erbschaftsangelegenheiten hat! Manchmal wünsche ich mir, mein lieber Gustav wäre nicht gestorben.«

Madame Schäfer ließ eine Trauerode auf ihren verstorbenen Gemahl drukken, die mit den Worten begann: »Ach! Schäfer liebt ich nur!«
Der Setzer las das erste Ausrufezeichen für ein t.

Ein Bekannter Friedrich Rückerts war gestorben. Der Dichter setzte sich an den Schreibtisch, der Witwe ein paar Beileidsworte zu schicken. Eine Stunde später findet ihn seine Frau, in Tränen gebadet.
»Um Gottes willen, Fritz!« ruft sie. »So nahe stand dir der Mann doch gar nicht.«
»Nein«, erwiderte Rückert. »Aber hier! Lies einmal den Brief!«

Ein junger Komponist legte Rossini eine Trauerkantate auf den Tod Meyerbeers vor. Der Meister prüfte das Werk und bemerkte: »Umgekehrt wäre besser.«
»Wie meinen Sie?« fragt der junge Mann.
»Ich meine, es wäre besser, daß Sie, nicht wahr, und Meyerbeer komponiert hätte.«

In einem Berliner Poesiealbum:
»Wenn du einst gestorben bist,
und du liegst ins Grab,
denn komm ich an den Hügel hin
und wein auf dir herab.«

Die alte Dame in der Straßenbahn zum Friedhof, gefragt, ob sie zum Grabe ihres Seligen gehe: »Ab und zu muß man sich da draußen ja einmal sehen lassen.«

Aus einem Schüleraufsatz zum »Totengedenktag«: »Wenn man kein schwarzes Kleid hat, kann man auch ein farbiges anziehen. Die Hauptsache ist, daß das Herz schwarz ist.«

Eine Berlinerin, am Grabe ihres Mannes, trocknet die Tränen: »Een Jutes hat et: Ick weeß, wo er de janze Nacht is.«

»Ist es nicht wunderbar«, tröstet man die Witwe des Mimen, »den Namen eines Mannes zu tragen, der keine Dummheiten mehr machen kann?«

Jenseits

Ein besorgter Vater zu seinem Sohne: »Nimm an, ich würde plötzlich von euch hinweggerissen! Was würde aus dir?«
Der Sohn dachte eine Zeitlang nach. Dann erwiderte er: »Ich bliebe hier. Aber: Was würde aus dir?«

Indessen wäre es mir doch lieb gewesen, wenn die Jünger, die Jesu oft so neugierige Fragen vorlegten, den Lazarus oder die Toten, die aus den Gräbern hervorgingen bei der Kreuzigung Christi, gefragt hätten, wie es jenseits der Gräber aussieht.

Karl Julius Weber,
Demokritos XII, 20

Montgelas fragte an einer Hoftafel den ihm nicht gerade ans Herz gewachsenen Propst Steinlein: »Ich hätte gerne etwas Sicheres darüber erfahren, was mit dem Menschen nach seinem Tode geschieht. Können Sie mir Auskunft geben?«
»Gewiß, Exzellenz.«
»Aber etwas Erfreuliches, bitte!«
»Auch das, Exzellenz«, sprach Steinlein und rieb sich die Hände. »Glauben Euer Exzellenz, auch nach dem Tode noch Minister zu sein?«
»Nein.«
»Sehen Sie, Exzellenz. Da haben wir schon etwas Sicheres und Erfreuliches.«

Am Grab Alinens sprach zum trauernden Geleite
der Leichenredner viel vom Wiedersehn.
Beim Heimgang fragt ihr Mann den Pastor: »Scherz beiseite!
Wird meine Frau denn wirklich auferstehn?«

Gottlieb Konrad Pfeffel,
Der Witwer

Ein Geistlicher sollte in den Ruhestand versetzt werden, weil er die Auferstehung in Zweifel zog. Friedrich II. von Preußen lehnte das Gesuch der kirchlichen Behörde ab: »Seine Sache! Wenn er nicht auferstehen will, soll er liegenbleiben.«

Nacherzählung in einer Lübecker Volksschule: »Da sagte der König zu denen, die zu seiner Rechten standen: ›Kommet her zu mir, ihr Gesegneten meines Vaters!‹ Zu denen aber, die zu seiner Linken standen, sagte er: ›Geht alle weg, ihr macht mich nervös!‹ «

Die geizige Hausfrau schnitt aus dem Sterbehemd des Verblichenen das Hinterteil. Auf den Hinweis der Gevatterin, daß der arme Mann dereinst beim Jüngsten Gericht mit nacktem Gesäß erscheinen müsse, erwiderte die Frau: »Er mag sich an die Wand drücken.«

Mutter und Töchterchen schlendern durch das Museum und verhalten vor einem Skelett. »Die Knochen eines gestorbenen Menschen«, erklärt Mama. Töchterchen staunt: »Also kommt nur der Speck in den Himmel?«

»Großvater, kommen Löwen in den Himmel?«
»Nein, mein Kind.«
»Kommen Kapläne in den Himmel?«
»Gewiß, mein Kind.«
»Wenn nun ein Löwe einen Kaplan frißt?«

Chaim Silberfisch hat die Gebote ein Leben lang großzügig ausgelegt. Sein Freund bezweifelt, daß er in den Himmel kommen werde.
»Werd ich kommen!« behauptet Chaim. »Ich werd gehn zur Himmelstür. Werd sie aufmachen, werd sie zumachen, werd sie aufmachen, werd sie zumachen, werd sie aufmachen – Na! Werd kommen der heilige Petrus und schreien: ›Raus oder rein!‹ Nu, geh ich rein.«

Aus einem Kirchenblatt: »Auf unserem Wohltätigkeitsfest war es wie im Himmel: Viele, die man mit Bestimmtheit erwartet hatte, waren nicht anwesend.«

Tünnes landete im Himmel, Schäl in der Hölle. Sie haben beide Urlaub und treffen sich auf einer Wolke.
»Isset?« sagt der Tünnes.
»Ooch«, antwortet der Schäl. »Anjenehm. Mir arbeide am Dag zwei Stund; et Essen is manierlich unet Quartier sauber.«
»Mir arbeide am Dag zwölf Stunde!« mault der Tünnes.
»Kutt dat denn?«
»Wenich Leut. Viel zu wenich Leut!«

Ein kleiner, hagerer Mann, dessen gewichtige Frau gestorben ist, holt sich vom Arzt den Totenschein. Auf dem Rückweg fällt ihm ein Dachziegel auf den Kopf.
Er rafft sich hoch, sucht seinen Hut und murmelt: »Also bist du doch in den Himmel gekommen!«

Der selige Oehmichen aus Borna bei Leipzig darf noch ein paar Tage auf die Erde zurück.
»Wie isses'n nu da ohm?« fragen die Freunde.
»Also«, sagt der Oehmichen, »ich komme nuff. Lehnt da eener am Zaun. Ich sache: ›Oehmichen‹. Er sacht: ›Bedrus. Was wolln Se denn?‹ Ich sache: ›In d'n Himmel.‹ Er sacht: ›Zwee Stiech'n, Zimmer zweehundertsiemundvierzch.‹ Ich mache nuff, klobbe. Eener sacht: ›Herein!‹ Ich klinke, aber de Tiere geht nich uff. Ich dricke mit de Ellnbochen. Da geht se bletzlich uff,

und ich flieche der Länge lang nein. Und wie ich mich wieder uffrabbele, steht da unser Herr Jesus Christus in seiner ganz'n Herrlichkeid und sacht: ›Ja, Oehmichen, se klemmt e bißchen.‹«

Auf dem Grabe eines Londoner Musikers: »Hier ruhen die Gebeine des N. N. Seine Seele ist an dem Ort, wo seine Harmonien noch übertroffen werden.«

In diesem von der Unvollkommenheit,
Vergänglichkeit und Sterblichkeit
beherrschten Erden-Tale
senkt und hebt sich häufig ungerecht,
unbillig, unverdient und regellos
Fortunens schwanke Waageschale;
doch droben, wo ein höchst subtil-sublimer sekundärer Seraphs-Organismus
unsern Geist bekleidet,
sobald derselbe von der staub-geborenen, abgenutzten Körper-Hülle sich
entbindend scheidet,

im Gottes-Reich des Welten-Schöpfers,
Welten-Herrschers, Welten-Richters,
Himmels-Vaters Elohim,
im Kreise primitiver Sonnen-Engel: Der
Serufim, Cherubim, Galgalim, Eufanim und Roaschim,
wo die verklärten Erden-, Planetar-
und Satelliten-Wesen der höchsten
Lebenswonne sich erfreun
und ganz das hohe Himmels-Glück genießen, palingenisierte sekundäre
Sonnen-Seraphe zu sein,

in der dritten Sonnen-Sphäre lichten
Lenzes-Flurgefilden strahlet uns am
Welten-Richter-Throne,
wenn wir hienieden unsere Pflichten
redlich-treu erfüllen, die heilig-hehrste Himmels-Krone:
Denn dorten lohnt des Allerheiligst-
Allerhöchsten Divinismus allvergeltende Gerechtigkeit
genau nach dem Verdienste unsres Wollens, Strebens, Handelns, Wirkens –
von Ewigkeit zu Ewigkeit.

N. A. Binge, Dr. etc.,
Musenklänge aus Deutschlands Leierkasten,
Theosophisch-religiöse Empfindungen

»Was denkst du dir als Paradies, mein Kind?«
»Die Stelle, wo verbotene Früchte sind.«

Verfasser unbekannt

»Wie ech mir dat Paradies vorstelle?« antwortet der Tünnes auf eine Frage seines Gefährten: »Eene halve Käse, e lecker Bierche un die erste beste!«

Ich mag nicht in den Himmel, wenn es da keine Weiber gibt. Was soll ich mit bloßen Flügelköpfchen?

Albrecht Dürer

Ein Student ohne Geld und Wissensdurst kam zum Hof eines reichen rheinischen Bauern. Die Frau hängte gerade Wäsche auf und fragte, woher er komme. »Aus Paris«, antwortete der Bursche. »Aus dem Paradies?« wiederholte die Frau erstaunt.
»Geraden Weges«, sprach der Student, erkennend, wen er vor sich hatte.

Die Frau bat ihn ins Haus, bewirtete ihn und fragte, ob er nicht ihren vor drei Jahren verstorbenen ersten Mann kenne. Hans Gutschaf heiße er und schiele ein wenig.
»Freilich kenne ich den.«
Wie es ihm gehe, wollte die Frau wissen.
»Schlecht, sehr schlecht«, log der Schalk. »Er wäre verhungert und erfroren, hätten sich nicht einige gute Gesellen seiner angenommen.«
Die Bäuerin brach in Tränen aus, und da der Student versicherte, er gehe bald wieder ins Paradies zurück, gab sie ihm einen warmen Rock und etliche Hemden und Sacktücher und einen Beutel Gold- und Silberstücke und bat ihn, die Gaben dem armen Verblichenen zu bringen.
Der Bursche versprach das und verschwand.
Als der Bauer heimkam und die Geschichte hörte, riß er seinen besten Hengst aus dem Stall und sprengte dem betrügerischen Boten nach. Der sah den Reiter kommen und ahnte, wen er suche. Er warf sein Bündel in einen Busch neben der Straße und ergriff eine Schaufel, die der Straßenwärter dort hatte liegen gelassen.
Der Bauer fragte den Grabenden, ob er nicht einen jungen Burschen gesehen habe.
»Gewiß«, erwiderte der Student. »Als er Euch hörte, eilte er dort hinüber in den Wald.«
»Halt mein Pferd!« sprach der Wütende. »Ich muß ihm nach.«
Der Bursche ergriff das Pferd, und als der Bauer im Dickicht verschwunden war, holte er Geld und Kleidung aus dem Versteck, stieg auf und ritt davon.

Nach *Jörg Wickram*,
Rollwagenbüchlein, Die Reise ins Paradies

Der Pfarrer tröstet den sterbenden Schwaben und rühmt die Vorzüge des Paradieses. »I woiß net«, erwidert der Alte. »In letschter Zeit wird de Himmel au net me so g'lobt wie früher.«

Ein Schüler erklärte: »Bei den alten Griechen hieß der Himmel Delirium.«

Vom Hupfinger Alois ist eine Todesanzeige erschienen. Er lebt aber noch und ruft seinen Freund an: »Hast mei Todesanzeige glesen?«
»Freili«, antwortet der Freund. »Von wo sprichst denn?«

Der eine Dubois ist gestorben, der andere reist nach Afrika und sendet seiner Frau ein Telegramm, das versehentlich der Witwe übermittelt wird: »Gut gereist stop Höllische Hitze!«
Dank ärztlicher Kunst kam die Frau mit dem Leben davon.

Der Patient erwacht aus der Narkose und fragt, warum man mitten am Tage sein Zimmer verdunkelt habe.
»Nebenan brennt die Holzhandlung«, erklärt die Schwester. »Ich habe die Jalousien heruntergelassen, damit Sie nicht glauben, die Operation sei mißlungen.«

Trinkspruch: Möge euch die Hölle so angenehm sein wie der Weg dorthin!

Iwanowitsch Petrow hat sein lasterhaftes Leben vollendet.
»In welche Hölle willst du?« fragt der Pförtner. »In die kapitalistische oder in die sozialistische?«
»Was ist los in der sozialistischen Hölle?«
»Heißes Öl«, sagt der Pförtner, »Nagelbretter, Kneifzangen. Zum Beispiel.«
»Und in der kapitalistischen?«
»Heißes Öl. Nagelbretter. Kneifzangen. Zum Beispiel.«
Iwanowitsch überlegt. Dann klatscht er in die Hände: »Einmal sozialistisch, bitte!«
Der Pförtner betrachtet den Burschen mißtrauisch: »Warum, Freundchen?«
»Ha«, sagt Iwanowitsch. »Sozialismus: Nix Öl! Nix Nägel! Nix Zange!«

Michelangelo hatte einem der verdammten Kardinäle in seinem Jüngsten Gericht an der Altarwand der Sixtinischen Kapelle ein bekanntes Gesicht verliehen. Der Gezeichnete beschwerte sich bei Clemens VII. Der Papst sah sich jedoch außerstande, den vorgetragenen Wunsch zu befördern: »Uns ist Gewalt gegeben, Seelen aus dem Fegefeuer zu lösen. Aus der Hölle aber können wir niemanden befreien. Wende dich an eine höhere Instanz!«

Erasmus von Rotterdam über das Fegefeuer: »Es wärmt die Pfaffenküche, daher müssen sie es pflegen.«

Als König Judhischthira sein Ende nahe fühlte, zog er mit seinen vier Brüdern und seiner Gattin Draupadi nach dem Himawat, dem Götterberg. Auf dem Wege erlag Draupadi. Nakula fiel, bald darauf Sahadewa, und schließlich vergingen auch Ardschuna und der starke Bhima. Nur Judhischthira erreichte den Gipfel, und auf Indras Wagen fuhr er in den Himmel.
Als er nach seiner Gattin und den Brüdern fragte, zeigte ihm Indra einen Höllenpfuhl. Dort wanden sich die Abgeschiedenen in Schmerzen. »Herr«, sprach da der König, »stoße auch mich hinab! Lieber will ich mit den Meinen in der Hölle leiden, als allein im Himmel die Götter preisen.«
Da verschwand der Spuk. Judhischthira erblickte Draupadi und die Brüder neben sich. Sein Vater Dharma trat hinzu und sprach: »Du hast auf Erden stets das Rechte gesucht und daher den Himmel lebend erreicht. Die deinen haben ihre Sünden in kurzer Qual gebüßt. Sie leiden zu sehen, war die Strafe für deine eigenen Verfehlungen. Gereinigt seid ihr nun alle.«

Mahabharata, Letztes Kapitel

Nachlaß

Ein Trödler will des verstorbenen Onkel Emils Kleider kaufen. Tante Frieda bringt eine Jacke.
»Und die Hose?«
Die Witwe winkt ab: »Zu die Hose bin ich noch zu traurig zu.«

Der Schäl wollte wissen, was eine »erbliche Belastung« sei. Tünnes wußte es: »Dat is, wenn du 'ne Haus met drei Hypotheke ervst.«

Oront, der in der Welt das große
 Glück erlebt,
das Fürsten oft den Hirten lassen müssen,
das Glück, von einem Freund sich treu
 geliebt zu wissen,
Oront, der sich dies Glück, so arm er
 war, erstrebt,
ward krank. Sein kluger Arzt sah aus
 verschiedenen Fällen,
daß keine Rettung möglich war,
eröffnete dem Kranken die Gefahr
und hieß ihn bald sein Haus bestellen.

Oront, der sich nunmehr dem Irdischen
 entziehn
und frei im Geist den Tod erwarten
 wollte,
bat, daß man seinen Freund ihm eiligst
 rufen sollte.
Sein Freund, sein Pylades, erschien.
»Ach!« sprach Oront nach zärtlichem
 Umfassen,
»ich sterb und was mir Gott verliehn,
will ich, mein Freund, dir hinterlassen:
Dir laß ich meinen Sohn, ihn redlich zu
 erziehn,
und meine Frau, sie zu ernähren;
denn du verdienst, daß sie dir angehören.«

Gellert, Das Vermächtnis

Die alte Tante ist zu Besuch und wird krank. Der Arzt kommt: »Was hat sie?«
Der Hausherr zuckt mit den Schultern: »50 Mille zirka.«

»Rede doch nicht von wegen ›unbändige Energie‹ und so! Jeder weiß, daß du dein Geld aus dem Nachlaß einer reichen Tante bezogen hast.«
»Zehn Jahre lang, Abend für Abend, Dominospielen – ist das nichts?«

Das Testament der Madame Dutitre in Berlin schloß: »Wenn ick mir denke, wer von meine Verwandten all det scheene Jeld erbt, möchte ick am liebsten jar nich sterben.«

Eine reiche Puritanerin vermachte ihr Vermögen demjenigen Verwandten, der nachweisbar nie rauchte, trank, spielte, ungehörige Beziehungen anknüpfte und frei war von jeglichem anderen Laster. Der Testamentsvollstrecker prüfte die Familienmitglieder in absteigender Linie und beglückte den zweijährigen Großneffen.

Die Samniter brachten ihrem Überwinder Curius Geschenke.
»Ich brauche sie nicht«, dankte der Römer.
»Denk an deine Kinder!«
»Sind sie mir gleich«, sprach Curius, »so wird sie das Gütchen, das mich zu dieser Würde brachte, ernähren. Arten sie aus, so will ich ihre Üppigkeit nicht unterstützt haben.«

Ein alter Geizhals wird plötzlich freigebig. Man diskutiert den Sinneswandel. Schließlich findet einer die Erklärung: »Es ist nicht mehr sein Geld, das er gibt. Er verschenkt das Geld seiner Erben.«

Ein reicher Geizhals war schwer erkrankt, und da ihm der Arzt versichert hatte, er werde den folgenden Tag nicht überleben, kroch er aus dem Bett, holte seine Kassenscheine im Wert von hunderttausend Talern hervor, übergab sie dem Kaminfeuer, genoß ihren Zerfall und legte sich wieder zu Bett, glücklich, keinem Menschen ein Erbe hinterlassen zu müssen.
Ein langer, tiefer Schlaf überfiel ihn, und als der Arzt am nächsten Tag wiederkam, fand er den Kranken gerettet. Er verordnete noch einige Tage Bettruhe und versprach, täglich nach dem Rechten zu sehen.
Als der Doktor am folgenden Tag erschien, hing der Alte am Fensterkreuz.

Nach *Jeremias Gotthelf,*
Der Geizhals

Ein reicher Mann, Vater zweier habgieriger Söhne, verfügte: Der älteste Sohn soll das Erbgut in zwei Hälften teilen und der jüngere zuerst wählen.

Ein neapolitanischer Kaufmann vermachte sein Vermögen den Jesuiten mit der Auflage, seinem Sohne, falls er nicht die Kutte nähme, soviel auszuzahlen, »wie sie selbst wollten«.
Der Sohn trat nicht in den Orden, und als ihm die Mönche nur 5000 von den hinterlassenen hunderttausend Talern geben wollten, klagte er.
Der Herzog von Ossuna, Vizekönig von Neapel, entschied: Die Brüder wollten 95 000 Taler für sich selbst. Also haben sie 95 000 Taler auszuzahlen.

Der Rechtsanwalt Charles Denis in Fairlown, New Jersey, verfügte, daß seine beiden Neffen jährlich den Betrag aus seinem Erbe erhalten, den sie laut Steuererklärung verdient haben.

Thomas Higgins aus Brownsville in Texas wollte in die Geschichte seiner Stadt eingehen. Er hinterließ zwei Sparkassenbücher mit je 10 Dollar und bestimmte, daß für das Geld und die Zinsen in 500 Jahren eine Sauna gebaut wird.

Testament eines Millionärs: »Meiner Frau – ihren Liebhaber und die Versicherung, daß ich nicht blind war. Meinem Sohn – das Vergnügen, den Lebensunterhalt zu verdienen, welches er fünfundzwanzig Jahre hindurch mir vorbehalten glaubte. Meiner Tochter – fünfhunderttausend Mark; denn, sie zu heiraten, war bisher das einzige gute Geschäft ihres Mannes. Meinem Teilhaber – den Rat, sich nach einem intelligenten Partner umzusehen, wenn er wünscht, daß es ihm weiterhin gutgeht.«

Testament einer Engländerin: »Mein Leben lang vergnügte ich mich, das Finanzamt zu betrügen. Die Gerechtigkeit gebietet mir, es nunmehr als Universalerben einzusetzen.«

Aus Nelsons Testament: »Mein Vaterland für Emma, Lady Hamilton.«

Schon manche haben einige bei dem Tode eines Menschen wohl angewandte Minuten wohlhabend gemacht. Die Erben sind oft nicht gleich bei der Hand, und wer sich nicht fürchtet, aus dem noch nicht erkalteten Hosensack die Schlüssel zu nehmen, kann bis zu ihrer Ankunft viel auf die Seite schaffen. Fatal ist's, wenn der Verstorbene so plötzlich von hinnen gerufen wird, daß er für die, welche zunächst um ihn sind, nicht testamentarisch sorgen konnte. Aber auch da wußten sich einmal schlaue Leute zu helfen. Sie schleppten den Gestorbenen in eine Rumpelkammer, und in das noch nicht erkaltete Bett legten sie einen vertrauten Knecht, setzten ihm die Nachtkappe des Gestorbenen auf und liefen nach Schreiber und Zeugen. Schreiber und Zeugen setzten sich an den Tisch am Fenster, rüsteten das Schreibzeug und probierten, ob guter Wein in den Kannen sei. Unterdessen ächzet und stöhnt es im dunkeln Hintergrunde hinter dem dikken Umhang, und eine schwache Stimme frägt, ob der Schreiber nicht bald fertig sei – es gehe nicht mehr lange. Der Schreiber nimmt hastig das Glas vom Munde und dagegen die Feder.
Da diktiert leise und hustend die Stimme das Testament, und der Schreiber schreibt, und freudig hören die Anwesenden, wie sie Erben würden von vielem Gut und Geld. Aber blasser Schrecken fährt über ihre Gesichter, als die Stimme spricht: »Meinem getreuen Knecht aber, der mir so viele Jahre treu gedient hat, vermache ich 8000 Pfund.«

Jeremias Gotthelf, Das Testament

Ein reicher Mann kam zum Notar und verlangte ein gerechtes, unanfechtbares Testament.
»Gibt es nicht«, sprach der Rechtskundige. »Selbst Gott sah sich genötigt, deren zwei anfertigen zu lassen, und seit zweitausend Jahren streiten sich die Leute darüber.«

VI. Kapitel

Speisen I
Speisen II
Mahlzeit
Getränke
Bier
Wein
Trunkenheit
Tabak
Kleidung I
Kleidung II
Schmuck
Heim
Haus
Dienstpersonal
Besuch
Nachbar

Speisen I

Sie schiebt ihm die Zeitung hinüber: »Hier, lies! In der Küche passieren die meisten Unfälle.«
Er nickt: »Ich weiß, Liebling. Ich muß sie ja essen.«

Der junge Ehemann zu seiner Frau: »Bitte drehe den Gashahn weiter auf, damit das Essen schneller anbrennt! Wir kommen sonst zu spät ins Restaurant.«

Ein junger Ehemann auf die Frage, warum er nie Besuch habe: »Meine Frau hat alle Gäste in die Flucht gekocht.«

Die junge Frau, als der schwer geprüfte Ehemann schüchtern anzudeuten wagte, seine Mutter koche besser: »Meine auch! Aber hast du jemals gehört, daß ich darüber auch nur ein einziges Wort verloren hätte?«

»Wann wirst du endlich so gut kochen können wie deine Mutter?« maulte der Ehemann.
»Wenn du«, entgegnete sie ungerührt, »soviel Geld verdienst wie mein Vater.«

»Hat dir das Essen geschmeckt, Liebling?«
»Ausgezeichnet, mein Schatz!« Behaglich wischt er sich den Mund. »Und du hast tatsächlich alle Büchsen allein geöffnet?«

Rita, die Rothaarige, am Morgen nach der ersten Nacht auf seiner Bude: »He, Atze, was ist dein Lieblingsgericht?«
Atze, angewidert: »Hat mich noch keines freigesprochen.«

Der Buchhändler d'Hullier aus Marseille war wegen betrügerischer Werbung angezeigt worden. Er hatte mit einem Prospekt geworben: »Aus diesem Buch wird das Mädchen vor der Ehe erfahren, was es als Frau unbedingt wissen muß. Voreinsendung von 28 Franken. Diskrete Verpackung...«
Geliefert wurde ein Kochbuch.
Der Buchhändler wurde freigesprochen, weil die Lektüre, die sich die Enttäuschten erhofft hatten, nach Meinung des Gerichtes weniger wertvoll sei als Belehrung in der Kochkunst.

Alle Kochbücher über drei Bogen gehören in die Kataloge verbotener Bücher: Sie arbeiten dem Arzt in die Hand.

Karl Julius Weber,
Demokritos V, 19

Aus einem Schüleraufsatz: »In Frankreich sind die Köche alle Männer.«

Doch jeder Jüngling hat wohl mal
'n Hang fürs Küchenpersonal,
und sündhaft ist der Mensch im
ganzen!

Busch,
Die fromme Helene, Der Frosch

Du Bos hatte Besuch. Lange stritten sie, wie die Spargel zubereitet werden sollten. Der Hausherr wünschte Butterbrühe, der Gast Essig und Öl. Man einigte sich schließlich, den Vorrat zu teilen und beiden Geschmacksrichtungen zu dienen.
Kurz nach dieser kompromißlichen Entscheidung stürzte der Besucher, vom Schlag getroffen, tot zu Boden. Während sich die Diener des Hauses um den Leichnam bemühten, rannte Du Bos in die Küche und befahl: »Alle in Butter.«

Jetzt schlägt deine schlimmste Stunde,
du Ungleichrunde,
du Ausgekochte, du Zeitgeschälte,
du Vielgequälte,
du Gipfel meines Entzückens!
Jetzt kommt der Moment des Zer-
drückens
mit der Gabel. Sei stark!
Ich will auch Butter und Salz und
Quark
oder Kümmel, auch Leberwurst in dich
stampfen.
Mußt nicht so ängstlich dampfen.
Ich möchte dich noch einmal erfreun.
Soll ich Schnittlauch über dich streun?
Oder ist dir nach Hering zumut?
Du bist ein so rührend junges Blut!
Deshalb schmeckst du besonders gut.
Wenn das auch egoistisch klingt,
so tröste dich damit, du wundervolle
Pellka, daß du eine Edelknolle
warst und daß dich ein Kenner ver-
schlingt!

Ringelnatz,
Abschiedsworte an Pellka

Nana aß
Ananas.

Backpflaume = Pflaume, die einst bessere Tage gesehen hat.

»Nun, Thuschen, ich versichre dich,
ich liebe meinen Hund mehr als er dich.
Du machst, beim Styx, dir überflüss'ge
Sorge.
Ich zweifle nicht, o ja, wenn ihn dein
schöner Mund
um einen Dienst ersucht, er tut ihn dir,
doch wenn er die Orange ausgesaugt,
die Schale, Herzchen, wirft er auf den
Schutt.«

Mit diesen Worten warnt Hermann seine Thusnelda (Kleist, Hermannschlacht II, 8) vor dem Flirt mit Ventidius Carbo. Woher wußte er im Jahre 9, daß im 14. Jahrhundert die Orange aus China nach Europa gebracht werden würde?

Im Abteil zweiter Klasse des Feriensonderzuges öffnet ein Mann seinen Rucksack und entnimmt: Plastikteller, Besteck, Apfelsine, Apfel und Banane. Schält und teilt die Apfelsine und legt sie auf den Teller. Schält und teilt den Apfel und legt ihn auf den Teller.

Schält und teilt die Banane und legt sie auf den Teller.
Öffnet den Rucksack und entnimmt: Ein Säckchen mit Zucker, welchen er sorgsam über die Fruchtstücke streut.
Öffnet das Fenster und schüttet den Belag des Tellers hinaus.
Öffnet den Rucksack, entnimmt ihm ein Tuch, säubert den Teller, verstaut Tuch und Teller in der Wandertüte. Wendet sich lächelnd an die Reisegefährten und erklärt: »Nichts widerlicher als Obstsalat!«

Ein Berliner Kind, zum Abendessen mit Zunge eingeladen, wurde von der Gastgeberin gefragt: »Was mag es wohl heute zu essen geben? Es hat schon jemand im Mund gehabt.«
Es vermutete: »Italienischer Salat?«

»Mutti, warum befinden sich die Vitamine immer in Gerichten, die nicht schmecken?«

Aus einem Schüleraufsatz: »Auf der Alm gab es Käse, Brot und kühle Milch. Wenn unser Lehrer etwas Warmes haben wollte, eilte er zur Sennerin.«

Hans Hertz erzählte im literarischen Klub »Die Zwanglosen«, er habe einen Kolonialwarenhändler angesprochen, der einen Jungen verprügelte. Als Grund habe der Geschäftsmann angegeben: »Jeden Tach, wenn er aus der Schule kommt, stellt sich der Bengel hier vor meinen Kella, und wenn niemand uffpaßt, pinkelt er mir in et Sauerkohlfaß. Schad nix, richtich, awa wat soll der Unsinn?«
Fontane erfuhr die Geschichte, und »Wat soll der Unsinn?« wurde für ihn zu einer ständigen Redewendung.

Der Ober, als der Gast einen Stofffetzen aus der Suppe fischte und sich beschwerte: »Hatten Sie in einer Tagessuppe für siebzig Pfennige Brüsseler Spitzen erwartet?«

Auf dem Fliegenplaneten,
da geht es dem Menschen nicht gut:
Denn was er hier der Fliege,
die Fliege dort ihm tut.

An Bändern voll Honig kleben
die Menschen dort allesamt,
und andre sind zum Verleben
in süßliches Bier verdammt.

In einem nur scheinen die Fliegen
dem Menschen vorauszustehn:
Man bäckt uns nicht in Semmeln,
noch trinkt man uns aus Versehn.

Morgenstern,
Auf dem Fliegenplaneten

Mischa führte mich an den Tisch und zog einen Kasten heraus: »Schau her!« Da lag allerhand Müll – Nägel, Läppchen, irgendwelche Schwänzchen ...
»Zehn Jahre lang habe ich diese Läppchen, Bindfäden und Nägelchen gesam-

melt. Eine bezeichnende Kollektion!« Mischa schüttete das Zeug auf ein Zeitungsblatt.
»Siehst Du dieses abgebrannte Streichholz?« sagte er. »Im vorigen Jahr fand ich es in einem Kringel, gekauft in der Bäckerei von Sewastjanov. Beinahe wäre ich daran erstickt. Gott sei Dank war meine Frau zu Hause und klopfte mir auf den Rücken. Siehst du diesen Fingernagel? Vor drei Jahren wurde er in einem Biskuit der Bäckerei Filippov gefunden. Dieses grüne Läppchen wurde vor fünf Jahren von einer Wurst beherbergt, die ich in einem der besten Moskauer Lebensmittelgeschäfte gekauft hatte. Dieser vertrocknete Tarakan badete sich einst in einer Kohlsuppe, die ich im Speisesaal einer Eisenbahnstation aß, und dieser Nagel befand sich in einer Boulette der gleichen Station. Dieser Rattenschwanz und das Stück Saffianleder wurden beide in dem gleichen Brot der Bäckerei Filippov gefunden. Die Sprotte, von der jetzt nur die Gräten übriggeblieben sind, fand meine Frau in einer Torte, die sie zum Geburtstag geschenkt bekam. Dieses Tier, genannt Tausendfüßler, wurde mir in einer deutschen Bierhalle in einem Krug Bier gereicht. Und dieses Stück Guano hätte ich beinahe verschluckt, als ich mir in einem Restaurant Fischpastete bestellte ...«

Anton Pawlowitsch Tschechov,
Die Kollektion

Großfürst Wladimir Alexandrowitsch, der Sohn Alexanders II., wurde auf einer Pariser Gesellschaft Zeuge, als einige Herren behaupteten, die Russen verzehrten Talgkerzen. Der Großfürst lud sie ein, bat sie zur Tafel und sprach: »Wie Sie wissen, sind Talgkerzen ein russisches Nationalgericht. Bitte geben Sie mir die Ehre.«
Von der Etikette gezwungen, kauten die Gäste die servierten Kerzen. Die Kerze des Gastgebers war aus Marzipan.

Aus einem Schüleraufsatz »Die deutschen Mittelgebirge«: »Die Bewohner dieses Landstriches nähren sich von Holzschnitzereien. Daß sie davon nicht fett werden, ist selbstverständlich.«

Aus einem Schüleraufsatz: »Ein interessantes Buch ist meine Leibspeise.«

Alexander Fleming, der Entdecker des Penicillins, lebte als Student in einer armseligen Pension. Einmal gab es Huhn zum Mittag. Die übrigbleibenden Knochen bestreute er mit einem weißen Pulver. Am nächsten Tag gab es Suppe. Einige Tropfen davon ließ er in die Flamme eines Spirituskochers fallen. Das Licht färbte sich rötlich.
»Was habe ich immer behauptet?« wandte er sich an seine Tischnachbarn. »Die von uns abgenagten Knochen werden noch einmal ausgekocht. Gestern habe ich sie mit Lithiumchlorid bestreut – hier sind sie wieder.«

Der seltsame Herr an der Bar hat den dritten Kognak getrunken, die Schale des Schwenkers verspeist und den Stiel beiseite gestellt. Ein Beobachter bedeutet dem Mixer, daß er bei jenem Trinkgefährten einen Dachschaden vermute. »Freilich spinnt der«, erwidert der Mixer. »Die Stiele sind am schmackhaftesten.«

Der Arzt zum Schwertschlucker: »Schluß jetzt mit den Säbeln! Strengste Diät! Nur noch Obstmesser!«

Ein Diätköstler auf die Frage, wie er es fertiggebracht habe, zehn Kilo abzunehmen: »Ich habe bei Tisch soviel geweint.«

Diät in betreff der Lebensmittel gibt uns Gesundheit des Körpers, in betreff der Menschen Ruhe der Seele.

St. Pierre

Speisen II

Der genialische junge Dichter spießte ein Stück Fleisch auf die Gabel, hielt es hoch und fragte: »Kalb?«
Der Hausherr lächelte: »An welchem Ende der Gabel meinen Sie?«

Eine Motte im Wirtshaus: »Bitte rasch ein Heißes Höschen! Ich habe den ganzen Tag noch nichts Warmes in den Magen bekommen.«

Ein Partygast fragt einen Doktor: »Stimmt es, daß Pilze gut sind für die Augen?« »Jawohl«, bestätigt der Arzt. »Man muß sie allerdings in Gesellschaft von Mädchen mit Miniröcken sammeln.«

Anzeige eines Wiener Metzgers 1888:
Hüferschwanzerl 42 Kr.
Ortscherzl ditto.
Das geschnate Scherzl, Ortschwanzl ohne Scherzl und Hüferscherzl 38 Kr.
Das mittlere Kücherl, das fette und magere Meisle, der Ortschwanzlanschnitt und Riedhüfl 22 Kr.
Das dünne Kücherl, der Trießl 18 Kr.
Das Buchschnitzel, die ersten drei Wirbel am Trießl, das Ohrwangel 18 Kr.
Das hintere und vordere Wadschunken mit dem Meislbein und Hüflstecher 5 Kr.

»Ist das Hirn frisch?« fragte die Kundin.
»Taufrisch«, erwiderte der Metzger. »Gestern hat es noch gedacht.«

Zwei ostpreußische Knechte kamen an spätem Winterabend vom Holzfahren zurück, stürzten sich über den bereitgestellten Rinderfleck, und erst als der Boden des Topfes durchschien, fiel ihnen ein, daß der dritte auch noch satt werden wollte.
»Weißt du was?« sprach der eine. »Ich zerschneide meine alte Lederweste in kleine Stücke, und die lassen wir in der restlichen Brühe kochen.«
Am nächsten Morgen fragten sie den

später Heimgekehrten, wie ihm das Abendessen geschmeckt habe. »Daß e Ochs zäh is«, antwortete er, »hab ich all immer jewußt. Aber daß er Knöppe anne Kaldaunen hat, is mir neu.«

Der Komponist Franz Abt behauptete, die Ente sei ein dummer Vogel: Für einen zuviel und für zwei zuwenig.

Ein Gast redet auf den vor ihm liegenden Fisch ein. Der Wirt hat eine Zeitlang zugesehen; nun fragt er.
»Ich mache ihm Vorwürfe«, erklärt der Gast. »Ich sage zu ihm: ›Wie kann ein frischer Fisch so stinken?‹«

Poisson sans boisson poison. Fisch ohne Getränk ist Gift.

Hummer = Bevorzugte Hotelspeise von Leuten, die daheim dicke Bohnen essen.

Ein Schnorrer hat einen reichen Mann erleichtert. Er begibt sich ins nächste Restaurant und läßt Hummer auftragen.
Der Wohltäter kommt hinzu: »Das ist ja reizend! Erst schröpfen Sie mich mit der Schilderung Ihres angeblichen Elends, und jetzt sitzen Sie hier und schlemmen!«
Der Schnorrer knallt das Besteck neben den Teller: »Zum Donnerwetter! Wenn ich kein Geld habe, kann ich keinen Hummer essen. Wenn ich Geld habe, darf ich keinen Hummer essen. Wann, zum Teufel, soll ich denn Hummer essen?«

Ein Arzt auf die Frage, ob Ölsardinen gesund seien: »Bei mir hat sich noch keine behandeln lassen.«

Kasinochef meldet, daß Kaviar ausgegangen. Von Zitzewitz überblickt angeheiterte Runde und befiehlt: »Mit Schrot verlängern!«
Nächster Morgen. Kasernenhof. Zitzewitz: »Abend jut bekommen, Felsenstein?«
»Danke. Kleines Malheur beim Stiefelausziehen: Hund erschossen.«

Der Kellner zählt die Spezialitäten auf: Weinbergschnecken, Froschschenkel, Austern ...
»Sie haben mich mißverstanden«, unterbricht der Gast. »Ich wollte speisen, nicht Ihnen das Ungeziefer wegfressen.«

Sonntags im Grunewald: »Vata, ham Brombeern Beene?«
»Nee.«
»Dann ha' ick 'n Mistkäfer jefressen.«
(Zille)

»Haben Sie Haifischkoteletts?« fragte ein Jude.

»Bedaure«, erwiderte der Ober.
»Gedünsteten Wal?«
»Tut mir leid.«
»Rochen blau?«
»Nein, mein Herr.«
»Fisch haben Sie also nicht. Schweinebraten, bitte!«

Ein herrlicher Schweinebraten am Nebentisch duftet dem Salme Knoppdoch herausfordernd in die Nase. »Herr Ober«, ruft er, »mir auch so einen schönen Kalbsbraten!«
»Das ist Schweinebraten, mein Herr«, informiert der Kellner.
Salme funkelt ihn an: »Habe ich Sie danach gefragt?«

Die Mütze des Jungen ist in den Sabbatfleischtopf gefallen. Mamme geht zum Rabbi und fragt, ob die kostbare Speise noch koscher sei.
»Was war dran an der Mütze?«
»Dreck.«
»Dreck koscher. Weiter!«
»Ungeziefer.«
»Ungeziefer koscher.«
»Eine Kopfgrätze hat der Junge.«
»Koscher.«
»Und manchmal, wenn er ein Butterbrot gegessen hat, faßt er mit seinen verschmierten Händen ...«
»Butter?« ruft der Rabbi entsetzt. »Trefe!«

Preußische Gemütlichkeit: Weißbier und Bockwurst.
Bayerische: Bockbier und Weißwurst.

Die lieblichen Sänger des Feldes,
ach, nackt und zum Fraße bereit,
Ihr werdet doch Lerchen nicht essen?
Mein Gott, Ihr wär't nicht gescheit!

Die Lerche, die wahre Poetin,
zum Himmel schwingt sie sich auf,
ihr Nestlein sorglos am Boden,
die Senner treten darauf.

Allein der Bauer vom Lande,
er hat ein natürliches Herz,
mit Schonung schwingt er die Sense,
die Sense von Stahl und Erz.

In Leipzig aber schlachten
die singenden Kehlchen sie!
Ach, nackt und klein zum Erbarmen,
ein Schlachten der Poesie!

Friederike Kempner,
Leipziger Lerchen

(Anmerkung: Leipziger Lerchen sind ein Makronengebäck.)

Aus einem Schüleraufsatz: »Auf der Insel Helgoland ernähren sich die Bewohner größtenteils von Kurgästen.«

Ein Filmschauspieler über eine Sauce, die ihm in Südfrankreich serviert wurde: »Sie ist so köstlich, daß ich in ihr jeden Kollegen verzehren könnte.«

Auf den Molukken essen wir immer
zum breakfast gebackenen Kohlentrimmer.
Wir haben auch scharfen Hahn probiert;
der wird auf Trinidad serviert.

Wir schätzen verlorene Mossuleier;
wir kennen gespickten Kragengeier,
gefüllte Pußtapflaumen mit Mais,
kalten Stationsvorsteher auf Gleis,
Lederhose à la Husar
und durchgedrehten Kommissar.

In einem Dorf auf dem Peloponnese
gibt es eine Art Roßgekröse,
das man auf Popenbärten brät –
eine besondere Spezialität!
Waren Sie mal in Sankt Johann?
Da heißt der Käse alter Mann;
der riecht so streng, daß die Scheiben
beschlagen.
(Vorsicht bei geschlossenem Wagen!)

Fritz Grasshoff,
Die große Halunkenpostille, Speisen bildet

Der Koch einer Safari, Angehöriger eines Kannibalenstammes, vor der Reise durch seine Heimat zu einer Teilnehmerin: »Sie brauchen keine Angst zu haben. Meine Brüder tun keinem Gast ein Leid. Freilich«, und dabei glitt sein Auge freundlich über ihre Gestalt, »sollte Ihnen etwas zustoßen: Umkommen lassen sie nichts.«

Die Kannibalenmutter informiert den Kleinen, der unter einem tieffliegenden Flugzeug den Kopf eingezogen hatte: »Eine Art Hummer, mein Junge: Die Schale taugt nichts, aber der Inhalt schmeckt köstlich.«

Der Kannibalenvater hat einen Trauerzug überfallen und die Urne erbeutet. »Au fein!« jubeln die Kinderchen. »Nes-Mensch!«

»Hast du meinen Mann gesehen?« fragt die Kannibalenfrau die Nachbarin. Welche verneint.
»Lüg doch nicht!« fährt die erste fort. »Du kaust ja noch.«

Mahlzeit

»Stürzt euch nie nach einem Fasttag auf die Speisen! Das ist ungesund«, ermahnt ein Jude seine Familie. »Wartet zehn Minuten!«

Gescheiterter Hungerstreik: »Am fünften Tage hatten sie es satt, weiter zu hungern.«

Dreimol schlecht g'easse isch au g'fastet.

Aus dem Allgäu

Leo Slezak ging zum Arzt, klagte über Appetitlosigkeit und erzählte, was er selbigen Tages verzehrt habe: »A Ochsenschwanzsuppn, a Beuscherl mit vier oder fünf Semmelknödel, a Portion

Kaffee, Stücker sechs Indianerkrapfn und drei Schaumrollen.«
Der Arzt lachte: »Da brauchen Sie sich allerdings nicht zu wundern, wenn Sie jetzt keinen Appetit haben!«
»Geh, geh!« protestierte der Kammersänger. »I had vorher a kaan!«

Franz Abt erzählte, daß er sich auf dem Wege zu einem kleinen Essen befände. Wer mit ihm die Ehre habe, fragte der Bekannte.
»Wir sind zu zweit«, antwortete der Komponist. »Ein Truthahn und ich.«

Er fragte, ob sie Lust zu einem gemeinsamen Picknick hätte. »Gern«, sprach das Mädchen. »Aber vorher würde ich noch eine Kleinigkeit essen.«

Der Herr Pastor pflegt vor jeder Mahlzeit gründlich zu beten. Heute greift er wortlos zum Besteck. Die Frau reklamiert.
»Meine Liebe«, erwidert er gütig, »auf diesem Tisch befindet sich nichts, wofür ich nicht mindestens dreimal den Segen des Herrn erfleht hätte.«

Von zehn Erdenbürgern essen vier mit Messer und Gabel, drei mit Stäbchen und drei mit den Fingern.

Ein Besucher überraschte Descartes bei der Tafel und bemerkte: Für einen Philosophen speise er nicht schlecht.
Der Hausherr erwiderte: »Ich habe nie gelehrt, daß die guten Dinge dieser Erde den Narren vorbehalten seien.«

Jener Schatzgräber war ein sehr unbilliger Mann. Er wagte sich in die Ruinen eines sehr alten Raubschlosses und ward da gewahr, daß die Eule eine magere Maus ergriff und verzehrte. »Schickt sich das«, sprach er, »für den philosophischen Liebling Minervens?«
»Warum nicht?« versetzte die Eule. »Weil ich stille Betrachtungen liebe, kann ich deswegen von der Luft leben? Ich weiß zwar wohl, daß ihr Menschen es von euren Gelehrten verlanget.«

Lessing, Die Eule und der Schatzgräber

Der Schützenbruder setzte sich ins Bierzelt des Oktoberfestes, ließ eine Maß und ein Hendl kommen und murmelte: »Zwelf maoi g'schoß'n un nix troffa!«
Nahm einen tiefen Zug und wischte sich mit dem Ärmel den Schaum vom Mund: »Aba wos waar's, wann i was treffat und schmeckat mi nix?«

Der Wärter betritt die Zelle im Todestrakt von Sing-Sing: »Es gibt als Vorspeise Chicoreesalat mit getoastetem Weißbrot, gefüllten Fisch mit Reis. Getränke nach Wahl.«
»Das läßt sich hören«, sagt Bill.
»Das Hauptgericht besteht aus getrüffeltem Huhn auf Schlemmerart und Spargel.«
Bills Mund füllt sich mit Speichel.

»Der Reigen der Nachtische«, fährt der Wärter fort, selbst durch Sekretbildung sprachbehindert, »beginnt mit einer Käseplatte aus Beaufort, Romadur und Reggiano. Dazu grüner Salat und lokkeres Brot.«
»Weiter!« stöhnt Bill.
»Dazu eine Obstschale aus Mandarinen, Bananen und Pampelmusen. Zum Abschluß schließlich ist eine Apfel-Bananencreme vorgesehen. Hinterher selbstverständlich Kaffee und Zigaretten.«
Bill springt hoch, klatscht in die Hände, steht aber plötzlich wie angewurzelt: »Es wird doch hoffentlich keine Begnadigung dazwischenkommen?«

P. R. Lang

Bequem gesäte on langsam gefräte:
Man glowt nich, wat man verdroage kann.

Aus Ostpreußen

Liewer ze viel esse als ze wenig trinke!

Aus Württemberg

Bescheidenheit, Bescheidenheit,
verlaß mich nicht bei Tische
und gib, daß ich zur rechten Zeit
das größte Stück erwische!

Verfasser unbekannt

Ein Handwerksbursche kam nach Nürnberg, suchte ein Wirtshaus und geriet in die »Goldene Gans«. Er bemerkte, daß dieses Haus seinen Vermögensverhältnissen nicht entsprach, getraute sich aber auch nicht, wieder fortzugehen. Drückte sich also auf einen Stuhl hinter den Ofen, während sich reiche Bürger zur Mahlzeit niederließen.
Der Wirt rühmte die Freundlichkeit seiner Gäste und lud ihn zur Tafel. Lange zögerte der Bursche; endlich aber ließ er sich bewegen, zwischen den Wohlhabenden Platz zu nehmen.
Nach mehrmaliger Aufforderung legte er sich den kleinsten Fisch auf den Teller, sprach zu ihm und hielt ihn sich ans Ohr. Die Umsitzenden fragten, welche Bewandtnis sein merkwürdiges Verhalten habe.
»Mein Herzvater«, sprach der Geselle, »ertrank vor Jahren in der Pegnitz. Ich fragte den Fisch, ob er ihn gesehen habe, doch er antwortete, er sei noch zu klein.«
Da lachte die Tafelrunde, und der Nachbar legte ihm den schönsten Karpfen auf den Teller.

nach *Johannes Pauli*,
Schimpf und Ernst, Das Fischessen

Menasse und Schloime haben sich im Wirtshaus einen Fisch bestellt. Menasse teilt und nimmt sich das größere Stück. »Das ist nicht anständig von dir«, reklamiert Schloime. »Wenn ich geteilt hätte, dann hätte ich mir genommen das kleinere Stück.«
Menasse schaut ihn verständnislos an: »Du hast es doch!«

Der Pfarrer Arlotto hatte einige Amtsbrüder zu Gast. Kaum hatte man sich

zu Tisch gesetzt, prasselte draußen nach langer Dürre der Regen vom Himmel. Die Gäste feierten das Naturereignis mit tiefen Zügen aus dem Weinkrug. Nun wurden Rebhühner und Bratwürste aufgetragen. Arlotto lobte seine Würste über alle Maßen, und die Kollegen stürzten sich auf sie. Er selbst vertilgte die Rebhühner.
»Arlotto«, sprach endlich einer. »Du lobst die Würste und ißt die Rebhühner?«
»Die Rebhühner waren noch besser«, antwortete der Schalk. »Ich tat wie ihr; denn ihr lobtet den Regen und tranket Wein.«

Sie machet feist
nur solche meist,
die speisen, bis
man sie verspeist.
Er wuchs und stand
auf Bergen dreist,
auf Wassern steht
er jetzt und reist.
Du magst mir sagen,
wie er heißt,
wenn sie dir nicht
benahm den Geist.

Rückert, Rätsel (Mast)

Den Zweck der Festbankette erklärte ein Zyniker mit der Notwendigkeit, den Prominenten breitere Bäuche zur Aufnahme der Orden zu verschaffen.

Der Adjutant Suworows hatte den Auftrag, seinem Herrn, wenn er seiner Neigung zu übermäßigem Mahle nachgab, zuzurufen: »Im Namen Suworows: Höre auf zu fressen!«

Ein Schwarm Fliegen flog in eine Vorratskammer, wo Honig verschüttet war, und tat sich gütlich. Als sie aber gesättigt waren und fortfliegen wollten, bemerkten sie, daß ihre Füße festklebten. Da sprachen sie im Angesicht des Todes: »Wir Unglücklichen! Nun müssen wir wegen eines kurzen Schmauses das Leben lassen.«
Die Fabel lehrt, daß für sehr viele Leute die Leckerei eine Quelle großen Unglückes war.

Äsop, Die Fliegen, die am Honig klebten

Eine Berlinerin über ihren Freund: »Imma, wenn er bei uns zum Essen is, leckt er seinen Teller ab. Isser nu sparsam und sauber oder nur jefräßig?«

Der beleibte englische Schauspieler Stephen Kemble reiste mit einer hübschen Kollegin nach den Staaten. Ein Sturm brach los, und das Schiff ächzte.
»Wen von uns«, fragte die Künstlerin, »werden die Haie zuerst zerreißen, wenn wir sinken?«
»Schwer zu sagen«, antwortete Kemble. »Gourmands werden sich auf mich stürzen, Gourmets auf Sie.«

Bayreuth. »Parsifal«. Pause. Kaltes Büffet. Beleibte Mittsechzigerin droht schlemmendem Generaldirektor mit dem Finger: »Sie kleiner Gurnemanz, Sie!«

Franz Molnar war Gast des neureichen Holzhändlers Herczka, welcher die Angewohnheit hatte, die Preise der aufgetragenen Speisen und Getränke ins Gespräch zu flechten. Einmal sagte der Dichter: »Dürfte ich noch um etwas Kaviar für zirka fünf Kronen bitten?«

»Bitte, ja«, erwiderte der Gast auf die Frage der Hausfrau, ob sie ihm Fleisch nachlegen dürfe. »Aber bitte nur so ein kleines Stück wie eben.«

Rossini, Liebhaber großer Portionen, bekam als Gast einer reichen Engländerin nur Happen. Zum Abschied sagte die Dame: »Ich hoffe, Sie machen mir das Vergnügen, bald wieder bei mir zu speisen.«
»Wenn es recht ist«, erwiderte der Komponist, »sofort.«

Die Gräfin Maintenon, Gattin des Dichters Scarron, zeichnete sich durch Geiz und Erzählgabe aus. Eines geselligen Abends flüsterte ihr der Diener ins Ohr: »Bitte noch eine Geschichte, Madame! Wir haben keinen Braten mehr.«

Pensionswirtin zur neuen Bedienung: »Klatsch, Henrietta, den Leuten immer vor Tisch erzählen! Auf die Dauer eines Jahres ergeben sich dadurch ganz erhebliche Einsparungen.«

Komm, lieber Freund, und iß an
meinem Tisch!
Vorm Essen gibts Salat und Lauch,
belegte Brötchen, Ei und auch
ein bißchen nicht zu teuren Fisch.

Den Hauptgang bildet dann der Kohl,
nur wenig zwar, doch frisch vom
Garten,
ein Würstchen drauf, das ich vom
Laden hol,
ein Löffel Brei – mehr kannst du nicht
erwarten.

Am Ende müssen Birnen und Rosinen
sowie Kastanien zum Nachtisch dienen;
der Wein ist ziemlich dünn und ist zu
tadeln –
du mußt ihn durch dein Trinken adeln.

Gewiß, mein Freund, das Mahl ist
schmal.
Ich gäbe reicher, wenn ich reicher wär.
Doch was er hat, das gibt Martial:
Ich lasse dir mein Liebchen zum
Dessert.

Martial/Mostar,
Einladung

Lord Bolingbroke lud Swift zum Essen und zeigte die Speisenfolge. Der Dichter entgegnete: »Das Verzeichnis der Gäste erscheint mir wichtiger.«

Der Kannibalenfürst gab der Stewardeß die Speisekarte zurück: »Die Passagierliste, bitte!«

Ein Feinschmecker zur Kapelle: »Ruhe! Ich weiß kaum, was ich esse.«

Berliner Maurer auf die Frage, ob er satt sei: »Det Wort ›satt‹ kenn ick nich. Entweder ick hab Hunger oder mir is übel.«

Der Gourmet d'Elbène lehnte ein prachtvolles Stück Fleisch ab, das ihm sein Freund Desbarreaux vorsetzte: Es bekäme seinem Magen nicht.
»Seit wann gehörst du zu den Narren«, sprach der Gastgeber, »die ihr Vergnügen im Verdauen suchen?«

Falsch zitiert: »Des Menschen Leben währet siebenzig Jahre, und wenn es hochkömmt, ist es köstlich gewesen.«

Brillat-Savarin erzählte: »Ich saß im Salon und genoß mein Diner . . .«
»Im Salon?« unterbrach ein Zuhörer. »Nicht im Speisezimmer?«
Der Gastronom blickte den Fragesteller durchdringend an: »Ich bitte zu beachten, daß ich nicht sagte: ›Ich dinierte‹, sondern: ›Ich genoß mein Diner‹. Gespeist hatte ich eine Stunde zuvor.«

Getränke

Kaltblütige und träge Geschöpfe ertragen den Durst weit länger als warmblütige und thätige.

Brockhaus,
Conversations-Lexikon, 1833

Aus Tante Karlas Sprachwolf: »Ich rieche Kaffeedurst.«

Der Arzt verbot dem achtzigjährigen Fontenelle, Kaffee zu trinken: »Er enthält Gift, das den Körper ruiniert.«
»Offenbar ein sehr langsam wirkendes«, erwiderte der Dichter. »Ich trinke es seit siebzig Jahren.«

Der Lustspieldichter Georges Feydeau besuchte in der Umgebung von Paris ein ländliches Gasthaus.
»Haben Sie Zichorie?« fragte er die Bedienung.
»Jawohl, mein Herr.«
»Wieviel?«
»Vielleicht dreißig Pakete.«
»Bringen Sie mir diese, bitte!«
Sie kamen.
»Haben Sie noch mehr Zichorie?«
»Kein Gramm.«
»Gut. Dann bitte ein Kännchen Kaffee!«

Ein Kellner, als der Gast rügte, daß die Hälfte seines Kaffees verschüttet sei: »Kosten Sie, bevor Sie schimpfen!«

»Ist das ein starker Kaffee, Mann?« brüllt der Gast.
»Selbstverständlich, mein Herr«, erwidert der Ober. »Würden Sie sich sonst so aufregen?«

Grobe Zungen, deren Besitzern die sächsische Kunst der Kaffeezubereitung nur vom boshaft entstellenden Hörensagen bekannt ist, definieren den Fachausdruck »Bliemchenkaffee« in folgender Weise:
Das Getränk ist so dünn, daß man das Blümchen auf dem Grund der Tasse erkennen kann. Noch dünner sei der Schwerterkaffee: Er ließe die Schwerter der Meißner Porzellanmanufaktur auf der Unterseite der Tasse erkennen. Doppelbliemchenkaffee gewähre einen Blick auf das Muster der Untertasse. Es gäbe auch noch Doppelschwerterkaffee.

Rezept für den sächsischen Bliemchenkaffee: Man nehme eine Kaffeebohne, binde sie an einen Faden und hänge sie so in die Sonne, daß der Schatten in einen Kessel kochenden Wassers fällt!

Sächsischer Bahnhof. Der Zug hat ein paar Minuten Aufenthalt. Eine Dame steigt aus, läuft zur Kaffeetheke und kauft eine Tasse. Sie rührt und rührt. Der Kaffee bleibt heiß.
Es wird aufgefordert, einzusteigen und die Türen zu schließen. Hilfesuchend blickt die Dame um sich.
Da tritt ein Herr zu ihr: »Darf ich Ihn'n mein'n anbiedn? Umgeschütt und geblasn isser schon.«

»Nein, danke«, sagte der Zecher. »Keinen Kaffee. Der wirft mich um Stunden zurück.«

Der junge Theodor Fontane hatte sich ein möbliertes Zimmer gemietet. Am ersten Morgen nach dem Frühstück sagte er zu seiner Wirtin: »Wenn das heute früh Kaffee war, dann möchte ich von morgen ab Tee. Wenn es aber Tee war, dann bitte von jetzt ab Kaffee.«

Der Reisende rührt mißmutig in seiner Frühstückstasse. »Ist das hier Kaffee oder Tee?« fragt er grimmig. »Schmecken tut das Zeug nach Petroleum.« – »Tee«, erwidert die Kellnerin freundlich. »Unser Kaffee schmeckt nach Terpentin.«

Dem durstigen Patienten war nach schwerer Magenoperation Tee rektal zugebilligt worden. Er beobachtet die Schwester bei den Vorbereitungen, und als sie zur Tat schreiten will, gebietet er Einhalt: »Wo bleibt denn der Zukker?«

»Dieses Pulver gab mir Signora, Eurer Frau täglich eins in die Schokolade zu rühren«, berichtet der Mohr dem Fiesco (III, 4). Die Verschwörung zu Genua fand im Jahre 1547 statt. 1606 begann Carletti in Italien mit der Herstellung von Schokolade. Damengetränk wurde sie Ende des 17. Jahrhunderts.

Kaufmann, selbständig, Ende 30/172, dunkler, sportl. Typ, frei u. ohne Anhang (Nichttrinker), möchte gerne hübsche Dame ...

Süddeutsche Zeitung, 4. 11. 1967

»Alkohol«, lehrt der Doktor, »ist ein langsam tötendes Gift.«
»Macht nix«, sagt der Tünnes. »Ich han Zeit.«

Friedrich August III. von Sachsen, im Manöver, läßt den Dorfbarbier kommen. Die Hand des Alten zittert. Mehrfach verzieht der König schmerzhaft das Gesicht.
»Kommd vom Saufn, mei Liewer!«
»Wohl, Majesdäd! Algohol machd de Haud spreede.«

»Wie Ihre Hände zittern, Mann! Sie müssen ja unheimliche Mengen Alkohol verkonsumieren.«
»Ach Gott, Herr Doktor!« resigniert der Alte. »Das meiste verschütte ich.«

Menschen, die am Magen leiden,
sollten harte Lagen meiden.

Oskar Blumenthal

Der Trunksüchtige wehleidig, als ihm der Freund vorhielt, nur der Alkohol sei schuld an seinem Elend: »Sage es ja immer, daß ich nichts dafür kann!«

Einer Dresdener Oberprima wurde 1932 die Frage vorgelegt, ob man den Alkoholgenuß verbieten solle. Unter anderem wurde geantwortet: »Nein; denn der Alkohol fördert im Volke die Lust zu Sonntagsspaziergängen.« – »Ja. Das Verbot ermöglicht, die Polizei nutzbringend einzusetzen.«

Kraepelin, der Psychiater an der Münchner Universität und Alkoholgegner, stellte einen achtzig Jahre alten, rüstigen Greis vor, der angeblich sein Lebtag keinen Tropfen Alkohol getrunken hatte.
Die Studenten waren gefesselt; der Dozent schien befriedigt. Da sagte der Alte: »An Bruader hätt i no dahoam, der wo scho achtadachzge is.«
»Das ist wunderbar«, rief Kraepelin. »Den müssen Sie bei Ihrem nächsten Besuch unbedingt mitbringen.«
»O mei, Herr Professor!« Der Alte winkte ab. »Da is nix z'macha mit dem. Der is an ganzen Tag bsuffa.«

Dem sich ereifernden Alkoholgegner fiel ein Zuhörer ins Wort: »Das Wasser, mein Herr, hat mehr Menschen umgebracht als Ihr Alkohol!«
»Was Sie nicht sagen!« fauchte der Abstinenzler. »Beweise!«
»Bitte«, sprach der Renitente. »Da war zunächst einmal die Sintflut ...«

Ein Berliner bestand darauf, den Durst mit Alkohol zu löschen: »Bei Wasser rostet meine eiserne Jesundheit.«

Der beste Weinkenner am Platze klebte auf seine Wasserkaraffe das Schild »Äußerlich«.

Emma legt schmachtend den Kopf an seine Schulter.
»Wat seufzte?« fragt Orje.
»Am liebsten Sekt.«

Algernon: Woher kommt das wohl – ich frage nur aus Neugier –, daß in jedem Junggesellenhaushalt die Diener ständig Champagner trinken?
Lane: Ich schreibe dies der besseren Qualität des Champagners zu. Ich habe oft bemerkt, daß im Haushalt verheirateter Leute nur selten eine gute Marke geführt wird.

Wilde,
Bunbury I

»Ich will Champagnerwein, und recht moussierend soll er sein«, verlangt Brandner in Auerbachs Keller von Mephistopheles. Er bekommt ihn auch. Der erste Champagnerwein floß erst anderthalb Jahrhunderte nach der Zeit, in der Goethe seinen »Faust« ansiedelte, 1670.

Der Schnaps, der sei des Menschen
böser Feind,
so hat der Pfarrer jüngst gemeint.
Doch in der Bibel steht geschrieben:
»Du sollst auch deine Feinde lieben.«

Heinrich Zille besuchte wider Gewohnheit ein besseres Restaurant.
»Bier, Wein, Kognak der Herr?« fragte der Kellner.
»Jawoll«, sprach der Maler. »In diese Reihenfolje!«

»Ich han mein Jlas verjesse«, sagt der Tünnes auf der Zugspitze.
Schäl rät: »Trink aus der Flasche!«

Auch der Winter ist voll Reiz;
denn dann schneit's!
Schneeball werfen sich die Kinder,
und die Luft wär' viel gesünder –
doch statt dem, wenn jemand friert,
trinkt er Kornschnaps ungeniert.

Friederike Kempner,
Nachlaß

Ein Soldat vom ehemaligen Regiment Lichnowski, ein heilloser und unverbesserlicher Säufer, versprach nach unendlichen Schlägen, die er deshalb bekam, daß er seine Aufführung bessern und sich des Branntweins enthalten wolle. Er hielt auch in der Tat Wort während dreier Tage, ward aber am vierten wieder besoffen in einem Rinnstein gefunden und von einem Unteroffizier in Arrest gebracht. Im Verhör befragte man ihn, warum er, seines Vorsatzes uneingedenk, sich von neuem dem Laster des Trunks ergeben habe. »Herr Hauptmann!« antwortete er, »es ist nicht meine Schuld. Ich ging in Geschäften eines Kaufmanns mit einer Kiste Färbholz über den Lustgarten;

da läuteten vom Dom herab die Glokken: ›Pommeranzen! Pommeranzen! Pommeranzen!‹ – ›Läut, Teufel, läut‹, sprach ich und gedachte meines Vorsatzes und trank nichts. In der Königstraße, wo ich die Kiste abgeben sollte, steh ich einen Augenblick, um mich auszuruhen, vor dem Rathaus still; da bimmelt es vom Turm herab: ›Kümmel! Kümmel! Kümmel! Kümmel! Kümmel! Kümmel!‹ Ich sage zum Turm: ›Bimmle du, daß die Wolken reißen‹ – und gedenke, mein Seel, gedenke meines Vorsatzes, ob ich gleich durstig war, und trinke nichts. Drauf führt mich der Teufel auf dem Rückweg über den Spittelmarkt, und da ich eben vor einer Kneipe, wo mehr denn dreißig Gäste beisammen waren, stehe, geht es vom Spittelturm herab: ›Anisette! Anisette! Anisette!‹ – ›Was kostet das Glas?‹ frag ich. Der Wirt spricht: ›Sechs Pfennige.‹ – ›Geb Er her!‹ sag ich – und was weiter aus mir geworden ist, das weiß ich nicht.«

Heinrich von Kleist,
Der Branntweinsäufer
und die Berliner Glocken

»Drink ick noch eenen? Mein Magen sagt ›ja‹, mein Kopp sagt ›nee‹. Mein Kopp is klüger wie mein Magen, und der Klüjere jibt nach. Also drink ick noch eenen.«

Ein Indianer trank zum erstenmal Schnaps. Am nächsten Morgen vermutete er: »Es muß ein Saft aus Löwenblut und Weiberzunge sein. Er macht mutig und geschwätzig.«

Alkohol = Flüssigkeit, die fast alles aufzubewahren imstande ist – außer Geheimnissen.

Die alte Tante trank den ersten Whisky ihres Lebens. »Brrr«, machte sie. »Wie die Medizin, die mein Seliger in den letzten zwanzig Jahren nehmen mußte.«

Der Arzt erkennt bei dem im Kolonialdienst ergrauten Obersten Wasser.
Der Alte nickt ergeben: »Habe so was erwartet! Immer zuviel Eis im Whisky.«

»Neuen Whisky oder alten?« fragte der Wirt in Ohio.
»Was ist da für ein Unterschied?« forschte der Gast aus Europa.
»Der alte wurde gestern destilliert, der neue heute.«

Ein moralischer Staatsdiener entrüstete sich bei Abraham Lincoln, daß General Grant dem Whisky zugetan sei. Der Präsident erwiderte: »Finden Sie heraus, welche Marke Grant trinkt! Ich werde ihren Genuß allen anderen Generalen zur Pflicht machen.«

Aus dem Konklave, das den Kardinal Angelo Roncalli zum Papst Johannes wählte, mußte zwölfmal schwarzer Rauch aufsteigen, bis der weiße schließlich den geglückten Abstimmungsgang künden konnte.

Die wochenlange Spannung trieb in den Bars und Gaststätten der Ewigen Stadt den Absatz der Whiskymarke »Black and White« sprunghaft in die Höhe.
Wenige Wochen später beförderte der neue Papa Giovanni ungewollt den Umsatz der Konkurrenz. Johannes XXIII. fuhr mehr als seine Vorgänger aus und besuchte die Menschen. Was ihm den Spitznamen einbrachte: »Johnnie Walker«.

Er drehte seinen Whisky-Soda in der Hand. »Mixer«, sprach er, »was füllen Sie zuerst ein, Whisky oder Soda?«
»Selbstverständlich Whisky, mein Herr.«
Der Gast war beruhigt: »Dann werde ich ja noch zu ihm vorstoßen.«

Kleopatra wettete mit Mark Anton, wer das teuerste Getränk der Welt herzustellen vermöchte. Die Königin gewann: Sie brach aus ihrem Ohrgeschmeide eine Perle, warf sie in Essig, der sie auflöste, und trank.

Ich wollte ebenso gern für mich allein plaudern als für mich allein trinken. (Franziska)

Lessing,
Minna von Barnhelm II, 1

Ein österreichischer und ein russischer Offizier saßen vor dem Ersten Weltkrieg bechernd beieinander. Der Russe erhob sich und leerte sein Glas auf das Wohl Seiner Majestät, des Kaisers von Österreich.
Wartend blickte er auf den Zechgenossen. Der reagierte nicht. Der Russe forderte, den Zaren hochleben zu lassen. Der Österreicher lehnte ab.
Da steckte der Russe zwei Finger in den Rachen und beugte sich aus dem Fenster. –
Seit diesem Tag galt in der russischen Armee für den nicht allzu seltenen Vorgang des Erbrechens die Umschreibung »Franz heraus«.

Von Zitzewitz kommt morgens zwei Uhr aus dem Casino und drückt seinem Burschen die Uniform in die Hand: »Sehn Se sich das an, Moritz! Kotzt mich doch der Felsenstein beim letzten Toast janze Montur voll!«
10 Uhr überreicht Moritz dem Wiedererstandenen die gereinigte Kluft: »Kolossale Sau, der Felsenstein, Herr Oberst! Hat Herrn Oberst sogar die Hosen vollgesch . . .«

Wo's Sufe en Ehr ist, ist's Chotze kei Schand.

Aus der Schweiz

Bier

Hans Adam war mit Herz und Kopf
stets nur ein Erdenklumpen,
bis Noah endlich für den Tropf
das Wahre fand: Den Humpen.

Alte Bierprobe: Eine Bank wurde mit Bier übergossen. Der Rat setzte sich in ledernen Hosen darauf. Blieb nach zwei Stunden die Bank an den Hosen kleben, war der Gütenachweis erbracht.

Frei nach Schiller:
»Gefährlich ist's, am Leim zu lecken,
und schrecklich ist die Eisenbahn.
Jedoch der schrecklichste der Schrecken,
das ist ein Bierfaß ohne Hahn.«

»Wieviel Flaschen Bier trinken Sie täglich?« fragt der Arzt.
»Sechs!«
»Sechs?« schreit der Doktor. »Drei habe ich Ihnen erlaubt!«
»Jawohl. Und der Doktor Schulze, bei dem ich nach Ihnen war, hat mir auch drei erlaubt.«

Lange hat der Doktor den am Nebentisch saufenden Patienten beobachtet. Schließlich geht er hinüber und erinnert ihn, daß ihm pro Tag nur ein halber Liter erlaubt ist.
»Weiß ich«, erwidert der Durstige und klopft an sein Glas: »Der hier ist vom 19. August 1976.«

Sie ist wütend: »Hier in der Zeitung steht, daß jeder Deutsche pro Jahr 140 Liter Bier trinkt. Ich bringe dir an jedem Samstag zwei Flaschen mit. Ergibt 52 Liter im Jahr. Wann und wo trinkst du den Rest?«

Um die Schankkellner daran zu hindern, den Bierkrug halb voll Schaum zu kredenzen, empfahl Leibniz: »Bestreiche das Innere der Kanne mit Speck!«

Der Gast wundert sich, daß der Wirt dem Herrn Pfarrer ein frisch angezapftes Bier verspricht, obwohl er eben noch erklärt hat, ein neues Faß sei nicht vorhanden.
»Sonst sauft er's ja net«, erwidert der Gastronom.
»Ja, aber«, stottert der Gast, »das ist doch, entschuldigen Sie ...«
»Freili. Aber des macht nix'n. I muß es eahm ja sowieso beichten.«

Paul Heyse über Bayern: »Die Gleichheit vor dem Nationalgetränk mildert den Druck der sozialen Gegensätze.«

Jez hawe ich gleich erkahnt das die Treie gengen Drohn und Aldahr erschittert ist und das ädle baiernhärz mus fohler unmuth sein bald es einmal limanahdi drinkt.

Ludwig Thoma,
Jozef Filsers Briefwexel II, Beriechd des kenigl Abgeorneten Jozef Filser ieber die Reiße auf den krigsschaublatz bedräf das bier bei Waserburg

Familie Huber nimmt im Hofbräuhaus Platz. Der Sechsjährige verlangt ein Glas Milch.
Das Familienoberhaupt durchbohrt die Frau mit einem fürchterlichen Blick: »Is der Bua am End gar net von mir?«

Münchner Leserbrief, 1932: »Ich halte es für zweckmäßig, den jungen Leuten, die zum Brauereifach wollen, klaren Wein einzuschenken.«

Man möge kranke Nierenbecken
nicht mit zu kalten Bieren necken.

»Der Huber is gschtorm.«
»Ja, wieso?«
»Totgsuffa.«
»Reschpekt!«

Hier liegt Bartholomäus Mayer,
in seinem Leben war er Bräuer.
Gott nahm sein Leben, er schuf es.
Er starb als Opfer seines Berufes.

München, Südfriedhof

Wein

Hier im irdischen Jammertal
wär' doch nichts als Plack und Qual,
trüg der Stock nicht Trauben.
Darum bis zum letzten Hauch
setz ich auf Gott Bacchus' Bauch
meinen festen Glauben.

Johann Friedrich Kind,
Trinklied

Man kann, wenn wir es überlegen,
Wein trinken fünfer Ursachen wegen:
Einmal, um eines Festes willen,
sodann, vorhandenen Durst zu stillen,
ingleichen, künftigen abzuwehren,
ferner, dem guten Wein zu Ehren,
und endlich um jeder Ursache willen.

Rückert

Guter Wein macht gutes Blut, gutes Blut gute Laune, gute Laune gute Gedanken; gute Gedanken machen gute Werke, die zum Himmel führen. Folglich führt der Wein zum Himmel.

Verfasser unbekannt

Nimmer würde ein Mensch, der Durst nach Wein hat, so sehnlich seiner begehren, wenn nicht etwas von Gott in ihm wäre.

Meister Eckhart

»Bei meiner Seele, Freund«, versetzte der vom Walde, »mein Magen ist zu

Radieschen oder Knödelbirnen und Gebirgswurzeln nicht eingerichtet. Mögen doch in des Himmels Namen unsre Herren nach ihren Glaubensartikeln und Rittergesetzen leben und essen, was diese ihnen vorschreiben. Ich habe immer Fleischvorrat bei mir und diesen Schlauch an meinem Sattelknopfe, den ich so liebe und verehre, daß ich es nur sehr selten unterlasse, ihm tausend Küsse und Umarmungen zu schenken.« Und mit diesen Worten gab er ihn in die Hände Sanchos, der ihn gleich an den Mund setzte, wohl bei einer Viertelstunde die Sterne anschaute und, als er getrunken hatte, den Kopf auf eine Seite fallen ließ und mit einem tiefen Seufzer sagte: »O du Hurensohn! O du Spitzbube, wie bist du so katholisch!«

Miguel de Cervantes,
Don Quichotte III, Von dem seltsamen Abenteuer, welches dem tapferen Don Quichotte mit dem mutigen Ritter von den Spiegeln begegnete

Johannes XXIII. bekam auf einem Spaziergang durch die vatikanischen Gärten vom päpstlichen Winzer eine Kostprobe des Neunundfünfzigers. Er hielt das Glas gegen die Sonne, nahm die Blume auf, prüfte die Temperatur und schmeckte. »Enrico«, sprach er, »von diesem hier keinen Tropfen an meine Priester! Sie würden am Tage fünf Messen lesen.«

Der Wein reizt zur Wirksamkeit, die Guten im Guten, die Bösen im Bösen.

Lichtenberg,
Zauberkraft des Weines

Theodor Heuss hatte einen Artikel geschrieben. Er zeigte ihn seinem Freund Reinhold Maier.
»Ausgezeichnet«, lobte der Remstaler.
»Wie lange hast du daran gearbeitet?«
»Anderthalb Flaschen.«

Wenn du einmal das Ganze hast,
so lade mich dazu als Gast:
Ich weiß es zu genießen!
Beim Glas, das du nun reichest dar,
will ich das schöne mittlere Paar
mit lautem Toast begrüßen.

Und was sonst anderweit ich hab
des ersten, vor und nach dem Grab,
dem will mein Hoch ich bringen!
Die letzte aber laß ich stehn;
denn, ob sie wäre noch so schön,
kein Glas mag damit klingen.

Gustav Theodor Fechner,
Rätselbuch von Dr. Mises
(Liebfrauenmilch)

Man erinnert sich noch jetzt des Deutschen, der bei einem Glase Lacrimae Christi auf dem Vesuv ausrief: »O Herr! Warum hast Du nicht auch bei uns geweint?« Ich schreibe im Jagst-, Tauber- und Kochertale und rufe wie auf dem Vesuv; denn hier scheint nur Petrus geweint zu haben, und zwar bitterlich.

Karl Julius Weber,
Demokritos V, 16

Jean-Jacques Rousseau zu zwei jungen Schweizerinnen, die ihm Wein boten: »Ihr bedürft des Weines nicht, mich zu berauschen!«

Nun ist aber, wie du ja weißt, der Wein von Kotnar der feurigste, den man aus allen Reben Maghrebiniens keltern kann, und man erzählt sich, daß einmal eine Maus, als sie einen Tropfen dieses Weines, der vom Faß geflossen war, aufgeleckt hatte, sich alsbald aufgerichtet, ihren Schnurrbart hochgebürstet und mit lauter Stimme gerufen habe: »Wo ist die Katze?«

Gregor von Rezzori,
Maghrebinische Geschichten 17

Wo Win ingaht, gaht Witz aus.

Sprichwort

Jahrelang hatte sich das fränkische Gütlersehepaar gestritten, wer von ihnen mehr Most trinke. Da fand der Mann die Lösung: Er schlug in die obere Hälfte des Fasses einen zweiten Hahn für die Frau. Sie war mit dieser Teilung des Vorrates einverstanden und mußte nach ein paar Wochen erkennen, daß tatsächlich sie den stärkeren Verbrauch hatte.

Silber in der Tasche
wird Gold in der Flasche.
Gold im Glase
wird Kupfer in der Nase.

Ein Burgunder Bauer kam zu seinem Gutsherrn, der ihm, der Sitte gemäß, ein Glas Wein vorsetzte. Untere Grenze der Genießbarkeit. Der Bauer schnalzte mit der Zunge: »Ein guter Tropfen! Ein vorzüglicher Tropfen!«
Der Gastgeber starrte den Besucher verdutzt an. Dann holte er eine Flasche besten Gewächses. In stummer Andacht schlürfte der Gast.
»Na, was?« raunzte der Gutsherr. »Vorhin große Komplimente und jetzt kein Wort?«
»Dieser hier«, sprach der Bauer, »hat keine Komplimente nötig.«

Der Gast verzieht das Gesicht und konstatiert, der Heurige sei sauer.
»So hat ihn halt der Herrgott wachsen lassen«, erklärt der Wirt.
Ein Jahr später. Dieser Heurige sei vorzüglich, findet der Gast. Der Wirt strahlt: »Eigenbau!«

Zwei Juristen fachsimpeln. Einer fragt den Kellner: »Haben Sie vielleicht ein Strafgesetzbuch im Hause?«
Mit hochrotem Kopf erscheint der Wirt: »Ich nehme den Wein selbstverständlich zurück, meine Herren.«

In meiner Familie sind von väterlicher Seite her die beiden allerherrlichsten Weinkoster gewesen. Zur Bestätigung dessen will ich euch nur folgendes erzählen:
Man gab den beiden Wein aus einem Fasse zu versuchen, indem man gern von ihnen die Art, das Wesen, die Güte oder Bosheit des Weines erfahren wollte. Der eine kostete mit der Zungenspitze, der andere hielt das Glas nur an die Nase. Der erste sagte, der Wein schmecke nach Eisen, der andere

behauptete, er rieche nach Leder. Der Eigentümer sagte, das Faß sei rein und der Wein sei unverfälscht geblieben; er könne also weder den Geschmack von Eisen noch von Leder angenommen haben. Die beiden berühmten Weinkoster blieben aber dennoch bei ihrer Aussage.
Die Zeit ging weiter; der Wein wurde verschenkt, und als man das Faß reinigte, fand man unten einen kleinen Schlüssel, der an einem ledernen Riemchen hing. (Sancho Pansa)

Miguel de Cervantes,
Don Quichotte III, Von dem seltsamen Abenteuer, welches dem tapferen Don Quichotte mit dem mutigen Ritter von den Spiegeln begegnete

Ein Rabbiner bewirtet einen Kaplan: »Wie schmeckt Ihnen der Wein?«
Der Gast lächelt: »Getauft!«
Der Hausherr macht große Augen: »Wie? Wird man vom Taufen schlechter?«

Der sterbende Weinhändler zu seinen Söhnen: »Was ich euch noch sagen wollte: Wein kann man auch aus Trauben machen.«

Letzter Wille eines Trinkers, verziert durch das Gemälde eines Weinfasses:
Wenn meine Stütze bricht, der
Thyrsusstab,
wenn sich mein Auge schließt der
Sonne,
so leget mich in jene große Tonne
und setzt darauf: »Er grub sich dieses
Grab.«

Trunkenheit

Falsch zitierter »König in Thule«:
»Die Augen gingen ihm über,
so oft trank er daraus.«

»Lieber Erich, das war ein schöner Gedanke, mir zum Geburtstag eine Flasche Kognak zu schicken. Ich habe sie gleich aufgemacht und mir ein Gläschen genehmigt. Die Qualität ist vorzüglich, und ich glaube, ein zweites Gläschen kann auch nichts schaden. Ich trinke ja jetzt eigentlich sehr wenig, aber bei so einem Anlaß, wo Du mir die Flasche geschickt hast, darf es ja wohl sein. Es ist ja nich alle Tgae Sontag. Weißt Du, wen ich Gälschen shreibe, meine ich natrülich so ein richtiges Glas wo waß reinget. Der Kognak is wrkilich guht, er schmeckt, aber mna wird nicht besfoon, besoffne wlollte ich schreiben davon. M Kpfo ist noch gnaz klahr, und ich kann ohne wteires noch en Glßnch vertragne. So, jetz hbae ich es getrnuken, und ich will weiterscheiben, nru ein wnegi müd bni ixß Verzeih, ihc bni wkrdgrl wirkl richtkb müde bin ich aber der Kognak sit frozüglich unt i ich w verzeih wil will ach vielne Dkna schreibe Dri glad herzlxnbmrh-›ö6dl«

by–, »Hör zu«

Er war »besoffener Esel« genannt worden und philosophierte: »Der Mensch is besoffen. Der Esel is nüchtern. Alle Esel sind nüchtern. Jeder, der nüchtern is, is en Esel.«

»Ihr Mann leidet an Delirium tremens.«
»Was für Zeug?«
»Säuferwahn!«
Die Frau lacht: »Niemals, Doktor. Der säuft wirklich.«

Hemingway, die dritte Whiskyflasche im Arm, berichtete aus der Zeitung: »Bei jedem Atemzug, den ich tue, sterben in China drei Menschen.«
Martha Gellhorn, seine dritte Frau, erwiderte: »Kein Wunder bei deinem Atem.«

Beim Bier ging Stund' um Stunde rum.
Nun ward die Zecherrunde stumm.
Zur Brust die Häupter sanken; dumpf
nur gärt es im Gedankensumpf.

Georg Müller-Giersleben

»Ich denke, Sie wollen Unteroffizier werden?« fragte tadelnd der Kompaniechef den sternhagelvoll heimgekehrten Soldaten.
»Nicht mehr«, erwiderte der Schwankende. »Wenn ick blau bin, fühle ick mir wie Oberst.«

Ein Mann aus Texas, verärgert, weil er nur aus dem zweitgrößten Staat der USA stammt, kommt nach Alaska. »Wie kann ich ein Alaskamann werden?« fragt er den Mixer im »Grizzly«. »Du mußt einen halben Liter Whisky auf einen Zug trinken, mit einem Eskimo tanzen und einen Eisbären schießen.«
»Gemacht«, antwortet der Texaner, schüttet zwei Biergläser voll Whisky in sich, verdreht die Augen und schwankt durch die Tür.
Zwei Stunden später kommt er wieder. Seine Kleider sind zerfetzt; Arme und Gesicht bluten; das Haar klebt ihm auf der Stirn. Er segelt an die Theke und läßt das Kinn auf das Schankbrett fallen.
»So«, lallt er. »Und wo ist der Eskimo, den ich schießen soll?«

»Ich könnte keinen Mann lieben, der jeden Abend trinkt«, flüstert das Mädchen.
»Ist auch nicht nötig«, tröstet er. »Ein solcher Mann braucht keine Liebe.

Macduff: Was sind denn das für drei Dinge, die der Trunk vorzüglich befördert?
Pförtner: Ei, Herr, rote Nasen, Schlaf und Urin. Buhlerei befördert und dämpft er zugleich: Er befördert das Verlangen und dämpft das Tun. Darum kann man sagen, daß vieles Trinken ein Zweideutler gegen die Buhlerei ist. Es schafft sie und vernichtet sie; treibt sie an und hält sie zurück; macht ihr Mut und schreckt sie ab; heißt sie, sich brav halten und nicht brav halten;

zweideutelt sie zuletzt in Schlaf, straft sie Lügen und geht davon.

Shakespeare,
Macbeth II, 3

Kommt meine Liebste ganz bestimmt,
trink ich als guter Zecher,
weil Rausch im Bett die Kräfte nimmt,
beim Warten bloß fünf Becher.

Kommt meine Liebste nur vielleicht,
wird meine Vorsicht schwächer.
Zum Trost, doch daß die Kraft noch
reicht,
riskier ich sieben Becher.

Doch wenn sie überhaupt nicht kam,
dann pfeif ich armer Schächer
auf Kraft und Lust und trink vor Gram
fünfundzwanzig Becher.

Martial/Mostar,
Der Vorsichtige

Er hat sich über seine Gattin geärgert, geht in die Bar, kippt einen Schnaps nach dem anderen, stiert auf die leeren Gläser und murmelt: »Nicht zu fassen, was mich diese Frau für Geld kostet!«

Paul Kulicke an der Theke: »Zum Kotzen is det doch! Da hockste hier und zwitscherst, um de Olle zu vajessen, und denn kommste nach Hause und siehst se doppelt.«

Der englische Porträtist Alma Tadema wurde von einem jungen Vater nach ausgiebiger Feier an die Wiege der Zwillinge geführt.
»Welch ein entzückendes Kind!« sprach er.

Der Ober stellt den weichenden Gast am Portal: »Sie haben vergessen, Ihre Getränke zu bezahlen!«
Mit traurigem Blick mißt der Preller den Livrierten: »Ich trank, um zu vergessen.«

»Sie haben gestern abend einen Schoppen zuwenig bezahlt«, mahnt der Wirt. »Nein«, erwidert der Stammgast. »Einen zuviel getrunken.«

Sie torkeln auf dem Eisenbahngeleise nach Hause. »Verdammt!« schimpft der erste. »Wenn bloß die idiotische Treppe bald zu Ende wäre!«
Der Zweite ergänzt: »Oder das Geländer höher!«

Ein später Zecher zog eine Bahnsteigkarte, blickte auf die Normaluhr und stammelte: »Schon wieder zugenommen!«

Der torkelnde Kare zum grölenden Lucki, als sich zwei Polizisten näherten: »Bittschön, Herr Ministerialdirigent, reißens Eahna zsamm! Nur noch a paar Minuten, Herr Ministerialdirigent, dann san S' derhoam. Da kemma zwoa Polizisten, Herr Ministerialdirigent, wenn die Eahna ...«

Gottfried Keller schwankte durch das nächtliche Zürich, begegnete einem späten Gefährten und fragte, wo der Stadtschreiber Keller wohne.
»Der Stadtschreiber Keller?« lachte der andere. »Das sind Sie ja selbst!«
»Weiß ich, Chaib!« grantelte der Dichter. »Ich habe gefragt, wo ich wohne.«

Der englische Komponist Arthur Sullivan, wohlgetränkt, tastete sich von Haustür zu Haustür, stieß mit dem Fuß das Kratzeisen und betätigte den Klopfer. Endlich blieb er aufatmend stehen. »Hier ist es«, sprach er. »Unten ›Es‹ und oben ›G‹!«

Ein Amerikaner und ein Russe, Teilnehmer der Genfer Abrüstungskonferenz, torkeln in eine Polizeiwache und bitten um politisches Asyl.
Der Beamte nimmt die Personalien auf, telefoniert mit seiner vorgesetzten Dienststelle und gibt folgenden Bescheid: »Sie, Herr Iwanowitsch, betrachten sich bitte als unter schweizerischem Schutze stehend. Von Ihnen, Herr Miller, bekomme ich fünf Franken wegen Unfugs gegenüber der schweizerischen Behörde.«

Gegen vier Uhr kommt der Bartholomäus Hinterlechner schwankend nach Hause. »I denk, um elfe is Schluß am Nockherberg? Wo hast di denn bis jetz rumtriebn?« raunzt es aus den Federn.
»Was hoaßt ›rumtriebn‹, ha?« entgegnet der Barthl. »Hoamganga bin i halt.«

Die Bäuerin richtet sich im Bett auf und betrachtet den randvoll aufgetankten Gemahl: »A Mannsbuid, daß da Sau graust!«
Er zieht den Rock aus: »Brauchst mi ja net oschaugn!«

Sie blitzt ihn an: »Du hast ja mal wieder 'n schönen Rausch!«
Er fingert den Hut auf den Haken: »Endlich jefällt dir ooch mal wat an mir!«

Vier Uhr morgens. Vollgetankt kommt er heim. Schuhe in der Hand. Die Türen schließt er leisest. Aber dann hat er Pech und stößt das Aquarium vom Tisch.
Aus dem Ehebett knurrt es: »Wieder mal besoffen!«
»Wieder mal besoffen?« äfft er nach. »Dem verdammten Goldfisch werde ich lehren, nach mir zu schnappen.«

Der Steigenberger Alfons hat sich überzeugen lassen, daß er aufmerksamer zu seiner Frau sein muß. Am nächsten Morgen kauft er einen Strauß Blumen und überreicht ihn mit Kuß.
Da bricht die Frau in Tränen aus: »Ois kimmt heut zsamm! Der Bua zerreißt die neue Hose, 's Madl verliert d'

Geldtaschn und du hast scho in der Fruah 'n Rausch!«

Am Montagmorgen kommt der Hias mit verbundener Hand zur Arbeit.
»Hast gestern beim Tarocken wohl deine Trümpf zu fest ausgespielt?« fragen die Kollegen.
»Naa«, erwidert der Versehrte, »beim Heimgeh is ma oaner drauftretn«.

»Ich freue mich, daß Sie gestern abend in der Andacht waren«, spricht der Pfarrer.
»Soso«, murmelt der Trunkenbold. »Da war ich also«.

Die Gattin nach dem Ball: »Du hast dich gestern abend schön blamiert. Hoffentlich hat niemand gemerkt, daß du nüchtern warst!«

Spartaner zeigten ihren Söhnen besoffene Sklaven, um sie von Berauschung abzuschrecken, so wie Theologen auf den trunkenen Noah hinweisen, der seine Scham entblößte. Auf Loth hinzuweisen, der noch weiterging, war nicht rätlich. Basedow, wenn er sich tags zuvor trunken in seinem kostbaren Samtrock in der Gosse gewälzt hatte, trat in diesem besudelten Rock vor seine Zöglinge, um sie zu warnen.

Karl Julius Weber,
Demokritos V, 16

»Hatten Sie, als Sie einbrachen, einen Genossen?«
»Ehrenwort, Herr Richter: Stocknüchtern!«

Promille = Sitzgelegenheit für Autofahrer.

Michael Schiff,
Von Abs bis Zwiebelmuster

Der Diener meldet, daß am Portal eine Dame für das Trinkerheim sammelt. Bodo von Drewitz spendet: »Eine Flasche von dem roten Tischwein, Johann!«

Tabak

Wenn mein Pfeifchen dampft und glüht
und der Rauch von Blättern
wirbelnd durch die Lüfte zieht,
tausch ich nicht mit Göttern.

Verfasser unbekannt

Tabak, Leckerei der Götter!
Kräutlein aus Elysium!
Hausverdruß und Regenwetter
führt uns in dein Heiligtum.
Deine Zauber trösten wieder,
wen sein liebes Weib gequält,

Bettler werden Fürstenbrüder,
wenn's an Schwamm und Feuer fehlt.
Seid umschlungen, Millionen!
Allen Rauchern diesen Kuß!
Brüder, über Sternen muß
unser's Krautes Finder wohnen!

Zu der Wahrheit Sonnenlichte
schwebt der Forscher rauchend hin,
in Sermone, in Gedichte
bringt der Tabak Kraft und Sinn.
Tabak mengt das Los der Staaten
in der Männer Assemblée,
Tabak stärkt zu Heldentaten
wie zum Reden der Kaffee.
Lüstern seh ich Blicke fliegen:
»Sucht Ihr etwa Fidibus'?
Überm Leuchter, Freunde, muß,
überm Leuchter muß er liegen.«

Wem der große Wurf gefallen,
echten Knasters sich zu freun,
wem aus Meerschaum Dämpfe wallen,
mische seinen Jubel drein!
Ja, wer auch nur Lausewenzel
füllt in seinen ird'nen Topf,
schließe sich uns an als Schwänzel,
und wer's nicht kann, bleib ein Tropf!
Wer sich zählt zum Rauchervolke,
huldige der Sympathie:
Zu den Sternen leitet sie
in der großen Tabakswolke.

Verfasser unbekannt

Die Humanisten umschrieben den Tabakgenuß als »Libido potandi nebulas – Die Gier, Nebel zu trinken.«

Decket ihnen eine lange Tafel und setzet sie voll der köstlichsten Speisen, sie werden lieber beim Tabaktische sitzen bleiben. Setzt ihnen vor einen federgestirnten Pfauen, in seinem Pastetennest, anstatt der Eyer auf Krametsvögel brütend, sie werden lieber in die Dosen nach Tabak langen. Lasset Barben, Lampreten, Lachse, Forellen und dergleichen Leckerfische samt den besten welschen Austern ihnen zu Tische schwimmen: Sie werden eher nach dem klafterlangen Aal einer Tabaks-Rolle greifen.

Jakob Balde,
Die trunkene Trunkenheit

Die Zigarette ist das Urbild des vollkommenen Genusses: Sie ist köstlich und läßt unbefriedigt.

Oscar Wilde

Nur wenige Nichtraucher wissen die Höflichkeit in ihrer ganzen Größe zu schätzen, wenn der Raucher bei ihren Besuchen seine Pfeife weglegt.

Karl Julius Weber,
Demokritos VI, 16

Lady Bracknell: Rauchen Sie?
Jack: Ja, ich muß zugeben, daß ich rauche.
Lady Bracknell: Das höre ich gern. Ein Mann sollte immer irgendeine Beschäftigung haben.

Wilde, Bunbury I

»Ein starkes Bier, ein beizender Tobak
und eine Magd im Putz, das ist nun
mein Geschmack«,
verkündet ein Schüler »Vor dem Tor« im Ersten Teil des »Faust«. Der weise Schüler eilet seiner Zeit um hundert Jahre voraus; denn der Tabak wurde in Deutschland erst während des Dreißigjährigen Krieges Mode.

Ich Nimmersatt freß Pflanzen
in meinen hohlen Ranzen,
und ohne lang zu kauen,
kann ich sie schnell verdauen.
Mein After stoßt zu mancher Dame
Graus
unausgesetzt die Flatus aus.

Hebel, Rätsel (Tabakspfeife)

Li klagte, sein Nachbar Wang habe ihm die Tabakspfeife gestohlen. Wang behauptete, sie sei sein Eigentum.
»Schwierig«, sprach der Richter Sze Ma-kuang. »Der Fall muß beraucht werden.« Er nahm das umstrittene Gerät, stopfte, rauchte und klopfte es aus; gab es dann an Li und Wang, welche ebenso verfuhren.
Dann sprach der Richter: »Li ist der Eigentümer. Wang klopfte die Pfeife ohne Ehrfurcht aus.«

Ein berühmter Prediger ließ die Pfeife selten ausgehen. Eine alte Freundin, die ihn besuchte, zerschnitt mit drohend erhobenem Finger die dicke Luft: »Pfui! Schon wieder opfern Sie Ihrem Götzen!«
»Ich opfere ihm nicht«, entgegnete der Hausherr. »Ich verbrenne ihn.«

Tabak = Rauchopfer für Gott Fiskus.

Michael Schiff,
Von Abs bis Zwiebelmuster

»Haß du Zigarre bei dir, Tünnes?«
»Enä, Schäl!«
»Dann muß ech ein von de ming reuche.«

Er mustert die Zigarettenauslage und fragt die Verkäuferin: »Do you speak English?«
»Yes, Sir, a little.«
»Well! Chesterfield!«

Wenn eines Rauchers Auge bricht,
so wird die Redensart nicht trügen,
mit welcher man so passend spricht:
»Er lieget in den letzten Zügen«.

Verfasser unbekannt

Die Mutter beugt sich aus dem Fenster und ruft in den fünften Hof hinab: »Justav!«
»Laß mir in Ruhe!« tönt es zurück. »Ick bin da mit'n Mädchen.«
Sie ist beruhigt: »Ick dachte, du roochst schon wieda.«

Ein Berliner Schuljunge pafft auf der Straße eine Zigarette. Eine ältere

Dame bleibt stehen: »Was würde deine Mutter sagen, wenn sie wüßte, daß du rauchst?«
Der Bengel nimmt einen gemessenen Zug: »Und wat würde Ihr Oller saren, wenn er wüßte, dat Sie fremde Herren anquatschen?«

Die Großmutter ermahnt die Enkel, nicht zu rauchen. Rauchen führe zu frühem Tode.
»Großvater raucht seit seinem zwanzigsten Lebensjahr und ist heute achtzig«, mault einer.
»Hätte er nicht geraucht«, erklärt die alte Dame streng, »wäre er heute schon neunzig«.

Er schlägt sich an die Brust: »Gestern habe ich meiner Frau klargemacht, daß wir sparen müssen.«
»Und?« fragen die Stammtischbrüder.
»Ich rauche nicht mehr«.

»Mein Mann hat sich das Rauchen abgewöhnt.«
»Alle Wetter! Dazu gehört Willenskraft.«
»Die habe ich«.

Sie ließ ihr neues Kostüm bewundern: »Selbst verdient.«
Ein Ausdruck des Entsetzens trat in das Gesicht der Freundin.
»Nicht was du denkst«, erläuterte die Wohlverhüllte. »Ich habe meinem Mann das Rauchen abgewöhnt«.

»Die Ehe wirkt außerordentlich verjüngend«, dozierte ein Neugebackener. »Seit voriger Woche rauche ich wieder heimlich«.

Rotlicht. Ein Taxi hält. Der Fahrer springt heraus, läuft um den Wagen, öffnet den Kofferraum, ergreift ein Päckchen Zigaretten, nimmt sich eine, ergreift eine Dose Streichhölzer, zündet sich die Zigarette an, legt Packung und Streichhölzer in den Kofferraum zurück, schließt den Deckel, eilt auf den Fahrersitz. Grünlicht. Fährt weiter.
Auch eine Methode, sich das Rauchen abzugewöhnen.

»Sich das Rauchen abzugewöhnen«, erklärte Mark Twain, »ist die einfachste Sache der Welt. Ich habe es schon an die hundertmal getan«.

»Wie viele Zigaretten rauchen Sie am Tag?«
»Vierzig.«
»Zu?«
»Zehn Pfennige.«
»Sind pro Tag vier Mark!«
»Stimmt.«
»Im Jahr 1400.– Mark.«
»Stimmt.«
»Wie lange rauchen Sie schon?«

»Vierzig Jahre.«
»Sehen Sie das hübsche Haus da drüben?«
»Gewiß.«
»Das könnte Ihnen gehören, wenn Sie nicht rauchten.«
»Rauchen Sie?«
»Nein.«
»Gehört es Ihnen?«
»Nein.«
»Aber mir.«

Kleidung I

Ein Zeisig war's und eine Nachtigall,
die einst zu gleicher Zeit vor Damons
Fenster hingen.
Die Nachtigall fing an, ihr göttlich
Lied zu singen,
und Damons kleinem Sohn gefiel der
süße Schall.
»Ach welcher singt von beiden doch so
schön?
Den Vogel möcht ich wirklich sehn!«
Der Vater macht ihm diese Freude;
er nimmt die Vögel gleich herein.
»Hier«, spricht er, »sind sie alle beide;
doch welcher wird der schöne Sänger
sein?
Getraust du dich, mir das zu sagen?«
Der Sohn läßt sich nicht zweimal
fragen;
schnell weist er auf den Zeisig hin.
»Der«, spricht er, »muß es sein, so
wahr ich ehrlich bin!
Wie schön und gelb ist sein Gefieder!
Drum singt er auch so schöne Lieder;
dem andern sieht man's gleich an
seinen Federn an,
daß er nichts Kluges singen kann.«

Gellert, Der Zeisig

Es kam einmal ein weiser Mann zu einem Bürgermeister. Er hatte schlechte Kleider an. Er klopfte an der Tür; der Knecht öffnete ein Fenster, betrachtete ihn und sprach zum Bürgermeister: »Da unten ist einer im schlechten Rock.« – »Sag' ihm, ich habe zu schaffen!« sprach der Schulze. Der Knecht richtete diese Worte aus, und der Mann mußte unverrichteter Dinge heimgehen.
Er zog zu Hause aber seinen besten Anzug an und ging wiederum vor des Bürgermeisters Türe. Abermals betrachtete ihn der Knecht, und zu seinem Herrn sprach er: »Da ist ein Herr, der hat damastene Schuhe an und ein rot Barett auf.« – »Laß ihn ein!« sprach da der Schulze.
Als der Mann nun vor dem Bürgermeister stand, küßte er immer wieder seinen Rock und seine Ärmel. Und als der Schulze fragte, welche Bedeutung sein Wesen habe, antwortete er: »Der Rock hat mir geholfen, daß ich vorgelassen wurde. Ich war schon einmal hier. Aber da ich ein schlicht Gewand trug, wies man mich ab.«

nach *Pauli*, Kleider machen Leute

Aus einem Schüleraufsatz: »Karl der Große war nach Frankenart immer schlicht gekleidet. Nur bei Empfängnissen trug er prächtige Gewänder.«

Ein Geschäftsmann auf die Frage, warum er sich im Gegensatz zu seiner Frau betont schlicht kleide: »Sie richtet sich nach dem Journal; ich kleide mich nach dem Hauptbuch.«

Bodo von Drewitz scheppert in Ritterrüstung durch den Park. Zum erstaunten Nachbarn: »Sparsamkeit, mein Lieber! Trage werktags alte Klamotten auf.«

Ich bin der Herr meines alten Überrocks, aber der Sklave des neuen, der mich steif anstarrt wie ein Kaftan des Großsultans oder der neue seidene Schlafrock Diderots, mit dem er weder Buch noch Tisch abwischen, noch weniger die in der Feder stockende Tinte in Lauf zu bringen sich getraute.

Weber, Demokritos I, 10

Ein Künstler wird von seinem Freund getadelt, weil er stets in schäbiger Kleidung herumläuft. »Warum soll ich mich anputzen?« widerspricht er. »Hier kennt mich doch jeder.«
Eine Woche später treffen sich beide in der benachbarten Großstadt. Wieder sieht der Künstler wie ein Wermutbruder aus.
»Warum soll ich mich herausputzen?« fragt der Abgetragene. »Hier kennt mich doch niemand.«

Der gut gekleidete Plato, als ihn ein Kyniker anpöbelte: »Hältst du den Hochmut, der durch deine Lumpen scheint, für besser als mein Bemühen, den Menschen einen freundlichen Anblick zu bieten?«

»Elegante Toiletten hier«, flüstert der Tänzer, Gesprächsstoff suchend.
Das Mädchen errötet: »Ich war noch nicht draußen.«

Ein Missionar bei den Dinka im Sudan erzählte, daß nicht er und seine Brüder es seien, die den Eingeborenen Kleider aufzwängen. Die Kinder Afrikas selbst seien versessen auf jeden Stoffetzen, der sich anziehen lasse. Beim Gottesdienst hörten sie kaum auf die Predigt, sondern bewunderten sie ihre modischen Neuerwerbungen.
Daraufhin, erzählte der Geistliche, sei die Missionsleitung gezwungen gewesen, anzuordnen, daß die Eingeborenen in der Kirche wieder im Urkostüm erscheinen.

Anschlag in einem Freibad: »Jedes An- und Auskleiden außerhalb der Kabinen wird strengstens verfolgt.«

Rätsel: Man fährt an einem Loch hinein, an drei Löchern wieder hinaus und ist dann mittendrin.
Ein Hemd.

»Mutti, wie kriegen die Engel ihre Nachthemden über die Flügel?«

Aus einem Schüleraufsatz: »Die bunten Hemden haben den Vorteil, daß sie länger weiß bleiben.«

Eine junge Frau, die für eine Woche zu ihrer Mutter fuhr, hatte ihrem Mann Briefchen hinterlassen. Eines in der Kaffeedose versicherte ihn ihrer Liebe, ein anderes auf dem Fernsehapparat erinnerte an eine Besorgung. Eines fand er zwischen seinen weißen Hemden: »Du greifst unaufgefordert zu einem frischen weißen Hemd? Wo willst du hin, Halunke?«

»Wie oft zieht sich ne feine Mann en neue Hemp on?« fragt der Tünnes.
»Jede Tach«, antwortet der Schäl.
»Ond de Bürjermeister?«
»Jede Stond, denk ech.«
»Ond de Bondeskanzler?«
»Dat jeht onentwecht: Hemp an, Hemp us, Hemp an, Hemp us . . .«

Der Lehrer gab das alte Rätsel auf: »Zu einem Loch fährt man hinein, und aus drei Löchern fährt man wieder hinaus.« Die richtige Antwort »Hemd« fand niemand. Ein Junge vermutete: »Meine Strümpfe.«

Heilig ist die Unterhose,
wenn sie sich in Sonn' und Wind
frei von ihrem Alltagslose
auf ihr wahres Selbst besinnt.

Morgenstern,
Palma Kunkel, Die Unterhose

Werbeschild in einem Herrenmodegeschäft: »Traumhaft leichte Sommerhosen. Immer wieder müssen Sie sich vergewissern, ob Sie sie wirklich anhaben.«

Ein Schneider trifft einen alten Kunden und erkundigt sich, ob der letzte Mantel, den er arbeitete, zur Zufriedenheit ausgefallen ist.
»Zu meiner vollen Zufriedenheit«, bestätigte der Kunde. »Ich habe ihn getragen, und alle meine Söhne haben ihn getragen. Nach jedem Regen bekam ihn der Jüngere.«

Ein Verkäufer, als ein Kunde in einem als reine Wolle angepriesenen Mantel das Schild »Baumwolle« entdeckte: »Das haben wir nur hineingenäht, um die Motten abzuschrecken.«

Mottenmännchen lädt Mottenfräulein zum Abendessen ein. Er wisse, sagt er, wo man vorzüglich speist.
»Wo denn?« flötet die Kleine.
»Bei Dior.«

Adam und Eva, heißt es, lebten wie Bruder und Schwester, und Gott war unzufrieden mit ihnen; denn er hatte ihnen aufgetragen, sich zu mehren und die Erde zu füllen. Dem Satan, der ihn gerade wieder einmal besuchte, klagte er seine Sorgen.
Der Satan kicherte und riet: »Gib ihnen Kleidung!«
Der Herr, heißt es, folgte dem Ratschlag, und es passierte.

In einer Londoner Zeitung: »Prinz Philipp erschien sehr sportlich: Offenes Hemd und ebensolche Hose.«

Ein Jäger entdeckte bei dem Prinzregenten Luitpold einen Garderobefehler. »Leut«, sprach er zur Jagdgesellschaft, »jetz wolln wir mal alle unser Hosentürl zumachen!«

Ein älterer französischer Hofmann kam mit mangelhaft verknöpfter Hose in die Gesellschaft. Ein Freund machte ihn aufmerksam.
»Oh«, erwiderte der Aufgeklärte, »ça ne fait rien. Où il y a un mort à la maison, on ouvre les fenêtres.« (Wenn man einen Toten im Hause hat, öffnet man die Fenster.)

Aus einer Schülernacherzählung: »Der arme Kapellmeister brauchte eine neue Hose, da er in der alten keine Musik mehr machen konnte.«

In der Stuttgarter Karlsschule galt die Vorschrift, daß werktags vier Westenknöpfe geschlossen sein mußten, sonntags drei. Schiller trat eines Sonntags mit vier geschlossenen Knöpfen an. Auf die Rüge erwiderte er: »Mir ischt einer zu'sprunge!«

Die Weste alter Art: Sie gibt ihrem Träger einen kapitalistischen Zug von Würde, Behäbigkeit und Sicherheit. Deshalb heißt sie Weste und nicht Oste. Sie riecht nach Zigarrenrauch und Pensionsberechtigung. Die kleinen Taschen eignen sich als Depots für Zahnstocher, Zehnerkarten, Eheringe und Uhren. Als schmucke Girlande zieht sich die Uhrkette aus Gold oder aus Frauenhaar über die sanfte Wölbung des Bauches. Die Kette ist der Nachfahr des Skalpgürtels der Indianer, eine Aufhängevorrichtung für gefährliche Dinge, die dem Westenträger nach dem Leben trachteten, wie Eberzähne, Gallensteine und Granatsplitter.

Thaddäus Troll,
Trostbüchlein für Männer,
Nachruf auf Bekleidungsstücke

Er ersann zur Weste
eines Nachts die Oste!
Sprach: »Was es auch koste!«,
sprach mit großer Geste:

»Laßt uns auch von hinten
seidne Hyazinthen
samt Karfunkelknöpfen
unsern Rumpf umkröpfen!
Nicht nur auf dem Magen
laßt uns Uhren tragen,
nicht nur überm Herzen
unsre Sparsesterzen!
Fort mit dem betreßten
Privileg der Westen!
Gleichheit allerstücken!
Osten für den Rücken!«

Morgenstern,
Der Gingganz, Die Oste

Ein Kommerzienrat weilte bei Friedrich August III. von Sachsen zur

Audienz. Gelangweilt spulte der König das übliche Frage- und Antwortspiel ab. Plötzlich findet das allergnädigste Auge einen interessanten Fleck auf dem längere Zeit nicht mehr getragenen Frack des Besuchers.
Der Monarch überwindet die Distanz von fünf Metern, kratzt mit dem Fingernagel am Rockaufschlag des gehorsam Rede und Antwort Stehenden und fragt: »Bradnsoße?«

Man bewunderte die Uniform des neuen Marschalls Lefebvre. Der Erhöhte erklärte: »Ich habe fünfunddreißig Jahre lang an ihr gearbeitet.«

Der Patient klagt: Wenn er seinen Körper nach vorn beuge, den rechten Arm vom Körper abstrecke und den linken von unten her über den Rücken lege, habe er schreckliche Schmerzen.
Das Medizinerhaupt wackelt: »Warum machen Sie denn solche unsinnigen Verrenkungen?«
»Um den Mantel anzuziehen.«

Wie heißt das Untier ungeschlacht
mit fünffach hohlem Rachen,
bald glatt, bald rauh, doch stets
bedacht,
den Schlund sich voll zu machen?
Es fühlt sich überall vertraut
in Schränken und Kommoden,
und doch ist seine eigne Haut
die Haut von einem Toten.
Es frißt nicht Tiere groß und klein,
nicht Gras noch Kraut noch Samen:
Es schlingt nur Menschenfleisch allein
von Herren und von Damen.
Es ist in ungeheurer Zahl
auf dieser Welt, doch höret:
Ich wüßte nicht ein einzig Mal,
daß sich ein Paar gemehret.

Karl August Woll,
Zum Erraten 5 (Handschuhe)

Ich befand mich in einem Hutladen, der zu seinen Kunden vornehmlich Cowboys zählte, als einer von ihnen den Laden betrat, um sich einen Stetson zu kaufen. Zuerst probierte er verschiedene Hüte auf, um die richtige Weite zu finden. Schließlich hielt er den Hut seiner Wahl auf Armeslänge von sich, um ihn von allen Seiten zu bewundern, und blies hie und da ein nicht vorhandenes Stäubchen weg. Dann zahlte er, ging, schleuderte draußen den Hut in den Rinnstein, trampelte mit beiden Füßen darauf herum, hob ihn auf, klopfte ihn an seinem Bein ab und setzte ihn auf.

F. S., Das Beste, September 1951

Herbert George Wells hatte nach einem Besuch versehentlich den Hut des Gastgebers aufgesetzt, zu Hause aber beschlossen, ihn zu behalten. Er schrieb dem Eigentümer in Cambridge, Massachusetts: »Ich stahl Ihren Hut. Mir gefällt Ihr Hut. Ich behalte Ihren Hut. Immer, wenn ich in ihn hineinsehe, denke ich an Sie, Ihren ausgezeichneten Sherry und die Stadt Cambridge. Ich ziehe Ihren Hut vor Ihnen. Gott behüte Sie und nehme Sie in Seine Obhut!«

Zur literarischen Berliner Montagsgesellschaft gehörte der Minister von Schuckmann. Als er heimkehren wollte, suchte er vergeblich seinen alten Filz. Nur ein nagelneuer Hut hing noch da. Draußen goß es in Strömen. Schuckmann nahm den Hut, hoffte auf baldige Klärung der Verwechslung und eilte in seinen Wagen.
Am nächsten Morgen meldete sich in seinem Amtszimmer der Diener Gottfried Schadows, die obrigkeitliche Krempe in der Hand, des Künstlers neuen Hut zurückerbittend.
Am folgenden Montag verriet Schadow: »Ich wußte, daß Sie wie üblich als letzter nach Hause fahren. Und da ich zu Fuß ging und mein neuer Hut mich dauerte, dachte ich: Nimm den alten! Der Schuckmann soll dir den neuen heimfahren.«

Der Stiefel sprach verächtlich
zu dem Pantoffel einst:
»Du bist nicht ebenbürtig
mit mir, wie du wohl meinst.

Ich bin der Stolz des Mannes
im Frieden wie im Krieg,
und meinen blanken Sporen
verdankt er Ruhm und Sieg.

Es kostet meist ein Lächeln,
so oft man von dir spricht;
in bessere Gesellschaft
kommst überhaupt du nicht.«

»O«, sprach jetzt der Pantoffel,
»frag doch in Dorf und Stadt,
wie mancher Held mit Sporen
vor mir gezittert hat!«

Franz Joseph Stritt (1831–1908),
Stiefel und Pantoffel

Zwei Verkäufer aus verschiedenen Schuhgeschäften stehen nach Geschäftsschluß auf der Straße und unterhalten sich. Eine junge Dame hinkt vorüber.
»Armes Kind«, sagt der eine, ihr nachblickend. »Sie ist das Opfer ihres Glaubens.«
»Ihres was?« fragt der andere, verständnislos den Kopf schüttelnd.
»Ihres Glaubens«, wiederholt der Wissende. »Ich habe sie vorhin bedient. Sie glaubt, sie hätte Schuhgröße 36.«

Ein auswärtiger Diplomat fand Lincoln beim Schuheputzen.
»Was?« rief der Erstaunte. »Sie putzen Ihre Schuhe?«
»Freilich«, antwortete der Präsident. »Wessen Schuhe putzen Sie denn?«

Lächelnd beobachtet die Frau, wie der Mann am Vorabend des St. Nikolaustages zwei Paar Strümpfe vor die Schlafzimmertüre legt: »Du hoffst, er stopft dir etwas hinein?«
»Nicht ›hinein‹, Liebling.«

Die Almwirtin macht den rastenden Professor aufmerksam, daß er einen roten und einen grünen Strumpf trägt.
»Ich weiß auch nicht, was sich meine Frau gedacht hat«, erwidert der gelehrte Wanderer. »Zu Hause habe ich noch so ein Paar.«

Kleidung II

Durch das Weltall sei's gejodelt,
allen Schneidern zum Gewinn:
Mode lebt und Leben modelt,
und so haben beide Sinn.

Ringelnatz, Es lebe die Mode

Die Mode ist so häßlich, daß wir sie alle Halbjahre ändern müssen.

Oscar Wilde

»Ich habe nichts anzuziehen«, rief die Gemahlin dem über sein Manuskript gebeugten Jack London zu.
Er antwortete, ohne aufzublicken: »Hülle dich in Schweigen!«

Er überraschte sie am Quell im Bad;
gewandlos war vom Haupt sie zu den
Füßen.
Zum Tod erschrak sie schier. Ihn faßte
Mitleid,
und er bedeckte sie. Womit?
Mit Küssen.

Robert Hamerling, Aus Arkadien

Ein Neureicher prahlte, seine Frau ziehe sich am Tage viermal um. Der Gesprächspartner schlug mit seiner Tochter zurück, welche sechsmal am Tage die Kleidung wechsele.
»Wie alt ist denn Ihre Tochter?«
»Drei Monate.«

Nicht Ziegenfell – nein, nobel zeigen!
Du darfst getrost zu Zobel neigen.

Sie schleift ihn vor ein Schaufenster: »Sieh dir diesen Pelz an! Ist das nicht ein herrliches Stück? Bin ganz verliebt in ihn.«
»Weiter!« knurrt er. »Mach' mich nicht eifersüchtig!«

Diplomat = Ein Mann, der in der Lage ist, seine Frau davon zu überzeugen, daß ein Pelzmantel dick macht.

Der Tierschutzverein an die Frauen: »Seid dankbar den Tieren! Der Nerz gibt euch sein Fell, die Schlange ihre Haut, der Elefant seine Zähne, der Esel sein Geld!«

Der Geschmack einer Wohlbeleibten neigte zu einem Kleid in den knalligsten Farben. Die pflichtbewußte Verkäuferin riet vergeblich ab. Hilfesuchend wandte sie sich an einen Kollegen. »Sagen Sie ihr«, empfahl dieser, »sie möge sich dem Geschmack unseres Herrgotts unterwerfen, der Kolibris und Schmetterlinge mit leuchtenden Farben ausstattete, den Elefanten aber schlicht und dunkel kleidete.«

Der kleine Neffe zur Tante: »Dein neues Kleid ist so schön, daß man, wenn man dich von hinten sieht, glaubt, du seist von vorn hübsch.«

Die Festung selbst hat etwa wenig
  Stärke,
weil gar so ausgedehnt die
  Außenwerke.

Grillparzer, Die Krinoline

Im Schaufenster eines Pariser Modesalons: »Diese Kleider sind wie ein Zaun. Sie schützen das Eigentum, verwehren aber nicht die Sicht.«

»Eine modisch gekleidete Frau«, dozierte ein Gereifter, »erkennt man daran, daß sie auf der Straße weniger anhat als ihre Großmutter im Bett.«

Ein Mädchen im Minirock sitzt im Eisenbahnabteil einem Herrn in mittleren Jahren gegenüber. Immer wieder zupft sie, um den Schrumpfrock zu längen.
Der Herr legt ihr eine Zeitung auf die Knie: »So haben wir beide Ruhe.«

Zwei Berliner Halbwüchsige beobachten eine Schaufensterdekorateurin mit Herrenschnitt, Kragen, Krawatte und Hose. Sie rätseln, ob Junge oder Mädchen.

Einer klopft ans Fenster: »Sin Sie 'n Mächen?«
Drinnen werden die Schultern gezuckt: Frage unverständlich.
Der Klopfer konstatiert: »Weeß et selver nicht.«

Der Weise spricht, der jede Pose haßt:
Man glaubt nicht, was in eine Hose
  paßt.

Gerhard Schumann,
Freundliche Bosheiten,
Ski-Hasen in Ski-Hosen

Es gibt zweierlei Mädchen: Die einen stricken Pullover, und die anderen füllen sie aus.

Bericht eines Herrn: »Sie trug einen Pullover, der so eng war, daß ich nicht mehr atmen konnte.«

Unterschied zwischen einem Pullover und einem Büstenhalter: Der zweite hält, was der erste verspricht.

Der Büstenhalter war gerissen
dem jungen Fräulein Olga Nissen.

Er hatte lange treu und bieder
gedient bei jedem Auf und Nieder.

Nun lieget er im Lumpenmeer
und grämt sich seines Schicksals sehr

und sinnt darüber Tag und Nacht,
was er im Leben falsch gemacht.

Albert Käufer, Der Büstenhalter

Ein Steuerpflichtiger soll versucht haben, die Ausgaben seiner Frau für Mieder, Hüftgürtel und Büstenhalter als verlorenen Baukostenzuschuß abzusetzen.

Was quälest du die kleinen Dinger
und schnürst sie ins Gefängnis ein?
Erlaube dem barmherzigen Finger,
daß er darf ihr Erlöser sein!

Sie sind von Traurigkeit geschwollen;
sie wanken zitternd hin und her,
und wenn sie Atem schöpfen wollen,
wie drückt sie dann das Gitter schwer!

O laß die süßen Trauben schauen,
laß sie aus ihrer Kelter gehn!
Trifft sie verliebter Blicke Tauen –
was gilt's? Sie reifen doppelt schön.

Crescentius Koromandel (um 1720)

Junge Mädchen bekommen vom Dekolleté oft einen Mann, alte Damen einen Schnupfen.

Eine offenherzige Dame saß bei einem Bankett neben einem österreichischen Kardinal. Als sie beim Nachtisch nach einem Apfel griff, berührte sie der Geistliche warnend am Arm: »Denken Sie an unsere Stammutter Eva!«
Die Schöne lächelte: »Ich hatte ihn für mich gedacht.«
»Eben«, erwiderte der Kardinal. »Als Eva den Apfel gegessen hatte, bemerkte sie, daß sie nackt war.«

Vorliebe für Dékolleté: Blößenwahn.

Wozu die bloße Brust? Wo gehst du
hin? Zum Baden?
Nein, du hast etwas feil, drum öffnest
du den Laden.

Daniel Georg Morhof,
Auf eine mit bloßer Brust

Wenn sie sich mit den seidnen Blusen
bücken,
soll tief man in die vollen Busen
blicken.
Ihr Herz ist nicht mehr weiß wie
Linnen eben,
drum zeigen sie auch soviel
Innen-Leben.

Gerhard Schumann,
Freundliche Bosheiten, Urlaubs-Idylle

Was der Bikini heut verspricht,
was in der Renaissance die, ach!
so freigelegte Brust versprach
wie auch Frau Tallien, die Kanaille
mit der empirisch hohen Taille,
versprach dem Biedermeiergecken
der Knöchel unter langen Röcken,
versprach der nach der Gotik Brauch
so zierlich vorgestreckte Bauch
und hielt es auch!

Herrmann Mostar,
In diesem Sinn Dein Onkel Franz,
Sechste Epistel

Der Prediger Camus hatte sich auf den Kampf gegen entblößte Busen versteift. Man trug damals Tücher von holländischem Linnen. Eine Predigt schloß: »Quand la Hollande est prise, adieu les Pays-Bas!« (Wenn das Holländische genommen ist, dann adieu ihr Niederlande!)

Der Gast zur bis an die Grenze des Tragfähigen dekolletierten Dame des Hauses: »Gestatten Gnädigste, daß ich meine Hose anbehalte?«

Fürstenberg über einen tief ausgeschnittenen weiblichen Ballgast: »Ihr Mann kommt auch immer mit ungedecktem Defizit.«

Eine schlanke, tief dekolletierte Opernsängerin saß einem älteren Industriellen gegenüber. Lange starrte der wegen seiner taktlosen Scherze gefürchtete Mann auf die Künstlerin. Dann neigte er sich über den Tisch: »Wovon wird Ihr Kleid eigentlich gehalten?«
»Es sind zwei Dinge«, antwortete die Sängerin. »Mein Anstand und Ihr Alter.«

Partybericht: »Ich trat ein und wartete. Plötzlich öffnet sich die Tür. Ein entzückendes weibliches Wesen tänzelt auf mich zu: Strahlende Wangen, tiefe Lidschatten, ein De-Dekolleté, Hoplarock und Beinchen – ich sage euch! Verbeugung, Vorstellung, Blumen. Und der Fratz keine siebzig Jahre alt.«

Papa hat seiner Tochter ein schulterfreies Abendkleid gekauft. Die Mutter meint, das Kind sei noch zu jung für Roben dieser Art.
»Unsinn«, beharrt der Vater. »Rutscht es herunter, dann ist es nicht schlimm. Bleibt es oben, ist sie alt genug.«

Ein Meilenstein im Leben einer Familie: Das erste trägerlose Abendkleid der Tochter. An dem Tage, an dem sie es zum erstenmal anziehen soll, sieht der Vater seine Fünfzehnjährige nach einem überstürzten Abendessen in Rock und verschossenem Pullover die Treppe hinaufspringen. Und einige Zeit später kommt eine reizende Unbekannte die Stufen herab, mit hochgekämmtem Haar und leuchtendem Gesicht. Eine geschmeidige, schlanke, anmutige, strahlende junge Frau. In diesen wenigen Minuten, die sie oben verbracht hat, ist sie erwachsen geworden, und Vater begreift es, glücklich und traurig. Er sagt dann vielleicht: »Das ist ein reizendes Kleid.« Viel mehr wird er kaum sagen. Er ist zu sehr damit beschäftigt, über die Zeit, über das Leben und den rasenden Lauf der Jahre nachzudenken.

W. C. W., Das Beste, März 1955

Zu vorgerückter Stunde kommt die Tochter nach Hause. Der Vater zieht den Kopf aus der Zeitung, betrachtet sie und brummt: »In deinem linken Strumpf ist eine Laufmasche.«
»Jede zweite Frau läuft heutzutage, den Fabrikanten sei es geklagt, mit Laufmaschen herum«, antwortet sie und wirft das Täschchen ab.

Der Vater steckt den Kopf wieder in die Zeitung: »Als du gingst, war sie im rechten Strumpf.«

Nelsons Parole »England expects, that everyman will do his duty«, schlug sich nach der Schlacht von Trafalgar in kunstvoller Stickerei auf Damenstrumpfbändern nieder: »England expects, that every man will do his duty«.

Ein Mädchen mit baumwollenen Strümpfen sieht niemals Mäuse.

Aus den USA

Eine Frau mit der Handschuhgröße siebendreiviertel weiß sowieso nicht viel über irgend etwas. (Mrs. Cheveley)

Wilde, Ein idealer Gatte III

Werbetext in einem Warenhaus: »Verehrte Kundinnen! In unserem reichhaltigen Sonderangebot feinster Unterwäsche finden Sie, was Sie suchen.«

Ein elegantes Negligé ist das, was beim Soldaten »unter Waffen sein« heißt.

Karl Julius Weber,
Demokritos II, 18

»Wahnsinn«, stöhnte ein Liebhaber, »was man dir alles zum Anziehen schenken muß, bevor du dich ausziehst!«

»Woher weißt du denn, mein Kind, daß er dich heiraten will?«
»Er findet mich regelmäßig in billigen Kleidern netter als in teuren.«

Ein Ehemann rechnet seiner Frau vor, ihr modischer Aufwand habe ein Ausmaß erreicht, daß ihn jede Liebkosung einen Dukaten koste.
Sie erwiderte: »Es steht bei dir, die Kosten auf sechs Kreuzer zu senken.«

Eine bejahrte Französin, deren schlichte Garderobe getadelt wurde: »In meinem Alter kleidet man sich nicht mehr. Man bedeckt sich nur noch.«

Ein Mann, der den Ankleideraum seiner Frau betritt, ist entweder ein Philosoph oder ein Narr.

Balzac

Aus einem Schüleraufsatz: »Kurz bevor Odysseus sich der Insel der Phäaken näherte, erschien die Göttin Athene der lieblichen Jungfrau Nausikaa im Traume und machte sie darauf aufmerksam, daß sie keine saubere Wäsche habe.«

Wäscherei = Stätte, wo Kleidungsstücke gebügelt werden.

Schmuck

Barbarin: Ein Ring in der Nase.
Dame: Zwei Ringe im Ohr.

»Ach, Mutti, wenn ich doch bloß nicht so mager wäre!« Meine Fünfzehnjährige stand in ihrem ersten Abendkleid vor dem Spiegel.
Ich behob den Schaden, indem ich an den passenden Stellen mit Watte nachhalf. Dann hängte ich ihr eine Perlenkette um den Hals – wie meine Großmutter sie meiner Mutter und meine Mutter sie mir umgelegt hatte.
Gegen zwölf Uhr nachts brachte ihr Tanzpartner sie nach Haus. Kaum war die Tür hinter ihm zugefallen, brach Maria in bittere Tränen aus. »Nie wieder gehe ich mit ihm aus«, schluchzte sie. »Weißt du, was er gesagt hat? Über den Tisch hat er sich gebeugt und gefragt: ›Großartig siehst du heute aus, Maria. Sind die echt?‹«
»Du hast ihm hoffentlich gesagt, daß sie echt sind«, meinte ich gekränkt. »Sie sind seit drei Generationen in unserer Familie.«
Mein Töchterchen hörte mit einem Schlag auf zu schluchzen. »Ach, die Perlen! An die habe ich gar nicht gedacht.«

J. L. H., Das Beste, November 1951

Wenn eine Dame behauptet, den Schmuck, den sie trägt, habe sie von ihrem Onkel bekommen, dann ist entweder der Schmuck unecht oder der Onkel.

Richard Strauss und seine Frau als Interpretin waren 1902 zu einem Liederabend in den Wiener Bösendorfer Saal verpflichtet. Frau Strauss erkältete sich, legte sich im »Bristol« zu Bett und bat den Konzertagent Gutmann, den Abend abzusagen.
Der Enttäuschte traf auf der Hoteltreppe den Komponisten, dem er das Unglück erzählte. Strauss bat ihn zu warten, ging zu seiner Frau, kehrte zurück und fragte nach der Anschrift eines vertrauenswürdigen Juweliers. Gutmann führte ihn hin. Strauss kaufte für tausend Kronen, und das Konzert wurde ein großer Erfolg.

»Für die Frau Gemahlin?« fragt der Juwelier. »Oder darf es etwas Besseres sein?«

Gute Perlen sind teuer, daher man mehr künstliche sieht. Welcher Mann würde aber nicht gern seiner Hälfte selbst echte Perlen kaufen, wenn sie ihr das würden, was sie der Perlenmuschel sind: Verwahrungsmittel gegen das Eindringen des Feindes.

Karl Julius Weber,
Demokritos

Inserat: »Verloren wurde eine prachtvolle Brosche von Frau Oberbahnrat F., deren hinteres Teil emailliert ist.«

Die Wiener Hofschauspielerin Katharina Schratt, Freundin Franz Josefs, hatte einen kostbaren Ring erstanden. Sie zeigte ihn dem Kaiser, auf daß er bezahlt werde.
»Sehr nett! Sehr nett!« meinten Majestät.
»Was glaubst du, was er kostet?«
»Zwanzig Gulden.«
»Mehr.«
»Vierzig.«
»Mehr. Achttausend.«
Der Kaiser betrachtete den Ring genauer: »Aa net teuer für so a Stück!«

Die schottische Braut bleibt vor einem Juweliergeschäft stehen und bewundert einen Brillantring.
Er hört sich das Entzücken wortlos an. Dann schiebt er die Pfeife in den anderen Mundwinkel: »Ein grandioses Stück! Sollte ich dir jemals einen Ring abschlagen, müßte es einer wie dieser sein.«

Moische, gefragt, warum er den Stein seines Ringes auf der Unterseite des Fingers trage: »Wie red' mer mit de Leut'? So oder so?«

Einstmals kam ein Edelmann zu einem andern, der sein Freund war, und dieser zeigte ihm seine Kleinode und seiner Hausfrau Ringe. Darin waren Edelsteine gefaßt, und war einer wohl dreihundert Gulden wert, ein anderer sechshundert Gulden. Da fragte der Gast: »Lieber, welchen Nutzen bringen dir wohl die Steine?«
Der Hausherr sprach: »Keinen.«
»Nun«, erwiderte der Freund, »so bin ich dir über. Ich habe zwei Edelsteine, die bringen mir jährlich mehr denn dreihundert Gulden.«
Bald darauf besuchte der Freund nun den anderen, um sich dessen Steine zu betrachten. Da führte ihn der Hausherr an seine Mühle und zeigte ihm dort die Mühlsteine und sprach: »Diese hier sind es.«

nach *Pauli*,
Schimpf und Ernst,
Einer zeigt einem zwei Mühlsteine

Statt daß sich die Range wusch,
schmiert sie auf die Wange Rouge.

Franz Mittler,
Macht man denn aus Kalk die Terzen

Eine Wiener Baronin fertigte ihren Schminklieferanten, der um Begleichung der angeschwollenen Rechnung ersuchte, grob ab.
»Gnädigste behandeln mich wie ihren Lakaien«, verteidigte sich der Händler. »Ich gestatte mir jedoch untertänigst zu bemerken, daß nicht ich der verehrten Frau Baronin Farben trage, sondern die verehrte Frau Baronin die meinen.«

Plakat im Schaufenster eines Schönheitssalons: »Sprechen Sie niemals eine Dame an, die unseren Salon verläßt, mag sie auch noch so jung und verführerisch erscheinen! Es könnte Ihre Schwiegermutter sein.«

Sie trug gestern abend zuviel Rouge und zuwenig Kleid. Das ist bei Frauen immer ein Zeichen von Verzweiflung. (Lord Goring).

Wilde, Ein idealer Gatte II

Franz von Sales wurde von einem vornehmen Beichtkind gefragt, ob sie sich schminken dürfe.
»Manche Geistliche«, antwortete der Bischof, »verbieten, das Gesicht zu färben; andere erheben keine Einwände. Ich bin in solchen Fällen für den Mittelweg und gestatte Euch, eine Wange zu schminken.«

Madame Goulou ist tätowiert
vom Ausschnitt bis zum Spann.
Und jeder, der sie engagiert,
sieht sich die Bilder an.

Die Nachttischlampe bei Goulou
brennt bis zum Morgengrau,
und keinem falln die Augen zu,
so spannend ist die Schau.

Fritz Grasshoff,
Die große Halunkenpostille,
Madame Goulou

Ein Mann hatte einen trefflichen Bogen von Ebenholz, mit dem er sehr weit und sehr sicher schoß und den er ungemein wert hielt. Einst aber, als er ihn aufmerksam betrachtete, sprach er: »Ein wenig zu plump bist du doch! Alle deine Zierde ist die Glätte. Schade! – Doch dem ist abzuhelfen!« fiel ihm ein. »Ich will hingehen und den besten Künstler Bilder in den Bogen schnitzen lassen.«
Er ging hin, und der Künstler schnitzte eine ganze Jagd auf den Bogen; und was hätte sich besser auf einen Bogen geschickt als eine Jagd?
Der Mann war voller Freuden: »Du verdienst diese Zieraten, mein lieber Bogen!« Indem will er ihn versuchen. Er spannt, und der Bogen zerbricht.

Lessing, Fabeln, Der Besitzer des Bogens

Heim

An das Wohnungsamt: »Als steuerzahlender Bürger steht mir nach der Verfassung Sonne und ein gemütliches Familienleben zu.«

An das Wohnungsamt: »Ich kann unbedingt hier nicht länger wohnen bleiben. Meine Familie leidet zu sehr an Gesundheit.«

An das Wohnungsamt: »Aus Wohnraummangel habe ich schon ledigerweise ein Kind geboren. In der Hoffnung, keinen Fehltritt begangen zu haben, unterzeichnet . . .«

An das Wohnungsamt: »Das Kind kann in den Plättdunst nicht gedeihen. Möge nun das W. A. entscheiden, mir ist die Sache gleich. Entweder die Stadt bezahlt unsere Wohnung oder Wohnungsamt kriegst Kind.«

Dauermieter, pünktlicher Vorauszahler, reinlich, ruhig und solid, sucht geräumiges Zimmer, wo er sich auf Spiritus selbst kochen kann.

Riesaer Tageblatt, 15. 11. 1932

An das Finanzamt: »Ich bin Untermieter, habe die beiden Räume aber selbst möbliert. Wasser hole ich aus der Küche der Vermieterin, die ich aber sonst nicht benutze. Auf die Toilette gehe ich mit ihr zusammen, habe dort aber eigenes Papier, Handtuch usw.«

Ein Untermieter beschwert sich: »Sie haben ausdrücklich ein ruhiges Zimmer inseriert, und jetzt kommen Sie schon zum viertenmal innerhalb einer Woche herein und verlangen die Miete!«

Die Wirtin schmollt: »Und wenn Sie zehnmal Kunstmaler sind: Ich will meine Miete!«
Der Meister tänzelt hinter seiner Staffelei hervor: »Liebenswerteste Müllerin! Eines Tages werden die Menschen vor Ihrem Hause stehenbleiben und sagen: Daselbst wohnte der berühmte Leinenberger, der große Leinenberger.«
Die Wirtin packt den Künstler am Kittel: »Morgen wird das geschehen, wenn ich heute abend nicht meine Miete habe.«

Corot, der mit seiner Schwester zusammen ein Haus besaß, wurde von einem Schneider um Mietstundung gebeten. Der Maler wollte nicht ablehnen, getraute sich aber aus Furcht vor der geschäftstüchtigen Schwester auch nicht zuzustimmen. Er gab dem Mittellosen das Geld. Dieser fand Gefallen an dem Handel und ließ ihn zur Gewohnheit werden.
Der Künstler gab sich einem Freund gegenüber ebenfalls zufrieden: »Ich erweise mich als hilfreich und gut und verdiene dennoch dabei; denn ich bekomme ja die Hälfte zurück.«

Frau Krüger inseriert ein möbliertes Zimmer. Am nächsten Tag steht ein Pferd vor der Türe.
Zitternd vor Angst flüstert die angehende Wirtin, sie vermiete selbstverständlich nur an Menschen.
Der Gaul ist entrüstet: »Konnten Sie das nicht in Ihrer Anzeige sagen, gute Frau? Muß ich mir den weiten Weg und die vier Treppen hier herauf umsonst machen?«

Eine Zimmerwirtin auf die Frage der Nachbarin, warum sie dem netten jungen Mann, der letztlich bei ihr wohnte, gekündigt habe: »Sie wissen, liebe

Frau Meier, ich bin der offenste, ehrlichste Mensch, mißtraue keinem, bin nicht neugierig. Aber wenn ein Mann wochenlang den Hut vor das Schlüsselloch hängt – Sie können sagen, was Sie wollen! –, dann hat er etwas zu verbergen.«

Der Student fand die Kündigung auf seinem Zimmer. Empört ging er zur Wirtin: »Was soll das? Ich habe regelmäßig meine Miete am Ersten bezahlt.«
»Eben«, erwiderte die Erfahrene. »Bei Ihnen stimmt was nicht!«

Der Bundestagsgesandte Otto von Bismarck wohnte bei einer Frankfurter Patrizierfamilie, die auf Preußen nicht gut zu sprechen war. Seine Bitte um eine Zimmerglocke, die es ihm gestattete, den Diener zu rufen, wurde abgelehnt: Neuanschaffungen seien Sache des Mieters.
Kurz darauf krachte ein Schuß. Der Hausherr stürzte ins Zimmer Bismarcks. »Keine Sorge!« tröstete der Eiserne. »Habe nur meinen Diener gerufen.«
Am nächsten Tag erhielt er die Klingel.

Der Mieter hat seinen Hauswirt geohrfeigt. Nun steht er vor dem Richter. Er legt seinen Mietvertrag vor und zuckt die Schultern: »Hier steht alles drin, was ich nicht darf. Von ›Ohrfeigen‹ kein Wort.«

Kranzschleife auf dem Grabe eines Hausbesitzers: »Die dankbaren Mieter.«

Kinderaufsatz: »Diogenes wohnte in einem Fasse, welches für seine Bedürfnisse vollauf genügte.«

Ein Wohnungssuchender zum Makler: »Die Wohnung muß groß genug sein, daß meine Frau keine Zeit hat, ihre Mutter zu besuchen, und klein genug, daß sich meine Schwiegermutter nicht bei uns einnisten kann.«

Appartement = Wohnung, zu klein, um eine Party schiefgehen zu lassen.

Aus Tante Karlas Sprachwolf: »Wir sitzen wie die Orgelheringe.«

»Die Küche ist zwar etwas klein«, sprach der Hausherr zu den Wohnungsuchenden, »aber für die eine Mahlzeit pro Tag, die Ihnen meine Miete ermöglicht, wird sie ausreichen.«

Ein Schwabe berichtete von seiner Neubauwohnung: »De Zimmer send so kloin, daß de Nachthäfele de Henkel inne habbe müsse.«

Gäste in der Neubauwohnung: »Da knirscht irgend etwas! Haben Sie Mäuse?«
»Nein«, erwiderte der Hausherr. »Der Nachbar ißt Radieschen.«

Der Architekt führt das junge Paar durch die Neubauwohnung: »Bleiben Sie bitte hier!«
Er geht ins Nachbarzimmer, schließt die Tür und ruft: »Hören Sie mich?«
»Natürlich.«
»Sehen Sie mich?«
»Nein.«
Strahlend kommt der Architekt zurück: »Das sind Wände, was?«

Ich bin von tausend Höflingen
umgeben.
Mein einsam Zimmer ist mein Louvre,
darin als König ich befehle.

Edward Gibbon

Der junge Balzac lebte viele Jahre in einer armseligen Dachkammer. An verschiedenen Stellen der getünchten Wände hatte er mit Kohle geschrieben: »Kommode mit Rosenholzplatten« und »Gobelin« und »Venezianischer Spiegel« und »Gemälde von Rembrandt.«

Zille nach einem Vortrag über »Proletariat und Kunst«: »Mein Freund Justav, der Kutscher is, hat sich in sein Schlafzimmer een Druck von Rembrandt jehängt. Ick frage ihn: ›Justav, wat is denn mit dir los? Wie kommste denn auf den Rembrandt da?‹ Sagt Justav: ›Det is wegen die Wanzen! Die krauchen alle unter den Rahmen. Alle Woche nehm ick det Bild runter – und schon sind se jeliefert.«

Aus einem Schüleraufsatz: »Über unserem Kanapee hängen mehrere Hirschgeweihe aus der Jugendzeit meines Vaters.«

Was ich am Tage stumm gedacht,
vertraut er eifrig in der Nacht.

Mit Knisterwort und Flüsterwort
erzählt er mein Geheimnis fort.

Dann schweigt er wieder lang und
lauscht,
indes die Nacht gespenstisch rauscht.

Bis ihn der Bock von neuem stößt
und sich sein Krampf in Krachen löst.

Morgenstern,
Palma Kunkel, Der Korbstuhl

Aus einem Schüleraufsatz: »Einmal hatten wir ein Schwalbennest in unserem Klo. Immer wenn ich auf dem Klo saß, hörte ich etwas zwitschern.«

Aus einem Schüleraufsatz: »Die offenen Kamine in England sind sehr unpraktische Heizanlagen. Wenn man davorsteht, kann man vorne braten, und hinten klappert man mit den Zähnen.«

Aus einem Schüleraufsatz: »Die verschmutzte Luft in einer Großstadt, die vor allem durch Abgase der Industrieanlagen und der Zivilbevölkerung hervorgerufen wird, macht das Leben zur Qual.«

Ach, Ihr bauet eine Kluft
zwischen Euch und der Natur,
ach, Ihr bauet eine Gruft,
eine Morphium-Mixtur!
Sperrt Euch ein in große Städte,
atmet ein die dicke Luft.
Was ein andrer ausgeatmet,
nein, das ist kein süßer Duft!

Friederike Kempner

Ein Bergstrom, wie ein grünes Band,
in Wiesengründen zieht durch's Land;
hat von der Residenz vernommen,
kann nicht erwarten, hinzukommen!
Und tummelt sich und naht in Eile –
doch währt nur eine kleine Weile
der Jubel: Kot, ein Schlammkanal
und Abzugsröhren ohne Zahl!
Sein Wasser, das in grüner Au
smaragden floß – ein schmutzig Grau!
Er, der in blauer Gletscherschlucht
entsprungen, eilt in wilder Flucht,
bis hinter ihm der Großstadt
Grenzen ...
Sehnt nie sich mehr nach Residenzen.

Alois Wohlmuth, Der Fluß

Haus

Ein Ehepaar bezieht ein neues Haus, das eigene. Ein Freund überreicht eine Flasche Champagner. Im Einzugstrubel landet die Flasche im Keller und wird vergessen.
Vier Wochen später kommt das dritte Kind zur Welt. Der Strohwitwer erinnert sich an die edle Flasche, holt sie aus dem Keller und findet den angehängten Glückwunsch: »Hüte es gut, Franz! Diesmal ist es dein eigenes.«

Reisebericht aus Friesland: »Die Häuser sind so niedrig, daß man Flundern essen und Plattdeutsch sprechen muß.«

Francis Bacon von Verulam zu Elisabeth I. auf die Frage, warum er sein Haus so klein gebaut habe: »Euere Majestät machten mich zu groß für dieses Haus.«

Inserat: »Pünktliche Frau sucht noch einige Häuser zum Flicken.«

Goethe notierte am 20. Juli 1807 in seinem Tagebuch, daß eine Schloßherrin auf Moncul einen Freund mit folgendem Satz eingeladen habe: »Moncul n'est qu'un trou, mais les environs en sont trés charmants.« (Moncul – wörtlich: Mein Gesäß – ist nur ein Loch, aber die Umgebung ist sehr charmant.)

Lenbach hatte in München eine schöne Villa erbaut. Bald darauf ließ er daneben ein weiteres Gebäude als Museum errichten. Auf die Frage, warum er keine Verbindung zwischen beiden Häusern hergestellt habe, erklärte er: »Sie ist da; man sieht sie nur nicht: Eine Mordshypothek.«

Hinterher ans Haus geschrieben:

Das Bauen ist ein' schöne Lust,
daß 's soviel kost', hab ich nit gewußt.
Gott behüt' uns allezeit
vor Maurern und vor Zimmerleut'!

Ein reichgewordener Tölpel in China baute ein herrliches Haus, stattete es mit kostbaren Bildern, Skulpturen, Teppichen und Büchern aus und zeigte es einem Besucher: »Fügt sich nicht alles zu prachtvoller Einheit?«
»Fast«, erwiderte der Gast.
»Fast? Was paßt nicht hinein?«
»Sie.«

Diogenes hatte die neue Villa des Neureichen schweigend besichtigt. Zum Abschied spie er dem Besitzer ins Gesicht: »Verzeih! In deinem herrlichen Hause fand ich keinen Platz, der mir besser geeignet schien, mich meines überflüssigen Speichels zu entledigen.«

Diogenes las die Inschrift über dem Eingang eines Athener Hauses: »Nur der Gute trete ein!« Er fragte: »Wo ist der Eingang für den Besitzer?«

Ein getaufter Berliner Kaufmann zeigte dem Baron Fürstenberg die neue Villa: »Eßzimmer Louis Quatorze... Salon Biedermeier... Schlafzimmer Altdeutsch... Und hier das Zimmer meines Papas.«
»Verstehe«, sagte Fürstenberg. »Vorchristlich.«

Ein römischer Patrizier führte Rossini durch die neue Villa: »Wie gefällt Ihnen das Speisezimmer?«
Der Maestro erwiderte: »Das kann ich Ihnen erst nach dem Essen sagen.«

Der neureiche Veilchenblum zeigt Gästen seinen Saal: »Hier können, Gott behüte, achtzig Personen speisen.«

Der alte Pierre Daman umgab seine junge Jeanette mit allem Glanz. Nachts aber weinte sie in ihre Kissen. Eines Tages führte sie Gäste durch den Palast. »Voila«, bemerkte ein Kavalier angesichts des fürstlichen Schlafzimmers, »le dôme de Notre Dame!«
Sie lächelte: »Des Invalides.«

Die Dame des Hauses zeigt die Villa: »Das ist meine Zimmerflucht. Und hier«, die Türe zum ehelichen Schlafzimmer öffnend, »beginnt die Flucht meines Gatten.«

Im Schaufenster eines Möbelgeschäftes: »Wie wäre es, wenn wir Ihre Schlafzimmerprobleme gemeinsam lösten?«

Ein Bauer in New York, nachdem man ihm die hohen Gebäude als »Wolkenkratzer« benannt hatte: »Kann man die einmal in Betrieb sehen?«

Der Lehrer hat vom Rathausbau in Schilda erzählt und schließt mit der Frage: »Und was, glaubt ihr nun, taten die Tölpel, als sie merkten, daß sie die Fenster vergessen hatten?«
Ein Kind vermutet: »Wahrscheinlich benutzten sie es als Kino.«

An mancher Hauswand:
»O heiliger Sankt Florian,
verschon' mein Haus, zünd' andre an!«

Von Karl Julius Weber 1790 an einem Haus zwischen Basel und Arlesheim abgelesen (Demokritos I, 9):

Das Hus stod in Gottes Hand.
Ach, behüt's vor Feuer und Brand,
vor Sturm und Wassersnoth!
Mit äna Wort: Laß sto, wie's stod!

Dienstpersonal

Ein Fremder wollte Kant besuchen. Da er den Philosophen nicht antraf, bat er, die Bibliothek besichtigen zu dürfen. Der Diener Lampe erklärte: »Wir haben keine Bibliothek. Wir schreiben unsere Bücher aus dem Kopf.«

Cagliostro behauptete, zweitausend Jahre alt zu sein und mit Pontius Pilatus gesprochen zu haben. Ein Zweifler fragte den Diener des Alchemisten, ob die Behauptung stimme.
»Bedaure«, antwortete der Getreue, »Euer Gnaden keine Auskunft geben zu können. Ich bin erst seit vierhundert Jahren in seinen Diensten.«

Nichts ist verwegener, stolzer, kühner als kleiner Herren kleine Diener.

Karl Julius Weber,
Demokritos I, Fragment meines Lebens

»Sie wissen hoffentlich«, sprach die Dame des Hauses, »daß man Speisen links serviert und rechts abräumt.«
Minna lächelte: »Abergläubisch, gnädige Frau?«

Falsch gesungen: »Mit unserer Magd ist nichts getan.«

Ein Bauernmädchen brachte der Frau Amtmann eine Metzelsuppe.
»Mein Kind!« rief die Erfreute scheinheilig. »Für mich? Nein! Das ist doch zuviel!«
»Das hat meine Mama auch gesagt«, erwiderte die Botin. »Aber mein Papa meinte: ›Wer weiß, wann wir den Schelm wieder brauchen.‹«

Jonathan Swift, Dekan an St. Patrick in Dublin, im Begriffe zu verreisen,

fand ungeputzte Stiefel. Der Diener, zur Rede gestellt, brummte: »Werden ja doch gleich wieder schmutzig.«
Swift stieg in die Glanzlosen und befahl den Aufbruch.
»Wir haben noch nicht gefrühstückt«, monierte der Bolzen.
»Lohnt nicht«, erwiderte Swift. »Werden doch gleich wieder hungrig.«

Benchley ging in Boston mit einem Studienkameraden von der Harvard-Universität spazieren. Als sie in das Viertel kamen, wo die sprichwörtlich feinen Leute von Boston in Häusern aus dem 18. Jahrhundert wohnen, fiel Benchley etwas ein. »Komm«, sagte er, »wir holen mal das Sofa.«
Sie stiegen zur Tür des nächsten Hauses hinauf und setzten den silbernen Klopfer in Bewegung. Ein Dienstmädchen öffnete. Benchley sagte: »Wir sollen das Sofa abholen.« Das Mädchen stutzte einen Augenblick und fragte dann: »Welches?« Benchley, der schon einen Blick in die Diele geworfen hatte, antwortete: »Das da!« Die beiden wurden eingelassen, nahmen das Sofa, trugen es hinaus, quer über den kleinen Platz und vor die Tür eines anderen Hauses.
Dort klingelte Benchley und sagte zu dem dienstbaren Geist: »Hier ist das Sofa. Wo soll's stehen?« Das Dienstmädchen sah sich um und erklärte schließlich, auf das Wohnzimmer deutend: »Da drüben, glaub' ich.« Sie stellten es auf den angegebenen Platz und gingen.
Aufgeklärt wurde der Fall erst nach Monaten, als die Eigentümerin des Sofas einen Teebesuch in diesem Hause machte und ihr Möbel wiedererkannte.

Nathaniel Benchley,
Robert Benchley, Eine Biographie

In einer Fastnacht hatte ein Fürst zu einem Bankett geladen. Dem Truchseß fehlten etliche Gehilfen, und so bat er einen jungen Edelmann, auftragen zu helfen. Der Mann hätte gern selbst mitgetafelt und erklärte, er sei nicht geschickt zu diesem Amte. Der Truchseß aber ließ den Einwand nicht gelten: Der Edelmann solle sich nach ihm richten und tun wie er.
Als der Truchseß die Speisen auftrug, blickte er zu den Jungfrauen hinüber. Dabei stürzte er, und das Geschirr zerschlug auf dem Boden. Der junge Edelmann hinter ihm goß seine Suppe über den Gestürzten und ließ sich ebenfalls hinfallen. Als ihn der Marschall seines Mutwillens wegen zur Rede stellte, erklärte er, er habe sich streng an die Anweisungen gehalten.
Niemals wieder zwang man den Edelmann zu einem Dienst, den er nicht leisten wollte.

nach *Hans Wilhelm Kirchhof,* Wendunmut,
Dienst wider Willen

Aus einem Schüleraufsatz: »Auf dem Bild sehen wir eine Königin mit ihren Pagen. Pagen sind Knaben, welche schönen Frauen die Röcke aufheben.«

Paradox ist: Wenn der Prinzessin das Gefolge vorausgeht.

Die Bedientenwelt ist eine verkehrte Welt, wie schon das Wort Bedienter statt Bediener sagt.

Karl Julius Weber,
Demokritos XI, 15

Satzfehler im Inseratenteil: »Suche für 1. 10. Hausmädchen, das perfekt kochen und naschen kann.«

Kapitänleutnant R. auf S. M. S. »Schlesien« hatte einen Burschen namens Böttcher, der ihm pünktlich zwei Uhr, wie hoch die Wellen auch schlugen, den Kaffee auf die Brücke brachte, wobei a) die Tasse voll war bis zum Rand, b) vier Stück Zucker auf der Untertasse lagen und c) kein Tropfen verschüttet war.
Als Böttcher in Urlaub ging, scheiterte sein Vertreter beim nachmittäglichen Kaffeegang: Nie war die Tasse voll, und der Zucker auf der Untertasse schwamm. Der Chef zeigte sich zutiefst unzufrieden.
Als Böttcher zurückkam, wollte der Vertreter wissen, wie das Kunststück fertigzubringen ist, und der Geschickte führte es ihm vor: Der Zucker kam in die Hosentasche, die Untertasse wanderte unter das Hemd. Aus der Tasse verschwand ein kräftiger Zug im Mund. Vor der Tür zur Brücke kehrte der schwappsicher transportierte Kaffee in die Tasse zurück; Untertasse und Zucker kamen aus ihrem Versteck. Dann wurde serviert.

Dienstboten sind einmal die Preßfreiheit der häuslichen Konstitution, die lebendigen Plakate unserer Geheimnisse, und die wohlhabende Welt muß leider von jeher mehr auf ihre Bequemlichkeit als auf ihren Ruf gehalten haben, sonst existieret die Mode, Dienstboten zu haben, schon lange nicht mehr.

Nestroy,
Der alte Mann mit der jungen Frau

Die Hausfrau zeigt dem neuen Mädchen eine Vase: »Die ist zweihundert Jahre alt.«
Die Perle strahlt: »Ehrenwort. Erfährt kein Mensch von mir.«

Zu Beginn des großen Gellschaftsabends hatte der Hausherr der Perle aufgetragen, Bescheid zu sagen, bevor sie zu Bett geht.
Gegen Mitternacht windet sich Minna, bereits im Nachthemd, durch die Gäste, entdeckt den Hausherrn am Rauchtisch, beugt sich zu ihm und flüstert: »Ich gehe jetzt ins Bett.«

Inserat: »Junge, unabhängige Frau sucht Stelle als Zimmermädchen oder Heißmangel.«

Am Brunnen vor dem Tore
da steht ein Grenadier
und neben ihm die Lore,
der Stubenmädchen Zier.

»Warum«, so fragt er kläglich,
»Du meiner Augen Licht,

darf ich zu dir denn täglich
und nur am Sonntag nicht?«

Und fromm gibt sie zur Antwort:
»Ich tät es ja so gern,
doch, weißt du, Fritz, der Sonntag,
das ist der Tag des Herrn.«

Verfasser unbekannt

Betriebsprüfungsbericht des Finanzamtes: »Der Steuerpflichtige beschäftigt eine Hausangestellte. Sie wird von ihm teilweise im Betrieb und teilweise zu Hause benutzt.«

Die gnädige Frau läuft seit Tagen mit verheultem Gesicht herum. Schließlich ist sie am Ende ihrer Kraft.

»Minna«, sagt sie, »von Frau zu Frau: Glauben Sie, daß mein Mann ein Verhältnis mit seiner Sekretärin hat?«
Die Perle tritt einen Schritt zurück: »Wollen Sie mich eifersüchtig machen?«

Eine Lady entließ ihre Zofe, die dem Lord um einige Neigungsgrade zu gefällig war: »Ich habe dich angestellt, deine Arbeit zu tun, nicht die meine.«

Minna, die langgediente, kündigt, um zu heiraten.
»Glauben Sie«, fragt die Hausfrau, »daß Sie es in der Ehe besser haben werden als bei uns?«
»Nein«, antwortete die Scheidende. »Aber öfter.«

Besuch

Mit einer jungen Frau und altem Wein fehlt es selten an Gästen.

Sprichwort

Der Freund des Hauses kommt, wann er will. Der Hausfreund will, wenn er kommt.

»Darf ich Sie morgen abend in meinem Hause erwarten? Es werden viele schöne Damen anwesend sein.«
»Verbindlichsten Dank! Komme gewiß. Aber nicht wegen der schönen Damen. Ihretwegen.«

Lady Longfellow lud Shaw ein. Der Dichter telegraphierte: »Bin leider verhindert stop Lüge, weshalb, folgt brieflich, weil billiger.«

Vater Rathenau wollte ein mit Fürstenberg verabredetes Zusammentreffen um vier Wochen verschieben.
Der Baron lehnte ab: »An diesem Tag habe ich eine Beerdigung.«

Shaw erhielt eine Einladung: »Lady X hat jeden Donnerstag jour fixe und ist zwischen 4 und 6 Uhr zu Hause.«

Er sandte die Karte zurück mit dem Vermerk: »Mister Shaw ebenfalls.«

Shaw erwiderte auf eine Einladung Lady Randolphs zum Lunch: »Komme nicht stop Was habe ich getan, um solchen Angriff auf meine wohlbekannten Gewohnheiten zu provozieren?«
»Kenne Ihre Gewohnheiten nicht«, telegraphierte die Dame zurück. »Hoffe, sie sind besser als Ihre Manieren.«

Als Zeus seine Hochzeit feierte, lud er alle Tiere ein. Die Schildkröte aber kam nicht, und, nach dem Grunde ihrer Abwesenheit befragt, antwortete sie: »Das eigene Haus ist immer das beste.«
Da wurde der Göttervater zornig und verurteilte sie, stets das eigene Haus mit sich zu tragen.

Äsop,
Fabeln 105, Zeus und die Schildkröte

Am Telefon: »Guten Abend, Herr Lehmann! Haben Sie morgen etwas vor?«
»Nein.«
»Am Mittwoch?«
»Auch nicht.«
»Donnerstag?«
»Nichts.«
»Und Freitag?«
»Freitag gehe ich ins Theater.«
»Ach wie dumm! Gerade wollte ich Sie für Freitag zu uns bitten.«

Karl Valentin lud einen Bekannten für Sonntag zum Mittagessen. Pünktlich erschien der Hungrige. Der Hausherr empfing ihn mit Hut und Mantel.
»Kannst du dich denn nicht entsinnen?« stotterte der Verlegene. »Am Mittwochabend hast du doch zu mir gesagt, daß ich heute ...«
Valentin trat auf den Hausflur und schloß die Tür: »Unmöglich, daß i des gsagt hab, wo i jetz ins Wirtshaus geh.«

»Komme am Sonntag zum Mittagessen, wenn du kannst!« sprach einer zu seinem Freund.
Am Sonntag kam der Geladene und klingelte an der verschlossenen Haustür. Oben öffnete sich ein Fenster.
»Du hast doch gesagt«, stammelte der unten, »daß ich heute zum Essen kommen soll, wenn ich kann.«
Der oben grinst: »Kannst du denn?«

Johann Georg Hamann in Königsberg wollte mit einem Freund einen Rehrücken verzehren. Da erschien ein klatschsüchtiger Bekannter und machte, vom Bratenduft gefesselt, Anstalten zu bleiben. Hamann nahm ihn beiseite: »Die Tungusen essen bekanntlich Hunde. Bei uns besteht eine – nach meiner Überzeugung völlig ungerechtfertigte – Abneigung gegen dieses Fleisch. Heute werde ich meinem Freund beweisen, daß meine Ansicht richtig ist. Bitte sagen Sie ihm nichts! Erst nach der Mahlzeit soll er erfahren, was er gegessen hat. Sie aber bitte ich, mir die Ehre zu geben und mit uns zu speisen.«

Unter vielfachen Entschuldigungen griff der Unerwünschte nach seinem Hut.

Scipio Nasica wollte den Ennius besuchen. Der Hausherr ließ sich durch einen Sklaven verleugnen.
Kurz darauf kam Ennius zu Scipio. Dieser rief: »Bin nicht zu Hause!«
»Ich kenne deine Stimme!« entgegnete der Abgewiesene.
»Wie?« empörte sich Scipio. »Ich habe kürzlich deinem Sklaven geglaubt, und du willst mir nicht glauben?«

Der Besitzer einer stark frequentierten Großstadtwohnung pflegte den Hut aufzusetzen, wenn es klingelte. War ihm der Besuch genehm, rief er aus: »Welch ein Glück! Soeben kam ich nach Hause.« Kam der Anklopfende ungelegen, klagte er: »Wie leid mir das tut! Eben bin ich im Begriffe wegzugehen.«

Die Wirtin öffnet: »Fräulein Liebetraut ist ausgezogen.«
»Macht nichts«, erwiderte der junge Mann. »Wir kennen uns hinreichend.«

»Du mußt dein Gartentor reparieren!« sagte ein Freund zu Thomas Alva Edison. »Man braucht alle Kraft, es zu öffnen.«
»Das Tor ist in Ordnung«, antwortete der Erfinder. »Wer mich besuchen will, muß Wasser pumpen.«

Aus Tanta Karlas Sprachwolf: »Je schöner der Abend, desto später die Gäste.«

Wer mich besucht, erzeigt mir eine Ehre, wer mich nicht besucht, eine größere.

Verfasser unbekannt

»Gestern kam ich an Ihrem Haus vorüber.« – »Danke.«

Kronprinz August von Sachsen besuchte Kaiser Wilhelm I. in Berlin. Er wurde in großem Rahmen empfangen. Freundlich erklärte er: »Es klappte grade so scheen mit eurer Hundeausstellung.«

Der russische Fürst Jussupow, ein Mörder Rasputins, emigrierte 1917 nach Amerika und frequentierte dort mit seiner Gattin die Salons. Eine Gastgeberin empfand die Sensation besonders innig und stellte die Besucher vor als »Prinz und Prinzessin Rasputin«.

Im Ersten Weltkrieg erhielt Gustav Waldau den Besuch auswärtiger Freunde. Nichts hatte er anzubieten: Keine Alkoholika, keine Süßigkeiten, keine Zigarren.
»Hier in dem Flascherl ist noch a bissel Tinte«, sagte er schließlich. »Füllt's wenigstens eure Federhalter!«

In einem chinesischen Haus erschien überraschend Besuch. Da kein Tee vorhanden war, schickte der Hausherr zum Nachbarn, Tee zu borgen. Die Frau setzte inzwischen den Kessel aufs Feuer. Das Wasser kochte; der Bote war noch nicht zurück. Man schüttete kaltes Wasser nach; der Bote kam immer noch nicht. Schließlich war der Kessel voll kochenden Wassers, und der Tee fehlte.
Da sprach die Frau des Hauses: »Wollen wir unseren lieben Freund nicht baden lassen?«

Die Strohwitwe gießt dem Gast einen Kognak ein, zögert aber plötzlich: »Ach – Sind Sie nicht Abstinenzler?«
»Nein«, sprach der Würdige. »Präsident des Vereins für sittliche Erneuerung.«
Sie gießt weiter: »Sehen Sie! Ich wußte doch: Irgend etwas darf ich Ihnen nicht anbieten.«

Der angeschwärmte Geschäftsfreund ihres Mannes steht vor der Tür. »Nein«, spricht sie, »mein Mann ist nicht da. Aber wollen Sie nicht warten? Er kommt morgen zurück.«

Richard Strauss genoß als junger Hofkapellmeister in Berlin hohes Ansehen. Man rechnete es sich zur Ehre an, ihn als Gast im Hause zu haben. Eine Dame aus dem Tiergartenviertel lud ihn ein: »Kommen Sie, Herr Doktor, morgen mittag zu uns auf einen Löffel Suppe! Wir machen gar keine Umstände.«
Der Komponist erwiderte: »Bitte machen Sie nur Umstände, wenn Richard Strauss zu Ihnen kommt!«

Der norwegische Geiger Ole Bornemann wurde von einer Dame zum Tee geladen. Der Nachsatz lautete: »Bringen Sie bitte Ihre Geige mit!«
Bornemann erschien ohne Instrument. Auf die Frage, warum er dem Wunsche nicht entsprochen habe, antwortete er: »Meine Geige verträgt keinen Tee.«

Chopin wurde auf einer Abendgesellschaft gedrängt, Klavier zu spielen. Widerwillig ging er zum Flügel und spielte zwanzig Takte.
»Nicht mehr?« fragte die Dame des Hauses enttäuscht.
»Madame«, erwiderte der Meister, »ich habe auch nicht viel gegessen.«

Heinrich George wurde in Gesellschaften immer wieder um Rezitationen gebeten. Einmal antwortete er auf die übliche Bitte: »Gern, gnädige Frau. Sobald mein verehrter Visavis, der Herr Artilleriemajor, seine Schüsse abgefeuert hat.«

Die Tischdame beginnt, den Arzt durch die Blume zu konsultieren. Er legt das Besteck weg: »Ziehen Sie sich aus!«

Jean Louis Forain besichtigte nach einem guten Essen die Bildersammlung der Gastgeberin.
»Ihr Urteil, Meister?«
»Als Künstler oder als Gast?«

Langweiliger Besuch = Leute, die eigensinnig darauf bestehen, daß über ihre Angelegenheiten gesprochen wird, obwohl der Gastgeber wünscht, daß man sich über seine Probleme unterhalte.

Zu vorgerückter Stunde schlug der Hausherr ans Glas und sprach: »Und nun, meine sehr verehrten Gäste, bitte ich Sie, auf mein Wohl die Wohnung zu leeren.«

»Sie wollen uns schon wieder verlassen? Aber nicht doch! Wann geht denn Ihr lieber Zug?«

Das Fest zieht sich in die Länge. Schließlich meldet der Diener: »Ein Gast will gehen.«
Der Hausherr stöhnt: »Was nützt mir einer!«

Der Hausball war weit nach Mitternacht noch im vollen Gange. Da erschien die Polizei und bat um Beendigung: Ein Nachbar habe sich beschwert.
»Gibt es nicht«, sagte der Herr des Hauses. »Keiner meiner Nachbarn schickt mir die Polizei auf den Hals. Ich möchte bloß wissen, wie ...«
Die Gattin nahm ihn beiseite: »Ich bin der Nachbar.«

Ein beschränkter, ehrgeiziger Mann aus Philadelphia lag Lincoln zum fünften Male mit unbrauchbaren Vorschlägen und nebensächlichen Informationen in den Ohren. Zwanzig Minuten lang hatte der Präsident geduldig zugehört. Dann stand er auf und ergriff eine Flasche Haarwasser: »Haben Sie das schon mal probiert?«
»Nein.«
»Es ist ausgezeichnet«, sprach der Präsident. »Nehmen Sie es! Versuchen Sie es und kommen Sie in acht Monaten wieder! Sagen Sie mir, ob Sie zufrieden sind!«

Der arme Verwandte hat sich einquartiert und macht keine Anstalten, wieder abzureisen. »Hast du denn keine Sehnsucht nach deiner Frau?« fragt der Hausherr endlich.
»Du hast recht«, antwortet der Gast. »Ich werde ihr schreiben. Sie soll herkommen.«

Ein Derwisch bittet um Nachtlager und wird eingelassen. Acht Tage genießt er die Vorräte.
»Schaff uns den Mönch vom Halse!« spricht die Frau schließlich zu ihrem Mann. »Der Keller ist leer.«
Demütig nähert sich der Hausherr dem Gast, der im Garten, Andacht vortäuschend, der Verdauung pflegt: »Ver-

zeih, Ehrwürdiger Bruder! Unser letzter Hammel ist dahin, die Grütze aufgezehrt, Pflaumen und Datteln verbraucht. Nimm unseren Dank für deine beglückende Gegenwart und folge dem Winke Allahs, der deine Schritte lenkt!«
»Wecke mich morgen bei Tagesanbruch, daß ich meine Pilgerreise fortsetze!« entgegnet der Derwisch würdig.
»Erhebe dich, frommer Mann«, spricht der Hausherr am folgenden Morgen. »Schon krähte der Hahn!«
»Was?« erwidert der Gast. »Ein Hahn ist auch noch da?«
Legt sich auf die andere Seite und schläft weiter.

Kurze Besuche verlängern die Freundschaft.

Verfasser unbekannt

Die Heimkehrenden: »Unser Besuch hat ihnen gutgetan. Als wir kamen, hatten sie schlechte Laune, und als wir gingen, waren sie vergnügt.«

Dankesbrief: »Ich war glücklich, verehrte gnädige Frau, daß ich wieder einmal in Ihrer Mitte weilen durfte.«

Eine alte araukanische Indianerin pflegte auf ihren Gängen nach Temuco meiner Mutter stets ein paar Rebhuhneier oder eine Handvoll Waldbeeren zu bringen. Meine Mutter sprach kein Araukanisch mit Ausnahme des begrüßenden *»Mai-mai«*, und die alte Indianerin konnte kein Spanisch, sondern genoß Tee und Kuchen nur mit anerkennendem Gekicher. Wir Mädchen bestaunten die farbigen handgewebten Umhänge, von denen sie mehrere übereinander trug, ihre kupfernen Armbänder und ihre Halsketten aus Silbermünzen und wetteiferten bei dem Versuch, den Singsang-Satz zu behalten, den sie jedesmal sagte, wenn sie aufbrach.
Schließlich konnten wir ihn auswendig und sprachen ihn dem Missionar vor, der ihn uns übersetzte: »Ich werde wiederkommen; denn ich liebe mich, wenn ich bei euch bin.«

E. M. (Pichilemu, Chile),
Das Beste, Juni 1954

Nachbar

Nachbar = Zeitgenosse, der von Ihren Angelegenheiten mehr weiß als Sie.

»Walter Pinkert stieg gerade in den Zug, als ich ausstieg«, berichtet der Heimkehrende.
»Ich weiß«, erwidert die Frau. »Nach Kassel.«
»Woher weißt du das?«
»Sein Hund war den ganzen Nachmittag im Garten.«
»Ach so. Der hat es dir erzählt.«
»Unsinn. Sie läßt ihn nur hinaus, wenn sie abends ins Kino geht.«

»Dann ist alles klar.«
»Sie geht nur ins Kino, wenn er verreist.«
»Also fährt er nach Kassel.«
»Er verreist nirgends anders hin als nach Wiesbaden, Köln, Göttingen oder Kassel.«
»Eins zu vier, daß du recht hast!«
»Wenn er nach Wiesbaden fährt, nimmt er den Frühzug, wenn er nach Köln fährt, den Nachtzug. In Göttingen wohnt seine Schwester; dahin nimmt er keinen Koffer mit. Er hatte aber einen Koffer, als er ging. Folglich fährt er nach Kassel.«

Katharina von Medici schwärmte von St. Germain: Mit einem Fuß bliebe sie dort noch immer in Paris. Ein vorlauter Marschall fragte: »Hätten Sie etwas dagegen einzuwenden, Madame, wenn ich mich in Nanterre (einem Dorfe auf halbem Wege) niederließe?«

Rudolf Binding, Student in Leipzig, spielte in seinem Zimmer Klavier. Da klingelte das Mädchen aus der unteren Wohnung, berichtete, daß ihre Hausfrau sehr krank sei, und bat um Ruhe.
Binding schloß das Klavier.
Eine halbe Stunde später war das Mädchen wieder da: »Se kenn weiderschpieln, Herr Binding. De gnädche Frau is dood.«

Ein reicher Chinese wohnte zwischen zwei Schmieden. Der Lärm störte ihn. Jahrelang bemühte er sich, die Nachbarn zur Geschäftsverlagerung zu veranlassen. Endlich willigten sie gegen Zusicherung einer hohen Abfindung ein.
Der Glückliche gab ein üppiges Abschiedsmahl: »Wo zieht ihr hin?«
»Er zieht zu mir«, erwiderte der eine, »und ich ziehe zu ihm.«

Es war eben Topfmarkt gewesen, und man hatte nicht allein die Küche für die nächste Zeit mit solchen Waren versorgt, sondern auch uns Kindern dergleichen Geschirr im kleinen zu spielender Beschäftigung eingekauft.
An einem schönen Nachmittag, da alles ruhig im Hause war, trieb ich im Geräms mit meinen Schüsseln und Töpfen mein Wesen, und da weiter nichts dabei herauskommen wollte, warf ich ein Geschirr auf die Straße und freute mich, daß es so lustig zerbrach. Die von Ochsenstein, welche sahen, wie ich mich daran ergötzte, daß ich sogar fröhlich in die Händchen patschte, riefen: »Noch mehr!«
Ich säumte nicht, sogleich einen Topf und auf immerfort währendes Rufen: »Noch mehr!« nach und nach sämtliche Schüsselchen, Tiegelchen, Kännchen gegen das Pflaster zu schleudern. Meine Nachbarn fuhren fort, ihren Beifall zu bezeigen, und ich war höchlich froh, ihnen Vergnügen zu machen. Mein Vorrat aber war aufgezehrt, und sie riefen immer: »Noch mehr!« Ich eilte daher in die Küche und holte die irdenen Teller, welche nun freilich im Zerbrechen noch ein lustigeres Schauspiel gaben.
Und so lief ich hin und wieder, brachte einen Teller nach dem anderen, wie ich

sie auf dem Topfbrett der Reihe nach erreichen konnte, und weil sich jene gar nicht zufriedengaben, so stürzte ich alles, was ich von Geschirr erschleppen konnte, in gleiches Verderben. Nur spät erschien jemand, zu hindern und zu wehren. Das Unglück war geschehen, und man hatte für soviel zerbrochene Töpferware wenigstens eine lustige Geschichte, an der sich besonders die schalkischen Urheber bis an ihr Lebensende ergötzten.

Goethe,
Dichtung und Wahrheit I, 1

VII. Kapitel

Verkehrsmittel
Eisenbahn
Straßenbahn
Auto
Frau am Steuer
Verkehr
Reisen

Verkehrsmittel

Ein Wagen fuhr in Gossensaß
durch eine enge Sossengaß,
so daß die ganze Gassensoß
sich über die Insassen goß.

Oskar Blumenthal

Ein reisender Geizhals des vorigen Jahrhunderts wollte rasch ans Ziel gelangen. Also benahm er sich unfreundlich, ließ sich in den Wagen heben, band einen Fuß in Kissen, zahlte keinen Kreuzer über Tarif und stöhnte bei jeder Unebenheit der Straße. Der Schwager hetzte die Gäule, daß der Schweiß sprühte.

Zwei Postknechte begegneten sich, jeder einen landweit gefürchteten Knikker im Schlag. Keiner wollte ausweichen. Sie beschimpften sich, gerieten aneinander, und die Fahrgäste, über den Aufenthalt erzürnt, mischten sich ein. Worauf jeder Kutscher den Passagier des anderen durchbleute und am Ende zum eigenen Fahrgast sagen konnte: »Herr, ich habe mich Euer redlich angenommen und diesmal gewiß ein besseres Trinkgeld verdient.«

Ernst Theodor Amadeus Hoffmann, Kammergerichtsrat in Berlin, fuhr, aus der Weinstube kommend, in der Droschke nach Hause. Plötzlich fiel ihm ein, daß er weder in der Geldtasche noch daheim einen roten Heller besaß.
Er stieg vor der Wohnung ab und erklärte dem Kutscher, er habe soeben in der Kutsche zwei Luisdors verloren und wolle ein Licht holen, das Geld zu suchen.
Er ging ins Haus und seine Hoffnung erfüllte sich: Die Kutsche rollte im schnellen Tempo davon.

Hans Christian Andersen wollte in Bern Jens Baggesen besuchen. Er fragte einen Droschkenkutscher, und dieser kannte die Wohnung des Pfarrers. Der Gast aus Dänemark stieg ein, wurde eine Zeitlang im Kreis herumgefahren und am Ziel um ein sehr hohes Fahrgeld angegangen.
Der Dichter fragte: »Sie sind wohl kein Schweizer?«
Der Kutscher empörte sich.
Andersen erklärte: »In meiner Heimat sagte man mir, die Schweiz ist ein wunderschönes Land, und alle Leute, die dort wohnen, sind gut und redlich. Ich habe daran geglaubt und möchte weiterhin daran glauben, und so hoffe ich, daß Sie, der Sie mich betrügen wollen, kein Schweizer sind.«
Der Kutscher zog beschämt ab und verweigerte das Honorar.

Claire Waldoff fuhr mit der Droschke nach Hause. Beim Aussteigen bemerkte sie, daß sie keinen Pfennig in der Tasche hatte. Sie wollte in ihre Wohnung gehen und Geld holen, doch der Kutscher sagte: »Laß man die paar dowen Emmchen! Ick kenn dir doch. Du bist doch det kleene freche Aas vons Theater.«
Dann fuhr er davon.

Russische Brücken haben einen zweifelhaften Ruf. Am Flußufer angelnd erlebte ich einmal:
Zwei Bauernwagen rollen der Brücke zu. Kurz vor ihr lenkt der erste Bauer sein Pferdchen von der Straße weg, das Flußufer hinunter und ins Wasser der Furt hinein.
Der zweite Bauer schaut mürrisch vor sich hin und fährt auf die Brücke los. Gespannt beobachtet Bauer Nr. 1 den Kollegen. Da – ein Krachen! Geschrei! Die Brücke ist unter dem Gefährt zusammengestürzt.
Da zeigt der erste Bauer mißbilligend mit der Peitsche auf das Debakel und ruft mir zu: »So ein Esel! Er sieht: Eine Brücke! Nein – er muß doch fahren.«

Sigismund von Radecki,
Das ABC des Lachens, Die Brücke

Alte Scherzfrage: Der Bürger fährt mit ein oder zwei, der Graf mit vier, der König mit sechs oder acht. Wer fährt mit sieben?
Der Siebmacher.

Aus einem Urteil des 1. Frankfurter Strafsenats: »Das Fahrrad befindet sich als zweirädriges, einspuriges Fahrzeug, das mit Hilfe menschlicher Tretkraft fortbewegt wird, durch die beim Fahren entwickelte Bewegungsenergie im Verein mit der Lenkung des Vorderrades im Zustand labilen Gleichgewichts. Dessen Beibehaltung hängt aber davon ab, daß der Schwerpunkt senkrecht über dem Drehungspunkt liegt. Wird er durch eine, wenn auch nur kleine Drehung aus seiner Lage gebracht, so können Fahrrad und Fahrer in eine Fallbewegung geraten, die erst dann ihr Ende findet, wenn der Schwerpunkt des Fahrrades die tiefste mögliche Lage und damit das stabile Gleichgewicht erreicht hat, also wenn Rad und Fahrer am Boden liegen.«

Der Radfahrer muß das Brennen des Schlußlichtes während der Fahrt ohne wesentliche Änderung der Kopf- oder Körperhaltung überwachen können.

Straßenverkehrs-Zulassungs-Ordnung
vom 24. 8. 1953, § 67, Absatz 3

Zwei Flöhe wollen in die Oper. »Gehen wir zu Fuß«, fragt der eine, »oder nehmen wir einen Hund?«

Warum sieht man im heutigen Straßenverkehr so wenig Pferde? Antwort: Sie lassen sich so schlecht ausbeulen.

Kathederblüte: »Die Loreley ist ein Felsen, an dem der Schiffer bequem scheitern kann.«

Aus dem Geschichtsunterricht: »Isabella von Kastilien hatte geschworen, das Hemd nicht mehr zu wechseln, bevor Granada erobert sei. Als die Stadt nach vier Jahren fiel, ergriff Kolumbus die Gelegenheit und erbat sich die Ausrüstung für seine Indienfahrt.«

Clumbumbus geiht mol'n beten an'n Hoben rum. Do kickt de Keunig grod

ut't Finster. »Moing, Clumbumbus«, seggt he.
»Moing, Moing!« seggt Clumbumbus.
»Na?« seggt de Keunig. »Wo geiht't?«
»Och Gott, dat geiht jo«, seggt Clumbumbus. »Fules Leben. Nicks to dohn opstunns.«
»Hest denn'n beten Tied?« seggt de Keunig.
»Jo, Tied heff ick.«
»Wullt mi denn'n Gefallen dohn?«
»Jo, man to. Wat is denn los?«
»Du kunnst mol henfohren un Ameriko entdecken.«
»Minsch, dat is ok wohr!« seggt Clumbumbus. »Geern!«
He geiht jo an Boord, speet sick in de Hand'n un fohrt los. As se nu'n Tied op See sünd, seggt de Stüermann to Clumbumbus: »Clumbumbus«, seggt he, »ick seh ümmer noch keen Land.«
»Weet ick«, seggt Clumbumbus. »Dat Ei steiht jo ok noch nich.«
Annern Morgen seggt de Stüermann: »Clumbumbus«, seggt he, »ick seh ümmer noch keen Land.«
»Weet ick«, seggt Clumbumbus, »dat Ei steiht jo ok ümmer noch nich.«
Annern Dag, mit'n Mol roppt de Stüermann: »Clumbumbus, Clumbumbus! Land! Ick seh Land!«
»Na jo«, seggt Clumbumbus. »Weet ick. Dat Ei steiht jo ok all.«
As se dor nu ankomt, stoht dor jo all' de Swatten an Land.
»Halloh!« roppt Clumbumbus. »Sünd ji de Swatten?«
»Jo«, seggt se. »Wi sünd de Swatten.«
»Denn is ditt hier woll Ameriko?«
»Jo«, seggt se, »ditt is Ameriko.«
»Och, denn sünd ji jo de Amerikoners«, seggt Clumbumbus.
»Jo, wi sünd de Amerikoners«, seggt se. »Denn büst du woll Clumbumbus?«
»Jo, ick bün Clumbumbus.«
»Och, du leebe Tied!« seggt se do. »Denn sünd wi jo nu entdeckt.«

Fritz Reuter

Als ich den alten Kanzler Metternich einmal in Schloß Johannisberg besuchte, erzählte er mir, daß er bald nach der Schlacht bei Austerlitz eines Tages zu Napoleon gerufen worden sei, der in der Hofburg in Wien wohnte. Dieser habe ihn eine ganze Weile im Vorzimmer warten lassen. Da habe sich plötzlich die Tür geöffnet, ein jüngerer Mann sei förmlich herausgeflogen, und Napoleon habe in den gröbsten Worten hinter ihm hergeschimpft. Der Kaiser habe ihn, Metternich, darauf aufgefordert, in sein Arbeitszimmer zu kommen. Zunächst habe er ihn um Entschuldigung gebeten, daß er ihn habe warten lassen. Dann habe er ihm in entrüstetem Ton erzählt, daß der amerikanische Gesandte Livingstone in Paris es gewagt habe, ihm einen Irrsinnigen mit einem Empfehlungsbrief nach Wien zu schikken. Dieser Idiot habe gesagt, er hätte eine Erfindung gemacht, vermittels welcher er, der Kaiser, in die Lage versetzt würde, unabhängig von Wind und Flut Truppen in England zu landen, und zwar mit Hilfe von kochendem Wasser. Das sei ihm denn doch zuviel gewesen, und er habe den Idioten an die Luft gesetzt.
Dieser Mann sei aber, wie Metternich erzählte, niemand anderes gewesen als der Amerikaner Robert Fulton, der Erfinder des Dampfschiffs.

Otto von Bismarck,
nach Hermann von Eckardstein,
Die Welt der Diplomaten

Ein geübter Schiffspassagier erklärte: »Über den Ozean fahren, ohne Trinkgeld zu geben, ist Mut. Für die Rückfahrt ein anderes Schiff benutzen, ist Klugheit.«

Ein Mädchen will sich nach Tunis absetzen. Ihr Freund, ein Matrose, versteckt sie im Laderaum, versorgt sie mit Speise und läßt sich mit Liebkosungen honorieren. Immer wieder fragt sie, wann das Schiff in Tunis sei. Die Antwort bleibt die gleiche: Sie solle sich gedulden.
Endlich wirft sie ihr blindes Passagierstum über Bord und meldet sich beim Kapitän.
»Nach Tunis? Du meine Güte!« ruft der Seebär. »Sie sind auf dem Fährschiff Dover–Calais.«

Die alte Dame war fasziniert von der Radaranlage des Ozeanriesen und fragte den Kapitän, wie er sich früher beholfen habe.
»Meistens bin ich stur geradeaus gefahren«, erwiderte der Klabautermann, »bis ich auf Land stieß. Dann schickte ich einen Leichtmatrosen zum Semmeln holen, blickte auf die Tüte und wußte Bescheid.«

Die Kadetten des Schulschiffes ermitteln auf den Wogen des Atlantik den Standort. Einer nach dem anderen legt sein Ergebnis vor. Plötzlich ruft der Ausbildungsoffizier: »Mütze ab! Wir sind im Kölner Dom.«

Ein Passagier fragt den Schiffsarzt, welche Speisen er angesichts der drohenden Seekrankheit zu sich nehmen solle. Der Medicus empfiehlt: »Die billigsten!«

Schottisches Mittel gegen Seekrankheit: Einen Schilling in den Mund nehmen.

»Da! Sieh! Am Horizont! Ein ganz großer Kasten begegnet uns!«
Der Seekranke: »Sag mir Bescheid, wenn du den ersten Bus siehst!«

»Das Schiff sinkt«, sprach der Kapitän.
Der Seekranke: »Gott sei Dank!«

Der Dampfer ist gesunken. Zwei Industrielle schwimmen in der angegebenen Richtung, aus der das rettende Schiff erwartet wird. »Ich glaube nicht«, klagt der eine, »daß wir uns werden über Wasser halten können.« Der andere schluckt: »Hören Sie gefälligst auf, jetzt von Geschäften zu reden!«

Das Schiff beginnt zu sinken. Ein Jude schreit Zeter und Mordio. Sein Gefährte schüttelt verständnislos den Kopf: »Ist es dein Schiff?«

Xaver Lodenbichler aus München reist über den großen Teich. Er sitzt im

Speisesaal. Da erfolgt eine gewaltige Detonation, und das Schiff beginnt zu sinken.
Lodenbichler trinkt sein Bier aus, knallt den Krug auf die schiefe Platte und wischt sich mit dem Ärmel den Schaum vom Mund: »Wundern daat's mi net, bal der Maschinist a Preiß war!«

Karl Naumann aus Dresden reist über den großen Teich, steht neben dem Kapitän und will alles ganz genau wissen. Da erfolgt eine gewaltige Detonation, und das Schiff sinkt.
Naumann zieht das Jakett aus, springt ins Wasser und wirft einen schmerzlichen Blick auf den halb versunkenen Dampfer: »Eechendlich wollt'ch mich verbrenn' lass'n!«

Aus einem Münchner Schüleraufsatz: »Das jüngste Kind des Verkehrs wikkelt sich in den Lüften ab.«

Australische Flugschüler wurden gefragt: »Was tun Sie, wenn Sie in einem Zweisitzer die Königin von England fliegen und plötzlich stürzt Ihre Majestät aus dem Sitz?«
»Im Sturzflug nach unten und sie aufzufangen versuchen«, sagte einer.
»Kugel durch den Kopf«, versprach sich der zweite.
»Abhauen«, wollte der dritte.
Die geforderte richtige Antwort lautete: »Umtrimmen und den Gewichtsverlust ausgleichen.«

Erster Flug in vollautomatischer Maschine. Die Passagiere haben Platz genommen. Ein Lautsprecher schaltet sich ein: »Bitte anschnallen. Bitte das Rauchen einstellen. Wir starten.«
Die Motoren heulen auf. Die Maschine rollt an, hebt sich vom Boden, fliegt.
Nach fünf Minuten meldet sich wieder der Lautsprecher: »Wir fliegen vollautomatisch. Ihre Sicherheit ist gewährleistet. Alle Geräte an Bord sind tausendfach geprüft. Alles funktioniert ... funktio ... funkti ... funkt .. «

Eisenbahn

Eine Eisenbahn ist ein Unternehmen, gerichtet auf wiederholte Fortbewegung von Personen und Sachen über nicht ganz unbedeutende Raumstrekken auf metallener Grundlage, welche durch ihre Konsistenz, Konstruktion und Glätte den Transport großer Gewichtsmassen, beziehungsweise die Erzielung einer verhältnismäßig bedeutenden Schnelligkeit der Transportbewegung zu ermöglichen bestimmt ist und durch diese Eigenart in Verbindung mit den außerdem zur Erzeugung der Transportbewegung benutzten Naturkräften Dampf, Elektrizität, tierischer und menschlicher Muskeltätigkeit, bei geneigter Bahn auch schon der eigenen Schwere der Transportgefäße und deren Ladung usw., bei dem Betriebe des Unternehmens auf derselben eine verhältnismäßig gewaltige, je nach den Umständen nur in bezweckter Weise nützliche oder auch menschenleben vernichtende oder menschenverletzende Wirkung zu erzeugen fähig ist.

Definition des Reichsgerichts

Ein Herr verlangt am Schalter des Dresdner Hauptbahnhofes eine Fahrkarte nach Meißen.
»Nach Birne?« fragt der Beamte.
»Nee. Meißen.«
»Was wolln Se denn in Meißn? In Meißn is doch nischt los.«
»Ich will nach Meißn. Glaum Se's nur! Eemal dritter und zurück.«
»In Birne is heute Blatzkonzert.«
»Zum Donnerwetter nochemal! Gehm Se mir jetz enne Karde nach Meißn oder nich?«
Der Beamte ist gekränkt: »Meißn is driem, Schalter zwölfe.«

Isidor Goldberger will eine Eisenbahnfahrkarte kaufen, findet den Preis zu hoch und handelt.
Der Beamte wird wütend. Der Zug fährt weg.
»Na!« sagt Isidor. »Was haben Sie nun von Ihrer Sturheit?«

In der Schule gibt es Verkehrserziehung. »Was versteht man unter einer Bahnüberführung?« fragt der Lehrer.
Das Fritzchen meldet sich: »Kein Wort, wenn der Zug drüberfährt.«

Drei Professoren disputieren neben einem abfahrbereiten Zug. Die Aufforderung zum Einsteigen überhören sie. Es pfeift; die Waggons rollen, und die drei traben los.
Zwei bugsiert der Schaffner noch durch die Türe. Der dritte bleibt zurück.
Ein mitfühlender Zeitgenosse tröstet: »Pech für Sie! Immerhin: Die beiden haben es wenigstens noch geschafft.«
Der Verlassene nickt: »Sie wollten mich allerdings nur zum Zug bringen.«

Aus Tante Karlas Sprachwolf: »Ich liebe nicht, mit hängender Zunge auf den fliegenden Zug zu springen.«

Leserbrief in der »Vossischen Zeitung« vom 4. Juli 1842: »Gibt es denn gar kein Mittel, die Bettelei an der Potsdamer Eisenbahn zu steuern? Neuerdings laufen die Bettler fast bis Steglitz neben der Eisenbahn her und belästigen das reisende Publikum.«

Er bat seinen Freund, ihm das Geld für die Heimfahrt zu leihen. Der Gebetene behauptete, er sei ebenfalls knapp bei Kasse, und riet dem Bargeldlosen, sich unter die Bank zu legen, wenn der Schaffner kontrolliere. Da die Sperren sowohl am Abfahrtsort wie am Ziel nicht besetzt seien, bestehe keine Gefahr.
Der Freund kaufte dennoch zwei Karten; der Unwissende aber verkroch sich unter die Sitze.
»Zwei Karten?« fragte der Schaffner. »Wo ist denn der andere?«
»Unter der Bank«, erwiderte der Sitzende. »Der spinnt.«

McGill sitzt mit einer Fahrkarte zweiter Klasse in der ersten des Zuges von Dundee nach Aberdeen. Der Schaffner verlangt Nachzahlung oder Umsteigen. McGill verweigert beides. Da ergreift der Beamte den Koffer des Reisenden und wirft ihn aus dem Fenster.
»So, Bursche«, triumphiert der Passagier, »jetzt bist du reif. Du hast meinen Sohn ermordet.«

Ein Amerikaner sucht in einem überfüllten englischen Zug einen Sitzplatz. Er findet keinen. In einem Abteil aber sitzt ein großer schwarzer Hund. »Würden Sie bitte den Hund von der Bank nehmen?« fragt er die füllige Herrin.
»Lassen Sie das Tier in Ruhe!«
Noch einmal läuft der Amerikaner durch den Zug. Alles besetzt. Dann kehrt er zurück: »Bitte nehmen Sie doch den Hund herunter!«
»Ich habe Ihnen gesagt, Sie sollen das Tier in Ruhe lassen.«
Da läuft der Amerikaner rot an, dreht das Fenster herunter, wirft den Hund hinaus und setzt sich.
Eine Zeitlang geschieht nichts. Dann wendet sich ein Mitreisender an den neuen Abteilgast: »Ihr Amerikaner seid wirklich zu nichts zu gebrauchen. Beim Essen haltet ihr die Gabel in der falschen Hand, mit dem Auto fahrt ihr auf der falschen Seite, und dann werft ihr auch noch die Falschen aus dem Fenster.«

Der Zug war besetzt. In einem Abteil aber räkelte sich ein einzelner Herr. Mark Twain öffnete die Türe, und schon tönte ihm der gut einstudierte, mit wehleidiger Mimik kommentierte Spruch entgegen: »Ich muß Sie zu meinem Bedauern darauf hinweisen, daß ich Diphtherie habe.«
Der Dichter nahm Platz: »Ich werde ohnehin im nächsten Tunnel Selbstmord verüben.«

Rittergutsbesitzer Ottokar von Pleskow fährt Erster Klasse von Garmisch nach Innsbruck und liest mit eingeklemmtem Monokel im jüngsten Roman des Freiherrn von Ompteda.
Der Zug fährt in den Fragensteintunnel; es wird dunkel. Pleskow läßt Monokel und Roman sinken. Es wird hell. Pleskow klemmt das Monokel ein und hebt das Buch. Es wird dunkel. Pleskow läßt Monokel und Buch sinken. Es wird hell. Pleskow klemmt das Monokel ein und hebt das Buch. Es wird dunkel. Pleskow läßt Monokel und Buch sinken und murmelt: »Kinderei!«

Graf Bobby mustert sein Visavis im Eisenbahnabteil: »Fahren Sie nach Graz?«
»Nein«, antwortet der Herr.
Pause.
»Sie fahren sicher ins Italienische hinüber, gell?«
»Nein.«
Pause.
»Womöglich steigen Sie schon in Mürzzuschlag aus?«
»Nein, zum Kuckuck!«
Bobby wendet sich der vorüberfliegenden Landschaft zu: »Mir kann's ja gleich sein, wo Sie hinfahren!«

Auf dem Bahnhof hält der Zug. Es ist ein heißer Tag. Die Fenster werden heruntergekurbelt. Der Vorstand schreitet über den Bahnsteig, nimmt die rote Mütze ab und wischt sich den Schweiß vom unbehaarten Haupt. In diesem Augenblick speit ein schlecht erzogener Passagier durch das offene Fenster auf die Glatze.
Der Beamte wendet sich dem unheilvollen Fenster zu, deutet auf seinen Kopf und spricht: »Da haben Sie nochmal Glück gehabt! Wenn das auf den Bahnsteig geflogen wäre, zahlten Sie jetzt zwei Mark.«

Ein Mitglied der Dresdner Staatskapelle wartet, die Baßgeige unter dem Arm, auf die Straßenbahn. Das Wetter ist miserabel, und sämliche Wagen sind überfüllt. Immer wieder wird der Musiker zurückgedrängt.
Allmählich wird er wütend, und dem nächsten Schaffner schreit er seinen Zorn ins Gesicht.
Der aber blickt ihn ungerührt von oben herunter an und erwidert: »Dscha, guder Mann! Da häddn Se ähm Fleede lern mißn!«

Schild an der Toilettentüre eines Dorfbahnhofes: »Schlüssel bitte beim Bahnhofsvorstand holen!«
Handschriftlicher Zusatz eines anonymen Geschädigten: »In dringenden Fällen wende man sich an die Bundesbahndirektion Frankfurt!«

Ein Herr besteigt in München den Nachtschnellzug, gibt dem Schaffner ein rundes Trinkgeld und bittet, in Dortmund geweckt und notfalls mit Schub hinausbefördert zu werden: Ein großes Geschäft stehe auf dem Spiel.
Am Morgen erwacht er in Hamburg. Sein Zorn kennt keine Grenzen.
Auf die Frage eines Kollegen, wie er sich die Beleidigungen gefallen lassen könne, winkt der in Grund und Boden gedonnerte Schaffner lächelnd ab: »Kleine Fische! Den in Dortmund hättste hören sollen!«

Aus einem Schüleraufsatz: »Der Zug fuhr auf dem Bahnsteig ein, und langsam entleerten sich sämtliche Fahrgäste.«

Graf Rudi besucht Bobby auf dem Landsitz und bemängelt, daß der Bahnhof so weit vom Ort entfernt sei. Bobby erklärt: »Wir wollten ihn gern an der Bahnlinie haben, weißt.«

Kathederblüte: »Die Kreuzfahrer zogen im allgemeinen der anatolischen Bahn entlang.«

Straßenbahn

Was nur in Frankfurt sich begibt:
Die Trambahn hielt auf offner Strecke.
Sie sah am Wege eine Schnecke
und sagte gähnend: »Steigen Sie ein,

wenn es Ihnen beliebt!«
Die Schnecke wehrte: »Danke, mir
pressiert es.«
Da gab die Bahn ein Abfahrtssignal
und noch eins und ein drittes und
ein viertes.
Und wirklich begann sie allmählich
weiterzufahren,
um noch vor Sonntag die nächste
Station zu erreichen.
Dort lagen an dreihundert Leichen,
lauter Leute, die über dem Warten
verhungert waren.

Ringelnatz, Straßenbahn 23 und 13

Aus einem Schüleraufsatz: »Die Vermehrung der Fahrgäste auf der vorderen Plattform der Straßenbahn ist in allen Städten mit Rücksicht auf den Fahrer verboten.«

Ein Leipziger Straßenbahnschaffner spricht einen Fahrgast an: »Und Sie? Wolln Sie eichendlich nich bezahln?«
»Na hörn Se mal, Sie«, entrüstet sich der Angesprochene. »Ich hab doch längst mein'n Fahrschein!«
Der Schaffner grinst: »Ach nee! Den dät'ch gerne mal sehn.«
Der Fahrgast zeigt ihn.
»Soso«, sagt der Schaffner drohend. »Und warum mach'n Se dann so e Gesichde, als ob Se nich bezahlt hätt'n, he? Wolln Se mich veräbbeln?«

Karl Valentin: »Wenn Sie hier im Wagen rauchen wollen, so müssen Sie entweder die Zigarre ausmachen oder hinausgehen.«

Am schönen Sommerabend stauen sich die Menschen in Grünwald, um nach München zu gelangen. Man schimpft, daß zuwenig Wagen eingesetzt würden.
»Wagen sans gnua«, erklärt der Schaffner. »Aba Leit sans z'vui!«

»Wie alt sind Sie eigentlich?« fragt ein Mann auf dem überfüllten Perron der Straßenbahn seinen Nachbarn.
»Fünfunddreißig. Was geht das Sie denn an?«
»Nichts. Aber das Alter, um auf eigenen Füßen zu stehen, hätten Sie.«

Straßenbahn = Verkehrsmittel, in welchem nicht einmal alle Männer Sitzplätze bekommen.

Eine stehende Dame tippt dem sitzenden Jüngling auf die Schulter: »Darf ich Ihnen meinen Stehplatz anbieten?«

Seit zehn Minuten steht die alte Münchnerin in der Straßenbahn neben einem geruhsam sitzenden Jüngling. Da wendet er sich zu ihr: »Passen S' auf! An der übernächsten Haltestelle steig i aus. Wenn S' auf Draht san, nacha ham S' Ihr'n Platz!«

Der Schaffner zu einer in den besetzten Wagen drängenden Korpulenten: »Wollen Sie auf einmal mit?«

Der Dünne: »Man sollte den Fahrpreis nach Gewicht berechnen.«
Der Dicke: »Ihretwegen würde die Bahn nicht halten.«

Berliner Schaffner: »Du mußt voll bezahlen, Kleena. Für ne Kinderkarte biste zu jroß.«
Der Angesprochene: »Denn lassen Se jefälligst ooch det Duzen!«

In einer Kölner Straßenbahn legte eine Dame statt der erforderlichen fünfzig Pfennige nur vierzig aufs Pult. Der Schaffner tippte mit dem Finger auf das Geld: »Dat koss et mich selver!«

Ein Flegel spie in das Innere einer Münchner Trambahn. Der Schaffner empörte sich und zeigte das Schild: »Nicht in den Wagen spucken!«
»Daß i net lach!« erwiderte der Getadelte. »Wenn ma des ois toa müaßt, was oiwei gschriebn wird! Da steht: ›Tragen Sie Reform-Büstenhalter!‹ Tragn Sie oan?«

Ein Engländer verteidigte seinen gelegentlichen Whisky mit dem Hinweis, er spare täglich fünf Shilling: »Im Zug hängt ein Schild ›Wer in den Wagen speit, wird mit fünf Shilling Strafe belegt‹. Ich spucke nie.«

Fahrgast zum Nachbar: »Wo muß ich aussteigen zum Nordbad?«
»Achten Sie auf mich! Eine Haltestelle vorher.«
»Danke.«

Aus einem Schüleraufsatz: »Man muß zwei Arten von Haltestellen unterscheiden: Die ständigen und die Bedürfnishaltestellen.«

Auto

Die Verbesserung der städtischen Lebensbedingungen durch die Einführung der Motorwagen kann man kaum überschätzen. Die Straßen bleiben sauber, sind staub- und geruchlos, befahren von Fahrzeugen, die sich auf Gummireifen sanft und geräuschlos dahinbewegen und einen großen Teil der Nervenbelastung des modernen Lebens ausschalten.

Amerikanische Zeitschrift, Juli 1899

Man darf die Motorisierung nicht nur negativ sehen. Sie hat auch positive Seiten. Denken sie nur an den Rückgang der Pferdediebstähle!

Gary Cooper

John Milton zu seiner Frau, die ihm dringend nahelegte, das von Karl II. angebotene hohe Amt anzunehmen:

»Du denkst natürlich nur an den Wagen!«

Wann darf ich Sie mit meinem Mercedes 250 SE abholen? Junger Kaufmann, 28/185 ...

Nürnberger Nachrichten,
2. 12. 1967, Heiratsanzeigen

»Liebling, möchtest Du einen großen elfenbeinfarbigen Wagen fahren, gesteuert von einem Chauffeur mit Uniform und Mütze?«
»Ach, Egon, du bist so gut«, haucht sie.
»Komm, mein Engel! Wir nehmen den Omnibus.«

Natürlich soll man kräftig auf die gut funktionierenden Bremsen treten; schließlich haben die neuen Automodelle ja Sicherheitsgürtel, damit man nicht gegen die gebogene Windschutzscheibe mit dem weiten Blickfeld knallt, das uns ermöglicht, den doppelt so großen Parkplatz zu finden, den der längere Wagen braucht, der nötig ist, um den stärkeren Motor unterzubringen, der es erforderlich macht, daß man vor allem kräftig auf die besser funktionierenden Bremsen tritt.

Das Beste, Juli 1956

Ein Neureicher hatte einen Cadillac mit Spezialkarosserie gekauft. Sein Freund bewunderte die mit Leopardenfell überzogenen Sitze, das silberbeschlagene Lenkrad, das goldverzierte Armaturenbrett. Aber als sich der Wagen in Bewegung setzte, erschrak er: »Deine Brille, Alfons!«
»Überflüssig«, lächelte der Neureiche.
»Die Windschutzscheibe ist nach Rezept geschliffen.«

Ein Lord besichtigt einen Rolls-Royce, ist begeistert, will kaufen, entdeckt aber im letzten Moment eine kleine Kurbel: »What's that?«
Der Verkäufer erklärt, die Kurbel sei für den Notfall vorhanden, daß der Wagen nicht anspringt.
Mylord sind indigniert, verlangen nach ihrem Schirm und wenden sich mit Bemerkungen wie »unausgereift« zum Ausgang.
Der Verkäufer tritt ihm in den Weg: »Verzeihen Sie, Mylord! Darf ich mir die Frage erlauben, zu welchem Zwecke Sie Brustwarzen besitzen?«
Der Gefragte antwortet mit einem verächtlichen Blick.
»Ich will es Ihnen sagen«, fährt der Verkäufer fort. »Sie sind vorhanden für den Fall, daß Sie einmal ein Kind zur Welt bringen. Die Wahrscheinlichkeit, daß dieser Fall eintritt, entspricht der Wahrscheinlichkeit, daß dieser Wagen nicht anspringt.«

Das neueste Modell: Am Armaturenbrett leuchtet bei Betätigung der Bremse der nächste Abzahlungstermin auf.

Es ist ihm das nagelneue Auto gestohlen worden. Er reibt sich die Hände:

»Der wird Augen machen, wenn er sieht, daß noch 21 Raten zu zahlen sind.«

»Welches Modell fahren Sie?«
»Kein Modell. Ein abschreckendes Beispiel.«

»Barbarei!« schimpft der Bärenvater im Yellowstonepark angesichts eines vollgestopften Personenwagens. »So viele Menschen in einem so kleinen Käfig!«

Ein Maultier und ein Kleinwagen trafen sich. »Nanu«, sprach der Vierbeiner, »was bist du denn?«
»Ein Auto«, antwortete das Fahrzeug.
»Und du?«
»Ein Pferd.«
Da lachten beide, grüßten freundlich und zogen ihres Weges.

Ein Polizist starrt einem Kleinwagen nach, der sich alle zwanzig Meter vom Boden abhebt und wieder auf die Straße zurückfällt. Er schwingt sich auf sein Motorrad, knattert hinterher und stoppt: »He! Was ist los mit Ihrer Wanze?«
Der Kraftfahrer lächelt nervös: »Nichts. Ich habe Schluckauf.«

Der Tankwart hat den Kleinstwagen aufgefüllt und die Schießscharten geputzt: »Wünschen der Herr auch in die Reifen gehustet?«

Er fährt seinen verbeulten Kleinwagen zur Tankstelle: »Waschen, bitte!«
»Bügeln auch?«

Der Besitzer eines Kleinstwagens in der Straßenbahn, entschuldigend zu einem Freund: »Die Radfahrer sind heutzutage so roh.«

Der Besitzer einer Dänischen Dogge klagt dem Tierarzt, sein Hund jage ständig Kleinautos.
»Alle Hunde jagen Autos«, tröstet der Sachkundige.
»Mag sein«, erwidert der Kunde. »Meiner aber fängt und verscharrt sie im Garten.«

Ein Freund, als Henry Ford in philanthropischer Stimmung fragte, was man für die leidende Menschheit tun könne: »Lege noch eine Sprungfeder in die Sitze!«

Henry Ford findet an der Landstraße einen Automobilisten, der sich bemüht, eine Motorpanne zu beheben. Er steigt aus und beseitigt den Schaden.
Der Dankbare zückt einen Geldschein. Ford lehnt ab: »Ich lebe in ganz guten Verhältnissen.«

Der andere ist überrascht: »Und da fahren Sie einen Ford?«

Hans Pfitzner zu seinem Chauffeur, der den Ford auf der Landstraße von Unterschondorf am Ammersee nach München gegen einen Lastkraftwagen gesteuert hatte: »Schnell fertig ist die Jugend mit dem Ford!«

Deutsche, fahrt deutsche Wagen!
Helft deutsches Leid gemeinsam
tragen!

Werbeslogan einer Automobilfabrik
während der Rheinlandbesetzung

Den Kopf halt kühl, den Motor warm!
So werden Arzt und Händler arm.

Ein Kraftfahrer erfand zur Unterhaltung auf langen Strecken ein Spielchen: Wenn es ihn an zweifelhafter Stelle zum Überholen jücket, zählt er bis fünfzehn. Kommt während dieser Zeit ein Gegenfahrzeug, notiert er sich einen Minuspunkt, bleibt die Straße frei, einen Pluspunkt.

Ein Mann fährt seinen Wagen in der Werkstatt vor: »Jedesmal, wenn ich über 130 Kilometer pro Stunde fahre, klopft etwas.«
Der Mechaniker untersucht gründlich. Dann wischt er sich die Hände an der Schürze ab: »Alles in Ordnung. Es wird Ihr Schutzengel sein.«

Schild vor einer Stadt in Texas: »Im letzten Jahr starben in dieser Stadt 159 Menschen durch Gas: 11 atmeten es ein; 9 hielten ein Streichholz daran; 139 gaben zuviel.«

Kronprinz Friedrich Wilhelm raste mit seinem Mercedes um die Avus. Neben ihm eine Jüdin.
»Kaiserliche Hoheit«, sprach sie, als der Tachometer übermütig wurde, »bedenken Sie bitte, daß unsere Gebeine, sollte ein Unfall passieren, nicht mehr zu sortieren sein werden! Es besteht die Möglichkeit, daß Sie auf dem jüdischen Friedhof landen und ich in die Fürstengruft gelange.«

Der Jüngling rast mit seiner Tante über die Autobahn: »Fahr ich zu schnell?«
»Nein«, antwortet die alte Dame. »Du fliegst zu niedrig.«

Klein-Iwan an Groß-Prawda: »Ist sich meeglich, daß Moskwitsch geht mit 180 in Kurve?«
Groß-Prawda an Klein-Iwan: »Ist sich meeglich. Aber nur einmal.«

Der Kraftfahrer tritt auf die Bremse; die Reifen stöhnen. Er kurbelt das Fenster herunter: »Wo bin ich?«
»Auf dem Kaiser-Wilhelm-Platz.«

»Keine Details!« reklamiert der Eilige. »In welcher Stadt?«

Als Naturfreund mache ich gern schöne Autotouren.

Münchner Merkur, 25. 11. 1967, Heiratsanzeigen

»Nichts gegen Schlaglöcher!« warnte ein Verkehrsexperte. »Eines Tages wird der Autofahrer so faul sein, daß er sie braucht, um die Asche von der Zigarre zu brechen.«

Auf schnurgerader Landstraße erkannte der Führer eines Streifenwagens im Rückspiegel einen Lastwagen, der sich mit mindestens 90 km/Std. näherte. Das Polizeiauto fuhr mit achtzig Kilometern; für Lastwagen war die Geschwindigkeit auf 70 Kilometer pro Stunde begrenzt.
Der Streifenwagen erhöhte die Geschwindigkeit auf 90 Kilometer, und als der Lastwagen mit den Zeichen einer Speiseeisfirma zum Überholen ansetzte, erkannte der Eilige, wen er vor sich hatte. Er winkte aus dem Fenster, fuhr an den Straßenrand, hielt an und sprach zu den straflüsternen Ordnungshütern: »Sie sind schwer zu erwischen. Seit fünfzehn Kilometern jage ich hinter Ihnen her, um Ihnen ein paar Eiswaffeln zu geben gegen die irrsinnige Hitze heute!«

Auf dem Pariser Flohmarkt waren alle Polizeimützen vergriffen: Autofahrer hatten sie aufgekauft, um sie unter die Rückfenster ihrer Wagen zu legen.

Vor Rot sind alle Autos gleich.

Ein Tut = Zeitspanne zwischen dem Aufleuchten der grünen Ampel und dem Hupen in der zweiten Reihe.

Detlef fährt bei Gelb über die Kreuzung. Es pfeift.
»Aberchen, lieber Herr Wachtmeister«, sagt Detlef. »Ich denke, bei beige darf man noch rüber?«

Paradox – sind Leute, die auf die antiautoritäre Erziehung schwören und gleichzeitig bemüht sind, einen Führerschein zu erwerben.

»Was hat Papa gesagt, daß du ihm den Wagen schrottreif gefahren hast?«
»Soll ich die Flüche weglassen?«
»Bitte.«
»Nichts.«

»Mama, darf ich hinausgehen und zuhören, wenn Papa das Rad wechselt?«

Berufstätige Dame, katholisch, 50/167, vollschlank, in sehr guter Position, humorvoll, häuslich, warmherzig, sucht charaktervollen, vielseitig interessierten Ehepartner mit Niveau (Autofahrer), Raum Niederbayern.

Süddeutsche Zeitung, 25. 11. 1967

Ehemann = Kraftfahrer, der meistens beidhändig steuert.

Die Tatsache, daß mehr Autounfälle geschehen als Eisenbahnkatastrophen, führte ein Sachverständiger darauf zurück, daß der Lokomotivführer nur auf einem kaum erfaßbaren Bruchteil von Streckenkilometern den Arm um den Heizer legt.

Die Liebe führt das Auto auf Nebenwege. Und umgekehrt.

Sigmund Graff,
Lächelnde Weisheiten, Er und Sie

Sie sitzt an der Nähmaschine. »Vorsicht, Liebling!« sagt er. »Nicht mit der Fingerspitze unter die Nadel kommen!«
»– – –?«
»Kannst du die Stiche nicht ein wenig enger setzen, damit die Naht auch hält?«
»– – –?«
»Ein bißchen schief bist du jetzt geraten. Schön ruhig den Stoff führen und ...«
»Scher dich zum Teufel! So was Dummes! Stellt sich der Narr hin und will mir Nähen ... Mir!«
Er wendet sich gekränkt ab: »Ich dachte nur, weil du mir beim Autofahren auch immer behilflich bist ...«

Ein Autofahrer zu seiner ständig ratschlagenden Ehefrau: »Ruhe jetzt! Deine Aufgabe ist, Polizisten anzulächeln.«

Bollmann wird auf dem Kurfürstendamm gestoppt: »Schon mal wat von Höchstjeschwindigkeit jehört?«
Bollmann nickt.
»Ihren Führerschein bitte!«
»Recht hamm Se, Wachtmeesta!« zischt die Beifahrerin. »Brumm' Se ihm man ne richtije Strafe uff, dem Döskopp! Seit zehn Jahren predije ick, er soll vanünftig fahren. Allet vajeblich bei den Dussel.«
Der Schupo schaut von einem zur andern: »Deine Frau?«
Bollmann nickt.
Legt ihm die Hand auf die Schulter und gibt den Führerschein zurück: »Is jut, Bruder. Fahr weita!«

Die Oma vom Lande ist nach Königsberg gekommen und läßt sich mit der Taxe zur Wohnung ihrer Kinder fahren. Da der Winker versagt, gibt der Fahrer Armzeichen. Lange hat sich die alte Dame beherrscht. Endlich aber reklamiert sie: »Halten Se man lieber Ihr Radche fest, Mannche! Ich werd Ihnen schon sagen, wenn's regnet.«

Chauffeur = Mann, klug genug, ein Auto zu fahren und keines zu kaufen.

Karl Valentin, der sich zu Fuß auf späten Heimweg machte, auf die Frage, ob er kein Auto besäße: »Net amal a eigene Tram.«

Öffentlicher Parkplatz = Grundstückswucher auf Raten.

Michael Schiff,
Von Abs bis Zwiebelmuster

Die gute alte Zeit = Als das Autofahren teurer war als das Parken.

»Seit zwanzig Minuten fahre ich um diesen Block«, steht auf einem Zettel, der an einem falsch geparkten Wagen befestigt ist. »Ich muß zu einer wichtigen Besprechung. Meine Stellung steht auf dem Spiel. Vergib uns unsere Schuld!«
Nach zwei Stunden kehrt der Besitzer des Wagens zurück. Er findet eine kostenpflichtige Verwarnung und einen zweiten Zettel: »Seit zwanzig Jahren gehe ich um diesen Block. Ich habe unter anderem die Aufgabe, falsch geparkte Wagen zu beanstanden. Wenn ich diese Pflicht versäume, steht meine Stellung auf dem Spiel. Führe uns nicht in Versuchung!«

Tünnes hat beim Einparken den Vorderwagen wie den Hinterwagen beschädigt. »Ich habe meine Brille vergessen«, gibt er zu Protokoll, »und mußte nach Jehör parken.«

Frau am Steuer

Hübsche Sekretärin, 20/169, schlank, dunkel, sympathisches Wesen (eigener VW), wünscht die Bekanntschaft ...

Süddeutsche Zeitung, 16. 12. 1967

»Wie lange brauche ich noch, bis ich die Prüfung machen kann?« fragt die Fahrschülerin.
»Drei«, antwortet der Lehrer.
»Stunden?«
»Nein. Autos.«

Der Fremde im Nachtclub der Kleinstadt fixiert eine hübsche Blondine.
»Vorsicht!« warnt der Mixer. »Gefährlichste Puppe am Platze.«
»? ? ? ?«
»Heute Führerschein gemacht.«

Die junge Frau, den noch warmen Führerschein in der Tasche, gerät in dichtesten Großstadtverkehr: »Um Gottes willen! Was soll ich jetzt bloß tun?«
Ungerührt blickt der Mann auf die Blechwälle: »Stell dir vor, ich säße am Steuer!«

Der Polizist zu einer Kraftfahrerin, die nach der dritten Grünlichtphase immer noch stand und den Verkehr blockierte: »Sagen Ihnen unsere Farben nicht zu?«

Sie rauscht bei Rot über die Kreuzung und wird gestoppt.
»Entschuldigen Sie vielmals, Herr Wachtmeister!« haucht sie. »Könnte ich mein Vergehen dadurch wieder gutmachen, daß ich an der nächsten Ampel bei Grün stehenbleibe?«

Sie ignoriert ein Stopschild und schießt auf die Hauptstraße. Ein Polizist hält sie an: »Wissen Sie nicht, was dieses Schild da bedeutet?«
»Bedaure«, erwidert die Dame. »Fragen Sie im Kiosk!«

»Warum haben Sie auf mein Pfeifsignal hin nicht gehalten?« fragte der Verkehrspolizist die Pariser Tänzerin.
»Mon cher!« lächelte die Schöne. »Wenn ich jedesmal halten wollte, wenn mir jemand nachpfeift, käme ich nie ins Theater.«

»Die gefährlichsten Unfälle entstehen«, erzählte ein Verkehrspolizist, »wenn eine Frau den linken Richtungsanzeiger betätigt und tatsächlich nach links abbiegt.«

Ein Polizist stoppte eine hübsche junge Dame, die ihren Kraftwagen in falscher Richtung durch die Einbahnstraße steuerte: »Sie wissen, warum ich Sie anhalte?«
»Lassen Sie mich raten!« erwiderte die Bezaubernde. »Einsam?«

Frau am Steuer zur Reisegefährtin: »Wie dicht dieser unverschämte Kerl da vor mir herfährt!«

Eine Dame am Steuer sah vor sich auf der schnurgeraden Landstraße einen Arbeiter an einem Telegraphenmasten hochklettern: »Unverschämtheit!«

In der dritten Unterrichtsstunde eines Pannenkurses für Damen fragte der Lehrer, ob sich eine der verehrten Schülerinnen inzwischen bereits mit dem Motor ihres Wagens befaßt habe. Stilles, charmantes Lächeln. Endlich eine sanfte Stimme: »Sie vergaßen, uns zu erklären, wie die Haube zu öffnen ist.«

»Egon!« schreit die Frau am Steuer. »Die Bremsen versagen!«
Er empfiehlt: »Fahr gegen was billiges!«

»Bremsen!« schreit er. »Bremsen!!«
Sie gibt Vollgas.
Drei Tage später erwachen sie nebeneinander im Krankenzimmer. »Warum hast du nicht gebremst?« lallt er.
»Weil ich«, ächzt sie, »mich von dir nicht anbrüllen lasse.«

»Was tun Sie nach einem Verkehrsunfall?« fragt der Führerscheinprüfer die Kandidatin.
»Ich hole die Polizei«, antwortet die junge Dame, »und lasse mir die Unschuld bestätigen.«

Zerknirscht stand die Schöne neben ihrem zerbeulten Auto.
»Haben Sie die Nummer des Wagens, der Sie angefahren hat?« fragte der Beamte.
»Nein«, antwortete die Dame. »Die Begleiterin des Fahrers trug eine moderne grüne Kappe, einen seidenen Automantel, Waschlederhandschuhe, rostfarbene Perlonstrümpfe und braune Nubukschuhe, sowie eine Elfenbeinkette. Ihr Haar war ungeschickt gebleicht, die Wimpern getuscht, die Brauen rasiert und auffallend weit nachgezogen. Ich hatte den Eindruck, daß sie . . .«

»Meine Schuld«, gestand die Dame nach dem Zusammenstoß.
»Meine, gnädige Frau«, widersprach der Gegner. »Ich habe Sie auf hundert Meter Entfernung erkannt und hätte genügend Zeit gehabt, hier in die Wiese zu fahren.«

Ein Mann am Telefon: »Meine Frau? – Heute morgen gegen 10.30 Uhr in der Parkstraße? – Ist Ihr Wagen stark beschädigt? – Verdammte Schweinerei! – Moment mal: Was sagen Sie da? Hat zugegeben, daß sie schuld war? – Sie haben sich verwählt. Guten Abend!«

Verkehr

Auf dem Kurfürstendamm fährt ein Auto an den Bordstein. Das Fenster wird heruntergekurbelt und der nächstwandelnde Passant gefragt:
»Wenn ich da vorn links abbiege, steht da der Bahnhof Zoo?«
»Wenn Se nich abbiejen«, antwortet der Eingeborene, »steht er ooch da.«

Ein Auswärtiger ging durch die Kaufingerstraße in München, Richtung Marienplatz, und fragte: »Sie verzeihen: Komme ich hier zum Stachus?«
»Freili«, antwortete der Ortskundige. »'s san ungefähr 40 000 Kilometer. Aba wenn S' Eahna umdrahn, braucha S' bloß fünf Minuten.«

Ein Leipziger wird von einem Fremden angesprochen: »Können Sie mir sagen, wo die Makkaronifabrik ist?«
»De Maggaronifabrig? Nee, mei Gudster. Leider nich. Dud mir außerordentlich leid.«
Der Fremde bedankt sich und geht weiter. Plötzlich steht der Leipziger wieder hinter ihm: »Sie mein' wohl de Nudelmiehle?«
»Nudelmühle, ja.«
»Das is bedauerlich. Wo die is, weeß'ch ooch nich.«

Juristisch: »Ein Fußgänger ist ein Verkehrsteilnehmer, bei dem Fahrer und Fahrzeug eins sind.«

Leb wohl, Agathe, fasse dich!
Ich bin ja noch nicht tot.
Wenn das so bleibt, dann komme ich
um zwölf zum Mittagbrot.

Ich gehe bloß mal auf die Bank,
das ist kein Tränchen wert.
Da wird der Fahrdamm, Gott sei
Dank,
bloß fünfmal überquert.

Ich rufe zwischendurch mal an,
wahrscheinlich vom Geschäft.
Kopf hoch, mein Schatz, und denke
dran:
Nicht jedes Auto trefft!

Hans-Erich Richter

»Die fortschreitende Motorisierung ist eine famose Sache«, behauptete ein Herr mittleren Alters. »Früher war ich feist und unbeweglich, aber jetzt – schauen Sie her!«
Der andere zweifelte: »Wieso wird man im Auto – und überhaupt – seit wann besitzen Sie denn ...«
»Nicht vom Fahren«, lachte der Geschmeidige. »Ich springe beiseite.«

Ein leerer Wagen hat einem beladenen, ein Reiter einem Wagen und ein Fußgänger einem Reiter auszuweichen. An Brücken hat der schwerer beladene Wagen Vorfahrt.

Sachsenspiegel

Aus einem Schüleraufsatz: »In modernen Städten werden auf den Straßenkreuzungen jetzt statt der Verkehrspolizisten bunte Lampen aufgehängt.«

Aus der Heimatbeilage Nr. 7 der Münchner Neuesten Nachrichten des Jahres 1932: »Durch Verkehrsregelung wird mancher Unglücksfall und manches Menschenleben verhütet.«

Der fünfjährige Bub tritt weinend auf den Verkehrspolizisten zu: »Bitte schön, Herr Schutzmann, haben Sie nicht eine Frau ohne einen Jungen gesehen, der genau so aussieht wie ich?«

Verkehrsadern = Weil in ihnen Blut fließt.

Aus einem Schüleraufsatz: »Die Menschen wurden früher nicht so alt wie heute, obwohl sie viel weniger Verkehr hatten.«

Das Oberlandesgericht Celle entschied: »Kündigt sich ein Niesausbruch durch einen vorausgehenden Niesreiz an, so hat der Fahrer zu bremsen oder notfalls sogar rechts heranzufahren und zu halten. Überfällt den Kraftfahrer aber plötzlich ohne jede vorherige Ankündigung ein Niesausbruch, so kann ihm, sofern er infolge des Niesens von der Fahrbahn abgekommen ist oder andere geschädigt oder gefährdet hat, nicht der Vorwurf der Fahrlässigkeit gemacht werden.«

Aussage eines Kraftfahrers: »Ich schaffte glatt die Kurve, kam dann aber über die Fahrbahn hinaus, durchbrach einen Zaun und rammte einen Baum. Danach verlor ich die Gewalt über den Wagen.«

Ein Berliner Radfahrer, einen Stoß Zeitungen auf dem Gepäckträger, wird von einem anderen Radfahrer, der die Vorfahrt mißachtete, gelegt. Er biegt seinen Lenker gerade, sammelt seine Gazetten auf, schwingt sich in den Sattel und ruft zurück: »Keine Zeit! Hau dir selber in de Fresse!« (Zille)

»Was haben Sie gesehen?« dröhnt der Verteidiger. »Halten wir das genau fest: Der Geschädigte stand Ihnen gegenüber auf der Fahrbahn. Dann kam von rechts der Wagen des Beklagten. Verdeckte den Geschädigten. Als der Wagen vorübergefahren war, lag der Geschädigte blutend auf der Straße. Das haben Sie gesehen. Und nun behaupten Sie, der Wagen des Beklagten habe den Geschädigten angefahren.«
Der Zeuge blickt sich hilfesuchend im Gerichtssaal um: »Es kann natürlich auch sein, daß sich der Beifahrer aus dem Fenster gebeugt und den Geschädigten gebissen hat.«

Man bringt den Zerschundenen ins Krankenhaus.
»Verheiratet?« fragt die Aufnahmeschwester.
»Nein«, stöhnt der Mann. »Auf der B 12, beim Flugplatz. Ich bin ins Schleudern geraten und die Böschung runter und dann gegen eine Hauswand.«

Palmström, etwas schon in Jahren,
wird an einer Straßenbeuge
und von einem Kraftfahrzeuge
überfahren.

»Wie war«, spricht er, sich erhebend
und entschlossen weiterlebend,
»möglich, wie dies Unglück, ja,
daß es überhaupt geschah?

Ist die Staatskunst anzuklagen
in bezug auf Kraftfahrwagen?
Gab die Polizeivorschrift
hier dem Fahrer freie Trift?

Oder war vielmehr verboten,
hier Lebendige zu Toten
umzuwandeln, kurz und schlicht:
Durfte hier der Kutscher nicht?«

Eingehüllt in feuchte Tücher,
prüft er die Gesetzesbücher
und ist alsobald im klaren:
Wagen durften dort nicht fahren!

Und er kommt zu dem Ergebnis:
»Nur ein Traum war das Erlebnis,
weil«, so schließt er messerscharf,
»nicht sein kann, was nicht sein darf.«

Morgenstern,
Palmström, Die unmögliche Tatsache

Zeitungsnotiz: »Auf der Straße nach Glasgow überschlug sich ein Taxi. Alle zehn Insassen wurden verletzt.«

McNepp sah auf dem Asphalt einen Penny glitzern. Er stürzte auf ihn zu, wurde von einem Auto erfaßt und getötet. Die Lokalnachrichten meldeten, er sei eines natürlichen Todes gestorben.

Bodo von Drewitz auf die Mitteilung, der Dachdecker Meier sei überfahren worden: »Schrecklich! Nicht einmal auf dem Dache ist man heutzutage sicher.«

Ein Automobilist überfährt ein Huhn. In der nächstliegenden, einer Heilanstalt angeschlossenen Landwirtschaft meldet er sich.
»Nein«, antwortet der Aufseher. »So flache haben wir nicht.«

Bernard Shaw überfuhr mit seinem Auto ein Schwein. Der Bauer schimpfte, und der Dichter versprach: »Ich werde es Ihnen ersetzen.«
»Sie? Mann!« erwiderte der Bauer verächtlich. »Viel zu mager.«

Das Auto überfährt einen Hund, der neben einem Mann am Rande der Landstraße trottet. Der Kraftfahrer hält und zieht zwanzig Mark aus der Tasche: »Genügt das?«
»In Ordnung«, sagt der Fußgänger. Das Auto rast weiter. Nachdenklich blickt der Mann auf den Kadaver: »Wem mag er wohl gehören?«

Reisen

Wie euch der Brunnen aus eisernen
  Röhren
in den heißen Althäuserplatz speit,
erdengeläutert und ausgekühlt;
da ihr alte und neue Zeit
und den Himmel abkonterfeit –

siehet mein durstiges Staunen
in euch doch immer zu andre.
Immer wieder mit über den Rand
  gespült,
fängt es aus eurem Raunen
nur eines auf: Wandre!

Von euch möcht' ich trinken!
Ihr würdet lau, wenn ihr stehenbliebt,
ihr würdet trüb. Ihr würdet
  verweilend
faulen und stinken.

Ringelnatz, Vorm Brunnen in Wimpfen

»D'Fremde macht Leut«, hot's Mädle gsait und isch mit 'am Schubkarre voll Kind hoikomme.

Aus dem Allgäu

»Zehn Tage Paris mit meiner Frau. Wieviel Geld brauche ich ungefähr?«
»Rechnen Sie mit 1500,– Mark!« empfiehlt der Angestellte des Reisebüros.
»Das ist viel«, stöhnt der Kunde. »Dann muß ich allein fahren.«
»In diesem Falle«, ergänzt der Berater: »Dreitausend!«

Die Ehefrau zu ihrem verreisenden Gemahl: »Bitte gib kein Geld aus für Dinge, die du daheim umsonst hast!«

Ehefrau beim Abschied: »Vergiß nicht zu schreiben! Sei es auch nur ein Scheck.«

Ein Schotte sitzt gut gelaunt in der Eisenbahn.
»Sie fahren in Urlaub?« fragt sein Gegenüber.
»Ich bin auf der Hochzeitsreise.«
»Und Ihre Frau?«
»Ist daheim. Sie kennt die Gegend schon.«

Max Reinhardt hatte für eine zehntägige Reise fünfzig Paar Socken eingepackt.
»Was soll der Unfug?« fragte ein Freund. »Mehr als zehn Paar brauchst du keinesfalls.«
»Schon«, erwiderte der Regisseur. »Aber welche?«

Es gibt ein Gespenst,
das frißt Taschentücher.
Es begleitet dich
auf deiner Reise;
es frißt dir aus dem Koffer,
aus dem Bett,
aus dem Nachttisch,
wie ein Vogel
aus der Hand,
vieles weg.
Nicht alles; nicht auf einmal.
Mit achtzehn Tüchern,
stolzer Segler,
fuhrst du hinaus
aufs Meer der Fremde,
mit acht bis sieben
kehrst du zurück,
ein Gram der Hausfrau.

Morgenstern,
Der Gingganz, Gespenst

Der Zollbeamte: »Kaffee, Tee, Spirituosen, Zigaretten?«
Graf Bobby: »Danke. Eingedeckt.«

Der Zollbeamte an einer ehemaligen Balkangrenze (laut): »Hat jemand Devisen?«
Ängstliches Kopfschütteln.
Der Beamte wiederum (leise): »Möchte jemand Devisen?«

Personenzug aus Wien an der Grenze Lundenburg. Ein Mann sitzt in der dritten Klasse, die Hände im Schoß gefaltet. Über ihm, im Gepäcknetz, ein Sack.
»Haben Sie etwas zu verzollen?«
»Nein danke.«

»Was ist denn in dem Sack?«
»Karnickelfutter.«
»Darf ich sehen?«
Der Fahrgast holt den Sack herunter. Der Zöllner greift hinein und blickt den Reisenden durchdringend an: »Seit wann fressen Kaninchen Tabak?«
»Fressen sie nicht?«
»Nein, mein Herr!«
»Dann kriegen sie gar nichts.«

Franz reichte mir in letzter Minute vor Abgang des Orientexpresses ein Paket in den Waggon: Die schöne neue Krone mit den vielen Steinen und dem Hermelinbesatz.
Elsa, mein Gemahl, war entsetzt: Wie leicht kann da etwas verbogen und aus der Fasson gebracht werden.
Sofort war eine von den vielen ärgerniserregenden Hutschachteln, die nach Aussage meiner Frau alle unentbehrlich sind, entleert und die Krone hineingelegt.
Nachts, Grenze, Zollrevision.
»Nichts zu verzollen.«
»Den Karton aufmachen!«
Innerlich fluchend, äußerlich freundlich, knüpfe ich das Zeitungspaket auf. Der Beamte verfolgt aufmerksam jede meiner Bewegungen.
Wie die hermelinbesetzte Krone zum Vorschein kommt, erschrickt er sichtlich und sagt devot: »Danke gehorsamst, Hoheit! Tschuldigen schon die Störung.«

Slezak, Meine sämtlichen Werke,
Mein Garderobier

Drei Amerikaner stehen auf dem Münchner Marienplatz.
»Den wievielten haben wir heute?«
»Den Fünfzehnten.«
»Okay. Wir sind also in Munic.«
(Simpl)

Der amerikanische Wagen, auf dem Trip »Schottland in drei Tagen« begriffen, hielt auf einem Berg. Die Insassen stiegen aus, filmten und zogen einen Hirten ins Gespräch, der neben der Straße Schafe weidete: »Herrliche Aussicht hier!«
»Schon«, sprach der Schotte.
»Ihr blickt weit hinaus.«
»Schon.«
»Fast bis Amerika«, kicherte ein Jüngling.
»Weiter«, sprach der Schotte.
»Weiter?«
»Yes. Bis zu den Sternen.«

Wird Reisen leicht – Vergeßt das nicht! –,
verliert's auch inneres Gewicht.

Eugen Roth,
Zu leicht befunden

Eine Dresdner Schulklasse besucht Moritzburg. Auf der Brücke zum Pöppelmannschen Schlosse streckt der Lehrer den Arm hoch, läßt die Hand kreisen und ruft: »Alles herkomm! Eindricke sammeln!«

Die schottische Familie verläßt die Bergbahn. »Daß mir niemand einen

Blick auf die Burg da drüben verschwendet!« spricht der Vater. »Von ihr haben wir ein Bild daheim.«

»Sehen Sie am Horizont die schöne weiße Pyramide?« fragt der Bergführer.
»Nein«, antwortet der Tourist.
»Das ist der Großvenediger.«

Ein Einsiedler am Rande des Grand Canyon pflegte Touristen zu erzählen, er habe die Schlucht gegraben und das Erdreich auf einem Schubkarren weggefahren. Eines Tages stieß er auf Zweifel. Eine junge Dame erwiderte: »Ich glaube Ihnen, daß Sie das Tal gegraben haben. Ich glaube Ihnen auch, daß Sie die Erde auf einem Schubkarren weggefahren haben. Aber! Wo ist sie denn?«

Er heißt die Familie aussteigen: »Hier ist der ideale Campingplatz. Fünf Millionen Mücken können nicht irren.«

Inserat: »Tausche neuwertiges Doppelzelt gegen Kinderwagen. Angebote unter . . .«

Eingehüllt in schnöden Barchent,
lag man auf den Böden, schnarchend.

Franz Mittler,
Macht man denn aus Kalk die Terzen,
Schutzhütte

Der Sommergast ist entsetzt, daß dem dringend benötigten Häuschen im Garten die Rückwand fehlt. Die Bäuerin tröstet: »Vorn, schaun S', ist die Tür ja da, und von hinten kennt Eahna niemand.«

Väterchen fährt schon wieder einmal
stolz durch den Kaiser-Wilhelm-Kanal
als ein Kaiser und Admiral.
Links sind Husaren, rechts sind
Ulanen,
sowohl mit Säbeln als auch mit Fahnen.
Zivilisten sind nirgends zu ahnen.
Väterchen, klug und wohlberaten,
wünscht nur Gegend zu sehn und
Soldaten,
anderes könnte der Stimmung schaden.

Rudolf Presber (1913)

Ich bin nach Tirol gereist
und hab das Zuhause vergessen.
Ich habe viel Freiheit gefressen
und viel Gesellschaft gespeist.
Landschaften hab ich gesoffen
und Illusionen geraucht.

Ringelnatz,
Drei Tage Tirol

»Wilde Gegend«, berichtet Meier von einer Autofahrt durch den Balkan. »Ich wechsele den Reifen, höre hinter mir ein wütendes Fauchen, drehe mich um und sehe – einen Tiger, zum Sprunge bereit.«
Müller schnauft süffisant: »Seit wann gibt es auf dem Balkan Tiger?«
Meier faßt den Zweifler scharf ins Auge und trommelt mit den Finger-

spitzen auf die Tischplatte: »Willst du meine Reiseerlebnisse hören oder suchst du Streit?«

Globetrotter Schmitz wird gefragt: »Hawwe Se och de Wüste Sahara kennenjelernt?«
Er ist entrüstet: »Liewer Freund: Ech ben verheirat!«

»Erzähle mir doch etwas von den fremden Ländern, die du alle gesehen hast«, sagte der Fuchs zu dem weitgereisten Storche.
Hierauf fing der Storch an, ihm jede Lache und jede feuchte Wiese zu nennen, wo er die schmackhaftesten Würmer und die fettesten Frösche geschmauset.
Sie sind lange in Paris gewesen, mein Herr. Wo speiset man da am besten? Was für Weine haben Sie da am meisten nach ihrem Geschmack gefunden?

Lessing,
Fabeln, Der Fuchs und der Storch

Falsch zitiert:
»Wem Gott will rechte Gunst
erweisen,
dem schickt er seine Frau auf Reisen.«

»Wir verreisen nur alle drei Jahre«, erzählte ein Genügsamer. »Im Urlaub des ersten Zwischenjahres erinnern wir uns an die Reise des Vorjahres und im Urlaub des zweiten bereiten wir die Reise des folgenden Jahres vor.«

In Hamburg lebten zwei Ameisen,
die wollten nach Australien reisen.
Bei Altona auf der Chaussee,
da taten ihnen die Beine weh,
und da verzichteten sie weise
dann auf den letzten Teil der Reise.

Ringelnatz, Die Ameisen

VIII. Kapitel

Gesicht
Gehör
Geruch
Leib
Körperfülle
Körperfehler
Kopf
Bart und Haupthaar
Seele
Geist
Klugheit
Erfahrung
Erinnerung
Dummheit

Gesicht

Kennst du den seltsamen Kristall?
Er deutet strahlend himmelwärts;
rund ist er wie das blaue All,
und seine Folie ist das Herz.
Es bricht aus ihm ein heilig Licht,
das ist der werten Folie Glanz.
Wenn Lieb und Leiden die zerbricht,
zerfließet er in Strahlen ganz.

Justinus Kerner,
Rätsel (Augen)

Werbeplakat im Schaufenster eines Optikerladens: »Wenn Sie nicht sehen, was Sie suchen, dann sind Sie hier richtig. Bitte treten Sie ein!«

Kathederblüte: »Auf der Netzhaut des menschlichen Auges bilden sich alle Gegenstände verkehrt ab. Damit entsteht die Frage: Wieso erblicken Sie mich aufrecht, da ich Ihnen doch eigentlich verdreht erscheinen müßte?«

Aus einem Schüleraufsatz: »Am See saß eine Bäuerin und melkte eine Kuh. Im Wasser sah das gerade umgekehrt aus.«

Der Prüfungsleiter fragte nach einem »Teil des menschlichen Organismus, der die Fähigkeit hat, sich um das Neunfache zu vergrößern«.
Cand. med. Julia Immerfrisch errötete und sprach: »Würden Sie die Freundlichkeit haben, diese Frage einem der Herren Kollegen vorzulegen?«
Der Examinator hatte, und ein Kandidat antwortete: »Die Pupille.«
Die Prüfung nahm ihren Fortgang. Da unterbrach der Professor plötzlich und wandte sich an Fräulein Immerfrisch: »Was ich noch sagen wollte: Gehen Sie nicht mit allzu großen Erwartungen in die Ehe!«

Das erste, was ich bei einer Frau beobachte, sind ihre Augen. Wenn sie mit den Augen zwinkert, dann hat sie Sinn für Humor und kann einen Spaß vertragen.

Bing Crosby

Ein Londoner Kutscher zur schönen Herzogin von Queenbury, die sich nach dem Fuhrlohn erkundigte: »Erlauben Sie mir, meine Pfeife an Ihren Augen zu entzünden!«

»Dürfte ich um eine Unterredung unter drei Augen bitten?«
»Wieso drei?«
»Eines habe ich auf Ihr reizendes Fräulein Tochter geworfen.«
»Also unter zwei Augen?«
»Wieso zwei?«
»Eines soll ich doch vermutlich zudrükken. Oder?«

Auf die Behauptung des Freundes, es sei heute so finster, daß man nicht die

Hand vor den Augen sehen könne, erwiderte Graf Bobby: »Warum hältst denn auch noch die Hand vor die Augen?«

Das Pärchen schlendert durch den nächtlichen Park.
»Finster heute!« bemerkt er. »Man sieht die Hand nicht vor den Augen.«
Sie kichert: »Da hast du sie ja auch nicht.«

Als ich Sie von ferne sah, Herr Hofrat Ettinger, glaubte ich, Sie wären Ihr Herr Bruder, der Buchhändler Ettinger. Als Sie jedoch näherkamen, sah ich, daß Sie es selbst sind, und jetzt sehe ich nun, daß Sie doch Ihr Herr Bruder sind.

Galletti

»Ich muß dringend zum Augenarzt«, sagte ein Glühwürmchen. »Gestern habe ich mit einem Zigarettenstummel geflirtet.«

»Wie geht es Euern Augen?« fragte Ludwig XIV.
»Danke, Sir«, antwortete sein Ratgeber Brueys. »Der Arzt sagt, ich sähe besser.«

Die ersten zwei beim Krebs man
findet.
Der Schneider braucht sie unbedingt;
wenn ihre Schärfe einmal schwindet,
ihm keine Arbeit recht gelingt.
Die letzten zwei man suchen muß
im Atelier des Opticus.
Das Ganze ist nötig und nicht zu
verwerfen:
Es muß ja die beiden ersten schärfen,
wenn ihnen die nötige Kraft gebricht.
Der Scherenschleifer jedoch ist es nicht.

Karl August Woll,
Zum Erraten 3 (Augengläser)

»Eine Brille?« fragt der Optiker. »Kurzsichtig oder weitsichtig?«
»Durchsichtig.«

Eine reife Dame, die plötzlich Brille trägt: »Gebraucht hätte ich sie schon lange, aber erst jetzt ist meine Neugier größer als meine Eitelkeit.«

Als Humboldt den Chimborasso bestieg, war die Luft so dünn, daß er nicht mehr ohne Brille lesen konnte.

Galletti

Ein Mann lehnt über dem Geländer der Düsseldorfer Rheinbrücke und schimpft: »Verdammt! Jetzt ist mir die Brille in die Mosel gefallen.«
Ein Passant korrigiert wohlwollend: »Den Rhein.«
»Sehen Sie!« erwidert der Entschärfte. »Ohne Brille bin ich wie blind.«

Wo mag nur meine Brille sein?
Auf dem Schreibtisch?

Nein.
Auf dem Bett?
Auch nicht.
Auf dem Bücherschrank?
Keine Spur.
Und niemand im Hause, den man fragen könnte!
Moment mal! Woher weiß ich eigentlich, daß sie weder auf dem Schreibtisch, noch auf dem Bett oder Bücherschrank liegt? Ohne Brille kann ich doch gar nicht sehen.
Vielleicht habe ich sie auf der Nase?
Tatsächlich.

»Meine Brille ist verschwunden, Ludmilla!«
»Such sie halt!«
»Such sie halt! Ich kann sie doch erst suchen, wenn ich sie gefunden habe!«

Die schottische Mutter zum Vater, der mit dem Sohne ausgeht: »Vergiß nicht, dem Kind die Brille abzunehmen, wenn es nichts zu sehen gibt!«

Wedding, vierter Hof: »Mutta! Kieck ma aus'm Fensta! Der Orje gloobt nich, daß du schielst.«

Klein-Erna spielt mit ihrer neuen Freundin Irma. Heini mustert Irma und sagt: »Klein-Erna, deine Freundin schielt ja!«
»Die schielt nich«, erwidert Klein-Erna. »Die muß so kucken.«

Ein schielender Höfling fragte Talleyrand, wie die politische Lage sei.
Der Staatsmann antwortete: »Wie Sie sehen.«

»Wie heißen Sie?« fragt der schielende Richter den ersten Beschuldigten.
»Franz Müller«, antwortete der zweite.
»Sie habe ich nicht gefragt«, fährt der Richter den zweiten an.
»Ich habe auch nichts gesagt«, verteidigt sich der dritte.

Der schielende kanadische Abbé Gariepy, Dozent in Quebec, stieß auf dem Korridor des Seminars mit einem Studenten zusammen.
»Schauen Sie hin, wohin Sie gehen!« grollte er.
Der Angerempelte erwiderte: »Gehen Sie hin, wohin Sie schauen!«

Der Fremdenführer verlangt für die Londoner Stadtrundfahrt zwei Schillinge. Der Gast aus Schottland zahlt nur einen: »Ich habe ein Glasauge.«

Léon Bloy bat seinen Verleger um Vorschuß.
»Gewährt«, sprach der Geschäftsmann, »wenn Sie mir sagen können, welches meiner beiden Augen aus Glas ist.«
»Das linke«, entschied der Humorist.
»Stimmt. Warum?«
»Ich erkannte in ihm ein Aufleuchten von Mitleid.«

Lange hatte sich der Faktoreileiter auf dem Bismarckarchipel darüber geärgert, daß sich die eingeborenen Arbeiter auf die faule Haut legten, sobald er ihnen den Rücken zeigte. Schließlich glaubte er, das rationellste Kontrollmittel gefunden zu haben. Er nahm sein Glasauge heraus, legte es auf einen Baumstumpf und sprach: »So! Ich sehe alles!«
Als er nach zwei Stunden zurückkehrte, schlief das Kommando. Über sein Auge war eine leere Konservendose gestülpt.

Am 4. November 1958 wurde aus dem Kardinal Angelo Roncalli der Papst Johannes XXIII. Am 25. Dezember besuchte er die römischen Kinderkrankenhäuser.
Vom hilflosen Leid zu Tränen gerührt, trat er an das Bett des siebenjährigen Carmine Gemma, der an einer Hirnhautentzündung erblindet war.
»Ich weiß, du bist der Papst«, sprach das Kind. »Aber ich kann dich nicht sehen.«
Der Heilige Vater streichelte die bleichen Hände des Regungslosen und flüsterte: »Mein Junge, meistens sind wir alle blind.«

Ein Blinder, der von Frauen bedauert wurde: »Kennen Sie kein Vergnügen, das die Nacht gewährt?«

»Die Sonne war dem Untergange nah'
und strahlte wie die Kerze, welche bald
erlöschen soll, noch einmal doppelt
hell«,

erzählt Gyges, König von Lydien 686 bis 656, in Hebbels »Gyges und sein Ring« (I, Halle). Die Kerze wurde im 2. Jahrhundert nach Christus erfunden.

Alte Scherzfrage: Welche Kerzen brennen länger: Gezogene oder gegossene? Alle brennen kürzer.

Ich wandle mit dir Tag und Nacht
im Sonnen- und im Mondenschein.
Auf leichten Sohlen schleich ich sacht
bald vor dir her, bald hinterdrein,
hinab ins Tal, hinan den Berg,
bald wie ein Ries, bald wie ein Zwerg.

Friedrich Wilhelm Güll,
Kinderheimat in Liedern und Bildern
(Schatten)

Zwei Kranke sind der Anstalt entflohen und haben als Grundstock einen Schrank mitgehen lassen. Am Anfang einer kilometerlangen, schnurgeraden Allee zögern sie: »Hat keinen Zweck, Joseph. Wir kommen nicht durch.«

Was ich dir zeige, das bin ich nicht
selbst; ich zeige, der Proteus,
nahen sich Tausende mir, jedem nur
das, was er liebt.

Platen, Rätsel (Spiegel)

Gehör

Ich wünsche dir ein Jahrhundert
und Frische der Jugend dabei,
damit sich ein jeder verwundert,
wie rüstig die Edle sei!

Doch was für mich ich ersehne,
das ratest du alsobald:
Mein Ohr vernehm deine Töne,
solang ihm noch etwas schallt!

Friederike Kempner,
An meine Mutter

Kathederblüte: »Bertram, lassen Sie das Schwatzen! Meine Ohren reichen bis an die letzte Bank.«

Mutter Natur gab uns die Freiheit, unsere Augen nach Willkür zu schließen. Warum hielt sie es nicht auch so mit den Ohren?

Karl Julius Weber,
Demokritos III, 8

Palmström liebt, sich in Geräusch zu
wickeln,
teils zur Abwehr wider fremde Lärme,
teils um sich vor drittem Ohr zu
schirmen.

Und so läßt er sich um seine Zimmer
Wasserröhren legen, welche brausen,
und ergeht sich, so behütet, oft in

stundenlangen Monologen, stundenlangen Monologen, gleich dem Redner
von Athen, der in die Brandung
brüllte,
gleich Demosthenes am Strand des
Meeres.

Morgenstern,
Palmström, Lärmschutz

»Singe doch, liebe Nachtigall!« rief ein Schäfer der schweigenden Sängerin an einem lieblichen Frühlingsabende zu.

»Ach!« sagte die Nachtigall, »die Frösche machen sich so laut, daß ich alle Lust zum Singen verliere. Hörest du sie nicht?«

»Ich höre sie freilich«, versetzte der Schäfer. »Aber nur dein Schweigen ist schuld, daß ich sie höre.«

Lessing,
Fabeln, Der Schäfer und die Nachtigall

»Und nun an die Arbeit, meine Damen und Herren!« schloß der Hauptredner auf dem Jahreskongreß der Lärmbekämpfungsliga. »Lasset uns künftighin so auftreten, daß wir nicht mehr überhört werden können!«

»Wie geht es dir?«
»Schlecht. Ständig Summen im Ohr.«
»Wie hoch?«

Altes Rezept: Träufle den Koth eines Esels, vermischet mit Rosenöl, warm in die Ohren des Patienten, und er wird von seinem Ohrensausen kurieret sein.

Ein Schwerhöriger bestellt eine Tasse Kaffee und zwei Hörnchen.
»Bedaure«, spricht der Kellner. »Hörnchen sind nicht da.«
»Dann bringen Sie mir Tee und zwei Hörnchen!«
»Ich sagte bereits, mein Herr: Hörnchen haben wir nicht mehr.«
»Also gut«, entscheidet der Gast. »Dann eben nur Hörnchen.«

»Ihr Gehör hat sich gebessert«, sagt der Oberarzt der Klinik. »Sie sind entlassen.«
»Was?«
(Stärker): »Entlassen.«
»Warum?«
(Laut): »Sie hören wieder.«
»Gut. Ja. Wieviel?«
(Schreit): »Zweihundert«.
»Dreihundert?«
»Jawohl.«

Ein Mann sitzt mitten in der Wüste unter einer Palme und spielt Geige.
Ein Löwe kommt, umschreitet den Virtuosen, legt sich nieder und lauscht. Ein zweiter Löwe kommt, schnüffelt, legt sich nieder und lauscht. Ein dritter kommt, legt sich nieder und lauscht.
Ein vierter Löwe kommt und frißt Mann nebst Instrument.
Oben, zwischen den Wedeln, stößt ein Affe seinen Kumpel an: »Habe ich es nicht gesagt? Wenn der Taubstumme kommt, ist es aus.«

Neben dem Krankenbett des Bauern steht ein Stapel Holzscheite. Der Arzt wundert sich.
»Mei Oide«, erklärt der Kranke, »hört so schlecht, Herr Doktor. Wann i was brauch, na wirf i ihr a so a Scheitl nauf.«

Aufmerksam hat das Mütterchen den ihr im Abteil gegenüber sitzenden amerikanischen Soldaten betrachtet, der sich intensiv seinem Kaugummi widmet. »Sie müssen entschuldigen, Herr!« sagt sie. »Ich bin taub.«

Eine Frau brauchte einen Hörapparat. Bekam ihn. Legte ihn an und sprach zu ihrem Mann: »Nun sage etwas, das dreihundert Mark wert ist!«

Das Gehör des alten David Goldkern wird schlechter. Der Arzt gebietet: »Sofort das Saufen einstellen!«
Davids Gehör kräftigt sich. Und versagt schließlich ganz.
»Warum haben Sie weitergesoffen?« schreibt der Arzt auf einen Zettel.
David lächelt: »Alles, was ich seit meinem letzten Besuch bei Ihnen hörte, war nicht so gut wie ein Glas Schnaps.«

Ein alter Herr leitete die Drähte vom Ohr zum Hörapparat in der Tasche

gut sichtbar über die Kleidung. Ein Freund riet ihm, sie diskret in den Kragen zu leiten. Der alte Herr zog den Apparat aus der Tasche: Eine Blechschachtel mit Kabeldraht.
Der Freund wunderte sich: »Damit hören Sie doch nicht besser!«
»Nein«, bestätigte der Alte lächelnd. »Aber die Leute sprechen lauter.«

Ein alter Herr kommt mit einem Hörrohr in ein Münchner Theater. »Oan Ton, wenn S' blas'n«, spricht der Logenschließer, »nachher san S' scho drauß'n!«

Ein Buchhändler schrie einem schwerhörigen Kunden, der, obwohl er noch alte Schulden zu begleichen hatte, mit dem Versprechen, er werde umgehend zahlen, ein neues Werk verlangte, die Frage entgegen: »Haben Sie gehört, was Sie eben sagten?«

Wer mit offenen Augen die Sorgen unserer Bürger hört, der weiß, daß man jetzt wenig Verständnis für parteipolitische Auseinandersetzungen hat.

Innenminister *Paul Lücke,* 9. Juni 1967

Aus Tante Karlas Sprachwolf: »Ich denke, ich höre meine Ohren nicht!«

Was hört ohne Ohren, spricht ohne Mund und antwortet in allen Sprachen? – Das Echo.

Nitschke Paul aus Berlin beschwert sich: »Vasteh 'ck nich! Sie hatten hier imma so 'n tollet Echo mit sechsfacha Wiedaholung, und nu bring 'ck meine janze Vawandtschaft her, und wat hörn wa? Det Schweijen im Walde!«
»Mei«, bedauert der Gastronom, »an Echomaxl hams beim Schiaßn derwischt. Der sitzt.«

Ein Amerikaner erzählte: »Bei uns in den Rocky Mountains dauert es acht Stunden, bis wir das Echo hören. Wenn ich zu Bett gehe, rufe ich ›Aufstehen!‹ aus dem Fenster. Das Echo weckt mich.«

Kathederblüte: »Zur Zeit des Plinius stellte man das Echo als eine Nymphe dar, die in Felsen nistet und den Knall einer Pistole mehrfach wiederholt.«

Geruch

Amerikanische Kosmetikreklame: »Unser Parfüm XY macht die Männer so irr, daß die Behörden eine Rezeptpflicht erwägen. Greifen Sie zu, bevor . . .«

Ein junger Mann wollte seiner Freundin ein Parfüm schenken. Da er nicht die Marke wußte, bat er, ihren Dackel spazieren führen zu dürfen. Mit dem Tier ging er in die Parfümerie. Als dem Kurzbeinigen der zehnte Stöpsel unter die Nase gehalten wurde, wedelte er mit dem Schwanz.

Die Hausfrau genehmigte sich nach schwerem Morgenputz einen Likör. Kurz darauf kam die Tochter aus der Schule. Sie begrüßte die Mutter wie üblich mit einem Kuß.
»Nanu!« sprach sie. »Seit wann benutzt du Papis Parfüm?«

Immer riechst du nach Salben,
immer seltsam und schwül,
immer von allenthalben,
immer ein bißchen zu viel.

Freund, wir sind keine Griechen,
merke dir meinen Spruch:
Männer, die zu gut riechen,
stehn nicht in gutem Geruch.

Martial/Mostar, Verdächtig

Graf von Arnim, der deutsche Gesandte in Paris, war zu Bismarck in die Wilhelmstraße zitiert worden. Hustend, ein parfümiertes Taschentuch vor den Mund gepreßt, kam er nach anderthalb Stunden aus dem Kanzlerzimmer. »Das schwärzeste Nest in Kalkutta«, sprach er zum wartenden holländischen Gesandten, »muß ein Paradies sein im Vergleich zu dieser Räucherhöhle.«
Fünf Minuten später trat der Tabakfreund Bismarck zu dem Holländer: »Verzeihen Sie, daß ich Sie warten lasse! Dieser Arnim mit seinen französischen Parfüms bringt mich noch um. Ich muß erst einmal gründlich lüften.«

Vespasian zu einem parfümierten Offizier: »Ich wollte, du röchest nach Knoblauch!«

In einer Münchner Trambahn stinkt es. Ein Mann entdeckt den Herd des Übels zu seiner Linken. »Sie, Herr Nachbar«, fragt er, »ham Sie vielleicht in d' Hosn gschissn?«
Der Angesprochene nickt: »Ja. Warum?«

»Saren Se, Zitzewitz, haben Se eenen fahren jelassen?«
»Natürlich. Glauben Se, ick stinke immer so?«

Suus cuique crepitus bene olet. Der eigene Furz riecht immer gut.

Sprichwort

Ein Münchner Gymnasiallehrer, nebenberuflicher Prinzenerzieher, belehrte einen Schüler, der ein parfümiertes Taschentuch benutzte: »Ein anständiger Mensch riecht nicht, weder gut, noch schlecht.«

Leib

Karl Valentin zum Arzt: »Mein Magen tut weh, die Leber ist geschwollen, die Füße wollen nicht so recht; das Kopfweh hört nicht mehr auf, und wenn ich von mir selbst reden darf: Ich fühle mich auch nicht wohl.«

Von einem Manne, der Blinddarm und Mandeln noch besitzt, darf angenommen werden, daß er Arzt ist.

Aus den USA

Virchow fragte nach den Funktionen der Milz. »Verzeihen Sie, Herr Professor«, stammelte der Student, »gestern habe ich diese Frage noch repetiert, und jetzt – ich bin leider nicht imstande . . .«
»Jammer!« raunzte der Berühmte. »Der einzige Mensch, der die Aufgabe der Milz kennt, kann sich nicht erinnern!«

Aus einem Schüleraufsatz: »Die Wirbelsäule ist ein zusammengesetzter Knochen, der den Rücken hinunterläuft. Am oberen Ende sitzt der Kopf, am unteren sitze ich.«

Die junge Adele Sandrock besuchte einen Hofball. Lange stand sie unbeachtet in einem Winkel. Endlich sprach sie ein Offizier an: »Gnädiges Fräulein haben nichts zum Sitzen?«
»Doch«, antwortete Adele. »Aber keinen Stuhl.«

Aus einem Schüleraufsatz: »Siegfried hatte an seinem Körper eine wunderbare Stelle, die er aber nur der Krimhild zeigte.«

Distichon gegen den Iren Edmund Burke, der in einer Unterhausrede falsch akzentuiert hatte:

Tú dicís Priapúm, veterés dixére Priápum.
Váe tibi quód longúm est, quí facís esse bréve!
Príapus sagtest du jetzt; die Alten sagten Priápus.
Wehe dir! Was sonst lang, wurde zum Kurzen bei dir!

Der stark erkältete Abraham Lincoln, der eine ungewöhnliche Schuhgröße besaß, zu einem Besucher, der Genesungswünsche vorbrachte: »Ein zu großer Teil meines Körpers hat ständigen Kontakt mit dem kalten Erdboden.«

»Der is so lang«, sagte ein Berliner: »Wenn der sich Ostern de Beene erkältet, kricht er Pfingsten 'n Schnuppen.«

Ein Berliner über einen zu kurz Geratenen: »Der muß zweemal in't Zimmer kommen, damit er jesehn wird.«

Albert Killeen in London wurde geschieden. Er konnte anhand eines Tonbandes nachweisen, daß ihm von seiner Frau innerhalb eines Tages zwanzigmal vorgehalten worden war, er sei achtzehn Zentimeter kleiner als sie.

E kleenet Etwas ös beter als e grotet Goarnuscht.

Aus Ostpreußen

Man unterhielt sich über kleingewachsene Leute. Abraham Lincoln sagte: »Wichtig ist allein, daß die Beine lang genug sind, die Verbindung zwischen Rumpf und Kopf einerseits und der Erde herzustellen.«

Theodor Fontane über den kleingestalteten Adolph Menzel: »Der Mensch in ihm ist vielleicht noch größer als der Maler: Ein grandioser kleener Knopp!«

Vorzug der Kleinen: Sie können den Großen auf der Nase tanzen.

Ein Hase, von einem Adler verfolgt, flüchtete in das Lager eines Mistkäfers. Dieser flehte bei Zeus, dem Hüter des Gastrechtes, um das Leben des Verfolgten. Der Adler aber packte den Hasen, trug ihn fort und verzehrte ihn. Der Mistkäfer stieg zum Horst empor und wälzte die Eier heraus. Der Adler baute sich einen neuen Horst, höher gelegen; doch der Käfer folgte ihm und vernichtete das Gelege ein zweites Mal. Verzweifelt über das Unglück, nicht wissend, wer sein Feind sei, floh der Adler zu Zeus, seinem heiligen Herren. Ihm legte er die dritte Brut in den Schoß. Der Mistkäfer aber drehte eine Kugel aus Kot und ließ sie auf den Vater der Götter fallen, welcher sich erhob, um den Schmutz abzuschütteln, wobei auch das dritte Gelege zerstört wurde.

Äsop,
Fabeln 2, Der Adler und der Mistkäfer

Nach langer Abwesenheit kam er in seinen Club zurück, trank zwei, drei Whisky und bemerkte plötzlich am Fuße der Theke ein dreißig Zentimeter großes Männchen in der Uniform eines Kolonialoffiziers, von Orden überglänzt.
Er neigte sich zum Keeper und fragte, ob er träume . . .
Der Mixer bückte sich, stellte den Kleinen neben die Gläser und sprach: »Bitte, Colonel, erzählen Sie noch einmal die Geschichte, als Sie damals im Kongo zu dem Medizinmann ›Du Sausack!‹ sagten!«

Vom Schwert durchbohrt stürzte der Jungfrauenräuber zu Boden. Atemlose Stille auf der Bühne und im Zuschauerraum. Da entledigte sich der Leichnam eines weithin hörbaren Grußes.
»Was?« sprach der Siegreiche. »Du röchelst noch?«

Mit einem weiteren Hieb schaffte er endgültig Ruhe.

Das war Herr Prunz von
Prunzelschütz.
Der saß auf seinem Rittersitz
mit Mannen und Gesinde
inmitten seiner Winde.

Die strichen, wo er ging und stand,
vom Hosenleder übers Land
und tönten wie Gewitter.
So konnte es der Ritter.

Zu Augsburg einst, auf dem Turnier,
bestieg er umgekehrt sein Tier,
den Kopf zum Pferdeschwanze,
und stürmte ohne Lanze.

Doch kurz vor dem Zusammenprall –
ein Donnerschlag – ein dumpfer Fall!
Herr Prunz mit einem Furze
den Gegner bracht zum Sturze.

Da brach der Jubel von der Schanz.
Herr Prunzelschütz erhielt den Kranz.
Der Kaiser grüßte lachend
und rief: »Epochemachend!«

Ein Jahr darauf. Herr Prunzelschütz
saß froh auf seinem Rittersitz
mit Mannen und Gesinde
inmitten seiner Winde.

Da kam ein Bote, kreidebleich,
und meldete: »Der Feind im Reich!
Das Heer läuft um sein Leben.
Wir müssen uns ergeben.«

Flugs ritt Herr Prunzelschütz heran,
lupft seinen Harnisch hinten an
und läßt aus der Retorte
der Winde schlimmste Sorte.

Das dröhnte, donnerte und pfiff,
so daß der Feind die Flucht ergriff.
Da schrie das Volk und wollte,
daß er regieren sollte.

Herr Prunz indessen, todesmatt,
sprach: »Gott, der uns geholfen hat,
der möge mich bewahren!«
Dann ließ er einen fahren.

Der letzte war's, der schwach entfloh.
Drauf schloß für immer den Popo
Herr Prunz, der frumbe Ritter,
und alle fanden's bitter.

Er war begraben und verdarb.
Die Burg zerfiel. Doch wo er starb
steht heute eine Linde.
Da raunen noch die Winde.

Grasshoff, Die große Halunkenpostille,
Die Winde des Herrn Prunzelschütz

Herodot berichtet, daß der Rebell Amasis vor dem Boten des Königs Apries, der die Unterwerfung forderte, einen Schenkel vom Pferderükken löste und das daraufhin hörbare Geräusch mit den Worten kommentierte: »Bringe das deinem König!«

Friedrich von Wrangel schritt an der Seite einer preußischen Prinzessin die Stufen zum Weißen Saal im Königlichen Schloß empor. Dabei entfuhren ihm rückwärtige Äußerungen.
»Exzellenz«, entrüstete sich die Prinzessin, »so etwas ist mir noch nicht passiert.«
Wrangel schaute die Begleiterin groß an: »Ick dachte, et wäre mir passiert!«

Der alte Baron plaudert mit einigen Komtessen. Es passiert ihm ein Mißgeschick; die jungen Damen kichern. Er lächelt: »Wie leicht es doch ist, Sie zu unterhalten, meine Lieben!«

»Leiden Sie an Blähungen?« fragt der Arzt.
»Leiden?«, antwortet der Patient. »Mein einziges Vergnügen ist das.«

Viele können sich nicht einmal mehr neigen, ohne einen Ton von sich zu geben, wenn sie nicht mit einem Zäpfchen das Instrument vernageln. Eine ehrwürdige Dame ging nie in Gesellschaft ohne diesen Stöpsel. Einst versah sich das Kammermädchen, nahm statt dessen das elfenbeinerne Pfeifchen, womit ihr die Dame zu pfeifen pflegte, und nun denke man sich den Jammer, als dies mitten in Gesellschaft zu pfeifen anfing!

Karl Julius Weber,
Demokritos XII, 19

Sankt Gangulf könnte allenfalls der Patron der Winde sein, der von einem Priester, der mit seinem Weibe Umgang pflegte, erschlagen wurde (unter Pipin) und nun im Grabe Wunder tat. Das freche Weib wollte dies nicht glauben: »Er tut so wenig Wunder, als mein Arsch singt!« Und siehe: Ihr Liebwertester sang, und solange sie lebte, sang er am Jahrestag Sankt Gangulfs, und jedes Wort, das sie sprach, begleitete ihr Hintern mit seinem unharmonischen Accompagnement.

Karl Julius Weber,
Demokritos XII, 19

Ein in Italien reisender Murrkopf ist übel daran, zumalen in schmutzigen Dorfkneipen, wenn er nicht mitlachen kann, sooft ein Buffone mit seiner Corregiamusik aufwartet: Mit einer Hand unter der Achsel ahmt er Prinzessinnen und Zofen, Nonnen und Bäuerinnen, Männer und Weiber, Kinder und Jugend, alt und jung nach. Jeden Stand sogar weiß er durch einen besonderen Laut zu charakterisieren.

Karl Julius Weber,
Demokritos XII, 19

Der Anstaltsinsasse bricht auf Richtung Toilette.
»Für mich mit!« bittet der Gefährte.
Der Erleichterte kommt zurück.
»Hast du für mich?« fragt der Gefährte.
»Pardon!« spricht der Vergeßliche und geht noch einmal. Kommt wieder und ist beleidigt: »Dummkopf! Mußt ja gar nicht.«

Dreihundert Jahre meines Nachruhmes für eine gute Verdauung!

Voltaire

Nichts hat so großen Einfluß auf das Absonderungs- und Ausleerungsgeschäft und auf die Ökonomie des Unterleibs a priori und posteriori als das Lachen. Eine alte Dame hatte nur dann Öffnung, wenn sie recht gelacht hatte.

Karl Julius Weber,
Demokritos I, 8

Dein Körper gehört deiner Nation; denn ihr verdankst du dein Dasein.

Baldur von Schirach

Denis Diderot reiste 1769 als Gast der Zarin durch Rußland. Er wunderte sich über das schmutzige Aussehen der Leibeigenen.
Katharina erwiderte: »Warum sollen die Leute einen Körper pflegen, der ihnen nicht gehört?«

»Saach, Schäl, häs du dat schöne rode Pullöverche nit widderjefunge, dat du em vörige Herbst verloore häs?«
»Endoch. Wie ich mich jestern morje jewäsche han, do hatt ich et unger dem Hemp!«

»Morjen Nachmittag jehn mer in' Zirkus«, spricht der Vater zu seinem Sohn. »Wasch dir'n Hals und zieh 'n juten Anzuch an!«
»Haste denn schon Billeten, Vata?«
»Koof ick anne Kasse.«
»Un wenn de keene kriegst?«
»Laß det meine Sorje sin!«
»Deine Sorje? Und wenn de keene kriegst? Dann steh ick da mit 'm jewaschenen Hals!«

Die Mutter schimpft den Jungen ein Ferkel und fragt ihn, ob er wisse, was ein Ferkel sei. Er antwortet: »Das Kind einer Sau.«

Ein Vater rügt die schmutzigen Füße seines Sohnes.
»Schau deine an!« flegelt der Bengel zurück.
Der Erzeuger ist entrüstet: »Erlaube mal! Schließlich bin ich dreißig Jahre älter!«

»Waschen Sie sich gefälligst die Füße, bevor Sie herkommen!« raunzt der Professor in der Orthopädischen Universitätsklinik den Patienten an.
»Sagte mir mein Hausarzt auch schon«, erwidert der Verstaubte. »Aber ich dachte: Bevor du was unternimmst, frage lieber noch eine Kapazität!«

»Einmal im Jahr wasche ich mir die Füße«, sagte der Bauer. »Ob es nötig ist oder nicht.«

»Nordbad!« ruft der Schaffner.
Ein Neger steigt aus.
»Geht der sich waschen?« fragt ein Kind.
»Nein«, flüstert die Mutter. »Der ist am ganzen Körper so schwarz.
Die junge Neugier reißt die Augen auf: »Woher weißt du? Kennst du ihn?«

Körperfülle

»Ihr Höchstgewicht?« fragte der Arzt.
»200 Pfund.«
»Ihr niedrigstes?«
»Fünf.«

»Als ich auf die Welt kam«, lallte der eine, indem er seine Wange an den Laternenpfahl schmiegte, »wog ich zwei Pfund.«
»Unglaublich!« rülpste der andere. »Und? Blieben Sie am Leben?«
»Jawohl. Und jetzt sollten Sie mich sehen! Jetzt wiege ich zweihundert.«

Der feiste Universitätsfechtlehrer Maddison in Dorpat drängte sich in einen Eisenbahnwaggon. Einige Mädchen auf dem Bahnsteig kicherten.
Er kurbelte das Fenster herunter: »Ich bin in Ehren dick geworden, meine Damen. Wünsche Ihnen das gleiche.«

Ludwig XIV. machte sich über den feisten Grafen Vivonne lustig. Der Gefoppte erwiderte: »Sie werfen mir Unbeweglichkeit vor, Sire: Das ist Verleumdung. Es vergeht kein Tag, an dem ich nicht einen Spaziergang um den Herzog von Aumont mache.«

Im Mai 1959 empfing Johannes XXIII. seine bewaffnete Mannschaft: Die Nobelgarde, die Schweizergarde, die Palatinische Ehrengarde und die päpstliche Gendarmerie, rund fünfhundert Männer.
Der Pauker aus der Kapelle der Ehrengarde trug einen stattlichen Bauch. »Machen Sie sich nichts draus«, lachte der Papst, »daß Sie auseinandergegangen sind! Das sind andere auch.«
Der dicke Sergeant grinste verständnisvoll: »Jawohl, Heiliger Vater: Fett macht nett!«

Alles Fett ist des Herrn.

Karl Julius Weber,
Demokritos I, 8

Korpulenz erzeugt Reverenz.

Karl Julius Weber,
Demokritos I, 8

Der dicke Gilbert Keath Chesterton zum hageren Shaw: »Wenn man Sie ansieht, glaubt man, die Hungersnot sei ausgebrochen.«
»Und wenn man Sie betrachtet«, konterte der Ire, »glaubt man, Sie seien schuld daran.«

Der dürre Shaw zum trinkfreudigen Chesterton: »Wo sich die Natur beim Bauch verausgabt, kann für den Kopf nicht viel übrigbleiben.«
»Irrtum«, erwiderte der Dicke. »Wir Menschen sind wie der Alkohol: In einem großen, runden Faß reift der Geist am besten.«

Zwei ehemalige Schulgenossen, die sich schon früher häkelten, begegnen sich auf dem Bahnhof. Einer ist Kardinal geworden, der andere General.
»Verzeihen Sie, Herr Vorstand«, spricht der Kardinal, »wann fährt der nächste Zug nach Hamburg?«
Der General mustert den Fragesteller von Kopf bis Fuß: »In Ihrem Zustand wollen Sie noch verreisen, gnädige Frau?«

Der Herausgeber einer Zeitschrift beobachtete mit wachsendem Unwillen seine zunehmende Leibesfülle. Eines abends, nach vielstündigem Arbeitstag, erfaßte ihn kalter Schrecken: Er konnte seinen Mantel nicht mehr schließen.
Tage später entdeckte er, daß ihm die Mitarbeiter die Knöpfe versetzt hatten.

Zwei Berliner Rotznasen, ein vorüberhuschendes Mannequin betrachtend: »Vorne nischt, hinten nischt un in de Mitte jerafft.«
»Wo is vorne?«
»Wo de Brosche sitzt.«

Die Personenwaage am Berliner Bahnhof Zoo ist kaputt. Eine korpulente Dame hat das Hinweisschild übersehen und die Waage bestiegen. Der Zeiger rührt sich nicht.
Zwei Jungen bleiben stehen. Ihre Augen werden immer größer. »Kieck mal!« flüstert der eine. »Die Olle is hohl.«

Klage der Fülligen: »Fünf Sekunden auf der Zunge – fünf Monate auf den Hüften!«

Sie verkündet: »Ich habe ein vollkommen normales Gewicht. Nur bin ich zwanzig Zentimeter zu klein.«

Eine wohlbeleibte Patientin hat sich in den Chefarzt verliebt. Bei den Visiten kichert sie neckisch aus den Federn.
Er spricht ihr wie üblich Hoffnung zu, geht weiter und wendet sich an seine Suite: »Haben Sie jemals soviel ausgelassenes Fett gesehen?«

Kathederblüte einer Hauswirtschaftslehrerin: »Früher ließen sich die Hausfrauen oft selbst das Fett aus.«

39jähriger Kraftfahrer in guten Verhältnissen sucht die Bekanntschaft einer Dame zwischen 25 und 35 Jahren, nicht unter 75 kg, zur späteren Ehe. Nur ernstgemeinte Zuschriften unter...

Süddeutsche Zeitung, 2. 12. 1967

Diese schönen Gliedermassen
kolossaler Weiblichkeit
sind jetzt ohne Widerstreit
meinen Wünschen überlassen.

Welcher Busen, Hals und Kehle!
Höher seh' ich nicht genau.

Eh' ich ihr mich anvertrau',
Gott empfehl' ich meine Seele.

Heine,
Neue Gedichte, Diana 1

Welcher Frevel, Freund! Abtrünnig
wirst du deiner fetten Hanne,
und du liebst jetzt jene spinnig
dürre, magre Marianne!
Läßt man sich vom Fleische locken,
das ist immer noch verzeihlich;
aber Buhlschaft mit den Knochen,
diese Sünde ist abscheulich!

Heinrich Heine

Der Taktvolle: »Mache dir keine Sorgen um dein Gewicht, Liebling! Ich finde ein Kilo immer schöner als das andere.«

Frauen, die Wert darauf legen, von ihrem Mann auf Händen getragen zu werden, sollten nicht mehr als sechzig Kilogramm wiegen.

Aus Friederike Kalüttkens Gewäschebuch: »Zwanzig Pfund leichter sind zwanzig Pfund jünger.«

Die Füllige verlangt Kleider, die zwei Nummern zu groß sind. Die Verkäuferin bekommt einen flackernden Blick.

»Sie haben richtig verstanden«, erläutert die Kundin. »Ich möchte meinem Mann beweisen, daß ich abnehme.«

Inserat: »Damenkorpulenz, Leib, Hüften, Gesäß beseitige ich in Ihrer Wohnung.«

Berliner Lokal-Anzeiger, 28. 8. 1932

»Gegen Ihre Korpulenz hilft nur Gymnastik, gnädige Frau«, sagte der Arzt.
»Kniebeugen und so?«
»Nein. Kopfschütteln, und zwar immer dann, wenn etwas zu essen angeboten wird.«

Welche Weisheit der Natur! Je mehr wir essen, desto schwerer macht sie es uns, an den Tisch zu gelangen.

Ein Arzt verriet sein Rezept für Schlankheitskuren: »Bei der ersten Konsultation wiege ich die Damen, und dann müssen sie zwei Wochen lang jeden Bissen aufschreiben, den sie zu sich nehmen. Das genügt.«

Sie beschloß, die Entfettungskur mit den zwei wöchentlichen Fasttagen auf den Winter zu verschieben: »Da sind die Tage kürzer.«

Ein Sultan war so dick geworden, daß er sich kaum noch bewegen konnte. Kein Arzt seines Reiches konnte ihm helfen; denn er wollte seine Mahlzeiten nicht einschränken.
Da meldete sich ein Ägypter: Er habe die Sterne befragt und erfahren, daß der Sultan in vier Wochen sterben werde. Er erbot sich, die Zeit bis zur Erfüllung seiner Vorhersage im Gefängnis abzuwarten.
Der Fremde kam hinter Gitter, und der Sultan harrte in Bekümmernis seines Todes. Keine Speise, kein Wein schmeckte ihm mehr. Sein Umfang verminderte sich zusehends.
Aber nach vier Wochen lebte er noch. Er ließ den Ägypter holen, und dieser sprach: »Ich habe Euch belogen. Ich kenne weder die Sterne, noch habe ich sie befragt. Aber da Ihr auf den Genuß von Speisen und Getränken nicht verzichten wolltet, konntet Ihr nur durch diese List kuriert werden.«
Reich beschenkt kehrte der Fremde in die Freiheit zurück.

Die Gattin schreibt aus dem Kurbad: »In sechs Wochen habe ich die Hälfte meines Gewichtes verloren. Wielange soll ich noch bleiben?«
Er antwortet: »Noch sechs Wochen.«

Wer lange liegt im Federbett,
der bleibt trotz aller Bäder fett.

Verfasser unbekannt

Körperfehler

Cicero war der Meinung: Häßlichkeit und Körperfehler sind ein sehr schöner Stoff des Lächerlichen.

Aus dem Sachsenspiegel: »Das altoviel Gezwerge und Krüppelkind nimmt weder Erbe noch Lehen.«

Als Gellias, der kleine, buckelige Gesandte Agrigents vor die Centoripiner trat, wurde er ausgelacht. Als sich der Tumult gelegt hatte, sprach der Verhöhnte: »Meine Vaterstadt schickt große und schöne Männer an große und schöne Städte. Euch aber bin ich angemessen.«

Auf einem Ball riefen vorlaute Mädchen einem Buckeligen »Äsop! Äsop!« nach. Der Verhöhnte drehte sich lächelnd um: »Richtig! Auch ich lasse die Tiere sprechen.«

Ein unverkennbar jüdischer Rechtsanwalt hat sich im Bad mit einem buckligen Professor befreundet. Nach drei Wochen und vielen Schoppen flüstert der Jurist: »Ich möchte Ihnen ein Geständnis machen: Ich bin Jude.«
Der alte Professor legt begütigend seine Hand auf den Arm des anderen: »Vertrauen gegen Vertrauen. Ich habe einen Buckel.«

Der buckelige Pope unterbrach in einer Gesellschaft, in der über die Übersetzung eines griechischen Textes disputiert wurde, den Hausherrn, der behauptete, man brauche nur das Fragezeichen zu versetzen: »Wissen Sie überhaupt, was ein Fragezeichen ist?«
Der Angeklotzte erwiderte: »Gewiß. Eine kleine krumme Figur.«

»Was der Junge da drüben für einen Wasserkopf hat!« spricht der Herr zu seinem Begleiter.
»Der Junge da drüben«, erwidert der andere, »ist mein Sohn.«
»Ach nein?« fährt der erste fort. »Steht ihm aber gut.«

Ein Abt in Frankreich hatte einen freundlichen Narren, der keinen betrübte. Eines Tages kam ein Edelmann mit einer ungewöhnlich langen Nase zu Gast. Der Narr betrachtete ihn, legte sich mit den Ellenbogen auf den Tisch und sprach: »Was hast du für eine große Nase!«
Da schämte sich der Fremde. Der Abt gab einen Wink, und die Knechte prügelten den Narren hinaus.
Der Gescholtene erkannte seinen Fehler, wollte ihn wieder gut machen, kehrte zurück, ging zu dem Gast und sprach: »Oh, wie ein kleines Näslein hast du doch!«
Da errötete der Edelmann noch mehr, und der Narr wurde abermals hinausgetrieben.
Nun überlegte der Unglückliche lange. Schließlich glaubte er, gefunden zu haben, was er sagen müsse. Er kam wiederum herein und sprach: »Gott gebe, du habest eine Nase oder habest keine. Was geht mich deine Nase an?«

nach *Johannes Pauli*,
Schimpf und Ernst, Der Narr und die Nase

Das Hänschen hat die Mutter schon oft in Verlegenheit gebracht, weil es in der Straßenbahn die Schönheitsfehler der Fahrgäste erörtert. Gestern hat ihm der Vater eingeschärft, daß er über alles sprechen dürfe, was ihm auffällt. Aber zu Hause.
Nun sitzen Mutter und Sohn wieder in der Straßenbahn. Die Mutter, an der Wirkung der väterlichen Strafpredigt zweifelnd, versucht, die Aufmerksamkeit des Jungen aus dem Fenster zu lenken. Aber das Hänschen mustert die Passagiere noch gründlicher; denn nun muß er sich ihre Besonderheiten ja ein paar Stunden merken.
Da steigt ein älterer Mann ein mit blauer, verquollener Nase. Hänschen hat gefunden, was er sucht. Der Mutter tritt der kalte Schweiß auf die Stirn. Da passiert es. Der Junge zeigt auf den Knolligen: »Gell, Mama! Über die Nase dort sprechen wir zu Hause.«

Dwight Morrow wollte Teilhaber von John Pierpont Morgan werden. Frau Morrow lud den Bankier zum Tee, und da Morgan auf Grund eines Hautleidens eine feuerrote Nase hatte, schärfte sie dem Töchterchen Anne, deren vorlaute Treffsicherheit sie fürchtete, ein, nichts weiter zu sagen als »Guten Tag, Mr. Morgan.« Dann sollte sie einen Knicks machen und verschwinden.

Das Kind spurte großartig. Erleichtert bat Frau Morrow zu Tisch und fragte: »Nehmen Sie etwas Nase in Ihren Tee, Mr. Morgan?«

Unentwegt starrt der Bub in der Münchner Straßenbahn auf den Kropf des ihm gegenübersitzenden Herrn. Lange hat dieser den Blick ignoriert. Jetzt wehrt er sich: »Wannst net bald woandersch hischaust, nacha friß i di!«
Der Junge grinst: »Schluck erscht den andern nunter!«

Das der Freilein Bfahrerköchin ier Grobf nichd verget isd sär draurig hobwol si ien mit Hundsschmaltz einreubt. Jäz weis ich aber noch ein Middel. Am Johanidag mus ier bei der Nachd um zwelf Ur ein keischer Jüngling einen Katzendräg auf den Nabl schmirren. Fieleichd isd der Här Bfarrer so gud, und reubt ien fesd ein, aber es darf kein unkeischer Gedange nichd dabei sein, sondern blos der Nabl. Düsses Middel isd noch schterker und hilfd alen Junkfrauen, was mier hopfenlich annähmen dierfen.

Ludwig Thoma,
Jozef Filsers Briefwechsel,
An hochwierningen Hern Bfahrer
Emeran Schanderl

Der Sohn des Gebirgsbauern empfiehlt seinem Vater, den Kropf entfernen zu lassen.
»Freili!« protestiert der Alte. »Daß i ausschaug wiar a Preiß!«

Ins Hochtal, wo alle Leute einen Kropf besitzen, verirrt sich ein Fremder. Der kleine Jackl kann sich nicht fassen: »Schaug hi, Muatta! Was der für an dinna Hois hat!«
»Staad bist!« gebietet die Mutter. »Gspott' werd nit!«

Der Religionslehrer versuchte, Gottes Gerechtigkeit mit der Tatsache zu beweisen, daß sich bei Menschen, die auf ein Sinnesorgan verzichten müssen, ein anderes um so schärfer ausbilde. Ein Blinder zum Beispiel erlange außergewöhnliches Tastvermögen. Um weitere Beispiele gebeten, erzählte ein Kind: »Mein Onkel hat ein kurzes Bein. Das andere aber ist dafür länger.«

Ein Berliner über einen O-Beinigen: »Der hat so 'n wehmütijen Zug um de Beene.«

Aus einem Ministerialamtsblatt der bayerischen Inneren Verwaltung: »Unveränderliche Kennzeichen sind insbesondere Narben, Muttermale, fehlende Körperteile, wenn sie ohne weiteres sichtbar sind.«

Steckbrief: »Warnung vor diebischer Anhalterin! Bevorzugte Strecken: Autobahnen Nordrhein-Westfalens. Kennzeichen: Vollschlank, etwa vierzig Jahre alt, etwa 170 Zentimeter groß, Blinddarmnarbe.«

Eine junge Patientin fragte den Chirurgen Langenbeck, bevor er ihr den Blinddarm nahm, ob man die Operationsnarbe später sehen werde. Der Professor antwörtete: »Das hängt von Ihrem Dékolleté ab.«

Kopf

Kathederblüte: »Von Schiller besitzen wir zwei Schädel. Einer davon ist wahrscheinlich unecht, da Schiller überhaupt nur ein Alter von 46 Jahren erreicht hat.«

Künstliche Köpfe! Jedermann ist ein Narr, der sich nicht einen künstlichen Kopf anschafft. Der künstliche Kopf wird über den natürlichen gestülpt und gewährt diesem gegenüber folgende Vorteile:
a) des Schutzes gegen Regen, Wind, Sonne, Staub, kurz, alle Unbilden, die den natürlichen Kopf belästigen und von seiner eigentlichen Beschäftigung, vom Denken, abhalten;
b) der Erhöhung der natürlichen Sinnesfunktionen: Man hört mit seinen künstlichen Ohren etwa hundertmal besser als mit den natürlichen; man sieht mit seinem Augenapparat so scharf wie ein Trièderbinokel; man riecht mit dem K. K. feiner, und man schmeckt mit dem K. K. differenzierter. Man kann die Apparate einstellen, wie man will, also auch auf »tot«. Der auf »tot« eingestellte K. K. ermöglicht ein vollkommen ungestörtes Innenleben. Geschlossene Zimmer, Mönchszellen, Waldeinsamkeit usw. sind fortan überflüssig. Man isoliert sich im dichtesten Volksgewühl.
Der K. K. wird nach Maß angefertigt und ist leicht zu tragen. Gegen unbefugte Berührung ist er durch eine Batterie geschützt. Da er kein Haarkleid braucht, ist die Schädeldecke für Annoncen reserviert. Wer klug ist und vorurteilslos, kann durch Übernahme einer geeigneten Großfirmenanzeige unschwer die Kosten eines K. K. herausschlagen, ja noch mehr, durch den künstlichen Kopf auch auf diesem Wege weit leichter Geld verdienen als durch den natürlichen.

Morgenstern,
Der Gingganz, Aus dem Anzeigenteil einer Tageszeitung des Jahres 2407

Das Merkmal eines britischen Gesichtes ist, daß man sich, sobald man es einmal gesehen hat, nie mehr daran erinnern kann.

Oscar Wilde

Ein Schuhputzer am Bahnhof Zoo: »Eemal blank jefällig?«
»Danke«, sagt der Herr.
»Für drei Jroschen, dat Se Ihr Jesicht drin spiejeln können?«
»Danke.«
»Feigling!«

Kathederblüte: »Ruhe hinter meinem Rücken! Sonst drehe ich mich um.«

Der neunundneunzigjährige Fontenelle hörte eine Bemerkung, daß sein Gesicht in den letzten Monaten stark gealtert sei. Er wandte sich zu den Sprechenden: »Ich finde es erstaunlich, daß ich überhaupt noch ein Gesicht habe.«

Hogarth suchte ein außergewöhnlich dummes Gesicht, fand es in einer Gaststätte, zeichnete es und erfuhr, daß der Porträtierte der blitzgescheite englische Schriftsteller Samuel Johnson war.

Sie mustern ihre Gäste. »Dein neuer Assistent hat eigentlich ein recht intelligentes Gesicht«, bemerkt die Dame des Hauses.
Er winkt ab: »Der simuliert.«

Die Menschenfreunde, die auf ein ehrliches Gesicht borgen, werden auch immer seltener, je häufiger die ehrlichen Gesichter werden, die das Zahlen vergessen.

Karl Julius Weber,
Demokritos II, 15

Image = Gesicht einer Firma, die kein Gesicht hat.

Michael Schiff,
Von Abs bis Zwiebelmuster

Karl Julius Weber fragte einen österreichischen Zollbeamten, warum ausgerechnet er so gründlich durchforscht werde. Der Mauthner erwiderte: »Sie haben halt a markantes Gesicht!« (Demokritos I, 21)

Der Herr Professor, cocktailbeschwert, gerät vor eine junge Dame. Vom Zwang zum Plaudern drangsaliert, streicht er wissenschaftlich über sein Kinn, starrt die Schöne an und bemerkt: »Ihr Gesicht, meine Dame, habe ich schon andernorts gesehen.«
Sie schüttelt den Kopf: »Unmöglich, Professor! Ich trage es seit meiner Geburt an der gleichen Stelle.«

Madame de Staël war keine Schönheit; sie besaß aber hübsche Arme, die sie gern entblößte. Sie erklärte: »Man muß sein Gesicht dort zeigen, wo man es hat.«

Das Sonderbarste am Menschen?
Die Nase. Sie hat die Wurzel oben, die Flügel unten und den Rücken vorn.

Die Juden erzählen, ihre häufig etwas kräftig entwickelte Nase gehe auf die Tatsache zurück, daß sie von Moses vierzig Jahre lang in der Wüste an ihr herumgeführt worden seien.

Nascitur ex labiis, quantum sit virginis vulva,
nascitur ex naso, quanta sit mentula viri.

Verfasser unbekannt

Wir Brüder, ihrer mehr als dreißig,
vom Morgen bis zum Abend fleißig,
wir treiben emsig dies und das
und alles unter deiner Nas.
Bald singen wir, bald sprechen wir,
bald schlingen wir, bald zechen wir.
Machst du vergnügt uns auf das Haus,
so lachen wir zum Fenster raus
und stehn in Front im weißen Rock
zu ebner Erd, im ersten Stock.
Ist einer krank, zuckt dir sein Weh
vom Kopf hinab bis zu der Zeh,
und geht dann einer von uns fort,
ist dir's doch allemal ein Tort.

Friedrich Wilhelm Güll,
Kinderheimat in Liedern und Bildern
(Zähne)

»Der Raum ist viel zu kalt«, beschwerte sich ein Hotelgast. »Mir klappern nachts die Zähne im Glas.«

Bart und Haupthaar

Lieber einmal im Jahr gebären als sich täglich rasieren.

Slawisches Sprichwort

Joseph II. reiste gern in der weniger auffälligen Kalesche eines Höflings. Einmal war er vorausgefahren und allein in einem Lemberger Gasthof abgestiegen. Die Wirtin, wissend von der bevorstehenden Ankunft des Kaisers, klopfte an die Zimmertür, fand den Gast bei der Bartpflege und fragte, ob er vielleicht Offizier sei oder Kammerherr oder Kurier.
»Weder noch«, erwiderte der Gutgelaunte. »I rasier den Joseph gelegentlich.«

Ein amerikanischer Soldat nimmt Abschied von seiner Freundin. Sie erbittet ein Foto. Das einzige Bild, das er findet, zeigt ihn, von Kameraden aufgenommen, nackt am Strand. Er teilt es und gibt die obere Hälfte.
Er eilt zur Großmutter, um auch von ihr noch Abschied zu nehmen. Auch die alte Dame bittet um ein Andenken. »Sie ist kurzsichtig«, denkt der Soldat. »May be!« Und überreicht die restliche Hälfte des zerschnittenen Fotos.
Lange betrachtet es die Beschenkte. Dann lächelt sie: »Wie der Großvater! Schlecht rasiert und schiefe Krawatte!«

Die Böcke zogen zum Olymp und
rügten,
daß Jupiter den Ziegen Bärte lieh
und Mannes Würde auch die Weiber
ziere.
»Laßt ihnen doch den Bart«, sprach
Zeus, »und sorgt,
daß in der Tapferkeit sie euch nicht
gleichen!«

Phädrus,
Fabeln IV, 15, Vom Bart der Ziegen

1586 schickte Philipp II. den jungen Connetable von Kastilien nach Rom,

Sixtus V. zur Erhebung auf den Päpstlichen Stuhl zu beglückwünschen.
Der Heilige Vater grollte: »Fehlt es Eurem Herrn an Männern, daß er mir Jünglinge mit nacktem Kinn schickt?«
»Wenn mein Herr der Ansicht wäre, das Verdienst des Mannes läge im Bart«, erwiderte der Spanier, »dann hätte er Euch einen Bock geschickt.«

Heinrich IV. wunderte sich über einen Gascogner Bauern, der schneeweißes Haar und einen schwarzen Bart hatte. Der Landmann erklärte: »Mein Bart ist zwanzig Jahre jünger.«

Vertraue dein Gut nicht dem Manne mit dem längsten Bart und auch dem nicht, der in der Moschee am längsten betet!

Aus Arabien

In Dscham erschien ein Fremder, der sich als Derwisch ausgab und in kurzer Zeit durch Frömmelei einen großen Teil der Bevölkerung gewann. Man wollte ihn zum Vorsteher der Moschee bestimmen und dem Dichter Dschami, dem bisherigen Herrn des Gotteshauses, den Laufpaß geben.
Vergeblich warnte Dschami. Das Volk durchschaute die Scharlatanerie des angeblichen Derwischs nicht.
Es wurde ein Streitgespräch zwischen den Kontrahenten angesetzt, und der Fremde sollte die erste Frage stellen.
»Was bedeutet 'La 'alem?« fragt er.
»Ich weiß nicht«, antwortete Dschami.
(Das arabische Wort 'La 'alem heißt ›Ich weiß nicht‹.)
Da lachte das Volk und prügelte den Dichter aus der Stadt.
Rasch wuchs der Ruhm des Betrügers, und alle Gläubigen erbaten sich ein Haar aus seinem Barte zum Schutz vor bösen Geistern. Nach kurzer Zeit war sein Kinn kahl.
Da sahen die Menschen die Falschheit in seinen Zügen. Sie begannen, seine Handlungen zu beobachten und über seine Worte nachzudenken, durchschauten ihn, jagten ihn davon und holten den Verstoßenen zurück.

Der junge Vater stürzt ins Zimmer des Geburtshelfers: »Feuerrote Haare hat der Bengel! Woher kommen die? Ich bin nicht rot, meine Frau nicht, meine Familie war es nie, und aus der Familie meiner Frau ist auch kein Rothaariger bekannt.«
Der Arzt streicht sich das Kinn: »Täglich?«
»Nein.«
»Wöchentlich?«
»Nein.«
»Monatlich?«
»Nein.«
»Jährlich also!«
»Etwa. Jawohl.«
»Dann haben wir es«, spricht der Arzt. »Es ist Rost.«

Der Pepperl kommt heulend heim, weil ihn die Kinder wegen seiner roten Haare verspotten.
»Dein Haar ist sehr schön, mein Junge«, tröstet die Mutter. »Und

außerdem hat es unser lieber Herrgott gemacht.«
Pepperl zieht die Nase hoch: »Bei dem laß ma nix mehr macha!«

Ein Vater, der seinen Sohn nicht als »Beatle« herumlaufen lassen wollte, mußte sich sagen lassen: »Aber du darfst den Yul Brunner spielen, was?«

In jedem Verhältnis, das ist klar,
findet man schließlich doch ein Haar.
Trotzdem vergrößert sich die Platte,
je mehr Verhältnisse man hatte.

Aus Berlin

Ein Haar hat sich von meinem Kopfe
losgesagt,
ganz still.
An seiner Wurzel hat die Zeit genagt.
Nun liegt es da, so blond und müd'
als wie ein Liebeslied,
das keiner singen will.

Einst saß es fest auf meinem Haupt,
versuchend, meine Blöße zu bedecken.
So wuchs es jahrelang mit seinen
Zwecken.
Es ließ sich kämmen, bürsten, ölen,
versäumte nicht, entsetzt sich
aufzustellen,
sooft dazu Gelegenheit sich bot.
Es hat an mich geglaubt.
Nun ist es tot.

Doch nutzlos ist es nicht!
Man täte unrecht, es dafür zu halten.
Man braucht es nur zu nehmen und zu
spalten
und hat noch immer Stoff für ein
Gedicht.

Fritz Kalmar, Abschied

»Mein Vater hat schwarze Haare«, berichtet der erste Lausbub.
»Mein Vater hat blonde«, meldet der zweite.
Der dritte verkündet traurig: »Mein Vater hat nur noch seinen Kopf.«

Glatze = Striptease auf höchster Ebene.

Mama erklärt Vaters Halbglatze als Folge seiner großen Klugheit und seines vielen Nachdenkens.
»Gibt es auch Frauen mit Glatzen?«

»Ehret die Frauen! Sie wirken und
flechten
falsche Willems mang de echten.«

Filmliebhaber Harry Liedtke wurde gefragt, welche weibliche Haarfarbe die relativ größte Neigung zur Treue andeutet: Schwarz, Braun oder Blond. Der Erfahrene erwiderte: »Grau.«

Seele

Ich kenn einen hellen Edelstein
von köstlich hoher Art.
In einem stillen Kämmerlein,
da liegt er gut bewahrt.
Kein Demant ist, der diesem gleicht
so weit der liebe Himmel reicht.
Die Menschenbrust ist's Kämmerlein,
da legte Gott so tief hinein
den schönen, hellen Edelstein,
das treue deutsche Herz.
Für Pflicht und Recht, für Wahrheit,
  Ehr,
flammt heiß es alle Zeit.
Voll Kraft und Mut schlägt's hoch und
  hehr,
für Tugend, Frömmigkeit.
Nicht schrecket es der Menschen Spott,
es traut allein dem lieben Gott.

Verfasser unbekannt

Ausländischer Arzt in fester Position, 50 J./180 gr., wünscht eine deutsche Frau zur Ehe, die nur viel Herz besitzt.

Süddeutsche Zeitung, 4. 11. 1967

Zur gefl. Beachtung: Technische Schwierigkeiten verhindern das rechtzeitige Erscheinen der »Deutschen Seele.«

Verlagsrundschreiben im März 1941

Suche Mann mit Seele, ab 37 Jahren...

Süddeutsche Zeitung, 18. 11. 1967, Heiratsanzeigen

Als Familie und Freunde das Lager des sterbenden Marquis de Caylus umstanden und nach Worten suchten, dem Scheidenden die Bereitschaft zum Empfang der Sakramente abzuringen, begann dieser: »Ich merke wohl, daß Ihr mir vom Heile meiner Seele sprechen wollt.«
Er stockte, und die Anwesenden schöpften Hoffnung.
»Aber«, fuhr der Graf fort, »Ihr sollt mein Geheimnis in letzter Stunde hören: Ich habe keine Seele.«
Schloß die Augen und starb.

Manche Menschen glauben ein Innenleben zu haben. Aber es ist nur ein Bandwurm.

Zwei Studenten auf dem Wege von Pennafiel nach Salamanca lagerten an einer Quelle. Auf einem bemoosten Stein entdeckten sie Schriftzeichen. Sie säuberten ihn und lasen: »Hier ruht die Seele des Lizentiaten Pedro Garcias.«
»Blödsinn!« rief der eine. Stand auf und ging weiter.
Der andere löste den Stein, hob ihn und fand einen Beutel mit Gold, dem ein Zettel beilag: »Sei du mein Erbe, der du klug genug warst, den Sinn dieser Inschrift zu enträtseln, und wende mein Geld besser an!«

Lesage, Gil Blas

Klein-Erna hat Liebeskummer, schweigt, ißt nichts und verblaßt. Der

Arzt runzelt die Stirn und bedeutet, er müsse die Psyche der Patientin studieren.
Mama strahlt und öffnet das Handtäschchen: »Habe ich mir gedacht, Herr Doktor, und gleich 'n klein Fläschchen mitgebracht.«

Ein unbekanntes Band der Seelen
 kettet
den Menschen an das arme Tier.
Das Tier hat einen Willen, ergo Seele,
wenn auch 'ne kleinere als wir.

Friederike Kempner,
Gegen die Vivisektion

Geist

Wir sollten nicht beten »Erlöse uns vom Übel!«; denn Übel ist gar oft Sporn der Tätigkeit und Selbsterwekkung, sondern »Erlöse uns von Unverstand und Unmündigkeit!«

Karl Julius Weber,
Demokritos IV, 4

Nach der Tradition lag unsere Erde als ein toter Klumpen im Weltall. Da sprach Gott: »Es werde Licht!« Sollte Gott nicht endlich auch in der moralischen Welt sprechen: »Es werde Licht!«?

Karl Julius Weber,
Demokritos IV, 4

Parabel: Drei Blinde stehen vor einem Elefanten. Der erste tastet nach dem Leib und spricht: »Eine Mauer.« Der zweite erfaßt ein Bein und vermutet: »Ein Baum.« Der dritte ergreift den Rüssel und folgert: »Ein Seil.«

Er läuft im Büro auf und ab und drückt beide Hände auf die Augen: »Dieses fürchterliche Kopfweh! Ich verliere noch meinen Verstand.«
»Hören Sie auf, hier herumzurennen und zu prahlen!« gebietet der Chef. »Gehen Sie nach Hause, wenn Sie krank sind!«

Der kleine, verwachsene Talleyrand warnte eine Schöne vor einem großen, schlanken Offizier: »Bedenken Sie, Mademoiselle, daß in hohen Häusern die oberen Stockwerke meistens schlecht möbliert sind!«

Homo longus raro sapiens. Ein langer Mensch ist selten weise.

Sprichwort

Der Bräutigam gab zu, daß die obere Etage seiner Braut nicht allzu reichhaltig ausgestattet sei: »Aber das Treppenhaus ist zauberhaft.«

Auf Veranlassung von Friedrich II. von Preußen unter dem Denkmal der

Landgräfin von Darmstadt: »Femina sexu, animo vir« (Dem Geschlecht nach ein Weib, an Geist ein Mann).

Der Fürst von Ligne nannte Katharina II. von Rußland stets: »Le Grand (Den Großen).«

Lange Weisheit ermüdet. Und daher werfen wir uns so gerne der weiblichen Torheit in die Arme, um die Weisheit wieder reizend zu finden.

Karl Julius Weber,
Demokritos I, 17

Welche war die Gelehrteste? Jene, die da fragte: »Ist das der Horaz, der den schönen Vergil geschrieben hat?« Oder die, der die Opera Ciceronis in die Hände fielen und die ihren Freundinnen gestand, daß sie trotz ihrer bekannten Belesenheit nicht gewußt habe, daß der große Redner auch Opern machte? Oder die, welche auf die Frage: »Sie kennen doch den Lucretius?« aufgebracht ausrief: »Ich sollte den Mann der berühmten Lucretia nicht kennen?«

Karl Julius Weber,
Demokritos II, 22

»Laß mich doch mit deinem albernen Mozart in Ruhe! Das einzig Brauchbare, das er geschrieben hat, ist ›Tristan und Isolde‹.«
»Der ›Tristan‹ ist von Wagner.«
»Na, siehst du! Nicht einmal ›Tristan und Isolde‹ ist von ihm.«

Drei Damen der rasch gehobenen Gesellschaft sprachen ihre Karnevalskostüme ab. Sie wollten gehen als: Auguste Rodin, Toulouse Lautrec und Gabriele d'Annunzio.

Auf einem Wiener Maskenball trat ein Apollo zu drei Grazien und bat: »Darf sich Apoll den drei Grazien anschließen?« Die Schönen kicherten: »Wenn Sie a Pol sind, bittschön. Aber wir sind nicht aus Graz.«

An meiner Seite ging sie
den Weg zum Schloß hinauf,
und an zu reden fing sie
und hörte nicht mehr auf:

»Wie leuchtet heute wieder
vom Himmel still und hehr
der Sirius hernieder!«
(Es war der große Bär.)

»Wie hütet dort am Ranfte,
gestützt auf seinen Stock,
der Hirt das Lamm, das sanfte!«
(Es war ein Ziegenbock.)

»Wie duftet Gott zum Ruhme
dort auf dem Wiesenplan
die schlichte Schlüsselblume!«
(Es war ein Löwenzahn.)

»O Schloß im Abendglanze!
Gibt es noch irgendwo

so echte Renaissance!«
(Und es war Rokoko.)

Ich sah ins Tal hinunter
und dachte nur: O mein!
Wie ist es doch mitunter
so schwer, galant zu sein!

Karl Ettlinger, Idylle

In der Zeitung wird berichtet, daß ein betrügerischer Spendenaufruf zugunsten der Witwe des unbekannten Soldaten Zigtausende neuer Francs erbrachte.
»Nicht zu fassen, wie dumm die Menschen sind!«, entrüstet sich der Mann.
»Wirklich nicht«, bestätigt sie. »Als ob die Frau keine Rente bekäme!«

»Wir haben soeben gelernt«, doziert der Professor, »daß ein männliches Gehirn größer ist als ein weibliches. Was schließen Sie daraus?«
Eine Studentin antwortet: »Daß es nicht auf die Quantität ankommt.«

Palmström schwankt als wie ein Zweig
im Wind ...
Als ihn Korf befragt, warum er
schwanke,
meint er: Weil ein lieblicher Gedanke,
wie ein Vogel, zärtlich und geschwind,
auf ein kleines ihn belastet habe –
schwanke er als wie ein Zweig im
Wind,
schwingend noch von der willkommnen
Gabe ...

Morgenstern, Palmström, Gleichnis

Der Lehrer hat um Beispiele für die sogenannte »Duplizität der Ereignisse« gebeten. Ein Schüler meldet sich: »Wenn der Meier hier neben mir zum Beispiel im gleichen Augenblick den gleichen Gedanken hat wie ich.«
»Hm«, macht der Studienrat und krault sich nachdenklich das Kinn. »Ich glaube«, spricht er endlich, »diesen Fall sollten wir lieber ›Simplizität der Vermutungen‹ nennen.«

»Sie sind das größte Schaf des Jahrhunderts!« donnert der Chef seine Sekretärin an, die ein großes Geschäft verpatzt hat.
Mitleidig betrachtet sie den Rasenden: »Langsam! Das Jahrhundert ist noch nicht zuende.«

Warum verlieren sich manche Menschen in Gedanken?
Sie bewegen sich in unbekanntem Gelände.

Aus Tante Karlas Sprachwolf: »Ich weiß genau, was ich denke.«

»In Ihrem Garten liegt ein Schatz«, spricht die Zigeunerin. »Graben Sie in der nächsten Neumondnacht zwischen 0 und 1 Uhr, aber hüten Sie sich, an ein Nilpferd zu denken!«
Ignaz Tulpenstiel tut, wie ihm geheißen. 0.45 Uhr wirft er die Schaufel fort: »Verflucht! Mein Lebtag habe ich an kein Nilpferd gedacht, und jetzt geht es mir nicht aus dem Kopf.«

Der Richter fragte die Meisterin, was sie gedacht habe, als ihre beiden Gesellen aufeinander losprügelten.

»Was ich gedacht habe?« wiederholte die Zeugin. »Dscha. Ich habe gedacht: Eu jeujeujeujeujeu!«

Klugheit

Konfuzius begegnete zwei Knaben, die sich stritten.
»Am Morgen ist uns die Sonne näher«, sprach der eine, »denn am Morgen ist sie größer, und alles, was uns näher ist, erscheint uns größer.«
»Nein«, schrie der andere. »Am Mittag ist sie uns näher; denn am Morgen leuchtet sie nur, am Mittag aber brennt sie wie Feuer.«
»Du scheinst uns ein weiser Mann«, wandte sich schließlich der erste Junge an den Wanderer. »Gib uns Auskunft!«
Konfuzius schüttelte den Kopf: »Ich kann euch nicht antworten; denn ich fand die Frage nie! Wer aber kann weise antworten, der nicht vorher weise fragte?«

Simonides wurde gefragt, ob der Mensch lieber nach Reichtum oder nach Weisheit streben solle.
»Nach Reichtum«, antwortete der Dichter. »Denn ich sehe die Weisen vor den Türen der Reichen, nicht aber die Reichen vor den Türen der Weisen.«

Warum beneidet der Gelehrte den Reichen, der Reiche aber nicht den Gelehrten?
Weil der Gelehrte aufgrund seiner Bildung den Wert des Geldes kennt, der Reiche aber nicht den Wert der Bildung.

Ein preußischer Leutnant fragte Moses Mendelssohn, womit er handele.
»Sie kaufen es doch nicht«, sprach der Philosoph.
»Womit du handelst, habe ich gefragt.«
»Mit Weisheit.«

Kathederblüte: »Sie können mich nicht hinters Ohr führen!«

Holmes: »Ah, Watson! Du trägst lange Unterwäsche!«
Watson: »Unglaublich, Holmes! Erstaunlich! Woher weißt du das?«
Holmes: »Du hast vergessen, die Hose anzuziehen.«

Die durstge Kräh ein Eimer fand.
Das Wasser bis zur Hälfte stand.
Sie sprach: »Wenn du dich bückst zum
  Trinken,
kannst leichtlich du darin versinken.«
Sie dacht, ob sie ihn um wohl kehre;
jedoch er war ihr viel zu schwere,
und sie war auch zu schwach alleine.
So lief sie fort, las auf viel Steine,

warf sie in' Eimer. Wie sich's zeigt,
davon der Wasserspiegel steigt.
Nun sie sich labt und fröhlich lacht:
Das hat mein kluger Kopf erdacht.
Moral:
Was du mit Macht nicht kannst
gewinnen,
das mußt mit List du dann beginnen.
Und was die Stärke nicht vermag,
das bringt ein weiser Rat zutag.

Burchard Waldis,
Die Krähe, die sich zu helfen wußte

... Als der Swinegel des Hasen ansichtig wurde, bot er ihm einen freundlichen Gutenmorgen. Der Hase aber ... antwortete nichts auf des Swinegels Gruß, sondern sagte zu ihm: »Wie kommt es denn, daß du schon bei so frühem Morgen im Felde herumläufst?« – »Ich gehe spazieren«, sagte der Swinegel.
»Spazieren?« lachte der Hase. »Mich deucht, du könntest die Beine auch wohl zu besseren Dingen gebrauchen.«
Diese Antwort verdroß den Swinegel über alle Maßen; denn alles kann er vertragen, aber auf seine Beine läßt er nichts kommen, eben weil sie von Natur so schief sind. »Du bildest dir wohl ein«, sagte der Swinegel, »daß du mit deinen Beinen mehr ausrichten kannst?«
»Das denk ich«, sagte der Hase.
»Nun, es käme auf einen Versuch an«, meinte der Swinegel, »ich wette, wenn wir laufen, ich laufe dir vorbei.«
»Das ist zum Lachen, du mit deinen schiefen Beinen!« sagte der Hase, »aber meinetwegen mag es sein, wenn du so übergroße Lust hast. Was gilt die Wette?«
»Einen goldenen Lujedor und eine Buttelje Schnaps«, sagte der Swinegel.
»Angenommen«, sprach der Hase, »schlag ein, und dann kann's gleich losgehen.«
»Nein, so große Eile hat es nicht«, meinte der Swinegel. »Ich bin noch ganz nüchtern; erst will ich nach Hause gehn und ein Bißchen frühstücken. In einer halben Stunde bin ich auf dem Platz ...«
Als nun der Swinegel zu Hause ankam, sagte er zu seiner Frau: »Frau, zieh dich eilig an, du mußt mit mir ins Feld hinaus.«
»Was gibt es denn?« fragte die Frau.
»Ich habe mit dem Hasen um einen goldnen Lujedor und eine Buttelje Schnaps gewettet. Ich will mit ihm um die Wette laufen, und du sollst dabei sein.«
»O mein Gott, Mann!« schrie dem Swinegel seine Frau, »bist du nicht klug! Hast du den Verstand verloren?«
»Halt das Maul, Weib«, sagte der Swinegel ...
... Damit waren sie beim Acker angelangt; der Swinegel wies seiner Frau ihren Platz an und ging nun den Acker hinauf. Als er oben ankam, war der Hase schon da.
»Kann es losgehen?« fragte der Hase.
»Jawohl«, erwiderte der Swinegel.
»Dann man zu!«
Und damit stellte sich jeder in seine Furche. Der Hase zählte: »Eins, zwei, drei!«, und los ging er wie ein Sturmwind. Der Swinegel aber lief ungefähr drei Schritte, dann duckte er sich in die Furche nieder.
Als nun der Hase im vollen Lauf ankam, rief ihm dem Swinegel seine Frau entgegen: »Ich bin schon da!« Der Hase verwunderte sich nicht wenig. Er

meinte nicht anders, es wäre der Swinegel selbst, der ihm das zurufe; denn bekanntlich sieht dem Swinegel seine Frau gerade so aus wie ihr Mann.
Der Hase aber meinte: »Das geht nicht mit rechten Dingen zu.« Er rief: »Noch einmal gelaufen, wieder herum!« Und fort ging es wieder wie der Sturmwind, so daß ihm die Ohren am Kopfe flogen. Dem Swinegel seine Frau aber blieb ruhig auf ihrem Platze. Als nun der Hase oben ankam, rief ihm der Swinegel entgegen ...
... Zum vierundsiebzigsten Mal aber kam der Hase nicht mehr zu Ende. Mitten auf dem Acker stürzte er zur Erde. Das Blut floß ihm aus dem Halse, und er blieb tot auf dem Platz. Der Swinegel aber nahm seinen gewonnenen Luisdor und die Flasche Branntwein, rief seine Frau aus der Furche ab, und beide gingen vergnügt nach Hause.

Ludwig Bechstein,
Der Wettlauf zwischen dem Hasen
und dem Igel

Ein Bildungsbeflissener versucht, seinem Nachbarn den Wert der Volkshochschule klarzumachen: »Kennst du Goethe?«
»Nein.«
»Kennst du Schiller?«
»Nein.«
»Von Lessing hast du natürlich auch nie etwas gehört!«
»Nein.«
Lange Pause.
»Kennst du den Schorsch Kalinke?« fragt der Nachbar.
»Nee. Wer ist denn das?«
»Der kommt immer zu deiner Frau, wenn du in der Volkshochschule bist.«

Chojsek meditiert: Es steht geschrieben, daß Gott behütet die Dummen. Die Leute sagen, ich sei dumm. Ich glaube, daß ich bin gescheit. Wollen wir sehen, wer recht hat!
Steigt aufs Dach, springt hinunter auf die Straße und bleibt mit gebrochenen Knochen liegen: »Das ich bin nicht dumm, habe ich gewußt. Aber daß ich mecht sein so gescheit, is a Überraschung.«

Montesquieu über Voltaire: »Er hat zuviel Geist, um mich zu verstehen.«

Die Leber ist von einem Hecht
und nicht von einer Dohle.
Im hellsten Diamanten sieht
der Chemiker nur Kohle.

Wenn man das zierlichste Näschen
von seiner liebsten Braut
durch ein Vergrößerungsglas
näher beschaut,
dann zeigen sich haarige Berge,
daß einem graut.

Ringelnatz, Genau besehn

»Bei dieser Gelegenheit«, sagte Herr C. freundlich, »muß ich ihnen eine andere Geschichte erzählen, von der Sie leicht begreifen werden, wie sie hierher gehört.
Ich befand mich, auf meiner Reise nach Rußland, auf einem Landgut des Herrn von G., eines livländischen

Edelmanns, dessen Söhne sich eben damals stark im Fechten übten. Besonders der ältere, der eben von der Universität zurückgekommen war, machte den Virtuosen und bot mir, da ich eines Morgens auf seinem Zimmer war, ein Rapier an. Wir fochten; doch es traf sich, daß ich ihm überlegen war. Leidenschaft kam dazu, ihn zu verwirren. Fast jeder Stoß, den ich führte, traf, und sein Rapier flog zuletzt in den Winkel. Halb scherzend, halb empfindlich sagte er, indem er das Rapier aufhob, daß er seinen Meister gefunden habe; doch alles auf der Welt finde den seinen, und fortan wolle er mich zu dem meinigen führen. Die Brüder lachten laut auf und riefen: ›Fort, fort! In den Holzstall hinab!‹ Und damit nahmen sie mich bei der Hand und führten mich zu einem Bären, den Herr von G., ihr Vater, auf dem Hofe auferziehen ließ.

Der Bär stand, wie ich erstaunt vor ihn trat, auf den Hinterfüßen, mit dem Rücken an einen Pfahl gelehnt, an welchen er angeschlossen war, die rechte Tatze schlagfertig erhoben, und sah mir ins Auge; das war seine Fechterpositur. Ich wußte nicht, ob ich träumte, da ich mich einem solchen Gegner gegenüber sah; doch: ›Stoßen Sie, stoßen Sie!‹ sagte Herr von G., ›und versuchen Sie, ob Sie ihm eins beibringen können!‹ Ich fiel, da ich mich ein wenig von meinem Erstaunen erholt hatte, mit dem Rapier auf ihn aus; der Bär machte eine ganz kurze Bewegung mit der Tatze und parierte den Stoß. Ich versuchte, ihn durch Finten zu verführen; der Bär rührte sich nicht. Ich fiel wieder, mit einer augenblicklichen Gewandtheit, auf ihn aus; eines Menschen Brust würde ich unfehlbar getroffen haben; der Bär machte eine ganz kurze Bewegung mit der Tatze und parierte den Stoß. Jetzt war ich fast in dem Fall des jungen Herrn von G. Der Ernst des Bären kam hinzu, mir die Fassung zu rauben. Stöße und Finten wechselten sich ab, mir triefte der Schweiß: Umsonst! Nicht bloß, daß der Bär, wie der erste Fechter der Welt, alle meine Stöße parierte; auf Finten – was ihm kein Fechter der Welt nachmacht – ging er gar nicht einmal ein: Aug' im Auge, als ob er meine Seele darin lesen könnte, stand er, die Tatze schlagfertig erhoben, und wenn meine Stöße nicht ernsthaft gemeint waren, so rührte er sich nicht.

Glauben Sie diese Geschichte?«

»Vollkommen!« rief ich, mit freudigem Beifall: »Jedwedem Fremden, so wahrscheinlich ist sie, um wieviel mehr Ihnen!«

»Nun, mein vortrefflicher Freund«, sagte Herr C., »so sind Sie im Besitz von allem, was nötig ist, um mich zu begreifen. Wir sehen, daß in dem Maße, als in der organischen Welt die Reflexion dunkler und schwächer wird, die Grazie darin immer strahlender und herrschender hervortritt. Doch so, wie sich der Durchschnitt zweier Linien, auf der einen Seite eines Punktes, nach dem Durchgang durch das Unendliche plötzlich wieder auf der anderen Seite einfindet oder das Bild des Hohlspiegels, nachdem es sich in das Unendliche entfernt hat, plötzlich wieder dicht vor uns tritt: So findet sich auch, wenn die Erkenntnis gleichsam durch ein Unendliches gegangen ist, die Grazie wieder ein; so daß sie zu gleicher Zeit in demjenigen menschlichen Körperbau am reinsten scheint, der entweder gar keins oder ein unendliches Bewußtsein hat, d. h. in dem

Gliedermann oder auch in dem Gott.« »Mithin«, sagte ich ein wenig zerstreut, »müssen wir wieder von dem Baum der Erkenntnis essen, um in den Stand der Unschuld zurückzufallen?«

»Allerdings«, antwortete er: »Das ist das letzte Kapitel von der Geschichte der Welt.«

Heinrich von Kleist,
Über das Marionettentheater

Erfahrung

Der Weltmann verhält sich zum Büchermann wie ein zugerittenes Pferd zum Esel.

Graf Chesterfield

»Was ist schwerer«, fragte ein vorlauter Sekundaner den Bauern: »Ein Pfund Eisen oder ein Pfund Daunen?« Der Landmann riet: »Laß dir sie auf die Füße fallen!«

Praktiker = Ein Mann, der lieber aus den eigenen Fehlern lernt als aus den Erfahrungen anderer.

Michael Schiff,
Von Abs bis Zwiebelmuster

Wenn d' Kueh g'stohle isch, macht ma d' Tür zue.

Aus dem Allgäu

Nasr-ed-Din Hodscha wurde auf dem Marktplatz angesprochen: »Was kaust du?«
»Fischaugen.«
»Warum?«
»Sie machen weise.«
»Gib mir einige!«
Der Eulenspiegel kraulte sich den Bart: »Sie sind teuer, Freund.«
»Macht nichts«, erwiderte der andere und kaufte ein halbes Dutzend für zwanzig Piaster. Kaute sie andächtig und fuhr plötzlich auf den Hodscha los: »Lump, niedriger! Zwanzig Piaster für sechs Augen? Und dort drüben werden drei ganz Fische für zehn Piaster weggegeben?«
Nasr-ed-Din nickte freundlich: »Siehst du, sie wirken bereits.«

Ein Bauer, vom Markt heimkehrend, stellte den Ochsenkarren ab, legte sich ins Gras und schlief ein. Zwei Derwische kamen des Weges und spannten einen der beiden Ochsen aus. Der eine Derwisch stellte sich ins Joch, der andere verschwand mit dem ausgespannten Tier.
Der Bauer erwachte und rieb sich die Augen.
»Guter Mann«, sprach der Angehalfterte, »gebt mich frei! Früher Sünden wegen wurde ich verwandelt. Nun hat mir Allah verziehen.«
»Immer schon dachte ich, daß es mit jenem Ochsen seine eigene Bewandtnis habe«, murmelte der Bauer und löste die Stricke. »Er rieb die Lippen, als bete er das Brevier. Ziehe hin in Frieden!«

Dankesworte stammelnd trollte sich der Betrüger zur Stadt, wo sein Gefährte das gestohlene Tier mittlerweile verkauft hatte.
Als der Bauer wieder in die Stadt kam, einen neuen Ochsen zu kaufen, sah er seinen eigenen angeboten. Lange stand er vor ihm. Dann neigte er sich zu seinem Ohr: »Ich glaube ja nicht, daß Allah Euch ein zweites Mal verzeiht. Aber sicher ist sicher: Ich kaufe Euch nicht.«

1001 Nacht

Ein Nachtvogel saß in seinem Käfig vor dem Fenster. Da flog eine Fledermaus herbei und fragte, warum er am Tage schweige und nur des Nachts singe. Er habe, erwiderte der Vogel, früher auch bei Tage seine Stimme ertönen lassen; er sei deswegen gefangen worden. Nun aber sei er gewitzigt. Da sprach die Fledermaus: »Jetzt brauchst du dich nicht mehr in acht zu nehmen.«

Äsop,
Fabeln 77, Der Nachtvogel

John F. Kennedy im Oktober 1960, während des Wahlkampfes, in Minneapolis: »Die wichtigste Nachricht dieser Woche betraf nicht die Vereinten Nationen und nicht einmal den Wahlkampf um die Präsidentschaft. Aus meiner Heimatstadt Boston kam die Meldung, daß Ted Williams von den ›Boston Red Sox‹ den Baseball-Sport an den Nagel gehängt habe. Anscheinend ist er mit zweiundvierzig zu alt. Das zeigt, daß es mit Erfahrung allein vielleicht doch nicht getan ist.«

Erfahrung = Fachausdruck für bewährte Fehler älterer Mitarbeiter.

Michael Schiff,
Von Abs bis Zwiebelmuster

Ein Esel, mit Salzsäcken beladen, mußte einen Fluß durchwaten. Er stürzte, erhob sich wieder und stellte mit Freude fest, daß seine Last leichter geworden war. Einige Tage darauf mußte er, beladen mit Schwämmen, den gleichen Fluß überwinden. Er entsann sich der Erfahrung mit dem Salz und tauchte absichtlich unter. Als er aufstand, hatte sich seine Last vervielfacht.

nach *Babrios*

Jugend, die mir täglich schwindet,
wird durch raschen Mut ersetzt,
und mein kühnrer Arm umwindet
noch viel schlankre Hüften jetzt.

Tat auch manche sehr erschrocken,
hat sie doch sich bald gefügt;
holder Zorn, verschämtes Stocken
wird von Schmeichelei besiegt.

Doch wenn ich den Sieg genieße,
fehlt das Beste mir dabei.
Ist es die verschwundne süße,
blöde Jugend-Eselei?

Heine,
Neue Gedichte, Yolante und Marie 4

Ein Mensch, noch Neuling auf der
Welt,
das Leben für recht einfach hält.

Dann, schon erfahren, klug er spricht:
So einfach ist die Sache nicht!
Zum Schlusse sieht er wieder klar,
wie einfach es im Grunde war.

Eugen Roth,
Mensch und Unmensch,
Lauter Täuschungen

Man wird nicht besser mit den Jahren.
Wie sollt es auch – man wird bequem
und bringt, um sich die Reu' zu sparen,
die Fehler all in ein System.

Das gibt dann eine glatte Fläche;
man gleitet unbehindert fort,
und »allgemeine Menschenschwäche«
wird unser Trost- und Losungswort.

Die Fragen alle sind erledigt:
Das eine geht, das andre nicht.
Nur manchmal eine stumme Predigt
hält uns der Kinder Angesicht.

Fontane

Erinnerung

Bodo von Drewitz in der Opernloge auf die Frage seines Sohnes, warum er sich Knoten ins Taschentuch knüpfe: »Will schöne Arien nicht verjessen!«

Aus einem Schüleraufsatz: »Das Hochwasser vom letzten Sommer ist noch in aller Munde.«

»Wann haben Sie den Pelz gekauft?« fragt der Versicherungsvertreter die Bäuerin, die Brandschaden gemeldet hat.
»Zu Tante Lenchens Hochzeit.«
»Wann hatte Tante Lenchen Hochzeit?«
»Das war, als der Fritz zum Militär ging.«
»Wann ging der Fritz zum Militär?«
»Als wir Heuernte hatten.«
»In jedem Jahr ist Heuernte. In welchem war es denn?«
»Moment mal! Der Fritz war weg. Richtig, und der Onkel Erwin fiel vom Wagen.«
»Das Jahr können Sie nicht angeben?«
»Ich sage doch: Als wir den Pelz hier, wo verbrannt ist, kauften!«

Ein Geschichtslehrer empfahl: »Wenn Ihnen die Jahreszahl der Schlacht von Salamis nicht in Erinnerung ist, rufen Sie sich die Regierungszeit von Xerxes ins Gedächtnis zurück!«

Es war einmal ein Professor,
der war so unendlich zerstreut.
Die allerwichtigsten Sachen
vergaß er von gestern auf heut.

Und als eines schönen Tages
der gute Professor beschloß,
in den Stand der Ehe zu treten,
weil ihn das Alleinsein verdroß,

geschah's, daß am andern Morgen
der unglückselige Mann
auf seinen erst gestern gefaßten
Entschluß sich vergeblich besann.

Ihm war von der ganzen Geschichte
erinnerlich nur noch das:
Er wollte in etwas treten,
doch wußte er nicht mehr, in was.

Otto Sommerstorff,
Der zerstreute Professor

Der Pfarrer unterhält sich mit einem siebzigjährigen Gemeindeglied und erkennt niederschmetternde Unkenntnis. Auf die Frage, wer ihn erschaffen habe, antwortet der Alte: »Keine Ahnung!« »Das ist doch nicht ...« ächzt der Pfarrherr, ruft einen sechsjährigen Bengel, stellt ihm die gleiche Frage und erhält die gewünschte Antwort.
Der Alte winkt ab: »Bei ihm ist es ja erst sechs Jahre her.«

Aus einer Broschüre der Air India an die Passagiere: »Überzeugen Sie sich, bevor Sie das Flugzeug verlassen, daß Sie nichts vergessen haben! Alle unsere Besatzungen sind mit Markenuhren ausgerüstet, die von Passagieren liegengelassen wurden.«

Der Arzt fragt den Patienten mit Gedächtnisstörung nach langer Behandlung, ob er Fortschritte verspüre. »Jawohl, Herr Doktor«, bestätigt der Kranke. »Ich erinnere mich zwar noch nicht an das, was ich vergesse, aber daran, daß ich etwas vergaß.«

Themistokles, als man ihm die Mnemotik (Gedächtniskunst) beibringen wollte: »Lehrt mich lieber die Kunst zu vergessen!«

Archiv = alphabetisch geordnete Makulatur.

Michael Schiff,
Von Abs bis Zwiebelmuster

Dummheit

Über einen Partylöwen: »Sein klügster Satz reicht nicht für einen Schlagertitel.«

Der Lehrer verlangt einen Satz mit »einfältig«. Klein-Erna meldet sich: »Du hast zwei Tropfen an die Nase, Herr Lehrer. Ein fällt dich gleich runter.«

Ein Vater hinterließ zween Erben:
Christophen, der war klug, und Görgen, der war dumm.
Sein Ende kam, und kurz vor seinem Sterben
sah er sich ganz betrübt nach seinem Christoph um.
»Sohn!« fing er an, »mich quält ein trauriger Gedanke:
Du hast Verstand, wie wird dir's künftig gehn?

Hör an! Ich hab in meinem Schranke
ein Kästchen mit Juwelen stehn.
Die sollen dein. Nimm sie, mein Sohn,
und gib dem Bruder nichts davon!«

Der Sohn erschrak und stutzte lange.
»Ach Vater!« hub er an, »wenn ich so
viel empfange,
wie kömmt alsdann mein Bruder
fort?«
»Er?« fiel der Vater ihm ins Wort.
»Für Görgen ist mir gar nicht bange,
der kömmt gewiß durch seine
Dummheit fort.«

Gellert,
Der sterbende Vater

»Sage, Narr, was möchtest du lieber sein: Ein edler Hengst oder ein Esel?« fragte der König.
»Herr«, erwiderte der Einfältige, »Ihr habt Rang und Stand. Wählt Ihr zuerst!«
»Nun«, lächelte der König. »Ich möchte ein edler Hengst sein.«
»Bravo!« rief der Narr und klatschte in die Hände. »Was bin ich froh! Was bin ich froh!«
Der König betrachtete ihn mitleidig: »Du willst also lieber ein Esel sein?«
»Gewiß, Herr. Noch nie habe ich erlebt, daß ein Pferd, und sei es vom besten Blute, es zu etwas Besonderem gebracht hätte. Aber die Esel, Herr, den fallen die Würden zu.«

»Wie fang ich's an, um mich emporzuschwingen?«
fragt einst ein Jüngling einen Greis.
»Der Mittel«, fing er an, »um es recht
hoch zu bringen,
sind zwei bis drei, soviel ich weiß.
Seid tapfer! Mancher ist gestiegen,
weil er entschlossen in Gefahr,
ein Feind von Ruh und von
Vergnügen
und durstig nach der Ehre war.
Seid weise, Sohn! Den Niedrigsten auf
Erden
ist's oft durch Witz und durch Verstand
geglückt,
am Hofe groß, groß in der Stadt zu
werden:
Zu beiden macht man sich durch Zeit
und Fleiß geschickt.
Dies sind die Mittel großer Seelen.«
»Doch sie sind schwer. Ich will's ihm
nicht verhehlen:
Ich habe leichtere gehofft.«
»Gut«, sprach der Greis, »wollt Ihr
ein leichtres wählen,
so seid ein Narr! Auch Narren steigen
oft.«

Gellert,
Der Jüngling und der Greis

Der Kurfürst von Sachsen hatte einen Narren, der hieß Klaus. Wegen einer Ungehörigkeit sollte er bestraft werden. Die Kurfürstin aber befahl einem Edelmann, sich als Bauer zu verkleiden und Klaus in einem Sacke aus dem Schloß zu tragen.
Als der Bauer mit seiner Last über die Brücke ging, stand da der Kurfürst mit seinem Gefolge. »Was hast du in dem Sack, Bauer?« fragte der hohe Herr.
»Hafer.«
»Sag mir die volle Wahrheit, Bäuerlein! Was hast du in deinem Sack?«
»Hafer.«

Noch immer wollte es der Herr nicht glauben. Da schrie es aus dem Sack: »Hafer, du Narr! Hörst du nicht? Hafer! Hafer! Kannst du kein Deutsch?«
Da mußten alle lachen, und der Narr wurde ungeschoren entlassen.

nach *Jörg Wickram*,
Rollwagenbüchlein, Der Narr im Sack

Eine Wienerin jammerte im Kriegsjahr 1805: »O Gott! Mein Mann wird noch narrisch vor lauter Desperation.«
Der Nachbar tröstete: »Sorgen Sie sich nicht, Frau Boos! Ihr Mann ist viel zu dumm, ein Narr zu werden.«

Ich mißbillige alles, was die natürliche Unwissenheit gefährdet. Die Unwissenheit gleicht einer zarten exotischen Frucht; die erste Berührung zerstört ihren Schmelz (Lady Bracknell).

Wilde, Bunbury I

Dummheit is ooch ne Jabe Jottes, aber man darf ihr nich mißbrauchen.

Aus Berlin

Irrtümer haben ihren Wert.
Jedoch nur hier und da:
Nicht jeder, der nach Indien fährt,
entdeckt Amerika.

Erich Kästner

Zwei Kurden zogen nach Mossul, Wolle zu verkaufen. »Wenn du einen Wunsch frei hättest«, fragte der eine, »was würdest du verlangen?«
»Tausend Schafe. Und du?«
»Ein Rudel Wölfe, das deine Schafe frißt.«
»Was!« empörte sich der Gekränkte. »Du willst mein Freund sein?« Er hob seinen Stock und zog ihm den Gefährten über den Schädel. Der wehrte sich, und es ging hart auf hart.
Da trat ein dritter Kurde hinzu, der Honig nach Mossul bringen wollte. Er trennte die Streithähne, erfragte den Anlaß ihres Zwistes, zerriß seinen Balg, daß der Honig in den Sand floß, und rief: »Möge mein Leib zerrissen werden wie diese Ziegenhaut und mein Blut fließen wie dieser Honig, wenn ihr zwei nicht die größten Narren seid, die Allah im Zorn erschuf!«

Genie und Genie, das sind zwei Welten. Die Dummköpfe der ganzen Welt aber sind eine Familie.

Verfasser unbekannt

Physikalische Definition des Dummkopfes: Eine Ausnahme von der Regel des Torricellischen Gesetzes, demzufolge die Natur keine Leere duldet; denn der Hohlkopf hat nicht das Bedürfnis, sich zu füllen.

Der Hund eines Gärtners war in einen Brunnen gefallen. Der Gärtner stieg hinunter, das Tier wieder herauf-

zuholen. Es biß ihn aber ins Bein, so daß er unverrichteter Dinge wieder zurückkehrte.
Die Fabel lehrt, daß Dummköpfen nicht zu helfen ist.

Äsop,
Fabeln 67, Der Gärtner und sein Hund

Die Esel beklagten sich bei Zeus. »Unser starker Rücken«, sagten sie, »trägt ihre Lasten, unter welchen sie und jedes schwächere Tier erliegen müßten. Und doch wollen sie uns durch unbarmherzige Schläge zu einer Geschwindigkeit nötigen, die uns durch die Last unmöglich gemacht würde, wenn sie uns auch die Natur nicht versagt hätte. Verbiete ihnen, Zeus, so unbillig zu sein, wenn sich die Menschen etwas Böses verbieten lassen! Wir wollen ihnen dienen, weil es scheinet, daß du uns dazu erschaffen hast; allein geschlagen wollen wir ohne Ursache nicht sein.«
»Mein Geschöpf« antwortete Zeus ihrem Sprecher, »die Bitte ist nicht ungerecht; aber ich sehe keine Möglichkeit, die Menschen zu überzeugen, daß eure natürliche Langsamkeit keine Faulheit sei. Und so lange sie dieses glauben, werdet ihr geschlagen werden. Doch ich sinne, euer Schicksal zu erleichtern. Die Unempfindlichkeit soll von nun an euer Teil sein. Eure Haut soll sich gegen die Schläge verhärten und den Arm des Treibers ermüden.«
»Zeus!« schrien die Esel, »du bist allezeit weise und gnädig!«
Sie gingen erfreut von seinem Throne, als dem Throne der allgemeinen Liebe.

Lessing,
Fabeln, Die Esel

»Wie erkennen Sie, ob ein Mensch geistig gestört ist?« fragt die Gastgeberin den Psychiater.
Der Seelenlotse streicht mit den Zeigefingerspitzen mehrfach die Nase herab: »Ich stelle ihm eine einfache Frage.«
»Zum Beispiel?«
»Zum Beispiel: Kapitän Cook machte drei Weltreisen. Auf einer davon starb er. Auf welcher?«
Die Dame lächelt nervös: »Müssen es unbedingt historische Fragen sein?«

»Idioten, sen dat Tiere?« fragt der Schäl. »Quatsch«, antwortet Tünnes. »Mensche wie du ond ech.«

Emil Kraepelin stellte seinen Studenten einen Patienten vor, der an dem Wahn litt, unermeßlich reich zu sein. Auf die Frage des Psychiaters nach der Höhe seines Vermögens verweigerte er die Auskunft. »Diese Leute da«, sagte der Kranke, auf die Studenten deutend, »warten nur darauf, mich anzupumpen.«
Als sich das Auditorium beruhigt hatte, erklärte Kraepelin: »Das war ein ausgezeichnetes Beispiel für das, was wir in der Psychiatrie ›lichte Momente‹ nennen: Der Patient verlieh inmitten seiner Wahnvorstellung einer durchaus berechtigten Befürchtung Ausdruck.«

Es gibt nix so Dummes, das net a Gscheiter a scho gsagt hätt.

Aus Bayern

Jean Marat wies im Konvent einen gegen ihn erhobenen Verdacht mit den Worten zurück: »Ich müßte ein Narr sein, wenn ich das getan hätte!«
Brissot erwiderte: »Aus Ihren Worten folgt nicht, daß Sie es nicht getan haben.«

Hodscha Nasr-ed-Din brachte Weizen zur Mühle, um ihn malen zu lassen. Während er wartete, griff er in andere Säcke und füllte die seinen auf.
Das bemerkte der Müller: »Hodscha, was tust du? Seit wann bist du ein Schuft?«
»Ein Schuft?« fragte Hodscha entsetzt. »Weißt du nicht, daß ich ein Narr bin, ein armer, unglücklicher Narr?«
»Wenn du ein Narr bist, warum füllst du dann nicht den Weizen aus deinen Säcken in die anderen?«
Eine Träne trat dem türkischen Eulenspiegel ins Auge: »Genügt nicht, daß ich ein Narr bin? Soll ich auch noch verrückt sein?«

Ein spanischer Bauernknecht sparte viele Jahre, um den König sehen zu können. Endlich hatte er das Reisegeld beisammen. Er ging nach Madrid und war enttäuscht, daß der Mächtige wie ein normaler Mensch aussah. Zudem war sein Beutel leer, und ein Zahn begann zu schmerzen.
Mit knurrendem Magen stand er vor einem Bäckerladen, als ihn zwei Lakaien ansprachen: »Wie viele dieser Pasteten getraust du dir zu verzehren, Lümmel?«
»Fünfzig!«
Die Geputzten lachten: »Was wettet Ihr?«
»Schaffe ich sie nicht«, antwortete der Bursche, »so reißt mir einen Zahn aus!«
»Gemacht«, sprachen die Lakaien.
Der Knecht schlug sich den Magen voll. Dann gab er seine Wette verloren. Die Lakaien zahlten, schleppten, wiehernd vor Vergnügen, den Burschen zum Zahnarzt, ließen ihm den schmerzenden Zahn ziehen, zahlten abermals und lachten noch Monate später über den Tölpel vom Lande.

Ein oberbayrischer Dorftrottel unterhielt seit Jahren Einheimische und Gäste mit einem Beweis seiner Dummheit: Man warf ihm ein neues Zehnpfennigstück und ein Fünfzigpfennigstück hin, forderte ihn auf, eine Münze zu wählen, und regelmäßig nahm er den golden leuchtenden Zehner.
Eines Tages fragte ein Urlauber: »Saren Se mal, Mann: Wissen Sie tatsächlich nich, daß der Fuchzger mehr wert ist?«
»Freili«, antwortete der Depp. »Aber oamal, wenn i des zeig, nacha is vorbei mit dem Gspui.«

Der Rabbi liest dem Gemeindeglied die Leviten: »Unwürdig führt Ihr Euch auf. Wo Ihr ein Stück Schweinefleisch seht, beißt Ihr hinein. Wo Ihr eine Christenschickse seht, müßt Ihr sie küssen.«
Der Bursche ist erschrocken: »Ich bin nebbich meschugge.«
»Unsinn«, wettert der Rabbi. »Wenn Ihr das Schweinefleisch küssen und ins

Mädchen beißen würdet, wäret Ihr meschugge! Normal seid Ihr.«

Ein Chinese stieg von seinem Esel, verbeugte sich vor einem Herrn auf prachtvollem Pferde und sprach: »Was halten Euer Exzellenz davon, wenn wir die Tiere tauschen?«
Der Reiter lachte: »Bist du ein Narr?«
»Nein«, erwiderte der andere. »Aber ich hoffe, Ihr seid einer.«

IX. Kapitel

Hilfe
Schenken
Leihen
Dank

Hilfe

Ein Erstklaßler, Ranzen auf dem Rükken, versucht vergeblich, einen höher plazierten Klingelknopf zu erreichen. Der Herr Direktor kommt des Weges, zeigt sich hilfreich und klingelt.
Der Kleine packt ihn am Ärmel: »Los! Jetzt aber fort!«

Ein Floh setzte sich auf den Fuß eines Mannes. Da rief dieser Herakles um Hilfe an. Aber der Gott kam nicht. Als der Floh wieder weggesprungen war, sprach der Mann: »O Herakles! Du hast mir nicht gegen den Floh geholfen! Wie kann ich erwarten, daß du mir vor größeren Gegnern beistehen wirst!«

Äsop,
Fabeln 62, Der Floh

Abraham Lincoln, in schwieriger Situation, empfing die Abordnung einer Bevölkerungsgruppe, deren Interessen auf dem Spiele standen. Er bat sie um Hilfe. Die Hilfe wurde ihm zugesagt – nur nicht hier und sofort, später, wenn . . .
Da erzählte ihnen der Präsident: »Vor vielen hundert Jahren ging eine Gruppe auf die Jagd nach einem Eber, der Gärten und Felder verwüstete. Als das Tier auftauchte, kletterten alle auf die Bäume. Nur einer nicht. Er fing das Tier, hielt es bei den Ohren und kämpfte, bis seine Kräfte erlahmten. Dann rief er zu den Gefährten hinauf: ›Bitte kommt herab und helft mir, es wieder loszulassen!‹«

Zwei Freunde gingen gemeinsam durch den Wald. Als ihnen ein Bär begegnete, stieg der eine rasch auf einen Baum und versteckte sich. Der andere, der keine Möglichkeit mehr sah, zu entkommen oder dem Tier zu widerstehen, legte sich auf die Erde und stellte sich tot. Der Bär beschnüffelte ihn, und, da seine Gattung keinen Leichnam anrührt, ging er fort. Der Kletterer kam vom Baum herunter und fragte den Freund, was ihm der Bär ins Ohr geflüstert habe. Der Gefragte antwortete: »Er sagte mir, ich solle mich von Freunden trennen, die in Gefahren nicht standhalten.«

Babrios,
Die zwei Wanderer und der Bär

Ein kranker Rabe sprach zu seiner Mutter: »Jammere nicht, sondern bete zu einem Gott!« Die Mutter erwiderte: »Welcher Gott, mein Sohn, wird sich deiner erbarmen? Wessen Gottes Opferfleisch hast du nicht schon gestohlen?«

Äsop,
Fabeln 132, Der kranke Rabe

Ein Mann ging mit seinem Pferd und seinem Esel auf Reisen. Unterwegs sprach der Esel zum Pferd: »Nimm mir einen Teil meiner Last ab, wenn du willst, daß ich am Leben bleibe!« Das Pferd versagte die erbetene Hilfe. Bald darauf stürzte der Esel erschöpft zu Boden und verendete. Der Herr lud dem Pferd nunmehr die ganze Last auf, die der Esel getragen hatte, und seine Haut obendrein.

Äsop,
Fabeln 125, Das Pferd und der Esel

Eine Maus wäre gern über ein Wasser geschwommen und bat einen Frosch um Hilfe. Der Frosch war ein Schalk und sprach zu ihr: »Binde deinen Fuß an meinen Fuß, so will ich schwimmen und dich hinüberziehen!« Da sie aber aufs Wasser kamen, tauchte der Frosch unter und wollte die Maus ertränken. Während aber die Maus sich wehrte, flog ein Bussard daher, ergriff die Maus, zog auch den Frosch mit heraus und fraß beide.

Luther

Wasch mir den Pelz, aber mach mich nicht naß!

Sprichwort

Ein Esel begegnete einem hungrigen Wolfe. »Habe Mitleiden mit mir!« sagte der zitternde Esel. »Ich bin ein armes, krankes Tier. Sieh nur, was für einen Dorn ich mir in den Fuß getreten habe!«
»Wahrhaftig, du dauerst mich«, versetzte der Wolf. »Und ich finde mich in meinem Gewissen verbunden, dich von diesen Schmerzen zu befreien.«
Kaum war das Wort gesagt, so war der Esel zerrissen.

Lessing,
Fabeln, Der Esel und der Wolf

Ein Fuchs war auf einen Zaun gestiegen, glitt aus und konnte sich vor dem Herabfallen nur dadurch bewahren, daß er sich an einem Dornbusch festhielt. Dieser aber zerstach ihm die Füße, und unter Schmerzen sprach der Fuchs: »Ich Unglücklicher! Ich nahm meine Zuflucht zu dir; du aber hast mir größeres Leid angetan, als mir drohte!«

Äsop,
Fabeln 8, Der Fuchs und der Dornbusch

An das Finanzamt: »Der Grundbesitz geht erst dann in unsere Hände über, wenn wir unsere Tante zu Tode gepflegt haben.«

Wo stets das Pferd den Durst zu
löschen pflegte,
das Wasser trübend, wälzte sich der
Eber.
Ein Streit entstand, und weil der Eber
trotzte,
erbat des Menschen Hilfe sich das
Pferd.
Auf seinem Rücken trug es ihn herbei;
von seinem Rücken flog des Todes
Speer.
»Dank! »sprach der Mensch. »Du hast
mir sehr genützt,
die Beute mir gezeigt und zugeführt.
Gewiß weißt du auch künftig, mir zu
dienen.«
Drückt ihm den Zaum ins Maul und
hieß es folgen.

Phädrus,
Fabeln IV, 4, Pferd und Eber

John Kennedy im Februar 1961 über Clark Clifford, der nach dem Wahlsieg die Demokraten bis zur Regierungsübernahme bei Eisenhower vertrat: »Er ist ein prächtiger Mensch. In einem Augenblick, da soviele den Lohn für ihre Verdienste um die Rückkehr der Demokraten ins Weiße Haus verlangen, hört man von Clark kein Wort. Er hat uns unschätzbare Dienste geleistet und wünscht lediglich, daß wir auf den Eindollarscheinen Reklame für seine Anwaltskanzlei machen.«

Ein Wiesel war gefangen und es bat
den Herrn des Hauses flehentlich um
Gnade:
»Befreie ich dein Haus von Mäusen
doch!«
Der Mann erwiderte darauf: »Ich
weiß.
Allein, um meinetwillen tust du's
nicht.
Um deinetwillen fängst du sie, und oft
verzehrst du obendrein der Speisen
Rest,
den sie gelassen. Eigennutz als Wohltat
nun zu preisen, ist der Frechheit
Gipfel.«
Und ohne Zögern tötet er das Tier.

Phädrus,
Fabeln I, 21, Der Mann und das Wiesel

Schenken

In dem Lande der Pygmäen
schenkt man gern und läßt sich gern
beschenken.
Keinem fällt es ein, dabei zu denken
daß er durch diskrete Gegengabe
sich erkenntlich zu erweisen habe.
Denn man gibt
nur aus Menschenliebe: Weil man
Menschen liebt –
nicht, um selbst davon zu profitieren.
Keiner sagt: »Ich werd mich
revanchieren!«

Siegfried von Vegesack,
In dem Lande der Pygmäen,
Man schenkt gern

Und Jesus setzte sich gegen den Gotteskasten und schaute, wie das Volk Geld einlegte in den Gotteskasten; und viele Reiche legten viel ein.
Und es kam eine arme Witwe und legte zwei Scherflein ein; die machen einen Heller.
Und er rief seine Jünger zu sich und sprach zu ihnen: »Wahrlich, ich sage euch: Diese arme Witwe hat mehr in den Gotteskasten gelegt denn alle, die eingelegt haben; denn sie haben alle von ihrem Überfluß eingelegt. Diese aber hat von ihrer Armut alles, was sie hatte, ihre ganze Nahrung, eingelegt.«

Markus 12, 41–44

Ein deutscher Prälat aus reicher Diözese rühmte vor Papst Johannes die Spendenfreudigkeit seiner Gläubigen: »Am Schluß jeder Messe sage ich: ›Wenn jetzt der Klingelbeutel herumgeht, will ich kein Klappern hören. Nur Knistern.‹«

»Ist das nicht ein bißchen derb?« forschte der Heilige Vater.
»Durchaus nicht«, erwiderte der Selbstsichere. »Für meine Schäfchen ist das feinster Humor, sublimer Esprit von höchstem Stimulans.«
Johannes schüttelte sein Bergamasker Bauernhaupt: »Lieber Freund! Wenn arme Menschen eine Münze opfern, fällt immer ein Stück Herz mit in den Klingelbeutel. Ich höre es lieber klappern.«

Aus einem Schüleraufsatz: »Die drei Könige knieten nieder und schenkten ihm Gold, Weihrauch und Möhren.«

»Meinen Kopf, wenn es nicht wahr ist!« versicherte ein französischer Edelmann dem Philosophen Montesquieu. Dieser erwiderte: »Kleine Geschenke erhalten die Freundschaft.«

Bevorzugtes Geschenk Friedrichs II. von Preußen: Billige Dosen mit der Aufschrift »L'amitié augmente le prix« (Die Freundschaft erhöht ihren Wert).

Ein junger Komponist hatte Brahms vorgespielt. Der Meister bot ihm eine seiner besten Zigarren an. Der Vielversprechende steckte sie ein und antwortete auf die Frage, warum er sie nicht rauche: »Eine Zigarre von Ihnen hebt man auf.«
Brahms holte ein zweites Kästchen, bot eine andere Zigarre an, erbat die erste zurück und sprach: »In dem Falle tut es auch diese!«

Eine schottische Betriebsbelegschaft brauchte ein Jubiläumsgeschenk für den Chef:
Jeder gab einen Schilling. Für die tausend Schillinge wurden tausend Päckchen Tabak gekauft. Jedes Päckchen enthielt einen Gutschein. Für tausend Gutscheine gab es eine Punschterrine, welche dem Chef überreicht wurde. Jedes Belegschaftsmitglied erhielt ein Päckchen Tabak und einen Penny in bar als Rabatt für die Großabnahme.

Sir William Johnson erschien bei dem Häuptling der kanadischen Mohawk-Indianer in goldstrotzender Uniform. Der rote Fürst bewunderte sie ausgiebig, und Johnson mußte sie, dem Höflichkeitskodex zufolge, ausziehen und dem Gastfreund überreichen.
Bei ihrer nächsten Zusammenkunft pries der Indianeragent das Land am Mohawk-River: Er habe geträumt, der Freund habe ihm fünftausend Acker geschenkt.
Johnson erhielt das Land. Alle weiteren Versuche, den Häuptling wiederzusehen, waren vergeblich.

Ein Wucherer kam in kurzer Zeit
zu einem gräflichen Vermögen:
Nicht durch Betrug und Ungerechtigkeit,

nein, er beschwur es oft, allein durch
Gottes Segen.
Und um sein dankbar Herz Gott an
den Tag zu legen
und auch vielleicht aus heiligem
Vertraun,
Gott zur Vergeltung zu bewegen,
ließ er ein Hospital für arme Fromme
baun.

Indem er nun den Bau zustandebrachte
und vor dem Hause stund und
heimlich überdachte,
wie sehr verdient er sich um Gott
und Arme machte,
ging ein verschmitzter Freund vorbei.
Der Geizhals, der gern haben wollte,
daß dieser Freund das Haus
bewundern sollte,
fragt ihn mit freudigem Geschrei,
ob's groß genug für Arme sei.
»Warum nicht?« sprach der Freund.
»Hier können viel Personen
recht sehr bequem beisammen sein.
Doch sollen alle die hier wohnen,
die Ihr habt arm gemacht, so ist es viel
zu klein.«

Gellert, Der Wucherer

Aufruf in der französischen Zeitung »Sud-Ouest« vom 22. Oktober 1953: »An die Damen der Stadt! Nächsten Sonntag große Wohltätigkeitskirmes. Stellen Sie uns alle Gegenstände zur Verfügung, die in Ihrem Haus unbrauchbar geworden sind, andere aber immer noch glücklich machen können! Bringen Sie auch Ihren Gatten mit!«

Ein wohlhabender Lord, die Rechte in der Hosentasche, hielt Rochester einen Scheck entgegen und sprach: »Ich bringe Ihnen etwas für arme Witwen.«
Der Minister fragte: »In welcher Hand, Mylord?«

»Ihr Herr Sohn hat tausend Mark für die neue Kirche gespendet, und Sie wollen nur hundert Mark opfern?«
»Mein Sohn kann sich das leisten. Er hat einen sparsamen Vater. Ich aber kann es mir nicht leisten. Ich habe einen leichtsinnigen Sohn.«

»Was wünschst du dir zum Geburtstag?« fragte er.
»Rate! Man legt es um die Schulter, es macht ticktack und man kann danach tanzen.«
»???«
»Ganz einfach: Ein Pelz, eine Uhr und eine Schallplatte.«

»Mein Verlobter hat mir zum Geburtstag ein Spanferkel geschenkt.«
»Das sieht ihm ähnlich.«
»Das ist nicht wahr.«

Ein Herr verlangt: »Bitte eine Damenbluse für 30 Mark!«
»Welche Größe?«
»Egal.«
»Uni oder gemustert?«
»Egal.«

»Seide oder vielleicht . . .«
»Egal. Wird sowieso umgetauscht.«

Resignierender Ehemann: »Wenn ich ihr einen Scheck schenken würde – ich bin überzeugt: Er hätte auch die falsche Größe.«

Voltaire kann ich mir wie einen herumspringenden Affen im Zorne denken, als er in einer Versteigerung eine Dose um hohen Preis erhielt, die er einst mit seinem verborgenen Bildnis seiner Herzdame geschenkt hatte. Er ließ aufspringen, und was sprang ihm entgegen? Das Bild seines Nebenbuhlers Lambert. Das hagere Männchen war in der Liebhaberreihe der Madame Chatelet nur Ehrenmitglied.

Karl Julius Weber,
Demokritos I, 13

»Gestern habe ich einen entzückenden Hund für meine Frau bekommen«, erzählt ein Stammtischbruder.
»Glückspilz!« brummt ein anderer. »Ich gäbe einen dazu.«

Ein Wolf ging über den Acker und fand Gerste. Da er sie als Nahrung nicht gebrauchen konnte, ließ er sie liegen. Bald darauf begegnete er einem Pferd. »Komm mit mir zum Acker!« sprach er. »Ich habe dort Gerste für dich aufbewahrt, weil ich so gern das Mahlen deines Gebisses höre.« Das Pferd erwiderte: »Wenn du dich mit Gerste nährtest, hätten deine Ohren niemals Gewalt über deinen Magen.«

Äsop,
Der Wolf und das Pferd

Ein Wanderer, der einen weiten Weg vor sich hatte, gelobte, dem Hermes, falls er einen Fund mache, die Hälfte abzugeben. Er fand einen Reisesack mit Datteln und Mandeln, aß die Früchte, und am nächsten Altar des Gottes legte er von den Datteln die Kerne und von den Mandeln die Schalen nieder und sprach: »Da hast du, was ich gelobt habe.«

Äsop,
Der Wanderer und Hermes

Eine vornehme Französin bewunderte im Hause des englischen Gesandten ein Gemälde. Er schenkte es ihr. Sie zeigte es ihrem Gatten. Der betrachtete es lange und murmelte: »Entweder ist der Engländer ein Idiot, oder ich bin einer.«

Lenbach bat die auf Ernst von Wolzogens »Überbrettl« gastierende australische Tänzerin Saharet, ihm zu einem Porträt zu sitzen. Sie wußte, daß der Maler handfeste Preise schätzte, und fragte, was er verlange. »Sie, schöne Frau«, erwiderte Lenbach, »male ich umsonst.«
»Das«, entschied die Künstlerin, »ist zu teuer.«
Das Porträt kam dennoch zustande.

Ein Mensch, der was geschenkt kriegt,
denke:
Nichts zahlt man teurer als Geschenke!

Eugen Roth,
Mensch und Unmensch, Kleinigkeiten

Ein Mann lud seine Freunde zu einem Gastmahl. Sein Hund bemerkte die Vorbereitungen und forderte seinen Kameraden auf, ebenfalls zum Schmause zu kommen. Der Koch aber packte ihn und warf ihn die Treppe hinunter. Laut jaulend eilte er davon. Die Fabel lehrt, daß man sich hüten soll, wenn einem fremdes Eigentum angeboten wird.

Äsop,
Fabeln 129, Der Hund bei dem Gastmahl

Sie trinken auf ihre neue Freundschaft.
»Wenn du fünf Fernsehgeräte hättest, würdest du mir einen schenken?«
»Freilich.«
»Wenn du fünf Autos hättest, würdest du mir eins schenken?«
»Freilich.«
»Wenn du fünf Hemden hättest, würdest du mir eins schenken?«
Der Gefragte schüttelt den Kopf.
»Warum nicht?«
»Ich habe fünf Hemden.«

Ein Dieb kam nachts und gab dem Hund ein Brot.
»Welch unverdiente Gabe!« sprach das Tier.
»Mir scheint, sie ist bestimmt, mein Maul zu schließen.
Ich werde daher doppelt wachsam sein.«

Phädrus, Fabeln I, Der treue Hund

Als Gustav Adolf 1631 nach Deutschland gezogen war, baten die Bäcker von Nyköping den Stadtrichter, den Brotpreis erhöhen zu dürfen. Sture Jönsen fand, als die Delegation gegangen war, einen Beutel mit fünfzig Goldstücken.
Am nächsten Tag entschied er: »Ich habe Ihre Gründe in der Schale der Gerechtigkeit gewogen und sie so leicht befunden wie Ihre Brote. Ich könnte Sie nach altem Brauch mit den Ohren an die Ladentüre nageln lassen, aber erkenne milde: Ihre hochherzige Spende habe ich einem wohltätigem Zweck zugeleitet. Die Höhe Ihres Almosens beweist die Rentabilität Ihres Gewerbes. Für die Gewichtsfehler Ihres Backwerkes aber entrichten Sie pro Zunftgenoß 100 Goldstücke an das Spital.«

»Was meinen Herr Rechtsanwalt?« fragte der Bauer. »Soll ich dem Richter eine schöne fette Gans schicken?«
»Verrückt, was? Sie wollen wohl den Prozeß verlieren, bevor er beginnt?« – Der Bauer gewinnt. Beim Verlassen des Gerichtssaales strahlt er: »Ich habe ihm doch eine Gans geschickt.«
»Das ist doch nicht möglich . . .?«
»Freilich. Unter dem Namen des anderen.«

Der Schriftsteller Ernst Wichert war Richter in Prökuls in Ostpreußen. Die

Litauer in seinem Bezirk suchten seine Gewogenheit mit landwirtschaftlichen Leckerbissen aller Art.
Einmal wurde seinem Dienstmädchen ein prachtvoller Hase in die Hand gedrückt. Der Bote verschwand, bevor der Beschenkte ihn sprechen konnte.
Wichert ließ das Geschenk versteigern und den Erlös in die Gerichtskasse legen. Am nächsten Tag traf er den Apotheker, der von einem herrlichen Hasenbraten schwärmte und fragte: »Wie hat Ihnen denn mein Hase geschmeckt, den ich Ihnen gestern schickte?«

Ein Kandidat, der gern befördert werden wollte,
lag einem sehr berühmten Mann,
der viel vermocht, inständig an,
daß er sein Glück ihm machen sollte,
und reichte, weil ein Platz im Ratstuhl offen war,
dem Gönner eine Bittschrift dar.
Der Gönner las sie durch und las sie mit Vergnügen.
»Es kränkt mich«, fing er an und nahm ihn bei der Hand,
«daß ich Sie eher nicht gekannt.
Ich lieb und ehre den Verstand:
Sie sollen dieses Amt vor allen andern kriegen.«

Er sprach darauf mit ihm, und was der Jüngling sprach,
verriet den besten Geist, geschaffen zum Studieren,
zum größten Amte nicht zu schwach
und wert, die andern zu regieren.

»Ach!« sprach der Gönner ganz erfreut,
»nun kenn ich Sie. Das Amt ist Ihre.«
Und in der größten Freundlichkeit
ging er mit ihm bis vor die Türe.
Hier bot der Jüngling ihm ein großes Goldstück an,
um sicher noch zu gehn. »Nein«, sprach der wackre Mann,
»nunmehr soll dieses Amt nicht Ihre!
Denn wer Geschenke gibt, nimmt sie auch wieder an.
Ihr Herz ist schlecht.« Hier griff er nach der Türe.

Gellert, Der Kandidat

Als sich ein Edelmann seiner Unbestechlichkeit rühmte, erklärte Talleyrand: »Ich stehe für mich bis zu einer Million.«

Zu John von Marlborough kam ein Bittsteller. Um seinem Anliegen Nachdruck zu verleihen, flüsterte er: »Tausend Louis, Exzellenz. Kein Mensch erfährt ein Sterbenswörtchen!«
Der Herzog lachte: »Zweitausend, und dann erzählen Sie es, wem Sie wollen.«

Eine deutsche Wirtschaftsdelegation besuchte ein Entwicklungsland und verhandelte mit dem zuständigen Minister. Das Gespräch zog sich hin.
Der Minister verließ den Raum, und die Industriellen bedeuteten den eingeborenen Kaufleuten, daß sie es für zweckmäßig erachten, das Palaver zu beenden.
»O nein«, wehrten diese ab. »Sie sehen doch: Er hat seine Tasche liegen gelassen. Stecken Sie 100 000 Taels hinein, und das Geschäft ist perfekt!«

Die Gäste sammelten.
Der Minister kam zurück, öffnete die Tasche und sprach: »Bevor ich den Raum verließ, befanden sich in dieser Tasche 200 000 Taels. Ich darf höflich bitten, die Angelegenheit in Ordnung zu bringen.«
Erhob sich, verließ den Raum, kehrte zurück, zählte nach und unterschrieb.

Ein mittelamerikanischer Präsident, des Volkes Vorbild an Selbstlosigkeit, weigerte sich, ein Automobil als Geschenk anzunehmen. »Aber«, fügte er hinzu, »die Öffentlichkeit wird nichts einzuwenden haben, wenn ich den Wagen kaufe. Sagen wir: Fünf Peseten?«
Der Delegationsführer empfing einen Zehn-Pesetenschein. Weder er noch seine Mitgesandten konnten fünf Peseten herausgeben.
»Behalten Sie das Geld!« sprach der Präsident. »Ich kaufe noch einen zweiten Wagen für meinen Bruder.«

An einer Rathaustür stand der Spruch »Bonis semper patet« (Den Guten steht sie immer offen). Ein Schmierfink ersetzte im Schutze der Nacht das B durch ein D (Geschenken steht sie immer offen).

Von einem Berliner Musikkritiker wurde behauptet: »Durch die Kleinheit der Beträge, die er annimmt, nähert er sich wieder der Grenze der Unbestechlichkeit.«

Ein Zigeuner borgte vom Kadi einen großen Pflaumenkessel. Eine Woche später kam er wieder: »Denk Dir, Herr, Dein Kessel hat zwei Kinderchen bekommen. Laß mir sie Dir zum Geschenk bringen!« Der Kadi schmunzelte, dankte und nahm.
Eine Woche später stand der Zigeuner wiederum vor dem Kadi: »Entsetzliches ist geschehen: Dein Kessel ist gestorben.«
»Gestorben?« fragte der Kadi stirnrunzelnd. »Ein Pflaumenkessel gestorben? Bist Du verrückt?«
»Gestorben, gewiß. Warum sollte ein Kessel, der Kinder bekommt, nicht sterben können?«

Kaludrigkeit trifft einen Bekannten, welcher berichtet, daß er einige Monate im Gefängnis verbrachte: Wegen Beamtenbestechung.
Der Gerechte staunt: »Woher haste denn soviel Jeld?«
»Nech met Jeld«, erklärt der Entsühnte. »Met Masser.«

Leihen

Marcus Porcius Cato auf die Frage, was er vom Geldausleihen halte: »Morden ist ehrlicher.«

Alexander Girardi, als er von einem Kollegen um zehn Gulden gebeten wurde: »Seien wir lieber gleich bös!«

Moritz Saphir traf Salomon Meyer Rothschild. Unumwunden verriet er, wo ihn, wie üblich, der Schuh drückt, und der Finanzmann bestellte ihn für den nächsten Tag.
Saphir war pünktlich.
»Aha«, sprach Rothschild, »Sie kommen um ihr Geld!«
Der Schriftsteller grinste: »Nein, Sie!«

Direktor Schlenther in Wien zu einem Vorschuß erbittenden Mimen: »Wir sind hier im Burgtheater, nicht im Borgtheater.«

Vom Schaf erbat der Hirsch ein Scheffel Weizen:
Der Wolf sei Bürge. Doch das Schaf lehnt ab:
»Zu rauben pflegt der Wolf und wegzuschleichen,
und du entfliehst dem Blick in Windeseile.
Wen finde ich, wenn der Termin erscheint?«

Phädrus,
Fabeln I, 16, Schaf, Hirsch und Wolf

An einer Reparaturwerkstätte der nordamerikanischen Ostküste: »Nur Barzahlung. Drei traurige Fälle: Ein Kunde sagte: ›Ich zahle, wenn ich gesund bin.‹ Er starb. Ein anderer: ›Wir sehen uns morgen wieder.‹ Er wurde blind. Ein dritter: ›Wenn ich nicht zahle, will ich zur Hölle fahren.‹ Er ist verschwunden.«

Der Tänzer, Sänger und Clown Ashab Jubayr in Medina wurde von einem Freund um ein Darlehen gebeten. Der Bedürftige wünschte einen möglichst späten Rückzahlungstermin.
»Beides kann ich dir nicht gewähren«, antwortete Ashab. »Aber das eine sollst du haben.«
»Allah lohne es dir tausendfach!« sprach der Bittsteller.
»Ich verschiebe die Rückzahlung auf unbestimmte Zeit. Das Darlehen bekommst du nicht.«

»Ich verstehe nicht«, grübelte ein Bauer. »In der Stadt gibt mir niemand Geld, weil man mich nicht kennt. Und hier gibt man mir keines, weil man mich kennt.«

Der Schadchen führt den Bewerber ins Haus der Braut: »Überall Silber, echte Gemälde, schwere Teppiche!«
»Kann gepumpt sein.«
»Unsinn! Wer pumpt denen?«

Borge stets von einem Pessimisten! Er rechnet nicht damit, daß er das Geld zurückbekommt.

Aus den USA

Es sei weniger gefährlich, um fünfzigtausend Mark zu bitten als um fünfzig, behaupten Erfahrene. »Denn«, sagen sie, »wenn fünfzig Mark verweigert werden, ist der Bittsteller desavouiert. Fünfzigtausend Mark abzuschlagen, bringt den Gebetenen in Zwielicht.«

»Hallo, Nachbar! Brauchen Sie heute Ihren Rasenmäher?«
»Ja.«
»Wunderbar. Dann leihen Sie mir doch bitte Ihren Tennisschläger! Der meine ist zerbrochen.«

»Würdest du mir bitte 50,– Mark leihen, Liebling, und davon 25,– Mark auszahlen?«
»Gern, mein Kind. Aber warum soll ich dir nur 25,– Mark auszahlen?«
»Wenn du mir 50,– Mark leihst und 25,– Mark auszahlst, schuldest du mir 25,– Mark. Ich wiederum schulde dir ebenfalls 25,– Mark, und wir sind quitt.«

Iwan hat Appetit auf Wodka. Er geht zum Juden und borgt sich einen Gulden. In einem halben Jahr, verspricht er, wird er zwei Gulden zurückgeben. Als Pfand hinterlegt er sein Beil.
Das Geschäft ist abgeschlossen. Da spricht der Jude: »Iwan, es wird dir schwerfallen, zwei Gulden auf einmal aufzutreiben. Möchtest du nicht lieber einen Gulden heute schon zahlen?«
Dem Iwan leuchtet das ein, und er zahlt den Gulden. Sinnend geht er davon: Der Gulden ist fort; das Beil ist fort; einen Gulden bin ich schuldig, und der Jude hat recht. Merkwürdig!

Der Mendel ist empört: »Schämst du dich nicht, Nathan, daß du nimmst von deinem Freund neun Perzent? Was wird sagen der Herrgott, wenn er es sieht?«
»Nix beweisen kann Er mir«, erwidert der Geschäftstüchtige. »Von oben betrachtet kann's auch sein a sechs.«

Walter Scott wollte einem Buben für eine Gefälligkeit einen Sixpence schenken, fand in seinen Taschen aber nur ein Schillingstück. Er gab es dem Jungen: »Vergiß nicht, daß du einen Sixpence schuldig bleibst!«
»Dank, Euer Gnaden«, erwiderte der Beschenkte. »Möget Ihr leben und gesund sein, bis ich ihn zurückzahle!«

Ein reicher Geldverleiher in Istanbul datierte alle Forderungen auf den Sterbetag des Sultans. Der Herrscher ärgerte sich, daß sein Lebensende zu geschäftlicher Kalkulation herabgewürdigt werde, und ließ den Finanzier kommen.
Dieser erklärte: »Solange Ihr regiert, wird Gerechtigkeit im Lande sein, und der Kaufmann braucht um sein Geld nicht zu fürchten. Was nach Eurem Hinscheiden geschehen wird, weiß ich nicht. Also brauche ich mein Geld. Aber ich diene mit meiner Gepflogenheit nicht nur mir, sondern auch Euch: Denn alle meine Schuldner beten täglich, daß Euer Todestag fern sein möge.«

»Defizit is«, erklärte ein Berliner Halbwüchsiger seinem Freund, »wat de hast, wenn de weniger hast, wie de hättest, wenn de nischt hast.«

Zum Zahlen und Sterben bleibt immer noch Zeit.

Aus Italien

»Bar bezahlen kann ich die Ware nicht«, klagte der Kunde. »Geben Sie mir dreißig Tage Ziel! Dreißig Tage! Wie schnell sind dreißig Tage um!«
»Dreißig Tage wohl«, erwiderte der Lieferant. »Aber dreißig Nächte!«

Frank Wedekind, als er von einem Gläubiger gefragt wurde, wann er seine Schulden zu zahlen gedenke: »Sie schlafen besser, wenn Sie es nicht wissen.«

Kaiser Augustus ersteigerte aus dem Nachlaß eines mit Riesenschulden verstorbenen Patriziers das Kopfpolster. »Es muß vorzüglich sein«, erklärte er seiner Livia. »Der Abgeschiedene litt trotz seiner Verpflichtungen nie unter Schlaflosigkeit.«

Die halbe Nacht hindurch hat sich der Schuldner von einer Seite auf die andere gewälzt und gegrübelt, wie er das geliehene Geld zurückgeben kann. »So«, spricht er entschlossen und streckt die Glieder, »die andere Hälfte mag er nachdenken, wie er es bekommt.«

Die Eltern stecken tief in Schulden. Wenn das Telefon klingelt, hebt das Töchterchen ab und meldet: »Papa ist nicht da, Mama ist nicht da, und die Möbel gehören der Oma.«

»Denken Sie eigentlich noch an die 100 Mark, die ich Ihnen vor drei Monaten geliehen habe?«
»Natürlich! Oft und gern.«

Ein Schuldner, als ihm der Gläubiger empört vorhielt, daß er zum zehnten Male um Rückgabe seines Geldes bäte: »Hast du vergessen, wie oft ich dich erinnern mußte, daß ich es brauche?«

Der säumige Kunde soll telegraphisch gemahnt werden. Der Prokurist hat einen knappen, scharfen Text entworfen.
»Unsinn«, sagt der Chef. »Ich will Ihnen zeigen, wie man mahnt.« Und er schreibt auf das Formular: »Nu?«
Drei Stunden später kommt die Antwort: »Nu, nu!«

Der Chef schickt den Prokuristen zum säumigen Lissauer.
»Bezahlt«, verkündet der Bote nach seiner Rückkehr stolz.
»Bar?«
»Sozusagen: Wechsel auf Rothschild.«
»Und Rothschild hat akzeptiert?«
»Ich bitte Sie: Braucht ein Rothschild zu akzeptieren?«

Ein Schuldner schickte Thomas Morus statt des Geldes den Spruch »Memento

morieris!« (Bedenke, daß du sterben wirst!)
Der Kanzler antwortete: »Recte, memento Mori aeris!« (Richtig! Denke an das Geld des Morus!)

Leib Kaplanski erblickt Lilienblatt, der ihm zweihundert Mark schuldet, und klopft ihm freundschaftlich auf die Schulter: »Wie geht es? Was macht die Frau? Sind die Kinder gesund?«
Lilienblatt zieht die Brauen hoch: »So sagen *Sie!* Zahlt mir denn einer?«

Ein Wiener Bankier mahnte 1870 seinen Schuldner Strousberg, den Erbauer der rumänischen Eisenbahn, nachdrücklichst zur Zahlung: »Wenn ich das Geld nicht in zwei Wochen bekomme, setze ich das Gerücht in Umlauf, ich hätte es bekommen.«

Ein Kaufmann, der auf Treu und Glauben tausend Gulden verliehen hatte an einen falschen Freund, der nun die Schuld leugnete, wandte sich an Rothschild.
Der Bankier empfahl: »Schreiben Sie ihm, er möge Ihnen die fünfzehnhundert Gulden umgehend . . .«
»Tausend, Exzellenz«, unterbrach der Hilfesuchende.
». . . fünfzehnhundert umgehend zurückgeben! Er wird Ihnen antworten, es handele sich nur um tausend Gulden, und dann haben Sie die Anerkenntnis, die Sie brauchen.«

Wenn du einem Freund fünf Dollar leihst, und er läßt sich nie wieder bei dir sehen, ist das Geld gut angelegt.

Aus den USA

Der seit langem vermißte Kunde zum Schneider: »Ich möchte gern meine Schulden zahlen.«
»Ausgezeichnet!«, ruft der Meister und schlägt im großen Buche nach: »500,– Mark. Auf den Pfennig.«
»Sie haben mich mißverstanden«, erwidert der Kunde. »Ich sagte: ›Ich möchte gern.‹ Aber ich kann nicht.«

Zwei Juden rechten vor dem Rabbiner. »Er schuldet mir 300 Gulden«, spricht der Kläger.
»Schwere Zeiten«, antwortet der Beklagte. »Ich kann nicht zahlen.«
»Seit drei Monaten höre ich das von Dir!«
»Na und? Habe ich vielleicht nicht Wort gehalten?«

Ein persischer Kaufmann schleppt seinen Schuldner vor den Kadi: »Seit zwei Jahren warte ich auf die zehntausend Dinar, die ich ihm geliehen habe.«
»Gebt mir noch vier Wochen Frist!« bittet der Beklagte den Richter. »Ich werde mein Haus verkaufen, meine Möbel, meinen Garten, mein Vieh und die Schuld tilgen.«
»Gelogen!« schreit der Kläger. »Er besitzt weder Haus noch Möbel noch Garten noch Vieh! Er ist bettelarm.«

Der Schuldner verbeugt sich vor dem Kadi: »Er sprach die Wahrheit. Sagt mir nun, wovon ich meine Schuld bezahlen soll!«

Unser Schuldbuch sei vernichtet!

Schiller,
An die Freude

Dank

Der Löwe schlief. Eine Maus krabbelte über seinen Körper. Er erwachte und packte sie, um sie zu fressen. Da flehte die Maus um ihr Leben und versprach: »Wenn du mir das Leben schenkst, werde ich mich dankbar erweisen.« Der Löwe lachte und ließ sie frei.
Bald darauf wurde der Löwe von Jägern gefangen und mit einem Seil an den Baum gebunden. Die Maus hörte ihn stöhnen. Sie lief zu ihm und benagte das Seil, bis es riß.

Äsop,
Der Löwe und die Maus

Ein Löwe hatte sich einen Dorn in den Fuß getreten, der eine eitrige Wunde hervorrief. Das Tier konnte ihn nicht selbst entfernen und begab sich zu einem Hirten. Dieser geriet in große Furcht. Als er aber den bittenden Blick und das Hinken des Tieres bemerkte, blieb er stehen. Der Löwe hob seinen Fuß, und der Hirt sah die Wunde. Er setzte sich nieder, legte die Pranke in seinen Schoß, fand den Dorn und zog ihn heraus. Zum Dank leckte das Tier seine Hände. Es blieb noch eine Zeitlang neben ihm sitzen und kehrte dann ins Gehölz zurück.
Zwei Jahre später wurde der Löwe gefangen und der Hirt aufgrund falscher Anschuldigung zum Tode verurteilt. Der Löwe kam in die Arena, und der Verurteilte wurde ihm zum Fraße vorgeworfen. Das Tier aber erkannte seinen Helfer wieder, blieb bei ihm und schützte ihn vor dem Angriff der anderen Löwen. Das Volk auf den Rängen erstaunte, und als es den Grund dieses merkwürdigen Vorfalls erfuhr, verlangte es beider Befreiung, des Hirten sowohl wie des Löwen, welche gewährt wurde.

nach *Romulus*,
Der dankbare Löwe

Aus dem Suhler Intelligenz-Blatt, 1899 Nr. 205: »Danksagung! Für die mir bei der Brandstiftung meiner Scheune geleistete Hilfe spreche ich herzlichen Dank aus.«

Ein Bauer fand beim Umgraben einen Klumpen Gold. Dankbar bekränzte er Tag für Tag das Standbild der Gäa. Da trat Fortuna zu ihm: »Weshalb dankst du der Göttin der Erde für eine Gabe, die ich dir schenkte? Werde doch ich es sein, die du schiltst, wenn dir das Gold eines Tages unter den Händen zerrinnt!«

Äsop,
Fabeln 82, Der Bauer und die Glücksgöttin

Der Fahrgast, als der Taxichauffeur das hohe Trinkgeld wortlos wegsteckte: »Sagt man eigentlich in Berlin nicht ›Danke‹?«
»Det is untaschiedlich«, erwiderte der Unhöfliche. »Manche saren et, manche saren et nich.«

Heinrich Zille gab einer Drehorgelfrau im Scheunenviertel ein größeres Geldstück. Sie steckte es wortlos ein.
»›Danke‹ könnteste schon saren!« knurrte der Maler.
»Wat denn?« giftete sie zurück. »For ehrlich vadientet Jeld?«

Im jungen Staat Israel wurde ein Haus gebaut. Die Ziegel gingen von Hand zu Hand: »Bitte, Herr Doktor – danke, Herr Doktor – bitte, Herr Doktor – danke, Herr Doktor ...«

Ein gefräßiges Schwein mästete sich unter einer hohen Eiche mit der herabgefallenen Frucht. Indem es die eine Eichel zerbiß, verschluckte es bereits eine andere mit dem Auge.
»Undankbares Vieh!« rief endlich der Eichbaum herab. »Du nährst dich von meinen Früchten, ohne einen einzigen dankbaren Blick auf mich in die Höhe zu richten.«
Das Schwein hielt einen Augenblick inne und grunzte zur Antwort: »Meine dankbaren Blicke sollten nicht ausbleiben, wenn ich nur wüßte, daß du deine Eicheln meinetwegen hättest fallen lassen.«

Lessing,
Fabeln, Die Eiche und das Schwein

Ob Geben seliger sei denn Nehmen, lasse ich dahingestellt. Zweifellos aber ist es dauerhafter denn Nehmen: Man erinnert sich allzeit daran.

Chamfort

Als die Menschen zum ersten Mal ein Kamel zu Gesicht bekamen, fürchteten sie sich. Sie erschraken über seine Größe und flohen. Allmählich aber lernten sie sein sanftes Wesen kennen, und sie näherten sich ihm wieder. Als sie schließlich merkten, daß sich das Kamel sogar Zügel anlegen und von Knaben treiben ließ, verachteten sie es.

Äsop,
Fabeln 118, Das Kamel und die Menschen

Ein Wolf, dem ein Knochen im Schlund stak, versprach einem Kranich Belohnung, wenn er ihn von dem Fremdkörper befreite. Der Kranich langte also mit dem Schnabel in den Wolfsrachen, holte den Knochen heraus und verlangte seinen Lohn. Da antwortete der Wolf: »Ist es dir nicht Lohns genug, daß du deinen Kopf aus meinem Maul wieder herausziehen konntest?«

Äsop,
Fabeln 144, Der Wolf und der Kranich

Eine Hirschkuh floh vor den Jägern unter einen Weinstock. Die Jäger gingen vorüber, und das Tier fühlte sich sicher. Es begann, an den Blättern des Weinstockes zu fressen. Die Jäger aber hörten das Geräusch, kehrten um und erschlugen die Hirschkuh. Sterbend sprach sie: »Mein Unglück geschieht mir recht. Ich habe mich an meinem Retter undankbar erwiesen.«

Äsop,
Die Hirschkuh und der Weinstock

Als einer Hündin Stunde kam zu
werfen,
bat sie die Nachbarin um ihre Hütte,
und diese räumte ihre Lagerstatt.
Doch als sie ihren Platz zurückerbat,
begehrte für die Jungen und für sich
die Mutter noch zwei Wochen Unterkunft,
bis sicheren Fußes wandelten die
Kleinen.
Die Nachbarin gewährte diese Bitte,
und als die Frist verstrichen und sie
nun
erneut um Räumung bat, ward ihr zur
Antwort:
»Bist stärker du als wir: Verjage uns!«

Phädrus, Die kreißende Hündin

Ein Vertreter kommt früher als vorgesehen heim, wird von der Gattin zurückhaltend begrüßt und vom Sohn bestürmt: »Ein Gespenst ist bei uns.«
»Unsinn!« erwidert der Vater, läßt sich aber doch ins Schlafzimmer ziehen, öffnet den Schrank und findet seinen in ein Laken gehüllten Freund.
»Das ist ja heiter!« schimpft der Heimkehrer. »Du gehst bei uns ein und aus wie ein Familienmitglied, machst unsere Sonntagsausflüge mit, eine Stelle habe ich dir verschafft und gepumpt, wann immer du Geld brauchtest, und zum Dank erschrickst du meinen Sohn!«

»Warum du immer sagen ›Gott sei Dank‹, wenn gutt?« fragte ein Russe.
»Wir freuen uns«, antwortete der Deutsche, »und sind dankbar; denn Gott hätte es auch anders fügen können.«
Der Russe schob seine Papyrossa in den anderen Mundwinkel: »Wir Sowjetmenschen sprechen ›Stalin sei Dank‹, wenn gutt.«
»Und wenn Stalin gestorben ist?«
»Na, dann wir auch sprechen ›Gott sei Dank‹.«

X. Kapitel

Lehren
Schule
Universität
Rat
Erziehung
Selbstkritik
Prüfung

Lehren

Der Kultusminister auf dem Pädagogenkongreß: »Ich habe den Saal schon voller gesehen. Ich habe ihn schon leerer gesehen. Aber noch niemals habe ich ihn so voller Lehrer gesehen.«

Ein langgeschossenes Berliner Schulmädel zu ihrer Lehrerin, einem ebenfalls die Senkrechte betonenden ältlichen Fräulein: »Wenn ick später 'n bisken voller wer, denn wer' ick mir vaheiraten. Aber wenn ick so spillerich bleibe, denn wer' ick Lehrerin.«

Kultivierte, schlanke Dame mit gutem, bleibendem Einkommen, Vermögen und Eigenheim wünscht sich einen etwa 60- bis 70jährigen Ehepartner (gerne im Lehrfach o. ä., nicht Bedingung, da eigene Hobbys Musik, Kunst, Reisen).

Süddeutsche Zeitung, 25. 11. 1967

Münchner Handarbeits- und Hauswirtschaftslehrerin, 174/26, hübsch, temperamentvoll, sportlich, kunstliebend, gute Familie, sucht skifahrenden, humorvollen, katholischen Akademiker (kein Lehrer) zur Ehe.

Süddeutsche Zeitung, 18. 11. 1967

Rektor Busby behielt, als Karl II. seine Schule besuchte, die Mütze auf und entschuldigte sich: »Die Kinder dürfen nicht wissen, daß hier im Hause noch ein anderer über mir steht.«

In einer Mädchenoberschule wurde eine Umfrage nach dem beliebtesten Lehrer veranstaltet. Sieger wurde ein kurz vor der Pensionierung stehender, nur an den Oberklassen unterrichtender alter Herr. Er mußte auch von einem Großteil der jüngeren Schülerinnen gewählt worden sein.
Eine Sextanerin gab Auskunft: »Er zieht stets den Hut, wenn wir ihn grüßen. Auch bei Regenwetter.«

Der Leipziger Geschichtslehrer hat sich über die Unreife seiner Sekundaner geärgert. »Als Alexander der Große so alt war wie Sie«, donnerte er, »hatte er bereits die halbe Welt erobert!«
Zwischenruf: »Der hadde ooch 'n Arisdohdeles als Lehrer!«

Aristipp forderte als Erzieher tausend Drachmen.
»Dafür kaufe ich einen Sklaven«, protestierte der Vater.
»Tue das!« riet der Philosoph. »Du wirst dann zwei Sklaven haben.«

Kultusminister und Schulrat wohnen dem Unterricht bei. »Was weißt du

vom ›Zerbrochenen Krug?‹ « fragt der Schulrat einen Jungen.
Der steht auf und zittert: »Ich war es nicht.«
Der Schulrat schaut den Minister, den Direktor und den Lehrer an.
»Herr Schulrat«, spricht der Lehrer, »der Bursche lügt nicht. Wenn er sagt, daß er es nicht war, dann war er es auch nicht.«
Jetzt zittert der Schulrat. Der Direktor packt ihn am Ärmel, zieht ihn in eine Ecke, nimmt zehn Mark aus der Tasche und flüstert: »Herr Schulrat, der Ruf meiner Anstalt geht mir über alles. Bitte nehmen Sie, und lassen wir die Sache auf sich beruhen!«
Wortlos verläßt der Schulrat mit dem Minister das Zimmer. »Derjenige, der zahlen wollte«, resümiert der Minister im Auto, »der war es.«

»Sind Sie hier der Lehrer, Neubauer?«
»Nein, Herr Professor.«
»Also! Dann reden Sie nicht wie ein Idiot!«

»Wat macht ma, wemma nich zeichnen kann?« fragte Max Liebermann einen Studenten.
»Man geht auf die Schule und lernt es.«
»Ähm nich. Ma jründet eene.«

Isokrates auf die Frage eines Atheners, wie er Redekunst lehren könne, ohne selbst Redner zu sein: »Können die Schleifsteine schneiden? Nein. Und dennoch schärfen sie das Eisen.«

Regeldetri: Ein Lehrer braucht sieben Jahre, um einen Jungen für das Abitur zu rüsten. Wieviele Lehrer werden gebraucht, um den Jungen innerhalb eines Tages auf das Abitur vorzubereiten?

Der Vater blickt den Sohn scharf an: »Ich habe vorhin Deinen Lehrer getroffen.«
»Das ist ein komischer Vogel, was?« lacht der Junge. »In der Schule genau so: Immer meckern!«

Brief einer Mutter, die ihren Sohn zu unrecht bestraft glaubte: »Wenn das noch einmal vorkommt, denn kommt mein Gatte nach der Schule, und denn sind sie die längste Zeit Frollein gewesen. Hochachtungsvollst! Frau Pachulke.«

Die junge Lehrerin zu einem Herrn, der wartend vor dem Schulhaus steht: »Sind Sie nicht der Vater eines meiner Kinder?«

Wandertag. Auf dem Bahnsteig zählt der Lehrer seine 35 Mädchen. Der Schaffner schaut zu. Die Klasse steigt ein. Der Lehrer zählt. Die Klasse steigt aus. Der Lehrer zählt.
Der Schaffner schmunzelt: »Passen Sie gut auf! Wenn eins fehlt, müssen Sie es ersetzen.«

Richard Wagner wohnte, wenn er in Berlin weilte, im »Bellevue« am Potsdamer Platz. Einmal – erzählt man sich – stieß er in der Linkstraße auf eine Drehorgel, die Lohengrins Brautzug als Polka ausstrahlte. Er fiel dem Kurbler in den Arm und verlangte die Herabsetzung des Tempos.
»Wat jeht denn Sie det an?« fragte der Dreher.
»Was mich das angehd? Ich heiße Richard Wachner und bin der Gombonisd!«
Der Orgelmann drängte den Meister an den Kasten: »Bitte! Wenn Sie et besser können als ick mit drei Jahre Praxis!«
Wagner leierte.
Am nächsten Tag kam er wieder. Das Tempo stimmte. An der Orgel hing ein Schild: »Schüler von Richard Wagner.«

Spruch in einer früheren Hamburger Schule:
Hier übt man edle Jugend
in Gottesfurcht und Tugend.
Ein wenig Knüppelei
ist auch dabei.

Quantz stellte Friedrich II. einen jungen Mann vor, der außergewöhnlich gut Flöte spielte.
»Er hat mich grob vernachlässigt, Quantz«, sagte der König.
»Das habe ich nicht, Majestät«, widersprach der Meister. »Ich habe bei diesem nur eine andere Unterrichtsmethode angewandt.« Er griff nach dem Ohr des jungen Mannes.
»Dann«, lachte der König, »will ich meinen Ehrgeiz mäßigen.«

Die Boulevardpresse hatte in Schlagzeilen berichtet, daß ein Lehrer zu 50,– Mark Geldstrafe verurteilt wurde, weil er einen Schüler geohrfeigt hatte. Am folgenden Tag bot in einer Münchner Volksschule eine Lehrerin Watschen an.
»Des kost Di fuffzg Markln, Freilein, des woaßt scho«, erwiderte der Lausbub.
Bevor sich die Pädagogin erholt hatte, rief ein anderer: »Fotz mi! I tu's für Zwanzge.«

In unserer Schule bestand ein strenges Verbot, die Pulte mit Taschenmessern zu bearbeiten. Die Strafe war entweder fünf Dollar oder, wenn sie nicht herbeigeschafft werden konnten, öffentliche Prügelung. Eines Tages traf mich das Verhängnis, und ich mußte meinem Vater Beichte ablegen.
Vorwurfsvoll sagte er: »Ich kann unseren Namen nicht schänden, indem ich dich der Schaustellung preisgebe. Ich werde also bezahlen. Aber damit du nichts verlierst, komm mal mit auf mein Zimmer!«
Hier vollzog sich die irdische Gerechtigkeit an einem meiner Körperteile. Als ich die Treppe hinunterging, war ich abgehärtet. Mit der einen Hand rieb ich den schmerzenden Körperteil, in der anderen hielt ich den Fünf-Dollar-Schein. Dabei überlegte ich die Lage: Hatte ich diese Züchtigung überstanden, so würde wohl die andere auch zu ertragen sein. Und so beschloß ich, mich zur Prügelung in der Schule zu stellen und die fünf Dollar zu behalten. Sie waren mein erstes selbstverdientes Geld.

Mark Twain

Auf dem Grabe eines Lehrers: »Ein treues Vaterherz und zwei nimmermüde Hände haben aufgehört zu schlagen.«

Schule

Die Schule ist das Vokabularium des Lebens, die Akademie deren Grammatik, und das Amt sollte den Ausarbeitungen gewidmet sein.

Karl Julius Weber,
Demokritos III, 14

Ein Junge auf die Frage, was er so den ganzen Tag in der Schule treibe: »Warten, bis sie aus ist.«

Das Töchterchen weigert sich, in die Schule zu gehen: Sie fühle sich unwohl.
»Wo denn, mein Kind?«
»In der Schule.«

»... und bitte ich, meinen Sohn vom heutigen Lateinunterricht befreien zu wollen. Er ist so heiser, daß ihm sogar Deutsch schwerfällt.«

Ich sehe heute wieder viele, die nicht da sind!

Galletti

Hier schläft nach langer Arbeit sanft genug,
der Schüler, Orgel, Weib und Kinder schlug.

Auf dem Grab des Schullehrers Kugler,
Winterthur

Kathederblüte des Zornes: »Es kommt in letzter Zeit leider sehr häufig vor, Müller, daß Sie sehr selten zum Unterricht erscheinen.«

Schülerdefinition des Begriffes »Morgengrauen«: »Das ist das Grauen, das uns an jedem Morgen überfällt, an dem wir zur Schule gehen müssen.«

Egon Neureich kommt unzufrieden vom ersten Schultag nach Hause: »Erste Klasse und alles Holzbänke!«

Ein Junge nach dem ersten Schultag auf die Frage, wie es ihm gefallen habe: »Gar nicht schlecht. Aber wir sind leider noch nicht fertig geworden. Ich muß morgen wiederkommen.«

An der High School in Charlotte in North Carolina wurde 1971 ein Tag in der Woche zum »Tag der Lehrer« erklärt. An diesem Tage kommen die Schüler mit Anzug, Oberhemd und

Krawatte. Die Lehrer begehen gleichzeitig den »Tag der Schüler« in Ringelsocken, Jeans und Freizeithemden.

»Wasche Dir noch einmal die Hände!« mahnt die Mutter den zum Schulgang Bereiten.
»Warum?« mault der Kleine. »Ich melde mich ja nicht.«

Der junge Grover Cleveland, später amerikanischer Präsident, sollte mit einem Schlag des Lineals auf die flache Hand bestraft werden. Der Lehrer rief ihn ans Pult. Grover hatte bis zum Beginn des Unterrichts gespielt, und seine Hände starrten von Schmutz. Verstohlen spuckte er in die Rechte und wischte sie an der Hose ab. Aber die Reinigung genügte nicht. Als der Lehrer, zum Schlag bereit, die schmutzige Hand sah, hielt er inne: »Mein Sohn, wenn es in der Klasse eine noch schmutzigere Hand gibt als diese hier, so sei Dir die Strafe erlassen.«
Da zeigt ihm Grover die Linke. Die Klasse tobte vor Vergnügen, und der Dreckspatz blieb ungeschoren.

Ein ordentlicher Schüler wird nie versäumen, mit schmutzigen Füßen in die Klasse zu kommen.

Galletti

Die Lehrerin schickt den kleinen Fritze vom Wedding mit einem Zettel nach Hause: Der Junge müsse gewaschen in die Schule kommen; er stinke.
Am nächsten Morgen legt der Junge die Antwort seines Vaters vor: »Mein Sohn is keene Rose nich. Sie sollen ihm nich riechen sondern lernen.«

Die Eltern sahen die Schule als Gemeintrift an, wohin man das Vieh jagt, um indes den Stall zu reinigen und des lästigen Geblökes überhoben zu sein.

Karl Julius Weber,
Demokritos III, 15

Der Lehrer erklärt, daß die Vorsilbe »un« die Negation eines Positivums bedeute, also Begriffe prägt, die etwas Schlechtes beinhalten: Unfug, Unrat, Ungeziefer, Unfreundlichkeit. Er verlangt weitere Beispiele.
»Unterricht.«

Wenn alles schläft und einer spricht:
Dieses nennt man Unterricht.

Dem Lehrer sind zwei Kaninchen gestohlen worden. Er forscht nach und bemüht den Ortspolizisten. Kein Erfolg.
In der folgenden Woche läßt er einen Aufsatz schreiben: »Unser Mittagessen am letzten Sonntag.«
Zwei Kinder berichten von Hasenbraten.

Ein Lehrer in dem englischen Städtchen Hillston schrieb an die Eltern seiner Schüler: »Wenn Sie mir versprechen, nichts von dem zu glauben, was Ihre Kinder über angebliche Ereignisse in der Schule erzählen, verspreche ich Ihnen, nichts von dem zu glauben, was Ihre Kinder über angebliche Ereignisse in Ihrem Heim erzählen.«

Den Kindern des Dorfes, in dem jeder zu jedem »Du« sagt, ist eingeschärft worden, den Schulrat mit »Sie« anzusprechen.
Der Gast kommt und fragt nach dem achten Gebot.
Ein Kind antwortet: »Sie sollen nicht stehlen, Herr Schulrat.«

Der Berliner Schulrat Bollenried versuchte, den Eifer der Kinder anzuspornen, indem er zwei Fragen ankündigte, die zweite aber zu erlassen versprach, wenn die erste richtig beantwortet wurde.
Eines Tages wollte er die Schlagfertigkeit der Schüler prüfen, und er fragte: »Wieviele Haare hat das Pferd?«
Ein Junge antwortete: »537 211.«
»Woher weißt du das?«
Der Schlaukopf grinste: »Das ist die zweite Frage. Da ich die erste richtig beantwortet habe ...«

Den Wunsch des Lehrers, ein Sprichwort zu nennen, erfüllt das Karlchen: »Ein Narr fragt mehr, als zehn Weise beantworten können.«
Während der Magister mit gefurchter Stirn das Beispiel zu bewältigen sucht, tritt der Schulrat ein und bittet, im Unterricht fortzufahren.
Ein weiteres Sprichwort verlangt der Lehrer, und das Fritzchen zitiert: »Ein Unglück kommt selten allein.«
Jetzt glaubt der Pädagoge, Bescheid zu wissen, und haut zu.
»Max!« ruft der Klaßleiter. Max hat aufgepaßt: »Gewalt geht vor Recht.« Schon klatscht es wieder.
Nun schaltet sich der Schulrat ein: »Wir wollen vernünftig sein, liebe Jungs! Also bitte! Du da hinten!«
Der da hinten konstatiert: »Pack schlägt sich, Pack verträgt sich.«

Ein Lehrer hatte eine gute Reproduktion der Sixtinischen Madonna in der Klasse. Der Schulrat lobte seinen Kunstsinn.
»Eigentlich habe ich das Bild wegen der beiden Engel aufgehängt«, erklärte der Bescheidene. »Wenn sich die Kinder auf die Bank lümmeln, zeige ich da hinauf und frage: Ist das vielleicht schön?«

Kathederblüte: »Schreckliche Unsitten herrschen hier! Wenn der Lehrer in die Klasse tritt und glitscht über eine Apfelsinenschale, so ist das eine Gemeinheit!«

Die Oberprimanerinnen hatten auf dem Stuhl des Lehrers einen Schwamm ausgedrückt. Der Pädagoge entdeckte den Anschlag, bevor er sich niederließ, und fragte: »Wer von Ihnen hat auf meinem Stuhl gesessen?«

»Bitte, Herr Lehrer, kann man für etwas bestraft werden, was man nicht getan hat?«
»Nein, mein Junge.«
»Sehr gut. Ich habe meine Hausaufgaben nicht gemacht.«

Die Lehrerin gebot dem zehnjährigen Orje aus Neukölln, eine Stunde länger zu bleiben. Er maulte: »Mir soll et ejal sin, was die Leute von uns denken.«

Und nach den Rädelsführern, deren ärgsten ich
mich selber wußte, wurde nun in peinlichem
Verhör geforscht, als gält es Catilinas Haupt.
Bald war die Schuld ermittelt, und gelind genug
erging der Spruch auf Karzer. Doch nun sollt' ich noch
angeben, wer zugleich mit mir das Volk verführt,
vor allem aber, ob ich mich der Fäuste bloß
bedient im Treffen oder zur Bekräftigung
der unglücksel'gen Prügel einen Stock gebraucht,
ein telum subalare, wie der Rektor sprach.
»Ich nicht«, versetzt' ich, »aber von den anderen
etwelche mögen ...« »Mögen!!« fiel er heftig ein,
gleich tief empört als Rektor und Grammatikus.
»Falsch angewandter Konjunktiv! Ein Faktum ist's!«
Und eh' ich dessen mich versehen, hatt' er mir
mit schlaffer Hand die Regel ins Gesicht geprägt,
daß mir die Backe stundenlang wie Feuer war.
Doch trug mir dieses Argument ad hominem
heilsame Früchte. Nimmer hab' ich mich seitdem
des Konjunktivs beflissen, wo's ein Faktum galt;
selbst nicht bei Hof. Und das war manchmal schwer genug.

Emanuel Geibel

Ein Mensch las ohne weitres Weh,
daß einst zerstört ward Ninive,
daß Babylon, daß Troja sank.
Und, drückend die Lateinschul-Bank,
macht' einzig dies ihm Eindruck tief:
»Daß Ihr mir ›cum‹ mit Konjunktiv
im ganzen Leben nicht vergesset:
›Carthago cum deleta esset!‹«

Der Mensch stellt fest, der harmlos-schlichte:
»Je nun, das ist halt Weltgeschichte!«

Jetzt liegen Bücher, Möbel, Flügel
in Trümmern unterm Aschenhügel.
Nicht eine Stadt, das ganze Reich
ist Troja und Karthago gleich.
Doch, schwitzend bei der Hausaufgabe,
fragt ihn vielleicht der Enkelknabe:
»Sag, ist's so richtig: ›Cum Europa
deleta esset!‹, lieber Opa?«

Eugen Roth,
Mensch und Unmensch, Weltgeschichte

»Heute war ich der einzige, der die Frage des Herrn Lehrer beantworten konnte«, berichtet der Sohn.
»So?« meint der Vater skeptisch. »Was hat er denn gefragt?«
»Er hat gefragt: ›Wer hat die Scheibe im Flur eingeschlagen?‹«

Der Vater stellt seinen Sohn zur Rede: »Soeben habe ich von deinem Lehrer erfahren, daß du der Schwächste in der Klasse bist.«
»Unsinn!« erwidert der Bengel. »Ich bin der einzige, der den Globus tragen kann.«

»In deinem Alter«, sprach der Vater, »war George Washington Klassenerster!«
»Und in deinem«, erwiderte der Sohn, »Präsident.«

Fritzchen hat das Zeugnis bekommen. Der Lehrer tadelt sein allgemeines Verhalten.
»Schämst du dich nicht?« fragt die Mutter. »Nimm dir ein Beispiel an deinem Vater! Eben schreibt er mir, daß ihm wegen guter Führung ein Jahr erlassen wurde.«

Die kleine Doris über ihre »5« in Geographie: »Ich verreise ja doch nie.«

Der Gemeinderat lehnte die Anschaffung einer Europakarte für die niederbayerische Zwergschule ab: »Wer woaß, ob von insane Kinder übahaupts amol oans nach Eiropa kimmt!«

Der Onkel ist zu Besuch und fragt seine drei Neffen nach ihren Leistungen in der Schule. »Ich bin der Erste im Schreiben«, erzählt der Älteste. »Und ich der Erste im Rechnen«, sagt der Mittlere. »Und ich der Erste draußen«, fügt der Jüngste hinzu, »wenn's klingelt.«

In Prima darf eigentlich gar keiner Letzter sein.

Karl Joachim Marquardt

Der Lehrer auf die Frage eines bestürzten Vaters, ob es denn nicht doch noch eine Möglichkeit gebe, den Sohn zu versetzen: »Mit dem, was Ihr Sohn nicht weiß, können noch drei andere Schüler sitzenbleiben.«

Strahlend kommt der Junge aus der Schule: »Du hast mir doch zehn Mark versprochen, wenn ich versetzt werde, Vati, nicht wahr?«
»Habe ich.«
»Die hast du gespart.«

Im Schulzeugnis: »Peters Rechnen ist für ihn und mich eine Blamage. Nur: Ich gebe mir Mühe und er nicht.«

Karlchen legt das Zeugnis vor. »Schwätzt zuviel« steht drin. Vater unterschreibt: »PS. Seine Mutter sollten Sie hören!«

Aus einem Internatsschüleraufsatz: »Schüler, die auszutreten wünschen, haben zuvor auf dem Direktorat sich die notwendigen Papiere zu holen.«

Universität

In Australien wurde ein Student Oxfords nach dem Unterschied zwischen seiner Universität und der Universität Melbourne gefragt. Er antwortete: »Der Unterschied besteht darin, daß ein Oxforder diese Frage niemals stellen würde.«

»Was Eure Rückkehr zur hohen Schul' in Wittenberg betrifft...« spricht König Claudius zu Stiefsohn Hamlet (Shakespeare, Hamlet I, 2), nicht bedenkend, daß die Universität Wittenberg erst 1502 gegründet wurde, mehr als zwei Jahrhunderte später.

Aus dem Vorlesungsverzeichnis der Universität Mainz für das Wintersemester 1949/50, Medizinische Fakultät: »Sexualität und Fortpflanzung beim Menschen (publice et gratis).«

Gelehrter = Ein Mann, der imstande ist, über Sexualität zu disputieren und glauben zu machen, daß ihn das Thema rein wissenschaftlich interessiert.

Anschrift: »A Mr. le Professeur ordinaire« (ordentlich oder auch unbedeutend).

Dozent = One with his hand in your pocket, his tongue in your ear and his faith in your patience.

Ein Professor über einen Kollegen: »Die Zeit, die er nicht zur Selbstbeweihräucherung braucht, benutzt er, sein Amt zu vernachlässigen.«

In einem Hörsaal befindet sich ein Garderobehaken. »Für Dozenten« steht darunter. Eine unbekannte Hand schrieb daneben: »Man kann auch Mäntel und Hüte aufhängen.«

Die Söhne der Leipziger Juristen Wach und Binding studierten die Rechte. Als der junge Binding von Wach geprüft worden war, sagte der Examinator betrübt zu seinem Kollegen: »Es tut mir leid, daß ich Ihrem Herrn Sohn nur eine 3 habe geben

können, aber Sie werden verstehen ...«
Als Binding den jungen Wach geprüft hatte, ein halbes Jahr später, beglückwünschte er den Vater: »Ich freue mich, daß ich Ihrem Herrn Sohn noch eine 3 geben konnte.«

Der Student nach Professor Taubmann: »Animal rationale bipes, quod non vult cogi, sed persuaderi« (Ein vernünftiges, zweibeiniges Tier, das nicht gezwungen, sondern überzeugt werden will).

Studium = Einzige Erholung des Mannes zwischen Mutter und Frau.

Der Hallenser Philologe und Archäologe Karl Robert betrat den Hörsaal.
»Faß!« riefen einige Studenten.
»Meine Herren«, erwiderte der Gelehrte, der seinen Spitznamen kannte, »Sie irren. Ein Faß ist von Reifen umgeben. Ich bin von Unreifen umgeben.«

Der Physiologe Karl Ludwig in Leipzig führte einen Frosch vor, dessen Großhirn zum größten Teil entfernt worden war. Plötzlich sprang das Tier einem Studenten der ersten Reihe ins Gesicht.
Der Hörsaal wieherte.
»Sie sehen, meine Herren«, sprach Ludwig, »wie wenig Hirn erforderlich ist, einen Hörsaal zum Lachen zu bringen.«

»Ich glaube, ich habe bald ausstudiert. Ich werde von nichts mehr besoffen.«

Simpl, 1901

Universitäten waren nie besondere Rüstkammern des Witzes, und ich habe mich schon oft gewundert, daß nicht durch ganz Europa das Sprichwort läuft: Grob, flegelhaft wie ein deutscher Student.

Karl Julius Weber,
Demokritos

Ein Forscher trifft auf Kannibalen und erfährt, daß der Häuptling in Oxford studierte.
»Und Sie verzehren dennoch Menschenfleisch?« entsetzt er sich.
Der Buschkönig strahlt: »Mit Messer und Gabel, wie Sie sehen.«

Der Kannibale ist satt, wischt sich den Mund und leckt die Finger: »Wenn ich da an die Frankfurter Mensa denke!«

Am besten für den Staat und viele Familien wäre aber, wenn Eltern ihrer Eitelkeit entsagten und für die Summen, die das sogenannte Studieren kostet, einem Söhnchen ohne Talent ein solides Bauerngütchen kaufen oder aufdingen ließen.

Karl Julius Weber,
Demokritos II, 15

»Warum quälst du deinen Sohn, daß er muß gehen auf a hoche Schul?« fragte ein Jude einen Goi.
»Er soll studieren und Doktor werden.«
»Gibt genug Doktors.«
»Oder Priester.«
»A teirer Gelegenheitskauf, Priester!«
»Vielleicht wird er sogar Bischof.«
»Bißkup – Schmißkup! Gibt genug Bißkups.«
»Oder Erzbischof oder Papst.«
»Wenn schon!«
»Wenn schon, zum Donnerwetter!« platzt der Goi. »Soll er Gott werden, damit es sich lohnt, ihn auf die höhere Schule zu schicken?«
Der Jude schnalzt mit der Zunge: »Einer von uns Jidden hat gemacht de Karriere! Ohne hoche Schul.«

»Was halten Sie vom Frauenstudium?«
»Teuer!«

Stoßseufzer einer frisch Promovierten: »Fünf Jahre Universität – und wen habe ich nun davon?«

Zwei Kranke schauen aus dem Fenster der Heilanstalt und betrachten einen Regenbogen: »Dafür hat der Staat Geld, aber studieren läßt man uns nicht.«

Alles gibt sich, und so gibt es sich denn auch mit honorigen Burschen, wenn sie nach drei durchschwärmten Jährchen in den traurigen Stand der Kandidaten kommen und in geradem Widerspruch mit diesem hellen Namen im schwarzen Kleide bei den Mäzenen ihre Kratzfüße machen und sich in Demut zu irgendeinem Ämtchen empfehlen müssen.

Weber, Demokritos II, 15

Rat

Eine Affenherde fror, fing ein Glühwürmchen, das sie für einen Funken hielten, und trugen Holz herbei. Ein Vogel rief: »Ihr müht euch vergeblich! Es ist ein Glühwurm, kein Feuer!«
Die Affen achteten seines Rates nicht und bliesen in den Holzstoß und wedelten mit Zweigen, ihn zu entflammen. Der Vogel flog näher und wiederholte seine Belehrung. Die Affen winkten ihm, er solle schweigen.
Da kam ein Mann vorüber, der sah den Vogel und sprach: »Spare deine Ratschläge! An einem harten Stein darf sich kein Schwert versuchen, und aus Holz, das sich nicht biegen läßt, wird nie ein Bogen.«
Der Vogel aber flog noch näher an die Affen heran und schrie ihnen seinen Rat ins Ohr. Da packte ihn einer, warf ihn zu Boden, daß er die Flügel brach, und zertrat ihn.

Bidpai, Die frierenden Affen

Ein Enkel der Queen Victoria bat um Geld. Die Königin antwortete mit einem langen Brief voller Ratschläge für kaufmännisches Denken, welche auf fruchtbarsten Boden fielen: Der Jüngling verkaufte den Brief für 250 Pfund.

Ein Affe sah ein Paar geschickte
Knaben
im Brett einmal die Dame ziehn
und sah auf jeden Platz, den sie dem
Steine gaben,
mit einer Achtsamkeit, die stolz zu
sagen schien,
als könnt er selbst die Dame ziehn.
Er legte bald sein Mißvergnügen,
bald seinen Beifall an den Tag;
er schüttelte den Kopf itzt bei des
einen Zügen
und billigte darauf des andern seinen
Schlag.
Der eine, der gern siegen wollte,
sann einmal lange nach, um recht
geschickt zu ziehn.
Der Affe stieß darauf an ihn
und nickte, daß er machen sollte.
»Doch welchen Stein soll ich denn
ziehn,
wenn du's so gut verstehst?« sprach
der erzürnte Knabe.
»Den, jenen oder diesen da,
auf welchem ich den Finger habe?«
Der Affe lächelte, daß er sich fragen
sah,
und sprach zu jedem Stein mit einem
Nicken: »Ja.«

Gellert, Der Affe

Ein Hase stöhnte in des Aares Klauen.
Ein Sperling kam hinzu und schalt den
Ärmsten,
daß er die Läufe nicht genutzt, daß er
die Sprungkraft, welche Zeus ihm lieh,
vergessen,
daß er ... Das Wort blieb in der Kehle
stecken:
Ein Weih trug in den Fängen ihn
davon.

Phädrus,
Fabeln I, Der Sperling,
der dem Hasen Ratschläge gibt

Ein Fuchs hatte sich in einer Falle gefangen, war aber unter Verlust seines Schwanzes wieder entkommen. Nun verspotteten ihn die Tiere des Waldes wegen seiner Verstümmelung. Da beschloß er, den anderen Füchsen das Abhauen der Schwänze vorzuschlagen. Er ließ sie zusammenkommen und erklärte ihnen ausführlich, daß der Schwanz nicht nur häßlich sei, sondern unnütz und gefährlich. Einer aus der Mitte aber erwiderte ihm: »O, du Kluger! Niemals würdest du uns raten, was dir selbst keinen Vorteil brächte.«

Äsop,
Fabeln 7, Die Füchse

Ein Geizhals hatte auf dem Markt in Damaskus einen Korb mit Glaswaren gekauft. »Trag ihn mir nach Hause!« sprach er zu einem Burschen. »Ich werde dir drei kostbare Ratschläge geben.«
Der junge Mann lud den Korb auf. »Wisse nun meine erste Lehre!« begann der Alte. »So dir jemand sagt, Hunger sei besser denn Sattheit, so glaube ihm nicht!«

Der Bursche schnaufte hörbar und trottete weiter. »Ferner, mein Sohn«, fuhr der Alte fort: »So dir jemand versichert, Gehen sei besser denn Fahren, so glaube ihm nicht!«
Der Bursche nickte. Als den seltsamen Weisen nur wenige Schritte vom Ziele trennten, kniff er seine kalten Augen zusammen und sprach: »So dir jemand verkündet, es trüge einer Lasten um geringeren Lohn als du, so glaube ihm nicht!«
»Laß mich Dankbarkeit erzeigen«, sprach da der Bursche, »indem ich dir auch eine kleine Weisheit mitteile!«
Er warf den Korb zur Erde: »So dir jemand verkündet, in diesem Korbe sei noch ein einziges Stück heil, so glaube ihm nicht!«

Timur Tamerlan mit seinem Mongolenheer stand vor Akschehr. »Nur Nasr-ed-Din Hodscha kann uns retten«, sprachen die Einwohner. Nasr-ed-Din fand sich bereit, den Bittgang zu versuchen.
»Was soll ich ihm schenken?« fragte er seine Frau. »Feigen oder Quitten?«
»Quitten natürlich. Sie sind schöner und kostbarer.«
»Gut«, sprach Hodscha. »Man soll den Rat einer Frau hören und das Gegenteil tun.« Nahm einen Korb Feigen und begab sich ins Lager der »Geißel der Menschheit«, wie sich Tamerlan nannte.
Als der Khan das kümmerliche Geschenk sah, befahl er, dem Hodscha jede Feige einzeln an den Kopf zu werfen.
»Allah sei Dank!« murmelte Nasr-ed-Din. »Hätte ich Quitten gebracht, wäre ich ein toter Mann.«

Ich gebe Ratschläge immer weiter. Es ist das einzige, was man damit anfangen kann. (Lord Goring)

Wilde, Ein idealer Gatte I

Erziehung

August Ludwig von Schlözer zitiert die Einkleidungsrede für eine junge Nonne zu Gmünd: »Nun, geistliche Braut, seien Sie ein junger Affe, der seiner Mutter, der würdigen Frau Oberin, nachäffet! Äffen Sie nach dem alten Affen in allen seinen Tugenden! Äffe nach, junger Affe, ihre Keuschheit und Demut, ihre Geduld und Auferbaulichkeit! Und Sie, würdige Frau Oberin, gleichen Sie dem alten Bären, der ein ungestalt Stück Fleisch solange lecket, bis er die Gestalt eines jungen Bären erhält! Lecke du, alter Bär, gegenwärtiges geistliches Stück Fleisch solange, bis es dir vollkommen ähnlich wird! Lecke du auch dein ganzes Convent samt allen Kloster- und Klosterfräulein! Lecke, alter Bär, sämtliche Familie der geistlichen Braut und alle hier Versammelten! Zuletzt lecke auch mich, damit wir alle wohlgeleckt und gereinigt den Gipfel der Vollkommenheit erreichen mögen! Amen.«

»Vor meiner Hochzeit«, sagte Lord Rochester, »bekannte ich mich zu sechs Theorien über die Kindererziehung. Heute habe ich sechs Kinder und keine Theorie mehr.«

Die beste Methode, ein Kind zu erziehen, ist, ein zweites zu zeugen.

Verfasser unbekannt

Während des Dritten Reiches tadelte der Münsteraner Bischof Galen, daß der Hitlerjugend ein ungebührlicher Raum in der Kindererziehung gewährt sei.
»Wie kann ein Mann, der keine Kinder hat, über Erziehung reden!« tönte ein Zwischenrufer.
Der Bischof erwiderte: »Ich verbitte mir diese Kritik am Führer!«

»Warum weinst du, mein Junge? Ich möchte fröhliche Kinder sehen, wenn ich von der Arbeit komme.«
»Fröhliche Kinder!« mault der Sohn. »Jeden Tag dieser Streit mit deiner Frau!«

»Wie Brüder könnten wir zusammen leben«, spricht der Sohn traurig zu seinem Vater, »wenn du das saudumme Schlagen unterlassen würdest.«

Der junge Mark Twain hatte eine Tracht Prügel bezogen. »Lausbub, verflixter«, sagte der Vater. »Es tut mir mindestens genau so weh wie dir.«
Heulend erwiderte der Junge: »Aber nicht an der gleichen Stelle.«

Moritz von Schwind saß vor seinem Haus in Niederpöcking am Starnberger See, bemerkte seinen Sohn weit draußen auf dem Wasser, auf einem Brett liegend, rief ihn zurück und donnerte: »Den bring ich um, den Saukerl!«
Langsam paddelte der Junge zurück. »A Watschn kriegt der«, knirschte der Maler, »aba a soichene Watsch'n!«
Der Bengel stieg an Land. Schwind legte den Arm um seinen Buben und schnaufte: »Mei, hab i jetza Angst um di g'habt!«

Ludwig Thoma, der in München das Gymnasium besuchte, ging mit seinem Onkel, einem pensionierten Postsekretär, spazieren. In der Ludwigstraße verabreichte der Alte dem Buben ohne jede Vorwarnung eine schallende Ohrfeige: »Die Watschn hast kriagt, daß d' immer dran denkst, daß der König Ludwig die wunderbare Straßn derbaut hat und no vui Schöns mehra.«

Unsere Alten nahmen bei Grenzberichtigungen Knaben mit, die zum ewigen Andenken Ohrfeigen bekamen, da man ehemals wenig schriftlich machte, und nichts prägt besser etwas dem Gedächtnis ein als eine derbe Ohrfeige.

Karl Julius Weber, Demokritos IV, 4

Shaw schlug einem Bengel, der eine Katze ärgerte, den Spazierstock aufs Hinterteil. Sein Begleiter rügte: »Ich denke, Sie sind ein Gegner der Prügelstrafe?«
»Bin ich«, erwiderte der Dichter. »Aber noch niemals habe ich behauptet, konsequent zu sein.«

Ein alter Herr spaziert durch ein Berliner Schrebergartenviertel und sieht eine Frau, die ihren Sohn vermöbelt.
»Was hat er denn verbrochen?«
»Rotzlöffel der«, sagt die Frau und drischt weiter. »Den Hühnerstall hat er uffjemacht.«
»Das ist doch nicht schlimm. Hühner kehren immer in den eigenen Stall zurück.«
Und noch einen derben Schlag auf den Hintern: »Det isset ja!«

Chojsek, der Narr, prügelt seinen Sohn. Der Junge schreit, der Nachbar kommt und gebietet Einhalt: »Biste geworden meschugge, Chojsek, daß du schlagst dei eigen Fleisch und Blut?«
»A Trotzkopf isser«, antwortet Chojsek und haut nochmal zu. »A Trotzkopf, a verstockter! Bring ich ihm mit a Paar neue Schuh, und was sagt er: Sie sind ihm zu klein!«

Der Vater will den Sohn verprügeln. Die Mutter springt dazwischen: »Laß es diesmal mit der Drohung bewenden! Schlag ihn, wenn er es wieder tut!«
»Und wenn er es nicht wieder tut?«

Frau McNepp ist bestürzt, daß der Mann statt der fünf angeforderten Stück Kuchen nur zwei bringt. »Sie reichen, Darling«, verspricht er. »Ich bin überzeugt, daß sich die Kinder morgen so aufführen werden, daß wir ihnen den Kuchen entziehen müssen.«

Ein französischer Adelssproß schlug seine Gouvernante. Die Mutter tadelte: »Nimm nicht immer die linke Hand!«

Ich bin meiner Mutter einzig Kind,
und weil die andern ausblieben sind
– was weiß ich wieviel, die sechs oder sieben –,
ist eben alles an mir hängen blieben.
Ich hab müssen die Liebe, die Treue, die Güte
für ein ganz halb Dutzend allein aufessen
und will's mein Lebtag nicht vergessen.
Es hätte mir aber noch wohl mögen frommen,
hätt' ich nur auch Schläg für Sechse bekommen!

Mörike,
Selbstgeständnis

»Frau Mönkemeyer, Ihre Jungs sind schon wieder in unserem Garten und stehlen Äpfel«, beschwert sich Frau Oberregierungsrat aus Hamburg.
»Wo da nu woll wieder Sstine bleibt«, entgegnet die Mutter. »Ich hab ihr doch gesagt, sie soll bei ihren Brüdern bleiben!«

Eine Äffin, hörte ich, hatte zwei Kinder. Das eine bedachte sie mit ihrem Haß, das andere mit der ihr eigentümlichen Liebe. Unaufhörlich leckte und umschlang sie den Liebling, und eines Tages hatte sie ihn erdrückt. Das andere Kind aber war in die Einsamkeit gezogen und der Gefahr entgangen. Woraus man ersehen möge, daß Feindschaft immer noch besser ist als falsche Liebe.

Äsop, Die Äffin und ihre Kinder

»Vielleicht«, hub von den
Affenmüttern
die weiseste bedächtig an,
»vielleicht, ich sag es voller Zittern,
wächst unsre Jugend bloß darum so
siech heran,
weil wir sie gar zu wenig füttern.
Vielleicht ist auch der Mangel der
Geduld,
sie sanft zu wiegen und zu tragen,
vielleicht auch unsre Milch an ihren
Fiebern schuld.
Vielleicht schwächt auch das Obst den
Magen.
Vielleicht ist selbst die Luft, die unsre
Kinder trifft,
(Wer kann sie vor der Luft bewahren?)
ein Gift in ihren ersten Jahren
und dann auf Lebenszeit ein Gift.
Vielleicht ist, ohne daß wir's denken,
auch die Bewegung ihre Pest.
Sie können sich durch Springen und
durch Schwenken
oft etwas in der Brust verrenken,
wie sich's sehr leicht begreifen läßt.«
Hier fängt sie zärtlich an zu weinen,
nimmt eins von ihren lieben Kleinen,
das sie so lang und herzlich an sich
drückt,
bis ihr geliebtes Kind erstickt.

»Du«, sprach die Bärin, »kannst noch
fragen,
warum ihr so bestraft mit kranken
Kindern seid?
Nicht liegt's an Luft und Milch und
nicht an Obst und Magen.
Ihr tötet sie durch eure Weichlichkeit,
durch eure Liebe vor der Zeit.
Gebt acht auf unsern jungen Haufen:
Wir nehmen sie, sobald sie laufen,
mit uns, in Hitz und Frost, durch
Fluren und durch Wald,
so werden sie gesund und alt.«

Gellert, Die Affen und die Bären

Für wohlgeratene Kinder können Eltern nicht zu viel tun. Aber wenn sich ein blöder Vater für einen ausgearteten Sohn das Blut vom Herzen zapft, dann wird Liebe zur Thorheit.

Ein frommer Pelekan, da er seine Jungen schmachten sah, ritzte sich mit scharfem Schnabel die Brust auf und erquickte sie mit seinem Blute.

»Ich bewundere deine Zärtlichkeit«, rief ihm ein Adler zu, »und bejammere deine Blindheit. Sieh doch, wie manchen nichtswürdigen Kuckuck du unter deinen Jungen mit ausgebrütet hast!«

Lessing, Fabeln, Der Pelekan

Ein Knabe stahl aus dem Lehrzimmer die Schreibtafel eines Mitschülers und brachte sie seiner Mutter. Diese strafte ihn nicht, sondern freute sich über die Tafel. Der Knabe stahl immer öfter und immer größere Dinge, wurde eines Tages, herangewachsen, ertappt und zum Tode geführt. Die Mutter folgte ihm klagend. Da bat der Bursche, seiner Mutter noch etwas ins Ohr sagen zu dürfen. Der Bitte wurde stattgegeben, und als sich die Mutter ihm genähert hatte, biß er ihr das Ohr ab. Die Menschen, die Zeuge des Vorfalles waren, entsetzten sich und nannten ihn nicht nur einen Dieb, sondern auch einen Frevler an der eigenen Mutter. Er aber sprach: »Sie ist die Urheberin meines Verderbens. Hätte sie mich gestraft, als ich die Schreibtafel gestohlen hatte, würde ich heute nicht hingerichtet.«

Äsop, Der Dieb und seine Mutter

Ein Vater hatte seinem Sohn jeden Willen gelassen und jeden Wunsch erfüllt, und als der Junge herangewachsen war, wurde aus ihm ein Verbrecher. Als die Häscher auf seiner Spur waren, ließ er den Vater vor die Stadt rufen. Er deutete auf einen Eichenstamm und verlangte: »Mache mir eine Rutenschlinge!«
»Das ist unmöglich«, sprach der Alte.
Der Junge wies ihm einen Weidenstrauch, und der Vater knüpfte die Schlinge.
Der Sohn nahm sie ihm aus der Hand und sprach: »Als ich noch ein kleines Bäumlein war, hättet Ihr mich beugen können nach Euerm Willen. Jetzt bin ich in meiner Bosheit erstarkt und weder ich selbst kann mich ändern, noch können es andere. Der Henker wird mich greifen. Vorher aber noch Euch den Lohn für Eure Kinderzucht!« Er warf dem Vater die Schlinge um den Hals und hängte ihn an die Eiche.

nach *Valerius Herberger,*
Herzpostille, Was Hänschen nicht lernt

Der Graf von Artois, der spätere Karl X., sagte: »So, wie wir erzogen wurden, gebührt uns noch Dank, daß wir keine Tiger sind.«

Traurig für Mütter: Achtzehn Jahre lang bemühten sie sich vergeblich, aus ihrem Sohn einen zivilisierten Menschen zu machen, und ein Fratz mit Stupsnase schafft es in einer Woche.

Ein Vater war, wie viele Väter,
mit einem wilden Sohn geplagt.
Nichts Törichtes, nichts Kühnes ward
gewagt:
Johann, sein Sohn, war allemal der
Täter.
Der Vater, der kein Mittel sah,
bei Ehren in der Stadt zu bleiben,
schickt ihn, um ihm den Kützel zu
vertreiben,
zwei Jahre nach Amerika,
so sauer auch die liebe Mutter sah.

Allein was half's? Johann kam wieder,
und wer war ärger als Johann?
Der Vater und des Vaters Brüder
beschlossen endlich, Mann für Mann,
daß, weil er nicht gehorchen wollte,
Johann der Trommel folgen sollte.
Der ausgelaßne Sohn ward also ein
Soldat,
und dies war auch der beste Rat;
denn was nun auch die Leute sagen,
die diesem Stand nicht günstig sind:
So ward doch mancher Mutter Kind
von einem Herrn oft klug geschlagen,
der trotz der Schärpe, die er trug,
nicht weiser war als der, den er
vernünftig schlug.

Doch diese Zucht ward auch vergebens
unternommen.
Johann blieb wild und ungestüm.
Der Hauptmann ließ den Vater
kommen:
»Nehmt Euern Sohn zurück! Ich ziehe
nichts aus ihm.«
Der Vater muß ihn wieder nehmen.
Nun wird er wohl den Wildfang
niemals zähmen.
Doch nein, ein Mittel half geschwind,
und eh vier Wochen noch vergingen,
war sein Johann fromm wie ein Kind.
Wie? Ließ er ihn ins Zuchthaus
bringen?
Ich dachte gar. Warum nicht lieber auf
den Bau?
Er wußt ihn besser zu bezwingen:
Er gab ihm eine böse Frau.

Gellert,
Der ungeratne Sohn

General von Puttkamer an den Erzieher seines Sohnes: »Hüten Sie ihn vor honetten Liebschaften! Sie sind der Tod ernster Beschäftigung. Kann der Junge sich nicht halten, so zahlen Sie lieber einen Gulden und nehmen eventuell Rücksprache mit dem Regimentsfeldscher.«

Die Mutter zu ihrem in die Universitätsstadt ziehenden Sohn: »Hüte dich vor liederlichen Menschern, und kannst du es nicht lassen, so sprich eine ehrliche Frau an! Sie wird dir's nicht abschlagen.«

In einer Pension der kleinen Universitätsstadt schellt das Telefon. Eine Frauenstimme: »Mein Sohn hat vorige Woche bei Ihnen ein Zimmer bezogen. Er ist im ersten Semester. Bitte achten Sie ein wenig auf ihn! Er soll viel schlafen, von Anfang an arbeiten, nicht soviel trinken und nicht mit Mädchen herumziehen. Ich mache mir Sorgen. Er war noch nie von Hause weg, abgesehen von den zwei Jahren bei der Marine.«

Der Lord schrieb seinem Sohn, er werde ihm die Rente sperren, falls er die Beziehung zu einer Schauspielerin nicht abbreche. Der Sohn antwortete, er werde die Dame heiraten, falls die Rente ausbleibe.

Eine Mutter braucht zwanzig Jahre, um aus ihrem Jungen einen Mann zu machen, und eine andere Frau macht aus ihm in zwanzig Minuten einen Narren.

Robert Frost

Selbstkritik

Wer sich selbst erziehen will, nehme ein Blatt und schreibe: Was habe ich als Werk der Natur sein sollen? Was hat die Gesellschaft und was habe ich aus mir gemacht? Und sind seine Confessions aufrichtiger als die des Jean

Jacques (Rousseau) und der meisten Selbstbiographler, so wird er verstummen.

Karl Julius Weber,
Demokritos IV, 4

30 Teilnehmer eines Kurses lieferten zum Abschluß eine Handschriftenprobe und erhielten, einzeln übermittelt, die gleiche Deutung, mit der sich alle, bis der Scherz ruchbar wurde, einverstanden erklärten: »Im allgemeinen verstehen Sie, Ihren Gleichmut zu bewahren, doch sind feinere Stimmungsschwankungen nichts Seltenes. Sie sind kein Pedant, kein Kleinigkeitskrämer, besitzen Ehrgeiz und ausgeprägtes Geltungsbedürfnis, das manchmal an Eitelkeit grenzt. Sie brauchen Anerkennung und Erfolg. Zur Zeit befinden Sie sich in etwas gedrückter Lage, die Ihr Wesen nicht voll zur Entfaltung kommen läßt.«

In einer Bibelausgabe des 17. Jahrhunderts befanden sich zwei Satzfehler: »Quid vides festucam in culo fratris tui, et trabem in culo tuo non vides?« Statt »culo« hätte es »oculo« (im Auge) heißen müssen. So lautet der Text: »Was siehst du den Splitter im Gesäß deines Bruders, nicht aber den Balken in deinem eigenen?«

Zwei Ranzen packte Jupiter uns auf:
Den einen, voll von eigenen Fehlern,
hinten,
den voller fremder Fehler auf die
Brust.
Drum sind wir blind für eigene
Gebrechen,
für die des Nächsten aber wachen
Sinns.

Phädrus,
Fabeln IV, 10
Von den Fehlern der Menschen

Unsere tägliche Selbsttäuschung gib uns heute!

Wilhelm Raabe,
Vom alten Proteus

Ein Mensch hört staunend und empört,
daß er, als Unmensch, alle stört.
Er nämlich bildet selbst sich ein,
der angenehmste Mensch zu sein.
Ein Beispiel macht euch solches klar:
Der Schnarcher selbst schläft
wunderbar.

Eugen Roth,
Mensch und Unmensch, Ahnungslos

Ein Löwe würdigte einen drolligen Hasen seiner näheren Bekanntschaft. »Aber ist es denn wahr«, fragte ihn einst der Hase, »daß euch Löwen ein elender krähender Hahn so leicht verjagen kann?«
»Allerdings ist es wahr«, antwortete der Löwe, »und es ist eine allgemeine Anmerkung, daß wir großen Tiere durchgängig eine gewisse kleine Schwachheit an uns haben. So wirst du, zum Exempel, von dem Elefanten gehört haben, daß ihm das Grunzen eines Schweines Schauder und Entsetzen erwecket.«

»Wahrhaftig?« unterbrach ihn der Hase. »Ja, nun begreife ich auch, warum wir Hasen uns so entsetzlich vor den Hunden fürchten.«

Lessing,
Fabeln, Der Löwe und der Hase

Oft führ man gern aus seiner Haut.
Doch wie man forschend um sich schaut,
erblickt man ringsum lauter Häute,
in die zu fahren auch nicht freute.

Eugen Roth,
Der Wunderdoktor, Hautleiden

Sascha Guitry, nachdem ihm eine Verehrerin bescheinigt hatte, er habe sich wieder einmal selbst übertroffen: »Lohnt es sich, jemand anderen zu übertreffen?«

Der Kardinal Maury sagte: »Ich schätze mich sehr niedrig ein, wenn ich mich allein betrachte, und sehr hoch, wenn ich mich vergleiche.«

Prüfung

Ferdinand Sauerbruch fuhr mit dem Wagen nach Garmisch. Er nahm vier Kandidaten mit, um die Fahrzeit für das Examen zu nutzen. Der erste war in Starnberg durchgefallen und mußte aussteigen. Den zweiten ereilte sein Schicksal in Weilheim. Der dritte wurde in Murnau abgesetzt. Der vierte bestand und durfte in Garmisch mit dem Meister speisen.

Der schweißgetränkte Kandidat stammelt, ob man ihm nicht auch einmal eine leichtere Frage stellen könne.
»Gern«, erwidert der rigorose Professor. »Wie geht es Ihren werten Angehörigen?«

Virchow kam mit einer schweren Erkältung zur Prüfung. Krächzend fragte er einen Kandidaten: »Sie sehen mich; Sie hören mich. Was ordnen Sie an?«
Der Student erwiderte: »Gehen Sie sofort nach Hause, Herr Professor, und legen Sie sich ins Bett!«
Virchow blieb. Der Prüfling hatte bestanden.

»Die von Ihnen vorgeschlagene Medizin hilft in der Regel in diesem Krankheitsfall«, sagte Virchow zu einem Kandidaten. »Was machen Sie aber, wenn sie nicht anschlägt?«
Der Prüfling wußte noch eine andere Medizin, deren Wirksamkeit Virchow anerkennen mußte. Doch der Geheimrat wollte noch mehr wissen: »Was machen Sie aber, wenn auch diese Medizin nicht hilft?«
Der Kandidat verbeugte sich: »Dann ziehe ich den Herrn Virchow hinzu!«
Bestanden.

Der Prüfungsleiter beobachtet den ungeschickten Kandidaten der Gynäkologie mit steigendem Unwillen: »Licht aus! Im Hellen findet er es nicht.«

Der Kandidat hat am Phantom die Entbindung vorgeführt. »Packen Sie nun«, sprach der Münchner Professor Winckel, »die Zange am Griff und schlagen Sie dem Vater zweimal über den Schädel! Dann haben wir die ganze Familie beseitigt.«

Viktor von Lang, der Wiener Physiker, pflegte im Examen zu fragen: »Was geschieht, wenn ich auf den Knopf der Klingelleitung drücke?«
Die Kandidaten pflegten zu antworten: »Der Stromkreis wird geschlossen, ein Elektromagnet ...«
Worauf der Lustige regelmäßig einfiel: »An Schmarrn! Der Diener kommt!«, und die Prüflinge in wohlvorbereitetes Gelächter ausbrachen.
Eines Tages setzte sich ein Kandidat über die senile Spielregel hinweg, und auf die bekannte Frage antwortete er mit dem bekannten Diener.
»Merken Sie sich, junger Mann«, erwiderte Lang gekränkt: »Die Witze im Rigorosum mache ich!«

Ein Kandidat antwortete auf die Frage, was Betrug sei: »Wenn Sie mich durchfallen lassen, Herr Professor.«
Der Prüfende knurrte etwas von »Dreistigkeit«. Worauf der Student erklärte: »Betrug ist eine Handlung, bei der jemand die Unkenntnis eines anderen zu dessen Schaden ausnutzt.«

Nach einer seit hundert Jahren nicht mehr beachteten Vorschrift können die Studenten der Universität Oxford im Examen ein Glas Bier beanspruchen. Ein Kandidat verlangte es.
Bekam es, und dazu eine Forderung auf fünf Pfund Buße: Die gleiche Vorschrift verlangt, daß der Prüfling mit gegürtetem Schwert auftritt.

Wenn jemand aus einem Buche abschreibt, so ist das ein Plagiat. Wenn jemand aus zwei Büchern abschreibt, so ist das ein Essay. Wenn jemand aus drei Büchern abschreibt, so ist das eine Dissertation.

Franz Molnar

Referendarexamen 1908: »Sie haben das Examen bestanden, Herr Kandidat. Ihre schriftliche Arbeit war leider nicht ausreichend. Ihr mündliches Examen war auch nicht genügend. Wir glaubten jedoch, kompensieren zu können. Grüßen Sie bitte Ihren Herrn Papa!«
(Simpl)

Als man sich bemühte, die lateinischen Prüfungsprädikate zu verdeutschen, schlug Julius Landmann, Nationalökonom in Kiel, vor: »Rite = zum Bedauern der Fakultät«.

Ein Cellist zum Kollegen: »Bei allen Probespielen war ich der Beste von denen, die durchfielen.«

Wie notwendig eine gewisse Erregung des Gemüts ist, auch selbst nur um Vorstellungen, die wir schon gehabt haben, wieder zu erzeugen, sieht man oft, wenn offene und unterrichtete Köpfe examiniert werden und man ihnen ohne vorhergegangene Einleitung Fragen vorlegt wie diese: »Was ist der Staat?« oder »Was ist das Eigentum?« oder dergleichen. Wenn diese jungen Leute sich in einer Gesellschaft befunden hätten, wo man sich vom Staat oder vom Eigentum schon eine Zeitlang unterhalten hätte, so würden sie vielleicht mit Leichtigkeit durch Vergleichung, Absonderung und Zusammenfassung der Begriffe die Definition gefunden haben. Hier aber, wo diese Vorbereitung des Gemüts gänzlich fehlt, sieht man sie stocken, und nur ein unverständiger Examinator wird daraus schließen, daß sie nicht wissen. Denn nicht wir wissen; es ist allererst ein gewisser Zustand unsrer, welcher weiß. Nur ganz gemeine Geister, Leute, die, was der Staat sei, gestern auswendig gelernt und morgen schon wieder vergessen haben, werden hier mit der Antwort bei der Hand sein.

Heinrich von Kleist,
Verfertigung der Gedanken beim Reden

Die Vierzehnjährige zieht am Morgen eine hauchzarte Wickelbluse an. Die ältere Schwester meint, diese Bluse sei doch wohl ein bißchen »scharf« für die Schule.
»Die kann gar nicht scharf genug sein«, widerspricht die Jüngere. »Heute kommt nämlich der Rex und prüft uns mündlich in Latein.«

Manche Leute sind so zuverlässig, daß sie regelmäßig versagen.

Verfasser unbekannt

In den vierziger Jahren des vorigen Jahrhunderts fühlten sich die Berliner Medizinstudenten in den Examen besonders geschurigelt, und zwar von dem Medizinalrat Eck, dem Generalarzt Kothe, von Klinikdirektor Dieffenbach und dem dirigierenden Charitéarzt Wolff. Sie stürzten sich in poetische Unkosten und schlugen ans Schwarze Brett:

»Wer sich nicht stößt an scharfen Ecken,
wer nicht im Kothe bleibet stekken,
wer glücklich kommt durch dieffen Bach,
den frißt der Wolff doch hintennach.«

Der Letztgenannte erwiderte mit dem Aushang: »Der Wolff frißt nur Schafe.«

Indessen wäre es vielleicht wieder ein Unglück, wenn Charakter so gemein wäre wie Charakterlosigkeit; denn letztere oder die moralische Schwäche ist offenbar geneigter zur Duldung und Nachsicht, zur Nächstenliebe, zu Ruhe und Frieden. Gott sprach daher auch nicht: »Lasset uns Männer machen!« sondern: »Lasset uns Menschen machen!«

Karl Julius Weber,
Demokritos III, 7

XI. Kapitel

Tugend
Sittsamkeit
Redlichkeit
Wahrhaftigkeit
Ehre
Das Böse
Geständnis
Entschuldigung
Strafe
Rache
Prügel
Todesstrafe

Tugend

Arglos und harmlos,
glücklich ich bin.
Hör' ich das Böse,
denk ich nicht hin.

Friederike Kempner

Aus Tante Karlas Sprachwolf: »Ich wasche mich mit Unschuld.«

Friedrich II. von Preußen über Jakob Keith: »Der gute Lord zwingt mich, an die Tugend zu glauben.«

Ein Patient klagt über ständiges Kopfweh.
»Rauchen Sie?« fragt der Arzt.
»Nein, Herr Doktor. Für diesen gesundheitsschädlichen Unfug gebe ich kein Geld aus.«
»Trinken Sie?«
»Nein. Ich halte den Alkohol für den größten Feind des Menschen. Er beraubt ihn seiner Selbstbeherrschung und führt ihn zum Bösen.«
»Frauen?«
»Ich bin verlobt und achte die Ehre meiner Braut wie meine eigene.«
Der Arzt setzt die Brille ab: »Gehen Sie zum Klempner und lassen Sie Ihren Heiligenschein weiten! Er drückt.«

Im besetzten griechischen Theater bat ein Greis die Athener um einen Platz. Er wurde ihm verweigert. Er bat die Spartaner, und diese rückten zusammen. Die Athener applaudierten.
Da sprach der Greis: »Die Athener wissen, was recht ist, und die Spartaner tun es.«

Kathederblüte: »Es ist nicht genug, edel zu sein. Man muß auch edel denken.«

Das Gewissen ist eine innere Stimme, die einem in gewissen Situationen sagt, daß man sich nicht erwischen lassen darf.

Das Gewissen ist eine innere Stimme, die dem Menschen sagt, er möge nicht tun, was er eben getan hat.

Von einer Kokotte wurde gesagt, sie denke so edel wie Titus: Sie halte jeden Tag für verloren, an dem sie nicht mindestens einen glücklich gemacht habe.

Weiber, die viel von Tugend und Treue sprechen, gleichen Kindern, die, wenn sie etwas haben und verbergen wollen, von selbst rufen: »Ich hab's nicht.«

Karl Julius Weber, Demokritos II, 20

Umsonst sprichst du so tugendreich,
daß du des Jünglings Herz betörst.
Man weiß zu gut, daß, Penelopen
gleich,
du in der Nacht des Tages Werk zerstörst.

Johann Friedrich Jünger,
An eine moralisierende Kokette

Eine auf den Ruf der Sittsamkeit bedachte Dame lobte Samuel Johnson, weil er in seinem Wörterbuch die ungebührlichen Ausdrücke weggelassen habe.
»Sie haben gesucht, Mylady?«

»Ich glaube, ich werde mich von ihm trennen«, spricht die junge Dame. »Er kennt zuviele unanständige Lieder.«
»Singt sie Dir vor?«
»Pfeift.«

Du hüllest dich in deine Tugend ein?
Das nenn' ich leicht gekleidet sein!

Friedrich Haug

Moral ist ganz einfach die Pose, welche man jenen gegenüber einnimmt, die man persönlich nicht leiden kann. (Mrs. Cheveley)

Wilde, Ein idealer Gatte II

Unsitten sind die Freuden der anderen, an denen wir nicht teilnehmen können.

Erhard Blanck

Stoßseufzer: »Alles ist schlechter geworden. Nur eines ist besser geworden: Die Moral ist auch schlechter geworden.«

Sittsamkeit

O vergeudet nicht die Kräfte
in der eitlen Sinneslust!
Werfet ab den Staub der Erde,
falls ihr euch des Staubs bewußt!

Friederike Kempner

»Betrachten Sie mich als den schiefen Turm zu Pisa«, sprach die Kunststudentin zu ihrem Verehrer. »Ich habe Neigungen, aber falle nicht um.«

Eine junge Dame zu Heinrich IV. von Frankreich, der sie augenzwinkernd fragte, wo der Weg nach ihrem Schlafzimmer verlaufe: »Durch die Kirche.«

Im Beisein der heranwachsenden Tochter fiel eine Zweideutigkeit. Die Mutter blickte das Mädchen an: »Und du errötest noch nicht einmal?«

Die Tochter erwiderte: »Ich wußte nicht, daß ich jetzt hätte erröten müssen.«

Ein Höfling verspottete Hiero von Syrakus wegen seines üblen Mundgeruches. Der König hörte die Lästerung und tadelte seine Frau, weil sie ihn auf den Makel nicht aufmerksam gemacht habe.
Sie erwiderte: «Ich glaubte, übler Mundgeruch sei eine Eigenschaft des männlichen Geschlechtes.«

Es war einmal ein Vögelein,
Kanaria von Geschlecht,
es war so schön, so gelb, so fein,
wie's Vögeln eben recht.

Doch ach, das arme Vögelein
im goldnen Käfig saß
und mit den kleinen Äugelein
den großen Himmel maß.

Ein frecher Sperling flog vorbei
und sang ihr zum Exzeß:
»Ich lieb dich bis zur Raserei,
o Vogelin-Prinzeß!

O Vogelin, dein Köpfchen klein
gefällt mir gar zu gut!«
Da kocht des stolzen Vögelein
kanarisch heißes Blut!

»Ich mag dich nicht, ich brauch dich
nicht,
mir ist nach dir nicht bang!
Wohl sehn' ich mich nach Himmelslicht
und nach des Künstlers Sang,

doch nach des frechen Sperlings Lied
war mir noch niemals bang;
denn« – singt sie himmlisch – »nie
erglüht
mein Herz bei nied'rem Klang.«

Friederike Kempner,
Vogelin-Prinzeß

Der Arzt verpaßt dem späten Jüngferlein die neue Brille. Man steht am Fenster und prüft die Sicht.
Unten auf der Straße rennt eine Henne, hinter ihr ein Hahn. Gebremste Räder kreischen. Zu spät. Die Henne ist platt.
»Haben Sie das gesehen?« fragt der Doktor.
»Erschütternd!« flüstert die alte Dame.
»In den Tod gegangen, um die Ehre zu retten.«

Vielleicht erreiche ich Sie auf diesem Wege! Sind Sie charmant, lebensfroh, aufgeschlossen, bis zu 60 Jahren, unabhängig, mit guter Vergangenheit?

Süddeutsche Zeitung, 25. 11. 1967,
Heiratsanzeigen

Kathederblüte: »Demosthenes war ein Muster an Tugend und Keuschheit. Als sich ihm die schöne Lais um den Preis von 10 000 Drachmen für eine Nacht anbot, verschmähte er sie, woran wir uns ein Beispiel nehmen wollen.«

Jakob schlendert durch die Kille und sieht die Rachel im Fenster liegen.
»Ist der Abraham zu Hause?« ruft er hinauf.

»Nein.«
»Soll ich ä bißchen raufkommen?«
»Ich bin kei Nutte, Jakob!«
»Wer red' denn vom Zahlen?«

Klein-Dummdeifi ging vorüber,
witzig wie ein Nasenstüber,
doch ihr schnippisches Geschau
spielte Hochmut und verneinte
ungefragt, was ich nicht meinte.

Ringelnatz,
Klein-Dummdeifi

Der achtzigjährige Fontenelle hob einer Schönen den Fächer auf. Die Dame würdigte ihn keines Blickes. »Madame«, sagte der Dichter lächelnd, »Sie verschwenden Ihre Kälte.«

Susannens Keuschheit wird von allen
hochgepriesen:
Das junge Weib, das jeder artig fand,
tat beiden Greisen Widerstand
und hat sich keinem hold erwiesen.
Ich lobe, was wir von ihr lesen,
doch räumen alle Kenner ein,
das Wunder würde größer sein,
wenn beide Buhler jung gewesen.

Friedrich von Hagedorn,
Susanna

Abraham a Santa Clara schimpfte am Magdalenentag von der Kanzel über alle zeitgenössischen Buhlerinnen, ergriff seine Bibel, hob sie hoch und rief, er werde sie einer der anwesenden Hauptsünderinnen an den Kopf werfen.
Eine große Anzahl der Damen zog die Köpfe ein.

Lukas Osiander wurde von der Stuttgarter Mätresse von Grävenitz gebeten, sie ins Kirchengebet einzuschließen.
»Sie sind es«, erwiderte der Streitbare. »Wir beten täglich: ›Erlöse uns von dem Übel!‹ «

Ich hörte manche Frauen kampfbereit
ein Lied von strenger Sitte stammeln,
die nur aus Zinsen ihrer Häßlichkeit
ihr Kapital an Tugend sammeln.

Oskar Blumenthal,
Von Frauen I

»Meine Furien«, sagte Pluto zum Boten der Götter, »werden alt und stumpf. Ich brauche frische. Geh also, Merkur, und suche mir auf der Oberwelt drei tüchtige Weibspersonen!« Merkur ging.
Kurz hierauf sagte Juno zu ihrer Dienerin: »Glaubtest du wohl, Iris, unter den Sterblichen zwei oder drei vollkommen strenge, züchtige Mädchen zu finden? Aber vollkommen strenge! Verstehst du mich? Um Cytheren Hohn zu sprechen, die sich das ganze weibliche Geschlecht unterworfen zu haben rühmt. Geh immer und sieh, wo du sie auftreibest!« Iris ging.
In welchem Winkel der Erde suchte

nicht die gute Iris! Und dennoch umsonst! Sie kam ganz allein wieder, und Juno rief ihr entgegen: »Ist es möglich? O Keuschheit! O Tugend!«
»Göttin«, sagte Iris, »ich hätte dir wohl drei Mädchen bringen können, die alle drei vollkommen streng und züchtig gewesen, die alle drei nie einer Mannsperson gelächelt, die alle drei den geringsten Funken der Liebe in ihren Herzen erstickt: Aber ich kam leider zu spät.«
»Zu spät?« sagte Juno. »Wieso?«
»Eben hatte sie Merkur für den Pluto abgeholt.«
»Für den Pluto? Und wozu will Pluto diese Tugendhaften?«
»Zu Furien.«

Lessing,
Fabeln, Die Furien

Maria Theresia hatte eine Order entworfen, daß kein Offizier mehr befördert werden dürfe, der in puncto Sittsamkeit nicht untadelig sei. Sie zeigte Daun das Schriftstück. »Gott sei Dank!« sprach der Marschall, »daß ich nicht mehr Leutnant bin!«
Die Kaiserin gab ihre Absicht auf.

Kathederblüte: »Ludwig XV. war ein Musterbild von Unsittlichkeit und Liederlichkeit.«

Kräftige Menschen haben ewigen Kampf mit der Sinnlichkeit und den Hauptkampf mit derjenigen Art, die so gerne unsere ganze Phantasie erfüllt und alle anderen reineren Ideen verschlingt oder verdunkelt, weswegen ein französischer Abbé und bekannter Schriftsteller offen und naiv gesteht, er halte sich zu dem Zweck ein Mädchen. Alsdann setze er sich wieder an die Arbeit mit ruhigem Geist und klareren Gedanken.

Karl Julius Weber, Demokritos III, 2

Gerade Männer von der strengsten moralischen Gesinnung sind außerordentlich empfänglich für körperliche Reize. (Gwendolen)

Wilde, Bunbury II

Doch ach! Muß man nicht auch vor
Kindern
die Wucht des Filmplakats verhindern?
Das zeigt ja auch das Bloße bloß
und noch dazu bewegungslos.
Und kaum daß dies der Zensor sah,
war auch des Zensors Einfall da:
Quer über alle Busenspitzen
muß nun ein schwarzes Viereck sitzen.
Das gleiche Viereck muß erscheinen
auf jedem Treffpunkt von zwei
Beinen.
Und schau, wie sich die Jugend drängt,
wenn irgendwo solch Bildnis hängt!
Geliebter Neffe, sage doch,
wozu brauchst Du den Onkel noch?
Misch Du Dich auch ins Volks-
getümmel!
Hier ist des Volkes wahrer Himmel;
zufrieden jauchzet Groß und Klein:
»Hier drunter, Mensch, hier muß es
sein!«

Herrmann Mostar, In diesem Sinn Dein Onkel Franz, Dritte Epistel

Die umschwärmte Kontoristin weist die Bemühungen des verliebten Kollegen zurück. »Für ein Abenteuer«, spricht sie, »bin ich mir zu schade.« Abwehrend hebt er beide Hände: »Aber Fräulein Lieblich! Wer spricht denn von einem?«

Trotz und Trost des Abgeblitzten: »Was sie nicht will, daß ich ihr tu, das füg' ich einer andern zu.«

Die junge Dame besucht schon zum dritten Mal den neuen, ledigen, gutaussehenden Arzt. Sie klagt über alle möglichen Beschwerden, aber er kann nicht die Spur eines Leidens entdecken. »Nur ein bißchen blaß sehen Sie aus«, stellt er fest.
Sie strahlt und schöpft Hoffnung: »Dann bitte sagen Sie mir doch einmal etwas, wovon ich rot werde!«

Der Geschichtslehrer berichtet, daß es als ehrenrührig galt, wenn der germanische Jüngling vor seinem zwanzigsten Lebensjahre nähere Beziehungen zu einem Mädchen unterhielt: »Seitdem hat sich ja einiges geändert.« Weibliches Echo: »Gott sei Dank!«

Jetzt aber gehen wir wieder zu weit und finden denn auch, daß unsere Aufklärung der Beleuchtung gewisser Städte gleicht, die erst die Dunkelheit recht sichtbar macht.

Karl Julius Weber,
Demokritos IV, 4 (1832)

Wie Cacus, wenn er Kühe stahl,
sie rückwärts zog in seinen Stall,
so zieht uns Männer Amor noch
beim S. in sein verwünschtes Loch.

Samuel Butler,
Hudibras

Camus, Bischof von Bellay, über die Wollust: »Eine so schwere Sünde, daß zwei Menschen nötig sind, sie zu begehen.«

Redlichkeit

Schlag mich einer flach und breit:
Mächtig ist die Ehrlichkeit.

Ringelnatz,
Streit

Einem Holzhauer, der am Fluß arbeitete, war die Axt ins Wasser gefallen. Er setzte sich nieder und beklagte den Verlust. Da trat Hermes zu ihm, erfuhr den Grund seines Jammers, tauchte und förderte eine goldene Axt zutage. Ob es die verlorene sei, fragte er.
»Nein«, erwiderte der Holzfäller.
Hermes tauchte ein zweites Mal und zeigte eine silberne Axt.

»Das ist sie nicht«, sprach der Mann. Der Gott tauchte ein drittes Mal. Nun brachte er die verlorene Axt, und dankbar empfing sie der Holzfäller. Hermes lobte seine Redlichkeit und schenkte ihm die beiden anderen.
Daheim erzählte der Mann, was ihm widerfahren ist. Da machte sich ein listiger Nachbar auf. Er warf absichtlich seine Axt in den Fluß, und wirklich erschien auch Hermes. Der Gott tauchte und kam mit einer goldenen Axt an die Oberfläche.
»Diese ist es!« rief der Mann am Ufer. Da warf sie Hermes in den Fluß zurück und verschwand.

Äsop,
Fabeln 44, Hermes und der Holzhauer

Im Leipziger Verlag Breitkopf erschienen zwei wissenschaftliche Zeitschriften. Nun war der alte Inhaber gestorben, und die Söhne wollten die Zeitschriften verkaufen. Interessiert an der Übernahme war der Hofrat Arthur Meiner, Inhaber des Verlags Joh. Ambr. Barth.
Meiner besuchte die Brüder von Haase. Über den Kaufpreis wurde nicht gesprochen. Beim Abschied legte der Besucher einen verschlossenen Briefumschlag auf den Tisch und bat, das in ihm enthaltene Angebot zu besprechen.
Die Brüder von Haase hatten auf 100 000,– Mark gehofft. Im Umschlag lag ein Scheck über eine Viertelmillion. Sie liefen dem alten Hofrat nach und nannten die von ihnen erwartete Summe.
Meiner antwortete: »Für Breitkopf und Härtel mögen die Zeitschriften Hunderttausend wert sein. Für Joh. Ambr. Barth sind sie eine Viertelmillion wert, und ich zahle als anständiger Kaufmann den Betrag, den das, was ich erwerbe, wert ist.«

Man sollte immer ehrlich spielen, wenn man die Trümpfe in der Hand hat. (Mrs. Cheveley)

Wilde, Ein idealer Gatte I

Alte Rechtsmaxime: Quilibet praesumitur bonus, donec probetur contrarium. Von jedem ist solange anzunehmen, daß er rechtschaffen sei, bis das Gegenteil bewiesen ist.

V wurde im Mittelalter als U gelesen und ist gleichzeitig das römische Zahlzeichen für fünf. X ist römisch zehn. Wer die beiden Striche des V verlängert, erhält ein X, macht aus fünf zehn oder »ein X für ein U«.

»Unter guten Geschäftsmanieren, mein Sohn«, erklärte ein Vater, »versteht man die Gewohnheit, den Partner stets nur um Beträge zu prellen, die keine Klage rechtfertigen.«

Ein Vater zu seinem Sohn: »Ehrlich währt am längsten! Paß auf: Du stehst im Laden. Ein Mann gibt dir einen nagelneuen Fünfzigmarkschein. Wie du ihn weglegen willst, bemerkst du, daß es zwei aneinanderklebende Noten sind. Was tust du? Sagst du deinem Teilhaber Bescheid oder nicht?«

Jay Gould und Jimmy Fisk, die beiden Direktoren der Erie-Bahn, vergnügten sich in Coney Island. Plötzlich zuckte Gould zusammen: »Der Safe ist offen.«
»Macht nichts«, antwortete Fisk. »Wir sind ja beide hier.«

Valentin Klevermann wirbt vergeblich um die Frau seines Teilhabers. Schließlich bietet er tausend Mark, und diese machen Eindruck.
Am Morgen des vereinbarten Transaktionstages leiht sich Klevermann von seinem Teilhaber, der im Begriffe steht, auf Reisen zu gehen, tausend Mark und verspricht ihm, das Geld am Nachmittag seiner Gattin zurückzugeben.
Tut das auch.
Am Abend kehrt der Teilhaber heim: »Hat Dir der Klevermann tausend Mark gegeben?«
Sie erbleicht, nickt und blättert vor. Zufrieden legt sich der Müde ins Bett, faltet die Hände auf der Brust und entschlummert unter Lobpreisungen des Schicksals, welches ihm den Redlichsten aller Partner schenkte.

Angeklagter auf die Frage, ob er den Einbruch allein ausgeführt habe: »Wo findet man denn heutzutage noch einen Kumpel, der ehrlich ist?«

Der Narr schrieb. »Was machst du?« fragte der Emir von Kandahar.
»Die Namen der Narren schreibe ich auf. Soeben notierte ich deinen; denn du gabst dem türkischen Juwelier Geld, damit er dir Edelsteine besorge. Aber du wirst ihn niemals wiedersehen.«
»Und wenn er mir doch die Steine bringt?«
»Werde ich deinen Namen streichen und seinen einsetzen.«

Über einen Börsenkunden: »Er ist der ehrlichste Mann am Platze: Sieht aus wie ein Gauner und ist auch einer.«

Mensch = Einziges Lebewesen, dem man mehrfach das Fell über die Ohren ziehen kann.

Wahrhaftigkeit

Ein Reporter hielt Konrad Adenauer das Mikrophon vor's Gesicht: »Sie sehen ausgezeichnet aus, Herr Bundeskanzler. Geht es Ihnen so gut?«
Der Kanzler kniff ein Auge zu: »Ich bin eine ehrliche Mensch, und wenn ich jut aussehe, dann jeht es mir auch jut.«

»Egon«, ruft der Magister, »hast du an die Tafel geschrieben: ›Unser Lehrer ist doof?‹ « Der Junge gesteht.
»Gut«, sagt der Pädagoge, Befriedigung im Blick. »Weil du die Wahrheit gesagt hast, will ich milde sein. Du wirst bis morgen . . .«

Bei einem Essen im März 1866 fragte eine Dame den preußischen Ministerpräsidenten lachend: »Ist es wahr, Exzellenz, daß Sie die Österreicher bekriegen und in Sachsen einmarschieren werden?«
Bismarck antwortete: »Unsere Bajonette sind schon geschliffen.«
Die Dame fand den Scherz ausgezeichnet: »Was raten Sie mir? Soll ich auf meinem Gut bei Leipzig bleiben oder nach meiner böhmischen Besitzung übersiedeln?«
Bismarck erwiderte freundlich: »Gehen Sie nicht nach Böhmen! In der Nähe Ihres Schlosses werden wir die Österreicher schlagen. Bleiben Sie in Leipzig! Ihr Gut liegt nicht an der Etappenstraße. Sie bekommen nicht einmal Einquartierung.«
Zwei Monate lang hielt die Gräfin den Politiker für einen charmanten Plauderer. Am 3. Juli geschah Königgrätz.

Ein ausländischer Diplomat über Bismarck: »Hütet Euch vor dem! Der meint, was er sagt.«

Talleyrand sagte stets die Wahrheit und täuschte immer. Metternich log immer und täuschte nie.

Bismarck

»Helft, Brüder, helft! Der Wolf hat schon ein Schaf im Rachen!«
So rief ein junger Hirt, sich eine Lust zu machen.
Als nun das Hirtenvolk herbeigelaufen war,
da rief er: »Geht zur Ruh! Es hat noch nicht Gefahr.
Ich habe nur versucht, ob ihr auch wachsam wäret.«
Als er nun ihre Hilf ein andermal begehret,
wo's keinen Scherz mehr galt und jetzt vom Wolf ein Stück
schon hingewürget war, so blieben sie zurück,
wie sehr er immer schrie. Nun ward der Tor erst inne,
wie albern er getan. Nun kam ihm erst zu Sinne
das Sprichwort, daß man dem, der einmal Lügen übt,
auch wenn er Wahrheit spricht, nicht leicht noch Glauben gibt.

von Nicolay, Der Lügner

Geistlicher in sehr dunklem Beichtstuhl: »Welche Sünde drückt dich nieder, mein Sohn?«
Jüngling, indem er dem Geistlichen die Uhr stiehlt: »Ich stehle, würdiger Herr.«
»So darfst du nicht sagen, mein Sohn! Du mußt sagen: Ich habe gestohlen.«
»Ich habe gestohlen.«
»Was hast du denn gestohlen?«
»Ich habe eine goldene Uhr gestohlen.«
»Wenn ich dich deiner Sünden entbinden soll, mußt du die Uhr zurückgeben, mein Sohn.«
»Ich will Euch die Uhr geben, Ehrwürdiger.«

»Nein, ich verlange sie nicht. Du mußt sie dem zurückgeben, dem du sie entwendet hast.«
»Dem habe ich sie schon angeboten. Aber er will sie nicht.«
»Ist dies auch gewiß wahr?«
»Bei meiner Seligkeit, ehrwürdiger Herr.«
»Wenn es so ist, dann kannst du die Uhr mit gutem Gewissen behalten. Jetzt vernimm von mir die tröstlichen Worte der Absolution ...«

Eine Frau hatte in der Beichte gestanden, daß der Sohn, den ihr Mann aufziehe, nicht sein eigener sei. Der Pfarrer gebot ihr, diese Nachricht demjenigen zu bringen, den sie am meisten angehe.
Als sie nach Hause kam, schrie das Büblein.
»Gehe hinaus!« sprach sie zu ihrem Mann. »Lege den Pelz um und komme wieder herein! Dann wird das Kind erschrecken und stille sein.«
Der Brave tat, wie ihm geheißen, und als er vermummt im Zimmer stand, drohte die Frau mit dem Muslöffel: »Hinaus mit dir, böser Butz! Das Kindlein ist ja schon stille. Es ist nicht dein Kind, du böser Butz!«
Am nächsten Tag ging sie wieder zur Beichte und ließ sich lossprechen.

nach Scherz mit der Wahrheit

Vergil hatte zu Rom ein Denkmal aus Stein. An ihm erprobte man diejenigen, die einen Eid schwuren. Sie mußten die Hand in seinen Mund stecken, und hatte der Betreffende falsch geschworen, biß der Kopf zu.
Nun war dem Kaiser gemeldet worden, die Kaiserin halte es mit einem Ritter. Die Verdächtige leugnete alle Schuld, und der Mißtrauische bestand auf der Probe am Kopfe Vergils.
Als der Hofstaat am Standbild versammelt war, durchbrach ein Narr im bunten Kostüm die Reihen. Er umarmte viele Frauen und auch die Kaiserin und küßte sie. Da brach die hohe Frau in Tränen aus, steckte ihre Hand in den Mund des steinernen Kopfes und schwur: »So wahr kein Mann meinen Leib berührt hat als der Kaiser und jener Unselige, der mich soeben vor aller Welt beleidigte!«
Es geschah ihr kein Leid; denn der Narr war jener Ritter, mit dem sie es trieb.

nach *Johannes Pauli*, Schimpf und Ernst, Die Treue der Kaiserin

Der Blitz schlug in die Hütte eines Zigeuners, und der Pope deutete das Unheil als Strafe für falsche Eide beim Pferdehandel.
Einige Tage später rief das Geschäft den Zigeuner wiederum zum Markt.
»Biete mir vierhundert Groschen für meinen Gaul!« sprach er zu seiner Frau.
»Vierhundert? Ich?« stammelte sein Weib. »Bist du ...?«
»Los!« gebot er, und seine Augen funkelten zornig.
Da sprach sie: »Also gut: Ich biete dir vierhundert Groschen für dieses Pferd.«
»Ich werde mir überlegen, ob ich es dir gebe«, antwortete der Zigeuner. »Es ist schwül heute. Immerhin kann ich beschwören, daß mir bereits vierhundert Groschen geboten wurden.«

Eine massive Bäuerin wollte zwei Rollschinken über die Zollgrenze bringen. Kurz vor der brenzligen Station setzte sie sich darauf.
»Haben Sie etwas zu verzollen?« fragte der Beamte.
»Ja«, sprach die Bäuerin.
»Was?«
»Zwei Schinken!«
»Wo sind sie?«
»Ich sitze drauf.«
Der Beamte knallte die Türe zu.

Nach dem letzten Krieg hatten zwei Frauen aus dem Saarland dank guter Beziehungen in der Pfalz Schuhe erstanden. Im Abteil des Zuges, der sie nach Hause brachte, saß ein Kapuziner. Kurz vor der Grenze überkam die Frauen Angst vor der französischen Zollkontrolle, und sie baten den Hochwürdigen, ihr Einkaufsgut unter seiner Kutte zu bergen.
»Ich will versuchen, Ihnen zu helfen«, sprach der Mönch, »aber lügen werde ich nicht.« Er schob die Kartons unter seine Bank.
»Nein«, sagten die Frauen, als der Beamte sie nach zollpflichtigen Waren fragte. Der Kapuziner aber lächelte: »Was soll ich haben? Die Kutte gehört dem Kloster, und das, was sich unter ihr befindet, den Frauen.«
Der Douanier grinste, grüßte und ging.

Georg ist Klassenletzter geworden. Die Mutter verlangt, daß der Dummkopf seinen Mißerfolg dem in die nächste Großstadt versetzten Vater eigenhändig berichtet.
Am folgenden Samstag wird geschrieben. Zum Schluß bekommt Georg das Blatt zugeschoben. Er schreibt: »Als Letzter grüßt Dich herzlich Dein Schorschi.«

Man sage immer die Wahrheit, aber man sage die Wahrheit nicht immer.

Ein Gaukler saß vor dem Hause eines Bauern und wollte nicht eintreten. Er habe eine üble Gewohnheit, erzählte er; er sage die Wahrheit.
»Das ist eine gute Gewohnheit«, erwiderte der Bauer. Da folgte der Fremde der Einladung.
Man setzte sich, aß und trank, und der Gast bemerkte, daß der Bauer wie seine Frau nur ein Auge besaß und der Katze ein Auge troff.
Da sprach der Bauer: »Nun sage auch mir eine Wahrheit, lieber Geselle!«
Der Gaukler zögerte. Endlich aber gab er den Bitten nach und sagte: »Du, deine Frau und eure Katze, ihr alle habt nur ein Auge.«
Da ergriff der Bauer die Ofengabel und jagte den Fremden aus dem Hause.

nach *Johannes Pauli,* Schimpf und Ernst, Der Gaukler und die Wahrheit

Es ist eine furchtbare Sache für einen Mann, plötzlich zu entdecken, daß er sein ganzes Leben lang nichts anderes als die Wahrheit gesagt hat. (Jack)

Wilde, Bunbury III

Vom Wahrsagen kann man leben, aber nicht vom Wahrheitsagen.

Verfasser unbekannt

Der Scheich von Bahrein erwachte aus einem schweren Traum und ließ den Deuter rufen. Dieser sprach: »Großes Unglück steht Euch bevor, großmächtiger Gebieter. Ihr werdet alle Eure Söhne sterben sehen.«
Der Scheich erschrak, ließ den Wahrsager in Ketten legen und einen anderen holen.
»Großmächtiger Herr und Gebieter«, sprach dieser. »Großes Glück weiß ich Euch zu künden. Ihr werdet alle Eure Söhne überleben.«
Da erfüllte sich das Herz des Besorgten mit Freude, und der weise Mann zog reich beschenkt von dannen.

Mittelalterliches Rätsel: Ein Blinder sieht es. Ein Lahmer fängt es. Ein Tauber hört es, und ein Nackender steckt es in die Tasche? Was ist das?
Eine Lüge.

Das wahrste Wort der Menschensprache heißt: Vielleicht.

Voltaire

Gott gab uns nur einen Mund,
weil zwei Mäuler ungesund.
Mit dem einen Munde schon
schwatzt zuviel der Erdensohn.
Hat er jetzt ein Maul voll Brei,
muß er schweigen unterdessen;
hätte er der Mäuler zwei,
löge er sogar beim Essen.

Heinrich Heine

1934. Der alte Mendel starrt im Eisenbahnabteil auf das Plakat »Ein Deutscher lügt nicht« und murmelt: »Schlechter Prozentsatz!«

»Rauchen Sie?« fragt der Arzt.
»Nein.«
»Trinken Sie?«
»Nein?«
»Frauen?«
»Nicht der Rede wert.«
»Also keinerlei Laster?«
»Doch. Ich lüge.«

Sophistisches Bosselspiel: Epimenides, der Kreter, sagt: »Alle Kreter lügen.« Lügen alle Kreter?

Zwei Juden treffen sich in Lublin auf dem Bahnhof.
»Isidor, wo fährste hin?«
»Nach Warschau, Holz einkaufen.«
»Isidor, warum lügst du? Wenn du sagst, daß du fährst nach Warschau Holz einkaufen, weiß ich, daß du fährst nach Lemberg, Getreide verkaufen. Nun sagst du, daß du fährst nach Warschau Holz einkaufen, und ich weiß, daß du tatsächlich fährst nach Warschau Holz einkaufen. Warum lügst du dauernd?«

In Burlington/Kentucky tagte der Lügnerclub. Prämiiert wurde der Satz: »In diesem Sommer war es bei uns so heiß, daß die Eidechsen auf meiner Farm ins Herdfeuer krochen, um den Schatten der Bratpfanne zu genießen.«

Eine Anzahl Kinder streiten. Ein Spaziergänger im vorgerückten Alter bleibt stehen, erfragt die Ursache der Verwirrung und erfährt, daß man Lügen-Olympiade spielt und den Sieger mit einem Apfel auszeichnen will. »Pfui!« spricht der Würdevolle. »Übt euch im Wahrheitsagen! Als ich so alt war wie ihr, wußte ich noch gar nicht, was eine Lüge ist.«
Die Kinder jubeln: »Her mit dem Appel! Der Olle kriegt ihn.«

Ein Schiffspassagier führte einen Affen bei sich. Als man sich Sunion, dem Vorgebirge Attikas, näherte, erhob sich ein gewaltiger Sturm, und das Schiff zerschellte. Alle Reisenden versuchten, sich durch Schwimmen zu retten, auch der Affe. Da schwamm ein Delphin heran, und weil er den Affen für einen Menschen hielt, lud er ihn ein, auf seinem Rücken Platz zu nehmen. In Piräus angekommen, fragte er ihn, ob er aus Athen stamme. Der Affe bejahte und fügte hinzu, er besäße dort angesehene Eltern. Der Fisch fragte weiter, ob er auch den Piräus kenne, und der Affe erwiderte, dieser sei ein guter Freund von ihm. Da erzürnte der Delphin, tauchte unter und ertränkte den Affen.

Äsop, Der Affe und der Delphin

Der englische Bischof Butler beschloß seinen Gottesdienst mit der Ankündigung, daß er am folgenden Sonntag über die Lüge predigen werde, und forderte die Gemeinde auf, das siebzehnte Kapitel des Evangelisten Markus zu lesen.
Acht Tage später fragte er, wer Markus 17 gelesen habe. Fast alle Anwesenden hoben den rechten Arm.
»Ihr seid die Leute, welchen ich über die Lüge predigen muß«, sprach der Bischof. »Es gibt kein siebzehntes Kapitel Markus.«

Das Karlchen hat keine Lust, in die Schule zu gehen, ruft an und berichtet mit verstellter Stimme: »Mein Sohn ist leider heute krank. Bitte ...«
»Wer ist denn am Apparat?« unterbricht der Lehrer.
»Dumme Frage!« erwidert Karlchen. »Mein Vater natürlich.«

Menasse Katzenkopp schaut gelangweilt aus dem Fenster, und da eben ein Freund vorüberkommt, ruft er zum Spaß hinunter: »Auf dem Marktplatz tanzt ein Lachs.«
Der Informierte dankt, beschleunigt den Schritt, gibt seine Kenntnis weiter, und bald strömt es aus allen Gassen zur Ortsmitte.
Da nimmt Menasse seinen Hut.
»Wo willst du hin?« fragt seine Frau.
»Zum Marktplatz«, spricht Menasse. »Vielleicht tanzt wirklich ein Lachs.«

Ehre

Zur Ameis sprach die Fliege, stolz
gebläht:
»Wie kannst du dich mit mir an Ehre
messen?
Ich schmecke eher als der Gott die
Opfer,
verweile am Altare, flieg' im Tempel,
erwähle mir des Königs Haupt zum
Sitz
und koste schöner Frauen keusche
Brüste.
Ich raste und genieße gute Bissen.«
Die Ameis doch erwiderte der Fliege:
»Ruhmvoll ist es, der Götter Mahl zu
teilen,
doch dem Geladenen, nicht dem
Schmarotzer.
Vom König sprichst du, von der
Frauen Gunst,
und rühmest dich, wo Scham zu
schweigen hieße.
Man jagt dich, schlägt nach dir, wo
man dich sieht,
und sammle ich voll Eifer für den
Winter,
seh' ich um Mauern dich im Miste
weiden.
Du rastest und darum besitzt du
nichts,
und naht der Winter, stirbst du in der
Kälte.
Mich trifft kein Abscheu, keines Zornes
Fluch,
und sinkt die Sonne, wärmt mich volle
Scheuer.

Phädrus, Fabeln IV, Ameise und Fliege

»Unter einem Ehrenmann«, erklärte der Junggeselle Brahms, »stelle ich mir einen Mann vor, der seine Wein- und Spielschulden bezahlt, auch wenn er dadurch zum Heiraten gezwungen wird.«

Ein Lord reiste von seinen Gütern nach London zurück. Er befand sich allein im Wagen; denn seine Dienerschaft war vorausgeritten. Gegen Abend kamen zwei bewaffnete Männer und befahlen dem Postillon zu halten. »Wir bitten tausendmal um Vergebung«, sagte der eine, »daß wir Ihre Reise für einige Augenblicke unterbrechen. Wir brauchen notwendig eine kleine Summe Geldes, die Sie leicht entbehren können, da Sie sehr reich sind. Wir überlassen es aber Ihrer Freigebigkeit, uns eine Summe einzuhändigen, die Ihres vornehmen Ranges würdig ist.«
Der Lord hatte eine Börse mit neugeprägter Kupfermünze bei sich. Diese gab er den Räubern, welche sie uneröffnet und mit herzlichem Danke nahmen und davonritten. In dem Augenblicke aber war es dem Lord leid, das ehrenvolle Vertrauen der Räuber mißbraucht zu haben. Deshalb rief er die Räuber zurück, bat ihnen ab und übergab ihnen seine mit Guineen angefüllte Börse. Die Räuber erhoben seine Gerechtigkeitsliebe bis zum Himmel und versicherten ihm, sie würden seine edelmütige Handlung durch die Zeitung bekanntmachen lassen. Dem Postillon gaben sie eine Guinea, um die Pferde tüchtig anzutreiben, damit der Aufenthalt bald wieder eingebracht würde.

Anekdoten- und Exempelbuch

Ehrenhaftigkeit = Furcht, erwischt zu werden.

Leutnant von Itzenplitz wird an der österreichischen Grenze gebeten, seinen Koffer zu öffnen. Er weigert sich und verweist darauf, daß der Koffer verschnürt sei.
»Nacha schneiden S'n hoid auf«, spricht der Zöllner.
»Denke nicht daran. Jebe Ehrenwort, daß er kein Zollgut enthält!«
»Aufschneiden, zum Donnerwetter! I tu ja a bloß mei Pflicht!«
Itzenplitz lehnt sich zurück: »Hörn Se man jut zu, Mann: Wenn Ihnen ein preußischer Leutnant dat Ehrenwort jibt, dann is det uffjeschnitten, vastanden?«

Ein Handwerker präsentierte einem Adligen seine Forderung und wurde abgewiesen: »Ich habe kein Geld.«
»Aber Sie haben heute ja schon mehrere Rechnungen bezahlt!« wußte der Biedere.
»Das waren Ehrenschulden.«
Der Handwerker warf seine Papiere ins Feuer: »Nun sind es auch Ehrenschulden.«
Da zog der Edelmann seine Börse.

Ehrenerklärung im Berliner »Kleingärtner«: »Ich nehme die gemachten schweren Beleidigungen gegen Frau Tille und Frau Walter mit Bedauern zurück und erkläre dieselben für Ehrenfrauen. Paul Falkenberg, Gartenkolonie Schillerhöhe.«

Johann Nepomuk von Ringseis, der Leibarzt König Ludwigs I. von Bayern, hatte in München einen Patienten operiert, und dieser starb. Georg Friedrich Stromeyer, Chirurg und Orthopäde, ließ sich dazu hinreißen, hörbar zu behaupten: »Das nennt man den trockenen Stich. So sticht man die Leute ab.«
Ringseis beschwerte sich vor der Fakultät, und Stromeyer mußte vor den Studenten seine Äußerung zurücknehmen. Er tat das in dieser Form: »Ich widerrufe hiermit, was ich gesagt habe. So sticht man die Leute nicht ab.«

Ein des Betruges Angeklagter, als ihm der Richter als erschwerend vorhielt, mit Deckadressen gearbeitet zu haben: »Für solche Manipulationen gebe ich meinen ehrlichen Namen nicht her!«

Der Beherrscher von Kau in Afrika, der etwa über zweitausend Seelen gebot, aber sich nicht minder »Sultan« nennen ließ, erkundigte sich bei einem Kaufmann nach dem Wohlbefinden der Sultane von Marokko, Konstantinopel und Indien. »Wir sind gewohnt«, sagte er, »Uns stets nach dem Wohlsein von Unseresgleichen zu erkundigen.« So wurde es Sprichwort in der Barbarei: »Er erkundigt sich nach Seinesgleichen wie der Sultan von Kau.«

Weber, Demokritos IV, 16

Coco Chanel: »Ich bereue nichts im Leben – außer dem, was ich nicht getan habe.«

Das Böse

Kindergebet: »Lieber Gott, mache die bösen Menschen gut und die guten nett!«

Es ist absurd, die Menschen in gute und schlechte einzuteilen. Sie sind entweder charmant oder langweilig. (Lord Darlington)

Wilde,
Lady Windermeres Fächer I

Eine Handlung, für die man Prügel bekommt, ist schlecht. Eine Handlung, für die man gestreichelt wird, ist gut.

Anatole France,
Aphorismen des Hundes Riquet

Die heilige Therese definierte den Teufel: Ein Unglücklicher, der nicht weiß, was lieben heißt.

Wer den Teufel nicht immer auf dem Halse hat, ist nur ein spekulativer Theologe. Ich kenne ihn in- und auswendig, habe mehr als eine Maß Salz mit ihm gegessen, und er ist öfters in mein Bett kommen als meine Katharine.

Luther

Ob es wirklich den Teufel gäbe, fragte ein Bub.
»Unsinn«, erklärte der Spielgefährte. »Das ist wie beim Nikolaus. Den spielt der Vater.«

Sicher sind damals weniger Grenzsteine verrückt und weniger falsche Eide geschworen worden, als man noch an feurige Männer glaubte und ans Teufelholen ... Wenn es je eine fraus pia (frommen Betrug) gab, so war es hier der Fall.

Weber, Demokritos IV, 4

Ein Kind auf die Frage des Lehrers nach dem bösesten Mann des Alten Testamentes: »Moses. Er brach alle zehn Gebote gleichzeitig.«

Kinderaufsatz: »Die Erbsünde haben wir von Adam und Eva. Alle anderen Sünden müssen wir uns selbst erwerben.«

Kinderaufsatz: »Durch die Taufe wird uns die Erbsünde vergeben. Vorausgesetzt, daß wir sie aufrichtig bereuen.«

»Was ist das erste, was wir tun müssen, damit uns unsere Sünden vergeben werden können?« fragt der Lehrer im Religionsunterricht.
Fritzchen weiß es: »Sündigen.«

Mittelalterliche Ortung der sieben Kardinalsünden: Hochmut = Genua, Geiz = Florenz, Üppigkeit = Venedig, Neid = Rom, Zorn = Bologna, Fresserei = Mailand, Faulheit = Neapel.

»Unterlassungssünden«, definierte ein Junge im Religionsunterricht, »sind Sünden, die wir vergessen haben zu begehen.«

An Nervas Tafel wurde über einen Bösewicht vom Hofe Domitians gesprochen. Jeder wußte eine üble Tat zu berichten. Da fragte der Kaiser: »Wie es ihm wohl ergänge, wenn er noch lebte?«
Ein Gast sagte: »Er säße unter uns.«

Zieh nun also in die Welt,
tue beharrlich, was dir gefällt,
werde keiner Gefühle Beute,
meide sorglich arme Leute,
werde kein gelehrter Klauber,
Wissenschaft ist fauler Zauber!
Sei für Rothschild statt für Ranke,
nimm den Main und laß die Panke,
nimm den Butt und laß die Flunder,
Geld ist Glück, und Kunst ist Plunder!
Vorwärts auf der schlechtsten Kragge,
wenn nur unter großer Flagge!
Pred'ge Tugend, pred'ge Sitte,
Millionär ist dann das dritte!
Quäl dich nicht mit »wohlerzogen«,
vorwärts mit den Ellenbogen,
und zeig jedem jeden Falles:
Du bist nichts, und *ich* bin alles!

Fontane,
Ratschlag für meinen Sohn

Du bist ein Gauner, ein Bandit,
ein Lüstling, den's zu Kindern zieht,
der Gott betrügt und alle Welt –
wieso, mein Freund, hast du kein
Geld?

Martial/Mostar, Seltsam

Noel Coward soll eines Tages zwanzig prominenten Londonern anonyme Briefe mit den Worten geschickt haben: »Alles ist entdeckt. Flieh, solange noch Gelegenheit ist!«
Es wird berichtet, daß siebzehn Angeschriebene am nächsten Tag die Stadt mit unbekanntem Ziel verließen.

Das Reserl beichtet gründlich.
»Weißt du, was du bei deinen vielen Sünden verdienen würdest?« fragt die väterliche Stimme.
»Schon«, antwortet das Mädchen. »Aber ich mache mir nichts aus Geld.«

»Es sündigt siebenmal des Tages der
Gerechte«,
sprach auf der Kanzel einst ein Sohn
des Loyola.
»Des Tages siebenmal?« rief eine Alte.
»Ha!
Wo lebt wohl der Gerechte?«

Johann Joachim Ewald, Der Gerechte

Napoleon forderte: »Quand un fait des crasses, il faut qu'elles réussissent.« (Wenn man Dummheiten macht, müssen sie wenigstens gelingen.)

Ein Mann fand eine frosterstarrte
Schlange.
Er hob sie auf und wärmte sie am
Busen.
Sie schlug die Augen auf und biß den
Retter
und züngelte dem Sterbenden ins Ohr:
»Ich bin das Böse. Wer mir dient,
verrecke!«

Phädrus, Fabeln IV,
Die Schlange oder schädliches Mitleid

Ein Mann hielt eine Ziege und einen Esel. Die Ziege neidete dem Esel das gute Futter und sprach zu ihm: »Wie schlimm bist du dran! Bald mußt du in der Mühle arbeiten, bald Lasten tragen! Stürze dich in die Grube da und mache dich arbeitsunfähig!« Der Esel folgte dem arglistigen Rat und konnte nicht mehr stehen und gehen. Da holte der Besitzer der Tiere einen Arzt, und dieser verordnete einen aus Ziegenlunge bereiteten Trank, worauf die Ziege geschlachtet wurde.

Äsop,
Fabeln 149, Die Ziege und der Esel

Ein Esel und ein Fuchs hatten sich angefreundet und gingen auf die Jagd. Da begegnete ihnen ein Löwe. Der Fuchs erkannte die Gefahr, begab sich zu dem Löwen und bot an, ihm den Esel zuzuführen, wenn er selbst ungeschoren bliebe. Der Löwe ging auf das Anerbieten ein. Der Fuchs lockte den Esel herbei und veranlaßte ihn, in eine Falle zu treten. Kaum hatte der Löwe gesehen, daß ihm der Esel sicher war, packte er den Fuchs.

Äsop,
Fabeln 116, Der Esel und der Fuchs

Ein Hirte führte seine Ziegen zum Stall. Eine blieb ein Stück Weges zurück, um noch einige Kräuter zu naschen. Das erboste den Hirten. Er warf einen Stein und zerschmetterte der Säumigen ein Horn. Erschrocken bat er die Ziege, daheim nichts von dem Vorfall zu berichten. Sie antwortete: »Wenn ich auch schweige, so spricht doch mein Horn.«

Äsop,
Fabeln 150, Der Hirt und die Ziege

»Sage mir doch«, fragte die Weide den Dornstrauch, »warum du nach den Kleidern des vorbeigehenden Menschen so begierig bist! Was willst du damit? Was können sie dir helfen?« »Nichts!« sagte der Dornstrauch. »Ich will sie ihm auch nicht nehmen; ich will sie ihm nur zerreißen.«

Lessing,
Fabeln, Der Dornstrauch

Geständnis

Friedrich II. von Preußen inspizierte die Strafanstalt Spandau. Jeden Häftling fragte er nach seinen Vergehen, und alle erklärten sich schuldlos.

Nur einer bezeichnete sich als Lump und gab ein Register seiner Betrügereien. »Pack Er sich!« sprach der König. »Was hat ein schlechter Kerl unter lauter braven Leuten verloren?«
Der Mann wurde entlassen.

Als der Student Heimann 1858 wegen ungebührlicher Streiche vom Polytechnikum das Consilium abeundi erhalten hatte und Karlsruhe verlassen sollte, entschloß er sich zu einer großen Tat an seinen Kumpanen: Er nahm allen ungesühnten studentischen Unfug auf seine Kappe. Unter anderem bekannte er, das südliche Stadttor ausgehoben, auf einen Wagen geladen und zwei Wegstunden von der Stadt entfernt im Walde abgelegt zu haben. Allein.
Der Richter bot dem Geständnisfreudigen an, das Consilium rückgängig zu machen, falls er die Tat wiederholt. Heimann resignierte: Die »Dringende Empfehlung zu verschwinden« habe ihn moralisch so gebrochen, daß er zu jener Leistung nicht mehr fähig sei.

Heinrich IV. von Frankreich fragte nach der Schlacht von Jory die spanischen Unterhändler, ob Philipp II. Liebschaften habe. Die Herren aus Madrid erwiderten, falls der König von Spanien dergleichen pflege, verberge er sie vor der Öffentlichkeit.
Der Schwerenöter stichelte: »Hat er sowenig gute Eigenschaften, daß er seine Fehler nicht zu zeigen wagt?«

»Was ist schlimmer, Mutti«, fragt der Bengel: »Wenn ich mir das Bein breche oder wenn ich mir die Hose zerreiße?«
»Selbstverständlich, wenn du dir das Bein brichst.«
»Dann freue dich! Ich habe nur die Hose zerrissen.«

Der Bub geht zum ersten Mal zur Beichte und bekennt: »Ich habe begehrt meines Nachbarn Weib.«
Dem Pfarrer bleibt das Wort im Hals stecken.
»Jawohl«, fährt der Junge fort. »Sie bäckt bessere Krapfen als meine Mutter.«

Generalbeichte der 87jährigen Marquise de Grolie: »Ich bin jung und schön gewesen, Ehrwürdiger Vater. Alles andere denkt Euch!«

»Dein Name?« fragt der Pater das hübsche Beichtkind.
»Ist keine Sünde.«

Zur Beichte geht Aurella oft,
daß man sie fromm soll zählen.
Doch wer so oft zu beichten hat,
der muß auch oftmals fehlen.

Friedrich von Logau,
Aurella

Ein Bauer erzählt im Beichtstuhl seinen Lebenslauf.

»Ich will nur deine Sünden wissen«, unterbricht der Pater.
»In den Sünden kenne ich mich nicht aus«, erwidert das grauhaarige Beichtkind. »Nehmt, was Ihr brauchen könnt!«

Liber Freind ich mus es dier beriechdn, das disser heulige Badder Zirilus mich ausbeidelt had, das keine Siende nichd mer blaz gehabd had bei mir sontern siend ahle herausgefahlen und ist es jez ganz lär. Er is zuerscht gans schtill dagesiezt und hawe ien plos schnaubfen hören bald er geschnubft had, haber auf einmahl hat er angefahngen mit seinen grosen Barth zu waggeln und mit die Augn zum Kuhgeln das ich gemergt hawe jez bakt er den Deifel an und fozzt ien aber anderst her das ihm die Lufd ausget und fieleicht bleggt er seine hellischen zene und wiel nicht ford, haber der Kabutsiner kehnt keinen Schpas nichd und fozzt ien umeinand in beichdschtuhl das er wimbseld, und der badder Zirilus hat geschwiezd for lauder Arbeid und auf einmahl had es habscheiling gerohchen und fieleicht wahr es der Deifel und ist fort.

Thoma, Jozef Filsers Briefwexel,
An hern Gorbinian Bechler

Heinrich IV. von Frankreich fragte einen Jesuitenpater, ob er das Beichtgeheimnis wahren werde, wenn ihm jemand mitteilte, er habe die Absicht, den König zu ermorden.
»Unbedingt«, antwortete der Geistliche. »Aber ich würde mich zwischen Sie und ihn stellen.«

Die Sünde ist auf dieser Welt
wie roter Mohn im Ährenfeld:
Man jätet ihn als Unkraut aus
und windet ihn zum Blumenstrauß.

Fred Endrikat,
Höchst weltliche Sündenfibel

Auf die Frage, warum sie immer zum Pater Thaddäus beichten ginge, antwortet die Moosbäuerin: »Der fragt eim oiwei nach so schöne Sünden, daß man sich um zwanzg Jahr jünger fühlt.«

Ein altes Stiftsfräulein beichtet eine fleischliche Sünde.
»Aber, meine Tochter«, murmelt der Pater, »wie ist denn ... Ich meine ... In Euerm Alter?«
»Nicht in meinem Alter. Vor fünfzig Jahren. Aber ich habe noch immer Freude, es zu beichten.«

Der Umstand, daß man in Maghrebinien geständige Verbrecher doppelt streng bestrafte, da sie zu ihrer Unverfrorenheit der Vergehung gegen die Gesetze auch noch die Schamlosigkeit hätten, ihre Untat zu bekennen, brachte es dazu, daß die Statistik keines zivilisierten Landes einen so niedrigen Prozentsatz an Zivil- sowohl wie auch an Strafverfahren aufzuweisen hatte wie diejenige meiner sehr großen und ruhmvollen Heimat.

Gregor von Rezzori,
Maghrebinische Geschichten 23

Entschuldigung

Der Abbé Galiani wandelte im Halbdunkel durch die Gänge des Palazzo Reale in Neapel. Eine elegante weibliche Erscheinung begegnete ihm, und der Weltmann konnte es sich nicht versagen, ihrer hinteren Partie einen handgreiflichen Gruß zu übermitteln. Die Dame stand wie angewurzelt. Die Königin.
Galiani sank auf die Knie und sprach: »Wenn Euer Herz, Majestät, so hart ist wie jener unaussprechliche Teil Eures Körpers, den zu berühren ich die unverzeihliche Kühnheit besaß, so bin ich verloren.«

Ein deutscher »Diplomat« des neunzehnten Jahrhunderts trat einem südamerikanischen Attaché auf den Fuß. Er straffte seine Haltung und stellte sich vor.
Der Getretene erwiderte: »Das erklärt, aber entschuldigt nicht.«

Sitzung der internationalen Atomkommission in Wien. Ein langhaxiger Amerikaner tritt seinem russischen Gegenüber ans Schienbein und nickt: »Entschuldigen Sie!«
Der Russe flüstert mit seinem Nachbarn, der Nachbar mit dem hinter ihm stehenden Gehilfen. Der Gehilfe geht zum Telefon. Kehrt nach zehn Minuten zurück, flüstert mit dem vor ihm Sitzenden. Dieser beugt sich zu seinem Nachbarn, und der wendet sich an den Amerikaner: »Bitte!«

Huber Alois springt auf die Trambahn, einem Mitreisenden auf die Zehen, sagt »Öha!« und drängt ins Wageninnere.
»Ja so a Lackl, aso a gscherter«, raunzt der Getretene. Und zum Ankömmling gewandt: »Kannst di net entschuldigen, wannst mi auf d' Füaß steigst?«
Der Gerügte starrt den Ärgerlichen verständnislos an: »Hab i net laut und deutlich ›Öha‹ g'sagt?«

Bremsbichler Alois ist angeklagt wegen Körperverletzung. Den Hergang schildert er folgendermaßen: »Erst is er mir auf d' Füaß aufistiagn, dann hat er mi an ›Pardon‹ gehoasn, und da hoab i eam oane gschmiert.«

Ein Verkehrspolizist hatte eine Dame wegen zu schnellen Fahrens gestoppt. Durch das heruntergelassene Fenster ging der Wortwechsel. Da schaltete sich die Oma vom Rücksitz ein: »Machen Sie sich doch nicht lächerlich, Herr Wachtmeister! Meine Tochter ist nicht schneller gefahren, als sie immer fährt.«

Der Wachtmeister: »Warum hielten Sie nicht, als ich Ihnen das Zeichen gab?«
»Meine Bremsen funktionieren nicht, bitte.«
»Ihren Führerschein!«
»Tut mir leid. Ich habe keinen.«
Die Beifahrerin, Schlimmes fürchtend:

»Glauben Sie ihm bitte kein Wort, Herr Wachtmeister! Er ist total blau.«

Ein Betrunkener lehnt gegen ein Leipziger Schaufenster, in dem nichts als ein Bild von Ulbricht zu sehen ist.
»Den koof ich mir«, lallt er. »Den koof ich mir.« Und immer wieder: »Den koof ich mir.«
Ein uniformierter Arm hakt ihn unter und führt ihn auf das Polizeirevier. Die Frau wird verständigt, kommt und fleht: »Der Mann is blau, sehn Se das ...nn nich? Machen Se doch deswechen ...e Theader! Der kooft jeden Dreck, ...nn der besoffen is.«

Ein Mann sitzt im Kaffee und schreibt einen Brief. Ein Gast vom Nebentisch liest mit.
»Soviel für heute«, schließt der Mann. »Ein Schuft vom Nebentisch schaut mir aufs Blatt.«
Der Nachbar tippt ihm auf die Schulter: »Seien Sie vorsichtig mit Ihren Behauptungen! Kein Wort habe ich gelesen.«

Eine Italienerin, von ihrem Mann in flagranti ertappt: »Reg' dich doch nicht so auf! Ich kenne nicht einmal seinen Namen!«

»Joe«, sagt der Sheriff, »wir haben unten im Hohlweg einen toten Mann gefunden. Hast du ihn umgelegt?«
»Wie groß ist der Mann?«
»Deine Größe.«
»Trägt eine Ledermütze?«
»Ja.«
»Und ein blaues Hemd?«
»Nein. Ein rotes.«
»Dann war ich es nicht.«

Klever Kreisblatt vom 8. 6. 1904: »Ehrenerklärung! Die beleidigende Äußerung, welche ich über Fräulein Anna Munkelbeck gemacht habe, nehme ich zu meinem größten Bedauern zurück.«

Gnadengesuch an König Albert von Sachsen: »Die hohe kgl. Gnadenschatulle wolle gütigst verzeihen. Ich bin mittellos, jedoch sonst unbescholten und völlig unverheiratet. Bitte Ew. Maj. die kleine Freiheitsstrafe beim Amtsgericht Waldheim für mich zu erledigen.«

Gnadengesuch an König Albert von Sachsen: »Mit tränender Feder und meinen am 26. 2. 1898 geborenen schwächlichen Zwillingen falle ich auf die Füße des Landesvaters. Ich am Fuße dieses Allerhöchsten Schreibens ergebenst Unterschriebene wollte recht herzlich bitten, mir meinen Mann im Gnadenwege zu erlassen. Majestät! Ich klopfe Sie an Ihr gutes Herz!«

Benjamin Franklin zu einem Burschen, der sich ungeschickt entschuldigte: »Lassen Sie es gut sein! Wer sich mit

Gewandtheit entschuldigt, beweist, daß er sich schon oft entschuldigen mußte.«

»Die Wiener Frauen sind nicht wert, vom Teufel geholt zu werden«, donnerte Abraham a Santa Clara von der Kanzel.
Die Geschmähten wandten sich an den Erzbischof, und dieser hieß den Augustiner, die Beleidigung zurückzunehmen.
Er tat es am folgenden Sonntag: »Entgegen meiner Behauptung vor acht Tagen stelle ich fest, daß die Wiener Frauen es wert sind, vom Teufel geholt zu werden.«

Der Berichterstatter eines oberbayerischen Lokalblattes schrieb: »Die Hälfte unserer Gemeinderäte sind Rindviecher.«
Ein Sturm der Entrüstung erhob sich, und der Journalist mußte sich entschuldigen: »Die kürzlich an dieser Stelle ausgesprochene Behauptung, die Hälfte unserer Gemeinderäte seien Rindviecher, nehme ich mit dem Ausdruck des Bedauerns zurück. Die Hälfte unserer Gemeinderäte sind keine Rindviecher.«

Die geizige Römerin Domitia rügte Bassus wegen seiner Behauptung, sie verkaufe ihre abgetragenen Schuhe.
»Nie habe ich so etwas gesagt«, verteidigte sich der Schriftsteller. »Ich habe gesagt, daß du abgetragene Schuhe kaufst.«

Richard Brinsley Sheridan, Abgeordneter im Britischen Parlament, wurde aufgefordert, sich bei einem Kollegen, den er einen Lügner genannt hatte, zu entschuldigen. Der Dichter erhob sich und sagte: »Mr. Speaker I said the honourable member was a liar it is true and I am sorry for it.«
Sheridan bat den Kollegen, die Satzzeichen nach eigenem Gutdünken einzufügen.

Aus eine Parlamentsdebatte: »Dieser Minister ist nicht einmal mehr m[illegible] Druckerschwärze reinzuwaschen!«

Jimmy wird vom Richter gefragt, was er zu seiner Verteidigung anzuführen hätte.
»Nichts«, knirschte der Lump. »Die Hunde von der Polizei haben meinen Revolver.«

Wallenstein, der so stolz und hart war, daß er einst sein Kind wollte hängen lassen, weil es der Mutter soviele Schmerzen verursacht habe, ließ den Edelknaben, der ihm einen Schlag auf den Hintern gab, weil er ihn für den Hausmeister angesehen hatte, unter dem Galgen Todesangst ausstehen. Und seine soldatische Leibphrase war: »Die Bestie soll hängen.«
Turenne begnügte sich, bei einem ähnlichen Mißgriff oder Mißschlag, dem Pagen, sich den Hintern reibend, zu sagen: »Aber auch den Koch hättest du nicht so derb schlagen sollen!«

Noch erhabener und schöner handelte Friedrich, als durch die Unvorsichtigkeit eines Pagen die Handschrift der Geschichte des siebenjährigen Krieges verbrannte. Der große Mann sagte zu dem zu seinen Füßen weinenden Jüngling: »Na, so muß ich sie denn noch einmal schreiben.«

Karl Julius Weber,
Demokritos III, 5

Langmut = Großherzigkeit, von Erfahrung gebügelt.

Lincoln erhielt häufig Gnadengesuche verurteilter Soldaten. Immer lagen Befürwortungen Prominenter bei. Einmal aber traf nichts ein als die unbeholfene Bitte eines Grenadiers.
»Hat der Mann keine Freunde?« fragte der Präsident.
»Offenbar nicht«, erwiderte der Adjutant.
Lincoln unterschrieb. »Dann will ich sein Freund sein.«

Der Prinz Conti hatte den Abbé de Voisenon zu Tisch geladen. Der Geistliche vergaß die Einladung. Einige Tage später fiel sie ihm wieder ein. Er eilte zum Fürsten, um Verzeihung zu bitten. Dieser kehrte ihm den Rücken.
»Ich danke Ihnen, Prinz, daß Sie mir vergeben«, sprach der Abbé.
Der Prinz blieb stehen, ohne sich umzublicken: »Was sagen Sie da?«
»Sie haben mir verziehen, Hoheit; denn noch niemals zeigten Sie einem Feind den Rücken.«

Ein Mensch, von Milde angewandelt,
will, daß man Lumpen zart behandelt;
denn: »Überlegt man sich's nur
reiflich,
Spitzbübereien sind begreiflich.«
Den Kerl nur, der ihm selbst einmal
die goldne Uhr samt Kette stahl,
den soll – an Nachsicht nicht denken –
man einsperrn, prügeln, foltern,
henken.

Eugen Roth,
Mensch und Unmensch, Einschränkung

Strafe

Der Wiener Schmierendirektor Scherzer wachte streng über seine Schauspieler. Wer im betrunkenen Zustand angetroffen wurde, hatte vier Flaschen Wein zu zahlen.

Moritz Wiggers, 1850 wegen Beihilfe zur Flucht des Dichters Gottfried Kinkel von einem Rostocker Gericht zu drei Jahren Zuchthaus verurteilt, weigerte sich, die ihm in Dreibergen zugewiesene Schuhmacherarbeit auszuführen. Man ließ ihn daraufhin pietistische Predigten abschreiben.

Ach, wie traurig is det Leben:
Uff den Kreuzberg liecht der Schnee.

Haste keene feste Bleibe,
such se dir in Plötzensee!

Weiß Ferdl berichtete von Dachau: »Stacheldraht, sag i Euch, und Maschinengewehre. Mei! Aber i, wenn will, kimm nei!«

Paul fragt den Wärter: »Warum sind denn hier lauter Eisenstäbe vor die Fenster?«
»Zur Sicherheit, mein Junge.«
Der Zugang schüttelt verständnislos den Kopf: »Wer wird hier schon einbrechen?«

Aus einem Schüleraufsatz »Die Französische Revolution«: »Wer in die Bastille kam, konnte sicher sein, das Licht der Welt nicht mehr zu erblicken.« (L)

»Ich habe Sie nach dem Vater des Mädchens gefragt«, spricht der Heiratswillige zum Vermittler, »und Sie erklärten, er sei nicht mehr am Leben. Nun erfahre ich, daß er sitzt.«
»Ich bitte Sie«, entgegnet der Makler. »Ist das ein Leben?«

Wiederfinden im KZ. Der Erste: »Ich habe vor dem 10. Mai 1941 gesagt, Heß ist verrückt.« Der Zweite: »Ich habe nach dem 10. Mai 1941 gesagt, Heß ist nicht verrückt.«

In einer volksdemokratischen Zelle. Der Erste zum Zweiten: »Warum?«
»Ich war für Popoff. Und du?«
»Gegen Popoff.«
Beide zum Dritten: »Warum?«
»Bin Popoff.«

In einer volksdemokratischen Zelle. Der Erste zum Zweiten: »Warum?«
»Sabotage. Kam fünf Minuten zu spät. Und du?«
»Spionage. Kam fünf Minuten zu früh.«
Beide zum Dritten: »Warum?«
»Kleinbürgerlicher Formalismus. War pünktlich.«

Nach seiner Entlassung aus dem KZ erzählte Werner Finck in der »Insel« am Innsbrucker Platz in Berlin: »Wie ein rohes Ei bin ich behandelt worden. Verpflegung sehr gut, und ein paar Wochen Ruhe haben mir gutgetan.«
Die Künstlerkollegen blickten sich kopfschüttelnd an. Schließlich bemerkte einer: »Der Rosenblum, mein Nachbar, weiß es anders.«
Finck hob die Schultern: »Der ist ja auch wieder drin.«

»Was macht dein Freund August?«
»Sitzt.«
»Warum?«
»Hat zuviel gestanden.«

Aus einem Gnadengesuch an König Albert von Sachsen: »Aus Unverstand und Gesetzesunkenntnis bin ich vom Amtsgericht verurteilt worden.«

Ein Landprediger über den Erfolg seiner Bemühungen, einem liederlichen Weibsbild das Gewissen zu schärfen: »Annemarie N. habe ich dreimal in meiner Studierstube hergenommen. Sie bezeigte zwar viel Scham, aber ich habe dennoch nichts in sie hineinbringen können.«

»Sie haben das Schlußwort, Angeklagter. Können Sie noch irgendein Argument vorbringen, das dem Gericht ein milderes Urteil anrät?«
»Bitte, Herr Richter! Wenn Sie erlauben: Ich bin schon einundzwanzigmal vorbestraft, und es hat nie geholfen.«

Die Katze läßt das Mausen nicht.

Sprichwort

»Und Sie, mein Sohn, warum sind Sie hier?« wendet sich der Anstaltspfarrer an einen bejahrten Gestreiften.
»Jugendliche Unerfahrenheit.«
Der Seelsorger legt die gefalteten Hände etwas fester auf den Bauch: »Aber, aber! Schließlich sind Sie Mitte Sechzig, wenn ich nicht irre.«
»Ich rede von meinem Verteidiger.«

Pitter aus Köln auf die Frage des Richters, ob er vorbestraft sei: »Ech ben doch kein Kend mehr.«

Rache

In einen blanken Glatzkopf stach die
Fliege.
Des Hauptes Eigentümer wollte sie
erschlagen: Sie flog davon; er schlug
sich selbst.
Und lachend sprach das Tierchen:
»Bravo, Meister!
Zur Unbill nun verdientest du den
Hohn.«
Der Kahle doch entgegnete: »Mit mir
versöhne ich mich leicht. Sei unbesorgt!
Es fehlte mir die Absicht, mich zu
kränken.
Ich bin bereit, weit härter mich zu
schlagen,
wenn es vergönnt mir wäre, dich zu
töten,
dich ekle, widerliche Kreatur.«

Phädrus,
Fabeln V, 3,
Der Kahlkopf und die Fliege

Der größte Genuß ist es, sich an einem Feind nach guter Vorbereitung gründlich zu rächen und dann ins Bett zu gehen.

Stalin (nach Trotzki)

Aus einem Schüleraufsatz: »Als Krimhild den Tod ihres Mannes erfährt, ist sie so von Rache erfüllt, daß sie zur Hurie wird.«

Ein Adler und ein Fuchs hatten Freundschaft vereinbart, und sie beschlossen, ihre Wohnungen beieinander zu nehmen. Der Adler baute sein Nest auf einem hohen Baum; der Fuchs warf im Buschwerk darunter Junge. Als dem Adler eines Tages das Futter mangelte, holte er sich die jungen Füchse.
Als der Fuchs sah, was geschehen war, wurde er sehr traurig. Noch mehr aber litt er darunter, daß ihm die Gelegenheit zur Rache fehlte. Er konnte nur tun, was in des Schwachen Macht steht: Dem Räuber aus der Ferne Verwünschungen zurufen.
Bald darauf opferten Hirten auf dem Felde eine Ziege. Da kam der Adler, raubte einen Teil der Beute und trug dabei zugleich glühende Kohlen in sein Nest. Als der Wind sich erhob, schlugen die Flammen empor, und die Adlerjungen stürzten zur Erde, wo sie der Fuchs vor den Augen des Adlers auffraß.

Äsop,
Fabeln 1, Der Adler und der Fuchs

Ein Lumpenkerl warf Steine nach
Äsop.
»Bravo!« rief der und gab ihm eine
Münze
und sprach: »Mehr hab' ich leider
nicht, bedaure,
doch zeig ich dir den Weg, mehr zu
verdienen:
Sieh jenen reichen, mächtigen Mann
dort drüben!
Wirf ihn, und du wirst besseren Lohn
empfangen!«
Der Bursche folgte unseres Dichters
Weisung
und wurde aufgegriffen und gehängt.

Phädrus, Äsop und der Mutwillige

Der Fuchs lud einst den Storch zur
Mahlzeit ein
und setzte ihm in einer flachen
Schüssel,
so daß der Gast sie nicht genießen
konnte,
mit frommen Worten eine Brühe vor.
Als kurz darauf der Fuchs den Storch
besuchte,
fand er das Mahl in Flaschen
aufgetragen,
durch deren Hälse sich der Vogel labte,
indessen sich der Fuchs vergeblich
mühte.

Phädrus, Fuchs und Storch

»Vadder, komm, schnell! Dem Nachbarn seine Kuh, das Mistviech, ist auf unserem Feld!«
»Nit schimpfe, Buebli! Melke!«

Studenten der Universität Lille rächten sich an einem Gastwirt, der sich verächtlich über sie geäußert hatte, dadurch, daß sie sein Lokal bis auf den letzten Platz besetzten und vor einem Glas Bier bis Mitternacht sitzenblieben. Die Polizei war machtlos, da sich die ungebetenen Gäste ruhig verhielten.

Auf dem Sattelplatz von Longchamps trat ein Pferd einen Besucher. Er hieß Hippolyte (Rossetöter) Boucher (Schlächter) und war Pferdemetzger.

Im Münchner Englischen Garten balgen zwei Buben. Ein junges Ehepaar bleibt stehen. Der Mann fordert die Jungen auf, den schönen Rasen zu verlassen. Die Bengel schauen ihn frech an, und einer sagt: »Sie! Des Freilein, wo Sie mitham, hab i gestern mit a'm andren gsehn!«

Der kleine Alfred hat sich über seinen großen Bruder geärgert. Allein fühlt er sich zur Rache nicht mächtig. Er unterbreitet seinem Vater den Vorschlag: »Ich sage jetzt zum Gerhard, er soll zu dir ›Du Ochse‹ sagen, und dann pakken wir ihn gemeinsam.«

Der Psychiater trifft einen alten Kunden auf der Straße.
»Gut geht's« erzählt Letzterer. »Mein Bruder, wissen Sie, für dessen Streiche ich immer büßen mußte, wegen dessen Rüpeleien ich aus den Lokalen geworfen, wegen dessen Amouren ich von den Ehemännern verprügelt wurde, dieser Bruder ist weg.«
»Ausgewandert?«
»Viel besser! Ich« – der Zufriedene legt den Mund ans Ohr des Gespannten – »bin vorige Woche gestorben und habe ihn an meiner Stelle begraben lassen.«

In mehreren kanadischen Zeitungen erschien folgendes Inserat:
»Grollen Sie jemandem? Hassen Sie? Haben Sie kürzlich Nadeln in eine Puppe gestochen, das Bild eines Feindes aufgehängt? Wollen Sie jemandem Ihre Meinung sagen, ohne befürchten zu müssen, daß er Sie auf die Nase schlägt? Dann schreiben Sie mir – je feindseliger, desto besser!
Bedrohen Sie mich! Machen Sie mich lächerlich! Beleidigen Sie mich mit jedem Ihnen geeignet erscheinenden Wort! Ich will der Stellvertreter Ihres Erzfeindes sein. Benutzen Sie den Namen des Gehaßten am Anfang!
Legen Sie einen Dollar bei! Sie erhalten einen persönlichen Antwortbrief, der Ihnen vollkommene Erleichterung gewährt, außerdem Ihre bezahlte Mitgliedskarte in einer der geheimsten Organisationen der Welt. Schreiben Sie an Butch, Nasty Letters Inc., Station E. Box 1191, Buffalo 11, N.Y.«

Diogenes, als man ihm die Nachricht brachte, daß er aus seiner Vaterstadt Sinope verbannt sei: »Und ich verurteile sie, daheim zu bleiben.«

1941. Zwei Wiener Juden haben sich in einen Winkel ihres Stammcafés verkrochen. Sie träumen von der Nachkriegszeit. »Hängen, den Hund!« flüstert der eine.

Der andere erwidert: »Mir würde genügen, wenn ich hier an dem Tisch würde sitzen können und die Zeitung lesen. Dann müßte der Hitler kommen und fragen: ›Gestatten, ist die Zeitung frei?‹, und dann würde ich antworten: ›Für Sie nicht, Herr Hitler!‹«

Voltaire betete: »Lieber Gott, mache meine Feinde recht lächerlich!«

Ein Sachse ist in eine Runde geraten, die sich auf seine Kosten amüsiert. Endlich wird es ihm zu bunt: »Wenn Ihr mir jetzt nochma gechn 's Schienbein träded, mein Schnaps wegsaufd und mid'm Finger in mei Bier ditschd, dann setzch mich weg.«

Aus einer Tragödie: »Ah – Sie sind es, Berkeley! Sie haben meiner alten Mutter das Herz gebrochen. Sie haben mich zum Bettler gemacht. Sie haben meine Tochter verführt und meine Gattin ermordet. Ich sage Ihnen: Gehen Sie nicht zu weit, Berkeley! Gehen Sie nicht zu weit!«

Heinrich VIII. von England beauftragte Bischof Bonner, Franz dem Ersten von Frankreich eine unfreundliche Note zu bringen.
»Die Mission kostet mich den Hals«, sprach der Gesandte.
»Mein Vetter soll es wagen!« drohte der König. »Allen Franzosen hierzulande lege ich den Kopf vor die Füße.«
Bonner erwiderte: »Glauben Eure Majestät, daß einer davon auf meinen Rumpf paßt?«

Ein Dieb begab sich an einen Bienenstand, dessen Eigentümer abwesend war, und entwendete die Waben. Als der Bestohlene zurückkam, blieb er ratlos vor den leeren Stöcken stehen und überlegte, was zu tun sei. Da kehrten auch die Bienen zurück, und als sie ihre Waben nicht mehr fanden, fielen sie über den Bienenvater her. »Nichtswürdige Geschöpfe!« rief dieser. »Den Entwender eurer Waben laßt ihr ungestraft ziehen, mich aber, euern Pfleger, verwundet ihr!«

Äsop,
Fabeln 85, Der Bienenvater

Eine jüdische Frau beschwerte sich beim Rabbi, daß sie sowohl von ihrem Mann wie von ihrem Vater geprügelt werde. Der Gelehrte ließ den Alten kommen und machte ihm Vorhaltungen.
»Mein Schwiegersohn verhaut ständig meine Tochter, Rabbi«, verteidigte sich der Beklagte. »Wie anders soll ich mich rächen, als daß ich seine Frau prügele?«

Zwei Reutlinger Marktfrauen geraten in Streit. Die Titel werden immer deftiger. Da beugt sich eine zur Straße, ergreift einen soeben abgelegten, noch dampfenden Roßapfel und wirft ihn der mit einer runden Verbalinjurie beschäftigten Rivalin zwischen die Kiefer.

Die Gestopfte steht wie gelähmt. Ihr Blick, auf die Feindin geheftet, wird starr.
Dann faßt sie sich, und so gut es die Umstände erlauben, artikuliert sie: »Dees bleibt. Bisch d' Bolizei kommt.«

Ein Mann war über die Tücke eines Fuchses so erzürnt, daß er, als er das Tier gefangen hatte, ein Bündel Werg in Öl tauchte, es dem Fuchs an den Schwanz band und anzündete. In seiner Angst rannte der Fuchs in die Felder des Mannes, die, weil gerade Sommer war, verbrannten.

Äsop, Der Mann und der Fuchs

Die Lehrerin hatte der Berliner Jungenklasse »Die Kraniche des Ibykus« vorgetragen. Sie fragte, was der Vers »Der fromme Sänger wird gerochen« bedeute.
Ein Schüler erklärte: »Ibykussen hat schon 'n paar Tache in Wald jelejen!«

Prügel

Aus einem Brief an die Amtsvormundschaft: »Zwischen uns beiden ist es niemals zu irgendwelchen Intimitäten gekommen. Nur einmal, auf einem Sommerfest, habe ich ihr eine geschmiert, weil sie immer mit anderen Männern kokettiert.«

Madame de Forcalquier bezog von ihrem Mann eine Ohrfeige. Sie beantragte die Scheidung, wurde jedoch abgewiesen, da die Maulschelle nicht bezeugt werden konnte.
Sie ging nach Hause und schlug ihrem Gatten den Fächer ins Gesicht: »Hier, Monsieur, haben Sie Ihre Ohrfeige zurück. Ich kann mit ihr nichts anfangen.«

Jean Marat schrieb, bevor er in die revolutionäre Politik einstieg, über das Licht. Er soll auf dieses Thema durch eine Ohrfeige gestoßen worden sein, die ihm sämtliche Farben vor das Auge zauberte.

Es war ein Bauer mit Holz von Fischbach nach Nürnberg gefahren. Er verkaufte sein Fuder und hielt am »Grünen Baum«, eine Maß Wein zu trinken. Seinen neuen Barchentkittel ließ er auf dem Wagen, und als er wiederkam, war der Kittel fort.
Traurig ging er über den Saumarkt und dann nach der Hallerwiese. Dort sah er einen Kerl in seinem Kittel sitzen. Er hatte ein wenig Stroh daran gesteckt zum Zeichen, daß der Rock verkäuflich wäre.
Da brach der Bauer einen Knüppel und schlug zu. »Daß dir Gott die Pestilenz gäbe!« schrie er. »Mußt du mir vom Wagen gehen?«

Der Dieb jammerte. Leute mischten sich ein und fragten den Bauern, warum er den Mann schlüge.
»Ich schlage den Mann gar nicht«, antwortete der Bauer, »sondern meinen Kittel.« Und wiederum schrie er: »Mußt du mir vom Wagen laufen, du Ungetreuer?«
Da warf der Dieb den Kittel von sich und floh.

nach *Valentin Schumann*,
Nachtbüchlein, Der verlorene Kittel

O wia lusti wirds wern,
wenn die Zeit zuwa kimmt,
wenn oana den andan
ban Oirwaschln nimmt.

Aus dem Böhmerwald

Ein Unbekannter schrieb auf die Tür zum Klassenzimmer eines Lehrers, der es sich nicht abgewöhnen konnte, die Kinder zu schlagen: »Herein ohne zu klopfen!«

Berliner Kampfbericht: »Un wie der Kerl det sacht, da hol' ick aus, und da knallt er mir eene. Ick nich faul, klebt er mir wieder eene. Und denn ham wa jerungen: Mal lag er oben, mal lag ick unten. Den hab ick jemacht!«

Im Wirtshaus »Zum weißblauen Löwen« waren die Maßkrüge geflogen. Der Ortsgendarm hatte untätig dabeigestanden und kam dieserhalb vor die Schranken.
»Herr Gerichtshof«, sprach der Löwenwirt als Zeuge, »dun S' eahm nix! Daß er hat zuschaug'n miassn, is eahm hard gnua okemma!«

Es wundert mich, daß der deutsche Lichtenberg nicht tiefer in den Reichtum unserer Sprache drang, wo Schlag und Schläge wahre Schlagwörter sind, die der Franzose nicht einmal recht aussprechen (er sagt slac), noch weniger vertragen lernt. Der Deutsche schlägt den Feind, und ein plötzlicher Tod ist ihm ein Schlag. Im Rate hat er Anschläge, Vorschläge, und die Kammer verlangt Überschläge. Der Gelehrte schlägt seine Bücher auf; hat er was vergessen, schlägt er nach. Der Listige ist verschlagen; gutgeratene Kinder sind eingeschlagen, mißratene aus der Art geschlagen und gewisse Geschlechter von gutem Schlag. Die Gleichgültigkeit spricht: »Es verschlägt mir nichts«, und der Traurige ist niedergeschlagen. Der Same schlägt Wurzeln, die Bäume schlagen aus, die Arznei schlägt an, der Blitz schlägt ein, das Bier schlägt um. Feuer, Korn und Gras schlagen in die Höhe, das Wasser über den Kopf und Winde und Wellen in Schiff und Segel. Die Tinte schlägt durch, der Frost in die Glieder ...

Karl Julius Weber, Demokritos II, 6

Der Vater stellte ein Gläslein voll Arznei in die Schublade, weil er glaubte, es sei nirgends besser verwahrt. Als aber der Sohn nach Hause kam und die Schublade schnell aufziehen wollte, fiel das Gläschen um und zerbrach. Da gab ihm der Vater eine zornige Ohrfeige und sagte: »Kannst du nicht zuerst schauen, was in der Tischlade ist, ehe du sie auftust?« Der Sohn erwiderte zwar: Nein, das könne niemand. Aber der Vater sagte: »Den Augenblick sei still, oder du bekommst noch eine!«

Merke: Man ist nie geneigter, unrecht zu tun, als wenn man unrecht hat. Recht ist gut beweisen. Aber für das Unrecht braucht man schon Ohrfeigen und Drohungen zum Beweistum.

Hebel,
Der Vater und der Sohn

Todesstrafe

Der Hofnarr hatte den Kalifen von Bagdad beleidigt, und der Herrscher befahl, ihn hinzurichten: »Aber weil wir viele Jahre über Deine Späße lachten, wähle Dir selbst die Todesart!«
»Dank, Herr!« stammelte der Narr. »Laßt mich an Altersschwäche sterben!«

Kathederblüte: »Johann Hus erlitt zu Konstanz die Qualen der Verbrennung, und zwar im Hochsommer 1415, als es ohnehin unerträglich heiß war.«

Im Jahre 1621 wurde eine Frau Fritzsche aus Machern bei Leipzig, als sie sich in gesegneten Umständen befand, von einer Kuh zu Tode gestoßen. Der Ehemann wandte sich an die juristische Fakultät der Universität Leipzig, welche die Kuh des Todes für schuldig befand. Das Urteil wurde vollstreckt.

Delinquent zum Scharfrichter: »Entschuldigen Sie, wenn ich Ihnen nunmehr den Rücken zukehre!«

Den ungeheuersten Witz, der vielleicht, solange die Erde steht, über Menschenlippen gekommen ist, hat im Lauf des letztverflossenen Krieges ein Tambour gemacht, ein Tambour meines Wissens von dem damaligen Regiment von Puttkamer, ein Mensch, zu dem, wie man gleich hören wird, weder die griechische noch römische Geschichte ein Gegenstück liefert. Dieser hatte, nach Zersprengung der preußischen Armee bei Jena, ein Gewehr aufgetrieben, mit welchem er auf seine eigne Hand den Krieg fortsetzte; dergestalt, daß, da er auf der Landstraße alles, was ihm an Franzosen in den Schuß kam, niederstreckte und ausplünderte, er von einem Haufen französischer Gendarmen, die ihn aufspürten, ergriffen, nach der Stadt geschleppt und, wie es ihm zukam, verurteilt ward, erschossen zu werden. Als er den Platz, wo die Exekution vor sich gehen sollte, betreten hatte und wohl sah, daß alles, was er zu seiner Rechtfertigung vorbrachte, vergebens war, bat er sich von dem Obristen, der das Detachement kommandierte, eine Gnade aus; und da der Obrist, inzwischen die Offiziere, die ihn umringten, in gespannter Erwartung zusammentraten, ihn fragte, was er wolle, zog er sich die Hosen ab und sprach: Sie möchten ihn in den ... schießen, damit das Fell kein Loch bekäme. – Wobei man noch die Shakespearsche Eigenschaft bemerken muß, daß der Tambour mit seinem Witz aus seiner Sphäre als Trommelschläger nicht herausging.

Heinrich von Kleist,
Anekdote aus dem letzten Kriege

Maria Stuart wurde auf den Betrieb der Königin Elisabeth abgerichtet.

Galletti

»Citoyen de Martainville!« rief der Präsident des Revolutionstribunals. »Ich heiße Martainville«, antwortete der Verhaftete. »Eures Amtes ist es, mich kürzer zu machen, nicht länger.«

Zwei Snobs besteigen die Guillotine. »Peinlich«, murmelt der eine. »Was gibt man dem Mann?«

»Nichts wirst du spüren, wenn ich dir den Kopf abschlage«, sprach ein chinesischer Scharfrichter zum Verurteilten. Schlug zu und fragte: »Na, hast du was gemerkt?«
»Nein. War was?«
»Freilich. Nicke mal!«

Kaiser Ludwig, der Bayer, ließ im Jahre 1337 den Landfriedensbrecher Diez Schwienburg mit seinen vier Knechten gefangen in München einbringen und zum Schwert verurteilen. Da bat Diez die Richter, sie möchten ihn und seine Knechte an eine Zeil, jeden acht Schuhe voneinander, stellen und mit ihm die Enthauptung anfangen; dann wolle er aufstehen und vor den Knechten vorbeilaufen, und vor so vielen er vorbeigelaufen, denen möchte das Leben begnadigt sein. Als ihm dieses die Richter spottweise gewährt, stellte er seine Knechte, je den liebsten am nächsten zu sich, kniete getrost nieder, und wie sein Haupt abgefallen, stand er alsbald auf, lief vor allen vier Knechten hinaus, fiel alsbald hin und blieb liegen. Die Richter berichteten alles dem Kaiser und erlangten, daß den Knechten das Leben geschenkt wurde.

Brüder Grimm, Diez Schwienburg

Zwei Strolche passieren einen Galgen: »Der Teufel hole diese Gestelle!« »Narr!« entgegnet der andere. »Gäbe es keine Galgen, wäre jedermann ein Räuber, und wir könnten sehen, wo wir bleiben.«

Aus einem britischen Militärbericht: »N. N., wegen Feigheit zum Strang verurteilt, rettete sein Leben, indem er im Gefängnis starb.«

Britischer Henker zu ungebärdigem Kunden: »Es ist nicht genug, daß man gehängt wird, mein Herr. Man muß sich dabei auch zu benehmen wissen.«

Anzeige eines britischen Galgenvogels: »Morgen, den vierten dieses, werde ich gehängt. Ich bitte um die Ehre Ihrer Gegenwart.«

Der Chelmer Schuster hat einen Mord begangen und steht unter dem Galgen. Da ruft einer aus der Menge: »Wie könnt Ihr hängen den Jankel? Er ist unser einziger Schuster. Wer soll uns flicken unsere Schüh?«
Der Richter gebietet, dem Jankel den Strick vom Hals zu nehmen, und denkt nach. Lange. Dann wendet er sich an die Menge: »Ihr habt recht. Wir haben nur einen Schuster. Aber wir haben zwei Schneider. Laßt uns einen Schneider hängen!«

Ein mittelalterlicher Galgenvogel fiel ins Leben zurück, als der Strick riß. Man wollte ihn erneut aufknüpfen; er aber zitierte Psalm 124,7: »Der Strick ist zerrissen, und wir sind frei.«
Man brachte ihn erneut vor den Richter, und dieser entschied zu seinem Gunsten.

Der Ritter Hans von Späth kam mit einem Vetter an einem Galgen vorüber, an welchem drei Gerichtete hingen. Er lachte und lud sie zum Nachtmahl.
Kaum waren am Abend die Speisen aufgetragen, trat der Diener ein, Entsetzen im Blick, und meldete, drei dürre, hohlstimmige Gesellen bäten um Einlaß. Der Wildhans zeigte sich betroffen, zwang sich jedoch zum Gleichmut und gebot, die Besucher abzuweisen und zu bitten, seine Worte vom Nachmittag als Scherz zu nehmen. Der Diener tat, wie ihm geheißen, kehrte aber bald zurück. Am ganzen Körper zitternd, würgte er hervor, die drei Gäste bäten den Herrn Ritter, zu seinem Wort zu stehen; sie müßten, falls er sie abermals abwiese, ihm, um zu ihrem Recht zu gelangen, Unannehmlichkeiten bereiten.
Da lief, wie man so sagt, dem Ritter die Katze den Rücken hinauf.
Die Besucher wurden eingelassen, setzten sich stumm zu Tisch, speisten, erhoben sich nach angemessener Zeit, und der Kleinste dankte für die Bewirtung. Seine Worte röchelten wie aus einer klaffenden Halswunde hervor, als er hinzufügte: »Verspotte künftighin keine armen Menschen mehr, die zeitliches Verschulden zeitlich gesühnt haben und auf Gottes Barmherzigkeit und seine ewige Freude hoffen!«
Dann verneigten sie sich, schritten die Stiege hinunter und ins Dunkel der Nacht hinaus.

nach der Zimmerschen Chronik

Als man in Frankreich wieder einmal erfolglos über die Abschaffung der Todesstrafe debattierte, schlug Alphonse Allais vor:
Wenn der Kopf des Delinquenten auf dem Block liegt, soll ein Uniformierter aufs Gerüst stürzen und einen Begnadigungsbescheid des Präsidenten verlesen. Nach dem letzten Satz soll das Fallbeil ausgelöst werden. Man habe dann die Gewähr, fügte Allais hinzu, daß der Verurteilte, der möglicherweise unschuldig ist, im Zustand größter Freude stirbt.

XII. Kapitel

Recht
Gesetz
Jurist
Gericht
Urteilsfindung
Urteil

Recht

Königin Viktoria fiel einem Minister ins Wort: »Man hat mich gelehrt, Exzellenz, was recht und unrecht ist. Das Wort ›vorteilhaft‹, das Sie soeben gebrauchten, will ich nicht mehr hören.«

Ein Geschädigter bat den Anwalt Lincoln um Mandatsübernahme. Der Mann war im Recht, aber die Durchsetzung seiner Forderung auf sechshundert Dollar hätte eine arme Witwe mit fünf Kindern ruiniert.
Lincoln lehnte ab: »Was rechtens ist, braucht nicht unbedingt auch recht zu sein. Sie sind jung. Sie sind klug. Sie haben Energie. Gebrauchen Sie Ihre beiden gesunden Hände, und verdienen Sie sich die sechshundert Dollar!«

Der Jüngling Euathlos ließ sich von Protagoras in der Rechtsgelehrsamkeit unterrichten. Er zahlte das halbe vereinbarte Honorar und versprach, die andere Hälfte nach dem ersten gewonnenen Prozeß zu zahlen.
Euathlos nahm seinen Beruf nicht auf, zahlte also auch die zweite Honorarhälfte nicht.
Protagoras klagte und triumphierte: Verliert er, muß er laut Rechtsentscheid zahlen, gewinnt er, laut Lehrvertrag.
Euathlos lachte: Gewinne ich, entbindet mich der Rechtsentscheid von der Zahlungspflicht, verliere ich, entfällt die Zahlungspflicht laut Lehrvertrag.
Protagoras und Euathlos sind tot seit 2400 Jahren. Der Prozeß ist noch nicht entschieden.

»Schenk mir an Gülden, Mordche!«
»Ich schenk Dir an Gülden. Aber nur, wenn Du mir de Wahrheit sagst, ob ich Dir werd schenken an Gülden oder nich.«
»Ich werd Dir sagen die Wahrheit: Du werst mer den Gülden nich schenken.«
»Ein Esel biste, Schmul. Ich werd Dir den Gülden nich schenken. Is es de Wahrheit, was De hast gesprochen, dann is es de Wahrheit, und Du kriegst den Gülden nich. Is es nich de Wahrheit, was De hast gesprochen, dann is es nicht de Wahrheit, und Du kriegst den Gülden auch nich.«
»Auf jeden Fall werd ich kriegen den Gülden, Mordche; denn hab ich de Wahrheit gesagt, dann hab ich de Wahrheit gesagt, und ich krieg den Gülden. Und hab ich nich gesagt de Wahrheit, dann hab ich nich gesagt de Wahrheit, und Du werst mer schenken den Gülden.«

Demosthenes erzählte: »Ein Jüngling aus Megara mietete einen Esel. Mittags wurde gerastet, und beide Männer, der Jüngling und der Treiber, suchten den Schatten des Esels. Sie gerieten in Streit. Der Jüngling behauptete, der Schatten gebühre ihm; denn er habe den Esel bezahlt. Der Treiber meinte, er habe zwar den Esel, nicht aber dessen Schatten vermietet.

Wessen Ansicht richtig war, haben die Gelehrten noch nicht entschieden.«

Ein talmudgelehrter Jude studierte die Orestie: Warum wollen die Erinnyen den Orest hargenen (morden)?
Orest hat geharget seine Mutter Klytämnestra, also haben die Erinnyen recht.
Aber hat nicht Klytämnestra geharget den Vater, Agamemnon? Also hatte Orest recht, als er geharget seine Mutter, und die Erinnyen haben unrecht, zu hargenen den Orest.
Nein. Agamemnon hat geharget seine Tochter, die Iphigenie. Also hatte Klytämnestra recht, Orest unrecht und die Erinnyen wiederum recht.
So ist es: Iphigenie wurde gar nicht geharget von ihrem Vater Agamemnon, sondern lebte weiter in Tauris. Also hatte Klytämnestra unrecht, den Agamemnon zu hargenen, Orest hatte recht, die Klytämnestra zu hargenen, und die Erinnyen sind nicht berechtigt, zu hargenen den Orest.

Der ist überall willkommen,
darf zur sprödsten Schönen kommen.
Die kann durch ein leises Drücken
zarte Liebe hoch beglücken.
Das zu finden ist oft schwer;
mancher trifft's von ungefähr.

Schleiermacher, Rätsel (Rechte)

Wer es hat, dem wird's oft nicht.
Wer's behält, der hat's oft nicht.
Sein »zu spät« erträgt man nicht.
Man gewinnt's nur, wenn man's
spricht.

Hans Pfitzner,
Rätsel (Recht)

Ein Fürst wohnte einer Gerichtsverhandlung bei. »Sie haben recht«, sprach er zur klagenden Partei, nachdem sie ihre Sache vorgetragen hatte.
Die Beklagten verteidigten sich. Der Fürst bemerkte: »Das ist einleuchtend, was Sie sagen.«
Der Richter bat: »Untertänigst um Vergebung, Durchlaucht! Beide Seiten können nicht rechthaben.«
Der Fürst erwiderte: »Das stimmt, ja.«

Eine sehr schöne Dame zur Zeit Heinrichs IV. hatte einen Rechtshandel in Paris und kam, ihn selbst zu betreiben. »Was will sie hier?« fragte der gegnerische Anwalt. »Ihr Recht steht auf schwachen Füßen.«
Ihr Verteidiger entgegnete: »Sie trägt es auf der herrlichen Wölbung ihres Busens wie Cäsar das seinige auf der Spitze des Schwertes.«

Mein alter Rechtslehrer, der ganz ernsthaft die Frage untersuchen mochte, ob Lazarus sein Testament, wenn er eines gemacht hätte, bei seiner Wiedererweckung hätte umstoßen können, demonstrierte einst den Vorzug des positiven Rechtes vor dem Naturrecht. »Hier«, sagt er, »hält jeder seine Meinung für die richtige, dorten aber nehme ich mein corpus juris (er nahm es und küßte es) und halte es ihm unter die Nase: Hier steht's, hier! Kratz es raus! He, hehe!«

Karl Julius Weber,
Demokritos XI, 2

»Er hat«, erzählte Lincoln von einem Kampfgenossen, »die strengsten Vorstellungen von Gerechtigkeit, die mir jemals begegnet sind. Er würde einen Mann hängen lassen, der ihm auf der Straße auf die Nase schlägt, aber er würde ihn freisprechen, wenn nicht zu ermitteln wäre, mit welcher Hand er zuschlug.«

Gesetz

Ein Nachdenklicher: »Rund 35 Millionen Gesetze gibt es auf der Welt. Um zehn Geboten Geltung zu verschaffen.«

Die zehn Gebote sind deshalb so kurz und verständlich, weil sie ohne Mitwirkung einer Sachverständigenkommission entstanden sind.

Charles de Gaulle

Ein Abgeordneter vor dem amerikanischen Kongreß: »Das Vaterunser besteht aus 56 Wörtern. Die zehn Gebote enthalten 297 Wörter. Die Unabhängigkeitserklärung setzt sich aus 300 Wörtern zusammen und die kürzlich erlassene Verordnung über die Kohlenpreise aus 26 911.«

Norddeutsche »Verordnung über den Verkehr mit Kuhmilch« vom Herbst 1930: »Auf Grund des Gesetzes über den Verkehr mit Lebensmitteln und Bedarfsgegenständen vom 5. Juli 1927 (Reichsgesetzblatt S. 134) in Verbindung mit den §§ 6, 12 und 13 der Verordnung über die Polizeiverwaltung in den neuerworbenen Landesteilen vom 20. September 1867 (GSS. 1529) und den §§ 137–139 des Gesetzes über die allgemeine Landesverwaltung vom 30. Juli 1883 (GSS. 195) sowie auf Grund der Verordnung über Vermögensstrafen und Bußen vom 6. Februar 1924 (RGBl. S. 44) wird vorbehaltlich der Zustimmung des Bezirksausschusses meine Polizeiverordnung betreffend die Regelung des Verkehrs mit Kuhmilch (Amtsblatt S. 151) wie folgt geändert: Artikel 5 erhält folgende Fassung: »Über den Zeitpunkt des Inkrafttretens dieser Polizeiverordnung wird noch Bestimmung getroffen.«

Leges in schola virgines, in foro meretrices. Gesetze sind Jungfrauen in der Schule, Huren im Gericht.

Sprichwort

Den spanischen Tänzerinnen des 18. Jahrhunderts war untersagt, das Unterkleid sehen zu lassen. Einer temperamentvollen Schönen in Salamanca spielte der Rock einen Streich, und die Sittenrichter baten zur Kasse.
Ihren nächsten Auftritt absolvierte sie ohne Dessous. Sie wurde vor ein Gericht zitiert und freigesprochen.

Nasreddin Hodscha bekam unerwarteten Besuch: Der Polizeichef von Akschehr.
»Hauche mich an!« brüllte der Gewaltige. Hodscha tat es.
»Wein!« triumphierte der Wali. »Du hast gegen Allahs Gebot verstoßen. Komm mit!«
»Was habe ich getan?«
»Wein getrunken, Lump!«
»Keineswegs, großmächtiger Wali!«
»Und woher kommt der Dunst in Deinem unverschämten Rachen, he?«
»Ich habe Wein gegessen, Wali. Verboten ist nur, ihn zu trinken.«
Der Polizeichef zwirbelte seinen Bart. Hodscha holte Brot, entnahm ihm etwas Substanz, formte einen kleinen Becher, goß ihn voll Wein und aß das ganze.
Die Tür hinter sich zuschlagend, verschwand der Wali.

Mulay-Hafid, Exsultan von Marokko, spielt Bakkarat und gewann.
Ein englischer Journalist fragte: »Untersagt der Koran nicht, das Geld zu nehmen?«
Der Statthalter des Propheten wandte sich an einen neben ihm sitzenden französischen Richter.
»Wenn du ehrlich gespielt hast«, sprach der Franzose, »dann darfst du dem Gesetz des Korans zufolge das Geld nicht annehmen; denn es ist Hasardgewinn. Solltest du aber gemogelt haben, dann verdankst du es eigener Tüchtigkeit und darfst es behalten.«
Mulay-Hafid behielt das Geld.

»Ein Großmogul«, erklärt der Vater auf entsprechende Anfrage des Sohnes, »ist, wie der Name sagt, ein Mann, der durch Mogeln groß geworden ist.«

Ein Bauer hatte bestimmt, daß nach seinem Tode das beste Pferd aus dem Stall verkauft und der Erlös den Armen gegeben werde. Er starb, und die Witwe brachte das beste Pferd auf den Markt.
Sie bot es für drei Kreuzer an, verlangte aber, daß der Sattel im Wert von 50 Gulden mitgekauft werde. Kopfschüttelnd zahlte ein Käufer den – im ganzen – günstigen Preis.
Befriedigt kehrte die Witwe nach Hause zurück. Und spendete drei Kreuzer für die Armen.

Eine jüdische Frau bemüht sich um Ehescheidung und geht zum Rabbiner. Sie muß Geld verdienen; der Mann faulenzt, nimmt ihr das Einkommen ab und prügelt.
Der Rabbiner studiert die einschlägigen Folianten. »Gute Frau«, sagt er schließlich, »ich kann Euch nicht zur Scheidung verhelfen. Es steht geschrie-

ben, daß der Mann der Frau gebe, was er verdient. Er verdient Prügel, und die gibt er Euch.«

»Im Talmud steht geschrieben, Rabbi, daß wir nicht in einer Stadt wohnen dürfen, wo kein Arzt ist. Ist der miserable Feldscher, den wir haben, ein Arzt?«
»Natürlich nicht. Aber die Leute glauben es, also dürfen sie hier wohnen.«
»Aber er selbst weiß doch, daß er kein Arzt ist. Darf er denn hier wohnen?«
»Auch er darf es. Wenn sich die Leute auf ihre Meinung stützen, warum sollte er sich nicht auf die Meinung der Leute stützen dürfen?«

In einer Großfirma wurde der Rationalisierungshebel auf den Bleistiftverbrauch angesetzt. Jeder Angestellte erhielt einen Bleistift und war gehalten, vor Empfang eines neuen den auf zwei Zentimeter abgeschriebenen Stummel des bisherigen abzuliefern.
Die Werbeabteilung protestierte. Vergebens. Da wurde ein nagelneuer Bleistift in sechs kleine Teile zersägt. Die Teile wurden angespitzt und als Stummel gegen sechs neue Bleistifte eingetauscht. Die sechs neuen Bleistifte wurden in je sechs Teile zersägt. Die Teile wurden angespitzt und gegen sechsunddreißig neue Bleistifte eingetauscht.

Pio Baroja, Besitzer einer Madrider Großbäckerei, führte in Spanien die elektrische Teigknetmaschine ein. Vorher knetete ein Esel über ein Göpelwerk.
Als Baroja bei der Stadtverwaltung den Plan für eine Betriebserweiterung vorlegte, wurde der vorgeschriebene Stall vermißt. Der Unternehmer erklärte, daß der Stall nicht mehr gebraucht werde.
»Gebraucht oder nicht gebraucht«, entschied die Obrigkeit. »Er ist vorgeschrieben und wird gebaut. Stellen Sie, wenn Sie keinen Esel mehr beschäftigen, die Maschine hinein!«

An einem Frühlingsmorgen 1794 ging Katharina II. mit Sofia de Witt, der späteren Gräfin Potocka, im Petersburger Sommergarten spazieren. Eine vorwitzige Blume gefiel den Damen, und die Zarin beorderte einen Posten daneben, damit sie nicht zertreten werde.
1859 bemerkte Alexander II. mitten auf der Wiese einen Soldaten Wache schieben. Niemand konnte Auskunft geben, warum der Mann dort steht. Bis einem uralten Gärtner der Grund dämmerte.
Da wurde der Posten eingezogen.

Ein H . . . r Stadtsoldat hatte vor nicht gar langer Zeit, ohne Erlaubnis seines Offiziers, die Stadtwache verlassen. Nach einem uralten Gesetz steht auf ein Verbrechen dieser Art, das sonst, der Streifereien des Adels wegen, von großer Wichtigkeit war, eigentlich der Tod. Gleichwohl, ohne das Gesetz mit bestimmten Worten aufzuheben, ist davon seit vielen hundert Jahren kein Gebrauch mehr gemacht worden: Dergestalt, daß, statt auf die Todesstrafe zu erkennen, derjenige, der sich dessen schuldig macht, nach einem feststehenden Gebrauch, zu einer bloßen Geldstrafe, die er an die Stadtkasse zu erlegen hat, verurteilt wird. Der besagte Kerl aber, der keine Lust haben mochte, das Geld zu entrichten, erklärte zur großen Bestürzung des Magistrats: Daß er, weil es ihm einmal zukomme, dem Gesetz gemäß sterben wolle. Der Magistrat, der ein Mißverständnis vermutete, schickte einen Deputierten an den Kerl ab und ließ ihm bedeuten, um wieviel vorteilhafter es für ihn wäre, einige Gulden Geld zu erlegen, als arkebusiert zu werden. Doch der Kerl blieb dabei, daß er seines Lebens müde sei und daß er sterben wolle: Dergestalt, daß dem Magistrat, der kein Blut vergießen wollte, nichts übrigblieb, als dem Schelm die Geldstrafe zu erlassen, und noch froh war, als er erklärte, daß er bei so bewandten Umständen am Leben bleiben wolle.

Heinrich von Kleist,
Der verlegene Magistrat

In einer Stadt Altgriechenlands soll es üblich gewesen sein, daß derjenige, der ein neues Gesetz einbringen wollte, sich mit einem Strick um den Hals vor der Volksversammlung auf einen Tisch stellen mußte. Er begründete die Notwendigkeit des Gesetzes. Fand es Beifall, wurde der Strick weggenommen, fiel es durch, der Tisch.

Aus einer Reichstagsrede 1932: »Die beiden Vorlagen, meine Damen und Herren, ähneln einander wie ein Ei des Kolumbus dem anderen.«

Jurist

Aus einem Bewerbungsschreiben: »Zwei Jahre war ich an der Front. Dann ermöglichte mir eine Hirnverletzung das Studium der Jurisprudenz.«

Eine Leuchte der Jurisprudenz am Münchner Oberlandesgericht wollte heiraten. Er kaufte zwei Dutzend neue Hemden, bestellte einen Trödler zur Übernahme von zwei Dutzend alten und bastelte einen Kaufvertrag mit allen Haken und Ösen. Als das Papier unterschrieben war, händigte er dem Trödler die neuen Hemden aus.
Am nächsten Tag bemerkte er seinen Irrtum. Der Trödler lehnte vertragsgemäß »Einrede wegen Mangels, Irrtums etc.« ab.

Ludwig Thoma über einen Stuttgarter Staatsanwalt: »Einer von den Kerlen, die Christi Kreuzigung für richtig halten, weil ihn der Kollege Pilatus rechtskräftig verurteilte.«

Rechtsanwalt = Eine Person, die das Eigentum eines anderen vor Feinden schützt, um es selbst zu gewinnen.

Ein Klient wunderte sich über die Herzlichkeit, mit der sein Anwalt nach bissiger Verhandlung den gegnerischen begrüßte. Sein als Zeuge anwesender Freund erklärte: »Sie gleichen den Scheren. Die Schenkel scheinen sich zu verletzen, wenn sie sich aufeinander zubewegen. In Wirklichkeit erleidet nur Schaden, was zwischen sie gerät.«

Zwei spanische Bürger feierten den Abend mit einem Spaziergang vor die Stadt. Ein Kuckuck rief.
»Er hat für Euch angeschlagen«, sprach der eine.
»Nein für Euch, Gevatter«, entgegnete der andere.
Sie gerieten in Streit und traten vor den Richter.
Der ließ sich honorieren und sprach: »Für mich, meine Herren!«

Ein Metzger kam zum Anwalt: »Kann ich den Besitzer eines Hundes, der aus meinem Laden Fleisch gestohlen hat, haftbar machen?«
»Gewiß.«
»Sehr schön. Ich bitte um zehn Mark. Es war Ihr Hund.«
Der Jurist zückte einen blauen Schein. »Und nun«, sprach er, »legen Sie einen gleichen Schein dazu; denn zwanzig Mark kostet die Beratung.«

Ein Anwalt zum Klienten: »Schildern Sie mir Ihren Fall klar, logisch und chronologisch! Vor Gericht bringe ich ihn dann selbst durcheinander.«

Rechtsanwalt im Prozeß: »Im Vergleich zur Beweisführung meines Gegners ist der Mäander ein Lineal.«

Ein Anwalt hatte seinem Mandanten mit einem wagehalsigen Plädoyer zum Freispruch verholfen.
»Hinreißend, Ihre Überzeugungskraft!« lobte eine Verehrerin.
Der Jurist dankte erschöpft: »Sie hätten meine Überzeugungskraft erleben müssen, wenn ich die Anklage vertreten hätte!«

Hektor: Wer ist dieser Fremde?
Demokos: Dieser Fremde ist der größte lebende Sachverständige für Fragen des Völkerrechts. Ein glücklicher Zufall fügt es, daß er heute auf der Durchreise in Troja ist. Kein parteiischer Zeuge also. Er ist ein Neutraler. Unser Senat schließt sich seinem Urteil an, das morgen alle Völker teilen werden.
Hektor: Und was für ein Urteil ist das?
Busiris: Mein Urteil, Fürsten, nach Aufnahme des Lokalaugenscheins und anschließender Zeugeneinvernahme, lautet: Die Griechen haben sich den Trojanern gegenüber eines dreifachen Verstoßes gegen die Vorschriften des Völkerrechts schuldig gemacht. Ihnen die Landung zu gestatten, hieße, den

Rechtstitel des Beleidigten aufgeben, der ihnen in dem Konflikt die Sympathien der ganzen Welt garantiert.
Hektor: Erkläre dich näher!
Busiris: Zum ersten haben sie ihre Flagge an der Vorbramstenge und nicht an der Oberbramstenge gehißt. Ein Kriegsschiff, Fürsten und liebe Kollegen, hißt seinen Wimpel an der Vorbramstenge nur als Erwiderung auf den Gruß eines Rindertransportschiffes. Angesichts einer Stadt und ihrer Bevölkerung ist es also die Beleidigung an sich. Übrigens gibt es einen Präzedenzfall. Im vorigen Jahre haben die Griechen bei der Einfahrt in den Hafen von Orphea ihre Flagge an der Vorbramstenge gehißt. Die Entgegnung war schlagend. Orphea hat den Krieg erklärt.
Hektor: Und was ist geschehen?
Busiris: Orphea wurde besiegt. Es gibt kein Orphea und keine Orpheer mehr.
Hekuba: Ausgezeichnet.
Busiris: Die Vernichtung eines Volkes beeinträchtigt in keiner Weise seine internationale moralische Position.
Hektor: Weiter!
Busiris: Zum zweiten hat die griechische Flotte bei der Einfahrt in eure Gewässer die sogenannte Frontalformation eingenommen. Auf unserem letzten Kongreß wurde beantragt, diese Formation in den Paragraphen der sogenannten Defensiv-Offensiv-Maßnahmen aufzunehmen. Es ist mir gelungen, durchzusetzen, daß man ihr den wahren Rang einer Offensiv-Defensiv-Maßnahme zuerkannte. So ist sie denn rundweg eine verschleierte Form der Seefront, die selbst wieder eine verschleierte Form der Blockade ist. Das heißt: Sie stellt einen Verstoß erster Ordnung dar. Auch hier haben wir einen Präzedenzfall. Vor fünf Jahren haben die griechischen Schiffe die Frontalformation eingenommen, als sie vor Magnesia ankerten. Magnesia hat in der gleichen Stunde den Krieg erklärt.
Hektor: Hat es ihn gewonnen?
Busiris: Verloren. Von seinen Mauern steht kein Stein mehr. Mein Paragraph aber besteht.
Hekuba: Ich gratuliere. Es bangte uns schon.
Hektor: Zum Ende.
Busiris: Der dritte Verstoß ist weniger belastend. Einer der griechischen Dreiruderer ist ohne Erlaubnis und heimtückischerweise gelandet. Sein Kommandant Ajax, der gewalttätigste und liederlichste der Griechen, kommt unter Skandal und Provokation gegen die Stadt herauf und schreit, daß er Paris töten will. Vom völkerrechtlichen Standpunkt aus dürfte dieser Verstoß übersehen werden; denn es ist ein Verstoß, der nicht in den vorgeschriebenen Formen begangen wurde.
Demokos: Nun bist du im Bilde. Es gibt zwei Wege: Die Beleidigung einstecken oder sie zurückgeben. Wähle!
Hektor: Onea, laufe Ajax entgegen! Sorge dafür, daß er hierherkommt!
Paris: Ich erwarte ihn.
Hektor: Du wirst so gut sein, im Palast zu bleiben, bis ich dich rufe. Was dich angeht, Busiris, wisse: Unsere Stadt versteht sich mitnichten zu der Ansicht, daß sie von den Griechen beleidigt wurde.
Busiris: Das überrascht mich nicht. Ihr makelloser Stolz ist ja legendär.
Hektor: Du wirst also, und zwar sofort, ein Gutachten abgeben, welches unseren Senat zu der Erklärung ermächtigt, daß von seiten unserer Besucher kein Verstoß geschehen ist, sondern daß wir makellose Hermeline sie

mit allen Ehren als unsere Gäste empfangen können.
Demokos: Was sind das für Witze?
Busiris: Dies entspricht nicht den Tatsachen, Hektor.
Hektor: Mein lieber Busiris! Wir wissen hier alle, daß die Rechtslehre die stärkste Schule der Phantasie ist. Nie hat ein Dichter die Natur so frei ausgelegt wie ein Jurist die Wirklichkeit.
Busiris: Der Senat hat ein Gutachten von mir verlangt. Ich habe es gegeben.
Hektor: Und ich, ich verlange von dir eine Auslegung. Das ist noch juristischer.
Busiris: Sie geht gegen mein Gewissen.
Hektor: Dein Gewissen hat Orphea untergehen sehen, hat Magnesia untergehen sehen, und es sieht jetzt leichten Herzens dem Untergang Trojas entgegen?
Hekuba: Ja. Er ist aus Syrakus.
Hektor: Ich flehe dich an, Busiris. Es geht um das Leben zweier Völker. Hilf uns!
Busiris: Ich kann euch nur eine Hilfe bieten: Die Wahrheit.
Hektor: Das ist es ja. Finde eine Wahrheit, die uns rettet! Wenn das Recht den Unschuldigen nicht zum Harnisch dient, wozu dient es denn? Schmiede uns eine Wahrheit! Übrigens ist die Sache sehr einfach. Wenn du diese Wahrheit nicht findest, behalten wir dich hier, solange der Krieg dauert.
Busiris: Wie?
Demokos: Du mißbrauchst deine Stellung, Hektor!
Hekuba: Im Kriege wird das Recht eingesperrt. Da wird man doch auch noch einen Juristen einsperren dürfen.
Hektor: Laß es dir gesagt sein, Busiris! Meine Drohungen oder meine Versprechungen habe ich noch immer gehalten. Entweder werden diese Wachen dich auf Jahre ins Gefängnis abführen oder du reisest noch heute abend ab, die Taschen voll Gold. Nun weißt du Bescheid. Unterziehe die Frage aufs neue deiner überaus unparteiischen Expertise!
Busiris: Es gibt allerdings Rechtsmittel.
Hektor: Ich hab's ja gewußt.
Busiris: Was den ersten Verstoß betrifft: Könnte man nicht zum Beispiel in gewissen Meeren, die von fruchtbaren Gebieten eingefaßt sind, die Begrüßung des Rindertransportschiffes als Ehrenbezeigung der Seemacht vor der Landwirtschaft deuten?
Hektor: Das ist in der Tat logisch. Es wäre, mit einem Wort, der Gruß des Meeres an die Erde.
Busiris: Wobei noch zu berücksichtigen ist, daß eine Ladung von Rindern auch eine Ladung von Stieren sein kann. In diesem Falle würde die Ehrenbezeigung sogar an Schmeichelei grenzen.
Hektor: Du hast mich verstanden.
Busiris: Die Frontalformation dagegen läßt sich ebensowohl als Entgegenkommen wie als Herausforderung auslegen. Frauen, die Kinder haben wollen, präsentieren sich von vorne und nicht von der Seite.
Hektor: Ein entscheidendes Argument.
Busiris: Um so mehr, als die griechischen Schiffe riesige Nymphen als Galionsfiguren tragen. Man kann sagen: Die Tatsache, daß den Trojanern nicht Schiffe als Einheiten der Seefahrt, sondern Nymphen als Symbole der Fruchtbarkeit entgegenkamen, ist das gerade Gegenteil einer Beleidigung. Eine Frau, die euch nackt, mit offenen Armen entgegenzieht, ist nicht eine Drohung, sondern ein Angebot. Ein Angebot zu unterhandeln jedenfalls.

Hektor: Und so ist denn unsere Ehre intakt, Demokos. Man verkünde in der Stadt das Gutachten des Busiris, und du, Minos, laufe zum Hafenkommandanten mit dem Auftrag, Ulysses unverzüglich an Land zu bringen!

Giraudoux,
Kein Krieg in Troja II, 5

»Ich widerrufe mein Geständnis«, sagte ein Angeklagter. »Mein Verteidiger hat recht. Ich bin unschuldig.«

Ein Beklagter ging zu einem Anwalt und versprach vier Gulden. Der Anwalt übernahm seine Verteidigung und befahl ihm, auf jede Frage des Richters nur ein Wort zu antworten: »Blee!«
Der Mann wurde wegen Unzurechnungsfähigkeit freigesprochen. Als der Anwalt seine vier Gulden forderte, antwortete der Mandant: »Blee!«
Da lief der Anwalt zum Gericht. Der Mann wurde ein zweites Mal gefordert, und wiederum wußte er nichts anderes zu antworten als: »Blee!«
»Was wollt Ihr mit dem Mann?« entschieden die Richter. »Ihr wißt, daß er nicht reden kann. Geht!«

nach *Jörg Wickram*,
Rollwagenbüchlein, Der überlistete Anwalt

»Ihr Beruf, Herr Rechtsanwalt«, sagte ein Arzt, »ist nicht gerade dazu angetan, Engel aus den Menschen zu machen.«
»Nein«, erwiderte der Jurist. »Das ist Ihre Sache.«

In den dreißiger Jahren fragte ein Berliner Lehrer nach den zwölf kleinen Propheten. Moritz zählte auf: »Ruben, Simon, Levi, Isachar, Sebulun, Benjamin, Naftali, Gad, Ascher ...«
»Genug!« unterbrach der Lehrer. »Moritz irrt sich. Wer weiß, welche Leute der Moritz eben genannt hat?«
Advokatensohn Paulchen hebt die Hand: »Die Anwälte vom Landgericht I.«

Geschworene = Zwölf Menschen, die darüber entscheiden, welche Partei den besseren Anwalt hat.

Aus einem Schüleraufsatz: »Der Richter urteilt nach dem Gesetzbuch, die Geschworenen aufgrund ihrer Vernunft.«

Man weiß, daß in England jeder Beklagte zwölf Geschworene von seinem Stande zu Richtern hat, deren Ausspruch einstimmig sein muß und die, damit die Entscheidung sich nicht zu sehr in die Länge verziehe, ohne Essen und Trinken so lange eingeschlossen bleiben, bis sie eines Sinnes sind.
Zwei Gentlemen, die einige Meilen von London lebten, hatten in Gegenwart von Zeugen einen sehr lebhaften Streit miteinander; der eine drohte dem andern und setzte hinzu, daß, ehe vierundzwanzig Stunden vergingen, ihn sein Betragen reuen solle. Gegen Abend wurde dieser Edelmann erschossen gefunden; der Verdacht fiel natürlich auf den, der die Drohungen

gegen ihn ausgestoßen hatte. Man brachte ihn zu gefänglicher Haft, das Gericht wurde gehalten, es fanden sich noch mehrere Beweise, und elf Beisitzer verdammten ihn zum Tode; allein der zwölfte bestand hartnäckig darauf, nicht einzuwilligen, weil er ihn für unschuldig hielte. Seine Kollegen baten ihn, Gründe anzuführen, warum er dies glaubte, allein er ließ sich nicht darauf ein und beharrte bei seiner Meinung. Es war schon spät in der Nacht, und der Hunger plagte die Richter heftig; einer stand endlich auf und meinte, daß es besser sei, einen Schuldigen loszusprechen, als elf Unschuldige verhungern zu lassen. Man fertigte also die Begnadigung aus, führte aber zugleich die Umstände an, die das Gericht dazu gezwungen hätten.
Das ganze Publikum war wider den einzigen Starrkopf; die Sache kam sogleich vor den König, der ihn zu sprechen verlangte; der Edelmann erschien, und nachdem er sich vom Könige das Wort hatte geben lassen, daß seine Aufrichtigkeit nicht von nachteiligen Folgen für ihn sein sollte, so erzählte er dem Monarchen, daß, als er im Dunkeln von der Jagd gekommen und sein Gewehr losgeschossen, es unglücklicherweise diesen Edelmann, der hinter einem Busche gestanden, getötet habe. »Da ich«, fuhr er fort, »weder Zeugen meiner Tat noch meiner Unschuld hatte, so beschloß ich, Stillschweigen zu beobachten; aber als ich hörte, daß man einen Unschuldigen anklagte, so wandte ich alles an, um einer von den Geschworenen zu werden, fest entschlossen, eher zu verhungern, als den Beklagten umkommen zu lassen.« Der König hielt sein Wort, und der Edelmann bekam seine Begnadigung.

Heinrich von Kleist,
Sonderbarer Rechtsfall in England

Lord Toler, der spätere Oberrichter von Orbury, wurde um einen Shilling als Beitrag zur Bestattung eines in Armut verstorbenen Dubliner Advokaten gebeten. Toler gab eine Pfundnote: »Legen Sie noch neunzehn dazu!«

Gericht

Der schlesische Oberlandesgerichtspräsident von Kunowski stand 8.10 Uhr vor dem verschlossenen Amtsgericht in Parchwitz. Auf sein hartnäckiges Klopfen hin öffnete sich ein Fenster, und der zerzauste Kopf eines Wachtmeisters brüllte: »Um 9 Uhr fängt bei uns die Schöffensitzung an. Warten Sie gefälligst! Sie werden noch früh genug eingesperrt.«

Ein junger Schreiber las dem Berliner Kammergerichtsrat E. T. A. Hoffmann sein Erstlingsdrama vor. Die Handlung wurde nach dem zweiten Akt so verwirrt, daß Hoffmann ausrief: »Wie soll das weitergehen? Eine Steigerung ist undenkbar.«
»Doch«, widersprach der Eleve. »Der Höhepunkt im dritten Akt ist ein Kammergerichtsprozeß.«

Im Jahre 1840 betrat ein Berliner den Zeugenstand mit den Worten: »Mein Name ist Haase. Ich weiß von nichts.« Haase wußte, wie sich herausstellte, sehr viel. Seine Auftrittsformel wurde »geflügelt«.

Richter: »Wo waren Sie in der Nacht vom 3. zum 4. Juni dieses Jahres?«
Das junge Mädchen: »Im Bett.«
»Haben Sie dafür einen Zeugen?«

Ein gewisser Mr. Wilkins verbrachte 1892 die Ferien in Neapel. Auf seinen Spaziergängen begegnete er häufig einem Bettler, dessen Christuskopf imponierte, und so ließ sich der Engländer nicht lumpen.
Eines Tages flatterte ihm eine gerichtliche Vorladung ins Hotel. Der Christuskopf hatte ihn beschuldigt, die Rückgabe von 5000 geliehenen Liren zu verweigern. Amüsiert zeigte Wilkins die Vorladung seinem Freund, dem englischen Konsul.
Der fand die Angelegenheit keineswegs lächerlich, sondern nannte die Adresse eines Anwalts, den er sofort zu konsultieren riet. Kopfschüttelnd folgte der Urlauber dem Ratschlag.
Der Verhandlungstag kam. Der Bettler erzählte, er habe Mr. Wilkins seine gesamten Ersparnisse ausgehändigt, um ihm, dem er sich dank seiner freizügigen Gaben verbunden fühlte, über eine kurzfristige Verlegenheit zu helfen. Drei Zeugen schworen, bei der Übergabe des Geldes zugegen gewesen zu sein.
Der Anwalt des Engländers erwiderte: Sein Mandant habe allerdings 5000 Lire vom Kläger empfangen. Was der Bettler aber verschweige, sei die Tatsache, daß ihm vier Tage später der Betrag korrekt zurückgegeben worden sei. Es marschierten sechs Zeugen auf, die Mr. Wilkins Entschuldung miterlebt haben wollten.
Die Klage wurde abgewiesen.

»Hier stehen zwei Zeugen, Angeklagter, die gesehen haben, daß Sie die Flaschen aus dem Keller gestohlen haben.«
»Herr Richter: Ich kann Ihnen hundert Zeugen bringen, die es nicht gesehen haben!«

Ein Richter, als sich zwei Parteien gegenseitig der Lüge bezichtigten: »Vor Gericht ›lügt‹ man nicht, sondern ›man sagt die Unwahrheit‹!«

Berliner, bereit zum Schwur: »Det nehm' ick uff de Jabel.«

Ein sächsischer Bauer muß zum Amtsgericht. Das Dorf verabschiedet ihn mit bangen Gefühlen: Wenn er versagt, gehen alle hoch.
Mit dem letzten Zug kommt er zurück. Im Wirtshaus wird er erwartet. Genießerisch kostet er die Spannung aus. Langsam trinkt er sein Bier. Dann mustert er die Runde: »Zwee Eide hab'ch geschworen, Leude. Der erschte mochte schleichn. Aber der zweede, meine Herrschafdn! Der wollde geschworn sein!«

Ein Pastor, ein Kaplan und ein Rabbi wurden beim Pokern erwischt. Vor Gericht leugnen sie. Auf die Bibel schwört der Pastor, er habe nicht. Ebensowenig, schwört der Kaplan. Der Rabbi verweigert den Schwur: »Hat der Pastor nich gepokert und hat nich gepokert der Kaplan – werd ich pokern allein?«

Zwei junge Leute saßen bei einem Koch. Während dieser mit einer Arbeit im Hause beschäftigt war, nahm der eine Bursche ein Stück Fleisch und steckte es dem anderen ins Gewand. Als der Koch zurückkam, bemerkte er den Diebstahl. Derjenige aber, der das Fleisch genommen hatte, schwor, er habe es nicht, und der andere beteuerte, er habe es nicht genommen. Der Koch jedoch entgegnete: »Wenn Ihr auch von mir unentdeckt bleibt – Gott, bei dem Ihr geschworen habt, kennt Euch.«

Äsop,
Fabeln 26, Die Jünglinge und der Koch

Ein französischer Provinzanwalt, dessen Gegenpartei durch einen berühmten Juristen aus der Hauptstadt vertreten wurde: »Wenn ein Kind leicht erkrankt ist, fragt man den Apotheker. Ist die Krankheit schwer, schickt man zum Arzt. Ist sie unheilbar, holt man Kapazitäten aus Paris.«

Ein Verteidiger: »Der Herr Staatsanwalt sah in der Tatsache, daß der Angeklagte den Einbruch bei Nacht beging, wenn alle Leute schlafen, einen Beweis der Verschlagenheit. Hätte der Angeklagte den Einbruch bei Tage begangen, wäre, daran zweifele ich nicht, die Tat als ein Beweis für außergewöhnliche Frechheit gewertet worden. Meine Herren Geschworenen, ich frage Sie: Wann hätte denn der Angeklagte einbrechen sollen?«

Der Staatsanwalt hat die bildhübsche Angeklagte verdammt. Der Verteidiger schließt sein Plädoyer auf Freispruch: »Nun, meine Herren Geschworenen, entscheiden Sie! Beschließen Sie, ob die junge, bezaubernde Dame in die kalte, trostlose, vergitterte Zelle kriechen oder in ihre entzückende kleine Wohnung, Rue de la Paix 36, dritter Stock links, Telefon 34 58 62, zurückkehren soll!«

Wie es zu dem Vergehen gekommen sei, fragte der Richter.
»Gottchen«, sprach Detlef, »lieber Herr: Groß und schlank ist er gewesen. Blondes Haar, blaue Augen. Weiße Haut wie das Gefieder eines Schwanes ...«
»Hören Sie auf!« rief der Richter. »Wie soll man da noch Recht sprechen?«

Ein polnischer Musiker las in der Eisenbahn eine Partitur. Ein Agent beobachtete ihn, hielt das Notenblatt für Geheimschrift und bat um Begleitung.

»Es sind Noten«, erklärte der Verdächtigte in der Gerichtsverhandlung.
»Noten! Und noch nicht einmal von mir, sondern von Bach.«
»Daß ich nicht lache!« brüllte der Richter. »Heraus mit der Sprache! Bach hat schon gestanden.«

In einer ehemaligen Reichsstadt war ein Gericht von sieben ehrlichen Bürgern gesetzt, die man die sieben Züchten nannte, in welchem allerhand geringe Schmach- und Zankhändel erörtert und geschlichtet wurden.
Nun begab es sich einmal, daß zwei Bürger auf offener Gasse in Streit gerieten; und als sie nach langem Gezänk voneinander gingen, sagte der eine zum andern: »Man kennt dich wohl, was du für ein Vogel bist.«
Der andere legte ihm diese Worte übel aus, ließ ihn vor die sieben Züchten bitten und klagte ihn deswegen an. Der Beklagte gab zur Antwort: Er könne nicht in Abrede stellen, daß er die Worte geredet; vermeine auch nicht, daß er übel geredet; denn sein Kläger heiße Fink. Nun wisse aber jedermann, was Fink für ein Vogel sei.
Ungeachtet dieser Entschuldigung wurde er um einen Schilling (6 Kreuzer) gestraft. Er erlegte die Strafe willig, sagte aber beineben, ob er etwas fragen dürfte. Die Herren sagten: »Jawohl.« Darauf sprach er: »Meine günstigen Herren, ich bitte euch um Verzeihung: Da ihr euer sieben seid, so möchte ich wohl wissen, wie ihr diese 6 Kreuzer miteinander teilt?«
Die Herren hielten dies für ein Gespött und straften ihn abermals um einen Schilling. Nachdem er das Geld erlegt, ging er fort und schlug die Tür aus Unwillen etwas hart hinter sich zu. Die Richter ließen ihn wiederum holen und straften ihn wegen dieses Trotzes abermals um einen Schilling. Er zahlte und ging seines Weges fort, tat auch die Tür gar sanft zu, öffnete sie aber bald wieder und sagte: »Ihr Herren, ist es so recht?«
Die Richter hielten es für einen spitzigen Stich und straften ihn deshalb wieder um einen Schilling, worauf er denn fein still hinausging. Als er draußen war, sagte er: »Ich glaube, wenn unser Herrgott vor die sieben Züchten käme, er würde von ihnen gestraft.« Dies hörte ungefähr ein Stadtknecht und zeigte es seinen Herren an.
Die ließen ihn wieder zurückrufen, gaben ihm einen scharfen Verweis und straften ihn abermals um einen Schilling. Hierauf ist er gar bescheiden hinweggegangen.

Ludwig Aurbacher,
Die sieben Züchten

In einem Prozeß standen skandalöse Enthüllungen an. Der Vorsitzende wandte sich an das dicht gedrängte, vornehmlich weibliche Auditorium: »Ich bitte alle ehrbaren Frauen, den Saal zu verlassen.«
Niemand erhob sich.
Nach einer kurzen Pause fuhr er fort: »Nachdem sich nunmehr alle ehrbaren Damen entfernt haben, bitte ich den Saaldiener, den Rest des Publikums hinauszuweisen.«

Urteilsfindung

Der des Wilderns Verklagte leugnete hartnäckig, das Gewehr auf dem Richtertisch zu kennen.
Da sprach der Vorsitzende: »Gut, Alois. Du scheinst unschuldig. Du kannst gehen.«
Freundlich in die Runde grüßend, setzte sich der Erleichterte ab.
»Halt!« rief der Richter. »Nimm deine Flinte mit!« Da kehrte Alois wieder um.

Ein Bauer meldete, daß ihm der Bienenstock gestohlen wurde.
»Bring alle deine Nachbarn her!« gebot der Schulze.
Eine Stunde später stand die Bürgermeisterstube voller Bauern. »Narr!« schrie der Schulze. »Was bringst du mir das ganze Dorf? Den Dieb solltest du holen! Siehst du nicht, daß ihm noch die Bienen am Hute sitzen?«
Einer griff sich erschrocken an die Krempe.

Ein Gastgeber vermißte einen silbernen Löffel. Man erbot sich, die Taschen umzuwenden, aber der Hausherr bat: »Belieben Sie bitte nur einen Augenblick die Köpfe unter den Tisch zu stecken!«
Gern gehorchte man. Der Wirt fragte: »Haben Sie alle die Köpfe unter dem Tisch?«
»Ja.«
»Auch derjenige, der den Löffel hat?«
Dieser antwortete mechanisch: »Ja«.

Drei silberne Löffel waren gestohlen worden. Der Hausherr rief alle Verdächtigen in einen verdunkelten Raum, ließ jeden ein Stäbchen ziehen, eines so lang wie das andere, und sagte: »Das Holz des Diebes ist drei Zentimeter länger.«
Als die Vorhänge zurückgezogen wurden und alle Anwesenden ihre Stäbe vorzeigten, war ein Holz um drei Zentimeter verkürzt.

Einem serbischen Großbauern waren die silbernen Bestecke gestohlen worden. Der Dieb ließ sich nicht ermitteln. Da wandte sich der Geschädigte an Anastasius, den Einsiedler. Der kam, führte seinen Esel in einen abgedunkelten Raum und befahl den Verdächtigen, einzeln einzutreten und den Schwanz des Esels durch die rechte Hand gleiten zu lassen. Berühre ihn der Schuldige, werde der Graue schreien.
Alle Mägde und Knechte gingen nacheinander in das Zimmer. Der Esel blieb stumm. Schon wollte der Gutsherr Zweifel am Verfahren Ausdruck geben, da öffnete Anastasius die Läden vor den Fenstern: »Zeigt Eure Hände!« Alle rechten Handflächen waren schwarz, nur eine nicht.
Der Einsiedler zeigte auf den Sauberen: »Das ist der Dieb. Ich habe den Schwanz des Esels gefärbt, und dieser hat aus Angst, das Tier werde schreien, nicht zugefaßt.«

Als Rudolf I. in Nürnberg Reichstag hielt, meldete sich ein auswärtiger

Kaufmann: Er habe bei einem Nürnberger Bürger gewohnt und ihm 200 Mark in Silber zur Aufbewahrung übergeben. Als er das Geld zurückverlangte, habe man den Empfang geleugnet.

Am Nachmittag empfing der Kaiser eine Abordnung, in welcher sich der Beklagte befand. Der Monarch verwickelte den Bürger in ein Gespräch, bewunderte dessen Schapel und erbat sich die Kopfbedeckung auf einige Stunden, um sie zeichnen zu lassen.

Während die Nürnberger speisten, schickte der Kaiser einen Boten, der sich mit dem Schapel auswies, an die Frau des Beklagten: Sie möge ihm die bewußten 200 Mark übergeben.

Sie händigte das Säckchen aus. Der Kaiser gab es dem Kläger und strafte den Betrüger.

Ein junger Kaufmann aus Kayseri in Anatolien mußte nach Konia reisen. Sein Geld aber wollte er weder mitnehmen noch in seinem Hause aufbewahren.

Er bat einen Goldschmied, den Schatz in Obhut zu nehmen. Die beiden gingen vor die Stadt zu einem alleinstehenden Nußbaum, und dort händigte der junge Mann das Geld aus.

Als der Kaufmann zurückkehrte, leugnete der Goldschmied den Empfang des Geldes, und man begab sich zum Kadi.

Ob er Zeugen für die Übergabe des Geldes habe, fragte der Richter.

»Keinen«, antwortete der Kaufmann.

Wo er das Geld übergeben habe?

»Draußen im Feld, unter einem Nußbaum.«

»Nun«, sprach der Richter, »da haben wir ja einen Zeugen. Gehe hinaus und sage dem Baum, er solle zu mir kommen!« Der Kaufmann glaubte, der Kadi wolle ihn verhöhnen. Der Richter aber bestand auf seiner Forderung, und so machte sich der junge Mann kopfschüttelnd auf den Weg.

Nach einer halben Stunde fragte der Richter den Goldschmied, wann der Kaufmann zurückkommen werde.

»Eine Stunde wird es noch dauern.«

Zur angegebenen Zeit kam der Kaufmann betrübt zurück: Er habe dem Baum die Aufforderung des Richters bestellt, aber er rühre sich nicht von der Stelle.

»Er war hier«, erwiderte der Kadi, »und hat ausgesagt. Du bist im Recht.«

Einem Kaufmann in Medina war der Sklave entlaufen. Er suchte überall und fand ihn schließlich in Dschidda.

Da sich der Diener weigerte, zurückzukehren, ging man zum Kadi, und hier leugnete der Sklave, den Kaufmann zu kennen. Der Richter war in Nöten; denn er kannte beide nicht.

»Entblößt den Oberkörper!« gebot er nach einigem Nachdenken. »Kniet nieder und neigt den Kopf!« Dem Gerichtsdiener befahl er, das Schwert zu ziehen.

Dann zwinkerte er dem Bewaffneten zu und sprach: »Schlage nun dem Lügner den Kopf ab!«

Der Gerichtsdiener holte aus, und in diesem Augenblick zuckte der Entlaufene zusammen, während sich der Kaufmann still verhielt. Da erkannte der Richter, wer die Wahrheit gesprochen hatte.

Ein Padischah in Herat in Afghanistan fühlte sein Ende nahen. Er rief seine drei Söhne, nannte ihnen die Stelle, wo er seine Schätze vergraben hatte, gebot redliche Teilung und verschied.

Ein Bruder schlich hinaus, raubte die Edelsteine, und als die vierzig Trauertage verstrichen waren und alle drei den Nachlaß suchten, wurde der Raub offenbar.

Einer bezichtigte den anderen des Diebstahls. Sie gingen zum Kadi, und der erzählte:

»Vor vielen hundert Jahren liebten sich hier ein Jüngling und ein Mädchen. Die Eltern der Jungfrau aber hatten andere Pläne und verlobten sie mit einem Freund des Hauses. Als das Mädchen Abschied nahm von ihrem Geliebten, versprach sie, die Hochzeitsnacht an seiner Seite zu verbringen und erst dann ihrem Gemahl anzugehören.

Der Tag der Hochzeit kam. Sie offenbarte ihr Versprechen, und der Bräutigam gebot ihr, es zu halten.

Sie machte sich auf den Weg. Da sprang ein Räuber aus dem Gebüsch und versuchte, ihr Gewalt anzutun. Als sie ihm aber den Grund ihrer nächtlichen Wanderung erzählte, geleitete er sie zum Haus des Jünglings.

Der junge Mann wurde zutiefst beschämt vom Edelmut des Gemahls. Er küßte der Getreuen beide Hände, nahm weinend endgültig Abschied und entließ sie mit allen Segenswünschen. Der Bandit, der vor dem Hause gewartet hatte, brachte die Braut ins Haus des Gemahls zurück.

Wer«, schloß der Richter, »handelte am edelsten: Der Bräutigam, der Jüngling oder der Räuber?«

»Der Gemahl«, sprach der Älteste.

»Der Jüngling«, rief der zweite.

»Der Räuber«, entschied der Jüngste.

»Du hast die Steine gestohlen«, sprach der Richter, auf den dritten Bruder deutend. »Denn jeder hält zu seinesgleichen: Der Ehrenmann zum Ehrenmann, der Liebende zum Liebenden und der Dieb zum Dieb.«

Urteil

Es kam einmal ein armer Mann, ein Bettler, in ein Wirtshaus. Da war ein großer Braten an dem Spieß. Der arm Mann hatte ein Stück Brot, das hub er zwischen den Braten und das Feuer, daß der Geschmack von dem Braten in das Brot ging. Da aß er dann das Brot. Das tat der arm Mann, bis daß er kein Brot mehr hatte. Da wollt er hinweggehen.

Der Wirt heischte ihm die Ürten. Der arm Mann sprach: »Ihr habt mir doch nichts zu essen noch zu trinken geben. Was soll ich bezahlen?« Der Wirt sprach: »Du hast dich gesättigt von dem meinen, von dem Geschmack des Bratens. Das sollst du mir bezahlen.«

Sie kamen mit einander an das Gericht. Da ward die Sach aufgeschlagen bis auf ein andern Gerichtstag.

Da war der Gerichtsherren einer, der hat einen Narren daheim, und ob dem Tisch, da ward man der Sach zured. Da sprach der Narr: »Er soll den Wirt bezahlen mit dem Klang des Geldes, wie der arm Mann ersättigt ist worden von dem Geschmack des Bratens.«

Johannes Pauli,
Schimpf und Ernst,
Der Wirt und der Bettler

In Hildesheim hat sich 1557 folgende Geschichte begeben:
Ein armer Bauer hatte mit zwei Eseln Früchte zum Markt gebracht. Nach dem Handel ging er ins Wirtshaus. Die Esel band er draußen an. Sie rissen sich aber los, irrten durch die Stadt und gelangten in den Hausflur einer Apotheke. Dort fanden sie, weil die Magd vergessen hatte, die Türe zu schließen, zwei Eimer mit Weinmet. Die leerten sie. Dann tanzten sie zum Vergnügen der Bürger auf der Straße.
Der Apotheker suchte den Besitzer der vierfüßigen Diebe und verklagte ihn. Der Bauer verteidigte sich mit der Behauptung, daß es Gewohnheit von Eseln sei, durch offene Türen zu treten.
Die Richter berieten lange. Schließlich fragten sie den Apotheker, ob die Esel im Stehen oder im Sitzen getrunken hätten.
»Im Stehen natürlich.«
»Nun«, entschieden die Herren, »so war es ein Ehrentrunk, und die Zeche braucht nicht beglichen zu werden.«

nach *Hans Wilhelm Kirchhof,*
Wendunmut, Der Apotheker und die Esel

Vier Kaufleute besaßen zusammen 1000 Dinare. Sie steckten das Geld in einen Beutel und zogen aus, Waren zu kaufen.
Als sie an einem schönen Garten vorüberkamen, beschlossen sie zu rasten. Sie gaben ihren Schatz der Gartenhüterin, entledigten sich der Reisekleidung und legten sich ins Gras.
Da sagte einer: »Ich habe Narden und Salbe. Wir wollen uns den Kopf waschen.« Der Zweite entgegnete: »Wir besitzen keinen Kamm.« Der Dritte schlug vor: »Die Gartenhüterin mag uns einen leihen.« Und der Vierte ging, ihn zu holen.
Aber er verlangte nicht den Kamm, sondern den Beutel.
»Es ist vereinbart«, sprach die Gartenhüterin, »daß ich den Beutel nur herausgebe, wenn ihr alle vier kommt. Gehe hin und hole deine Gefährten!«
Da rief der Vierte in den Garten: »Holla, Freunde! Sie will mir nichts geben.« Die Ruhenden antworteten: »Gib's ihm!«
Da gab ihm die Frau das Geld, und er rannte davon.
Als die Geprellten den Diebstahl erkannten, gingen sie zum Kadi, und dieser verurteilte die Frau, die tausend Dinar zu ersetzen.
Auf dem Heimweg begegnete die Weinende einem Knaben. Der fragte nach der Ursache ihres Kummers, und sie erzählte.
»Gib mir einen Dirhem für Naschwerk!« sprach der Junge. »Ich will dir raten.«
Was war ein Dirhem gegen tausend Dinar? Sie schenkte dem Jungen die Münze, und er sagte: »Ihr habt vereinbart, daß du das Geld nur herausgibst, wenn alle vier darum bitten. Gehe zurück zum Kadi! Er soll die Kläger auffordern, den Dieb herbeizuschaffen. Dann wirst du zahlen.«

Die Frau folgte dem Rat, und der Richter entschied zu ihren Gunsten.

Ein Knecht Ibn Sauds fiel von einer Palme und tötete einen unter dem Baume Stehenden. Die Witwe ging zum König und forderte, auf altes Recht pochend, das Leben des Knechtes. Eine finanzielle Abfindung lehnte sie ab.
Das Gesetz schreibt die Todesart für den Verurteilten nicht vor. Ibn Saud entschied daher: »Er soll sterben wie dein Mann. Du steigst auf die Palme und läßt dich solange auf ihn fallen, bis er stirbt.« Da entschloß sich die Frau zur Annahme des Geldes.

Ein Richter in St. Louis verurteilte einen Mann, der zwei Dollar veruntreut hatte, zu vierundzwanzig Minuten Gefängnis. Begründung: »Der Börsenspekulant Whitney mußte für die Unterschlagung von 225 000 Dollar fünf Jahre sitzen. Gleiches Recht für alle.«

Ein Ganove in Haparanda/Schweden hatte Kopf und rechten Arm durch das Gitter gezwängt und aus einem Schaufenster gestohlen, was sich erfassen ließ. Der Staatsanwalt plädierte auf Einbruch, der Verteidiger leidenschaftlich für Diebstahl. Der Richter entschied: »Kopf und rechter Arm des Angeklagten werden wegen Einbruchs zu zwei Jahren Gefängnis verurteilt. Der Rest wird freigesprochen.«

Der Richter will von der beantragten Geldstrafe für den Holzdieb noch einmal absehen. »Aber«, droht er, »wenn Sie wieder mit Diebstahlsabsicht im Staatsforst erwischt werden, stecke ich Sie ins Gefängnis.«
»Nixn«, erwidert der Alisi. »I zahl mei Straf und i stiehl mei Hoiz.«

Ein Geistlicher, als Verkehrssünder angeklagt, beendete sein Schlußwort: »Hohes Gericht! Gedenke nunmehr des Wortes unseres Herrn: Selig sind die Barmherzigen; denn sie werden Barmherzigkeit erlangen.«
Der Richter zog sich mit den Schöffen zurück, kam wieder und verkündete: »Der Angeklagte wird zu einer Geldstrafe von 500.– Mark, wahlweise 25 Tage Gefängnis, verurteilt. Die Strafe wird zur Bewährung ausgesetzt. Gehe hin, mein Sohn, und sündige hinfort nicht mehr!«

»Auf diese Stunde habe ich zwanzig Jahre lang gewartet«, sprach der Verkehrsrichter zur vorgeführten Lehrerin. »Setzen Sie sich da drüben an den Tisch und schreiben Sie hundertmal: ›Ich habe das rote Signal nicht beachtet‹!«

Weil er zu schnell gefahren war, mußte ein Autofahrer in Los Angeles eigenhändig 25 Pfund Fische angeln und sie der Heilsarmee schenken.

Ein Priester fuhr bei Rotlicht über die Kreuzung und wurde gestellt. Die Ordnungshüter verzichteten auf Strafzettel und Protokoll, als sich der Geistliche verpflichtete, zweimal im Jahre über Verkehrssicherheit zu predigen.

»Wenn du ne Zicke drehst«, belehrt ein Berliner Halbstarker den Kollegen: »Imma 'n Krimi mitnehm und liejenlassen! Jibt todsicher mildernde Umstände.«

Sokrates, als Xantippe klagte, daß er zu unrecht verurteilt werde: »Wäre dir lieber, ich würde zu recht verurteilt?«

Ich hatte meinen Kindern die Geschichte von Jesus vor den Hohenpriestern und vor Pontius Pilatus erzählt. Alle waren tief ergriffen über die Ungerechtigkeit der Priester und die Gleichgültigkeit des römischen Landpflegers. Schließlich faßte ein Junge sein Urteil über diese traurigen Geschehnisse in folgende Worte zusammen: »Det wäre aber bei Hitlern nich passiert!«
Da kann man nur sagen: Du ahnungsloser Engel, du!

Edda Prochownik, Ik liebe dir, Aus dem Tausendjährigen Reich

Vor dem Sondergericht werden Mitte der Dreißiger Jahre zwei Männer, beschuldigt, einen SA-Mann verprügelt zu haben, zu zwei Jahren Gefängnis verurteilt. »Angesichts der Verwerflichkeit der Tat«, begründet der Vorsitzende, »wäre eine ungleich härtere Strafe angemessen gewesen. Das Gericht erkannte jedoch als strafmildernd an, daß den Angeklagten die Tat nicht nachgewiesen ist.«

Es entstand ein hitziger Rangstreit unter den Tieren. Ihn zu schlichten, sprach das Pferd: »Lasset uns den Menschen zu Rate ziehen! Er ist keiner von den streitenden Teilen und kann desto unparteiischer sein.«
»Aber hat er auch den Verstand dazu?« ließ sich ein Maulwurf hören. »Er braucht wirklich den allerfeinsten, unsere oft tief versteckte Vollkommenheit zu erkennen.«
»Das war sehr weislich erinnert!« sprach der Hamster.
»Jawohl!« rief auch der Igel. »Ich glaube es nimmermehr, daß der Mensch Scharfsichtigkeit genug besitzt.«
»Schweigt ihr!« befahl das Pferd. »Wir wissen es schon: Wer sich auf die Güte seiner Sache am wenigsten zu verlassen hat, ist immer am fertigsten, die Einsicht seines Richters in Zweifel zu ziehen.«

Lessing, Fabeln, Der Rangstreit der Tiere 1

Schlußwort des Angeklagten: »Ich danke für die milde Strafe, Herr Richter. Vergelt's Gott viel tausendmal!«

Bodo von Drewitz zum Anwalt: »Lege Berufung ein.«
»Aber Herr Baron, verstehen Sie denn nicht: Sie haben gewonnen.«
»Macht nichts. Lege Berufung ein. Auch zweite Instanz soll wissen, daß ich recht habe.«

An einem schönen Tage rief der Herrgott seine Apostel und Heiligen und lud sie zu einem Spaziergang. Dem St. Peter, der allein zurückblieb, gebot Er, während Seiner Abwesenheit niemand einzulassen.
Alsbald klopfte ein Schneider an, und da er gar inständig bat, ließ sich Petrus erweichen. Er wies ihm ein Eckchen hinter der Pforte, wo er sitzen und der Rückkunft des Herrn warten sollte.
Von Neugier getrieben, stahl sich der Schneider jedoch ins Innere des Himmelsreiches, und da er den goldenen Thron leer fand und kein beobachtendes Auge gewahrte, setzte er sich darauf. Von diesem Platz aus konnte er alle Dinge auf der Erde sehen, und so sah er auch ein altes Weib, das der Nachbarin einen Bund Garn entwendete. Ergrimmt warf der Schneider den goldenen Fußschemel nach ihr. Darauf kamen ihm Bedenken, und er schlich wieder in seine Ecke.
Als der Herr zurückkam, vermißte er Seinen Schemel. Da kam ans Licht, was geschehen war, und der Herrgott geriet in großen Zorn. »Schalk, du«, sprach er zu dem Schneider, »sollte ich jedesmal nach dir geworfen haben, wenn du zuviel Tuch geschnitten, ei, so hätte ich weder Stuhl noch Bank mehr.« Damit stieß er den Eigenmächtigen aus dem Himmel wieder hinaus.

Nach *Jörg Wickram,* Rollwagenbüchlein, Der Schneider im Himmel

XIII. Kapitel

Mut
Besonnenheit
Abwarten

Mut

Am 24. Dezember 1800 explodierte in der Rue Nicaise, unmittelbar hinter dem Wagen des Ersten Konsuls, eine Bombe. Bonaparte fuhr ohne Aufenthalt weiter und nahm in der Oper die Ovationen entgegen. Josephine an seiner Seite zuckte im Weinkrampf.
Am 14. Januar 1858 detonierte neben dem Wagen Napoleons III., dem Neffen des Korsen, die Bombe Orsinis. Der Kaiser lag im Wagen und zitterte. Eugenie fauchte ihn an: »Courage! Faisons notre métièr!«

Die Sansculotten hatten die Gräfin mit ihren drei Töchtern im verwüsteten Schlosse aufgestöbert.
»Nehmt uns!« riefen die Töchter. »Habt Erbarmen mit unserer Mutter!«
Die Gräfin richtete sich auf: »Kein Wort von Erbarmen! Krieg ist Krieg.«

Räuber hielten im Wilden Westen einen Zug an. »Die Weiber küssen«, brüllte der Boß, »die Männer plündern!«
Ein Unterbandit bemerkte: »Es eilt, Chef! Beschränken wir uns aufs Plündern!«
Ein altes Weiblein mischte sich ein: »Tu, was dir gesagt wird, Schurke!«

Goethes »Sänger« falsch zitiert:

»Die Ritter schauten mutig drein
und in den Schoß der Schönen.«

Cäsar, als er von seinen Freunden aufgefordert wurde, nicht unbewaffnet und unbegleitet auszugehen: »Todesfurcht gleicht dem Tode. Ich will nur einmal sterben.«

Der Wolf fand ein Schaf. Es warf sich zitternd zur Erde. »Wenn du mir drei Wahrheiten sagst«, sprach der Wolf, »lasse ich dich laufen.« Da sagte das Schaf: »Erstens wäre es mir lieb, ich wäre dir nicht begegnet. Zweitens wünschte ich, daß du blind wärest. Und drittens möge Zeus es geben, daß ihr alle verreckt!«
Der Mut des Schafes beeindruckte den Wolf, und er ging weg.

Äsop,
Wolf und Schaf

Aus Tante Karlas Sprachwolf: »Mut ziert auch den kleinen Muck.«

Soldaten der Divison Friant zeigten Kanonenfieber: »Mit sechs Sous Sold pro Tag habt ihr Angst?« schrie der General. »Ich habe fünfzigtausend Livres Rente. Vorwärts!«

Bei einem Passagierflugzeug fielen zwei Motoren aus. Dem Piloten gelang es, die Maschine dennoch glatt in Orly zu landen. Besonders tapfer hatte sich das 78jährige Fräulein Roubet benommen. Einem Reporter gab sie an: »Da ich krank bin, ist jeder Tag geliehen. Da ich außerdem das Geld für den Flug geliehen hatte, gab es für mich nicht viel zu verlieren.«

»Wie ausgeartet ist hierzulande unser Geschlecht!« sagte ein gereister Pudel. »In dem fernen Weltteile, welches die Menschen Indien nennen, da gibt es noch rechte Hunde! Hunde, meine Brüder – ihr werdet mir es nicht glauben, und doch habe ich es mit meinen Augen gesehen – die auch einen Löwen nicht fürchten und kühn mit ihm anbinden.« – »Aber«, fragte ein gesetzter Jagdhund, »überwinden sie ihn denn auch, den Löwen?«
»Überwinden?« war die Antwort. »Das kann ich nun eben nicht sagen. Gleichwohl, bedenke nur, einen Löwen anzufallen!«
»O«, fuhr der Jagdhund fort, »wenn sie ihn nicht überwinden, so sind deine gepriesenen Hunde in Indien – besser als wir soviel wie nichts, aber ein gut Teil dümmer.«

Lessing, Fabeln, Die Hunde

Ein schwerfälliger Stier und ein flüchtiger Hirsch weideten auf einer Wiese. »Hirsch«, sagte der Stier, »wenn uns der Löwe anfallen sollte, so laß uns für einen Mann stehen; wir wollen ihn tapfer abweisen.«
»Das mute mir nicht zu!« erwiderte der Hirsch. »Warum sollte ich mich mit dem Löwen in ein ungleiches Gefecht einlassen, da ich ihm sicherer entlaufen kann?«

Lessing, Der Stier und der Hirsch

Lieber zehn Minuten feige, als ein Leben lang tot.

Weit vom Schuß gibt alte Krieger.

Wer flieht, kann wieder ins Gefecht,
wer bleibt und fällt, der kann das
necht.
Wer folglich läuft zur rechten Zeit,
ist in der Kriegskunst schon sehr weit.

Verfasser unbekannt

»Engländer, 25 Jahre alt, etwa 1,73 groß, schwächlich, geht etwas nach vorn gebeugt, bleiches Gesicht, rötlichbraunes Haar, kleiner, fast unsichtbarer Schnurrbart, spricht durch die Nase, kann das ›S‹ nicht klar aussprechen, versteht kein Wort Holländisch.« Auf seine Ergreifung setzte die Regierung von Transvaal 25 Pfund aus. Er war im Dezember 1899 aus dem Gefängnis in Pretoria entflohen und hieß Winston Churchill.

Die Perser bekamen bei Marathon einen solchen Schreck, daß sie ausriefen: »Herr Jesus! Da kommen die Athener!«

Galletti

Aus einem Schüleraufsatz: »Die Flucht Mohammeds war so überstürzt, daß er nur das Notwendigste mitnehmen konnte: ein paar Brote, einen Schlauch Wasser und sechs Frauen.«

Am 24. August 1758, dem Vorabend der Schlacht von Zorndorf, inspizierte Friedrich II. die Wachen. Deprimiert, Gift in der Tasche.
Einer der vielen Deserteure wurde zurückgebracht.
Der König, sonst gnadenlos Fahnenflüchtigen gegenüber, fragte den Burschen nach dem Grunde seines Entweichens. »Euer Majestät Sache steht so schlecht«, erklärte dieser, »daß keiner mehr an den Sieg glaubt. Da dachte ich, es sei besser, zu türmen.«
»Gehe Er zu seiner Kompanie«, entschied der König. »Kämpfe Er anständig, und falls wir morgen nicht über den Berg sind, desertieren wir gemeinsam.«

K. und k.-Armeeflachs: »Grennt san ma, daß d' Tapferkeitsmedaillen gescheppert ham.«

Kühn übersetzt: Mihi nihil, tibi nihil, me facio ex pulvere. Mir nichts, dir nichts, mache ich mich aus dem Staube.

Paradox war, daß im Dritten Reich der zweite Mann als Erster türmte.

Der Ausdruck »Der hat sich verkrümelt« geht auf die Zeit der Einführung des Kommißbrotes unter Friedrich II. zurück. Ein Soldat wurde zum Brote holen geschickt. Vom Hunger geplagt, aß er auf dem Rückweg eines auf. Nach dem Verbleib des Zweipfünders gefragt, erklärte er: »Das hat sich verkrümelt.«

Aus einem Schüleraufsatz: »Die Walküren trugen nur Krieger nach Walhall, welche auf der Vorderseite getötet waren.«

Einmal war ich zusammen mit einem Kunstschützen im Varieté engagiert. Der Meister hatte einen Assistenten, den er vor eine Wand stellte, in welche er aus fünf Metern Entfernung die Kontur schoß.
Der Assistent verschwand, und ich wurde unmittelbar vor Beginn der Vorstellung gebeten, seine Rolle zu übernehmen. Ich sträubte mich beharrlich, aber konnte dem Flehen des Direktors endlich doch nicht widerstehen.
Die Aufregung mußte an den Nerven des Schützen gezehrt haben. Er verletzte mich nicht, aber durchlöcherte mir Hut, Ärmel und Rockschoß. Nach der Vorstellung entschuldigte er sich unter den heftigsten Selbstanklagen. Für den neuen Hut und den neuen Rock legte er mir die angemessene Summe auf den Tisch.
»Und die Hose?« fragte ich.
»In die Hose habe ich doch nicht geschossen!« antwortete er.
»Nein«, sagte ich. »Sie nicht.«

Otto Reutter

Besonnenheit

Ein Fuchs und ein Bock stiegen durstgetrieben in einen Brunnen. Als sie getrunken hatten, schaute sich der Bock um, wie wieder hinaufzukommen wäre.
Da sagte der Fuchs: »Sei guten Mutes! Ich habe ersonnen, was zu unser beider Rettung dient. Wenn du dich aufrecht hinstellst, deine Vorderfüße an die Wand stemmst und zugleich deine Hörner vorwärts neigst, will ich auf dir hinaufsteigen und, wenn ich aus dem Brunnen bin, auch dich heraufziehen.«
Der Bock zeigte sich willig. Der Fuchs kletterte aus dem Brunnen und hüpfte voll Vergnügen auf dem Rand. Als ihm der Bock aber Vorwürfe machte, entgegnete er: »Besäßest du soviel Verstand wie Haare in deinem Bart, so wärest du nicht in den Brunnen hinuntergestiegen, ohne dich um den Rückweg zu kümmern.«

Äsop,
Fabeln 4, Der Fuchs und der Bock

Vor der Hütte eines Zigeuners lag ein großer Haufen Schutt. »Soll das da liegen bleiben?« fragte ein Bekannter.
»Nein«, erwiderte der Zigeuner. »Ich werde eine Grube schaufeln und den Abfall hineinwerfen.«
»Und wohin wirst du den Aushub der Grube bringen?«
Der Zigeuner winkte ab: »Wer denkt an so ferne Zukunft!«

Eine durstige Taube erblickte ein Gemälde mit einem Glas voll Wasser. Sie stürzte darauf zu, brach sich den Flügel, stürzte zu Boden und wurde gefangen.

Äsop,
Fabeln 120, Die Taube

A verschütt's Wasser isch numma guet aufheba.

Aus dem Allgäu

Ein Stauer in einer Kneipe Neufahrwassers starrte auf das Danziger Wappen mit dem Spruch »Nec temere, nec timide« und fragte den Gefährten, was die Worte bedeuten.
»Weder unbesonnen, noch furchtsam« erklärte der Kluge.
»Is mich zu jelehrt.«
»Nich wischig und nich zimperlich.«
»Is mich zu dammlich.«
Der Hilfsbereite kippte seinen Grog hinunter: »Nie duhn, aber auch nie nüchtern.«
»Is klar.«

Ein Mann steht an der Bushaltestelle, wird dreimal von einem Nachbarn um die Uhrzeit gebeten und gibt dreimal keine Antwort. Der Ignorierte geht davon; ein Zeuge des Vorfalls wendet sich an den Unfreundlichen und fragt, warum er nicht geantwortet habe.
»Das will ich Ihnen sagen! Ich stehe hier und denke an nichts Böses; da kommt dieser Kerl und will wissen, wie spät es ist. Angenommen, ich sage es ihm: Was geschieht? Wir kommen

ins Gespräch, und schließlich sagt der Kerl: ›Wollen wir nicht einen heben?‹ Also: Wir heben einen. Wir heben noch ein paar. Endlich sage ich dann: ›Wollen doch raufgehen zu mir und einen Happen essen.‹ Wir gehen also rauf zu mir und essen Schinken- und Käsebrote. Dann kommt meine Tochter, und meine Tochter ist sehr hübsch. Sie verliebt sich in den Kerl, und der Kerl verliebt sich in sie. Und dann heiraten sie. Einen Kerl aber, der sich nicht einmal eine Uhr leisten kann, will ich in meiner Familie nicht haben.«

Der Hotelgast schaut unter das Bett, in den Kleiderschrank, hinter die Gardinen. Prüft den Verschluß der Tür und des Fensters; kleidet sich aus, legt sich nieder und spricht: »So, da wären wir. Und keinen Pfennig Geld in der Tasche.«

Ein Spaziergänger hatte von seinem Stock den kostbaren Elfenbeingriff abgeschnitten: Der Stock sei zu lang gewesen. Auf die Frage des Freundes, warum er den Stock nicht unten abgeschnitten habe, erwiderte er: »Unten paßte er.«

Unter nächtlicher Laterne kriecht ein Mann. Passanten erfahren, daß er ein Geldstück verloren hat, und helfen suchen. Nach zwanzig Minuten fragt jemand: »Sind Sie sicher, daß Sie es hier verloren haben?«

»Drüben habe ich es verloren«, antwortet der Geschädigte. »Aber dort ist es finster. Dort hat das Suchen keinen Zweck.«

»Margret, gang du vora!« hot der Bauer gsait, wie ma z'nacht bei em ei'broche hot. »I bi glei allat so hitzig.«

Aus dem Allgäu

Ein Räuber pflanzte sich vor einen Bankboten und forderte Geld.
»Gern«, sprach der Bedrohte. »Aber bitte: Schießen Sie mir eine Kugel durch den Hut, damit mir der Überfall geglaubt wird.«
Peng!
»Und ein Loch in die Jacke!«
Peng!
»Und eines in die Weste!«
»Zum Teufel!« fluchte der Räuber. »Ich habe keine Kugeln mehr.«
Der Schlaukopf hob bedauernd die Schultern: »Hast du keine Kugeln, hab ich kein Geld.«

Madame Cornuels Kutsche wurde angehalten. Ein Bandit riß die Tür auf. »Hände weg«, rief die Vielbegehrte. »Ich habe weder Perlen noch Busen.«

Friedrich II. von Preußen ging während des siebenjährigen Krieges allein spazieren. Hinter einem Brückenpfeiler entdeckte er einen Panduren, der auf ihn anlegte. Der König hob seinen

Krückstock, drohte und rief: »Nehme Er sein Gewehr herunter!«
Der gehemmte Attentäter stellte seine Flinte bei Fuß und zog die Mütze.

Ein wahnsinniger Metzger stürzte in Königsberg mit erhobenem Messer auf Immanuel Kant zu. Der kleine Philosoph, ohne Chance auf Entkommen, faßte ihn scharf ins Auge und fragte, ob heute Schlachttag sei; seines Wissens sei er erst morgen. Da schlug sich der Irre vor die Stirn, ließ das Messer fallen und rannte davon.

Charkow, während des russischen Bürgerkrieges. Überfüllte Gefängnisse. Tägliche Erschießungen:
»Iwanow« liest der Tschekamann.
»Hier«. Abtreten auf Nimmerwiedersehen.
»Petrow.«
»Hier.«
»Nikolajew.«
Schweigen.
»Nikolajew!!!«
Stimme aus dem Hintergrund: »Wollen Sie Tote erschießen?«
»Wieso?«
»Nikolajew wurde vorgestern aufgerufen und erschossen.«
»So?« fragt der Geheime. »Also gut.« Streicht den Namen. »Weiter . . .«
Der Mann, der den »Irrtum« aufklärte, lehnt sich gegen die Wand und dreht mit zitternden Fingern eine Zigarette. Es ist Nikolajew.
Am nächsten Tag kommt Denikin mit den Weißen und befreit die Gefangenen.

Ein Mönch goß Wein über Peter den Großen. Das Schreckbild der drohenden Strafe ließ ihn ausrufen: »Nicht tropfenweise, sondern in Strömen ergieße sich die Gabe Gottes über dich!« Dann warf er die Schale an die Wand und sprach: »Und deine Feinde mögen zertrümmert werden wie dieses Glas!« Der Zar brach in Gelächter aus und machte den Geistesgegenwärtigen zum Archimandrit von Potschersk.

Der Diener goß Noschirwan Dattelsaft auf das Gewand. Der Schah runzelte die Stirn, und der Untertan wußte, was die Stunde geschlagen hatte.
Daraufhin leerte er die ganze Schale über dem Herrscher aus.
Noschirwan erstarrte: »Du hast dir durch eine Ungeschicklichkeit den Strick verdient und fügst ein Verbrechen hinzu?«
Der Diener warf sich zur Erde: »Ich entnahm mein Urteil Eurem Blick. Ihr wolltet mich für eine Ungeschicklichkeit hängen. Wäre das geschehen, hätte man Euch den Grausamen geheißen. Jetzt richtet mich! Man wird Euch den Gerechten nennen.« Der Schlaukopf kam ungeschoren davon.

Ludwig XIII., verärgert, daß auf einem Ball dem Herzog von Richelieu mehr Aufmerksamkeit gewidmet wurde als ihm, gebot dem Kardinal an einer Tür, vorauszugehen. Richelieu stutzte, ergriff eine Fackel, sprach: »Nur auf diese Art ist mir erlaubt, voranzugehen«, und gehorchte.

Beim Mahle anläßlich seiner Hochzeit mit Marie-Luise wandte sich Napoleon an Fouché: »Stimmt es, Herzog von Otranto, daß Sie seinerzeit für den Tod Ludwigs XVI., des Onkels der Kaiserin, votiert haben?«
»Gewiß, Sire«, erwiderte der Polizeiminister. »Es war der erste Dienst, den ich Eurer Majestät zu leisten imstande war.«

Talleyrand wurde von drei Damen, welchen er die Kur gemacht hatte, gefragt, welche er, falls sie gleichzeitig ins Wasser fielen, zuerst retten werde. Er antwortete: »Sie sind so hervorragende Schwimmerinnen, daß keine von Ihnen der Hilfe bedarf.«

Schlagfertigkeit = Beleidigung im Frack.

Der Alte Fritz hatte seinem Flötenlehrer einen Zettel auf das Notenpult gelegt: »Quantz ist ein Esel. Friedrich II.«
Der Musikus ignorierte das Blatt. Der König aber bestand auf Verlesung und erfuhr: »Quantz ist ein Esel, Friedrich der zweite.«

Friedrich II. von Preußen inspizierte die Ziethen-Husaren. Einen Blessierten fragte er: »In welcher Kneipe hat Er denn Hiebe bekommen?«
»In Kolin«, erwiderte der Soldat, »wo Euere Majestät die Zeche zahlten.«

Der Prinzregent, späterer Georg IV., und sein Bruder, der Herzog von York, begegneten dem angeheiterten Schauspieler Sheridan. »Wir streiten gerade«, riefen sie, »ob Sie mehr Narr oder mehr Schurke sind.«
Der Mime hakte die beiden unter: »So dazwischen.«

Graf Sandwich fragte Foote: »Was glauben Sie? Werden Sie am Galgen oder an den Franzosen sterben?«
»Ich kann Ihnen diese Frage erst beantworten«, erwiderte der Schauspieler, »wenn ich mich entschieden habe, ob ich mich Ihrer Grundsätze oder Ihrer Mätressen bedienen werde.«

Der Graf Montrond war als Gefangener auf ein englisches Schiff gebracht worden. Der Kapitän erhob sein Glas: »Ich trinke nicht auf die Franzosen. Es sind Schelme ohne Ausnahme.«
Montrond erwiderte: »Ich trinke auf die Engländer. Es sind Gentlemen mit Ausnahmen.«

Großfürst Wladimir, der Bruder Alexanders II., kam angeheitert aus dem Petersburger Winterpalais, begegnete einem Chachal, einem als beschränkt geltenden Kleinrussen, deutete auf den Mond und fragte: »Was ist das denn dort oben?«
»Keine Ahnung«, erwiderte der Muschik. »Ich bin nicht von hier.«

Carl Michael Bellman, Dichter und Hofsekretär, war beim Schwedenkönig in Ungnade gefallen, durfte die Residenz nicht mehr betreten, erhielt aber wie vorher schwierige Aufträge, die er allein auszuführen imstande war.
Als der König auf anläßlich einer Feierlichkeit festgelegter Route durch die Straße ritt, in welcher Bellman wohnte, sah er eine Leiter am Hause des Poeten. Oben stand ein Barbier, der den aus dem Fenster lehnenden Schalk rasierte. Der König ließ fragen, was die Posse bedeute.
»Mein Barbier«, rief Bellman von oben, »ist bei mir in Ungnade gefallen. Er darf mein Haus nicht mehr betreten.«
Am nächsten Tag erhielt der Dichter wieder Zutritt bei Hofe.

Abwarten

Professor Taubmann fragte: »Was ist zu tun, wenn man von einer Sonnenuhr die Zeit erfahren möchte, die Sonne aber hinter Wolken verborgen ist?«
Und antwortete: »Warten, bis sie wieder scheint.«

Man muß nicht heute tun, was bis morgen Zeit hat.

Aus Spanien

Die Frau besteht auf der sofortigen Anschaffung von Vorhängen, weil sie befürchtet, der Herr in der gegenüberliegenden Wohnung könne sie beim Auskleiden beobachten.
»Warte, bis er es getan hat, Liebling!« rät der Gemahl. »Vielleicht kauft er welche.«

Telefonat mit dem Hausarzt: »Meine Frau ist gestürzt und hat sich den Kiefer verrenkt. Können Sie im Laufe des Monats einmal vorbeikommen?«

Die Turmuhr schlägt; das Karlchen erschrickt: »Acht Uhr. Los, Mensch! Nach Hause!«
»Langsam!« bremst Fritzchen. »Wenn wir jetzt kommen, kriegen wir Prügel. Wenn wir um neun kommen, freuen sie sich, daß nichts passiert ist.«

Ein Schotte sucht in einer Gärtnerei eine große Gurke aus.
»Zwei Shilling«, spricht der Gärtner.
»Zu teuer«, erwidert der Kunde, sucht weiter und entdeckt ein kleines Exemplar.
»Sixpence.«
»In Ordnung«, entscheidet der Schotte. »Ich hole sie in zwei Wochen.«

Maximowitsch Popowitsch beantragt eine Reiseerlaubnis nach den Vereinig-

ten Staaten. Nach fünf Monaten wird er ins Außenministerium bestellt und nach dem Reisegrund gefragt.
»Ich will zur Beerdigung von Johnson.«
»Johnson lebt noch!«
»Macht nichts«, erwidert Maximowitsch. »Ich kann drüben warten.«

Umweg = Kürzeste Verbindung zwischen zwei Punkten.

Einem Berner Fallschirmjäger war eingeprägt worden, nach dem Absprung bis drei zu zählen und dann den Auslöserknopf zu drücken.
Wie ein Stein saust er zur Erde.
Der Sanitätswagen kommt. Der Arzt, über den Sterbenden gebeugt, hört: »Drei«.

Ein ostpreußischer Bauer telefoniert mit dem Nachbarn, wird in den Stall gerufen und bittet den Gesprächspartner an der Leitung um ein paar Minuten Geduld. Er geht hinunter, vergißt das begonnene Gespräch, tut dieses und jenes und findet nach einer Stunde den Hörer auf dem Tisch: »Rudolf, Menschche, bist noch da?«
»Ja, warum denn nich?«

Die Hälfte seines Lebens
wartet der Soldat vergebens.

Generalleutnant von Tschirschnitz, Veteran von 1813 und noch 1866 Generaladjutant des Prinzen Ernst August von Hannover, rechnete an seinem achtundsechzigsten Geburtstag den Gästen vor: »Sie glauben, ich sei 68 Jahre alt. Das stimmt nicht. Ich habe nur 59 Jahre, fünf Monate, eine Woche und drei Tage gelebt. Acht Jahre, sechs Monate, zwei Wochen und vier Tage habe ich verwartet.«

Referendar Bismarck ließ sich beim Regierungspräsidenten von Potsdam anmelden. Er bekam einen Termin, mußte eine halbe Stunde warten und sah den Wichtigtuer stets, wenn sich die Türe öffnete, untätig am Schreibtisch sitzen. Als er endlich eingelassen wurde, sagte er: »Ich war hierher gekommen, um Urlaub zu erbitten. Nunmehr bitte ich um meinen Abschied.«

Ein Fuchs sah eine Bäuerin mit einem Korb Hühner zum Markt gehen. Er legte sich quer über den Weg und stellte sich tot. Die Frau betrachtete sein Fell und ging weiter.
Der Fuchs sprang auf, überholte in weitem Bogen die Bäuerin und legte sich abermals über den Weg. Die Frau meinte, sie sollte eigentlich das schöne Fell an sich nehmen. Aber sie stieg über den scheinbaren Kadaver hinweg.
Der Fuchs stand auf, umlief die Bäuerin und legte sich ein drittes Mal auf den Weg. Da stellte die Frau ihren Korb ab und eilte zurück, um die beiden anderen Felle zu holen. Als sie wieder zu ihrem Korbe kam, waren Fuchs und Hühner verschwunden.

XIV. Kapitel

Arbeit
Bewerbung
Fleiß
Ausdauer
Firma
Chef
Sekretärin
Lohn
Karriere

Arbeit

Schau diesen raffinierten Wicht!
Zur säuerlichen Jungfer Pflicht
sagt er: »Madame, ich liebe Sie.«
Und hat Erfolg wie nie.

Schumann, Stachelbeeren-Auslese, Erfolg

Über John Quincy Adams, den sechsten Präsidenten der USA: »Die Versuchung, seine Pflicht zu tun, war für ihn stets sehr groß. Unwiderstehlich wurde sie aber, wenn es sich um eine unangenehme Pflicht handelte.«

Ein Professor zu einem Studenten, der sich mit Unwohlsein entschuldigte: »Merken Sie sich, junger Mann, daß der größte Teil der Arbeit auf dieser Welt von Leuten geleistet wird, die sich nicht wohlfühlen!«

Ein Kalb beklagte einen pflügenden Stier: »Du Unglücklicher! Welche Mühen und Anstrengungen mußt du erdulden!« Der Stier schwieg und fuhr fort in seiner Arbeit. Als die Bauern feierten, durfte der Stier ausruhen und auf fetter Wiese weiden. Das Kalb aber wurde zum Altar getrieben.

Äsop, Das Kalb und der Stier

Ein Mann träumte: Er war gestorben und befand sich in einem herrlichen Land voller Bäume, bunter Blumen und anmutiger Bäche. Er ließ sich nieder und ruhte sich aus. Dann überfiel ihn die Langeweile, und er rief: »Ist da jemand?«
Es erschien eine weiß-gekleidete, freundliche Gestalt und fragte ihn, ob er einen Wunsch habe.
»Ich möchte etwas essen«, sprach der Mann.
»Was bitte?«
Der Hungrige stellte ein köstliches Menü zusammen; Sekunden später stand es vor ihm. Er speiste und schlenderte weiter und freute sich an der Pracht der Gefilde.
»He!« rief er wieder. Und schon stand der Dienstbare vor ihm.
»Golf würde ich gern spielen.«
»Bitte«, sprach der Unbekannte, faßte den Besucher am Arm und führte ihn um eine Waldspitze, an den Rand eines bezaubernden Feldes. Schläger und Bälle standen bereit.
Der Mann spielte und aß wieder und wanderte und erhielt alles, was er sich wünschte.
Eines Tages war alle Freude aus ihm gewichen. Er zitierte den Freundlichen herbei und klagte: »Ich habe es satt, das Leben hier. Gib mir was zu tun!«
»Bedauere«, erwiderte der Weiße. »Arbeit – das ist das einzige, was ich dir nicht bieten kann.«
»Dann pfeife ich auf den Laden hier«, schrie der Mann. »Schicke mich in die Hölle!«
Der andere lächelte: »Wo, glauben Sie eigentlich, daß Sie sind?«

Drei Flüchtlinge aus der Zone im Lager Helmstedt. »Den Fraß sollen wir essen?« nörgelt der Mecklenburger. »In dem Loch soll ich schlafen?« mault der Preuße. Der Sachse wendet sich an den Lagerverwalter: »Sie wern endschuldchn, mei Gudster! Bloß enne Fraache: Wo kann mer denn hier ne kleene Strumpfbude uffmachn?«

Berufswünsche niederbayerischer Schulkinder:
»I werd a Pfarrer. Da brauch i bloß in der Früh in d' Kirch gehn und kann nachher wart'n, bis mir d' Freiln Kathi zum Essen schreit.«
»I möcht am Werktag a Pfarrer werdn und am Sonntag a Gendarm.«
»I werd a ganzer Gendarm. Da derf ma die Leut wegtreib'n, wo's was zum Sehng gibt, und ko si selber hinstell'n.«

Spätheimkehrer begibt sich zu altem Kumpel, der inzwischen SED-Bonze geworden ist, und bittet um Job.
»Gemacht, August«, sagt der Bonze. »Volkseigener Betriebsleiter. 3000 im Monat.«
Der Heimkehrer winkt ab: »Nett von Dir. Aber: Drei Jahre Stift in de Versicherung, acht Jahre Barras und zehn Jahre Sibirien is keene Laufbahn.«
»Also gut. Komm in mein Ministerium! 1500.«
»Fritze, Mensch! Ick in et Ministerium? Wo ick nischt jelernt habe wie schießen un Kohle buddeln? Jibb mir in Pankow draußen bei meine Wohnung ne jemütliche Stellung, wo ick meine fünf-sechshundert Piepen an Land ziehe, und die Sache is jeritzt!«
»Tut mir leid«, sagt der Bonze. »Mit Deiner Ausbildung nichts zu machen. Außerdem sind die Posten in dieser Preislage nicht gemütlich.«

Tag der Offenen Tür. Mama am Fabriktor, nach Besichtigung von Vaters Arbeitsplatz: »Gell, Kinder! Ihr hättet auch nicht gedacht, daß der Papa so gescheit ist!«

Verdruckte Echtheit: »Jede achte deutsche Frau hat für die Berufssorgen ihres Mannes starkes Interesse.«

Hildesheimer Abendblatt, 16. 12. 1928

Kein Mann ist ein Versager, bevor ihn seine Frau dafür hält.

Verfasser unbekannt

Wem Gott ein Amt gibt, gibt er auch Verstand, und sollte man auch das Gegenteil finden: Kommen denn alle Ämter von Gott?

Karl Julius Weber,
Demokritos IV, 13

Lord Salisbury zu einem britischen Bischof, der auf die Neubesetzung eines kirchlichen Amtes drang, dem er außergewöhnliche Wichtigkeit beimaß: »In Großbritannien gibt es nur zwei

Posten von außergewöhnlicher Wichtigkeit: Das eine ist das Amt des Premierministers und das andere das Foreign Office. Alle anderen Posten kann jeder einigermaßen Zurechnungsfähige ausüben.«

Ein junger Mann bewarb sich bei einer großen Firma um einen verantwortungsvollen und sehr begehrten Posten. Zusammen mit einigen anderen, in die engere Wahl gezogenen Bewerbern wurde er zu einer Eignungsprüfung geladen. Eine Frage lautete: »Wie groß ist die Entfernung zwischen Erde und Sonne?«
Der junge Mann schrieb: »Das weiß ich nicht. Ich glaube aber nicht, daß die Sonne so nahe ist, daß sie mich bei der Erfüllung meiner Pflichten stört.«
Er machte das Rennen.

»Für mich jedenfalls«, trumpft der Vater auf, »ist es eine Gnade und ein Vergnügen, arbeiten zu dürfen.«
»Siehst du«, erwidert der junge Faulpelz kühl, »und ich bin eben der Auffassung, daß wir nicht zum Vergnügen auf der Welt sind.«

Ein ehemaliger deutscher Wirtschaftsminister erzählte: »Jedesmal, wenn mich Gewerkschaftler besuchten, um mit mir über die Länge der Arbeitszeit zu sprechen, machte ich mir das Vergnügen, sie zu fragen, wie lang ihre eigene Arbeitszeit sei. Damit geriet das Gespräch sofort in eine gelöste Form.«

Ein Chef glaubt, den Arbeitseifer ankurbeln zu müssen. Er kauft drei Dutzend Tafeln mit dem Spruch »Was du heute kannst besorgen, das verschiebe nicht auf morgen!« und läßt sie im Betrieb aufhängen.
Vier Wochen später besucht ihn ein Freund, dem er die Aktion hoffnungsvoll angekündigt hatte. Der Gast sucht die Schilder vergeblich.
»Haben sich nicht bewährt«, berichtet der Chef bitter. »Innerhalb einer Woche ist mir ein Buchhalter mit 30000,– Mark durchgebrannt, die Sekretärin hat gekündigt, um zu heiraten, drei Konstrukteure haben mir ein Ultimatum gestellt ›Entweder mehr Gehalt oder Adieu‹, und die Lehrlinge haben einen Ausbilder verprügelt.«

Ein Angestellter begründet seinen Wunsch nach Gehaltserhöhung mit seiner Kurzsichtigkeit. Der Abteilungsleiter lächelt milde und spricht: »Ihre Kurzsichtigkeit, lieber Herr Lehmann, ist eine bedauerliche Sache, aber doch ganz gewiß kein Grund für einen höheren Lohn.«
»Aber selbstverständlich ist sie das«, beharrt der Bittsteller. »Ich kann niemals erkennen, ob ich von einem Vorgesetzten beobachtet werde. Was bleibt mir also anderes übrig, als, im Gegensatz zu den Kollegen, immer zu arbeiten?«

I ko essn und trinka, was i will, mir schmeckt koa Arbat.

Aus Bayern

I woaß nit, i hab
mit dar Arbeit koan Freud;
denn grad mit dar Arbeit
versamt ma die Zeit.

Aus dem Böhmerwald

Nur wer die Arbeit kennt,
weiß, was ich meide.

Das ist's ja, was den Menschen zieret,
und dazu ward ihm der Verstand,
daß er, zwar spät, doch endlich spüret:
Die Arbeit drückt uns an die Wand.

Verfasser unbekannt

Der Regisseur des Dresdner Opernhauses und die Bühnenarbeiter hatten Streit. Ein Vermittlungsversuch brachte die Streikenden wieder auf ihre Posten; ihre Leistung allerdings war mäßig. Zur Rede gestellt, erklärte der Vorturner: »Was wolln Se denn? Wir machen unsern Kram. Bloß de Indellichenz lass' mer beiseide.«

Wenn man durch Arbeit zu Reichtum gelangen könnte, gehörten die Mühlen den Eseln.

Aus Rumänien

Es gibt Esel, welche wollen,
daß Nachtigallen hin und her
des Müllers Säcke tragen sollen.
Ob's recht, fällt mir zu sagen schwer.
Doch weiß ich: Nachtigallen wollen
nicht, daß die Esel singen sollen.

Bürger,
Esel und Nachtigallen

Bewerbung

Allround. Erforsche für Sie den Dschungel. Repariere die Maschinenanlage Ihrer Yacht, heute bei polarischer Kälte, morgen in tropischer Nacht. 26 Jahre, led., Führerschein 1, 3, menschlich, technisch, künstlerisch allround. 30 Staaten gesehen. Suche zum 1. 1. 68 bewegliche, verantwortungsvolle Aufgabe. Ang. unter . . .

Westdeutsche Allgemeine, 9. 12. 1967,
Verschiedenes

Graf Bobby tippt mit dem Finger auf die Schlagzeile »Raffinierter Juwelendieb gesucht«: »Unglaublich, solche Positionen öffentlich auszuschreiben!«

In den Pariser Affiches las man vor der Revolution: Man suche gegen so und soviel eine Stelle von so und soviel Besoldung, die keinerlei Tätigkeit erfordere; eine Ratstelle, die keine Kenntnis der Geschäfte notwendig mache; eine Offiziersstelle bei einem Feldregiment, die man zu Paris versehen kann; eine Stelle, bei der man allen Partien des Hofes ohne viel Mühe beiwohnen könne.

Karl Julius Weber, Demokritos IV, 5

»Sie suchen einen Buchhalter, Herr Direktor?«
»Zwei. Den bisherigen auch.«

Personalchef zum Bewerber: »Ihre Frau Mutter scheint eine hohe Meinung von Ihnen zu haben. Andere Referenzen haben Sie nicht?«

Berliner Stellungsuchender 1932 zum Personalchef: »Ick weeß, Arbeet is knapp. Drum sahre ick ja: Nehmen Se mir! Sie glooben jar nich, mit wie wenich ick zufrieden bin.«

Beim Alten Fritz bewarb sich ein junger Offizier um eine Rittmeisterstelle. Der König knurrte: »Die Leute sagen, Er säuft.«
»Majestät«, erwiderte der Mann, »die Leute reden viel. Sie sagen auch, daß Seine Majestät ein saugrober Kerl sein könne.«
Der Bewerber erhielt die Stelle.

Die Stadt Wilna suchte einen neuen Synagogensänger. Moses Rivkes war vorgeschlagen, aber vielen Bürgern gefiel seine Stimme nicht. Man fragte den großen Rabbi Sabbatai Kohen, und dieser entschied: »Geschrieben steht, ein Chasen muß sein verheiratet: Das ist er. Ein Chasen muß sein a guter Talmudkenner: Das ist er. A Kantor muß sein a gottesfürchtiger Mann: Das ist der Reb Moses. Er muß besitzen a guten Ruf: Reb Moses hat a guten Ruf. Und a Chasen muß haben a gute Stimm: Bitte schön, a gute Stimme hat er nicht, aber wer ist vollkommen?«

Chaim will Nachrichtensprecher werden. Itzig begleitet ihn zum Funkhaus und wartet unten.
Eine Stunde später kommt Chaim wütend zurück: »N – Nix! A – All – les A – Antisem – miten!«

Herbst 1941. Ein Mann kommt zum Arbeitsamt und will »Stellvertreter des Führers« werden.
»Sind Sie verrückt?« brüllt der Sachbearbeiter.
»Nein«, erwidert der Mann. »Muß man das?«

Ein Bewerber, der wegen seiner Jugend abgelehnt wurde: »Ehrenwort! Von diesem Fehler lege ich täglich ein Beträchtliches ab.«

Richard Wagner zu Bismarck: »Mein sehnlichster Wunsch wäre, einige Jahre in der Nähe Eurer Durchlaucht wirken zu können.«
Der Kanzler erwiderte: »Leider besteht wenig Aussicht für mich, nach Bayreuth versetzt zu werden.«

Bei Ernst von Possart sprach ein junger Schauspieler vor. Der Meister lobte Organ, Wortbehandlung, dramatische Einfühlung und schloß: »Allerdings sind Ihre Anlagen noch nicht so entwickelt, daß ich Sie an Allerhöchster Stelle vorschlagen kann.«
Dieser Saldo nach langer Vorrede, die zu den schönsten Hoffnungen berechtigte, brachte den jungen Mann aus der Fassung. Er stierte den Meister an und sprach in finsterer Entschlossenheit: »Ich scheiße auf alle Intendanten.«
Possart erwiderte: »Lieber junger Freund: Wieviele Intendanten gibt es in Deutschland? Was träfe auf den einzelnen? Wie aber, wenn sämtliche Intendanten auf Sie, nicht wahr?«

Zirkusdirektor zum stellungsuchenden Löwendompteur: »Schon besetzt. Fragen Sie morgen wieder nach!«

»Ich kann einen Vogel imitieren«, sprach der Artist. »Alter Hut«, erwiderte der Zirkusdirektor. »Die Nummer ist nicht mehr zu verkaufen.« Der Mann nickte ergeben und flog aus dem Fenster.

Fleiß

Sankt Niklas beschert wohl die Kuh, aber er liefert sie nicht am Strick.

Sprichwort

Wer alle Weag ebne will, stoßt an allen Dreck.

Aus dem Allgäu

Eine Hündin behauptete, sie gebäre unter allen vierfüßigen Tieren am leichtesten. Hierauf entgegnete das Schwein: »Bedenke, daß du deine Kinder blind zur Welt bringst!«

Äsop, Das Schwein und die Hündin

Willst gelangen du zum Ziele,
wohlverdienten Preis gewinnen,
muß der Schweiß herunterrinnen
von der Decke bis zur Diele!

Friederike Kempner

Aus einem Schüleraufsatz: »Schon in aller Morgenstunde legen die Hennen ihre Eier. Daran sollen sich alle braven Kinder ein Beispiel nehmen.«

Ein Bauer, der dem Tode nahe war und den Wunsch hegte, auch seine Söhne möchten den Landbau zum Beruf erwählen, sprach: »Liebe Kinder, ich scheide jetzt aus dem Leben. Ihr werdet, wenn Ihr sucht, meinen ganzen Schatz finden. Ich habe ihn in meinem Weinberg versteckt.« Nach dem Tode gruben die Söhne den ganzen Weinberg um. Sie fanden zwar keinen Schatz, aber die Stöcke trugen Früchte in gesegneter Fülle.

Äsop, Der Bauer und seine Söhne

Ein Hase lachte über die Füße der Schildkröte. Da sagte sie zu ihm: »Dich, Schnellfuß, übertrumpfen sie noch immer!« »Gut«, sprach der Hase. »Lasset uns einen Wettkampf vereinbaren!« – »Und wer soll Schiedsrichter sein?« fragte die Schildkröte. »Der Fuchs«, schlug der Hase vor. »Er ist gerecht und weise.«
Der Fuchs bestimmte die Strecke und gab das Startzeichen. Die Schildkröte fing sogleich an zu laufen. Der Hase aber lachte sie aus und sagte, er werde erst ein Stündlein schlafen und die Gegnerin dann auf halbem Wege überholen. Als er erwachte, hatte die Schildkröte gesiegt.

Babrios, Der Hase und die Schildkröte

Aus einem Schüleraufsatz: »In wenigen Jahren hatten die fleißigen Bauern die kahlen Berge in fruchtbare Täler umgewandelt.«

Der Reporter fragt den Sieger im oberbayrischen Holzfäller-Wettbewerb, wo er seine überlegene Technik erlernt habe.
»In der Sahara.«
»In der Sahara? Da gibt es doch keine Bäume.«
»Jetz nimmer.«

Aus einem Schüleraufsatz: »Am dritten Tage unseres Aufenthaltes war es sehr regnerisch. Deshalb mußten wir in der Jugendherberge bleiben, wo wir uns die Zeit mit Gesellschaftsspielen vertrieben. Am Abend waren alle noch nicht müde und lasen oder unterhielten sich auf ihren Zimmern. Ich aber studierte bei dem verhältnismäßig schlechten Licht im Bette eifrig die Jungfrau von Orleans, die mir keine Schwierigkeiten machte.«

Ein Nordamerikaner gründete in Panama eine Zigarrenfabrik. Anfangs waren die Arbeiterinnen sehr fleißig. Dann schwand der Eifer.
Der Unternehmer wußte sich zu helfen: Er verteilte Kataloge des Versandhauses Sears and Roebuck.

Ein Lehrling auf die Frage, warum kein Meister vom Himmel fiele: »Wahrscheinlich ist keiner oben.«

Das Theater ist zu Ende. Zwei Logenschließer klatschen wie besessen. Da läßt der eine erschöpft die Hände sinken.
»Weiter!« mahnt der andere. »Noch drei Vorhänge, und die erste Überstunde ist fällig.«

»Bedauere«, spricht der Bahnhofsvorstand von Wurzen zum Reisenden, der verdutzt seinem Zuge nachblickt. »Zu Ehren des Sechsten Parteitages der SED haben wir uns verpflichtet, unsere Züge um 18 Prozent früher abzufertigen.«

Eine Glühlampenfabrik in Odessa an einen Bürger, der in der ganzen Stadt vergeblich nach einer Fünfundzwanzig-Watt-Birne für ein Kämmerchen gesucht hatte: »Wir haben uns verpflichtet, zu Ehren der Oktoberrevolution die Produktion um zwei Millionen Watt zu steigern und fertigen daher bis zum 7. November nur noch Tausend-Watt-Birnen.«

Im Kreißen lag ein Berg. Er stöhnte furchtbar,
und auf der Erde herrschte rings Entsetzen.
Die Stunde kam – und eine Maus erschien!

Phädrus,
Fabeln IV,
Der kreißende Berg

»Typisch«, berichtet die altbayrische Putzfrau von den norddeutschen Zugereisten. »Wannst neikimmst, in der Diele, hängt a Spruch: ›Ohne Fleiß kein Preis‹!«

Energie und Tatkraft = Eigenschaften eines Mannes, die bei seiner Pensionierung gerühmt werden.

Schiff, Von Abs bis Zwiebelmuster

Faulheit ist: Wenn ein Mann mit dem Cocktailbecher in der Hand auf ein Erdbeben wartet.

Ein Lehrer stellte das Aufsatzthema »Was ist Faulheit?« und verlangte vier Seiten Text. Ein Schüler schrieb auf die erste Seite »Das«, auf die zweite »ist«, auf die dritte »Faul-« und auf die vierte »heit«.

Ein Mann über eine Schildkröte: »Jetzt schaue ich dem Vieh schon geschlagene zwei Stunden zu. Es rührt sich nicht. Es gibt auf der Welt doch Kreaturen von einer geradezu widerwärtigen Faulheit!«

Bauhilfsarbeiter Kari starrt auf den Boden. »Wos schaugst?« fragt Lucki.
»Urm.«
»Wos is?«

»Urm!«
»Deifi no amoi! Was magst?«
»Schau hoid hi!«
»A Wurm? Warum sagst'n oiwei ›Urm‹, Blödel?«
»Z'miad!«

Ein Bauhilfsarbeiter, der im Gegensatz zu den Kollegen, die zwei Bretter tragen, bei jedem Gang nur ein Brett unter den Arm klemmt: »Die sind bloß zu faul, öfter zu gehen.«

»Geht bei Dir alles so langsam?« fragt der Meister den neuen Lehrbub.
»Nein«, erwidert der Bengel gähnend. »Ich werde schnell müde.«

Zwei Gangster in Chikago strichen einen Lastwagen in den Farben der Stadtverwaltung, fuhren zu einem behördlichen Bauhof und luden Stahlrohre auf. Bevor der Wagen voll war, wurden sie gefaßt. Einem Polizisten war aufgefallen, daß sie unangemessen schnell arbeiteten.

Das Phlegma gleicht Saul, dem Sohne Kis, der da ausging, seines Vaters Esel zu suchen, und ein Königreich fand. Chi va piano, va sano. (Wer langsam geht, geht sicher.)

Karl Julius Weber,
Demokritos III, 5

Der ideale Mitarbeiter ist intelligent und fleißig, der wertvolle intelligent und faul, der brauchbare dumm und faul. Die Kombination von Dummheit und Fleiß ist asozial.

Verfasser unbekannt

»Neu'mol abgeschnitte und no z'ku'z«, hot der Tirolar gsait.

Aus dem Allgäu

Ausdauer

Vor vielen hundert Jahren lebte in China ein kunstfreundlicher Kaiser. Eines Tages hatte er den Wunsch, eine geschnitzte Pagode zu erwerben. Er ließ einen jungen Mann kommen, der das Schnitzerhandwerk beherrschte, und gab ihm den Auftrag.
Der Schnitzer machte sich mit Eifer ans Werk. Bei jedem Schnitt, den er in das weiche Holz führte, dachte er an den hohen Lohn, der seiner harrte. Eines Tages würde er ein reicher Mann sein und aller Sorgen ledig. Das Werk wuchs unter seiner Hand und wurde fertig. Er brachte es dem Kaiser. Der betrachtete es von allen Seiten, schüttelte den Kopf und gab es zurück.
Der junge Mann machte sich ein zwei-

tes Mal an die Arbeit. Er träumte von dem Ruhm, den er ernten werde, wenn alle Welt erführe, daß der Kaiser eine von seiner Hand geschnitzte Pagode besäße. Als er nach langen Monaten harter Arbeit fertig war, brachte er das Werk seinem Herrn. Doch dieser nahm es abermals nicht an.
Ein drittes Mal setzte sich der Künstler hin, und wieder verflossen unter seinen fleißigen Händen die Monate. Sein schönster Gedanke war die Gunst der Frauen, die er finden werde. Die Pagode trat aus dem ungeformten Material, und voll Stolz brachte er sie dem Kaiser. Aber sie war nicht gut.
Da ging der junge Mann betrübt nach Hause, nahm sein Messer und setzte sich zum vierten Male nieder. Er wünschte nichts anderes, als die schönste Pagode zustande zu bringen, die jemals ein Mensch geschaffen hat. Es wurde Winter, und es wurde Frühling und Sommer, und als sich die Tage verkürzten, war die Pagode fertig. Der Kaiser erhob sich von seinem Thron, als er sie sah; denn sie war herrlich.
Der Künstler aber erhielt alles, was er im letzten Jahr vergessen hatte: Reichtum, Ruhm und Liebe.

Wenn ma lang um de Stuehl rumgoht, kommt ma z'letzt auf 'n z'sitzet.

Aus dem Allgäu

Zwei Mäuse fielen in einen Milchtopf und versuchten vergeblich, sich zu befreien. Der Rand war zu hoch, die Wand zu glatt.
Die eine beschloß, den Todeskampf abzukürzen, und ließ sich untergehen. Die andere ruderte.
Nach einiger Zeit hatte sich eine Schicht Butter gebildet. Die Unverzagte konnte sich aufrichten, den Rand erreichen und hinaufklettern.

Viermal war der Mann mit seinem Anliegen bereits bei Franz I. von Österreich erschienen und abschlägig beschieden worden. Jetzt zog er mit dem fünften »Nein« davon. Der Kaiser blickte ihm nach und sagte zu seinem Adjutanten: »Sie werden's sehen – der Trottel setzt's durch.«

Einige Offiziere wollten bei Napoleon die Beförderung eines Kapitäns erlangen: Der Würdige habe durch persönlichen Mut und taktische Klugheit eine schon aufgegebene Schlacht gerettet. »Bon«, sprach der Korse. »Das war am Donnerstag. Was tat er am Freitag?«

Aus einem Berufsschüleraufsatz: »Daimler wollte einen Benzinmotor bauen. In Cannstatt, in einem Gartenhaus, machte er immer Versuchungen mit seiner Frau. Einmal wollte er nicht mehr. Aber seine Frau sagte: ›Wir wollen es doch noch einmal probieren.‹ Und da hat es dann geklappt.«

Konsequenz = *Heute* so, *morgen* so.
Inkonsequenz = Heute *so*, morgen *so*.

»Ihr habt es schwer mit Eurem Mann!
Zwar hat er viel Talente
und fängt auch viele Sachen an,
nur bringt er nichts zu Ende!«

»Doch ist er nicht prinzipienscheu,
er schätzt das Konsequente.
Selbst nachts im Bett bleibt er sich treu
und liefert nur Fragmente.«

Martial/Mostar,
Konsequent

Ein Mann kommt in eine fremde Stadt und sucht das Gerichtsgebäude. Er fragt einen Betrunkenen, der um seinen Wagen taumelt, und der Feuchte antwortet:
»Also, da fahren Sie jetzt hier hinunter, über die Kreuzung hinweg, nehmen die erste Querstraße rechts nach der Brücke und halten sich dann links ... Nein, da kommen Sie nicht zum Gericht. Moment, ja: Sie fahren jetzt hier die Straße hinauf, und wo links die große Eiche steht, biegen Sie ab, hinunter zur Brücke und dann ... Das ist auch nichts. Nein.«
Der Betrunkene macht noch mehrere Anläufe. Dann gibt er auf: »Von hier aus ist das Gericht überhaupt nicht zu erreichen.«

Firma

Produktionsleiter und Verkaufschef auf Tigersafari. Während der Betriebsmann noch im Zelt beschäftigt ist, macht sich der Verkäufer mit durchgeladener Flinte auf den Weg.
Zwei Schüsse. Gebrüll.
Zelt wird aufgerissen. Der Verkaufsmann stürzt herein. Auf der anderen Seite wieder hinaus. Wendet sich um und schreit: »Mach' ihn fertig! Ich hol den nächsten.«

In Chemnitz besuchte ein Textileinkäufer einen alten Lieferanten auf seiner kleinen »Klitsche«. Er wies auf einen imposanten Neubau: Breit, hell, hoch, modern.
Konkurrenz, jawohl, nickte der Sachse.
»Nein, kein Sachse. Gehen Sie nur hinüber!« riet er. »Schauen Sie sich alles an! Wunderbar ist alles. Holzgetäfelte Wände. Und das Schwimmbad! Herrlich! Lassen Sie sich das Angebot nicht entgehen!«
Der Kunde traute seinen Ohren nicht
»Wenn Sie alles gesehen haben«, fuhr der Klein-Produzent fort, »dann denken Sie daran, daß der Mann da drüben viel Geld in seinen Laden gesteckt hat, das er von Ihnen wiederhaben will!«

Abschreibung = Die Kunst, morgen von dem zu leben, was man heute ausgegeben hat.

Michael Schiff,
Von Abs bis Zwiebelmuster

Ein Tourist bewundert ein Geschäftshochhaus. »Wieviele Menschen arbei-

ten denn da drin?« fragt er einen Mann, der den Palast verläßt.
Der Gefragte streicht sich das Kinn und schaut die Fassade hinauf: »Ungefähr die Hälfte.«

»Also passen Sie auf, Neuer! Ich bin kein Freund langer Worte. Sie setzen sich da draußen vor die Glasscheibe, und wenn ich mit dem Finger winke, stehn Sie auf der Matte.«
»Ganz in meinem Sinne, Herr Direktor. Ich habe auch nichts übrig für Geschwätz. Wenn ich mit dem Kopf schüttele, komme ich nicht.«

Hauptproblem der Personalführung: Dem Mitarbeiter beweisen, daß er für einen Tag Urlaub zu wichtig und für eine Gehaltserhöhung zu unwichtig ist.

Von einem Direktionsassistenten wurde erzählt, er sei ein widerlicher Streber: Er streue dem Chef Niespulver auf den Schreibtisch, um »Gesundheit« wünschen zu können.

Ein Angestellter hatte behauptet, er arbeite für drei. Gebeten, die Namen der beiden anderen zu nennen, damit man sie hinauswerfen könne, interpretierte er: »Für mich, für meine Frau und für meinen Sohn.«

Kündigung: »Sie sind eine große Stütze für unsere Firma. Wir wissen nicht, wie wir es ohne Sie schaffen sollen. Aber ab nächstem Ersten wollen wir es versuchen.«

»Wegen Unstimmigkeiten entlassen.«
»Mit dem Chef?«
»Nein, der Kasse.«

Der Lehrkörper einer Berufsschule war bemüht, seinen Schutzbefohlenen Aufschluß zu geben, welche Schwierigkeiten sie im Berufsleben erwarten. Er schrieb tausend Betriebe an und fragte, welche Gründe den letzten drei Entlassungen zugrundelagen. Zwei Drittel der Antworten, gestreut durch alle Branchen und Jahrgänge, lauteten: »Vertrug sich nicht mit den Kollegen.«

Der Philosoph weiß etwas über alles. Der Spezialist weiß alles über etwas. Die Telefonzentrale weiß alles über alle.

Ein Bewerber gab an, die dreifache Buchführung zu beherrschen: »In meiner letzten Stellung waren alle mit mir zufrieden: Der Chef, die Aktionäre und das Finanzamt.«

Buchhalter zum betriebsfremden Kollegen: »Wie geht's?«

»Schlecht. Monatelang habe ich an der Unterschrift vom Alten geübt, und jetzt gehen wir in Konkurs.«

»Natürlich ist das ein Irrtum«, bestätigt der Chef. »Ich habe ihm bereits am Telefon gesagt, daß nichts zu holen ist.«

Glücklicher Chef: »Endlich keine finanziellen Sorgen mehr! Pleite.«

Konkurs = Beliebte Form der Sanierung für Unternehmer, die sich übernommen haben.

Michael Schiff,
Von Abs bis Zwiebelmuster

Die Sekretärin meldet, der Gerichtsvollzieher sei da: »Das muß doch wohl ein Irrtum sein, Herr Direktor!«

Ein britischer Geschäftsmann hatte pleite gemacht, berief eine Gläubigerversammlung ein, teilte die traurige Tatsache mit, bat um Geduld und versprach demjenigen, der ihm Spielraum gewähre, drei Shilling pro Pfund.
Ein Schotte meuterte. Der Falleur ernannte ihn zum Vorzugsgläubiger. Der Schotte beruhigte sich.
Nach der Versammlung aber fragte er, was ein Vorzugsgläubiger sei.
»Die anderen, wie Sie wissen«, erklärte der Brite, »müssen dreißig Tage warten. Sie aber sollen es schon heute erfahren: Niemand bekommt einen Penny.«

Chef

Georg von Siemens 1871 auf einer Verwaltungsratssitzung der Deutschen Bank: »Wenn 24 Leute eine Bank leiten wollen, dann ist das, wie wenn ein Mädchen 24 Freier hat. Es heiratet sie keiner, aber am Ende hat sie ein Kind.«

Geheimrat Fürstenberg, als ihn ein Besucher mit »Herr Direktor« ansprach: »Ick bin keen Direktor. Ick halte mir welche.«

Eine Schweizer Frauenzeitschrift ermittelte durch Umfrage den idealen Chef: »1,79 m groß, glücklich verheiratet, diskret-elegant gekleidet, Pfeifenraucher, von schlanker, jedoch kräftiger Figur, zwischen dreißig und fünfzig Jahre alt. Nicht blind für weibliche Reize, macht er seiner Sekretärin ab und zu ein Kompliment, ohne plump vertraulich zu werden.«

Manche Leute verstehen unter einem stillen Teilhaber einen Mann, der keinen Krach schlägt, wenn er bei einem Konkurs sein Geld verliert.

Henry Ford II

Aus einem Aufsatz einer Berufsschülerin: »Als ich den Fußboden ausfegte, kam der Chef zum Vorschein.«

»Mein Bleistift!« schreit der Manager.
»Hinter Ihrem Ohr, Herr Direktor«, erwidert die Sekretärin.
»Welchem, zum Teufel?«

»Der Chef«, erklärt der Büroleiter dem Neuen, »macht bisweilen Witze. Lautes Lachen hält er für plumpe Vertraulichkeit, Lächeln für Arroganz und Ernstbleiben für Dummheit. Richten Sie sich danach!«

Der Chef erzählt einen Witz. Die Angestellten wiehern. Nur einer verzieht keine Miene. Der Chef, zwischen Jovialität und Verärgerung schwankend, fragt: »Bessere gewöhnt, was?«
»Nein. Gekündigt.«

In Fürstenbergs Büro stürzte ein Angestellter: »Ihr Prokurist hat mich angeschrien! Er hat gesagt, ich solle mich zum Teufel scheren.«
»Was?« erwiderte Fürstenberg. »Da kommen Sie zu mir?«

Der schlesische Oberlandesgerichtspräsident von Kunowski tauchte 8 Uhr morgens vor dem Amtsgericht in Gottesberg/Waldenburg auf. Ein müder Sekretär, den er nach den übrigen Herren fragte, erwiderte: »Mit wem habe ich bitte das Vergnügen?«
»Ich bin der Oberlandesgerichtspräsident von Kunowski«, knurrte der Besucher. »Von Vergnügen kann da wohl keine Rede sein.«

Zeugenaussage eines Pförtners: »Der Angeklagte trat so unverschämt auf, daß ich glaubte, er sei ein neuer Direktor, und ihn passieren ließ.«

Der Chef ist ein Mensch wie alle anderen. Er weiß es nur nicht.

Ein reichgewordener Rüpel hat einer christlichen Wochenzeitschrift ein Interview gegeben. »Und vor allem, Schreiber«, ruft er dem Journalisten noch nach, »daß mir drinsteht, daß ich ein echter Selfmademan bin!«
»Ganz gewiß«, versichert der Scheidende. »Schon um unseren Herrgott zu entlasten.«

Sekretärin am Sprechgerät: »Herr Direktor, hier ist ein Herr, der Sie nach dem Geheimnis Ihres Erfolges fragen möchte. Er bittet um einen Termin.«
Lange Pause.
Rückfrage mit ungewöhnlich leiser Stimme: »Journalist oder Polizei?«

Aktiengesellschaft = Großbetrieb, in dem die leitenden Angestellten so tun, als gehöre er ihnen.

Schiff, Von Abs bis Zwiebelmuster

Die Sekretärin meldet, daß heuer nur ein Papierkorb voll Weihnachts- und Neujahrsgrüßen eingegangen ist.
Der Chef ist entrüstet: »Stellen Sie sofort fest, wer nicht geschrieben hat!«

Der Chef: »Müller, Meier & Muffke haben Konkurs angemeldet. Wieviel sind die uns noch schuldig?«
Buchhalter: »Nichts. Alle Außenstände sind beglichen.«
»Bei Sauerteig Söhne sind größere Unterschlagungen aufgedeckt worden, höre ich. Wie hoch stehen die bei uns in der Kreide?«
»Wir haben mit Sauerteig Söhne seit Jahren keine Beziehungen mehr.«
»Verdammt nochmal!« schreit der Chef. »Habe ich eine Firma oder habe ich keine?«

»Sollte ich während der Narkose von meiner Bilanz reden«, schnauft der Generaldirektor auf dem Operationstisch: »Kein Wort entspricht den Tatsachen!«

Direktor = Mitarbeiter, der zwei Stunden zu Tisch gehen kann, ohne vermißt zu werden.

Schiff, Von Abs bis Zwiebelmuster

Zwei Löwen sind aus dem Tierpark ausgebrochen. Einer kommt drei Tage später zurück, abgemagert und hungrig. Der andere wird zwei Wochen später eingefangen. Er steht gut im Fett und berichtet, er habe sich in einer Großfirma aufgehalten: »Jeden Tag zwei Direktoren gefressen. Und das Tollste: Kein Mensch hat etwas gemerkt.«

Ein Handelsschüler definierte: Ein Leitender Angestellter ist ein Mann, der sich mit den Besuchern unterhält, um den übrigen Angestellten des Betriebes ungestörtes Arbeiten zu ermöglichen.

Definition »Der Sohn des Chefs«: Ein mehr oder weniger junger Mann, der morgens in den Betrieb kommt und sich gegen Mittag von der Pike auf hochgearbeitet hat.

Moses Mendelssohn wurde bedauert, weil er den Buchhalter eines reichen Dummkopfes spielen mußte, um nicht zu verhungern.
»So ist es schon in Ordnung«, erwiderte der Philosoph. »Wenn ich der Herr wäre, ich könnte ihn nicht gebrauchen.«

Brief an den im Urlaub befindlichen Zoodirektor: »Der Gorilla macht uns Sorgen. Er tobt und frißt nicht. Oft sitzt er auch tagelang, ohne sich zu rühren. Er braucht einen Kameraden.

Was sollen wir bis zu Ihrer Rückkehr tun?«

Ein stolzer Fabrikherr verkündete: »Ich ernähre tausend Menschen.« »Man kann auch sagen«, erwiderte der

Sekretärin

La plus mauvaise chambre vaut mieux que l'antichambre. Das armseligste Zimmer ist immer noch besser als das Vorzimmer.

Verfasser unbekannt

Kameradin und Frau möchte ich gebildetem, vielseitig interessiertem Herrn zwischen 35 und 45 Jahren sein. Trotz harten Berufs (Chefsekretärin) bin ich (Ende zwanzig, groß, blond, schlank) weiblich und feinfühlend geblieben ...

Süddeutsche Zeitung, 4. 11. 1967

»Verzeihen Sie bitte, Herr Direktor: Wie war noch gleich der Text zwischen ›Sehr geehrter‹ und ›Hochachtungsvoll‹?«

Perfekter Chef = Wer in der Lage ist, von einer rothaarigen Stenotypistin die vierte Abschrift eines dreimal verschriebenen Briefes zu fordern.

Gesprächspartner, »tausend Menschen ernähren Sie.«

Die Gattin des Chefs, zum Einkauf gerüstet, zur Sekretärin: »Nur einen raschen Blick auf die Umsatzkurve.«

»Ihre Briefe werden besser.«
»Wirklich, Herr Direktor?«
»Bald wird der Tag kommen, an dem wir den ersten abschicken können.«

Er hatte die Hoffnung aufgegeben, daß sie jemals anständige Briefe schreiben würde. Also akzeptierte er ihre Tippfehler und Radierlöcher und verschickte sie. Neben seine Unterschrift aber stempelte er als »P. S.: Schreiben kann sie nicht. Aber sie ist sehr hübsch.«

Chef über seine Sekretärin: »Keine Ahnung von Rechtschreibung! Jedes zweite Wort muß man im Duden nachschlagen.«

Eine schlechte Sekretärin ist unentbehrlich, weil sich keine Nachfolgerin in dem hinterlassenen Chaos zu orientieren vermag.

Der Chef weist seine neue Sekretärin ein: »Ich wiederhole noch einmal, was Sie zu tun haben: Diktate aufnehmen, fehlerfreie Briefe schreiben, das Telefon bedienen, mir unerwünschte Besucher und sich selbst heiratswillige Verehrer vom Halse halten.«

Probier, wie sie sich tippen läßt!
Dann gönne mir den Lippen-Test!

Gerhard Schumann,
Freundliche Bosheiten,
Mit einer Schreibmaschine

Sie blitzt ihn an: »Soso! Du behauptest also, das Haar auf Deinem Anzug stamme von Deiner Frau?«

Walt Disney und sein Bruder Roy gründeten ihr Filmatelier in Hollywood fast ohne Geld. Eine Mitarbeiterin, die es eigentlich nicht nötig hatte, Geld zu verdienen, löste ihre monatlichen Schecks niemals ein. Zunächst freuten sich die Beiden. Dann dämmerte ihnen die Gefahr, die drohte, wenn es dem Mädchen einfallen sollte, die gesammelten Gutschriften auf einmal einzulösen.
»Wir sprachen deshalb mit ihr«, erzählte Walt, »und sagten, daß wir es reizend fänden, wenn sie ihre Schecks, da sie offensichtlich nicht gebraucht würden, vor unseren Augen zerrisse. Am nächsten Tag brachte sie die gefährlichen Papiere mit und vernichtete sie. Vielleicht ist das der eigentliche Anstoß für mich gewesen, sie zu heiraten.«

Nicht jeder Ausschnitt ist ein Köder,
nicht jeder Chef ein Schwerenöter.

Reinhold Stecher,
Vorzimmerspruch

Lohn

Ein Johannesburger Kaufmann reiste nach dem nördlichen Transvaal. Vor der Hütte eines Eingeborenendorfes sah er einen Korbflechter. Er bewunderte die geschmackvolle Arbeit und fragte, ob er einen Korb kaufen könne. Der Handwerker verlangte zehn Shillinge.
Wann er den Korb haben könne?
»Heute abend vielleicht«, erwiderte der Neger. »Oder morgen. Oder übermorgen.«
»Gut«, meinte der Weiße. »Ich komme in drei Tagen wieder.«
Er besorgte seine Geschäfte im Norden, überlegte sich, daß mit diesen Körben in der Stadt ein guter Gewinn zu erzielen sei, kehrte pünktlich zurück und fragte, was der Korb koste, wenn er fünfzig Stück abnehme.
Der Schwarze kratzte sich hinter dem Ohr: »Fünfzig Körbe fünfzig Pfund.«
Der Kaufmann lachte: »Bist du verrückt? Wenn ich einen Korb haben

will, verlangst du zehn Shillinge, und bei fünfzig Körben pro Stück das Doppelte?«
»Nicht verrückt«, erklärte der Flechter. »Verstehn! Ein Korb Freude. Fünfzig Körbe Arbeit.«

Rechnung einer Reparaturwerkstatt:

Eine Mutter anziehen	–,05
Gewußt wo	4,95
	5,–

Adolph Menzel hatte einen Beitrag zu einem graphischen Werk versprochen und vergessen. Der Herausgeber besuchte und erinnerte ihn. Menzel setzte sich nieder, und in zwanzig Minuten lieferte er die gewünschte Zeichnung. Forderung: 250 Taler.
Der Verleger kräuselte die Stirn: »Ist das nicht zuviel Geld für zwanzig Minuten Arbeit, Exzellenz?«
Der Künstler erwiderte: »Um diese Zeichnung in zwanzig Minuten vollbringen zu können, mein Herr, habe ich sechzig Jahre gelernt.«

Als Johannes XXIII. nach seiner Inthronisation die Sedia gestatoria bestieg, fragte er die Träger nach ihrem Lohn und gebot einen Zuschlag: »Ich bin schwerer als mein Vorgänger.«

Ein Arbeiter prüfte seine Lohntüte, fand zwanzig Mark zuviel, schmunzelte und steckte ein.
Am nächsten Freitag fehlten zwanzig Mark. Er ging zum Lohnbüro. Man forschte nach, entdeckte den Fehler der Vorwoche auch und fragte den Mann, warum er sich nicht schon vor acht Tagen gemeldet habe.
»Wir sind alle nur Menschen«, erwiderte der Arbeiter. »Jeder macht einmal einen Fehler. Aber innerhalb von acht Tagen zwei falsche Abrechnungen – das geht zu weit!«

Chef zum Angestellten: »Bitte denken Sie einmal darüber nach, warum ich Ihnen das Gehalt in unserer Geschenkpackung überreiche!«

Der Chef zum Firmenjubiläum: »Ich danke von ganzem Herzen für Ihre Glück- und Segenswünsche und erlaube mir, zur Feier des heutigen Tages Ihnen alles das zu schenken, was Sie mir in den letzten Jahren gestohlen haben.«

»Wenn ich, bitte, Herr Direktor, höflich darauf hinweisen darf, bitte, daß ich heute 25 Jahre in Ihrer Firma tätig bin.«
Der Chef schießt hoch, ergreift die Hand des Jubilars, schüttelt sie lange und kräftig: »Das freut mich aber, lieber Schulze. Ich gratuliere Ihnen von ganzem Herzen, von ganzem Herzen! Nicht jede Firma besteht heutzutage 25 Jahre.«

Inserat eines astrologischen Verlages: »Wollen Sie, daß Ihr Chef Sie auf den Knien bittet, eine Gehaltserhöhung anzunehmen? Dann bestellen Sie umgehend unser neues Werk: ›Perfekte Hypnose im Selbststudium‹, 25,– DM!«

Die Sekretärin zum Chef: »Entweder Sie bessern mich auf oder ich schreibe Memoiren.«

Ein Buchhalter bat die Sekretärin, ihm zu verraten, wie sie ihre Gehaltszulage durchgesetzt habe.
»Das kann ich Ihnen schon sagen«, erwiderte die Dame. »Aber es nützt Ihnen nichts.«

Leo Slezak bekam ein telegraphisches Angebot: »Hundert stop Tausend Grüße«.
Er drahtete zurück: »Tausend stop Hundert Grüße«.
Man einigte sich auf je Fünfhundert.

Walt Disney über das auf seinem Schreibtisch stehende Aquarium: »Es ist beruhigend, Wesen um sich zu haben, die nicht jedes Mal, wenn sie den Mund aufmachen, Gehaltszulage fordern.«

Der junge Emil Jannings bat den Direktor des Glogauer Stadttheaters um Vorschuß. In diesem Augenblick schoß unter dem Schreibtisch eine Bulldogge hervor. Der Bittsteller verschwand fluchtartig.
Kollegen klärten ihn auf: »Der Alte hat den Köter ›Vorschuß‹ getauft. Mit seiner Hilfe gelingt es ihm, Diskussionen über dieses Thema zu vermeiden.«

Die Garde Friedrichs II. war in Sanssouci aufmarschiert, um den überfälligen Sold zu fordern. Der König trat ein, musterte die Soldaten und gebot »Richtet euch!«
Sie standen wie eine Mauer.
»Rechts umkehrt euch! Marsch!« gebot der König. Die Bittsteller zogen, ohne ein Wort verloren zu haben, ab.

Aus einem Schüleraufsatz: »In der Sowjetunion kann sich kein Arbeiter seinen Löhnen widersetzen.«

»Was verdient ein Arbeiter in den Staaten durchschnittlich?« fragte ein Jugoslawe.
»300 Dollar im Monat«, sagte der Amerikaner.
»Wieviel braucht er zum Leben?«
»Vielleicht 250.«
»Was tut er mit dem Rest?«
»Wir sind ein freies Land und fragen nicht danach.«
Pause.
»Was verdient ein Arbeiter in Jugoslawien durchschnittlich?«
»15 000 Dinar.«
»Wieviel braucht er zum Leben?«
»20 000.«

»Da fehlen ihm doch 5000! Wo nimmt er die denn her?«
Der Jugoslawe strahlte: »Wir sind ein freies Land und fragen nicht danach.«

Als Nasreddin Hodscha nach längerer Krankheit wieder ins Badehaus kam, hatte das Personal gewechselt, und niemand kannte ihn. Da er schlicht gekleidet war, behandelte man ihn grob und lässig. Er legte zehn Asper auf den Zahltisch, einen selbst für vermögende Kunden ungewöhnlichen Lohn.
In der folgenden Woche kam er wieder. Er wurde bedient wie ein Pascha und zahlte mit einem Asper.
»Waren Euer Gnaden nicht zufrieden?« fragten die langen Gesichter.
»Sehr«, erwiderte der Eulenspiegel. »Aber für das heutige Bad zahlte ich bereits vor acht Tagen. Der heutige Betrag entspricht Eurer Leistung in der vergangenen Woche.«

Bei meinen vielen Reisen in Deutschland war ich stets im unklaren, welches Trinkgeld ich dem Postillon zu geben hatte. Ich half mir so: Ich trug stets eine größere Summe in Kreuzern bei mir. An den Wagenwechselstationen zählte ich dem abgehenden Postillon Kreuzer für Kreuzer in die Hand, behielt dabei sein Gesicht im Auge und nahm, sobald ein freundliches Schmunzeln über seine Züge spielte, den letzten Kreuzer zurück. Ich bin überzeugt, auf diese Weise stets angemessen und nie zuviel bezahlt zu haben.

Balzac

Ein Bub verdiente sich sein Taschengeld damit, daß er Nachbarn den Rasen mähte. Eines Nachmittags traf er keinerlei Anstalt, Hilfe anzubieten. Er lag im Fenster und hielt Ausschau. Als die Mutter fragte, ob er denn nicht verdienen gehen wolle, erklärte er: »Ich warte, daß einer von den Leuten selbst anfängt. Wenn man dann hingeht und sich anbietet, weißt du, steigt der Lohn.«

Ein reicher Filz wurde aus dem Wasser gerettet und gab ein klägliches Trinkgeld.
Die Zeugen murrten. Der Samariter sprach: »Er muß selbst wissen, was er wert ist.«

Ein Reisender übernachtete auf einer kleinen Farm in Texas: »Wie, in aller Welt, halten Sie sich bloß über Wasser?«
Der Farmer zeigte auf einen jungen Burschen: »Conny arbeitet für mich. Da ich nicht bezahlen kann, geht die Farm in zwei Jahren in seinen Besitz über. Dann arbeite ich für ihn, bis sie wieder mir gehört.«

Die junge Schönheit nimmt die reparierte Uhr in Empfang: »Kostet?«
Der Meister legt das Gesicht in süße Falten: »Einen Kuß, Gnädigste!«
»In Ordnung«, sagt sie und packt die Uhr ein. »Meine Großmutter kommt nachher vorbei und zahlt.«

Ein Chefpilot der BEA, eingesetzt auf der Strecke London–Kopenhagen, beteiligte sich an einem Handarbeitswettbewerb. Er legte einen selbst geknüpften Teppich vor und gewann den ersten Preis: Eine Flugreise London–Kopenhagen.

Der Xaver, befragt, warum er den Barthl einen Doppelverdiener genannt habe: »Weil er links und rechts a Fotzn verdient!«

Karriere

Der Pariser Notar Roquideau fragte 1796 die Klientin Josephine de Beauharnais: »Sie wollen wirklich diesen Soldaten heiraten, der nichts hat als Mantel und Degen?«
Josephine wollte, und Bonaparte hatte im Nebenraum mitgehört.
1804 stand der Notar unter den Krönungsgästen. Napoleon erkannte ihn, trat auf ihn zu und zeigte auf den Kaisermantel und das Schwert Karls des Großen: »Das hier, Monsieur, ist der Mantel und dieses hier der Degen.«

An dem Tage, als Graf Metternich in den Fürstenstand erhoben wurde, fragte sein Kammerdiener Giroux: »Werden Euer Durchlaucht den Rock anlegen, den gestern Euer Exzellenz trugen?«

Ein Vater auf die Frage, ob sein Sohn Karriere gemacht habe: »Karriere ist gar kein Ausdruck. Vor zwei Jahren trug er meine Anzüge, heute trage ich seine.«

Münchens ehemaliger Bürgermeister Thomas Wimmer zu auswärtigen Gästen: »Bittschön, mir san koane Deppn, aber was Richtigs san ma aa worn.«

»Soso! Der Goldmann ist in Bad Kissingen! Als ich ihn zum letzten Male sah, nahm er noch Natron.«

»Der reiche Maurice Lafontaine hieß früher Moritz Wasserstrahl.«
»Ich kannte ihn schon, als er noch Moische Pischer hieß.«

Der jüngste Sohn des James Meyer Rothschild wird in die Kutsche gehoben. Zwei Pariser Bürger staunen: »So klein, und schon ein Rothschild!«

Großer Jubel bei Prinzensteins in Schwerin. »Denk dir, Ruthchen«, rief man dem heimkommenden Schulkind entgegen, »Großpapachen ist Großher-

zoglich Mecklenburgischer Oberlandesrabbiner geworden!«
Die Kleine erstarrte: »Oberlandesrabbiner? In Mecklenburg? Als Jude?«

Während der Revolution ließ ein Franzose einen Neger frei. Der junge Bürger unterschrieb seitdem mit dem Zusatz: »Ehemals Neger«.

Hofrat Heinrich Jung-Stilling hatte seine Frau Selma verloren, war dann Professor in Marburg und endlich Prorektor geworden. Freunde besuchten ihn und begehrten, das Grab der Verstorbenen zu sehen. Sie gingen zum Friedhof, und der Totengräber führte sie. »Hier«, sprach er, am Ziel angelangt, »ruht die selige Hofrätin, nunmehrige Frau Prorektorin Jung.«

Traditionsgemäß gewährte Johannes XXIII. einige Tage nach der Krönung eine Familienaudienz. Die Roncallibauern aus Bergamo schlichen durch den vatikanischen Palast, in den Händen bunte Tücher mit Brot, Schinken und Wein. Mit zitternden Knien standen sie im Audienzsaal. Es öffnete sich das Portal, und der Bruder, im weißen Gewand des Papstes, trat ein. Da rutschte ein Bündel aus der Hand, und eine Flasche zerschlug auf dem Boden. Angelo Giuseppe lachte und sprach mit Johannes 6, 20: »Fürchtet Euch nicht! Ich bin es.«

Unmittelbar nach seiner Thronbesteigung traf Friedrich II. von Preußen seine Rheinsberger Zechkumpanen. Einer legte in vertrauter Manier einen derben Witz vor.
Friedrich musterte ihn mit eisigem Blick: »Monsieur! Ich bin der König.«

»Wia 's de Leit glei in' Kopf steigt, wenn s' a bisserl was worn san!« konstatiert der Moosrainer Barthl. »Seit s'n Ehhuber zum Bürgamoaster gwählt ham, ziagt a von da Wurscht d' Haut owa.«

Die Frau eines vom ritterschaftlichen zum königlichen aufgestiegenen Schulzen kam zur Kirche, als der Pfarrer eben das »Amen« gesprochen hatte und die Leute aufstanden.
»Bleibt sitzen!« rief sie. »Ich habe nicht vergessen, daß ich einst Euresgleichen war, und noch heute bin ich des alten Michels Urschel!«

Der Kollege hat eine Dozentur bekommen. Der Enttäuschte droht: »Wenn der glaubt, daß ich ihn jetzt mit ›Herr Professor‹ anrede, ist er auf dem Holzweg. Dieser Idiot bleibt für mich ›Herr Kollege‹.«

Am Ärztestammtisch über einen abwesenden Kollegen, der einer ihm entgangenen Chefposition nachschmollt: »Die Verdauung eines anderen befördern, das kann er. Aber die Beförderung eines anderen verdauen, das kann er nicht.«

Leon Amon, Botschafter der Republik Elfenbeinküste, 1968 zu Heinrich Lübke bei Überreichung seines Beglaubigungsschreibens: »Ihre brillante politische Vergangenheit, ein wesentlicher Faktor Ihres kometenhaften Aufstiegs in einer an Ehren reichen Karriere, gepaart mit hoher Kultur wie mit menschlichen Qualitäten, die ohne Zweifel auf Ihre erlauchte Herkunft zurückzuführen sind, insbesondere auch die Weisheit, die Seelengröße und die seltene Vornehmheit, mit der Sie seit bald zehn Jahren die Geschicke Ihres großen, wunderbaren Landes lenken, dies alles, Herr Bundespräsident, ist zweifelsohne die Grundlage der hohen Bewunderung und der besonderen Wertschätzung, die wir Elfenbeiner Ihnen entgegenbringen. Dies bewirkt auch, daß Sie in unseren Augen zu den erhabensten Gestalten der zeitgenössischen Geschichte gehören.«

Die Briten über William Pitt senior, als er Lord Chatham wurde: »Er ist die Treppe hinaufgefallen.«

»Waren Sie nicht früher Kutscher?« fragte Sir Edward Seymour.
»Gewiß«, antwortete das Unterhausmitglied Bircle. »Da Sie kein Kutscher sind, ist anzunehmen, daß Sie es niemals waren.«

Der Hotelier in Boston klopfte dem mißmutigen Stiefelputzer auf die Schultern: »Keep smiling, boy! Wir sind in Amerika. Ich habe auch als Stiefelputzer angefangen.«
»Well, wir sind in Amerika«, brummte der andere. »Ich habe als Hoteldirektor angefangen.«

Ein gewisser Henry Ford, ehemaliger Autorennfahrer, entwickelte um die Jahrhundertwende ein Modell »999«, das der Radrennfahrer Barney Oldfield mit einer Spitze von 100 Kilometern pro Stunde zum Siege fuhr. An diesem Tage begann der Aufstieg beider Männer.
Viele Jahre später sagte der Fabrikant: »Barney, du hast mich gemacht, und ich habe dich gemacht.«
»Stimmt«, erwiderte der Rennfahrer »Aber ich habe meine Sache besser gemacht.«

XV. Kapitel

Landwirtschaft
Beamte
Post
Handwerk
Geschäft
Handel
Vertreter
Werbung
Bank und Börse
Versicherung
Gastronomie I
Gastronomie II
Hotel

Landwirtschaft

Arme Menschen, arme Tiere,
ist's noch finster, müßt ihr raus!
Arme Tiere, arme Menschen,
lang ist's finster, geht's nach Haus.

Grüne Saaten, grüne Blätter,
braune Stämme, gelbes Schilf:
Ach, dem Landmann mit den Sorgen,
Gott, dem armen Landmann hilf!

Friederike Kempner,
Feldarbeit

Ein Bauer, der am Sonntagnachmittag arbeitete und vom Pfarrer darauf hingewiesen wurde, daß der Herr am siebenten Tage ruhte: »Er war eben am sechsten fertig.«

Der Funktionär der Gewerkschaft Landwirtschaft und Forsten besucht den Moosbauern: »Wieviele Leute beschäftigen Sie?«
»Drei Mägde und drei Knechte.«
»Welchen Lohn zahlen Sie?«
»Bei freier Wohnung und Verpflegung 40 Mark pro Woche für die Knechte und 30 für die Mägde.«
»Und sonst beschäftigen Sie niemand?«
»Doch«, sagte der Bauer. »Den Dorftrottel.«
»Was bekommt der?«
»Freie Wohnung und Verpflegung und 5 Mark Trinkgeld pro Woche.«
»Aha«, ruft der Funktionär. »Wo ist der Mann? Ich möchte mit ihm sprechen.«
»Hier.«

Grover Cleveland verweigerte in den neunziger Jahren einem Gesetz, das 25 000 Dollar zur Unterstützung der Landwirtschaft vorsah, die Zustimmung: »Ein solcher Mißbrauch von Staatsmitteln widerspricht der Verfassung. Außerdem ist es die Aufgabe des Volkes, die Regierung zu unterhalten, nicht aber Aufgabe der Regierung, das Volk zu unterhalten.«

Die Überzeugung von der Not der Landwirtschaft ist eine Art von Anstandspflicht geworden.

Georg von Siemens, Vortrag 1901

Brief eines amerikanischen Farmers an das Landwirtschaftsministerium:
»Sehr geehrte Herren! Mein Freund B. erhielt von Ihnen einen Scheck in Höhe von Dollar 1000.– dafür, daß er keine Schweine aufgezogen hat. Daraufhin habe ich beschlossen, ebenfalls das Geschäft des ›Keine-Schweine-Aufziehens‹ zu betreiben.
Können Sie mir bitte mitteilen, welche Schweinesorte man am besten nicht aufzieht? Ich würde am liebsten keine Hausschweine aufziehen, bin aber auch bereit, dasselbe mit Berkshires oder polnischen Schweinen zu machen. Wieviel kann ich erwarten, wenn ich zunächst einmal 100 Schweine nicht aufziehe? Und: Bleibt der Grundbetrag der gleiche, wenn ich meine Kapazität auf 1000 Schweine erhöhe? Kann ich mit einer zusätzlichen Überweisung von Ihnen dafür rechnen, daß ich den Mais und die Gerste, die ich

für die Schweine ja nicht brauche, auch nicht anbaue? Bitte antworten Sie bald, da heuer ein gutes Jahr für das Nichtaufziehen von Schweinen zu sein scheint.
P.S. Bestehen irgendwelche Bedenken, wenn ich neben der Nicht-Schweine-Zucht mir etwa zwei Schweine halte, damit wir im Herbst und Winter etwas Schinken und Speck haben?«

Bennet Cerf, Ausfallprämie

Ein Bauer über den Zollabbau: »Ich habe nichts dagegen, wenn in den Zaun ein Loch gemacht wird, daß meine Hühner zum Maier rüberkönnen. Aber das Loch darf nicht so groß sein, daß seine Hühner zu mir kommen.«

Auf dem Parteitag im Kreml wurde die Landwirtschaft der Sowjetunion gelobt. Es gäbe im ersten sozialistischen Land der Erde vier Ernten.
Auf der Pressetribüne wurden zwei Köpfe zusammengesteckt: »Stimmt. Eine aus Rußland, eine aus Polen, eine aus der Tschechoslowakei und eine von uns.«

Als ein Finanzbeamter einen oberbayerischen Hof betrat, hörte er den Bauern rufen: »Frau, paß auf, die Regierungssau ist im Hof.« Dem Besucher schlugen sich diese Worte auf die Galle, und er stellte den Kunden zur Rede. Der aber deutete auf ein fettes Schwein, das genüßlich um den Misthaufen strich, und sprach: »Das ist unsere Regierungssau. Die mästen wir, um die Steuern bezahlen zu können. Und da drin ist das Familienschwein. Das essen wir.«

In Masuren hat der Lehrer die Weihnachtsgeschichte gelesen, und nun fragt er, warum sich die Hirten fürchten. Das Karlchen vermutet: »Wahrscheinlich hüten sie im Fiskalischen.«

»Vom Landratsamt hams ma gschriem«, sagt der Bürgermeister zum Wimmer Kaspar, »ob du des Stück Weg, was di trifft, im Guatn richtn laßt oder obs di zwinga solln.«
Der Kaspar antwortet: »Liaba waar ma 's, wann s' mi zwinga daatn!«

Drei Proben macht der Bauer, sagt man, beim Kauf eines Taschenmessers: Er versucht, in der Luft eine Flaumfeder zu zerschneiden. Gelingt das nicht, legt er das Messer zurück. Gelingt es, versucht er, mit der Klinge Funken aus einem Stein zu schlagen. Gelingt das nicht, legt er das Messer zurück. Gelingt es, versucht er, das Messer in der Tasche verschwinden zu lassen. Gelingt das nicht, legt er es zurück.

Der Pfarrer will von einem seiner Bauern eine Kuh kaufen. Sie werden nicht handelseinig. »Hochwürden«, spricht der Landwirt freundlich, »wenn Sie mich über's Ohr hauen wollen, dann müssen Sie es auf der Kanzel tun.«

Der Ögonom ist Gozeidank ein schtarker Kadollik, indem er ahles klaubt und einen Zendrumbsmahn wehlt. Mir wiesen, das die Geischtlichkeit insere koschtbaren Sählen regihrt und in iere mitterliche Bflege niemt, damit das sie zu Hiemel farren. Disses ist eine glohreiche Kunzt, und ser schwehr.

Ludwig Thoma,
Jozef Filsers Briefwexel,
Bolidische Gedangen 1

Die Bäuerin kommt mit zwei Rezepten in die Apotheke, eines für den Bauern, das andere für das Pferd: »Schreim S' aber drauf auf die Flaschln, für wem s' ghörn! Daß dem Roß nix gschieht.«

Bescheinigung eines Bürgermeisters in Oberfranken: »Ich bestätige hiermit, daß die Bäuerin Sieglinde Niederlechner mit Ratten behaftet ist. Da sie einen anständigen Lebenswandel führt, kann man ihr Gift geben.«

Beamte

Lord Stanley of Alderley gründete einen Verein, dessen Mitglieder sich nicht kennen, nie zusammentreffen und keinerlei Beitrag zahlen. Sie verpflichten sich lediglich, jeden Brief an eine Behörde mit den Worten zu beschließen: »Sie sind, sehr geehrter Herr, mein ergebener und gehorsamer Diener.«

Welches natürliche Mädchen braucht viel Liebe und Geborgenheit? Ich bin bei einer Behörde tätig, 35/168 ...

Westdeutsche Allgemeine, 11. 11. 1967

Der brave Gellert, von Kästner befragt, welches Amt er im Staate bekleiden möchte: »Mein größtes Vergnügen wäre, von Staats wegen junge Frauenzimmer für den Ehestand vorzubereiten.«

Nachdem ein dänischer Exporteur jahrelang über die Formulare und deren Fragen geflucht hatte, die er ausfüllen mußte, wollte er wissen, ob sie überhaupt gelesen werden. Er trug in die Spalte »Art der Sendung« wechselweise ein: »Verschlafene Beamte«, »Gebrauchte Hurrarufe«, »Bierleichen« und ähnlichen Unsinn.
Es kam keine Beanstandung.

Athen ist an dem Satz zugrunde gegangen »Ordnung muß sein!«

Karl Joachim Marquardt

Man kann die Staatsdiener einteilen in solche, die dem Staate dienen, und andere, die nur zum Staate dienen.

Karl Julius Weber,
Demokritos X, 16

Eine Sekretärin erbat vom Einwohnermeldeamt eine Auskunft und schrieb: »DM 1,– in Briefmarken liegt bei.« Erhielt die gewünschte Auskunft mit dem Vermerk: »DM 1,– in Form von Briefmarken lag nicht bei.«
Bedankte sich. Entschuldigte sich und schickte die Marken nachträglich.
Erhielt sie zurück mit dem Vermerk: »Unsere Auskünfte erfolgen gebührenfrei.«

Mazarin, als man ihm die Texte von Spottliedern über seine Steuerpolitik vorlegte: »Solange sie zahlen, können sie singen, was sie wollen.«

Der Herr Oberregierungsrat will im Urlaub körperliche Ausgleichsarbeit leisten. Er begibt sich aufs Land, und der Bauer bittet ihn, einen Haufen Kartoffeln nach großen und kleinen zu sortieren.
Zwei Stunden später findet er den Urlauber erschöpft auf den Erdäpfeln liegen. »Es war zuviel für den Anfang«, spricht er. »Sie müssen sich langsam umstellen.«
»Nicht wegen der Anstrengung«, ächzt der Beamte. »Aber ständig diese Entscheidungen!«

Ein Hauptabteilungsleiter des Ministeriums meldet, daß eine Angestellte von einem Regierungsrat ein Kind erwartet.
»Unmöglich«, erwidert der Staatssekretär. »Bei uns gibt es keine zwei Mitarbeiter, die mit Lust und Liebe bei der Sache sind. Es entsteht nichts, was Hand und Fuß hat, und alles, was entsteht, dauert länger als neun Monate.«

Ein französischer Beamter, der dem Ancien Régime, den Revolutionären, Napoleon und den Republikanern gedient hatte, befragt, wie er sich auf so unterschiedliche Herren einstellen konnte: »An meinen Aufgaben hat sich nicht viel geändert. Geändert haben sich nur die Arschlöcher, in die ich zu kriechen hatte.«

Eine rasch ins Zentralkomitee avancierte Genossin auf die Frage, wie sie es fertigbrächte, den wackeligen Stuhl zu behaupten: »Ich sage am Tage ›Ja‹ und nachts ›Nein‹.«

Die Gemeinde will ihren Rabbiner loswerden. Er geht nicht: »Die Mehrheit entscheidet, steht geschrieben, und sämtliche Gemeinden, außer dieser, wünschen, daß ich hierbleibe.«

Frau Schmitz in Köln auf die Frage, wo ihr Gemahl beschäftigt sei: »Hä es jar nit beschäftigt. Hä es Biamter.«

In einer seltsamen Situation befand sich der Gemeindediener einer französischen Ortschaft. In seiner Eigenschaft als Kommunist schrieb er nachts »Ami go home« an die Mauern. In seiner Eigenschaft als Beamter entfernte er am Tage die Aufschriften wieder.

Der Staat sollte mehr Rücksicht auf Dicke bei Besetzung der Stellen nehmen; denn ein Mann von zwei Zentnern sporco hat doch ein ganz anderes Ansehen als ein Schneider von sechzig Pfund, verwendet offenbar mehr auf seine Kultur als ein Kartoffelfresser und hat selbst die Präsumtion einer gewissen Ehrlichkeit für sich, da man ohne ein gut Gewissen nicht ruhig, folglich auch nicht fett ist. Und was die Hauptsache sein möchte, von der auch Friedrich überzeugt war: Ein Fetter ist fett, ein Magerer will es erst werden.

Karl Julius Weber,
Demokritos I, 8

Ludwig XVIII. gab Talleyrand seine Vorstellungen von der geplanten neuen Verfassung bekannt. Als der König anregte, die Arbeit der Abgeordneten in der Deputiertenkammer als ehrenamtlich zu deklarieren, zeigte der Minister Bedenken: »Das, Majestät, kommt uns zu teuer.«

Rasumowsky beklagte sich in Wien über einen Rentmeister: »Er hat mich um mindestens 50 000 Rubel geprellt. Aber was soll ich tun? Er ist jetzt reich. Setze ich einen anderen ein, will der auch fett werden.«

Der Volksmund über die Beamten: »Sie haben zwar nichts, aber das haben sie sicher.«

Beamter, 26/179, katholisch, sportlich, gutaussehend, 8-Familienhaus, Traumauto 230 SL, sucht ...

Süddeutsche Zeitung, 18. 11. 1967

Eine reizende junge Dame schreitet durch den Münchner Englischen Garten. Ein Polizist spricht sie an: »Sie, Freilein! Hier derfen S' fei net mit'm Kinderwag'n fahrn!«
»Wo hab i denn a'n Kinderwagen?«
Der Wachtmann, gütig: »I sag's Eahna bloß für d' Zukunft.«

Zwei junge Berlinerinnen schwimmen in der Havel, unmittelbar hinter dem Schild »Baden verboten«.
»Paula, da kommt 'n Schupo. Los raus schnell anziehn!«
»Den kenn ick«, antwortet Paula gelassen. »Bei dem mußte dir langsam anziehn, wenn de nich uffjeschrieben werden willst.«

Ein Deutscher im zaristischen Rußland schoß nachts gelegentlich mit der Pistole, um Obstdiebe aus dem Garten zu jagen. Ein Polizeibeamter untersagte die Knallerei. Nach einem gepolsterten Händedruck korrigierte er sich: »Schieß wenigstens nicht so laut!«

»Wat denn?« staunt ein Berliner Steppke. »Du jrießt 'n Schupo? Biste malle?« – »Muß ick«, erklärt der Gefährte. »Der bringt Vatan freitags imma uff de Wache.« (Zille)

Antwort eines Bewerbers für den schottischen Polizeidienst auf die Frage, wie er einen verkehrsbehindernden Menschenauflauf zerstreue: »Ich nehme die Mütze ab und sammle.«

In welcher Beziehung gleicht die Polizei einem Regenbogen?
Beide erscheinen, wenn das Unwetter vorüber ist.

Aus einem Polizeibericht der Stadt Steyr: »Wir führten folgende Amtshandlungen aus: 25 Unterschlagungen, 15 Raubüberfälle, 11 Autodiebstähle, 18 Einbrüche, 1 Abtreibung.«

Vor dem ersten Weltkrieg wurde die Leiche eines Selbstmörders genau auf der sächsisch-preußischen Grenze gefunden, und zwar der Oberkörper nördlich der Linie, die Beine auf sächsischem Boden. Nun schoben sich die Behörden gegenseitig die Mühen der Nachforschung und Bestattung zu, bis eine humorige Reichsbehörde die salomonische Entscheidung fällte: »Ubi Beene, ibi patria.«
Womit die Preußen aus dem Schneider waren.

Im Lateinunterricht ist der Satz »Constantia omnes molestiae superantur« vom Lehrer etwas frei übersetzt worden mit »Durch Standhaftigkeit überwindet man alle Beschwerden.« Der Sohn des Steuerbeamten hat geschlafen, wird aufgerufen und soll die Übersetzung wiederholen. Auf die Einflüsterungen seines Nachbarn bauend, behauptet er: »Durch Standhaftigkeit – überwindet man – alle Behörden.«

Post

Ein weißer Vogel kommt geflogen,
geflogen über Meer und Land;
bei Tag und Nacht ist er gezogen.
Da greif ich ihn mit meiner Hand:
»Nun heb mir an, dein Lied zu singen,
ich harrte lange schon darauf!«
Er schweigt; da brech ich, ihn zu
zwingen,
ihm seinen roten Schnabel auf.

Fechner, Rätselbuch des Dr. Mises
(Gesiegelter Brief)

Merke: Die Post ist das einzige Unternehmen, das seine Preise seit seiner Gründung niemals erhöht hat. Eine Zwanzig-Pfennig-Marke kostet auch heute noch zwanzig Pfennige.

Er liest aus der Zeitung vor, daß man einen Brief Wallensteins gefunden habe. »Typisch Post!« giftet sie. »Aber alle Jahre das Porto erhöhen!«

Insasse der Heilanstalt zum Gefährten: »Was liest du denn da?«
»Telefonbuch.«
»Gut?«
»Nicht gut. Zu viel Personen und zu wenig Handlung.«

Der Verkaufsleiter studiert die eingelaufenen Kundenbriefe. Einer scheint ihn besonders zu beeindrucken. »Ich begreife nicht«, steht da, »wie man so unverschämt sein und einen derartig unübertrefflich geschmacklosen Anzug überhaupt verkaufen kann.«
»Bitte«, spricht er zu seiner Sekretärin, »streichen Sie von ›so‹ bis ›und‹ und das Wort ›geschmacklos‹ und dann als Dankschreiben veröffentlichen!«

Ein Postkunde streitet am Schalter und stöhnt: »So nehmen Sie doch Vernunft an!« Der Beamte faßt ihn scharf ins Auge: »Sie wissen ganz genau, daß mir untersagt ist, irgendetwas anzunehmen.«

Palma Kunkel ist häufig zum
Kuraufenthalt
in einem einsamen Forsthaus weit
hinten im Wald,
von wo ein Brief so befördert wird,
daß ihn, wer gerade Zeit hat, ein
Knecht oder Hirt
dem Wild des angrenzenden
Jagdrevieres
um Hals oder Bein hängt ... worauf
in des Tieres
erfolgender Schußzeit er, wenn auch
oft spät,
auf ein Postamt und von dort an seine
Adresse gerät.
So das Wild wie die Nachbarn sind
stolz auf die Ehre,
und man weiß keinen Fall, daß ein
Brief je verloren gegangen wäre.

Morgenstern,
Palma Kunkel, Das Forsthaus

In dem Lande der Pygmäen
gibt es auch ein Postamt, groß und
wunderbar.
Offen steht's das ganze Jahr,
und geöffnet sind auch alle Schalter:
Niemals brauchst du anzustehen,
und ganz neu sind alle Federhalter.

Und du mußt auch keine Marken
kleben,
brauchst am Schalter nur die Briefe
abzugeben,
wo auf Stangen, wie in Lauben,
lauter flugbereite Tauben
gurrend sitzen,
die begierig, ohne im geringsten
abzuschweifen,
deine Post ergreifen,
um sofort davonzuflitzen.

Jeden Morgen – es ist kaum zu
glauben –
bringen schon punkt acht die guten
Tauben
flügelschlagend dir die Post ins Haus.

Dafür streust du täglich etwas Futter
aus:
Taubenkost.
Und das ist das Porto für die Post!

Siegfried von Vegesack,
In dem Lande der Pygmäen, Das Postamt

McNepp kommt aus dem Postamt.
»Geld geholt?« fragt ein Freund.
»Füllhalter aufgetankt.«

Vater zum scheidenden Sohn: »Ich gebe dir ein frankiertes Kuvert mit, und wenn du gut angekommen bist, wirfst du es in den Kasten.«
»Warum frankiert, Vater? Ich werfe es unfrankiert ein, und du verweigerst die Annahme. Da weißt du auch Bescheid.«

Paul Heyse sandte eine unfrankierte Ansichtskarte aus dem Seebad an Victor von Scheffel: »Im übrigen geht es mir sehr gut.«
Scheffel zahlte das Strafporto, packte einen Feldstein in einen großen Karton und schickte ihn dem Urlauber. Dieser löste das ebenfalls unfrankierte Paket aus, öffnete und las: »Beim Lesen Deiner Zeilen, die mich über Deinen kostbaren Gesundheitszustand unterrichteten, fiel mir beiliegender Stein vom Herzen.«

»Der Brief ist zu schwer«, sagt der Postbeamte. »Da muß noch eine Marke drauf.«
»Sie glauben«, fragt der Kunde, »daß er davon leichter wird?«

Bodo von Drewitz verlangt Zehnermarke: »Was – äh – bin ich – äh – schuldig?«

Der Herr wünscht eine Zehnermarke, erhält sie und legt das Geld auf den Schalter.
»Postanweisungsformular gefällig?« fragt der Beamte.
»Nein danke.«
»Neue Postkarten haben wir hereinbekommen, zwanzig Pfennige das Stück mit aufgedruckter Marke.«
»Habe noch welche zu Hause. Danke.«
»Wie wäre es mit einem hübschen Postscheckkonto?«
»Danke!«
»Oder einem günstig plazierten Postfach? Südseite?«
»Wiedersehn!«
Während der Kunde den Schritt beschleunigt, nähert sich der Leiter des Amtes: »Welcher Hund hat Sie denn gebissen?«
»Es war mein Friseur«, erwidert der Beflissene. »Ich wollte ihm an Aufmerksamkeit nicht nachstehen.«

Aus einem Schüleraufsatz: »Die Post ist für mich ein großes Rätsel. Ich könnte für 30 Fennich keinen Brief nach Berlin bringen.«

Ein Briefträger und ein Bauer geraten nach dem fünften Schoppen ins Grübeln. »Wovon lebt Ihr eigentlich?« fragt der Bauer. »Ihr verkauft Zehn-Pfennig-Marken für zehn Pfennige. Wo bleibt da der Gewinn?«
Der Briefträger stiert ins Glas und denkt nach: »Paß auf, Bauer! Ein Brief, der 30 Pfennige kostet, darf 20 Gramm schwer sein. Hast du? Nun ist aber nicht jeder Brief mit einer

30 Pfennig-Marke 20 Gramm schwer. Hast du? Also: Darin liegt der Gewinn.«

»Meiner Ansicht nach sind Sie in Ihrem Beruf nicht glücklich«, spricht der Psychiater.
»Doch! Sehr!« erwidert der Patient. »Ich bin bei der Post.«
»Aha. Und was tun Sie da?«
»Ich stemple die Briefe.«
»Na bitte! Das ist doch stinklangweilig.«
»Stinklangweilig? Haben Sie eine Ahnung, Herr Doktor! Jeden Tag ein anderes Datum.«

Warum der Postbeamte immer auf den Schwamm greife, fragt der Kleine.
Vater erklärt: »Damit ihm beim Geldzählen die Finger nicht heißlaufen.«

Der Postbeamte verweigerte die Aushändigung des eingeschriebenen Päckchens: »Haben Sie keinen Ausweis oder so etwas?«
Der Ordnungswillige suchte in seinen Taschen und förderte ein Photo von sich zutage. Der Beamte betrachtete es gründlich, verglich und erklärte sich befriedigt.

Die Erfindung der Post war ein wahres magisches Band, das alle kultivierten Nationen umschlingt, und wo keine Post ist, hören die kultivierten Staaten auf. Achtung vor Postmeistern also!

Karl Julius Weber,
Demokritos IV, 3

Dame von 18 Jahren aus einer der ältesten adeligen Familien, reizend wie Helena, häuslich wie Penelope, wirtschaftlich wie die Kurfürstin Anna, geistreich wie die Frau von Staël, liebenswürdig wie die Ninon Lenclos, eine Sängerin wie die Frau von Marra, eine Tänzerin wie die Cerito, eine Pianistin wie die Clara Schumann, eine Violinistin wie die Minanollo, eine dramatische Künstlerin wie die Bertrand, eine Bildhauerin wie die Marie von Orleans, keusch wie die Lucretia, wohltätig wie die heilige Elisabeth, patriotisch wie die Gräfin Plater und im Besitz eines disponiblen Vermögens von 3 Mill. Thalern, sucht einen Lebensgefährten, wo möglichst einen Postsekretär, um ihm die wenig freien Augenblicke seines angestrengten Berufs zu versüßen. Nähere Auskunft auf frankierte Briefe.

Eßlinger Tagblatt, 1853

Hier ruhen die Gebeine des Herrn Mathias Schulzen, Königlich Preußischen fünfundzwanzigjährigen unterthänigst treu gewesenen Postmeisters zu Salzwedel. Er kam allhier 1655 als Fremdling an. Durch die hl. Taufe ward er in die Postkarte zum himmlischen Kanaan eingeschrieben. Darauf reiste er in der Lebenswallfahrt durch Schulen und Academien mit löblichem Verzug. Hernach bei angetretenem

Postamte und anderen Berufs-Sorgen bewies er sorgfältig sein Christenthum, bey vorkommenden Unglücksposten richtete er sich nach dem göttlichen Trostbriefe. Endlich bey seiner Leibesschwachheit, dem gegebenen Zeichen der ankommenden Todes-Post, machte er sich fertig. Die Seele reisete am 2. Junii 1711 hinauf in's Paradies, der Leib hernachmalen in dies Grab.

Salzwedel, Am Südportal der Marienkirche

Handwerk

Das junge, hübsche Mädchen blickt ängstlich zu dem bulligen Manne empor, der, Blutflecke am Gewand, das Messer wetzt: »Haben Sie denn kein Herz?«
»Nein.«
»Na, dann Kalbsleber!«

Aus der Fleischer-Verbands-Zeitung vom 4. 1. 1932: »Niemals ist in der ganzen Familie Albers, deren Familienoberhaupt noch Schlächtermeister in Hamburg war, zuvor ein Tröpfchen Komödiantenblut gewesen. Aber diese Geschichte eines Aufstieges (Des Hans A.) liefert nur erneut einen Beweis dafür, welche wertvollen und künstlerisch schöpferischen Kräfte im deutschen Fleischergewerbe ruhen.«

Der junge Mannheimer Metzgermeister Richard Orth hat im väterlichen Geschäft, Mannheim 5, Robertweg 17, wundervolle Kunstwerke ausgestellt. Wir sehen das Schillerdenkmal und die Büsten von Richard Wagner und Ludwig van Beethoven. Diese Arbeiten sind aus Rindertalg freihändig modelliert und lenken die Aufmerksamkeit aller Passanten auf sich. Weiter sehen wir ein ebenfalls aus Talg angefertigtes Buch mit eingespritzem bekannten Spruch aus den »Meistersingern« von Wagner, den Anfangstakten aus »Fidelio« von Beethoven und den Worten Schillers »Wir wollen sein ein einig Volk«. Außer feinen Wurstwaren sehen wir noch eine Trüffelzeichnung, den jungen Mozart darstellend, und eine Torte, aus Wurst gefertigt, alles Werke des jungen Künstlers, die bezeugen, daß auch im Metzgergewerbe Hervorragendes und Künstlerisches geschafft werden kann.

Neue Badische Landeszeitung,
Mannheim, Februar 1931

»Neureiches Volk!« wetterte Frau Klieschack im Damenkränzchen. »Widerliches! Protziges! Neulich frage ich doch unseren Bäcker an der Ecke, was sein Ältester mache. Wißt ihr, was er antwortet? ›Der wird Bakteriologe‹.«

Jener Schulmeister in Schlesiens Gebirgen erklärte das achte Gebot »Du sollst nicht bösen Leumund machen!« sein ganzes Lehramt hindurch: »Du sollst nicht böse Leinwand machen!« Da diese Erklärung, die den ersten Theologen unbekannt war, dort, wo mehr Leinwand als Leumund gemacht wird, weit mehr nützte als die authentische von Dr. Luther, so ließ ein hochpreisliches Consistorium die Sache auf sich beruhen.

Karl Julius Weber,
Demokritos IV, 4

»Dein Vater ist doch Schneider, Fritzchen«, spricht die Lehrerin. »Jetzt paß mal auf: Ein Kunde bringt fünf Meter Stoff für einen Anzug. 4,25 Meter braucht Dein Vater. Wieviel gibt er dem Kunden zurück?«
Fritzchen grinst: »Nischt. Wetten?«

Gerhart Hauptmann bat aus Hiddensee seinen Schneider in Berlin, zwei bestellte Anzüge bis zu einem bestimmten Termin zur Anprobe herzurichten. Da keine Bestätigung erfolgte, schrieb der Dichter ein zweites Mal, und als der Magier des Zwirns immer noch nichts von sich hören ließ, ein drittes Mal.
Wütend stürzte der Dichter zum angekündigten Termin ins Atelier.
»Alles in bester Ordnung, Herr Hauptmann«, meldete der Schneider. »Nur, wissen Sie: An Ihren Briefen verdiene ich weit mehr als an den Anzügen.«

Der Kunde feilscht. Der arme Dorfschneider muß nachgeben und stöhnt: »Ehrenwort! Wäre ich Rothschild: Unter zwei Gulden ginge mir keine Hose mehr weg.«

Ein Berliner Schneider dekorierte sein Haus zum Geburtstag Friedrichs II. mit einem preußischen Adler und schrieb dazu:
»Unter deinen Flügeln
will ich sicher bügeln.«

Auf einem Subskriptionsball begegnete der alte Kaiser Wilhelm seinem Hofschneidermeister. Auf die allerhöchste Bemerkung, es sei ein schönes Fest, erwiderte der Tuchkünstler submissest, die Gesellschaft sei etwas gemischter geworden.
Der Kaiser lächelte: »Wir können doch nicht lauter Schneider einladen.«

Eine Berliner Berufsschülerin in einem Formular über den Beruf der Mutter: »Jet nen.«

Hier starb Maria Weigl, Mutter und Näherin von 2 Kindern.

Marterl bei Saltaus, Südtirol

»Wie wünschen der Herr das Haar geschnitten?«
»Schweigend.«

Woodrow Wilson setzte sich in den Barbierstuhl und drückte dem Friseur einen Vierteldollar in die Hand. »Ich habe noch niemals vor der Bedienung Trinkgeld erhalten«, bemerkte der Figaro.
»Das ist kein Trinkgeld«, erklärte der damalige Professor. »Das ist Schweigegeld.«

Ein Kunde wünschte den spärlichen Rest seines Haupthaares gelockt.
»Locken kann ich sie«, erwiderte der Friseur, »aber ob sie kommen . .?«

Der glatzköpfige Friseur empfahl ein todsicheres Haarwuchsmittel.
»Warum benutzen Sie es nicht?« fragte der Kunde.
»Ich«, erklärte der Meister, »demonstriere den Kopf vor Anwendung des Mittels. Mein Bruder drüben zeigt ihn nach der Behandlung mit unserem ausgezeichneten . . .«

Der Friseur hält dem Kunden den Spiegel an den Hinterkopf: »So recht, der Herr?«
»Etwas länger bitte!«

Die Frau des Barbiers hat entbunden. Der Arzt verständigt den Vater: »Es ist angekommen. Gratuliere.«
»Es? Was heißt ›es‹? Dauerwellen oder Rasieren?«

Ein Lehrling rasiert einen Neger, schneidet ihn und ätzt mit Alaun.
Der Kunde verzieht schmerzhaft das Gesicht.
Der Lehrling pfuscht erneut und ätzt wiederum.
Über die Wange des Negers rollt eine Träne.
Mitleidig betrachtet der Stift sein Opfer: »Heimweh?«

Ein Bernhardiner setzte sich neben den Frisierstuhl und ließ den Kunden nicht aus dem Auge. Der Meister erläuterte: »Manchmal fällt für ihn ein Ohr ab.«

General der Infanterie von François, Kommandeur des I. Armeekorps in Königsberg vor dem Ersten Weltkrieg, haßte Fremdwörter. Ein Grenadier, den er nach seinem Beruf fragte, antwortete: »Haarzubereiter«.
Erfreut über die gelungene Eindeutschung des Wortes »Friseur«, fragte der General: »Wo?«
»In Königsberg, Exzellenz.«
»Genauer!«
»In der Pinselfabrik Hoffmann in der Borchertstraße.«

Ein Tourist, in die Deutung der barocken Kirchenfassade vertieft, fragt einen offensichtlich Einheimischen, wer die beiden Figuren oben am Giebel seien.
»Warten Sie, bis es zwölf schlägt!« empfiehlt der Gefragte. »Wenn sie sich dann bewegen, sind es Maurer.«

Aus den VDI-Nachrichten 1930: »Es lohnt sich, die Schwankungen des Ziegel- und Kalkabsatzes mit denen der beschäftigten Maurer zu vergleichen.«

Mein Vada is a Tischla,
a Tischla bin i;
mein Vada macht d' Wiagn,
was neinkummt, mach i.

Aus dem Böhmerwald

Der Tünnes erzählt, er sei Tischler.
»Wat für 'n Tischler?« fragt der Bätes.
»Möbel? Bau?«
»Stamm.«

Alte Scherzfrage: Wo wurde der erste Nagel hingeschlagen?
Auf den Kopf.

Eine in Indien lebende Europäerin beauftragte einen einheimischen Elektriker, eine Klingelanlage einzurichten. Der Mann kam oft, war willig und fragte nach allen Einzelheiten. Da verlor die Dame die Geduld: »Sie wissen, was ich haben will. Nehmen Sie Ihren gesunden Menschenverstand zusammen und fangen Sie an!«
»Mem Sahib«, erwiderte der Inder. »Gesunder Menschenverstand ist eine Gabe Gottes. Ich besitze nur technische Ausbildung.«

Ein altes Fräulein beschwerte sich, daß die Handwerker in ihrer Wohnung mit den ungehörigsten Ausdrücken herumgeworfen hätten. Der Chef stellte die beiden Männer zur Rede, und sie berichteten: »Ich stand auf der Leiter. Da glitt mir der große Hammer aus der Hand. Er traf Herrn Meier am Kopf. Als ich dem Werkzeug nachgriff, stürzte die Leiter um. Die Leiter und ich fielen auf Herrn Meier, und der Farbtopf ergoß sich ihm über das Gesicht. Daraufhin sagte Herr Meier zu mir: ›Paul‹, sagte er, ›Du mußt künftig etwas vorsichtiger sein.‹ Das war alles.«

Zeus gab Hermes den Auftrag, allen Handwerkern einen Lügentrank einzuschenken. Hermes bereitete ihn und maß jedem Handwerker seinen Teil zu. Als letzter kam der Schuster an die Reihe. Da aber noch ein großer Vorrat vorhanden war, Hermes den Mischkrug aber für andere Zwecke brauchte, goß er dem Schuster den ganzen Rest in die Schale. So ist es gekommen, daß alle Handwerker lügen, am meisten aber die Schuster.

Äsop,
Fabeln 103, Hermes und die Handwerker

Ein Handwerksmeister im besten Alter ist gestorben. Er beschwert sich.
»Du behauptest, 49 Jahre alt zu sein?« erwidert Petrus. »Wir haben uns an die von Dir in Rechnung gestellten Arbeitsstunden gehalten. Du bist 94. Das ist ein gutes Alter. Tritt ein und halte den Mund!«

Ein Handwerker, dem die Kundin wochenlang nachlaufen mußte, bis er sich zur dringend notwendigen Reparatur herbeiließ, empfing sein Honorar in Form von vier Schecks mit je einem Viertel des Rechnungsbetrages, datiert auf vier verschiedene Monate.

Geschäft

Brätst du mir eine Wurst,
lösch ich dir den Durst.

Sprichwort

Ein Bundesrepublikaner hat Panne auf der Interzonenautobahn. Ein Bauer aus der Börde hilft.
»Wie geht's Euch denn so wirtschaftlich jetzt?« fragt der Reisende.
»Danke!« antwortet der Landsmann. »Wir liefern den Russen das Getreide, und sie nehmen uns dafür den Zukker ab.«

Ein Rationalisator in der Zone forderte, die Produktion von Kompassen einzustellen: Die Bevölkerung könne sich an den Bahnstrecken orientieren. Wo die vollen Züge hinführen, sei Osten.

Ein Arbeiter zeigt einem Touristen am Hafen von Gdingen ein auslaufendes Schiff: »Polnische Waren für unsere russischen Freunde.«
»Und was schicken Euch die Russen dafür?«
Der Pole wiegt den Kopf: »Vielleicht das Schiff zurück.«

In einem Städtchen des Ostens will ein Seiltänzer auftreten. Das Seil ist gespannt. Die Bevölkerung steht auf dem Marktplatz und hat pro Nase zehn Kopeken bezahlt.
Da öffnet sich ein Dachfenster. Der Artist klettert heraus. »Liebe Freunde«, spricht er. »Noch nie in meinem Leben habe ich auf einem Seil gestanden. Entscheidet! Wenn Ihr meint, daß mein Leben Eure zehn Kopeken wert ist, dann versuche ich es.«

Der Schauspieler Holbrook Blinn wurde beim Derby in Epsom von einem Mann angeflüstert: »Vorzügliche Diamantnadel, mein Herr! Wasserheller Stein, grandiose Fassung! Gute zwanzig Pfund wert. Vier Pfund für Sie!«
»Zeigen Sie her!« erwiderte Blinn.
Der Fremde wurde noch leiser: »Drehen Sie sich unauffällig um! Halblinks hinter Ihnen! Bei dem kleinen Dicken in der Krawatte!«

Konjunktur = Wenn jemand Geld ausgibt, das er nicht hat, für Dinge, die er nicht braucht, um Leuten zu imponieren, die er nicht mag.

Papa definiert: »Konjunktur, mein Junge, ist Mercedes, Champagner und Moulin Rouge. Krise ist Straßenbahn, Hofbräu und Mutti.«

Monopolist = Ein Mann, der im Theatersessel beide Armlehnen beansprucht.

Ein Wirtschaftskapitän über die Krise von 1931: »Die Leute kommen mir vor wie ein Hündchen, das durch die Sahara streunt und ausruft: ›Wenn ich nicht bald eine Palme finde, platzt mir die Blase!‹ «

Der Schwiegervater ist wütend: »Vor anderthalb Jahren habe ich dir mit meiner Tochter 200 000,– Mark Mitgift gegeben, und jetzt hältst du schon wieder die Hand auf! Gut: Zwanzig Mille hattest du Schulden. Die sind bezahlt. Zwanzig Mille hat die Wohnungseinrichtung gekostet. Gut. Vierzig Mille habt ihr ausgegeben. Das ist viel Geld für so junge Springer – aber meinetwegen. Bleiben noch 120 000,– Mark. Wo sind die?«
Verständnislos schüttelt der Eingeheiratete den Kopf: »Geschäfte sollte ich doch auch machen. Oder nicht?«

Sabbat. Ein Jude, Hose über dem Arm, steht vor seinem Laden: »Seht diese wunderschöne Hose! Ist es nicht eine herrliche Hose? Für den halben Preis gehört sie Euch, die prächtige Hose.«
Ein Passant legt die Stirn in Falten: »Schämt Ihr Euch nicht, am Sabbat Geschäfte zu machen?«
»Hat die Welt so etwas schon gehört?« entrüstet sich der Händler. »Ich biete ihm die Hose zum halben Preis, und der nennt das ein Geschäft!«

Aus einem Schüleraufsatz: »Auf der Straße steht der Milchmann und macht da täglich sein Geschäft.«

Die Toilettenfrau vom Potsdamer Platz 1935 auf die Frage, ob sich der wirtschaftliche Aufschwung auch in ihrem Gewerbe spürbar mache: »Im Gegenteil. Die Mehrzahl meiner alten Kunden sch . . . heute in die Hose.«

»Wie geht's Geschäft?«
»Danke. Ein.«

Der Händler will den Schreibwarenladen schließen, in dem sich den ganzen Tag über kein Kunde blicken ließ. Da stürzt ein Mann herein, knallt einen Groschen auf den Tisch und verlangt einen Briefumschlag. Auf die Herausgabe der acht Pfennige wartet er nicht.
»Wie war das Geschäft?« fragt die Frau am Abend.
»Der Umsatz miserabel«, erwidert der Händler, »aber der Gewinn enorm.«

»Siehst du den Mann dort drüben an der Bushaltestelle?«
»Den mit dem schwarzen Schirm?«
»Ja.«
»Was ist mit dem?«
»Den habe ich auf die Füße gestellt.«
»Du?«
»Jawohl. Bevor ich mit ihm Geschäfte machte, fuhr er im Auto.«

Ein Leutnant wird wegen seiner Wettleidenschaft zu einer anderen Einheit versetzt. Am ersten Abend im neuen Casino starrt er unentwegt auf den Stiefel des Obersten.
»Wetten, Herr Oberst, daß Sie am rechten Fuß sechs Zehen haben?« spricht er schließlich.
»Unfug«, erwidert der Vorgesetzte, nimmt auf fünf Flaschen Sekt an und legt Stiefel und Strumpf ab. »Verloren«, sagt der Leutnant und zahlt. Am nächsten Morgen ruft der Oberst seinen Kollegen an und berichtet, daß er den Neuen gleich am ersten Abend reingelegt hat, erfährt jedoch zu seiner Bestürzung, daß der Leutnant bei seiner alten Einheit um zwanzig Flaschen Sekt wettete, der neue Oberst werde ihm zuliebe am ersten Abend Schuh und Strümpfe ausziehen.

Ein Hausierer sprach einen mißmutig an der Ladentüre in St. Louis lehnenden Kaufmann an: »Die besten Rasierklingen der Welt! Das halbe Dutzend drei Dollar.«
Der schlecht Gelaunte lachte gequält.
»Wetten«, sprach der Hausierer, »daß Sie mir ein annehmbares Angebot für meine Klingen machen? Drei Dollar.«
»Okay«, brummte der Kaufmann. »Drei Dollar, daß ich Dir kein angemessenes Angebot mache.«
»Gilt«, sagte der Hausierer. Einem herbeigelaufenen Nachbarn übergaben beide je drei Dollar.
Darauf bot der Kaufmann: »Zwei Cents das halbe Dutzend.«
»Angenommen«, entschied der Hausierer, ließ sich zwei Cents geben und überreichte die Klingen.
Dem Kaufmann ging irgendein Licht auf. Der Klinkenputzer bemerkte: »Mir scheint, Sie bereuen das Geschäft. Sie sollen zufrieden sein. Machen wir es rückgängig!«
Er zahlte dem Kaufmann die zwei Cents zurück, und der andere gab erleichtert die Klingen heraus. Aus der Hand des Nachbarn nahm der Hausierer die sechs Dollar. »He!« rief der Kaufmann. »Was soll das?«
Der Klingenmann schob die sechs Dollar in die Tasche: »Wir hatten ein Geschäft und eine Wette vereinbart. Der Kauf wurde annulliert, aber die Wette habe ich gewonnen.«

Fallschirmübung im Negev. Der Ausbilder gibt die letzten Verhaltensregeln und befiehlt, am bereitstehenden Jeep zu sammeln. Schmuel und Isaac springen.
Alle Handgriffe, den Schirm zu öffnen, sind vergeblich. Die Soldaten schießen in die Tiefe. »Wetten«, schreit Schmuel, »daß der Jeep auch nicht da ist?«

Der Kari wettet mit dem Lucki um zwei Maß, daß er ihm Bier über den

Kopf schütten kann, ohne ihn naß zu machen.
Er schüttet. Dem Gefährten strömt der Gerstensaft aus Ärmeln und Hosenbeinen. »Depp! Damischer!« schimpft der Lucki.
»Bist naß worn?« fragt der Kari. »Siegst des net?«
Der Kari hebt bedauernd die Schultern: »Nacha hab i verlorn.«

In Dundee ertranken drei junge Burschen. Sie hatten gewettet, wer am längsten tauchen könne.

Handel

Inserat: Verkäuferin, flink und übersichtlich, sucht passende Beschäftigung.

Eine Frau zur Verkäuferin: »Jetzt kommen wir der Sache näher. Das hier ist genau das Gegenteil dessen, was ich suche.«

Ein Herr verlangt Hagebuttentee.
»Haben wir nicht«, antwortet die Verkäuferin. »Hagebutten sind da.«
»Dann geben Sie mir Lindenblütentee!«
»Haben wir nicht. Lindenblüten sind da.«
»Also bitte Brusttee!«
»Haben wir nicht.«

Die Kundin betrachtet lächelnd den jungen Mann: »Sie sind noch nicht lange Verkäufer, nicht wahr?«
»Nein. Wieso?«
»Sie erröten noch, wenn Sie den Preis nennen.«

Ein Händler, als ein Vertreter Vater von Drillingen geworden war: »Die gönne ich ihm. Mir schickt er auch jedesmal mehr, als ich bestelle.«

Ein Kunde auf der zwölften Münchner Antiquitätenmesse, November 1967: »Ich suche ein Pendant.«
Der Händler: »Wozu bitte?«
»Das geht Sie einen Dreck an.«

Die Dame an der Kaufhauskasse bat um Urlaub. Sie sei abgearbeitet und sehe verheerend aus: »Die Männer fangen an, das Wechselgeld nachzuzählen.«

Geschniegelter Erfolgstyp zum Warenhausportier: »Führen Sie Affen?«
»Bedaure, mein Herr. Ich kann hier nicht weg.«

Es schätzt der Huber nur die Kundschaft,
die nicht viel fragt und jeden Schund kaaft.

Verfasser unbekannt

Professor Ivey, ein amerikanischer Verkaufsexperte, erzählte seinen Schülern jene Geschichte, die als *Hammer-Story* berühmt geworden ist:
»Vor ein paar Jahren wollte ich einen Hammer kaufen. Ich ging in ein Hardware-Store und brachte meinen Wunsch vor. Der Verkäufer drückte mir einen Hammer in die Hand. Während ich ihn betrachtete, sagte der Verkäufer: ›Das ist ein ausgezeichneter Hammer. Ein echter Hammer. Wir verkaufen sehr viele davon!‹
Ich ließ den Hammer von oben nach unten gleiten. Dabei überlegte ich, ob ich diesen oder einen anderen Hammer kaufen sollte. Der Verkäufer sah mich an. Ich sah den Verkäufer an.
Nach einer Weile glaubte der Verkäufer, etwas sagen zu müssen: ›Das ist ein ausgezeichneter Hammer. Sie kaufen bestimmt nicht schlecht.‹
Es leuchtete mir nicht ein, daß dieser Hammer einen besonderen Wert für mich haben sollte. Der Verkäufer sah mich an. Ich sah den Verkäufer an. Wir sahen uns beide an.
Nach einer Weile fuhr der Verkäufer das schwerste Geschütz auf, über das er verfügte. Was glauben Sie wohl, was er sagte? ›Es ist ein ausgezeichneter Hammer.‹
›Mein Gott!‹ dachte ich. ›Verkauft man auf diese Weise in Amerika Waren?‹ Ich wollte das herausfinden und besuchte über 100 Geschäfte in zehn Staaten. Kein Verkäufer wußte über den Hammer mehr als der erste. Wenn Sie sich einmal einen Spaß machen wollen, so gehen Sie in den nächsten Laden und verlangen Sie einen Hammer!«

Verkaufsunterricht bei Optikers: »Haben Sie dem Kunden die Brille angepaßt und fragt er ›Was kostet sie?‹, so antworten Sie: ›Zwanzig Mark‹. Dann schweigen Sie. Schweigt der Kunde auch, so setzen Sie hinzu: ›Das Gestell. Die Gläser ebenfalls zwanzig Mark.‹ Dann schweigen Sie wiederum. Schweigt der Kunde ebenfalls, so ergänzen Sie: ›Pro Stück‹.«

Neben dem Bankportal verkauft ein Mann Schnürsenkel. Seit Jahren gibt ihm der Bankier zwanzig Pfennige, bevor er das Gebäude betritt. Noch nie nahm er die Ware.
Diesmal zögert der Mann, das Geld anzunehmen. »Verzeihung«, sagt er. »Ab heute kosten die Schnürsenkel dreißig Pfennige.«

Schloime Rosenblum hat Verbindung zum Land und verkauft im Nachkriegswien Hühner. Hundert Schilling das Stück. Die Kunden findet er durch Zeitungsinserate. Freund Gießhübel will es ihm nachtun. Nach der zweiten Annonce wird er wegen Schwarzhandels eingelocht.
»Bist a bleeder Hund«, spricht der Rosenblum zu dem nach vier Wochen Entlassenen. »Wie kannste reinschreiben ›Hühner zu verkaufen‹? Mer

schreibt: ›Geldbörse mit hundert Schilling verloren. Finderlohn a Huhn.‹ «

Händler zum Kunden, der die gekauften Zigarren tadelt: »Was wollen Sie denn? Sie haben fünf gekauft. Ich habe davon fünfhundert.«

Apotheker zu einem Aufgeregten, der reklamiert, daß ihm für seine Frau Strychnin statt Chinin gegben wurde: »Die fehlenden zwei Mark hätten sie beim nächsten Einkauf zahlen können.«

Joseph II., in Verkleidung, verlangte am Wiener Aschenmarkt, dem späteren Naschmarkt, zwei Eier. »Zwei Gulden«, forderte die Standlfrau.
»Sind Sie närrisch?« entsetzte sich der Souverän. »Gibt es so wenig Eier?«
»Eier gibt's g'nug«, antwortete die Händlerin. »Aber Kaiser san selten.«

Die junge Frau prüft mit Augen, Nase und Händen die zehnte Gans und legt sie beiseite.
»Wenn Ihr Herr Gemahl ebenso wählerisch gewesen wäre«, bemerkt die Händlerin, »liefen Sie heute noch ledig herum.«

»Diese Gans lasse ich Ihnen für fünfzehn Mark«, spricht die Händlerin.
»Danke«, antwortet die Kundin. »Ich auch.«

J. P. Morgan hatte den Juwelier Howard in der Fifth Avenue beauftragt, ihn zu verständigen, wenn er eine besonders schöne Perle für eine Krawattennadel bekäme.
Die Perle ist da. Howard läßt sie fassen und schickt sie mit einer Rechnung über 5000 Dollar an den Bankier.
Am nächsten Tag bringt ein Bote einen Scheck über 4000 Dollar, einen Brief und das Etui. »Die Nadel ist gut; der Preis schlecht«, steht in dem Brief. »Falls Sie mit meinem Angebot einverstanden sind, schicken Sie mir das Etui bitte ungeöffnet zurück.«
Der Juwelier war nicht einverstanden, öffnete das Etui und fand einen Scheck über 5000 Dollar.

Schloime betrachtet einen Hut im Schaufenster, der ihm gefallen könnte, und überlegt: Sechzehn Rubel soll er kosten, also geht er auf vierzehn runter, wenn ich zwölf biete; zehn ist er wert, acht kann ich zahlen; werd ich ihm sechs geben.
Geht hinein, zieht vier Rubel aus der Tasche und legt zwei hin.

Nach zweistündigem Ringen bietet der Händler dem zähen McConnor einen Fernsehapparat zum halben Katalogpreis. Mißtrauisch fragt der Schotte: »Was kostet der Katalog?«

Der Vater nimmt den Sohn zum ersten Mal mit auf Geschäftsreise. Er feilscht bis zur Erschöpfung.

»Ich verstehe Dich nicht«, spricht der Junge. »Du kannst doch sowieso nicht zahlen.«
»Eben«, erwidert der Alte. »Und deshalb sollen die Leute nicht allzu viel Geld verlieren.«

Aus einer Broschüre der Air India für die Passagiere: »Die Wollust, die ein Engländer über den Besitz einer grauen Flanellhose empfindet, ist nichts im Vergleich mit dem Gefühl, das einen Inder überkommt, wenn er die uralte Kunst des Handelns ausübt. Die Gesellschaft Air India bedauert aber, Ihnen mitteilen zu müssen, daß sie mit festen Preisen arbeitet.«

Eine arme jüdische Gemeinde in Galizien bat einen reichen Kohlenhändler in Lemberg, ihr ein paar Waggons Kohle zu schenken.
»Geschenkt wird nichts«, schrieb der Händler, »aber ich überlasse Euch fünfzig Waggons zum halben Preis.«
Man bestellte fünfundzwanzig Waggons. Und zahlte nicht.
Nach einem Vierteljahr kam die Mahnung.
Die Gemeinde erwiderte: »... und ist uns Ihre Erinnerung völlig unverständlich. Wir haben bestellt fünfundzwanzig Waggons, welche entsprechen fünfzig Waggons zum halben Preis.«

Zweihundert Sommerhosen sind im Großhandelslager hängengeblieben.
»Ich habe eine Idee«, sagt der Prokurist. »Wir schicken die Hosen in Paketen a zehn Stück an unsere Kunden in der Provinz, berechnen aber jeweils nur acht, wobei wir den Preis so ansetzen, daß wir dennoch auf unsere Kosten kommen. Die Kunden werden glauben, wir hätten uns zu ihren Gunsten verrechnet, und die Ware behalten.«
Der Chef findet die Idee glänzend, und so wird es gemacht.
Alle schicken die Ware zurück: Acht Hosen.

»Hast du noch Schnaps?« fragte ein Handwerksbursche den Gefährten.
»Beide Flaschen leer.«
»Hast du noch Geld?«
»Keinen Pfennig.«
»Gib mir die Flaschen!« sprach der erste. »Ich werde einkaufen.«
Am nächsten Dorfbrunnen füllte er eine Flasche mit Wasser, steckte beide Flaschen ein und ging in den Kramladen.
Hielt die leere Flasche hin und verlangte Klaren vom Faß. Der Händler füllte ein, und der Bursche steckte die volle Flasche in die Tasche. Da er aber, als er zahlen wollte, zu seinem größten Erstaunen kein Geld fand, mußte er die Flasche zurückgeben. Er gab die mit Wasser gefüllte. Der Händler goß den Inhalt in das Faß, und der Handel war beendet.

»Ich habe ein Reh für dich«, sagte ein Indianer zum Western-Wirt. »Gib mir drei Flaschen Whisky!«
»Wo ist das Reh?«
»Die Straße hinunter bis zum Dorfausgang, rechts durch das Gatter,

über die Brücke bis zur Eiche. Dort hängt es.«
Der Wirt gab die Flaschen. Zwei Wochen später traf er den Indianer wieder: »Hund von einer Rothaut! Heraus mit den Flaschen!«
Der Indianer schaute den Kneipier groß an: »Hast du das Gatter gefunden?« – »Ja«. – »Die Brücke?« – »Freilich.« – »Die Eiche?« – »Auch, Halunke! Aber das Reh nicht!«
Der Indianer verzieht keine Miene: »Auf zwei Wahrheiten eine Lüge ist handelsüblich.«

In einer von Kunden überfüllten Buchhandlung läutete das Telefon. Eine Stimme erkundigte sich nach verschiedenen Titeln. Mehrfach lief der Buchhändler zu den Regalen. Schließlich konnte er bestätigen, daß alle gefragten Bücher am Lager waren: »Wohin sollen wir sie schicken?«
»An die Ladentüre, bitte«, antwortete die Stimme. »Ich bin vor Ihrem Schaufenster in der Telefonzelle.«

»Ganz bezeichnend, was ich gestern erlebt habe«, berichtet Graf Bobby. »Ich gehe zum Feinkost-Demel und kaufe ein. Ich gehe zum Pelz-Habig und kaufe ein. Ich gehe zum Leder-Sirk und kaufe ein. Zum Schluß gehe ich noch in ein ganz kleines Gemischtwarengeschäfterl um ein Kragenknöpferl. Auf dem Heimweg, wie ich bin, fängt es an zu tröpfeln, und ich bemerke, daß ich meinen Schirm habe stehen lassen. Ich gehe zum Demel: ›Bedaure sehr, mein Herr.‹ Ich gehe zum Habig: ›Tut uns leid.‹ Ich gehe zum Sirk: Nix. Renommierte Geschäfte alles. Und das ganz kleine Gemischtwarengeschäfterl, bitte sehr, das hatte ihn.«

Einem Kaufmann, der in den Tuilerien eine elegante Dame bewundert, wird bedeutet, sie habe beim Handel ihr Glück gemacht. Worin sie gehandelt habe, fragt der Entzückte.
»Dans les draps. In Bettüchern.«

Vertreter

Inserat: Frauen zum Verkauf an Privatkundschaft gesucht.

Eine große Firma inserierte um einen Verkäufer. Ein junger Mann schrieb: »Ich verkaufe zur Zeit Möbel bei X in Y, Bahnhofstraße 22. Sie können sich von meinen Fähigkeiten am besten überzeugen, wenn Sie unter dem Vorwand, sich für Möbel zu interessieren, zu uns kommen. Ich bin der einzige Verkäufer mit roten Haaren. Sie werden mich also leicht erkennen, während ich nicht weiß, ob ich mit einem Angehörigen Ihres Hauses spreche. Sie hören damit eines jener Verkaufsgespräche, die ich Tag für Tag führe, und erleben keine Schau, um meinem künftigen Chef zu imponieren.«

Ein stellungsuchender Vertreter empfahl sich: »Vor vier Wochen verkaufte ich einem Bauern, der nur eine einzige Kuh besaß, eine Melkmaschine. Anschließend nahm ich die Kuh in Zahlung.«

Lebenslauf eines Vertreters: »Nach meiner Lehre verlegte ich mich auf Stacheldraht. Dann reiste ich anderthalb Jahre in Strümpfen. Ein paar Monate lang arbeitete ich in Kinderkleidung, um daraufhin die Vertretung von Filzpantoffeln zu übernehmen. Von Anfang 1964 bis Mitte 1965 machte ich in Einkaufstaschen. Den Rest des Jahres setzte ich Grabsteine um. 1966 warf ich mich auf Glas, Porzellan und Keramik, und seit 1967 bin ich in Fliegenleim seßhaft.«

Der Pfarrer spricht: »Und so frage ich dich . . . willst du . . .?«
Die Braut des Vertreters antwortet: »Ja, ich will. Ich bin bereit, ein Dutzend aufmerksamer Kavaliere einzutauschen gegen einen Mann, der bereits mit einem Terminkalender verheiratet ist.«

Ehefrau zum Hosenverkäufer: »Gebe Gott, daß du ohne Hosen heimkommst!«

Eine Schuhfabrik schickte zwei Verkäufer nach Afrika. Eine Woche später kamen zwei Telegramme.
»Niemand trägt Schuhe stop Komme zurück« kabelte der eine.
»Niemand trägt Schuhe stop Verdoppele Auftrag« schrieb der zweite.

»Mein Rotwein ist vorzüglich«, spricht der Vertreter. »Danke«, antwortet der Gastwirt. »Bin eingedeckt.«
»In dieser Preislage gibt es keinen besseren Rotwein.«
»Ich kann keine Bestellung aufgeben, wenn der Keller voll ist. Danke, habe ich gesagt.«
»Ich weiß nicht, ob ich Ihnen später das gleiche Angebot werde wieder machen können.«
»Ein Wort noch, und ich werfe Sie hinaus.«
»Eine solche Gelegenheit auszuschlagen – also ich verstehe nicht . . .«
Der Kunde öffnet die Türe und tritt den Handelsreisenden hinaus. Der Arme schlägt aufs Pflaster; erhebt sich, sammelt Hut und Tasche auf und geht wieder hinein: »Soviel also zum Roten. Und wie steht es mit dem Weißen?«

Der Gemischtwarenhändler Hinterhuber mußte diesmal bei einer anderen Firma bestellen, weil sein Vertreter nicht rechtzeitig kam. Nun ist der alte Geschäftsfreund wieder da und fragt den Hinterhuber, wie er mit seiner letzten Bestellung zufrieden sei.
»Schlecht is net, sei Sach. Aba hier, schaug d' Rechnung o! An Rabatt ham d' Hundling mir naufgschriem, wo i gar net bestellt hab!«
»Siegst!« triumphiert der Reisende. »Da hast es scho! Des hätt 's bei uns net gebn.«

Ein Bauer und seine Frau hatten lange den Argumenten des Waschmaschinenvertreters widerstanden. Endlich schienen sie gewonnen. Sie zogen sich zur Beratung zurück und tauchten nicht mehr auf. Als der Verkäufer und sein Gehilfe die Maschine wieder in den Wagen transportierten, erschien der Bauer: Wenn er einige von »diesen Dingern da« verkaufe, fragte er, bekäme er doch Provision?
»Selbstverständlich«, sagte der Vertreter.
»Wieviel?«
»Bei dieser Maschine vierzig Mark.«
Der Landmann verschwand abermals, kehrte strahlend zurück und verkündete: »Meine Frau nimmt eine.«

Ein Hausierer: »Darf ich Ihnen, gnädige Frau, meinen Verkaufsschlager vorführen, von dem Ihre Nachbarin soeben behauptete, Sie könnten ihn sich nicht leisten?«

Es öffnet ein Mann mit Schürze, ein Abtrockentuch in den Händen.
»Entschuldigen Sie die Störung!« sagt der Hausierer. »Würden Sie bitte Ihre Frau fragen, ob Sie Rasierklingen brauchen?«

»Helfen Sie einem notorischen Pechvogel!« fleht der Hausierer. »Ich bin Musiker, war lange stellungslos, kam endlich in einer Kapelle unter, und diese wurde vor zwei Wochen aufgelöst.«
Der Hausherr betrachtet ihn: »Was spielen Sie denn?«
»Äh, Oboe. Ja, Oboe.«
Der Hausherr bittet ihn einzutreten und bringt eine Oboe. Der andere wiegt sie in der Hand: »Na bitte! Was habe ich gesagt? Ein notorischer Pechvogel bin ich. Ich sage ›Oboe‹, und Sie besitzen eine.«

Ein schmieriger Bursche steht an der Tür: »Bürsten, Kämme, Schwämme gefällig?«
»Nein«, sagt die Hausfrau. »Bin versorgt.«
»Schnürsenkel, Schuhcreme, Abstreicher?«
»Danke.«
»Bleistifte, Notizbücher, Tinte, Federhalter?«
»Nein.«
»Seife, Rasierklingen, Zahnpasta?«
»Nein, habe ich gesagt. Nichts. Verschwinden Sie!«
Der Schmuddelige wühlt in seinem Koffer: »Bitte sehr, meine Dame! 3,50 Mark.«
Sie kauft: Ein Schild »Hausieren verboten«.

Am Gartentor einer kanadischen Villa: »Jeder dritte Handlungsreisende, der hier klingelt, wird erschossen. Den zweiten haben wir soeben hinausgeworfen.«

Ein erfolgreicher Vertreter war in den Polizeidienst getreten. Einige Wochen später wurde er gefragt, ob ihn die

Einkommensminderung nicht den Umstieg bereuen ließe. Er schüttelte den Kopf: »Vorerst genieße ich, daß der Kunde immer unrecht hat.«

Werbung

Enten legen ihre Eier in aller Stille. Hühner gackern. Und die Folge? Kaum ein Mensch kauft Enteneier; alle Welt verlangt Hühnereier.

William Fields

Darryl Zanuck, Boß der 20th-Century-Fox: »Wer ein Geschäft betreibt, ohne Reklame zu machen, ist wie ein Mann, der im Dunkeln einem Mädchen blinzelt.«

Die Hälfte aller Werbeausgaben ist für die Katz. Aber welche Hälfte?

John Wanamaker

Der Chef zum Werbeleiter: »Ihr Vorschlag, unseren Anzeigenetat einzuschränken, senkte unsere Unkosten um 50 %, unseren Gewinn um 75 % und Ihr Gehalt um 100 %.«

Er hat Bänder von allen Farben des Regenbogens, spitzige Häkeleien, mehr als alle Advokaten in Böhmen handhaben können, wollten sie sie ihm auch in Masse abnehmen. Garn, Wolle, Kammertuch, Leinewand hat er, und er singt sie alle ab, als wären es lauter Götter und Göttinnen. (Knecht)

Shakespeare,
Das Wintermärchen IV, 3

Ich wollte von gar nichts wissen.
Da hab ich eine Reklame erblickt,
die hat mich in die Augen gezwickt
und ins Gedächtnis gebissen.

Sie predigte mir von früh bis spät
laut öffentlich wie im stillen
von der vorzüglichen Qualität
gewisser Bettnässer-Pillen.

Ich sagte: »Mag sein! Doch für mich nicht! Nein!
Mein Bett und mein Gewissen sind rein!«

Doch sie lief weiter hinter mir her.
Sie folgte mir bis an die Brille.
Sie kam mir aus jedem Journal in die Quer
und säuselte: »Bettnässer-Pille«.

Sie war bald rosa, bald lieblich grün.
Sie sprach in Reimen von Dichtern.
Sie fuhr in der Trambahn und kletterte kühn
nachts auf die Dächer mit Lichtern.

Und weil sie so zähe und künstlerisch
blieb, war ich ihr endlich zu Willen.
Es liegen auf meinem Frühstückstisch
nun täglich zwei Bettnässer-Pillen.

Die ißt meine Frau als Entfettungs-
bonbon.
Ich habe die Frau belogen.
Ein holder Frieden ist in den Salon
meiner Seele eingezogen.

Ringelnatz,
Reklame

Auf die Frage, warum er sein schon zehnmal inseriertes Haus noch nicht verkauft habe, erklärte ein Japaner: »Jedesmal, wenn ich in der Zeitung meine Annonce lese, komme ich zu der Überzeugung, daß mein Haus genau das ist, welches ich suche.«

Plakat = Anschlag auf den Verbraucher.

Michael Schiff,
Von Abs bis Zwiebelmuster

Also – wer das noch nicht jesehn hat – keine Übereilung, mein Herr! Wer kooft denn die Katze im Sack oder den Schnürsenkel in der Faust? – dieser Patent- prima-ff-Schnürsenkel ... und wer ihn nich jesehn hat, der kennt ihn nich. Der jlotzt daher ohne Sinn und Verstand. Das deutsche Volk nämlich, Damen und Herr'n – das is kein Vorwurf, das is eine Wahrheit – is viel zu konservativ. Wo's liejt, da liejt's, wie der Hund am Kaminfeuer. Tja, schreit einer daher: Dernier Schiet de Paris oder wie der Mistkram immer heißen mach – da reißen wir's Maul und sämtliche Ohren auf. Aber im eij'nen Land – wat jrinsen Sie, junger Mann? – da is'n Schnürband 'n Schnürband, und die feine Nüanze, vastehnse, die verkommt glatt im Dreck.
Hier, Damen und Herr'n – Donnerwetter, daß wir so blöd sind – ha'm wir einen Schnürsenkel, den wo ein einarmiger Säugling bedienen kann. So und so und so (Demonstration). Und schon sind wir fert'j mit die Maukbeene.
Mein Modell hier is oben festjeschlossen, keene raushängenden Strippen nich. Und was, frare ick Ihnen, is denn mit de Strippen eejentlich los? – Elend, Krankheit, Tod! Tja. Da staunen Se! Det is los.
Kommt so eener daher, latscht durch den Dreck, wohinein sich das liebe Vieh verewijt hat, wo sich dies und das tut, aber bei Leibe nischt Jutes, durch diesen Morast also, durch diese – hinjehört, Damen un Herr'n – durch diese Kloake, sare ick, schleift der jute Zeitjenosse seine Schnürsenkel. Und denn, jutjläubig, wie er is, und wenn der Senkel oben ausjefranst is, denn dreht er mit'm nassn Finger ne Spitze, so, sehn Se, fromm un jottesfürchtig, und schiebt sich den janzen Laden mit Bazillen un Jonokokken un wie die Mistviecher alle heißen, jlatt ins Maul. Und det, meine Herrn, nennt man denn Hygiene un dadruff macht man ne Ausstellung un so und die Herr'n Jelehrten, die kieken über ihre joldnen Amtsketten, als wollten se sagen: Dies Kind, kein Engel is so rein. Ja, is denn das nich ne höllische Schweinerei mit die Schnürsenkel? Is das ne Sache vor ein jroßes jebildetes Kulturvolk, das wo in der Jesellschaft der Nationen eine jeachtete Jeije spielt? Ick, wenn ick 'n Kind hätte, Damen und Herr'n – nur mit diese Patentsenkel! Wer von uns hat denn det Herz, so'n armet Wurm unjlücklich zu machen?

Hier, Damen und Herr'n (stellt seinen rechten Fuß auf den Verkaufstisch), hier seh'n Se ein jarantiert echtes Pedal. Vierzich Jahre lang jetragen un immer noch jut erhalten. Warum? Von wejen die Patentschnürsenkel. Bitte, beachten Sie jefällichst det jlickliche Lächeln uff meine Zieje! Un wozu, frare ick Ihnen, lebt denn der Mensch? Um jlicklich zu sein! Denn das Leben, unter uns jesacht, is schon bescheiden jenug. Wir brauchen es nich unsrerseits und vorsätzlich weiter zu verunreinijen.
Wenn Sie abends nach Hause kommen, müde und zittrich auf Ihre Maukbeene, und Ihre Schnürsenkel, mistich un verkorkst, wie se mal sind, woll'n nich uffjehn, denn rufen Se ›Schätzchen‹, ›Puuz‹, ›Olle‹ oder wie Se Ihre Venus jrade nennen, und denn soll det treue Weib an Ihre Jroßstadtquanten rumpolken. Aber se will nich, un schon rauscht det Jewitter über den Ehehimmel. Aber – aaaber – mit diese Patentsenkel hier, nischt wie Sonne, wohin Se kieken.
Wat soll ick da noch lange quasseln! Wer jetzt nich kooft, dem is nich mehr zu helfen.

mitgeschrieben von *O. A. Palitzsch,* veröffentlicht in der Vossischen Zeitung, 1925

Werbung und Wahrheit sind Geschwister. Die genaue Zahl der Väter ist unbekannt.

Dr. Zenon

Der Berliner Ruheständler Zieten, Husarengeneral a. D., kaufte den Tabak für seine Pfeife im Laden eines Veteranen. Eines Tages war der Händler deprimiert. Eine Schuld nagte am Fundament seiner Existenz.
Am nächsten Tag brachte Zieten sein Bild und den Zweizeiler: »Ich kann euch ganz was Gutes bieten: Den Tabak raucht der alte Zieten.«
Der Händler ließ Bild und Verse auf die Verpackung des von Zieten bevorzugten Tabaks drucken und gewann eine durchschlagende Handelsmarke.

Ein Antiquitätenhändler bot fünf Holzstatuetten an unter dem Titel »Die fünf Sinne«. Eine wurde verkauft.
Der Händler änderte den Titel: »Die vier Elemente«. Eines wurde verkauft.
Der Händler schrieb: »Die drei Grazien.« Eine wurde verkauft.
Der Händler empfahl: »Tag und Nacht«. Der Tag ging weg, und die Nacht wurde: »Einsamkeit«.

Der Antiquitätenhändler bot dem Sammler Bileams Schwert.
»Bileams Schwert?« sinnierte der Kenner. »Bileam besaß gar kein Schwert. Er wünschte sich nur eines.«
»Genau«, erwiderte der Händler. »Und dieses hier ist es, das er sich wünschte.«

Zwischenfrage auf einer Londoner Versteigerung: »Ist das Bild denn wirklich von Tizian?«
Antwort des Auktionators: »Mindestens Tizian!«

Ein Stückeschreiber deckte seinen Sektbedarf dadurch, daß er eine seiner Personen an geeigneter Stelle sagen ließ: »Ein Glas X-Sekt gefällig? Es ist der würdigste.« Die Herstellerfirma honorierte jede Aufführung durch fünf Flaschen.
Das ging gut, bis sich die Konkurrenz hinter den Darsteller gesteckt hatte, dem das Getränk angeboten wurde. Und so erwiderte dieser eines Abends: »X-Sekt? Danke. Nicht dieses Spülwasser! Wenn Sie keinen Y-Sekt im Hause haben, verzichte ich.«

In Houston in Texas sah das Programm folgendermaßen aus:

»Othello
Oper in 4 Akten von G. Verdi
I. Akt
Hafen in Cypern

Alles Volk liegt auf den Knien, um für die Errettung Othellos, der in schwerer Seenot auf seinem Schiff gegen die Elemente kämpft, zu beten. Die Gefahr ist gebannt. Othello erscheint und begrüßt das Volk mit den Worten:

Koche nur mit dem berühmten
Speisefett ›Krusto‹!

›Freut euch alle! Der Türke ist besiegt und ins Meer geworfen.‹ Das Volk jubelt Othello zu.

›Krusto‹
ist das einzig mögliche Speisefett!

Jago, eifersüchtig auf Cassio, der die Gunst Othellos besitzt, macht ihn betrunken. Ein Trinklied

Wer nicht mit ›Krusto‹ kocht,
ist wahnsinnig!

ertönt, und Cassio, bereits ziemlich bezecht, dringt auf Montano mit der Waffe ein. Es entsteht großer Lärm. Othello erscheint und ruft mit fürchterlicher Stimme:

›Krusto‹
ohne Konkurrenz!

›Nieder mit den Schwertern!‹ Cassio wird seines Ranges als Hauptmann entsetzt. Da erscheint Desdemona, die liebliche Frau Othellos, im Rahmen der Schloßpforte. Othello geht ihr entgegen und singt mit ihr ein herrliches Duett,

Wer einmal mit ›Krusto‹ kochte,
will kein anderes Fett!

das zu den Perlen der Opernliteratur gehört.«
Hiermit schließt der erste Akt. Und so zieht sich das Speisefett ›Krusto‹ durch alle vier Akte der Oper, und als Schluß heißt es:
»Nachdem Othello Desdemona erdrosselte, sticht er sich den Dolch in die Brust und singt sterbend noch die rührenden Worte:

Man verlange nur das einzig
dastehende Speisefett ›Krusto‹!

›Küsse mich, küsse mich wieder!‹ und stirbt.«

Leo Slezak,
Meine sämtlichen Werke, Press Work

Ich sang in der Academy of Music in Brooklyn den Othello. Meine Desdemona, Madame Alda, klagte vor der Vorstellung über sehr starke Schmerzen im Blinddarm und bat mich, vorsichtig mit ihr umzugehen. Im dritten Akt habe ich sie nämlich einige Male liebevoll auf die Erde zu hauen.
Ich markiere die Stelle so zart wie möglich. Sie vermochte die Oper kaum zuende zu singen und mußte sich noch in der gleichen Nacht einer Operation unterziehen.

Am nächsten Morgen brachten die Blätter unter großen Aufschriften mein Bild als Othello mit dem Titel: »Roher Russian Tenor bricht den Appendix von Madame Alda!«
Ich lese in der Zeitung, wie sie mich bat, sie zu schonen, aber ich vergaß mich in der bestialischen Wiedergabe des eifersüchtigen Mohren so, daß ich die Arme mit dem ganzen Aufwande meiner ungeheuren Kraft, die mir tschechischem Giganten innewohnt, auf den Boden schleuderte und man ihren Blinddarm bis in die hinterste Parkettreihe krachen hörte.
Ich war bestürzt. Mein Presse-Agent strahlte: »Mister Slezak, das ist ein Haupttreffer! Das können Sie nicht bezahlen, wenn Sie sich das kaufen wollten.«
Erst nach acht Tagen verstand ich ihn. Da kamen Zeitungsausschnitte aus ganz Amerika in großen Mengen. Wohlwollende Stimmen, gehässige; solche, die meine Kraft bewunderten; dann wieder welche, die meine tierische Rohheit verdammten; Abhandlungen über meine Körperstärke, Größe, Gewicht und so fort. Das ging Wochen hindurch.
Nach Absolvierung der Abende an der Metropolitanoper, als ich allein auf meine Konzerttournee ging, fühlte ich den Effekt. Mit einer gewissen Hochachtung fragte man mich: »Also Sie sind der Fellow, der seinen Partnerinnen die Blindgedärme zerbricht?« Meine Muskeln wurden befühlt, meine Bizeps einer eingehenden Prüfung unterzogen. Als Headline stand über der Kritik: »The giant Appendixbreaker wins Audience.«

Leo Slezak,
Meine sämtlichen Werke, Press Work

Generaldirektor Galloway, Produzent der Schönheitscreme »Semiramis«, suchte einen Werbechef. Maxwell, bar aller Voraussetzungen, meldete sich und wurde eingestellt. Auf der bevorstehenden Messe sollte er seine Brauchbarkeit beweisen ...
Vor dem Stand drängten sich die Köpfe. Galloway sprach: »Und nun, meine Verehrten, hören Sie bitte den Leiter unserer wissenschaftlichen Abteilung, welcher Ihnen von den sensationellen Erfolgen ...«
In diesem Augenblick sprang Maxwell aufs Podium und zog ihm zwei schallende Ohrfeigen über.
Erschrecken. Murmeln. Kopfschütteln. Gelächter. Am folgenden Tag Schlagzeilen in der Presse. Zwei Wochen später Prozeß Galloway gegen Maxwell.
»Hohes Gericht!« sprach der Beklagte, während die Journalistenfedern kratzten, »dieser Mann da hat mir meine Braut abspenstig gemacht. Patricia und ich waren glücklich verlobt, standen kurz vor der Hochzeit. Dann benutzte sie seine Schönheitscreme ›Semiramis‹. Schön war sie immer. Jetzt aber wurde sie unwiderstehlich. Heute sagt sie im Fernsehen an und in vier Wochen wird sie einen Großindustriellen ehelichen.« Galloway begriff und zog die Klage zurück.

Ein Zeitungsjunge läuft durch die Straßen: »Riesenschwindel! Riesenschwindel! 98 Opfer!«
Ein Herr kauft die Zeitung, überfliegt sie und rennt dem Burschen nach: »Kein Wort wahr von deinem Riesenschwindel!«
Der Junge schreit: »Riesenschwindel! Riesenschwindel! 99 Opfer!«

Schaufensteraushang in Tanger: »Die Tatsache, daß wir einen Artikel, den Sie suchen, nicht führen, diene Ihnen als Beweis, daß Sie ihn nicht brauchen.«

In einer christlichen Buchhandlung: »Satan erbebt, wenn er sieht, zu welchen Schleuderpreisen wir unsere Bücher auf den Markt werfen.«

Eine Berliner Arzneifirma schickte dem zuckerkranken Heinrich Zille eine Probepackung ihres neuen Präparates. Sein Kommentar: »Damit se nachher sagen können, der Zille is ooch dran jestorben!«

Die Gasthofbesitzerin Marie Villard aus Aix en Provence wurde von männlichen Touristen der Vorspiegelung falscher Tatsachen bezichtigt. Madame, die den Gasthof zusammen mit ihrer gleichfalls bejahrten Schwester führte, pflegte auf gut sichtbarer Leine mehrere Garnituren elegantester Damenunterwäsche aufzuhängen. Das Gewerbegericht in Toulon sprach die Beklagte frei.

Die Gattin des Automobilvertreters hatte eine eilige Besorgung zu erledigen und setzte sich in den Wagen ihres Mannes. Alle männlichen Verkehrsteilnehmer, die sie überholten, grüßten freundlich.

Schließlich begann sie, nach der Ursache des Wohlwollens zu forschen. Sie umschritt ihr Fahrzeug und entdeckte auf der Rückseite ein Werbeplakat: »Ich koste weniger, als Sie glauben.«

An einer Tankstelle in Albuquerque, New Mexico: »Bitte nicht rauchen! Falls Ihr Leben nicht wertvoll ist – unser Benzin ist es.«

An einer Tankstelle in Kansas: »Letzte Tankstelle vor der Grenze nach Colorado – Letzte Gelegenheit, für 23 Cents zu tanken – Empfehle preiswerte Kunststoffkanister.«
Das Geschäft floriert. In Colorado kostet die Gallone 21 Cents.

Spitzenslogan im Wettbewerb einer Kosmetikfirma: »Wenn Sie sich schon nicht mit unserer Seife waschen, dann benutzen Sie um Himmels willen unser Parfüm!«

Ein Verkäufer auf die Frage einer Kundin, ob die angepriesene Gesichtscreme tatsächlich Falten beseitige: »Vor zwei Wochen glättete ein Kunde mit ihr seine Wellblechgarage.«

Ein Kunde fragte bei der Anzeigenannahme einer Zeitung, ob Inserate Erfolg hätten. »Allergrößten«, versprach der Mann am Schalter. »Gestern gab ein Herr eine Suchanzeige für einen entlaufenen Hund auf, und schon kam das Tier hier durch die Türe.«

Prinzregent Luitpold kam auf dem Nürnberger Schützenfest vor den Stand der Schützenliesl. Drei Zentner, in ein Tirolerkostüm gepreßt, sagten ihr Sprüchlein und überreichten ein Körbchen mit Gewürzbroten. Ein Herr des Gefolges nahm es ab.
Die Liesl fühlte sich gekränkt, stürzte auf ihr Present, ergriff ein Brötchen, versuchte, es der Majestät in den Mund zu schieben, und raunzte: »Derfst scho fressn, Königliche Hoheit. Mei Woar is gut!«

Am Stand einer Italienerin auf dem Basler Marktplatz, mit Blaustift auf weißem Karton:
»Vas Nutzes das du reicher bist
und deine Reichtum merchst mit List
einmal verlast du diese Velt
doch ohne geliebtes Geld
aber immer Banane caufe!«

Ein Berliner Kolonialwarenhändler landete 1935 im KZ. Er hatte auf sein Schaufenster geschrieben: »Deutsche eßt deutsches Obst! Deutsche Birnen sind die weichsten!«

Firmenschild: »Sebastian Knoll, grober Tuchfabrikant«.

Im Schaufenster eines Textilkaufhauses: »Mäntel zu Preisen, die nicht zu übertreffen sind.«

Im Schaufenster eines Bettengeschäftes: »Unser Schlager: Daunendecken für Kleinkinder, die in Ihrem Beisein angefertigt werden.«

Plakat eines englischen Elektrizitätswerkes: »Don't kill your wife with work! Let electricity do it!«

Bank und Börse

Ein Indianer erbittet auf der Bank tausend Dollar. Als Sicherheit bietet er zweihundert Pferde.
Er erhält das Geld und zahlt termingerecht zurück.
»Wollen Sie mir nicht Ihr Barvermögen in Verwahrung geben?« fragt der Bankier.
»Ihnen?« staunt der Indianer. »Wieviel Pferde besitzen Sie denn?«

Ein englischer Nationalökonom: »Ein Bankier, der nicht mit fremden Geld arbeitet, ist kein Bankier, sondern ein Kapitalist.«

Allegorie des Feierabends: Ein Bankier, der die Hände in die eigenen Taschen steckt.

Salomon Meyer Rothschild, dem ein Taschendieb das seidene Tuch entwendet hatte, zu einem Freund, der die Dreistigkeit rügte: »Lassen Sie ihn! Wir haben alle klein angefangen.«

Nachdem P. C. Labouchère drei Jahre hindurch Hilfstätigkeiten im Amsterdamer Bankhaus Hope ausgeführt hatte, bat er, im Alter von 22 Jahren, um Aufnahme als Teilhaber. Die Inhaber lachten und lehnten ab. Labouchère fragte ob man ihn aufnehme, wenn er der Schwiegersohn von Baring, Brothers and Company in London, dem damals größten Finanzinstitut, sei. Die Hope-Chefs bejahten.
Labouchère fuhr nach London und warb um die Tochter Lord Barings. Baring lehnte ab. Labouchère fragte, ob man ihn akzeptiere, wenn er Teilhaber von Hope sei. Lord Baring bejahte.
So begann eine der erstaunlichsten Karrieren in der Finanzwelt.

Die Konsumenten sind die linke Hand des gesellschaftlichen Organismus, die Produzenten die rechte Hand, die Bankiers die Heimlichkeiten zwischen beiden.

Erich Kästner,
Bei Durchsicht meiner Bücher

Ein englischer Bankier war angeklagt, die Entführung König Georgs III. nach Philadelphia geplant zu haben. Sein Verteidiger, der französische Anwalt Lachaud, wies die Beschuldigung zurück: »Wozu der König einen Bankier braucht, ist klar. Was in aller Welt aber soll ein Bankier mit einem König?«

Schweiz = Europäische Großbank für Fluchtkapital.

Michael Schiff,
Von Abs bis Zwiebelmuster

Kredit = a) Ruf, den man hat; b) Geld, das man nicht hat.

Michael Schiff,
Von Abs bis Zwiebelmuster

Bank = Institution, wo man Geld leihen kann gegen den Nachweis, daß man es nicht braucht.

Carl Fürstenberg wurde von einem unsicheren Kantonisten um ein Darlehen gebeten. Er zögerte: »Borgen macht Sorgen, mein Lieber!«
»Keine Angst!« erwiderte der Zweifelhafte. »Ich werde mir keine Sorgen machen.«

Fürstenberg tippte auf einen außergewöhnlichen Debetsaldo.
»Herr X ist mit der Tochter des schwedischen Finanziers Wallenberg verheiratet«, erklärte der Leiter der Kreditabteilung.
Der Bankier schüttelte den Kopf: »Wenn sie ihm als Unterlage genügt,

ist das seine Sache. Mir genügt sie nicht.«

Bankers who were so anxious to avoid risks would soon have no risks to avoid.

Lord Bramwell

Ein Freund schilderte Bernard Baruch: »Er ist wie ein indischer Leitelefant. Er geht voraus, die anderen folgen. Man kommt an eine Brücke. Baruch bleibt stehen, setzt einen Vorderfuß auf die Brücke, dann den zweiten, dreht sich um und prüft die Brücke mit den Hinterbeinen.
Die Brücke scheint haltbar. Bernard tritt beiseite und läßt die anderen hinüber. Er folgt.«

Ein Freund, gebeten, die Bürgschaft für ein Bankdarlehen zu übernehmen: »Ich gebe dir das Geld, und die Bank soll bürgen.«

Bankauskunft: »Die Firma steht seit 20 Jahren mit uns in Geschäftsverbindung. Sonst ist nichts Nachteiliges über sie bekannt.«

Die alte Dame geht zur Sparkasse und verlangt ihr Guthaben. Mit der Auszahlungsanweisung begibt sie sich zur Kasse, und dort wird ihr der Betrag aufgeblättert.
»Danke schön«, sagt die Oma. »Ich wollte nur sehen, ob mein Geld noch da ist.«

Ein Bauer kommt zur Bank und hebt tausend Mark ab. Er zählt: »50, 100, 150, 200, 250, 300, 350.« Schiebt das Geld zusammen und steckt es ein.
»Zählen Sie weiter!« mahnt der Kassier.
»Schon gut«, erwidert der Bauer. »Hat's bis hierher gestimmt, stimmt der Rest auch.«

Eine Dame zum Auszahlungsbeamten der Bank: »Das Liebenswürdigste an Ihnen ist, daß Sie nie fragen, was man mit dem Geld macht.«

Der Inspektor einer französischen Bank kontrollierte unerwartet eine Provinzfiliale. Der Schalterraum war leer. Aus einem Nebenzimmer hörte er Karten auf den Tisch klatschen. Er drückte auf den Alarmknopf. Das Spiel nebenan ging weiter. Schließlich öffnete sich die Tür, und der Kellner vom Restaurant gegenüber brachte vier Pernod.

Ein Vermummter trat mit vorgehaltener Pistole in den Schalterraum einer New Yorker Bank und rief: »Hände hoch! Geld raus!«
Ein Angestellter trat den Alarmknopf, und schon standen zwei Bewaffnete hinter dem Eindringling.

Dieser zog sich das schwarze Tuch vom Gesicht: »Sehr gut, meine Herren! Ausgezeichnet.«
Es war der Chef, Augustus Froes.

Ein Mann sucht vor strömendem Regen Schutz im Portal einer Bank, deren Aktien in wenigen Wochen von 250 auf 110 gefallen sind.
Der Portier verjagt ihn.
»Frechheit!« schimpft der Mann. »Bei Hundertzehn.«

Carl Meyer Rothschild in Neapel empfahl: »An der Börse muß man sich verhalten wie beim Baden in kaltem Wasser: Hineinspringen und rasch wieder heraus!«

Die Stirnwand des renovierten Berliner Börsensaales zierten zwei große Gemälde. Das linke zeigte eine bekleidete, das rechte eine unbekleidete Halbgöttin, Tizians himmlischer und irdischer Liebe nachempfunden.
Carl Fürstenberg, nach dem Sinn der Figuren gefragt: »Links die verschleierte Bilanz, rechts die nackte Pleite.«

Fürstenberg, in der Berliner Börse nach den Toiletten gefragt: »Hier gibt es keine Toiletten. Hier besch ... einer den anderen.«

Der Viehhändler David Drew ließ an seine Herde Salz verfüttern und die Tiere unmittelbar vor dem Markt, auf dem sie nach Lebendgewicht verkauft wurden, saufen. Drew wurde einer der erfolgreichsten Wall-Street-Spekulanten und soll zur Prägung des Begriffes »Verwässerte Aktien« angeregt haben.

Graf Schmeidel tobt. Das Unternehmen, dessen Aktien den Hauptanteil seines Wertpapierbesitzes darstellen, ist bankrott.
Bobby tröstet: »Wenn s' fast nix mehr wert san, sei halt froh, daß d' wenigstens gnug hast!«

Pfandbrief = Zinsentragendes Schlafmittel.

Michael Schiff,
Von Abs bis Zwiebelmuster

John Kennedy zu einem Börsenmakler: »Wenn ich nicht Präsident wäre, würde ich Wertpapiere kaufen!«
Der Makler erwiderte: »Wenn Sie nicht Präsident wären, würde ich das auch tun!«

Der Börsenmann hat hohes Fieber. »40« liest die Schwester vom Thermometer.
Der Kranke murmelt: »Bei 41 verkaufen!«

Versicherung

Ein alter Mann überreicht jedem Fremden, der in der Nähe des Schiefen Turmes von Pisa seinen Wagen abstellt, einen Bon. Dafür kassiert er 50 Lire. Die Fremden glauben, daß es sich um eine Parkgebühr handelt, und zahlen anstandslos: Eine Police für den Fall, daß der Turm umkippt.

Ein jüdischer Versicherungsagent wird von seinen Freunden bearbeitet, sich taufen zu lassen: Seine geschäftlichen Erfolge würden sich verdoppeln.
Er geht zum Pfarrer. Nach zwei Stunden kommt er schweißbedeckt wieder.
»Na?« fragen die Freunde, »tauft er dich?«
»Nein«, antwortet der Agent. »Aber ich habe ihn versichert.«

Graf Rudi hat eine Feuer- und Hagelversicherung abgeschlossen.
»Feuer laß i mir gefallen«, kommentiert Bobby. »Aber Hagel is a Blödsinn. Wie willst du das arrangieren?«

Ein Bauer unterschreibt nach stundenlangem Zögern eine Feuerversicherung. Zehnmal fragt er, ob die Versicherung wirklich zahlt, wenn der Hof abbrennt, und zehnmal erhält er die gewünschte Antwort. Nun sitzen die Partner beim Schnaps. Der Vertreter schlägt dem Bauern freundschaftlich auf die Schulter: »Aber nicht anzünden, mein Lieber!«
Das Gesicht des Bauern verfinstert sich: »Also doch: Ich habe gewußt, daß ein Schwindel dahintersteckt.«

Ein Versicherungsvertreter will eine Lebensversicherung für die Bäuerin abschließen.
»Nix«, sagt der Bauer. »Ich habe meine Scheune versichert. Der Kasten brennt ab. Ich will das Geld. Und was tut die Versicherung? Sie stellt mir eine neue hin.«

Der Agent für Lebensversicherungen besucht einen Landwirt: »Sie haben eine ausgezeichnete Hühnerzucht. Ich nehme an, Sie bekommen jede Menge Eier.«
»O ja«, antwortet der Landwirt, »ungefähr 150 Stück am Tage.«
»Welchen Preis erhalten Sie für die Eier?«
»Ich verkaufe sie für 30 Cents pro Dutzend.«
»Für 4 Eier pro Tag biete ich Ihnen eine Lebensversicherung über 1000 Dollar, für 18 Eier eine Versicherung über 5000 Dollar, für 36 Eier eine über 10 000 Dollar.«
Der Landwirt überlegt: »Ich werde eine Versicherung für 18 Eier nehmen.«
Als der Agent zurückkehrt, um den Versicherungsschein zu überreichen, sagt der Landwirt: »Ich habe mit meiner Frau die Sache nochmal durchgesprochen: Wir möchten eine Versicherung für 36 Eier.«

Ein Mann versicherte eine Kiste Zigarren gegen Brand, rauchte sie und forderte Ersatz.
Die Versicherung weigerte sich. Der Mann klagte und gewann.
Er selbst aber wurde wegen fortgesetzter Brandstiftung verurteilt.

»Ihr zweifelt am Nutzen einer Unfallversicherung?« doziert Leib Mandelblüth. »Überlegt: Ihr brecht Euch die Füße. Was bekommt Ihr: 1000 Mark. Ist das eine Summe? Gut. Angenommen, Ihr brecht Euch Arme und Beine. Was bekommt Ihr? 3000 Mark. Bitte! Angenommen aber, Ihr brecht Euch nicht nur Arme und Beine, sondern das Genick dazu, dann – ich übertreibe nicht, wenn ich sage – seid Ihr ein gemachter Mann.«

Inserat: »Nutzen auch Sie die Vorteile unserer großartigen neuen Unfallversicherung! Unsere Kundin Frau S. schloß in der vergangenen Woche den Vertrag. Vorgestern brach sie sich ein Bein, und gestern zahlten wir ihr 500,– Mark aus. Schon morgen können Sie der Glückliche sein.«

»Meinen herzlichen Dank der Preußischen Lebensversicherungsgesellschaft und dem Inspektor derselben, Herrn L. Föhrlbeck. Vor drei Monaten wurde mein Mann in obige Sterbeversicherung aufgenommen; heute ruht er schon mehrere Tage im Grabe. Eine solch culante Gesellschaft braucht nicht empfohlen zu werden; sie empfiehlt sich allenthalben von selbst.« (1880)

Der Toni berichtet, daß den Franzl beim Holzfällen der Baum erschlug. »Aba Not braucht's net zu leidn, d' Gertrud«, schließt er. »Der Franz war wia i mit zwanzgtausend versichert.« Die Frau rümpft die Nase: »Und du Depp bist natürlich auf d' Seitn gesprunga, gell?«

Der Sarg klappt zu, die Witwe kichert; denn er war »Allianz«-versichert.

Gastronomie I

Der Franz und der Korbinian treffen sich nach langer Zeit wieder im Wirtshaus. Der Franz hat geheiratet, und der Korbini fragt: »Ja wieso?«
»Des Wirtshauslem hat mir nimmer paßt.«
»Und jetz?«
»Jezt paßt's ma wieda!«

Aus einem Schüleraufsatz: »Nachdem wir drei Stunden gewandert waren, bekehrten wir ein Gasthaus.«

Bekanntmachung in einem Luxusrestaurant: »Wer widerrechtlich ein Stück unseres wertvollen Tafelsilbers als Souvenir mitnehmen möchte, möge dieses unauffällig tun. Wir legen Wert auf den guten Ruf unserer Gäste.«

Er war mit seinem Wagen schon an vielen Gasthöfen vorübergefahren. Endlich tauchte einer auf, der ihm äußerlich zusagte. Er stieg aus.
Las: »Hier essen Sie wie zu Hause.«
Schüttelte den Kopf und fuhr davon.

Der Wirt hing ein Schild vor die Tür: »Hier wird mit Liebe gekocht.«
Der Konkurrent gegenüber kam am Tage darauf mit dem Slogan heraus: »Hier wird mit Vorliebe gegessen.«

Im Schaufenster eines Restaurants in New York: »Hier gibt es Pasteten, wie Ihre Mutter sie zubereitete, bevor sie zu Zigaretten und Bridgekarten griff!«

An der Eingangstür zum Borkumer »Bratwurst-Glöckle«: »Habe vom Magistrat die Erlaubnis, Gäste zu beherbergen, zu beköstigen und zu schlachten.
F. Hengst, Gastwirt und Metzger.«

»Wir essen immer a la carte, wenn wir ausgehen«, erzählt McNepp.
Der Freund pfeift durch die Zähne: »Nobel!«
»Wer die höchste Karte zieht, ißt.«

McNepp will wissen, was ein Bier kostet.
»Am Tisch siebzig, an der Stehtheke fünfzig«, erklärt der Kellner.
»Und wenn ich auf einem Bein stehe?«

Zum Ober: »Ich nehme nur eine Tasse Kaffee.« Zur Begleiterin: »Und was möchtest du nur haben?«

Er zu ihr: »Was darf ich Dir bestellen, mein Dickerchen?«

Der zerstreute Kraftfahrer zum Kellner: »Auftanken!«

Jimmy betritt den Drugstore: »Machen Sie Harnuntersuchungen?«
»Selbstverständlich. Bitte sehr.«
»Well«, spricht Jimmy. »Waschen Sie sich die Hände und geben Sie mir zwei Sandwiches!«

Ein Eiliger stürzte in den Schnellimbiß: »Halbes Hähnchen!«
»Hier essen oder mitnehmen?«
»Beides.«

Der norddeutsche Gast wundert sich, warum er diesmal in jenem Gasthof, wo er schon oft so gut gegessen hat, kein Wildbret bekommt. Das Mädchen staubt die Krümel vom Tisch: »D' Schandarma san a bisserl scharf jetz!«

Tünnes und Schäl haben ein Speiserestaurant eröffnet. Schäl hielt es für zweckmäßig, über die erste Speisekarte zu schreiben: »Fleisch von jeglichem Getier vorrätig!«
Am ersten Abend bestellt ein Gast aus Frankreich »Elefantenrüssel«.
»Wie groß darf die Portion sein?« fragt Schäl.
»Eine Scheibe, bitte!«
Schäl schüttelt den Kopf: »Dafür schneiden wir dä Elefant net an.«

Der mürrische Gast lümmelt sich auf die Tischplatte: »Heiße Würstchen!«
»Erfreut«, antwortet die Bedienung. »Doris Liebstöckl. Was darf ich Ihnen bringen?«

Der Gast warf einen kurzen Blick auf die Speisekarte, erhob sein strahlendes Auge zur hübschen Kellnerin, lächelte und sagte: »Warm heute.«
»Wirklich«, erwiderte die Schöne, »und gestern war es nicht minder warm, und morgen, schätze ich, wird es ebenso warm sein. Ich heiße Maria, bin entzückend und habe wundervolle Augen. Seit sechs Wochen arbeite ich hier; die Stellung gefällt mir, und ich bin nicht der Meinung, ich sei zu schade für diesen Beruf. Wo heute abend hier im Ort etwas los ist, kann ich Ihnen nicht sagen, und wüßte ich es, könnte ich nicht mit Ihnen hingehen; denn mein freier Tag ist der Mittwoch. Mein großer Bruder heißt Martin, arbeitet hier als Koch, wiegt zwei Zentner zwanzig und ist jähzornig. Haben der Herr schon gewählt?«

Der Chef rief seine Kellnerinnen zusammen: »Aufgepaßt heute! Erstklassige Frisur, Puder, Rouge! Klar?«
»Was Besonderes?« fragte eine.
»Fleisch ist zäh.«

»Kalbskeule, bitte sehr, kann ich empfehlen«, antwortet der Ober auf die übliche Frage des Gastes. »Schellfisch muß ich empfehlen.«

Ein Gast tadelte die Zähigkeit des Steaks.
»Junger Mann«, erwiderte der Gastronom würdevoll, »ich grillte bereits, als Sie noch in den Windeln lagen.«
»Respekt«, bezeugte der Gast. »Warum aber servieren Sie erst jetzt?«

Pensionsgast in der Bauernwirtschaft: »Der Hahn, den Sie mir gestern abend servierten, hat mir schwer im Magen gelegen. Gegen vier Uhr bin ich aufgewacht und konnte nicht wieder einschlafen.«
Der Wirt bekommt feuchte Augen: »Vier Uhr. Jaja. Das war seine Zeit.«

»Sie behaupten, Sie könnten das Alter der Hühner an den Zähnen feststellen: Hühner haben keine Zähne!«
»Ich habe welche.«

»Huhn«, bestellt der Gast. »Aber nicht wieder so ein schlaues wie vorgestern!«

»Wieso ›schlau‹, mein Herr?«
»Für ›schlau‹ halte ich ein Huhn, das sich dem Würgegriff des Henkers ungebührlich lange entzieht.«

Willy Krawuttke aus Berlin sitzt vor dem Ferienhotel und frühstückt. Ein Huhn umschleicht ihn.
»Hau ab, Mädchen!« spricht er. »Sonst bestell ick dir.«

Ein Gast aus dem Westen läßt sich in einem Moskauer Hotel drei Kalbsmedaillons auftragen. Zwei schmecken hervorragend; das dritte leistet dem Messer entschieden Widerstand. Der Gast reklamiert.
»Verzeihung, mein Herr!« erwidert der Kellner. »Das ist kein Medaillon. Das ist das Mikrophon.«

»Sie servieren heute Hasenbraten, las ich draußen«, sagte der Beamte der Gewerbeaufsicht. »Reiner Hasenbraten?«
»Mit etwas Pferd«, gestand der Gastronom.
»In welchem Verhältnis?«
»Fünfzig zu Fünfzig: Ein Hase, ein Pferd.«

In Berlin ging nach der Jahrhundertwende das Unter den Linden zwischen »Adlon«, »Bristol« und »Astoria« gelegene Luxusrestaurant »Chaurté« in Konkurs. Als Hauptgläubiger offenbarte sich ein Pferdemetzger.

Der neue Gast erhält sein erstes Frühstück. Gerührt starrt er auf den winzigen Klecks Honig. »Siehe da«, spricht er zur Wirtin. »Eine Biene haben Sie auch!«

Leo Slezak hatte sich in einem Berliner Hotel ein Schnitzel auftragen lassen. Er durchbohrte es mit den Augen, stach die Gabel hinein, hob es hoch und rief: »Genau das! Davon bitte eine Portion!«

»Wie fanden Sie das Beefsteak, mein Herr?«
»Für sein Alter klein.«

Ein Gast auf die Frage des Oberkellners, wie er das Steak fand: »Zufällig, als ich eine Kartoffel beiseite schob.«

Ein Gast bemängelt, die Portionen seien wesentlich kleiner als vor drei Monaten.
»Sie täuschen sich, mein Herr«, widerspricht der Wirt. »Wir haben das Restaurant vergrößert.«

Der Gast vermißte an seinem Krebs die Scheren.
»Unsere Krebse«, erwiderte der Kellner, »sind so frisch, daß sie in der Küche noch kämpften.«
»In Ordnung«, sprach der Feinschmek-

ker und schob das Gericht zurück. »Bringen Sie mir den Sieger!«

»Ist das ein halbes Huhn, Herr Ober?«
»Sehr wohl, mein Herr.«
»Dann bitte die andere Hälfte!«

Schreibfehler im Prüfungsbericht des Finanzamtes: »Der Betriebsinhaber hat ein Darlehen in Höhe von 20 000,– DM beantragt, das zur Errichtung einer Faststätte verwendet werden soll.«

Der eilige Kellner auf die Frage eines Gastes, ob man ihn vergessen habe: »Keineswegs, mein Herr. Sie sind der gefüllte Kalbskopf.«

Gast: »Freue mich, Sie wiederzusehen. Ist der Streik beendet?«
Kellner: »Welcher Streik?«
»Nach Aufgabe meiner Bestellung.«

Zum ungeduldig werdenden Tischnachbarn: »Man muß hier ziemlich lange warten, bis man bedient wird, aber man tut es gern; denn das Essen ist miserabel.«

Der Gast läßt die Suppe zurückgehen: Sie sei nicht heiß. Der Kellner bringt die zweite; der Gast verweigert auch diese.
»Probieren Sie doch erst, bevor Sie behaupten, die Suppe sei nicht heiß!« fordert der Ober.
»Nicht nötig«, erwidert der Gast, »solange Sie Ihren Daumen hineinhalten.«

Der Gast im ersten Restaurant am Platze band sich die Serviette um den Hals.
»Sagen Sie ihm«, flüsterte der Oberkellner zur zuständigen Bedienung, »er soll das Tuch abmachen! Aber taktvoll, verstanden?«
Der Ober ging hinüber: »Rasieren oder Haarschneiden?«

Der Chef des Palace de Monte Carlo verzweifelt: Zwei Ober sind krank, langjährig geschultes Personal eines durch seinen Service weltberühmten Hotels. Er sucht gleichwertigen Ersatz. Vergeblich, bis der Freund in Paris aushilft. »Ich schicke Dir einen in den heikelsten Situationen bewährten Mann«, sagt er am Telefon. »Acht Jahre ›Maxim‹.«
Der Mann kommt, scheint hervorragend, tänzelt geschmeidig und serviert lautlos.
Gegen Mitternacht wallt eine blonde Schönheit auf, flankiert von zwei renommierten Playboys. Man trinkt Champagner, lacht lauthals, und plötzlich reißt der Träger des schulterfreien Abendkleides. Eine rosige Brust nickt. Der Kellner reagiert blitzschnell, nimmt den silbernen Löffel aus dem Eis, befördert den entblößten Busen in die schützende Hülle zurück und knotet mit geschickter Hand das Textil.

Kurzer Blick zum Chef. Der schüttelt das Gastronomenhaupt, als habe er die Nase in der Steckdose. Der Neue wiegt hinüber.
»Wahnsinnig!« zischt der Chef. »In Paris mag solche Stümperei angehen. Hier wird der Löffel vorgewärmt.«

Hinweis in einer Münchner Schenke: »Mitgebrachte Speisen müssen rückwärts eingenommen werden.«

Ein Bernhardiner hockt neben dem Wirtshaustisch und läßt den schmausenden Gast nicht aus dem Auge. Seine Furcht überspielend, fragt der Herr das Tier, ob es kosten wolle.
»I wo«, schaltet sich der Wirt ein. »Der wartet bloß auf seinen Teller.«

1942 in einem oberbayerischen Gasthof notiert: »Gäste, welche ihre Teller zum Hundefüttern benutzen, müssen an der Kasse bezahlt werden und werden Eigentum des Betreffenden.«

»In einem trefen Restaurant«, definierte ein Jude, »sieht man die Leute essen und hört man sie reden. In einem koscheren hört man sie essen und sieht man sie reden.«

Noel Coward kehrte nach langer Reise in sein Stammlokal zurück und fand zu seinem Entsetzen eine laute und eifrige Kapelle.
»George«, sprach er zum Kellner, »spielen die auch auf Wunsch?«
»Selbstverständlich, Mr. Coward.«
»Well. Ich bitte um eine Partie Schach!«

McNepp hat ein Menü bestellt und fühlt sich nach dem Hauptgericht gesättigt: »Wäre es möglich, daß ich anstelle der Nachspeise ein Telefongespräch nach Aberdeen führe?«

»Hat es dem Herrn gemundet?« fragt der Gastronom.
»Hätte«, antwortet der Gast. »Wenn die Suppe so warm gewesen wäre wie der Wein und der Wein so alt wie das Huhn und das Huhn so fett wie die Bedienung.«

»Entsetzlicher Fraß«, kommentiert die Ehefrau das Gasthausessen.
»Und um so betrüblicher«, ergänzt er, »als wir hierher gegangen sind, um einmal eine Abwechslung zu haben.«

»Hat's geschmeckt?« fragt der Wirt.
»Habe schon besser gegessen«, mault der Gast.
Der Gastronom schüttelt den Kopf: »Aber nicht bei mir.«

Angeblich erfolgreiche kalifornische Hotelwerbung: »Kommen Sie zu uns! Hier vergeht Ihnen der Appetit.

Unsere Küche ist eintönig und geschmacklos. Sie nehmen garantiert ab.«

Der Sohn eines großen Berliner Hoteliers versuchte, den Gästen zu imponieren. Im Reitdreß durchschritt er die Speisesäle.
»Wie geht es Eurer Durchlaucht?« fragte er den Fürsten P.
Der Stammgast erwiderte: »Ihr Herr Vater hätte gefragt: ›Wie schmeckt es?‹ «

Als der dicke Mann zum dritten Male aus dem Fenster der Wirtschaft geflogen kam, fühlte sich ein Rentner, der das Drama von der Parkbank gegenüber verfolgt hatte, aufgerufen. Er schlurfte herbei, half dem Derangierten auf die Füße und fragte: »Warum gehen Sie denn immer wieder in diese Kneipe? Es gibt doch andere auch noch.«
»Muß«, erwiderte der Geschundene. »Bin der Wirt.«

Aus einer Verlagsankündigung 1936: »Die Pfarrfrau, erzogen in strenger Tradition, glaubt, es nicht mit ansehen zu können, daß ihr Sohn Michael die freidenkende Dörthe zur Frau nimmt, Tochter eines Mannes, der in zweiter Ehe eine lärmende Gaststätte betreibt.«

Gastronomie II

Der einst schlechteste Rechner der Schule hat den größten Gasthof der Stadt erworben. Der alte Lehrer besucht und beglückwünscht ihn ob seiner kaufmännischen Fähigkeiten.
»Keine große Kunst, Herr Studienrat«, erklärt der Gastronom. »Für eine Mark kaufe ich die Schnitzel, für vier Mark verkaufe ich sie, und von den drei Prozent lebe ich.«

Die Rechnung: »Ein Schnitzel natürell zweifuffzig – ein Bier dreizwanzig – Zigarren hatten Sie nicht dreifuffzig – kein Brot dreisechzig – zehn Prozent vierzwanzig bitte sehr!«

Der Kellner servierte und bat um Begleichung der Rechnung.
»Noch keinen Bissen im Mund und schon berappen?« entrüstete sich der Gast. Der Kellner verneigte sich: »Bei Pilzen Vorkasse.«

Der Gesättigte erkannte mit Schrecken, daß er kein Geld bei sich trug, die Zeche zu zahlen.
»Nicht so schlimm«, tröstete der Kellner. »Wir schreiben Ihren Namen an die Wand, und Sie zahlen, wenn Sie wiederkommen.«
»Meinen Namen?« ächzte der Mittellose. »An die Wand? Da liest ihn ja jeder!«

»Gewiß nicht«, sprach der höfliche Mann im Frack. »Wir hängen Ihren Mantel darüber.«

Ein Herr kommt mit drei Kindern ins Wirtshaus, bestellt Schweinebraten und Bier, für die Kinder Limonade und Kuchen. Es schmeckt allen. Er bestellt noch Kaffee und Kognak. Dann bittet er die Kellnerin, einen Augenblick auf die Kinder aufzupassen: Er müsse seine Brieftasche aus dem Wagen holen.
Nach einer halben Stunde wundert sich die Kellnerin: »Euer Papa bleibt aber lange weg.«
»Das ist nicht unser Papa«, antwortet der Älteste. »Er hat uns auf der Straße angesprochen und zum Kuchenessen eingeladen.«

Herschl Schlehmil bestellt ein Stück Kuchen. Der Kuchen wird serviert. Herschl überlegt es sich anders: Schickt den Kuchen zurück und bestellt einen Schnaps.
Trinkt ihn aus und will gehen.
»Hallo! Sie!« ruft der Kellner. »Sie haben Ihren Schnaps noch nicht bezahlt!«
»Dafür habe ich Ihnen doch den Kuchen gegeben.«
»Den haben Sie ja auch nicht bezahlt.«
»Warum soll ich ihn bezahlen? Habe ich ihn denn gegessen?«

Dosch, der Wanderer, hatte tüchtig gezecht. Da er kein Geld besaß, fragte er die Wirtin, ob sie ihm, wenn er ein Liedlein singe, das ihr gefiele, die Schuldigkeit erließe.
»Ja«, antwortete die Wirtin und dachte: Du kannst lange singen, bis mir etwas gefällt.
Als er nun lange gesungen und kein Lied den Beifall der Wirtin gefunden hatte, zog er seinen leeren Geldbeutel heraus und sang: »Komm her, mein liebes Säckelein, und bezahl der Wirtin ihr Zechelein!« Er fragte, ob ihr dies Liedlein gefiele.
»Das gefällt mir wohl«, sprach die Wirtin.
»Wohlan«, erwiderte Dosch, steckte seinen Geldbeutel ein und ging nach Hause.

nach *Martin Montanus*,
Wegkürzer, Doschs Lied

In ein Wirtshaus zu Helmstedt kamen sieben Studenten. Sie zechten und lärmten, und als die junge Wirtin gegen Mitternacht die Rechnung brachte, griffen alle nach ihren nicht vorhandenen Börsen. Sie stellten sich aber, als wollte jeder verhindern, daß der andere zahlt. Schließlich schlug einer vor, man wolle Blindekuh spielen. Die Wirtin solle sich die Augen verbinden lassen, und wen sie greife, der solle berappen.
Sie klatschte vor Freude über den herrlichen Einfall in die Hände, und als sie ihres Gesichtes beraubt war, stahl sich einer nach dem anderen davon.
Der Wirt in der unteren Stube sah sie gehen, und als seine Frau nicht auch herunterkommen wollte, ging er hinauf. Sie aber faßte ihn und rief: »Gefangen! Ihr, Herr, zahlt die Zeche.«

Womit sie die Wahrheit gesprochen hatte.

nach dem Kurzweiligen Zeitvertreiber

Der Gast bestellte den besten Aperitif, ein sorgfältig ausgewähltes Menü mit angemessenen Weinen, ließ sich Kognak nebst Zigarre bringen, rauchte geruhsam zuende und rief den Geschäftsführer: »Ist Ihnen schon einmal passiert, daß ein Gast nicht zahlen konnte.«
»Gott sei Dank nein, mein Herr.«
»Wenn es Ihnen einmal passierte, was würden Sie tun?«
»Ihn mit einem Fußtritt vor die Türe setzen und ihm raten, sich nicht wieder blicken zu lassen.«
»In Ordnung«, sprach der Gast. Erhob und bückte sich: »Bitte zahlen!«

Ludwig Devrient war Stammgast bei Lutter und Wegner am Berliner Gendarmenmarkt, zahlte allerdings nicht. Eines Abends überreichte ihm Lutter die angeschwollene Rechnung. Der Schauspieler mimte den Gekränkten, bezichtigte die Weinstubenbesitzer abscheulicher Undankbarkeit und zog auf die andere Seite des Marktes zu Rehmel.
Rehmel florierte; bei Lutter und Wegner leerten sich die Bänke. Da lud Lutter den alten Freund zum Versöhnungsschoppen. Der Schauspieler kam und erhielt feierlich die halbierte Rechnung ausgehändigt.
Gerührt starrte er auf das Papier. »Großmütiger Mann!« rief er. »Ich will Dir nicht nachstehen. Wenn Du die eine Hälfte tilgst, so laß mich die andere tilgen!«
Er zerriß die Rechnung. Die Anwesenden brüllten vor Lachen. Lutter machte gute Miene. Devrient blieb, und die Gäste kamen wieder.

»Hast du schon gezahlt?«
»Nein.«
»Also. Worauf warten wir noch?«

Der Milliardär Gulbenkian zerriß, wenn er eine Bestellung aufgab, eine Banknote und händigte dem Ober die eine Hälfte aus. War er zufrieden, hinterließ er die zweite Hälfte.

Unter einer Speisekarte in Reykjavik, in englischer Sprache abgefaßt, stand ein isländischer Text.
»Was heißt das?« fragte ein Gast.
»Das ist Isländisch«, erwiderte der Kellner und enteilte.
»Ich weiß, daß es Isländisch ist«, begann der Gast aufs Neue, als der Kellner zurückkam. »Aber ich möchte wissen, was es heißt.«
Brummend kam die Übersetzung: »Das Personal in diesem Hause erwartet kein Trinkgeld.«

Die Kellner von Miami behaupten, die höchsten Trinkgelder würden von Männern in Begleitung von großen blonden Frauen gegeben.

Es kamen etliche Viehhändler um Vesper ins Wirtshaus, daselbst zu zehren und abends bei helleuchtendem Mond weiterzureisen. Mein Wirt merkte, daß sie Speck in der Tasche hatten, dachte also auch ein Stück davon zu naschen, verfügte sich daher zu mir und sagte, er wollte mir eine gute Verehrung geben, wenn ich verschaffen könnte, daß diese Gäste die Nacht da zehren. Ich sagte: »Mein Wirt, lasset Euch kein grau Haar wachsen! So wahr ich Simplex heiße, sollt Ihr heute diese Viehhändler wider ihren Willen beherbergen.«
Nachdem ein paar Stunden vorüber, begehrten die Gäste, der Wirt sollte ihnen die Zeche machen, der sich gar beschäftigt stellte und sich wohl dreimal deswegen mahnen ließ, auch ihnen vorhielt, daß es gar unsicher bei Nacht zu reisen wäre. Es half aber alles nichts. Indem ich nun sah, daß sie im Auszahlen begriffen, lief ich geschwind in den Stall, sattelte den großen Bock, deckte einen langen schwarzen Mantel über mich, ritt zur hinteren Tür hinaus und lenkte auf den Weg, wo ich wußte, daß die Viehhändler herkommen sollten.
Die waren nun einen ziemlichen Weg vom Dorf entfernt, und war es zu allem Glück ziemlich finster. Ehe sie sichs nun versahen, sprengte ich aus einem Busche heraus und rannte spornstreichs auf sie zu, zupfte auch den Bock, daß er sein Meck-Meck-Meck hören ließ. Ich hatte aus dem schwarzen Tuch nur ein wenig mein Gesicht herausgestreckt und ein faul Holz im Mund, welches einen feurigen Glanz von sich gab, und schien, als ob ich Feuer ausspeite. Es bedarf nicht viel Beschreibens, wie sich meine Wandersleut gebärdet.
Sie liefen windgeschwind wieder zurück und hielten so fest aneinander, daß ich mich darüber verwundere, wenn ich daran denke; ja sie schrien Zeter, Ach und Mordio.

Grimmelshausen, Das Gespenst

Hotel

Urahn, Großmutter, Mutter, Kind
in dumpfer Stub beisammen sind,
dem letzten Raum, der sich noch
bietet;
denn alles andre wird vermietet.
Quer durch die Alpen gellt ein Schrei:
Zimmer frei!

Eugen Roth,
Hochbetrieb

»Hätten Sie ein Zimmer frei, wenn der Herr Bundeskanzler jetzt vor Ihnen stünde?«
»Der Herr Bundeskanzler? Selbstverständlich. Für den Herrn Bundeskanzler ...«
»Also. Dann geben Sie mir sein Zimmer! Er kommt nicht.«

Der Bundestagsabgeordnete X. ververlangt ein Hotelzimmer. Belegt.

»Sie inserierten, das Hotel befinde sich unter neuer Führung. Dort drüben steht ja der alte Chef.«

Der Kellner neigt sich zum Ohr des Gastes: »Er hat vorige Woche geheiratet.«

»In diesem Hotel spricht man Deutsch, Englisch, Französisch, Holländisch, Italienisch, Schwedisch, Spanisch, Türkisch . . .« kündet ein Schild am Portal.
»Respekt«, bemerkt ein Besucher zum Portier. »Wer beherrscht denn alle diese Sprachen?«
»Die Gäste.«

Anschlag in einem Gasthof: »Im Preis für das Zimmer ist das Zimmermädchen nicht einbegriffen.«

»Sind Sie Gast des Hauses?« fragte ein Hotelportier.
»Gast?« rief der andere erbittert. »Mann! Ich zahle pro Tag sechzig Mark!«

Der Übernachtungsgast im alten englischen Schloß erkundigt sich besorgt: »Ist in diesem Zimmer in letzter Zeit einmal – ich meine – etwas – sagen wir – Besonderes vorgefallen?«
»Seit vierzig Jahren nicht mehr«, antwortet der Kastellan.
»Und – äh – vor vierzig Jahren: Was geschah da?«
»Damals kam ein Gast morgens gesund wieder heraus.«

Mark Twain schrieb in das Gästebuch des Hotels, nachdem er die letzte Eintragung – »Baronesse X mit Gefolge« – gelesen hatte: »Mark Twain mit Koffer«.

Mit düsterem Gesicht hockt der Reisende am Frühstückstisch: »Zwei verbratene Spiegeleier, zwei Scheiben verbrannten Toast, ein Kännchen lauwarmen Kaffee!«
»Ist das Ihr Ernst?« fragt die Kellnerin.
»Mein Ernst.«
Sie bringt das Bestellte: »Sonst noch einen Wunsch?«
»Jawohl!« brummt der Gast. »Setzen Sie sich neben mich und nörgeln Sie an mir herum! Ich habe Heimweh.«

Salomon Hecht bestellt ein Hotelzimmer.
»Mit Bad?« fragt der Portier.
»Unsinn. Ich heiße bloß so.«

Ein Bauer hat den letzten Zug verpaßt und geht in ein Münchner Hotel: »Kann i a Bett ham?«
»Freili«, antwortet der Portier. »Zwanzg Markl.«
»Net kaufa. Bloß schlafn.«

Der im überfüllten Hotel gerade noch untergekommene Gast will zahlen.
»Welches Zimmer?« fragt der Wirt.

»Keines. Ich schlief auf dem Billardtisch.«
»Pro Stunde 2.– Mark.«

»Hat es Ihnen bei uns gefallen?« fragt der Hoteldirektor.
»Gefallen, ja«, erwiderte der scheidende Gast. »Das einzige, was mich bedrückt, ist, daß ich das Hotel so bald verlassen muß, nachdem ich es gekauft habe.«

Das Paar wünscht ein Doppelzimmer. Der Portier ist mißtrauisch: »Sind Sie verheiratet?«
»Gewiß«, antwortet der Herr. »Beide.«

Junge Dame zum Portier: »Bitte, ist mein Mann schon eingetroffen?«
»Wie ist der Name, bitte?«
»Hellmann oder Hillmann oder so.«

Ein Münchner, nach langer Wanderung müde im Dorfgasthof gebettet, kann nicht einschlafen. Nebenan schäkert ein junges Paar: »Ja, wo ist denn das süße kleine Popöchen? Wem gehört denn das leckere Popöchen?«
»Kreizsaxndi!« schreit der Einsame. »Des werd si do no feststelln lassn, wem der Oarsch ghert!«

Der Reisende sinkt erschöpft ins Hotelbett und schnarcht.
Es klopft an der Wand. Der Schnarcher erwacht, dreht sich auf die andere Seite und schnarcht weiter. Es klopft. Der Schnarcher erwacht, legt sich auf den Rücken und schnarcht erst recht.
Am nächsten Morgen trifft er den Zimmernachbarn am Frühstückstisch. Es ist eine bezaubernde Dame.
»Haben Sie heute nacht an die Wand geklopft?« fragt der Reisende.
»Allerdings«, antwortet sie.
»Entschuldigen Sie vielmals!« spricht der Mann. »Aber ich war wirklich zu müde.«

Der letzte Zug ist fort, der Ort überfüllt. In einem Hotel ist noch ein Doppelzimmer frei. Ein Herr und eine Dame, die sich nicht kennen, bewerben sich gleichzeitig um den kostbaren Raum.
Man spricht miteinander und witzelt über die merkwürdige Situation. Nachdem der Portier versprach, eine Trennwand zwischen die Ehebetten zu schieben, einigt man sich.
Erst geht die Dame ins Zimmer, kleidet sich aus und kriecht in die Federn. Dann folgt der Herr. Meier heißt er.
Der Atem des Herrn wird langsamer. Da spricht die Frau: »Dürfte ich Sie um die Gefälligkeit bitten, mir noch ein Glas Wasser zu holen?«
Pause.
Es fragt zurück: »Würde es Ihnen etwas ausmachen, für diese eine Nacht Frau Meier zu spielen?«
Pause.
»N-n-nein.«
Der Mann dreht sich auf die andere Seite: »Dann bitte, holen Sie sich das Wasser selbst!«

Die Gattin zum heimkehrenden Direktor, ein hauchzartes Nachthemd vorweisend: »Schau, wie aufmerksam! Das schickte mir heute das Hotel, in dem du vorige Woche, während des Kongresses, wohntest.«

XVI. Kapitel

Freizeit
Feste
Spiel
Sport
Jagd
Müßiggang
Schlaf

Freizeit

Schau täglich einmal von der Zinne
weit!
Gewinne Abstand und gewinne Zeit!

Gerhard Schumann,
Freundliche Bosheiten, Turmblick

Zeit haben nur diejenigen, die es zu nichts gebracht haben. Und damit haben sie es weiter gebracht als alle anderen.

Giovanni Guareschi

Zupf dir ein Wölkchen aus dem
Wolkenweiß,
das durch den sonnigen Himmel
schreitet,
und schmücke den Hut, der dich
begleitet,
mit einem grünen Reis!

Verstecke dich faul in die Fülle der
Gräser,
weil's wohltut, weil's frommt!
Und bist du ein Mundharmonikabläser
und hast du eine bei dir, dann spiel,
was dir bekommt!

Und laß deine Melodien lenken
von dem freigegebenen Wolkengezupf!
Vergiß dich! Es soll dein Denken
nicht weiter reichen als ein
Grashüpferhupf.

Ringelnatz,
Sommerfrische

Ein Mann, der Werbeplakate herumträgt, hat die Aufschrift zum Körper gedreht. Von einem Passanten aufmerksam gemacht, deutet er zum Kirchturm: »Mittag!«

Feuerwehrübung in Montgomery, Alabama. Es wird angenommen, das Rathaus stünde in Flammen. Genau fünf Minuten dauert es, bis alle 500 Angestellten im Freien sind.
Der Bürgermeister ist mit diesem Ergebnis unzufrieden. Am nächsten Nachmittag kontrolliert er die Räumungsdauer bei Büroschluß.
Drei Minuten.

Wandspruch über dem Schreibtisch des einstigen Stabschefs der einstigen SA, Ernst Röhm:
Um 4 Uhr laß die Arbeit ruhn
und widme dich dem Afternoon!

Da kommt ein Knabe gegangen,
mit klingenden Glocken behangen,
sagt, Müßiggang heiße ihm Pflicht,
und was ihm die Brüder mit Darben,
mit Mühe und Sorgen erwarben,
verzehrt er im leckern Gericht.
Sonst schön wie der Engel und heilig
dazu,
und dennoch mißgönnt er dem Pfarrer
die Ruh.

Johann Peter Hebel,
Rätsel (Sonntag)

Ein Schulkind auf die Frage der Lehrerin, warum die Stare vor dem Abflug schnattern: »Wahrscheinlich sagen die Vogelmütter zu ihren Kleinen, sie sollten noch einmal zur Toilette gehen.«

Aus einem Schüleraufsatz: »Vorige Woche kam mein Vater an einem Sonntag sehr spät nach Hause. Er hatte sich im Englischen Garten vergangen.«

Waldspaziergang. Voraus das Elternpaar, dahinter die Tochter mit ihrem Freund. Der Abstand vergrößert sich.
»Was die wohl machen?« fragt die Mutter.
»Was sollen sie schon machen?« antwortet der Vater. »Nachkommen.«

Aus einem Schüleraufsatz »Meine Ferien«: »Auf dem Gutshofe bemerkten wir eine Menge des Neuen und Interessanten. In der Umgebung war Gelegenheit zu kleineren Ausschweifungen gegeben.«

»Kann mir keinen Urlaub leisten«, stöhnte ein Chefredakteur. »Wenn die Auflage in meiner Abwesenheit sinkt, bin ich entlassen, und wenn sie steigt, überflüssig.«

Aus einem Schüleraufsatz: »Bei der Industrie wird die Kapazität durch die Zahl der Maschinen und die Leistungsfähigkeit der technischen Anlagen bestimmt. Beim Fremdenverkehr sind die Produktionsmittel die Betten.«

Ein Handelsvertreter wird von einem Sturm auf den Shetland-Inseln festgehalten. Er telegraphiert an seine schottische Firma, bittet um Instruktionen und erhält zur Antwort: »Betrachten Sie sich seit gestern als im Urlaub befindlich!«

Ein Raffinierter bat seinen Chef aus dem Ferienort schriftlich um Urlaubsverlängerung. Ohne Angabe der gegenwärtigen Anschrift.

Wie das Wasser beim Urlaub an der See gewesen sei, fragt die Mutter.
»Herrlich«, erklärt die Tochter. »Voller Männer.«

Die stramme Rosalie steigt in die Fluten der Ostsee. »Herrlich«, jauchzt sie, »wie mich die Wellen küssen!«
Der Mann ergänzt: »Und sich am Strande brechen.«

Meterhohe Wogen klatschen auf den Strand. Der Sturm heult. Ein vermummter Wanderer stößt auf einen nur mit der Badehose bekleideten, in den Sand gestreckten Mann und wundert sich.

»Ich will Farbe bekommen im Urlaub«, erklärt der Nackte. »Und wenn es Bläue ist!«

Wettervorher-Sage.

Ein Fischzüchter mußte immer wieder Badende vertreiben, obwohl sein Weiher mit Schildern wie »Baden verboten!« und »... hohe Strafe zu rechnen« gesäumt war. Eines Tages schrieb er auf eine Tafel: »Vorsicht Ranae esculentae! Baden auf eigene Gefahr!« Seit diesem Tag blieben seine Fische ungestört. Rana esculenta ist der Wasserfrosch.

Furcht hütet den Wald besser als der Förster.

Sprichwort

Wen Quallen in die Waden bissen,
der will nichts mehr vom Baden
wissen.

Oskar Blumenthal

Die Gattin am letzten Urlaubstag: »Ein paar ruhige Tage im Büro, und du bist wieder der Alte.«

»Dein Chef macht nicht den Eindruck, daß er sich im Urlaub erholt hat«, bemerkt eine Kollegin. Die Sekretärin des Verkaufsleiters lächelt: »Er kam ganz vergnügt an, aber dann sah er, daß sich der Umsatz während seiner Abwesenheit verdoppelt hat.«

Ein Schulkind auf die Frage, was es in den Großen Ferien erlebt habe: »Ein bißchen was, aber insgesamt reicht es nicht für einen Aufsatz.«

Der Besuch spitzt die Ohren: »Da nebenan geht es ja wild zu. Werfen die sich ihre Möbel um die Ohren?« »Keineswegs«, beruhigte der Gastgeber. »Die schlagen sich nur ihre Urlaubsreise aus dem Kopf.«

Wer kein Steckenpferd reitet, den reitet leicht der Teufel.

Karl Julius Weber, Demokritos II, 8

Feste

Die schottische Mutter berichtet, der Junge habe einen Penny verschluckt. »Macht nichts«, tröstet der Vater, »morgen hat er ja Geburtstag.«

Der Tag der Freude ist erschienen,
und alles, alles hüpft im Lenz herum.

Ein Wiegenfest soll dieses Kränzchen
schmücken
und sich Ihr Alter hocherzürnt
verrücken.

Ein Engel fliege stets an Ihrer Seite,
bis Amor einst zu Pferde zu ihr reite!

Und wenn, dann wird ein Vivat hoch
erschallen.
So laß auch ich ein Freudenton
erknallen.
Ihre allerwerteste Caroline

Caroline Gabriel,
Einem jungen Mädchen

Vater: »Kinder, heite is Vaterns Jeburtstag, da wer'k euch mal ne Extrafreude machen!«
Elf Kinder: »Au ja, Vater, aber janz wat Feinet!«
Vater: »Heut könnter mal 'n janzen Tag zu Vatern ›Ochse‹ sagen, ohne det er euch verhauen dut!« (Zille)

Der kleine Georg hat für Großvaters Geburtstag ein Glückwunschgedicht gelernt.
Nun, da er es aufsagen soll, fällt es ihm nicht ein.
»Trägst mir eben ein anderes Verschen vor aus einem deiner Bücher«, hilft der Opa.
Der Junge erinnert sich:
»Du armes Schwein, du tust mir leid,
du lebst ja nur noch kurze Zeit.«

Am 27. August 1825 trat Oskar Ludwig Bernhard Wolff, der Sekretär, ins Zimmer Goethes, um Anweisungen für die Geburtstagsfeier des nächsten Tages entgegenzunehmen.
Exzellenz ging finsteren Angesichts, Hände auf dem Rücken, auf und ab. Vor jedem Fenster stand eine Flasche Malvasier und ein Glas, und jedes Mal, wenn der Sechsundsiebzigjährige vorüberkam, trank er.
Wolff hatte kaum einen Dank für seinen Gruß empfangen. Der Alte trat auf ihn zu: »Sie wundern sich, was ich hier treibe, mein Bester? Wundern Sie sich über nichts mehr! Wo das Gemüt sprechen soll, da vergeßt Ihr Euch. Da niemand in ganz Deutschland, noch sogar in meinem Hause, meines Geburtstages gedenkt und auf meine Gesundheit trinkt, so trinke ich sie mir selber zu und tue mir allein ein Bene an.«
Wolff erstarrte: »Euer Exzellenz Geburtstag? Du lieber Himmel! Die ganze Welt denkt ja daran, und gerade in diesem Jahr werden schon seit Monaten Vorbereitungen getroffen. Wer sollte auch des 28. August nicht gedenken! Aber, Exzellenz, der ist erst morgen.«
»Jungfrau« Goethe stand wie angewurzelt: »Kalender her!« Überzeugte sich und murmelte kopfschüttelnd: »Da habe ich danebengefeiert!«

Zu Adolph Menzels sechzigstem Geburtstag war ein Festessen in einem Berliner Hotel vorbereitet. Spitzen der Behörden und Abgeordnete der Kunstvereine waren erschienen. Der Kaiser hatte einen Vertreter entsandt, und

eine Hofkutsche sollte den Maler abholen.
Aber die Kleine Exzellenz erschien nicht. Als sie aus dem Hause getreten war und die Kutsche gesehen hatte, war sie umgekehrt, hatte Stift und Block geholt, den Zylinder ins Genick geschoben und zu zeichnen begonnen. Als ihn die Herren trafen, die nach seinem Verbleib forschen sollten, sagte Menzel: »Menschen, die ein Abendessen herunterschlingen und langweilige Festreden halten, kann ich so oft genießen, wie ich will. Aber ein Paar so wundervolle Pferde, in dieser köstlichen Beleuchtung auf dem nassen, funkelnden Asphalt – wann sehe ich das wieder?«

Eingebildet ist: Wer anläßlich seines Geburtstages ein Glückwunschtelegramm an seine Eltern schickt.

Auf Bütten, handgeschöpft: »Herr Kommerzienrat Jonas Eppelboim und Frau Gemahlin geben sich die Ehre, zu ihrer garantiert echt Silbernen Hochzeit einzuladen.«

Auf, Bauer, dich vom Strohsack wälz,
zupf aus dem Bart dir Spreu und
Spelz.
Zu Lichtmeß Lampe putz und Zähn,
auch Knöpf laß an die Hosen nähn.
Dein Ehweib an den Waschtrog
schleif
und sie mit Bims und Soda seif,
daß, wenn ihr Fastnachtzauber treibt,
nicht eins am andern kleben bleibt.

Fritz Grasshoff,
Die große Halunkenpostille,
Bauernkalender, Februar

Philipp von Orleans wollte unerkannt einen Maskenball besuchen. Sein ehemaliger Erzieher, der Abbé Dubois, versprach, ihm zu helfen, das Inkognito zu wahren.
Als sie den Saal betraten, landete der Geistliche einen kräftigen Fußtritt im Gesäß seines Herrn. Philipp stürzte, die Masken lachten. Der Regent richtete sich wieder auf, rieb sich den mißhandelten Körperteil und murmelte: »Gut maskiert!«

Im Jahre 1444 suchte die Klerisei Frankreichs das Narrenfest mit dem Argument zu retten, »daß ja die Torheit dem Menschen angeboren sei und doch einen Ausbruch haben müsse wie neuer Wein, der das Faß sprenge, wenn man nicht das Spundloch öffne«, welches Votum ihr alle Ehre macht.

Karl Julius Weber,
Demokritos IV, 5

Wenn die Schokolade keimt,
wenn nach langem Druck bei
Dichterlingen
»Glockenklingen« sich auf
»Lenzesschwingen«
endlich reimt

und der Osterhase hinten auch schon
preßt,
dann kommt bald das Osterfest.

Ringelnatz, Ostern

»Häng deine Strümpfe vor die Türe, Liebling! Heute nacht kommt der Nikolaus«, flötet sie mit geheimnisvollem Augenaufschlag.
Er wiegt zweifelnd den Kopf: »Du meinst, er wird sie stopfen?«

Ein Schotte mit brennender Kerze vor dem Spiegel: Zweiter Advent.

»Bei Meiers stinkt's«, flüstert Frau Schulze.
»Nein?« stöhnt Frau Lehmann. »Warum?«
»Sie hat einen Brief ans Christkind geschrieben, um einen Pelzmantel gebeten und ihren Mann ersucht, den Brief einzuwerfen.«
»Und?«
»Er hat ihn eingeworfen.«

In der Behausung eines Einbrechers fand die Polizei unter mancherlei Schätzen eine verschlossene Kassette. Auf die Frage, was sie enthalte, erwiderte der schwere Junge: »Keine Ahnung! Sollte meine Weihnachtsüberraschung werden.«

Herr Neureich unter dem Christbaum: »Vergeßt nicht, Kinder, daß es auch heute noch Menschen neben uns gibt, die ihre Weihnachtslieder selbst singen müssen!«

Falsch gesungen: »Hoch oben schwebt Joseph den Engeln was vor!«

Schüleraufsatz in der nordberliner Schwedter Straße »Wie ich meine Ferien verlebte«: »Zu Weihnachten war ich mit meine Eltern in Puhlmanns Theata in die Schönhauser. Da habe ich gesehn ›Mampes Flitterwochen und der Rosenstrauß‹ und denn noch Damenboxkämpfe. Wie wir zu Hause gingen, war ein großer Auflauf auf die Straße. Ein Besoffner war hingefallen und ville Leute standen herum, auch wir. Das war mein schönster Tag aus die Weihnachtsferien.« (Prochownik)

Sie zu ihrem Freund, der beim Klang der Neujahrsglocken »Glück und Segen« wünscht: »Glück genügt.«

Die Lehrerin erzählt vom verlorenen Sohn: »Einer aber freute sich nicht über die Heimkehr. Einer hatte keine Lust, an der Feier teilzunehmen. Wer war das?«
Ein Kind antwortet: »Das Schaf, das geschlachtet werden sollte.«

Frau des Hauses am Morgen nach dem baltischen Herrenabend: »Daß Ihr das Porzellanservice aus dem Fenster geworfen habt, von dem Katharina die Große speiste, sei Euch verziehen. Porzellan ist nun einmal zerbrechlich. Daß Ihr mit Pistolen nach der Marmorbüste von Onkel Friedrich geschossen habt – Nun gut. An Onkel Friedrich war sowieso nicht soviel dran. Aber daß Ihr mit dem Korkenzieher den Kanarienvogel an die Wand schraubt und Du jetzt behauptest, er wäre schon vorher drangewesen, das geht zu weit.«

Korf und Palmström geben je ein
Fest.
Dieser lädt die ganze Welt zu Gaste,
doch allein zum Zwecke, daß sie faste,
einen Tag lang sich mit nichts belaste!
Und ein Antihungernotfonds ist der
Rest.
Korf hingegen wandert zu den Armen,
zu den Krüppeln und den leider
Schlimmen
und versucht, sie alle so zu stimmen,
daß sie einen Tag lang nicht
ergrimmen,
daß in ihnen anhebt, aufzuglimmen
ein jedweden Feind umfassendes
Erbarmen.

Beide lassen so die Menschen schenken
statt genießen, und sie meinen: Freuen
könnten Wesen, die nun einmal
denken,
sich allein an solchen gänzlich neuen
Festen.

Morgenstern,
Die beiden Feste

Durch Anschlag mach ich euch
bekannt:
Heut ist kein Fest im deutschen Land.
Drum sei der Tag für alle Zeit
zum Nichtfest-Feiertag geweiht.

Morgenstern,
Der Gingganz, Ukas

Spiel

Unter dem Bett ist der Schacht.
Der wird entweder mit Bettdecken
dunkel gemacht
oder ihr spielt das Spiel bei der Nacht.
In den Schacht schüttet ihr erst recht
viel Kohlen.
Die muß der Bergmann auf dem
Bauche herausholen.
Ein Licht oder Spirituskocher und zum
Graben
eine Schaufel muß jeder Bergmann
haben.
Außerdem muß er vor allen Dingen
sich hinten
ein Stück Leder aus Schuh oder
Ranzen anbinden.
Dann baut ihr aus Tisch und Stuhl und
Fußbank drei Stufen
dort, wo der Eingang sein soll.
Jeder, der runterkriecht, muß erst

»Glückauf« rufen
und schaufelt eine Zigarrenkiste voll
Kohlen voll.
Jeder, der rauskriecht, muß dann ganz
dreckig sein.
Und jedesmal müssen alle »Glückauf«
schrein.

Geben euch eure Eltern was hinten
drauf,
dann habt ihr doch hinten das Leder
und ruft nur: »Glückauf!«

Ringelnatz,
Das Bergmannspiel

Zwei Berliner Kinder spielen Vater und Mutter. »So«, sagt sie, »nu muß Sonnabend sind, un denn kommste besoffen zu Hause.«

Im Münchner Südwesten brachten vor einigen Jahren Kinder in viele Häuser Freude. Ein Junge hatte die rosa verschnürten Briefe seiner Mutter entdeckt und als Spielgut eingebracht. Die Kinder mimten Postboten und verteilten die Schriftstücke in den nachbarlichen Briefkästen.

Heinrich Zille über Walter Mehring: »Den hab ich schon jekannt, wie er als Rotzjöhre mitten auf'm Damm von der Derfflingerstraße saß und mit'n rostjen Taschenmesser aus de Ferdeäppel Tortenscheiben schnitt.«

In einer Stadt, Franecker genannt, gelegen in Westfriesland, da ist es geschehen, daß junge Kinder, fünf- und sechsjährige, Mägdlein und Knaben, miteinander spielten. Und sie ordneten ein Büblein an, das solle der Metzger sein, ein anderes Büblein, das solle Koch sein, und ein drittes Büblein, das solle eine Sau sein. Ein Mägdlein, ordneten sie, solle Köchin sein, wieder ein anderes, das solle Unterköchin sein; und die Unterköchin solle in einem Geschirrlein das Blut von der Sau empfangen, daß man Würste könne machen.

Der Metzger geriet nun verabredetermaßen an das Büblein, das die Sau sollte sein, riß es nieder und schnitt ihm mit einem Messerlein die Gurgel auf; und die Unterköchin empfing das Blut in ihrem Geschirrlein.

Ein Ratsherr, der von ungefähr vorübergeht, sieht dies Elend; er nimmt von Stund an den Metzger mit sich und führt ihn in des Obersten Haus, welcher sogleich den ganzen Rat versammeln ließ. Sie saßen all über diesen Handel und wußten nicht, wie sie ihm thun sollten; denn sie sahen wohl, daß es kindlicherweise geschehen war. Einer unter ihnen, ein alter, weiser Mann, gab den Rat, der oberste Richter solle einen schönen roten Apfel in die eine Hand nehmen, in die andere einen rheinischen Gulden, solle das Kind zu sich rufen und beide Hände gleich gegen dasselbe ausstrecken; nehme es den Apfel, so solle es ledig erkannt werden, nehme es aber den Gulden, so solle man es töten.

Dem wird gefolgt; das Kind aber ergreift den Apfel lachend, wird also aller Strafe ledig erkannt.

Heinrich von Kleist

Klein-Erna ist bei Schlachter Pingels Frieda. Abends kommt Mama, sie abzuholen: »Wo is sie denn?«
»Sie sind hinten«, antwortet Frau Pingel, »und spielen mit Hack.«

Ein Affe und ein Papagei langweilen sich auf einem Ozeanriesen. Sie beschließen, Verstecken zu spielen. Der Affe verschwindet, der Papagei fängt an zu zählen. Auf »neunzig« explodiert der Dampfer.
Auf einer treibenden Planke treffen sich die Tiere wieder. Der Vogel schüttelt Ruß und Wasser aus den Federn und murmelt: »Blödes Spiel!«

Es mischte sich Äsop einst unter Knaben,
die spielend auf der Straße Nüsse rollten,
und spielte mit. Ein Mann blieb stehen, lachte
und hieß den weisen Dichter einen Narren.
Der Alte aber griff zu seinem Bogen
und legte nieder ihn und sprach zum Spötter:
»Nun, Schlaukopf, deute, was das Zeichen meint!«
Das Volk versammelt sich; der Fremde grübelt
und kann den Sinn des Rätsels nicht ergründen.
Da spricht Äsop: »Der Bogen, stets gespannt,
zerbricht, gelockert manchmal aber, dauert.
Drum gönne seinem Geiste man Erholung,
daß, braucht man ihn, er willig sich bequeme!«

Phädrus,
Fabeln III, 14, Scherz und Ernst

Ein Unterschied zwischen Kindern und Männern liegt im Preis für ihre Spielsachen.

Junggesellen, 26/185/170, nicht schön, aber treu, Vermögen in Aussicht, da Lottospieler, suchen . . .

Bild am Sonntag, 26. 11. 1967,
Heiratsanzeigen

Hab einen Treffer nie derwischt!
Auch diesmal war es wieder nischt.

»Was?« empört sich der Angeklagte. »Ich habe achthundert Mark verloren, und da reden Sie von ›Glücksspiel‹?«

Das Leben ist hier nicht gefahrlos;
der Teufel ist das ganze Jahr los.
Man wird sein Geld hier ganz und gar los;
mal geht's auf rouge, mal auf noir los.
Drum, eh' ich ganz und gar verwahrlos',
flieh ich den Spielsaal Monte Carlos.

Otto Reutter

Die einzigen Spieler, die stets gewinnen, je länger sie spielen, sind die Musikanten.

Karl Julius Weber,
Demokritos VI, 13

Von Zitzewitz berichtet: »Kasino jewesen. Beethoven jespielt.«
Von Drewitz fragt: »Jewonnen?«

Sessa Ebn Daher, der Erfinder des Schachspiels, erbat sich von dem indischen König Shehram für das erste der 64 Felder ein Weizenkorn und für jedes weitere Feld die doppelte Zahl des vorigen. Der Wunsch war unerfüllbar: 18 Trillionen Körner oder 5000 heutige Weltweizenernten.

Ein unbekannter Tischnachbar fragte Alexander Aljechin in einem Pariser Café, ob er Lust zu einer Partie Schach hätte. Er hatte. Brett und Figuren kamen. Es wurde aufgestellt, und der Russe nahm einen seiner Türme weg.
»Was soll das?« fragte der Franzose.
»Ich gebe Ihnen einen Turm vor.«
»Sie kennen mich doch gar nicht.«
»Eben. Wenn ich Ihnen keinen Turm vorgeben dürfte, würde ich Sie kennen.«

»Seit zwei Stunden stehen Sie hinter mir und kibitzen, wie ich Schach spiele. Spielen Sie selbst, Mann!«
»Keine Geduld.«

Von dreizehn bis einundzwanzig Uhr hat der stille Mann in einem Café der Prager Straße in Dresden den beiden Schachspielern zugeschaut. Nun wird er von Weiß als Zeuge für einen falschen Zug der Gegenseite aufgerufen. »Duhd mir unendlich leid«, erwidert der Kibitz. »Ich kann gar nich Miehle.«

Es ist wahrhaft schade, daß die demütigende Sage, die Karte sei in Frankreich erfunden worden zum Zeitvertreib Karls VI., als er wahnsinnig wurde, nicht wahr ist.

Karl Julius Weber,
Demokritos VI, 13

Der österreichische Graf Thugut in Warschau hatte den arroganten russischen Grafen Stackelberg versehentlich für den König Polens gehalten, und der ungebührlich Geehrte ließ sich die Huldigung gefallen. Dann klärte sich der Irrtum, und man setzte sich zum L'hombre, wo Thugut absichtlich den Buben statt des geforderten Königs ausspielte und bemerkte: »Verzeihen Sie mir! Ich verwechsle heute schon zum zweiten Male einen Buben mit dem König.«

Baron Newman wurde in Brighton aus dem Fenster des ersten Stockes geworfen, als man ihn ertappte, wie er eine Karte aus dem Ärmel holte. Hinkend begab sich der Gestürzte zu

seinem Freund Foote, dem Schauspieler: »Was soll ich tun?«
Foote empfahl: »Nicht mehr so hoch spielen.«

Der Insasse einer Nervenheilanstalt legt Patience. Der Wärter unterbricht: »Sie haben gemogelt.«
»Ich bemogele mich seit fünf Jahren«, erwidert der Kranke.
»Und Sie haben sich noch nie dabei erwischt?«
»Nie. Bin viel zu gerissen.«

Unter Skatbrüdern gibt es Streit. Einer wirft die Karten hin: »Daß ich mich nicht schäme, mit Euch Karten zu spielen, die Ihr Euch nicht schämt, mit einem Menschen Karten zu spielen, der mit Leuten, wie Ihr seid, Karten spielt!«

Meyer sagt »Grand Hand« und fällt tot vom Stuhl. Die Partner heben die Karten auf, legen sie auf den Tisch und schütteln die Köpfe: »Hätte der selige Meyer nie gewonnen!«

Aus Tante Karlas Sprachwolf: »Ich hätte etwas dünner drücken sollen!«

Aus Tante Karlas Sprachwolf: »Wenn der Gewinner sagt, er habe verloren, dann stimmt das auch!«

An einem Bernhardusfest, das ich mitfeierte, hielt der Pater Kellermeister seinen Becher unter die Tafel. Was ist das? Unterhaltung. – Er breitete seinen Mantel über den Tisch. Was ist das? Überlegung. – Er steckte seine Uhr in den Mund. Was ist das? Frisur. – Er legte den Teller an die Wange. Was ist das? Bagateller. Dann auf seinen Magen. Was das? Magazin.
Dies veranlaßte selbst Sr. Hochwürden Gnaden, den Herrn Prälaten, seinen Zinnteller auf den Kopf zu legen. Was ist das? Zinnober.

Karl Julius Weber,
Demokritos XII, 4

Nestroy, Scholz, Grois, Hopp, Kunst, Gämmeler, Spielberger, die Häupter der Wiener Posse, unterhielten sich mit Scharaden.
»Das erste ist das Haus eines Gimpels«, fragte Kunst, »das zweite war Friedrich der Große, und das Ganze ist ein stadtbekannter Lump.«
»Nestroy«, riefen alle.
»Das erste ist ein Engländer«, setzte Scholz nach, »das zweite ein Tier, die beiden letzten sind eine Engländerin, und das Ganze hat heute früh mein Hund gefressen.«
Er mußte die Lösung selbst geben: »Serviladi.«

Endlich einmal hat sich der Arzt im Kreise der Familie niedergelassen. Da klingelt das Telefon. Ein Kollege lädt zum Skat.
Bedeutungsvoll legt der Angerufene den Hörer auf. »Schwerer Fall«, spricht er. »Zwei Kollegen sind schon da.«

Zu Anfang des vorigen Jahrhunderts gab es in Berlin einen Ärzteclub, in dem nächtelang Whist gespielt wurde. Einige Mitglieder schämten sich jedoch, erst am Morgen heimzugehen und den Frühschichtlern zu begegnen. Da führte der Professor Heinrich Meyer ein, daß jeder mit einem Krug und einem Wasserglas erscheinen müßte. So entstand beim Heimgang der Eindruck, man hätte morgens vom Brunnen getrunken und promeniere.

Der Großherzog Friedrich Franz von Mecklenburg hatte wieder einmal in Warnemünde am Roulettetisch ein Vermögen verloren. Beim Aufbruch traf er seinen Hofschuhmachermeister, der seine gesamten Ersparnisse losgeworden war. Die Gerupften kamen ins Gespräch, das der Handwerker mit dem Satz zusammenfaßte: »So, Durchlaucht, nun werde ich wieder Tag und Nacht Stiebeln machen, und Sie schreiben neue Steuern aus.«

Sport

Offenbar sitzen wir zuviel, selbst beim Militär. Wir bezeichnen sogar unsere mächtigsten Ämter durch Stühle: Fürstenstuhl, Richterstuhl, Predigtstuhl, Lehrstuhl.

Karl Julius Weber,
Demokritos III, 6

Wiguläus von Kreittmayr arbeitete regelmäßig von frühmorgens bis in die Nacht. Die Ärzte rieten ihm dringend Bewegung an.
Schließlich beugte sich der bayerische Rechtslehrer den Anordnungen: Er ließ sich einen hohen, dreibeinigen, drehbaren Stuhl bauen und schlenkerte mehrfach am Tage die Beine aus.

Sport stärkt Arme, Rumpf und Beine,
kürzt die öde Zeit,
und er schützt uns durch Vereine
vor der Einsamkeit.

Ringelnatz,
Ruf zum Sport

Das ist ein Symbol für das Leben.
Immer aufwärts, himmelan streben!
Feste zieh! Nicht nachgeben!
Stelle dir vor: Dort oben winken
Schnäpse und Schinken!
Trachte sie zu erreichen, die Schnäpse!
Spanne die Muskeln, die Bizepse!
Achte ver die Beschwerden!
Nicht einschlafen, nicht müde werden!
Du mußt in Gedanken wähnen:
Du hörtest unter dir einen Schlund
gähnen.
In dem Schlund sind Igel und Wölfe
versammelt.
Die freun sich auf den Menschen, der
oben bammelt.
Zu! Zu! Tu nicht überlegen!
Immer weiter, herrlichen Zielen entgegen!
Sollte dich ein Floh am Po kneifen,
nicht mit beiden Händen zugleich danach greifen!
Nicht so ruckweis hin und her schlenkern!
Das paßt nicht für ein Volk von Turnern und Denkern.
Klimme wacker,
alter Knacker!

Klimme, klimb
zum Olymp!

Ringelnatz,
Klimmzug

Aus dem Statut eines ländlichen Turnvereins: »Eine Unterstützung an verunglückte Turner wird nur dann gezahlt, wenn nachgewiesen werden kann, daß das Unglück im Interesse des Vereins passiert ist.«

Graf Bobby, Ehrengast beim Leichtathletikfest, beugt sich zum Präsidenten: »Warum laufen denn die Leut' so?«
»Der Sieger bekommt einen Ehrenpreis.«
»Und warum laufen die anderen?«

Der ehemalige Berliner Boxer Hans Breitensträter betrat ein mittelmäßiges Restaurant. An seinem neuen Hut, den er auf den Haken hängte, befestigte er einen Zettel mit seinem Namen.
Als er das Lokal verlassen wollte, fand er an Stelle seiner Kopfbedeckung einen speckigen Filz. Daran hing ebenfalls ein Zettel: »Unbekannter Sprinter.«

Zwei berühmte englische Boxer, der eine aus Portsmouth gebürtig, der andere aus Plymouth, die seit vielen Jahren voneinander gehört hatten, ohne sich zu sehen, beschlossen, da sie in London zusammentrafen, zur Entscheidung der Frage, wem von ihnen der Siegerruhm gebühre, einen öffentlichen Wettkampf zu halten. Demnach stellten sich beide im Angesicht des Volks mit geballten Fäusten im Garten einer Kneipe gegeneinander, und als der Plymouther den Portsmouther in wenig Augenblicken dergestalt auf die Brust traf, daß er Blut spie, rief dieser, indem er sich den Mund abwischte: »Brav!« Als aber bald darauf, da sie sich wieder gestellt hatten, der Portsmouther den Plymouther mit der Faust der geballten Rechten dergestalt auf den Leib traf, daß dieser, indem er die Augen verkehrte, umfiel, rief der letztere: »Das ist auch nicht übel!« Worauf das Volk, das im Kreise herumstand, laut aufjauchzte und, während der Plymouther, der an den Gedärmen verletzt worden war, tot weggetragen ward, dem Portsmouther den Siegesruhm zuerkannte. Der Portsmouther soll aber auch tags darauf am Blutsturz gestorben sein.

Heinrich von Kleist,
Anekdote

Betreuer zu seinem Schützling im Boxring: »Keine Angst, Willy! Wenn der andere was taugte, träte er nicht gegen dich an!«

Die Frau des Boxers zum Söhnchen, das am Familientisch über seinen Hausaufgaben brütet: »Zähl nicht immer so laut!«

Der amerikanische Boxer Lou Nova sah sich einen Boxkampf an. In der Pause kam ein Mann mit einem kleinen Jungen zu ihm und sagte: »Lou, weshalb bist du denn neulich nicht zum Essen zu uns gekommen?«
Nova hatte den Mann noch nie gesehen, war aber sofort im Bild: Der Mann wollte seinem Jungen imponieren. Er erwiderte: »Tut mir leid, ich konnte beim besten Willen nicht. Aber das nächste Mal komme ich ganz bestimmt.« Dann wandte er sich an den Jungen: »Das ist also der junge Mann, von dem du mir erzählt hast. Ein feiner Kerl, groß und kräftig. Paß gut auf dich auf, mein Sohn! Viel Milch trinken, Gemüse essen und viel schlafen, dann wird aus dir bestimmt eines Tages ein großer Fußballspieler oder ein Meister im Schwergewicht.«
»Also auf bald, Lou«, sagte der Mann.
»Wiedersehen«, sagte Nova. Dann aber hörte er, wie der Mann im Fortgehen zu dem Jungen sagte: »Na, siehst du. Ich habe dir ja gesagt, er hat sie nicht mehr alle beisammen – das kommt von den vielen Schlägen.«

H. M., Das Beste, Juni 1955

Ich kenne wen, der litt akut
an Fußballwahn und Fußballwut.
Sowie er einen Gegenstand
in Kugelform und ähnlich fand,
so trat er zu und stieß mit Kraft
ihn in die bunte Nachbarschaft.
Ob es ein Schwalbennest, ein Tiegel,
ein Käse, Globus oder Igel,
ein Krug, ein Schmuckwerk am Altar,
ein Kegelball, ein Kissen war,
und wem der Gegenstand gehörte,
das war etwas, was ihn nicht störte.
Bald trieb er eine Schweineblase,
bald steife Hüte durch die Straße.
Dann wieder mit geübtem Schwung
stieß er den Fuß in Pferdedung.
Mit Schwamm und Seife trieb er Sport.
Die Lampenkuppel brach sofort.
Das Nachtgeschirr flog zielbewußt
der Tante Berta an die Brust.
Kein Abwehrmittel wollte nützen,
nicht Stacheldraht in Stiefelspitzen,
noch Puffer, außen angebracht.
Er siegte immer, null zu acht,
und übte weiter frisch, fromm, frei
mit Totenkopf und Straußenei.
Erschreckt durch seine wilden Stöße,
gab man ihm nie Kartoffelklöße.
Selbst vor dem Podex und den Brüsten
der Fraun ergriff ihn ein Gelüsten,
was er jedoch als Mann von Stand
aus Höflichkeit meist überwand.

Ringelnatz, Fußball

An jedem Wochenende geht er zum Sportplatz. Endlich platzt ihr der Kragen: »Für dich existiert nur noch der dämliche Fußball. Ich wette, daß du nicht einmal mehr unseren Hochzeitstag weißt.«
»Schon verloren, mein Engel«, erwidert er und setzt den Hut auf. »Eintracht Frankfurt gegen Hessen Kassel trotz Platzvorteil 0:3.«

Aus einem Sportbericht der »Süddeutschen Zeitung«: »Im letzten Moment jedoch fuhr immer wieder ein Löwenbein dazwischen und erstickte den Torschrei auf den Lippen der Zuschauer.«

Ein wohlbeleibter, älterer Anhänger des Weißen Sportes erzählt: »Tennis ist in erster Linie eine Frage der Konzentration. Wenn der Gegner den Ball schlägt, gibt mein Kopf meinem Körper den Befehl: ›Lauf hin! Hole aus! Schaue den Ball an! Schlage ihn gut zurück!‹«
»Und dann?« fragt der Zuhörer.
»Dann, ja–« Der Dicke zögert. »Dann fragt mein Körper: Wer? Ich?«

Auf dem Tennisplatz eines Schweizer Kurortes hielten zwei Damen und ein Herr Ausschau nach dem Vierten. Ein Älterer trat zu ihnen und bot sich an. Man spielte Doppel, verabredete sich für den nächsten Tag und trennte sich.
Als der ältere Herr am nächsten Tag pünktlich erschien, stürzten ihm die drei Wartenden mit Entschuldigungsbitten entgegen: Sie hätten nicht gewußt, daß sie die Ehre hatten, mit dem König von Schweden zu spielen.
Gustav V. lachte: »Ich weiß. Sonst hätte ich wenigstens einen Satz gewonnen.«

Ein Freund führte Mark Twain auf den neuen Golfplatz, schlug und fragte, wie die Anlage gefalle.
Der Dichter wischte sich die Erdbröckchen aus dem Gesicht: »Der beste Platz, den ich bisher gekostet habe.«

Golflehrer zum Schüler: »Soweit gut. Nur ein Fehler noch: Sie stehen nach dem Schlag zu nahe am Ball.«

Der Rabbi kann es sich nicht verkneifen, am Jom Kippur zum Golfschläger zu greifen. Einmal nur. Holt aus, trifft voll und erreicht das 300 Meter entfernte Loch.
»Hast Du das gesehen?« fragt Petrus den Herrn.
»Freilich.«
»Und? Willst Du ihn nicht bestrafen?«
»Er ist bestraft. Wem kann er es erzählen?«

Gottvater und Sohn langweilen sich.
»Lasset Uns eine Partie Golf spielen!« spricht der Vater. Und der Sohn nickt.
Der Vater tut den ersten Schlag. Zwanzig Zentimeter vor dem Loch erstarrt die Kugel. Ein Mäuslein kommt und schiebt den Ball in Richtung des Zieles. Flügelrauschen. Ein Adler stürzt herab und packt das Mäuslein. Auf steigt der Adler, die Maus in den Krallen, die ihrerseits die weiße Kugel umklammert. Donnergrollen. Ein Blitz züngelt auf den Adler. Federn stieben. Die Maus fällt aus seinen Klauen. Der Ball entgleitet den Mäusepfötchen, hüpft einige Male auf dem himmlischen Rasen und verschwindet im Loch.
Langsam wendet der Herr das Haupt Seinem Sohne zu und lächelt.
Ärgerlich blickt Dieser dem unsichtbar gewordenen Ball nach: »Spielen Wir Golf oder wollen Wir blödeln?«

Das Golfturnier strebt dem Höhepunkt zu. Auf der Straße naht ein Trauerzug. Ein Spieler legt den Schlä-

ger ab, zieht die Mütze und faltet die Hände.
Ein Clubkamerad klopft ihm auf die Schulter: »Da zeigt sich der wahre Sportsmann: Auch in der hitzigsten Phase des Kampfes Ehrfurcht vor der Majestät des Todes.«
Der Teilnahmsvolle nickt: »Wir waren zweiunddreißig Jahre verheiratet.«

Drei Damen suchen einen verschlagenen Golfball und stehen plötzlich vor einem in völliger Nacktheit hingestreckten Mann, der sich das Gesicht mit einer Zeitung bedeckt hat. Die Damen erstarren.
»Meiner ist es nicht«, flüstert die erste.
»Unserer ist es auch nicht«, sagt die zweite.
»Es ist keiner vom Club«, behauptet die dritte.

Zwei Golfspieler berichten, eine nackte Frau, von einem Mann verfolgt, sei ihnen durch die Bahn gelaufen.
»Die Frau«, erklärt der Sekretär des Clubs, »hat unser Feld schon mehrfach überquert, meine Herren. Sie flieht von Zeit zu Zeit aus dem Heim drüben.«
»Und der Mann?«
»Ist der Aufseher.«
Die Mitglieder scheinen befriedigt, wenden sich aber noch einmal: »Warum trug denn der Mann in jeder Hand einen offenbar schweren Eimer?«
»Das sind Eimer voll Sand. Wir sind ein Sportverein. Um der Unglücklichen eine Chance zu geben, haben wir dem Aufseher ein kleines Handicap auferlegt.«

Die einzigen legalen Vereinigungen mit rein umstürzlerischen Zielen? Kegelclubs.

Der Manager von Billardkünstler Willie Hoppe auf die Frage, warum sein Schützling sämtliche Turniere gewänne: »Willie spielt immer Billard. Die anderen spielen immer Willie.«

»Gestern ist mir etwas Merkwürdiges passiert. Ich stehe auf der Rennbahn und schnüre mir den Schuh zu. Kommt einer von hinten und legt mir einen Sattel auf.«
»Na und?«
»Zweiter bin ich geworden.«

»Warum haben die Segelboote alle Namen von Frauen?« fragt der Sohn.
»Teure Takelung«, antwortet der Vater, »und schwer zu steuern.«

Der Bergführer will den Altgraf Bobby ans Seil binden. »Nicht nötig«, dankt der Honorige. »Zahle im voraus.«

Aus den Münchner Neuesten Nachrichten vom 26. 8. 1932: »Er besiegte vor elf Jahren den Mönch, indem er den glasigen Wulst des Nollen überwand. Vor sechs Jahren rang er der Jungfrau die letzten Geheimnisse ab und stieg in idealer Route direkt vom Norden her zum Hochfirn auf.«

An dem Tag, an dem du skiläufst, wirst du nicht älter.

Aus Rußland

So mancher möcht sich wilde Hasen
fangen
und bleibt schon in den ersten Phasen
hangen.
Drum üb', wer morgen scharf auf
Hasen-Beute,
am sanften Hang mit milden Basen
heute!

Gerhard Schumann,
Freundliche Bosheiten, Ski-Jagd

Der Aufstieg kostet wie in Sielen
Schweiß.
Man sagt vom Glück, die Frucht von
Schwielen sei's.
O kurze Lust der Abfahrt! Drunten ist
man viel zu rasch und fühlt sich unten
trist.
Und brütend kommt man zu dem
bittern Schlusse:
Es folgt auf jedes selige Schlittern
Buße.
Kommt man zu Fall, hört man die
Meute lachen,
wie's schadenfroh auch sonst die Leute
machen.
Auf Seitenwege manche Pärchen
fahren,
wo Freuden sich mit den Gefährchen
paaren.
Allein zu zweit in Almen-Katen
prosten
und einmal fremden Hasenbraten
kosten –
da loben eine Bindung wir, die hält.
Am sonnigen Abhang hat man hier
die Welt.

Gerhard Schumann,
Freundliche Bosheiten, Ski und Leben

Es versteht sich von selbst, daß eine junge Dame nicht ohne Begleitung das Eis betritt. Kann sie mit Fertigkeit laufen, so darf sie sich nie dazu hinreißen lassen, ihre Fertigkeit zeigen zu wollen, und zu diesem Zwecke, wie die Herren, etwa gar rückwärts laufen. Einer Dame ist nur erlaubt, gleichmäßig den Raum auf und nieder zu laufen und ruhige Kreise zu ziehen.

Ebhardt,
Der gute Ton, 1882

Das Stuhlschlittenfahren der Biedermeierzeit galt als ehebindend: Er lief ihr ständig nach, und sie wußte nicht, was hinter ihrem Rücken vorging.

Unterschied zwischen Amateuren und Profis: Letztere bekommen Schecks.

Jagd

Aus einem Schüleraufsatz: »Schon am frühen Morgen geht der Förster in den Wald auf die Jagd. Dort angekommen, legt er sich auf den Bauch und läßt es krachen, und das nennt man Anstand.«

Der Prinzregent Luitpold saß mit dem »Adlerkönig« Leo Dorn aus Hindelang im Anstand. Ein kapitaler Hirsch trat aus dem Gehölz. Königliche Hoheit zögerten.
»Schiaß, Regent«, zischte der Leo, »bigott, schiaß! Sell ischt a Hirsch! Wannst d' jetzt it schiaßt, bischt a Depp!«

Aus einer Schülernacherzählung: »Die gehetzte Gemse sprang von Klippe zu Klippe. Endlich konnte sie nicht mehr weiter. Vor ihr gähnte der Abgrund und hinter ihr der Verfolger.«

Zween Väter und zween Sühn
fingen drei Hasen kühn,
daß jedem ward einer
und mangelt keiner.
Antwort: Es war ein Vater und ein Suhn, und derselbig hatt auch ein Suhn, das waren drei Person.

Straßburger Rätselbuch, 1500

»Beruf?« fragt der Sachbearbeiter des Arbeitsamtes.
»Großwildjäger«, antwortet der Stellungslose.
»Wo?«
»Paderborn.«
»Dort gibt es doch kein Großwild!«
»Deswegen bin ich ja hier.«

Jagdausflug = Kundenfang mit der Schrotflinte.

Michael Schiff,
Von Abs bis Zwiebelmuster

Ein alter Jäger ist Minister geworden. Der Freund hat es schwer, zu ihm vorzudringen. Schließlich ist es gelungen. »Das nächste Mal, wenn sie dich nicht hereinlassen«, rät der Hohe: »Schieß durchs Fenster!«

Es gehörte zu den Gepflogenheiten des Staatsoberhaupts, einmal im Jahr die akkreditierten Diplomaten zu einer Staatsjagd einzuladen. Heuss war zwar passionierter Nichtjäger, aber nahm gern die Gelegenheit wahr, in der Natur zu sein und sich bei dem anschließenden Jagdessen mit diesem und jenem der Herren zwanglos zu unterhalten. Als er diesen Brauch nach dem Krieg zum erstenmal wieder aufnahm, bekam er eine Reihe empörter Zuschriften von fanatischen Tierschutzanhängern und Vegetariern. Ein Studienrat schrieb ihm einen pathetischen Brief, der mit der Frage endete: »Was würde hierzu Ihre verehrte, verewigte

Gemahlin Elly Heuss-Knapp gesagt haben?!«
Theodor Heuss antwortete dem erregten Pädagogen, er wisse wohl, daß er als Bundespräsident auch der Bundespräsident der Vegetarier sei. Er selbst schieße ja auch nicht. Was die Ansicht seiner Frau betreffe, so könne er den Schreiber beruhigen, sie hätte nur gesagt: »Theodor, endlich mal einen Tag in der frischen Luft!«

Hanna Frielinghaus-Heuss,
Heuss-Anekdoten

Aus einem Schüleraufsatz: »Im Mittelalter wurden die Falken als Jagdhunde benutzt.«

Der kurzsichtige Bobby trägt aus Eitelkeit keine Brille und geht zur Jagd. Zwei Stunden später kommt er wieder.
»Neue Munition?« fragt Rudi.
Traurig schüttelt der Altgraf den Kopf: »Neue Hunde.«

»Weidmannsheil!« höhnten die Jagdgenossen. »Auf der ersten Pirsch gar nichts, auf der zweiten eine Kuh und auf der dritten einen Treiber.«
»Immerhin«, erwiderte der Verspottete, »der Treiber hieß ›Fuchs‹!«

Altes Jagdgesetz: Wer einen Treiber erschießt, muß die Witwe heiraten.

Treibers Klage, nachdem ein Jäger angeschossen wurde: »Jetzt drücken sie sich schon um's Schmerzensgeld.«

Ein europäischer Monarch des vorigen Jahrhunderts ließ sich durch Alter und Sehschwäche nicht von der Elchjagd abhalten. Vorsichtshalber lud er jedoch mit Schrot. Da er zugleich ein jovialer Mann war, erlaubte sich ein fürstlicher Jagdgenosse, den eigenen Rücken mit einem Schild zu zieren: »Ich bin kein Elch.«
Ein Schuß krachte. Der Beschilderte fluchte und fragte mit schmerzverzerrtem Gesicht: »Haben Majestät mein Schild nicht gelesen?«
Der König drückte es sich unter die Augen: »Verzeihen Sie, lieber Freund! Ich habe das ›k‹ übersehen.«

Der jagende Franz Joseph geruhte, einer Tiroler Bäuerin die Schrotladung ins Gesäß zu schießen. Ein kaiserliches Honorar vertrieb der Ärmsten rasch den Schmerz. Einige Jahre später jagte der Monarch abermals in dieser Gegend. Pünktlich fand sich die Geschädigte ein: »Wie war's wiedermal mit an kloan Schusserl, Majestät?«

Serenissimus begab sich mit Förster auf Jagd, knallte und fragte: »Getroffen?«
»Euer Durchlaucht«, erwiderte der Heger, »geruhten, die Wildgans zu begnadigen.«

Wanderer, zieh deine Mütze!
Es liegt ein Komiker und schlechter
  Schütze
in diesem feuchten Loch.
Die Witze, die er sagte,
die Hasen, die er jagte,
die leben alle noch.

Grabschrift in Wien, Alter Friedhof

»Was machen denn die da drüben?«
»Hasen jagen.«
»Wohin?«

Friedrich Wilhelm IV., nachdem er einen Fuchs in die Flucht geschossen hatte: »Das war kein Höfling! Sonst hätte er sich totgestellt.«

Ein Jäger versprach einem befreundeten Ehepaar zur Silberhochzeit zwei Hasen, vergaß sein Versprechen und eilte am Tage vor dem Fest ins Zerwirkgewölbe.
Die Silberbraut konnte eine kleine Enttäuschung über die Gabe nicht verbergen: »Ich hatte mich so auf die Felle gefreut. Warum haben Sie es ihnen abgezogen?«
»Nicht abgezogen, gnädige Frau«, erwiderte der Jäger. »Ich traf sie beim Rammeln und sprach lediglich: ›Zieht euch nicht erst an! Ich erschieße euch.‹«

Die Gattin betrachtet den Hasen: »Was bedeutet denn das Schild hier am Ohr: ›9.50‹?«
Der Weidmann stellt die Büchse weg: »Das ist die Uhrzeit, als ich ihn schoß.«

Entschuldigung eines abtrünnigen Jagdgefährten: »Meine Frau hat mir den Spaß verdorben. An meinem ersten Hasen, den ich nach Hause brachte, war der Preis noch dran. Sie sagt: ›Kannst du kein billigeres Revier finden? Laß mich die Hasen machen, schieß du das Kompott!‹ Der zweite Hase, den ich zu Hause ablieferte, war bereits ausgenommen. Meine Frau sagt: ›Dem hast du es aber gegeben.‹ Der dritte Hase war nicht mehr frisch. Sie sprach: ›Der mußte weg.‹ Mir reicht es.«

Gunnar Sörensen verabschiedet sich von Freunden, um in Afrika eine Löwensafari zu erleben. »Kein Problem«, erklärt er. »Die Augen der Bestien leuchten wie zwei Reflektoren – und da mitten hinein!«
Ohne Trophäen kehrt er zurück: »Denkt euch, wie sich die Tiere neuerdings schützen: Sie kommen zu zweit, und jedes kneift ein Auge zu!«

Beim Damenkränzchen: »Du glaubst wirklich, daß dein Mann auf der Jagd ist?«
»Wenn er nichts heimbringt, ja.«

Herr von Pfeil geht auf die Pirsch
und schießt meistens keinen Hirsch.
Kommt er abends spät nach Haus,

sieht er sehr verwildert aus.
»Heute«, sagt er, »war's 'ne Krähe!«
»Eine blonde, wie ich sehe«,
meint darauf Baronin Pfeil,
und dann ruft sie: »Weidmannsheil!«

Fritz Grasshoff,
Die große Halunkenpostille,
Adele mit der goldenen Kehle

»Früher«, erzählte ein Förster, »fing man bei uns Hasen auf folgende Weise: Man ging nachts hinaus auf eine Lichtung und stellte seine Lampe nieder. Dann kehrte man zurück ins warme Bett. Die Hasen inzwischen, neugierig, wie sie sind, stellten sich um die Lampe, starrten ins Licht und bekamen tränende Augen. Die Tränen fielen zu Boden und froren den Hasen mit den Füßen fest. Am Morgen ging man wieder hinaus, holte die Lampe und brach die Hasen ab.«

Auf einer Tontafel in Ninive berichtet Assurbanipal, der Assyrerkönig (668–626): »Während einer meiner Jagden kam ein Löwe so dicht an mich heran, daß ich ihn hinter den Ohren an der Mähne fassen und mit der Lanze durchbohren konnte.«

Ein Gast im Münchner Hofbräuhaus erzählt von seiner letzten Safari: »Ich schlendere durch den Krüger-Nationalpark und höre ein Knurren. Drehe mich um: Ein Löwe. Büchse runter: Peng! Rin in den Rucksack. Halbe Stunde später beobachtet mich hinter einer Riesen-Akazie ein Tiger. Herrliches Tier. ›Komm, Freundchen‹, denke ich. Flinte runter: Puff. Rin in Rucksack. Kurz darauf tritt mir ein Elefantenbulle in den Weg. ›Geh weg!‹ sage ich. Rührt sich nicht. ›Also gut‹, sage ich, ›wenn du unbedingt willst . . .‹«
Ein Zuhörer unterbricht: »Schießn derfst 'n nor, aber wannst 'n wieder in dein Rucksack steckst, nacha fangst d'r oane!«

»Ich trete aus meinem Zelt«, erzählt der soeben heimgekehrte Safarimann, »und sehe, wie sich ein Löwe meiner schlafenden Frau nähert. Meine Flinte hatte ich zerlegt. Waffenlos, blieb mir nur die Hypnose. Ich gehe also auf den Löwen zu, schaue ihm fest ins Auge und sage: ›Friß sie nicht! Friß sie nicht! Friß sie nicht!‹ Und was geschieht? Der Löwe krümmt sich unter meinem Blick, dreht sich um und rast davon.«
Da geht die Tür auf, und die Gerettete tritt ein. Eindringlich mustert sie ein Gast. Dann fragt er: »Warum sollte er sie nicht fressen?«

»Einmal, im letzten Herbst«, erzählte ein Weidmann, »folgte ich einem herrlichen Stück Rotwild. Ich vergaß die Zeit; es dunkelte, wurde Nacht. Ich verlor den Weg, geriet in einen Sumpf und sank. Ich schrie um Hilfe; niemand hörte mich.«
»Und wie kamen Sie wieder heraus?« fragte eine junge Dame erbleichend.
»Gar nicht«, erwiderte der Jäger. »Ich ertrank.«

Und a Jaga siacht guat,
awa d' Liab macht 'n blind;
und da fängt dir den größten
a kloans Kind recht gschwind.

Aus dem Böhmerwald

Heiratsanzeige eines Waidmannes: »Schmalreh, wo ist Dein Wechsel?«

Ein Ahnungsloser bei der Feier des Jagdvereins zu seiner Tischnachbarin: »Darf ich Sie für den nächsten Tanz in Beschlag nehmen?«

Eine Jagd ist's! Blutig jagend
eilt der Jäger durch den Wald,
für das Böse alles wagend,
Mordruf weit und breit erschallt.

Bei dem blut'gen Reh daneben
steht der Schütze blutig rot.
»Räche, Gott, mein schuldlos Leben!«,
fleht das Tier vor seinem Tod.

Trotzig glänzt des Weidmanns Miene
bei des jungen Rehes Blut,
und es war, als wenn's ihm schiene,
heute hätt' er Glück und Gut!

»O, daß ich den Bock erwische!«
Und so sprengt er rasend fort
und bleibt hängen im Gebüsche,
und daß Roß trabt weiter fort,

schleift den Jäger zu der Haide,
wo das Tier getroffen liegt.
Still am Boden liegen beide;
schuldlos Reh hat obgesiegt.

Endlich macht es eine Runde,
endlich steht das mut'ge Roß,
und in selbiger Sekunde
geht des Jägers Büchse los,

trifft des Jägers stiere Blicke.
Schmerz durchzuckt sein Angesicht:
Jäger, traue deinem Glücke,
deiner wilden Jagdlust nicht.

Friederike Kempner,
Die Jagd

Klein-Erna rezitierte:

»Ein Fischer stand am Meeresstrand
und hielt 'ne Angel in der Hand.
Er wollte fangen einen Barsch;
das Wasser ging ihm bis zum Knie.«

Der Lehrer rügte, daß sich die beiden letzten Verse nicht reimen. Klein-Erna erwiderte: »Warten Sie man bis Flut!«

Ein Angler sitzt am Havelstrand. Ein Schupo tippt ihm auf die Schulter: »Angeln verboten. Dort steht das Schild. Ihren Ausweis bitte!«
»Ick angle nich, Herr Wachtmeesta.«
»Soso. Sie angeln nicht. Und was machen Sie mit der Stange und der Schnur?«
»Ick bade meinen Wurm.«
»Das ist interessant«, sagt der Schupo. »Darf ich Ihren Wurm einmal sehen?« Der Mann zieht die Schnur aus dem Wasser.
»Habe ich mir gedacht. Ihren Ausweis bitte!«
»Ick vastehe nich«, stottert der Angler.
»Der Wurm ist nackt. Baden ohne Kleidung ist ebenfalls verboten.«

Fünf Angler sitzen am Biertisch. »Für mich ist Angeln ein Sport«, erklärt der erste. »Ich angle aus Langeweile«, spricht der zweite. »Aus Leidenschaft«, der dritte. »Ich muß meine Nerven beruhigen«, verkündet der vierte. Der fünfte murmelt schüchtern: »Ich will Fische haben.«

Charles Dickens saß an der Angelrute. Ein Ortsansässiger belehrte ihn grinsend, daß sich in dem Teich kein Fisch befinde.
»Ich angele nicht wegen der Fische«, sprach der Dichter, ohne sich stören zu lassen, »sondern zum Vergnügen.«

Der Hotelwirt begrüßt den vom Angeln heimkehrenden Gast: »Hatten Sie Erfolg?«
»Keinen Schwanz.«
»Gar nicht schlecht für den ersten Tag«, meint der Teilnahmsvolle. »Viele Gäste haben vier Wochen lang Pech.«

»Langweilt es Sie denn nicht, wenn keiner anbeißt?« fragte das ältere Fräulein den Angler.
»Nee«, antwortete der Mann. »Und Sie?«

Fischer sollen dem blinden Homer das Rätsel aufgegeben haben: »Wir haben verloren, was wir fingen, und was wir nicht fingen, das haben wir.«
Der Dichter konnte es nicht lösen. Die Fischer lausten sich.

Müßiggang

Zwischen Mehlsäcken schlaf ich
irgendwo in einer Mühle.
Den Müller traf ich
zwischen Spinngeweben im Gestühle.
Er hatte Zeit,
und ich erzählte ihm aus meinem
Leben.
Seine Frau hat mir zu essen gegeben.
Er gab mir zu rauchen.
Er sagte sogar, einen Mann
wie mich könnte er gebrauchen.
Aber mir liegt nichts dran.
Ich bin schön satt
und zufrieden.
In der Suppe fand ich ein Lorbeerblatt.
Und nun denke ich an eine Stadt
im Süden.

Fritz Grasshoff,
Die große Halunkenpostille,
Das Lorbeerblatt

Es hatte zwei Wochen lang geregnet. Dann öffnete sich der Himmel zum schönsten Tag, der sich denken läßt. Die Bauarbeiten sollten fortgesetzt werden, aber der Tagelöhner fehlte. Die Tochter des Unternehmers eilte zu

seiner abseits gelegenen Kate und fand ihn in der Sonne sitzen.
Auf ihre Vorhaltungen erwiderte er: »Glauben Sie im Ernst, daß ich einen solchen Tag an Sie verkaufe?«

»Wenn i no scho flacke tät«, hot's Weible gsait, wie se im Bett g'hocket isch.

Aus dem Allgäu

Ein ehrlicher Greis trug des Tages Last und Hitze, sein Feld mit eigner Hand zu pflügen und mit eigner Hand den reinen Samen in den lockern Schoß der willigen Erde zu streuen. Auf einmal stand unter dem breiten Schatten einer Linde eine göttliche Erscheinung vor ihm! Der Greis stutzte.
»Ich bin Salomo«, sagte mit vertraulicher Stimme das Phantom. »Was machst du hier, Alter?«
»Wenn du Salomo bist«, versetzte der Alte, »wie kannst du fragen? Du schicktest mich in meiner Jugend zur Ameise; ich sah ihren Wandel und lernte von ihr fleißig sein und sammeln. Was ich da lernte, tue ich noch.«
»Du hast deine Lektion nur halb gelernt«, versetzte der Geist. »Geh noch einmal hin zur Ameise und lerne nun auch von ihr im Winter deiner Jahre ruhen und des Gesammelten genießen!«

Lessing,
Fabeln, Der Geist des Salomo

Er hat gelebt, gegessen und getrunken,
ist, wenn er schlafen ging, in weichem
Flaum versunken,
hat, wenn er Antwort gab, nur mit
dem Kopf genickt
und ist nun sanft in seinem Fett
erstickt.

Unbekannter Verfasser,
Auf einen Landpfarrer

»Seit jener Mordschlacht, die den
Ariovist vernichtet,
hab' ich im Felde mich nicht mehr
gezeigt«,

berichtet Hermann der Cherusker (Kleist, Die Hermannsschlacht II, 1) im Jahre 9 nach Christus. Das heißt: Er lag 67 Jahre auf der Bärenhaut.

Der Vater trieb gegen 9 Uhr seinen zweiten Sohn mit dem Hinweis aus dem Bett, daß der um 6 Uhr aufgestandene Älteste bereits einen Beutel Gold gefunden habe.
Der Gestörte erwiderte: »Wäre der Eigentümer des Beutels im Bett geblieben, hätte er ihn nicht verloren.«

Der kleine Willy soll dem Onkel einen Geburtstagsbrief schreiben. Er mag nicht. Die Mutter redet ihm ins Gewissen und bedeutet ihm, daß er sich, falls er nicht schreibt, zu schämen habe.
Willy bleibt ablehnend: »Hinsetzen und schreiben? Nie! Lieber schäme ich mich.«

»Ich würde ja gern arbeiten«, sprach ein Faulenzer, »aber ich kann meinen Schweiß nicht riechen.«

Er reitet jeden Morgen im Hydepark, ist dreimal die Woche in der Oper, wechselt mindestens fünfmal am Tag die Kleider und geht jeden Abend aus. Sie können das nicht gut ein faules Leben nennen. (Mabel Chiltern)

Wilde,
Ein idealer Gatte I

»Du Schäl, wat machst du morjen?«
»Ich gläuw, Tünnes, ich jon mößig.«
»Da jon ich met.«

Auf das Grabmahl der Mutter Ludwigs XV. setzte der Volksmund die imaginäre Zeile: »Hier ruht der Müßiggang.« (Auch im alten Frankreich galt Müßiggang als aller Laster Anfang.)

Müßiggang ist schwer. Beweis: Aller Anfang ist schwer. Müßiggang ist aller Laster Anfang.

»Ich habe nie Langeweile«, prahlte ein Streber.
Der Gesprächspartner erwiderte: »Tiere auch nicht.«

Ein französischer Gast hatte den britischen Landsitz auf sich wirken lassen: »Gewiß langweilen Sie sich häufig!«
»Ich langweile mich nie«, antwortete der Lord. »Es geschieht höchstens, daß man mich langweilt.«

Schlaf

Alles Volk ist unter mir, Hohe, Niedre,
Männer, Frauen.
Allen bin ich gleich bedienet in des
Arm- und Reichen Haus.
Manche Schönheit seh ich bloß, die
sonst keiner kann beschauen.
Öfters wird in meinem Beisein Liebes-
glut gelöschet aus.

Hofmannswaldau, Rätsel (Bettdecke)

Der nordfranzösische Kastellan zeigt den Touristen ein Prunkbett, in dem angeblich Madame Pompadour, Napoleon und Marschall Blücher geschlafen haben.
»Dreie in eem Bedde!« flüstert Frau Naumann aus Oschatz. »Das wolln nu feine Leude sein!«

Die Bettenproduktion in Mitteldeutschland ist eingestellt worden: Die Intelligenz ist auf Rosen gebettet. Die Aktivisten ruhen sich auf ihrem Lorbeer aus. Arbeiter und Bauern halten Friedenswacht. Der Klassenfeind schläft nicht. Der Rest sitzt.

In den deutschen Luftschutzkellern des Zweiten Weltkrieges registrierte man dreierlei Gruß: Guten Morgen! Guten Abend! Und Heil Hitler!
Die Benutzer des ersten hatten schon geschlafen. Die zweite Kategorie hatte noch nicht geschlafen. Die dritte schlief noch.

Es ist eine üble Gewohnheit, im Bett zu lesen. Man hat Beispiele, daß mehrere Leute, die abends ihr Licht auszulöschen vergaßen, am Morgen, wenn sie aufwachten, verbrannt waren.

Galletti

Aus Friederike Kalüttkens Gewäschebuch: »Ich habe schlecht geschlafen; ich bin so spät eingefroren.«

Ein Bischof beklagte sich bei Johannes XXIII., daß ihm seine Bürde den Schlaf raube. »In den ersten Wochen meines Pontifikats«, erwiderte der Heilige Vater, »ging es mir ebenso. Eines Nachts aber erschien mein Schutzengel und sagte: ›Nimm Dich nicht so wichtig, Giovanni!‹ Seitdem schlafe ich prächtig.«

Die Frau rügt das häufige Gähnen des Mannes. Er antwortet: »Du und ich, wir sind eins, und wenn man allein ist, langweilt man sich.«

Gähnen = Für manche Ehemänner einzige Gelegenheit, den Mund zu öffnen.

»Mein Mann spricht die ganze Nacht im Schlaf. Was soll ich tun?«
Der Arzt empfahl: »Lassen Sie ihn am Tage öfters zu Wort kommen!«

»Spricht Ihr Mann auch im Schlaf?«
»Nein. Der lächelt, der Lump.«

Franz Kafka besuchte seinen Freund Max Brod, geriet aber in das Zimmer des alten Herrn, der sein Mittagsschläfchen hielt. Der Gestörte fuhr hoch.
Kafka winkte sanft mit der Hand: »Betrachten Sie mich als Traum!« Leise schloß er wieder die Türe.

Es bettet sich das Vögelein
in seinem eignen Flaum.
Es hüllet sich das Köpfchen ein
und träumt den schönsten Traum.

Erwachend aus dem eignen Flaum,
das Vöglein sich erhebt:
Kanarias Flug, Kanarias Traum
im Himmel Sieben schwebt.

Friederike Kempner,
Kanarienvögleins Traum

Er hat seine Militärzeit überstanden. Seine Frau holt ihn ab. Sie übernachten in einem Gasthof der Garnisonsstadt. Gegen drei Uhr poltert ein Angeheiterter über den Flur.
Der Exverteidiger greift nach seiner Kleidung: »Dein Alter kommt.«
Sie murmelt: »Quatsch. Der ist beim Barras.«

Sulpicius Galba, der spätere Kaiser, ruhte. Seine Frau ließ sich unterdessen im Nebengemach vom Hausfreund bekosen. Ein Sklave versuchte, die Gelegenheit zu nutzen und Wein zu stehlen.
»Halt, Schurke!« rief der Schlummernde. »Ich schlafe nicht für alle Leute.«

»Dat Schnarchen«, erzählte Frau Maier, »ha' ick mein Mann schon als Bräutijam abjewöhnt.« (Zille)

Wie man sich bettet, so schallt es heraus.

Am Münchner Feilitzschplatz erhebt sich die beleibte Bäuerin von ihrem Trambahnsitz. »Herrschaftseit'n«, stöhnt sie, »mei Hintern is ei'gschlaffa!«
»I woaß«, bemerkt ihr Nachbar. »Seit dem Stachus hat er g'schnarcht!«

Lesermitteilung an eine Münchner Zeitungsredaktion, 1932: »Eines Nachts wurde ich im Traum von einem Löwen verfolgt. Auf der Flucht geriet ich in einen Zigarrenladen. Der Löwe folgte mir. Plötzlich hatte ich einen Revolver in der Hand, aber das Ding ging nicht los. Mein Abdrücken war vergeblich. In meiner Todesangst schleuderte ich die Waffe dem Löwen auf die Schnauze. Nun hielt er den Revolver in der Pratze, aber verkehrt, den Lauf auf sich gerichtet. Die Spannung stieg aufs höchste. Da, ein Knall. Ein Gefühl großer Erleichterung überkam mich. Der Löwe hatte sich selbst erschossen. Ich vermeinte noch, den Pulverdampf wahrzunehmen, als ich erwachte. Und das Merkwürdig-Okkulte: Meine Frau will den Schuß auch gehört haben.«

Ein Kind definierte den Traum als: »Kino im Schlafen«.

»Heute Nacht hatte ich einen herrlichen Traum«, erzählte der Altphilologe. »Ich gab Cicero eine Fünf in Latein.«

Robert Louis Stevenson schrie im Schlafe. Seine Frau weckte ihn.

»Teufel nochmal!« fuhr der Schriftsteller auf. »Warum weckst du mich? Ich habe eben eine grandiose Schauergeschichte geträumt.«
Es handelte sich um »Dr. Jekyll and Mr. Hyde«. Der Traum war offenbar doch lang genug.

Abdallah, der junge, arme Fischer am Tigris, hatte Träume, in welchen er prachtvolle Gewänder trug, in Palästen wohnte und das schönste Mädchen liebte. Aber wenn die Sonne über dem Lande des Kalifen aufging, fand er sich, in Lumpen gehüllt, auf Schilf gebettet.
Eines nachts hörte er, während sein Traummädchen ihn umschmeichelte, einen Mann um Hilfe rufen, auf dessen Rücken eine Hexe saß und ihn peitschte.
»Gehe hin und befreie ihn!« sprach das Mädchen. »Es ist der Kalif. Er wird dich morgen reich belohnen.«
»Der Kalif?« zweifelte der Jüngling. »Von einer Hexe geschlagen? Welcher Sterbliche wird wagen, ihm auch nur ein Haar zu krümmen?«
»Es ist der Kalif«, beteuerte die Schöne. »Arme Menschen erhalten in ihren Träumen Reichtum und Glück. Reiche Menschen leiden.«
Da brach Abdallah einen Knüppel und prügelte die Alte, bis sie vom Rücken des Geplagten fiel. Der aber sprach: »Ich bin Harun al Raschid. Komme morgen in meinen Palast und sage: ›Erinnere Dich der Hexe!‹ «
In dem Augenblick fielen die ersten Sonnenstrahlen auf die Wellen des Flusses, und der Fischer erwachte. Benommen machte er sich auf den Weg zur Stadt, und erst als er vor dem Palaste des Kalifen stand, vermochte er wache Gegenwart und geträumte Vergangenheit zu unterscheiden. Der Strom der Menschen, die am Audienztag zum Kalifen wollten, hatte ihn jedoch erfaßt, und er konnte nicht mehr umkehren.
Er stellte sich in die Reihe, und als er vor den Kalifen gerufen wurde, sprach er: »Entsinne Dich der Hexe!«
Harun al Raschid schloß die Augen und schwieg. Dann warf er einen langen, fragenden Blick auf den Jungen, winkte seinem Schatzmeister und ließ Abdallah einen Beutel mit tausend Golddinaren überreichen.

Frau Wirtin hatte einen Traum,
der war so schön, ihr glaubt es kaum:
Sie hörte ein Tedeum
und sah den Ulbricht ausgestopft
im Nationalmuseum.

»Glaubst du an Träume?« fragte Gunnar Johansson.
»Ich glaubte daran«, antwortete der Freund. »Solange, bis ich einen heiratete.«

Mark Twain, als Zeitungsredakteur und Briefkastenonkel in Arkansas, auf die Frage einer Leserin, was sie gegen den Schlafwandel ihres Mannes tun könne: »Kaufen Sie im nächsten Eisenwarengeschäft eine große Tüte Reißnägel und streuen Sie davon täglich vor dem Schlafengehen vier gehäufte Eßlöffel um das Bett Ihres Herrn Gemahls!«

Bei einer Opernprobe entstand aus technischen Gründen eine längere Pause. Gustav Mahler blieb am Pult sitzen, sinnierte und schlief ein.
Als der Schaden behoben war, stieß ihn der Konzertmeister sanft an. Mahler fuhr auf, klopfte mit dem Taktstock aufs Pult und rief: »Zahlen!«

»Wann geht der da hinten in der Ecke endlich?« fragte ein Kellner seinen Kollegen. »Wenn ich nicht irre, hast du ihn schon viermal geweckt.«
»Richtig. Und jedesmal, wenn ich ihn wecke, verlangt er die Rechnung und zahlt.«

Die Kundin eines Kopenhagener Warenhauses beschwerte sich: Die Toilettenfrau im dritten Stock habe sie beschimpft, weil sie ihr zuwenig Trinkgeld gegeben habe.
»Bei uns gibt es keine Toilettenfrauen«, erwiderte der Geschäftsführer.
Er ging mit der Kundin hinauf und stellte fest: Die angebliche Toilettenfrau war auch eine Kundin. Vor einiger Zeit hatte sie sich, von Müdigkeit überwältigt, auf einem Stuhl im Vorraum der Toilette niedergelassen. Als sie aus dem Schlummer erwachte, fand sie neben sich Trinkgeldmünzen. Seitdem war sie regelmäßig gekommen.

Wetterbericht: »In der kommenden Nacht muß mit stärkerer Bevölkerungszunahme gerechnet werden.«

Warum ruft denn der Wächter Klaus:
»Ihr lieben Herren, laßt euch
sagen . . .«?
Sind denn die Weiber nicht zu Haus?
Die Ursach ist gar leicht zu fassen:
Weil Weiber sich nichts sagen lassen!

Verfasser unbekannt

Frage des grönländischen Staatsanwaltes: »Angeklagter, wo waren Sie in der Nacht vom 18. November bis zum 16. März?«

Ich bin so knallvergnügt erwacht.
Ich klatsche meine Hüften.
Das Wasser lockt. Die Seife lacht.
Es dürstet mich nach Lüften.

Ein schmuckes Laken macht einen
Knicks
und gratuliert mir zum Baden.
Zwei schwarze Schuhe in blankem
Wichs
betiteln mich »Euer Gnaden«.

Aus meiner tiefsten Seele zieht
mit Nasenflügelbeben
ein ungeheurer Appetit
nach Frühstück und nach Leben.

Ringelnatz,
Morgenwonne

XVII. Kapitel

Lob
Auszeichnung
Namen
Ansehen
Bescheidenheit
Selbstachtung
Eitelkeit
Hochmut

Lob

Bewunderung = Höflicher Hinweis auf die Tatsache, daß wir an einem anderen Menschen Ähnlichkeiten mit uns selbst entdecken.

Voltaire lobte Casanova gegenüber Albrecht von Haller.
Der Gast erwiderte: »Der Berner behauptet, die Hälfte dessen, was Sie schreiben, sei Unfug.«
Nachdenklich blickte der Franzose aus dem Fenster: »Vielleicht irren wir beide.«

Einige Monate nachdem wir in eine Kleinstadt übergesiedelt waren, beklagte ich mich bei einer Bekannten, die schon lange in diesem Ort wohnte, über die schlechte Bedienung in der Stadtbibliothek – in der Erwartung, sie werde der Bibliothekarin wiedererzählen, was ich gesagt hatte. Als ich das nächste Mal in die Bibliothek kam, hatte die Bibliothekarin zwei vielbegehrte Bücher für mich beiseite gelegt, außerdem für meinen Mann eine Biographie. Und noch erstaunlicher: Sie schien sich über mein Kommen zu freuen.
Ich erzählte meiner Bekannten von der seltsamen Veränderung: »Ich nehme an, Sie haben ihr erzählt, daß ich die Bedienung schlecht fand?«
Sie erwiderte: »Ich habe ihr – ich hoffe, Sie nehmen es mir nicht übel – gesagt, daß Ihrem Mann die Art, wie sie diese kleine Bibliothek nach und nach aufgebaut hat, sehr imponiert habe und daß Ihnen selbst ihr guter Geschmack bei der Auswahl neuer Bücher aufgefallen sei.«

L. M., Das Beste, Januar 1955

Die achtundfünfzigjährige großnasige Königin (Elisabeth I.) war nie schön und auch nicht besonders liebenswürdig, fluchte wie ein Reiter, und in der Hitze beohrfeigte sie ihre Hofdamen so gut wie ihren stolzen Essex. Schmeichler brachten die sonst große Frau zu der Eitelkeit, sich noch im sechzigsten Jahr für schön zu halten und zu glauben, was Raleigh im Gefängnis schrieb: »Sonst sah ich Elisabeth ein mutiges Roß tummeln wie Alexander, jagen wie Diana, lustwandeln wie Venus. Dann schien sie wieder eine Nymphe, um deren reizende Wangen ihr schönes Haar im Winde flatterte. Bald saß sie im Schatten eines Baumes gleich einer Göttin; bald sang sie mit der Stimme eines Engels; bald rührte sie wie Orpheus die Saiten, und ich, ich muß ferne von ihr sein im Gefängnis.« Raleigh fand Gnade.

Karl Julius Weber,
Demokritos IV, 17

Der Fürst von Ligne zu einem Höfling, der sich im unangebrachten Lob für einen unfähigen Minister erging: »Monsieur, vous êtes trompé, trompette ou trompeur!« (Sie sind ein Betrogener, eine Trompete oder ein Betrüger!)

Katharina II. erzählte dem Fürsten von Ligne, daß ein Mann in dem Kanal von Zarskoje Selo, den die Zarin angelegt hatte und der Franzose zu verspotten pflegte, den Tod gesucht habe.
»Schmeichler!« bemerkte der Fürst.

Ein Thüringer, auf einem ostpreußischen Gut als Inspektor eingesetzt, versuchte, sich mit Charme durchzusetzen. Vergeblich. Der Gutsherr mahnte ihn zur Strenge. Er lehnte ab. Da kam die Kündigung.
Der Mitteldeutsche verfärbte sich. »So eine gottverdammte Gemeinheit!« brach es aus ihm hervor. »So eine Unverschämtheit, so eine niederträchtige! Aber meinetwegen! Leckt mich am Arsch, alle miteinander!«
Der Ostpreuße lächelte: »Jetzt mechten Sie sich äinschmäicheln, wie? Näi, näi! Jatz is zu spät.«

Vom Fenster stahl der Rabe einen Käse
und flog auf einen Baum, ihn zu verspeisen.
Der Fuchs, des Diebstahls Zeuge, sprach von unten:
»O Rabe! Herrlich glänzet dein Gefieder,
dein Leib strahlt Anmut aus, dein Antlitz Würde!
Besäßest du der Stimme Wohlklang noch,
fürwahr, du wärst der Edelste der Vögel!«
Der Rabe recket sich, vom Lob entzückt,
und, um der Kehle Fähigkeit zu zeigen,
spreizt er den Schnabel. Da raschelt's im Geäst,
und in des Fuchses Rachen fällt der Käse.

Phädrus,
Fabeln I, Fuchs und Rabe

Artur Vollmer kam gut gelaunt aus der Probe im Berliner Königlichen Schauspielhaus, stieg in eine Droschke und fragte: »Wo is denn heute was los?«
»Hier«, sprach der Kutscher, »im Schauspielhaus. Schauen Se sich Vollmern im »Einjebildeten Kranken« an!«
»Wer is Vollmer?«
»Wat? Sie kennen Vollmern nich, Artur Vollmern? Sin wohl nich von hier, wa?«
Vollmer sagte, er sei tatsächlich nicht, und der Kutscher rühmte den Schauspieler nach Kräften. Am Ziel bedankte sich der Fahrgast mit einem außergewöhnlichen Trinkgeld.
Der Kutscher setzte die Rosse in Trab und winkte zurück: »Also denn! Mach's jut, Artur!«

Ein Rabe trug ein Stück vergiftetes Fleisch, das der erzürnte Gärtner für die Katzen seines Nachbarn hingeworfen hatte, in seinen Klauen fort. Eben wollte er es auf einer alten Eiche verzehren, als sich ein Fuchs herbeischlich und ihm zurief: »Sei mir gesegnet, Vogel des Jupiter!«
»Für wen siehst du mich an?« fragte der Rabe.
»Für wen ich dich ansehe?« erwiderte der Fuchs. »Bist du nicht der rüstige

Adler, der täglich von der Rechten des Zeus auf diese Eiche herabkömmt, mich Armen zu speisen? Warum verstellst du dich? Sehe ich denn nicht in der siegreichen Klaue die erflehte Gabe, die mir dein Gott durch dich zu schikken noch fortfährt?«
Der Rabe erstaunte und freute sich innig, für einen Adler gehalten zu werden. Ich muß, dachte er, den Fuchs aus diesem Irrtume nicht bringen. Großmütig dumm ließ er ihm also seinen Raub herabfallen und flog stolz davon.
Der Fuchs fing das Fleisch lachend auf und fraß es mit boshafter Freude. Doch bald verkehrte sich die Freude in ein schmerzhaftes Gefühl; das Gift fing an zu wirken, und er verreckte.
Möchtet ihr euch nie etwas anderes als Gift erloben, verdammte Schmeichler!

Lessing,
Fabeln,
Der Rabe und der Fuchs

Als der Geiger Friedrich Hermann sein erstes Gastspiel in Wien gab, erbat er von Johannes Brahms Hilfe. Der Komponist lud ihn in ein Gasthaus, um den einflußreichen Kritiker Max Kalbeck kennenzulernen: Kalbeck trete stets mit seiner Mutter auf, und dieser Mutter solle er, Hermann, zum Ausdruck bringen, wie er ihren Sohn schätze.
Hermann erschien, plauderte und lobte. Die Dame gab sich kühl. Als er seine Hochachtung für den Sohn noch dicker auftrug, unterbrach sie: »Ich bin nicht Kalbecks Mutter, sondern seine Frau.«

Joseph II. zu einem Höfling, dem er die von Maria Theresia erschmeichelte Pension entzog: »Sie haben so schön gehandelt, daß nur Gott Sie lohnen kann.«

Charles Evans Hughes, Mitglied des Obersten Bundesgerichtes der Vereinigten Staaten, nahm 1926 an der panamerikanischen Konferenz in Havanna teil. Er wurde mit Lobeshymnen begrüßt, und der Dolmetscher übersetzte Wort für Wort.
Da gebot der Gefeierte dem Dolmetscher Einhalt: »Machen Sie weiter, wenn das Wort ›aber‹ fällt!«

Von einem guten Kompliment kann ich zwei Monate leben.

Mark Twain

Maria Theresia empfing einen französischen Offizier, der am Vortage die Prinzessin Immakulata besucht hatte: »Sind Sie auch der Meinung, Monsieur, daß sie die schönste Frau der Welt ist?«
Der Franzose erwiderte: »Gestern glaubte ich es.«

Madame Geoffrin zu Saint-Pierre: »Sie waren reizend heute abend.«
»Ich bin nur ein Instrument«, antwortete der Schriftsteller, »auf welchem Sie geschickt spielen.«

Die Gastgeberin fragte, wie das Mahl geschmeckt habe. Der Gesättigte strahlte. »Lassen Sie mich, gnädige Frau, mit einem Zitat aus dem ›Götz von Berlichingen‹ antworten!«, sprach er.
Genoß das gespannte Schweigen und fuhr fort: »Wohl dem, dem Gott ein solches Weib gegeben!«

Der englische Hofmaler Sir Joshua Reynolds hatte die Tragödin Sarah Siddons gemalt. Als die Künstlerin das Bild betrachtete, blieb ihr Blick auf einer Stelle haften, die wie Brokat aussah.
Der Porträtist erklärte: »Ich konnte die Gelegenheit nicht vorübergehen lassen, meinen Namen der Nachwelt auf dem Saume Ihres Gewandes zu hinterlassen.«

Das schönste Kompliment ihres Lebens machte der Fürstin Pauline Metternich, ihren eigenen Worten zufolge, ein Pflasterer.
Die schöne Paulin trippelte über den Wiener Ring. Sie trug einen breitrandigen Hut und hielt, weil die Sonne blendete, den Kopf gesenkt. Da rollte ihr ein Pflasterstein vor die Füße. Sie blieb stehen, schaute auf und erblickte einen freundlich grüßenden Arbeiter: »Tschuldigen scho, Fräulein! I wollt nur sehn, ob 's Göscherl so nett is, wie die Fußerln san. Süaß! Dank schön! I bin z'friedn.«

Wenn Männer aufhören, Charmantes zu sagen, hören sie auch auf, Charmantes zu denken. (Mrs. Erlynne)

Wilde,
Lady Windermeres Fächer II

Der schönen Gräfin N. trat während der Französischen Revolution eine Schildwache in den Weg. Sie wies den Mann mit einer Handbewegung zur Seite. Ein Kamerad trat neben den Nachgiebigen und bemerkte: »Ein hübscher Kopf für die Pikenspitze.« Die Gräfin N. nannte diese Worte das ehrlichste Kompliment, das ihr zuteil geworden sei.

Ein Berliner Schuljunge begleitet die neue Lehrerin nach Hause und schimpft über die ehemalige.
»Sie war genauso nett wie ich«, erklärt die Pädagogin.
»Jar nich«, widerspricht der Bengel. »Ville doower wie Sie!«

Der ostpreußische Oberamtmann verabschiedet den ruhestandsreifen Kantor und bedauert sein Ausscheiden.
»Sie kriegen ja einen neuen«, tröstet der Alte. »Vielleicht eijnen besseren.«
Der Beamte zweifelt: »Dat glöw eck nech. Ech hab schon fünf Kantors jehabt: Eijner war immer dammliger wie der annere.«

»Ich hätte Sie beinahe nicht erkannt, gnädige Frau«, dienert der Salonlöwe. »So haben Sie sich verändert.«
»Zum Besseren oder zum Schlechteren?« lächelt sie.
»Zum Besseren, gnädige Frau. Sie können sich nur zum Besseren verändern.«

Ein Bauer von der Alb liefert in Urach Kartoffeln. Läd sie ab und wird von der Frau des Hauses zwecks Stärkung und Abrechnung in die gute Stube gebeten. Der Biedere bewundert ein Mädchenbild, und die bejahrte Dame erklärt ihm, es sei ein Jugendbildnis von ihr. »Jetzt«, fügt sie lächelnd hinzu, »sehe ich natürlich ein bißchen anders aus.«
»Jo«, sagt der Bauer liebenswürdig, »aber was emol a schöner Hafe gewese isch, dös sieht mer au no am Scherbe.«

Die Chansonette Yvette Guilbert stellte sich Oscar Wilde mit den Worten vor: »Die häßlichste Frau von Paris.«
Der Dichter verneigte sich: »Der Welt, Madame!«

»Ich bewundere Ihre Schönheit«, sprach Mark Twain zu einer Dame.
»Schade«, erwiderte diese, »daß ich Ihr Kompliment nicht erwidern kann.«
»Wieso denn nicht?« fragte der Dichter. »Lügen Sie halt auch!«

Der Lehrer hatte ausgiebig die Bescheidenheit gepriesen und Überheblichkeit mit Hilfe des Sprichwortes »Eigenlob stinkt« verurteilt.
Da meldet sich ein Hinterbänkler: »Der Gustl lobt sich dauernd.«

Herr Krause ist mit dem Besuch des Verehrers seiner Tochter unzufrieden: »Das Essen lobt er, den Wein lobt er, die Wohnung lobt er, die Zigarren lobt er, nur verloben tut er sich nicht.«

Auszeichnung

Es gibt drei Ordensklassen: Erdiente, erdienerte und erdinierte.

Friedrich August III. von Sachsen inspizierte die Truppe. Die tapfersten Soldaten wurden ihm vorgestellt. Alle trugen hohe Auszeichnungen. Nur einer stand undekoriert.
»Was isn mit dähm los?«
»Er trinkt, Majestät.«
Der durstige König tippte dem Soldaten auf die Brust: »Da gäbd'n doch wenichsdns de Friedrich-August-Medaille!«

Im Dezember 1914, einige Tage vor der Schlacht von Limanova, fragte ein tschechischer Soldat seinen Kompaniechef, was er zu tun habe, um die Tapferkeitsmedaille zu erlangen.
Er habe eine besondere Tat zu vollbringen, wurde ihm beschieden, also zum Beispiel einen Gefangenen zu machen oder eine Fahne zu erbeuten.
Einige Tage später brachte der Mann die russische Fahne, und der Orden schnellte an seine Brust.
»War bitte ganz einfach«, erklärte er frohgestimmt am Abend. »Is driebn a Pollack, a guuter Bekannter, aber schon a sehr guuter. Hammir halt getauscht. Hat mir gegeben Fahne, und habe ich ihm gegeben Maschinengewehr.«

Bismarck sollte während des Siebziger Krieges einen Soldaten mit dem EK I auszeichnen. Er fragte den Mann, ob er nicht lieber 100 Taler haben wolle.
»Wieviel ist denn das Kreuz wert?«
»Sagen wir drei Taler.«
»In Ordnung«, sprach der Soldat. »Geben Sie mir das Kreuz und 97 Taler!«

Anfang der sechziger Jahre des 19. Jahrhunderts fragte ein österreichischer General den preußischen Ministerpräsidenten, hintergründig lächelnd auf dessen Ordenssammlung deutend: »Alle vor dem Feind erworben, Exzellenz?«
»Alle vor dem Feind erworben«, antwortete Bismarck. »In Frankfurt am Main.«

Während des Siebziger Krieges beklagte sich ein Fürst bei Bismarck, das Eiserne Kreuz würde vielen Personen verliehen, die keinen Anspruch hätten. Der Kanzler erwiderte, Gründe der Schicklichkeit und der Autorität forderten Ausnahmen: »Euer Durchlaucht und ich, wir haben es ja auch.«

Ein Erfahrener gab Ordenslüsternen den Rat: »Stets dort sein, wo sie verliehen, und nicht zu oft dort, wo sie verdient werden.«

Göring erhält in der Nymphenburger Porzellanmanufaktur einen Teller als Geschenk. Er dreht ihn in den Händen.
»Was hat er denn?« flüstert ein Anwesender.
Der Nachbar gibt Auskunft: »Er sucht die Anstecknadel.«

In Weimar waren die Bilder eines Hofmalers aus einem anderen Bundesstaat ausgestellt. Großherzog Karl Alexander fand sie miserabel und weigerte sich, den üblichen Orden auszuhändigen. Diplomaten warnten vor politischen Folgen. Der Großherzog beugte sich der Staatsräson und überreichte dem Maler ein Etui mit zwei Orden: »Der andere ist für Ihren Kutscher!«

Friedrich Wilhelm I. von Preußen verkaufte den kleinen Orden »De la

Générosité«. Hatte er ein Exemplar untergebracht, schrieb er in seinen Kalender: »Wieder einen Hasen gefangen!«

Ein Balkan-König pflegte – angeblich –, ausländische Diplomaten mit dem Staats-Orden Zweiter Klasse auszuzeichnen. Der Orden war mit Glaskugeln besetzt, und der Geehrte übernahm die Pflicht, die Glaskugeln durch Brillanten zu ersetzen.
Eines Tages trieb der Monarch seinen »Ehrenhandel« auf die Spitze. Er entschuldigte sich bei einem Botschafter, daß er ihm nur die Zweite Klasse verliehen habe, nahm ihm die kostbar gewordene Auszeichnung wieder ab und heftete ihm dafür die gläserne Erste Klasse auf die Brust.

Friedrich August III. von Sachsen, in Kairo, fragte, wo es einen guten Schluck Pilsner gäbe. Man nannte ihm das Lokal.
Das Bier war vorzüglich. Nach dem vierten Glas ließ er den Wirt kommen, einen ehemaligen Berliner Ringkämpfer, der sich als Türke gebärdete.
»Salem aleigumm« gab August zurück und griff in die Hosentasche: »Wolln se dähn? Siss mei scheensder!«
So kam ein Restaurateur in Kairo zu einem seltenen sächsischen Orden.

Ernst Jakob Renz erhielt zu seinem Titel »Kommissionsrat« auch einen Orden. Zur Verleihung erschien er vor Friedrich Wilhelm IV.
»Ihr erster Orden?« fragte der König.
Der Zirkuschef strich sich über den kahlen Schädel: »Jawohl, Majestät. Bei uns Zivilisten erscheinen die Sterne erst, wenn der Mond aufgegangen ist.«

Abgeordnete der französischen Kammer erbaten bei Clemenceau für einen ausgedienten Obristen das Kreuz der Ehrenlegion: »Der Mann ist alt und krank und kann nicht mehr das Haus verlassen.«
»Sind Sie dessen sicher?« fragte der Ministerpräsident.
»Vollständig.«
»Dann soll er es haben.«

Max Liebermann zu einem Künstler, dem ein Orden verliehen worden war: »Passen Se uff! Jetzt kommen noch mehr. Wo ein Hund hinpißt, da pissen alle hin.«

Brahms, zu einer Gesellschaft geladen, war im Zweifel, ob er seine Orden anlegen sollte. Er entschied sich, das Blech in der Tasche mitzunehmen.
Im Saal erblickte er den dekorierten Liszt. Er stahl sich wieder hinaus und schmückte sich. Kehrte zurück und stand plötzlich vor dem Kollegen, der seine Orden abgelegt hatte. Auf die Frage des Erstaunten antwortete Liszt: »Ich sah Sie vorhin am Eingang ohne Orden, und da bin ich rasch hinausgegangen ...«

Orden sind mir wurscht, aber haben will ich sie.

Johannes Brahms

Der ordenreiche Max Reger nannte seine Ehrenzeichen »Verunreinigungen des Knopfloches«.

Als Gustav Mahler 1907 das Direktionszimmer der Wiener Hofoper räumte, um nach Amerika zu gehen, ließ er seine Orden in der Schreibtischlade liegen. Seinem Diener Hassinger erklärte er: »Für meinen Nachfolger!«

Der vierzehnjährige Mozart erhielt 1770 von Papst Clemens XIV. die höchste Klasse des Ordens vom Goldenen Sporn: Ein schweres goldenes Kreuz, das Recht des jederzeit freien Zutritts zu den päpstlichen Gemächern, Befreiung von der Gerichtsbarkeit und ständiger Schutz durch den Apostolischen Stuhl.
Der Fünfundzwanzigjährige erhielt vom erzbischöflichen Obersthofmeister Graf Arco in Salzburg einen Fußtritt ins Gesäß.
Der Fünfunddreißigjährige erhielt einen Platz im Armengrab.

William Lloyd Garrison, der amerikanische Neger-Abolotionist, bekam auf einem Essen der britischen Antisklavereigesellschaft eine goldene Uhr. Er wog das Geschenk in der Hand: »Wäre das hier ein faules Ei, so wüßte ich, was ich zu sagen hätte. Die überraschende Ehrung aber macht mich sprachlos.«

Theodor Mommsen warf einen Blick auf die ihm zum sechzigsten Geburtstag überreichte Festschrift: »Ich werde Monate brauchen, den Unsinn zu widerlegen.«

Als im Jahre 1910 Paul Heyse den Nobelpreis für Literatur erhalten hatte, bedauerten einige Freunde den leer ausgegangenen August Strindberg.
»Es ist mir lieber«, erwiderte der Schwede, »daß die Leute fragen, warum ich den Preis nicht bekomme, als daß sie fragen, warum ich ihn bekomme.«

Der Skythe Anacharsis zu einem griechischen Spötter: »Du hast recht: Mein Vaterland ehrt mich nicht. Aber ehrst du das deine?«

Der Herzog von Montausier verabscheute die Satiren Boileaus. Als ein Besucher den Dichter lobte, entgegnete der Tugendsame: »Auf die Galeere mit ihm und täglich frischen Lorbeer aufs Haupt!«

Hans von Bülow, als ihm nach einem Konzert ein Lorbeerkranz überreicht werden sollte: »Danke. Bin kein Vegetarier.«

Hans von Bülow: »Je preiser eine Oper gekrönt wird, desto durcher fällt sie.«

Fanny Elßler tanzte im Teatro Argentino. Die römische Jugend wollte ihr einen goldenen Kranz für die damals unwahrscheinliche Summe von zwölftausend Lire schenken. Man fragte Pius IX., ob er angesichts der schwierigen wirtschaftlichen Lage Bedenken gegen die Ehrung habe.
Der Papst antwortete: »Wir sehen darin nichts, was der Würde der Kirche abträglich wäre und die Sicherheit des Staates gefährden könnte. Wir glaubten allerdings bisher, ein Kranz sei für den Kopf bestimmt, nicht für die Beine.«

Ich habe meinen Soldaten aus Blei
als Kind Verdienstkreuzchen
  eingeritzt.
Mir selber ging alle Ehre vorbei
bis auf zwei Orden, die jeder besitzt.
Und ich pfeife durchaus nicht auf Ehre.
Im Gegenteil. Mein Ideal wäre,
daß man nach meinem Tod (grano
  salis)
ein Gäßchen nach mir benennt, ein
  ganz schmales
und krummes Gäßchen, mit niedrigen
  Türchen,
mit steilen Treppchen und feilen
  Hürchen,
mit Schatten und tiefen Fensterluken.
Dort würde ich spuken.

Ringelnatz,
Ehrgeiz

Namen

Mein Ganzes nennt die fabelhaften
  Wesen
von zwergichter und häßlicher Gestalt.
In jenem Ort, in welchem wir
  verwesen,
ist ihr beständiger Aufenthalt.

In alter Sprache stehn, willst du den
  Kopf mir stehlen,
zwei Silben vor dir da, die keinem
  Menschen fehlen.
Nimmst du auch diesen Kopf,
  erscheint
dir eine Vorbedeutung, Freund!

Platen, Rätsel (Gnomen)

Konzertstunde des Senders München in den dreißiger Jahren: Der Tenor Kreuchauff, am Flügel begleitet von Kapellmeister Schmeisser, sang Lieder des Komponisten von Stiebitz.

In Hannover traten ein Herr Hecht und ein Fräulein Aal vor den Standesbeamten. Der erste Trauzeuge war der Onkel der Braut, ein gewisser Herr Zander. Nach dem zweiten hatten die jungen Leute lange gesucht. Man fand ihn schließlich in einem Vereinskameraden des Bräutigams namens Stichling. Der Beamte unterzeichnete mit Fischer.

Auf der Termintafel vor einem Saale des Wiener Amtsgerichtes: »9.30 Uhr Teufel gegen Heiliger Geist«, eine Klage des Krankenwärters Teufel gegen seinen Arbeitgeber, das Spital ›Zum Heiligen Geist‹.

Im Berliner Salon der Frau Mimi von Schleinitz sagte ein Verehrer zu Heinrich Heine, sein Name allein sei schon Poesie in seiner Alliteration. Der Physiker von Helmholtz warf ein: »Was bedeutet ›Heinrich Heine‹ im Vergleich zu der Aufschrift, die jahrelang meine Briefe zierte: ›Hochwohlgeboren Herrn Hofrat Hermann Helmholtz, Heidelberg, Heumarkt‹?«

Ein Fremder klingelt im Erdgeschoß: »Verzeihen Sie, wohnt hier ein ›Vogel‹?«
»Dritter Stock links. ›Fink‹ heißt er.«

Der Münchner Polizist hält den nächtlichen Sänger auf: »Wie hoaßn Sie?«
»Meier, hup, Alois.«
»Sie«, spricht der Ordnungshüter streng, »wann S' glaum, daß Sie mi trazzn kenna, nacha genga S' glei mit.«
»Nao schreim S' halt: Gotthold Ephraim Lessing!«
Der Wachtmann knurrt zufrieden: »Warum net glei aso!«

Während eines Turnfestes hielt ein Polizist vier zu mitternächtlicher Zeit laut singende Gestalten auf. Da sie ihr Lied nicht zu beenden geneigt waren, verlangte er die Namen.
»Ich heiße ›Frisch‹«, gab der erste an.
»Und Sie?«
»Ich heiße ›Fromm‹«, sagte der zweite.
»Und Sie da?«
»›Fröhlich‹, Herr Wachtmeister.«
»Aha«, sagte der Polizist. »Und Sie heißen ›Frei‹, was?«
»Nee, Herr Wachtmeister«, erklärte der vierte. »Seh'n Sie, das ist der Witz bei uns: Ich heiße ›Meier‹.«

Der Zufall weht in einem Bierlokal drei Münchner an einen Tisch, die auf den Namen Ludwig Meier hören.
»Immerhin«, ergänzt der eine seine Vorstellung: »Kein gewöhnlicher Meier Wiggerl. Als ich kürzlich auf dem Roten Platz in Moskau der Parade zusah, kam der Breschnew von seinem Podium herunter, schüttelte mir die Hand und hieß mich herzlich willkommen.«
»Und was, glauben Sie, meine Herren«, berichtet der zweite, »passierte mir in London? Die Königin hielt ihre Kutsche an, kurbelte das Fenster herunter und rief: ›Ist das nicht der Meier Wiggerl? Kommen Sie! Steigen Sie ein!‹«
Der Dritte trinkt sein Glas aus. »Vor einem Vierteljahr war ich in Rom. Der Papst hatte mich zu sich in die Sänfte gebeten. Im jubelnden Gedränge bleiben wir stecken. Und was höre ich? Fragt doch ein Italiener seinen Nebenmann: ›Wer ist denn das da neben dem Meier Wiggerl?‹«

Aus einer Theaterkritik: »Vortreffliches leistete Herr Meier. Diesen Namen wird man sich merken müssen.«

Otto Klemperer und Peter de Mendelssohn schlenderten durch London. Der Schriftsteller kannte die jüngste Aufnahme des Dirigenten mit Mozarts Jupiter-Symphonie noch nicht, und man betrat die nächste Musikalienhandlung, um sie zu kaufen.
Der Verkäufer legte Beecham, Barbirolli und Bruno Walter vor. Klemperer gab es nicht. Als die Kunden auf ihrem Wunsche bestanden, erklärte der Clevere: »Ich bitte Sie: Diese Aufnahmen hier sind doch viel besser als die von Klemperer!«
»Das macht nichts«, erwiderte der Dirigent. »Ich möchte dennoch die Aufnahme von Klemperer. Ich bin nämlich Klemperer.«
»Ach nee«, lächelte der Verkäufer. »Und der Herr neben Ihnen ist wahrscheinlich Mozart!«
»Nein«, sprach Klemperer. »Mendelssohn.«

Theerwischwolka, Perkunischken,
Kuth, Czymochen, Kampinischken,
Plampert, Mulk, Katrinigkeiten,
Uszpiaunen, Endruscheiten,
Pupkeim, Pudelkeim, Pupinnen,
Wickno, Wiersbau, Wiebs, Widminnen,
Jucha, Machenguth ...

A. von Weiß,
Ostpreußisches Ortschaftsverzeichnis

Die Stadt Gumbinnen gab um Änderung des Flußnamens »Pissa« ein.
»Genehmigt«, antwortete Wilhelm IV. »Empfehle ›Urinoko‹.«

Auf einem ostpreußischen Gut waren zwei neue Kühe mit den Namen »Melpomene« und »Euterpe« belegt worden. Der Knecht schrieb die Tafeln: »Melk-Pomene« und »Euter-Peh«.

Archivkarte in einem Funkhaus: »Komponist: Große, Friedrich der; Werk: Konzert für Flöte in d-Moll ...«

Heinrich Marschner rühmte sich, daß sein Name mit dem gleichen Buchstaben anlaute wie der Mozarts. Ein Spötter fragte: »Was aber bleibt, wenn das M wegfällt?«

Ein galizischer Jude wurde zwecks Neufestsetzung des Familiennamens zur Behörde gerufen. Da sich antisemitische Beamte bei dieser Amtshandlung üble Scherze erlaubten, empfing die Familie in größter Besorgnis den Heimkehrenden.
»Wie heißen wir?« riefen alle.
»Schweißloch«, brummte der Vater.
»Gewalt geschrien!« entsetzte sich die Mutter. »Was für ein Name! Konntest du nicht opfern ein paar Gülden?«
»Sarahleben«, erwiderte der Mann traurig. »Alle Ersparnisse habe ich gegeben für das ›w‹.«

Der Hauptfeldwebel der Schwadron stellte eine Liste zusammen. Die Soldaten nannten ihren Namen und den Pferdenamen.
»Von Felsenstein – Juno.«
»Von Zitzewitz – Morgenröte.«
Einer hatte geschlafen: »Mithridates – Kohn.«
Der Hauptfeldwebel grinste: »Das könnte Ihnen so passen.«

Ein Jude löst in Wien eine Fahrkarte nach Pinczew, ein Herr vor ihm ebenfalls. Der Jude geht ihm nach und setzt sich gegenüber. Dann überlegt er:
Aus Pinczew ist er nicht. Was will er dort? Eine Partie? Kaum. Die Tochter vom reichen Doliner hat kürzlich geheiratet, und das andere ist nichts für den da.
Kommt er geschäftlich? Nicht anzunehmen. Zur Zeit rührt sich in Pinczew nichts. Was also will er?
Moment! Der Salmen Karo muß sich wieder einmal vergleichen. Zum drittenmal. Diesmal braucht er einen Anwalt, der Lump. Also ist der Mann Rechtsanwalt.
Ein Anwalt aus Wien? Kostet ein Vermögen. Der Karo ist ein Knicker.
Jetzt! Da war doch einmal ein Neffe vom Karo. Die Eltern waren gestorben, und der Karo hat ihm, während er in Wien die Rechte studierte, das Vermögen verwaltet. Lump der! Soviel möchte ich in zehn Jahren verdienen, wie der dabei eingesteckt hat. Aber dem Neffen hat er eingeredet, daß er sich für ihn die Beine ausreißt. Wahrscheinlich hat der Junge das geglaubt, und nun meint er, er müsse sich dankbar zeigen.
Der Junge hieß Kohn, wenn ich nicht irre. Er soll Karriere gemacht haben und Hofrat geworden sein. Bestimmt ist er getauft.
Ob er Koner heißt? Das ist zu ähnlich. Oder Korner? Verdächtig. Körner vielleicht? Kerner wird er heißen. Jawohl. Kerner.
»Guten Tag, Herr Doktor Kerner«, spricht der Jude.
»Guten Tag«, antwortet der Fremde. »Woher wissen Sie denn meinen Namen?«
»Den habe ich mir ausgerechnet.«

Ein Mann kam 1935 zum Standesamt und beantragte Namensänderung.
»Sie heißen?« fragte der Beamte.
»Adolf Pflaumenmus.«
Der Beamte nickte wohlwollend: »Ist zu machen. Wie wollen Sie heißen?«
»Wilhelm Pflaumenmus.«

Die Dame in der Telefonzelle blättert und liest, liest und blättert. Die Zahl der Wartenden und deren Unmut wachsen. Ein Herr öffnet die Tür und bietet seine Hilfe an bei der Suche des Anschlusses.
»Sehr liebenswürdig«, spricht die Dame. »Herzlichen Dank! Ich suche einen Vornamen für meine soeben geborene Nichte.«

»Wie heißen denn deine drei neuen Geschwister?« fragt die Tante aus der

Nachbarschaft den mit seinen fünf Lenzen nunmehr Ältesten.
»Wenn ich den Vater am Telefon richtig verstanden habe«, antwortet der Junge: »Himmel, Arsch und Wolkenbruch.«

Klein-Ernas Mama beugt sich über Nachbars Neugeborenen: »Wie soll der kleine Kerl denn heißen?«
»Wir dachten ›Kuat‹«, antwortet die Wöchnerin.
»Finden Sie den Namen so schön?«
»Ja«, lächelt die Mutter. »Kurz ab und doch!«

Der Schulrat fragt nach den Namen der Schüler.
»Hans«, stellt sich der erste vor.
»Johannes, wahrscheinlich«, meint der Schulrat.
»Sepp«, spricht der zweite.
»Josef, mein Junge«, verbessert der Schulrat.
Der dritte hat begriffen: »Jokurt«.

i sok da s
wäu s scho woa r is
und wäu s a r enhamlex gfret is
met de malfuanauman

en an jedn doschnkalenda
wos d en d haund nimst
schded a gaunza schwung
fola malnauman drinad:
do hosd schene und fade
hoebschene und schdade
hoebschiache und blade
und gaunz schiache aa!

meistns haum owa wia r ima
de schiachn weiwa de schenen
und de schenan de schiachn . . .

zun beischbüü
hast do jezt ane öfi
owa daheakumd s med ire öfa
wia r a jingara ölefaunt
(a soichane betaunschdessln hod s!)
und a r aundare hast fomiaraus
scholastika (pfui da deifö!)
und grot de is drozzdem zoat
und schmoe und wiolet
oes wia r a feigal en woed . . .

H. C. Artmann,
i sok da s

Ein Mann, Hände in die Taschen vergraben, geht gedankenverloren durch die Großstadtstraße. Ein anderer eilt ihm nach, klopft ihm auf die Schulter und ruft: »Hallo, Hans!«
Der Angesprochene staunt: »Woher kennen Sie mich denn? Ich heiße doch gar nicht Hans.«

In der ersten Reihe der Stadion-Stehtribüne fiel ein Mann auf, der in Abständen von zehn Minuten sich umdrehte, den Hut zog und »Hallo Gustav!« rief.
In der zehnten Reihe zog daraufhin ein anderer den Hut und erwiderte: »Tag!«
Die Zeremonie lief sechs Mal. Beim siebenten Gruß des Unteren machte der Obere nicht mehr mit. »Ich verbitte mir Ihre Belästigung!« rief er wütend. »Außerdem heiße ich gar nicht Gustav.«

Graf Bobby wurde gefragt, ob er den Herrn Piezonka kenne.
»Piezonka? Na, den kenn i net.«
Und ob er den Herrn Wazlaw kenne?
»Wazlaw? Na, g'wiß net. Da schon noch eher den Piezonka.«

Salme Rabinowitsch reist mit falschem Paß. An der Grenze wird ihm dieser vom ersten Beamten abgenommen; der zweite fragt den Reisenden kurz darauf nach seinem Namen.
Der aufgeregte Salme hat sein Pseudonym vergessen, tritt von einem Fuß auf den anderen, schlägt sich an den Kopf und sagt endlich: »Also: Rabinowitsch jedenfalls nicht!«

Samuel Langhorne Clemens lernte auf dem zwischen St. Louis und New Orleans verkehrenden Dampfer »John J. Roe« den Lotsenberuf. Nachdem er bereits viele Erzählungen über das Leben am Mississippi verfaßt hatte, las er eines Abends seinen Kameraden eine Satire auf den Kapitän vor. »Bravo!« riefen die Zuhörer. Einer aber warnte den jungen Schriftsteller, den Aufsatz unter seinem Namen zu veröffentlichen. In diesem Augenblick rief ein Matrose, der mit dem Senkblei arbeitete: »Mark Twain (Zwei Faden)«. Clemens hatte sein Pseudonym gefunden.

Der Wiener Schriftsteller Richard Engländer wollte bei S. Fischer erscheinen und suchte ein Pseudonym. Lange grübelte er. Dann griff er zum letzten Katalog des Verlages, und plötzlich ging ihm ein Licht auf: Er nannte sich Peter Altenberg und setzte sich vor D'Annunzio an die Spitze der Autorenliste.

Die alternde George Sand führte 1863 auf dem Pariser Basar einen Stand zugunsten notleidender polnischer Kinder. James von Rothschild trat heran, musterte und sagte schließlich: »Leider, Madame, sehe ich nichts, was mir gefiele. Aber verkaufen Sie mir Ihr Autogramm!«
Sie schrieb: »Von Baron Rothschild empfangen für arme Polenkinder tausend Francs. George Sand.« Der Bankier löste die Quittung ein.

Jovial erfüllte Gerhart Hauptmann der ungestümen Sammlerin ihren Wunsch und zeichnete zwei Autogramme. Auf seine Frage erklärte sie: »Für zwei Hauptmann bekomme ich einen Lehár.«

Bei einem Filmfestival erbat sich die Frau eines Journalisten von einem Flimmerhelden das Autogramm. Der Ehemann war bestürzt über ihre Naivität, zumal sie viel wichtigere Leute, denen sie begegnet war, verschont hatte. Sie erklärte: »Damit, Liebling, bekomme ich wochenlang Babysitter.«

So definierte Bing Crosby einen Star: »Seine Autogramme sind gleichermaßen beim Publikum und bei den Banken beliebt.«

Eine Kaffernfrau in Natal, die ihren Wochenlohn als Putzfrau holte, quittierte mit einem Kreis.
»Warum kein Kreuz wie bisher?« fragte der Büroangestellte.
Die schwarze Schönheit strahlte: »Geheiratet.«

Der türkische Schutzbrief für die Stadt Ragusa trägt als Unterschrift: Den Abdruck der bis zum Knöchel in Tinte getauchten Hand des Sultans Orchan.

Mundus titulis titillatur. Die Welt wird mit Titeln gekitzelt.

Er spricht den Hausherrn beständig mit »Herr Konsul« an und bemerkt nicht den Anflug von Gekränktheit in dessen Gesicht.
»Mein Herr«, spricht schließlich die Gastgeberin: »Cäsar war Konsul, Napoleon war Konsul. Mein Mann ist Generalkonsul.«

Ein reicher, ungebildeter Dorfjude bat den Rabbi, ihm den Titel »Reb« (Rabbi) zu gewähren, mit dem besonders geachtete Bürger geehrt wurden.
»Gedalie«, sagte der Rabbi, »du weißt doch: Im Jenseits speisen alle gottesfürchtigen Juden an langen Tischen vom Fische Leviathan, und zwar die Gelehrten und die Nichtgelehrten getrennt. Mache ich dich nun zum Reb, so wirst du zwar am Tische der Gelehrten Platz finden, aber am Ende der Tafel sitzen und nur noch Gräten bekommen. Bleibst du aber, der du bist, so wirst du zwar nicht mit den Gelehrten speisen, aber dafür am Kopfe der Tafel sitzen dürfen und die besten Stücke bekommen.«
»Und wenn ich 1000 Rubel spende, Rabbi, wäre dann nicht ... Ich meine, könnte ich dann nicht doch unter den Rabbinern einen besseren Platz bekommen?«
»Wenn du 1000 Rubel spendest«, erwiderte der Rabbiner, »ja, dann läßt sich etwas machen. Ich werde noch zehn solche Schafsköpfe wie dich zu Rebs erheben, und dann, glaube ich, erhältst du einen guten Platz.«

»Der Herr Rechtsanwalt ist im Augenblick nicht zu sprechen«, sagt die Sekretärin am Telefon.
»Melden Sie ihm bitte«, erwidert die Stimme, »Frau Mörder Miehlke wäre am Apparat!«

Der niedrigste Titel, der in der preußischen Monarchie an Nichtbeamte verliehen wurde, war der »Kommissionsrat«. Als ihn der Zirkusdirektor Renz erhielt, wurden die Artisten in die Manege gerufen. »Seine Majestät hatten die Gnade, mich zum Kommissionsrat zu ernennen«, sprach der Geehrte. »Wer mich mit diesem Titel anredet, fliegt.«

Ansehen

Der Ruf begleitet uns wie der Schatten und ist bald größer, bald kleiner als wir.

Karl Julius Weber,
Demokritos IV, 18

Um zu erfahren, wieviel er bei den Menschen gelte, begab sich Hermes zu einem Bildhauer. Er sah eine Figur des Zeus und fragte, was sie koste. »Eine Drachme«, erwiderte der Künstler. Da lachte der Götterbote und deutete auf ein Bildnis der Hera. »Zwei Drachmen«, sprach der Meister. Endlich erkannte Hermes sein eigenes Standbild. »Und dieser hier?« fragte er. Da sprach der Künstler: »Wenn du die beiden ersten kaufst, bekommst du diesen als Zugabe.«

Äsop,
Hermes und der Bildhauer

Wen einmal zeichnet des Betruges
Makel,
verliert, auch wo er Wahrheit spricht,
den Glauben:
Der Wolf bezichtigte den Fuchs des
Diebstahls,
doch dieser leugnet ab jegliche Schuld.
Als Richter war der Affe auserkoren,
und, wie erzählt wird, lautete sein
Urteil:
»Du, Wolf, hast nicht verloren, was
du forderst,
und du, Fuchs, hast gestohlen, wo du
leugnest.«

Phädrus,
Fabeln I, Wolf und Fuchs
vor dem Richterstuhl des Affen

Bei einer Sammlung in der Académie Française fehlte ein Luisdor. Der Verdacht fiel auf ein wegen seines Geizes bekanntes Mitglied. Doch dieses versicherte, den geforderten Betrag entrichtet zu haben.
»Ich habe es zwar nicht gesehen«, sagte der Sammler, »aber ich glaube es.«
Fontenelle widersprach: »Ich habe es zwar gesehen, aber ich glaube es nicht.«

In der Berliner Börse rief ein Makler: »Herr Fürstenberg! Herr Fürstenberg!«
Der Baron tat, als höre er nichts. Schließlich erreichte der Mann den Bankier, und außer Atem keuchte er: »Ihr Gehör ist schlecht.«
Fürstenberg betrachtete ihn abweisend: »Neijen! Ihr Ruf!«

Der Prinz von Ligne auf die Frage, wovon der gute Ruf eines Menschen abhänge: »Von Leuten, die keinen haben.«

Ist der Ruf erst ruiniert,
lebst du doppelt ungeniert.

Werner Kroll

Der Fuchs sah, daß der Rabe die Altäre der Götter beraubte und von ihren Opfern mitlebte. Da dachte er bei sich selbst: Ich möchte wohl wissen, ob der Rabe Anteil an den Opfern hat, weil er ein prophetischer Vogel ist, oder ob man ihn für einen prophetischen Vogel hält, weil er frech genug ist, die Opfer mit den Göttern zu teilen.

Lessing,
Fabeln, Der Rabe

Ein junger Autor las sein Drama vor. »So etwas«, sprach Voltaire, »können Sie sich erst leisten, wenn Sie berühmt sind. Bis dahin müssen Ihre Stücke gut sein.«

Ein junger Poet im alten China hatte keinen Erfolg. Er begab sich in den Tempel des Gottes Minx, des Schutzherrn der Dichter und Schriftsteller, warf sich zu Boden und flehte: »Erhabener Gott, sieh herab auf mich Unwürdigen! Erkenne meine Not und hilf deinem Diener!«
Da öffnete das steinerne Standbild seine Hand und ließ den Pinsel fallen. Der Mund bewegte sich und sprach: »Auf zehn Jahre will ich dir diesen Pinsel leihen. Alles, was du damit zu Papier bringst, wird deine Landsleute entzücken. Nach dieser Frist aber bringe den Pinsel zurück!«
Der junge Dichter ergriff den Pinsel und ging nach Hause. Nach wenigen Jahren rühmte ihn jeder Kundige im Reich der Mitte.
Die Jahre verstrichen, und Sorge beschlich das Herz des Poeten. Endlich brach der Tag an, der für die Rückgabe des göttlichen Schreibzeugs bestimmt war. Der Poet ging zum Tempel des Minx, warf sich nieder und flehte um Verlängerung der Frist.
Der Gott aber sprach: »Narr, der du bist! Schreib, was du willst, Gutes und Schlechtes, Wahres und Falsches, Weisheit und Stumpfsinn! Dein Ruhm wird dauern.«

nach *Adolf Ellisen*

Auber zu Richard Wagner in Paris: »Ich habe fast drei Jahrzehnte gebraucht, um einzusehen, daß ich im Grunde keine musikalische Begabung besitze.«
»Und nun komponieren Sie nicht mehr?«
»Es war zu spät. Ich war bereits berühmt.«

Fritzi Massary und ihr Gatte Max Pallenberg schlenderten durch den Tierpark. Ein Regen brach los. Pallenberg winkte ein Taxi, und das Ehepaar fuhr zu Gruban-Souchay auf dem Kurfürstendamm. Fritzi flüchtete in das Weinlokal, während Max den Chauffeur entlohnte.
»Sie«, sagte der Taxifahrer, »passen Se uff! Dat is de Massary. Die wird teuer.«

Prominenter = Ein Mensch, der sich in Leidenschaft verzehrte, bekannt zu werden, und nun, da er es ist, hinter eine Sonnenbrille kriecht, um nicht erkannt zu werden.

Ein ehrgeiziger, junger Florentiner sagte: »Ich bin bereit, tausend Gulden auszugeben, um bekannt zu werden.«
»Gib zweitausend«, empfahl der Partner, »um unbekannt zu bleiben!«

Ein Goetheforscher besuchte nach dem Tode des Dichters ein altes Mütterchen in Sesenheim, das den Straßburger Studenten gekannt hatte. Ihr Bericht schloß mit den Worten: »Eines Tages war er fort, und kein Mensch hat jemals wieder etwas von ihm gehört.«

»Soso, ›Schiller‹ heißt du«, sagt der Chef zum neuen Laufjungen. »Das ist ein berühmter Name.«
»Freilich. Ich habe ja zwei Jahre Semmeln ausgefahren.«

Enrico Caruso fuhr über Land, bekam Durst, hielt an einem Bauernhof und erbat ein Glas Milch. Dankte, zahlte und stellte sich vor. Der Bauer starrte den Reisenden mit offenem Munde an: »Nein! Sie sind der berühmte Robinson?«

Albert Lortzing war am Theater an der Wien engagiert. Um die kümmerlichen Einnahmen zu verbessern, schaffte seine Frau eine Kuh an. Nach dem Tode des Meisters kam seine Steuerakte an die Öffentlichkeit: »Albert Lortzing, Milchhändler.«

Cicero landete, aus Sizilien zurückkehrend, wo er Quästor gewesen war, in Puteoli. Er glaubte ganz Rom erfüllt von seinem Ruhme, da er die Getreideversorgung der Stadt pannenlos gewährleistet hatte. Die ersten Bekannten aber, denen er begegnete, fragten: »Cicero! Nanu! Wo haben Sie denn gesteckt?«

Mit Sehnsucht hatte Karl Friedrich Zelter auf den letzten Band des Konversationslexikons gewartet. Er schlug ihn auf – Za, Ze – und las: »Zelter: Mittelalterliches Roß, das im Paßschritt geht.«

Conrad Ferdinand Meyer trat 1880, auf der Höhe seines Ruhmes, in ein norddeutsches Gasthaus und bat um ein Zimmer. Der Portier las das Namensschild am Koffer und bedauerte: »Leider alles besetzt, Herr Meyer.«
Der Dichter, erfreut über seine Popularität, hakte nach: »Ich bin tatsächlich der Schriftsteller Conrad Ferdinand Meyer. Sollte es nicht doch möglich sein, daß Sie für mich ein Zimmer finden?«
Der Portier fand, und Meyer wurde acht Tage lang mit größter Zuvorkommenheit behandelt. Bei der Abreise gab Meyer ein hohes Trinkgeld und bemerkte: »Fast glaube ich, daß Sie einige meiner Bücher kennen.«
Der Portier verneigte sich: »Alle Ihre Bücher kenne ich. Wir besitzen die vollständige Ausgabe. Bitte kommen und sehen Sie!«
Meyer folgte und fand: Meyers Konversationslexikon.

Ein Dichterling hatte unter dem Namen Rudyard Kiplings ein Gedicht an ein Londoner Magazin geschickt. Es wurde gedruckt. Kipling entdeckte es und stürzte auf die Redaktion.
Der Schriftleiter erklärte: »Natürlich habe ich gemerkt, daß das Gedicht unmöglich ist, Herr Kipling. Aber ich glaubte wirklich, es sei von Ihnen.«

Jack London erlebte den russisch-japanischen Krieg 1905 in Korea als Korrespondent. Eines Abends stand die ganze Bevölkerung des Dorfes, in dem er Quartier genommen hatte, unter seinem Fenster. Er hoffte, sich als Schriftsteller feiern lassen zu können, aber die Leute wollten nur sein künstliches Gebiß sehen. Immer wieder nahm er seine Zähne heraus und setzte sie wieder ein. Von Jubel umtost.

Eine Zeitung in Miami fühlte sich von Shaw beleidigt. Als der Ire mit seiner Frau nach Amerika kam, hielten die Redakteure das Stündlein der Rache für gekommen. Sie berichteten ausführlich über Mrs. Shaw, was sie trug, wo sie eingeladen war, was sie äußerte. Der letzte Satz des langen Artikels hieß: »Mrs. Shaw war von ihrem Gatten begleitet, Mr. George Bernard Shaw, einem Schriftsteller.«

Seit er im Außenministerium ist, wird in Wien viel über ihn gesprochen. Die Zeitungen können sogar schon seinen Namen richtig schreiben. Der sicherste Beweis von Berühmtheit auf dem Kontinent. (Mrs. Cheveley)

Wilde,
Ein idealer Gatte I

Eine Verehrerin bewunderte den jungen Winston Churchill, weil er, wenn er spreche, stets volle Säle habe. »Wenn ich gehängt würde«, sagte der Politiker, »kämen doppelt soviel.«

Als die fünf Exminister des abgesetzten Karl X. auf dem Wege nach Ham durch Compiègne geführt wurden, tobte der Pöbel: »Nieder! Nieder!« und schließlich »Werft Polignac ins Wasser!«
Da wandte sich ein Kollege an den Genannten: »Meine Hochachtung! Sie sind offensichtlich unter uns der populärste.«

Wer auf dem Pranger steht, befindet sich auch auf einem hohen Posten.

Karl Julius Weber,
Demokritos IV, 13

Bescheidenheit

Ein prominenter Besucher drückte Abraham Lincoln sein Erstaunen aus, einen schlichten, unscheinbaren Mann vorzufinden. »Gott scheint schlichte

Menschen zu lieben«, erwiderte der Präsident. »Deshalb gibt es so viele.«

König Baudouin von Belgien besuchte auf einer Rundreise durch die Vereinigten Staaten Detroit. Ein Reporter wollte den Zeitpunkt der Abreise des Königs erfahren. Er rief im Hotel an und verlangte den belgischen Presseattaché.
Eine höfliche Stimme bedauerte: »Er ist eben hinausgegangen. Einen Augenblick bitte. Ich will sehen, ob ich ihn finde.«
Nach ein paar Minuten meldete sich die Stimme wieder: »Ich weiß nicht, wohin er gegangen ist. Aber wenn Sie sich noch einen Augenblick gedulden: Ich werde mich erkundigen.«
Wieder vergingen einige Minuten. Der hilfsbereite Mann kehrte zurück: »Es tut mir leid. Kann ich ihm etwas ausrichten?«
»Ich hatte nur eine Frage«, sagte der Reporter. »Ich wollte gern wissen, wann König Baudouin abreist.«
»Wir fahren heute nachmittag 2.45 Uhr vom Hotel weg. Ich bin Baudouin.«

Die jung vermählte Frau Jahnke zeigt ihrem preußischen Gatten die Schönheiten Dresdens. In der Prager Straße entdeckt sie plötzlich den Landesvater, der, von seinen Hunden umringt, die Auslage eines Wäschegeschäftes betrachtet: »Schatz – da – unser August – sieh nur!«
Sie glaubt, geflüstert zu haben, aber die Erregung hatte einige Phon zugefügt.
Majestät dreht sich um, lächelt und deutet eine Verbeugung an: »Und wie darf'ch Sie anredn, gnädche Frau?«

Kronprinz Friedrich Wilhelm, der spätere Kaiser Friedrich III., traf auf der Kurpromenade in Wiesbaden einen Lord.
»Sind Sie allein hier?« fragte der Hohenzoller.
»Nein«, erwiderte der Brite. »Meine Gemahlin begleitet mich.«
Friedrich Wilhelm nickte freundlich: »Meine Frau ist auch da.«

Als David Hansemann 1848 preußischer Finanzminister geworden war, wollte ihn der Pförtner des Ministeriums im Kastanienwäldchen hinter dem Zeughaus nicht hereinlassen: Hansemann erschien allein, zu Fuß und mit einer Kiste Zigarren unter dem Arm.

Bei einer hohen, schlanken Ähre
stand mit gesenktem Haupt der reifen
Schwestern Schar.
Den steifen Wuchs hält jene sich zu
Ehre.
»Ein herrliches Verdienst, fürwahr!«
erwidert die gebückte Schar.
»Dein Hochmut kömmt von deiner
Leere,
Bescheidenheit von unsrer Schwere.«

Ludwig Heinrich von Nicolay,
Die Ähren

Nie lacht die finstere Klimene.
Man sagt, sie habe keine Zähne,
auch sei ihr Mündchen etwas weit.
Doch übt sie nur Bescheidenheit.

Alcest mag seine Frau nicht plagen,
er hat, wie böse Zungen sagen,
zuviel genossen vor der Zeit.
Jetzt liebt er die Bescheidenheit.

Wie züchtig trägt sich Wilhelmine!
Doch heißt es, trotz der frommen
Miene
sei sie zu jeder Frist bereit.
So geht es der Bescheidenheit.

Eulogius Schneider (1756–1794),
Bescheidenheit

Der Rabbi lag auf dem Totenbett. Die Honoratioren der Stadt traten um den Sterbenden: »Was für a feiner Mann! Für a gescheiter Mann! A Wohltäter! Gastfreindlich und gut! A Engel mecht ich sagen!«
Mühsam öffnete der Alte noch einmal die Augen: »Mei Bescheidenheit! Ihr sollt nicht vergessen mei Bescheidenheit!«

Ein Mensch betrachtete einst näher
die Fabel von dem Pharisäer,
der Gott gedankt voll Heuchelei
dafür, daß er kein Zöllner sei.
»Gottlob!« rief er in eitlem Sinn,
»daß ich kein Pharisäer bin!«

Eugen Roth,
Mensch und Unmensch,
Der Salto

Der Berliner Kunstakademie wurde ein junger Mann empfohlen. Man rühmte besonders seine Bescheidenheit. »Bescheiden?« fragte Max Liebermann. »Woruff?«

Bernhard von Clairvaux definierte die Demut als »Contemptio propriae excellentiae« (Verachtung der eigenen Vortrefflichkeit).

Ein junger Affe studierte lange und konnte nicht ergründen, was Bescheidenheit sei. Endlich sah er eine Schlange auf dem Bauche kriechen und sagte zu seiner Mutter: »So ohne Hände und Füße sich durch die Welt zu winden, das wird wohl Bescheidenheit sein.«
Der gute Junge wußte nicht, wie leicht und wie hoch die Schlange ihren Kopf in die Höhe heben und wie sie ihren Leib zu einem Kamelrücken machen kann, wenn sie sich auf die Kraftsprünge vorbereitet, mit denen sie nicht bloß schwache Affen, sondern auch starke Tiere mörderisch anfällt, um den Demutsbauch ihres kriechenden Leibes vollzustopfen. Glaube doch niemand, daß, wer Gift hinter seinem Zahn hat und sich bei seinem Kriechen gerne und leicht unsichtbar macht, demütig sei!

Pestalozzi,
Was der Affe bei der Schlange gelernt hat

Papst Sixtus V., talentvoller, mächtiger und größer als alle Päpste, Hildebrand nicht ausgenommen, hatte kaum die Hälfte der Stimmen, als sein fünfzehn Jahre unterdrückter Ehrgeiz, der sich hinter Schwachheiten des Körpers und Geistes versteckt hatte, so daß man ihn nur den Esel von Ancona nannte, komisch hervorbrach. Der bisher immer schwindsüchtig hüstelnde, mit Krücken gebückt umherschleichende Greis von 64 Jahren warf die Krücken mitten in den Saal, stand kerzengerade vor den Kardinälen: »Bisher suchte ich gebückt die Schlüssel des Himmelreiches. Jetzt habe ich sie gefunden«, warf einen Speichel von sich wie ein Jüngling und intonierte das Te Deum so mächtig, daß die Wände zitterten.

Karl Julius Weber,
Demokritos IV, 19

Bevor sich Albert Lortzing aufs Komponieren verlegte, war er Sänger und Schauspieler in Leipzig. Seine Rolle pflegte er durch Extemporalia zu würzen, in welchen er aktuelle Vorkommnisse glossierte. Der städtische Zensor Demuth erfuhr davon, ging ins Theater, hörte, was er zu hören hoffte, und schickte Lortzing einen Tag in Haft. Einige Tage später begab sich der Schnüffler erneut auf die Pirsch. Das Publikum harrte gespannt. Die Stelle kam, an welcher Lortzing die Initiative zu ergreifen pflegte, und der Mime sprach: »Gern erzählte ich euch mehr, liebe Leute, aber Demuth verbietet es mir.« Das Auditorium trampelte vor Vergnügen, und der städtische Rat schlich hinaus.

Anfang des vorigen Jahrhunderts hatte sich Ferdinand Esslair, einer der größten Schauspieler, ans Stuttgarter Hoftheater verpflichten lassen. Der Besuch seiner Vorstellungen war mäßig. Ein Stuttgarter erläuterte: »Mer meinet halt, es müaß nix Rechtes mit em sei. Sonst hätt er sich bei uns net aastelle lasse.«

Das Schlimmste an den Minderwertigkeitskomplexen ist, daß die falschen Leute sie haben.

Jacques Tati

Bescheidenheit ist eine Zier,
doch weiter kommt man ohne ihr.

Aus Berlin

Selbstachtung

Jean Paul kam von einer Audienz bei Maximilian I. Joseph von Bayern aus dem Schlosse Nymphenburg. »War der König gnädig?« wurde er gefragt.
»Gnädig?«, erwiderte der Dichter. »Was soll das heißen? Bin ich ein Verbrecher?«

Ein Sultan fand die Ehrerbietung des diplomatischen Korps seiner Würde nicht angemessen. Er ließ deshalb das obere Drittel der Tür zum Audienzsaal zumauern, so daß die Besucher in gebückter Haltung eintreten mußten. Lord Ponsonby, der Vertreter Englands, wußte sich zu helfen: Er trat rückwärts ein.

Kaiser Franz Joseph spazierte, nur von seinem Adjutanten begleitet, durch einen Budapester Park. Auf einer Bank saß ein alter, bärtiger Mann und rauchte Pfeife. Der Monarch setzte sich neben ihn; der Adjutant trat hinter die Bank. Der Alte nahm keine Notiz.
Da fragte ihn der Kaiser, wer er sei. Er nahm die Pfeife aus dem Mund und antwortete: »Bin ich Färrdezichter in Debrecen.«
»Sehr schön«, erwiderte Franz Joseph. »Und weißt du, wer ich bin? Ich bin dein König.«
Der Alte nickte freundlich: »Ist sich auch serr scheen!«

Friedrich Wilhelm I. schlug einen Major vor der Front mit dem Stock. Der Offizier zog seine Pistole, schoß die erste Kugel vor die Füße des königlichen Pferdes und die zweite in die eigene Schläfe.

Seydlitz vertrat den Grundsatz, kein Reiter dürfe sich gefangennehmen lassen. Er begegnete Friedrich II. auf einer Spreebrücke, und der König sagte: »Hier, General, wären Sie, wenn es die Umstände erforderten, mein Gefangener.«
Seydlitz gab dem Pferd die Sporen und sprang in den Fluß.

Beethoven lernte in Wien den Fidelio-Stoff in einer Opernbearbeitung kennen. Wie ihm die Oper gefallen habe, wurde er gefragt.
»So gut«, antwortete der Meister, »daß ich sie komponieren werde.«

Fouquet wählte sich ein Eichhörnchen mit der Devise »Quo non ascendam?« (Wohin kann ich nicht steigen?) zum Symbol.

Als sich der junge Winston Churchill, Sohn des Schatzkanzlers, im Burenkrieg als Berichterstatter die ersten Sporen verdiente, bemerkte ein älterer Kollege: »Wer einen berühmten Vater hat, macht leicht Karriere.«
Winston erwiderte: »Eines Tages wird man von Lord Randolph nur noch als dem Vater Winston Churchills sprechen.«

Der Mathematiker Karl Gustav Jacobi wurde gefragt, ob er der Bruder Moritz Hermann Jacobis, des Erfinders der Galvanoplastik, sei. Er, der jüngere, antwortete: »Nein, das ist mein Bruder.«

James McNeill Whistler hielt sich, während in London Eduard VII. gekrönt wurde, in Paris auf. Eine Herzogin bemerkte zu dem Maler, er kenne, soweit sie unterrichtet sei, den König persönlich. Whistler verneinte.

»Ich traf den König vor einem Jahr bei einem Essen«, fuhr die Französin fort, »und da erzählte er mir, daß er Sie kenne.«
Whistler schüttelte den Kopf: »Da hat er wieder einmal renommiert.«

»Die drei größten Maler«, sagte ein Verehrer zu Max Liebermann, »sind für mich Rembrandt, Velasquez und Sie.«
»Wieso Velasquez?« fragte Liebermann.

Mark Twain begann seine erste Vorlesung mit den Worten: »Julius Cäsar ist tot, Shakespeare ist tot, Napoleon ist tot, Abraham Lincoln ist tot, und auch ich fühle mich nicht wohl.«

Ernst von Possart hatte sich vor Gericht als größten Schauspieler der Gegenwart bezeichnet. Als ihn ein Freund wegen dieser allgemein belächelten Äußerung rügte, erwiderte er: »Es tut mir leid. Die Aussage erfolgte unter Eid.«

Bismarck, Referendar beim Berliner Stadtgericht, herrschte einen Mann wegen ungebührlichen Verhaltens an: »Menagieren Sie sich, oder ich werfe Sie hinaus!«
Der Gerichtsrat bemerkte: »Herr Auskultator, das Hinauswerfen ist meine Sache.«
Bismarck setzte die Vernehmung fort und geriet abermals in Harnisch. »Noch einmal«, sprach er, mit der flachen Hand auf den Tisch schlagend: »Menagieren Sie sich, oder ich lasse Sie durch den Herrn Stadtgerichtsrat hinauswerfen.«

Der Berliner: »Uns kann keener!«
Der Münchner: »Uns kenna s' alle!«

Höhe des Berliner Kreuzberges: 6600 Zentimeter.

In einem Berliner Kirchturmsknopf fand sich das Anagramm »Berolinum – Lumen orbi« (Licht der Welt).

Auf einem Brückchen unweit Morges im Waadtlande: »Olim Roma exstruxit, nunc Berna restituit 1755.« (Einst baute sie Rom; nun hat Bern sie wieder hergestellt.)

Ein Norweger besichtigt Dänemark. Was er auch sieht: Alles steht an Wert und Schönheit weit hinter den Schätzen seiner Heimat zurück. Der Gastgeber führt ihn schließlich vor den Runden Turm in Kopenhagen: »Einen solchen Turm, jedenfalls, habt Ihr nicht.«
»Nein«, antwortet der Norweger. »Wenn wir ihn aber hätten, wäre er größer und runder.«

Ein Bus der Londoner Stadtrundfahrt mit amerikanischen Touristen passiert die Westminsterbrücke. »Wie heißt das nette Flüßchen da unten?« fragt ein Fahrgast.
Der Cicerone blickt aus dem Fenster. Und schreit den Fahrer an: »Der Teufel hole dich mit deiner verdammten alten Kiste! Da läuft schon wieder das Kühlwasser aus!«

Beim Fußballspiel der Elefanten gegen die Mäuse tritt der Mittelstürmer der Dickhäuter versehentlich auf den linken Mäuseläufer. Als die Maus aus dem dreißig Zentimeter tiefen Loch hervorkrabbelt, schnauft und sich den Sand aus dem Fell schüttelt, entschuldigt er sich.
»Macht nichts«, sagt die Maus. »Hätte mir auch passieren können.«

Ein Pferd, dem Geist und Mut recht
aus den Augen sahn,
ging, stolz auf sich und seinen Mann,
und stieß (Wie leicht ist nicht ein
falscher Tritt getan!)
vor großem Feuer einmal an.
Ein träger Esel sah's und lachte.
»Wer«, sprach er, »würd es mir
verzeihn,
wenn ich dergleichen Fehler machte?
Ich geh den ganzen Tag und stoß an
keinen Stein.«
»Schweig«, rief das Pferd, »du bist zu
meinem Unbedachte,
zu meinen Fehlern viel zu klein.«

Gellert,
Das Pferd und der Esel

Eine Fliege landete auf dem Dach einer Postkutsche, drehte sich um und rief: »Seht, welchen Staub ich aufwirbele!«

Der Star hat sich durch die Nebentüre aus dem beifalldurchtosten Theater gestohlen. Er wirft sich in ein Taxi und dröhnt: »Los!«
»Wohin bitte?« fragt der Chauffeur.
»Egal! Werde überall gebraucht.«

Der Selfmademan aus den Staaten schlendert, die Hände in den Hosentaschen, vielköpfigen Klan im Gefolge, durch die Münchner Pinakothek.
»Herrliche Bilder, Daddy«, zirpt Sie. »Ich möchte auch einige haben.«
»Rchchch«, brummt er abweisend. »Fünf Fabriken leiten und auch noch malen!«

Teddy Roosevelt beantragt bei Petrus je zehntausend Soprane, Altistinnen und Tenöre, um einen Gesangverein zu gründen.
»Bassisten brauchst du nicht?« fragt Petrus.
»Nein«, antwortet der Expräsident. »Den Baß übernehme ich.«

Der Sohn des ehemaligen Präsidenten Theodore Roosevelt über seinen Vater: »Er möchte bei jeder Hochzeit die Braut und bei jeder Beerdigung die Leiche sein.«

Die Friedhöfe sind voll von Leuten, die sich für unentbehrlich hielten.

Georges Clemenceau

Ein endlich heimgekehrter Oberst der Kolonialarmee in seinem Londoner Club: »Vierzig Jahre war ich in Indien. Aber ob Sie es mir glauben oder nicht: Bei meiner Abreise konnten die Eingeborenen immer noch kein Englisch.«

Ein Besucher zu Lyndon B. Johnson: »Ich hörte, daß Sie in einer Blockhütte geboren sind.«
»Sie verwechseln mich mit Abraham Lincoln«, antwortete der Präsident. »Ich bin in einer Krippe geboren.«

Ein amerikanischer Polizist hielt einen zu schnell fahrenden Wagen an und erkannte Präsident Johnson.
»Oh, mein Gott!« rief der Polizist erschrocken.
»Du hast recht, mein Junge«, antwortete Johnson. »Denke immer daran!«

1958, bevor der Kandidat der Demokraten für die Präsidentschaftswahlen 1960 nominiert war, standen drei Bewerber beieinander.
»Kürzlich träumte ich«, sagte Kennedy, »daß Gott mir auf die Schulter schlug und sprach: ›Sei unbesorgt! Du wirst der Kandidat der Demokraten sein und, was noch wichtiger ist, 1960 gewählt werden.‹«
Stuart Symington staunte: »Merkwürdig! Ich träumte das gleiche.«
Lyndon Johnson schüttelte den Kopf: »Ich kann mich nicht erinnern, einem von euch jemals auf die Schulter geklopft zu haben.«

Präsident Johnson lehnte eine Grabstelle in Texas, die achtundvierzigtausend Dollar kosten sollte, ab: »Zu teuer! Ich brauche sie nur drei Tage.«

Ein britischer Diplomat auf die Frage, warum es am Wohnsitz des Generals De Gaulle, in Colombey-les-deux-Églises, zwei Kirchen gebe: »Ich nehme an, in der anderen wird Gott verehrt.«

Im Besitz der Stadt Wittenberg befindet sich ein Gemälde, das der weiland Schulmeister M. Seeger malen ließ. Es zeigt ihn kniend zu Füßen des Gekreuzigten. Aus seinem Munde kommt, lateinisch, die Frage: »Herr Jesu Christ, hast Du mich lieb?« Und aus dem Munde des Heilands die Antwort: »Hochberühmter, hochedler, hochgelehrter Herr Magister Seeger, hochwürdiger und hochverdienter Rektor dieser Schule, ja, ich liebe dich!«

Eitelkeit

Auf den Gängen einer Textilfabrik entstand in den drei Minuten nach Arbeitsschluß immer ein lebensgefährlicher Sturmlauf der vorwiegend weiblichen Belegschaft. Die Betriebsleitung wußte Abhilfe: Sie ließ an den Wänden in gebührenden Abständen Spiegel anbringen.

Sagt nicht, daß ihr Dorinden kennt,
daß sie aus Eitelkeit bloß in die Kirche
rennt!
Sie bat mit brünstigen Gebeten:
»Laß unser Angesicht, Herr, nicht zu
Schanden werden!«

Lessing

»Ich bekenne die Sünde der Eitelkeit«, sprach ein Dubliner Beichtkind. »Allmorgens stehe ich vor dem Spiegel, meine Schönheit zu bewundern.«
»Sei getrost, meine Tochter!« antwortete Pater Healey. »Das ist keine Sünde. Das ist ein Irrtum.«

Das Damenkränzchen stürzte sich auf eine Abwesende: Sie könne an keinem Spiegel vorübergehen, ohne hineinzuschauen; sie strotze von Eitelkeit.
»Eitel?« sinnierte eine Teilnehmerin. »Ich nenne sie tapfer.«

Eine Spiegelsüchtige, die von ihrem Manne der Eitelkeit bezichtigt wurde: »Eitel? Ich? Das kann doch nicht dein Ernst sein! Ich finde mich nicht halb so hübsch, wie ich in Wirklichkeit bin.«

Auf einem Gastmahl sagte die Frauenrechtlerin Frances Keller: »Sie haben recht, meine Herren. Wir Frauen sind wahrhaftig gefallsüchtiger als Sie. Ich brauche Sie nur zu betrachten, um den Beweis für die Richtigkeit dieser These zu finden: Nicht einmal der Schönste von Ihnen hat seine Krawatte korrekt gebunden.«
Sechs Herren waren anwesend. Sechs Herren griffen nach ihrem Schlips.

Graf Brühl, auf dem der Fluch Sachsens wie der Haß Friedrichs ruhte, der geldgierigste und dabei verschwenderischste und eitelste Minister eines kleinen Staates, hatte über zweihundert Bediente, ließ jährlich wenigstens eine Million draufgehen, daher man ihm lieber diente als dem König, füllte zwei Säle mit Kleidern, und zu jedem Anzug hatte er wieder besondere Uhr, Degen und Dose. Die Kleider waren in Miniatur in ein Buch gemalt, das ihm jeden Morgen vorgelegt werden mußte, und die Preußen fanden im Palaste zweitausend Paar Schuhe, fünfzehnhundert Paar Stiefeln, fünfzehnhundert Perücken und achthundert Schlafröcke.

Karl Julius Weber,
Demokritos IV, 16

Mit den Schlagworten »grande nation«, »grande armée« und seiner destinée (Vorsehung) brachte Napoleon seine ebenso eitle Nation zu allem, und selbst seine Kleidereinfachheit war Eitelkeit unter dem glänzenden, gestickten und befederten Gefolge.

Karl Julius Weber,
Demokritos IV, 16

Der Kuckuck sprach mit einem Star,
der aus der Stadt entflohen war.
»Was spricht man«, fing er an zu
schreien,
»was spricht man in der Stadt von
unsern Melodeien?
Was spricht man von der Nachtigall?«
»Die ganze Stadt lobt ihre Lieder.«
»Und von der Lerche?« rief er wieder.
»Die halbe Stadt lobt ihrer Stimme
Schall.«
»Und von der Amsel?« fuhr er fort.
»Auch diese lobt man hier und dort.«
»Ich muß dich doch noch etwas fragen:
»Was«, rief er, »spricht man denn von
mir?«
»Das«, sprach der Star, »das weiß ich
nicht zu sagen;
denn keine Seele redt von dir.«
»So will ich«, fuhr er fort, »mich an
dem Undank rächen
und ewig von mir selber sprechen.«

Gellert,
Der Kuckuck

Ein Fuchs und ein Krokodil stritten sich, wer von edlerer Abkunft sei. Das Krokodil rühmte seine Vorfahren und behauptete, sie seien alle Vorsteher der Ringschulen gewesen. Da fiel ihm der Fuchs ins Wort: »Auch wenn du es nicht erzählt hättest: Deiner Haut sieht man an, daß du dich seit langer Zeit mit Kampfübungen abgibst!« (Anmerkung: Die Haut der Ringer ist durch das ständige Salben glatt.)

Äsop, Der Fuchs und das Krokodil

»Siehst du die Fliege auf der Spitze des Eiffelturms?« fragte ein Gascogner in Paris.
»Nein«, antwortete der Freund aus Marseille. »Aber ich höre sie.«

»Mein Vater hat die Alpen gebaut«, rühmt ein Junge.
»Kennst du das Tote Meer?« fragt der andere.
»Logisch.«
»Mein Vater hat es getötet.«

Friedrich II. von Preußen an einen Oberforstmeister: »Er berichtet mir ja ganz herrliche Sachen von seinem Departement. Wenn nur die Hälfte davon wahr ist, so werde ich stets sein
Sein wohlaffectionierter Friedrich.«

Das Talent aufzuschneiden ist die Seele der Poesie, warum nicht auch der Prosa?

Karl Julius Weber, Demokritos IV, 21

Ein Mann war auf Reisen gewesen und rühmte sich, daß er unter vielen großen Taten, in verschiedenen Ländern vollbracht, auf der Insel Rhodos einen Sprung ausgeführt habe, desgleichen niemand jemals zu tun imstande gewesen sei. Er nannte die Namen der dortigen Zeugen. Einer der Anwesenden aber sprach: »Hier ist Rhodos! Hier springe!«

Äsop,
Der Großsprecher

Aus einem Schüleraufsatz über das Thema »Wenn mancher Mann wüßte ...«: »Auch wir haben in unserer Familie einen berühmten Mann, dem man nicht ansieht, daß er prominent ist. Mein Onkel Wilhelm wurde 1967 auf der Baumusterschau als hunderttausendster Besucher geehrt.«

Ma moint oft von oim, er sei fett, und derweil isch er bloß gschwolle.

Aus dem Allgäu

Zwei Wichtigtuer wurden Abraham Lincoln mit den Worten vorgestellt: »Es sind die gewichtigsten Personen des südlichen New Jersey.«
Der Präsident fragte: »Um wieviel Meter hat sich New Jersey gehoben, als sie weggingen?«

Manche Leute gleichen dem Nenner in der Bruchzahl: Je größer sie sich machen, desto kleiner wird das Ergebnis.

Verfasser unbekannt

Eine stolze Krähe schmückte sich mit den ausgefallenen Federn der farbigen Pfaue und mischte sich kühn unter diese glänzenden Vögel der Juno. Sie ward erkannt, und schnell fielen die Pfaue mit scharfen Schnäbeln auf sie, ihr den betrügerischen Putz auszureißen.
»Lasset nach!« schrie sie endlich. »Ihr habt nun all das eurige wieder.«
Doch die Pfaue, welche einige von den eigenen glänzenden Schwingfedern der Krähe bemerkt hatten, versetzten: »Schweig, armselige Närrin! Auch diese können nicht dein sein!« Und hackten weiter.

Lessing,
Fabeln, Die Pfauen und die Krähe

Ein Frosch sieht auf der Wiese einen
Stier
und neidet ihm die imposante Größe
und bläst sich auf mit Macht. Fragt
dann die Jungen,
ob er der Größte sei, ob jener Stier.
»Der Stier«, wird ihm gesagt. Er bläst
aufs Neue.
Es spannt die Haut und glänzt. Er
fragt erneut,
und er bekommt den nämlichen
Bescheid.
Da wird er zornig, pumpt sich weiter
voll
und platzt.

Phädrus, Fabeln I,
Der zerplatzte Frosch und der Stier

Die Lerche, die zu Damons Freuden
frei im Gemach ihr Lied oft sang
und, ungewohnt, den Widerhall zu
leiden,
der aus dem nahen Zimmer drang,
mit desto stärkrer Stimme sang,
saß itzt dem Spiegel gegenüber
und sang und sah ihr eignes Bild
und floß, mit Eifersucht erfüllt,
von schmetternden Gesängen über
und bildete zu ihrer Pein
an ihrem eignen Widerschein
sich einen Nebenbuhler ein.
Noch oft erhöhte sie die Stimme.
Allein, umsonst war Kunst und Müh;
stets sang der Widerhall wie sie.
Sie schoß darauf mit ehrsuchtsvollem
Grimme
auf ihren Nebenbuhler zu,
den ihr der Spiegel vorgelogen,
und starb, sich selbst zu sehr gewogen –
fast so, Ruhmsüchtiger, wie du,
durch Eitelkeit und durch ein Nichts
betrogen.

Gellert,
Die Lerche

Aut Caesar aut nihil. Entweder Cäsar sein oder nichts.

Wahlspruch *Cesare Borgias*

Ein Mensch möcht erste Geige spielen.
Jedoch, das ist der Wunsch von vielen,
so daß sie gar nicht jedermann,
selbst wenn er's könnte, spielen kann.
Auch Bratsche ist für den, der s' kennt,
ein wunderschönes Instrument.

Eugen Roth,
Mensch und Unmensch, Bescheidenheit

Hochmut

Wer wie die erste steht, ist zu beneiden,
der zweiten Ruhm begehren wohl fast
alle.
Hat wer das Ganze, hofft man, daß er
falle,
und bis dahin sucht jeder ihn zu
meiden.

Schleiermacher,
Rätsel (Hochmut)

Ein Kutschpferd sah den Gaul den
Pflug im Acker ziehn
und wieherte mit Stolz auf ihn.
»Wann«, sprach es und fing an, die
Schenkel schön zu heben,
»wann kannst du dir ein solches
Ansehn geben?
Und wann bewundert dich die Welt?«
»Schweig«, rief der Gaul, »und laß
mich ruhig pflügen!
Denn baute nicht mein Fleiß das Feld,
wo würdest du den Haber kriegen,
der deiner Schenkel Stolz erhält?«

Gellert,
Das Kutschpferd

Aus einem Schüleraufsatz: »Die reichen Leute im Tal schauten mit Verachtung auf die armen Bergbewohner herab.«

Ein reicher Dummkopf fragte einen schieläugigen Bettler, nachdem er ihm einen Almosen gegeben hatte, ob es wahr sei, daß Schielende alles doppelt sähen.
»Nicht immer«, erwiderte der Gefragte. »Bei dir zum Beispiel sehe ich zwar vier Beine, aber nur zwei lange Ohren.«

Karoline Neuber war mit ihrer Komödiantentruppe in Geldnot geraten. Sie ließ einen reichen Juden kommen: »Hör zu, Meyer! Die große Neuberin ist in der Zwangslage, sich herablassen zu müssen und von dir tausend Taler zu borgen!«
Der Jude verbeugte sich demütig: »Der kleine Abraham Meyer wird sich nicht anmaßen, euch auch nur einen Schilling zu leihen.«

Die Hybris sitzt im Wesen tief,
dem, der (ger)manisch-depressiv.

Eugen Roth,
Der Wunderdoktor, Warnung

Physiologische Definition des Hochmütigen: Ein Dummkopf, der die Nase hochträgt, weil die hintere Hirnpartie schwerer ist als die vordere, in welcher das Denkvermögen ruht.

Es gibt Leute, die die Nase nur deshalb so hoch tragen, weil ihnen das Wasser bis dorthin steht.

Horst Wolfram Geißler

»Ich mein«, sagt der Pitter, »dat unser Fründ Jakob seit einiger Zeit de Nas ärg huchdräht. Ich gläuw, dem es der Huchmoht en et Haupt gefahre.«
»Huchmöhdig es der Jakob nit«, widerspricht der Schulfreund. »Sin Mutter hät ihm us ner ahlen Botz vu sinem Vatter en West gemaht. Die rucht.«

Bei einem Brand in Dresden stand unter den Zuschauern ein Dicker mit Muff und Haarbeutel. Ein Wasserträger rief: »Hand an! Hand an!« Der Gewichtige erwiderte: »Ich bin der Hofrat N.!« Da ergoß sich ein voller Eimer über ihn. Der Wasserträger war Karl, Herzog von Kurland.

Feldmarschall Schwerin soll, während er Generale stehenließ, Fähnrichen Platz geboten und dem Wahlspruch gehuldigt haben: »Parcere subjectis et debellare superbos!« (Untertanen schonen und Übermütige niederwerfen!)

Die Sonne lachte, und die Grille lärmte.
Die Eule aber, die zur Nachtzeit wandelt,
vermochte nicht, im hohlen Ast zu schlafen,

und bat darum die Schwätzerin
zu schweigen.
Die aber strich noch stärker ihre
Waden
und schwelgte in Triumph und
Übermut.
Die Eule sah, daß jedes Wort
vergebens,
und sprach: »Wohlan! Laß den Gesang
ertönen,
so köstlich wie Apollos Zitherklang!
Ich werde, lauschend, Pallas' Nektar
trinken,
und wenn du kosten möchtest, komm
herauf!«
Die Grille, stolz ob ihrer Stimme Lob,
nach süßem Tranke lechzend, flog
hinauf
– und was sie lebend wehrte, gab sie
tot.

Phädrus,
Fabeln III, Die Grille und die Nachteule

Ein Esel und ein Hahn weideten gemeinsam. Da sprang ein Löwe auf den Esel zu. Der Hahn krähte, und der Löwe floh. Der Esel aber glaubte, der Löwe sei vor ihm geflohen. Er eilte dem Räuber nach, bis dieser das Krähen des Hahnes nicht mehr vernahm. Da drehte sich der Löwe um und zerfleischte den Esel.

Äsop,
Der Esel und der Löwe

Eine Mücke sprach zum Löwen: »Ich fürchte mich nicht vor dir; denn du bist nicht stärker als ich. Mit Krallen kratzen und beißen? Ha! Das tut auch ein Weib, wenn es Händel mit dem Manne hat. Lasset uns kämpfen miteinander!« Mit Gesumm blies sie zum Angriff, und schon hatte sie den Löwen in die Nase gestochen, wo er nicht vom Fell geschützt ist. Er kratzte sich darauf mit den Krallen, bis er heftigsten Schmerz verspürte. Die Mücke aber summte ein Siegeslied und flog davon – geraden Weges in das Netz einer Spinne. Kaum fand sie noch Zeit, ihr Unglück zu beklagen, daß sie, die Überwinderin des Löwen, durch eine Spinne sterbe.

Äsop,
Die Mücke und der Löwe

Zwei Hähne kämpften um Hennen. Als die Entscheidung gefallen war, floh der Überwundene. Der Sieger aber flog auf einen Zaun und triumphierte. Da schoß ein Adler vom Himmel, packte ihn und nahm ihn mit sich. Der Unterlegene kehrte aus seinem Versteck zurück und machte sich über die Hennen her.

Äsop,
Die beiden Hähne

Einst sprach der Pfau zur Henne: »Sieh einmal, wie hochmütig und trotzig dein Hahn einhertritt! Und doch sagen die Menschen nicht ›der stolze Hahn‹, sondern nur immer ›der stolze Pfau‹.«
»Das macht«, sagte die Henne, »weil der Mensch einen gegründeten Stolz übersiehet. Der Hahn ist auf seine Wachsamkeit, auf seine Mannheit stolz. Aber worauf du? Auf Farben und Federn.«

Lessing,
Fabeln, Der Pfau und der Hahn

XVIII. Kapitel

Begehren
Hoffnung
Betteln
Diebstahl
Zufriedenheit
Besitz
Geld
Sparsamkeit
Armut

Begehren

A Gsunder hat hundert Wünsch, a Kranker bloß oan.

Aus Bayern

Barthe deklamierte dem todkranken Colardeau sein Drama »Der Egoismus«, um ein Urteil zu erhalten. »Schalte noch«, sagte der Zuhörer, »die Szene ein, wo ein Gesunder zu einem Sterbenden kommt, um ihm ein Lustspiel von fünf Akten vorzulesen!«

Zwei Tippelbrüder stehen am Fenster der Herberge und blicken in den Schneesturm.
»Wenn doch jede Flocke ein Taler wäre!« seufzt der eine.
»Was würdest du mir denn dann schenken?« fragt der andere.
»Nichts. Wünsch dir selber etwas!«

»Ick möchte mal wieda janz fein bei Dressel speisen«, erklärt der Eckensteher.
»Wat denn? Du hast schon mal bei Dressel jespeist?«
»Nee. Awa schon mal jemocht.«

Napoleon läßt sich drei hochdekorierte Soldaten vorstellen. Jeder darf einen Wunsch äußern.
»Ich wünsche mir ein freies Polen«, sagt der erste; denn er ist Pole.
»Du wirst es bekommen«, verspricht der Kaiser.
»Meine Brauerei ist zerstört worden. Ich möchte sie wiederhaben«, sagt der zweite; denn er ist Deutscher.
»Sie wird dir aufgebaut.«
»Ich möchte eine Portion marinierte Heringe«, sagt der dritte; denn er ist Jude.
»Sie ist dir sicher«, sagt Napoleon. Und geht.
Der Pole und der Deutsche lachen den Juden aus: »Narr! Heringe! Bei so einer Gelegenheit!«
»Narren seid ihr«, erwidert der Jude. »Euer freies Polen und eure Brauerei bekommt ihr sowieso nicht. Aber meine Heringe bekomme ich vielleicht.«

Ein junger Esel sollte nun
bei einem Gärtner Dienste tun.
Es war im Mai. Der frühen Blumen Herde
packt man, in Töpfen mit der Erde,
ihm täglich auf und treibet ihn
damit zum nahen Städtchen hin.
»Das schwere Zeug! Wer mag noch Lenz und Blumen lieben!
O Sommer, komme bald!« – Er kömmt, die Ruhe nicht.
Man gibt dem Grauen Kohl, Salat und Rüben
zu schleppen: Schwerer, da die Sonne heißer sticht.
»Geduld! Der Herbst macht dieser Qual ein Ende!« –
»Ihr Knechte«, ruft im Herbst der Gärtner, »regt die Hände!
Das Obst den Bäumen abgepflückt
und tücht'ge Lasten nach der Stadt geschickt!«

»Ein neues Kreuz! Doch in den
Wintertagen
gibt mir gewiß die Erde nichts zu
tragen.
O Winter, eil herbei!« – Der Winter
schleicht heran:
Dem Knechte wird nun anbefohlen,
zweimal am Tage Mist zu holen.
»Nun Mist? Und zweimal gar?
O Lenz, komm bald heran!«

Der Knabe wünschet sich zum
Jüngling, der zum Mann;
der Alte finge gern beim Knaben
wieder an.

Nicolay, Die Wünsche des Esels

Ein alter Herr auf die Frage, ob das Leben seine Kinderwünsche erfüllt hätte: »Einen. Als mir meine Mutter früher die Haare kämmte, wünschte ich, eine Glatze zu haben.«

Der alte John harkte das Laub zusammen. Der Rasen war groß. Johns Rechen entging kein Blatt.
Nachdenklich sagte ich: »Wäre es nicht herrlich, wenn du bloß zu wünschen brauchtest, und alle Blätter lägen auf einem Haufen?«
»Kann ich«, erwiderte er.
»Tu's!« sagte ich.
»Auf den Haufen, ihr Blätter!« kommandierte er. Und harkte weiter, bis er alles beisammen hatte. »So macht man's, damit Wünsche in Erfüllung gehen. Anfangen und tun, was durch den Wunsch geschehen soll!«

J. B. M., Das Beste, November 1952

»Das Wunder«, sagte Mohammed, »macht den Propheten noch nicht aus. Wenn ihr's aber verlangt, so werden ich und jener Berg dort geschwind beieinander sein.«
Er deutete auf einen Berg, der eine Stunde weit oder mehr entfernt war, und rief mit gebieterischer Stimme, daß der Berg sich solle von seiner Stätte erheben und zu ihm kommen. Als aber dieser keine Bewegung machen und keine Antwort geben wollte, wiewohl keine Antwort auch eine ist, so ergriff Mohammed sanftmütig seinen Stab und ging zum Berg. Womit er ein merkwürdiges und nachahmenswertes Beispiel gab, auch für solche Leute, die keine Propheten zu sein verlangen, nämlich, daß man dasjenige, was man selbst tun kann, nicht von einem wunderbaren Verhängnis oder von Zeit und Glück oder von anderen Menschen verlangen soll.

Hebel,
Mohammed und der Berg

Ein neapolitanischer Kaufmann hatte bis zu seinem achtundvierzigsten Lebensjahr keinen Fuß vor die Stadt gesetzt.
Der Herzog von Ossuna hörte von ihm und gebot, daß er auch künftig daheim bleibe oder zehntausend Taler Strafe zahle.
Zunächst lachte der Kaufmann über die seltsame Anordnung. Aber je mehr er über ihren Sinn grübelte, desto unruhiger wurde er, und endlich litt es ihn nicht länger in Neapel: Er überbrachte die geforderten zehntausend Taler und begab sich nach Rom.

Eine Fee trat ins Zimmer der Neuvermählten und versprach die Erfüllung dreier Wünsche. Lange überlegten die jungen Leute, was sie verlangen sollten. Eines mittags entschlüpfte der Frau angesichts einer Schüssel Kartoffeln der Seufzer: »Ich wünschte, wir hätten eine Wurst dazu.« Schwupp, lag die Wurst in der Schüssel.
Mit Erschrecken erkannte der Mann, daß einer der drei kostbaren Wünsche vergeudet war, und er zürnte: »Daß dir die Wurst an der Nase hinge!« Schon hing sie da.
Was blieb den beiden übrig, als den letzten Wunsch dahingehend zu formulieren, die Wurst möge wieder auf dem Teller liegen?

Lange hat der junge Mann das Fräulein angehimmelt, das ihm in der Münchner Trambahn gegenübersitzt und einen Hund auf dem Schoß trägt. Nun wagt er sich mit allen Reserven an Mut und Charme vor: »A scheens Hunderl! I wünscht, i wär an seiner Stelle!«
Die Schöne wiegt zweifelnd das Haupt: »I woaß net. I bring eahm zum Kupiern.«

Ein chinesischer Geizhals hatte sich viele Feinde gemacht. »Tausend Unzen Silber gebe ich dir«, sagte der eine, »wenn ich dich totschlagen darf.«
»Gib mir fünfhundert«, erwiderte der Geizhals, »und schlag mich halbtot!«

Eine Witwe besaß eine Henne, die ihr jeden Tag ein Ei legte. Um das Tier zu veranlassen, zwei Eier am Tage zu legen, gab sie ihr die doppelte Menge Gerstenkörner. Die Henne aber, fett geworden, legte überhaupt nicht mehr.

Äsop, Die Witwe und die Henne

Ein Mann hatte eine Henne, welche goldene Eier legte. Da er glaubte, es befände sich in ihrem Innern ein ganzer Klumpen Gold, schlachtete er sie. Er fand sie aber beschaffen wie alle anderen Hennen auch. Während er sich also durch den Tod der Henne Reichtum erhoffte, brachte er sich um die Gabe, die er täglich erhalten hatte.

Äsop, Die Henne, die goldene Eier legte

Ein Hund, der, Fleisch im Maul, den
Fluß durchquerte,
sah unter sich das eigene Bild im
Spiegel
und wähnte, neue Beute zu entdecken.
Er schnappte nach ihr, doch das Bild
verschwand,
und in der Flut versank, was er
besessen.

Phädrus,
Fabeln I, Der Hund, der ein Stück Fleisch durch den Fluß trägt

Ein Kaufmann borgte einen Esel. Er wolle ein Stück in die Wüste hinaus reiten, sagte er. Der Verleiher folgte

ihm heimlich und fand seine Vermutung bestätigt: Der andere vergrub einen Schatz.
Am Tage darauf ritt der Neugierige allein hinaus und stahl das Gold.
Als der Bestohlene den Verlust entdeckte, ahnte er, wer der Dieb ist. Er forderte ihn jedoch nicht vor den Kadi, sondern bat, ihm in einigen Tagen noch einmal den Esel zu leihen: Er habe damals Geld vergraben und wolle noch etwas dazulegen.
Worauf der Betrüger das gestohlene Gut in die Grube zurückschaffte – in der Hoffnung, noch größere Beute zu erhalten. Der Kaufmann aber erhielt sein Eigentum zurück.

Ein Wiesel kam in eine Schmiede und leckte an einer Feile. Es riß dabei seine Zunge auf, und das Blut floß. Das Wiesel aber achtete der Verwundung nicht und leckte weiter, erfreut in der Annahme, es verleibe sich Stück für Stück die Feile ein. Bis es seine Zunge gänzlich aufgerieben hatte.

Äsop,
Das Wiesel

»Ihr armseligen Ameisen«, sagte ein Hamster, »verlohnt es sich der Mühe, daß ihr den ganzen Sommer arbeitet, um ein so Weniges einzusammeln? Wenn ihr meinen Vorrat sehen solltet!«
»Höre«, antwortete eine Ameise, »wenn er größer ist, als du ihn brauchst, so ist es schon recht, daß dir die Menschen nachgraben, deine Scheuren ausleeren und dich deinen räuberischen Geiz mit dem Leben büßen lassen.«

Lessing,
Fabeln, Der Hamster und die Ameise

Hoffnung

Aus Tante Karlas Sprachwolf: »Noch ist nicht aller Herren Abend.«

An König Albert von Sachsen: »Und so bin ich denn durch Ew. Majestät Gnade wiederum guter Hoffnung.«

Der Melamed rennt durchs Städtchen und beklagt den Verlust von fünfzig Rubeln. Ein Freund hält ihn auf: »Hast du in deinem Hause gründlich gesucht?«
»Gründlich«, spricht der Melamed.
»In deinem Garten?«
»Überall in meinem Garten.«
»Auf den Wegen, die du heute gingst?«
»Auf allen Wegen.«
»In den Taschen deines Kozuch?«
»Nein!« schreit der Melamed. »Sie sind meine letzte Hoffnung. Wenn das Geld dort auch nicht ist, muß ich verzweifeln.«

Ben Jonson, als ein Witwer wenige Monate nach dem Tode seiner zänkischen Frau wieder heiratete: »Na bitte! Was lehre ich immer? Hoffnung ist stärker als Erfahrung.«

Mein Erstes ist nicht wenig,
mein Zweites ist nicht schwer,
mein Ganzes läßt dich hoffen,
doch hoffe nicht zu sehr!

Schleiermacher,
Rätsel (Vielleicht)

»Des geit sie beim Bügle«, hot der Schneider gsait, wie beim A'probiere d' Hosefalle hinta gwea isch.

Aus dem Allgäu

Mit Expectanzen geht es wie mit der, die der Burggeist von Rauheneck bei österreichisch Baden hat: Er wird frei, wenn ein gewisses Pflänzchen in der Ruine so stark ist, daß Meister Hobel eine Wiege daraus macht, worin der Priester geschaukelt wird, der ihn durch sein Gebet erlöst.

Karl Julius Weber,
Demokritos I, 11

Die Kunst bildet die Hoffnung als ein junges Weib mit der Schlankheit der Grazien. Wollte sie etwa auf ihre Unfruchtbarkeit hinweisen?

Karl Julius Weber,
Demokritos I, 1

Ein Löwe traf einen schlafenden Hasen und wollte ihn fressen. Da fiel sein Blick auf einen vorüberziehenden Hirsch. Er ließ den Hasen liegen und verfolgte den Geweihträger, konnte ihn aber nicht einholen. Inzwischen war der Hase erwacht, und als der Löwe zurückkam, fand er auch die kleine Beute nicht mehr. »Nie wieder«, sprach der Löwe, »lasse ich um der Hoffnung auf etwas Besseres willen ein sicheres Gut fahren.«

Äsop,
Der Löwe und der Hase

Ein Fischer hatte sein Netz geworfen und zog eine Sardelle herauf. Das Fischlein bat um sein Leben, da es wegen seiner Kleinheit einen nur geringen Wert darstelle. Wenn es größer geworden sei, sagte es, solle er es wieder fangen. Der Fischer aber erwiderte: »Ich müßte doch ein rechter Tor sein, wenn ich einen Gewinn, wie gering er auch sei, fahren ließe für eine noch so große Hoffnung!«

Äsop,
Der Fischer und die Sardelle

Der Dichter Caporali: »Wäre ich Hutmacher geworden, ließe Gott die Menschen ohne Kopf auf die Welt kommen.«

Lars Peter, der Pessimist, als der Freund aus dem Eisenbahnfenster auf eine Schafherde wies und bemerkte, daß man hier schon geschoren habe: »Auf der Seite, die wir sehen, ja.«

Jede Woche kletterte er aufs Katheder und sprach eine Stunde lang zu den gelockten Jünglingen:
»Meine Herren! Der Mensch ist innerlich begrenzt, ist äußerlich begrenzt; die Natur ist sein Feind; das Weib ist ein blindes Werkzeug der Natur, und nach alledem ist unser Leben völlig sinnlos.«
Er war gewöhnt, so zu denken, und oft ließ er sich hinreißen und sprach schön und aufrichtig. Die jungen Studentlein zollten ihm begeistert Beifall. Zufrieden nickte er ihnen mit seinem Glatzkopf zu; freundlich glänzte seine rote Nase, und alles ging sehr gut.
Das Essen im Restaurant vertrug er nicht. Wie alle Pessimisten litt er an zuviel Magensäure; darum heiratete er und aß neunundzwanzig Jahre lang zu Hause. Unterdessen zeugte er, unbemerkt für sich selbst, vier Kinder, und danach starb er.

Maxim Gorkij,
Der Pessimist

Pessimist = Ein Mensch, der sich bei der Wahl zwischen zwei Übeln für beide entscheidet.

Ein Pessimist ist ein Mensch, der mit einem Optimisten zusammenlebt.

Aus den USA

Wiener Redensart: Die edelste Nation ist die Resignation.

Wisse, daß sein Grab sich selber
 schaufelt,
wer an dem eigenen Geschick
 verzwaufelt!

Verfasser unbekannt,
Musenklänge aus Deutschlands
Leierkasten, Entsetzlich, Nutzanwendung

Weene man nich, weene man nich!
In de Röhre stehn Klöße,
du siehst se bloß nich.

Aus Berlin

Der Narr, dem oft weit minder Witz
 gefehlt
als vielen, die ihn gern belachen,
und der vielleicht, um andre klug
 zu machen,
das Amt des Albernen gewählt,
(Wer kennt nicht Tills berühmten
 Namen?)
Till Eulenspiegel, zog einmal
mit andern über Berg und Tal.
So oft als sie zu einem Berge kamen,
ging Till an seinem Wanderstab
den Berg ganz sacht und ganz betrübt
 hinab.
Allein wenn sie berganwärts stiegen,
war Eulenspiegel voll Vergnügen.

»Warum«, fing einer an, »gehst du
 bergan so froh?
Bergunter so betrübt?« – »Ich bin«,
 sprach Till, »nun so.«
Wenn ich den Berg hinunter gehe,
so denk ich Narr schon an die Höhe,
die folgen wird, und da vergeht mir
 denn der Scherz.
Allein, wenn ich berganwärts gehe,

so denk ich an das Tal, das folgt, und
faß ein Herz.

Gellert, Till

Fürstenberg, als Hitler an die Macht kam: »Wir sind über den Berg. Es geht abwärts.«

Betteln

Ein armer Weltpriester in Franken schloß seine Predigt: »Noch drei Stücke wolle eure christliche Liebe vernehmen: Das erste weiß ich allein; das zweite wißt ihr und ich nicht, und das dritte weiß nur der, den ich nicht sehe. Meine Hosen haben Löcher. Das weiß ich allein. Das zweite, ob ihr mir etwas Tuch zu einem Paar neuen Hosen christmildest verehren wollt, wißt ihr. Das dritte weiß allein der heute abwesende Meister Bügeleisen, ob er solche mir um Gottes willen gratis machen will.«

Der Molla Mewlana Arschad war in ganz Arabien berühmt. Leider neigte er zur Bettelei, und häufig zerstörte er den Eindruck seiner Worte durch den Schlußsatz, der auf Bakschisch zielte. Schließlich nahm ihm sein Fürst Hussein Malek das Versprechen ab, von der Kanzel nicht mehr um Gaben zu bitten.
»Ich habe geschworen«, sagte er bei seiner nächsten Predigt, »nicht mehr zu betteln. Wie aber steht es mit euch? Habt ihr geschworen, mir nichts mehr zu geben?«

Der Onkel ist in München auf Besuch, und der Ferdl brennt darauf, mit dem Gast spazierenzugehen. Die Mutter ahnt die Hoffnungen des Sohnes und schärft ihm ein, nicht zu betteln.
Geschickt steuert der Ferdl die interessanten Läden an, wo es Eis, Obst oder Süßwaren gibt. Aber der Onkel spannt nichts. Schließlich stehen sie wieder vor einer Konditorei. Da reißt es den Ferdl. Er schaut von schräg unten zum Onkel hinauf, grinst und sagt: »Gell, du Schlawina, da mechst jetzt einigeh?«

»Sie wollen das Buch geschrieben haben ›100 Möglichkeiten, Millionär zu werden‹ und betteln mich an?«
»Das ist eine der hundert Möglichkeiten.«

Im Sommer 1933 stand ein Bettler am Berliner Tauentzien mit einem Schild vor der Brust: »Vollständig blind. Nehme nichts von Juden.«
Ein Mann flüsterte ihm ins Ohr: »Ich gebe Ihnen fünf Mark. Nur, bitte, nehmen Sie das Schild weg.«
»Auf Ihre Eizes habe ich gewartet«, entgegnete der Blinde. »Wollen Sie mich lehren, wie man bettelt bei diesen Banditen?«

Ein Schnorrer wollte zu Rothschild, weigerte sich strikt, dem Sekretär sein Anliegen zu unterbreiten, und wurde schließlich vorgelassen.
Der Bankier war entrüstet: »Wegen einer solchen Lappalie stören Sie mich?«
»Herr Baron«, sagte der Schnorrer, »ich zweifle nicht, daß Sie vom Bankwesen mehr verstehen als ich. Vom Schnorren aber verstehe ich mehr.«

Der Frankfurter Amschel Meyer Rothschild wurde auf der Straße von einem Schnorrer angesprochen. Der Kommerzienrat, stets zur Freigebigkeit geneigt, ekelte sich vor dem schmuddeligen Kerl und empfahl, einen Brief zu schreiben. Am nächsten Morgen fand er ihn: »An den hochwohlgeborenen Herrn Baron von Rothschild zum persönlichen Erbrechen.«

»Halt!« sagte ein Schnorrer zum Kollegen. »Ich muß noch zum Rothschild. Der gibt mir immer einen Gulden.«
Der andere ist in Eile: »Schenk ihm den Gulden!«
»Ich? Dem Rothschild? Einen Gulden schenken? Wie komme ich dazu? Schenkt er mir was?«

Zwei Stunden wartet der Bettler bereits auf die ihm von dem Kaufmann in Aussicht gestellte Gabe. Nun erhebt er sich.
»Fünf Minuten noch«, spricht der Hausherr, aus den Büchern aufsehend. »Dann werde ich Ihnen etwas geben. Oder mit Ihnen gehen.«

Kluge Bettler betteln lieber vormittags: Der leere Magen gibt eher als der volle.

Karl Julius Weber,
Demokritos I, 9

»Mein Schwiegersohn ist a habgieriger Mensch«, erzählte ein Schnorrer. »Ich habe ihm als Mitgift abgetreten ganz Litauen und Lettland zur Bearbeitung, und jetzt verlangt er auch noch die Provinz Posen.«

Ein Berliner wirft ein Geldstück in den offenen Hut des »Lahmen« und bemerkt: »Seien Se froh, Mann, det Se wenichstens nicht blind sind!«
»Bin ick«, erwiderte der Bettler. »Wie ick blind war, hab' ich längst nich so ville jekricht.«

Ludwig Devrient und sein Freund Hoffmann wurden eines Abends in den Straßen Berlins von einem Bettler angesprochen, der sein Elend mit herzzerreißenden Worten schilderte. Hoffmann wies den Mann ab, Devrient gab.
»Wie kannst du einem solchen Widerling Geld geben?« fragte Hoffmann, als sie weiterschritten.

»Entweder«, antwortete der Mime, »ist er tatsächlich übel dran: Dann muß ich ihm helfen. Oder er ist ein großartiger Schauspieler: Dann ist er mein Kollege, und ich darf ihn nicht abweisen.«

Aristoteles, als er getadelt wurde, weil er einem stadtbekannten Tagedieb einen Almosen geschenkt hatte: »Ich gab es nicht dem Faulpelz. Ich gab es der Menschheit.«

Der Dichter François de Malherbe zu seinem Begleiter angesichts eines Bettlers, der aus Dank für einen Almosen Fürbitte im Himmel versprach: »In Anbetracht seines elenden Zustandes glaube ich nicht, daß er oben viel Kredit hat.«

Die alten Zinken verblassen.
Schnorren ist schwer.
Der Gewinn lohnt das Haarelassen
nicht mehr.
Man rechnet auf tausend Knauser
einen Klinkenbaron
und auf den einen Lauser
ein Polizeibataillon.

Fritz Grasshoff,
Die große Halunkenpostille, Lift

»Sie sind rüstig«, spricht die japanische Hausfrau zum Bettler, »Sie scheinen gesund zu sein. Warum arbeiten Sie nicht?«
»Sie sehen bezaubernd aus, liebe Frau«, antwortet der ungebetene Gast, »Sie scheinen charmant: Warum sind Sie nicht Schauspielerin?«

Ein Kyniker bat Antigonus von Mazedonien um eine Drachme.
»Das ist zuwenig für einen König«, beschied der Angesprochene.
»So gib mir ein Talent!« erwiderte der Philosoph.
»Das ist zuviel für einen Kyniker.«

Diogenes von Sinope kniete vor einer Bildsäule und bat um milde Gaben. Als ihn Zeugen seines seltsamen Verhaltens auslachten, erklärte er: »Ich übe mich, nichts zu bekommen.«

Diebstahl

Bei einem Geschlechtertanz im Gürzenich zu Köln hatte ein Ratsherr dem Weine dermaßen zugesprochen, daß er den Saal verlassen mußte. Er setzte sich draußen in ein Fenster und schlief ein.
Ein Fremder bemerkte ihn und noch mehr seine goldene Kette und fragte

die herumstehenden Lakaien, wo der Diener des Trunkenen sei. Die wußten es nicht.
»Wie oft habe ich ihn schon vermahnt«, sprach darauf der Fremde, »sich des Weines zu enthalten! Aber er nimmt keinen Rat an. Diesmal aber will ich ihm einen Denkzettel geben. Wie leicht könnte sich jetzt ein Dieb an ihn machen und ihn seines Geschmeides berauben!«
Er nahm ihm die goldene Kette vom Hals, den silbernen Schmuckdolch von der Hüfte und flüsterte den Gaffern zu: »Laßt ihn eine Weile toben, wenn er aufwacht, und sagt ihm dann, er möge unbesorgt sein: Ich, sein Vetter, habe an mich genommen, was er vermißt.«
Darauf ging er davon und wird noch heute zurückerwartet.

nach *Hans Wilhelm Kirchhof*,
Wendunmuth, Der Herr Vetter

Zwei Uhr nachts in totenstiller Straße ein einsamer Heimkehrer. Ein Mann tritt auf ihn zu und fragt: »Haben Sie keinen Polizisten gesehen?«
»Nein.«
»Auch vorn an der Kreuzung nicht?«
»Nirgends.«
»Aber drüben am Park geht doch immer die Patrouille!«
»Nichts gesehen.«
»Nun denn«, sprach der Fremde. »Darf ich um Ihre Brieftasche bitten?«

Ein Jude verklagte einen Kosaken, er habe ihm das Pferd gestohlen.
»Ich habe es gefunden«, widersprach der Russe.
»Gefunden? Ha!« rief der Jude. »Ich saß drauf! Du hast mich in den Straßengraben geworfen und das Pferd mitgenommen.«
»Also was nun?« fragte der Richter.
»Sagen wir so«, verbesserte sich der Kosak. »Ich fand beide, den Juden und das Pferd. Aber für den Juden hatte ich keine Verwendung.«

Das junge Ehepaar fand im Briefkasten einen Umschlag mit zwei Theaterkarten und einem Zettel: »Ratet, wer sie Euch sendet!«
Sie rätselten lange, wer der Spender sei, und nutzten die Karten aus. Als sie gegen Mitternacht heimkamen, fanden sie eine von sämtlichen Wertobjekten geräumte Wohnung und am Kühlschrank einen weiteren Zettel: »Wißt Ihr jetzt, wer die Karten schickte?«

Eines abends lagen bei Braunmüllers auf dem Küchentisch vier Zettel: »Bin bei der Frauenschaft. Mutti« und »Habe Führerdienst. Rolf« und »Strikken heute Socken für die Ostfront. Hanni« sowie »Auf Propagandamarsch. Vati«.
Als die Familie heimkam, war die Wohnung ausgeräumt, und ein fünfter Zettel meldete: »Daß wir hier arbeiten durften, verdanken wir dem Führer. Heil!«

Ein wohlhabender Pfarrherr hatte seinen Schatz im Tabernakel verborgen, welches die Inschrift zierte: »Dominus est in isto loco« (Gott ist an diesem Ort).
Ein Dieb entdeckte das Versteck, leerte es und kritzelte unter die obige Zeile: »Surrexit« (Auferstanden).

Am Telefon: »Heute nacht wurde bei mir eingebrochen. Das ganze für den Sommerschlußverkauf dekorierte Schaufenster ausgeräumt. Ja. Ratzekahl. Stell Dir vor, das wäre gestern passiert, bevor ich die Preise herabsetzte!«

Feierabend in der Maschinenfabrik »Roter Oktober« in Swerdlowsk. Petja Borisowitsch kommt mit einer Schubkarre voller Sägespäne ans Werktor.
»Halt!« ruft der Schutzmann. »Was ist da drin?«
»Sägespäne.«
Der Cerberus grinst und sticht mit seinem Bajonett in die Karre. Sägespäne, tatsächlich.
Petja grüßt höflich und fährt weiter. Zehn Tage lang wiederholt sich die gleiche Szene. Am elften nimmt der Wachmann Petja beiseite: »Was machst du mit diesen saudummen Sägespänen, Petja? Seit zehn Nächten kann ich nicht mehr schlafen. Ehrenwort: Ich verrate dich nicht. Was stiehlst du?«
»Schubkarren, Brüderchen!«

Nikita Chruschtschow fuhr mit Nina nachts von Ostberlin nach Hause.
»Wie weit sind wir?« fragte Madame. Nikita hielt den Arm aus dem Fenster: »Es dauert noch lange.«
Eine Zeitlang später fragte Nina wiederum. Nikita streckte den Arm aus dem Fenster: »Sechs bis acht Stunden.« Schließlich erkundigte sich Mütterchen ein drittes Mal. Der Kremlboß streckte die Hand aus dem Fenster: »Wir sind gleich am Ziel.« – »Woher weißt du?« »Als ich zum erstenmal die Hand aus dem Fenster hielt«, erklärte der Dicke, »wurde sie mir geküßt. Also wußte ich: Wir sind in der DDR. Beim zweitenmal wurde mir darauf gespien. Wir waren also in Polen. Und jetzt fehlt die Uhr.«

Peter der Große beabsichtigte, ein Gesetz zu erlassen, das jedem Dieb den Strick garantiert. Ein Höfling warnte: »Willst du ein Zar ohne Untertanen sein? Wir stehlen alle.«

(Ein ausländischer Diplomat am Hofe Maghrebiniens vermißte einen Orden.)
»Wen«, so fragte König Nikifor XIII. den Gesandten, »haben Sie vor mir gesehen?«
»Nur«, so war die Antwort, »Seine Exzellenz, den Herrn Außenminister.«
Alsbald ersuchte König Nikifor XIII. den Botschafter mit der ihm eigenen königlichen Höflichkeit, ihn für ein paar Minuten zu entschuldigen. Er verließ den Audienzsaal und kehrte bereits nach wenigen Minuten mit dem Ordensstern zurück. Indem er sich mit

bestechendem Charme verneigte, gab er dem Diplomaten den Stern. »Machen Sie sich weiter keine Gedanken«, sagte er dazu, »Seine Exzellenz, der Herr Außenminister, hat nicht das geringste gemerkt.«

Gregor von Rezzori,
Maghrebinische Geschichten 26

Rundschreiben eines Zuchthausdirektors, nachdem die Kantine erbrochen und eine große Menge von Süßigkeiten und Zigaretten verschwunden war: »Ich fürchte, daß sich im Hause ein Dieb aufhält . . .«

Dem englischen Geistlichen Robert Bird wurde kurz nach der Landung auf dem Flugplatz Idlewild das Gebetbuch gestohlen. Ein New Yorker Reporter fühlte sich verpflichtet, den Vorfall im Namen seiner Stadt zu bedauern. Bird erwiderte: »Gesegnet das Land, in dem man fromme Bücher stiehlt!«

Den Thurgauern dichten böse Zungen an, sie verwechselten Mein und Dein. An der Schiffslände von Rorschach/St. Gallen stünde eine Tafel mit der Aufschrift: »Vorsicht vor Taschendieben!« In Romanshorn/Thurgau laute der Text: »Achtung vor Taschendieben!«

Ein Schweinedieb brachte das Geld für das gestohlene Tier dem Beichtvater. Dieser riet, es dem Bestohlenen zu übergeben, doch der Schelm lehnte ab: »Kaufe ich das Schwein, macht er den Preis. Stehle ich es, mache ich ihn.«

Ein englischer Politiker unter dem Verdacht, Steuergelder zu eigenem Vorteil gebraucht zu haben, heiratete seine Geliebte.
Eine Herzogin kommentierte: »Er kann es nicht lassen, die Öffentlichkeit zu berauben.«

Ein Araber stahl Bisam, wurde ertappt und erklärte. »Ich tat es, weil im Koran geschrieben steht, was der Mensch stehle, werde ihm nach dem Tode um den Hals gehängt.«

Der alte Jim Brown aus Texas erhält einen anonymen Brief, in dem es heißt, man werde ihm den Hals umdrehen, wenn er nicht aufhöre, Hühner zu stehlen. Jim geht zum Sheriff.
»Hör auf, Hühner zu stehlen«, sagt der Polizist, »und Dein Kopf wird bleiben, wo er ist!«
Der Halunke kratzt sich hinter dem Ohr: »Der Brief ist anonym. Wessen Hühner soll ich nicht mehr stehlen?«

Zwei Freunde gingen zu den Landsknechten, wurden verschiedenen Fähnlein zugeteilt und trafen sich nach dem Kriege wieder auf dem Heimweg in ihr Dorf. Der eine hatte leere Hände, der andere Geld und Kleinodien.

»Ich habe mich mit meinem Sold beholfen«, erzählte der Arme, »nicht gespielt und den Bauern, weil sie mir leid taten, das Ihre gelassen.«
Der Reiche lachte: »Ich habe nichts versäumt an Kistenknacken. Du mußt nehmen, wo du etwas findest, und niemand darf dir leid tun.«
Sie legten sich schlafen. Um Mitternacht stand der Unbegüterte auf, nahm aus der Tasche des Gefährten zehn Gulden und eine goldene Kette und machte sich davon.
Am Morgen entdeckte der andere den Verlust. Er eilte dem Entlaufenen nach, entdeckte ihn in Nürnberg und ließ ihn ins Gefängnis werfen. Vor den Richtern erzählte der Beklagte die Belehrung, die ihm zuteil geworden war: »Er hat mich selbst geheißen, zuzugreifen, wo ich etwas fände.«
Die Herren entschieden, daß er die Kette zurückgeben, das Geld aber behalten solle.

nach *Jörg Wickram*,
Rollwagenbüchlein,
Eine Lehre, die sich rächt

Der Richter fragte den Dieb, warum er das gesamte Silberzeug gestohlen, die achthundert Mark in bar auf der Kommode aber liegengelassen habe.

»Hören Sie auf!« schrie der Angeklagte. »Meine Frau hat mir schon genug Vorwürfe gemacht.«

Das Ehepaar war beim Psychiater. Der Mann ist wegen Kleptomanie behandelt worden. Einige Wochen später trifft der Arzt die Frau und fragt, wie es dem Herrn Gemahl gehe.
»Besser, Herr Doktor. Danke!« erwidert sie. »Er stiehlt jetzt nur noch, was wir brauchen.«

»Als wir uns zuletzt sahen, erzählten Sie mir, daß Sie unter Kleptomanie leiden und sich fürchterlich schämen. Waren Sie beim Psychotherapeuten, wie ich Ihnen riet?«
»War ich.«
»Und? Geht's besser?«
»Danke, ja. Ich schäme mich nicht mehr.«

Zwei Gewohnheitsdiebe werden aus dem Zuchthaus entlassen. Sie stehen vor dem Portal und schauen sich um.
»Nehmen wir einen Bus?«
»Unsinn. Wer kauft uns den ab?«

Zufriedenheit

Sokrates im Hause eines Reichen: »Wieviele Dinge es doch gibt, die ich nicht brauche!«

Alexander von Mazedonien trat vor die Tonne des Diogenes und versprach, ihm einen Wunsch zu erfüllen. Der

Philosoph bat: »Gehe mir aus der Sonne!«

Alexander von Mazedonien soll gesagt haben: »Wäre ich nicht Alexander, so möchte ich Diogenes sein.«

Diogenes von Sinope sah einen Knaben aus der hohlen Hand trinken. Da warf er den Rest seines Besitztums auch noch weg: Eine Schale.

Voltaire über den Marschall von Sachsen: »Er biwakiert so leicht, als ob er auf Eiderdaunen mit seiner Mätresse schliefe, und ein Abendessen bei Lucullus ist ihm nicht mehr als das Abendbrot eines seiner Husaren.«

Ein sterbender Philosoph: »Ich werde auch ohne mich auskommen, wenn es sein muß.«

Sein teures Weib verließ im Stillen
ein Frommer einst um Christi willen.
Nicht lange war er fort gewesen,
da kehrte er zurück. Genesen.
Er hatte in der Schrift gelesen:
»Was Ihr um meinetwillen laßt auf Erden,
wird tausendfach Euch einst erstattet werden.«

Karl August Woll,
Splitter und Stacheln I

In »Dagens Nyheter« berichtete ein Leser: »So weit ich zurückdenken kann, kostet der Lebensunterhalt in Schweden immer das Gleiche: Meinen gesamten Verdienst plus 25 Prozent.«

»Meine Tochter ist ja so bescheiden«, erzählt die Mutter dem ins Auge gefaßten Schwiegersohn. »Das einzige, was sie sich leistet: Sie geht einmal im Monat in die Konditorei, und auch das nur, um die Tortenmuster nachzuhäkeln.«

Als Robert Clive of Plassey 1757 den Nawab Suradsch ed Daulah geschlagen hatte, setzte er Mir Dschafar als Provinzstatthalter ein, der riesige Summen an die Ostindische Kompanie, an die Ratsmitglieder und an Clive persönlich entrichten mußte. Als Lord Clive sich 1772 vor dem Parlament wegen Amtsmißbrauch und Bestechung verantworten mußte, erklärte er: »Wenn ich das, was ich an mich nahm, mit den ungeheuren Reichtümern vergleiche, die zu meinen Füßen lagen, staune ich über meine Bescheidenheit.«

Ein Esel stand im Dienst eines Gärtners. Da er viel arbeiten mußte und nur wenig zu fressen bekam, bat er Zeus um einen anderen Herrn. Der Gott erhörte seine Bitte und hieß den Gärtner, den Esel an einen Töpfer zu verkaufen. Wieder war der Esel unzufrieden; denn er mußte, so sagte er, schwerere Lasten schleppen als bisher. Er rief Zeus an, und wiederum lieh ihm der Gott sein Ohr. So gelangte der Esel zu einem Gerber, wo ihm noch größere Mühen auferlegt waren. Als er schließlich erkannte, mit welchen Dingen sein neuer Herr umging, sehnte er sich zu seinem ersten Herrn zurück.

Äsop,
Fabeln 45, Der Esel und der Gärtner

Man liest von einer Witwe, die stand und betete aufs allerandächtigste für ihren Tyrannen: Gott möchte ihn ja recht lange leben lassen. Der Tyrann hört es und wundert sich, weil er wohl wußte, daß er ihr viel zuleide getan hatte. Er fragte sie, warum sie so für ihn bete.
Sie antwortet: »Ich hatte zehn Kühe, als Dein Großvater lebte. Zwei davon nahm er mir weg. Da betete ich gegen ihn, er möchte sterben und Dein Vater Herr werden. Als das geschah, nahm mir Dein Vater drei Kühe. Wieder betete ich, du möchtest Herr werden und er sterben. Nun hast du mir vier Kühe genommen. Darum bitte ich nun für Dich; denn ich fürchte, der nach Dir kommt, nimmt mir auch die letzte Kuh mit allem, was ich habe.«

Martin Luther,
Ob Kriegsleute auch in seligem Zustand sein können

Wonach du sehnlichst ausgeschaut,
es wurde dir beschieden.
Du triumphierst und jubelst laut:
Jetzt hab ich endlich Frieden!

Ach, Freundchen, rede nicht so wild,
bezähme deine Zunge!
Ein jeder Wunsch, wenn er erfüllt,
kriegt augenblicklich Junge.

Wilhelm Busch,
Niemals

Der Esel pries das Pferd glücklich, weil es gut gefüttert werde, während er selbst Mühsal erdulden müsse und kaum die nötige Spreu erhalte. Eines Tages aber brach ein Krieg aus. Der Herr des Pferdes stieg in voller Rüstung auf und jagte es unter die Feinde. Da verkroch sich der Esel und dankte seinem Schicksal.

Äsop,
Fabeln 58, Der Esel und das Pferd

Ein armer Mann kommt zum Rabbiner: »Es ist nicht mehr auszuhalten. Ich, mein Weib, vier Kinder und meine Schwiegermutter wohnen auf einem Raum.«
Der Gelehrte rauft sich den Bart, schreitet auf und ab und fragt: »Hast du Hühner?«
»Sechs.«
»Nimm sie mit in euer Zimmer!«
Der Mann verfärbt sich, wagt nicht zu widersprechen und tut, wie ihm geheißen. Nach acht Tagen ist er wieder da: »Die Hühner machen alles dreckig, sitzen auf dem Tisch und den Betten. Wir kommen um.«
Der Rabbiner schreitet auf und ab, bleibt stehen und fragt: »Hast du noch andere Tiere?«
»Eine Ziege. Aber um Gottes willen ...«
»Nimm sie mit in dein Zimmer!«
»Gebrochen schleicht der arme Mann davon. Und gehorcht. Nach acht Tagen

steht er abermals vor dem Rabbiner, ringt die Hände und bittet um Hilfe.
»Du hast noch ein Kalb?« fragt der Rabbi.
»Gewalt geschrien! Ja!«
»Hol es in euer Zimmer!«
Schweigend geht der Mann, folgt dem Auftrag und kehrt nach zwei Tagen zurück: »Wir sind am Ende! Wir bringen uns um.«
»Gut«, spricht der Rabbi. »Stecke Hühner, Kalb und Ziege wieder in den Stall!«
Der Mann eilt nach Hause, entläßt das Vieh aus der Wohnung und verkündet am nächsten Tag freudestrahlend: »Wie im Himmel, Rabbi! Platz haben wir, sauber ist es, und jeder kann sich frei bewegen.«

Jedulje Schoap goahne veel ön een Stall.

Aus Ostpreußen

Auf dem seltsamsten Umweg kam ein deutscher Handwerksbursche in Amsterdam durch den Irrtum zur Wahrheit. Denn als er in diese reiche Handelsstadt voll prächtiger Häuser, wogender Schiffe und geschäftiger Menschen gekommen war, fiel ihm sogleich ein großes und schönes Haus in die Augen, wie er auf seiner ganzen Wanderschaft von Duttlingen noch keines erlebt hatte. Lange betrachtete er mit Verwunderung dies kostbare Gebäude, die sechs Kamine auf dem Dach, die schönen Gesimse und die hohen Fenster, größer als an des Vaters Haus daheim die Tür. Endlich konnte er sich nicht entbrechen, einen Vorübergehenden anzusprechen. »Guter Freund«, redete er ihn an, »könnt Ihr mir nicht sagen, wie der Herr heißt, dem dieses wunderschöne Haus gehört mit den Fenstern voll Tulipanen, Sternenblumen und Levkojen?« Der Mann aber, der vermutlich etwas Wichtigeres zu tun hatte und zum Unglück gerade so viel von der deutschen Sprache verstand, als der Fragende von der holländischen, nämlich nichts, sagte kurz und schnauzig: »Kannitverstan« und schnurrte vorüber.
Dies war nur ein holländisches Wort oder drei, wenn man's recht betrachtet, und heißt auf deutsch soviel als: Ich kann Euch nicht verstehn. Aber der Fremdling glaubte, es sei der Name des Mannes, nach dem er gefragt hatte. Das muß ein grundreicher Mann sein, der Herr Kannitverstan, dachte er und ging weiter. Gaß aus, Gaß ein, kam er endlich an den Meerbusen, der da heißt: Het Ei oder auf deutsch: das Ypsilon. Da stand nun Schiff an Schiff und Mastbaum an Mastbaum, und er wußte anfänglich nicht, wie er es mit seinen zwei einzigen Augen durchfechten werde, alle diese Merkwürdigkeiten genug zu betrachten, bis endlich ein großes Schiff seine Aufmerksamkeit an sich zog, das vor kurzem aus Ostindien angelangt war und jetzt eben ausgeladen wurde. Schon standen ganze Reihen von Kisten und Ballen auf- und nebeneinander am Lande. Noch immer wurden mehrere herausgewälzt und Fässer voll Zucker und Kaffee, voll Reis und Pfeffer und salveni Mausdreck darunter. Als er aber lange zugesehen hatte, fragte er endlich einen, der eben eine Kiste auf der Achsel heraustrug, wie der glückliche

Mann heiße, dem das Meer alle diese Waren an das Land bringe. »Kannitverstan«, war die Antwort. Da dachte er: Haha, schaut's da heraus? Kein Wunder, wem das Meer solche Reichtümer an das Land schwemmt, der hat gut solche Häuser in die Welt stellen und solcherlei Tulipanen vor die Fenster in vergoldeten Scherben.

Jetzt ging er wieder zurück und stellte eine recht traurige Betrachtung bei sich selbst an, was er für ein armer Teufel sei unter so viel reichen Leuten in der Welt. Aber als er eben dachte: Wenn ich's doch nur auch einmal so gut bekäme, wie dieser Herr Kannitverstan es hat, kam er um eine Ecke und erblickte einen großen Leichenzug. Vier schwarz vermummte Pferde zogen einen ebenfalls schwarz überzogenen Leichenwagen langsam und traurig, als ob sie wüßten, daß sie einen Toten in seine Ruhe führten. Ein langer Zug von Freunden und Bekannten des Verstorbenen folgte nach, Paar um Paar, verhüllt in schwarze Mäntel und stumm. In der Ferne läutete ein einsames Glöcklein. Jetzt ergriff unsern Fremdling ein wehmütiges Gefühl, das an keinem guten Menschen vorübergeht, wenn er eine Leiche sieht, und blieb mit dem Hut in den Händen andächtig stehen, bis alles vorüber war. Doch machte er sich an den letzten vom Zug, der eben in der Stille ausrechnete, was er an seiner Baumwolle gewinnen könnte, wenn der Zentner um 10 Gulden aufschlüge, ergriff ihn sachte am Mantel und bat ihn treuherzig um Exküse. »Das muß wohl auch ein guter Freund von Euch gewesen sein«, sagte er, »dem das Glöcklein läutet, daß Ihr so betrübt und nachdenklich mitgeht.« – »Kannitverstan!« war die Antwort.

Da fielen unserm guten Duttlinger ein paar große Tränen aus den Augen, und es ward ihm auf einmal schwer und wieder leicht ums Herz. »Armer Kannitverstan«, rief er aus, »was hast du nun von allem deinem Reichtum? Was ich einst von meiner Armut auch bekomme: Ein Totenkleid und ein Leintuch und von allen deinen schönen Blumen vielleicht einen Rosmarin auf die kalte Brust oder eine Raute.«

Mit diesem Gedanken begleitete er die Leiche, als wenn er dazu gehörte, bis ans Grab, sah den vermeintlichen Herrn Kannitverstan hinabsenken in seine Ruhestätte und ward von der holländischen Leichenpredigt, von der er kein Wort verstand, mehr gerührt als von mancher deutschen, auf die er nicht achtgab.

Endlich ging er leichten Herzens mit den andern wieder fort, verzehrte in einer Herberge, wo man Deutsch verstand, mit gutem Appetit ein Stück Limburger Käse, und wenn es ihm wieder einmal schwerfallen wollte, daß so viel Leute in der Welt so reich seien und er so arm, so dachte er nur an den Herrn Kannitverstan in Amsterdam, an sein großes Haus, an sein reiches Schiff und an sein enges Grab.

Johann Peter Hebel,
Kannitverstan

Besitz

Hesiod hält den für reich, der einen Acker, eine Kuh und eine häusliche Frau besitze.

Karl Julius Weber,
Demokritos IV, 12

»Du hast einen wunderbaren Job, Darling«, spricht die Geliebte, »ein hübsches Haus, zwei reizende Kinder, eine Frau und mich. Was willst du mehr?« (Punch)

Krimskrams = Gegenstände, die man zehn Jahre lang aufhebt und zwei Wochen, bevor man sie braucht, wegwirft.

Als er berichtete, daß er den Schirm, den er bei sich trug, schon zwanzig Jahre lang benutzt, riet der Freund: »Das genügt. Gib ihn zurück!«

Ein Mann, schutzlos dem strömenden Regen ausgeliefert, glaubt in einem vor ihm gehenden Beschirmten einen Freund zu erkennen. Er klopft ihm auf die Schulter: »Her mit dem Schirm!« Der andere, ein Unbekannter, übergibt das geforderte Möbel: »Entschuldigen Sie vielemals! Ich wußte nicht, daß es der Ihrige ist.«

In einer Gesellschaft wurde gerätselt, womit ein Abwesender seinen aufwendigen Lebenswandel bestreite. Ein Gast erklärte: »Aus Mangel an Beweisen.«

Ein Nachbar grübelt: »Wo mag bei diesen Leuten plötzlich das viele Geld für die Villa herkommen? Hat er sich etwas zurückgelegt oder hat sie sich etwas zurückgelegt?«

Ein Finanzexperte zum Kollegen: »Es gibt viele Möglichkeiten, an Geld zu kommen, aber nur eine anständige.«
»Und die wäre?«
»Dachte ich mir, daß Sie diese nicht kennen!«

Ein Erfahrener auf die Frage, wie man am schnellsten reich werden könne: »Ehrlich währt's am längsten.«

Die einzigen Leute, die heutzutage noch aufwachen und sich reich finden, sind Berufsboxer.

Der Teufel sch... immer auf den größten Haufen.

Altdeutsches Sprichwort

Ein Bürger aus einer kleinen Stadt am Duero verklagte seinen Nachbarn: »Ich habe einen Kalbskopf verzehrt und die Knochen vor die Tür geworfen, damit meine Feinde meinen Wohlstand erkennen. Und was tut er? Er sammelt die Knochen auf und legt sie vor seine eigene Tür!«

»Welches Holz bitte zum Braten Ihres Rebhuhns?« fragt der Kellner.
Der Gast streicht sich das Bärtchen: »Nehmen Sie eine Stradivari!«

Caruso wurde von einem amerikanischen Multimillionär zu einem Hauskonzert gebeten. Er pflegte solche Einladungen abzulehnen; diesmal aber bewog ihn die Höhe des beiliegenden Schecks zu einer Ausnahme.
Er kam befrackt und ordengeschmückt, fand jedoch keine festliche Gesellschaft, sondern einen Mann mit Hund. Auf seine Frage, was er vortragen solle, erwiderte der Hausherr: »Was beliebt!« Der Künstler begann. Der Hund heulte. Caruso brach ab.
»Okay!« sprach der Reiche. »Pluto heult, wenn er Musik hört. Ich wollte nur wissen, ob es an der Qualität der Musik liegt.«

Der Maler fragt Herrn Neureich: »Soll ich Sie im Frack malen?«
»Danke. Behalten Sie Ihren Kittel an!«

Ein Neureicher bat Lenbach um ein Porträt. Der Meister lehnte ab. Neureich bot das Doppelte. Der Meister blieb hart. Neureich verdoppelte abermals. Lenbach wurde gefügig.
»Wie oft muß ich sitzen?« fragte der Kunde. »Gar nicht«, antwortete der Maler. »Schicken Sie mir morgen auf eine halbe Stunde Ihren Frack!«

Der neureiche Trimalchio zeigte seinen Gästen den Kunstbesitz: »Hier, bitte: Kassandra, die ihre Söhne umbringt. Reines Silber. Hier ein Becher aus Korinth, Gold: Dädalus sperrt Niobe ins Trojanische Pferd.«

Ein neureicher Geizhals führt den Gast vor ein großes Gemälde: »Raten Sie, was ich dafür bezahlt habe!«
»Unmöglich!«
»Dann will ich es Ihnen sagen: Hundert Mark!«
»Nein!« staunt der Gast. »Soviel ist es ja wert!«

Talleyrand spielte 1832 mit James Rothschild Karten. Ein Goldstück fiel auf den Boden. Rothschild kroch auf allen vieren, es zu suchen. Talleyrand entzündete eine Hundertpfundnote und hielt sie unter den Tisch: »Darf ich Ihnen leuchten, Herr Baron?«

Der alte Herzog von Braunschweig saß in einer Hamburger Kirche neben

einem gestriegelten Kaufmannssohn. Als der Klingelbeutel nahte, holte der Fürst einen Gulden aus der Tasche. Der Nachbar legte gut sichtbar einen Dukaten bereit.
Der Herzog steckte seinen Gulden wieder ein und zückte zwei Dukaten.
Der Fant erhöhte auf drei Dukaten, der Herzog auf fünf.
Als zweimal zehn Dukaten auf dem Bord lagen, war der Beutel da. Der junge Protz warf seine zehn Dukaten mit großer Geste ein. Der Herzog sammelte seine Dukaten wieder auf, holte den Gulden aus der Tasche und spendete gemäß seiner ursprünglichen Absicht.

Nachdem er Karl V. auf seinem Schiffe üppig bewirtet hatte, ließ der Doge von Venedig die goldenen und silbernen Gefäße und Bestecke ins Meer werfen.
Vorher hatte er rings um den Schiffsleib Netze legen lassen.

Ein Mexikaner fand einen Goldklumpen, verkaufte ihn und berichtete, als das Geld aufgebraucht war: »Man nannte mich plötzlich Don Candelario, als mein Glück bekannt wurde, dann Don Juan Candelario, Don Juan de Candelario und endlich Don Juan de Candelario, Caballero. Heute bin ich wieder der alte Candelario.«

»Ich freue mich«, sprach der alte Freund, »daß dich der neue Wohlstand nicht verändert hat.«
»Du irrst dich«, erwiderte der Millionär. »Er hat mich verändert: Wo ich früher unmanierlich war, bin ich heute exzentrisch, und wer mich früher einen plumpen Klotz nannte, findet mich jetzt entzückend witzig.«

Die Mutter sitzt mit ihrer fast erwachsenen Tochter im Café. Das Mädchen flüstert: »Wie frech dieser dicke Brillantenknülch da drüben herüberglotzt!«
Mamas Antlitz wird streng: »Ein- für allemal, mein Kind: Männer mit Geld glotzen nicht frech, sondern blicken kühn!«

»Widerlich, wie diese Leute das Goldene Kalb umtanzen!« sagte auf einer Pariser Gesellschaft ein Herr, auf James Meyer Rothschild deutend, zu Heinrich Heine.
Der Dichter erwiderte: »Sie unterschätzen sein Alter.«

Denn der Geldsack ist kein leerer
  Schall;
der Mensch kann ihn brauchen im
  Leben,
und ob er auch dumm ist überall:
Dem Reichtum wird alles vergeben.
Worauf kein Verstand der Verständigen fällt,

das übet in Einfalt ein Tölpel ums
Geld.

Karl Julius Weber,
Demokritos IV, 12

Schäl, als er hörte, daß der Tünnes neuerdings zur Arbeit geht: »För Geld tut der alles.«

Der Brite fragt nicht: Wie reich ist der?«, sondern: »Wieviel ist er wert?« Und antwortet: »He is worth 10.000 pounds.« Wenn wir also zehntausend Pfund subtrahieren, so ist der Kerl selbst keinen Heller wert.

Karl Julius Weber, Demokritos IV, 12

»Das Geld«, erklärte ein Wohlhabender, »tut stets weniger für uns, als wir für das Geld tun.«

Zu Zeiten Hiobs machte der Teufel diejenigen, die er versuchen wollte, arm. Jetzt macht er sie reich und überläßt den Menschen die Kunst, ihre Mitmenschen arm zu machen.

Karl Julius Weber, Demokritos I, 9

Gellert erzählt in seiner Fabel »Das Testament«: Philemon war ein Freund aller. Mit seinem Reichtum half er, wo er helfen konnte. Dennoch neideten ihm zwei Nachbarn den Besitz. Philemon starb, und sein Testament überschrieb das Vermögen zu gleichen Hälften den nachbarlichen Neidlingen. Der eine vergrub sein Geld, wachte Tag und Nacht in Angst um Verlust und gönnte sich und den Seinen das tägliche Brot nicht mehr. Der andere verfiel der Verschwendung, und nicht allein das Erbgut, sondern auch sein früherer Besitz rann ihm durch die Hände:

»Ach!« sprach er zu dem andern
Erben,
»Philemon hat es wohl gedacht,
daß uns der Reichtum wird verderben,
drum hat er uns sein Gut vermacht.
Du hungerst karg; ich hab es durchgebracht.
Wir waren wert, den Reichtum zu
besitzen;
denn keiner wußt ihn recht zu nützen.«

Zwei Esel schritten schwer bepackt des
Weges.
Mit Geld gefüllte Körbe trug der eine,
dem andern waren Gerstensäcke aufgeladen.
Der Goldbeladene reckte stolz das
Haupt
und ließ vom Hals herab ein Glöcklein
klingen;
der Gerstenträger folgte still gemessen.
Da stürzten plötzlich Räuber aus dem
Dickicht,
erafften den laut klirrenden Besitz
des stolzen Grauen und verletzten ihn.
Den zweiten aber rührten sie nicht an.

Phädrus,
Fabeln II,
Die beiden lasttragenden Esel

Ein Hund, in Menschengräbern wühlend, stieß
auf einen Schatz. Und weil er Tote störte,
ward ihm die Sucht nach Reichtum eingeflößt.
Sein Gold nur hütend, denkt er nicht an Nahrung
und stirbt vor Hunger.

Phädrus, Der Hund und der Schatz

Klassenaufsatz »Was ich tun würde, wenn ich reich wäre«.
Ein Kind gibt ein leeres Blatt ab.

Der Graf von Villeroi pflegte beim Ankleiden den Kammerdiener zu fragen: »Hast du mir auch Geld in die Taschen gesteckt?«

Diogenes von Sinope, als eine Maus an seinem Brot knabberte: »Ich bin reich; ich habe Schmarotzer!«

Simonides, der Dichter, kehrte heim,
nachdem er Asiens Städten sang das Lob
der Sieger in den Spielen der Nation.
Das Schiff jedoch zerbarst im Sturm und sank,
und jeder raffte seiner Schätze Wichtigstes,
daß nach der Rettung er sein Leben friste.
Simonides ließ all sein Gut den Wellen,
den goldnen Dichterlohn, Gewand und Schmuck,
und suchte schwimmend sicheres Gestade.
Man fragte ihn, ob von der schönen Habe,
mühsam erworben, nichts er retten wolle.
Er aber sprach: »Ich trage alles bei mir,
was mir gehört und auf dem Land ich brauche.«
So manchen zog die Bürde in den Abgrund;
am fremden Strande harrte schon der Räuber;
entblößt erreicht der Rest Clazomenä
und darbt und bettelt mit des Schiffbruchs Bild.
Simonides trifft einen Freund der Kunst,
der ihn erkennt, der seine Verse liebt.
Man schenkt ihm Wohnung, Kleider, Geld und Diener.

Phädrus,
Fabeln IV, 21, Simonides

Man sprach über wohlhabende Bekannte, und sie sagte: »Eines Tages werden wir auch reich sein.«
Er nahm ihre Hand und erwiderte: »Viel Geld haben. Reich sind wir schon.«

Geld

Gluck nannte auf die Frage, welche irdischen Güter er am meisten liebe, Geld, Wein und Ruhm. Als sich der Neugierige verwunderte, Geld an erster Stelle zu hören, erklärte der Komponist: »Habe ich Geld, so ist es leicht, mir Wein zu beschaffen, und habe ich Wein, so wird mein Genius beflügelt, der den Ruhm erwirbt.«

»Sind hundert Mark eigentlich viel Geld, Papa?«
»Das kommt ganz darauf an, mein Junge, ob sie Mama ausgibt oder ich sie verdiene.«

»Natürlich kenne ich den Wert einer Mark, Papa. Deshalb will ich ja eine haben.«

Ein reicher Geizhals klagte dem Rabbi seine Nöte. Der weise Mann hörte geduldig zu und führte dann den Gast vor das Fenster: »Was siehst du?«
»Menschen«, sprach der Besucher, »Straßen, Bäume, Häuser.«
»Gut!« Der Rabbi führte ihn vor den Spiegel: »Was siehst du?«
»Mich selbst.«
Der Rabbi nickte: »Das gleiche Glas wie drüben am Fenster. Aber sobald nur eine Kleinigkeit Silber dazukommt, sieht der Mensch nur noch sich selbst.«

Als Herkules, um seiner Taten willen
im Himmel aufgenommen, alle Götter,
die Glück ihm wünschten, dankbar freundlich grüßte,
gelangte er auch vor des Plutus Thron.
Da aber wandte er sein Auge trotzig,
und grußlos schritt er fort. Befragt, warum
er Plutus' Heilwunsch meide, sprach der Held:
»Ich hasse ihn, den Erzfeind aller Bösen,
den Hehler, der mit Gold zur Untat lockt.«

Phädrus,
Fabeln IV, 12, Reichtum ist vom Übel

Ein geiziger Syrer fand eine Zuza, streichelte sie und sprach: »Durch wieviele Städte bist du gereist! Wieviele Meere hast du durchquert! Wieviele gute Menschen hast du verdorben! Wieviele Jungfrauen hast du gestürzt! Nun gehe an einen Ort, den du nie wieder verlassen sollst!«
Und die Münze glitt in seinen Beutel.

Wo Geld ist, da ist der Teufel, und wo keines ist, da ist er zweimal.

Sprichwort

In das Herz des größten Weltbezwingers
setze »du« hinein,

und es wird der größte Leidensüber-
  winder
bezeichnet sein.

Schleiermacher,
Rätsel (Geld, Geduld)

Wer es macht, der sagt es nicht,
wer es nimmt, der kennt es nicht,
wer es kennt, der will es nicht.

Falschgeld.

Baron von Drewitz läßt Zeitung sinken: »Da hat wieder so ein Idiot Falschgeld gemacht! Tss, tss, tss! Warum machen die Leute kein richtiges?«

Ein Falschmünzer auf der Leiter zum Galgen: »Ich werde gehängt, weil ich den König abgebildet und Gott gepriesen habe.«

Auf den Münzen, die Oliver Cromwell schlagen ließ, trug die Vorderseite die Worte »Gott mit uns« und die Rückseite: »Dem Wohle Englands.« Ein Mann der Stuarts kommentierte: »Wie man sieht, stehen Gott und das Wohl Englands auf verschiedenen Seiten.«

Anzeige in schottischer Tageszeitung: »Zwanzigpfundnote verloren, welche für Eigentümer Gefühlswert besitzt. Abzugeben bei . . .«

Ein Kölner hielt 1794 einen Franzosen, der mit Assignaten zahlen wollte, für einen Franziskaner, der mit frommen Bildchen vergilt. »Jesus, Maria und Joseph!« stöhnte er. »Auch er mußte unter die Fahnen. Welch eine Zeit!«

Kathederblüte aus der Wirtschaftskunde: »Wie hoch hat sich der Geldwert in den letzten fünf Jahren vermindert?«

1923 trifft Weiß-Ferdl den Valentin: »Hast scho g'hört? Der Dollar steht auf einer Milliarde, sechshundert Millionen, fünfhundertfünfzigtausend Markln!«
Der Lange verzieht keine Miene: »Mehr isser net wert!«

Die Inflation ist wie eine Schwangerschaft: Auf legalem Wege nicht mehr aufzuhalten.

Verfasser unbekannt

David Hansemann, der spätere Finanzminister, am 8. 6. 1847 im Vereinigten preußischen Landtag: »Bei Geldfragen hört die Gemütlichkeit auf.«

1895 gründete Georg von Siemens als Direktor der Deutschen Bank ein Komitee zum Studium der Möglichkeit eines Bahnbaus von Daressalam nach Mrogoro. Als ein Interessent wissen wollte, wo Mrogoro liege, antwortete Siemens: »Dort, wo das Geld zuende ist.«

Sparsamkeit

Mitten im Winter trockneten die Ameisen ihr naß gewordenes Getreide. Eine hungrige Baumgrille bat sie um etwas zu essen. Die Ameisen fragten: »Warum hast du dir im Sommer keinen Vorrat gesammelt?«
»Ich hatte keine Zeit«, antwortete die Baumgrille, »denn ich ließ meine Stimme ertönen.«
Da lachten die Ameisen: »Nun denn! Bliesest du im Sommer die Flöte, so tanze im Winter dazu!«

Äsop,
Die Baumgrille und die Ameisen

Ein Pfennig, im Jahre 0 zu 4,5 % Zins auf die hohe Kante gelegt, wäre heute zu einer Sextillion Mark angeschwollen (1 + 36 Nullen), im Wert eines massiven Goldwürfels mit der Kantenlänge des Erddurchmessers.

Zwei Einwohner eines abgebrannten Dorfes gingen von Ort zu Ort, milde Gaben einzusammeln, und kamen vor einen großen Bauernhof, in welchem der Bauer den Knecht schalt, weil die Stricke für die Ochsen über Nacht im Regen gelegen hatten.
»Der Bauer ist geizig«, sprach der eine Sammler. »Hier wird es nicht viel geben.«
Die Bittsteller wurden jedoch freundlich empfangen und beköstigt. Sie erhielten eine größere Geldsumme und das Versprechen, daß ihnen ein Scheffel Saatkorn geschickt werde.
Sie dankten und äußerten ihr Bedenken, das sie am Tore überfallen hatte.
Der Bauer erwiderte: »Ich bin nicht geizig, sondern sparsam, und deshalb kann ich Notleidenden helfen.«

»Arbeit und Sparsamkeit bringen immer vorwärts. Sieh mich an! Ohne einen Pfennig kam ich hierher, und jetzt besitze ich diesen herrlichen Landsitz und eine Million in bar.«
»Alles durch Fleiß und Sparsamkeit?«
»So ist es. Hundert Mark sparte ich selbst, den Rest mein ach so früh verschiedener Onkel.«

Der berühmte Arzt Molin erhielt den Besuch eines ebenbürtigen Geizhalses. Sie setzten sich nieder, und der Hausherr blies die Lampe aus: »Zum Reden brauchen wir kein Licht.«

Die geizige Prinzessin de N. tanzte eine Pariser Saison hindurch mit dem Sekretär einer auswärtigen Gesandtschaft. Ein Höfling machte Talleyrand aufmerksam und bemerkte tadelnd, der Kavalier sei jung verheiratet.
»Keine Sorge!« erwiderte der Minister. »Sie schont nur die Füße ihres Mannes.«

Fritze hat einen Tag schulfrei bekommen. »Was sagte denn der Lehrer zu unseren Zwillingen?« erkundigt sich der Vater.
»Von dem zweiten habe ich ihm noch nichts gesagt«, berichtet der Sprößling. »Den hebe ich mir für nächste Woche auf.«

Aus der Ansprache eines Chefs bei einer Betriebsversammlung: »Wir müssen sparen, meine Herrschaften, koste es, was es wolle!«

Ein Tausendfüßler litt an Rheumatismus, begab sich zur Eule und fragte, wie er seine Schmerzen lindern könne. Die weise Eule dachte eine gebührende Zeitlang nach. Dann richtete sie langsam die großen Augen auf den Besucher und sprach: »Verwandele dich in einen Vogel, mein Freund! Du hast dann nur noch zwei Beine, und deine Schmerzen werden sich um 998 Promille verringern.«
»Dank!« erwiderte der Tausendfüßler. »Tiefempfundenen Dank! Nur, weise Eule, sage mir auch, wie schaffe ich es, mich in einen Vogel zu verwandeln?«
Da ließ die Eule einen hochmütigen Blick auf den Wurm fallen. »Freund«, sprach sie herablassend, »das ist deine Sache. Ein wenig mußt du auch selbst zu deiner Heilung beitragen.«

Die beiden Kinder besitzen je eine Sparbüchse, deren Inhalt dazu bestimmt ist, dem Geschwister zum Geburtstag und zu Weihnachten ein Geschenk zu kaufen. Eines Tages beklagt sich das Mädchen: »Der Hilmar ist unverschämt! Der steckt sein Geld immer in meine Sparbüchse.«

Es geht um die Bescheidenheit. »Du hast einen großen Apfel«, spricht der Lehrer, »und einen kleinen und sollst nun mit deinem Bruder teilen. Welchen Apfel behältst du und welchen gibst du ab?«
Ludwig kneift ein Auge zu: »Mit welchem Bruder soll ich teilen? Mit meinem großen oder mit dem kleinen?«

McBains Sohn kommt strahlend nach Hause und berichtet, er habe drei Pennies gespart, weil er hinter der Straßenbahn hergelaufen sei.
Ärgerlich schüttelt der Vater den Kopf: »Du bist und bleibst ein Verschwender! Wärest du einem Taxi nachgelaufen, hättest du drei Schilling gespart.«

McNepp rennt neben einem Taxi her: »Was kostet es bis zum Bahnhof?«

»Drei Schilling«, antwortet der Fahrer. Eine Zeitlang später: »Und von hier?«
»Vier.«
»Wieso?«
»Der Bahnhof liegt in der anderen Richtung.«

Am ersten Abend nach der Hochzeitsreise bringt der schottische Jungvermählte eine Tüte Bonbons nach Hause: »Dir einen, Darling, und mir einen, und den Rest heben wir für die Kinderchen auf.«

McNepp zu seinem Sohne, der einem Solisten lauscht: »Stell das Radio ab, Benny, oder hol ein Orchester!«

Zwei Schotten, Thomas und Vincent, trinken Brüderschaft.
»Hättest du etwas dagegen«, fragt Thomas, »wenn ich dich ›Vin‹ nennen würde?«

Ein Schotte spendet Blut.
Nach der ersten Übertragung gibt ihm die Patientin 5 Pfund, nach der zweiten 3 Pfund, nach der dritten 1 Pfund. Nach der vierten sagt sie nur noch »Danke«.

Ein schottischer Mathematiker, seit vielen Jahren in den Vereinigten Staaten lebend, besuchte seine Heimat, kehrte zurück und erzählte: »Die Witze über meine Landsleute sind wirklich berechtigt. Eines abends kaufte ich mir an einem Kiosk eine Zigarre und bat um Feuer. ›Sie können eine Schachtel Streichhölzer haben‹, antwortete der Händler. ›Zwei Penny.‹ Ich mußte tatsächlich in mein Hotel zurück, um mir die Zigarre anzustecken.«

Ein Schotte auf die Frage, was er von den Schottenwitzen halte: »Man sollte mit ihnen etwas sparsamer sein.«

Ein Geizhals besaß einen schönen Birnbaum. Einige Äste hingen über die Grundstücksgrenze hinüber zur Straße, und mancher Vorübergehende erlaubte sich einen raschen Griff.
Das ärgerte den Geizhals, und er befestigte ein Schild am Zaun: »Vor dem Genuß der Birnen wird gewarnt. 3 Früchte sind vergiftet.«
Am nächsten Morgen erbleichte er: Die »3« war durch eine »6« ersetzt.

Ein Geizhals tauschte sein ganzes Vermögen in einen Goldklumpen und vergrub ihn im Garten. Jeden Tag öffnete er die Grube, betrachtete eine Zeitlang den Schatz und warf die Erde wieder zu.
Ein Nachbar hatte den Mann beobachtet, ging hin und stahl das Gold. Als der Bestohlene den Verlust bemerkte, raufte er sich die Haare und stimmte laute Wehklagen an. Da eilte ein Bekannter herbei, und als er die Ursache

der Klage vernommen hatte, tröstete er den Geizhals mit folgenden Worten: »Sei nicht verzagt! Nimm einen Stein, grabe ihn ein und lebe weiter, wie du bisher getan! Der Stein wird dir den gleichen Nutzen bringen.«

Äsop, Der Geizhals

»Ich Unglücklicher!« klagte ein Geizhals seinem Nachbarn. »Man hat mir den Schatz, den ich in meinem Garten vergraben hatte, diese Nacht entwendet und einen verdammten Stein an dessen Stelle gelegt.«
»Du würdest«, antwortete ihm der Nachbar, »deinen Schatz doch nicht genützt haben. Bilde dir also ein, der Stein sei dein Schatz, und du bist nicht ärmer!«
»Wäre ich auch schon nichts ärmer!« erwiderte der Geizhals. »Ist ein anderer nicht um soviel reicher? Ein anderer um soviel reicher! Ich möchte rasend werden.«

Lessing,
Fabeln, Der Geizige

Hier liegt, der immer nehmen wollte,
nie etwas gab und nur erwarb,
der ein Klistier, das öffnen sollte,
bei sich behielt und lieber starb.

Scarron, Grabschrift auf einen Geizigen

Ein Geizhals ermahnte einen Verschwender zu sparsamer Lebensführung.
»Wie Sie werde ich leben«, erwiderte der Unbelehrte, »wenn ich nichts mehr habe.«

Der Herzog von Montmorency gab dem Herzog von Enghien, seinem Neffen, eine Börse mit hundert Pistolen. Nach einigen Wochen traf er ihn wieder. Stolz wies ihm der Prinz den unberührten Beutel.
Der Herzog nahm die Börse, öffnete das Fenster und warf sie hinaus: »Ein Grand-Seigneur hat sein Geld unter die Leute zu bringen. Merkt Euch das, Monsieur!«

Armut

Ein Jude hatte eine kleine Erbschaft gemacht und fragte den Rabbiner, wie er das Geld anlegen könne.
»Handle mit Mehl und Brettern!« empfahl der Gelehrte. »Die Lebenden brauchen Nahrung und die Toten Särge.«
Nach einem Jahr war der Jude bankrott. »Wie ist das möglich?« fragte der Rabbiner.

Der Mann faltete die Hände: »In unserem Städtchen leben die Leute nicht, und sie sterben auch nicht. Sie drehen sich nur so herum.«

Die einstigen polnischen Leibeigenen: »Nur was wir versaufen, gehört uns.«

»Was kümmert mich mein Buckel?« trotzte eine livländische Bäuerin dem russischen Vogt, der ihr mit Schlägen drohte. »Mein Buckel ist herrschaftlich.«

»Dem alten Griesebock«, wurde erzählt, »geht es miserabel. Würde er nicht zweimal pro Woche fasten, wäre er längst verhungert.«

Aus einem Schüleraufsatz: »Mozart ging nach Wien. Dort heiratete er und wurde arm.«

Gerührt von des heiligen Mannes Gespräche,
gab Nönnchen Rosetta dem Pater Erwin,
daß sie das Gelübde der Armut nicht bräche,
ihr übriges Kleinod, die Jungfernschaft, hin.

Haug, Rosetta

An das Finanzamt: »Durch die langen Wintermonate bin ich in einen Engpaß geraten, welcher meine Flüssigkeit einengt.«

»Was sitzt du so bekümmert, Gustav?«

»Ach! Habe gerade ein Buch mit tragischem Schluß gelesen.«
»Storm?«
»Nein. Dresdner Bank.«

Solang du Geld besessen hast,
triebst du's mit lauter Knaben
und mußt es, seit das Geld verpraßt,
mit lauter Weibern haben!
Das ist am Armsein so fatal:
Es macht normal . . .

Martial/Mostar, Betrüblich

Ein Druse trieb sein Kamel nach Damaskus und begegnete einem Wanderer, der ihn fragte, was er in den Säcken geladen habe, die zu beiden Seiten des Kamelrückens hingen.
»In dem einen Reis«, antwortete der Gefragte, »und in dem anderen Sand, damit das Tier nicht einseitig belastet ist.«
Der Fremde lachte: »Schütte den Sand aus und teile deinen Reis, in jeden Sack die halbe Ladung! Dann ist das Tier auch gleich belastet.«
»Bei Allah! »rief der Druse. »Welch ein Narr bin ich!« Er tat, wozu ihm der Fremde geraten hatte, stieg auf und bot auch dem Ratgeber einen Platz: »Sicher bist du ein Sultan oder ein Vezier oder ein Kadi.«
»Nichts von alledem«, erwiderte der andere. »Ein Beduine.«
»Was?« entsetzte sich der Druse. »Ein armer Mann?« Er hielt das Kamel an: »Da kann Euer Ratschlag unmöglich taugen. Steigt ab! Lieber will ich einen Sack Sand schleppen, als dem Rat eines

Mannes folgen, dessen Klugheit nicht ausreicht, ihn von der Armut zu befreien.«

Ein Geizhals: »Die Begierde gehört mir. Das Vergnügen aber, wenn ich es genieße, geht verloren.«

Ein gereister Sprachlehrer, der 1812 zu Berlin starb, verlebte 47 Jahre in einem engen Stübchen ohne Holz und Licht. Wenn ihn fror oder die Nacht kam, kroch er ins Bett, und seinen Tisch hatte er in einer Garküche. Unter seiner Diele fand man aber nach seinem Tode 20000 Taler, die er auch an verschiedene Stiftungen legierte, aber keinen Heller davon an seinen armen Bruder, weil ihm dieser einmal von Dresden aus einen Brief gesandt hatte, unfrankiert. So starb zu Bingen Rat Schranz. Man fand nur wenig, erfuhr aber zufällig, daß ein Tischler in den Sarg geheime Fächer habe machen müssen, und in diesen befanden sich 75000 Gulden an Gold und Juwelen.

Karl Julius Weber, Demokritos IV, 24

Dem Totenrichter Minos im Hades wurde ein Geizling vorgeführt, der Charon um das Fährgeld über den Acheron geprellt hatte. »An den Felsen mit ihm wie Prometheus!« rief ein Geschworener, »zu den Danaiden!« ein anderer, »zu Sisiphos!« ein dritter.
Minos schickte ihn auf die Oberwelt zurück, wo er zusehen mußte, wie die Erben seine zusammengerafften Schätze verjubelten.

XIX. Kapitel

Glück
Freude
Vergnügung
Scherz
Lachen

Glück

Als den Tyrannen Dionys
ein Schmeichler einstens glücklich pries
und aus dem Glanz der äußerlichen Ehre,
aus reichem Überfluß an Volk und Gold erwies,
daß sein Tyrann unendlich glücklich wäre,
als dies Damokles einst getan,
fing Dionys zu diesem Schmeichler an:
»So sehr mein Glück dich eingenommen,
so kennst du es doch unvollkommen.
Doch schmecktest du es selbst, wie würde dich's erfreun!
Willst du einmal an meiner Stelle sein?«
»Von Herzen gern!« fällt ihm Damokles ein.

Ein goldner Stuhl wird schnell für ihn herbeigebracht.
Er sitzt und sieht auf beiden Seiten
der Hohen größte Herrlichkeiten,
die Stolz und Wollust ausgedacht.
Von Purpur prangen alle Wände,
Gold schmückt die Tafel aus, im Golde perlt der Wein.
Ein Wink, so eilen zwanzig Hände,
des hohen Winkes wert zu sein.
Ein Wort, so fliegt die Menge schöner Knaben
und sucht den Ruhm, dies Wort vollstreckt zu haben.
Von Wollust süß berauscht, von Herrlichkeit entzückt,
schätzt sich Damokles für beglückt.
»O Hoheit!« ruft er aus, »könnt ich dich ewig schmecken!«
Doch ach! Was nimmt er plötzlich wahr?
Ein scharfes Schwert an einem Pferdehaar,
das an der Decke hängt, erfüllt sein Herz mit Schrecken.
Er sieht die drohende Gefahr
nah über seinem Haupte schweben.
Der Glückliche fängt an zu beben.
Er sieht nicht mehr auf seines Zimmers Pracht,
nicht auf den Wein, der aus dem Golde lacht;
er langt nicht mehr nach den schmackhaften Speisen,
er hört nicht mehr der Sänger sanfte Weisen.
»Ach!« fängt er zitternd an zu schrein,
»laß mich, o Dionys, nicht länger glücklich sein!«

Gellert, Damokles

Aus Tante Karlas Sprachwolf: »Schrecklich, immer unter dem Ei des Damokles zu sitzen!«

Der Vater starb, und kurz darauf
brach auch der Sohn das Testament schon auf
und las: »Mein Sohn, du wirst von mir sehr wenig erben
als etwan ein gut Buch und meinen Lebenslauf.
Den setz ich dir zu deiner Nachricht auf.
Mein Wunsch war meine Pflicht. Bei tausend Hindernissen
befliß ich stets mich auf ein gut Gewissen.
Verstrich ein Tag, so fing ich zu mir an:
Der Tag ist hin; hast du was Nützliches getan
und bist du weiser als am Morgen?

Dies, lieber Sohn, dies waren meine
Sorgen.
So fand ich denn von Zeit zu Zeit
zu meinem täglichen Geschäfte
mehr Eifer und zugleich mehr Kräfte
und in der Pflicht stets mehr
Zufriedenheit.
So lernt ich, mich mit wenigem
begnügen,
und steckte meinem Wunsch ein Ziel.
Hast du genug, dacht ich, so hast du
viel,
und hast du nicht genug, so wird's die
Vorsicht fügen.
Was folgt dir, wenn du heute stirbst?
Die Würden, die dir Menschen gaben?
Der Reichtum? Nein! Das Glück, der
Welt genützt zu haben!
Drum sei vergnügt, wenn du dir dies
erwirbst!
So dacht ich, liebster Sohn! So sucht ich
auch zu leben.
Und dieses Glück kannst du, mit Gott,
dir selber geben.

Vergiß es nicht: Das wahre Glück
allein
ist, ein rechtschaffner Mann zu sein.«

Gellert,
Das Testament

Hades erlaubte einigen bevorzugten Schatten, eine Zeitlang auf die Erde zurückzukehren. Einer ging als Dichter, ein anderer als König, ein dritter als reicher Kaufmann. Odysseus aber klagte: »Und was bleibt für mich? Alle guten Posten sind vergeben.«
»Der beste bleibt für dich«, erklärte der Herr der Unterwelt. »Der Leib eines einfachen Mannes, der, ein einfaches Leben führend, um einfachen Lohn einfache Arbeit leistet.«

nach *Plato*

Ein Prinz suchte das große Glück. Er kam zu einer Fee, und diese beschied ihm, er solle das Hemd eines völlig zufriedenen Menschen anlegen. Der Prinz zog von Stadt zu Stadt, von Dorf zu Dorf. Endlich fand er einen singenden, halbnackten Bauernburschen, der mit seinem Los uneingeschränkt zufrieden war. Der Prinz erbat sich sein Hemd, doch der Bursche besaß keines.

nach *Oscar Wilde*

Einkommen: 20 Pfund. Ausgaben 19 Pfund, 19 Shilling, 6 Pence. Ergebnis: Glück.
Einkommen: 20 Pfund. Ausgaben 20 Pfund, 6 Pence. Ergebnis: Elend.

Charles Dickens,
David Copperfield

Schon mit zwanzig Bären hab ich
siegreich um das Fell gerauft.
Wenn die Russen wieder kommen,
wird's an sie um Schnaps verkauft.
Dann in enger Rentierhütte, oben mit
der Rauchfangklappe,
an dem Feuer so behaglich, wie im
Himmel, sitzt der Lappe.
Du nur fehlst mir, blasse Biölka, du bei
Schnaps und frischem Tran,
daß ich in der langen Nacht dir
gegenübersitzen kann.

Er hat Philosophie studiert und nun eine Gastwirtschaft mit Metzgerei in Dußlingen geerbt.
»Wenn i äls vom Merkt in Diebinge heimfahr«, erzählt er am Stammtisch, »den geschtirnten Himmel über mir, das sittliche Gesetz en mir und meine Säu hinter mir, dann han i meine schenschte Schtonde!«

Eine junge Dame verabschiedete sich von Max Liebermann in seinem Atelier: »Das war die schönste Stunde meines Lebens.«
Der Maler erwiderte: »Dat wolln wa nich hoffen, Frollein.«

»Es muß so etwas wie Glück geben«, grübelte einer am Kamin der verkannten Genies. »Wie sollte ich mir sonst den Erfolg von Leuten erklären, die mir unsympathisch sind?«

Wem das Glück wohl will, dem kalbt ein Ochs.

Sprichwort

Fischer waren ausgefahren, und trotz größter Anstrengung mußten sie ohne Beute die Heimkehr antreten. Da sprang ihnen plötzlich ein Thunfisch ins Boot, der von einem anderen Fisch verfolgt wurde.

Äsop,
Fabeln 17, Die Fischer

Hij kwam op zijn anker aan land.

Aus Holland

»Glück ist«, erklärte ein Zyniker, »wenn ein Mann auf der Straße ein Hufeisen liegen sieht, nach demselben hascht, dabei von einem Auto erfaßt und über die Böschung in ein Feld mit vierblättrigem Klee geschleudert wird.«

Wenn es Gott gefällt, kann sich einer die Nase abbeißen.

Aus England

Aus Tante Karlas Sprachwolf: »Den Blinden trifft der Herr im Schwarzen.«

Aus Tante Karlas Sprachwolf: »Ein blindes Huhn legt auch einmal ein Korn.«

Frau Apollonia Krempelseder hat das große Los auf die Nummer 154158 gewonnen. Die Nachbarn fragen, wie sie das geschafft habe.
»Ausgerechnet habe ich es mir: Mir hat geträumt, meine Mizzi wirft sechs Junge und die Maunzi sieben. Sechs und sieben ist fünfzehn. Sechsmal sieben ist einundvierzig. Fünfzehn und einundvierzig sind achtundfünfzig.«

Ein Schnorrer bettelt den Baron Rothschild um 5000 Gulden an.
»Sind Sie verrückt?« entgegnet der Finanzmann. »200 Gulden will ich Ihnen jährlich geben, solange ich lebe. Mehr nicht.«
Der Schnorrer wiegt den Kopf: »200 Gulden jährlich? Nebbich. Bei dem Glück, das Sie haben, sterben Sie nächste Woche.«

Zeitungsnotiz: »Glücklicherweise hatte der Ermordete sein Geld tags zuvor der Bank überwiesen, so daß er mit dem Verlust des Lebens davonkam.«

Zehn Fischsemmeln hat der heimkehrende Zecher bereits aus dem Automaten gezogen. Sie liegen auf dem Schaufenstersims. Bei vier Passanten hat er sich Fünfzig-Pfennig-Münzen erwechselt. Der fünfte, den er anspricht, erlaubt sich die Frage, was mit den vielen Semmeln geschehen solle.
»Frage nicht!« raunzt der Schwankende. »Wechsle! Ich habe eine Glückssträhne.«

Hoja Nasr Edin rannte durchs Dorf, den Namen seines Esels rufend und Allah preisend. »Hoja«, fragte ein Nachbar, »wo fehlt's?«
»Ich habe meinen Esel verloren.«
»Ist das ein Grund, Allah zu loben?«
»Freilich. Hätte ich auf ihm gesessen, wäre ich auch verschwunden.«

Einem armen alten Chinesen entlief das Pferd. Die Nachbarn drückten ihr Mitgefühl aus. »Woher wißt ihr«, fragte der alte Mann, »daß es ein Unglück ist?«
Einige Tage später kam das Pferd zusammen mit einigen wilden Gäulen zurück. Die Nachbarn gratulierten. »Woher wißt ihr«, sprach der Alte, »daß es ein Glück ist?«
Der Sohn des Chinesen versuchte, ein wildes Pferd zu reiten, stürzte und brach ein Bein. Die Nachbarn beklagten den Jungen. »Woher wißt ihr«, sagte der Vater, »daß es ein Unglück ist?«
Im nächsten Jahr brach ein Krieg aus. Alle Jungen des Dorfes mußten zu den Waffen. Der Sohn des Alten durfte daheimbleiben. Die Nachbarn kamen und ...

Wo ein Mensch litt, wo ihn Unglück in merkwürdiger Gestalt traf, sehen wir Denkmale und Kreuze. Glück und Freude erhalten seltener solche Denkmale. Sollten wir nicht daraus schließen dürfen, daß auf unserem Lebenswege doch mehr Glück und Freude erscheine als Elend und Unglück?

Karl Julius Weber,
Demokritos I, 9

Freude

Was die Horen, die flüchtigen, bringen,
 genieße*; denn flüchtig
ist die Gabe wie sie, schwebet in Eile
 vorbei.

* Nur vom Erlaubten ist die Rede, sowohl in diesem als in den anderen Gedichten.

Ludwig I. von Bayern,
Guter Rat

Genuß verhält sich zur Freude wie Tier zu Mensch.

Karl Julius Weber,
Demokritos I, 11

Béla Haas, der Wiener Bonvivant: »Ich besitze keine Frau, keine Kinder, keine Freunde. Was habe ich schon vom Leben außer Genuß?«

Alles, was mir wirklich Spaß macht, ist entweder unmoralisch, ungesetzlich oder macht fett.

Alexander Woollcott

Aus einem Schüleraufsatz: »Eva war die erste Frau überhaupt, die an der verbotenen Frucht genaß.«

In meinem siebenunddreißigsten Jahre fiel ich wie vom Himmel in ein Dorf und wollte als verdorbener Städter verzweifeln. Kaum nach einem Jahr vergaß ich bei Metzelsuppe die herrlichen diners diplomatiques und Rittertafeln. Auf Schwein reimt Wein, auf Wurst Durst, und Schweineknöchelchen im Salz und Sauerkraut vergleicht der Dichter des Metzelsuppenliedes (Uhland) mit Venus in den Rosen. Nach Jahr und Tag waren mir ein Markttag und Knabenspiele soviel als Theater, ein Viehmarkt, was eine Wiener Maskerade und Berliner Wachtparade oder Revue, und die Dorfkirmes so interessant als Prater und Tiergarten, Vauchall und Palais Royal!

Karl Julius Weber,
Demokritos I, 10

Die kleinste Erfindung kann uns Freude geben, wenn wir uns denkend in die Zeit versetzen, wo sie nicht war, oder auf Robinsons öde Insel.

Karl Julius Weber,
Demokritos I, 10

In Köln bittet ein Sohn um Geld. »Wat bruuchs do Geld för Verjnöge?« fragt der Vater. »Läg dich en et Bett, und wann di raasch wärm beß, dann streck ding Föößß ungen an der Deck erus! Wann se dann üskalt sin, tricks do se langsam widder unger dä wärm Deck. Dat eß et jröhßte Verjnöge, wat ich kenne. Un et koß nix.«

»Warum sind die Feste der Leute von Tschiklükümli soviel fröhlicher als jene der Leute von Tzigara-Samurkasch?«
»Weil die Leute von Tschiklükümli ärmer sind.«

Gregor von Rezzori,
Maghrebinische Geschichten 7

Mein Mädchen und mein Wein,
die wollen sich entzwein.
Ob ich den Zwist entscheide,
wird noch die Frage sein.

Ich suche mich durch beide
im stillen zu erfreun.
Sie gibt mir größ're Freude,
doch öft're gibt der Wein.

Friedrich von Hagedorn,
Der Wettstreit

Mademoiselle des Montpensiers Wagen stockte im Verkehr der Rue Saint-Honoré. Ein Bettler trat an den Schlag: »Erbarmen Sie sich eines armen Mannes, der aller Freuden dieser Welt verlustig ging!«
Die junge Dame musterte den Bittsteller: »Eunuche?«

Aus einem Schüleraufsatz: »Mein Onkel und sein Freund hatten sich viele Jahre nicht gesehen. Jetzt waren sie ganz närrisch, als sie sich trafen, und schlugen sich mit nassen Augen auf die Schultern.«

Glückwunsch: »Wenn es knallt, soll es ein Sektkorken, wenn es klopft, der Geldbriefträger, wenn es schießt, der Spargel, und wenn es platzt, kein Wechsel sein!«

Gottlob Wilhelm Burmann, Redakteur der Spenerschen Zeitung in Berlin, war ein Verehrer Goethes. 1778 besuchte ihn der Dichter.
»Wer sind Sie?« fragte Burmann mürrisch den Eintretenden.
»Goethe.«
Burmann sprang auf, warf sich zu Goethes Füßen und wälzte sich auf dem Fußboden.
»Was ist Ihnen, um Gottes willen?« fragte der Besucher.
»Die Freude«, jubelte Burmann. »Die Freude, daß Sie mich besuchen!«
»Nun, wenn es das ist«, sagte Goethe, legte sich neben den Enthusiasten und wälzte sich ebenfalls durch die Redaktionsstube.

Stunden, wo der Unsinn waltet,
sind so selten, stört sie nie!
Schöner Unsinn, glaubt mir Kinder,
er gehört zur Poesie.

Verfasser unbekannt

Sächsischer Übermut: »Heute bin 'ch in einer so ausgelass'nen Stimmung, daß 'ch mer gleich e neies Daschenduch nähm kennte, obwohl 's alde noch gar nich dreggch is!«

König: Dies will'ge, freundliche
Nachgeben Hamlets
lacht meinem Herzen zu, und dem zu
Ehren
soll das Geschütz heut jeden frohen
Trunk,
den Dänmark ausbringt, an die
Wolken tragen,
und wenn der König anklingt, soll der
Himmel
nachdröhnen ird'schem Donner.
(Shakespeare, Hamlet I, 2)

Wohlgesprochen, Majestät! Nur: Damals, im 13. Jahrhundert, gab es noch keine Geschütze.

Im Jahre 1916 auf der Nürnberger Burg, am Eingang zur Folterkammer: »Hier zu sehen: Die berühmte ›Eiserne Jungfrau‹. Eintritt einschließlich Lustbarkeitssteuer 50 Pfennige.«

Ein Kaufmann gab seiner Frau den Auftrag, das Haus festlich zu erleuchten, wenn er schlechte Geschäfte macht. Gehen die Geschäfte gut, solle nur eine Kerze brennen: »Geht es mir schlecht, dann sollen sich die anderen auch ärgern, indem sie glauben, es ginge mir gut. Geht es mir gut, dann sollen sich die anderen auch freuen, indem sie glauben, es gehe mir schlecht.«

Nachbar Nickel ist verdrießlich,
und er darf sich wohl beklagen,
weil ihm seine Pläne schließlich
alle gänzlich fehlgeschlagen.
»Unsre Ziege starb heut morgen.
Geh und sag's ihm, lieber Knabe,
daß er nach so vielen Sorgen
auch mal eine Freude habe!«

Wilhelm Busch,
Tröstlich

Vergnügung

Leute, die nur ihrem Vergnügen leben, sind gewöhnlich unverheiratet (Prism).

Wilde, Bunbury II

»Wo kann man denn hier wat erleben, Männeken?« fragt ein Berliner am Münchner Hauptbahnhof.
Der Dienstmann zwirbelt den Bart und räuspert sich: »Jetz genga S' auf d' andre Seitn und no a kloans Stückl owi, da ham S' rechta Hand an Mathäser. Do genga S' eini, steign auf an Tisch aufi, haun mit de Füaß a paar Maßkrüg owi und singa: ›Ich bin ein Preuße, kennt ihr meine Farben?‹ Und nachert sehgna S' scho.«

Ein Ehemann auf die Frage, warum er mit seiner Frau immer nur Nachtlokale besuche: »Bevor meine Frau angezogen ist, haben alle anderen Etablissements geschlossen.«

Anzeige eines Revuetheaters: »Vierzig bezaubernde Tänzerinnen in zehn verschiedenen Kostümen werden ...«

Frau Tugendmeier begleitet ihren Mann in die Bar: »Findest du den Anblick dieser halbnackten Mädchen erfreulich?«
»Nein«, antwortet Willibald. »Aber ich vermute, daß ihnen nicht erlaubt ist, mehr auszuziehen.«

Hingerissen starren die beiden auf die Schönheitstänzerin.
»Unfaßbar!« murmelt der eine.
Der andere nickt: »Leider.«

Die Prager Striptease-Bar für Ausländer erzielte miserable Einnahmen. Der Geschäftsführer wurde ins Innenministerium zitiert.
»Zuwenig Getränke, was?« fragte der Zuständige.
»Alles da und erste Güte.«
»Speisen?«
»Auch. Jeder Wunsch wird erfüllt.«
»Vielleicht liegt es an den Mädchen?«
»Unmöglich. Sorgfältigste Auswahl. Alle seit 1920 in der Partei.«

Auf die Frage eines Fremden, wo er das Bonner Nachtleben finde, erklärte ein Hauptstädter: »Was haben wir heute? Mittwoch? Bedaure. Heute hat die Dame ihren freien Tag.«

Ein Reisender aus den Staaten fragte in Paris nach der amerikanischen Kolonie. Der Einheimische erklärte: »Folies Bergère. Die ersten zehn Reihen.«

Zwei Hähne langweilen sich.
»Ich weiß was«, sagt der eine. »Wir gehen zum ›Wiener Wald‹ und schauen uns die nackten Mädchen an.«

»Ich mache noch einen kleinen Abendspaziergang«, verkündet der Ehemann.
»Einen kleinen?«
»Nur einmal um den Block. Oder zweimal.«
»Nicht in die Kneipe?«
»Höchstens ›Guten Abend‹ sagen. Wiedersehen!«
»Wiedersehen! Bring die Semmeln mit rauf, wenn du heimkommst!«

Gardinenpredigt: »Vorgestern bist du erst gestern heimgekommen, gestern erste heute, und wenn ich dich jetzt nicht geholt hätte, wäre es heute auch wieder morgen geworden.«

Die Schüler sollen einen Satz mit »Wendepunkt« bilden.
Karlchen weiß einen: »Meine Mutter sagt abends immer zu meinem Vater: ›Wenn De punkt zehn nich zu Hause bist, knallt's!«

»Bevor ich abends ausgehe, wette ich mit meiner Frau um zehn Mark, daß ich spätestens 24 Uhr wieder daheim bin.«
»Und?«
»Lasse sie gewinnen.«

Die junge Frau fährt aus dem Schlaf: »Helmut! Einbrecher!«
»Unsinn«, antwortet der Mann und schnarcht weiter.
»Helmut!« zischelt es. »Wirklich! Hörst du nichts?«
Tatsächlich. Der Mann springt aus dem Bett, reißt die Schlafzimmertür auf und packt einen Fremden am Hals. Die tapfere Frau hat inzwischen den Revolver aus der Schublade gewühlt.
»So«, spricht Helmut. »Du hältst den Knaben in Schach. Ich ziehe mich an, und dann ab mit ihm zur Polizei.«
In wenigen Minuten ist der Mann angezogen, übernimmt das Schießeisen, drückt es dem Ganoven in die Seite und kommandiert: »Vorwärts!«
Hinter ihnen wird die Tür verriegelt.
»Danke«, sagt Helmut auf der Treppe und steckt den Revolver ein. »Glaube mir: In den fünf Monaten unserer Ehe bin ich nicht mehr aus dem Haus gekommen.«

»Wo wünschen Eure Lordschaft, daß ich nicht nach Eurer Lordschaft suche«, fragte der Butler, während er Seiner Lordschaft in den Frack hilft, »wenn mich Mylady heute nacht nach Eurer Lordschaft aussenden?«

Hockt er beim Wein ein bißchen lange,
ist ihm vor seinem Lieschen bange.
Er weiß, es gibt 'nen Ehezwist,
sobald es über zwee ist.

Verfasser unbekannt

Sebastian Kneipp in Wörishofen: »Saufe wölle se alle, aber sterbe will koiner!«

»Nu herd sich doch alles off«, entrüstet sich der Bräutigam aus Sachsen. »Vorhin war'n mr im Gardn und ham de Bern'n am Boom gezählt. Dann hammer uff dr Straße gesähn, wie eener ausgerutschd is. Nachher gehn mr an'n Bahnhof und guckn, wenn halb siem der Schnellzuch durchfährt – und da stellsd du dich hin und behaubdesd, ich biede dir nischt!«

Die Garderobenfrau im Nachtklub händigt niemals Nummernscheine aus, gibt jedem Besucher mit traumhafter Sicherheit jedes Ablagestück zurück und wird wegen ihres Gedächtnisses allseits bewundert. Eines Abends wollte sie ein neuer Gast auf die Probe stellen. Er wies den ihm vorgelegten

Mantel mit dem Bemerken zurück, es sei nicht sein eigener.
Die Frau ließ den Mantel auf der Tafel liegen, lächelte und sprach: »Das müssen Sie an anderer Stelle vorbringen, mein Herr. Meine Aufgabe besteht darin, Ihnen den Mantel zurückzugeben, den Sie vor drei Stunden hier deponierten.«

Anruf einer Ehefrau bei der Wirtin des Stammlokals: »Bitte sagen Sie meinem Mann, Sie hätten mir gesagt, er sei soeben weggegangen!«

»Warum willst du dich von deiner Frau scheiden lassen?«
»Sie treibt sich ständig in Wirtshäusern herum.«
»Säuft?«
»Nein. Sucht mich.«

Kurz vor Mitternacht. Der Telegrammbote klingelt. Oben geht das Fenster auf.
»Wohnt hier Meier, Meier Alfred?«
»Jawohl. Bringen Sie ihn rauf!«

Im Morgengrauen kommt der Hochleitner Schorschi schlingernd ins eheliche Schlafzimmer. Aus den Kissen heult es: »Kein Aug hab i zugmacht die ganze Nacht.«
Unwillig schnauft der Schorschi: »Moanst i?«

Er schleicht sich zu später Stunde ins eheliche Schlafzimmer.
»Bist du es, Heinrich?« fragt es aus den Kissen.
Er antwortet: »Das möchte ich dir geraten haben.«

»Das späte Nachhausekommen habe ich meinem Mann abgewöhnt.«
»Wie?«
»Ganz einfach: Als er auf Socken ins Schlafzimmer geschlichen kam, habe ich geflüstert: ›Bist du es, Heinrich‹?«
»Na und?«
»Mein Mann heißt Richard.«

»Ich bin neunzehn Jahre alt«, schrieb eine Leserin an den Briefkastenonkel der Zeitschrift. »Vorige Woche kam ich einmal erst 2 Uhr morgens nach Hause. Meine Mutter machte mir schwere Vorhaltungen. Habe ich etwas Unrechtes getan?«
Der Ratgeber antwortete: »Versuchen Sie, sich zu erinnern!«

Aus einem Schüleraufsatz: »Bei einem zügellosen Leben ist es unvermeidlich, daß man früher oder später stirbt.«

»Sie meinen also, Herr Doktor, ich soll ein paar Tage im Bett bleiben?«
»Nächte.«

Ein alter Lebemann, seit Wochen ans Krankenlager gefesselt: »Dank, Dank! Läge ich nicht hier, wäre ich bereits tot.«

Scherz

Man kann sich das Leben auch durch zu großen Ernst verscherzen.

Peter Sirius

Der alte Bourbon, der nie etwas von Basedow, Kant und Jean Paul gelesen haben kann, fing die Erziehung zum Frohsinn noch früher an und bat seine Frau, während des Gebärens zu singen, damit sie ihm keinen Greiner mache. Sie sang also: »Notre Dame du bout du pont, aidez moi à cette heure! (Unsere Frau vom Ende der Brücke – wo ihre Kirche in Pau lag –, hilf mir zu dieser Stunde!)« und gebar Heinrich IV., den frohsinnigsten und königlichsten unter den Königen Frankreichs.

Karl Julius Weber,
Demokritos I, 5

Witz ist ein Feuerwerk des Geistes. Gedächtnis und schneller Beobachtungsgeist sammeln die brennbaren Materialien; der Verstand verarbeitet sie, und die muntere Laune zündet sie an zu Ehren der Freude.

Karl Julius Weber,
Demokritos I, 21

Witz ist noch lange kein Genie, wofür so viele Witzköpfe ihn halten. Das Genie erfindet, der Witz findet bloß.

Karl Julius Weber,
Demokritos I, 20

Der Scherzende will den anderen augenblicklich täuschen. Dieser soll die Absicht merken, und dies soll ihm Vergnügen bereiten. Das Interesse des Scherzes liegt gerade darin, wenn beide wittern, daß das Ganze nur dem Vergnügen dienen soll wie Spielkarten. So scherzt ein jovialer Alter mit einer jungen Schönen, indem er sich verliebt stellt, und macht sich und sie aufgeräumt. Meinte er Ernst, so wäre er ein alter Geck, dem Diogenes zuriefe: »Fürchtest du nicht, daß dich das Mädchen beim Wort nähme?« Und nähme das Mädchen übel, so wäre sie eine Gans.

Karl Julius Weber,
Demokritos VII, 2

Witz ist Wahrheit an der Hand der Grazien.

Karl Julius Weber,
Demokritos I, 21

Wenn man die Orgel gut spielen soll, müssen die Pfeifen rein sein. Und so steht es mit dem Witze: Wo das Herz rein ist, werden die scharfen Register durch die sanfteren gemildert.

Karl Julius Weber,
Demokritos I, 21

Ein Gascogner erklärte: »Wenn zum Salz, Essig und Pfeffer des Witzes das gute Öl eines wohlwollenden Herzens kommt, diene ich gern zum Salat.«

Wie's auch die Philosophen fassen –
Humor und Witz entströmt dem
gleichen Born.
Humor ist weises Geltenlassen,
und Witz ist kalt gewordner Zorn.

Oscar Blumenthal

Der Witz bagatellisiert die Dinge, der Humor den Menschen.

Sigmund Graff,
Lächelnde Weisheiten

Der wahre Humorist hat Menschenliebe und sieht unsere Natur als eine Mischung guter und böser Eigenschaften an, sieht im ganzen mehr Schwächen als Laster und leitet die Verkehrtheit mehr von falschem Urteil als von Herzenshärtigkeit ab.

Karl Julius Weber,
Demokritos II, 2

Echter Humor ist echt philosophischer Blick, ein recht eigentlicher Weltblick, den man auch nur bei Männern von Jahren findet, die denkend und handelnd kräftig durchs Leben geschritten sind.

Karl Julius Weber,
Demokritos II, 4

Echter Humor erhebt sich nie mit beleidigendem Stolze und gebraucht nie seine Kraft gegen Wehrlose – echter Humor, wie er auf der Feder des Cervantes im Gefängnisse saß, dessen Dunkelheit in Sonnenschein verwandelte, in seinen Wasserkrug Nektar mischte, seinen Mantel über die verstümmelte Hand breitete und in alle Bitterkeiten seines Lebens den Balsam der Hoffnung goß.

Karl Julius Weber,
Demokritos II, 2

Durch den Witz machen wir uns größer, durch den Humor kleiner, als wir sind. Auch als Zielscheibe.

Sigmund Graff,
Lächelnde Weisheiten

Humor ist, was man nicht hat, sobald man es definiert.

Rudolf Presber

Aus einer Literaturgeschichte: »Willibald Alexis schlägt in den ›Hosen des

Herrn von Bredow‹ einen humorvollen Ton an.«

Ein Schotte: »Wir sind so humorvoll, weil der Humor nichts kostet.«

Nur schade, daß die Werke des Witzes meist ein Verwesliches und ein Unverwesliches vereinen wie beim Menschen und ersteres, oft das Beste, für die Nachwelt verlorengeht.

Karl Julius Weber,
Demokritos I, 23

Es gibt ein reines Objektiv-Lächerliches, wenn es gleich scheinen will, daß alles Lächerliche bloß relativ sein müßte, bei den endlosen subjektiven Normen, die nach Zeit und Ort, nach Stand, Alter und Geschlecht, nach der Konvenienz, Individualität und Nationalität ins Unendliche wechseln.

Karl Julius Weber,
Demokritos IV, 5

Indessen bleibt der Witz immer ein Kind wie Amor, das keine strenge Erziehung verträgt und, wenn Vater Verstand es zu genau nimmt, zu Mutter Phantasie läuft, die nichts von Regeln weiß, ihn vollends verzärtelt oder dem Vater wieder überliefert, wo denn das Kindlein an der Erziehung stirbt.

Karl Julius Weber,
Demokritos I, 20

Ein erklärter Scherz ist kein Scherz mehr.

Aus Frankreich

Der Mitarbeiter für Witze kam zur Zeitungsredaktion, um seine Erzeugnisse abzuliefern. Der Chef vom Dienst empfing ihn feierlich: »Unser Kollege, der Ihre Beiträge bearbeitete, ist gestern verstorben.«
»Mein Gott!« stammelte der Besucher, einen unendlich traurigen Blick auf den leeren Schreibtisch werfend. »Das habe ich nicht gewollt.«

In einer Forschungsstation der Antarktis. Man ist seit einem Jahr beisammen.
Einer sagt: »Vierundsechzig«. Man schlägt sich auf die Schenkel vor Vergnügen. Ein anderer sagt: »Zweihundertzwölf«. Brüllendes Gelächter. Ein Dritter sagt: »Neunzehn«. Die Männer liegen auf der Tischplatte und wiehern.
Ein Neuling begreift nicht. Man unterrichtet ihn, daß man, da jedermanns Repertoir bekannt sei, die Witze numeriert habe.
Nach einigen Wochen beherrscht der Neue den Vorrat. »Hundertneunundachtzig«, sagt er eines abends. Keiner reagiert. »Dreihundertsieben«, fügt er hinzu. Man schaut ihn nachsichtig an.
Wütend fragt er: »Warum lacht Ihr denn nicht, Ihr Büffel? Ich habe doch die besten Witze ausgesucht?«
»Das schon«, antwortet einer. »Aber man muß sie auch erzählen können.«

Oberst von Zitzewitz, vom Ehrgeiz besessen, bei Casinoabenden zu brillieren, wendet sich an seinen Burschen: »Hammse wat?«
Moritz hat: Er nimmt eine Handvoll Bohnen aus der Tasche und legt eine beiseite: »Was ist das?«
Der Herr Oberst grübeln vergeblich, und Moritz erläutert: »Bonaparte«. – »Handvoll Erbsen!« ruft Zitzewitz abends im Casino.
Die Bedienung bringt das Gewünschte. Herr Oberst legen eine Erbse beiseite: »Nu ma los, meine Herrn!«
Ratloses Kopfschütteln.
»Wissen Se nich?« fragt Zitzewitz triumphierend. »Napoleon! Was denn sonst?«

Claude Crébillon pflegte sich in den Mittelpunkt jeder Gesellschaft zu witzeln. Eines Tages beschlossen einige Freunde, seiner Eitelkeit einen Streich zu spielen. Zunächst belächelten sie seine Scherze höflich und gequält; dann betrachteten sie sich gegenseitig fragend. Schließlich musterten sie den immer eifriger Bemühten mit einem Ausdruck des Zweifels an seiner Zurechnungsfähigkeit.
Der Romancier schwieg, grübelte, glaubte, daß er den Sinn für das Komische verloren habe, verabschiedete sich und wurde erst Tage später durch einen Mitverschworenen, der den Streich aufdeckte, aus seiner Bekümmernis erlöst.

Der Förster erzählt Witze im Wirtshaus. Die Bauern und Burschen wiehern. Nur einer verzieht keine Miene: »I mag den Kerl net«, murmelt er. »I lach, wenn er furt is.«

Korf erfindet eine Art von Witzen,
die erst viele Stunden später wirken.
Jeder hört sie an mit langer Weile.

Doch als hätt ein Zunder still geglommen,
wird man nachts im Bette plötzlich munter,
selig lächelnd wie ein satter Säugling.

Morgenstern,
Palmström, Korf erfindet

Gaben zwei sich einen Abschiedskuß,
anscheinend zwei Freundinnen.
Stieg die eine in den Omnibus.
Und der Omnibus fuhr von hinnen.

Die im Omnibus saß mir zugewandt.
Und ich sah, daß in ihrem Gesichte
noch lange ein liebes Lächeln stand;
das erzählte eine kleine Geschichte.

Ringelnatz,
Abglanz

Die Großmutter bringt die Enkelin zu Bett. »Nicht wahr, Oma«, spricht das Kind, »unten sind wichtige Leute zu Gast?«
»Woher weißt du das denn?«
»Mutti lacht über Vatis Witze.«

»Du bist aber häßlich!« sagt das Kind zur Tante.

»Aber Elisabeth!« empört sich die Mutter.
»War ja bloß ein Scherz.«
»Ein schlechter, Elisabeth! Ein viel besserer Scherz wäre gewesen, wenn du gesagt hättest: ›Du bist aber hübsch, Tante‹!«

Zwei Engländer begegnen sich auf der Straße. Der eine haut dem anderen ohne Vorwort hinter die Ohren.
»War das ein Scherz oder Ernst?« fragt der Geschlagene.
»Ernst natürlich!«
»Dann ist es in Ordnung«, entscheidet der erste. »Ein- für allemal: Scherze dieser Art liebe ich nicht.«

»Wonach stinkt nur Ledas Ohr,
wenn sie eng sich an mich kuschelt?«
»Nach den Zoten, Diodor,
die du ihr ins Ohr getuschelt!«

Martial/Mostar, Die Ursache

»Seltsam!« bemerkte ein Hofnarr. »Die besten Witze fallen mir über Leute ein, die in Ungnade gefallen sind.«

Abbé Galiani, der Spötter, litt an Vergiftungserscheinungen. Baron Grimm fragte: »Hat er sich in die Zunge gebissen?«

Je höher die Kultur, desto größer die Sphäre des Komischen.

Karl Julius Weber,
Demokritos IV, 3

Je unpoetischer eine Nation oder Zeit ist, desto leichter nimmt sie Scherz für Satire, und je ungesitteter sie wird, desto leichter Satire für Scherz.

Karl Julius Weber,
Demokritos VIII, 11

Nur das Treffliche wird mit Glück parodiert.

Karl Julius Weber,
Demokritos XI, 22

Lachen

Boreas, der Nordwind, und Phöbus, der Sonnengott, beobachteten einen Wanderer und wetteten, wer eher imstande sei, ihm den Mantel von den Schultern zu reißen. Boreas bließ mit voller Kraft, aber jener Mann wickelte sich nur desto fester in sein Gewand, und als der Sturm zu heftig wurde, legte er sich auf den Boden. Phöbus lächelte, und der Wanderer zog seinen Mantel aus und trug ihn über dem Arm.

Was wir von der Sonne lernen sollten:
Wenn sie kommt, dann strahlt sie.

Verfasser unbekannt

Lieber gelacht und es gehalten wie mit einem unangenehmen Besuch: Wir müssen uns aus Anstand zwingen, freundlich zu tun, und kaum haben wir eine Zeitlang diese Rolle gespielt, so sind wir in der Tat heiter und freundlicher.

Karl Julius Weber,
Demokritos II, 1

Hinweis in einer Behörde: »Sie müssen dreizehn Muskeln bewegen, um die Stirn zu runzeln, und nur zwei, um zu lächeln. Warum anstrengen?«

Ein britischer Arzt pflegte unter seine Rezepte zu schreiben: »Item recipe 3–4 Blätter Peregrine Pickle!« (»Peregrine Pickle« ist ein humoristischer Roman von Tobias George Smollet.)

Lusti in da Not
hat Gott amal gfolln;
an lustign Buabn
kann da Teufi nit holn.

Aus dem Böhmerwald

Der sterbende Kardinal Salviani, von der Dienerschaft ausgeplündert und allein gelassen, brach in Lachen aus, als sein Affe den roten Hut aufsetzte und vor dem Spiegel posierte. Dieses Gelächter brach die Krankheit und führte den Kirchenfürsten ins Leben zurück.

Ich glaube, mit mehr Recht auf meine Gabe, Lachen zu erregen, stolz sein zu dürfen, als Kallipides, der Schauspieler, auf seine Kunst, weinen zu machen. (Philippos)

Plato,
Gastmahl

Nie wird man so schnell bekannt und vertraut, als wenn man erst herzlich miteinander gelacht hat, und ich finde den Grund, daß Jugendfreundschaften bis ins greise Alter dauern, in diesem jugendlichen Frohsinn.

Karl Julius Weber,
Demokritos I, 4

»Sauer macht lustig«, hot der Ma' gsait und hot seim Weib d' Essiggutter an Grind g'schmisse.

Aus dem Allgäu

Heulend kommt der Junge in die Küche: »Vater hat sich mit dem Hammer auf den Daumen geschlagen.«
»Deswegen brauchst du doch nicht zu weinen«, sagt die Mutter.
»Ich habe ja auch ursprünglich gelacht.«

Nur in Frankreich und zu Paris, glaube ich, kann es geschehen, daß ein Singmeister Robert 1805 wirklichen Unterricht gab, wie man mit Anstand und systematisch lachen soll ... Sieur Robert sagt: Ein Mensch, der eintönig lacht, dem nur eine Art Lachen zu Gebote steht, käme ihm vor wie einer, der nichts weiter als oui und non zu sagen wisse.

Karl Julius Weber,
Demokritos II, 14

Abbé Damasceni ging zu weit, wenn er die Temperamente an den Endvokalen ihres Lachens erkennen und die Hahahalacher in Choleriker, die Hehehe in Phlegmatiker, die Hihihi in Melancholiker und die Hohoho in Sanguiniker abteilte. Es hätte sich auch noch ein Huhuhucharakter auffinden lassen für das hypochonder-hysterische Temperament, wenn damals vier Temperamente nicht stereotyp gewesen wären.
Etwas Wahres liegt aber doch in der Grille. In der Regel drückt sich das volle, laute Lachen durch ein A aus; das spöttische, grinsende nähert sich dem E; das Kichern und verhaltene Lachen der Jugend und des schönen Geschlechts gleicht dem I, das frohe Lachen der überraschten Freude dem O, und das U scheint für das Weinen gemacht zu sein.

Karl Julius Weber,
Demokritos I, 3

Vergebens bleicht man einen Mohren,
vergebens straft man einen Toren:
Der Mohr bleibt schwarz, der Tor
bleibt dumm.
Das Bessern ist nicht meine Sache.
Ich laß die Toren sein und lache:
Das ist mein Privilegium.

Karl Julius Weber,
Demokritos I

Sagt, was hätten wir armen Schelme vom Leben, wenn wir unsere Torheiten nicht belachen dürften?

Karl Julius Weber,
Demokritos I, 1

Der Zug steht abfahrbereit. Über den Bahnsteig eilt ein Mann und ruft: »Heinrich! Heinrich!«
Aus einem herabgelassenen Fenster schauen einige Köpfe. Der Suchende bleibt stehen, ohrfeigt einen der Neugierigen, wendet sich und geht langsam zurück.
Alle lachen. Am meisten lacht der Geohrfeigte. Ein Mitreisender fragt ihn: »Warum wir lachen, ist ja klar. Warum aber lachen Sie?«
»Warum werde ich wohl lachen?« antwortet der Seltsame. »Ich heiße gar nicht Heinrich.«

Adeo illum risi, ut pene sum factus ille.
Ich habe so über ihn gelacht, daß ich beinahe so geworden bin wie er.

Cicero

XX. Kapitel

Leid
Unglück
Zorn
Selbstmord
Gleichmut
Mitleid

Leid

Es starb E. T. A. Hoffmann und
Napoleon,
es starb der junge Mozart und der alte
Blücher.
Es starb der Große Kurfürst und
Pipins des Kleinen Sohn.
Kurzum: Man ist sich seines Lebens
nicht mehr sicher.

Fred Endrikat,
Pessimismus

Kalenderblatt vom 19.11.1929: »Kartoffelsuppe mit Schweinsrüssel. Keiner ist glücklich der Sterblichen, keiner; kummerbelastet ist das ganze Geschlecht, welches die Sonne bescheint. Solon.«

Jedesmal, wenn frohe Stunden
mir im Herzen stattgefunden,
haben sich mir vorgestellt
auch die Leiden dieser Welt.

Schon, daß gar so sehr verschieden
unsre Lose sind hienieden!
Goethe zwar fand nichts dabei,
doch mir scheint's nicht einwandfrei.

Pilz des Glücks ist dieser eine,
jener Stiefpilz des Geschicks;
einem sind als O die Beine,
andern wuchsen sie als X.

Sorglos aalen sich die Reichen,
andern sind die Gelder knapp ...

Friederike Kempner,
Nachlaß

Ich durfte nicht die Seligkeit bewahren,
vergönnt doch, von den Qualen bald
zu scheiden,
die leider mich nicht immer sollten
meiden.
Es muß in mir sich Höll' und Himmel
paaren.*

Doch sel'gen Geistern bloß ist's Glück
beschieden
in Ruhe nur, Bewegung will's hienieden.
Der Mensch, er soll bald sinken und
bald steigen.**

* Auch die grundlose Eifersucht versetzt in die Hölle.

** Dieses darf nicht mißverstanden werden. Nicht vom Tugendpfad soll ja der Mensch herabsinken, sondern daß Freud und Leid in diesem Leben abzuwechseln haben, ist der Sinn dieses Verses.

Ludwig I. von Bayern,
Sonette 95

Professor Tilanus mußte im Amsterdamer Krankenhaus einem Matrosen ein Bein abnehmen. Der Mann rauchte seine Pfeife während der Amputation, und kein Laut des Schmerzes kam über seine Lippen. Der Arzt bewunderte den Tapferen, sprach ihm seine Hochachtung aus und legte den Verband an. Da plötzlich stieß der Patient einen wütenden Schrei aus. Man hatte ihn mit einer Nadel gestochen.
Tilanus lachte: »Na hören Sie mal! Eben haben Sie lautlos die größten Schmerzen ertragen, und jetzt, wegen dieser Lappalie ... !«

Der Matrose schimpfte: »Der Nadelstich gehört nicht mehr dazu!«

Bismarck zu Beust in Gastein, August 1871: »Ich war einmal drüben (in den Räumen des Kaisers) und habe mich schwarz geärgert. Ich schließe die Türe heftig; der Schlüssel bleibt in meiner Hand. Ich trete bei Lehndorff (dem Generaladjutanten des Kaisers) ein und werfe den Schlüssel in das Waschbecken, das in tausend Stücke geht. ›Mein Gott‹, sagt dieser, ›sind Sie krank?‹ ›Gewesen‹, erwidere ich, ›jetzt bin ich wieder ganz wohl‹.«

Eine Hirschkuh, die an einem Auge verletzt war, weidete am Meer. Das gesunde Auge richtete sie landwärts, wo sie Jäger vermutete, das kranke Auge zur See, von wo ihr keine Gefahr zu drohen schien. Da aber nahte ein Boot, und die Leute auf diesem Boot erlegten die Hirschkuh mit ihren Pfeilen.

Äsop, Die Hirschkuh

»Das Leben hat mir manchen Strich durch die Rechnung gemacht«, soll Hans Moser genuschelt haben. »Leider aber niemals durch eine unbezahlte.«

Wenn i zon Tanz ausgeh,
tuat ma da Fuaß net weh.
»O weh, mein Fuaß!«
wenn i oarbeiten muaß.

Aus dem Böhmerwald

Die jüdische Baronin erwartet die Niederkunft. Der Arzt wird gerufen, besucht die Kreißende und bittet den Hausherrn zum Schach: »Es dauert noch.«
Die Herren spielen. Aus dem Nebenraum stöhnt es: »Ah, mon Dieu, que je souffre!« Der Gemahl springt auf. Der Arzt zieht ihn auf den Stuhl zurück: »Nichts.«
Eine Stunde später ruft die Frau: »Mein Gott! Was für Schmerzen!« Der Baron ringt die Hände. Der Arzt lächelt: »Sie sind am Zug!«
Schließlich wimmert die Gebärende: »Ai, waih geschrien!« Der Arzt steht auf: »Jetzt.«

Ein Ganove, dem ein Kollege das Messer zwischen die Schulterblätter steckte, wird ins Hospital eingeliefert. »Tut es sehr weh?« fragt die Ärztin. »Nein«, erwidert der Zugang. »Nur wenn ich lache.«

In Riversdale/Südafrika stand der sechsunddreißigjährige Bula Beja wegen unerlaubter Ausübung des Heilpraktikerberufes vor Gericht. Er pflegte seine Patienten gegen eine Gebühr von 50 Cents in den Bauch zu beißen, worauf sie, wie er angab, »ihre wirklichen Leiden« vergaßen.

Wenn d' Henne guet hocket, scherret se so lang, bis se schlecht hocket.

Aus dem Allgäu

Ein Adler saß auf einem Felsen und hielt Ausschau nach einem Hasen, den er packen könnte. Da kam ein Pfeil herangeflogen und drang ihm in die Eingeweide. Der Schaft ragte vor seinen Augen aus seinem Leibe. Da sprach der Adler: »O doppelter Schmerz, durch die eigenen Federn zu sterben!«

Äsop,
Der Adler

Die Eichen machten Zeus Vorwürfe, weil sie mehr als alle anderen Bäume den Hieb der Axt zu erdulden hätten. Der Gott entgegnete ihnen: »In euch selbst liegt die Ursache eures Unglückes; denn ihr liefert die Stiele.«

Äsop,
Jupiter und die Eichbäume

Ein Vogelsteller nahm Leim und Rohre und ging auf Fang. Als er auf einem hohen Baum eine Drossel sitzen sah, steckte er die Rohre ineinander und blickte in die Höhe. Dabei trat er auf eine Schlange. Sie wurde zornig und biß ihn, so daß er starb.

Äsop,
Der Vogelsteller und die Schlange

Die Natur hatte einen Hirsch von mehr als gewöhnlicher Größe gebildet, und an seinem Halse hingen lange Haare herab. Da dachte der Hirsch: Du könntest dich ja wohl für ein Elend ansehen lassen. Und was tat der Eitele, ein Elend zu scheinen? Er hing den Kopf traurig zur Erde und stellte sich, sehr oft das böse Wesen zu haben.
So glaubt nicht selten ein witziger Geck, daß man ihn für keinen schönen Geist halten werde, wenn er nicht über Kopfweh und Hypochonder klage.

Lessing,
Fabeln, Der Hirsch

»Wie haben wir uns zu erklären, daß viele gottesfürchtige Leute, an denen der liebe Gott gewiß sein Wohlgefallen hat, dennoch hart heimgesucht werden?« fragt der Pfarrer im Religionsunterricht.
Elfriedchen weiß es: »Was sich liebt, das neckt sich.«

Mark Aurel zu den Höflingen, die seinen Sohn tadelten, der um seinen verstorbenen Lehrer weinte: »Erlaubt ihm, Mensch zu sein, bevor er Kaiser wird!«

Der Religionslehrer liest vor, daß der Vater des Verlorenen Sohnes auf sein Angesicht gefallen sei und geweint habe. Er fragt die Kinder, warum er wohl geweint habe.
»So eine Frage!« lacht ein Junge. »Fallen Sie doch mal auf Ihr Angesicht!«

Bei allzu vielen Lasterfreuden
wird schließlich man ein Fraß der
beiden.

»Warum weinst du, holde Gärtnersfrau?
Weinst du um der Veilchen Dunkelblau?
Weinst du um die Rose, die du brichst?«
»Nein, ach nein, um diese wein ich nicht.«

Verfasser unbekannt,
Lieder aus der Küche,
Die bleiche Gärtnersfrau

»Zweimal habe ich in meinem Leben geweint«, sagte Rossini. »Das erste Mal beim Spiel Paganinis und das zweite Mal am Comer See, als ein ungeschickter Kellner vor meinen Augen einen wundervoll getrüffelten Truthahn ins Wasser warf.«

Eine Frau lacht, wenn sie kann, und weint, wenn sie will.

Aus Frankreich

Weinen ist die Zuflucht der unscheinbaren Frauen, aber der Untergang der hübschen. (Herzogin)

Wilde,
Lady Windermeres Fächer I

Mademoiselle du Thé war von ihrem Liebhaber verlassen worden. Die Trennung hatte sich mit erheblicher Aufregung in der Pariser Gesellschaft vollzogen. Ein Freund eilte zur Verlassenen und fand sie Harfe spielend: »Ich glaubte Sie verzweifelt!«
»Oh!« hauchte die Schöne. »Sie hätten mich gestern sehen sollen!«

Als ich heut so bitterlich
tief vor Gott geweinet,
da – ein kleines Vögelein
meinem Schmerz sich einet,

flog zu mir bis an den Sims
meines Fensters treulich:
»Weine nicht, du Herzensmaid –
schrecklich ist es freilich.«

Friederike Kempner

Ein Hund lief in die Küche und packte, während der Koch anderweitig beschäftigt war, ein Herz. Der Koch aber bemerkte den Diebstahl, als der Hund eben aus dem Zimmer sprang, und er sprach: »Du hast mir kein Herz (= Verstand) genommen, sondern eines gegeben; denn künftig werde ich mich vor dir in acht nehmen.«

Äsop,
Der Hund und der Koch

Als Herkules in den Himmel aufgenommen ward, machte er seinen Gruß unter allen Göttern der Juno zuerst. Der ganze Himmel und Juno erstaunten darüber. »Deiner Feindin«, rief man ihm zu, »begegnest du so vorzüglich?«
»Ja, ihr selbst«, erwiderte Herkules. »Nur ihre Verfolgungen sind es, die

mir zu den Taten Gelegenheit gegeben, womit ich den Himmel verdient habe.«

Lessing, Fabeln, Herkules

Alter Fuchs zu einem jungen Kollegen: »Das beste, was ich Ihnen wünschen kann, ist eine angemessene Zahl von Feinden. Ein Händedruck hält fest, Fußtritte treiben vorwärts.«

Unglück

Unfallwarnung im Betrieb: »Liebe Mitarbeiterinnen! Wenn Euer Pullover zu weit ist, hütet Euch vor den Maschinen! Wenn er zu eng ist, hütet Euch vor den Maschinisten!«

Aus einem Schüleraufsatz »Die Schönheit des Bayernlandes«: »Seine Seen sind sehr besucht, die Berge mit Schnee bedeckt. Die Männer tragen kurze Hosen und die Weiberleut Mieder und kurze Röcke. So erblicken wir viele Schönheiten; nur sind auch manche große Gefahren damit verbunden.«

Hier an dieser steilen Wand
stürzte ab ein Musikant.
Oben tat er noch trompeten,
unten aber ging er flöten.

Marterl in den Alpen

Der Deutschlehrer fragt nach einem Begriff, der von dem Wort »Lebensgefahr« abgeleitet ist. Lange denken die Kinder nach. Dann glaubt ein Junge, die Antwort gefunden zu haben: »Lebensgefährtin.«

Bericht eines Gerichtsvollziehers: »Die Pfändung war ohne Erfolg gekrönt.«

Allhier ist die tugendsame Jungfrau Gertrud Steixner glücklicherweise über den Schrofen herabgestürzt, hat sich aber dennoch am 26. August 1840 im 67. Lebensjahre zerfallen.

Marterl im Wipptal/Tirol

Wie wahr, o wie wahr! Als ich in meinem 68. Lebensjahr, den 17. August 1863, für meine Gaisen Gras zu Heu machen wollte, stürzte ich über diese hohe Felsenwand. Meine Sackuhr ging noch eine Zeitlang. Doch meine Lebensuhr blieb plötzlich stehen; mein Fleisch und meine Gebeine verdorren, sind bereits verfault, da du dieses liesest. Wanderer! bethe für mich Eugen Haslwanter von Ochsengarten.

Marterl bei Ötz/Tirol

Mitten zwischen Fels und Stein,
muß ich liegen ganz allein.

O Wandersmann, fall' auch herab,
damit ich hier Gesellschaft hab'!

Marterl in den Alpen

Hier kam er beim Holzen unter die
Prügel.
Er war ein guter Holzknecht,
der Johann Riegl!

Marterl b. Mariastein im Unterinntal/Tirol

Bei der Taufe des Kutters »Ladykiller« in Halifax kehrte die an einem Seil hängende, gegen den Bug geworfene Flasche unversehrt zurück und traf die Täuferin, Tochter des Eigners, am Kopf, worauf sie zu Boden stürzte und ohnmächtig wurde.

Aufi g'stiegen,
Kerschen brockt,
abi g'fallen,
hin gewesen.

Marterl bei Amras/Tirol

Stellen Sie sich nicht so an die offenen Fenster! Wenn einer hinausfällt, dann will es keiner gewesen sein.

Karl Joachim Marquardt

Hier fiel Jacob Hosenknopf
vom Hausdach in die Ewigkeit.

Marterl bei Zirl/Tirol

Der Polizeihauptwachtmeister kehrt aufs Revier zurück: »Was Besonderes?«
»Nein«, antwortet der Diensthabende. »In der Maistraße ist einer aus dem fünften Stock gesprungen. Hops. Sofort.«
Der Hauptwachtmeister hängt seine Mütze auf den Haken: »Und das ist bei Ihnen nichts Besonderes?«
»Nein. Etwas Besonderes wäre, wenn er noch lebte.«

Eine Frau fiel beim Fensterputzen in die Mülltonne. Ein Inder kam vorüber und schüttelte den Kopf: »Unglaublich, was die Europäer alles wegwerfen!«

Dem Medizinalrat Holst in Dorpat klagte ein Dienstmädchen mancherlei Beschwerden. Sie schilderte die schwere Arbeit und erzählte: »Neulich ist der Schreibtisch auf mich jefallen.«
Der Arzt legte sorgfältig die Brille beiseite: »Könnte es nicht der Sekretär jewesen sein?«

In einer Madrider Polizeistation meldete sich ein Passant mit zerrissenen Hosen und blutenden Waden. Er war von einem Hund angefallen worden. Sein Beruf: Torero.

Von sieben Stichen todtgebohrt
starb Peter Hofer hier am Ort.

Der gerechte Gott im Himmel
wird strafen einst auch diesen Lümmel.

Marterl bei Lana/Südtirol

Berufsschüleraufsatz: »Man soll nie mit einem elektrischen Körper im Bett schlafen.«

Ein Physiklehrer: »Der elektrische Strom ist jetzt so stark, daß er leicht einen ausgewachsenen Ochsen töten könnte. Ich werde mich daher hüten, dem Apparat nahezukommen.«

Schild am Elektrizitätswerk in Cherbourg: »Das Berühren der Hochspannung ist tödlich! Zuwiderhandlungen werden nicht unter einem Jahr Gefängnis bestraft!«

Warnungstafel: »Achtung Starkstrom! Lebensgefahr! Fahrlässig durch leichtsinniges Berühren tödlich Verletzte können keinen Entschädigungsanspruch geltend machen.«

Als der Lucki erfuhr, daß den Kare der Blitz erschlagen hat: »Der sah vorige Woche schon so schlecht aus!«

Die Schildaer schrieben auf einen großen Stein im Stadtgraben: »Sieht man diesen Stein nicht, so ist das Wasser zum Ersaufen!«

Vier Uhr morgens klingelt es Sturm bei den Popoffs in Sofia. Rascheln hinter der Tür. »Ich bin's, der Hausmeister«, ruft der Klingler. »Nichts Ernstes. Das Haus brennt.«

Aus einem Schüleraufsatz »Ein Brand im Dorfe«: »Mit starkem Strahl gaben die Feuerwehrmänner ihr Wasser ab.«

Die Jagersbacher Feuerwehr soll ihre Spritzkraft in Anwesenheit des Landesfeuerwehrinspektors beweisen.
Zwanzig Minuten nach dem Alarm erscheint sie, schreit und rennt durcheinander. Eine Leiter fällt um. Der Schlauch ist verknotet. Die Pumpe funktioniert nicht, und nachdem sie gerichtet ist, sprüht das Wasser in alle Himmelsrichtungen.
Der Hauptmann tobt. Der hohe Gast beruhigt ihn: »Lassen Sie sich nicht irritieren! Es ist ja nur eine Übung.«
Doch der Hauptmann duldet keinen Trost: »Eben. Eine Inspektion! Bei einem richtigen Brand, ohne Zuschauer, wäre es mir ja wurscht.«

Als der Portugiesische Klerus das Erdbeben von Lissabon (1755) als göttliches Strafgericht interpretierte, fragte man: »Warum ist denn ausgerechnet die Hurengasse stehengeblieben?«

Zorn

Heinrich IV. von Frankreich besuchte ein Dorf. Der Bürgermeister hatte seine Rede gut studiert. Als er niederkniete, traf er einen spitzen Stein, und seinen Lippen entfuhr ein lautstarkes »Verdammt!«
Der König winkte ihm aufzustehen: »Laßt's gut sein! Besseres könnt Ihr nicht sagen.«

Ich habe kein besser Werk denn Zorn und Eifer. Wenn ich wohl dichten, predigen und schreiben will, muß ich zornig sein. Da erfrischt sich mein ganz Geblüt; mein Verstand wird geschärft, und alle unlustigen Gedanken weichen.

Luther

Das Gebet verdoppelt bei Millionen Menschen die Kraft zu dulden, warum nicht auch Fluchen die Kraft zum Handeln?

Karl Julius Weber,
Demokritos V, 4

Ein Mann saß vor verschlossener Wohnungstür auf der Treppe. Der Nachbar lud ihn zum Abendessen. Er dankte: »Wenn ich gespeist habe, bin ich friedlich. Ich will toben, wenn sie heimkommt.«

Der häufig schlecht gelaunte Brahms ließ eines Abends in Ischl, in der Villa von Johann Strauß, seinem Unmut wieder einmal freien Lauf. Der Redakteur Julius Bauer erhob sein Glas: »Auf den größten Schimpfoniker der Gegenwart!«
Brahms lachte dröhnend und heiterte auf.

Mark Twains Flüche erregten den Widerwillen seiner Frau. Als er sich einmal beim Rasieren geschnitten und sein Repertoire heruntergegiftet hatte, wiederholte die Sanftmütige Wort für Wort. Der Dichter starrte sie an und schüttelte den Kopf: »Du hast die Worte, Liebste, aber es fehlt die Melodie.«

Björnstjerne Björnson über seinen Landsmann und Kollegen Hans Christian Andersen, den er in Rom zu ungelegener Zeit besucht und der ihn grob abgewiesen hatte: »Ich sah den Satan in seinem Gesicht.«

Choleriker: Ein Mann, der um so roher wird, je mehr er kocht.

Maurers Klage: »Mein Fehler ist, daß ich meine Wut immer an der Arbeit auslasse.«

Süßes Kindchen, Menschenräupchen,
mach kein bitterbös Gesicht

und verbittre drum das Leben
deinen Mite-Raupen nicht!

Friederike Kempner,
Wirklichkeit

Eine fleißige Witwe schickte ihre Mägde allmorgendlich mit dem Hahnenruf zur Arbeit. Der Zorn der Mädchen richtete sich gegen den Hahn, und sie töteten ihn. Nun aber erfuhr die Herrin nicht mehr, wann der Tag dämmern wollte, und sie weckte ihre Mägde noch früher.

Äsop,
Fabeln 79, Die Frau und ihre Mägde

Angelo Roncalli, Nuntius in Paris, begegnete einem Bauern, der einen vom Wege geratenen Karren auf die Landstraße ziehen wollte und hemmungslos fluchte. Er legte ihm die Hand auf die Schulter: »Mein Sohn, warum sagst du nicht einfach ›merde‹?«

Ein Berliner Steppke hat sich beim Spielen die Finger geklemmt. Er flucht. Ein Vorübergehender tadelt ihn. »Nich fluchen, Mann!« äfft der Junge nach. »Meine Mutta verbietet mir et Heulen. Wat soll ick denn nu?«

Mädchen badet im Drenowazflusse,
legt die Kleider auf den grünen Rasen
und das Hemdchen an des Flusses
Ufer.
Schleichet hin der Schäfer von den
Schafen,
schleichet hin und stiehlt des Mädchens
Hemde.
Aber heftig fluchet ihm das Mädchen:
»Mögen jenem, der mein Hemd
gestohlen,
Schafe dreimal sich vertausendfachen!
Rosse sollen ihm das Feld bedecken!
Soll sein Weizen sich im Tale neigen
und am Hügel auf die Sichel lehnen!«
Höret diesen Fluch des Schäfers
Mutter:
»Wer so heftig fluchet meinem Schäfer,
soll in meinem Hause sein zum
Herbste
und zum andern Herbst ein Knäblein
säugen,
ich, Großmutter, soll ihm's Taufzeug
machen!«

Wilhelm Christoph Leonhard Gerhard
(1780–1858),
Segensflüche, Nach dem Tschechischen

Armeeminister Stanton, ein lauterer aber reizbarer Mann, war beleidigt worden. Er wollte eine knallharte Erwiderung schreiben und ging zu Lincoln.
»Recht so«, sprach der Präsident. »Pack sie! Da ist Feder und Papier.«
Stanton schrieb mit kochendem Blut und las vor.
»Ausgezeichnet!« rief Lincoln. »Prachtvoll! Unübertrefflich!«
Der Beleidigte strahlte, faltete das Papier und steckte es in den Umschlag.
»Und nun?« fragte der Präsident.
»Abschicken, was denn sonst?«
Lincoln schlug ihm lächelnd auf die Schulter: »Unsinn! Wirf den Brief in den Kamin! Du hattest bei der Abfassung Freude. Du fühlst dich erleich-

tert. Du bist wieder normal. Jetzt setz dich hin und schreib!«

Eine Zeitlang hatte sich der Biertisch auf Kosten des gemütlichen Sachsen amüsiert. Nun fand der Gehänselte, es sei genug: »Wenn ihr jetz nich aufheert, mich zu veräbbeln, dann komm 'ch in Wud.«
Die Kumpanen grinsten. Einer bemerkte: »Ich habe mein Lebtag noch keinen wütenden Sachsen gesehen!«
»Ich auch nich«, erwiderte der Verärgerte. »Aber ich stell mir 'n förchderlich vor!«

Ein Gascogner drohte: »Wenn ich in Wut gerate, bringe ich um, was mir vor den Degen kommt.«
Der Partner fragte: »Kommen Sie oft in Wut?«
»Nie.«

Selbstmord

Was das Geschick auch Böses mag
  verhängen:
Man tut nicht gut, sich selbsten
  umzubrängen.

Verfasser unbekannt,
Musenklänge aus Deutschlands Leierkasten,
Fürchterliche Ballade III

Ein Pole will sich umbringen: »Was soll ich tun? Revolver besitze ich nicht, ein Strick am Hals tut weh, Gas stinkt und Wasser ist kalt.«
Der Freund empfiehlt: »Spring in den Abgrund zwischen Regierung und Volk!«

Staatspräsident Novotny versucht, westlichen Journalisten zu beweisen, daß die Tschechen den Sozialismus lieben und bereit sind, für den Staat das Leben zu opfern. Er ruft einen Offizier herein und heißt ihn, aus dem Fenster zu springen. Der Uniformierte grüßt, läßt irgend etwas hochleben und springt. »Das war ein Apparatschik«, sagen die Gäste, »kein Volk!«
Der Staatspräsident öffnet ein Fenster, ruft den erstbesten Spaziergänger herauf und bittet ihn, zum Ruhme des Landes aus dem Fenster zu springen.
Der Bürger geht zum Fenster.
Ein Journalist reißt ihn zurück: »Bist du irr, Mensch?«
Der Tscheche schüttelt den Kopf: »So ein Leben? Warum nicht?«

Cohn und Levi treffen sich im Wien des Zweiten Weltkrieges. »Hast gehört«, sagt der Levi, »der Schloime hat sich gehängt.«
Cohn zuckt die Schultern: »Warum nicht? Wenn er sich kann verbessern!«

Froh, einem dringenden Bedürfnis endlich nachgehen zu können, steige ich

in die Tiefe hinab, wo mir die Wartefrau entgegenjammert: »O mein, o mein, die Menschen sind oft keine Menschen nicht!«
Um sie über ihr schweres Los zu trösten, gebe ich ihr im voraus ein fürstliches Trinkgeld. Sie aber schaut mich mißtrauisch an und warnt mich, ihr keine Scherereien zu machen. »Sehe ich so aus?« frage ich spöttisch. »Ja!« sagt sie. »Da ist erst neulich einer gekommen, hat mir ein Markl geschenkt, und nachher hat er sich drin aufgehängt!«

Eugen Roth,
Lebenslauf in Anekdoten,
Schlechtes Beispiel (1946)

Ein Mensch, den falscherweise meist
man lebensüberdrüssig heißt,
ist, und das macht den Fall erst
schwierig,
in Wahrheit lebensübergierig,
so daß er jedes Maß vergißt
und sich an Wünschen überfrißt.

Eugen Roth,
Ein Mensch, Falsche Ernährung

Es gibt wohl viele, die ganz stolz den Selbstmord eine Feigheit nennen. Sie sollen's erst probieren; nachher sollen s' reden.

Nestroy,
Der Schützling

Ich ging eines Abends spät nach Haus, den Weg, den ich in den letzten drei Jahren täglich gegangen war. Ich bin blind und richte mich nach bestimmten Wegzeichen, die ich mit meinem Stock finde.
An diesem Abend war ein Zaun, an dem ich am Morgen noch vorübergegangen war, abgerissen. Niemand war in der Nähe, den ich hätte fragen können, und bald hatte ich mich gründlich verlaufen. Ich stand schließlich auf einer Brücke, die unsere Stadt mit der Nachbargemeinde verbindet, kehrte wieder um und tastete mich am Geländer entlang. Da sagte eine weibliche Stimme: »Kann ich Ihnen behilflich sein?« Sie klang merkwürdig erregt.
Ich nannte meine Adresse, und die Frau brachte mich bis vor die Haustür.
»Ich weiß nicht, wie ich Ihnen danken soll«, sagte ich.
»Ich muß Ihnen danken.« Ihre Stimme klang jetzt wieder ruhig.
»Das verstehe ich nicht.«
»Mein Mann hat mich vor einer Woche verlassen. Ich stand auf der Brücke und wollte ins Wasser springen. Das werde ich nun nicht mehr. Gute Nacht!«
Damit war sie verschwunden.

C. B., Das Beste, Juli 1955

Lebküchler N., dessen Tochter die Polizei abholte, dessen Frau mit dem Gesellen entlief und dessen Sohn sich von Werbern unterhalten ließ, weil er der Magd zu nahe gekommen war, beschloß zu sterben und setzte sich hin, seinen Freunden zu schreiben:

»Herz, mein Herz, ich will verzagen!
Soll ich's tragen? Soll ich fliehn?
Herz, mein Herz, hör auf zu zagen!
Ich will's wagen, ich muß hin!«

Indem er »Bürger« hinschrieb, kamen ihm Zweifel, ob's auch von Bürger wäre. Um sich keine Blöße zu geben, beschloß er nachzuschlagen, und in dieser Zwischenzeit fand er noch mehr: Er fand, daß sein Weib und seine Tochter unkeusche Nickel wären und sein Sohn ein Taugenichts sei, wurde wieder lebenslustig und griff zu den Formen.

Karl Julius Weber,
Demokritos

Die Hasen kamen zusammen und beklagten ihr Los. »Von allen Seiten droht uns der Tod«, sprachen sie, »von Menschen und Hunden und Adlern. Laßt uns gemeinsam sterben! Das ist besser, als das ganze Leben hindurch in Angst zu zittern.«
Darauf gingen sie zu einem Teich, um sich hineinzustürzen. Als sie aber ans Ufer traten, sprangen ringsherum die Frösche ins Wasser. »Halt, Freunde!« sprach darauf einer der Hasen, der sich für den Klügsten hielt. »Tut euch kein Leid an! Seht die Geschöpfe, die noch unglücklicher sind als wir!«

Äsop,
Fabeln 57, Die Hasen und die Frösche

Aus dem Polizeibericht: »Im Kanal wurde eine in einen Sack fest verschnürte Leiche gefunden. Selbstmord scheint ausgeschlossen.«

Gleichmut

Papst Johannes XXIII. schickte kurz nach seinem Amtsantritt die beiden nach altem Reglement vor dem päpstlichen Schlafgemach Wache schiebenden Nobelgardisten in die Federn: »Ich werde vom Heiligen Geist beschützt.«

Als das Schiff in einen Sturm geriet und der Kapitän verzagte, sprach Julius Cäsar: »Keine Angst! Du fährst Cäsar und sein Glück.«

Karl II. ging ohne Begleitung im Hydepark spazieren. Sein Bruder, der Herzog von York, machte ihm Vorwürfe.
»Sei ohne Sorge!« erwiderte der König. »Kein Mensch wünscht, daß du auf den Thron kommst.«

Ein Benediktiner neuerer Zeit ließ sich bei einer Operation am Stein weder festhalten noch binden, verließ sich ganz auf den Beistand seines Heiligen und des Kreuzes, das er fest an den Mund drückte, und nach geendeter Operation fragte er: »Nun, fangt ihr denn bald ordentlich an?«

Karl Julius Weber,
Demokritos I, 6

Verlangst du ein zufriedenes Herz,
so lern die Kunst, dich stoisch zu besiegen,
und glaube fest, daß deine Sinnen trügen!
Der Schmerz ist in der Tat kein Schmerz
und das Vergnügen kein Vergnügen.
Sobald du dieses glaubst, so nimmt kein Glück dich ein,
und du wirst in der größten Pein
noch allemal zufrieden sein.
»Das«, sprichst du, »kann ich schwer verstehen.
Ist auch die stolze Weisheit wahr?«
Du sollst es gleich bewiesen sehen;
denn Epiktet stellt dir ein Beispiel dar.

Ihn, als er noch ein Sklave war,
schlug einst sein Herr mit einem starken Stabe
zweimal sehr heftig auf das Bein.
»Herr«, sprach der Philosoph, »ich bitt Ihn, laß Er's sein;
denn sonst zerschlägt er mir das Bein.«
»Gut, weil ich dir's noch nicht zerschlagen habe,
so soll es«, rief der Herr, »denn gleich zerschlagen sein.«
Und drauf zerschlug er ihm das Bein.
Doch Epiktet, anstatt sich zu beklagen,
fing ruhig an: »Da sieht Er's nun!
Hab ich's Ihm nicht gesagt, Er würde mir's zerschlagen?«

Gellert,
Epiktet

Ein Gascogner über seine Holzbeine: »Ich fühle nun nichts mehr. Mögen Mücken hineinstechen, Hunde hineinbeißen, ein Rad darübergehen – mir gilt's gleich, wie Steine, Schnee, Kot, Dornen, Schlangen. Ich erspare Schuh und Strümpfe, wofür ich trinken kann. Ja, die Holzfüße tragen mir sogar Geld ein; denn nicht leicht werde ich vor einer Tür abgewiesen. Vor dem Podagra, Geschwülsten und vor allem, wozu man den Feldscher braucht, kann ich außer aller Sorge sein. Diese Holzfüße sichern sogar meinen Kopf vor neuen Kugeln, und nie werden sie alt. Ich mache meine Nüsse mit dem Fuße auf, schüre mein Feuer damit, ich kann damit um mich schlagen und am Ende, wenn ich neue brauche, noch damit einheizen. Ja, erspare selbst die Hälfte meines Sarges. Wie gut, wenn ich alles an mir wieder so leicht verjüngen könnte!«

Karl Julius Weber,
Demokritos I, 5

Wenn den alten König Friedrich Wilhelm I. von Preußen die Gicht plagte, malte er. Einige seiner Bilder tragen daher die Signatur »F. W. in doloribus pinxit.«

Die Kinder echter Lebensweisheit sprechen zu den Zufällen des Lebens wie Schuhmacher zu ihren Kunden. Wenn die Stiefel zu eng sind: »Sie treten sich schon aus.« Und wenn sie zu weit sind: »Die Nässe wird sie schon einziehen.«

Karl Julius Weber,
Demokritos I, 9

If you don't trouble trouble, trouble won't trouble you. (Wenn du die Störung nicht störst, wird die Störung dich nicht stören.)

Aus England

Eine Droschke, leer und bieder,
fährt im Stadtpark auf und nieder,
die – so merkt man – jeden nähme,
der da wollte und da käme.

Doch da niemand kommt, so fährt se
auf und nieder, und es nährt se
das Bewußtsein, daß sie könnte,
wenn das Schicksal es ihr gönnte.

Unbekannter Berliner Verfasser

David Bruchband, der seinen Reichtum verlor, steht neben dem Bankportal und verkauft Schnürsenkel. Ein ehemaliger Geschäftsfreund fragt, wie es ihm gehe.
»Ausgezeichnet«, antwortet David. »Ich arbeite mit der Bank gut zusammen. Ich habe mich verpflichtet, keine Wertpapiere zu verkaufen, und die Bank verkauft keine Schnürsenkel.«

Ein Fuchs sah an einem hohen Weinstock reife Trauben hängen und sann auf Mittel, sie zu erlangen. Da er sie trotz größter Anstrengung nicht erreichen konnte, tröstete er sich mit den Worten: »Sie sind noch unreif und viel zu sauer!«

Äsop,
Fabeln 158,
Der Fuchs und die Weintrauben

Wenn ein Franzose eine halbe Stunde zu spät zum Abendessen erscheint, weil er sich im Datum der Einladung geirrt hat, spricht er den ganzen Abend von seinem unerhörten Erlebnis. Wenn ein Engländer ein paar Minuten zu spät kommt, weil sein Haus eingestürzt ist, sagt er allenfalls, er sei durch einen kleinen Zwischenfall aufgehalten worden.

Pierre Daninos,
Major Thompson entdeckt die Franzosen

Zwei Engländer sitzen im Club vor dem Kamin und lesen. Gegen Mitternacht kommt der Diener herein. Die Zeitung des einen liegt am Boden.
»Um Gottes willen, Sir«, ruft der Diener. »Lord Hume ist ja tot!«
»Freilich«, antwortet der andere vorwurfsvoll und ohne aufzublicken. »Seit einer halben Stunde schon.«

In einem britischen Eisenbahnabteil speit ein Fahrgast immer wieder, dem Reisegefährten unmittelbar am Gesicht vorbei, durch das offene Fenster. Der Nachbar verliert endlich die Geduld und entäußert sich dem Verschleimten mitten ins Gesicht. Dieser wischt sich sauber: »Besser zielen!«

Ein Berner sitzt auf dem Hut des Mitreisenden. Es dauert lange, bis der Eigentümer es merkt. Aber endlich reklamiert er.
Der Berner erhebt sich: »Weit Ihr ausschteige?«

Aus Tante Karlas Sprachwolf: »Das läuft an mir ab wie Butter.«

Die Besitzerin, als 1870 am Düsternbrooker Weg in Kiel das Sommertheater »Tivoli« abbrannte: »Der Herr hat's gegeben, der Herr hat's genommen. Der Name des Herrn sei gepriesen in Ewigkeit! Lat den Schiet brennen!«

»Bauer«, spricht die Roggenhuberin,
»die Magd bekommt ein Kind.
»Ihr Sach!«
»Bauer! Die Leute sagen, das Kind sei von dir.«
»Mei Sach!«
»Bauer! Wenn's stimmt, daß das Kind von dir is, nachher häng i mi auf.«
»Dei Sach!«

Die Revolutionäre hatten 1848 dem Papa Wrangel gedroht, man werde, falls er in Berlin einrücke, seine Frau aufknüpfen.
Als der General durchs Brandenburger Tor ritt, wandte er sich an seinen Adjutanten: »Ob se ihr wohl uffjehängt haben?«
Sie hatten nicht.

Wiener Bonmot aus dem Ersten Weltkrieg: Die Lage ist hoffnungslos, aber nicht ernst.

Graf Osten-Sacken über Zar Nikolaus II.: »Seine Gleichgültigkeit ist so groß, daß sie an Heroismus grenzt.«

Ein schwacher Alter weidet seinen Esel.
Da naht sein Feind, den Knüppel wütend schwingend,
und angstvoll spricht der Greis zum Esel: »Auf!
Wir müssen fliehen, soll man uns nicht fangen.«
Das Langohr aber rührt sich nicht und fragt:
»Wird jener mir zwei Sättel auferlegen?«
»Gewiß nicht!« – »Also«, spricht darauf der Graue:
»Ein Sattel hier wie dort. Was schert mich, wessen?«

Phädrus,
Fabeln I, 15, Der Esel und der alte Hirt

Ein Savoyarde, Stiefelputzer in Paris, wurde von seinem Herrn aus dem Dienst gewiesen. Er zog zwei Sous aus der Tasche, setzte sich auf den Schemel und sprach: »Nun denn! So putzet mir die Schuhe!«

Hat eine Sekte das Verdienst,
daß sie des Geistes Ruhe gründet,
so ist's die Schule Demokrits,
weil sie die Menschen komisch findet.

Karl Julius Weber,
Demokritos I

Mitleid

Ein mit Holz beladener Esel mußte einen Teich durchschreiten. Er glitt aus, fiel hin und konnte nicht wieder aufstehen. Die Frösche hörten sein Klagen und sprachen: »Du stöhnst schon, weil du einmal ins Wasser gefallen bist! Was würdest du wohl sagen, wenn du wie wir dein ganzes Leben hier verbringen müßtest?«

Äsop,
Fabeln 114, Der Esel und die Frösche

Am Strand hat sich ein Mann zu weit hinausgewagt. »Hilfe, Hilfe!« schreit er. »Ich kann nicht schwimmen.«
Graf Bobby am Ufer schüttelt unwillig den Kopf: »Ich kann auch nicht schwimmen. Schrei ich deswegen?«

Ein armer Mann schildert sein Elend. Der Reiche ist erschüttert und klingelt dem Diener: »Werfen Sie diesen Kerl hinaus, Johann! Er zerreißt mir das Herz.«

Der Rabbiner hat dem Geizhals ins Gewissen geredet, und der Hartherzige gelobte Besserung.
Eines Nachts klopft ein hungernder und frierender Bettler an sein Fenster. Der Wohlhabende ist zu Tränen gerührt.
»Laß ihn rein!« ruft die Frau.
»Unsinn!« erwidert der Schluchzende. »Der Rabbi gebot Mitleid. Lasse ich ihn herein, wird es ihm gut gehen. Wie kann ich dann noch Mitleid empfinden?«

Kathederblüte: »So gerne es mir leid tut ...«

Dem Feldmarschall-Leutnant Festetics war bei Königgrätz ein Bein zerschmettert worden. Sein Diener zerfloß in Tränen. »Weine nicht, du Heuchler!« rief der Blessierte. »Ich weiß, daß du froh bist, künftig nur noch einen Stiefel wichsen zu müssen.«

Auf einem Festbankett: »Meine Damen und Herren! In dieser Stunde, die uns so freundlich in Glück und Überfluß versammelt, lasset uns gedenken unserer notleidenden Mitmenschen! Erheben Sie Ihr Glas und stimmen Sie mit mir ein in den Ruf: ›Alle Armen dieser Erde leben hoch – hoch – hoch!‹«

Auf der Rückfahrt von Choisy stürzte der Kammerdiener Ludwigs XV. von der Kalesche und brach sich das Genick.
Der König beugte sich aus dem Fenster und murrte: »Nimmt denn mein Pech überhaupt kein Ende?«

Ein Sträfling, der zur Guillotine geführt wurde, schimpfte über das schlechte Wetter.
»Halt's Maul, Kerl!« fuhr ihn ein Wächter an. »Wir müssen denselben Weg wieder zurück.«

Der Lebensmüde schwingt sich über die Schranke, um sich vor den Zug zu werfen. Der Schrankenwärter stürzt aus seinem Häuschen: »Sie! Des gibt's fei net!«
»Was geht Sie das denn an?« fragt der Verzweifelte. »Das ist meine Sache, wenn ich mich überfahren lasse!«
»So?« erwidert der Beamte gedehnt. »Und wer muaß nacha des Gschmier wieda wegputzn? Ha? I!«

Es ist immer gut, wenn man über seine Sorgen zu anderen Leuten spricht. Die stumpfe Gleichgültigkeit der Zuhörer macht wütend und schafft neue Kräfte.

Verfasser unbekannt

Der amerikanische General William Dean nach drei Jahren nordkoreanischer Gefangenschaft auf die Frage eines Reporters, welcher Gedanke ihn aufrechterhalten habe: »Ein Grundsatz. Ich habe mich strikt dagegen gewehrt, Mitleid mit mir selbst zu empfinden.«

XXI. Kapitel

Gemeinschaft
Manieren
Höflichkeit
Anpassung
Verehrung
Freundschaft
Einsamkeit

Gemeinschaft

In Treuburg in Ostpreußen, auf dem größten Marktplatz Europas, entstand ein Menschenauflauf. Ein Kaufmann schickte seinen Stift, die Ursache zu erforschen. Nach einer halben Stunde kam der Junge zurück: »Da is einer, dem kennt keiner.«

Anna Bilfinger fährt mit dem Zug von Weißenau nach Tettnang in die Fabrik.
Ein Neger sitzt ihr gegenüber.
»Sie!« sagt sie endlich.
»Ja!« antwortet der Neger.
»Sie sind doch nit von Weißenau?«
»Nein.«
»Ond von Meckebeure au nit?«
»Nein.«
»Drum.«

Eine Dohle sah in einem Schlag wohlgenährte Tauben sitzen. Sie färbte ihr Gefieder weiß und mischte sich unter sie, um an ihrem Wohlleben teilzuhaben. Solange sie schwieg, hielten die Tauben sie für ihresgleichen. Als sie aber einmal den Schnabel öffnete und krächzte, wurde sie erkannt und verjagt. Die Dohle kehrte zu den ihrigen zurück, aber hier wurde sie, ihrer weißen Federn wegen, nicht mehr aufgenommen.

Äsop,
Die Dohle und die Tauben

Ein Bär, der lange Zeit sein Brot
ertanzen müssen,
entrann und wählte sich den ersten
Aufenthalt.
Die Bären grüßten ihn mit brüderlichen
Küssen
und brummten freudig durch den
Wald.
Und wo ein Bär den andern sah,
so hieß es: »Petz ist wieder da!«
Der Bär erzählte drauf, was er in
fremden Landen
für Abenteuer ausgestanden,
was er gesehn, gehört, getan!
Und fing, da er vom Tanzen redte,
als ging er noch an seiner Kette,
auf polnisch schön zu tanzen an.

Die Brüder, die ihn tanzen sahn,
bewunderten die Wendung seiner
Glieder,
und gleich versuchten es die Brüder.
Allein anstatt wie er zu gehn,
so konnten sie kaum aufrechtstehn,
und mancher fiel die Länge lang
darnieder.
Um desto mehr ließ sich der Tänzer
sehn.
Doch seine Kunst verdroß den ganzen
Haufen.
»Fort«, schrien alle, »fort mit dir!
Du Narr willst klüger sein als wir?«
Man zwang den Petz, davonzulaufen.

Gellert,
Der Tanzbär

Ein Besitzer von Haushähnen kaufte sich ein Rebhuhn und ließ es mit den Hähnen fressen. Diese aber hackten und verstießen es. Das betrübte den Mann, weil er glaubte, das Rebhuhn werde so unfreundlich behandelt, weil es fremd sei. Bald aber bemerkte er, daß sich die Hähne auch untereinander hackten und bekämpften. Da schwand seine Betrübnis.

Äsop,
Die Haushähne und das Rebhuhn

Ein Kohlenbrenner forderte einen Walker auf, mit ihm die Wohnung zu teilen. Der Walker aber entgegnete: »Das geht nicht; denn was ich weiß mache, würdest du wieder schwärzen.«

Äsop,
Der Kohlenbrenner und der Walker

Einst wollten Schwan und Krebs und
Hecht
fortschieben einen Karren mit der Last
und spannten sich davor in Hast.
Sie tun ihr Äußerstes; er rückt nicht
von der Stelle.
Die Last, sie wäre ihnen leicht genug,
allein der Schwan nimmt aufwärts
seinen Flug,
der Krebs kriecht rückwärts, und der
Hecht strebt in die Welle.
Wer Schuld nun hat, darüber hier kein
Wort:
Der Karren aber steht noch dort.

Iwan Andrejewitsch Krylow,
Schwan, Hecht und Krebs

Drei Stiere weideten miteinander. Ein Löwe wünschte sie sich zur Beute, trug aber doch Bedenken, sie alle drei gemeinsam anzugreifen. Nachdem er sie aber durch Schmeichelei getrennt und an verschiedene Plätze gelockt hatte, überfiel er jeden einzelnen und tötete sie nacheinander.

Äsop,
Die Stiere und der Löwe

In grauer Vorzeit lebte einst ein
Mann.
Er war sehr alt und hatte viele Söhne.
Als er sein Ende nahe fühlte, forderte
er daß man ihm ein Bündel dünner
Stäbe
bringe. Dann rief er alle seine Söhne.
»Versuchet«, sprach er, »diesen Bund
zu brechen!«
Die Kinder mühten sich; es war
vergeblich.
»Nehmt nun die Stäbe einzeln«, sprach
der Alte,
»und laßt mich sehen, ob sie jetzt zu
brechen!«
Als nun die Hölzer knickten, sprach
der Sterbende:
»Wenn, meine Söhne, ihr stets fest
zusammenhaltet,
vermag euch niemand Unglück
zuzufügen,
doch strebet auseinander ihr, dann
wehe!
Es wird ergehen euch wie diesen
Stäben.«

Babrios,
Der Rat des Alten

Als die Schöpse mit den Widdern zusammen waren, trat der Schlächter ein. Sie taten, als sähen sie ihn nicht. Er griff sich ein Tier aus ihrer Mitte und tötete es. Sie aber sprachen: »Mir tut er nichts. Möge er den doch mitnehmen!« Der Schlächter kam immer wieder, und zuletzt war nur noch ein

Schaf übrig. Dieses sprach: »Wir haben verdient, daß wir, einer nach dem anderen, abgeschlachtet werden. Warum sind wir nicht, als er das erste Mal erschien, mit den Hörnern über ihn hergefallen und haben ihm sämtliche Rippen zerbrochen?«

Romulus,
Die Schöpse und der Schlächter

Wir lesen in Fabulis, wie die Wölfe ein Rat hielten wider die Hund und sprachen: »Wir leiden von den Hunden viel Not, und also wollen wir die Hund betrügen!« Da beriefen sie diejenigen Hunde zu sich, die der Wölfe Farb hatten, und sprachen: »Ihr und wir sind einer Natur. Das zeigt die Farb, die wir tragen. Wir wollen uns gegenseitig helfen, die andern Hund zu Tod zu schlagen, die nicht unsere Farb haben. Dann wird ewige Freundschaft zwischen uns sein.« Die Hunde sprachen: »Ja.« Als sie nun die anderen Hunde hatten zu Tod geschlagen, da fielen die Wölfe auch über die ihrer eigenen Farb her und bissen auch die zu Tod.

Pauli,
Schimpf und Ernst,
Von Wölfen und Hunden

Neben der Villa von Max Liebermann am Wannsee wurde 1933 eine SA-Führerschule eingerichtet. Der Künstler kam mit einem jungen Kämpfer ins Gespräch, und dieser schlenzte: »Wenn alle Juden so wären wie Sie ...«
»Sahren wir«, unterbrach Liebermann, »wenn alle Nazis so wären wie ick!«

Als Bosnien noch türkisch war, verschwand im Räuberdistrikt Kreina der Moslem Husseijim. Der Pascha gebot Nachforschungen und schickte den Nubaschir. Die Bauern empfingen ihn auf dem Markt: »Was willst du? Wir haben unsern lieben guten Husseijim geboren, wir haben ihn aufgezogen und wir haben ihn totgeschlagen. Was geht das dich an?«

Als des Aesopus' Löwe mit dem Esel, der ihm durch seine fürchterliche Stimme die Tiere sollte jagen helfen, nach dem Walde ging, rief ihm eine naseweise Krähe von dem Baume zu: »Ein schöner Gesellschafter! Schämst du dich nicht, mit einem Esel zu gehen?«
»Wen ich brauchen kann«, versetzte der Löwe, »dem kann ich ja wohl meine Seite gönnen.«
So denken die Großen alle, wenn sie einen Niedrigen ihrer Gemeinschaft würdigen.

Lessing,
Fabeln, Der Löwe mit dem Esel

Als der Esel mit dem Löwen des Aesopus, der ihn statt seines Jägerhorns brauchte, nach dem Walde ging, begegnete ihm ein anderer Esel von seiner Bekanntschaft und rief ihm zu: »Guten Tag, mein Bruder!«
»Unverschämter!« war die Antwort.
»Und warum das?« fuhr jener Esel fort. »Bist du deswegen, weil du mit einem Löwen gehst, besser als ich? Mehr als ein Esel?«

Lessing,
Fabeln, Der Esel mit dem Löwen

In seinem Saatfeld legte ein Bauer Schlingen für die Kraniche, welche ihm die Körner wegfraßen. In einer dieser Schlingen fing sich auch ein Storch. Inständig bat er, freigelassen zu werden: »Siehe, ich bin kein Kranich, sondern ein Storch, das frömmste und den Hausvätern am meisten zugetane Tier!« Der Bauer aber erwiderte: »Sag, was du willst! Ich habe dich in Gesellschaft jener ergriffen, und mit ihnen sollst du sterben.«

Äsop,
Der Bauer und der Storch

»Hohes Gericht«, spricht der Verteidiger, »bitte sehen Sie sich den größeren der beiden Angeklagten einmal genau an! Bedenken Sie, wer er ist! Bedenken Sie seinen Lebensgang! Und nun wenden Sie bitte Ihr kritisches Auge dem anderen Angeklagten zu! Müssen Sie mir nicht zustimmen, wenn ich behaupte: Sie hatten beide das große Unglück, in schlechte Gesellschaft zu geraten?«

Stundenlang war Schillers »Bürgschaft« besprochen worden. Nun wollte der Lehrer wissen, was hängengeblieben ist: »Wer kann mir ein Beispiel für eine Freundschaft zwischen zwei jungen Leuten nennen, wie sie sich schöner nicht denken läßt?« Antwort: »Max und Moritz.«

Der gesellschaftliche Zirkel unterscheidet sich vom mathematischen wesentlich dadurch, daß der mathematische einen einzigen Mittelpunkt hat, der akkurat mitten im Zirkel liegt. Der gesellschaftliche Zirkel jedoch hat in der Mitte nur den scheinbaren Mittelpunkt, den Kaffeetisch, währenddem der eigentliche Mittelpunkt, um den sich die Peripherie der Unterhaltung dreht, außerhalb des Zirkels liegt, weil gewöhnlich nur die Abwesenden ausgericht't werden.

Nestroy,
Der Unbedeutende

Auf jeder Party trägt niemand soviel zur Unterhaltung bei, wie diejenigen tun, die nicht da sind.

Audrey Hepburn

Zirkel is die vollkommenste Rundung. Drum fallt es auch in die Zirkel am meisten auf, wenn sich einer eckig benimmt.

Nestroy,
Der Unbedeutende

Yorik sagte: »Stecke zwölf Kiesel in zwölf Säcke und rüttele sie: Sie werden eckig bleiben. Stecke alle zwölf in einen Sack und rüttele sie: Sie werden sich abschleifen.«

Ich liebe die Londoner Gesellschaft. Sie hat sich ungemein verbessert und besteht jetzt völlig aus schönen Dummköpfen und geistreichen Verrückten.

Genau, was die Gesellschaft sein sollte. (Mabel Chiltern)

Wilde,
Ein idealer Gatte I

Die Sekretärin stutzt. »›Hochachtungsvoll‹?« wiederholt sie. »An diesen Schwindler und Halsabschneider?«
»Was denn sonst?« brummt der Chef.
Sie denkt nach: »Warum nicht einfach ›Mit kollegialem Gruß!‹?«

Madame de Maintenon und Madame de Caylus gingen am künstlichen See von Marly spazieren. Schlechter Stimmung beide. Das Wasser war klar, und die Fische bewegten sich träge.
»Es geht ihnen wie uns«, sprach die Caylus. »Sie vermissen ihren Schlamm.«

Der amerikanische Kritiker Groucho Marx schrieb an mehrere New Yorker Klubs und bat um Aufnahme. Alle erklärten sich geehrt und aufnahmewillig. Marx sagte ab: »Wer bereit ist, mich aufzunehmen, ist nicht exklusiv genug.«

Manieren

Die Kinder kommen von der Geburtstagsfeier nach Hause. »Wart Ihr artig?« fragt die Mutter.
Karlchen berichtet: »Großartig.«

»Tu mir einen Gefallen, mein Junge!«
»Gern, Oma.«
»Gebrauche bitte zwei Ausdrücke nicht mehr! Sie gehören sich nicht. Der eine ist ›zum Kotzen‹ und der andere ›saudämlich‹«.
»In Ordnung. Wie heißen die beiden Ausdrücke?«

Der Junge wirft mit einem Gassenausdruck um sich. Die Tante bietet zehn Pfennig, wenn er ihn nicht mehr gebraucht.
Der Bengel schiebt das Geld in die Tasche: »Ich kenne noch einen Ausdruck. Der ist eine Mark wert.«

Fritzchen fährt mit der Mutter Straßenbahn. Eine Frau mit Kleinkind steigt zu. Ein amerikanischer Soldat bietet ihr seinen Sitzplatz.
»Das ist ein Gentleman«, erklärt die Mutter.
Drei Tage später fragt der Lehrer, was ein Gentleman sei. Fritzchen weiß es: »Ein Ami, der eine Frau mit einem Kind sitzen läßt.«

Ein Gentleman ist ein Mann, der Anita Eckberg beschreiben kann, ohne die Hände zu bewegen.

Aus dem Aufsatz einer Berufsschülerin: »Wenn ich zu einem Ausländer in engeren Verkehr trete, zeige ich ihm mein bestes.«

»Kennen Sie den Unterschied zwischen einem Lackschuh, der Hardenbergstraße und einem Gentleman?« fragt man in Berlin.
Der Lackschuh geht bis zum Knöchel, die Hardenbergstraße bis zum Knie, und der Gentleman muß selbst wissen, wie weit er gehen darf.

Ein Gentleman ist ein Herr, der sich stets gut benimmt, es sei denn, er will es nicht.

Aus einem Brief Voltaires: »Entschuldigen Sie, wenn ich Ihnen bei der drückenden Hitze in Hemdsärmeln schreibe!«

Ein Engländer, allein mit einer Dame im Zugabteil, legt Mantel und Jackett ab, zieht die Hose und das Oberhemd aus, entledigt sich schließlich der Unterwäsche und fragt: »Stört es Sie, gnädige Frau, wenn ich rauche?«

Ein Lord wurde von Straßenräubern angehalten und ausgeplündert. Als sich die Galgenvögel trollen wollten, rief er entrüstet: »Hat Euch Gesindel noch niemand beigebracht, daß man einen Wagenschlag, den man öffnet, auch wieder zu schließen hat?«
Da kehrten die Burschen zurück, schlossen die Kutsche, und Ihre Lordschaft setzten die Fahrt fort.

Der Butler tritt ein: »Im Ostflügel sind Einbrecher, Euer Lordschaft.«
»Wieviel?«
»Zwei, soweit ich feststellen konnte.«
Sir Randolph faltet die ›Times‹: »Die Doppelflinte, Jeeves, den graubraunen Jagdanzug. Und dann legen Sie im Kamin nach.«

11. Gib dem Tischgespräch eine persönliche Note. Sprich von deinem eingewachsenen Fußnagel oder von der Straßenbahnlinie 16 mit dem Umsteiger.
12. Sage zu einem Herrn: »Gestatten Sie, daß ich Ihnen meine Frau vorstelle!«
16. Binde die Serviette so, daß sie ohne Zeitverlust aufzuknoten ist. Nie so fest, daß die Gesundheit leidet.
17. Hast du einen Gast, so nötige zum Essen mit der Begründung: »Es wird bis morgen doch schlecht.«

Alfred Kerr,
Der feine Ton oder das samowar vivre, Winke für den Weltmann

»Dufte Manieren hat er, mein Bräutijam. Pustet nich in de Tasse. Nix. Kippt den heißen Tee sauber in de

Untertasse und fächelt mit de Melone längs.«

Im Frühjahr 1945 besuchte der französische General Lattre de Tassigny Eisenhower. Der Amerikaner lobte den günstigen Einfluß der Franzosen auf die Höflichkeit der eigenen Truppe. In diesem Augenblick trat ein GI zu den beiden: »He, Ike, kannst du für eine halbe Stunde deinen Jeep entbehren?«
»Verstehen Sie jetzt, was ich meine?«, sprach Eisenhower. »Vor einem Vierteljahr noch hätte er ihn sich genommen, ohne zu fragen.«

Unterricht in einem masurischen Regiment über allgemeinen Benimm. »Kaczmark«, fragte der Unteroffizier, »was tun Sie, wenn Sie dem Herrn Feldwebel versehentlich auf die Füße treten?«
Kaczmark sprang auf, knallte die Hacken und legte die Hände an: »Ich tu eins in die Fresse kriegen.«

Voltaire zu einem Kritiker der Umgangsformen und Prediger der Natürlichkeit: »Mein Steiß ist auch Natur, und dennoch trage ich Hosen.«

Jeder Mensch hat indes seine moralischen Schamteile, die er nicht gern sehen läßt, und so mag der Anstand das sein, was Unterrock und Hose sind.

Weber, Demokritos, VIII, 2

Talleyrand nach einem gehörigen Rüffel über Napoleon: »Wie schade, daß ein so großer Mann so schlecht erzogen ist!«

Hier ruht Hans Caspar Grobian,
ein Klotz, wie's einen geben kann.
Läg er nicht ohne Hut im Grab,
er zög ihn selbst vor Gott nicht ab.

Hofmannswaldau, Grabschrift

So bemerkte ein Fräulein bei Raffaels heiliger Jungfrau, die den Schleier über dem Kinde lüftet, um es dem kleinen Johannes zu zeigen, der daneben kniet: »Aber beide Mütter, gingen sie nicht zu gleicher Zeit schwanger?« Und eine andere Dame tadelte Carracis Silenzio: »Wie kann eine so delikate Mutter einen solchen Bengel von Kind gebären?« In diesem Scharfblick liegt der Hauptgrund, warum die Manieren der Männer am ersten von kleinen Ungereimtheiten gereinigt werden in der großen Welt, wo Damen gebieten.

Weber, Demokritos II, 16

Die Marquise de Sablé brachte ein Kind zur Welt, dessen Vater, ein gewisser Armentières, allabendlich in

Frauenkleidern Zutritt erlangt hatte. Das Kind wurde erst nach dem Tode des Gatten der Welt gezeigt. »Ich wollte nicht«, erklärte die Marquise, »daß man, die Verachtung kennend, die ich meinem Mann bezeigt hatte, glauben sollte, er schliefe noch bei mir.«

Eine Zwei-Zentner-Kundin stürzte in die Eierkiste. Das Personal wuchtete sie wieder hoch. Sie fragte, ob sie Schaden angerichtet habe. »Unbedeutend, gnädige Frau«, erwiderte der Kaufmann. »Nur die obere Lage ist etwas verbeult.«

Ostpreußischer Kutscher zur betagten Gutsherrin: »In diesem Johr hebbe wi dem Ole-gnädje-Frue-Sommer schon sehr fröh.«

Die wahren Ichlinge sind aalglatt, höflich und willig, so daß sie jedem, gleich Simon dem Erlöser, sein Kreuz nachtragen, wenn sie gleich wissen, daß er daran aufgehangen wird.

Karl Julius Weber, Demokritos IV, 10

Montesquieu über Fontenelle: »Er ist so liebenswürdig, weil er niemand liebt.«

Die einen haben Takt, die anderen sagen die Wahrheit.

Aus den USA

Taktlos ist, einen Antiquitätenhändler zu fragen: »Was gibt es Neues?«

Knolle trifft einen Bekannten mit Dame am Arm: »Guten Tag miteinander! Diesmal ist es die Frau Gemahlin, nicht wahr? Oder irre ich mich wieder, wie neulich im ›Kakadu‹?«

Ein Klempner will einen Badeofen reparieren. Wie er die Türe zum Badezimmer öffnet, sieht er die Dame des Hauses in der Wanne sitzen. »Entschuldigen Sie bitte, Herr Meier!« sagt er und schließt die Türe.
Daß er sagte: »Entschuldigen Sie, bitte!«, war Höflichkeit. Daß er sagte: »Herr Meier«, war Takt.

Höflichkeit

Ein Besucher zum Fahrgastführer: »Achter Stock bitte, falls es kein Umweg ist!«

Der Nichtsachse zum Dresdner Straßenbahnschaffner: »Bitte, fährt die Bahn nach Blasewitz?«

Der Einheimische: »Sie wärn endschulddchn: Nach Blasewitz fährd die Bahn wohl nich?«

Lange überlegte Werner Bergengruen, wem er sein Buch »Baedeker des Herzens« widmen solle. Dann fand er den Würdigen: »Dem Passauer Bahnhofskellner, der mich bei Hochbetrieb mit ›Geehrter Herr Reisender‹ ansprach!«

Der Berliner Schauspieler Dessoir, der vor kurzem noch Dessauer geheißen hatte, bemerkte, als er auf die Bühne gehen wollte, daß sein Bart nicht klebte. »Jesus, mein Bart!« rief er erschrocken.
Ein ungetaufter Kollege rügte: »Bei der kurzen Bekanntschaft dürfen Sie ruhig noch ›Herr Jesus‹ sagen.«

Ein junger Sekretär wollte Goethe eine Nachricht überbringen. Im Arbeitszimmer am Frauenplan saß Eckermann. »Wo ist Goethe?« fragte der Bote.
Der Dichter im Nebenzimmer hörte die Frage, ärgerte sich über die Formlosigkeit, trat ein und rügte: »Für Sie, Herr Sekretär, Herr von Goethe!«
Der Zurechtgewiesene erwiderte: »Niemals, Euer Exzellenz, hörte ich, daß von einem Herrn Cäsar oder Herrn Homer gesprochen wurde.«

Auf einer holländischen Gesellschaft war ein Gast vor dem Kamin eingeschlafen. Ein Festteilnehmer weckte ihn und fragte, wie er heiße.
»Van Knipelaar.«
»Well, Mijnheer van Knipelaar«, sprach der Ruhestörer, »Ihr Rock brennt.«

Ein Gascogner, der sich vor einer Kanonenkugel bückte, die den Hintermann tötete: »Höflichkeit schadet nie.«

Eine alte Dame verbeugte sich jedesmal, wenn das Wort »Teufel« fiel. Nach dem Gottesdienst fragte sie der Pfarrer nach dem Grunde ihres Nikkens. Sie erklärte: »Höflichkeit kostet nichts. Man kann nie wissen.«

Stalin proklamiert vor dem Kreml die ›Woche der Höflichkeit‹. Unter der Tribüne wird laut genießt. Stalin unterbricht seine Rede: »Wer hat genießt?«
Schweigen.
Stalin winkt mit der Hand. Zwanzig Maschinenpistolen legen die erste Reihe um.
»Wer hat genießt?« fragt Stalin.
Schweigen.
Stalin winkt. Die zweite Reihe fällt.
»Wer hat genießt?«
Ein schmächtiges Männchen in der dritten, nunmehr ersten Reihe, hebt zitternd die Hand.

Stalin steigt vom Podium, geht auf den Erkälteten zu und schlägt ihm die Schulter: »Gesundheit, Genosse!«

»Seid auf Höflichkeit bedacht!
Wenn ihr vor den reichen Leuten
immer euren Bückling macht,
kann das euer Glück bedeuten!

So tat ich, und mir geht's gut!«
Das erklärst du voll Vergnügen.
Doch bei deiner Bücklingswut
hast du dreierlei verschwiegen:

Erstens bückst du dich sehr schlau
immer am diskreten Orte,
zweitens wählst du zum Kotau
Partner von der Sondersorte.

Daß du Sympathie entfachst,
bleibt es, drittens, nicht beim Bücken:
Eh du deinen Bückling machst,
kehrst du ihnen erst den Rücken.

Martial/Mostar,
Wahr ist vielmehr ...

Vater Pitt zu William, der von einer Lady verklagt worden war, weil er sich nur flüchtig verbeugt hatte: »Recht, mein Sohn! Bücke Dich nie tiefer, als Dich die Neigung drückt!«

Ein Berliner Bengel spricht einen Herrn an: »Sie, Männeken, komm ick hier nach'm Kudamm?«
»Kannst du nicht etwas höflicher fragen?«
»Nee«, erwidert der Junge. »Lieber valoof ick mir!«

Ein Professor aus Tübingen geht durch einen Weinberg spazieren. Der Weg ist während der Lese für die Öffentlichkeit gesperrt. Der Besitzer erwischt ihn: »Machst, daß d' aus mei'm Wengert naus kommst, oder i schla d'r d' Füß a, daß d' uf de Stompa heimkrattle muescht, du Siach, du verfluachter!«
»Entschuldigen Sie vielemals!« spricht der Gelehrte. »Ich habe das Verbotsschild offenbar übersehen.«
Der Winzer nickt: »Drum sait mers uich au in Guetem.«

Ein norddeutscher Sommerfrischler sinkt erschöpft auf die Bank vor der Bergwirtschaft. Die Kellnerin begrüßt ihn: »Sie müassn ja grennt sei wia'r a g'stutzter Hund!«
Der Gast schaut sie gekränkt an: »Also bitte!«
»No ja«, begütigt sie. »I hab ja bloß gmoant, weil S' schwitzn wia'r a Sau!«

Wenn man jemand auf Lateinisch begegnet, so sagt man: »Quid agis? Na, wie geht's?«

Karl Joachim Marquardt

Leise zieht durch mein Gemüt
liebliches Geläute;
Mittagsglocken Ton erklingt
hell von jeder Seite.

Geht ein schmucker Leutenant
lindenlang spazieren,
Röschen muß der Zufall ihm
grad entgegenführen.

Leutnant, dem wie Wasser gleich
Redeblumen sprießen,
sagt, um doch nicht stumm zu sein:
»Fräulein, soll Sie grüßen!«

»Grüßen? Mich?«, schön Röschen
spricht,
hemmend ihre Schritte,
»wer hat meiner wohl gedacht?
Sprechen Sie, ich bitte!«

»Röschen«, sagt der Leutenant,
schlenkernd seine Beine,
»wer galant Sie grüßen läßt?
Antwort: Heinrich Heine.«

»Heinrich Heine? Wenn ich nur
recht verstanden habe!
Heinrich Heine, werter Herr,
ruht ja längst im Grabe!«

Seines Bartes Spitzen dreht
Leutenant gewichtig
und sagt dann voll Majestät:
»Fräulein, das ist richtig.

Doch er sagt in einem Lied,
einem zarten, süßen:
›Wenn du eine Rose siehst,
sag, ich lasse grüßen!‹«

Emil Barthel (1835–1911),
Grüßen lassen

William Gööls, Gouverneur von Virginia, dankte einem Neger, der ihn grüßte.
»Was?« fragte sein Begleiter. »Euer Exzellenz grüßen einen Sklaven?«
»Gewiß«, antwortete der Politiker. »Ich möchte nicht, daß die Leute sagen, die Sklaven seien höflicher als ihr Gouverneur.«

In der Sprache der Pygmäen
sind die Worte wörtlich zu verstehen.
Sagt zum Beispiel jemand »Guten
Morgen!« »Gute Nacht!«
oder auch »Ich wünsche gut zu speisen«,
sind die Worte reiflich überdacht
und als Wirklichkeiten zu erweisen.

So zum Beispiel kann's geschehn,
daß man im Vorübergehn
mit dem Wunsche »Guten Morgen!«
heimlich hundert Mark dir in die
Tasche steckt.
Wenn du dann, geplagt von Sorgen,
dieses Geld entdeckt,
hast du wirklich einen guten Morgen!

Als ich im Pygmäen-Städtchen
eines Abends schlafen ging,
wünschte mir die Kellnerin, ein junges
Ding,
eine »Gute Nacht«.
Und ich hab mir wirklich nichts dabei
gedacht.

Wie ich nun den Schlüssel nahm
und zu meinem Zimmer kam,
stand ein reizendes Pygmäen-Mädchen
vor der Tür,
lächelnd, mit dem Finger an dem
kleinen Munde.
Und die Kleine blieb bis in die Morgenstunde ...

Siegfried von Vegesack,
In dem Lande der Pygmäen;
Jeder meint, was er sagt

Je vous prête le Bonjour! (Ich leihe Euch einen guten Tag.)

Molière,
Der Geizige

Hitler besuchte eine Heilanstalt. Die Kranken knallten die Hacken, rissen die Arme und dröhnten: »Heil!«
Nur einer hielt sich abseits. Hitler blitzte ihn an: »Kommunist?«
»Nein. Wärter.«

Ein Jude sitzt in einem Zugabteil und liest Zeitung. Zwei SA-Leute treten ein, mustern ihn, zwinkern sich zu, platschen die Linke aufs Koppelschloß und stoßen die Rechte Richtung Notbremse: »Heil Hitler!«
Der Jude zuckt zusammen und blinzelt ängstlich zu den zwei Gestalten empor: »Ich bin es nicht. Wirklich nicht.«

Im besetzten Holland hatte sich der Gruß »Heil Rembrandt!« eingebürgert.
»Was soll der Unfug?« fragte ein Gestapomann den Bürgermeister.
Der Holländer warf sich in die Brust: »Auch wir haben unsern großen Maler.«

An einem Abend des Jahres 1935 erhob sich Karl Valentin vom Wirtshaustisch, pflanzte sich vor den Zechgenossen auf, reckte den rechten Arm hoch und rief »Heil –!« Ließ den Arm sinken, erhob ihn erneut und rief: »Heil –!« Kopfschüttelnd nahm er die Hand aus der Luft, schlug sich vor die Stirn und murmelte: »I kann mir den Nama net merk'n.«

Ein evangelischer und ein katholischer Geistlicher begegneten sich am 20. April 1938 auf dem von Hakenkreuzfahnen umflatterten Marktplatz.
»Im Namen Gottes, Heil Hitler!« grüßte der Protestant.
Der Katholik dankte: »In Gottes Namen, Heil Hitler!«

Eine schwäbische Melkmaschinenfabrik hatte einen norddeutschen Werbetexter engagiert, der seine Briefe an die Bauern, um der erhofften Wirksamkeit willen, einheimisch zu unterzeichnen bemüht war. Er schloß »Mit schwäbischem Gruß!«.
Der Erfolg entsprach nicht den Erwartungen.

Goebbels benutzt einen freien Tag in der Hölle zu einer Besichtigung des Himmels. Er begegnet Götzen von Berlichingen, welcher sich vorstellt: »Der mit der eisernen Faust«.
Der Gast verbeugt sich: »Josef Goebbels, der mit der feurigen Zunge.«
Der Ritter mustert das Männchen und brummt: »Trotzdem!«

Der Landrat besucht einen Allgäuer Bürgermeister und fragt ihn, warum er auf das jüngste Rundschreiben nicht reagiert habe. Der Gemeindevorsteher druckst herum.
»Ich werde es Ihnen sagen«, lacht der Landrat. »Sie haben gedacht: Der Landrat kann mir den Buckel runterrutschen!«
Der Bürgermeister schüttelt den Kopf: »So hoch nauf han i nit denkt.«

Ein schweizer Unteroffizier beschwert sich beim Kompaniechef: »Der Gefreite Meier hat zu mir gesagt, ich solle ihn – Sie wissen schon. Was soll ich tun?«
Der Hauptmann geht, die Hände auf dem Rücken, zehn Minuten im Zimmer auf und ab. Dann bleibt er stehen und rät: »Ich tät's nicht.«

Ein Sänger des Berliner Metropoltheaters schrieb der Direktion einen Brief, enthaltend die Götzsche Aufforderung. Heinz Hentschke antwortete mit dem Vordruck für Ablehnungen bei Freibilletgesuchen: »Die Direktion bedauert, Ihrem Ersuchen heute nicht entsprechen zu können.«

Alfred Polgar wurde vor Gericht zitiert, weil er die österreichische Regierung schriftlich ersucht hatte, ihm zu tun, wie weiland Götz von Berlichingen bereit war, sich zu lassen.
Seine Verteidigung lautete: Er habe mit dem Hilfsverb ›könne‹ nur seine subjektive Bereitschaft zur Duldung der bezeichneten Handlung ausgesprochen, nicht aber eine Aufforderung an die Regierung zur Ausübung derselben.
Der Richter verwarf diese Argumentation, strafte milde und gab dem Beklagten Gelegenheit zur Schlußbemerkung.
»Ich bitte zu Protokoll zu nehmen«, sprach Polgar, »daß ich hiermit meine ausgesprochene Bereitschaft zur Duldung der erörterten Handlung zurückziehe.«

Anpassung

Schick Dich in die Welt hinein;
denn Dein Kopf ist viel zu klein,
daß sich schickt die Welt hinein!

Karl Julius Weber,
Demokritos

Wer in das Land der Buckligen reiset, ist sicher besser daran, wenn er selbst einen Buckel hat, oder handelt weise, wenn er in Ermangelung eines natürlichen sich einen künstlichen aufschnallt.

Karl Julius Weber,
Demokritos, IX, 14

Der Schneidereit und der Kadereit fahren in der Eisenbahn. Ein Fremder

steigt zu und glaubt, im Herrn Schneidereit einen Bekannten zu treffen: »Guten Tag, Herr Jankuhn! Wie jeht denn?«
»Dankeschön«, antwortet der Schneidereit.
»Und de Frau und de Kinderchens? Alles jesund?«
»Jaja, dankschön.«
»Ei, dem Magen? Haben Se dem auch all ausjeheilt?«
»Ja, dankeschön.«
Der Zug hält. Der Fremde steigt aus. Der Kadereit starrt den Schneidereit an: »Menschche, du heißt doch gar nich Jankuhn!«
»Na, nei.«
»Verheirat bist doch auch nich!«
»Nei.«
»Und mit dem Magen hast doch auch nie nich was jehabt!«
»Nei.«
»Na, warum sagst ihm denn das nich?«
»I«, sagt der Schneidereit, »wo werd ich Streit anfangen!«

Anschlag in einer Badeanstalt: »Jede Verunreinigung ist aus Rücksicht seiner Nebenmenschen in gesundheitlicher Weise zu unterlassen.«

Ein reicher Bauer hatte eine Tochter, die, obwohl klug und willig, infolge einer Sehschwäche mancherlei Unheil anrichtete. Ein Pächterssohn aus dem Nachbardorf wollte um sie werben und nahm sich vor, zu prüfen, ob das Gerücht von ihrer Kurzsichtigkeit stimme.
Das Mädchen erfuhr, worauf der junge Mann besonders zu achten sich vorgenommen. Sie steckte eine Nähnadel ins Scheunentor, und als sie mit ihm aus der Türe des Hauses trat, gab sie sich erstaunt und sprach: »Nein, die liederlichen Mägde! Die schöne Nähnadel lassen sie da drüben an der Scheune stecken!«
Sie eilte über den Hof, den spitzen Schatz zu holen, und fiel dabei über ihres Vaters Ochsen.

nach *Gotthilf Heinrich von Schubert*,
Ansichten von der Nachtseite der Naturwissenschaft, Die Kurzsichtige

»Deine Geschwindigkeit und Stärke«, sagte ein Fuchs zum Tiger, »möchte ich mir wohl wünschen.«
»Und sonst hätte ich nichts, was dir anstünde?« fragte der Tiger.
»Ich wüßte nichts!«
»Auch mein schönes Fell nicht?« fuhr der Tiger fort. »Es ist so vielfarbig wie dein Gemüt, und das Äußere würde sich vortrefflich zu dem Innern schicken.«
»Eben darum«, versetzte der Fuchs, »danke ich recht sehr dafür. Ich muß das nicht scheinen, was ich bin. Aber wollten die Götter, daß ich meine Haare mit Federn vertauschen könnte!

Lessing,
Fabeln, Der Fuchs und der Tiger

Ein Wolf fand eines Schafes Balg.
Da schlüpft' hinein der arge Schalk,
liefen mitten in der Schafe Herd
und fraß, soviel sein Herz begehrt'.
Des ward der Schäfer bald gewahr,
ergriff ihn mitten aus der Schar.

Der Schäfer ihn am Pelze faßte
und hing ihn auf an hohem Aste.
Die Schäfer hatten's kaum vernommen,
sind alle schnell zusammengekommen:
»Was hat das arme Schaf begangen,
daß du's am Ast hast aufgehangen?«
Er sprach: »Wohl trug's des Schafes
Kleid,
doch war's ein Wolf an Schlechtigkeit!«
Moral:
Vor Wölfen warnen nützet nicht.
Im Schafspelz steckt der Bösewicht.

Burchard Waldis,
Vom Wolf im Schafspelz

Aus Tante Karlas Sprachwolf: »Harald, du Scheinheuchler!«

Wer Eier will, muß der Henne Gackern leiden.

Sprichwort

Zu der Wiege eines jungen Prinzen, der in der Folge einer der größten Regenten seines Landes ward, traten zwei wohltätige Feien.
»Ich schenke diesem meinem Lieblinge«, sagte die eine, »den scharfsichtigen Blick des Adlers, dem in seinem weiten Reiche auch die kleinste Mücke nicht entgeht.«
»Das Geschenk ist schön«, unterbrach sie die zweite Feie. »Der Prinz wird ein einsichtsvoller Monarch werden. Aber der Adler besitzt nicht allein Scharfsichtigkeit, die kleinsten Mücken zu bemerken. Er besitzt auch edle Verachtung, ihnen nicht nachzujagen. Und diese nehme der Prinz von mir zum Geschenk!«

Lessing,
Fabeln, Das Geschenk der Feien

Ein deutscher Kraftwagen hielt am Londoner Hyde-Park. Der Fahrer kurbelte das Fenster herunter und beobachtete den Amateur-Redner und sein Publikum. Da eilte ein Polizist herbei und ersuchte, den Motor abzustellen.
»Ist die Rede so wichtig?« fragte der Deutsche.
»Gewiß, mein Herr«, antwortete der Beamte. »Dieser Gentleman beschimpft soeben die Polizei.«

Als ich eines Tages im Britischen Museum einige Bücher bestellte, trat eine alte Dame an das Pult.
»Ich möchte Sie um einen Rat fragen«, sagte sie zum Bibliothekar. »Bis jetzt habe ich, da ich unverheiratet bin, alle Bestellzettel mit meinem Mädchennamen unterzeichnet. Seit einiger Zeit aber erscheint mir Lord Nelson. In der vergangenen Nacht hat er mir vorgeschlagen, seine Frau zu werden, und ich habe eingewilligt. Nun möchte ich gern wissen, ob ich die Bestellzettel weiter mit meinem Mädchennamen unterzeichnen soll oder aber schreiben muß ›Lady Nelson‹?«
Der Bibliothekar, in seine Arbeit vertieft, antwortete, ohne aufzublicken: »Da es sich um eine Geisterehe handelt, müssen Sie weiterhin mit Ihrem Mädchennamen unterzeichnen.«

Ein französischer Bibliothekar hätte das Überfallkommando alarmiert oder die Irrenanstalt angerufen.

André Maurois

König Heinrich IV. entdeckte unter dem Bett seiner Gabriele den Herzog von Bellegarde. Er griff in die Obstschale, bediente sich, nahm eine weitere Handvoll Früchte und warf sie unter das Bett: »Andere wollen auch leben.«

Aus Tante Karlas Sprachwolf: »Laß ihm doch den Gefallen!«

Zanket nicht, hetzet nicht!
Jedem scheint das Sonnenlicht.
Laßt die Christen und die Juden,
Muselmänner, Botokuden,
lasset alle ungestört!
Jede Feindlichkeit zerstört
Harmonien nah und fern.
Lobet alle Gott, den Herrn,
dessen gütge Vorsicht hört
solch Gezänke gar nicht gern.

Friederike Kempner

Ein Mädchen in Begleitung eines Negers betritt eine Münchner Trambahn.
Ein Herr rümpft die Nase: »Eine Schande sowat! Mit em Schwatten! Pfui Deibel!«
Der Nachbar nimmt langsam die Virginia aus dem Mund: »Bei uns gibt's koan Rassen- und koan Nationalitätnhaß net, gell! Saupreiß!«

Verehrung

Der Veteranenpräsident erhebt sein Glas zum Wohle der Damen: »Wir alten Soldaten haben zwei Kammern in unserer Brust. Auf der einen Türe steht: ›Für's Vaterland!‹ und auf der anderen: ›Für Damen!‹ «

Eine russische Großfürstin suchte den Berliner Chirurgen Bernhard von Langenbeck auf, weigerte sich jedoch, behufs Untersuchung die Bluse zu öffnen. Erst nachdem ihr der Arzt erklärt hatte, er sei nicht ihr Verehrer, gewährte sie Einblick.

»Gestatten Sie mir noch eine Bemerkung«, sagte sie zum Abschied: »Man sagt niemals zu einer Dame, man sei nicht ihr Verehrer.«

In der Wiener Staatsoper wurde eine Büste von Richard Strauss enthüllt. Eine junge Dame sprach zu dem Komponisten: »Ich bin 500 Kilometer weit gefahren, um der Enthüllung Ihrer Büste beizuwohnen.«
Der Meister soll erwidert haben: »1000 Kilometer würde ich fahren, um mich zu revanchieren.«

Hans Hotter erhielt in Buenos Aires einen mit Hilfe des Lexikons gebastelten Brief: »Sehr geehrter Herr! Es bitten die Damen unten um ein bleibendes Andenken von Ihnen! (Unterschriften).«

Max Reger besaß eine Totenmaske von Wagner, einen Holzsplitter vom Sarge Beethovens und eine Locke Goethes. Auf einem Bankett zählte er der Großherzogin von Hessen seine Schätze auf.
»Das ist alles, Herr Hofrat?« fragte die Fürstin.
»Nicht ganz«, erwiderte Reger. »Mein bestes Stück ist ein Loch aus Mozarts Zauberflöte.«

Inserat: »Für alle Deutschen im Inlande und Auslande das feinsinnigste und wertvollste Bismarckandenken, sowie für Sammler aller Nationen eine historische Bismarckreliquie allerersten Ranges bilden die mit einer Locke des Altreichskanzlers versehenen Bronzeabgüsse der Pfretznerschen Bismarckbüste.
Die Echtheit der in die einzelnen Bronzeabgüsse unter Deckglas eingefügten kleinen Locken ist durch eidesstattliche Versicherung des Friseurs Röhrig zu Bergedorf bei Hamburg und des bekannten langjährigen Kammerdieners des Fürsten, Pinnow, sowie ferner durch neuerdings rechtskräftiges Urteil festgestellt. Jeder Büste wird eine notarielle Originalurkunde beigefügt, welche die vorhin erwähnten Echtheitsbeweise in beglaubigter Form enthält.«

Berliner Tageblatt, 16. 11. 1911

»Ich bin entzückt, Sie kennenzulernen«, sprach die Dame zum Dichter. »Irgendwann einmal las ich etwas von Ihnen über – ich weiß leider nicht mehr – welches Thema in einer Illustrierten.«

Die junge Dame strahlte den gefeierten Autor an: »Ich kenne Ihr Buch. Ich trug es in der Mannequinschule auf dem Kopf.«

»Wie war doch gleich Ihr werter Name, verehrter Meister?«

Madame du Titre über ihren Besuch in Weimar: »Ick hatte mir vorjenommen, den jroßen Joethe zu besuchen, und jab den Järtner einen harten Taler, daß er mir in eine Laube verstecken und einen Wink jeben sollte, wenn Joethen käme. Und wie er nun die Allee runter kam und der Järtner mir jewunken hatte, da trat ich raus und sagte: ›Anjebeteter Mann!‹ Da stand er stille, legte die Hände auf den Rücken, sah mir jroß an und fragte: ›Kennen Sie mir?‹ Ick sahre: ›Jroßer Mann, wer sollte Ihnen nich kennen?‹ und fing an zu deklamieren: ›Fest jemauert in der Erden steht die Form aus Jips jebrannt.‹ Darauf machte er mir einen

Bückling, drehte sich um und jing weiter. So hatte ich denn meinen Willen jehabt und den jroßen Joethe jesehn.«

Häufig klopften Fremde am Frauenplan in Weimar an, um Goethe zu sehen. Manche wurden eingelassen, andere abgewiesen. Einmal führte Stadelmann, der Diener, einen Studenten ins Vorzimmer.
Lange wartete der Besucher. Dann öffnete sich die Tür. Goethe trat ein, würdigte den Gast keines Blickes, nahm einen Stuhl und setzte sich in die Mitte des Raumes.
Der Student war aufgesprungen und schaute dem merkwürdigen Verhalten des Verehrten entgeistert zu. Dann faßte er sich, nahm eine Kerze, steckte sie an, umschritt den Dichter, beleuchtete ihn von allen Seiten, stellte die Kerze wortlos ab, blies sie aus, legte einen Groschen auf den Tisch, verneigte sich und ging.

Der Engländer Charles Gore wollte die Handschriften der bedeutendsten Männer seiner Zeit auf einem Blatt vereint sehen. Er ging nach Weimar zu Herder, und dieser schrieb:
»Die Erde ist ein Jammertal«.
Gore dankte und bemühte Schiller, welcher den Text fortführte:
»voller Narren und Toren.«
Worauf sich der Sammler zu Goethe begab, der die Strophe schloß:
»Wo Sie der allergrößte sind,
mein lieber Herr von Goren!«

Julius Stettenheim hatte sich in einem Berliner Café einen abgesonderten Tisch gewählt und schrieb für die »Berliner Wespen«. Ein unsympathischer Bekannter trat heran, grüßte ehrerbietig und fragte, ob er Platz nehmen dürfe. »Keine Gesellschaft ist mir lieber als Ihre«, antwortete Stettenheim mürrisch. Der Mann deutete diese Worte in seinem Sinne und setzte sich.

Ein Unbekannter setzte sich in einer Zürcher Weinstube neben Böcklin und Gottfried Keller, pries Kellers Dichtungen und dankte für Belehrung und Genuß.
Keller antwortete nicht und kehrte ihm den Rücken.
Der Fremde erhob sich verlegen, grüßte und verschwand.
Als Böcklin dem Freund Vorwürfe wegen seines groben Verhaltens machte, brummte der Dichter: »Soll ich mich von jedem Verehrungshund anseichen lassen?«

Eine amerikanische Musikstudentin besuchte das Beethovenmuseum in Bonn, gab ein reiches Trinkgeld, setzte sich an das Piano und klimperte einige Takte Mondscheinsonate.
»Auf diesem Instrument haben sicherlich alle großen Pianisten gespielt, die hier waren«, fragte sie.
»Nein«, antwortete der Museumsdiener. »Paderewski sagte vor zwei Jahren, er sei dessen nicht würdig.«

Staun' nicht ob der Alpenhöhe,
sink' nicht nieder vor den Sternen,
vor dem Glanz des Meteores
aus den unbekannten Fernen:

An und für sich sind sie wenig.
Wahre Größe wohnt im Geist!
Staune an den großen König,
den mit Recht man »Ersten« heißt!

Friederike Kempner,
Dem Kaiser Wilhelm I.

Nach dem Gesellschaftsabend: »Es waren lauter berühmte Leute dort. Ich war der einzige, von dem ich noch nie etwas gehört hatte.«

Als König Christian X. die neue Hafenanlage in Aarhus einweihte, wunderte er sich über die Unmenge von Kindern, die seinen Weg säumten.
Der Bürgermeister erklärte: »Wir haben uns jahrelang auf diesen Tag vorbereitet, Majestät.«

Friedrich Wilhelm IV. war auf einer Pommernreise in Stettin gefeiert worden. Eine Stadt in Hinterpommern empfing ihn daraufhin mit einem Transparent:

»Warst Du im vordern Pommern
recht freundlich aufgenommen,
tönt aus dem hintern Dir
ein donnerndes Willkommen!«

Wilhelm I. besuchte anläßlich der Manöver das schlesische Städtchen Kohlfurt. Der Kantor hatte eine Hymne auf den Text »Kohlfurts Jugend kommt, Dich zu begrüßen« verfaßt und einstudiert.
»Kohl – furts – Kohl – furts ...« begannen die Altstimmen. Dann setzten die Soprane ein: »Kohl Kohl Kohl Kohl furts furts furts furts ...«
Der Kaiser winkte gnädig ab: »Soviel einstweilen über den Kohl und seine Wirkungen!«

Heinrich IV. von Frankreich besuchte ein Städtchen in der Normandie. Der Bürgermeister begrüßte ihn auf dem Marktplatz. Ein Esel schrie.
»Ruhe!« rief der König. »Einer nach dem anderen!«

Der protestantische Geistliche Dietrich, klug, aber unbeholfen, erschien bei Friedrich II. mit einem Anliegen: »Halber Gott, großer Friedrich ...«
»Ganzer Narr, kleiner Dietrich«, unterbrach der König und wies dem Bittsteller die Türe.

Wilhelm I. von Preußen ließ sich vom Kammerdiener den Abendsegen vorlesen und hörte: »Der Herr segne und behüte Sie ...«
»Kerl«, unterbrach der König, »lies, was dasteht! Vor Gott bin ich ein Hundsfott wie du!«

Er begrüßt den Monarchen mit den Worten: »Heil! Sei gegrüßt, erlauchter Herrscher, größter Sohn des Landes, erhabener Prophet!«
»Schweig!« erwiderte darauf der demokratisch gesinnte Herrscher, »du bist ein Einfaltspinsel.«
»Habe ich dich nicht genügend unterwürfig angeredet?« fragte der Bauer in der Naivität des Volkes.
»Man züchtige diesen Dummkopf!« befahl der Monarch, und die Schergen folgten dem Befehl mit großer Lust. Als dies geschehen war, sagte der Monarch: »Warum sprichst du mich in dieser Weise an? Bin ich nicht ein Mensch wie du?«
»Ich war verwirrt, du Schwein!« beteuerte darauf der Bauer. »Ich war verwirrt.«

Gregor von Rezzori,
Maghrebinische Geschichten 26

Im Laufe eines Sommers hatte der Bundespräsident beim Deutschen Ärztekongreß und bei der Naturforschertagung gesprochen. Als sich nun auch die Zahnärzte meldeten und um eine Rede baten, hielt er dies für des Guten zuviel. Außerdem war für den vorgesehenen Tag tatsächlich schon etwas anderes vereinbart. Heuss sagte daher dem Präsidenten bedauernd ab, versprach aber, ein schriftliches Grußwort zu schicken. Der Vorstand der Zahnärzteschaft war über diese Absage enttäuscht und schrieb noch einmal: Man sei bereit, den Termin zu verschieben, zumal mit diesem Kongreß auch eine Ausstellung von neuestem Zahnersatzmaterial verbunden sei. Theodor Heuss ließ durch seinen persönlichen Referenten antworten, es sei wirklich nicht möglich zu kommen, er erkläre sich aber bereit, für die Ausstellung seine Sonntagsprothese zur Verfügung zu stellen.

Hanna Frielinghaus-Heuss,
Heuss-Anekdoten

Friedrich Wilhelm I. von Preußen legte auf dem Sterbebett seine Begräbniszeremonie fest, bestimmte, daß die Leibgrenadiere feuern, und verlangte: »Gebt acht, daß die Hunde nicht plackern!«

Es wurde erzählt, daß der französische Dramatiker Jean Anouilh sehr nervös sei und vor allem durch das Telefon gestört werde.
Seine Tochter, die das hörte, lachte: »Wenn das Telefon anstelle des Klingelzeichens und irgendeiner Einzelstimme tosenden Beifall und die Rufe ›Anouilh! Anouilh!‹ übermitteln würde, dann wäre mein Vater überhaupt nicht nervös. Man könnte ihn nicht oft genug anrufen.«

Einem mecklenburgischen Städtchen war von der französischen Besatzungsbehörde befohlen worden, den durchziehenden Napoleon zu feiern. Die vorgeschriebenen Jubelrufe ersetzten die Bürger durch Plattdeutsch: »Old Wiw! Tranlamp! Pipenröhr!«
Der Korse dankte huldvoll.

Freundschaft

Bekannter = Ein Mensch, den wir gut genug kennen, um von ihm Geld zu borgen, aber wiederum nicht gut genug, um ihm Geld zu leihen.

Der Löwe streifte am Strand umher. Als er einen Delphin sah, der den Kopf aus dem Wasser streckte, forderte er ihn zu einem Bündnis auf: »Du herrschest über die Tiere im Meer; ich herrsche auf dem Lande.« Der Delphin nahm das Anerbieten bereitwillig an. Als der Löwe einige Zeit danach einen Kampf mit einem wilden Stier zu bestehen hatte, rief er den Delphin zu Hilfe. Da aber jener nicht kam, weil er nicht aus dem Wasser herauskonnte, warf ihm der Löwe Verrat vor. Der Delphin aber entgegnete: »Du mußt nicht mir Vorwürfe machen, sondern der Natur. Sie duldet nicht, daß ich das Land betrete.«
Auch wir müssen uns Freunde suchen, die uns in der Not helfen können.

Äsop,
Löwe und Delphin

Freund = Ein Mensch, der die gleichen Feinde hat wie wir selbst.

Freundschaftsbeteuerung eines Chirurgen: »Brich nur einmal Arme und Beine, damit ich dir beweisen kann, was ich für dich zu tun bereit bin!«

Berliner Freundschaftsbeteuerung: »Ick hab dir zu jerne! Ick könnt' dir stundenlang in die Fresse hauen.«

Im Poesiealbum:
Unsre Freundschaft, die soll brennen
wie ein dickes Dreierlicht.
Freunde wollen wir uns nennen,
bis der Kater Junge kricht.

Liebe den Freund, als ob du ihn einst hassen müßtest!

Bias

Ein winzig kleines Haus baut Sokrates,
und einer aus der Menge fragt
erstaunt:
»Du großer Mann wählst diese kleine
Hütte?«
»Ich wäre selig«, spricht der Weise,
»würde sie
erfüllt von wahren Freunden.«

Phädrus, Fabeln III, Des Sokrates Wort über Freunde

Lieber Gott, bewahre mich vor meinen Freunden! Vor meinen Feinden will ich mich schon selbst hüten.

Verfasser unbekannt

Auf einer Gesellschaft stach Bernard Shaws spitze Zunge wild um sich. Sein

Tischnachbar, die personifizierte Verbindlichkeit, tadelte: »Wenn Sie so weitermachen, Mr. Shaw, haben Sie bald Ihren letzten Freund verloren.«
»Schlimm, aber erträglich«, erwiderte der Dichter. »Sie aber, mein Lieber, wenn Sie so weitermachen, haben bald Ihren letzten Feind verloren.«

Selbst der Redlichste muß sich an das Glück seiner Freunde erst gewöhnen.

Hans Arndt, Im Visier, Menschlich

Am Hofe Ludwigs XVI. sagte man: »Die Freundschaft ist für den Tag, die Liebe für die Nacht.«

Madame du Deffand zu Pont de Veyle: »Ich glaube, wir sind seit vierzig Jahren gute Freunde, weil wir uns immer gleichgültig waren.«

Eine Erstklaßlerin auf die Frage, wie es ihr in der Schule gefalle: »Zünfti! Und a Freundin hab i a scho. Die hoaßt Hermi. Aber i kos net schmecka!«

Freunde hat nur der Mann. Die Frau hat Komplizen.

Verfasser unbekannt

Ein hart umkämpftes koreanisches Dorf ist von amerikanischen Truppen erobert worden. Ein schmutziges Männchen kriecht aus einem Erdloch und ruft: »Hoch die Amerikaner!«
Mißtrauisch betrachtet ihn ein GI: »Als die Chinesen kamen, was hast du denn da gerufen, he?«
»›Hoch die Chinesen!‹ Euer Gnaden.«
»Denk ich mir.«
»Aber«, fügt der Koreaner hinzu, »den Chinesen habe ich niemals anvertraut, was ich rufe, wenn ihr kommt.«

Berlin 1947. »Nischt jejen de Russen!« sagt der Mann aus dem Osten. »Mit Autos holn se uns von de Wohnung ab, und nach der Arbeet fahrn se uns ooch wieder heem. Det is wahre Solidarität der Arbeeterklasse.«
»Halblang«, entgegnet der Mann aus dem Westen. »Da sin de Amis doch noch wat janz wat anderes. Die halten an mit ihre Schlitten, wenn de uff der Straße jehst. Dann laden se dich ein. Dann kriegste Sekt und kannst roochen, solange du Lust hast. Und anschließend kannste sojar noch 'n Bad nehm.«
Der Ostberliner zweifelt: »Und dat is dir passiert?«
»Mir nich«, antwortet der Westberliner, »aber meiner Schwester.«

Ein Pole wird gefragt: »Sind die Russen eure Freunde oder eure Brüder?«
»Unsere Brüder.«
»Warum?«
»Freunde kann man sich aussuchen.«

Einsamkeit

Tecum habita, noris, quam sit tibi
curta supellex!
Lebe allein, dann merkst du, wie kurz
und knapp dein Verstand ist!

Verfasser unbekannt

Nur allein kann ich erstarken,
nur allein sprießt mir die Kraft,
tret' ich in des Kampfes Marken
mit des Mutes Eigenschaft.

Sag' ich los mich jenem Jammer,
jenem tiefen Seelenweh!
Meine Lenden gürt' ich strammer,
und gepanzert fest ich steh.

Friederike Kempner

Nach vielen Jahrhunderten gefiel es Phönix, sich wieder einmal sehen zu lassen. Er erschien, und alle Tiere und Vögel versammelten sich um ihn. Sie gafften, sie staunten, sie bewunderten und brachen in entzückendes Lob aus. Bald aber wandten die besten und geselligsten mitleidsvoll ihre Blicke und seufzten: »Der unglückliche Phönix! Ihm ward das harte Los, weder Geliebte noch Freund zu haben; denn er ist der einzige seiner Art!«

Lessing,
Fabeln, Der Phönix

Ein offner Kopf, ein muntrer Geist,
kurz, einer von den feinen Leuten,
die ihr Beruf zu Neuigkeiten
nie denken, ewig reden heißt,
die mit Gewalt es haben wollen,
daß Kluge närrisch werden sollen,
ein solcher Schwätzer trat herein,
dem Dichter den Besuch zu geben.
»Oh!« rief er, »welch ein traurig
Leben!
Wie? Schlafen Sie denn nicht bei Ihren
Büchern ein?
So sind Sie denn so ganz allein
und müssen gar vor langer Weile
lesen?
Ich dacht es wohl, drum kam ich
so geschwind.«

»Ich bin«, sprach der Poet, »noch nie
allein gewesen,
als seit der Zeit, da Sie zugegen sind.«

Gellert,
Der gütige Besuch

Die Berliner »Vereinigung der Elf« mit den Malern Leistikow, Skarbina, Ludwig von Hoffmann, Uri und anderen löste sich rasch wieder auf. Max Liebermann begründete: »Wenn ick wat kann, wer' ick mir doch nich mit andern vertragen.«

Da habe ich ein Bild gemalt,
nicht halb so gut, wie ich's erträumte.
Wird's nie bezahlt, mir hat es reich
bezahlt,
was ich an Zank und Neiderei
versäumte.

Ringelnatz,
Einladungen

Wenn du erkennen mußt, daß du unfähig bist, allein zu sein, betrachte dich als amerikanisiert!

André Maurois

Rivarol, nach dem Grunde seiner Zurückgezogenheit befragt: »Die Frauen liebe ich nicht mehr, und die Männer kenne ich.«

Es gibt eine gewisse Menschenscheu, deren nur diejenigen fähig sind, welche die Menschen liebten.

Karl Julius Weber, Demokritos II, 4

Diogenes sagte: »Aristoteles hält Mittag mit König Philipp, wann dieser will, Diogenes aber, wenn es Diogenes beliebt.«

Diogenes wusch Kohl, als er den Aristippos vorbeigehen sah, und sagte: »Wenn du mit Kohl vorlieb zu nehmen wüßtest, so würdest du nicht einem Tyrannen den Hof machen.«
Worauf Aristippos: »Wenn du mit Menschen umzugehen wüßtest, würdest du nicht Kohl waschen.«

Montaigne

Wer unter Menschen nicht verschmachten will, muß lernen, aus allen Gläsern zu trinken, und wer unter Menschen rein bleiben will, muß versteh'n, sich auch mit schmutzigem Wasser zu waschen.

Nietzsche, Zarathustra II, Von der Menschenklugheit

Nach längerer Abwesenheit kehrte ein junger Graf an den Wiener Hof zurück. Franz Joseph fragte ihn, wo er so lange geblieben sei.
»Still und zurückgezogen habe ich mit drei Schwestern auf meinem Schloß gelebt.«
Ob es dort nicht recht langweilig gewesen sei, wollte der Kaiser wissen.
»Nein, Majestät«, sprach der Graf. »Es waren nicht meine Schwestern.«

Moralprinzip des Samuel Freiherrn von Pufendorf: »Sei gesellig!«

Ein Gast in einem Stockholmer Hotel schlägt die auf dem Nachttisch liegende Bibel auf und findet einen Zettel: »Fühlst du dich einsam, so lies Psalm 23, Seite 232!«
Der Gast folgt dem Rat und findet auf Seite 232 eine Fußnote: »Fühlst du dich immer noch einsam, so rufe Britta, 34508!«

Ma sott d' Leut nie wegwearfe. Bloß wegloine, daß ma s' wieder holle ka', wenn ma s' braucht.

Aus dem Allgäu

XXII. Kapitel

Mißtrauen
Nachrede
Streit
Kampf
Versöhnung

Mißtrauen

Vier Dinge dürfen uns nicht blenden: Die Vertraulichkeit des Fürsten, die Schmeichelei der Damen, das Lächeln des Feindes und die Wärme des Winters; denn sie sind von kurzer Dauer.

Aus dem Orient

Ein alter Löwe, der nicht mehr die Kraft hatte, Nahrung zu suchen, verfiel auf eine List. Er legte sich in seine Höhle und stellte sich krank. Die Tiere aber, die ihn besuchten, ihm Genesung zu wünschen, griff und verzehrte er. Eines Tages kam der Fuchs. Er aber blieb am Eingang der Höhle stehen und fragte von hier aus nach dem Befinden des Kranken. Als der Löwe ihn aufforderte, näher zu treten, sagte der Fuchs: »Die Spuren schrecken (Vestigia terrent). Alle führen hinein und keine heraus.«

Äsop,
Der Löwe und der Fuchs

Ein Wolf, der von Hunden gebissen und übel zugerichtet war, lag darnieder und war außerstande, sich Nahrung zu verschaffen. Als er ein Schaf erblickte, bat er, es möge ihm einen Trunk aus dem nahen Fluß bringen: »Wenn du mir nur etwas zu trinken gibst! Etwas zu essen werde ich schon finden.«
»Allerdings«, erwiderte das Schaf. »Denn wenn ich dir Wasser bringe, wirst du mich fressen.«

Äsop,
Der Wolf und das Schaf

Kathederblüte: »Wenn Ihnen das einer glauben soll, dann müssen Sie sich schon einen Dümmeren aussuchen, als ich bin, und den werden Sie schwerlich finden.«

»Das glauben Sie nicht? Na hören Sie mal! Mit dem Mann, der es mir erzählt hat, habe ich selbst gesprochen!«

Kühlschrankproduzenten klagen über Absatzschwierigkeiten in Schottland: Die Kunden zweifeln, daß das Licht ausgeht, wenn die Tür geschlossen wird.

Der schottische Patient auf dem Operationstisch verlangte seine Brieftasche. »Sie können später zahlen«, sprach der Narkosearzt.
»Ich will nur zählen, bevor Sie mich betäuben.«

Ein Brite wettete mit französischen Freunden, daß er eine Stunde lang auf dem Pont-Neuf auf- und abgehen, Sechslivrestaler für 24 Sous feilbieten und keine hundert Münzen verkaufen werde. Er gewann. Die meisten Leute lachten. Einige blieben stehen und hießen ihn einen Betrüger. Lediglich eine alte Frau kicherte: »Ich riskiere 24 Sous. Aus Neugierde.«

Eine Maus am Rande der Badeanlage fordert einen schwimmenden Elefanten auf, aus dem Wasser zu kommen. Mißmutig nähert sich der Dickhäuter; brummend steigt er die Leiter herauf. »Kannst wieder hineingehen«, sagt die Maus. »Wollte nur sehen, ob du meine Badehose hast.«

Der Kronprinz und spätere Friedrich Wilhelm IV. von Preußen gab dem unsympathischen Minister Kleewitz ein Rätsel auf:
»Mein Erstes frißt das Vieh,
mein Zweites hab ich nie.
Mein Drittes – alle Tage,
wird's mehr des Landes Plage.«
Kleewitz begab sich zum König. Der ließ den Sohn kommen und verlangte die Lösung.
»Heuschreck.«

Der amerikanische Stahlkönig Charles M. Schwab sagte zu einem halbnackten, schweißtriefenden Veteran vor dem Siemens-Martin-Ofen: »Siehst aus wie von Rembrandt gemalt, Pit!«
Der Mann erwiderte: »Du bist auch nicht mehr der Schönste!«

Ein ostberliner und ein westberliner Straßenkehrer begegnen sich.
»Kalt heute, wa?« sagt der Westberliner.
Der Ostberliner stützt sich auf seinen Besen und grinst: »Willste mir aushorchen?«

Ein Mann betrat zu später Stunde eine Ostberliner Polizeiwache: »Soeben hat mir ein Ausländer die Uhr jestohlen.«
»Een Ami, wa?« fragt der Beamte.
»Nee, keen Ami.«
»'n Tommy?«
»Nee.«
»Also 'n Franzose?«
»Ooch nich.«
»Nu wat solls denn sonst für'n Ausländer jewesen sein, Mensch? Hier in Balijen? Mitten in de Nacht?«
»Ick gloobe, et wa 'n Finne.«
»Een Finne? Sie meenen wohl, et wa 'n Russe, wa?«
»Dat ham Sie jesacht.«

Auf dem Wenzelsplatz in Prag steht ein nagelneuer Mercedes. Ein Kreis Neugieriger bildet sich.
»Phantastisch, der neue Pobjeda!« sagt ein Tscheche.
Sein Nachbar schaut ihn groß an: »Kennen Sie keinen Mercedes?«
»Natürlich kenne ich Mercedes«, antwortet der Gerügte. »Aber Sie kenne ich nicht.«

»Heute nacht hauen wir ab«, spricht der Verwirrte zum Leidensgefährten. »Du leuchtest mit der Taschenlampe auf die Straße, und ich klettere am Lichtstrahl hinunter. Dann wirfst du die Lampe zu mir herab. Ich leuchte hinauf, und du kommst nach.«
Der andere grinst: »Und dann schaltest du aus, Halunke, und ich stürze ab und breche alle Knochen.«

Ein Eber stand an einem Baum und wetzte seine Hauer. Ein Fuchs fragte ihn, warum er das tue; es läge doch keinerlei Notwendigkeit vor. Da erwiderte der Eber: »Freilich droht keine Gefahr. Wenn sie aber droht, kann ich meine Zähne nicht mehr wetzen. Dann muß ich mich ihrer bedienen können.«

Äsop,
Der Eber und der Fuchs

Eine Schlange, die von vielen Menschen getreten worden war, suchte bei Zeus Hilfe. Der aber sprach: »Hättest du den ersten Menschen, der dich trat, gebissen, so hätte kein zweiter gewagt, dich übel zu behandeln.«

Äsop,
Die Schlange bei Zeus

Die Mäuse hielten eine Konferenz ab, um zu beraten, wie sie sich gegen die Katzen schützen könnten. Die sich am klügsten Dünkende schlug vor, dem Feind Schellen umzuhängen, auf daß man sein Nähern bemerke. Alles klatschte Beifall. Aber als man bereits auseinandergehen wollte, fragte jemand: »Wer aber hängt den Katzen die Schellen an?«

Kathederblüte: »Von diesem Plan kann man nur sagen: Ein totgeborenes Kind, das sich im Sande verläuft.«

Cato: »Ich glaube es nicht, und wenn es Cato sagte!«

Nachrede

Wenn an ein jedes böse Maul
ein Schloß gelegt müßt werden,
dann wär' die edle Schlosserkunst
die beste auf der Erden.

Kinderaufsatz: »Nero zündete Rom an und schob die Schuld den Christen in die Sandalen.«

Ein fliegendes Gerücht findet überall Landeplätze.

Aus den USA

Baltische Redensart von ehedem: »Jeklascht wird in jeder Stadt, aber nirjends wird so jeglaubt wie in Mitau.«

Wenn zwei Damen auf dem Canapé recht nahe aneinanderrücken, nicht mit den Hüften, sondern mit den Gesichtern, den einen Fuß unter dem Hintern, dann will ich nicht der sein, den sie gerade handhaben.

Karl Julius Weber,
Demokritos II, 19

Die junge Witwe empört sich, daß man ihr nachsagt, sie habe ein Verhältnis. »Schreckliche Leute sind das hier«, bestätigt die Nachbarin. »Wenn der Mann abends zu Ihnen kommt und am Morgen fortgeht, dann glauben sie gleich, er sei die ganze Nacht geblieben.«

Rede nie mit leichten Sinnen,
was der Mädchen Ruf entehret:
Es bleibt immer etwas hängen
(Semper aliquid hetaeret)!

Artur Pserhofer (1873–1907),
An einen Freund

Klatsch ist etwas Reizendes. Geschichte zum Beispiel ist im wesentlichen nichts anderes als Klatsch. Skandalgeschichten hingegen sind ein durch Moralität verdorbener Klatsch (Cecil Graham).

Wilde,
Lady Windermeres Fächer III

Gege a Fueder Mischt isch schwer a'schtinke.

Aus dem Allgäu

Zwei Freunde wandelten am Abend,
vertieft in ein Gespräch,
als plötzlich frech
ein Köter bellt, vom Hofe trabend.
Noch einer kommt, dann mehr, bis
eine Menge
aus allen Höfen stürzet mit Gedränge.
Schon griff der eine Freund nach einem
Stein.
Der andre sagt: »Halt ein!
Den Hunden wehrst du nicht das
Bellen;
du bringst sie nur in größre Wut.
Gehn weiter wir! Ich kenne die
Gesellen
ganz gut.«

Und wirklich taten sie kaum fünfzig
Schritte,
so ward es stiller in der Hunde Mitte,
und endlich hat man sie nicht mehr
gehört.

Die Neider, was sie auch ersah'n,
sie haben stets gekläfft, gestört.
Geh du nur ruhig deine Bahn,
sie bellen, und sie machen schließlich
kehrt!

Iwan Andrejewitsch Krylow,
Die Spaziergänger und die Hunde

Ob auch Köter bellen
und mir Fallen stellen –
ich kümmre mich drum nicht
und mach ein hübsch Gedicht!

Friederike Kempner,
Nachlaß

Eine Offiziersfrau beklagte sich bei Friedrich II. von Preußen: »Mein Mann mißhandelt mich.«
»Geht mich nichts an.«
»Und beschimpft Eure Majestät.«
»Geht Euch nichts an.«

Als bekanntlich eine Pasquille oder Schmachschrift auf den König Friedrich in Berlin an einem öffentlichen Platz angeheftet wurde und sein Kammerdiener ihm davon die Anzeige machte: »Ihre Majestät«, sagte der Kammerdiener, »es ist Ihnen heute nacht eine Ehre widerfahren, das und das. Alles hab ich nicht lesen können; denn die Schrift hängt zu hoch. Aber was ich gelesen habe, ist nichts Gutes«, da sagte der König: »Ich befehle, daß man die Schrift tiefer hinabhänge und eine Schildwache dazustelle, auf daß jedermann lesen kann, was es für ungezogene Leute gibt.«

Johann Peter Hebel,
Die Schmachschrift

Ein Stadtmagistrat fragte Friedrich II. von Preußen, was mit einem Mann geschehen solle, der Gott, die Majestät und den Rat gelästert habe.
Der König antwortete: »Daß er Gott lästerte, beweist, daß er Ihn nicht kennt. Daß er mich lästerte, verzeihe ich ihm. Daß er einen edlen Rat lästerte, fordert exemplarische Bestrafung: Eine halbe Stunde nach Spandau!«

Ein alter Löwe lag krank in seiner Höhle. Alle Tiere besuchten ihn, Genesung zu wünschen. Nur der Fuchs kam nicht. Da klagte ihn der Wolf der Respektlosigkeit an. Seine letzten Worte jedoch vernahm der Fuchs, der soeben zur Höhle hereintrat. Und er sprach: »Wer von allen hier Versammelten hat dir, o König, soviel genutzt wie ich? Keiner. Ich nämlich bin herumgezogen und habe nach einem Heilmittel geforscht.«
»Und?« fragte der Löwe, »hast du eines erfahren?«
»Jawohl«, antwortete der Fuchs. »Du mußt dich in das noch warme Fell eines Wolfes hüllen.«
Da ließ der Löwe den Wolf töten und ihm das Fell abziehen.

Äsop,
Der Löwe, der Wolf und der Fuchs

Man wirft keine Prügel und Steine nach Bäumen, die keine Früchte tragen, und Hunde bellen auch nicht den Neumond an, wohl aber den Vollmond.

Karl Julius Weber,
Demokritos V, 11

Ein Hofmann zur Mitteilung, daß ein anderer ihn systematisch verleumde: »Seltsam! Ich wüßte nicht, ihm jemals eine Wohltat erwiesen zu haben.«

Tacitus über den Haß Domitians gegen Agricola: »Es ist eine Eigentümlichkeit des menschlichen Geistes, denjenigen zu hassen, den man verletzt hat.«

Diebe hatten sich in ein Haus geschlichen, fanden aber nur einen Hahn. Sie nahmen ihn mit, und als sie ihn schlachten wollten, bat er um sein Leben: Er sei den Menschen nützlich, weil er sie am frühen Morgen zu ihren Geschäften wecke. Die Diebe aber antworteten: »Gerade darum sollst du sterben! Denn weil du jene weckst, hinderst du uns am Stehlen.« Die Fabel zeigt, daß derjenige, der dem Rechtschaffenen dient, dem Schlechten am meisten im Wege steht.

Äsop,
Die Diebe und der Hahn

Streit

Brahms zum Abschluß eines Bierabends: »Sollte ich irgendeinen an diesem Tische nicht beleidigt haben, so bitte ich um Entschuldigung.«

»Du bischt an Esel«, hot dr Esel zum Esel gsait.

Aus dem Allgäu

Simche Kalbsbraten nennt seinen Freund Schloime einen Esel. Meditiert Schloime: »Bin ich nu dei Fraind, weil ich bin e Chammer, oder bin ich e Chammer, weil ich bin dei Fraind?«

Alessandro Manzoni, mit einem Freund durch Florenz wandelnd, begegnete zwei Streitenden. »Hundsfott!« rief der eine, »Esel« der andere. »Morgen werden sie sich duellieren«, erklärte der Romancier. »Sie tauschen die Karten.«

Aus dem Polizeibericht: »Er nannte den Herrn Meier einen Saukerl, ohne dafür Gründe angeben zu können.«

Französischer Parlamentsrat zu einem Advokaten: »Ihr seid ein Spitzbube, ein Fälscher, ein Schuft. Ich weiß nicht, ob ich mich deutlich genug ausdrücke.«

»Stimmt es, daß du zum Meier von gegenüber gesagt hast, daß ich ein Idiot bin?«
»Das stimmt, aber ich habe es nicht gesagt.«

»Idiot!«
»Was geht das Sie an?«

John Kennedy am 5. November 1960, während des Wahlkampfes: »Mr. Nixon hat mich in den letzten Tagen einen Ignoranten auf ökonomischem Gebiet und vieles andere mehr genannt. Ich beschränkte mich darauf, ihn einen Republikaner zu nennen. Aber er sagte, so zu argumentieren, sei schäbig.«

Der Beleidigte auf die Frage seines Anwaltes, warum er erst ein halbes Jahr nach dem Zeitpunkt, da man ihn ein ›Rhinozeros‹ geheißen hat, Klage erheben will: »Ich bin erst gestern dazu gekommen, mir im Zoo ein Rhinozeros anzusehen.«

»Glauben Sie nicht, Kläger, daß der Beklagte den Ausdruck ›Rindvieh‹ im Zustand plötzlicher Erregung gebraucht hat?«
»Nein, Herr Richter. Er hat mich vorher lange prüfend angesehen.«

Ein Jude erhob Klage, weil man ihn einen »Bärenhäuter« geschimpft habe. (Der Ausdruck setzt sich aus den Begriffen ber = Eber und »hüten« zusammen, bedeutet also Sauhirt.) Der Richter belehrte den Kläger, er sei keineswegs beleidigt, sondern germanisiert, also erhöht worden; denn Bärenhäuter seien die deutschen Vorfahren gewesen, welche auf Bärenhäuten ruhten.
Der Jude gab sich zufrieden, verneigte sich und sprach: »Leben Sie wohl, Herr Bärenhäuter!«

Hans von Bülow brauchte in München für den »Tristan« mehr Orchesterraum und ließ die ersten drei Parkettreihen herausnehmen. Als der Theaterbeamte Penkmayer protestierte, platzte – die prominenten Feinde seines Freundes Wagner im Auge – der Gastdirigent heraus: »Was liegt denn daran, ob dreißig Schweinehunde mehr oder weniger hereingehen?«

Die norddeutschen »Schweinehunde« wühlten viel bayerischen Staub auf. Der Friseur belehrte den dialektunkundigen Zugereisten: »Hättn S' halt gsagt: Ist doch ganz wurscht, ob da dreißig oder vierzig Sauprotzen mehr oder weniger reingenga – koa Mensch hätt sich deswegn aufgeregt!«

Ein Böcklein stand auf dem Dache eines Hauses. Da ging unten der Wolf vorbei. Das Böcklein verspottete ihn. Der Wolf erwiderte: »Wisse: Nicht du beleidigst mich, sondern das Dach, auf dem du stehst, beleidigt mich.«

Äsop, Das Böcklein und der Wolf

Ein Schurke stritt und ein
  Entmännlichter.
Der Lump beschimpfte hemmungslos
  den Feind,
verhöhnte endlich seines Körpers
  Mangel.
Da lachte der Verspottete und sprach:
»Nur das bringt Schimpf, was man
  verdient zu leiden.«

Phädrus, Der Kastrat zu einem Schurken

Zween Wächter, die schon manche
  Nacht
die liebe Stadt getreu bewacht,
verfolgten sich aus aller Macht,
auf allen Bier- und Branntweinbänken,
und ruhten nicht, mit pöbelhaften
  Ränken
einander bis aufs Blut zu kränken;
denn keiner brannte von dem Span,
woran der andre sich den Tabak
  angezündet,

aus Haß den seinen jemals an.
Kurz, jeden Schimpf, den nur die Rach' erfindet,
den Feinde noch den Feinden angetan,
den taten sie einander an.
Und jeder wollte bloß den andern überleben,
um noch im Sarg ihm einen Stoß zu geben.

Man riet und wußte lange nicht,
warum sie solche Feinde waren.
Doch endlich kam die Sache vor Gericht.
Da mußte sich's dann offenbaren,
warum sie seit so vielen Jahren
so heidnisch unversöhnlich waren.
Was war der Grund? Der Brotneid? War er's nicht?
Nein. Dieser sang: »Verwahrt das Feuer und das Licht!«
Allein so sang der andre nicht.
Er sang: »Bewahrt das Feuer und das Licht!«

Gellert,
Die beiden Wächter

Otto Erich Hartleben und Otto Julius Bierbaum gingen spazieren, sahen einen großen Vogel, und Hartleben sagte: »Ein Rebhuhn.«
»Eine Wildente«, widersprach Bierbaum.
Man stritt, bis Hartleben vorschlug: »Also gut. Es war ein Wildhuhn.«
»Niemals«, erwiderte der Kollege. »Eher noch eine Rebente.«

Widersprechen Sie nicht dem, was ich niemals gesagt habe!

Galletti

Le Vayer nannte einen ständigen Opponenten »Le cap Non« (Das Vorgebirge Nein).

Angeblich: Ein Standpunkt ist ein geistiger Horizont mit r = O.

Die Gemeinde wollte einen Zuchtbullen kaufen. Ein Rat widersetzte sich. Der Bürgermeister forderte Gründe. Der Opponent erhob sich, stützte beide Fäuste auf den Tisch und sprach: »Ich bin dagegen. Auch ohne Gründe.«

Der Karikaturist Forain über den Staatspräsidenten Poincaré: »Er hat keinerlei Überzeugung, aber diese verteidigt er leidenschaftlich.«

Ein Talmudstudent kommt zum Rabbi: »Zu was braucht man a P im Wort ›Chammer‹ (= Esel)?«
»Im Wort ›Chammer‹ is doch ka P nicht.«
»Warum is ka P nich im Wort ›Chammer‹?«
»Na, zu was braucht man a P im Wort ›Chammer‹?«
Der Student triumphiert: »Das war mei Frage!«

Tiresias nahm seinen Stab und ging über Feld. Sein Weg trug ihn durch einen heiligen Hain, und mitten in dem Haine, wo drei Wege einander durch-

kreuzten, ward er ein Paar Schlangen gewahr, die sich begatteten. Da hub Tiresias seinen Stab auf und schlug unter die verliebten Schlangen. Aber, o Wunder! Indem der Stab auf die Schlangen herabsank, ward Tiresias zum Weibe.
Nach neun Monden ging das Weib Tiresias wieder durch den heiligen Hain, und an eben dem Orte, wo die drei Wege einander durchkreuzten, ward sie ein Paar Schlangen gewahr, die miteinander kämpften. Da hub Tiresias abermals ihren Stab auf und schlug unter die ergrimmten Schlangen, und – o Wunder! – indem der Stab die kämpfenden Schlangen schied, ward das Weib Tiresias wieder zum Manne.

Lessing,
Fabeln, Tiresias

Ein Brite zitierte Juvenals Behauptung, kein Streit sei, wo nicht ein Weib die Ursache abgäbe. Ein Franzose erwiderte: »Ich wüßte nicht, was sonst der Mühe wert wäre, sich zu streiten.«

Ein Mensch wollt' immer recht
behalten:
So kam's vom Haar- zum Schädel-
spalten.

Eugen Roth,
Mensch und Unmensch, Kleinigkeiten

Ein Granatbaum und ein Apfelbaum stritten, wer der schönere sei. Als der Streit heftig wurde, sagte ein Dornbusch, der gelauscht hatte: »Laßt uns ein Ende machen, Freunde!«
Die Fabel lehrt, daß, wenn die Besseren sich streiten, auch die Nichtswürdigen etwas zu gelten versuchen.

Äsop,
Der Granatbaum und der Apfelbaum

Ein Löwe und ein Bär waren gleichzeitig auf ein Hirschkalb gestoßen. Sie stritten um die Beute und richteten sich übel zu. Endlich ließen sie voneinander ab und sanken ermattet zu Boden. Da schlich ein Fuchs hinzu, packte das Hirschkalb und machte sich aus dem Staube.

Äsop,
Der Löwe und der Bär

»Sie behaupten also, Angeklagter, Herr Maier habe den Streit vom Zaune gebrochen?«
»Den Streit nicht, aber die Latte.«

Der Beklagte: »Ich traf den Kerl, als er im Begriff war, sich an meiner Haustür zu schaffen zu machen. Auf meine Frage, was er da tue, erklärte er, das gehe mich einen feuchten Staub an und ich solle mich zum Kuckuck scheren. Dieser Aufforderung begegnete ich mit einer impulsiven Handbewegung, die der Kläger heute als Faustschlag hinzustellen versucht. Wenn sich nachher herausstellte, daß ich mich in der Hausnummer geirrt hatte, weil es nach dem Gründungsfest meines Vereins etwas später geworden war, so hat dieser Umstand den Gegner keineswegs berechtigt, mir in einer Weise zu begegnen, die mich veranlaßte, ihn handgreiflich in die gebührenden Schranken zu weisen, wobei es nach meiner Ansicht keine Rolle spielt, ob dies vor seiner oder meiner Haustür geschehen ist.«

Aus einem Schüleraufsatz: »Der Bursche zerschlug einen Krug auf dem Kopf des Polizeibeamten, der voll Bier war.«

Kampf

Es ringt der Regen mit dem Winde,
es ringt der Segen mit dem Fluch,
es ringt das Alter mit dem Kinde,
es ringt die Sage mit dem Buch,

es ringt die Tugend mit dem Bösen,
es ringt die Arbeit mit dem Gold,
es ringt ein jeglich, jeglich Wesen,
ob es und ob es nicht gewollt.

Friederike Kempner

Wer stechen will, muß stichfest sein.

Grün, Der Pfaff vom Kahlenberg

»Mein Vater, glorreichen Andenkens«, sagte ein junger Wolf zu einem Fuchs, »das war ein rechter Held! Wie fürchterlich hat er sich nicht in der ganzen Gegend gemacht! Er hat über mehr als zweihundert Feinde nach und nach triumphiert und ihre schwarzen Seelen in das Reich des Verderbens gesandt. Was Wunder also, daß er endlich doch einem unterliegen mußte!«

»So würde sich ein Leichenredner ausdrücken«, sagte der Fuchs, »der trokkene Geschichtsschreiber aber würde hinzusetzen: Die zweihundert Feinde, über die er nach und nach triumphierte, waren Schafe und Esel, und der eine Feind, dem er unterlag, war der erste Stier, den er sich anzufallen erkühnte.«

Lessing,
Fabeln, Der kriegerische Wolf

Ein Trompeter hatte ein Heer versammelt, wurde aber vom Feind gefangen. »Tötet mich nicht, Männer!« sprach er. »Ich tat keinem von euch ein Leid; denn ich besitze nichts als dieses Erz.« Sie erwiderten: »Gerade darum, weil du alle zum Kampfe treibst, ohne selbst zu kämpfen, sollst du sterben.«

Äsop,
Fabeln 142, Der Trompeter

Aus einem Schüleraufsatz: »Bei einem Zweikampf ist es von jeher strengstes

Gesetz, daß sich die beiden Gegner in gleichem Abstand aufstellen.«

Der Fürst von Ligne war für einen auf seinem Besitz entbrannten Ehrenhandel als Sekundant bestellt. Am Vorabend gebot er: »Frühstück für vier Personen, Mittagessen für drei!«

I.

Der Saal erglänzt im hellsten Kerzenstrahle,
und lust'ger Sang ertönt aus jeder Kahle.

Und Tänzer fliegen auf der Freude Schwingen;
doch ein Herz klopft voll Kummer und voll Bingen.

Es ist das Herz des Fräuleins Leonore,
des Fräuleins mit dem schwarzen Lockenhoore.

Leonoren sah man mit dem Ritter Kunzen
schon etliche Galopps zusammen tunzen.

Das sah auch Ritter Veit, und Eifersucht
ward gleich in seiner wilden Brust entfucht.

Zu Kunzen geht er hin und sagt ihm grimmig:
»Gleich gehst du mit mir oder Gott verdimm mich!«

II.

Der Garten glänzt im hellsten Mondenstrahle,
und aus den Zweigen tönt das Lied der Philomale.

Der Ritter Veit zieht seine Klinge nackigt
und steht voll Mordgier in dem dunklen Dackigt.

Der Ritter Kunz naht jetzt und spricht: »Was soll ich?«
Da sagt sein Feind: »Dein Schwert zieh oder deinen Dollich!«

Da sagt ihm Ritter Kunz: »Du willst mir trumpfen?
Ich spotte dein! Auf, laß uns blutig kumpfen!«

Schon fechten sie in wildentbranntem Trotzen,
daß durch die Nacht die scharfen Schwerter blotzen,

und ehe fünf Minuten noch verstrichen,
da lagen beide jämmerlich durchstichen ...

Verfasser unbekannt, Musenklänge aus Deutschlands Leierkasten, Fürchterliche Ballade

Ein Advokat und ein Offizier forderten sich um ein Mädchen. Der Jurist erschien mit zwei Pistolen auf der Wiese: »Sie wünschten Degen. Ich kann nicht fechten. Nehmen Sie! Sie haben den ersten Schuß.«
Es knallte. Der Advokat fiel um. Der Offizier flüchtete über die Grenze.

Die Pistolen waren nur mit Pulver geladen. Der Advokat erhob sich vom Tode und heiratete das Streitobjekt.

Der schwergewichtige Schauspieler Desessart sollte sich mit dem schmalbrüstigen Komiker Dugazon duellieren. Auf dem Kampfplatz malte der Dünne seinem Gegner mit Kreide einen Kreis auf den vollen Leib und sprach: »Ich will keine Vorteile. Jeder Treffer außerhalb des Kreises zählt nicht.«
Daraufhin begab man sich zum Frühstück.

Edward Young spielte bei einer Spazierfahrt auf der Themse Flöte. Als er aufhörte, forderte ihn ein Offizier auf, weiterzuspielen. Der Dichter tat seine Unlust kund, und der andere drohte, ihn in den Fluß zu werfen.
Young fügte sich und lud den Schiffsmann am nächsten Tag auf den Degen. Am Kampfplatz zog er eine Pistole aus der Tasche und hieß den Gegner, ein Menuett zu tanzen. Der gehorchte.
»Wir sind quitt«, sprach der Dichter. Er zog die Forderung zurück und gewann einen Freund.

Zwei englische Aristokraten vereinbaren mangels geeigneter Sekundanten persönlich den Duelltermin. »Wie gesagt«, beschließt der eine die Unterredung, »morgen früh 5 Uhr Hampton-Park. Sollte ich noch nicht da sein, so beginnen Sie bitte einstweilen!«

Graf Mirabeau erhielt ständig Duellforderungen. Seine stereotype Antwort lautete: »Ich nehme Ihren Wunsch nach Satisfaktion zur Kenntnis. Ihren Namen habe ich auf der Liste der von mir Beleidigten eingetragen. Da die Liste sehr lang ist und ich die Ansprüche in der Reihenfolge ihres Einganges befriedigen muß, bitte ich Sie, sich noch einige Zeit zu gedulden.«

Zwei Gentlemen geraten im Café an den gleichen Tisch. Schweigend schlürfen sie ihr Getränk. Spricht der eine: »Bedaure, Sir, Sie stinken wie ein Skunk.«
Der also Verglichene erhebt sich und knallt seine Visitenkarte auf den Tisch: »Morgen, 6 Uhr, Park-Lane.«
Gelassen schiebt der Geforderte die Karte zurück: »Das ist keine Lösung. Treffen Sie, stinke ich sehr bald auch. Und treffe ich, so stinken Sie noch mehr.«

Der Komponist Andreas Romberg erzürnte den Kapellmeister N. so heftig, daß dieser ihn zum Zweikampf forderte.
Romberg erwiderte: »Auf Pistolen und Degen lasse ich mich nicht ein. Wir wollen jeder eine Oper komponieren, und derjenige, dessen Werk ausgepfiffen wird, hängt sich auf.«

Virchow hatte einen Parlamentskollegen hart angegangen. Der Gekränkte

schickte seine Karte. Der Arzt antwortete: »Mir als dem Geforderten steht die Wahl der Waffen zu. Ich werde zwei Würstchen präparieren. Eines ist genießbar, das andere enthält Trichinen. Sie haben die erste Wahl; ich esse das übrigbleibende.
Der Imbiß fand nicht statt.

»Diese Beleidigung«, rief ein Franzose Clemens Marot zu, »kann nur mit Blut aus der Welt geschafft werden!«
»Richtig«, entgegnete der Dichter und Kammerdiener Franz I., »und zwar mit kaltem.«

Versöhnung

Zwei Leute, die einander feind waren, fuhren auf demselben Schiff. Der eine hatte seinen Platz im Heck, der andere im Bug. Da erhob sich ein gewaltiger Sturm, und der Fahrgast im hinteren Teil des Schiffes fragte den Steuermann, welcher Teil des Schiffes zuerst versinken werde.
»Der vordere«, antwortete der Steuermann.
«Dann«, sprach der Mann, »wird der Tod für mich nicht schmerzlich sein, sehe ich doch meinen Feind vorher noch in den Fluten versinken.«

Äsop,
Fabeln 27, Die beiden Feinde

Von Jahren schwach und seiner Kraft beraubt
ein Löwe lag in seinen letzten Zügen.
Da kam der Eber, und der Hauer Biß
vergalt dem Greise blutig alte Unbill.
Der Stier bohrt langsam in den Leib des Feindes
sein Horn. Und auch der Esel nähert sich,
betrachtet bebend des Gefällten Leiden
und schlägt ihm lachend dann den Huf ins Antlitz.
»Den Hohn der Tapfern«, ächzt der Löwe sterbend,
»ertrage ich. Doch dich, der Schöpfung Schandfleck,
als Sieger sehen, dünkt mich zwiefach sterben.«

Phädrus,
Fabeln I, 21, Der alte Löwe, der Eber, der Stier und der Esel

Eine Schlange, die ihren Schlupfwinkel auf einem Bauernhof hatte, tötete das Kind des Bauern. Der Vater ergriff ein Beil, die Schlange zu töten. Vor dem Loche wartete er, und als sie den Kopf heraussteckte, schlug er zu. Er traf aber nur den Stein vor der Höhle und spaltete ihn. Da holte er Salz und Brot und stellte sie vor die Öffnung der Höhle. Die Schlange aber sprach: »Niemals wird Zutrauen zwischen uns aufkommen, solange ich den gespaltenen Stein sehe und du das Grab deines Kindes.«

Äsop,
Fabeln 141, Die Schlange und der Bauer

Frank Wedekind besuchte den schwerkranken Max Halbe, der sein »Haus Rosenhagen« verrissen hatte.
Wider Erwarten genas Halbe. Er traf Wedekind auf der Straße, ging freudig auf ihn zu und erlitt eine eisige Abfuhr. »Ich glaubte«, stotterte er, »wir seien versöhnt!«
Wedekind schüttelte den Kopf: »Nur in articulo mortis, Doktor. Nur für den Todesfall.«

Wo kennt man denn in unserem Volksjahrhundert noch die Noblesse jener Herren aus dem Rokoko, die nach dem Duell im Morgengrauen, kokett bandagiert, mit ihrem Kontrahenten frühstücken gingen?

Hans Kasper,
Abel, gib acht;
Die Raffinesse der Ritterlichkeit

Der Monsieur d'Eprémesnil hatte sich dem dritten Stand gegenüber verächtlich gezeigt. Der Pöbel wollte sein Haus einreißen. Ein Bürger gebot Einhalt und setzte sich durch mit den Worten: »Sein Haus gehört den Gläubigern. Er selbst hat sich dem Adel verkauft. Die Kinder sind nicht von ihm. Seine Frau gehört allen, und wollte ich ihn vor den Kopf schießen – wohin?«

Von Hitze und Durst gepeinigt, trafen ein Eber und ein Löwe an einer Quelle zusammen. Sie stritten, wer zuerst trinken solle, und es entstand ein Kampf auf Leben und Tod.
In einer Kampfpause erschöpft sich umwendend, sahen sie Geier über ihren Köpfen. Da sprachen sie: »Wir wollen uns versöhnen, bevor uns Geier und Raben fressen!«

Babrios,
Löwe und Eber

Vor dem Friedensrichter Men Rauch in Schuls im Unterengadin erschienen zwei hoffnungslos zerstrittene Dorfgenossen. Da er keine Möglichkeit sah, sie zu versöhnen, gab er ein dringendes Geschäft in Sent vor, bat sie in seinen Wagen, nahm sie mit und ließ sie am Zielort zwei Stunden im Auto sitzen. Als er zurückkam, war der Streit geschlichtet.

Ein Chassid berichtete: »Eines Abends kamen viele Gäste zu meinem Wunderrabbi. Aber er hatte nur zwei Fische im Haus. Was tat er? Er klatschte in die Hände, und als seine Frau die Pfanne öffnete, lagen zwölf Fische drin.«
Der Mitagned, der Zweifler, erwiderte: »Das ist erstaunlich, und wenn ich nicht Ähnliches erlebt hätte, würde ich es nicht glauben: Wir spielen Karten. Ich habe vier Asse. Es kann nichts schiefgehen. Aber da kommt mir der Gegner mit fünf Buben daher, und ich bin erledigt.«
Der Chassid schnaufte: »So ein Stuß! Kein Kartenspiel hat fünf Buben.«
Der Mitagned wiegte den Kopf: »Gib du nach bei de Fische, geb ich nach bei de Buben!«

Sie haben sich gestritten, dann eine Zeitlang geschwiegen, und nun sagt er versöhnlich: »War das nötig, Karin?« Sie wirft das Näschen hoch: »Nein, das war nicht nötig, und ich bin bereit, zurückzunehmen, was ich gesagt habe, falls du zugibst, daß ich damit recht hatte.«

Sie starren durch die Eisblumen des Fensters. Krisenstimmung.
»Es schneit«, sagt er.
»Na und? Laß es doch schneien!«
»Wie du willst. Lassen wir es schneien!«

Brief und Wink verhießen mir
schon um zwei die liebste Schöne,
doch der Zeiger ging auf vier,
und mir fehlte noch Klimene.

So Geduld als Zeit verstrich,
und ich schwur, den Trug zu rächen;
aber endlich wies sie sich,
endlich hielt sie ihr Versprechen.

»Wie? So schön«, sprach ich aus Hohn,
»hast du alles wahrgenommen!
Nur zwo Stunden wart ich schon;
konntest du nicht später kommen?

Eines Frauenzimmers Uhr
braucht nicht Ziffer, braucht nicht
Räder;
schmückt sie Kett' und Siegel nur,
was bedarf sie dann der Feder?«

Da mein Eifer Raum gewann,
wollt' ich sie noch schärfer lehren,
doch: »Was lärmst du?« hub sie an.
»Wird man dich denn auch nicht hören?

Ach! Was hab' ich jetzt vor Schmerz
von der Rosenknosp' erlitten,
die mir, recht bis an das Herz,
von der Brust hinabgeglitten!

O, wie drückt mich's! Himmel, wie!
Hier, hier, in der linken Seite.
Sieh nur selbst: Mir glaubst du nie.
Doch was glaubt ihr klugen Leute?«

Sie entblößte Hals und Brust,
mir der Knospe Druck zu zeigen:
Plötzlich hieß der Sitz der Lust
mich und die Verweise schweigen.

Friedrich von Hagedorn,
Der Zorn eines Verliebten

»Ihre Frau hat sich bereiterklärt, Ihnen die Versöhnungshand zu reichen«, sagt der Scheidungsrichter.
Der Ehemann senkt den Kopf: »Ich nehme die Strafe an.«

Er kam auf seine geschiedene Frau zurück.

Das Schaf mußte von allen Tieren vieles leiden. Da trat es vor Zeus und bat, sein Elend zu mindern.
Zeus schien willig und sprach zu dem Schafe: »Ich sehe wohl, mein frommes Geschöpf, ich habe dich allzu wehrlos erschaffen. Nun wähle, wie ich diesem Fehler am besten abhelfen soll. Soll ich deinen Mund mit schrecklichen Zähnen und deine Füße mit Krallen rüsten?«
»O nein«, sagte das Schaf. »Ich will

nichts mit den reißenden Tieren gemein haben.«
»Oder«, fuhr Zeus fort, »soll ich Gift in deinen Speichel legen?«
»Ach!« versetzte das Schaf. »Die giftigen Schlangen werden ja so sehr gehasset!«
»Nun, was soll ich denn? Ich will Hörner auf deine Stirn pflanzen und Stärke deinem Nacken geben.«
»Auch nicht, gütiger Vater. Ich könnte leicht so stößig werden wie der Bock.«
»Und gleichwohl«, sprach Zeus, »mußt du selbst schaden können, wenn sich andre dir zu schaden hüten sollen.«
»Müßt' ich das?« seufzte das Schaf. »O, so laß mich, gütiger Vater, wie ich bin! Denn das Vermögen, schaden zu können, erweckt, fürchte ich, die Lust, schaden zu wollen, und es ist besser Unrecht leiden als Unrecht tun.«
Zeus segnete das fromme Schaf, und es vergaß von Stund an zu klagen.

Lessing,
Fabeln, Zeus und das Schaf

In einer Gesellschaft wurde über einen Marquis gespottet, der Prügel bezogen und keine Satisfaktion gesucht hatte. Mademoiselle Arnould rechtfertigte den Verklagten: »Er war schlau genug, sich nicht um Dinge zu kümmern, die hinter ihm geschahen.«

Es stand vor eines Hauses Tor
ein Esel mit gespitztem Ohr.
Der kaute sich sein Bündel Heu
gedankenvoll und still entzwei.
Nun kommen da und blieben stehn
der naseweisen Buben zween,
die auch sogleich, indem sie lachen,
verhaßte Redensarten machen,
womit man denn bezwecken wollte,
daß sich der Esel ärgern sollte.
Doch dieser hocherfahrne Greis
beschrieb nur einen halben Kreis,
verhielt sich stumm und zeigte itzt
die Seite, wo der Wedel sitzt.

Busch,
Der Esel und die naseweisen Buben

Ein reicher Mann trat dem Diogenes in den Weg: »Ich weiche keinem Schurken aus.«
Der Philosoph umschritt ihn: »Aber ich.«

Puschkin saß im Theater neben zwei jungen Herren, die der mäßigen Schauspielerin Assénkowa stürmisch applaudierten. Da der Dichter keine Hand rührte, bemerkte der eine Nachbar, er säße vermutlich neben einem Dummkopf. Der andere zitierte das Sprichwort: »Was versteht ein Schwein von Apfelsinen?«
Puschkin nannte seinen Namen und sprach: »Ich gäbe gern jedem von Ihnen ein paar Ohrfeigen. Aber ich wünsche nicht, daß die Assénkowa meint, ich klatschte Beifall.«

»Der G'scheiter geit noch«, hot der Schubkarre zur Lokomotiv gsait und isch auf d' Seite g'fahre.

Aus dem Allgäu

Ein schmächtiger, krummbeiniger Cowboy, Hut ins Genick geschoben, Hände auf dem Patronengurt, tritt die Pendeltür zur Bar auf: »Herhörn, Boys! Wer hat mein Pferd grün angestrichen?«
Es wendet sich ein fest mit einem wuchtigen Körper verschraubter Bullenkopf: »Ich!«
»Okay«, sagt der Kleine. »Die Farbe ist trocken. Du kannst lackieren.«

Einem reisenden Kaufmann war die goldene Uhr abhanden gekommen. »Hören Sie gut zu, meine Herren!« sprach er zu seinen Gefährten. »Wenn die Uhr nicht in einer Stunde auf meinem Zimmer liegt, handele ich wie mein Vater.«
Die Uhr lag. Am Abend fragte man ihn, wie sein Vater gehandelt habe. Er antwortete: »Mein Vater kaufte sich eine neue.«

Ein Schilfrohr und ein Ölbaum stritten sich, wer stärker sei und fester stehe. Bald darauf erhob sich ein Sturm. Das Rohr gab den Stößen des Windes nach und blieb unbeschädigt. Der Ölbaum stemmte sich dem Sturm entgegen und wurde von seiner Gewalt gebrochen.

Äsop,
Das Schilfrohr und der Ölbaum

XXIII. Kapitel

Liebe
Liebende
Partnerwahl
Liebesursache
Liebeswerbung
Liebesleidenschaft
Kuß
Beischlaf
Liebesleid
Dauer der Liebe
Ende der Liebe
Prostitution

Liebe

In Falun in Schweden küßte vor gut fünfzig Jahren und mehr ein junger Bergmann seine junge hübsche Braut und sagte zu ihr: »Auf Sankt Luciä wird unsere Liebe von des Priesters Hand gesegnet. Dann sind wir Mann und Weib und bauen uns ein eigenes Nestlein.« – »Und Friede und Liebe soll darin wohnen«, sagte die schöne Braut mit holdem Lächeln, »denn du bist mein Einziges und Alles, und ohne dich möchte ich lieber im Grab sein, als an einem andern Ort.« Als sie aber vor St. Luciä der Pfarrer zum zweiten Male in der Kirche ausgerufen hatte: »So nun jemand Hindernis wüßte anzuzeigen, warum diese Personen nicht möchten ehelich zusammenkommen«, da meldete sich der Tod. Denn als der Jüngling den andern Morgen in seiner schwarzen Bergmannskleidung an ihrem Haus vorbeiging – der Bergmann hat sein Totenkleid immer an –, da klopfte er zwar noch einmal an ihrem Fenster und sagte ihr guten Morgen, aber keinen guten Abend mehr. Er kam nimmer aus dem Bergwerk zurück, und sie saumte vergeblich selbigen Morgen ein schwarzes Halstuch mit rotem Rand für ihn zum Hochzeitstag, sondern, als er nimmer kam, legte sie es weg und weinte um ihn und vergaß ihn nie.

Unterdessen wurde die Stadt Lissabon in Portugal durch ein Erdbeben zerstört, und der Siebenjährige Krieg ging vorüber, und Kaiser Franz der Erste starb, und der Jesuitenorden wurde aufgehoben und Polen geteilt, und die Kaiserin Maria Theresia starb, und der Struensee wurde hingerichtet, Amerika wurde frei, und die vereinigte französische und spanische Macht konnte Gibraltar nicht erobern. Die Türken schlossen den General Stein in der Veteraner Höhle in Ungarn ein, und der Kaiser Joseph starb auch. Der König Gustav von Schweden eroberte russisch Finnland, und die französische Revolution und der lange Krieg fing an, und der Kaiser Leopold der Zweite ging auch ins Grab. Napoleon eroberte Preußen, und die Engländer bombardierten Kopenhagen, und die Ackerleute säeten und schnitten. Der Müller mahlte, und die Schmiede hämmerten, und die Bergleute gruben nach den Metalladern in ihrer unterirdischen Werkstatt.

Als aber die Bergleute in Falun im Jahre 1809 etwas vor oder nach Johannis zwischen zwei Schächten eine Öffnung durchgraben wollten, gute dreihundert Ellen tief unter dem Boden, gruben sie aus dem Schutt und Vitriolwasser den Leichnam eines Jünglings heraus, der ganz mit Eisenvitriol durchdrungen, sonst aber unverwest und unverändert war; also daß man seine Gesichtszüge und sein Alter noch völlig erkennen konnte, als wenn er erst vor einer Stunde gestorben oder ein wenig eingeschlafen wäre an der Arbeit. Als man ihn aber zu Tag ausgefördert hatte, Vater und Mutter, Gefreundte und Bekannten waren schon lange tot, kein Mensch wollte den schlafenden Jüngling kennen oder etwas von seinem Unglück wissen, bis die ehemalige Verlobte des Bergmanns kam, der eines Tages auf die Schicht gegangen war und nimmer zurückkehrte. Grau und zusammengeschrumpft kam sie an einer Krücke an den Platz und erkannte ihren Bräutigam; und mehr mit freudigem Entzücken als mit Schmerz sank sie auf die geliebte Leiche nieder. Und erst als sie sich von einer langen heftigen Bewegung des Gemüts erholt hatte: »Es ist mein Verlobter«, sagte sie endlich, »um den ich fünfzig Jahre lang getrauert hatte und den mich Gott noch einmal sehen läßt vor meinem Ende. Acht Tage vor der Hochzeit ist er auf die Grube gegangen und nimmer gekommen.« Da wurden die Gemüter aller Umstehenden von Wehmut und Tränen ergriffen, als sie sahen die ehemalige Braut jetzt in der Gestalt des hingewelkten kraftlosen Alters und den Bräutigam noch in seiner jugendlichen Schöne, und wie in ihrer Brust nach fünfzig Jahren die Flamme der jugendlichen Liebe noch einmal erwachte, aber er öffnete den Mund nimmer zum Lächeln oder die Augen zum Wiedererkennen; und wie sie ihn endlich von den Bergleuten in ihr Stüblein tragen ließ, als die einzige, die ihm angehöre und ein Recht an ihn habe, bis sein Grab gerüstet sei auf dem Kirchhof. Den andern Tag, als das Grab gerüstet war auf dem Kirchhof und ihn die Bergleute holten, schloß sie ein Kästlein auf, legte sie ihm das schwarzseidene Halstuch mit roten Streifen um und begleitete ihn in ihrem Sonntagsgewand, als wenn es ihr Hochzeitstag und nicht der Tag seiner Beerdigung wäre. Denn als man ihn auf dem Kirchhof ins Grab legte, sagte sie: »Schlafe nun wohl, noch einen Tag oder zehn im kühlen Hochzeitsbett, und laß dir die Zeit nicht lang werden! Ich habe nur noch wenig zu tun und komme bald, und bald wird's wieder Tag. – Was die Erde einmal wiedergegeben hat, wird sie zum zweiten Male auch nicht behalten«, sagte sie, als sie fortging und noch einmal umschaute.

Johann Peter Hebel,
Unverhofftes Wiedersehen

Noch sitzt auf halb verfallnem
Throne,
noch hält die längst bestrittne Krone
die alte Königin der Welt.
Ob sie wohl je vom Throne fällt?
Vielleicht. Doch liest du sie von hinten,
so wirst du einen König finden,
der herrscht, seitdem die Welt besteht,
des Reich nur mit der Welt vergeht!
Sie schießt nicht ewig Donnerkeile,
doch ewig treffen seine Pfeile!

Wilhelm Hauff,
Rätsel (Roma)

Die Liebe is en Feuerzeug;
det Herz, det is der Zunder,
un fällt en kleenes Fünksken rein,
so brennt der janze Plunder!

Und d' Liab is a Büchsei,
man siagt nur koan Gschloß;
kannst lang damit spieln,
af oanmal geht s' los.

Aus dem Böhmerwald

Ein Nachdenklicher: »Was uns Männer betrifft, glaube ich sagen zu können: Liebe können wir heucheln, aber in der Erotik sind wir stets aufrichtig.«

Die Liebe ist ein Fieber, das durch die Augen ins Herz dringt und nach unten entweicht.

Sterne

Liebe in Frankreich: Eine Komödie. In England: Eine Tragödie. In Italien: Eine opera seria. In Deutschland: Ein Melodram.

Marguerite Blessington

Was geschieht, wenn eine Frau und zwei Männer auf einsamer Insel stranden?
Sind es Spanier, tötet ein Mann den anderen.
Sind es Italiener, tötet die Frau einen von beiden.
Sind es Engländer, geschieht nichts, weil niemand da ist, der die beiden Herren miteinander bekanntmacht.
Sind es Amerikaner, geschieht ebenfalls nichts, weil die Männer über Geschäfte sprechen.
Sind es Franzosen, dann gibt es keine Probleme.

Wort zum Sonntag: »Du sollst Dein Liebesbedürfnis, wie es sich auch äußern mag, in den ganzen Zusammenhang der Liebe einplanen.«

Aus einem Schüleraufsatz »Hermann und Dorothea«: »Dorothea wurde stark an Leib und Seele durch den Verkehr mit Hermann.« (L)

Hübsche Fee schenkt dir Vorhimmel! Zauberei? Nur Geschicklichkeit! Dank Geist, Erziehung, Bildung, Charakter und Herz! In tiefere Geheimnisse eingeweiht wird nur ebenbürtiger menschlicher Juwel . . .

Süddeutsche Zeitung, 28. 10. 1967,
Heiratsanzeigen

Er reichte auf dem Herrenabend die fotografische Ausbeute seiner Paris-Reise herum. Der Jüngste zeigte kein Interesse: »Danke. Bin noch aktiv.«

Pukanke aus Bröseldorf kehrt von der Frankfurter Messe an den Stammtisch zurück: Er hat eine Frau kennengelernt. Bildschön, elegant, eigenen Wagen, eigene Wohnung, Strohwitwe. Bekannte eines Geschäftsfreundes, welcher anderweitig Verpflichtungen hatte.
»Hahaha!«
Pukanke führte die Dame ins Theater, dann zu einem Whisky. Die Dame lud ihn in ihre Wohnung ein. Sie badete, kehrte in den Salon zurück, ließ erst ein Panterfell, dann den zartesten Chiffon fallen.
»Und?« fragt der Stammtisch mit offenen Mäulern.
»Der Rest war wie in Bröseldorf.«

Schüleraufsatz: »Beim Roten Kreuz widmen sich Männer und Damen ganz der Liebe. Manche tun es umsonst, andere bekommen es bezahlt.«

Meine liebe Mrs. Cheveley, Sie waren schon immer viel zu gescheit, um etwas von Liebe zu wissen. (Lord Goring)

Wilde,
Ein idealer Gatte III

Ut desint vires, tamen est laudanda voluntas: Wenn auch die Männer (viri) fehlen, so ist doch das Vergnügen (voluptas) zu loben.

Ich bin 21 Jahre jung und glaube noch an die Liebe.

Nürnberger Nachrichten, 2. 12. 1967,
Heiratsanzeigen

Ein Backfisch zum zweiten: »Ich verstehe nicht, wie du von wahrer Liebe reden kannst, wenn deine Eltern mit ihm einverstanden sind!«

Sie bringt ihren Freund mit nach Hause und präsentiert ihn strahlend: »Das ist Hans, Papa! Ist er nicht phantastisch? Er hat noch keine Stelle und will mich trotzdem heiraten.«

Kleombrotos, der Vater des berühmten Erasistratos, war der Leibarzt des syrischen Königs Seleukos I. Nikator, als der Prinz Antiochos schwer erkrankte. Lange glaubte Kleombrotos, die geheimnisvolle Krankheit werde dem jungen Mann das Leben kosten. Eines Tages aber, als der Arzt am Krankenlager weilte, trat Stratonike, eine Nebenfrau des Königs, ein. Röte überflog das Gesicht des Ermatteten; sein Puls wurde schneller, und der Arzt erkannte die Ursache des Leidens. Er sprach mit dem König. Dieser trat Stratonike an den Sohn ab, und Antiochos wurde rasch gesund.

1902: »Erste Liebe!
Eine hübsche Dame, 22 Jahre alt, von feiner, schlanker Figur, welche noch nie Liebe zu einem Herrn empfunden hat, wünscht leider auf diesem Wege einen ebenso feinen, hübschen, schlanken, ideal angelegten, charaktervollen Herrn, welcher ebenfalls noch nie geliebt hat, behufs Ehe kennenzulernen. ›Wagnerianer‹ bevorzugt. Nur solche Herren, welche heutzutage noch zu dieser Ausnahme gehören, wie ich, mögen sich melden. Briefe unter . . .«

Buchheim, **Des Alleinseins müde**

Anzeige im Börsenblatt: »Gesucht wird Meid, Zwei Liebespaare, Erster Zustand.«

Eine bejahrte Dame, nach ihrer ersten Liebe befragt: »Studenten.«

Frauen erinnern sich noch an den ersten Kuß, wenn der Mann bereits den letzten vergessen hat.

Remy de Gourmont

Der Monsieur de Montbrun zeigte dem Herrn von Maurepas seine Verlobung an. »Eine gute Verbindung«, lobte der Freund. »Sie ist guter Herkunft, schön, hat Vermögen. Ich gratuliere.«

»Und Sie glauben, daß ich mit ihr glücklich werde?«
»Das, lieber Freund«, entgegnete Maurepas, »hängt von ihrem ersten Liebhaber ab.«

Liebende

Paul Henckels soll erläutert haben: »Wirklich verliebt ist ein Mann, wenn er, nachdem er eine Stunde in strömendem Regen auf seine Angebetete gewartet hat, den Fluß ihrer Entschuldigungen mit der Bemerkung unterbricht: ›Wie gut, daß es regnet, Liebling! So blieben die Blumen frisch.‹«

Der Vollmondschein
sieht still hinein
in deines Stübchens fromme
Dämmerung.
Ob du noch wachst? O möcht er dir
vertrauen,
wie hier mich bannt, zu dir
hinaufzuschauen,
neu jeden Tag und jede Stunde jung,
der Sehnsucht Pein!

Was klingt so fein?
Was mag das sein,
was diese heilige Tempelruhe stört?
Gott! Minna hustet! Welches
Hochentzücken!
Nun eil ich gern, die Augen
zuzudrücken:
Heil mir! Ich habe Husten sie gehört
im Mondenschein!

Verfasser unbekannt

Die Liebe hat zwei Sekten: Physiker und Metaphysiker.

Karl Julius Weber,
Demokritos V, 6

Eine aufrichtige Metaphysikerin von achtzehn bis vierzig Jahren ist so selten wie eine Schönheit von siebzig bis achtzig. Gar Damen von Welt prüfen nicht die Herzen, sondern die Nieren, und ihre Liebe wohnt Parterre. Sie teilen höchstens ihre Liebe in abgemessene Teile, damit der schöne Roman länger dauere.

Karl Julius Weber,
Demokritos V, 4

Ach, jede Frau zu jeder Frist
spielt immer das, was sie nicht ist!
Gerade das erfahrene Mädchen
spielt gern das kleistisch-keusche
Käthchen;
die sinnenheiß die Lulu spielt,
zeigt sich beim Lieben tiefgekühlt;
die Du gerührt als Gretchen siehst,
die ist ein Biest!

Herrmann Mostar,
In diesem Sinn Dein Onkel Franz,
Fünfte Epistel

Sie fragte, ob sie ihm heute Abend gestatten solle, Händchen zu drücken und Mündchen zu küssen. Die gute alte, erfahrene Tante riet: »Wenn er vorher um Erlaubnis bittet, nicht!«

Aber Hektor! Du kennst doch die Frauen ebenso gut wie ich. Sie willigen nur ein, wenn man Gewalt braucht. Aber dann mit Begeisterung (Paris).

Giraudoux,
Kein Krieg in Troja I, 4

Je fester der Griff, desto loser die Absicht.

Sie war eine arme Nähmamsell
und er ein junger Werkgesell
und beide allein und verlassen.
Sie kannten sich seit langer Zeit;
sie lebten in ewigem Zank und Streit
und konnten einander nicht lassen.

Sie teilten ehrlich ihr karges Brot,
das ihnen das rauhe Schicksal bot,
und hielten treu zusammen.
Er sagte nie: »Ich liebe dich«,
und sie sprach nie: »Komm, küsse mich!«
und schliefen doch beide zusammen.

Sonnabend kam er trunken nach Haus,
ließ seine Wut an dem Mädel aus
und fluchte wie besessen.
Doch wenn der Sonntagnachmittag kam,
da gingen sie beide tanzen zusamm'
und hatten alles vergessen.

Oskar Wiener,
Liebesglück

Goethe besuchte Schiller und bemerkte auf dem Schreibtisch ein Blatt mit zwei Versen:
Er saß auf ihres Bettes Rand
und spielte mit den Flechten.
Als der Gast wieder gegangen war, fand Schiller seine Verse ergänzt:
Das tat er mit der linken Hand.
Was tat er mit der rechten?

Die Freundin unterbricht ihr intensives Eislöffeln: »Wie ist eigentlich dein neuer Verehrer?«
»Gentleman. In jeder Situation.«
Die andere löffelt weiter: »Besser als gar keiner.«

Ein Gentleman ist ein Don Juan, der es nicht eilig hat.

Verfasser unbekannt

Aus einem Schüleraufsatz: »Wenn die Ritter im Turnier erfolgreich waren, eilten sie zu ihren Damen und holten sich was.«

»Wo häste dann dat nagelneue Damenfahrrad her?« fragt der Schäl.

»Ich han mit dem Plünn en Radtour en der Königsforst jemaht«, erzählt der Tünnes. »Nach dem Kaffeetrinke hät se sich anjeschmiescht un jesaht: ›Jetz kannste dir neme, wat de wills.‹ Da han ich mir dat Fahrrad jenumme.«

Sie zupfte mir das unsichtbare Fädchen vom Rockaufschlag, das allen Frauen dazu dient, ihr Eigentum kenntlich zu machen.

O. Henry

»Liebst du mich auch?« Die Frage
drang
aus ihrer Brust mit Sehnsuchtshauch.
Gleich einem Schwur, so fest erklang
ihr meine Antwort: »Ja, dich auch.«

Arthur Rehbein, Frage

Seitdem ich Ihnen begegnet bin, habe ich Sie mehr bewundert als irgendein Mädchen, dem ich begegnet bin, seitdem ich Ihnen begegnet bin (Jack).

Wilde, Bunbury I

Wenn das weibliche Geschlecht so oft mit Blumen sich vergleichen lassen muß, so müssen wir auch Polyandrien zugeben.

Karl Julius Weber, Demokritos II, 21

Bobby kehrt von der Reise zurück, und Rudi, der das Gspusi vom Ballett überwachen mußte, berichtet: »Am letzten Samstag hat sie der Poldi nach der Vorstellung abgeholt.«
»Und?«
»Ist mit ihr ins Sacher. Ich saß am Nebentisch.«
»Und?«
»Dann sind sie nach Mödling und haben in einem kleinen Hotel ein Doppelzimmer genommen. Ich stand in der Reception hinter ihnen.«
»Weiter!«
»Dann sind sie hinaufgestiegen und haben das Zimmer hinter sich abgeschlossen. Ich habe auf dem Gang gewartet.«
»Na und? Weiter!«
»Na was? Weiter? Soll ich durchs Schlüsselloch kriechen?«
Bobby atmet schwer: »Verdammt! Dauernd diese Ungewißheiten!«

Sophie Arnould hatte einem Prälaten Treue geschworen. Er verreiste, kehrte vorzeitig zurück, fand sie in fremden Armen und empörte sich.
Sie erklärte: »Eine Geliebte, Monseigneur, ist eine Pfründe, die den Inhaber zu beständigem Aufenthalt verpflichtet.«

Ein junger Kaufmann, dem zugeflüstert wurde, daß seine Geliebte auch andere Beziehungen pflegt: »Ich bin lieber an einem guten Geschäft mit zwanzig Prozent beteiligt als an einem schlechten mit hundert.«

Diese Erbsünde Koketterie entlehnten wir von den Franzosen, wie sie das Wort vom Hahn, wenn er stolz um die Henne herumsteigt, bis sie sich endlich duckt. Folglich sollten wir deutsch »Hühnerei« sagen.

Karl Julius Weber, Demokritos II, 20

Einer echten Kokette ist es eine Kleinigkeit, während ihr Gesicht nach dem ersten Anbeter sieht, die Füße des zweiten unter dem Tische zu finden, des dritten Hand zu berühren und, ist noch ein vierter da, ihr Gespräch so einzurichten, daß er durch eine partie du discours sich gleichfalls für den Günstling hält.

Karl Julius Weber, Demokritos II, 20

Ein jüdischer Bräutigam, dem zugeflüstert wurde, das Gerücht behaupte, seine Braut habe mit ganz Hohensalza ein Verhältnis: »Was ist schon Hohensalza!«

Koketten sind Wetterfahnen, die sich erst fixieren, wenn sie verrosten.

Karl Julius Weber,
Demokritos II, 20

Genießt der Jüngling ein Vergnügen,
so sei er dankbar und verschwiegen.

Karl Julius Weber,
Demokritos

Partnerwahl

Im Sommer such ein Liebchen dir
in Garten und Gefild!
Da sind die Tage lang genug,
da sind die Nächte mild.

Im Winter muß der süße Bund
schon fest geschlossen sein,
so brauchst nicht lange stehn im Schnee
beim kalten Mondenschein.

Ludwig Uhland,
Bauernregel

»Ich liebe die Schüchternen«, erklärt Hein in der Schiffskajüte, »Mädchen, bei denen man zweimal pfeifen muß, bevor sie kommen.«

Auf dem Dampfer wurde eine junge Französin von fünf Anbetern umschwärmt. »Für wen soll ich mich entscheiden?« grübelte sie.
»Springen Sie über Bord, und derjenige, der Sie rettet, den nehmen Sie!« riet der Kapitän. Sie hüpfte. Vier junge Männer platschten neben sie.
Der Kapitän empfing die Triefenden an Bord. Da sagte das Mädchen: »Ich habe es mir überlegt. Ich nehme den Trockenen.«

Ein Liebender schickte seiner Angebeteten sechsundsechzig Tage lang flammende Briefe. Am siebenundsechzigsten verlobte sie sich mit dem Postboten.

Als Shakespeare einst der Vorstellung seines »Richard des Dritten« beiwohnte, sah er einen Schauspieler zärtlich mit einem reizenden Frauenzimmer sprechen. Er näherte sich unbemerkt und hörte das Mädchen sagen: »Um zehn Uhr poche dreimal an die Tür! Ich werde fragen: ›Wer ist da?‹, und du mußt antworten: ›Richard der Dritte!‹«
Shakespeare stellte sich eine Viertelstunde früher ein und gab beides, das verabredete Zeichen und die Antwort, ward eingelassen und war, als er erkannt wurde, glücklich genug, den Zorn der Betrogenen zu besänftigen.
Zur bestimmten Zeit fand sich der wahre Liebhaber ein. Shakespeare öffnete das Fenster und fragte leise: »Wer ist da?«
»Richard der Dritte«, war die Antwort.
»Richard«, erwiderte Shakespeare, »kommt zu spät; Wilhelm der Eroberer hat die Festung schon besetzt.«

Berliner Abendblätter

Münchner Pensionist, 70/170, rüstig, gut aussehend, sucht Münchnerin nur mit voller Figur, ohne Brille und Hund, zur Freizeit bei getrennter Kasse.

Buchheim,
Des Alleinseins müde

Ein Mensch wollt sich ein Weib
erringen,
doch leider konnt's ihm nicht gelingen.
Als neuen Weg wählt er die Zeitung,
bringt sie die Lebenswegbegleitung?
Akademiker, 34/1,75, römisch-katholisch, Bochum. Bildzuschriften ...

Westdeutsche Allgemeine, 9. 3. 1968

Ich, 25 Jahre. Nach längerem, mit größerer Geduld ertragenem Suchen noch immer nicht den Mann gefunden...

Frankfurter Allgemeine, 10. 5. 1969

Die attraktivste Frau auf der Kö (wird behauptet), nicht »hübsch«, erstklassige Figur, 1,71 m, möchte 36000-Mark-Intelligenz-Job aufgeben und heiraten. 34, bester Herkunft, unverschuldet geschieden ...

Frankfurter Allgemeine, 22. 3. 1969

Generaldirektor, Dr. jur., 40/1,82, ledig, hat das Aussehen eines Weltklasseschauspielers ...

Münchner Merkur, 20. 1. 1968

25. Juni 1745

Mein lieber Freund!
... Ich wiederhole meinen früheren Rat, daß Sie bei Ihren Liebeshändeln alte Frauen jungen vorziehen sollten. Sie nennen das paradox und fragen

mich, wie ich das wohl begründen wolle. Dies sind meine Gründe:

1. Weil sie mehr Weltkenntnis besitzen und weil ihr Geist an Erfahrung reicher, weil ihre Unterhaltung nutzbringender und auf die Dauer angenehmer ist.

2. Weil sie, wenn sie aufhören, hübsch zu sein, sich befleißigen, gut zu sein. Um ihren Einfluß auf den Mann nicht zu verlieren, ersetzen sie das Weniger an Schönheit durch ein Mehr an Nützlichkeit. Sie lernen es, tausend Dinge – sowohl große wie kleine – zu erweisen, und sind die zartfühlendsten und nützlichsten aller Freunde, wenn Sie krank sind. So fahren sie fort, liebenswert zu sein. Und daher findet sich so selten eine alte Frau, die nicht eine gute Frau wäre.

3. Weil keine Gefahr besteht, daß Kinder kommen, die, nicht regulär erzeugt, große Unannehmlichkeiten im Gefolge haben können.

4. Weil sie größere Erfahrung besitzen und daher klüger und vorsichtiger verfahren, wenn es sich bei einem Liebesverhältnis darum handelt, jeden Verdacht zu vermeiden. Der Verkehr mit ihnen ist daher sicherer mit Rücksicht auf Ihren Ruf. Und was ihren Ruf angeht, so könnten verständige Menschen, falls die Sache doch ruchbar werden sollte, wohl geneigt sein, eine alte Frau zu entschuldigen, die sich eines jungen Menschen freundlich angenommen, seinen Charakter durch ihre guten Ratschläge gebildet und verhindert hat, daß er seine Gesundheit und sein Vermögen bei käuflichen Prostituierten zusetzt.

5. Weil bei jedem Lebewesen, das aufrecht geht, der Mangel an Säften, die die Muskeln füllen, zuerst im höchstgelegenen Teil seines Körpers sichtbar wird. Das Gesicht wird zuerst schlaff und runzelig, dann der Hals, dann die Brust und die Arme. Die niederen Teile bleiben bis zuletzt so drall wie nur je; wenn man daher den ganzen Oberkörper mit einem Korbe bedeckt und da nur das betrachtet, was sich unterhalb des Gürtels befindet, so ist es unmöglich, eine alte Frau von einer jungen zu unterscheiden. Und da in der Nacht alle Katzen grau sind, ist das Vergnügen des körperlichen Genusses bei einer alten Frau mindestens ebenso groß und häufig gar noch größer; ist doch jede Fertigkeit durch Übung verbesserungsfähig.

6. Weil die Sünde kleiner ist. Die Verführung einer Jungfrau kann ihr Ruin sein und sie ihr ganzes Leben unglücklich machen.

7. Weil die Gewissensbisse nicht so groß sind. Das Bewußtsein, ein junges Mädchen unglücklich gemacht zu haben, kann oft zu bitteren Betrachtungen Anlaß geben; doch nichts dergleichen ist zu befürchten, wenn man eine alte Frau glücklich gemacht hat.

8. Und letztes: Sie sind so dankbar!!!

Soviel zu meinem Paradoxon. Gleichwohl rate ich Ihnen noch immer, auf der Stelle zu heiraten, denn ich bin aufrichtig

Ihr sehr ergebener Freund

Benjamin Franklin

Große Dame, ca. 1,80, am letzten Sonntag Königstr., schwarz-rotes Kostüm, schwarze Lackschuhe, schwarzer Pelzkragen. Schreiben Sie mir bitte unter ...

Nürnberger Nachrichten, 25. 11. 1967

Die Frau, die mich am Mo., 20. 11., in der Kaiserstr. (Fürth) begleitete, wird um ein Lebenszeichen gebeten. Zuschr. unter ...

Nürnberger Nachrichten, 25. 11. 1967

Gesucht wird Reisebekanntschaft aus dem E.-Zug 15.45 Uhr ab Wilhelmshafen nach Essen am 17. 11. 1967. Sie hat blondes Haar und trug eine Brille, außerdem schrieb sie während der Fahrt einen Brief auf Luftpostpapier. Bitte um ein freundliches Angebot mit Bild an ...

Welt am Sonntag, 3. 12. 1967,
Vermischtes

In einer Kopenhagener Zeitung: »Ich bin 24 Jahre alt, 1,68 groß, hellblond. Welcher naturliebende Herr wünscht zunächst anständigen Briefwechsel mit mir?«

Der Leichtsinn, wie die Fabel sagt,
die Fabel aus den goldnen Jahren,
ward von den Menschen einst verjagt,
weil alle seiner müde waren.
Er floh zum Zeus und bat um
Aufenthalt.
Kaum sah Merkur die lustige Gestalt,
so fühlt er schon die Pflicht, dem
Flüchtling beizuspringen.
»So will dich alle Welt verdringen?
Du dauerst mich. Komm, hüpf' auf
meine Schwingen!
Ich hoffe, dich gut anzubringen.
Komm, Paphos sei dein Aufenthalt!«
Schnell bracht er ihn zu Venus' kleinem
Knaben.
»Hier, Gott Cupido«, fing er an,
»schickt Ihnen Zeus den angenehmsten
Mann,
der schärfer als Sie sehen kann.
Sie sollen ihn zu Ihrem Führer haben.«
Der Leichtsinn trat sein Amt mit Eifer
an,
das Amt, der Liebe vorzutraben,
und soll, wie die gedachte Fabel
spricht,
von dieser Zeit an seine Pflicht
sehr selten unterlassen haben.

Gellert,
Der Leichtsinn

Ah, ich sag's, der Zufall muß ein b'soffener Kutscher sein! Wie der die Leut' z'sammführt, 's is stark!

Nestroy,
Das Mädl aus der Vorstadt

»Ich muß dir ein Geständnis machen, Geliebter: Ich bin kein reicher Filmstar, sondern nur ein armes Servierfräulein.«
»Macht nichts. Ich bin auch kein Junggeselle.«

»Sie liebt dich ja gar nicht«, sagte ein Freund zu Aristipp, der mit Lais Umgang pflegte.
Der Philosoph lachte: »Wein und Fische lieben mich auch nicht, und ich genieße sie mit größtem Vergnügen.«

Ein Mensch, ein liebesselig-süßer,
erfährt, daß er nur Lückenbüßer
und die Geliebte ihn nur nahm,
weil sie den andern nicht bekam.
Trotzdem läßt er sich's nicht
verdrießen,
das Weib von Herzen zu genießen.
Es nehmen, die auf Erden wandern,
ja alle einen für den andern.

Eugen Roth,
Ein Mensch, Einsicht

Liebesursache

Ich habe genug von den asiatischen Frauen. Ihre Umarmungen kleben; ihre Küsse sind Einbrüche, ihre Worte ebenso viele Schluckbewegungen, um uns zu verschlingen. Wenn sie sich entkleiden, ist es, als ob sie ein Gewand anlegen würden, das noch überladener ist als alle anderen: Nämlich ihre Nacktheit. Und ihre Schminke scheint nur dazusein, damit sie auf uns abfärbt – und sie tut das auch. Kurz und gut: Man ist ihnen entsetzlich nahe. Helena aber – auch in meinen Armen ist Helena weit von mir (Paris).

Giraudoux,
Kein Krieg in Troja I, 4

Als Narkissos starb, wandelte sich der Teich seiner Lust in einen Becher salziger Tränen, und die Oreaden kamen weinend durch den Wald daher, daß sie dem Teiche sängen und ihn trösteten. Sie lösten die grünen Flechten ihres Haares und riefen dem Teich zu: »Wir wundern uns nicht, daß du so sehr um Narkissos trauerst. Er war ja so schön!«
»War Narkissos schön?« fragte der Teich.
»Wer wüßte es besser als du«, antworteten die Oreaden. »An uns schritt er stets vorüber; dich aber suchte er, um an deinen Ufern zu liegen, auf dich niederzublicken und im Spiegel deines Wassers seine Schönheit zu spiegeln.«
Und der Teich antwortete: »Ich liebte Narkissos, weil ich, wenn er an meinen Ufern lag und auf mich niederblickte, im Spiegel seiner Augen immer meine eigene Schönheit sah.«

Wilde,
Gedichte in Prosa, Der Schüler

Das Geschlecht vermag die ernsteste Verbindung aufzuopfern, sobald ihm ein Vornehmer oder Offizier zum Zeitvertreib den Hof macht, und wäre er der armseligste Mensch. Wie viele Verbindungen sind nicht zurückgegangen während der vielen und langen Einquartierungen! Eitelkeit macht mehr Weiber fallen als Sinnlichkeit und Liebe.

Karl Julius Weber,
Demokritos IV, 17

Hans Makart porträtierte die schöne Gräfin E. In der linken Hand hielt er eine Zigarre. Rauch stieg ihm ins Auge, und er blinzelte. Die Dame sprang auf

und fiel ihm um den Hals: »Endlich ein Zeichen Ihrer Liebe!«
Der Überraschte versagte sich, den Irrtum aufzuklären, und gewann – seinen eigenen Worten zufolge – sieben herrliche Monate.

Das ist das Schlimmste an Frauen: Sie wollen einen immer bessern. Sind wir aber schon gut, wenn sie uns kennenlernen, dann sind wir ihnen gleichgültig (Cecil Graham).

Wilde,
Lady Windermeres Fächer III

Befeuernd wirken Urwaldrhythmen,
sobald wir uns der Liebe widmen.

Herrmann Mostar,
In diesem Sinn Dein Onkel Franz,
Fünfte Epistel

Mich faszinieren deine Beiner, Carmen.
Hast du mit dem Torero kein
Erbarmen?

Gerhard Schumann,
Freundliche Bosheiten, Schwäbische Carmen

Ich will mein Herz an Lotte ketten:
Sie macht die besten Koteletten.

Die Leber ist von einem Hecht
und nicht von einem Lämmchen.
Das Mädchen, das ich haben mecht,
schmiert wunderscheene Bemmchen.

Napoleon klotzte die reife Herzogin de Fleury an, ob sie noch immer für Männer schwärme.
»Gewiß, Sire«, erwiderte sie. »Wenn sie höflich sind.«

Laidion will sich bequemen,
den häßlichen Marull zu nehmen.
Das kann nicht sein!
»Mich reizt«, so sprach die kluge
Dirne,
»an ihm die schöne breite Stirne.«
So räum ich's ein.

Konrad Pfeffel,
Das Mögliche und Unmögliche

Die Großmutter erzählt: »Und aus Dankbarkeit, daß der kleine Frosch ihr den goldenen Ball aus dem Brunnen geholt hatte, nahm ihn die Prinzessin mit in ihr Zimmer und ließ ihn dort schlafen. Am nächsten Morgen aber hatte sich der Frosch in einen herrlichen Prinzen verwandelt. Er heiratete die Prinzessin, und sie lebten glücklich bis an ihr seliges Ende.«
»Sehr schön«, sagt die Enkelin.
»Was heißt ›sehr schön‹?« fragt die Großmutter. »Glaubst du die Geschichte nicht?«
»Nein. Und ich wette, ihre Mutter hat sie auch nicht geglaubt.«

Der Mann liebt zuerst die Liebe und am Ende eine Frau. Die Frau liebt zuerst einen Mann und zuletzt die Liebe.

Remy de Gourmont

Amor trachtete lang umsonst, ihr die
Brust zu verwunden.
Endlich gelang's ihm: Er nahm einen
vergoldeten Pfeil.

Aloys Schreiber (1761–1841), Clelia

»Wie hoch muß denn die Temperatur sein, Fräulein Lisa, die den Eisblock Ihres Herzens schmelzen könnte?«
»20 Karat.«

»Schön Hilde war einst jung und rein,
ein Mädchen sonder Makel.
Sie rupfte Gänseblümelein,
der Liebe hold Orakel.

Dann schloß sie diesen »Fernverkehr«;
das Leben ward ihr Lehrer.
Jetzt rupft sie keine Blumen mehr,
jetzt rupft sie die Verehrer.

Heinz Schmidt, Hilde

Der Abbé Fleury liebte die Marschallin de Noailles. Sie behandelte ihn mit Verachtung. Eines Tages war er Premierminister, und sie brauchte seine Hilfe.
Er erinnerte sie an ihre Unzugänglichkeit.
»Monseigneur«, rief die Marschallin erstaunt, »wer konnte Ihren Weg ahnen?«

»Bei allen meinen Kreaturen hast du gelegen«, fuhr Ludwig XV. Madame Despartes an.
»Sire!« entgegnete die Dame.
»Den Herzog de Choiseul hast du gehabt!«
»Er ist so mächtig.«
»Den Richelieu!«
»Er ist so klug.«
»Mainville!«
»Er ist so schön.«
»Aumont!«
»Er ist Euch so ergeben.«

Als sich aus Eigennutz Elisse
dem muntern Koridon ergab,
nahm sie für einen ihrer Küsse
ihm anfangs dreißig Schäfchen ab.

Am andern Tag erschien die Stunde,
daß er den Tausch viel besser traf.
Sein Mund gewann von ihrem Munde
schon dreißig Küsse für ein Schaf.

Der dritte Tag war zu beneiden:
Da gab die milde Schäferin
um einen neuen Kuß mit Freuden
ihm alle Schafe wieder hin.

Allein am vierten ging's betrübter,
indem sie Herd und Hund verhieß
für einen Kuß, den ihr Geliebter
umsonst an Doris überließ.

Friedrich von Hagedorn, Die Küsse

Vor Zwanzig, da prüfen die Augen die
Wahl,
das Herz nur entscheidet, getroffen
vom Strahl,
da kommt nicht zu Worte der kalte
Verstand,
nur männlich und schön sei der junge
Armand.

Da fragt sie mit süßem Geflüster:
»Wie ist er?«

Nach Zwanzig, da gilt schon des
Standes Gewicht,
da tut's nicht allein mehr ein hübsches
Gesicht.
Vermögen und Titel sind Dinge von
Wert;
sie will eine Frau sein, geachtet, geehrt.
Da fragt sie die Eltern, Geschwister:
»Was ist er?«

Nach Dreißig und drüber da greift sie
schnell zu,
vor Ungeduld bebend bis nieder zum
Schuh,
da fragt sie nicht länger, wie, was, wer
er sei,
da ruft sie, und ihr ist es ganz einerlei,
ob Schelm er ist oder Philister:
»Wo ist er?«

Amalie Haizinger (1800–1884),
Heiratsfrage in verschiedenen Altern

Ich liebte sie vor einem Jahr
so tief, so wild, so brausend.
Doch sie sprach kühl: »Wir kommen
klar –
nur kostet's Zwanzigtausend.«

Nun, Zwanzigtausend hatt ich nicht,
doch tiefes Staunen faßt mich,
als sie nach sieben Monden spricht:
»Zehntausend – und du hast mich!«

Ich biete tausend. Zwar sie lacht,
doch bald, was keinen wundert,
erklärt sie: »Tausend? Abgemacht!«
Da biete ich ihr hundert.

Erst will sie nicht, dann will sie doch.
Ich lehne ab mit Lachen.
Und gestern kriecht sie unters Joch:
»Ich will es gratis machen.«

Ich sage nein, denn das ist klar:
Sie bietet morgen hundert
und zwanzigtausend nächstes Jahr –
was nochmals keinen wundert.

Martial/Mostar, Ab und auf

Liebeswerbung

Zwei kurze Laute sage mir,
doch einzeln nicht – so spricht ein Tier!
Zusammen sprich sie hübsch geschwind:
Du liebst mich doch, mein süßes Kind?

Heinrich von Kleist,
Der Jüngling und das Mädchen (Ja)

Du saßest mir schrägüber
im Schatten vom Apfelbaum.

Die Blicke hinüber, herüber
durchkreuzten den trennenden Raum.

In meinen Blicken lagen
viel Bitten dringend heiß:
Darf ich zu hoffen wagen?
Die deinen glänzten: Wer weiß?

Und schüchtern hob ich aufs neue
den Blick. Du schienest erweicht.
In deiner Augen Bläue
da schimmerte: Vielleicht!

Doch als du zum dritten Male
den Blick auf den Flehenden warfst,
da glänzte im Hoffnungsstrahle
das sonnige Wort: Du darfst.

Franz von Gaudy, Erhörung

Ein junger Mann hat sich in eine Ärztin verliebt. Er geht zu ihr, um sich untersuchen zu lassen.
»Wo tut es denn weh?« fragt sie.
Er schließt die Augen: »Wo Sie wollen.«

Heinrich VIII. an Anna Boleyn: »Ich übersende Euch Hirschfleisch und hoffe, daß Ihr auch noch von meinem Fleisch, so Gott will, genießen sollt.«

August II. von Sachsen trat vor die Gräfin Cosel: In der linken Hand trug er einen Beutel mit hunderttausend Kronen. Mit der Rechten drückte er ein Hufeisen zusammen.

Kaufmann, 35/178, tolerant, sportlich, vermögend, beste Referenzen, sucht...

Westdeutsche Algemeine, 4. 11. 1967, Heiratsanzeigen

Suche junge Dame zwischen 20 und 25. Bin 25, katholisch, nicht häßlich, kein Athlet, noch in Ausbildung.

Welt am Sonntag, 3. 12. 1967

»Verzeihen Sie, gnädiges Fräulein«, sprach der galante Reisende, »stammen Sie aus Itzehoe?«
»Nein.«
»Na so ein Zufall!« Er schlägt sich auf die Schenkel. »Ich auch nicht!«

Der baltische Baron in der Eisenbahn zum hübschen jungen Gegenüber:
»Nach Mitau?«
»Nein.«
»Nach Riga?«
»Nein, Euer Gnaden.«
»Nach Dorpat?«
»Nein.«
Er klatscht die Hände zusammen: »Genug geflirtet. Zieh dich aus, kleines Schweinchen!«

Ihr Lieder! Ihr meine guten Lieder!
Auf, auf! Und wappnet euch!
Laßt die Trompeten klingen
und hebt mir auf den Schild
dies junge Mädchen,
das jetzt mein ganzes Herz
beherrschen soll als Königin.

Heil Dir, Du junge Königin!

Von der Sonne droben
reiß ich das strahlend rote Gold
und webe draus ein Diadem
für Dein geweihtes Haupt.
Von der flatternd blauseidnen
    Himmelsdecke,
worin die Nachtdiamanten blitzen,
schneid ich ein kostbar Stück
und häng es Dir als Krönungsmantel
um Deine königliche Schulter.
Ich gebe Dir einen Hofstaat

von steifgeputzten Sonetten,
stolzen Terzinen und höflichen
Stanzen.
Als Läufer diene Dir mein Witz,
als Hofnarr meine Phantasie,
als Herold, die lachende Träne im
Wappen,
diene Dir mein Humor.
Aber ich selber, Königin,
ich knie vor Dir nieder,
und huldigend, auf rotem Sammetkissen,
überreich ich Dir
das bißchen Verstand
das mir aus Mitleid noch gelassen hat
Deine Vorgängerin im Reich.

Heine,
Buch der Lieder, Die Nordsee I, 1

Du wohnscht in meiner Bruscht,
du guter, holder Geischt,
der mir zur höchschten Luscht,
den Weg zum Himmel weischt.

Ich hab' nicht Ruh noch Rascht,
wenn du nicht bei mir bischt;
ich werd' mir selbscht zur Lascht,
wo nicht dein Wesen ischt.

Vor deinem Fenschter fescht
gefroren steh' ich fascht;
darum laß ein, du Bescht',
den halberstarrten Gascht!

Musenklänge aus Deutschlands Leierkasten, Schwäbische Serenade

Lu-Hong-Tschin, so heißt mein Vater,
meine Mutter Fu-Hoang,
Li-Kong-Lu, so heiß ich selber,
dein Verehrer, dicke Yang.

Pfauenfedern trägt mein Vater
an dem schöngeflochtnen Zopf,
und ich, dicke Yang, ich trage
des Verdienstes gelben Knopf.

Wie sind deine schmalen Augen
reizend und dein schwanker Gang,
und wie bin ich reich an Weisheit
und so vornehm, dicke Yang!

Darum, weil du schön, ich vornehm,
laß durch's Leben uns den Gang
einig gehn und reich mir deine
Nasenspitze, dicke Yang!

Der junge Samuel Goldwyn sah auf einer Gesellschaft Frances Howard, von Bewunderern umringt. Er stellte sich dazu und sagte: »Sie müssen Ihr Haar anders tragen. So steht es Ihnen nicht.« Seine Bemerkung wurde als grobe Entgleisung empfunden.
Am folgenden Tag rief Samuel das Fräulein an. Sie sagte: »Ach, Sie waren derjenige, dem ich gestern nicht gefallen habe.«
»Genau der«, antwortete Goldwyn. »Ich wußte, daß Sie sich würden erinnern können.« Zwei Wochen später fand die Hochzeit statt.

Der Hahn sprach zur Henne: »Ich liebe dich!« Und sie folgte ihm.
Der Hahn sprach zur zweiten: »Ich liebe dich!« Die Henne entgegnete: »Das sagst du zu jeder.« Da brachte er die schönsten Gerstenkörner, und sie folgte ihm.
Der Hahn sprach zur dritten: »Ich liebe dich!« Sie antwortete: »Das sagst du zu jeder.« Der Hahn brachte die

schönsten Körner herbei. »Bah!«, sagte die Henne. »Ich verkaufe mich nicht.« Da kamen die beiden ersten Hennen vorüber. »Sieh die zwei da drüben!« sagte der Hahn. »Wenn wir zwei miteinander ...! Ha! Grün und blau würden die sich ärgern.« Da folgte sie ihm.

Hat a Madel die zweite oder dritte
  Amour,
is ihr Ruf schon verschandelt, und
  nachher is zur.
In dem Punkt is a Mann gegen uns
  rein a Köni:
Wann er fünfzig Madeln anschmiert,
  verschlagt ihm das weni;
auf so ein Halodrie hab'n d' Madeln
  erst a Schneid.
Und g'schieht es aus Lieb nit, so
  geschieht es aus Neid,
daß man sich um einen solchen erst
  recht reißen tut.
Ja, die Männer hab'n 's gut!

Nestroy,
Die Männer habens gut

Ein Mensch wollt sich ein Weib
  erringen,
doch leider konnt's ihm nicht gelingen.
Er ließ sich drum, vor weitern Taten,
von Fraun und Männern wohl
  beraten:
»Nur nicht gleich küssen, tätscheln,
  tappen!«
»Greif herzhaft zu, dann muß es
  schnappen!«
»Laß deine ernste Absicht spüren!«
»Sei leicht und wahllos im Verführen!«
»Der Seele Reichtum lege bloß!«
»Sei scheinbar kalt und rücksichtslos!«
Der Mensch hat alles durchgeprobt:
Hat hier sich ehrenhaft verlobt;
hat dort sich süß herausgeplaudert;
hat zugegriffen und gezaudert;
hat Furcht und Mitleid auferweckt;
hat sich verschwiegen, sich entdeckt;
war zärtlich kühn, war reiner Tor:
Doch wie er's machte – er verlor.

Zwar stimmte jeder Rat genau,
doch jeweils nicht für jede Frau.

Eugen Roth,
Ein Mensch, Erfolgloser Liebhaber

Galiani fuhr mit einer Schönen der Pariser Gesellschaft in der Kutsche. Sie galt nicht als spröde, und der Abbé fand das allgemeine Urteil, nachdem er einige kühne Bemerkungen hatte fallen lassen, bestätigt.
Der Wagen hielt. Sie blickte aus dem Fenster, und Galiani erlaubte sich einen zärtlich tastenden Versuch. Ein harter Absatz traf ihn am Schienbein. Am nächsten Abend gab die Dame eine Gesellschaft. Galiani erschien hinkend. »Herr Abbé«, rief sie, »was ist Ihnen denn widerfahren?«
»Meine Gnädigste«, antwortete der Gefragte. »Ich stellte mich gestern dummerweise hinter eine Eselin.«
»Wie leid mir das tut, lieber Abbé! Wußten Sie wirklich nicht, daß man sich Eselinnen niemals von hinten nähert, sondern stets von vorn?«

»Bitte, bezauberndes Fräulein, geben Sie mir Ihre Telefonnummer!«
»Steht im Buch.«

»Wunderbar! Und Ihr lieblicher Name?«
»Steht auch im Buch.«

Graf Bobby ist einem Mädchen nachgestiegen. Strahlend kommt er zurück. »Erfolg gehabt?« fragt Rudi.
»Gigantisch. Rendezvous. Schon heute abend. Soll ihr im Mondschein begegnen.«

»Wenn eine Dame zu Dir spricht: ›Ich kann Sie niemals lieben‹, so verzweifle nicht; denn dann ist noch nicht alle Hoffnung verloren! Aber wenn sie sagt: ›Niemand hegt aufrichtigere Wünsche für Ihr Glück als ich‹, dann nimm Deinen Hut und gehe!«

Verfasser unbekannt

Ein junger Mann kam eine Landstraße entlang, ein junges Mädchen eine andere. Die Straßen vereinigten sich, und die Beiden liefen schweigend nebeneinander weiter. Als die Berge rechts und links näherrückten, blieb das Mädchen stehen: »Ich fürchte mich, mit Euch in diese Schlucht zu gehen. Ihr könntet mich fassen und küssen.«
Der junge Mann lachte: »Wie sollte ich? Auf dem Rücken trage ich diesen großen eisernen Kessel; in der Linken halte ich dieses lebende Huhn; in der Rechten habe ich den Stock und den Strick mit der Ziege? Ich könnte ebenso gut an Händen und Füßen gefesselt sein.«
»O nein«, erwiderte das Mädchen. »Ihr könntet den Stock in den Boden stecken und die Ziege daranbinden, den Kessel umgekehrt auf den Boden legen und das Huhn darunterstecken. Was hindert Euch dann noch, so abscheulich zu sein und mich zu küssen?«
Und so geschah es.

Eine junge Schauspielerin verfolgte Alfred de Musset, ohne, wie sie es gewohnt war, Entgegenkommen zu finden. Schließlich stellte sie ihn im Theaterfoyer: »Ist es wahr, Monsieur, daß Sie sich rühmen, mit mir geschlafen zu haben?« Der Dichter verbeugte sich höflich: »Nein, Madame. Ich rühme mich des Gegenteils.«

Liebesleidenschaft

Es ist ein Satz, ein allgemeiner:
Die große Liebe macht erst kleiner.

Herrmann Mostar,
In diesem Sinn Dein Onkel Franz,
Sechste Epistel

Der junge Verehrer der Tochter darf im Kreise der Familie speisen. Er kann seiner Befangenheit nicht Herr werden und rührt keinen Bissen an.
»Essen Sie!« ermuntert die Angebetete.
»Ach«, stöhnt der Verliebte. »Wenn

ich neben Ihnen sitze, vergeht mir jeglicher Appetit.«

Und d' Liab is a Rößl,
in Anfang gehts frumm;
awa wanns amal lauft,
schmeißts das Wagerl leicht um.

Aus dem Böhmerwald

Amanda, liebstes Kind, du Brustlatz
kalter Herzen,
der Liebe Feuerzeug, Goldschachtel
edler Zier,
der Seufzer Blasebalg, des Trauerns
Löschpapier,
Sandbüchse meiner Pein und Baumöl
meiner Schmerzen!
Du Speise meiner Lust und Flamme
meiner Kerzen,
Nachtstüblein meiner Ruh, der Poesie
Klistier,
des Mundes Alecant, der Augen Lustrevier,
der Komplementen Sitz! Du Meisterin
zu scherzen,
der Tugend Quodlibet, Kalender
meiner Zeit!
Du Andachts-Fackelchen, du Quell der
Fröhlichkeit,
du tiefer Abgrund du, voll tausend
guter Morgen,
der Zungen Honigseim, des Herzens
Marzipan
und wie man sonsten dich, mein Kind,
beschreiben kann,
Lichtputze meiner Not und Flederwisch der Sorgen!

Hofmannswaldau

Herzog Karl von Mecklenburg, der Kommandeur des preußischen Gardekorps, und Major von Tilly, Kommandeur des Garde-Schützenbataillons, empfanden keine Sympathie für einander. Der Mecklenburger zeichnete sich durch Sittenstrenge aus, Tilly durch Charme und heitere Lebenskunst. Eines Tages begegneten sie sich an der Tafel des späteren Friedrichs III.
»Ich habe von einem unerhörten Wachvergehen in Ihrem Bataillon gehört«, sagte der Herzog zu Tilly. »Ist an dem Gerücht etwas Wahres?«
»Halten zu Gnaden«, wandte sich der Gefragte an den Kronprinzen.
»Sprechen Sie!«
»Ein Oberjäger meines Bataillons«, erzählte Tilly, »ein Schweizer namens Petit, hat ein zartes Verhältnis mit einer Dame am anderen Spreeufer. Da die Kaserne an den Fluß grenzt, habe ich auf dieser Seite keine Posten aufziehen lassen. Vor einigen Tagen wurde der Oberjäger ertappt, als er mit triefender Uniform an Land stieg. Er hat gestanden, in den vergangenen beiden Wochen allabendlich, obwohl wir bereits November haben, den Fluß durchschwommen zu haben.«
»Und?« fragte der Herzog von Mecklenburg. »Was haben Sie getan?«
Tilly lächelte: »Ich habe ihn beneidet.«
»Damit wollen wir die Angelegenheit zu den Akten legen«, sprach der Prinz. »Zum Wohle, meine Herren!«

Den Teig deiner Reize knet' ich stets
in meinen Sinnen,
hoch geht er auf, als wären Hefen
drinnen.

Du bist ein Löschpapier, das meine
Sinnen trinket,
du bist ein Teich, worin mein Herz
versinket.

Wie Hunde nach dem Hasen lechzen,
wie Raben nach dem Aase krächzen,
wie nach dem Blute dürst't der Floh,
nach deiner Liebe ächz' ich so.

Könnt' ich deine Liebe dadurch
erhalten,
die Erde wollt' ich wie einen Käse
spalten;
ich schlüge die Sonne mit Keulen tot
und brächte sie dir zum Abendbrot.

Verfasser unbekannt,
Musenklänge aus Deutschlands Leierkasten, An die Geliebte

Ich ritzt' es gern in alle Rüben ein,
ich stampft' es gern in jeden Pflasterstein,
ich biß es gern in jeden Apfel rot,
ich strich es gern auf jedes Butterbrot,
auf Wand, Tisch, Boden, Fenster
möcht ich's schreiben:
Dein ist mein Herz und soll es ewig
bleiben!

Ich schör' es gern in jede Taxusheck',
graviert' es gern in jedes Eßbesteck,
ich sät' es gern als lecker grüne Saat
ins Gartenbeet mit Kohlkopf und
Salat;
in alle Marzipane möcht' ich's drücken
und spicken gern in alle Hasenrücken
und zuckerzäh auf alle Torten treiben:
Dein ist mein Herz und soll es ewig
bleiben!

Ich möcht' mir ziehn ein junges Känguruh,
bis daß es spräch' die Worte immerzu,
zehn junge Kälbchen sollen froh sie
brüllen,
hell wiehern hundert buntgescheckte
Füllen,
trompeten eine Elefantenherde,
ja, was nur kreucht und fleucht auf
dieser Erde,
das soll sie schmettern, pfeifen, quaken,
bellen,
bis daß es dröhnt in allen Trommelfellen
mit einem Lärm, der gar nicht zu
beschreiben:
Dein ist mein Herz und soll es ewig
bleiben!

Hanns von Gumppenberg,
Liebesjubel (nach Wilhelm Müller)

Soviel Zellen die Gewebe
meines langen Leibs enthalten,
in so viele Muskelfasern
sich mein sterblich Fleisch läßt spalten,

soviel kleine Blutgefäße
mich von Kopf zu Fuß durchziehen,
soviel Körperchen in ihnen
heißen roten Blutes glühen,

soviel Lymph- und Schweißesdrüsen
in und an dem Menschen sitzen,
soviel Kokken und Bazillen
an ihm zehren und stibitzen,

soviel Lungenalveolen
ich in meinem Busen zähle,
soviel ich in meinen Knochen
habe Haversche Kanäle,

soviel weiße, soviel graue
Nervenfasern mich durchweben,

soviel feuchte Schleimhautdrüsen
Schleim, Pepsin und Speichel geben,

soviel mal in hundert Pfunden
Fleisch sich kapselt die Trichine:
Soviel mal, du schlanke Palme,
lieb ich dich, o Josephine!

Hermann Iseke (1856–1907),
Liebeslied eines Arztes

Olpides: Sie hat ihn ihre Papageiin, ihre Kätzin genannt.
Marsgast: Er sie seinen Puma, seinen Jaguar. Sie invertieren die Geschlechter. Das ist Zärtlichkeit. Bekannte Sache.

Giraudoux,
Kein Krieg in Troja II, 12

»Mein Engelchen, mein Teufelchen, mein Äffchen, mein Täubchen, mein ach – ich weiß schon keinen Namen mehr für Dich!« stöhnt der Verliebte.
»Gib mir Deinen!« rät das Mädchen.

Der Kari erzählt, daß er am letzten Wochenende nur unter Schwierigkeiten die Vroni küssen konnte. Sie habe darauf bestanden, daß er das Verdeck öffnet, damit die Sterne in den Wagen scheinen. Eine Stunde habe er dazu gebraucht.
»A Stund'?« staunt der Lucki. »In fünf Minuten mach i mei Verdeck auf.«
»Ja du!« winkt der Kari ab. »Mit a'm Cabriolett!«

Der Arzt, nachdem er das neunte Kind entbunden hat, zum Bauern: »Das nächste Mal, wenn du in Fahrt bist, überlegst du dir gefälligst, ob du ein weiteres Kind noch ernähren kannst!«
»Geh, Doktor!« erwidert der Hinterhuber. »I, wenn in Fahrt bin, moan, daß i ganz Bayern ernähren kennt.«

Wie bitter ist die Konsequenz
für dich als Homo sapiens:
»Das einzige Wesen mit Verstand«
hat dich die Wissenschaft genannt,
doch der Verstand tritt nicht in Kraft,
gerade wenn man dich erschafft!

Herrmann Mostar,
In diesem Sinn Dein Onkel Franz,
Fünfte Epistel

Un bon coq n'est jamais gras.
Ein guter Hahn ist nie fett.

Geflügelzüchterin mit großer eigener Geflügelzucht, 39 J., 1,68 groß, Witwe, mit Vermögen, musikliebend, tüchtig u. fleißig, wünscht glückliche, harmonische Zweitehe mit Herrn bis zu 55 J., der in ihren Betrieb hineinpaßt. Alles Nähere über ...

Buchheim,
Des Alleinseins müde

»Mein Mann ist leidenschaftlich«, erzählt die Dame. »Ein Tiger!«
»Der meine auch«, erwidert die andere.

»Der Ihre? Ein Tiger?«
»Gewiß. Ein Könnixtiger.«

»Bleiben Sie bei uns!« bat ein Hoteldirektor. »Dieser Ort ist gut für Ihr Asthma. Die Mädchen hier können es nicht von Leidenschaft unterscheiden.«

Der heisere Robert klingelt an der Tür seines Freundes. Die junge Frau öffnet.
»Ist Lucien zu Hause?«
»Nein«, flüstert sie. »Komm rein!«

Der kostbarste Besitz eines Mädchens ist die Phantasie des Mannes.

Verfasser unbekannt

Wenn eener eene jerne hat
und kann se mal vaknusen –
und wenn se ooch 'n Puckel hat,
er gloobt, et is 'n Busen.

Aus Berlin

Melindo schrieb ein Lied, der Phyllis Reiz zu loben,
und hat das schöne Kind fast himmelhoch erhoben:
Es wird der Augen Blitz, der Lippen Rosenpracht,
der Glieder reiner Schnee begeistert kundgemacht.
Nachdem ich solches Lied erwischt und abgelesen,
ist mir dies Wunderbild zu kennen not gewesen,
und da ich es zuletzt unfehlbarlich erfragt:
War diese Tyndaris, des Schornsteinfegers Magd.

Johann Grob (1643–1697),
Melindos Geliebte

Demokos: Du hast gewiß schon von Symbolen sprechen gehört und bist Frauen begegnet, welche dir auf den ersten Blick die Intelligenz, die Harmonie, die Sanftmut zu verkörpern schienen.
Hektor: Ich bin solchen Frauen begegnet.
Demokos: Was hast du dann getan?
Hektor: Ich trat ihnen näher, und es war zu Ende.

Giraudoux,
Kein Krieg in Troja I, 6

Ein Edelmann des Ancien Régime entbrannte für ein armes Mädchen. Oft versuchte er, sich zu befreien, und immer kehrte er in noch heftigerer Leidenschaft zurück. Schließlich resignierte er: »Es gibt keine andere Möglichkeit, diese Liebe loszuwerden: Ich muß das Mädchen heiraten.«

»Welch niedliches Pantöffelchen! Ich möcht es küssen!«
»Heirate nur, so wirst du's müssen!«

Verfasser unbekannt

Kuß

Mei Herz is a Uhr,
bleibt ma dann und wann stehn.
A Busserl vom Dirndl
machts glei wieda gehn.

»Bin ich wirklich der erste Mann, den Du geküßt hast?«
»Ja doch. Ja! Immer die gleichen Fragen bei Euch Männern!«

Mei Dirnei ihr Göscherl
is a Briaf zan petschiern;
an andra wiar i
awa derfs nit probiern.

Aus dem Böhmerwald

Im Fremdenbuch eines Gasthofes am Lech:
»Kein schönres Glück
in dieser Welt,
als wenn ein liebend Mädchen
beim Kusse stillehält.

Dr. Busse.«

Nachtrag von fremder Hand:
»Mein lieber Dr. Busse:
Ein bißchen wackeln muß se.«

Der Kuß der Liebe ist eine symbolische Geschlechtsvereinigung, ein implizierter Beischlaf, und der Beischlaf ein explizierter Kuß.

Karl Julius Weber,
Demokritos II, 25

Du kennst das Gold am Glanze,
die Jungfrau an dem Kranze;
das Weib ist wie ihr Mund:
Wie frisch sie leb' und blühe,
wie heiß sie lieb' und glühe,
das tut ihr Kuß dir kund.

Leopold Schefer,
Das Lied vom Kusse

Aus dem Roman »Die Söhne der Julia Lindholm« in der Badischen Presse vom 3. 12. 1928: »Er lächelte und ließ seinen Blick über den ihren tauchen, daß ihre Wangen über und über zu erglühen begannen. Glückselig wartete sie, bis sein Mund sich langsam dem ihren näherte. Sie wußte nur das eine: rdgoeniatrdgoveniardgoverdgovnrdgog.«

Trinkspruch:
Alle Bienen sollen leben,
die mit zärtlichem Bemühen
Honig von den Lippen geben
und den Stachel in sich ziehen!

Berühren sich zwei Münder sacht,
rührt sich, was uns zum Sünder macht.

Gerhard Schumann,
Freundliche Bosheiten, Der Kuß

Der Chef erwischt den Lehrling, der eine Stenotypistin küßt: »Du bist hier Stift, Bengel. Nicht Lippenstift!«

Ein Journalist aus Hollywood fragte Katharine Hepburn, ob Sie Humphrey Bogart näher kenne. Sie antwortete: »Nein. Wir haben uns lediglich einige Male geküßt.«

Ein französischer Reisender zur Postmeisterin: »Küß! Küß!«
Die Frau schlug ihm hinter die Ohren und holte ihren Gemahl, welchem sich der Fahrgast erklärte: »Nicht Küß auf Mund! Küß auf Popo!«
Er wollte ein Kissen haben.

Clement Marot kam mit dem Kardinal von Lothringen nach Rom. Als er sah, wie der Kirchenfürst dem Papst den Pantoffel küßte, verließ er raschen Fußes den Saal.
»Sie haben sich unmöglich benommen«, sprach der Lothringer. »Seine Heiligkeit ist gekränkt.«
»Verzeiht, Eminenz«, antwortete Marot. »Mich überfiel die Furcht: Wenn Euer Gnaden Pantoffel küssen, welche Stelle gebührt dann mir armem Teufel?«

Die Alten zählten dreierlei Arten Küsse: Die »Basia« unter Verwandten und Freunden, die »Oscula« (Philemata) der Ehrfurcht vorzüglich bei heiligen Leuten und die Suavia oder Küsse unter Verliebten.

Karl Julius Weber,
Demokritos II, 25

Den Bruder- und Schwesterküssen der alten Christen mußten sich förmliche Kirchengesetze in den Weg stellen. Versteht sich: Mit Ausnahme der Gesetzgeber selber, welche die Glosse schützte: »Clericus amplectens mulierem praesumitur id facere benedicendi sive caritatis gratia.« (Vom Geistlichen, der eine Frau umarmt, wird angenommen, daß er es tue, um zu segnen oder aus christlicher Liebe.)

Karl Julius Weber,
Demokritos II, 25

Beischlaf

Superintendent vor der Brautnacht: »Nicht aus Wollust, liebe Marie, sondern aus ehelicher Pflicht schicke ich mich nunmehr an ...« (Simpl)

»Warum ist es eigentlich eine Sünde, bei einem Mädchen zu schlafen?« fragt der junge Mann.
Der Pfarrer schaut ihn streng an: »Ihr Halunken schlaft ja nicht!«

Er macht einen Waldspaziergang. Es dunkelt. Aus dem Gebüsch dringt Geschrei.
»Um Gottes willen«, ruft der Wanderer. »Wird da einer umgebracht?«

Eine Zeitlang ist es mäuschenstill. Dann eine sanfte Stimme: »Im Gegenteil.«

Der achtzehnjährige Pitter ist zum erstenmal ausgegangen. Die Eltern harren seiner Rückkehr mit Sorge. Fünf Uhr morgens erscheint er. Strahlend: »Zoerscht wä ech ens Kino jejangen. Da han ech ä lecker Mädche kennenjelernt. Denn sen wer zesamme esse jejonn ond denn tanze. Zoletzt hat se mech en ihre Wohnung jenomm ond, Vadder ond Mudder: Ech weiß nit, wat man daze sacht, awer: Dat werd minge Hobby!«

Trinkspruch:

Dem Hühnchen, das sich willig bückt,
wenn sich der Hahn zum Treten
schickt!

Playboy = Bälgertreter.

Bei der Lieb' muß man die Augen niederschlagen, und da geschieht's denn leicht, daß sie auf einen Gegenstand fallen, der unter einem ist.

Nestroy,
Die verhängnisvolle Faschingsnacht

Lieb mich, Kind, aus ganzer Kraft,
doch sag nie: »Mach schnelle!«
Sonst erschlafft, was sich gestrafft,
und Begier und Leidenschaft
schwinden auf der Stelle.
Denn ein süßer Widersinn
ist im Wollustfieber:
Willst du, daß ich schneller bin,
hauch zu mir den Seufzer hin:
»Langsamer, du Lieber!«

Martial/Mostar,
Falsche Eile

Wenn ich bei Marulla liege,
wägt sie, ehe ich sie kriege,
sorgsam in gewandter Hand,
was sie immer gern umspannt,
und dann nennt sie mir ganz schlicht
das Gewicht
bis aufs Gramm genau.

Hab ich, was ich will, bekommen,
sagt sie, auch im Rechnen schlau,
um wieviel es abgenommen.

Welche Frau!

Martial/Mostar,
Seltene Kunst

Tu, wie ich will, und hadre nicht,
sonst platzt noch, Beste, unsre Ehe!
Du liebst im Dunkeln, ich bei Licht,
weil ich uns gern beim Lieben sehe.

Du liegst im dunkeln Hemde da;
ich lieb mein Weibchen nur, wenn's
nackt ist.
Du küßt wie eine Großmama,
ich lieb den Kuß, der wie ein Akt ist.

Du liegst im Bett wie Fels im Sand
und läßt mich deine Hand nicht
spüren.
Penelope verstand, die Hand,
selbst wenn Odysseus schlief, zu
rühren.

Doch kehrst du mir den Rücken zu
und will ich diese Stellung nützen –
selbst Juno litt es, doch nicht du –,
schon ist die Hand da, dich zu
schützen.

Du nimmst den Ehestand genau,
ich fordre, was mir schöner schiene:
Am Tag sei meine Ehefrau,
doch nachts sei meine Konkubine!

Martial/Mostar, Der Ehefrau

Ein Klotz zu Sophie Arnould: »Je suis effrayé de l'immensité de votre sanctuaire, ne croyant pas à trouver un si vaste appartement.«
Sie antwortete: »Monsieur, c'est que je ne vous attendais pas avec si mince équipage.«

Sophie, die Gemahlin Friedrich Wilhelm I. von Preußen, an die Gemahlin Georgs I. von England: »Leibniz hat den gestrigen Abend bei mir verbracht und mich nur vom unendlich Kleinen unterhalten. Ach, wer kann das besser kennen als ich?«

Aus der Predigt eines Imams: »Wer zu Beginn der Nacht seine eheliche Pflicht erfüllt, opfert einen Hammel. Wer sich ein zweites Mal um Mitternacht aufrafft, opfert ein Kamel. Wer sich aber gegen Morgen ein drittes Mal seines Weibes besinnt, tut ein so verdienstvolles Werk, als ob er einen Sklaven freilasse.«

Trinkspruch:

Ein jeder Kanonier soll leben,
der siebenmal auf einem Stück
kann ungeladen Feuer geben
und schießen jeden Augenblick!

Die Woche zwier
der Weiber Gebühr,
schadet weder mir noch dir.
Macht's Jahr hundertundvier.

Luther

Leute, Leute, hört mein Tuten
und laßt raten Euch im Guten:
Ihr Eheleut geht auseinand',
Maß ist Gebot im Ehestand!
Eins hat's geschlagen.
Seid nicht so wild und haltet haus,
sonst hängt's Euch bald zum Hals
heraus!
Ein Schlag ist gut und auch genung,
hat er nur Kraft und rechten Schwung.
Eins hat's geschlagen.

Fritz Grasshoff,
Die große Halunkenpostille,
Neue Nachtwächterweise

»Gnädige Frau, Sie müssen sich zurückhalten«, meint der Arzt mit bekümmertem Gesicht.
»Keine Sorge, Herr Doktor!«
»Sind Sie verheiratet oder haben Sie einen Freund?«
»Beides. Aber da verläßt sich immer einer auf den anderen.«

Die Gräfin beschwerte sich beim Ortskommandanten, ein Offizier habe ihr Gewalt angetan.
Er zog seinen Degen, überreichte ihn der Klagestellerin und bat, ihn an den gebührenden Ort zurückzubefördern.
Er ging im Zimmer auf und ab. Die Dame mühte sich vergeblich.
Lächelnd blieb er stehen: »Erhalten Sie Ihre Klage aufrecht, Madame?«

Klein-Iwan an Groß-Prawda: »Ist sich meeglich, daß Mann tut Frau Gewalt an im Laufen?« Groß-Prawda an Klein-Iwan: »Ist sich nicht meeglich, weil Frau mit Rock hoch läuft schneller als Mann mit Hose runter.«

Sie betritt die Parfümerie, wählt sorgsam und zückt einen Hundertmarkschein.
»Tut mir leid, gnädige Frau«, sagt der Verkäufer. »Der Schein ist falsch.«
Sie stutzt; ihr Blick geht ins Leere: »Dann bin ich vergewaltigt worden.«

An die Behörde: »Ich kann unmöglich der Vater des Kindes sein, da ich mit der Mutter des Kindes nie etwas zu tun gehabt habe. Geradezu lächerlich aber ist es, wenn diese behauptet, ich hätte sie vergewaltigt. Ich kann Ihnen nur soviel sagen: Bei der brauchen Sie keine Gewalt anzuwenden, das weiß ich aus eigener Erfahrung.«

Liebesleid

Das »Lied von der Glocke« wird besprochen. Ein Schüler liest:

»Da faßt ein namenloses Sehnen
des Jünglings Herz. Er irrt allein.
Aus seinen Augen brechen Tränen;
er flieht der Brüder wilden Reih'n.
Errötend folgt er ihren Spuren ...«

Blättert um, erwischt zwei Seiten und fährt fort:
»... und das Unglück schreitet schnell.«

Ein Flimmerheros klagte: »Jedesmal, wenn ich die Frau meines Lebens kennenlerne, ist entweder sie verheiratet oder ich bin es.«

Es freut mich nicht, Mathilde,
der Liebe süßes Walten.
Wenn ich dich auch erhielte,
ich könnte dich nicht erhalten.

Adolf Frankl,
Lose Sachen 6

»Ich liebe Dich«, sagt Meier Toni,
»nur kommst Du etwas teuer, Moni.«

Ein Mann in mittleren Jahren hatte zwei Liebhaberinnen, eine ältere und eine junge. Die alte zupfte ihm die schwarzen Haare vom Kopf und aus dem Bart, die junge die grauen. So machten beide den Bejammernswerten zum haarlosen Kind, und ein Kind war er seinem Verstande nach auch wirklich.

Äsop,
Fabeln 157,
Der Mann und seine beiden Geliebten

Wotan (zu Brunhilde): Wunsch-Maid warst du mir, gegen mich doch hast du gewünscht; Loos-Kieserin warst du mir, gegen mich doch kiestest du Loose; Helden-Reizerin warst du mir, gegen mich doch reiztest du Helden!

Wagner,
Ring der Nibelungen

Ein junger Provinziale ohne Rang und Vermögen verliebte sich in Mademoiselle Dorvieux, erklärte sich mündlich und schriftlich und warf sich ihr schließlich tränenden Auges zu Füßen: »Versagen Sie mir den Almosen nicht!«
Sie hob ihn auf: »Bedauere, Monsieur! Ich habe schon meine Armen.«

Mit Deinen schönen Augen
hast Du mich gequält so sehr
und hast mich zugrunde gerichtet:
Mein Liebchen, was willst Du mehr?

Heine,
Buch der Lieder, Die Heimkehr 62

Wie du zärtlich deine Wäsche in den
Wind
hängst, liebes Kind
vis à vis!
Diesen Anblick zu genießen,
geh ich, welken Efeu zu begießen.
Aber mich bemerkst du nie.

Deine vogelfernen, wundergroßen
Kinderaugen, ach, erkennen sie
meiner Sehnsucht süße Phantasie,
jetzt ein Wind zu sein in deinen
Hosen?

Kein Gesang, kein Pfeifen kann dich
locken,
und die Sehnsucht läßt mir keine Ruh.
Ha! Ich hänge Wäsche auf wie du!
Was ich finde: Socken, Herrensocken.
Alles andre hat die Waschanstalt.
Socken, hohle Junggesellenfüße
wedeln dir im Winde wunde Grüße.
Es ist kalt auf dem Balkon, sehr kalt.

Und die Mädchenhöschen wurden
trocken;
mit dem Winter kam die Faschingszeit.
Aber drüben am Balkon, verschneit,
eisverhärtet, hingen hundert Socken.
Ihr Besitzer lebte fern im Norden
und war homosexuell geworden.

Ringelnatz,
Ritter Sockenburg

Zwei Temperierte, einer wippenden Schönheit nachflüsternd: »Lesbisch müßte man sein!«

He died on a broken heart. Er starb an einem harten Brocken.

Des Goldbauern Hiesel
dem ging es recht schlecht,
er liebte die Liesel,
die Liesel den Knecht.

Des Goldbauern Hiesel
hatt' Taler, die echt;
er gab sie der Liesel,
sie gab sie dem Knecht.

Des Goldbauern Hiesel
sagt, daß er sie möcht.
Da lachte die Liesel
und küßte den Knecht.

Des Goldbauern Hiesel
hat alles verzecht,
da ließ ihn die Liesel
und ging zu dem Knecht.

Des Goldbauern Hiesel
ward dennoch gerächt:
So wie ihn die Liesel,
verriet sie der Knecht.

Heinrich Leuthold,
Tanzlied

»Als die Bäume blühten«, schluchzte das Mädchen unter fallenden Blättern, »versprachst Du mir, daß wir im Sommer heiraten. Und jetzt?«
Er strich ihr sanft das Haar: »War das ein Sommer, Liebling?«

Bisbill hat den Verspruch mit Julien gebrochen.
Wie schützt er sich? Er schwört, er habe sich versprochen.

Nikolaus von Bostel (1670–1704),
Ausflucht

»Beklagter, Sie haben dieser Dame die Ehe versprochen und das Versprechen nicht gehalten.«
»Herr Richter, ich war nicht im Besitz meiner geistigen Kräfte. Bitte: Hier ist das Bild meiner damaligen Verlobten, und das sind meine Liebesbriefe.«

Das Lämpchen brennt so trübe,
es fehlt ihm wohl an Fett.
Der Jüngling, den ich liebe,
liegt lang all schon im Bett.

Wir saßen in der Laube,
wir saßen Hand in Hand.
Er nannte mich seine Taube;
so hat er mich genannt.

Ach, hätten meine Augen
den Jüngling nie gesehn,
so könnt ich froh und heiter
an ihm vorübergehn!

Ach, hätten meine Eltern
mich an einen Baum gehängt
und mit dem schwersten Mühlstein
in tiefen See versenkt!

Verfasser unbekannt,
Lieder aus der Küche,
Das verlassene Mädchen

Sie war ein Mädchen voller Güte,
und naschen tat sie auch sehr gern,
bekam so manche Zuckertüte
von einem hübschen jungen Herrn.
Da rief sie: »Heimat, süße Heimat,
wann werden wir uns wiedersehn?«

Da kam der Leutnant von der Garde
und lud sie ein zum Maskenball:

»Bei uns ist heute Maskerade,
und du sollst meine Tänz'rin sein!«
Da rief sie: »Heimat, süße Heimat,
wann werden wir uns wiedersehn?«

Vom vielen Tanzen ward sie müde.
Sie legt sich nieder auf ein Bett.
Da kam der Leutnant von der Garde
und raubte ihr die Unschuld weg.
Da rief sie: »Heimat, süße Heimat,
wann werden wir uns wiedersehn?«

In Stücke wollte sie sich reißen,
ins tiefste Wasser wollt' sie gehn.
Jedoch der Rhein war zugefroren,
und keine Öffnung war zu sehn.
Da rief sie: »Heimat, süße Heimat,
wann werden wir uns widersehn?«

Da kam der Leutnant von der Garde
und sprach zu ihr: »Mein liebes Kind,
mit dem Ertrinken mußt du warten,
bis daß die Wasser offen sind.«
Da rief sie: »Heimat, süße Heimat,
wann werden wir uns wiedersehn?«

Nun hat sie all ihr Glück verloren;
nun ging sie heim ins Vaterland.
Dort hat sie dann das Kind geboren;
den Vater hat es nie gekannt.
Da rief sie: »Heimat, süße Heimat,
wann werden wir uns wiedersehn?«

Verfasser unbekannt, Lieder aus der Küche,
Ein Mädchen voller Güte

Sie war ein Mädchen von achtzehn
Jahren,
verführt von einer Jünglingshand.
Sie mußte schon so früh erfahren,
was falsche Liebe angebrannt.
Sie liebte ihn mit ihrem Herzen,
doch er, er war ein Bösewicht.
Da fühlte sie mit tausend Schmerzen:
Er, der Geliebte, liebt mich nicht!

Von Hamburg ging sie bis nach
Bremen,
von dort bis an die Eisenbahn.
Sie wollt' ihr Haupt auf Schienen
legen,
bis daß der Zug aus Barmbeck kam.
Jedoch der Schaffner sah's von ferne.
Er bremste mit gewaltger Hand.
Jedoch der Zug, er blieb nicht stehen.
Ein Haupt rollt blutrot in den Sand.

Verfasser unbekannt
Lieder aus der Küche,
Ein Mädchen von achtzehn Jahren

Ein abgewiesener, gekränkter Liebhaber erregt selten Teilnahme, und doch gehört gewiß diese Art Kränkung zu den allerherzergreifendsten.

Karl Julius Weber,
Demokritos II, 13

Dauer der Liebe

Eine gute Frau inspiriert den Mann, eine geistvolle fesselt ihn, eine schöne begeistert ihn und eine teilnehmende bekommt ihn.

Verfasser unbekannt

Frohsinn des Weibes fesselt den Mann länger als Schönheit.

Karl Julius Weber,
Demokritos I, 4

Überall, wo Du auch wandelst,
schaust Du mich zu allen Stunden,
und je mehr Du mich mißhandelst,
treuer bleib ich Dir verbunden.

Denn mich fesselt holde Bosheit,
wie mich Güte stets vertrieben.
Willst Du sicher meiner los sein,
mußt Du Dich in mich verlieben.

Heine, Neue Gedichte, Clarisse 2

Mutter zur Tochter: »Ein Mann ist wie ein Ei. Legst Du dasselbe eine kurze Zeit in heißes Wasser, so kochst Du es weich. Läßt Du es aber zulange darin, so wird es hart.«

Wir machen die Männer zu Göttern, und sie verlassen uns. Andere machen sie zu Scheusalen, und sie kriechen und sind ergeben (Lady Windermere).

Wilde, Lady Windermeres Fächer III

Männer können lieben, was unter ihnen steht, Wertloses, Unsauberes, Ehrloses. Wir Frauen verehren, wenn wir lieben. (Lady Chiltern)

Wilde,
Ein idealer Gatte I

»... Ich liebte sie, die Verstorbene – gebe ihr Gott den himmlischen Frieden! –, vor allem deswegen, weil sie bei aller Lebhaftigkeit und Verspieltheit des Wesens ihrem Manne treu war. Jawohl, sie war mir treu, obwohl sie nur zwanzig Jahre zählte, während ich bald sechzig werde.«
Der Diakon, der am Mahle teilnahm, drückte seinen Zweifel durch ein vielsagendes Schweigen und Räuspern aus.
»Sie glauben es offenbar nicht?« wandte sich der Witwer zu ihm.
»Nicht etwa, daß ich es nicht glaube«, sagte der Diakon verwirrt, »ich meine nur, heutzutage sind die jungen Frauen schon mehr als ... Sie wissen ja, Rendezvous, Sekt ...«
»Ich werde Ihnen Beweise bringen! Ich habe ihre Treue auf gewisse Art unterstützt, sozusagen mit strategischen Maßnahmen, wie sie bei Belagerungen üblich sind. Ich kenne so Wörtchen, die wirken wie eine Parole. Spreche ich diese selbigen Wörtchen aus, ist alles in Ordnung, und ich kann in Ruhe schlafen.«
»Was sind denn das für Wörtchen?«
»Ich habe in der Stadt ein schlimmes Gerücht ausgestreut. Es ist Ihnen bekannt. Ich habe jedem gesagt: ›Meine Frau Alena ist die Geliebte unseres Polizeichefs Iwan Alexewitsch Salichwatzkij‹. Diese Wörtchen haben genügt. Kein einziger hat gewagt, Alena den Hof zu machen; denn jeder hat den Zorn des Polizeichefs gefürchtet. He-he-he! Bindest Du mit diesem schnurbärtigen Halbgott an, dann wirst Du Deines Lebens nicht wieder froh, und er schickt Dir ein Protokoll nach dem anderen wegen sanitärer Mißstände.«
»So war also Ihre Frau nicht die Geliebte von Iwan Alexewitsch?« sagten wir erstaunt.
»Nein, meine Herren.«
Drei Minuten saßen wir da und schwiegen. Es war uns ärgerlich und peinlich, daß uns dieser dicke, rotnäsige

Alte so überlistet hatte. »Nun, Gott gebe, Du heiratest noch einmal«, murmelte der Diakon.

Anton Pawlowitsch Tschechov,
Das Gedächtnismahl

Satzfehler im Roman: »Er versprach ihr, bis zum letzten Abendzug für sie zu kämpfen.«

Sprich, wo lebt wohl ein Galan
von Bestand, von Treu und Glauben?
An zwei Orten: Im Roman
und im Nest der Turteltauben.

Johann Nikolaus Götz,
Treue Liebhaber

London ist voll von Frauen, die ihren Männern vertrauen. Man kann sie sofort erkennen. Sie sehen so unglücklich aus (Lady Windermere).

Wilde,
Lady Windermeres Fächer II

Wie kann man die Liebe einer Frau behalten?
Indem man sie nicht zurückgibt.

Aus den USA

»Nichts Praktischeres als Liebe auf den Ersten Blick«, dozierte ein Unbeständiger. »Sparst unheimlich Zeit!«

Stax sucht am Montag Doris' Küsse,
am Dienstag findt er Hindernisse,
am Mittwoch siegt der Held.
Am Donnerstag vergehn die Triebe,
am Freitag sucht er neue Liebe.
Das ist der Lauf der Welt.

Verfasser unbekannt

Rilke ließ eine Freundin auf der Straße stehen, als habe er sie nie gekannt. Ein Zerwürfnis lag nicht vor; die Dame war betroffen.
Jahre vergingen und heilten die Wunde. Eines Tages sprach sie zu Oskar Maria Graf: »Für einen derart begnadeten Mann ist freilich jede Frau nur eine Durchgangsstation.«

»Wie lange dauerte Ihr Verhältnis mit dem Großknecht?« fragte der Richter. Die Magd überlegte: »Ungefähr zwanzig Minuten.«

Norddeutschland. Aufrichtigkeit, Treue und Liebe möchte ich meinem zukünftigen Mann, bis 35 Jahre, schenken. Bin 32/170, schlank ...

Bild am Sonntag, 26. 11. 1967,
Heiratsanzeigen

Ansprache des Bräutigams auf Ritas sechster Verlobung: »... erlaube ich mir denn, die Hoffnung auszusprechen, verehrte Anwesende, daß ich Sie alle bei meiner Hochzeit werde wieder begrüßen können – vor allem Dich, meine liebe Rita.«

Das Starlet teilt der Freundin ihre Verlobung und Entlobung mit.
»Interessant«, antwortet die Kollegin. »Wer ist denn der Glückliche?«

Gebeten, die Meinungsverschiedenheiten, an der ihre Verlobung scheiterte, zu erläutern, erklärte sie: »Ich meinte, er hätte was, und er meinte, ich hätte was.«

Ende der Liebe

Das Schiff war versunken. Ein Mann trieb auf einer Planke durch den Ozean. Die Sinne schwanden ihm, und als er erwachte, befand er sich auf einem herrlichen Eiland voller Blumen und Früchten. Einen Fremden, der vor ihm stand, fragte er, wo er sich befinde, und erhielt zur Antwort: »Auf der Insel der Liebe. Alle Mädchen dienen dir, und du darfst bleiben, solange du eine Frage nicht stellst.«
»Welche Frage?«
»Bevor du sie stellst, wirst du spüren, daß du sie nicht stellen solltest. Mehr darf ich dir nicht sagen.«
Der Gestrandete blieb, und es erging ihm wohl, und die Schönsten der Schönen kürzten ihm Tage und Nächte. Ein Mädchen gewann sein ganzes Herz und blieb immer bei ihm. Im zehnten Jahre seines Glückes bog er ihren Kopf zurück, starrte in ihre Augen und fragte: »Liebst du mich wirklich?«
In diesem Augenblick löste sich das Bild der Geliebten in Nebel auf. Er verlor das Bewußtsein, und als er zusichkam, trieb er wieder auf offenem Meer.

Monsieur de La Bare und Madame de la Sablière waren seit vielen Monaten vertraut. Eines Tages sagte er: »Madame, was haben Sie da am Auge?«
»Seit meiner Kindheit einen Fehler, Monsieur! Daß Sie ihn heute bemerken, beweist mir, daß sich unsere Liebe dem Ende nähert.«

Die Marquise de Prie zu ihrem Liebhaber, der sie mit einem anderen erwischte: »Sie lieben mich nicht mehr; denn Sie glauben eher das, was Sie sehen, als das, was ich Ihnen sage.«

Eine Rosenknospe war
sie, für die mein Herze glühte;
doch sie wuchs, und wunderbar
schoß sie auf in voller Blüte.

Ward die schönste Ros' im Land,
und ich wollt' die Rose brechen,
doch sie wußte mich pikant
mit den Dornen fortzustechen.

Jetzt, wo sie verwelkt, zerfetzt
und verklatscht von Wind und Regen:
Liebster Heinrich bin ich jetzt;
liebend kommt sie mir entgegen.

»Heinrich hinten, Heinrich vorn«,
klingt es jetzt mit süßen Tönen;
sticht mich jetzt etwa ein Dorn,
ist er an dem Kinn der Schönen.

Allzu hart die Borsten sind,
die des Kinnes Wärzchen zieren.
Geh ins Kloster, liebes Kind,
oder lasse Dich rasieren!

Heine,
Alte Rose

»Vor vier Wochen nannte er seine Emma Liebste. Vor drei Wochen sagte er Liebes zu ihr, vor vierzehn Tagen Emma.«
»Und jetzt?«
»Anna.«

Der Scheich ruft seine Frauen zusammen und seufzt: »Ich bin Euch eine Erklärung schuldig: Ich liebe einen anderen Harem.«

Meine Schuh sind durchgelaufen,
durchgelaufen deinetwegen.
Fehde führen, schlagen, raufen
mußt ich immer deinetwegen,
einen blanken Spiegel kaufen,
mich zu zieren deinetwegen,
dünnes Bier und Wasser saufen,
Wein zu kaufen deinetwegen.

Tränen auch sind mir gelaufen
von den Wangen deinetwegen!
Laufen, raufen, saufen, kaufen –
alles tat ich deinetwegen,
aber jetzo magst du laufen
meinetwegen!

Friedrich Wilhelm Grimme (1827–1881),
Hans im Ärger

Aus einem Schüleraufsatz, Inhaltsangabe des vierten Buches der »Äneis«: »Es ist ein hübscher Zug zur Charakteristik des Helden, daß er beim Abschied Dido an der weichen Stelle zu fassen sucht.«

Nur einmal noch möcht ich sie sehen
und sinken vor ihr auf's Knie
und sprechen: »Sie glauben gar nicht,
wie wohl mir ist ohne Sie!«

Alexander Moszkowski,
Vier Lieder der Unliebe 4

Braut nach dem Krach: »Du brauchst mir nicht zu versprechen, ein anderer zu werden. Den andern habe ich schon.«

Der beleidigte Abgeblitzte: »Wenn ich die Eigenschaften, die Sie von einem Manne erwarten, besäße, hätte ich meinen Antrag einer anderen gemacht.«

Ein enttäuschter Liebhaber drohte mit der Veröffentlichung der in seinem Besitz befindlichen Liebesbriefe. Die Frau erwiderte: »Meiner Briefe brauche ich mich nicht zu schämen. Nur die Anschrift kompromittiert.«

Eine französische Schauspielerin beendete eine langjährige Verbindung. Sie schickte dem Überstandenen alle Juwelen zurück, die er gekauft hatte, alle Kleider, eine Equipage und zwei Kinder.

Ein Weib, die Lais ihrer Zeit,
geriet in seltne Traurigkeit,
als ihr Verehrer fliehen mußte.
»Mit Recht«, sprach ihre Nachbarin,
»liegt dessen Absein Dir im Sinn,
der Dich so schön zu lieben wußte.«

Die teure Nymphe sprach: »Ach ja!
Sein Abzug geht mir etwas nah;
doch darum kann ich mich nicht fassen,
daß ich ihm, als er Abschied nahm,
da er durch mich um alles kam,
den schönen Mantel noch gelassen.«

Hagedorn,
Reue über eine nicht begangene Bosheit

Rivarol schlug seiner Geliebten vor, die bisherige Leidenschaft in eine süßere, solidere Empfindung zu verwandeln und einen Tempel der Freundschaft zu errichten. Sie erwiderte: »Man baut nicht mit Asche.«

Die Trennung von einer Frau – und wäre es auch die geliebteste – hat ihre angenehmen Seiten, die niemand besser zu schätzen weiß als ich. Der erste Spaziergang durch die Straßen nach der letzten Umarmung, der Anblick des herzigen, rosigen Gesichtchens einer kleinen Näherin, nachdem eben die angebetete Geliebte mit einer vom Weinen geröteten Nase schied, das helle Lachen des Wäschermädels oder der Blumenhändlerin nach den vom Trennungsschmerz heiseren Abschiedsworten – bereiten eine Genugtuung, für die ich gerne alle anderen hingebe. Man hat ein einziges Wesen verloren. Und gleich ist diese Leere mächtig bevölkert. Alles ist neu erschaffen; alles gehört mir. Und dies in aller Freiheit, in aller Reinheit, in allem Frieden des Gewissens! Ja, du hast recht. Die Liebe enthält wirklich wunderbare Höhepunkte: Nämlich wenn es zum Bruch kommt (Paris).

Giraudoux,
Kein Krieg in Troja I, 4

Der alte Prinz Conti bemerkte: »Früher nahm man Artigkeiten für Liebeserklärungen. Jetzt ist es umgekehrt.«

Der seligen Zeiten gedenk' ich,
da alle Glieder gelenkig
bis auf eins.
Die Zeiten kehren nicht wieder;
denn steif sind nun alle Glieder
bis auf eins.

Verfasser unbekannt

Der alte Sascha Guitry saß in der Eisenbahn nach Monte Carlo einer jungen Dame gegenüber, die schwarze Schuhe und rote Strümpfe trug.
»Rouge et Noir«, sinnierte er.
»Faites votre Jeu!« entgegnete die Dame.
Er schüttelte den Kopf: »Rien ne va plus!«

»Habe ich noch Nachkommenschaft zu erhoffen?« fragte der Siebzigjährige, entschlossen, eine Zwanzigjährige zu ehelichen.
»Nein«, erklärte der Arzt. »Zu fürchten.«

Und als sie nichts mehr konnten
vor allzu großem Alter,
schrieb Salomon Proverbia,
und David machte Psalter.

Verfasser unbekannt

Die betagte Adele Sandrock betrachtete ein Neugeborenes, das gebadet wurde: »Wenn ich mich recht erinnere, ist das ein Knäblein.«

Die betagte Schauspielerin Augustine Brohan empfing in ihrer im vierten Stock gelegenen Pariser Wohnung einen ehemaligen Verehrer. Der Anstieg hatte ihn außer Atem gesetzt.
»Es tut mir leid«, sprach die Gastgeberin, »aber es ist das einzige mir verbliebene Mittel, um bei Männern noch Herzklopfen zu verursachen.«

Oma verlangte in der Städtischen Leihbibliothek einen stark gewürzten Roman.
»Sie sagten, Sie bevorzugen historische Romane«, sprach der Bibliothekar, als er zögernd den gewünschten Band überreichte. »Das hier ist nichts Historisches.«
Oma lächelte und griff zu: »Für mich schon.«

Eine galante Dame, altgeworden und an das letzte Krankenlager gefesselt, entgegnete dem Priester, der ihr die Liebe zu Gott empfahl: »Nein, mein Freund! Keine neuen Amouren mehr!«

Hier lieget ein sehr schön, doch geiles
Weib begraben.
Wünscht ihr nicht, daß sie Ruh soll in
der Erde haben!
Sie hat dem Himmel gleich zu werden
sich geübt
und nichts als stetige Bewegung mehr
geliebt.

Martin Opitz,
Grabschrift

Olympia schläft unter diesem Stein,
wie sie nur selten schlief: Allein.

Hofmannswaldau,
Grabschrift

Prostitution

Wenn Frauen, die beim Gehn den
Hintern wiegen,
nicht Huren sind, so muß das
Sprichwort lügen.

Aus Italien

Anton Antonowitsch Delwig lud Kondratij Rylejev, einen Dichter vornehmlich politischer Themen, zum Besuch eines Freudenhauses ein.
»Ich bin verheiratet«, versetzte Letzterer.
»Was soll das heißen?« faßte der Lyriker nach. »Versagst Du Dir, weil Du eine Küche im Haus hast, gelegentlich im Restaurant zu speisen?«

Ich bin das geworden,
was man aus mir gemacht hat.
Ich bin es vollkommener geworden,
als man es je gedacht hat!
Man wirft sich nur einmal im Leben
weg.
Alles weitere ist nicht so schwer.
Steckt man erst bis zum Hals im Dreck,
dann zählt man die Männer nicht
mehr.
Und immer kommt einer von
irgendwo her,
den man niemals gesehn und nicht
kennt.
Und will er was, sagt man: »Bitte
sehr!«
und zögert nicht einen Moment.
Und seufzt er: »Chérie, Du küßt
herrlich gemein«,
dann macht man die Augen zu
und denkt: Ich wurde versaut,
Du Schwein,
von einem, der war wie Du.

Fritz Grasshoff,
Die große Halunkenpostille, Chanson

Ein Berner frequentiert ein Freudenhaus. Den Anzug wirft er aus dem Fenster.
»He, Junge!« ruft die Dame. »Der ist doch tadellos.«
»Schon«, erwidert der Kunde. »Aber wenn ich gehe, ist er aus der Mode.«

Tünnes und Schäl trafen sich nach längerer Trennung. Schäl, auffallend vornehm gekleidet, berichtete, er sei jetzt Imker: Er besitze je zwei Bienen in Hamburg, Köln und München.

Berliner Intimgewerblerin zu einem Zahlungsunfähigen: »Eheringe nehm' ick nich. Die jehn ma uff's Jemüt.« (Zille)

Eine galante Dame auf die Frage, wie das Geschäft gehe: »Schlecht. Alle Welt pfuscht einem drein.«

Demosthenes lehnte ab, als Lais für eine Nacht zehntausend Drachmen forderte: »So teuer kaufe ich die Reue nicht.«

Minister Piper fragte Karl XII., ob er die in Schweden weilende, für August den Starken von Sachsen um Frieden bemühte Aurora von Königsmarck zu seiner Hochzeit einladen und welchen Rang er ihr geben solle. Der König entschied: »Nein. Und eine Hure hat auch keinen Rang.«

Noch keiner lag umsonst bei dir?
Ich glaube es: Du zahlst dafür.

Martial/Mostar,
Einer Alten

Ein alter Rektor zu seinen scheidenden Abiturienten: »Bleibet fern den Huren! Ihre Augen sind Vokative, und seid Ihr Dativi gewesen, werden sie zum Genetivus und bald wohl auch zum Akkusativus. Ihr aber werdet Nominative, und Eure Ruhe ist im Ablativ.«

Zwei Männer verlassen das Freudenhaus. »Meine Frau bietet zehnmal mehr«, murrt der eine.
Der andere nickt: »Das kann man wohl sagen.«

XXIV. Kapitel

Gattenwahl I

»Drum prüfe, wer sich ewig bindet,
ob sich nicht noch was Besseres findet!
Der Wahn ist kurz, die Reihe lang.«

A Scheib'n, a Weib'n san was B'sunders
im Leb'n.
Oft moanst, du hast's troffa, und
schiaßt doch daneben.

Im Altertum konnte nicht jeder jeden heiraten.

Karl Joachim Marquardt

»Warum willst Du ihn nicht heiraten?« fragt die Mutter. »Seine Vergangenheit ist einwandfrei und seine Zukunft vielversprechend.«
»Mich stört seine Gegenwart.«

»Ich gebe ja zu, mein Kind, daß dieser Herr Dingsda unausstehlich ist«, spricht die Mutter. »Aber sonst wüßte ich wirklich nicht, was man an ihm aussetzen könnte.«

Algernon ist ein äußerst annehmbarer junger Mann. Er hat nichts, aber er sieht nach viel aus. Was kann man mehr verlangen? (Lady Bracknell)

Wilde, Bunbury III

Suche für meine Tochter, 29 Jahre, blond, 172, gepflegte Erscheinung und nettes Wesen, im elterlichen Geschäft tätig, einen nur gut aussehenden Ehepartner. Bildzuschriften ...

Süddeutsche Zeitung, 18. 11. 1967

»Wenn ich für Dich einen Mann gefunden habe«, zürnt die Mutter, »dann willst Du nicht!«
»Wenn ich einen gefunden habe«, kontert die Tochter, »willst Du nicht.«
Der Vater läßt die Zeitung sinken: »Und wenn Ihr Euch einig seid, will er nicht.«

Unter Freundinnen: »Würdest Du ihn heiraten, wenn Du an meiner Stelle wärst?«
»An Deiner Stelle, ja.«

Ein Hagestolz auf die Frage, warum Frauen lieber Männer mit Titel heiraten als Genies: »Im Gegensatz zur Intelligenz sind Titel mitteilbar.«

Eine Dame auf die Frage, warum sie einen so häßlichen Mann geheiratet habe: »Liebhaber kann man sich aussuchen; Ehemänner kommen von Gott.«

Die meisten Männer flirten mit Frauen, die sie nicht heiraten würden, und heiraten Frauen, die nicht mit ihnen flirten würden.

Aus den USA

»Das Mädchen ist reich, schön, tugendsam«, lobt der Heiratsvermittler. »Nur einen kleinen Fehler hat sie.«
»Und der wäre?« fragt der Suchende.
»Man sagt, daß sie mitunter schwer gebiert.«

Schön ist das Mädchen, klug und reich. Nur: Sie lahmt auf einem Fuß, und der Eisik findet diesen Mangel unkompensierbar.
»Nu«, spricht der Schadchen, »was is, Ihr heiratet a Maidel mit gesunde Füß und acht Täg nach de Hochzeit fällt sie die Treppe hinab und zerbrecht sich a Fuß? Na, Ihr habt de Schreck, das Weib hat die Schmerzen; Ihr müßt zahlen dem Doktor und dem Apotheker. Hier habt Ihr kei Schreck; Euer Weib hat kei Schmerzen. Ihr braucht nischt zu zahlen dem Doktor und dem Apotheker – Ihr habt e fertige Sach.«

Mancher könnte sich durch eine gute Heirat glücklich machen, wenn er über ein kleines Körpergebrechen hinwegsehen könnte, und sieht zu spät ein, daß ein Fuß, um zwei Zoll kürzer als der andere, sich wohl durch fünfzigtausend Gulden Mitgabe mit dem anderen ausgleichen, und Wollüstlinge behaupten sogar, noch durch einen anderen Genuß, worüber ich keine Erfahrungen machen konnte.

Karl Julius Weber,
Demokritos I, 11

Ein junger Mann bittet die um einen halben Kopf größere Freundin um die Hand für's Leben. Sie zögert. Sein Gesicht wird traurig: »Du liebst mich nicht?«
»Doch«, erwidert sie. »Aber: Ein Leben lang flache Absätze – das will überlegt sein.«

Demokrit heiratete eine sehr kleine Frau und kommentierte: »Man soll unter den Übeln das kleinste auswählen.«

»Das Maidel, die ich heirat, muß san sehr, sehr scheen«, sagt der Salme.
»Soso!« macht der Schadchen.
»Se muß san klug und gebildet.«
»Was Du nicht sagst!«
»Und mußjekalisch.«
»Weiter nischt?«
»Raich nadierlich.«
»Salme«, spricht der Vermittler, »wenn se so is und Dich nimmt, dann muß se meschugge san.«
»Das darf se.«

Reich und angesehen sei der Vater der Braut, rühmt der Schadchen. Der arme Bewerber zweifelt, daß er Chancen habe.

Gewiß hätte er sie, meint der Vermittler; denn das Mädchen habe einen kleinen Fehler: Zwei Tage im Jahr werde sie meschugge.
Der junge Mann ist beruhigt: »Über die zwei Tage kommen wir hinweg. Gehen wir!«
»Wir müssen warten ein paar Wochen«, bremst der Schadchen, »bis sie is meschugge.«

Der Ehekandidat kommt mit dem Heiratsvermittler ins Haus der in Aussicht genommenen Braut. Die Gastgeber tischen auf, was Küche und Keller bieten, und der junge Mann läßt sich nicht nötigen. Der Vermittler mahnt ihn leise zur Mäßigkeit.
»Pah!« antwortet der Hungrige. »Ich nehme sie ja nicht.«

Das Mädchen, das der Schadchen vorschlägt, gefällt dem reichen Moritz. Aber er will die Katze nicht im Sack kaufen und besteht darauf, die Kandidatin unbekleidet zu sehen. Die Familie ist entsetzt; doch die Partie lockt. Und so darf Moritz durchs Schlüsselloch sehen.
Er studiert gründlich. Dann trifft er seine Entscheidung: »Ich nehme sie nicht. Die Nase ist zu groß.«

Ein Vierzigjähriger, der eine Zwanzigjährige geheiratet hat, auf die Frage, ob sich der Altersunterschied nicht störend bemerkbar mache: »Keineswegs. Wenn ich meine Frau anschaue, fühle ich mich zehn Jahre jünger. Wenn meine Frau mich anschaut, fühlt sie sich zehn Jahre älter. Also fühlen wir uns beide dreißig.«

Der ungarische Schriftsteller Maurus Jokai heiratete als Siebziger eine Siebzehnjährige.
»Hast du bedacht«, mahnte ein Freund, »daß deine Frau, wenn du achtzig bist, siebenundzwanzig sein wird?«
»Wer eine Frau wirklich liebt«, erwiderte Jokai, »stößt sich nicht an ihrem Alter.«

Der achtundsechzigjährige Jean Dorat, im Begriffe, eine Neunzehnjährige zu heiraten, zerstreute die Bedenken Karls IX. mit dem Hinweis: »Eine rein poetische Lizenz, Sire.«

Ein Junger freiet sich mit einem alten Weibe,
ein Alter nimmt ein Weib, so schön und jung von Leibe.
Hieraus entsteht ein Streit: Sagt, wer am besten tut?
Mein Urteil wäre dies: Das letzte heiß ich gut;
ein Junger muß allein auf ödem Acker pflügen,
ein Alter aber kann ja noch Gehilfen kriegen.

Daniel Georg Morhof,
Heirat zwischen einem jungen Manne und alten Weibe

Bekommt ein junges Weib ein Alter an
die Seite,
so ist ein Klepper da, drauf er zu
Grabe reite.

Logau, Der Alte

Der Mann jagt die Frau solange, bis sie ihn fängt.

Aus den USA

Ein Geistlicher, der häufig Gespräche mit Heiratslustigen führte und zu fragen pflegte, wielange man sich bereits kenne, machte die Beobachtung, daß die Braut meistens einen längeren Zeitraum angab als der Bräutigam. Woraus, wie er meinte, hervorgehe, daß der Mann im allgemeinen in vorbereitete Fallen laufe.

»Hat er Dir immer noch keinen Heiratsantrag gemacht?«
»Nix.«
»Ermuntere ihn halt ein bißchen!«
»Tu ich doch. Jedes Mal, wenn er mir die Zigarette anzündet, blase ich ihm Ringe zu.«

Ich möchte gerne liebenswürdigen, intelligenten, vielseitig interessierten Herrn mit Niveau, der noch gewillt ist, um die Liebe einer Frau zu werben, zwecks späterer Ehe kennenlernen.

Süddeutsche Zeitung, 11. 11. 1967,
Heiratsanzeigen

Wie kündigt oft die Maid dem Mann
errötend das Geheimnis an,
das jeder Dichter von Talent –
jedoch nur er – »ein süßes« nennt,
das sie an sich zwar gern verschweigt,
das aber leider dazu neigt,
was auch die Dichter drüber schreiben,
nicht allzu lang geheim zu bleiben.
Und darum ist's die Kunst der Frauen,
es nur dem Manne zu vertrauen,
von dem die innere Stimme spricht:
»Der drückt sich nicht!«
Sie hat die Wahl, so ist's der Brauch.
So konnte uns die Sprache auch
nur »Gattenwahl« als Ausdruck
schenken;
»Gattinnenwahl« – nicht dran zu
denken!

Herrmann Mostar,
In diesem Sinn Dein Onkel Franz,
Fünfte Epistel

Gattenwahl II

Ein junger, armer Mann von feiner Bildung, welcher ein wahrhaft gutes, gefühlvolles, lenksames Herz besitzt und die besten sittlichen, moralischen Zeugnisse vorzuweisen hat, sucht eine wohl bemittelte, ihm gleichgesinnte Dame zu ehelichen. O möchte sich eine Dame meiner erbarmen und mich herausheben aus dem Schutte und den Trümmern der Trübsal, der Verlassenheit, an die Stufe der Ehren, an die Stufe des Glückes! Wie könnte ich ihr je genug danken, wie sie je genug ehren und lieben? Portofrei deutsche Zuschriften unter . . .

Münchner Neueste Nachrichten, 4. 6. 1848

Einsames Mädel, 20 Jahre, Hausangestellte, sucht dringend einfachen Ehekameraden.

Westdeutsche Allgemeine, 4. 11. 1967

»Welcher edeldenkende Herr möchte meinem einsamen Leben ein Ende machen? Bin 25 Jahre, blond, 1,73, nicht unvermögend und aus gutem Hause.«

Edelmensch, dich rufe ich! Gebildetes Mädchen, Lehrerin, 25 Jahre alt, katholisch, sucht feingebildeten katholischen Mann von wirklich liebevoller Gemütsart, am liebsten Akademiker, der wegen Krankheit oder aus sonstigen Beweggründen entschlossen ist, enthaltsam zu leben, zur Ehe. Ihm und mir möchte ich einen Lichtkreis schaffen in einem sonnigen, liebedurchwärmten Heim.

Karlsruher Zeitung

Münchnerin, warmherzig und kinderlieb, 23/157, mit Schulbildung, sucht passenden Ehepartner um 30 mit ernsten Absichten . . .

Süddeutsche Zeitung, 11. 11. 1967

Besitzerin einer Tankstelle und Kraftfahrzeugbetrieb, 29/173, hat bestaussehendes, gepflegtes Äußeres, ist freundlich und charmant, wünscht Ehepartner mit Herz und Verstand (auch Verpachtung oder Verkauf kommt in Frage) durch . . .

Süddeutsche Zeitung, 2. 12. 1967

Raum Köln. Witwer, 42 Jahre, Kaufmann, 1,72 groß, mit viel Verstand und wenig Geld, sucht eine Frau mit wenig Verstand und viel Geld zu dennoch harmonischem Ehebund. Bildzuschriften mit Rückporto erbeten.

Buchheim,
Des Alleinseins müde

Reichsbahnbeamter, 50 Jahre, wünscht Heirat. Damen wollen Adresse mit Bild und Vermögen einsenden.

Königsberger Allgemeine Zeitung, 20. 12. 1928

Selbständiger Geschäftsmann, 35 Jahre, mit sehr schönem Besitz im Wert von ca. 1/4 Million, wünscht sich baldigst eine echte Liebesheirat . . .

Münchner Merkur, 25. 11. 1967

Tannenbergkämpfer mit Siedlungsabsicht wünscht männliche Nachkommenschaft durch standesamtliche Ehe mit gesundem altarisch jungfräulich jungem, anspruchslosem, auch für grobe Arbeit geeignetem, wirtschaftlichem Weibe mit breiten Absätzen, ohne Ohrringe, möglichst ohne Vermögen. Vermittler abgelehnt. Verschwiegenheit zugesichert. Briefe unter ...

Münchner Neueste Nachrichten, 1936

Dame, Anfang 40, mit Buch- und Papierhandlung, bietet tatkräftigem Kollegen durch Einheirat Gelegenheit, im Sinne des heutigen Leistungsprinzips mitzuarbeiten.

Börsenblatt des deutschen Buchhandels, 1. 7. 1936

Lupe sucht charaktervollen, begabten, unabhängigen Könner als Lebenspartner (Dipl.-Ing., Architekt, Wissenschaftler, Arzt, Forstmeister/Gutsbesitzer, Diplomat, renommierter Künstler usw.) ...

Süddeutsche Zeitung, 28. 10. 1967

Verkäuferin, gewandt, 162, dunkel, schlanke Figur, gut aussehend, ledig, ersehnt sich Schutz und Geborgenheit in hormonischer Ehe. Er soll 40 bis 50 Jahre alt sein ...

Süddeutsche Zeitung, 21. 10. 1967

Educator, 29/172, College grad. likes outdoor activities and home living. Marriage wanted with ...

Süddeutsche Zeitung, 18. 11. 1967

Heiratslustige 24jährige (170 groß), mit Temperament, Courage und Anpassungsfähigkeit, gebildet und humorvoll, aus gutem Hause, mit entsprechendem Vermögen, die gerne kocht, Kinder liebt und aufgeschlossen für die Schönheiten des Lebens ist, sucht zwecks mangelnden Möglichkeiten auf diesem Wege ...

Süddeutsche Zeitung, 11. 11. 1967

Witwe, hübsche, moderne, schlanke Erscheinung, wünscht sich treuen, liebevollen Lebenskameraden, 58–65 (Kameradschaftsehe), möglichst schon Pensionsalter. Akademiker oder mit Abitur, mit Freude an Natur, Spaziergänger, motorisiert. Moderner, großzügig gepflegter Besitz mit großem Garten vorhanden. Noch Vorortsverkehr ...

Süddeutsche Zeitung, 21. 10. 1967

Bin ein 15jähriges, gesundes und gut katholisches »Münchner Kindl«. Mein größter Wunsch ist, wieder einen lieben, gütigen Papa zu bekommen. Mama ist 46/170, Akademikerswitwe. Wir möchten beide nochmals froh und glücklich werden.

Süddeutsche Zeitung, 18. 11. 1967

Wo ist der nette Mann, den wir zur späteren Ehe suchen? Kindergärtnerin/Sekretärin, 32/31 Jahre. Zuschriften mit Bild ...

Süddeutsche Zeitung, 11. 11. 1967

Kaufmännische Angestellte, 23/165, dunkelblond, sportlich, katholisch, sucht die Bekanntschaft eines geistig aufgeschlossenen Jungen von sympathischem Äußeren zwecks späterer Heirat.

Westdeutsche Allgemeine, 11. 11. 1967

Witwer, Rentner, 60/176er, alleinstehend ...

Westdeutsche Allgemeine, 4. 11. 1967

Chemotechnikerin, 40 Jahre, Sportlerin, jünger aussehend, temperamentvoll, sucht gebildete Lebensgefährtin (gleichaltrig oder jünger). Zuschriften erbeten unter ...

Süddeutsche Zeitung, 18. 11. 1967

Große Koalition mit vernünftiger, nicht zu kleiner verantwortungsbewußter weiblicher Partei gesucht, deren Gründung etwa ein Vierteljahrhundert zurückliegen mag, die aber attraktiv genug ist, eine Wahl zu gewinnen. Sie soll sich in der Ernährungspolitik auskennen und den Nachwuchs zu tüchtigen Parteimitgliedern heranziehen können. Der Koalitionspartner müßte aus Gründen des Proporzes auch etwas katholisch sein und in der Vergangenheit nicht zu liberal gedacht haben. Koal. such. Partei: akad., groß, jung, gesund, laut (Beethoven). Eine ehrliche Bildzuschrift (Bild zurück), der Ihre Absicht, einen passenden Ehepartner zu finden, zugrunde liegt, richten Sie bitte unter ... an die Frankfurter Allgemeine.

Heiratsantrag

Um es länger nicht zu sein,
was du bist, willst du es werden?
Denk: Es trägt auch viel Beschwerden
dein erfüllter Wunsch dir ein.

Glückt es dir, ob leicht, ob schwer,
wirst es keine Stunde bleiben.
Schlägt es fehl, so wirst du's bleiben,
aber wirst's vielleicht nie mehr.

Paul Heyse, Rätsel (Freier)

Schloime Branntwein war zu Pferd bei den Brauteltern aufgetaucht, um die Hand der Tochter zu erbitten. Auf die Frage, warum er dieses ungewöhnliche Gefährt gewählt habe, antwortete er: »Daß ich werd keinen Erfolg haben, wußte ich. Wär ich gegangen, hätte sie gesagt: ›Ich habe ihn gehen lassen.‹ Wär ich gefahren, hätte sie gesagt: ›Ich hab ihn fahren lassen‹. So aber: Was kann sie sagen?«

Das Institut für Familienangelegenheiten in Los Angeles hat festgestellt: 25 % aller Heiratsanträge werden in parkenden Autos gemacht, 24 % in der Wohnung der Braut, 20 % in Restaurants, 13 % in Badeanstalten, 9 % in Tanzlokalen, 7 % durchs Telefon, 2 % während eines Fallschirmabsprunges.

»Wie konntest Du einer solchen Frau einen Antrag machen?«
»Ich weiß auch nicht. Wir saßen im Café, und das Gespräch wurde immer langweiliger, und schließlich wußte ich überhaupt nicht mehr, was ich sagen sollte. Da habe ich . . .«

Aus einer Schülernacherzählung: »Der König gab ihm die Hand seiner Tochter zur Frau.«

Zu einer Verkäuferin: »Ich bitte Sie um Ihre Hand.«
»Darf es sonst noch etwas sein?«

Stimme am Telefon: »Gisela, Engel, willst Du meine Frau werden?«
»Gern, Liebling. Wer ist bitte am Apparat?«

Ein reicher Lebemann, fünfundsechzig, hat sich in eine Neunzehnjährige verliebt und wünscht klare Verhältnisse.
»Glaubst Du, daß sie mich heiraten wird, wenn ich ihr sage, ich sei erst fünfzig?« wendet er sich an seinen Freund.
»Nein«, antwortet dieser. »Sage ihr, Du seist achtzig!«

Heiratsantrag des alten Berliner Internisten Theodor Frerichs an seine Hausdame: »Wollen Sie meine Witwe werden?«

»Denk Dir, Gerda, Thomas hat gestern um meine Hand angehalten!«
»Wie charmant er das macht, nicht wahr?«

Nein: »Ich halte Sie für zu klug, eine Frau zu lieben, die dumm genug wäre, Sie zu heiraten.«

Seinen Antrag lehnte sie ab. »Aber«, fügte sie hinzu, »Ihren guten Geschmack werde ich stets bewundern.«

»Heiraten kann ich Sie nicht, mein Herr. Aber ich werde immer Ihre Freundin bleiben. Ist Ihnen das recht?«
»Recht? Ha! Viel lieber.«

»Können Sie eine Familie ernähren?« fragt der Vater den werbenden Freund der Tochter.
»Selbstverständlich.«

»Dann soll's mir recht sein. Aber vergessen Sie nicht: Wir sind acht!«

»Sie sagen, daß Sie ohne meine Tochter Leonore nicht leben können, junger Mann?« Der alte Herr zieht bedächtig an seiner Zigarre. »Meine Tochter Leonore ist so gut wie verlobt. Aber wie wäre es, wenn Sie einmal versuchten, ohne meine Tochter Irene nicht leben zu können?«

Ein junger Ostpreuße hielt um die Hand der jüngsten von drei Bauerntöchtern an. »Bei mir wird der Reihe nach geheiratet«, beschied ihn der Vater. »Eh ich die Älteste nich weghab, brech ich die Jüngste nich an.«

Der Bewerber um die jüngste Tochter zur Entscheidung des Brautvaters, erst müßten die beiden Älteren unter die Haube: »Ich verstehe nicht. Normalerweise kommen doch die Jüngsten zuerst ins Bett.«

»Ich bitte um die Hand Ihrer Tochter. Bitte lassen Sie Ihr Herz erweichen!«
»Sie haben nichts, junger Mann, Sie sind nichts. Ich höre nicht auf mein Herz, sondern auf meinen Verstand.«
Der Bewerber schlägt die Augen nieder: »So lassen Sie mich auf Ihre Gehirnerweichung hoffen.«

»Ich rauche nicht, trinke nicht, spiele nicht, gehe nicht aus, bin fleißig und tüchtig. Warum verweigern Sie mir die Hand Ihrer Tochter?«
»Darum, junger Freund«, erwiderte der Alte grimmig, »weil ich mir kein Muster ins Familiennest setze!«

»Verlobung, also, das ist«, erklärt ein Vater dem Siebenjährigen, »wenn ich dir zu Weihnachten ein Fahrrad schenke, aber du darfst erst Ostern mit ihm fahren.«
Der Junge grinst: »Aber ein bißchen klingeln wird man doch dürfen! Oder?«

»Ich befürworte eine lange Verlobungszeit«, sagte Shaw, »denn sie verkürzt die Ehe.«

Ich bin, offen gesagt, keine Freundin langer Verlöbnisse. Sie geben Brautleuten Gelegenheit, ihren Charakter schon vor der Hochzeit zu entdecken, was, wie ich meine, niemals ratsam ist. (Lady Bracknell)

Wilde,
Bunbury III

»Nie wieder frage ich eine Frau, ob sie mich heiraten will.«
»Abgeblitzt?«
»Eben nicht.«

Hochzeit

Der Bauernbursche kommt am Freitag zum Pfarrer und bestellt für Montag die Hochzeit. So rasch ließe sich das nicht bewerkstelligen, wendet der geistliche Herr ein.
»Machen Sie, was Sie wollen!« erwidert der Ungeduldige. »Ich fange am Montag an.«

Wenn früher auch der Seelenhirte
in puncto Myrte häufig irrte,
heut, wegen der Moralverwirrung,
liegt wohl mehr Nachsicht vor als
Irrung.
Man hat sich klug darauf geeinigt,
daß man die Unschuld gern
bescheinigt,
solange, was vielleicht geschehn ist,
nicht grade äußerlich zu sehn ist.
Ist's doch zu sehn, stimmt's doch
soweit;
denn »Hochzeit« hieß einst »Hohe
Zeit«,
und heute wieder kehrt zum Glück
das Wort zu dem Begriff zurück:
Für die, die sich der Ehe weihn,
pflegt's häufig hohe Zeit zu sein.
Wenn manche drum der Meinung sind,
der Zweck der Ehe sei das Kind –
der Weise sehe und gestehe:
Der Zweck des Kindes ist die Ehe!

Herrmann Mostar,
In diesem Sinn Dein Onkel Franz,
Fünfte Epistel

»Na«, sagt der Franzl augenzwinkernd, »der Bua is a weng früh kemma, gell?«
»Der Bua is scho rechtzeitig kemma«, antwortet der junge Vater, »aber d' Hochzeit war zu spät.«

»Hirngiebl!« ruft der Lehrer. Der Hirngiebl Lukas rührt sich nicht.
Der Lehrer geht zu ihm: »Kannst Du nicht hören?«
»I hoaß net Hirngiebl«, antwortet der Junge, »i hoaß Lachermeier. Mir ham gheirat.«

Der Elefant und die Maus stehen vor dem Standesbeamten.
»Sie wollen heiraten?« fragt dieser und wiegt bedenklich das Haupt.
»Wir müssen.«

Aus einem Schüleraufsatz: »In der Bundesrepublik genügt nicht die kirchliche Trauung. Es wird nur die standrechtliche Trauung anerkannt.«

Aus einem Schüleraufsatz: »Als meine Schwester auf dem Standesamt ankam, vollzog der Standesbeamte unter Zeugen an ihr die Ehe.«

Einem bejahrten Förster in Ostpreußen war die Schwester gestorben, die ihm den Haushalt geführt hatte. Es blieb ihm nichts anderes übrig, als zu heiraten. Freunde besorgten ihm eine resolute Frau. Stimme aus dem dicht besetzten Kirchenschiff, als er mit ihr zum Altar schritt: »Ach Gottche, jetzt bringen sie ihm!«

»Mama, warum trägt eine Braut bei der Hochzeit ein weißes Kleid?«
»Weiß ist die Farbe der Freude!«
»Und warum trägt der Bräutigam einen schwarzen Anzug?«

Der Brautvater rügte den hohen Preis des Hochzeitskleides: »Der muß ja überheblich werden, wenn wir sie ihm auch noch in einer Geschenkpackung überreichen.«

Nachdem die Braut gestanden hatte, daß sie nicht unerfahren in die Ehe geht, erschien der Lord im Smoking zur Trauung: »Die Tradition meines Hauses gestattet den Frack nur bei Premieren.«

In der Gemeinde ist es üblich, durch die Wahl der Glocken bei der Trauung Mitteilung vom Vorleben des Paares zu geben. »Nehmen wir die große?« fragt der Geistliche bei der Festlegung der Zeremonie. »Oder die kleine?«
»Die große!« verlangt die Braut.
Der Pfarrer faßt den Bräutigam scharf ins Auge. Der Gemusterte tastet nach der Krawatte und atmet schwer: »Die große, bitte. Aber wie wäre es, wenn wir mit der kleinen ein bißchen dazwischenbimmeln würden?«

Du schrittest nur aus Angst vor Strafe
mit deinem Louis zum Altar,
obwohl seit Jahren dieser Brave
allnächtlich auf Dir tätig war.
So war der Festakt, nimm's zur
Kenntnis,
kein Eheschluß – nein, ein Geständnis!

Martial/Mostar,
Zur Hochzeit einer Beruflichen

Anfrage des Finanzamtes: »Waren Sie am Stichtag bereits verheiratet?«

Ein Reisender bittet in der Verkaufsleitung um drei Tage Urlaub: »Eine Bekannte von mir heiratet, und ich soll den Bräutigam spielen.«

Der Einäugige entrüstet sich, als er bemerkt, daß er keine Unerfahrene geehelicht hatte. Die junge Frau verteidigte sich: »Auch Du bist nicht unversehrt.«
»Das taten mir meine Feinde!«
»Und mir meine Freunde.«

MacDonald kommt allein aus den Flitterwochen. »Wo ist Shirley?« fragt der Vater.
»Erschossen.«
»Warum?«
»War noch Jungfrau.«
Der Vater nickt befriedigt: »Soweit

kommt es noch, daß wir nehmen, was für andere nicht gut genug ist!«

Als einen, der sich erst den Tag zuvor
vermählt
mit einer, welcher nichts an Schein und
Tugend fehlt,
des Morgens auf dem Markt zwei
seiner Freunde fanden,
da fragten sie: »Was habt Ihr denn so
früh zu tun?«
»Nichts«, sprach er. »Ich bin aufgestanden,
um mich ein wenig auszuruhn.«

Christian Wernicke,
Ein Neuvermählter

Schülernacherzählung des Märchens »Von einem, der auszog, das Gruseln zu lernen«: »Als der Jüngling diese Probe bestanden hatte, durfte er die schöne Königstochter heiraten. Und da lernte er schon in der ersten Nacht, was Gruseln ist.«

Man sollte nur eine Frau heiraten, die man zum Freund haben möchte, wenn sie ein Mann wäre.

Joubert

Dem achtzigjährigen Hilar
fiel endlich noch die Torheit ein,
ein junges Mägdelein zu frein.
Er trat mit ihr zum Traualtar.
Der Priester, der kein Cato war
und mit dem Mädchen sehr vertraut,
sah einen Augenblick sie beide schalk-
haft an
und sprach »Seid fruchtbar!« zu der
Braut
und »Füllet die Erde!« zu dem Mann.

Johann André, Der Ehesegen

Ein Vater zur heiratswilligen Tochter: »Wovon soll ich die Hochzeit bezahlen? Könnt Ihr nicht durchbrennen?«

Professor auf der Hochzeitsreise: »Präge Dir diese Gegend wohl ein, liebe Emma, damit sie Dir eine Erinnerung für das Leben bleibe; denn nur hierin liegt der ethische Wert einer Hochzeitsreise, welche als bloßes Vergnügen in einem Mißverhältnis zu den nicht unbeträchtlichen Kosten stehen würde.« (Simpl, 1904)

Wer etwas auf Gut-Münchner Tradition hält, wer das Eheglück ein bißl durch wurzelechte Symbolik zwingen will, der wird die Gala-Hochzeitskutsche zum blütenweißen Frühlingskleid seiner Myrtenträgerin nicht entbehren wollen. Eine Benzinkutsche ist doch nicht das richtige Gefährt: Es läuft zu rasch hin, zu rasch her; das ist nichts für den Sonnenaufgang der Ehe, wo Glauben und Aberglauben das Zwielicht der Zukunft durchdringen sollen.

Werbeschreiben einer Lohnkutscherei, 1931

Bei der Hochzeitsfeier eines Kapitäns übernimmt Leutnant zur See von Strammbach, die Glückwunschtelegramme zu verlesen. Er agiert trotz erheblichen Sektspiegels mit gewohntem Schneid. Plötzlich knallt er die Hacken zusammen: »Ä ... Depesche von Majestät!«
Die Gesellschaft erhebt sich.
Strammbach liest: »Zimmer mit zwei Betten reserviert stop Deutscher Kaiser Berlin.«

»Die Flitterwochen sind zuende«, behauptete eine Frau, »wenn der Mann am Abend seine Hose auf den Bügel hängt.«

In den siebziger Jahren des vorigen Jahrhunderts hatte ein Berliner Bankier seine Köchin geheiratet. Ludwig Bamberger auf die Frage, wie so etwas möglich sei: »Peu-a-peu«.

Rebekka erinnert ihren Jakob daran, daß er ihr selbigen Tags vor fünf Jahren seine Liebe gestand.
Unwillig erwidert er: »Ich hab gestanden, ich hab gekriegt mei Straf, und jetzt muß mit der Geschichte amal a Ruh sein.«

»Hast Du vergessen, Hermann, daß ich Dich heute vor zehn Jahren heiratete?«
»Vergessen nicht, aber verziehen.«

Der Alisi berichtet am Stammtisch, daß der Haussegen schiefhängt, weil er den Hochzeitstag vergessen hat.
»Denk Dir nix!« tröstet der Xaver. »Woaßt noch, wia Du den Hecht gfanga hast, wo a'n Meter lang war?«
»Freili.«
»Siegst! Aber der Hecht, der derinnert sich a nimmer.«

Der fünfundzwanzigste Hochzeitstag wird groß gefeiert. Die Gäste amüsieren sich. Der Silberbräutigam ist unsichtbar.
Ein Freund findet ihn am Kamin, düster in die Flammen starrend: »Was ist los mit Dir?«
Der Jubilar seufzt: »Als wir fünf Jahre verheiratet waren, wollte ich meine Frau umbringen. Mein Anwalt versprach mir zwanzig Jahre. Heute, Frank, wäre ich ein freier Mann.«

Eine junge Französin wird einem Deutschen vorgestellt, der seine Goldene Hochzeit feiert, und fragt: »Was ist ›Goldene Hochzeit‹?«
»Das bedeutet, daß ich mit meiner Frau fünfzig Jahre lang zusammengelebt habe.«
»Das ist schön!« ruft das Mädchen. »Und nun heiraten Sie?«

Im Preußen des 18. Jahrhunderts mußten der Adel und die Offiziere die Erlaubnis zur Wiedervermählung beim König einholen. Als Herr von Hagen auf Nakel zum fünften Male heiraten wollte, schrieb Friedrich II. unter seine

Genehmigung: »Er braucht künftig nicht mehr einzukommen.«

Eugen D'Albert erschien mit seiner achten Frau auf einer Berliner Gesellschaft. »Sie haben uns selten eine so charmante Gattin vorgestellt«, bemerkte ein Musiker.
Max Liebermann hielt sich abseits: »Die überspring' ick.«

Fred Owen in Michigan wurde verhaftet, weil er den Ehering für seine vierte Frau mit einem ungedeckten Scheck bezahlt, die Ehe geschlossen, ohne sich vorher von der zweiten und dritten Frau scheiden zu lassen, und das Auto der dritten für die Hochzeitsreise mit der vierten entwendet hatte.

Nero hielt feierlich Hochzeit mit einem jungen Eunuchen.
»Schade«, wurde geflüstert, »daß nicht schon sein Vater eine solche Frau nahm!«

Mitgift

Mitleid mit dem Manne, der aus Liebe heiratet und dann erkennen muß, daß seine Frau kein Geld hat!

Aus den USA

Rudi auf die Frage, ob des Grafen Bobby neue Bindung eine Liebes- oder eine Vernunftheirat sei: »Beides. Sie nahm er aus Vernunft, ihr Geld aus Liebe.«

»Sie ist schön und klug, Papa. Aber sie hat kein Geld.«
»Schön und klug ist auch etwas, mein Junge. Man darf nicht alles haben wollen. Wieviel hat sie denn?«
»Ich sage ja: Nichts. Gar nichts.«
Das Antlitz des Vaters wird streng: »Das geht zu weit. Kein Geld, gut. Aber gar kein Geld ist zuwenig.«

Ein armer Mann zum Baron Rothschild: »Ich schlage Ihnen ein Geschäft vor, an dem Sie mühelos eine halbe Million verdienen.«
»Das ist interessant«, sprach der Gewaltige. »Bitte!«
»Ich habe gehört, daß Sie Ihrer Tochter eine Million als Mitgift geben wollen.«
»Stimmt.«
»Ich nehme sie mit Fünfhunderttausend.«

»Würden Sie meine Tochter auch heiraten, wenn sie kein Geld hätte?« fragte der Brautvater.
»Wenn sie nichts besäße als das Hemd auf dem Leibe!« erwiderte der Verzückte.
»Dann verschwinden Sie!« entschied der Alte. »Idioten kann ich in meiner Familie nicht gebrauchen.«

Madame de Sévigné überlegte: »Schrecklich, daß ich dem Marquis de Grignan soviel Geld geben muß, nur damit er mit meiner Tochter schläft. Andererseits, wenn ich bedenke, daß er dies morgen und übermorgen, Woche für Woche, Jahr um Jahr tut, dann, freilich, ist er auch wiederum nicht überzahlt.«

Ein Junggeselle verlangte Photos von Damen ab 50 000 Mark Vermögen.
»Bedaure«, sagte der Heiratsvermittler. »Von Damen über 30 000 Mark gibt es keine Photos.«

Sie heult: »Du hast mich nur geheiratet, weil ich ein bißchen Geld habe!«
»Unsinn, Liebling!« tröstet er. »Ich hätte Dich auch geheiratet, wenn Du viel Geld hättest.«

Ein Kunde zum Heiratsvermittler: »Sie bieten mir dauernd Damen aus gutem Hause an! Für mich ist entscheidend, daß es ihnen gehört.«

Auf einer Radfahrt, noch vor dem ersten Krieg, kamen wir in einem Dorf so um Tegernsee herum mitten in eine große bäuerliche Hochzeit hinein. Das Wirtshaus quoll über von Männern und Frauen, Burschen und Mädeln. Wir setzten uns auf eine abseitige Bank, und der Doktor Billinger fragte leutselig ein altes Weiberl, das dort hockte, wer denn die Braut sei.
»Die Braut, ja mei, die Braut waar i!«
Und ehe der Doktor, fassungslos, zu einer Gegenfrage ausholen konnte, kuschelte sich die alte Frau zutraulich und verschmitzt nahe an sein Ohr und wisperte: »Wissen S', i hab a Häuserl!«

Eugen Roth,
Lebenslauf in Anekdoten, Die Braut

»Meine Frau erbt eine Apotheke.«
»Bravo. Das nenne ich ›Mitgift‹!«

»Du hast geheiratet?«
»Mußte.«
»Du? Mußtest? Daß ich nicht lache!«
»Lache nicht! Gift oder Mitgift war die Frage.«

Einheirat = gesellschaftsfähige, meist männliche Prostitution.

Michael Schiff,
Von Abs bis Zwiebelmuster

Die Uhr schlägt zehnmal. Valentin Bormann erhebt sich vom Stammtisch.
»Nach Hause?« fragen die Brüder.
»Ihr saget es.«

»Warum?«
»Halb elf wird bei uns geschlossen.«
»Hast Du denn keinen Schlüssel?«
»Nein. Den habe ich verkauft.«
»???«
»Verkauft«, wiederholt Bormann. »Für 20 Mille bei der Hochzeit.«

Sternhagelvoll kommt er heim. Die Bäuerin hat ihn schon erwartet: »Du Haderlump, Du elendiger! Traust da Du überhaupt no eina? Hast vergessen, daß Du daher geheirat hast, daß des ois mei Sach is, da herin, 's Viech, d' Möbeln, d'Wasch, ois? Nix hast ghabt, vorher!«
»Doch«, erwidert er traurig. »Mei Ruah.«

Der Stammtisch lobt die Huberbäuerin: Geld hat sie mitgebracht; sie arbeitet wie ein Pferd und stellt keine Ansprüche.
Der Huber widerspricht: »Die kost mi mehra wia Euch Eucherne Weiber!«
»Geh! Was denn scho?«
»Überwindung.«

Wie, wenn man, um Ehestandsproselyten zu machen, das Gesetz der Babylonier erneuerte, das jedem, der ein schönes, reiches Weib heiratete, eine Taxe auflegte, womit man dann häßliche, arme Mädchen ausstattete?

Karl Julius Weber, Demokritos II, 4

Ehe

Im Fremdenbuch einer thüringischen Sommerfrische:
»Unter diesen grünen Bäumen
möcht' mein Leben ich verträumen.
Auguste.«

Nachtrag von fremder Hand:
»Unsinn, Aujuste!
Heiraten mußte!«

Charles Darwin nahm einen Bogen Papier, teilte ihn durch einen senkrechten Strich und überschrieb die erste Spalte mit »Heiraten«, die zweite mit »Nicht heiraten«.

Unter »Heiraten« trug er ein: »Kinder«, »ein Heim«, »Reiz weiblichen Plauderns«, »Versorgung« usw. In die zweite Spalte schrieb er: »Zeitverlust«, »Störung der abendlichen Lektüre«, »bei mehreren Kindern Zwang zum Geldverdienen« usw. Dann zog er den Saldo, schrieb »Es gibt viele glückliche Sklaven« und heiratete.

Die Frau sollte den Mann besser verstehen und weniger lieben, der Mann die Frau mehr lieben und nicht versuchen, sie zu verstehen.

Aus China

In der Kaschemme: »Warum heiratste nich de Liese, Paule? Se kocht dir, se wäscht dir, und wenn de besoffen bist, weeßte, wo de hinjehörst.« (Zille)

»Heirate!« sprach Sokrates zu einem Schüler. »Ist es eine gute Frau, so wirst du glücklich. Ist es eine böse, wirst du ein Philosoph.«

Pasquier auf die Frage, warum er dreimal geheiratet habe: »Propter opus, opes et opem« (Wegen der Arbeit, des Geldes und der Pflege).

Friedrich II. von Preußen an Herzog Karl von Württemberg: »Laßt einige Jahre für das Vergnügen draufgehen, und dann denkt an die Ehe! Das erste Feuer der Jugend ist für sie nicht günstig, und die Treue hält sich für uralt und abgelebt, wenn sie drei Jahre dauert.«

Ein Vater denkt seit eh und je
vorwiegend mit dem Portemonnaie
und hat es bald herausgefunden:
Ein Sohn, der ehelich gebunden,
kommt billiger, als wenn die Liebe
ihn auf die freie Wildbahn triebe;
denn ungern, selbst wenn man es
könnte,
zahlt man des Sohnes Alimente.

Herrmann Mostar,
In diesem Sinn Dein Onkel Franz,
Sechste Epistel

Ein Vater, dem Vorhaltungen gemacht wurden, daß er seinen Sohn in sehr jungen Jahren verheiraten wollte: »Jetzt muß es geschehen. Wenn er Verstand hat, ist es zu spät.«

Aus dem Aufsatz einer zehnten Berliner Mädchenklasse: »Shakespeare zeigt uns in ›Romeo und Julia‹ ein berühmtes Liebespaar, woran sich jeder ein Beispiel nehmen sollte! Denn wie oft werden heute Ehen ohne Nachdenken geschlossen!«

Curt Goetz auf die Frage, wie er seine Frau, Valerie von Martens, kennengelernt habe: »Ich habe sie geheiratet.«

Die Gattin blickt aus der Zeitung auf: »In Afrika lernen sich die Ehepartner erst nach der Hochzeit kennen.«
Er brummt: »Bei uns noch später.«

Die Freunde wundern sich, daß er plötzlich geheiratet hat. »Ursprünglich wollten wir gute Freunde bleiben«, erklärt er. »Aber dann haben wir es uns doch anders überlegt.«

Was? Sieben Sakramente zählen
die Herren Theologen? Ei!
Für Leute, welche niemals fehlen,

heißt das doch gröblich sich verzählen!
Sind Buß und Eh' nicht einerlei?

Johann Baptist von Alxinger,
Die Sakramente

»Wer hat die Ehe eingesetzt?« fragte der Religionslehrer.
»Gott.«
»Richtig. Wo hat er es getan?«
»Im Paradies.«
»Richtig. Mit welchen Worten?«
»Ich will Feindschaft setzen zwischen dir und dem Weibe!«

Ein Nachdenklicher meinte: Möglicherweise nennt man die Ehe einen heiligen Stand, weil es in ihm von Märtyrern wimmelt.

Ein Neuerer vergleicht die Ehe mit den Mönchsorden. Zuerst tritt man in den Benediktiner-, dann in den Predigerorden. Einige geraten dann in den Karthäuser- oder Geißlerorden, und gar viele enden als Barfüßer.

Karl Julius Weber,
Demokritos II, 21

»Rabbi, warum verbietet die Schrift, einen jungverheirateten Mann zum Kriegsdienst einzuziehen?«
»Weil er den Krieg zu Hause hat, mein Sohn.«

Aus einem Schüleraufsatz: »Durch das Sakrament der Ehe nimmt die Braut eine schwere Last auf sich, die sie nicht so ohne weiteres abschütteln kann.«

Ritter Reinhart von Thalwig auf Schloß Weidelberg bei Kassel hatte sich gegen den Landgrafen empört, wurde von diesem belagert und zur Übergabe gezwungen. Reinhart schickte seine Frau ins Lager des Fürsten und bat um Milde.
Von den Tränen der Flehenden bewegt, gestattete der Landgraf den Frauen und Mägden freien Abzug und erlaubte ihnen, ihre wertvollste Habe auf dem Rücken mitzuführen.
Die Schloßherrin schleppte ihren Gemahl ins Tal und besänftigte den Zorn des Siegers mit den Worten: »Ihr habt mir zugestanden, mitzutragen, was mir lieb wäre. Deshalb habe ich meinen allerliebsten Schatz mitgetragen.«
Daraufhin ließ sich der Landgraf zu einem billigen Vergleich herbei.

nach *Hans Wilhelm Kirchhof,*
Wendunmut,
Frauenliebe

Bibliothekarin, 31, evangelisch, vielseitig interessiert, Skifahrerin und Bergsteigerin, sucht gebildeten, charakterfesten Mann, möglichst Akademiker, der eine glückliche Ehe nach dem Spruch »Einer trage des anderen Last« führen möchte.

Süddeutsche Zeitung, 25. 11. 1967

Ein Schneider, der sein Weib mißhandelt hatte, war verklagt worden und hatte schwören müssen, daß er sie nicht mehr schlagen, sondern Lieb und Leid mit ihr teilen werde.
Kurz darauf stand er wieder vor Gericht. »Ich habe meinen Eid gehalten, Ihr lieben Herren«, sprach er, »und habe Lieb und Leid mit ihr geteilt. Ich habe sie nur ein wenig an den Haaren ziehen wollen. Sie ist mir entwichen. Da bin ich ihr nachgeeilt und habe nach ihr mit Knüppeln, oder was ich eben in die Hände bekam, geworfen. Wenn ich sie getroffen habe, ist es mir lieb gewesen und ihr leid; wenn ich sie verfehlt habe, ist es ihr lieb gewesen und mir leid.«
Die Herren waren zum Scherzen nicht gelaunt und geboten dem Wortverdreher, nie mehr in dieser Weise Lieb und Leid mit seinem Weibe zu teilen, sonst werde es ihm an den Kragen gehen.

Jörg Wickram,
Rollwagenbüchlein,
Einer trägt mit seiner Frau Liebe und Leid

»Was bedrückt Dich?« fragt die Frau. »Sag es mir! Haben wir uns nicht versprochen, alles gemeinsam zu tragen?«
Der Mann stiert vor sich hin: »Wir haben einen Brief bekommen, in welchem man uns mitteilt, daß wir Vater geworden sind.«

»Wie lange biste eijentlich schon mit Vatan verheiratet, Mutta?«
»Zwölf Jahre.«
»Und wie lange mußte noch?«

Er kommt müde nach Hause und knallt die Tasche in die Ecke.
»Sieh unseren kleinen Thomas«, sagt die Frau. »Er wird Dir von Tag zu Tag ähnlicher.«
Er reißt sich die Krawatte vom Hals und schickt einen wütenden Blick auf den Sprößling: »Verdammte Meckerei dauernd!«

Viele Ehen erinnern an die bekannten Wetterhäuschen: Tritt der Mann heraus, so bleibt die Frau darin, oder umgekehrt.

Karl Julius Weber,
Demokritos II, 21

Was Er vom Glück der Ehe spricht,
Herr Vetter, das sind Träume.
Die Eh' ist Prosa, kein Gedicht;
denn Mann und Frau – Weiß Er das nicht? –
sind selten, selten Reime.

Verfasser unbekannt

Hier ruht mein selig Eheweib
in dieses Grabes Höhle.
Zuweilen waren wir ein Leib,
doch niemals eine Seele.

von Göckingk,
Grabschrift

Ein Bauer erzählt: »Dreißig Jahre bin ich mit meiner Frau verheiratet, aber, vom ersten Tage der Ehe abgesehen, waren wir nur einmal eines Sinnes: Vor zwölf Jahren brannte das Haus, und wir wollten gleichzeitig durch die gleiche Tür.«

Ihr Eheleute seid den bunten Karten
gleich.
Wer kann das treue Bild verdammen?
Den ganzen Tag bekriegt Ihr Euch,
und nachts liegt friedlich Ihr beisammen.

Peter Wilhelm Hensler (1742–1779),
Karten und Eheleute

Sie konnten sich nie recht leiden
und wurden doch ein Paar.
Sie dachten täglich ans Scheiden
durch fünfundzwanzig Jahr'.

Sie haßt ihn, der nicht minder
von Schmähungen über sie strotzt,
und beide haben neun Kinder
einander abgetrotzt.

Georg Bötticher,
Eine Ehe

Ein rares Beispiel will ich singen,
wobei die Welt erstaunen wird.
Daß alle Ehen Zwietracht bringen,
glaubt jeder, aber jeder irrt.

Ich sah das Muster aller Ehen,
still, wie die stillste Sommernacht.
O! Daß sie keiner möge sehen,
der mich zum frechen Lügner macht!

Und gleichwohl war die Frau kein
Engel
und der Gemahl kein Heiliger.
Es hatte jedes seine Mängel;
denn niemand ist von allen leer.

Doch sollte mich ein Spötter fragen,
wie diese Wunder möglich sind,
der lasse sich zur Antwort sagen:
Der Mann war taub, die Frau war
blind.

Lessing,
Fabeln, Das Muster der Ehen

»Ich kenne nur eine wirklich glückliche Ehe«, sagte ein Weltmann. »Die des Dogen mit der Adria.«

Im Biologieunterricht wurde den Schülerinnen und Schülern eine Liste mit Umschreibungen für naturwissenschaftliche Begriffe vorgelegt. Die jungen Leute waren aufgefordert, jene Fachausdrücke einzusetzen.
Eine Frage hieß: »Zusammenleben zweier Organismen zu gegenseitigem Nutzen. Gesucht war der Begriff »Symbiose«. Die Mehrheit der Klasse schrieb: »Ehe.«

Der Hochzeitstermin der Sekretärin rückt immer näher. Sie sieht ihm mit Besorgnis entgegen. Am letzten Wochenschluß vor dem großen Ereignis geht ihr der Mund über: »Nächste Woche um diese Zeit!« Sie atmet schwer: »Glauben Sie, daß es Unglück bringt, am Freitag zu heiraten?«
»Natürlich«, brummt der Chef. »Warum sollte ausgerechnet der Freitag kein Unglück bringen?«

Die Sekretärin kündigt, um zu heiraten: »Würden Sie mir in Anerkennung meiner langjährigen treuen Dienste noch einen Wunsch erfüllen?«
»Wenn sich der Wunsch im Rahmen des Möglichen hält.«
»Bitte«, fährt sie fort, »erhöhen Sie mir für die letzten vier Wochen meiner Tätigkeit das Gehalt um den Betrag, den das mir zugedachte Hochzeitsgeschenk kosten würde! Ich werde gelegentlich darauf hinweisen müssen, was ich aufgab, als ich heiratete.«

Der Ehemann der Sekretärin hat an einem Betriebsfest teilgenommen und macht seiner Frau auf dem Heimweg bittere Vorwürfe: »Wenn dir der Alte den Hof macht, scheinst du völlig zu vergessen, daß du verheiratet bist.«
Sie lächelt ihn mitleidig an. »Du irrst, Liebling«, erwidert sie süßsauer. »Nie werde ich mir dieser Tatsache so bewußt wie in solchen Augenblicken.«

Die Eh' ist auf jeden Fall ein Trauerspiel, weil der Held und die Heldin sterben muß, sonst wird's nicht aus.

Nestroy,
Weder Lorbeerbaum noch Bettelstab

Man heiratet mangels Erfahrung, läßt sich scheiden mangels Geduld und heiratet wieder mangels Gedächtnis.

Verfasser unbekannt

Zwei abgeschiedene Seelen bitten an der Himmelstür um Einlaß.
»Warst Du im Fegefeuer?« fragt Petrus.
»Nein«, antwortet der erste. »Aber verheiratet.«
»Gilt.«
Der zweite Verklärte will mit hindurchhuschen. »Halt!« spricht Petrus. »Was ist mit Dir?«
»Ich war zweimal verheiratet.«
Der Pförtner runzelt die Stirn: »Troll Dich! Unglückliche lasse ich ein, Dummköpfe nicht.«

Shaw, zu seiner Meinung über die Ehe befragt: »Es wird sehr schwierig sein, von einem Manne, dessen Frau noch am Leben ist, eine aufrichtige Ansicht zu diesem Thema zu erfahren. Nur Ehemänner, die, wie Strindberg, ihre Frau hassen, werden die Wahrheit sagen. Ich muß leider passen; denn ich liebe meine Frau.«

Ehemann

Ehemann = Wesen männlichen Geschlechtes, das wünscht, es wäre so klug, wie es glaubt, daß seine Frau meint, daß es sei.

Gute Ehemänner sind selten gescheite und gescheite selten gute.

Verfasser(in) unbekannt

Es waren drei junge Leute,
die liebten ein Mädchen so sehr.
Der eine war der Gescheute,
floh zeitig über das Meer.
Er fand eine gute Stelle
und ward seiner Jugend froh
und lebt als Junggeselle
noch heute auf Borneo.

Der zweite schied mit Weinen.
Er sang seiner Liebe Leid
und ließ es gebunden erscheinen
just um die Weihnachtszeit.
Das kalte Herz seiner Dame,
die Quelle all seines Weh's,
macht ihm die schönste Reklame
auf allen ästhetischen Tees.

Der dritte nur war dämlich,
wie sich die Welt erzählt.
Er liebte die Holde nämlich,
bis sie sich mit ihm vermählt,
und sitzt jetzt ganz bescheiden
dabei mit dummem Gesicht,
wenn sie von den andern beiden
mit Tränen im Auge spricht.

Rudolf Presber,
Es waren drei junge Leute

Wir haben perfekte Ehemänner geheiratet und sind dementsprechend bestraft dafür. (Mrs. Marchmont)

Wilde,
Ein idealer Gatte I

Der ideale Ehemann ist derjenige, der glaubt, die ideale Ehefrau gefunden zu haben.

Verfasser unbekannt

Das Weib ist eine Nuß,
die man aufbeißen muß.
Dem Manne Gott genad,
der keine Zähne hat!

Peter Rosegger,
Die Nuß

Sind die Weiber nicht untertan, so machen sie die Männer zu Sklaven; denn sie müssen entweder gehorchen oder befehlen.

Tatarisches Sprichwort

Die Nerven von Spinngeweb', d' Herzen von Wachs und d' Köpferl von Eisen, das is ja der Grundriß der weiblichen Struktur.

Nestroy,
Der Talisman

»Eins, Bräutchen, darf ich nicht verhehlen:
Ich pfleg' oft, ohne Grund zu schmälen.«
»An Gründen soll's bei mir nicht fehlen.«

Verfasser unbekannt

»Den Eigensinn«, behauptet die Frau, »hat der Junge von dir.«
»Muß er wohl«, erwidert er. »Du hast deinen ja noch.«

Karl XI. von Schweden zu seiner Gemahlin: »Madame, Wir haben Euch genommen, um Kinder zu zeugen. Es ist nicht Eure Aufgabe zu regieren.«

Wenn 's Weib de Kopf aufsetzt, setzt der Ma' de Huet auf.

Aus dem Allgäu

Wer glücklich werden will, und das
als Ehemann,
der lerne erst befehlen und eheliche
dann!

Verfasser unbekannt

Es kam einmal einer zu einem Philosophen und sprach: »Herr, ich bin ein junger Ehemann und bitte Euch, Ihr wollet mich belehren, wie ich daheim richtig haushalten soll.« Der Philosoph erwiderte: »Komm mit mir nach Hause!«
Als er mit seinem Gast heimkam, blieb er unten an der Stiege stehen und rief seiner Ehefrau zu: »Nimm den größten Baumöltopf und wirf ihn zum Fenster hinaus!« Die Frau tat es. Da rief er ihr zu: »Nimm den anderen Topf und wirf ihn auch zum Fenster hinaus!« Sie tat auch das ohne Widerspruch.
Da sagte der Philosoph zum jungen Ehemann: »Jetzt geh heim, und wenn du deine Frau soweit bringst, daß sie dir so gehorsam ist wie die meine, dann hältst du gut haus!«

Johannes Pauli,
Schimpf und Ernst,
Eine warf zwei Töpfe zum Fenster hinaus

Am Morgen nach der Hochzeit holt der Ehemann die Pferde aus dem Stall. Das seinige verweigert den Sattel. Er schaut es scharf an und spricht: »Eins!« Es läßt sich satteln.
Im Walde drängt sich der Gaul an eine Eiche, um sich zu scheuern. Das Bein des Reiters wird geklemmt. Der Mann steigt ab, blickt das Pferd scharf an und spricht: »Zwei!«
Auf dem Heimweg stockt das Pferd des Mannes vor einem Bach und wirft ihn ab. Er blickt das Tier scharf an, sagt: »Drei!«, zieht den Revolver und erschießt es.
Die Frau bricht in Wehklagen aus und macht dem Mann Vorwürfe. Er blickt sie scharf an und spricht: »Eins!«

Aus dem Mitteilungsblatt der Sektion Oberland im Deutschen Alpenverein: »Die Bewirtschaftung der Hütte liegt in den bewährten Händen unseres Mitglieds Sepp Schmidbauer, des zweiten Bezwingers der Matterhorn-Nordwand und seiner Ehefrau.«

Im Buckingham Palace herrschte Verstimmung. Prinz Albert ging in sein Zimmer und schloß sich ein. Victoria eilte ihm nach und trommelte mit den Fäusten an die Türe: »Sofort aufmachen!«
»Wer ist draußen?«
»Victoria, die Königin von England.«
Nichts.
Die Königin klopfte energisch mit dem Finger: »Bitte öffne die Tür, Albert!«
»Wer ist draußen?«
»Victoria.«

Nichts. Lange Pause.
Zartes Klopfen: »Ich bin's, Albert. Deine Frau.«
Die Türe ging auf.

Zwei Damen vor dem Affenkäfig beobachten einen riesigen Orang-Utan, der sich offenbar über sein im Nachbarkäfig einlogiertes Eheweib ärgert. Mehrfach greift er durchs Gitter und versucht, sie zu ohrfeigen. Er trifft nicht; sein Zorn wächst. Er brüllt und schlägt mit Armen und Füßen gegen die Stäbe. Der Schmerz treibt ihn zur Raserei. Er kugelt sich durch den Käfig und stößt mit dem Kopf gegen den Betonboden.
»Erinnere mich bitte«, sagt die eine Dame, »ich muß Arthur noch zwei Knöpfe an die Hausjacke nähen, bevor er heimkommt!«

Frage: Welchs den Frauen das nützt und best Handwerk sei.
Antwort: Die Waffenschmied. Die machen Beil oder Axt, damit man das Holz haut, das sunst vielleicht die Männer auf den bösen Weibern entzweischlügen.

Straßburger Rätselbuch, 1500

Unter der Zeichnung eines fünfköpfigen Familienausflugs: »Nu halt man de Luft an, Olja! Det kannste doch nich bestreitn, det ick nich imma een juter Jatte un Vata war!«
»Hab ick ooch jarnischt jejen. Aba et is nu mal mein Traum, detste mir ooch mal nichtern vahaust!« (Zille)

Mistress Edith Summerskill, ehemals Minister für Sozialfragen, hatte sich im Unterhaus gegen die Tyrannei der Ehemänner ausgesprochen. »Mit meinem eigenen Mann«, setzte sie hinzu, »habe ich zum Glück keine Schwierigkeiten. Er ist mir so zugetan, daß er sogar bei meinen Reden applaudiert.«

Wer nicht durch das Ehejoch gekrochen ist, kennt die Tugend der Geduld nur halb, welche die Weiber besser lehren als selbst lernen.

Karl Julius Weber,
Demokritos II, 21

Suche Ehemann für meine junge, bezaubernde Schwester mit viel Geld, viel Herz und viel Geduld.

Süddeutsche Zeitung, 11. 11. 1967

Aggressive, humorvolle Junggesellin, 31/170, schlank, Sekretärin, sucht toleranten Herrn.

Westdeutsche Allgemeine, 4. 11. 1967

Das Mädchen tritt an den Frühstückstisch und beugt sich flüsternd zur Dame des Hauses. »Randolph«, spricht darauf die Lady, »Du wirst heute zum erstenmal seit siebzehn Jahren ohne Dein geliebtes Porridge ins Geschäft gehen müssen. Sie hat es anbrennen lassen.«

»Sei unbesorgt, meine Liebe!« erwidert Randolph und blättert die »Times« um. »Ich habe es ohnehin nie gemocht.«

Für die Behauptung, er lebe mit seiner Frau nach zwanzig Ehejahren noch immer wie ein Turteltaubenpaar, erntete ein Mann Gelächter. Um nähere Erklärung gebeten, berichtete er: »Sie turtelt, und ich markiere den Tauben.«

»Eigentlich wollte ich ja zum Fußballstadion gehen, aber wissen Sie: Bis man einen Parkplatz gefunden hat, sich durch die vielen Menschen windet, und dann sah es auch nach Regen aus . . .«
Der andere nickt: »Das sagte meine Frau auch.«

Nachdem er zum drittenmal nicht zum Stammtisch gekommen war, nannte er den wahren Grund: Er darf nicht. Worauf ihm die Freunde rieten, mit der Faust auf den Tisch zu schlagen, den Hausschlüssel zu nehmen und die Hosen zurückzuerobern.
Das nächste Mal fehlte er wieder. Kurz darauf traf ihn einer aus der Runde: »Ja, hast Du denn nicht, wie wir ausgemacht haben . . .?«
»Habe ich«, erwiderte der Unzuverlässige. »Erst mit der Faust auf den Tisch gehauen! Dann sie über's Knie gelegt, ihr den Rock hochgezogen – aber, weißt Du: Zu Hause ist es auch ganz schön.«

Der Brave steht auf hoher Leiter und montiert die Lampe. Sie sitzt im Lehnstuhl und strickt. Die Leiter schwankt; er stürzt zu Boden.
Sie strickt.
»Ach, Mathilde!« stöhnt er. »Du glaubst gar nicht, wie glücklich ich bin!«
»Glücklich?«
»Ja. Endlich hast Du wieder einmal gelächelt.«

Lehmann erwischt einen Bengel aus der Nachbarschaft, der ihm die Pflaumen vom Baum schüttelt. Er zieht ihn am Ohr und schließt seine Standpauke: ». . . sollst Du ehrlich sein, weil es eine Höhere Macht gibt, die alles sieht und so erhaben ist, daß ich selbst vor ihr nur ein elender Wurm bin. Weißt Du, wen ich meine?«
Der Sünder nickt: »Ihre Frau.«

Harun al Raschid rühmte sich, keinen Menschen zu fürchten. Abu Nawas widersprach, und der Kalif wollte den Beweis, daß es einen Menschen gebe, vor dem er Angst habe, belohnen.
In der Nacht rief Abu Nawas unter dem Fenster des Kalifen, und als dieser sein Haupt zeigte, sprach er: »Leila, die Tänzerin, schickt mich, Euch zu sagen . . .«
»Psst!« zischte Harun al Raschid. »Ich komme runter.« Unten verlangte ein triumphierender Abu Nawas seinen Lohn, weil der Kalif gezeigt hatte, daß er sich vor seiner Zubeide fürchtet.
Abu Nawas erhielt das Recht, von jedem Ehemann, der sich vor seiner Frau fürchte, einen Esel zu verlangen.

Als er nach zwei Jahren nach Bagdad zurückkehrte, war er der reichste Mann der Stadt.

Anzeige: »Ich bringe geziemend zur Kenntnis, daß meine teure Frau und Mitarbeiterin entschlafen ist, die seit 25 Jahren zwischen mir und der Welt stand.

Anzeiger für den Schweizerischen Buchhandel, 10. 6. 1937

Themistokles hatte behauptet, sein kleiner Sohn beherrsche Griechenland. Auf Rückfrage erklärte er: »Athen beherrscht Griechenland, ich beherrsche Athen, meine Frau beherrscht mich und mein Sohn meine Frau. Also beherrscht mein Sohn Griechenland!«

Wenn die Natur uns erlaubt hätte, unser Geschlecht ohne Weiber fortzupflanzen, so brauchten wir diese beschwerlichen Gefährtinnen nicht. Die Ehe ist ein dem Staate gebrachtes Opfer.

Metellus

Ehefrau

In der Regel herrschen die Weiber über den Mann, wo nicht direkt, doch indirekt. Der Mann denkt, die Frau lenkt, und den Titel »Herr« lassen sie gerne dem Mann, wie der Großsultan dem deutschen Kaiser den Titel König von Cypern und Jerusalem, da er im Besitze der Länder selbst ist.

Karl Julius Weber,
Demokritos II, 19

Als erstes: »Bitte, lieber Mann!«
Verfängt's nicht, kommt ein Kuß
daran.
Hierauf versucht's die Träne,
am Schlusse die Migräne.

Fritz Singer (1841–1910),
Weibliche Waffen

Im ersten Buch Mose (3, 16) einer alten Bibelauflage: »Ich will dir viele Schmerzen schaffen, wenn du schwanger wirst; du sollst mit Schmerzen Kinder gebären; und dein Wille soll deinem Manne unterworfen seyn, und er soll dein Narr seyn.«

Behördenbrief: »Ich habe die Sache selbst in die Hand genommen, da mein Mann schwerhörig ist und somit nicht schreiben kann.«

Ein Berner, seit vier Wochen verheiratet, fragt seine Frau: »Wollen wir zuerst etwas Gewisses tun, Liebling, oder wollen wir zuerst speisen?«

»Ganz wie Du willst«, haucht sie. »Und dann wollen wir speisen.«

»Den jungen Meier solltest Du heiraten«, rät die Mutter. »Der weiß, was er will.«
»Mama«, widerspricht die Tochter, »ich brauche einen Mann, der weiß, was ich will.«

Das soeben gekürte »ideale Ehepaar« wird vom Reporter gefragt, auf welchen Voraussetzungen die innige Zweisamkeit beruhe. Sie antwortet: »Wir haben einen unkündbaren Vertrag geschlossen: Von morgens bis Mittag tue ich, was ich will, und von Mittag bis Abend tut mein Mann, was ich will.«

Ehefrau = Aufsichtsrat des Haushaltungsvorstandes.

Michael Schiff,
Von Abs bis Zwiebelmuster

»Das geht ja noch«, sprach die Ehefrau befriedigt, als er erzählte, er sei in seinem Verein zum zweiten Vorsitzenden gewählt worden. »Die Rolle kennst du ja von daheim.«

Oller, brumme nich!
Cognac is alle,
Hausschlüssel jibt's nich –
rin in de Falle!

Berliner Lebkuchenspruch

Der Lehrer erklärt, wie man sich in unbekanntem Gelände nach der Sonne orientiert. »Karlchen, paß auf!« spricht er. »Ihr macht einen Sonntagsspaziergang durch den Wald und verlauft Euch. Die Mutter sagt: ›Wir müssen den linken Weg gehen‹, und der Vater sagt: ›Wir müssen den rechten Weg nehmen.‹ Was tut Ihr?«
»Wir gehen links.«

Maria Theresia kehrte nach ermüdender Audienz in ihre Privatgemächer zurück. »Die Pantoffeln, Maria!« rief sie der Zofe. »Und – ä – wo ist Seine Majestät?«

Schon die erste Silbe im »Pantoffel« erinnert an panische Schrecken, und wer denkt nicht bei »toffel« an Stoffel?

Karl Julius Weber,
Demokritos II, 20

Die Verkäuferin zur Ehefrau des anzugprobierenden Herren: »Wie gefällt er ihm?«

Der Kare fragt den jungvermählten Lucki, wie es ihm gehe. »Ach«, stöhnt der Freund, »raucha derfst net, ins Wirtshaus derfst nimmer gehn, 's Tarocken hat s' mir verboten.«
»Nacha bereust's scho, daß g'heirat hast, gell?«
»Bereun darf i a net.«

Er war vor dem Zorne seiner besseren Zweidrittel unter das Bett gekrochen. Den Teppichklopfer schwingend gebot sie: »Ich zähle bis drei, und dann bist Du hervorgekommen, verstanden? Eins . . .«
»Verdammt nochmal!« schreit es von unten. »Wer ist hier eigentlich der Herr im Hause? Ich bleibe drunter. Basta!«

Gar oft ist das »Ja« am Traualtar das letzte freundliche »Ja«, das die Huldin ausspricht.

Karl Julius Weber,
Demokritos II, 19

Geiler von Kaysersberg predigte, der Begriff »Frowe« (Frau) bestehe aus dem Wort »froh«, das die Stimmung bezeichne, wenn der Mann heirate, und dem Wort »Weh«, das die folgenden dreißig oder vierzig Jahre anhalte.

Der Wirt tritt an den Stammtisch: »Herr Müller, Ihre Frau bittet Sie ans Telefon.«
»Bittet?«
»Bittet.«
»Betrifft einen anderen Müller.«

Die schöne Gisela steuert auf Versöhnung: »Ich mache Dir einen Vorschlag, Liebling. Sind wir gleicher Meinung, hast Du recht, und sind wir verschiedener Meinung, dann habe ich recht.«

Ein Mann auf die Frage, ob es in seiner Ehe Meinungsverschiedenheiten gebe: »Sehr häufig. Aber ich lasse das meine Frau nicht merken.«

Sie ergänzen sich wunderbar: Sie sagt »Ja«, und er sagt »Amen«.

»Was heißt ›Vater Staat‹?« fragte eine Lehrerin im Oberland.
Ein Kind erklärte: »Wenn bei uns d'Muatta redt, is da Vatta stad.«

»Was redest Du da? Fünfundzwanzig Jahre verheiratet und niemals Streit? Widersprichst Du denn Deiner Frau niemals?«
»Niemals. Ich warte, bis sie sich selbst widerspricht.«

Sie hatten heftig gestritten und dann fünf Stunden geschwiegen. Im Städtchen verlöschen die Lichter. »Ich will nicht starrsinnig sein«, beginnt er. »Vielleicht hattest Du doch recht.«
»Zu spät«, antwortet sie kühl. »Ich habe meine Meinung inzwischen geändert.«

In einer Londoner Vorstadt versucht ein Mann, ein Pferd in den Hausflur zu manövrieren. Da es ihm nicht gelingt, bittet er einen Passanten um Hilfe. Zu zweit schaffen sie es.

Der Pferdebesitzer fragt den Helfer, ob er noch soviel Zeit hätte, das Pferd hinauf in die Wohnung des dritten Stocks zu bringen. Der freundliche Mitbürger hat. Sie schaffen den Gaul ins Badezimmer und stellen ihn in die Wanne.
»Warum?« fragt endlich der Helfer, während er einen Whisky einlaufen läßt.
»Weil«, antwortet der Hausherr, »meine Frau die dumme Angewohnheit hat, bei allem, was ich erzähle, zu bemerken: ›Ich weiß‹. Nun! Heute abend wird sie mir erzählen, ein Pferd stünde in der Badewanne, und ich werde antworten: ›Ich weiß, Darling‹.«

Der Kluge entschuldigt sich bei einem Manne, wenn er unrecht hatte, und bei einer Frau, wenn er recht hatte.

Verfasser unbekannt

In diesem Grab ruht Annich Peter.
Die Frau begrub man hier erst später.
Man hat sie neben ihm begraben.
Wird er die ew'ge Ruh' nun haben?

Oberperfuß, Tirol

Hier ruht in stiller Grabesnacht
ein zärtlich Weib nun aus von
Kummer, Not und Leiden,
die sie, getreu bis ans Verscheiden,
viel Jahre lang dem besten Mann
gemacht.

Karl Gustav von Brinckmann,
Grabschrift

Seit dreißig Jahren, berichtete ein Schuhmacher seinem Pfarrer, lebe er glücklich mit seiner Familie, und noch niemals habe es Streit gegeben.
»Entweder«, sprach der Geistliche, »du lügst, oder ihr seid die langweiligsten Menschen, die mir jemals begegnet sind.«

Phlegmatische Weiber sind schlimmer als alle, die dem Manne solange vorpredigen, bis er ihnen die Hosen läßt.

Karl Julius Weber,
Demokritos III, 5

Ist nicht tragisch, wenn er sie
einmal Pute nennt.
Nur wer Dissonanzen kennt,
schätzt die Harmonie.

Gerhard Schumann,
Stachelbeeren-Auslese, Ehekrach

Der Lehrer erzählt, daß Bell und Morse, die Erfinder von Telefon und Telegraph, taubstumme Frauen geheiratet haben, und fragt, welche Lehren aus dieser Tatsache zu ziehen seien. Ein Junge meint: »Daß Männer sehr viel leisten können, wenn sie daheim ihre Ruhe haben.«

Die Gattin, als der Direktor den Chauffeur feuern will, weil der ihn zum dritten Mal in Lebensgefahr gebracht hat: »Gib ihm noch eine Chance, Liebling!«

Haushalt

Ein Amerikaner rügte einen Mexikaner, der auf dem Esel saß, während seine Frau zu Fuß hinterhertrottete. Erstaunt antwortete der Caballero: »Sie hat keinen Esel, Señor.«

Die Hausaufgabe hieß, zwei Sätze mit je fünf Tätigkeitswörtern zu bilden. Fritzchen schrieb: »Meine Mutter kocht, näht, plättet, wäscht, putzt. Mein Vater ißt, trinkt, spielt, raucht, schläft.«

Auf dem Dache sitzt der Spatz,
und die Spätzin sitzt daneben,
und er spricht zu seinem Schatz:
»Küsse mich, mein holdes Leben!

Bald nun wird der Kirschbaum blühn;
Frühlingszeit ist so vergnüglich.
Ach, wie lieb ich junges Grün
und die Erbsen ganz vorzüglich!«

Spricht die Spätzin: »Teurer Mann,
denken wir der neuen Pflichten,
fangen wir noch heute an,
uns ein Nestchen einzurichten!«

Spricht der Spatz: »Das Nesterbau'n,
Eier brüten, Junge füttern
und dem Mann den Kopf zu krau'n,
liegt den Weibern ob und Müttern.«

Spricht die Spätzin: »Du Barbar!
Soll ich bei der Arbeit schwitzen
und du willst nur immerdar
zwitschern und herumstibitzen?«

Spricht der Spatz: »Ich will dir hier
mit zwei Worten kurz berichten:
Für den Spatz ist das Pläsier,
für die Spätzin sind die Pflichten!«

Karl Mayer,
Frühlingssorgen

Ein Ehemann erklärte, er habe in seiner Frau die ideale Ergänzung gefunden: Sie träfe die kleinen Entscheidungen und er die großen: »Meine Frau entscheidet zum Beispiel, wo und wie wir wohnen, welchen Beruf ich ausübe, ob wir Kinder haben oder nicht, wieviel Geld wir sparen und wofür wir, was wir nicht sparen, ausgeben. Ich dagegen kümmere mich darum, welchen Kurs wir der Sowjetunion und dem Ostblock gegenüber steuern, ob China in die Vereinten Nationen aufgenommen wird, ob man in Europa ein Raketenschutzsystem aufbauen soll und so weiter.«

Ein Jude in Westrußland ging zum Brunnen. Auf dem Rückweg sah er die Spitzen der nach Moskau ziehenden napoleonischen Armee.
Er erinnerte sich, daß geschrieben steht, es bringe dem Feinde Glück, wenn man ihm mit vollen Krügen begegne. Also schüttete er das Wasser aus und kehrte mit leeren Gefäßen heim.
»Hat man so etwas schon erlebt?« rief die Frau. »Mischt sich mein Jankel zwischen zwei Kaiser!«

Wenn ich im Hause gründlich stöber',
dann wird mein Gatte stündlich
gröber.

Verfasser unbekannt

Auf nächtlicher, einsamer Straße rennt eine Frau, ein Mann unmittelbar hinter ihr. Ein Streifenwagen überholt beide, stoppt; ein Polizist springt heraus und stellt sich dem Mann in den Weg.
»Weg, Mensch!« brüllt der Mann. »Wir kommen aus dem Kino. Wer zuletzt zu Hause ist, muß Geschirr spülen.«

Ein russisches Ehepaar war nach den Vereinigten Staaten geflohen. Sie lebten in patriarchalisch hergebrachter Weise und kämpften um die neue Staatsbürgerschaft. Eines glücklichen Tages legte sie der Herr des Hauses auf den Tisch.
Sie studierte die Papiere gründlich und sprach: »In Ordnung. Und jetzt gehe in die Küche und spül das Geschirr!«

Klage einer Hausfrau: »Man putzt und spült Geschirr und macht Betten, und nach vierzehn Tagen fängt man wieder von vorn an!«

Wie man einen Kuchen bäckt: Im Herd Feuer machen; die nötigen Geräte und Zutaten zurechtlegen. Bauklötze und Blechautos vom Küchentisch räumen. Kuchenblech einfetten. Mandeln knakken.
Zwei Tassen Mehl abmessen; Peters Hände aus dem Mehl nehmen; Mehl von Peter abwaschen. Nochmals Mehl abmessen.
Mehl, Backpulver und Salz in Mehlsieb schütten. Besen und Schaufel holen und Scherben der Schüssel aufkehren, die Peter vom Tisch gerissen hat. Andere Schüssel holen. Nachsehen, wer an der Haustür klingelt.
Zurück in die Küche, Peter Schüssel wegnehmen. Peter sauber machen. Ans Telefon. Zurück in die Küche. Dicke Salzschicht vom eingefetteten Backblech wischen. Nach Peter suchen. Anderes Backblech einfetten. Ans Telefon.
Zurück in die Küche, Peter Schüssel wegnehmen. Backblech aufnehmen; eine Lage Nußschalen darauf entdekken. Auf Peter losgehen, der im Fliehen die Schüssel vom Tisch fegt.
Fußboden aufwischen, Küchentisch, Wände, Geschirr säubern. Bäcker anrufen. Erschöpft hinlegen.

D. L. W., Das Beste, Juni 1952

Wie die Ehefrau Minderwertigkeitsgefühle loswird: Sie legt sich einen Tag lang ins Bett und überläßt Mann, Kinder und Haushalt sich selbst.

Ein Steuerberater an das Finanzamt: »Die Mitarbeit der Ehefrau hat weit über dem gelegen, was auf Grund allgemeiner Bestimmungen über eheliches Zusammenleben verlangt werden kann.

Die Mehrarbeit muß daher bezahlt werden.«

Jede Frau kann mit Erfolg einen Beruf ausüben und zugleich ein glückliches Familienleben führen, wenn sie beidem den Vorrang gibt.

Verfasser unbekannt

Lehrerin in idyllischem Dorf mit idealem Schulhaus, idealer Häuslichkeit, die Beruf nicht aufgeben will, sucht Lebensgefährten, der Haushalt führen kann. Angebote mit Bild unter ...

Fränkischer Kurier, 1919

Hauptproblem des Privathaushaltes: Nettoeinkommen und Bruttolebensstil in Einklang zu bringen.

Ringelnatz auf die Frage, wie er finanziell zurechtkäme: »Ich teile mir mein Geld genau ein: 50 % für Essen und Trinken, 30 % für die Miete, 20 % für Kleidung und 20 % für sonstige Ausgaben.«
»Sind 120 %, wenn ich nicht irre.«
»Du irrst nicht.«

»Ich habe einen Tip-top-Haushaltsplan ausgearbeitet«, spricht die Gattin strahlend, indem sie einen Stapel bezifferter Papiere vorlegt. »Voraussetzung ist allerdings, daß Du künftig monatlich 500,– Mark mehr nach Hause bringst.«

Faustregel für die Lebenshaltungskosten: »Nehmen Sie Ihr Einkommen – gleich welcher Höhe – und addieren Sie 25 Prozent!«

Man kann mit einem kleinen Gehalt auskommen, wenn man nicht zuviel Geld für den Versuch ausgibt, es geheimzuhalten.

A. Godfrey

Der Ehemann meditiert: »Sage ich ihr nichts von meiner Gehaltserhöhung, hält sie mich für einen Trottel. Sage ich etwas, bin ich einer.«

»Ich muß dir ein Geständnis machen«, sagt der junge Mann zu seiner Braut. »Ich verdiene nur 600 Mark im Monat! Wirst du damit auskommen?«
»Zur Not schon«, erwidert sie. »Doch wovon willst du leben?«

Piepenbrink, der sein Gehalt abliefert und bei guter Führung Taschengeld erhält, kommt strahlend nach Hause: »Denk Dir, Elvira, wir haben das große Los gewonnen: 500 000 Mark!«
Sie faßt ihn streng ins Auge: »Woher hattest Du das Geld, ein Los zu kaufen?«

Die Gattin des Professors: »Du hast mich mit deiner Zerstreutheit schon angesteckt. Heute wollte ich für dich eine Krawatte besorgen. Statt dessen kaufte ich mir einen Hut.«

Ein Ehemann berichtet: »Meine Frau hat heute nacht geträumt, sie sei mit einem Millionär verheiratet.«
»Danke Gott und sei zufrieden!« erwidert der andere. »Meine träumt das am Tag.«

»Deine Mutter geht ins Kaufhaus«, sprach die Lehrerin, »und kauft für dich eine Badehose für 4,50 Mark, für deine Schwester einen Badeanzug für 15,60 Mark und für sich selbst eine Handtasche für 17,50 Mark. Was gibt das?«
Fritze grinst: »Krach mit Vatan!«

Keine größere Schwierigkeit, als einer Frau klarzumachen, daß auch Gelegenheitskäufe Geld kosten!

Ed Howe

»Es ist Deine Pflicht, meine Bedürfnisse zu bestreiten«, schreit die junge Frau. »Eben«, erwidert der Mann. »Du behauptest, einen Pelzmantel zu benötigen, und ich bestreite es.«

Sie zu ihm: »Was von Eurer männlichen Logik zu halten ist, beweist die Tatsache, daß Du ständig jammerst, das Geld sei nichts mehr wert, gleichzeitig aber Szenen machst, wenn ich es ausgebe.«

»Wo ist das Glück früherer Jahre?« klagt der Ehemann. »Heute bist Du nur noch zärtlich, wenn Du Geld haben willst.«
»Und das ist Dir nicht oft genug?«

Anzeige: »Für die Schulden und weiteren Umstände meiner Ehefrau Martha Renken, geb. von Elling, hafte ich nicht.«

Soltauer Nachrichten, 1929, Nr. 283

Sechs mal sechs ist sechsunddreißig,
wenn der Mann ist noch so fleißig
und die Frau ist liederlich,
so geht alles hinter sich.

Alter Spruch

Julia Goodson in Eugene, Oregon, stand vor Gericht, weil sie ihren Mann zu dauernder Trunkenheit veranlaßt hatte.
Ihre Aussage: »Wenn mein Mann nüchtern ist, verdient er 40 Dollar in der Woche. Sitzt er im Gefängnis, erhalte ich pro Woche 50 Dollar Unterstützung; er wird außer Haus verpflegt, ich weiß, wo er ist, und habe meine Freiheit.«

Man setze immer den Namen ›Hagestolz‹ auf mein einsames Grab. Es ist besser, daß gar keine Träne, als die Träne eines betrogenen Gläubigers darauf falle. Vielleicht geht ein vorüberwandelndes Mädchen in sich und forscht nach den Ursachen, welche den ehrlichen Kerl abhielten, sich durch das heilige Band der Ehe – sonst der größte Segen des Mannes – an den Bankeruttierpranger schließen zu lassen.

Justus Möser

Ehekrise

Ein Mann, im Begriffe, die Hauptstraße zu überqueren, wird von unsichtbarer Hand zurückgehalten. Ein schwerer Wagen rast an der Bordkante vorüber. Kopfschüttelnd steuert er durch den Verkehr. Kurz vor Erreichen des gegenüberliegenden Fußweges erhält er einen Stoß in den Rücken. Ein Auto prescht um Haaresbreite hinter ihm vorbei.
Am ganzen Leibe zitternd blickt er sich um und erkennt ein kleines Männchen, das triumphierend zu ihm aufschaut.
»Du?« fragt er. Der Kleine nickt.
»Wer bist Du?«
»Dein Schutzengel.«
Da verfinstert sich das Gesicht des Geretteten. Er packt den Wicht an der Brust, hebt ihn hoch und schüttelt ihn: »Wo warst Du streunender Haderlump, als ich heiratete?«

Eine ältere und eine jüngere Dame drängen in die dicht besiedelte Straßenbahn. Die ältere schafft es, die jüngere steht noch draußen.
»Zurücktreten!«, ruft der Schaffner. »Der Wagen ist besetzt.« Und klingelt ab.
»Mein Gott!« klagt die Ältere. »Sie werden doch nicht Mutter und Tochter trennen!«
Der Schaffner klingelt abermals. »Nein«, spricht er. »Einmal habe ich das getan, und es soll nie wieder vorkommen. Durchtreten, Leute! Das Fräulein muß noch rein!«

Auf einer Straße Dresdens trifft ein Arzt den Ehemann einer Patientin: »Herr Lehmann, Ihre Frau gefällt mir nicht.«
Der Mann nickt: »Wem sachen Sie das?«

Auf einer Straße Münchens trifft ein Arzt den Ehemann einer Patientin: »Herr Huber, Ihre Frau gefällt mir nicht.«
Der Mann schnauft: »Ihre is a net schee!«

»Du hast mich nie geliebt«, klagt der Ehemann.

»Hätte ich Dich geheiratet, wenn ich Dich nicht geliebt hätte?«
»Du hättest mich nicht geheiratet, wenn Du mich geliebt hättest.«

Ein Mann stürzt aufgeregt ins Polizeibüro und knallt ein Bild seiner Frau auf den Tisch: »Sie ist fort, Herr Wachtmeister. Sie müssen sie suchen!« Lange betrachtet der Beamte das Bild. Dann fragt er: »Warum?«

Sie mustert sich im Spiegel und spricht mit Genugtuung: »Das Scheusal gönne ich ihm.«

Eine Frau gab, ihren entlaufenen Ehemann wiederzufinden, eine Traueranzeige auf, aus der ihr Ableben und der Beerdigungstermin zu ersehen war. Pünktlich erschien der Gatte in der Kapelle des Friedhofes. Dort nahm sie ihn in Empfang.

Zehn Jahre lang bemüht sich eine Frau, die Gewohnheiten eines Mannes zu ändern, und dann beklagt sie sich, weil er nicht mehr derjenige sei, den sie heiratete.

Barbra Streisand

Marchmont und ich sind sieben Jahre verheiratet, und er hat mir nicht ein einziges Mal gesagt, daß ich dekadent sei. Männer sind so verletzend unaufmerksam (Mrs. Marchmont).

Wilde, Ein idealer Gatte I

Heutzutage ist es für einen Ehemann gefährlich, seiner Frau öffentlich irgendwelche Aufmerksamkeit zu schenken. Das läßt die Leute denken, daß er sie zu Hause schlägt (Lady Plymdale).

Wilde, Lady Windermeres Fächer II

Unsere Ehemänner würdigen niemals irgend etwas an uns. Wir können nur auf die anderen hoffen (Mrs. Marchmont).

Wilde, Ein idealer Gatte I

Auf einer Gesellschaft entzweiten sich ein Herr und eine Dame. Der Streit endete mit dem forschen Davonstampfen des männlichen Kontrahenten. Eine Ballgefährtin fragte die Zurückgelassene: »War das Ihr Mann?«
»Natürlich«, erwiderte die Zornige. »Glauben Sie, ich finge mit einem solchen Idioten ein Verhältnis an?«

»Die Blonde da drüben würde mich reizen«, sagte der Herr an der Skibar zu seinem Nachbarn. »Ob da was zu machen ist?«
»Würde mich auch interessieren.«
»Wieso?«
»Ist meine Frau.«

Eins zu weiden ist vergunnt,
aber mehr ist ungesund.

Unter einem mittelalterlichen Bild, einen Hirten nebst Lämmchen darstellend.

Kathederblüte: »Die Apostel sprachen von der Einehe als von etwas so Selbstverständlichem, daß sie sie niemals erwähnten.«

Ein Mormone, seiner Auffassung sicher, verlangte von Mark Twain den Nachweis, daß die Bibel die Vielehe verbiete. Der Dichter zitierte: »Niemand kann zween Herren dienen.«

Ein Beamter der Zentralregierung meldete dem Indianerhäuptling in der Reservation, daß Vielweiberei verboten worden sei: »Eine Frau darfst Du behalten. Die anderen entlasse!«
Der Stammesfürst deutete mit dem Daumen über die Schulter: »Sage es ihnen!«

»Wie heißt das Gegenteil von Polygamie?« fragt der Lehrer.
Paulchen meldet sich: »Monotonie.«

Toscanini probte mit den Wiener Philharmonikern. Unwillig klopfte er ab: »Können Sie nicht lesen? ›Con amore‹! Spielen Sie nicht wie Ehemänner!«

»Soviel ich weiß, sind Sie in Frankreich verheiratet«, sagte eine junge Amerikanerin zu Lauzun, der sie umwarb.
Der Höfling erwiderte: »So wenig, daß es nicht der Rede wert ist.«

Das Ehepaar besucht die Landwirtschaftsausstellung und bestaunt einen herrlichen Bullen.
Die Frau fragt den Aufseher: »Wie oft pro Woche?«
»Täglich.«
Sie wendet langsam den Kopf zu ihrem Mann.
Der Aufseher fügt hinzu: »Nicht bei der gleichen Kuh.«

Der Unterschied zwischen Ehemännern und Eiskunstläufern?
Keiner. Beide schlecht in der Pflicht und gut in der Kür.

Dein Weib erhitzt sich oft bei Amors losen Spielen
mit schönen Jünglingen in mancherlei Gefühlen.
Du bist der Fächer nur, sie wieder abzukühlen.

Ernst August Wilhelm von Kyaw (1771–1828),
An den alten Mann einer jungen Frau

Für jede Frau, die aus ihrem Mann einen Narren macht, gibt es eine andere, die imstande ist, ihn wieder zu heilen.

Aus den USA

»Strohwitwer«: Weil er leicht Feuer fängt.

Aus einer Predigt des Jahres 1903: »Die schlechten Ehemänner gleichen den alten Phosphor-Zündhölzchen, die sich an jeder Reibfläche entzünden. Die guten aber sind wie die schwedischen, die sich nur an der eigenen Schachtel entflammen.«

Der Vater hat sich einen Strohwitwer genannt. Der Junge läßt sich den ihm unbekannten Begriff erklären. »Verstehe«, spricht er abschließend. »Und wenn Mutter wieder da ist, bist du wieder Strohmann.«

Die Eheleute haben sich vermöbelt und sind anschließend zum Kadi gelaufen. Der Nachbar, als Zeuge gebeten, wird gefragt, ob er dabei gewesen sei, als der Streit anfing. »Jawohl«, spricht er. »Ich war Trauzeuge.«

Warum er seine Frau geschlagen habe, will der Richter wissen.
»Weil«, erklärt der Beklagte, »also: Sie drehte mir den Rücken zu. Die Türe hinter mir war offen, und unmittelbar neben mir stand die Bratpfanne. Da dachte ich: Das ist deine Chance.«

Der Sekretär meldet über das Sprechgerät eine Besucherin an.
»Ist sie hübsch?« fragt der Chef.
»Sehr.«
»Soll reinkommen.«
Die Dame kommt. Die Dame geht.
Der Chef ruft den Sekretär über die Taste: »Sagen Sie mal, was haben Sie blinder Mensch eigentlich für eine Vorstellung von weiblicher Schönheit?«
»Entschuldigen Sie«, stammelt der Verlegene, »aber ich dachte... Ich meine, schließlich hätte die Dame ja Ihre Frau sein können.«
»Es war meine Frau.«

Ein Ehemann, der an Potenzschwierigkeiten litt, wandte sich – so erzählt man – an Emile Coué. Nach wenigen Wochen schien er geheilt, und die Gattin strahlte. Es fiel ihr aber auf, daß der Mann, bevor er liebesfreundlich das eheliche Gemach betrat, jedes Mal eine Zeitlang im Keller zubrachte. Eines Tages schlich sie ihm nach.
Händeringend schritt er auf und ab. Sie tastete sich noch einige Schritte vorwärts. Und nun verstand sie, was er sprach: »Sie ist gar nicht so mies . . . sie ist gar nicht so mies . . .«

Ein Friedensrichter erlegte den Scheidungswilligen eine vierteljährliche Probezeit auf: Sie sollten in ihre Wohnung zurückkehren. Die Frau sollte korrekt den Haushalt führen, der Mann seine Geschäfte erledigen. Jedes Wort, das nicht zur Abwicklung eines geordneten Nebeneinanders nötig sei, solle vermieden werden. Man sollte sich wieder mit »Herr X« und »Fräu-

lein Y« ansprechen und ausgehen, wann, wohin und mit wem man wolle, ohne Rechenschaft abzulegen.
Nach vier Wochen kam die Nachricht, die Angelegenheit sei erledigt.

Antoinette warf Ludwig XVI. mit Papierkügelchen. Der König fragte einen anwesenden Minister, wie er sich verteidigen solle, und erhielt zur Antwort: »Ich würde die Kanone vernageln.«

Nach zwölf Jahren Ehe gingen sie zum Scheidungsrichter, klagten ihr Leid und stritten um ihre drei Kinder.
»Die Schuld liegt, soweit ich sehe, gleichmäßig verteilt«, sprach der Richter. »Wie soll ich drei Kinder teilen? Gehen Sie nach Hause, zeugen Sie ein viertes und kommen Sie wieder!«
Sie gingen nach Hause und luden den Richter im Jahr darauf zur Taufe.

Ehebruch

Amor zwar scheint jung von Jahren,
 aber glaubt's, er ist kein Kind;
denn der Schlaue gibt die Hörner
 denen, die nicht stößig sind.

Johann Grob (1643–1697),
Schicksal guter Männer

Ein alter Hofrat des Herzogs von Braunschweig hatte eine junge Frau namens Lisette, welche sich im Einvernehmen mit einem Sekretär befand. Eines nachts hörte der Alte den Namen seiner Frau flüstern. Er stand auf, ließ den Besucher, im Dunkel unerkannt, ein, führte ihn vor eine enge Kammer, öffnete die Tür, stieß ihn hinein, schloß ab und barg den Schlüssel unter dem Kopfkissen.
Die Kammerjungfer, eingeweiht in die Beziehungen ihrer Herrin, hörte am Morgen die Rufe des Eingesperrten. Sie gab Lisette Bescheid, und diese holte den Schlüssel unter dem Kopf ihres schlafenden Gemahls hervor. Man ließ den Liebhaber entweichen, sperrte statt seiner einen Ziegenbock ein und legte den Schlüssel dorthin zurück, woher man ihn genommen.
Am Vormittag rief der Hofrat Diener- und Verwandtschaft zusammen, bezichtigte seine Frau des Ehebruchs und öffnete feierlich die Kammertür. Der Bock stürzte heraus, stieß den Herren nieder und enteilte.
Im Lehnstuhl kam der Alte wieder zu sich. Tausendmal entschuldigte er sich für seine Verdächtigung. »Ihr habt gesehen«, sprach er, »daß der Sohn der Hölle an mir sein Blendwerk übt.«
Nach diesem Vorfall wurde der Hofrat wunderlich. Öfter als bisher ging er zur Kirche. Als er den bösen Geist im Bett neben seiner Frau erblickte, zog er sanft die Gardine vor den Alkoven und sprach: »Schlaf ruhig, Liebchen! Du aber, Teufel, kehre zurück in Deine Bocksgestalt und fahre von hinnen!

Ein zweites Mal sollst du mich nicht täuschen!«

nach *Johann Balthasar Schupp*

Madame Cornuel zu einem Hahnrei: »Mit den Hörnern, lieber Freund, ist es wie mit den Zähnen. Es tut weh, wenn sie durchbrechen; doch sind sie einmal da, so ernährt man sich mit ihnen.«

Dem Molière empfohlene Grabschrift:
Der beste Hahnrei war er weit und
breit.
Drum konnten wir in seinen Stücken
das Urbild stets zu gleicher Zeit
mit der Kopie erblicken.

Tiberio Fiorelli, der Schöpfer des Scaramuccia der Comedia dell'arte, grandioser Schauspieler und in ganz Neapel bekannter Hahnrei, erhielt von einem Zuschauer ein paar Ziegenhörner auf die Bühne geworfen. Er bückte sich, betrachtete die seltsame Gabe, griff sich an die Stirn, warf den zwielichtigen Schmuck ins Parkett zurück und rief: »Es müssen Deine eigenen sein.«

Es ist nicht ganz leicht, in den Hahnreiorden aufgenommen zu werden. Man muß schon eine schöne Frau haben, artig, gefällig, höflich sein, ein Haus machen und dann abwarten, ob die feinen Leute etwas für einen tun wollen.

Karl Julius Weber,
Demokritos

Ein Bauer besucht mit seinem Sohn den Viehmarkt. Aufmerksam beobachtet das Kind, wie der Vater einer Kuh das Fell streicht, die Wamme befingert und ins Euter greift.
»Warum tust Du das?«
»Ich muß sehen, ob die Kuh gesund ist, bevor ich sie kaufe.«
Nachdenklich geht der Junge weiter. Dann sagt er: »Ich glaube, wir werden unsere Mutter nicht mehr lange haben.«
»Warum?«
»Der Briefträger will sie kaufen.«

Stax hat sich ein Weibchen beigelegt,
das mit einem Buhlerheere
frank und frei der Liebe pflegt.
Diese Heirat gleicht, zu seiner Ehre,
der venedischen Vermählung mit dem
Meere,
das auch fremde Schiffe willig trägt.

August Langbein (1757–1835),
Zwei gefällige Weiber

Die berüchtigte Julia auf die Frage ihrer Vertrauten, wie es möglich sei, daß alle ihre Kinder ihrem Manne gleichen: »Ich bin ein Schiff, das keinen Passagier aufnimmt, bevor es nicht die Fracht geladen hat.«

»Stell Dir vor, Liebling, da sagt mir doch heute der Huber, in unserem Ort gäbe es nur eine einzige Frau, die ihren Mann nicht betrüge.«
Sie lächelt: »Wer soll das denn sein?«

Der Marschall de Richelieu sah durch die geöffnete Türe seine Gattin in den Armen des Stallmeisters. Leise schloß er die Tür. Am Abend stellte er seine Frau zur Rede: »Wie unvorsichtig, Madame! Kein Kammerdiener in der Nähe. Seien Sie froh, daß nur ich Sie gesehen habe!«

Der Kaufmann kommt früher als vorgesehen von der Reise zurück und findet seine Frau in zärtlicher Gemeinschaft mit einem Herrn. Er bleibt im Türrahmen stehen und lacht. Lacht, daß ihm die Tränen über die Wange laufen: »Ich muß ja. Aber wer zwingt Sie denn?«

Ein französischer Graf fand den Erzbischof im Gemach seiner Frau. Er öffnete das Fenster und segnete die Vorübergehenden.
Auf die Frage des Kirchenfürsten, was dieser Unfug bedeute, antwortete der Mann: »Sie, Eminenz, tun meine Arbeit. Also muß ich die Ihrige versehen.«

Der Graf von Charleroi fand bei seiner Geliebten den Herrn von Brissac. »Gehen Sie!« sprach er.
Brissac verneigte sich: »Ihre Ahnen, Monseigneur, hätten gesagt: ›Gehen wir!‹«

Ein Leipziger kommt nach Hause, findet seine Frau im Tête-à-tête mit einem fremden Herrn und schimpft: »Da sitzte hier rum und schmust, und in der HO verkoofen se Appelsin'n!«

Aufgeregt stürzt ein Zonenoberst auf seinen Kollegen zu: »Denk Dir! Gestern komme ich nach Hause und finde den sowjetischen Hauptmann Kolzow bei meiner Frau im Bett.«
Der andere ist entsetzt: »Na und?«
»Glück gehabt«, schnauft der Satellit. »Er hat mich nicht gesehen.«

Ein Schotte kam überraschend nach Hause und fand seine Frau in fremder Umarmung. Er zog seinen Revolver und sprach: »Stellt Euch hintereinander!«

Die erste Heroine des Hoftheaters, Mutter dreier Kinder, wird von ihrem Mann in den Armen eines Liebhabers überrascht. Der Erzürnte zieht die Pistole.
Die Frau springt vor den Bedrohten. »Unseliger!« ruft sie. »Willst Du den Vater Deiner Kinder töten?«

Warum zerbläust Du ihm die Nase,
ihm, welcher Deine Ehe bricht?
Bringt er Dein Weibchen in Ekstase –
mit seiner Nase tut er's nicht!

Martial/Mostar,
Falsche Reaktion

Ein kluges Weib macht ihren Freund auch zum Freund des Mannes.

Karl Julius Weber,
Demokritos II, 3

Der Gatte reißt die Tür zum Boudoir auf: »Ich weiß alles!«
»Lüge nicht!« erwidert die Gattin. »Wann war die Schlacht bei Cannae?«

Frage der Freundin: »Warum trittst Du nicht offen und ehrlich vor Deinen Mann und lügst ihm was vor?«

Ihr Gatte hat mit Schmerz gehört,
daß sie ihn kürzlich hat betrogen.
Er ist entrüstet und empört;
es wallen seines Zornes Wogen.

Sie fleht ihn um Vergebung an
und sagt in schüchternem Erröten:
»Ich hab es wirklich nur getan,
weil er mich gar so sehr gebeten.«

Artur Pserhofer,
Die Gutmütige

Friedrich August III. von Sachsen, dessen Gemahlin Luise von Toscana mit dem französischen Sprachlehrer Giron durchgebrannt war, besuchte ein Dorf. Der Bürgermeister blieb trotz tagelangem Studiums in seiner Ansprache stecken.
Die Ehrenjungfrauen liefen rot an. Die Honoratioren starrten auf die Stiefelspitzen.
Der König, ebenfalls kein flüssiger Redner, klopfte dem Verlegenen freundschaftlich auf die Schulter: »Mach D'r nischt draus! Mir sinn Leid'nsgefährdn!«
Der Getröstete atmete auf: »Wohl, Majesdähd! Meine Alde is ooch fort.«

Nie sah man Dich nach andren
schauen,
selbst das Gerücht sagt Dir nichts nach.
In Deinem Dienste stehn nur Frauen,
kein Fremder darf in Dein Gemach.

Von Keuschheit hielt ich Dich
durchdrungen,
und Deinem Gatten galt mein Neid –
da fand ich Dich einst eng umschlungen
mit einer jungen Magd. Zu zweit.

Nun ja. Ich laß Dir Deine Schwächen.
Doch eines zeigt Dein Beispiel an:
Man kann durchaus die Ehe brechen
auch ohne Mann.

Martial/Mostar,
Einer anderen Ehefrau

Er versetzte ihr einen Fehltritt.

Abraham a Santa Clara in einer Predigt über den Ehebruch: »Es gibt so verdorbene Männer, daß sie diesem Laster frönen, obwohl sie schöne Weiber zu Hause haben, bei welchen wir gern die Stelle dieser Wollüstlinge verträten!«

Eine Engländerin, eine Französin und eine Deutsche werden von ihrem Mann betrogen. Die Engländerin erschießt den Mann. Die Französin erschießt die Nebenbuhlerin. Die Deutsche erschießt sich selbst.

Im Damenkränzchen wurde berichtet: »Gerda hat eine phantastische Pelzjacke bekommen. Sie hat ihren Mann erwischt, als er die Zofe küßte, und ihn zur Kasse gebeten.«

»Und die Zofe hinausgeworfen?«
»Nein. Sie braucht noch die passende Handtasche.«

Ein Jude wird mit der Frau eines anderen erwischt und vor den Rabbi geschleppt. Er bestreitet jede Schuld: »Darf ich mit meiner eigenen Frau ein Verhältnis haben, Rabbi?«
»Selbstverständlich. Was für ein Stuß!«
»Darf der andere mit seiner Frau ein Verhältnis haben?«
»Natürlich, Dummkopf!«
»Darf der andere mit meiner Frau ein Verhältnis haben?«
»Nein! Pfui Teufel!«
»Also«, sagt der Beklagte triumphierend. »Wenn ich ein Verhältnis mit einer Frau haben darf, die dem anderen versagt ist, wieviel mehr darf ich zu einer Frau gehen, mit der sogar er ein Verhältnis haben darf.«

Scheidung

Scheidungen werden im Himmel beschlossen (Algernon).

Wilde,
Bunbury I

Ein syrischer Komödiant steht mit seinem Weibe in der Tür des Hauses und starrt in das stürmische, Regen peitschende Wetter hinaus.
»Ein schrecklicher Tag«, spricht die Frau. »Wenn ich nur wüßte, wie wir ihn dennoch angenehm verbringen könnten!«

Der Mann murmelt: »Lassen wir uns scheiden!«

Werbeschreiben eines Detektivbüros: »Wieder steht der Fasching vor der Tür. Sie sollten diese für Ehescheidungsprozesse günstige Gelegenheit nicht ungenutzt vorübergehen lassen. Ich habe schon viele Beobachtungen zur Faschingszeit erfolgreich durchgeführt und das gewünschte Material liefern können. Ich verfüge über einen gewandten und verschwiegenen Mitarbeiterstab, zu dem auch einige Assistentinnen gehören, die rasch, diskret und zuverlässig arbeiten.«

»An Scheidungsgründen fehlt es nie«, behauptete Weiß Ferdl, »wenn der gute Wille da ist.«

Eine Frau drängte zur Scheidung: »Es widert mich an, das Weib eines Hahnreis zu sein.«

»Haben Sie Beweise für die Untreue Ihres Gatten?« fragt der Scheidungsrichter.
»Jawohl. Ich habe Zeugen, daß mein Mann in aller Öffentlichkeit erklärte, er sei nicht der Vater meines Kindes.«

Im Adelsblatt steht die Nachricht, daß der Prinz und seine Gemahlin von Tisch und Bett geschieden wurden.
»Was!« ruft die junge Gräfin. »Essen konnte er auch nicht?«

Eine Engländerin bat in einem Ehescheidungsprozeß, schreiben zu dürfen, was ihr die Scham auszusprechen verbiete. Man gab ihr Tinte, Feder und Papier. Sie schrieb, ohne einzutauchen.
»Sie haben keine Tinte in der Feder«, bemerkte der Richter.
»Das, Euer Lordschaft«, sprach die Dame, »ist der Grund meiner Klage.«

Als sich Lucius Aemilius Paullus von Papiria trennen wollte, machten ihm seine Freunde Vorwürfe: »Sie ist weise; sie ist schön; sie hat dir herrliche Kinder gegeben.«
Der Verlierer von Cannä streckte seinen Fuß aus: »Ist dieser Schuh nicht neu? Ist er nicht schön und gut gemacht? Und dennoch drückt er mich.«

Die 79jährige Madame Riendeau beantragte die Scheidung von ihrem 86jährigen Gatten.
»Warum?« fragte der Richter.
»Wir sind 60 Jahre verheiratet. Genug ist genug.«

Ehen würden seltener wegen Bagatellen auseinandergehen, wenn sie seltener wegen Bagatellen geschlossen würden.

Aus den USA

»Ich habe die Villa behalten«, berichtete die Junggeschiedene, »er die Jacht, das Auto und den Hund.«
»Und Euer Barvermögen?«
»Teilten sich die Anwälte.«

»Die Scheidung kostet ja mehr als die Hochzeit!« rief ein Freigelassener entsetzt.
Der Anwalt erwiderte: »Sie haben ja auch länger Freude dran.«

Madame de la Suze ließ sich von ihrem hugenottischen Manne scheiden. Um ihm auch im Jenseits nicht mehr zu begegnen, wurde sie katholisch.

Das sechsjährige Töchterchen des Filmmimen zur Gouvernante, die es spazierenführt: »Sieh mal die Frau da drüben! Die war bei uns früher einmal Mama.«

Das Kind der Filmdiva auf die Frage, wie ihm der neu angeheuerte Papi gefalle: »Wir hatten schon bessere.«

Eltern

Ein berufstätiges Ehepaar hastet vor dem Geburtstag der Tochter in ein Spielwarengeschäft: »Wir sind den ganzen Tag über von Hause weg. Wir brauchen Etwas, das die Kleine wirklich erfreut und mit dem sie sich lange beschäftigt.«
Die Verkäuferin bedauert: »Eltern führen wir nicht.«

Das einzige, was auf den Knien der modernen Mutter sitzt, ist ihr Rock.

Aus den USA

Der junge Ehemann erzählt, er allein stehe nachts auf, wenn das Kleine schreie; seine Frau sei dazu weder durch Geld noch gute Worte zu bewegen.
Sie protestiert: »Mit Geld hast Du es noch nicht versucht.«

Katherl war das ärmste Kind der Klasse. Bei der Weihnachtsbescherung wurde es besonders reich bedacht. Das war aber auch notwendig; denn das Katherl hatte fast nichts zum Anziehen, nachdem sein Vater gefallen war und die Mutter sich kaum um das Kind kümmerte. Auf meine Aufforderung hin brachten die Mitschülerinnen Strümpfe und Hemden, Handschuhe und Röcke. Der Herr Kaplan sorgte für ein paar feste Schuhe, und ich stiftete einen warmen Pullover. Kurze Zeit nach Weihnachten machten wir einen Aufsatz: »Was ich gern haben möchte.« Das Katherl schrieb: »Ich möchte gerne haben, daß das Fräulein meine Mutter wäre und der Herr Kaplan mein Vater.«

Lia Braun-Hilger,
Das Herz auf der Zunge, Kinderaufsätze

Ein Junge, nach Namen und Beruf seines Vaters gefragt: »Weiß nicht, wer mein Vater ist, aber Mama hat schon einen Verdacht.«

Ein Richter schrieb in der New York Times, daß er in siebzehn Jahren

Tätigkeit noch nie einen Jugendlichen chinesischer Abkunft vor den Schranken gehabt habe, obwohl in der Riesenstadt zehntausend leben. Der chinesische Generalkonsul erklärte in einer der folgenden Ausgaben: »Ein chinesisches Kind wird in dem Bewußtsein aufgezogen, daß es seinen Eltern keine Schande machen darf. Bevor ein chinesisches Kind etwas tut, überlegt es, wie seine Eltern darüber denken. Werden sie stolz sein oder werden sie sich seiner schämen?«

Ein Mann aus Bagdad auf die Frage, warum er allmorgendlich fünf Fladenbrote kaufe: »Eines esse ich, zwei gebe ich zurück und zwei leihe ich aus.«
»Wem gibst du zurück und wem leihst du?«
»Meinen Eltern gebe ich zurück, was sie mir in meiner Jugend gegeben haben, und meinen Kindern leihe ich, was sie mir in meinem Alter erstatten.«

Der Lehrer möchte von den Kindern hören, daß sie ein Abendgebet zu sprechen haben, aber die gewünschte Antwort fällt nicht. Schließlich fragt er: »Was tun denn Eure Eltern vor dem Einschlafen?«
Nach langer Pause meldet sich das Moritzchen: »Sie wissen es, Herr Lehrer, und ich weiß es, aber, bittschön: Isses a Frage für die zweite Klasse?«

1943 stellte ein Lehrer in einer westdeutschen Großstadt das Aufsatzthema: »Der letzte Alarm«. Ein Schüler berichtete: »Beim letzten Alarm mußten wir alle ein paar Mal in den Keller. Dann kam Entwarnung. Und dann kam der liebe Gott.«
»Das mußt Du mir schon etwas genauer erzählen«, sagte der Lehrer, als er die Hefte zurückgab. »Wie war das mit dem lieben Gott?«
»Also, es gab Alarm. Vater nahm den großen Koffer, Mutter den kleinen, ich den Rucksack. Dann gingen wir in den Keller. Nach einer Stunde kam Entwarnung, und wir gingen wieder hinauf. Wir wollten gerade ins Bett gehen, da kam Alarm. Vater nahm den großen Koffer, Mutter den kleinen und ich den Rucksack. Nach einer Stunde kam Entwarnung. Da gingen wir wieder hinauf. Wir waren gerade ausgezogen, kam Alarm. Vater nahm den großen Koffer, Mutter ...«
»Gut, Karlchen, gut«, unterbrach der Lehrer. »Wir haben es ja alle erlebt. Was war mit dem lieben Gott?«
»Ja, also. Als wir zum dritten Mal wieder aus dem Keller gekommen und eben zu Bett gegangen waren, hörte ich, wie meine Mutter sagte: ›Du lieber Gott, jetzt kommst Du auch noch!‹ «

Der späte Hagestolz hat doch noch geheiratet, und zwar eine wesentlich jüngere Frau. Ein Jahr nach diesem überraschenden Ereignis berichtet er am Stammtisch würdevoll, daß seine Frau ein Kind erwarte.
Die Gefährten reißen die Mäuler auf und starren sich in gut gespielter Verwunderung gegenseitig an. »Und?« fragt endlich einer. »Hast Du schon einen Verdacht?«

Frage an Radio Eriwan: »Wird im kommunistischen Endzustand totale Geburtenkontrolle herrschen?«
Antwort: »Ganz gewiß. Nur – bis dahin ist noch ein weiter Weg, da sich die Produktionsmittel nach wie vor fest in privater Hand befinden.«

Der Richter bittet den Scheidungsgierigen, sich die Sache noch einmal zu überlegen: »Man trennt sich doch nicht so leicht von einer Frau, die einem vier Kinder geschenkt hat.«
Unwillig schüttelt der Mann den Kopf: »Ick laß mir nischt schenken.«

Der alte Lehrer trifft einen ehemaligen Schüler und erfährt, daß dieser inzwischen ein gestandener Familienvater mit fünf Kindern geworden ist. Versonnen nickt der Alte mit dem Kopf: »Jaja, fleißig waren Sie immer, und aufgepaßt haben Sie auch nie.«

Ein Student feiert Junggesellenabschied. Da seine Hochzeit aber nicht freiwillig erfolgt, ist die Stimmung flau – bis ein Gast den angehenden Ehemann mit den Worten tröstet: »Ich habe meine Familie auch verursacht.«

Eine Mutter, zum zweiten Mal in anderen Umständen, fragt die Fünfjährige, ob sie lieber einen Bruder oder lieber eine Schwester haben möchte. »Boide«, antwortet das Kind, »wenn's dr Papa vrkrafta ka.«

In der Schule war das siebente Gebot besprochen worden. Der Junge war nicht ganz mitgekommen und fragt nun daheim den Vater, was das heiße: Du sollst nicht ehebrechen.
Der Vater legt umständlich die Zeitung zusammen, holt langsam und tief Luft, schaut den Sprößling an und spricht: »Also, das heißt, du sollst dich beherrschen. Jawohl. Du sollst dich in der Gewalt haben. Du sollst ... Ja, eben, du sollst eben nicht brechen, ehe der Eimer vor dem Bett steht.«

»Papa, bitte erkläre mir einmal, wo ich eigentlich herkomme«, wünscht der Achtjährige.
Der Vater hält einen schönen Vortrag über Blumen und Bienen. Aber der Junge sitzt teilnahmslos da, und so fragt der Vater: »Warum willst du das denn wissen, mein Junge?«
Da wird der Sohn wieder munter. »Weil wir heute einen Neuen bekommen haben«, erzählt er. »Der kommt aus Berlin.«

Eine Taube, in der Unfreiheit eines Schlages, rühmte sich ihrer Fruchtbarkeit. Eine Krähe erwiderte: »Hör auf, dich zu brüsten! Je mehr Junge du ausbrütest, um so mehr Schmerzen verursachst du!«

Äsop, Die Taube und die Krähe

Die Lehrerin fragt, wo die Babies herkommen, und die Kinder sind sich einig, daß man Zucker auf die Fensterbank legen muß. Nur die kleine Liesel in der letzten Reihe fingert verlegen an den Zöpfen: »Wir sind arme Leute. Mein Vater muß alles selbst machen.«

Mein lieber Neffe! Ich erfahre,
Du kommst in die gewissen Jahre,
wo man die Eltern manches fragt,
was diesen Eltern nicht behagt,
obwohl es ihnen offenbar
doch früher sehr behaglich war.
Indes sie spüren mit Beklemmung
vorm eignen Sprößling eine
Hemmung,
wenngleich der Sprößling nur entstanden,
weil sie die Hemmung überwanden.

Herrmann Mostar,
In diesem Sinn Dein Onkel Franz,
Erste Epistel

Sonntäglicher Familienausflug. Vater hat sich vorgenommen, seine heranwachsenden Kinder aufzuklären. Mit Lampenfieber singt er Eichendorffs »Rechte Gunst« al fine. Dann hebt er an: »Was ich noch sagen wollte: Es ist nicht wahr, daß der Storch die Kinder bringt. Die Kinder werden im Leib der Mutter groß.«
»Und wie kommen sie da hinein?« fragt der Junge.
Vater bückt sich und schüttelt einen nicht vorhandenen Stein aus dem Schuh. Dann richtet er sich auf, schickt einen zornigen Blick zur Mutter und schimpft: »Sag Du halt auch mal was dazu!«

Als er darum dazu kam, daß er mir über die Beziehungen der Geschlechter zueinander Rechenschaft geben sollte, wählte er voll Zartsinn solche Vergleiche, die aus der Tierwelt und dem Pflanzenreich herbeigeholt waren. Er sagte: »Du entsinnst dich, liebes Kind, daß wir kürzlich auf der Wolfsjagd waren. Steht dir wohl auch noch im Gedächtnis, was wir mit den Zigeunerinnen taten, die wir zu unserer Zerstreuung mitgenommen hatten? Genauso«, sagte mein Verwandter, »machen es nämlich auch die Schmetterlinge.«

Gregor von Rezzori,
Maghrebinische Geschichten 17

Kaninchenmutter zu ihren Jungen: »Ein Zauberer hat Euch aus dem Zylinder geholt, und jetzt Schluß mit der dummen Fragerei!«

Der Achtjährige meldet sich: »Zwei wichtige Fragen hätte ich, Papa. Erstens: Wo kommen die kleinen Kinder her? Die Sache mit dem Storch ist doch Unfug, nicht wahr?«
Der Vater holt tief Luft, beginnt mit »Also«, spricht von den Pflanzen und Tieren und schließt mit einer Erklärung, die den Storch tatsächlich überflüssig macht. Ängstlich blickt er auf seinen Sohn.
»In Ordnung«, spricht der. »Zweitens: Warum sind die gestempelten Briefmarken wertvoller als die ungestempelten?«

Zwei Schulmädchen gehen spazieren. »Da drüben, schau, der Storch!« sagt die eine.
Die andere rümpft die Nase: »Es gibt keinen Storch.«

»Das ist der Storch, mein Kind«, erklärt die alte Tante im Berliner Zoo. »Er bringt die kleinen Kinder.«
Die Göre zieht die Nase hoch: »Ick gloobe es ja nich, Fräulein, aba was meine jroße Schwester is, die mußte dran gloob'n.«

Oma führt zwei ihrer Enkel durch den Zoo. Vor den Störchen erklärt sie: »Und das hier sind die lieben Tiere, die Euch Eure kleinen Geschwister gebracht haben.«
Der eine Bengel stößt den anderen in die Seite: »Aufklären oder doof sterben lassen?«

Der Bastard erkennt den Bastard auf den ersten Blick.

Aus Arabien

Ein Zehnjähriger: »Ich weiß schon, wie man Kinder kriegt.«
Eine Zehnjährige: »Ich weiß schon, wie man keine kriegt.«

Zeugin auf die Frage des Richters, ob sie ehelich oder außerehelich geboren sei: »Halbehelich. Mein Vater war verheiratet, meine Mutter nicht.«

Das adoptierte Findelkind Edgar Wallace, als ihm von seinen Spielgefährten Minderwertigkeit infolge zweifelhafter Abstammung vorgeworfen wurde: »Meine Eltern konnten mich aussuchen. Eure mußten nehmen, was sie bekamen.«

Ein Bayer will einen kleinen Neger adoptieren. Der Beamte reicht ihm die Formulare und fragt vorsichtig, warum und so, ausgerechnet ...
»Weil«, erklärt der werdende Vater, »i bei dem genau woaß, daß 's koa Preiß is.«

Vater

Ein französischer Hofmann, seit vielen Jahren kinderlos verheiratet, oft verspottet, kommt mit geschwellter Brust: »Meine Frau hat soeben einem Sohn das Leben geschenkt.«
Man zeigt sich unbeeindruckt: »An Deiner Frau hat niemand gezweifelt.«

Einer fehlt am Stammtisch. Er ist soeben Vater geworden. »Wie wird er seinen Sohn denn nennen?« fragt jemand.
»›Hamlet‹, nehme ich an«, wird ihm erwidert. »Sein oder nicht sein, ist die Frage.«

Ein französischer Edelmann, einen bleichen Knaben neben sich, fuhr über Land. Ein Bauer mit zwei kraftstrotzenden Bengeln begegnete ihm. »He, Landmann«, rief der Aristokrat, »wie schaffst Du so herrliche, gesunde Kinder?«
Der Bauer kniff die Äuglein zusammen: »Ich mache sie selbst, Monsieur!«

Ein Inder zum Missionsarzt: »Ich möchte meine Frau umtauschen. Sie funktioniert nicht.«
»Sie – was?« fragt der Arzt.
»Funktioniert nicht. Säe ich Reis, ernte ich Reis. Gut. Säe ich Weizen, ernte ich Weizen. Gut. Säe ich Inder, ernte ich Chinesen. Na?«

Eine Fürstin zu ihrem Gemahl: »Ihr könnt keinen Prinzen machen ohne mich, ich aber ohne Euch.«

Der Kaiser Augustus begegnete einem Fremden, der ihm ähnlich sah: »Hat Deine Mutter in Rom gelebt?«
»Nein. Mein Vater.«

Auf der Messe ist ein Computer aufgebaut. Die Hersteller schildern ihn als Gipfel der Technik. Ein Kunde zweifelt, verlangt ein Experiment und fragt: »Wo ist mein Bruder?«
Die Maschine wird gefüttert, rattert, blitzt und wirft die Antwort aus: »Gegenwärtig im zweiten Stock des Kaufhauses X & Y in Hannover, um einen Schirm zu kaufen.«
Der Kunde ist beeindruckt, wünscht jedoch einen zweiten Leistungsbeweis und fragt: »Wo ist mein Vater?«
Ein Zittern durchläuft die Maschine, und die Antwort ist da: »Sitzt an der Unterelbe und angelt.«
»Danke!« sagt der Kunde. »Das genügt. Mein Vater ist seit fünf Jahren tot.«
Die Fachleute sind betroffen, programmieren noch einmal, fahren und lesen: »Der Gatte Ihrer Mutter ist seit fünf Jahren tot. Ihr Vater sitzt an der Unterelbe und angelt.«

»Ich muß Dir ein Geständnis machen«, spricht die Bäuerin zaghaft. »Unser Hänschen ist nicht unser Hänschen.«
»Wieso denn nicht?« fragt der Bauer.
»Ich habe ihn empfangen, als ich damals zu dem Wunderpfarrer ging.«
»Ich gab Dir zwanzig Mark mit. Hast Du das Geld denn nicht abgeliefert?«
»Freilich.«
»Na also. Dann ist es doch unser Hänschen!«

Paradox ist: Wenn der Vater sein Kind unverwandt anstarrt.

Zwei Lausbuben streiten sich. »Du hast ja keinen Vater!« ruft der eine.
»Ha!« antwortet der andere. »Vielleicht mehr als Du!«

Nach fünf Jahren ist der Vater aus dem Kriege heimgekommen. Der Junge kennt ihn nicht, fühlt sich als Herr des Hauses und gehorcht der Mutter nur gelegentlich. Endlich ist es soweit, und der Vater droht mit einer Tracht Prügel.
»Eahm schaug o!« lacht der Bengel. »Net amol vierzehn Tag is er da, und da mecht er scho ogebn!«

Unter einer Zeichnung mit fünf Kindern: »Vata wird sich frein, wenn er aus't Zuchthaus kommt, det wir schon so ville sin!« (Zille)

Der kleine Sohn zur Mutter: »Unser tägliches Brot gibt der liebe Gott, und Kinder bringt der Storch. Wozu brauchen wir den Pappi?«

Aus einem Schüleraufsatz: »Mein Vater ist ein Held. Er kann auf die höchsten Berge steigen und viele Stunden im Meer schwimmen. Er war früher der beste Fußballspieler in unserer Stadt und der stärkste Boxer. Aber meistens bringt er nur den Mülleimer in den Hof.«

Vater berichtet von seinen Kriegserlebnissen und schließt: »So, nun weißt du Bescheid, Rotznase! Noch was unklar?«
»Freilich«, erwidert der Bengel. »Wozu brauchte man die anderen Soldaten?«

Eine Zeitung in Wisconsin veranstaltete zum Vatertag ein Preisausschreiben. Es wurden Aufsätze zum Thema »Mein Vater ist großartig« erbeten.
Der Sieger schrieb: »Mein Vater ist großartig, weil ich ihm stets bei der Gartenarbeit helfen darf, auch dann, wenn ich gar nicht will.«

Der Vater geht mit seinem Sohn über die Oktoberwiese in München. Der Junge staunt: »Vata hier ...« und »Vata dort ...« und »Vata, was ist ...« und »Vata, warum ...«
Brummt der Alte endlich: »Laß mir jetz mei Ruh mit Deim saudummen Vata!«

Eine Abordnung großdeutscher Väter beschwerte sich bei Hitler, daß eine echte Gemeinschaftsleistung unterschiedlich honoriert wird: Die Mütter das Mutterkreuz erhalten, die Väter aber leer ausgehen.
Daraufhin erließ die Reichsregierung folgende Verfügung: Wer fünf Kinder zeugt, darf sich »Erzeugungsrat« nennen. Wer ein uneheliches Kind zeugt, darf sich den Titel »Geheimer Erzeugungsrat« zulegen. Wer ein uneheliches Kind zeugt, ohne dafür Alimente zahlen zu müssen, firmiert als »Wirklicher Geheimer Erzeugungsrat«.

Minnas Figur verändert sich. Die Hausfrau fragt, wer es gewesen sei.
»Ich weiß es nicht«, antwortet das Mädchen. »Aber wenn ich ihn sehe, erkenne ich ihn wieder.«

»Det is ja ne nette Geschichte! Un nu? Wie heißt er denn?«
»Da hab ick nich nach jefragt. Er stotterte ooch so ...«
»Aba Lene, Kind! Als jebildetes Meechen sagt man doch: ›Und mit wem hatte ich die Ehre?‹« (Zille)

Wer A sagt, muß auch Limente sagen.

Alimente = Langjährige Haftung eines einzelnen für einen von zwei Personen begangenen Fehler.

An die Amtsvormundschaft: »Wie soll ich Ihnen denn beweisen, daß ich der Vater des Kindes nicht bin? Ich war ja damals allein mit ihr im Wald, und niemand hat gesehen, daß ich mit ihr nichts gehabt habe.«

An die Amtsvormundschaft: »Ich sehe nicht ein, weshalb ich jetzt Alimente bezahlen soll. Nicht ich war es, der mit dieser Geschichte angefangen hat, sondern sie hat mich soweit gebracht.«

An die Amtsvormundschaft: »Bestimmt ist er der Vater meines Kindes. Ich habe bei keinem andern eine solche Zuneigung verspürt wie bei ihm.«

An die Behörde: »Wenn die Mutter eine Erhöhung des Unterhaltes damit begründet, daß ich heuer meinen Urlaub in Spanien verbracht habe und daher auch für das Kind mehr bezahlen könne, dann möchte ich hiezu folgendes bemerken: Sie haben mich mit Ihren ewigen Pfändungen so weit gebracht, daß ich nur mehr ein Hemd am Leibe habe. In einem solchen Aufzug kann man seinen Urlaub wirklich nur in wärmeren Ländern verbringen.«

Mutter

»Darf es nicht auch ein Schwesterchen sein?« fragt die Mutter den Sohn, der einen Bruder bestellt hat.
»Was geht denn schneller?«

Zwei werdende Mütter betreten eine besetzte Münchner Trambahn. Der Schaffner bemüht sich um zwei Sitzplätze, bekommt nur einen, bietet diesen der einen Frau an und wendet sich wieder seinen Geschäften zu.
»Na und i?« ruft die zweite. »Moanas, mi hat a Weps gestochen?«

Huartes Küchenzettel für Schwangere: Lachs und Aal ergeben Kinder mit außergewöhnlichem Gedächtnis; Tauben, Zwiebel, Rettig, Honig und Gewürz befördern die Phantasie; Ziegenmilch macht Genies.

Man sprach über Einflüsse auf das Ungeborene während der Schwangerschaft. Einer leugnete sie grundsätzlich: »Meine Mutter stolperte zum Beispiel im siebenten Monat über einen Stapel Schallplatten. Sie stürzte schwer, aber ich trug keinerlei Schaden keinerlei Schaden keinerlei Schaden keinerlei Schaden ...«

Madame Du Deffand, als man flüsterte, die X schliefe neuerdings wieder mit ihrem Gemahl: »Man kennt ja die Launen der Schwangeren.«

Der Chef ärgerlich zur Empfangsdame, die in unerwünschte Umstände geraten ist: »Es war immer schon Ihr Fehler, alles wörtlich zu nehmen.«

1637 erklärte das Parlament zu Grenoble eine Wöchnerin nach vierjähriger Abwesenheit des Mannes für unsträflich: Ärzte und Matronen hielten ihre Aussage für glaubhaft, daß ihre Schwangerschaft die Folge eines wollüstigen Traumes sei. Die Sachverständigen betonten: »Zumal das Fenster offen geblieben, die Bettdecke abgeworfen war und ein sanfter Zephir säuselte.«

Die Händlerin auf dem Wochenmarkt zur jungen Frau, wenige Tage vor deren Niederkunft: »Na, Frollein? Och verlobt?«

Ein Ballettmädchen trat weinend vor Ernst von Possart, gestand, daß sie ein Kind erwarte, und tat ihre Absicht kund, sich zu ertränken.
»Aber wer wird denn gleich ins Wasser gehen?« erwiderte der Intendant. »Ich habe Ihr Fräulein Mutter und Ihr Fräulein Großmutter gekannt – die waren so tapfer!«

Zur ersten Jahreswende nach dem mörderischen Krieg begegnen sich zwei Damen. »Meine Liebe!« ruft die eine. »Sehe ich recht? In anderen Umständen?«
»Gewiß«, antwortet die andere stolz. »Beziehungen.«

Tagesthema heute. Überall hier
Anschlagsäulen zu lesen.
Leugne jar nich: Sympathisch mir;
immer dafür jewesen.

Meinesteils nie jehalten für fair,
Weibsen dies Recht zu bestreiten.
Darf wohl saren: Au contraire!
(Is ja störend zuzeiten!)

Mann leicht parteiisch und dünkelhaft.
Zeigt sich auch in dem Fall so.

Kann er mit »Recht auf Vaterschaft«
nich sich bescheiden? Na also!

Georg Bötticher (1849–1918),
Aus dem Lyrischen Tagebuch des Leutnants
von Versewitz, Recht auf Mutterschaft

Berlin, Hinterhof: »Orje, Deine Olle ruft.«
»Wat heeßt hier ›Deine Olle‹?« reklamiert der Orje. »Vor Dir immer noch Frollein Meier.«

Zu der Zeit kamen zwei Weiber zum König (Salomo) und traten vor ihn.
Und das eine Weib sprach: »Ach, mein Herr, ich und dies Weib wohnten in einem Hause, und ich gebar bei ihr im Hause. Und über drei Tage, da ich geboren hatte, gebar sie auch. Und wir waren beieinander, daß kein Fremder mit uns war im Hause, nur wir beide.
Und dieses Weibes Sohn starb in der Nacht; denn sie hatte ihn im Schlaf erdrückt. Und sie stand in der Nacht auf und nahm meinen Sohn von meiner Seite, da Deine Magd schlief, und legte ihn an ihren Arm, und ihren toten Sohn legte sie an meinen Arm.
Und da ich des Morgens aufstand, mein Kind zu stillen, siehe, da war es tot. Aber am Morgen sah ich es genau an, und siehe, es war nicht mein Sohn, den ich geboren hatte.«
Das andere Weib sprach: »Nicht also; mein Sohn lebt, und dein Sohn ist tot.«
Jene aber sprach: »Nicht also; dein Sohn ist tot, und mein Sohn lebt.«
Und redeten also vor dem König.
Und der König sprach: »Diese spricht: Mein Sohn lebt, und dein Sohn ist tot.
Jene spricht: Nicht also, dein Sohn ist tot, und mein Sohn lebt.«
Und der König sprach: »Holet mir ein Schwert her!«
Und da das Schwert vor den König gebracht ward, sprach der König: »Teilet das lebendige Kind in zwei Teile und gebt dieser die Hälfte und jener die Hälfte!«
Da sprach das Weib, des Sohn lebte, zum König (denn ihr mütterliches Herz entbrannte über ihren Sohn): »Ach, mein Herr, gebt ihr das Kind lebendig und tötet es nicht!«
Jene aber sprach: »Es sei weder mein noch dein; laß es teilen!«
Da antwortete der König und sprach: »Gebet dieser das Kind lebendig und tötet's nicht! Die ist seine Mutter.«

1. Könige 3, 16–27

Scharfsinnig macht er offenbar,
welch Weib des Kindes Mutter war,
doch wird es seine Weisheit wagen,
den Vater manches Sohns zu sagen?

Abraham Gotthelf Kästner,
Salomons Gericht

Von ernsthaftem Nachdenken und Mitgefühl zeugte die Frage der kleinen Doris, die tief ergriffen von der Geschichte »Jesus in Gethsemane« war: »Warum war denn die Maria nich bei ihr'n Jungen, wenn der doch traurig war?«
»Sieh mal, Doris, Jesus war doch kein kleiner Junge mehr, sondern schon ein

erwachsener Mann, bei dem die Mutter nicht immer sein kann.«
Darauf folgte das rührende Bekenntnis: »Aber wenn ick mal traurig bin, denn nimmt mir Mutta auf'n Schoß und sagt: ›Nu, weene man nich, is ja allens halb so schlimm.‹ Und denn wer' ick wieda vajniegt. Sehn Se, meine Mutta, die is imma da, wenn ick traurig bin!«

Edda Prochownik,
Ick liebe dir, Mutter und Kind

Im Poesiealbum einer Dreizehnjährigen:
Wer hat das Leben Dir gegeben,
Dich aus der Nacht ans Licht gebracht?
Wer fleht für Dich mit heißem Segen
vom Morgen bis zur Mitternacht?

Dein treuer Mitschüler
Engelbert Häberle

Unter den Zuschauern beim Kölner Rosenmontagszug steht eine hochschwangere Frau. »Schade«, spricht sie ein Nachbar an, auf ihren Leib deutend, »dat dat Kind dä schöne Zuch noch nicht sinn kann.«
»Alaaf!« erwidert sie. »Ich han de Schlupfbotz usjelosse, dat et wenichstens de Musik höört.«

Eine Mutter hatte es satt, auf die Frage nach ihrem Beruf mit »Hausfrau« zu antworten, und sagte in einer Gesellschaft: »Ich ziehe Kinder groß.«
»Sie leiten ein Waisenhaus?«
»Nein. Eigner Betrieb.«

Die Frau ist von ihrem siebenten Kind entbunden worden: »Mir reicht es, Herr Doktor. Was kann ich tun?«
»Essen Sie immer einen Apfel?«
»Vorher oder nachher?«
»Anstatt.«

»August der Starke hatte 354 Kinder.«
»Die arme Frau!«

Mutterfreuden = Freuden einer Mutter, wenn alle Kinder im Bett sind.

Alle Frauen werden wie ihre Mutter. Das ist ihre Tragödie. Männer werden niemals wie ihre Mutter. Das ist ihre Tragödie (Algernon).

Wilde, Bunbury I

»Meinem Sohn geht es blendend«, berichtet eine Mutter. »Er besitzt eine Villa am Tegernsee, drei Wagen, trägt nur Maßanzüge und legt sich wöchentlich zwei Stunden in München auf die Couch, wo der Doktor sich mit ihm unterhält.«
»Nein!« staunt die Nachbarin. »Worüber sprechen sie denn?«
»Von mir.«

»Wie geht es Ihrer Tochter?«
»O danke! Ausgezeichnet! Sie hat einen wunderbaren Mann. Er versorgt den Haushalt, spült das Geschirr, kümmert sich um die Kinder . . .«

»Und wie geht es Ihrem Herrn Sohn?«
»Ach, mein Sohn. Ja. Der hat so ein Pech mit seiner Frau. Er muß den Haushalt versorgen, das Geschirr spülen, und um die Kinder muß er sich auch noch kümmern.«

Der nach Amerika ausgewanderte Sohn kehrt zu seiner alten Mutter nach Europa zurück.
»Schloime, mei Schloime, wo hast Du denn Deinen scheenen Bart?«
»In den Staaten trägt man keinen Bart nicht mehr.«
»Aber den Schabbes hältst Du?«
»Wir müssen am Schabbes arbeiten.«
»Ißt Du denn noch koscher?«
»Ich esse in der Fabrik, Mammele. Da kann ich nicht wählen.«
Da zieht die Mutter den Kopf ihres großen Jungen an sich und flüstert: »Ganz verdorben haben sie Dich! Bist Du denn wenigstens noch beschnitten?«

Auf schöne Kinder setzte Zeus den
 Preis,
und unter allen Müttern, die da
 kamen,
des hohen Richters Urteil zu verdienen,
war eine Äffin, nackt das Kind,
 stülpnäsig.
Ihr Anblick machte alle Götter lachen.
Sie aber sprach: »Zeus mag den Preis
 verteilen.
Für mich ist jedenfalls mein Kind das
 schönste.«

Babrios,
Die Affenmutter

Kinder

Aus dem Aufsatz einer Berufsschülerin, 1939: »Ich kann dem Staat nur nützen, wenn ich erbgesunde Kinder befördere und sie ohne Krankheiten oder sonstige Erbanlagen behafte.«

Die Nachbarin schaut in den Kinderwagen: »Nein! So ein kleines Kind!« Die Mutter nickt: »Es sollte gar keines werden.«

I han da 's allweil gsagt:
Gib mar an Fried!
Ȯitz habn mar an kloan Fratzn.
Was toan ma damit?

Aus dem Böhmerwald

Fritz Stein feierte Weihnachten 1907 die Taufe der ersten Tochter. Sein Freund Max Reger war Pate und verpflichtete sich zur Patenschaft bei allen weiteren Kindern. Gegen Lieferung von jeweils drei Pfund Kaviar versprach er pro Kind die Widmung eines Werkes.
Vier Wochen später klingelte nachts der Telegrammbote bei Steins. Der

Komponist fragte: »Wann bekomme ich wieder Kaviar?«
Abermals einige Wochen später zu gleicher Tageszeit die Mahnung: »Wo bleibt mein Kaviar, faule Bande?«
Ein drittes Mal: »Habe große Sehnsucht nach Kaviar. Bitte feste arbeiten!«
Reger verdiente bei Steins neun Pfund.

In einem Dorf wimmelt es von Kindern. Ein Fremder erkundigt sich nach der Ursache des Reichtums.
»Jeden Morgen kurz nach fünf«, erklärt ein Einheimischer, »donnert hier der Expreß vorbei: Zu früh zum Aufstehen und zu spät, um noch einmal einzuschlafen.«

Bei Nomikats in Ostpreußen war das neunte Kind angekommen. Die Lehrerin gratulierte und fügte hinzu: »Neun Kinder – ist das nicht ein bißchen reichlich?«
»Ach, Frau Lehrerche«, erwiderte der Vater, »womit soll sich sonst e armer Mann de Stub möblerieren?«

»Was mechtste lieber haben, Jankel: E Million oder zwölf Techter?«
»Zwölf Techter.«
»Wie eso?«
»Hätt ich e Million, mecht ich haben zwei, drei, fünf, sechs Millionen. Hab ich zwölf Techter, hab ich genug.«

Aus einem Lebenslauf: »In der Zeit meiner Ehe ist eine Tochter entsprungen.«

Die gute Tante streicht dem Kind über den Kopf: »Hast Du noch Geschwister, kleines Fräulein?«
»Nein«, antwortet das Mädchen. »Ich bin alle Kinder, die wir haben. Wir sind noch nicht lange verheiratet.«

Die langjährige Ehe ist immer noch kinderlos. »Schicken Sie Ihre Frau einmal zur Kur!« rät der Arzt.
»Wir waren im Sommer vier Wochen in Pyrmont.«
»Und?«
»Nichts.«
»Dscha«, spricht der Arzt, »wenn Sie mitfahren!«

Der Hildesheimische Geduldshahn, den kinderlose Eheleute jährlich dem Pfarrer geben mußten, damit er die Taufgebühren vergesse und mit ihrer Schwachheit Geduld trage, wenn er sonst nicht helfen wolle, hat Ähnlichkeit mit dem Schweigetaler, den sonst die Augsburger ihren Predigern zahlten, wenn sie solche nicht mit Leichenreden bemühen wollten.

Karl Julius Weber,
Demokritos II, 4

Kathederblüte: »Dieses Florentiner Patrizierhaus entartete sichtlich von

Generation zu Generation, und schließlich begann die Kinderlosigkeit in der Familie erblich zu werden.«

Glaube mir, Lieber,
es stimmt tatsächlich:
Das zweite Kind
ist weniger zerbrechlich.

Verfasser unbekannt

Klein-Ernas Spielkamerad verrichtet eine Notdurft kleineren Grades. Das Mädchen schaut ihm zu und murmelt: »Huch, wie praktisch!«

In strenger Kälte muß der Junge Wasser lassen. Er hat bis zum letzten Augenblick gewartet, und die Mutter bemüht sich. »Jedesmal, wenn's pressiert«, schimpft sie, »kann man ihn nicht finden.«
Der Junge erwidert: »Du hast ihn zuletzt gehabt.«

»Mutta, jib mir 'n Joschen für Eis!«
»Nischt jibts!«
»Denn jeh ick zu Karlchen. Der hat die Masern.«

»Das erste läuft, das zweite läuft, und das Ganze ist eine berühmte Schlacht.«
»Roßbach.«
»Bravo!«

»Das erste läuft, das zweite läuft, das dritte läuft, das vierte läuft nicht.«
»Keine Ahnung.«
»Meine Kinder.«

Klein-Ernas Bruder versagt in der Schule. »Ach, Frollein«, sagt Mama zur Lehrerin, »Sie müssen ja'n büschen Nachsicht üben. Er ischa man so'n klein Nachkömmling; da waren die Zutaten denn nich mehr so.«

Ein Witwer mit drei Kindern heiratete eine Witwe mit drei Kindern und zeugte mit ihr nochmals drei Kinder. Eines Tages durchzitterte Geschrei das Haus. Die Frau erforschte die Ursache und berichtete: »Deine Kinder und meine Kinder verhauen unsere Kinder.«

Ein Herr stürmt in das Friseurgeschäft: »Ihr Sohn da draußen, der Lümmel, hat mit einem Stein nach mir geworfen. Beinahe wäre ich getroffen worden.«
Der Figaro läßt die Schere sinken: »Er hat nicht getroffen?«
»Haarscharf daneben.«
Der Meister setzt die Arbeit fort: »War nicht mein Sohn.«

Vater zum Sohn: »Seitdem du auf der Welt bist, hast du mir noch nicht eine frohe Stunde bereitet.«
»Und früher, Papa?«

Prosper Jolyot Crébillon, der Dramatiker, auf die Frage, welches seiner Werke er für das beste halte: »Ich weiß nur, welches mein schlechtestes ist.« Dabei zeigte er auf seinen Sohn.
Claude Crébillon, der Romancier, entgegnete: »Man glaubt daher auch, Papa, daß Sie dieses nicht selbst verfertigt hätten.«

Der alte Bankier Mendelssohn stöhnte: »Als ich jung war, galt ich als Sohn des berühmten Philosophen Moses Mendelssohn, jetzt nennt man mich den Vater des berühmten Komponisten Felix Mendelssohn. Bin ich selbst denn gar nichts?«

Ein Historiker dozierte: »Ohne seinen Vater Philipp wäre Alexander der Große nicht denkbar!«

Friedrich Wilhelm I. verlangte von seinem Sohn, dem Thron zu entsagen. Der Kronprinz erklärte sich bereit, falls der Vater bekanntmache, er, Friedrich, sei nicht sein leiblicher Sohn.

Der amerikanische Senator Taft, nachdem sein Sohn geheiratet und ein Geschäft eröffnet hatte, das der Vater unterstützen mußte: »Wirklich Geld kosten die Kinder erst, wenn sie auf eigenen Füßen stehen.«

John D. Rockefeller der Jüngere bestand auch im achtzigsten Lebensjahr noch auf dem Namenszusatz »jr«. Als eine Zeitung diesen Zusatz vergaß, überwies er seinen Abonnementsbetrag mit einem Scheck, auf dem die zwei Buchstaben ebenfalls fehlten.
Die Bank wies den Scheck zurück.

Verwandtschaft

Aus einem Schüleraufsatz: »Dann fuhren wir nach Berlin, gingen in den Zoologischen Garten und besuchten unsere Verwandten.«

Bankier Fürstenberg hatte sich zum siebzigsten Geburtstag ein Album mit den Fotografien sämtlicher Verwandten gewünscht. Gerührt von diesem Zeichen unerhofften Familiensinns gab sich der Klan größte Mühe.
Der Beschenkte überreichte den Folianten seiner Sekretärin: »Prägen Sie sich diese Gesichter ein! Sollte eines auftauchen, bin ich verreist.«

Die Griechen, die so gut wußten, was ein Freund ist, haben die Verwandten mit einem Ausdruck bezeichnet, welcher der Superlativ des Wortes »Freund« ist. Dies bleibt mir unerklärlich.

Nietzsche

Frage an den Stationsarzt nach dem Krankenbesuch bei der Erbtante: »Ehrlich, Herr Doktor: Muß ich das Beste hoffen oder darf ich das Schlimmste befürchten?«

Junggeselle, 46 Jahre, 1,77 m, römisch-katholisch, gut aussehend, bietet attraktiver Dame bis 35 Jahren Einheirat in Geschäft in München, am liebsten Vollwaise.

Süddeutsche Zeitung, 18. 11. 1967

Man unterscheide: Wahlverwandtschaft, Prahlverwandtschaft und Zahlverwandtschaft!

»Ich freue mich, daß sich unser lieber Schwiegersohn nicht mehr über seine Frau beklagt. Hast Du ihr den Kopf zurechtgesetzt?«
»Jawohl. Auf dem Dienstweg sozusagen. Ich habe ihm gesagt, er möge ihr ausrichten, daß ich sie enterben werde, wenn sie sich nicht bessert.«

»Sind Sie mit dem Angeklagten verwandt oder verschwägert?« fragt der Richter.
»Ich habe von ihm einen Knaben und von diesem zwei Töchter«, antwortet die Zeugin.
»– – –?«
»Es ist mein Schwiegervater.«

»Sind Sie mit dem Angeklagten verwandt oder verschwägert?« fragt der Richter.
Die junge Zeugin flüstert: »Nur einmal.«

»Ihr verstorbener Herr Gemahl?« fragte der Gast, auf eine Fotografie deutend.
»Mein Schwager, nachdem ich seinen Bruder heiratete.«

Ein Schnorrer meldete sich beim Sekretär Rothschilds: »Sagen Sie, Gottes Schwager möchte ihn sprechen!«
Der Baron, amüsiert, gewährte Zutritt und fragte nach dem Beweis der ungewöhnlichen Verwandtschaft.
»Mein Schwiegervater, Exzellenz, hatte zwei Töchter. Die eine nahm ich, die andere der Herr. Bin ich also Gottes Schwager oder nicht?«

In Einsiedeln im Schweizerland sagte ein Kaufmann zu den Pilgern: »Wie hoch ihr die Maria zu Einsiedeln auch immer schätzt – sie ist meine Schwester.«
Die Rede verbreitete sich rasch. Der Abt ließ den Gesellen in den Turm sperren, und als er am nächsten Mor-

gen dem Rat vorgeführt wurde, sprach er: »Jawohl, die Maria von Einsiedeln ist meine Schwester. Und noch mehr: Der Teufel zu Konstanz und der große Gott zu Schaffhausen sind meine Brüder.«
Da entsetzte sich der Rat: »Wahrhaftig! Dieser Mann ist ein Heiligenschmäher.« Der oberste Richter aber fragte ihn, wie er zu dieser schnöden Feststellung käme. Da erklärte der Verhaftete: »Mein Vater ist Bildhauer. Er hat den Teufel zu Konstanz, den großen Gott zu Schaffhausen, Eure Maria und mich gemacht.«
Die Richter lachten und ließen ihn frei.

nach *Jörg Wickram*,
Rollwagenbüchlein, Die hohen Verwandten

Interessanter ist die Grabschrift zu Erfurt, von der Luther in seinen Tischreden spricht, weil sie sich auf eine wirkliche Geschichte gründet und auf eine sogenannte Blutschande seltener Art, wobei sich auf eine noch seltenere Art Theologen und Juristen vernünftig betragen haben. Diese erklärten den Fall, für den sie nirgendwo Präjudizien fanden, für einen Fall, den man der göttlichen Güte überlassen müsse, und jene absolvierten die Mutter von ihrer Gewissensangst und ließen das unwissende Paar bei seiner Ehe:

Hier unter diesem Stein
liegt begraben allein
der Vater und seine Tochter,
der Bruder und seine Schwester,
der Mann und sein Weib
und sein doch nur zwei Leib!

Karl Julius Weber,
Demokritos XII, 21

Zwei künftige Schwiegermütter begegnen sich wie zwei Pferdehändler: Jede befürchtet, daß ihr die andere minderwertige Ware aufhängen will.

Die junge Frau schmiegt sich an: »Bald werden wir zu dritt sein, Liebling.«
Er bekommt glänzende Augen: »Wirklich?«
»Wirklich. Meine Mutter zieht zu uns.«

»Hätte ich bloß auf meine Mutter gehört und Dich nicht geheiratet!«
»Was?« fragt der Mann. »Deine Mutter hat Dir abgeraten?«
»Immer.«
Er ist erschüttert: »Mein Gott, wie habe ich dieser Frau unrecht getan!«

Eine Dame auf die Frage, ob sie schon ihre jungverheiratete und in einen entfernten Landstrich verzogene Tochter besucht habe: »Noch nicht. Ich warte das erste Kind ab. Großmütter sind willkommener als Schwiegermütter.«

Aus Tante Karlas Sprachwolf: »Mein Enkel ist zum Fressen. Ich gehe mit ihm über Leichen.«

Das Kind bestand darauf, daß ihm nur die Oma den Lebertran einflößt.
»Warum?« fragte die Mutter.

»Sie zittert so. Da geht das meiste daneben.«

Eine Vierzehnjährige erklärte, daß sie so bald wie möglich heiraten wolle. Auf die Frage der Großmutter, warum sie es so eilig habe, sagte das Mädchen: »Ich möchte, daß meine Kinder Dich noch kennenlernen.«

Das Goldene Paar sitzt im Lehnstuhl und hält sich bei der Hand.
Zwei Urenkel schlagen Trommel; zwei weitere ziehen sich an den Haaren und plärren. Fünf Enkel spielen Räuber und Gendarm. Letzterer stolpert über Opas Füße. Die Räuber stürzen sich auf ihn. Drei erwachsene Enkel trennen und schelten die Kleinkinder. Ein Sohn und eine Tochter ermahnen die erwachsenen Enkel, nachsichtig zu sein. Der Rest politisiert lautstark.

»Das habe ich nicht geahnt«, flüstert der Jubelopa, »als ich Dich damals in der Straßenbahn ansprach.«

Johann Georg von Brandenburg empfand den Lärm seines Urenkels als störend. »Sage bitte Deinem Sohn«, sprach er zum Erbprinzen, »sein Sohn soll das Maul halten!«

Jedem Großvater, der einen Tag lang lärmende Kinder hütete, wird klar, warum Gott kleine Kinder jungen Leuten vorbehielt.

Verfasser unbekannt

Kathederblüte: »In Irland vermischte sich das irische Blut mit dem englischen in erster Linie durch Heirat.«

Vorfahren

Das Glück und die Zukunft unserer charmanten Tochter sollte ich doch nicht dem Zufall überlassen. In mütterlicher Absicht möchte ich versuchen, einen Weg anzubahnen, auf dem sich zwei Menschen ... Unsere gut aussehende Tochter ist 1,76/29 (viel jünger aussehend), katholisch, schlank. Sie kommt aus einem glücklichen Elternhaus, welches seit Generationen zu den ersten Familien gehört.

Die Welt, 16. 12. 1967

1912, nach der Einweihung der Kirche in Karlskrona, begrüßte Bischof Olof Bergdahl im Festsaal die Gäste. Die Gattin eines Lokomotivführers stellte sich vor: »Frau Petterson, Landvogtstochter aus Kalmar.«
Der Bischof verneigte sich: »Bergdahl, Bauernsohn aus Schonen.«

»Zwanzig Ahnen habe ich«, mault das Windspiel an der Leine einer Wohlbeleibten, »und nun trottet man neben einem Weibsstück mit zwanzig Nachkommen!« (Simpl)

Auf einem Gartenfest wandte sich der Chirurg Lord Lister an Shaw: »Stimmt es, daß Ihr Vater Schneider war?«
»Ja.«
»Hatten Sie nie das Bedürfnis, auch einer zu werden?«
Shaw lächelte: »Ihr Vater war ein Gentleman, nicht wahr?«
»Gewiß.«
»Hatten Sie nie das Bedürfnis, auch einer zu werden?«

Ein aufgeblasener Nachkomme des Tyrannenmörders Harmodius fragte den Athener Iphikrates: »Sie stammen von einem Schuster ab, wenn ich nicht irre?«
»So ist es«, antwortete der General. »Ich bin der erste meines Stammes, Du der letzte des Deinen.«

Ein Journalist interviewte Dumas den Älteren: »Man sagt, Sie seien ein Quadrone, Monsieur.«
»Stimmt.«
»Ihr Herr Vater war also Mulatte?«
»Stimmt.«
»Und Ihr Herr Großvater?«
»Ein Neger. Mein Urgroßvater ein Affe. Schreiben Sie, daß mein Stammbaum dort beginnt, wo der Ihrige endet!«

»Stimmt es, daß der Mensch vom Affen abstammt?«
Papa, in die Zeitung vertieft: »Du vielleicht. Ich nicht.«

Ein Franzose fragte Will Rogers, in dessen Adern indianisches Blut floß, ob es nicht für jeden US-Bürger ein erregendes Erlebnis sei, die Herkunft der Mutter oder Großmutter zu erforschen.
»Nicht aufregender«, erwiderte der Schauspieler, »als für einen Franzosen die Suche nach dem Vater oder Großvater.«

Der bei einem Polarflug verschollene Will Rogers, teils indianischer Herkunft, antwortete einem Landsmann, der sich rühmte, daß seine Vorfahren mit der »Mayflower« in die Neue Welt gekommen seien: »Die meinigen gehörten damals zum Empfangskomitee.«

»Meine Vorfahren kamen mit der ›Mayflower‹«, rühmte ein Amerikaner.
»Da taten sie recht«, lobte der andere. »Heute sind die Einwanderungsgesetze strenger.«

Ein Brite besuchte Calvin Coolidge, den Gouverneur von Massachusetts, zog einen alten Shilling aus der Tasche und sprach: »Dieser König machte meinen Urgroßvater zum Lord.«

Der nachmalige republikanische Präsident kramte eine Nickelmünze hervor und erwiderte: »Dieser Indianer machte meinen Urgroßvater zum Engel.«

Abraham Lincoln, nach seinen Vorfahren befragt: »Wer und was mein Großvater war, interessiert mich nicht. Das einzige, was mich angeht, ist, wer und was sein Enkel ist.«

Ein traditionsgieriger Amerikaner hatte seinen Stammbaum ausgraben und in die Halle malen lassen. Ein Vorfahre wurde als »Inhaber des Lehrstuhles für angewandte Elektrizität an einem öffentlichen Institut« bezeichnet.
Er war auf dem elektrischen Stuhl verschieden.

Ein Besucher in der Ahnengalerie des Hausherrn: »Dieser da wäre beinahe mein Vorfahre geworden. Ich war bei der Versteigerung anwesend, aber mußte bei Dreitausend passen.«

Friedrich Graf von Wrangel brauchte für den Speisesaal in Stettin Ahnenbilder und ließ einen Maler kommen.
»Haben Sie Vorlagen?« fragte der Künstler.
»Unsinn!« erwiderte der General. »Ziehn Se se scheen an und jeben Se ihnen eene jewisse Ähnlichkeit mit mir. Jekannt hat se ja doch keener.«

Inwiefern gleicht ein Ahnenprotz der Kartoffel?
In beiden Fällen ist das Beste unter der Erde.

»Wer war die begehrteste Frau des Dritten Reiches?«
»Die arische Großmutter.«
»Falsch! Die jüdische Urgroßmutter. Sie hatte das Geld in die Familie gebracht und schadete nicht mehr.«

Mann mit Künstlermähne und weißem Bart klopft ans Tor des kommunistischen Paradieses. Petrowitsch, der Pförtner, macht ein amtliches Gesicht:
»Beruf des Vaters?«
»Anwalt.«
»Herkunft der Mutter?«
»Kaufmannsfamilie.«
»Frau?«
»Ja.«
»Herkunft, Dummkopf!«
»Adlig.«
»Beruf?«
»Globetrotter und Schriftsteller.«
»Und in der Kirche warst Du wahrscheinlich auch noch, was?«
»Jude.«
Petrowitsch schüttelt angewidert den Kopf.
»Name?«
»Karl Marx.«

Ledige

Wer ledig ist, der sorgt, was dem Herrn angehört und wie er dem Herrn gefalle, wer aber freit, wie er dem Weibe gefalle und was der Welt angehört.

1. Korinther 7, 32

Mensch, sei helle!
Bleib Junggeselle!

Aus Berlin

Ein junger Mensch, der sich vermählen
wollte
und dem man manchen Vorschlag tat,
bat einen Greis um einen guten Rat,
was für ein Weib er nehmen sollte.

»Freund«, sprach der Greis, »das weiß
ich nicht.
So gut man wählt, kann man sich doch
betrügen.
Sucht Ihr ein Weib bloß zum
Vergnügen,
so wählet Euch ein schön Gesicht!
Doch liegt Euch mehr an Renten und
am Staate
als am verliebten Zeitvertreib,
so dien ich Euch mit einem andern
Rate:
Bemüht Euch um ein reiches Weib!
Doch strebt Ihr durch die Frau nach
einem hohen Range,
nun so vergeßt, daß beßre Mädchen
sind,
wählt eines großen Mannes Kind
und untersucht die Wahl nicht lange!
Doch wollt Ihr mehr für Eure Seele
wählen
als für die Sinnen und den Leib,
so wagt's, um Euch nach Wunsche zu
vermählen,
und wählt Euch ein gelehrtes Weib!«
Hier schwieg der Alte lachend still.

»Ach!« sprach der junge Mensch, »das
will ich ja nicht wissen.
Ich frage, welches Weib ich werde
wählen müssen,
wenn ich zufrieden leben will
und wenn ich, ohne mich zu grämen –«
»Oh!« fiel der Greis ihm ein, »da müßt
Ihr keine nehmen.«

Gellert,
Der gute Rat

Junggeselle = Ein Mann, der Glück in der Liebe hat.

Wenn ich so mit ansehe, was aus drei meiner Jugendgöttinnen geworden ist! Der Herr hat alles wohlgemacht; ihm sei Preis und Dank gebracht!

Karl Julius Weber,
Demokritos II, 4

Ein sterbender Junggeselle vermachte sein Vermögen drei alten Damen, die ihn vor Jahrzehnten verschmäht hatten. Mit der Begründung, er verdanke ihnen sein Lebensglück.

Nach Meinung der Frauen sind
Junggesellen schlank oder beleibt, Ehe-

männer dürr oder fett;
Junggesellen still oder unterhaltsam,
Ehemänner maulfaul oder geschwätzig;
Junggesellen geistreich oder natürlich,
Ehemänner aufgeblasen oder platt;
Junggesellen leidenschaftlich oder zurückhaltend, Ehemänner töricht oder langweilig;
Junggesellen heiter oder verinnerlicht,
Ehemänner kindisch oder mürrisch;
Junggesellen seriös oder pikant, Ehemänner naiv oder unerzogen;
Junggesellen mäßig oder beschwipst,
Ehemänner steif oder besoffen.

Gerhard Grüninger,
Sie und Er

Es war ein Dieb, der hängen sollt.
Als man zum Galgen ihn führen wollt,
kam eine Magd auch auf den Plan
und sprach den Henker dringlich an,
er sollt den Dieb zum Mann ihr geben;
denn sie wollt ehlich mit ihm leben.
Der Dieb besah sich genau die Magd,
doch hat ihre Lieb ihm nicht behagt.
Er sprach, sie hätt eine Habichtnasen
und Lippen, so dick und aufgeblasen.
Rief: »Meister, richte mich immer hin!
Viel besser ist's, daß tot ich bin,
als daß ich sollt mit dieser Vettel
vertun mein Leben – mir gilt's ein Bettel!
Denn besser ist's, ich sterb einmal,
als so zu leben in steter Qual!«

Lazarus Sandgrub (1590–1650),
Lieber hängen als heiraten

Ein Kopenhagener Junggeselle wurde zu drei Monaten Gefängnis verurteilt. Er hatte eine Dame auf der Straße angesprochen und sie mit vorgehaltener Pistole gezwungen, ihm nach Hause zu folgen und seine Strümpfe zu stopfen.

»Denken Sie denn nie ans Heiraten?« fragte die Herzogin von Bouillon. Chapelle antwortete: »Doch, Madame! Morgens, bisweilen.«

Ein siebzigjähriger Unverheirateter: »Es ist mir ergangen wie jenem Mann, der in den Wald lief, um sich eine Reitgerte zu brechen. Immer, wenn er einen geeigneten Zweig sah, glaubte er, es käme sicherlich noch ein besserer, und so lief er weiter, bis der Wald zu Ende war.«

Kant, nach dem Grunde befragt, warum er ledig geblieben sei: »In jungen Jahren, da ich eine Frau hätte brauchen können, konnte ich keine ernähren. Jetzt, da ich eine ernähren könnte, kann ich keine brauchen.«

Der französische Marschall d'Huxelles auf die Frage, warum er nicht heirate: »Ich fand noch keine Frau, deren Mann, und noch kein Kind, dessen Vater ich sein möchte.«

Papst Alexander VII. fragte Leo Allatius, warum er nicht Ordensgeistlicher würde.

»Damit ich jederzeit heiraten kann.«
»Und warum heiratest Du nicht?«
»Damit ich jederzeit Ordensgeistlicher werden kann.«

Degas zu seinem Biographen Vollard auf dessen Frage, warum er nicht geheiratet habe: »Ich hatte Angst, daß meine Frau, wenn ich ein Bild gemalt habe, sagt: ›Das ist aber hübsch, was du da gemacht hast!‹«

Ein Münchner Trambahnschaffner erklärt einer Dame genau, wohin sie sich nach dem Aussteigen zu wenden hat. Die Bahn hält, die Dame steigt aus und geht in der ihrem Ziele entgegengesetzten Richtung davon. Der Schaffner an die Umstehenden: »Seng S'! Zwengs dem hab i net g'heirat.«

Hagestolze, die es willkürlich sind, sind Schmarotzerpflanzen, die vom Raube oder sogenannter Hausfreundschaft leben und überall die servitus tigni immittendi und stillicidii (das Recht, einen Balken am Hause des Nachbarn zu befestigen und den Tropfenfall auf fremdes Grundstück zu leiten) zu haben glauben.

Karl Julius Weber,
Demokritos II, 4

Die Lehrerin sprach über die Handwerker: »Wer schon alles kann, ist Meister. Wer erst anfängt zu lernen, ist ein Lehrling. Wie heißt der Mann, der zwar schon viel gelernt hat, aber noch nicht alles kann?«
Ein Kind meinte: »Junggeselle.«

Der Herzog von Nivernois kam Abend für Abend zur Gräfin Rochefort. Er wurde Witwer, und sie wurde Witwe, und ein Freund riet zur Ehe. »Ich habe auch schon daran gedacht«, sprach der Herzog. »Wo aber soll ich dann meine Abende verbringen?«

Der Junggeselle dankte für den Rat zu heiraten: »Ich lebe à la carte.«

Die griechischen und römischen Jünglinge standen vor keinem Hagestolz auf: Weil er niemand gezeugt hat, der später vor ihnen aufsteht.

Aus Adolph von Menzels Familientestament, überschrieben »Für Euch allein«: »Glücklicherweise kann niemand auftauchen, irgendwelche Nachkommenschaft geltend zu machen. Nicht allein, daß ich ehelos geblieben, habe ich mich auch lebenslang und jederlei Beziehung zum anderen Geschlecht als solchem entschlagen. Kurz, es fehlt an jedem selbstgeschaffenen Klebestoff zwischen mir und der Außenwelt.«

Ein altes Fräulein überreichte dem Stationsarzt einen selbstgeschneiderten Schlafanzug, bestimmt für einen armen Patienten. Der Arzt bewunderte das Kleidungsstück, dankte und lächelte: »Nur das kleine Türchen da vorn haben Sie vergessen.«
Sie erwiderte: »Ich besitze keine Nähmaschine, Herr Doktor, und möchte meine Nachbarin nicht noch einmal belästigen. Könnten Sie ihn nicht einem Junggesellen geben?«

Shaw über die Schwierigkeit intellektueller Frauen, unter die Haube zu kommen: »Sie sind zu klug, um sich mit einem Manne zu begnügen, der dumm genug ist, sie zu heiraten.«

Ein spätes Fräulein auf die Frage, warum sie nicht geheiratet habe: »Ich besitze einen Hund, der bellt, einen Papagei, der flucht, einen Kamin, der raucht, und eine Katze, die streunt. Warum sollte ich heiraten?«

Bei der Indienststellung eines neuen Feuerlöschzuges: »Möge er sein wie die späten Mädchen unserer Gemeinde: Stets bereit, doch nie gerufen!«

Thomas Huxley, ein Mitarbeiter Darwins, behauptete, England verdanke seinen gesunden, kräftigen Menschenschlag den alten Jungfern: »Der Engländer zieht seine Kraft aus dem guten Fleisch seiner Rinder. Diese gedeihen vor allem durch den roten Klee. Der rote Klee bedarf zur Samenbereitung des Besuches der Hummeln. Leider wird den Hummeln von den Feldmäusen nach dem Leben getrachtet. Wer aber vertilgt die Mäuse? Die Katzen. Und wer züchtet die Katzen? Die alten Jungfern.«

Ein Mann ohne Frau ist ein Haus ohne Dach, und eine Frau ohne Mann ist ein Haus ohne Fundament.

Karl Julius Weber,
Demokritos II, 21

»Verheiratet oder ledig?«
Die Zeugin seufzt.
»Ledig«, diktiert der Richter.

»Verheiratet oder ledig?«
Der Zeuge seufzt.
»Verheiratet«, diktiert der Richter.

Zeugin, errötend: »Wir sind nicht verheiratet, Herr Richter. Wir leben sozusagen im Konglomerat.«

Fünfzehn Jahre haben sie zusammengelebt. Nun sagt sie: »Meinst Du nicht, wir sollten endlich heiraten?«
Er winkt ab: »Wer wird uns jetzt noch nehmen?«

Witwe

»Was, Junge, du rauchst? Ich sollte dein Vater sein!«
»Kenn' Se hab'n! Mutta is Witwe.« (Zille)

Aus einem Schüleraufsatz: »Seit mein Vater gestorben ist, schlägt meine Mutter uns redlich durch.«

An das Finanzamt: »Außer meinem Hause beziehe ich nur fünfzig Prozent meines verstorbenen Mannes.«

Eine Predigerswitwe gab dem Nachfolger ihres Mannes brieflich Auskunft über alle Angelegenheiten der Pfarrei. »P. S. Ich habe nur ein Kind, ach! Das arme Würmchen lebt auch nicht lange. Welch Herzeleid bei allem meinem Gelde, und erst zweiundzwanzig Jahre!«

Inserat: Perfekte, ehrliche Witwe sucht Führung eines frauenlosen Haushalts.

Jungfrauen sind der Wehrstand: Sie wehren sich. Frauen der Nährstand: Die müssen wir ernähren. Und Witwen der Lehrstand: Sie wissen gar mancherlei.

Karl Julius Weber,
Demokritos II, 24

Seriöse Dame, Witwe bester Kreise, elegante Frau ...

Süddeutsche Zeitung, 11. 11. 1967,
Heiratsanzeigen

Vier Japaner unterhalten sich über die Liebe.
»Ich bevorzuge Jungfrauen mit langen Armen«, sagt der erste.
»Unerfahrene taugen nichts«, widerspricht der zweite. »Ich schätze die Professionellen, auch wenn sie teuer sind.«
»Verlaßt Euch auf mich«, spricht der dritte. »Nehmt Witwen!«
»Er hat recht«, meint der vierte und deutet auf den Vorredner. »Ich wünschte, meine Frau wäre auch Witwe.«

Es starb ein Mann, vom blassen Tod
gefällt mit grimmem Streiche.
Die Witwe fuhr in Herzensnot
nach Gotha mit der Leiche,
wo diese auf bekannte Art
dem Feuer übergeben ward.

So wie die Inderin es tut,
von ihrem Schmerz bezwungen,
wär gern die Gattin in die Glut
dem Gatten nachgesprungen.
Sie wollt' es tun, da hielt zum Glück
man sie rechtzeitig noch zurück.

Nachdem der Leib nun war verbrannt
dort nach des Mannes Willen,
da ließ, was sich an Asche fand,

in einen Krug sie füllen.
Der sollt', um oft ihn anzusehn,
daheim auf ihrem Schreibtisch stehn.

Drauf mit dem Krug ging sie zur Bahn,
nach Haus ihn mitzunehmen;
Erbarmen fühlten, die sie sahn
in ihrem Leid und Grämen.
Das Herz brach ihr beinah vor Weh;
der Krug kam mit ihr ins Coupé.

Am Anfang war sie ganz allein
mit ihrem bittren Leide,
dann stieg ein Fahrgast zu ihr ein
zum großen Glück für beide,
ein angenehmer junger Mann,
der fing mit ihr zu sprechen an.

Sie sprachen eifrig hin und her
von viel verschiednen Dingen.
Die Witwe weinte bald nicht mehr;
sie wußt' sich zu bezwingen.
Zuletzt ging über ihr Gesicht
ein Lächeln hin wie Sonnenlicht.

Sie stiegen aus in einer Stadt,
der Mann und sie, indessen
die tiefbetrübte Witwe hat
etwas im Zug vergessen.
Fort war sie, und der Aschenkrug
allein fuhr weiter in dem Zug.

So rasch zwang sie Gott Amors Macht,
den neuen Freund zu lieben,
daß sie erst spät des Krugs gedacht,
der im Coupé geblieben.
»Nein«, rief sie unter Lachen, »nein!
Wie kann man so vergeßlich sein!«

Trojan, Die vergeßliche Witwe

Ein Schüler über die früher in Indien üblichen Witwenverbrennungen: »Die Inderinnen können sich eine Ehe ohne den Mann nicht vorstellen.«

»Solang eiser Herrgott nimmt, nimm i au«, hot der Wittmar gsait, wie n er 's vierte Weib g'nomme hot.

Aus dem Allgäu

Alle loben so gern ihren Seligen auf Kosten des Lebenden, daß dieser endlich selbst wünschen muß, der Selige möchte noch leben.

Karl Julius Weber,
Demokritos

Sie beklagt den Verlust ihres ersten Mannes. »Glaube mir«, tröstet der Gegenwärtige, »für niemand ist sein Verlust schmerzvoller als für mich!«

Man macht dadurch überhaupt dem Ehestand ein sehr schlechtes Kompliment, daß man nur immer die verstorbenen Männer, die ihn schon überstanden haben, »die Seligen« heißt.

Nestroy,
Der Talisman

XXV. Kapitel

Heimat
Europa
Staat
Monarchie
Diktatur
Demokratie
Sozialismus
Regierung
Regierte
Politik
Presse
Funk etc.
Aufruhr

Heimat

Nemo enim patriam, quia magna est, amat, sed quia sua. Niemand liebt sein Vaterland, weil es groß ist, sondern weil es das seinige ist.

Seneca

Tacitus über Westphalen: »Wer möchte dies Land, rauh an Boden und Klima, unfreundlich im Anbau und Anblick, jeweils aufsuchen als derjenige, dessen Vaterland es ist?«

Es würde vieles erträglicher werden, wenn man weniger selbstzufrieden wäre und die Vaterlandsliebe nicht immer mit der Selbstbewunderung verwechselte.

Gottfried Keller, Martin Salander

Der vertriebene Jakob II. bei der Seeschlacht von La Hogue, in der die Franzosen, die ihn auf den englischen Thron zurückführen wollten, geschlagen wurden: »Herrlich, wie meine Briten kämpfen!«

Zwei Juden gelang 1939 die Flucht über die holländische Grenze. Mit abgelösten Posten zogen sie ins Hinterland.
Der eine Gerettete leise zum Gefährten: »Was die Marschieren nennen! Wenn ich da an unsere SA denke!«

Simon Birnbaum ist nach Amerika entkommen. Freund Rosenbaum besucht ihn und sieht ein Hitlerbild an der Wand: »Biste verrickt, Simon? Läufst ihm davon und hängst ihn dir an die Wand?«
Der Hausherr wischt sich Augen und Nase: »Gegen Heimweh.«

Zionismus = Wenn ein Jude einen zweiten beauftragt, bei einem dritten Geld zu sammeln, damit man einen vierten nach Palästina schicken kann.

Ein Tourist trifft in Israel einen alten Bekannten: »Wie lange bleiben Sie hier?«
»Lebenslänglich.«

Der Bürgermeister eines süditalienischen Ortes begrüßte 1938 König Viktor Emanuel »im Namen der fünftausend Einwohner, von welchen sich dreitausend in Amerika befinden«.

Kennst Du das Land,
wo die Lianen blühn
und himmelhoch
sich rankt des Urwalds Grün?
Wo Niagara aus dem Felsen bricht
und Sonnengluth den freien Scheitel
sticht?
Kennst Du das Land,
wohin Märtyrer ziehn

und wo sie still
wie Alpenröslein glühn?
Die zweite Heimat ist's, so mancher
spricht!
Kennst Du das Land? – Ach, leider
nicht.

Friederike Kempner

Amerika, dem mein Verlangen
schon immer gilt und nimmer ruht,
trotz Deiner prächtig bunten
Schlangen,
trotz Deiner heißen Sonnengluth!

Amerika, Du Land der Träume,
Du Wunderwelt, so lang und breit,
wie schön sind Deine Kokosbäume
und Deine rege Einsamkeit!

Friederike Kempner,
Amerika

»Was ist ein Kalif, Vater?«
»Mann aus Kalifornien.«

Der Gouverneur des Staates Georgia auf die Frage, wie er die wachsende Abwanderung nach Florida beurteile: »Ich halte sie für positiv; denn sie hebt in beiden Staaten das Intelligenzniveau.«

Ein amerikanischer Senator über seine Reise: »Reizend, dieses Europa! Alle waren nett zu mir. Das heißt, mit einer Ausnahme: Der König von Griechenland war etwas reserviert.« Pause. »Oder Dänemark? Oder war es Belgien?«

Ein amerikanischer Major bei der Landung in Nordafrika an seine Truppen: »Wir kommen nicht in Feindesland, Leute! Denkt daran! Seid höflich zu den Hottentotten! Vergeßt nicht, daß die Geishas keine Freudenmädchen sind! Schießt keine weißen Kühe, und wenn einer von den Mandarinen behauptet, Afrika sei größer als Texas, so streitet nicht, sondern laßt ihm seinen Glauben!«

1948 beschwor der amerikanische Diplomat Warren Austin Israel und die arabischen Staaten, ihren Konflikt »in wahrhaft christlichem Geiste zu regeln«.

Der Mensch hat zwei Vaterländer, eines der Geburt und eines des Schicksals, wo er lebt und stirbt. In der Regel liebt man die gute Mutter mehr als den strengen Vater.

Karl Julius Weber,
Demokritos IV, 15

Worin Berlin und Wien für Sie
sich gründlich unterscheiden,

das fällt mir absolut nicht schwer
in Worte einzukleiden.

Das ist der große Unterschied,
Sie schönste der Blondinen:
Dort, Liebste, kamen Sie zur Welt,
hier kommt die Welt zu Ihnen.

Artur Pserhofer, An eine Berlinerin

Demokos: Feig nenne ich es, wenn man nicht den Tod für das Vaterland jeder anderen Todesart vorzieht.
Hekuba: Auf diese Floskel habe ich gewartet. Die läßt sich der Dichter nicht entgehen.
Andromache: Man stirbt immer für sein Vaterland. Würdig, tätig, weise sein Dasein verbringen, heißt auch für sein Vaterland sterben.

Giraudoux,
Kein Krieg in Troja I, 6

Jeder Mensch hat zwei Vaterländer: Sein eigenes und Frankreich.

Aus Frankreich

Die Erdölsucher sinken erschöpft in den Wüstensand. Einer weint. »Was ist denn mit dem los?« fragt einer. »Wahrscheinlich hat er Heimweh«, antwortet jemand mürrisch.
»Heimweh!« Der Frager hebt verächtlich die Augenbrauen. »Heimweh haben wir alle.«
»Schon, schon«, bestätigt der andere besänftigend. »Aber der stammt aus einer Brauerei.«

Drei Bayern, mit einem Preußen am Wirtshaustisch, granteln: Das Bier ist schlecht und das Fleisch teuer, das Wetter miserabel und der Landtag undiskutabel.
»Jetzt hörn Se man jut zu, Männeken!« unterbricht der Vierte. »Wenn et Ihnen in unsan schönen Bayern nich jefällt, dann wandern Se aus, klar?«

Tünnes und Scheel, auf der Münchner Ludwigsbrücke, starren in die Isar. Ein Fremder fragt sie nach dem Namen des Flusses. Tünnes zuckt die Schultern: »In Kölle is dat der Rhing.«

Eine Dame hatte Schwierigkeiten, vor dem Standesamt in Regensburg eine Heimatanschrift anzugeben: Geboren in Pinneberg, aufgewachsen in Münster, verzogen nach Landau in der Pfalz, Vater tätig in Bad Homburg, gemeldet bei einem Bruder in Tübingen, gegenwärtig zum Studium in Erlangen.
»Sagen wir so«, entschied der Beamte: »Wenn Sie jetzt tot umfielen, wohin sollte die Leiche gebracht werden?«

Ein Mann aus dem Bayerischen Wald wird in einer norddeutschen Stadt wegen Landstreicherei aufgegriffen. Er gibt seine Personalien an, aber niemand kennt seinen Geburtsort. Wo das Nest liege, wird er gefragt.
»Mei«, antwortet der Waldler, »ei'gsperrt werdn mir aaf Passau.«

Europa

Nur durch den schnellen Zusammenschluß in einen einzigen großen Staat kann Europa seine Kriege und Wirtschaftskämpfe beenden, die es zu vernichten drohen.

B. Franklin (1787)

Der Italiener ist das Feuer, der Franzose die Luft, der Engländer das Wasser, der Deutsche die Erde.

Ganganelli

Niederländer, sprachkundig tätig, 50/170, gebildet, repräsentativ, Humor, wohlbekannt in Holland, bewußter Christ, tolerant, nicht vollkommen, möchte deutsche Frau zwecks Heirat kennenlernen ...
Er möchte gern deutsch-niederländische Freundschaft verbessern und hat dazu eine gute Idee. Zukünftige Adresse am besten in Holland bei der deutschen Grenze. Niederländisch ist nicht schwer für Deutsche.

Frankfurter Allgemeine, 10. 5. 1969

De Gaulle: »Es ist schwer, ein Volk zu regieren, das 246 Sorten Käse hat.«

»Man hat's schwer mit europäischen Diplomaten«, erzählte US-Außenminister Acheson. »Ich verließ in Gesellschaft eines Franzosen und eines Deutschen den Konferenzsaal. An der Tür ergab sich das Problem: Wer sollte als erster hinausgehen? Ich überlegte: Gehe ich voraus, so sagen die beiden anderen: ›Typischer Dollarhochmut!‹ Lasse ich dem Deutschen den Vortritt, so wird der Franzose nach Hause kabeln: ›Amerika zieht den einstigen Feind dem alten Bundesgenossen vor.‹ Lasse ich den Franzosen vorangehen, so murrt der Deutsche: ›Sie sind sich immer noch einig, wenn es gilt, uns niederzuhalten.‹ Was also blieb übrig? Wir mußten uns alle drei zu gleicher Zeit durch die Tür quetschen. Hinterher hörte ich dann, wie der Franzose dem Deutschen zuwisperte: ›Von Kultur keine Spur!‹ «

»Wenn sich meine Relativitätstheorie durchsetzt«, sagte Einstein, »werden die Deutschen sagen, ich sei ein Deutscher, und die Franzosen, ich gehöre der ganzen Welt. Wenn sie sich aber nicht durchsetzt, werden die Franzosen sagen, ich sei ein Deutscher, und die Deutschen, ich sei Jude.«

Ihr wißt schon, wen ich meine,
die Stadt liegt an der Seine,
entschieden ist's die schönste Stadt,
die man wohl je gesehen hat.
Die Stadt liegt an der Seine,
Ihr wißt schon, wen ich meine.

Ihr wißt schon, wen ich meine,
die Stadt liegt an der Seine,
sie hat ein wunderbar Gesicht,
ihr Haar ist lang und ist auch dicht.

Die Stadt liegt an der Seine,
Ihr wißt schon, wen ich meine.

Friederike Kempner

Ein französischer Professor besuchte einen amerikanischen Kollegen, strahlte dessen hübsche Assistentin an und bemerkte, als sie den Raum verlassen hatte: »Armes Kind!«
»Wieso ›arm‹?«
»So jung«, sprach der Franzose, »so schön und nicht in Paris!«

Voltaire wurde 1727 in England auf der Straße als Franzose erkannt. »Schlagt ihn tot!« schrie der Pöbel. Der Verfolgte kletterte auf eine Mauer: »Ihr wollt mich totschlagen, weil ich Franzose bin? Bin ich nicht hart genug bestraft, weil ich kein Engländer bin?«
Man ließ ihn laufen.

Ein Hydeparkredner schließt: »Ich war Engländer; ich bin Engländer, und ich bleibe Engländer.«
Nachruf eines Iren: »Keinerlei Ehrgeiz!«

Grönland hat so wenig Grünes, daß die Holländer es deshalb vor dreihundert Jahren Grönland nannten.

Galletti

Es ist ein Wort, dreideutig dem Germanen:
Einst war der Erste furchtbar seinen Ahnen.
Der schwere Zeiger der Geschichte rückt;
der Deutsche erbt das Zepter. Ihr erblickt,
wie dem erwählten deutschen Sohne
im Zweiten die gewichtige Krone
der Bischof auf die Stirne drückt.
Es kreist im hochgewölbten Saale
der Dritte bei dem Krönungsmahle.

Wilhelm Hauff,
Rätsel (Römer)

»Das Merkwürdigste an Rom ist«, sagte Pius IX., »daß Viktor Emanuel, Garibaldi und ich in einer Stadt leben und sich keinen Schaden antun.«

Am Schwarzen Brett der Warschauer Universität: »Tausche wenig gebrauchte Souveränität gegen bessere geographische Lage«.

Eine Gruppe westlicher Journalisten besichtigt den Moskauer Hauptbahnhof. Der Intourist-Betreuer erklärt: »Auf Gleis 1 alle zwanzig Minuten ein Zug nach Gorki. Gleis 2 alle dreißig Minuten ein Zug nach Wolgagrad. Gleis 3 alle vierzig Minuten ein Zug nach Kiew. Gleis 4 alle 25 Minuten ein Zug nach Minsk, Gleis 5 alle Stunden ein Zug nach Leningrad. Gleis 6 ...«
»Verzeihen Sie!« unterbricht ein Amerikaner. »Wir laufen seit einer halben

Stunde hier herum: Ich habe noch keinen Zug gesehen.«
Der Russe schaut den Gast lange an. Dann lächelt er nachsichtig: »Und ihr seid nicht gut zu den Negern!«

Paris, Ende Juni 1940. Siegesparade vor Hitler. Ein Preuße zu seinem Nachbarn aus Österreich: »Eine Jabe Jottes, der Mann!«
Der Heimgeholte grinst: »Unsere Rache für Nikolsburg!«

Das Bankett zum Abschluß des Österreichischen Staatsvertrages 1955 ist zuende. Die Großen treten auf die Freitreppe des Belvedere.
»Den Cadillac für Exzellenz Dulles!« ruft der Goldbetreßte.
»Den SIS für Exzellenz Molotow!«
»Den Rolls-Royce für Exzellenz Macmillan!«
»Den Facel Vega für Exzellenz Pineau!«
»Die Galoschen für Exzellenz Figl!«

Ich werde wohl in wenig Wochen
Bischof und Bürgermeister sein von
dieser Stadt
nach dem, was man mir allwo hier
versprochen
und mit viel Küßdiehands beteuert
hat.
Und anderseits: Nach dem, was man
gehalten,
und wie man mich empfehlend weiter-
wies
und überhaupt – es drängt mich, ein-
zuschalten:
– hier ißt und trinkt, so denk ich mir
Paris.

Ringelnatz,
Wien, Februar 1924

Deine Heimat, Blümlein,
Edelweiß genannt,
ist ein kleines Eden,
ist das Schweizerland,

ob des Eises Grotte,
ob des Gletschers Wand
und auch ob Lawinen
nicht ganz unbekannt.

Friederike Kempner

Heiratsanzeige: »Schweiz! Junge Witwe russischer Herkunft, in Madrid aufgewachsen und dort französisch erzogen ...«

Frankfurter Allgemeine Zeitung,
27. Juni 1964

Angeblich ist Zürich: Halb so groß wie der New Yorker Zentralfriedhof und doppelt so tot.

»Hets hingerem Gurte au Lüt?« fragt die kleine Vroni aus Bern.
»Chind«, antwortet die Mutter, »mir wei nit grüble.«

»... so kommt Ihr auf die Brücke,
welche stäubet.
Wenn sie nicht einbricht unter Eurer
Schuld,
wenn Ihr sie glücklich hinter Euch
gelassen,
so reißt ein schwarzes Felsentor sich
auf –
Kein Tag hat's noch erhellt –, da geht
Ihr durch.
Es führt Euch in ein heitres Tal der
Freude ...«

So rät Wilhelm Tell (V, 2) dem Parricida.
Das Felsentor ist das Urner Loch, ein Tunnel von siebzig Metern Länge, der ins Tal von Andermatt führt und 1707 gebaut wurde, vierhundert Jahre nach dem Rütlischwur.

Der Herrgott wandelte durch seine Schöpfung, um zu erfahren, ob die Völker zufrieden sind.
»Wir sind überglücklich«, sprach der Schweizer. »Wir haben das schönste Ländli. Sollen wir Dir Heiligtümer bauen? Willst Du Opfer? Tägliches Lobpreisen?«
»Ich habe Durst«, erwiderte der Herr.
Der Schweizer enteilte und brachte ein Glas Milch: »Zwei Fränkli.«

Im achtzehnten Jahrhundert kaufte der Fürst von Schwarzburg-Rudolstadt eine Kanone. Kurz darauf stieß er sie wieder ab: Jeder Schuß, den sie übungsweise abfeuerte, ging über die Landesgrenze.

Ein deutscher Fürst zu einem durch die Revolution vertriebenen französischen Emigranten: »Ich gebe Ihnen vierundzwanzig Stunden Zeit, mein Land zu verlassen.«
»Zu gütig«, antwortete der Flüchtling. »Eine Viertelstunde genügt.«

Die Kartoffel allein verbindet die deutschen Stämme zu einem gemeinschaftlichen Bunde.

Karl Julius Weber,
Demokritos IX, 22

Wenn mir im Ausland ein Mann aufstößt, zu unbehilflich für einen Franzosen, zu zeremoniös für einen Briten, zu treuherzig für einen Italiener, zu biegsam für einen Spanier, zu lebhaft für einen Niederländer, zu bescheiden für einen Russen – ein Mann, der mit schiefen Bücklingen sich andrängt und mit unbeschreiblicher Entsagung allen huldigt, die er für vornehmer hält als sich, so sagt mir mein Herz und mein Blut im Gesicht: Das ist dein Landsmann.

Karl Julius Weber,
Demokritos IX, 21

Winston Churchill: »Man hat die Deutschen entweder an der Gurgel oder zu Füßen.«

Karl Julius Weber: »Wer uns zur Nation machte, der machte sich zum Diktator Europens.« (Demokritos, 1832)

Charles de Gaulle über die Deutschen: »Diese Bündel von mächtigen, aber ungeordneten Instinkten! Diese geborenen Künstler ohne Geschmack!«

Wenn ich mir eine Nation zu schaffen hätte, würde ich mir die französische schaffen.

Friedrich II. von Preußen

Der Großherzog von Hessen fuhr mit seinem Adjutanten, dem Oberst von Westerweller, nach Mainz, um sich inkognito eine Operette anzusehen. Auf dem Bahnhof wartete zu seinem Entsetzen der Kreisdirektor Freiherr von Küchler mit Gefolge.
»Sagen Sie dem verdammten Kuchenbäcker«, sprach der Großherzog, »er soll mich am Arsche lecken!« Der Adjutant schwang ab. »Halt!« rief der Fürst. »Sagen Sie es nicht! Der tut's.«

Wie in Washington und Moskau stehe, erzählt man, auch auf Ulbrichts Schreibtisch ein Sondertelefon. Es sei der heiße Draht nach dem Kreml und besitze keine Sprechmuschel.

Bei einer kommunistischen Gipfelkonferenz haben subversive Elemente auf die Stühle von Kossygin, Tschu En-lai und Ulbricht je eine Reißzwecke gelegt, Spitze nach oben.
Der Chinese klaubt sie mit zwei Fingern und steckt sie ans Revers: »Typisch!«
Der Russe drückt sie mit dem Daumen in die Tischplatte: »Läppisch!«
Ulbricht fixiert sie durch die Nickelbrille: »Unsre Brieder wern schon wissn, wofier's gud is«, und setzt sich.

Kranführer, gutaussehende, schlanke / Erscheinung, Italiener, 28 J., 185 / gr., charakterfest, 6 J. in Deutsch- / da Mangel an Gelegenheit, solides / land, gut deutsch sprechend, wünscht / Mädel zwecks Heirat kennenzulernen.

Westdeutsche Allgemeine, 4. 11. 1967

Wir hatten ein wildes Europa, ein barbarisches Europa, ein heidnisches und ein christliches. Wir werden auch noch ein vernünftiges Europa bekommen.

Karl Julius Weber,
Demokritos IV, 4 (1832)

Staat

Ein Bauer erschien vor Friedrich Wilhelm IV. von Preußen und stellte ein Ansinnen, dem der König nicht entsprechen konnte. Der Monarch berief sich auf die Ordnung im Staate, die gleiches Recht für alle gebiete.
»Da haben wir es wieder«, platzte der Bauer heraus. »Mein geliebter König

würde mir helfen, aber dieser verflixte Racker von Staat macht einem nichts als Scherereien!«
Es blieb bei der Entscheidung, aber Friedrich Wilhelm IV. sprach in der folgenden Zeit häufig vom Staat als einem verflixten Racker.

Der Soldatenkönig unter eine Bittschrift:

»Eure Bitte kann ich nicht gewähren:
Ich habe hunderttausend Mann zu ernähren.
Geld kann ich nicht scheißen!

Friedrich Wilhelm, König in Preußen«

Sacha Guitry wurde 1955 siebzig Jahre alt. Er schrieb an René Coty und bat zu erwägen, ob ihm nicht, wie Ludwig XIV. an Molière getan habe, auf den Rest des Lebens Steuerfreiheit gewährt werden könne.
Der Präsident antwortete: »Ich bin mir bewußt, daß Ihr Vergleich in bezug auf Ihre eigene Person berechtigt ist. Was aber mich selbst betrifft, so besitze ich kein Recht, mich mit Ludwig dem Vierzehnten zu vergleichen, der von sich sagen durfte: ›L'état, c'est moi!‹. Zu meinem großen Bedauern reichen meine sehr viel geringeren Machtbefugnisse nicht aus, Ihrem Wunsche stattzugeben.«

An einem Stammtisch in Israel zerbrach man sich den Kopf, wie die zerrütteten Staatsfinanzen geordnet werden könnten.
»Ich weiß«, sprach der Isidor. »Wir erklären den Vereinigten Staaten den Krieg, und wenn sie gewonnen haben, müssen sie für uns zahlen.«
Chaim hatte Bedenken: »Und wenn wir gewinnen?«

Ein österreichischer Finanzminister Ende des 19. Jahrhunderts: »Ein Staat macht nie bankrott. Bankrott machen nur seine Gläubiger.«

Öffentliche Mittel = Staatliche und kommunale Gelder, die, im Gegensatz zu privaten, nur Ärger machen, bevor sie verschwendet werden.

Am Hofe Ludwigs XVI. fiel die Bemerkung: »Was sind tausend Taler für einen König!«
Jacques Necker entgegnete: »Die Abgaben eines fleißigen, armen Dorfes.«

Ein Politiker tönte, der Staat müsse mehr Kapital bilden, weil es die Privatleute nicht mehr tun.
»Sie erinnern mich an jenen Strafverteidiger«, erwiderte ein Jurist, »der für einen Mandanten, der seine Eltern totgeschlagen hatte, mildernde Umstände verlangte, weil er Vollwaise sei.«

Ein Ägypter plünderte im Mai 1954 ein britisches Versorgungslager. Die Engländer zeigten ihn an. Das ägyptische Gericht sprach ihn frei: Das Bestehlen von Eindringlingen sei nicht strafbar.
Der Ägypter triumphierte nur zwei Tage. Am dritten bekam er eine Rechnung vom Zoll.

Ein (relativ) später Heimkehrer verrichtet in einem Zürcher Park seine Notdurft. Ein Polizist stürzt aus den Büschen und verlangt fünf Fränkli.
Maulend zieht der Ertappte seine Börse. »Und der da drüben?« fragt er, auf einen gleichfalls Ordnungswidrigen deutend.
»Ist unser Lockvögeli.«

Die Einbrecher finden im Finanzamt leere Tresore. Sie hinterlassen einen Zettel: »Kollegen, wo versteckt Ihr Eure Beute?«

Der französische Chansonnier Ives Montand wurde bei einem Empfang von einem unscheinbaren Manne angesprochen: »Ich habe Ihre Laufbahn von Anfang an verfolgt.«
»Sie sind Musiker?«
»Nein. Ihr Steuersachbearbeiter.«

»Immer habe ich den gleichen furchtbaren Traum, Herr Doktor«, erzählt der Endvierziger. »Ich sitze splitternackt auf einem Felsen, und aus dem Meere kommt ein gräßliches Ungeheuer, das mir die Eingeweide aus dem Körper nagt.«
Der Psychiater rät: »Nehmen Sie einen Steuerberater!«

Man unterhielt sich mit Diebsgeschichten.
Voltaire erzählte: »Es war einmal ein Steuereinnehmer.«

Das isd keine Kunsd, wer es kan, das er die Schteuern ferschreibt, wo man zahlen mus, haber das isd eine Kunsd, das man das Gäld ferdint zun Schteier zalen.

Ludwig Thoma,
Jozef Filsers Briefwexel,
Brief der Mari Filserin vom 17. Juli 1908

Ich laufe Amok durch Rubriken:
Aus »Ersterwerb« und »Sachbezug«
und »Nutzungswert aus Rasen-
stücken«
wird nur ein Schriftgelehrter klug.

Mir fährt ein Schrecken durch die
Glieder;
ich schreibe ringsum Zahlen hin
und staune immer, immer wieder,
wie dämlich ich veranlagt bin.

Christian Grosch

Er hatte tagelang über den Erläuterungen zur Einkommensteuererklärung gebrütet. Schließlich stieg in ihm eine maßlose Wut auf, und er schrieb: »Eine große blonde Frau, ein Auto, drei Goldfische, zwei Kinder = 7. Multipliziert mit dem Alter meines Großvaters (87) = 609. Zuzüglich sieben Achtel meiner Telephonnummer (32 441) = 28994. Geteilt durch meine Handschuhnummer (8) = 3624. Minus mein Kfz.-Zeichen (87) = 3537. Multipliziert mit der Anzahl meiner bisher erschaffenen Nierensteine (6) = 21 222. Um meine Frau bei guter Laune zu halten jährlich abzüglich 3000 = 18 222. Geteilt durch die Zahl meiner Vereinsmitgliedschaften (4) = 4555. Mal die Zahl der in meinem Hause brennenden Glühbirnen (25) = 113 875. Abzüglich ein Zehntel des heutigen Datums (18. 1. 1968) = 32 679. Geteilt durch die Zahl der eingangs erwähnten Goldfische: 10 893 = Nettoeinkommen.

Die Frau schlägt vor: »Warum schikken wir ihnen nicht alles, und sie geben uns zurück, was sie als Existenzminimum betrachten?«

An das Finanzamt: »Bei Bezahlung dieser Schuld werde ich mir alle bedenkliche Mühe geben.«

Man soll seine Steuern dem Staat zahlen, wie man seiner Geliebten einen Blumenstrauß schenkt.

Novalis

An das Finanzamt: »Die Umsatzsteuer bitte ich bis Ende des Monats zu stunden. Ich habe bis jetzt immer pünktlich gezahlt und versichere Ihnen, daß ich dieses nicht zur Gewohnheit werden lasse.«

An das Finanzamt: »In Zukunft werde ich nur noch mit dem Vorsteher persönlich verhandeln. Als Witwe habe ich es nicht nötig, mich den unteren Beamten gegenüber zu entblößen.«

Carl Fürstenberg erhielt vom Finanzamt die Steuererklärung mit dem Vermerk zurück: »Wir vermissen die Gewinne aus Spekulationsgeschäften.« Der Bankier returnierte: »Ich auch.«

Das Finanzamt an den Steuerpflichtigen: »Der von Ihnen erklärte Umsatz erscheint im Verhältnis zu Ihrem Wareneingang zu niedrig. Ich bitte um Stellungnahme.« Antwort: »Mir scheint am Tage die Sonne, nachts der Mond, und was dem Finanzamt scheint, ist mir egal. Umsatz stimmt.«

Anfrage vom Finanzamt: »Woher haben Sie das Geld, mit dem Sie Ihre Steuern zahlen?«

Wahlspruch des Einkommensteuerpflichtigen: Wer weniger angibt, hat mehr vom Leben.

Der Bürger eines jungen afrikanischen Staates an sein Finanzamt: »Zu meinem Bedauern muß ich Ihnen das beiliegende Formular zurückgeben. Ich habe für Ihren Einkommensteuerdienst keinerlei Bedarf. Bitte streichen Sie meinen Namen von der Kundenliste! Wer hat mich eigentlich bei Ihnen als Interessent angegeben?«

Bauvorschrift für Brasilianische Finanzämter: Um den Steuerpflichtigen den Eintritt zu erleichtern, müssen sich sämtliche Türen nach innen öffnen.

Schild an der Eingangstür eines Finanzamtes: »Bitte drücken!«

Was Du ererbt von Deinen Vätern hast,
verbirg es, um es zu besitzen!

In der Rechnung des Kastenamts Burghausen vom Jahre 1773 hatte sich ein sonderbarer Ausgabeposten vorgefunden: »Item für ein goldbordiertes Hütlein: tuet 16 fl. 25 kr.« Die Herren von der Rechnungskammer in München stellten den Kastner darüber zur Rede.
Er antwortete: »Als im Mai vergangenen Jahres der gnädigste Kurfürst nach Burghausen kam, mußte ich ihm wohl besondere Ehre erweisen und ritt ihm vor auf einem Mietgaul; und damit er mich aus allen heraus kennte als seinen Beamten, so schaffte ich mir ein goldbordiertes Hütlein an und paradierte damit, nicht ohne Erfolg; denn der gnädigste Herr bemerkte es und erklärte, daß es mir gut angelassen. Und da dies nun im höchsten Dienst geschehen und zu Ehren des Landesvaters, so möchte ich wissen, wem ich es anders auf die Rechnung schreiben sollte als ihm selbst, dem gnädigsten Kurfürsten?«
Die Herren von der Kammer aber meinten: Es sei zwar die patriotische Gesinnung, die er an den Tag gelegt, gar sehr zu loben; aber die Unkosten, die er dem hohen Gaste zu Ehren freiwillig gemacht habe, müsse natürlich er selbst tragen, weil ihm keine besondere Vollmacht dazu gegeben worden sei.
Also mußte er sich's gefallen lassen, daß ihm der Posten gestrichen wurde.
»Je nun«, sagte der Kastner, »wenn's nun schlechterdings nicht in der vorjährigen Rechnung stehen soll, das goldbordierte Hütlein, so mag's meinethalben in die Rechnung des laufenden Jahres kommen.«
»Das wollen wir sehen«, sprachen die Herren.
»Das sollen die Herren nicht sehen«, sagte der Kastner.
Im folgenden Jahr, als die Hauptrechnung des Kastners eingelaufen war, spionierten die Herren sorgfältig nach dem Posten, das Hütlein betreffend, und sie sprachen alsdann zum Kastner: »Wie ist's? Wir suchen nach dem Hütlein vergebens.«
»Drinnen steckt's«, versetzte der Kastner. »Aber Ihr möget suchen, solang Ihr wollt. Ihr werdet's doch nimmermehr finden.«

Ludwig Aurbacher,
Volksbüchlein

1960 wurden zwei Betrüger gefaßt, die mit Hilfe eines Eimers, einiger Tüten übermangansauren Kalis, einer kleinen Spritze und klaren Wassers über schwäbische Bauernhöfe zum Wohlstand aufgebrochen waren. Sie gaben sich als Desinfektionstrupp aus, dessen Bemühung vierundzwanzig Mark wert sei. Zwölf Mark schieße der Staat zu. Erfreut über die Möglichkeit, den Fiskus zu schröpfen, öffneten die Bauern die Ställe und legten die fehlenden zwölf Mark zu.

Ein amerikanischer Schriftsteller widmete sein Buch: »Euch, die Ihr mich durch ständige Mahnungen zum Schreiben preßt, Euch, denen ich, solange ich lebe, vieles schuldig bleiben werde – der Steuerbehörde!«

Monarchie

Damals hing das Schicksal des Landes an einem dünnen Haar, und dieses war Karl der Dicke.

Galletti

Als Grabschrift für Elisabeth I. empfohlen:

She was, she is, what can there more be said?
In earth the first, in heaven the second maid.

Der letzte Stuart und Kronprätendend, Kardinal York, ließ 1758 Münzen mit seinem Bild prägen und der Aufschrift: »Heinrich IX., König von England, durch Gottes Gnade, nicht durch der Menschen Willen.«

Georg II. wollte eine Stelle einem anderen Manne anvertrauen, als die Minister wünschten. Der Streit ging hin und her. Schließlich kam Graf Chesterfield mit dem Dekret: »Welchen Namen geruhen Eure Majestät nunmehr einzusetzen?«
»Gebt die Stelle dem Teufel!« schrie der Monarch.
»Befehlen Eure Majestät«, fuhr der Diplomat fort, »daß wir in diesem Falle die übliche Formel ›Unserem getreuen, vielgeliebten Vetter‹ beibehalten?« Der König lachte und gab nach.

Queen Victoria durfte als Mädchen weder die »Times« lesen noch Tee trinken. In der »Times« stand gelegentlich ein kritisches Wort über die Regierung, und der Tee griff nach Meinung der Erzieherin das jungfräuliche Herz an.
Am Tage nach der Krönung ließ sich die Königin ein Glas Tee und die jüngste Ausgabe der »Times« bringen. Sie nahm beides wohlgefällig in Augenschein und ließ es wieder fortschaffen.

»Majestät . . .?« stammelte der Butler. »Ich wollte nur sehen«, erläuterte die Königin, »ob ich jetzt hierzulande etwas zu sagen habe.«

Johann IV. von Portugal schlug dem Grafen Cantagrede scherzweise auf das Hinterteil, worauf dieses in der ihm gemäßen Sprache antwortete. Der Besitzer entschuldigte sich: »Eure Majestät können an keine Tür klopfen, ohne daß sofort geöffnet wird.«

Ludwig XIV. zeigte Boileau sein neues Gedicht. »Eure Majestät vermag alles«, sprach der Dichter. »Sie wollten ein schlechtes Poem verfertigen, und es ist Ihnen gelungen.«

Der Verfassungseid, den Friedrich Wilhelm IV. zu leisten hatte, endete mit den Worten: »Dies alles zu halten, gelobe und schwöre ich.« Die Berliner behaupteten, er habe gesagt: »Dies alles zu halten, gloobe ick schwerlich.«

Karl II., als in England das Wort umlief, er sage nie etwas Dummes und tue nie etwas Kluges: »Das erste geht mich an, das zweite meine Minister.«

Caligula tafelte mit dem römischen Senat. Plötzlich brach er in Gelächter aus: »Ich muß gerade daran denken: Ein Wink von mir, und Ihr seid alle um einen Kopf kürzer!«

Ich liebe meine Untertanen und möchte, ganz aufrichtig gesprochen, nicht ohne Untertanen leben.

Herzog Karl von Württemberg,
in einer Rede vor der Akademie

Bevor Kaiser Trajan zum Becher griff, schärfte er seiner Umgebung ein: »Kein Befehl, den ich in den nächsten Stunden erteile, wird ausgeführt.«

Trajan zum Hauptmann der Garde, dem er das Schwert überreichte: »Für mich, wenn ich gut regiere. Wider mich, wenn ich ein Tyrann werde.«

Voltaire über den »Antimachiavell« Friedrichs II. von Preußen: »Er spuckt in die Suppe, um anderen den Appetit zu verderben.«

Aus einem Kinderaufsatz: »Thronfolger in der Monarchie ist immer die Erstgeburt. Wenn diese stirbt, geht die Macht auf die Nachgeburt über.«

Richard III. ließ alle seine Nachfolger hinrichten.

Galletti

Kathederblüte: »Wenn es bei Iwan dem Schrecklichen zum Biegen oder Brechen kam, so zog er stets vor zu brechen.«

Talleyrand berichtete dem Korsen von der Krönung des Zaren Alexander I.: »Vor ihm schritten die Mörder seines Großvaters, neben ihm die Mörder seines Vaters und hinter ihm seine eigenen.«

Bernadotte, König von Schweden, einst Offizier der französischen Revolutionsarmee, sollte zur Ader gelassen werden. Er sträubte sich, doch der Arzt bestand auf der Prozedur.
Da verlangte der König einen heiligen Eid: Niemals dürfe der Medicus erzählen, was er sogleich sehen werde.
Der Arzt gehorchte. Bernadotte entblößte den Oberarm und zeigte die Tätowierung einer phrygischen Mütze mit der Unterschrift »Tod den Königen!«.

Eine Sängerin hatte die Hannoversche Oper vorzeitig verlassen, weil sie es »an einem so langweiligen Ort nicht aushalten« könne. König Ernst-August wetterte: »Glaubt denn das Luder, daß ich mich hier amüsiere?«

Friedrich August III. sah den Dritten Teil von Shakespeares »Heinrich VI.«. Der neue Titelmime legte die berühmte fünfte Szene des zweiten Aktes mit Bravour auf die Bretter: »O Gott! Mich dünkt, es wär ein glücklich Leben, nichts Höh'res als ein schlichter Hirt zu sein . . .«
Graf Seebach, der Generalintendant, beugte sich zu seinem Souverän: »Ich finde den Kerl phantastisch, Majestät. Wie er geht! Wie er spricht! Ein wirklicher König.«
»Mei Gudster«, erwiderte August, »uff der Biehne is das keene Kunst!«

Am 2. Dezember 1848 dankte Kaiser Ferdinand zugunsten des achtzehnjährigen Franz Joseph ab. Das Zeremoniell schrieb vor, daß der junge Monarch vor dem alten kniet und der Abtretende die Übertragungsformel spricht. Ferdinand hatte den Text vergessen, hob den Neffen auf, umarmte ihn und sprach: »'s is gern g'schehn.«

Eine Abordnung des Dresdner Arbeiter- und Soldatenrats erschien vor Friedrich August III. und verlangte, daß der König die Offiziere und Beamten von ihrem Eid entbinde.
»Wenn's sein muß, warum nich?« sprach der Monarch.
Der Wortführer bedankte sich.
»Also hab ich von nun an nischt mehr zu sachen?« fragte der König.
»In diesem Augenblick«, erklärte der Delegationschef, »geht alle Gewalt an den Arbeiter- und Soldatenrat über.«
August holte sein großes Taschentuch hervor und schneuzte sich. Wickelte es sorgfältig wieder zusammen und steckte es ein: »Da machder ähm Euern Dreck alleene.«

Der abgedankte Friedrich August spazierte durch Dresden. Eine Mutter erkannte ihn und machte ihre Kinder aufmerksam: »Guckt emal dort! Der Keenich von Sachsn!«
August drehte sich um: »Gewäsn!«

»In fünfundzwanzig Jahren«, sagte 1952 Faruk von Ägypten zu Georg VI. von England, »wird es nur noch fünf Könige geben: den Kreuzkönig, den Pikkönig, den Herzkönig, den Karokönig und den König von England.«

Diktatur

Füllt die Menge schwarz den »Platz des Sieges«, gibt es manche Deutung:
Das Volk hat sich befreit, mir zu gehorchen – denkt der am Mikrophon.
Ein Meer von Attentätern – denkt hinter ihm der Leibgardist.
Die Ernte wogt und kann geschnitten werden – denkt der Funktionär.
Viel Unrat macht viel Ratten – denkt der, der lange warnte.
Totale! – denkt der von der Wochenschau: Das Tier hat tausend Mäuler.
Es sind dieselben – denkt der Blinde.
Nur vom Balkon kommt eine andere Stimme.

Hans Kasper,
Abel, gib acht!, Aufmarsch in Havanna

Aus einem Schüleraufsatz im Dritten Reich: »Die Juden wollten Deutschland ausrauben, aber Hitler ist ihnen zuvorgekommen.«

Eine Abordnung des französischen Senats fand Bonaparte in großer Gesellschaft und überreichte ihm den Antrag lebenslänglichen Konsulates. Der Korse erhob sich, dankte, griff in die Tasche und händigte den Volksvertretern seine schriftliche Annahmeerklärung aus.

Sinnverblendet ist der Sterbliche,
der nach dem Szepter trachtet mit
Alleingewalt. (Hippolytos)

Euripides, Hippolytos IV, 1034

Die Tauben waren oft dem Weih entflohen,
gerettet durch der Federn Kraft und Schnelle.
Da nahm der Räuber Zuflucht zum Betrug.
»Was«, sprach er, »schleppt ihr euch in Ängsten hin?
Warum wollt ihr zum König mich nicht wählen,
daß ich euch schütze vor der Feinde Gier?«
Die Tauben glaubten, wählten ihn zum Herrn,
– und ohne Mühe konnt' er sie verzehr'n.

Phädrus,
Fabeln I, Der Weih und die Tauben

Zeus hatte nunmehr den Fröschen einen anderen König gegeben: Anstatt eines friedlichen Klotzes eine gefräßige Wasserschlange. »Willst du unser König sein«, schrien die Frösche, »warum verschlingst du uns?« – »Darum«, antwortete die Schlange, »weil ihr um mich gebeten habt.«
»Ich habe nicht um dich gebeten!« rief einer von den Fröschen, den sie schon mit den Augen verschlang. »Nicht?« sagte die Wasserschlange. »Desto schlimmer! So muß ich dich verschlingen, weil du nicht um mich gebeten hast.«

Lessing,
Fabeln, Die Wasserschlange

Die Geheimpolizei ergriff in Moskau einen Mann, der Witze über Stalin riß. Generalissimus ließ den Mann kommen: »Der Witz über meinen Unfall – ist der von dir?«
»Jawohl, Genosse Stalin.«
»Der über meine Manieren beim Essen – ist der auch von dir?«
»Jawohl.«
»Und der über meine Kriegsführung?«
»Von mir.«
»Hör mal gut zu, mein Sohn!« sprach der Gewaltige. »Ich arbeite Tag und Nacht für unser Volk, um es in eine glückliche Zukunft . . .«
»Der ist nicht von mir.«

Ein Volkspolizist an der Berliner Mauer zum Kollegen: »Was hältst du von der DDR?«
Der Gefragte bohrt seinen Blick ins Auge des Neugierigen: »Dasselbe!«
Der erste zieht die Pistole: »Komm!«

1940. In einem italienischen Café schimpft ein Mann auf den Duce. Der Gesprächspartner ermahnt ihn, den Mund zu halten. Der Mann schimpft weiter. Der andere schlägt den Revers zurück: Geheimpolizei.
Der Nörgler bittet um Nachsicht. Vergeblich. Er bietet dreihundert Lire, angeblich seine ganze Barschaft. Der Geheime bleibt stramm: Mitkommen!
Draußen verlangt der Geheime die versprochenen dreihundert Lire, schiebt sie ein und heißt den anderen, sich zu trollen.
Der andere grinst, schlägt den Revers zurück: Geheimpolizei: »Um dreihundert Lire verraten Sie den Duce. Mitkommen!«

Hitler und Mussolini treffen sich. Unter Händeschütteln spricht der Duce: »Dein Eid ist mein Eid!« Gerührt antwortet der Führer: »Mein Sinn ist Ihr Sinn!«

Ein Redner, den ich einmal hörte, lobte die kommunistische Errungenschaft ungeteilter Gewalten. Er meinte die Einheit von Legislative und Exekutive, sprach aber, was Freud gewiß in seine Sammlung aufgenommen hätte, von der »Einheit von Legislative und Exekution«.

Gerhard Zwerenz,
Ärgernisse

Ein Engländer, der dem Dritten Reich einen Besuch abgestattet hatte, auf die Frage, wie ihm die sogenannten neuen

Deutschen gefielen: »Sehr gut. Sie sind intelligent, ehrlich und nationalsozialistisch.«
»Schade nur«, fuhr er fort, »daß diese Eigenschaften nie in einer Person vereint sind. Die Klugen und Ehrlichen sind nicht nationalsozialistisch. Die ehrlichen Nazis sind nicht klug, und die klugen Nazis nicht ehrlich.«

Ich bin es müde, über Sklaven zu herrschen.

Friedrich II. von Preußen,
Kabinettsorder von 1785

Grotewohl fiel nach einem Besuch Ulbrichts die Treppe hinunter und blieb regungslos liegen. Ein SSD-Mann stürzte aus der Nische, eilte zum Telefon und rief einen Arzt: »Rasch! Er scheint sich das Rückgrat verletzt zu haben.«
»Sie sagten ›Grotewohl‹«, forschte der Doktor.
»Sagte ich. Dalli!«
»Sie sagten ›Rückgrat‹?«

Der Volksmund zur Frage, welcher Stand im Dritten Reich am meisten gelitten habe: »Der Anstand, der Wohlstand und der Verstand.«

Cäsar: »Si violandum jus, regnandi gratia violandum.« Wenn das Recht verletzt werden soll, so darf es nur der Herrschaft wegen geschehen.

Ein SED-Funktionär bestellt in Ostberlin eine Tasse Tee. »Russischen oder chinesischen?« fragt der Kellner.
Der Gast denkt nach. Und knurrt: »Bringen Sie mir Kaffee!«

Hölderlin: »Immerhin hat das den Staat zur Hölle gemacht, daß ihn der Mensch zu seinem Himmel machen wollte.« (Hyperion)

Mitgliederwerbung für die kommunistische Partei Ungarns nach dem Volksaufstand 1956:
Wer ein neues Mitglied bringt, ist ein halbes Jahr von sämtlichen Versammlungen befreit.
Wer fünf neue Mitglieder bringt, darf austreten.
Wer zehn neue Mitglieder bringt, erhält eine Bescheinigung, daß er der Partei nie angehörte.

Der Unterschied zwischen Demokratie und Volksdemokratie: Jacke und Zwangsjacke.

Wahlen in Albanien. Die Volksdemokraten bekommen am Eingang des Lokals einen verschlossenen Briefumschlag in die Hand gedrückt, verbunden mit der Aufforderung, ihn am Ausgang in die Urne zu werfen. Ein Hirt öffnet den Umschlag.
»Bist Du wahnsinnig?« schreit ein Helfer. »Die Wahl ist geheim!«

Ulbricht und Grotewohl fliegen über die Zone. »E baar Millchon Bäggchen Zigaredd'n mißdn wir nunderschmeißn, dann häddn wir de Männer auf unsrer Seide und kenndn morchen wähln«, sagt der Spitzbart.
»Oder einige Millionen Paar Damenstrümpfe«, ergänzt Grotewohl.
»Oder euch«, fügt der Pilot hinzu.

Der sterbende Diktator liegt im Sauerstoffzelt. Sein Nachfolger neben ihm schluchzt.
»Als Dank für deine Treue«, murmelt der Abtretende, »habe ich dir allen meinen Besitz übertragen: Mein Geld, meine Häuser, meine Autos, meine Jacht, mein Land.«
»Erhabener, Großmächtiger, Gütiger – Dank! Dank!« flüstert der Beschenkte. »Wenn ich nur wüßte, wie ich mich erkenntlich zeigen sollte!«
Der Sterbende schnarcht laut auf: »Nimm den Fuß vom Schlauch!«

Der mazedonische Politiker Mihailoff auf die Frage, warum er seinen Rivalen Protogeroff habe ermorden lassen: »Um zu verhindern, daß er eines Tages gefragt würde, warum er mich habe ermorden lassen.«

Drei jugoslawische Politiker besichtigten ein Kinderheim und spendeten 100 000 Dinar. Sie besichtigten ein Krankenhaus und versprachen 1 Million Dinar. Sie besichtigten ein Gefängnis und stellten fünf Millionen zur Verfügung.
Dann tranken sie ein Glas miteinander. »Wäre es nicht besser gewesen«, rätselte der eine, »wir hätten die fünf Millionen dem Kinderheim gegeben?«
»Unsinn«, erwiderten die anderen. »Wer von uns wird jemals in ein Kinderheim kommen?«

Aus einem Schüleraufsatz: »Jetzt verbarg sich Wilhelm Tell rasch hinter einem Busch, drückte los, und das Werk der Befreiung war getan.«

Stalin, wird erzählt, hinterließ zwei versiegelte Testamente. Auf dem einen stand: »Öffnen, wenn es bergab geht!« Auf dem zweiten: »Öffnen, wenn es bergauf geht!«
Es ging bergab. Man öffnete das erste und las: »Schiebt alle Schuld auf mich!«
Man folgte der Weisung; es ging wieder bergauf. Man öffnete das zweite und las: »Regiert wie ich!«

Demokratie

Bailly, Präsident des dritten Standes, auf den Befehl des Königs, das zusammengeströmte Volk nach Hause zu schicken: »Die versammelte Nation hat keine Befehle zu empfangen.«

Salisbury zu einer führenden Sufragette: »Wenn die Frauen wählen und gewählt werden wollen, müssen sie diese riesigen Hüte ablegen, die ihr Gesicht verdecken.«

Sie erwiderte: »Um das Wahlrecht zu erlangen, Mylord, legen wir ab, was Sie wollen.«

Aus dem Vaterunser der englischen Levellers: »Veniat res publica tua ...«

Aus einem Schüleraufsatz: »Zu den Grundrechten des deutschen Volkes gehört das Wahlrecht. Das Volk will seine Obertanen selbst wählen.«

Wahl = Möglichkeit des Staatsbürgers, zu entscheiden, wer sein Geld verschleudern soll.

Die Fortschritte der Welt, wenn auch nicht auf dem Wege der Freiheit, doch wenigstens auf dem Wege der Gleichheit, haben die sozialen Zustände auf eine Höhe der Humanität gebracht, welche früheren Jahrhunderten einen Schauder erregt hätte. Die Unterschiede verschwinden. Der schlichte Bürger sitzt jetzt auf denselben Deputiertenbänken, auf die sonst nur Standesherren und Raubritter zugelassen wurden, und stimmt mit der Majorität, so daß, wenn seine Beschlüsse nicht von der oberen Kammer oder dem Bundestag vernichtet werden, er jetzt mit seiner Einwilligung ebensoviel bezahlen kann als vorher ohne dieselbe.

Grillparzer,
Aphorismen, 1844

Stat pro ratione numerus. An die Stelle der Vernunft tritt die Majorität.

Juvenal, Satiren VI, 233

Die Gemeindewahl ist zuende. Zwei Parteien beschuldigen sich der Wählerbestechung. Ein Zeuge wird vernommen. »Von konservativer Seite wird behauptet«, spricht der Richter, »daß Sie von den Fortschrittlichen 100,– DM erhielten, damit Sie fortschrittlich wählen. Stimmt das?«
»Jawohl, Herr Richter.«
»Von den Fortschrittlichen wird behauptet, Sie hätten auch Geld von den Konservativen bekommen.«
»Von denen auch, ja.«
Der Richter trommelt auf den Tisch: »Und wie haben Sie gewählt?«
Der Zeuge sieht ihn verständnislos an: »Nur nach meinem Gewissen.«

Bald einer fiel Gehld hat und kein Gescheft, wo er aufbassen muhs auf die Kuntschaft der Geischtlichkeid, ist er lieberahl. Bald einer kein Gehld had ist er ein Sotsi.
Die Abodäger sind lieberahl. Die Maurer sind Sotsi. Bei die birbrauer und Gaschtwierte ist es ferschiden; die Waxziehger sind schtarke Kadolliken wengen die Kirzen, wo die Geischlichkeit kauft.

Ludwig Thoma,
Jozef Filsers Briefwexel,
Bolidische Gedanken 1

Antisthenes beantragte in der Volksversammlung, die Esel zu Pferden zu erklären. Die Athener wieherten. »Was lacht Ihr?« fragte Antisthenes. »Macht Ihr nicht des öfteren auf gleiche Weise Esel zu Feldherren?«

Gelibte Leser
Ich bin der Jozef Filser, kgl. Abgeordneter im Barlamend.
Ich bin gebohren am 16 Sedember 1856 in Mingharding Bosd daselbst als der Sohn des Silfester und der Ursuhla Filser. Ich bin fon meinen Beruf Ögonohm und durch das Ferdrauen des Folkes barlamendarrischer Abgeorneter. Ich habe die Schuhle in Mingharting besucht und auch zu meiner Follkomenheid das Mäzgerhandwerg erlehrnt bis ich das elderliche Anwesen iebernahm und es noch besieze.
Die Milidärzeid habe ich Gozeidank in Minken zugebracht bein 2. Regament und ohne Schtrafe und bin ferheirated mit Maria Billmoser aus Sinzing wodurch man jez meinen Lebenslauf kent.
Ich habe als Man des Folkes nichd gewißt das ich zur Regirung beruhfen bin sontern inser hochwirninger her Bfarrer hat es entdekt. Seit 1899 gehere ich zum Barlamend und ist es mein Bemiehen gerechd zun regihren.
Ich bin bei dem Zendrum und mus bemergen das ich meinen Bardeischwur immer drei gehalden hawe.
Kelobt sei Jessas Kristo in ahler ewikeid. Ahmen.

Ludwig Thoma,
Jozef Filsers Briefwexel, Einleitung

»Wir stimmen der Vorlage rückgratlos zu!«

Aus dem Parlament: »Diese letzten Sätze, meine Damen und Herren, stammen nicht von mir, sondern sind das Zitat eines Mannes, der ganz genau wußte, was er sagte.«

Dean Rusk wurde von einem Senator getadelt, eine Frage unzulänglich beantwortet zu haben. Der Außenminister erwiderte: »Die erste Regel, die man mir beibrachte, als ich in diesem Gewerbe anfing, lautete: ›Wenn Du eine Frage nicht beantworten kannst, dann beantworte eine andere!‹«

Der ehemalige britische Innenminister Roy Jenkins verfuhr sich im Londoner Nebel. Ein Abgeordneter neben ihm kurbelte das Fenster herunter und rief einen Schatten: »Können Sie mir sagen, wo wir uns befinden?«
»In einem Auto.«
»Frechheit zischte der Volksvertreter.
»Eine klassische Parlamentsantwort«, kommentierte Jenkins. »Sie war kurz, vermied jede Unwahrheit und enthielt nichts, was der Fragesteller nicht schon wußte.«

Auf der Pressetribüne des Parlaments wunderte sich ein Journalist, daß ein Minister dunkles Haar, aber einen schlohweißen Bart besaß.
Ein Kollege erklärte: »Er arbeitet mit der unteren Kopfhälfte mehr als mit der oberen.«

Disraeli auf die Frage eines neuen Unterhausmitgliedes, ob er sich an der Debatte beteiligen solle: »Im Zweifelsfalle, junger Freund, ist es besser, das Hohe Haus wundert sich, daß Sie nicht gesprochen haben, als daß es sich fragt, warum Sie gesprochen haben.«

Das Plenum ist oft schlimmer als ein Vakuum.

Karl Julius Weber,
Demokritos VII, 8

Als der junge Harry S. Truman zum erstenmal an der Sitzung des amerikanischen Senats teilnahm und noch etwas unsicher auftrat, tröstete ihn der alte J. Hamilton Lewis: »In den ersten Monaten werden Sie sich des öfteren fragen, wie Sie hierher gekommen sind. Später fragen Sie sich nur noch, wie die anderen hierher kommen.«

Der barlamendarische beruf ist aufreubend und man bringt ein großes Opfer fier den Wallgreis. Aber in Goznamen, ich bring es und denk, fieleicht is es doch schöner als daheim, wo einem die Alde aufbasst.

Ludwig Thoma,
Jozef Filsers Briefwexel,
An Herrn Bechler Gorbinian

Bei Calvin Coolidge beschwerte sich ein Politiker, daß auf der Kandidatenliste für den Senat der Name eines ausgemachten Lumpen stünde.
»Es gibt viele Lumpen in unserem Lande«, sagte der Präsident. »Warum sollen sie nicht auch ihren parlamentarischen Vertreter haben?«

Auf einem Wahlzettel fand sich der Vermerk: »Jesaia 41, 24«. Der Wahlleiter schlug in der Heiligen Schrift nach und las: »Siehe, Ihr seid aus nichts, und Euer Thun ist auch aus nichts, und Euch wählen ist ein Greuel.«

Der Hausgeistliche des englischen Parlamentes, von einem Besucher gefragt, ob er für die Abgeordneten bete: »Nein. Im Angesicht des Unterhauses für das Volk.«

Der schwäbische Einsiedlerbauer auf die Frage, warum er nicht zur Landtagswahl gekommen sei: »I komm net in'n Ort, um oin in de Landtag ze wähle. Rauswähle, wenn i könnt, na käm i.«

Aus einer Parlamentsdebatte: »Gewiß, meine Damen und Herren, wir sind alle nur Menschen. Aber das Volk läßt es sich nicht länger mehr gefallen!«

Parteilichkeit, Parteienhaß,
das schaut so grün und wird so blaß –

von Schlang' und Nesseln ein Gewühl!
Welch unnatürliches Gefühl!

O kurze Zeit, des Lebens Zeit
noch kürzer durch Parteilichkeit
in Konfession und Politik:
Parteienhaß hat keinen Schick!

Friederike Kempner

Robert Falcon Scott bat den britischen Schatzkanzler Lloyd George um einen Beitrag zur Finanzierung seiner Südpolarexpedition, seiner letzten. Der Liberale lehnte ab und schickte Scott zu einem reichen Tory. Einige Tage später erkundigte sich der Minister, ob der politische Gegner gezahlt habe. »Tausend Pfund ohne Zögern«, antwortete Scott, »als ich erzählte, daß Sie mich schickten. Fünftausend weitere versprach er mir, falls es mir gelänge, Sie mitzunehmen, und zwanzigtausend bekomme ich, wenn ich Sie dort lasse.«

Douglas Jerold über das englische Zweiparteiensystem: »Es ist wie eine Sanduhr. Wenn die obere Hälfte ausgelaufen ist, drehen wir sie einfach um.«

Allein im Namen unterscheiden sich
die Hauptparteien.
Sie brauchten nicht so laut »Hie Volk!
– Hie Fürst!« zu schreien.
Der ganze Unterschied bei allem Lärm
und Brausen:
Die einen sind im Amt, die andern
draußen.

Verfasser unbekannt

John Kennedy am 27. Mai 1961: »Als ich im Weißen Haus mit der Arbeit begann, überraschte mich am allermeisten, daß die Dinge tatsächlich so im argen lagen, wie ich immer behauptet hatte.«

Sozialismus

Praxagora: Ich möchte, daß jeder an allem teilhabe und alles Eigentum gemeinschaftlicher Besitz sei. Es wird dann weder reich noch arm mehr geben. Dann wird nicht der eine weite Strecken Landes abernten können, während der andere nicht genug Land für sein Grab besitzt. Alle sollen die gleichen Lebensbedingungen haben. Ich werde damit beginnen, daß ich das Land, das Geld, den privaten Besitz allen zur Verfügung stelle.

Blepyrus: Aber wer soll dann die Arbeit tun?
Praxagora: Dafür müssen wir natürlich Sklaven haben.

Aristophanes,
Die Weibervolksversammlung

Sozialistische Kathederblüte: »Der Kapitalismus ist die Drohne, die den Honig aus dem Schweiße des Arbeiters saugt, um ihn dann wie eine ausgepreßte Zitrone zum alten Eisen zu werfen.«

Politischer Unterricht in der Zone: »Welcher Unterschied, Genosse Meier, besteht zwischen dem Kapitalismus und dem Sozialismus?«
»Ein sehr großer, Genosse Schulungsleiter.«
»Nämlich?«
»Im Kapitalismus knechtet der Mensch den Menschen.«
»Richtig. Und im Sozialismus?«
»Ist es umgekehrt.«

Ein UNO-Delegierter aus dem Ostblock vor dem raffiniert geschützten und streng bewachten Staatsschatz der Vereinigten Staaten: »Da sieht man es wieder: Euer höchstes Gut ist das Geld! Bei uns ist der Mensch das Kostbarste!«

Der Kommunismus ist die höchste Gesellschaftsordnung, Schlußpunkt und Summe der Entwicklung: Vom Urzustand den Lebensstandard, von der Antike die Sklaverei, vom Feudalismus die Hierarchie, vom Kapitalismus die Ausbeutung und vom Sozialismus den Namen.

Unterschied zwischen Kapitalismus und Sozialismus: Der Kapitalismus macht soziale Fehler, der Sozialismus macht kapitale Fehler.

Kommunist = Ein Mensch, der die Hoffnung verlor, Kapitalist zu werden.

»Wie geht's, Kohn?«
»Danke. Bin in Ostberlin und baue den Sozialismus auf.«
»Und der Moische, Dein Bruder?«
»Geht's gut. Danke. Lebt in Prag und baut den Sozialismus auf.«
»Und der Isaak, Dein jüngerer Bruder?«
»Geht ihm gut, sehr gut. Baut in Budapest den Sozialismus auf.«
»Hattest Du nicht noch einen dritten Bruder?«
»Du meinst meinen Schwager, den Rosenbaum, der meine Schwester Sarah hat.«
»Genau, ja.«
»Der ist in Israel.«
»Und baut den Sozialismus auf?«
»Biste verrickt? Im eigenen Lande?«

Ein Teilhaber am werdenden Sozialismus zum Gefährten: »Wie geht's?«
»Danke. Besser als morgen.«

»Bin ich hier bei der Landesbeschwerdestelle 84 b II?«
»Ja. Aber machen Sie schnell, ich habe für heute noch 117 Vormerkungen!«
»Also, Herr Planrat, es ist wegen dem Kind. Mein Mann und ich hatten doch beim Städtischen Zeugungsamt beantragt, daß sie uns noch ein Kind genehmigen sollen, und der Herr Ober-

zeugungsinspektor Vorderlechner ...«
»Wieviel Kinder haben Sie?«
»Vier.«
»Dann ist das Städtische Zeugungsamt nicht mehr zuständig. Sie brauchen die Genehmigung des Landeszeugungsamtes.«
»Aber warum müssen Sie denn überhaupt ...?«
»Passen Sie auf! Sie wissen doch, daß wir alles planen müssen, zum Beispiel die Produktion von Kinderwindeln, Gummilutschern, Zelluloidklappern, Kinderwagen und so fort. Um diese Produktion richtig steuern zu können, waren wir genötigt, auch die Kinderproduktion der behördlichen Steuerung zu unterwerfen. In Ihrem Falle müssen Sie daher beim Zeugungsamt einen Sonderschwängerungsschein beantragen.«
»Und was muß ich hierfür ...?«
»Sie müssen lediglich das Fragebuch 14 in dreifacher Ausfertigung ausfüllen. Es ist nicht schlimm. Es sind 71 Druckseiten. Wenn Sie einmal einen Urlaub dafür hernehmen, können Sie ganz gut durchkommen.«

Ludwig Reiners

Vor einem Moskauer Hotel parkt ein amerikanischer Wagen. Die Menschen bleiben stehen. Der Eigentümer taucht auf. Ein Russe fragt: »Wie kommen Sie an einen solchen Wagen?«
»Ich gehe in einen Laden und kaufe ihn.«
Der Russe grinst: »Wo bekommen Sie das Benzin her?«
»An der Tankstelle. Wo denn sonst?«
Der Russe lacht: »Und die Ersatzteile?«
»In jeder Stadt gibt es Werkstätten, wo die Ersatzteile vorrätig sind.«
Der Russe wiehert: »Brüderchen, ich will anders fragen: Wo bekommst Du die Bezugsscheine für Wagen, Benzin und Ersatzteile her?«
»Bei uns gibt es keine Bezugsscheine.«
Da schüttelt der Russe den Kopf: »Und in dem Chaos fühlst Du dich wohl?«

Amerikanische Gewerkschaftler besuchen eine sowjetische Automobilfabrik. »Sie gehört den Arbeitern«, erklärt der Cicerone stolz.
»Und wem gehören die drei Autos da unten im Hof?« fragen die Gäste.
»Dem Betriebsleiter, dem Gewerkschaftler und dem NKWD-Kommissar.« –
Gegenbesuch der Russen in Detroit.
»Das Werk gehört Herrn Henry Ford junior«, erläutert der Betreuer.
»Und wem gehören die zigtausend Autos da draußen?« fragen die Russen.
»Den Arbeitern.«

Diesmal lehnt der Genosse Arpad ab, die Friedensanleihe zu zeichnen.
»Weißt Du nicht, was mit dem von Dir im Vorjahr gespendeten Geld passiert ist?« fragt der Sammler.
»Freilich. Ein Elektrizitätswerk wurde gebaut.«
»Also. Und vor zwei Jahren?«
»Ein Sägewerk in Stalinvaros.«
»Genau. Und vor drei Jahren?«
»Ein Hochofenkombinat.«
»Ausgezeichnet. Und warum willst

Du jetzt nicht für die große Sache des soziali . . .«
»Genosse! Ein Sägewerk, ein Elektrizitätswerk, ein Hochofenkombinat besitze ich bereits. Heuer brauche ich einen Mantel.«

Ein sowjetischer Bauer wird zur Zeichnung einer Staatsanleihe aufgefordert.
»Wer garantiert für mein Geld?«
»Die mächtige, ruhmreiche Sowjetunion, Gospodin.«
»Das ist Unfug, Genosse. Der Staat ist das Volk, und das Volk bin ich selbst.«
Der Funktionär runzelt die Stirn: »Unser Genosse Breschnew persönlich verspricht Dir, daß Du Dein Geld zurückbekommst.«
»Breschnew? Genosse Breschnew ist ein Mensch, und wenn ihm etwas zustößt, wer haftet dann?«
»Die Kommunistische Partei natürlich.«
»Und wenn der Kommunistischen Partei – ich meine . . .«
»Zum Donnerwetter, Gospodin: Das wird Dir doch 200 Rubel wert sein!«

Bei Gagarins in Moskau klingelt es. Der Bub öffnet. Der Besucher fragt: »Kann ich einmal Deinen Vater sprechen?«
»Leider nicht«, antwortet der Junge. »Er umkreist die Erde. Aber er landet 16.58 Uhr und ist dreiviertel sechs zu Hause.«
»Und Deine Mutter?«
»Wann meine Mutter heimkommt, weiß ich nicht. Die holt Milch.«

Kadar befragte eine Zigeunerin: »Wie können wir die Wohnungsnot beheben?«
»Öffnen Sie die Grenze nach Österreich!«
»Wie können wir die Lebensmittelknappheit beheben?«
»Schließen Sie die Grenze nach Rußland!«

Der Redner geht in die Zielgerade: »Vorwärts, Genossen! In drei Jahren habt Ihr alle einen Fernseher, in fünf Jahren ein Auto und in zehn Jahren einen Hubschrauber.«
Beifall. Diskussion: »Genosse Iwanowitsch: Was soll ich mit einem Hubschrauber? Wäre es nicht möglich, daß ich dafür lieber in zehn Jahren ausreichend Fleisch und Butter kaufen könnte?«
»Du wirst in zehn Jahren ausreichend Fleisch und Butter kaufen können, Genosse. Deshalb kriegst du ja den Hubschrauber. Paß auf: Du hier in Leningrad hast Appetit auf Butter. Gut. Hier gibt es aber keine, weil es in Kiew welche gibt. Was machst du? Du steigst in deinen Hubschrauber, fährst nach Kiew, stellst dich in die Schlange, und schon hast du deine Butter.«

»Wenn unsere sozialistische Revolution durchgeführt ist«, tönte ein polnischer Agitprop, »werdet Ihr alle Erdbeeren mit Schlagsahne essen.«
»Mag keine Erdbeeren mit Schlagsahne«, nörgelte ein Zuhörer.
Der Redner faßte den Appetitlosen scharf ins Auge: »Hör zu, mein Junge!

Nach unserer Revolution wirst du Erdbeeren mit Schlagsahne essen, und zwar mit Vergnügen, klar?«

»Was wissen Sie über Westdeutschland?« fragt der Prüfungskommissar in der Zone.
»Westdeutschland ist eine kapitalistische Kolonie der Monopole. Die Reichen beuten die Armen aus; die Preise steigen; die Bauern verhungern; die Generale führen das große Wort.«
»Ausgezeichnet. Was wissen Sie vom Siebenjahresplan der Regierung der DDR?«
»Der Siebenjahresplan der Regierung der DDR wurde in diesem Jahre verkündet. Er hat den Zweck, Westdeutschland zu überholen.«

»Kolleginnen und Kollegen, Genossen«, sagt der Funktionär bei der Betriebsversammlung im VEB, »wir haben im letzten halben Jahr durch Eure Einsatzfreude einen großartigen Fahrradstand geschaffen.«
Beifall.
Zwischenruf: »Klopapier hammer keens.«
Der Funktionär überhört und fährt fort: »Bedenkt jedoch, Genossen: Der Fahrradstand kann nur eine Übergangslösung sein. Wir brauchen Garagen.«
Beifall.
»Wir haben ferner«, sagt der Funktionär, »eine Kleiderspende für die frierenden Kumpel im Ruhrgebiet durchgeführt.«
Beifall. Zwischenruf: »Klopapier hammer keens.«
Der Funktionär schickt einen gezielten Blick in die Saalecke: »Wir wollen aber nicht außer acht lassen, daß unsere Kleiderspende nur eine Übergangslösung ist. Die Kumpel in Westdeutschland brauchen unseren Kampf zu ihrer Befreiung.« Beifall.
»Schließlich, Kolleginnen und Kollegen, haben wir unsere Wahlen durchgeführt und unserem großen Genossen Ulbricht 99,87 Prozent der Stimmen zugebracht.«
Beifall.
Zwischenruf: »Und's Klopapier?«
Da platzt dem Redner der Kragen: »Leck du mich doch am . . .!«
Beifall.
Zwischenruf: »Auch nur eine Übergangslösung.«

Vater Kulischke will für Sohn Paul im HO-Laden Schuhe kaufen.
»Kindergrößen haben wir im Augenblick nicht«, sagt die Verkäuferin.
»Dann jeben Sie for mir een Paar! Jröße 43.«
»Ihre Größe kommt leider erst nächste Woche wieder rein.«
»Also denn Jröße 38 for meine Frau.«
»Bedauere außerordentlich. Vor einer halben Stunde ist das letzte Paar hinausgegangen.«
Vater Kulischke legt den Arm um seinen Sohn: »Komm Paul! Üwaholn wir'n Westen barfuß!«

Internationales Preisausschreiben. Erster Preis: Eine Woche Urlaub in der DDR. Zweiter Preis: Zwei Wochen Urlaub in der DDR. Dritter Preis: Drei Wochen Urlaub in der DDR.

Ein Slowake auf die Frage, was ihm am Sozialismus besonders gefalle: »Daß ihn die Tschechen auch haben.«

Der russische Clown Popow erzählte: »Genosse Chruschtschow hat erklärt, daß die kommunistischen Staaten die kapitalistischen Länder überholen werden und daß es uns dann viel besser geht als den Bewohnern der kapitalistischen Länder. Dann kann jeder Bürger der Sowjetunion umsonst in Urlaub fahren, umsonst seine Kleidung erwerben, umsonst die Verkehrsmittel benutzen. Kurzum, jeder gute Kommunist kann am Ende seines Lebens sagen, er habe umsonst gelebt.«

Sozialistische Kunst: Ein mächtiger Potentat, einbeinig, einäugig und bucklig, verlangte ein Porträt. Der Maler verbarg alle Mängel und schuf einen Adonis. Der Herrscher fühlte sich verulkt und ließ den Maler hängen.
Ein zweiter Künstler erhielt den Auftrag. Abgeschreckt vom Schicksal des Kollegen gestaltete er den Gewaltigen lebensecht: Ohne Bein, ohne Auge, mit Buckel. Der Herrscher fühlte sich beleidigt und ließ den Maler hängen.
Der dritte Künstler setzte seinen Vorwurf auf's Pferd, gab ihm die Flinte in Anschlag und packte ihn von der Seite: Ein Bein, ein zielendes Auge, Gewehrkolben in zurückgedrängter Schulter. Das Bild fand Beifall.

Regierung

Better to reign in hell, than serve in heaven. (Satan) Lieber in der Hölle regieren als im Himmel dienen.

Milton, Das verlorene Paradies

Wer nicht tun kann, was die Leute verdrießt, ist kein rechter Schulz.

Sprichwort

Es wußten selbst die Fischweiber zu Paris, daß das Wohl und die Ruhe des Staates auf Brot ruhen. Daher riefen sie, als Ludwig XVI. seine Gemahlin und den Dauphin von Versailles nach Paris brachte: »Der Bäcker, die Bäckerin und der Bäckerbursche!«

Karl Julius Weber,
Demokritos III, 12

Napoleon zum russischen Gesandten: »Belehren Sie Ihren Herrn, daß große Staaten sich immer nur mit dem Kopfe und niemals mit dem Herzen regieren lassen!«

Napoleon auf den Vorwurf, daß sein Regierungsgebahren das Volk verschlechtert: »Wissen Sie nicht, daß man die Menschen weit leichter durch ihre Laster beherrscht als durch ihre Tugenden?«

Die Vögel wollten einen König wählen, und der Pfau beanspruchte das Amt, weil er der Schönste sei. Als die Wahl wirklich zu seinen Gunsten ausfiel, fragte eine Dohle: »Wenn es nun dem Adler einfällt, uns zu verfolgen – wie wirst du uns schützen?«

Äsop, Der Pfau und die Dohle

Tacitus über Sulpicius Galba: »Nach Meinung aller zum Herrschen fähig, wenn er nicht wirklich auf den Thron gelangt wäre.«

Damen will ich bloß an die Meinung einer Dame, die ihrem Verstande große Ehre macht, an die Königin Christine erinnert haben: »Frauen sollten niemals regieren.« Wer nicht schützen kann, soll auch nicht herrschen.

Weber, Demokritos II, 16

Christoph Martin Wieland auf die Frage, warum ein Erbprinz mit 14 Jahren regieren, aber erst mit 20 Jahren heiraten dürfe: »Es ist vermutlich leichter, ein Land zu regieren als eine Frau.«

Der Hochstapler in Alphonse Daudets »Tartarin de Tarascon« behauptet: »Um Algier zu regieren, braucht man keinen fähigen Kopf. Man braucht überhaupt keinen Kopf. Es genügt ein Käppi, ein schönes, bordiertes, leuchtendes Käppi auf Geßlers Stange.«

Max M. Warburg sollte 1903 dem Kaiser Vortrag über eine Finanzreform halten. Wilhelm II. gewährte zehn Minuten. Warburg lehnte ab und erhielt 32 Minuten zugebilligt. In seinen »Aufzeichnungen« berichtet er: »Nach dem Diner in Cuxhaven wurde ich zum Kaiser geschleift. Majestät, in sehr lebhafter Verfassung, begann sofort die Unterhaltung mit der verblüffenden Erklärung: ›Die Russen gehen demnächst pleite.‹
Ich erschrak nicht wenig; mir wurde klar, daß ich ihm erst einmal die Pleite der Russen auszureden hatte, bevor ich mit meinem Vortrag anfangen konnte. ›Nein, Majestät‹, sagte ich, ›die Russen gehen nicht pleite.‹
Er entgegnete, die Fakten zeigen es doch: Schon im letzten Jahre hätten die Russen eine Anleihe aufgenommen, und nun nähmen sie in diesem Jahr eine neue auf.
Ich versuchte, ihm auseinanderzusetzen, daß die Russen im letzten Jahre eine kurzfristige Anleihe aufgenommen hätten; mit dem Erlös der diesjährigen würden sie sie zurückzahlen. Aber der Kaiser versteifte sich und warf hin: ›Die Russen gehen doch pleite!‹
Jetzt wurde ich ärgerlich und fing an, ihm zu erklären: Da ist ein Schuldner; der Schuldner akzeptiert einen Wech-

sel; bei Verfall des Wechsels löst er ihn durch eine Hypothek auf sein Gut ein. Das wäre keineswegs eine doppelte Schuld, sondern die Ablösung einer Schuld. Der Kaiser sah mich mit hochgezogenen Augenbrauen an, drehte sich um und ließ mich stehen. Damit war meine auf 32 Minuten berechnete Audienz nach drei Minuten beendet.«

Hindenburg im Frühjahr 1934 nach einem Besuch Hitlers zu seinem Staatssekretär: »Sagen Sie mal, Meißner, da war doch früher immer so ein netter junger Mann mit Brille bei uns Reichskanzler?«
»Dr. Brüning, Herr Reichspräsident?«
»Brüning, ja, Brüning. Warum kommt der denn nicht mehr?«

Eine Dame besucht den alten Hindenburg, um ihm Blumen zu überreichen. Das Papier, in dem sie ihre Gabe brachte, will sie auf der Diele ablegen. Staatssekretär Meißner flüstert: »Um Gottes willen kein Papier! Er setzt auf alles seinen Namen!«

Goebbels verständigt Hindenburg, am folgenden Abend werde ein Fackelzug stattfinden.
»Fein«, antwortet der Staatspräsident. »Da darf ich bis zehn Uhr aufbleiben.«

Mütterchen kam zur Ortsgruppe, wollte Bezugsscheine und stand plötzlich vor einem Globus: »Ist das unser schönes Vaterland?«
Der Uniformierte atmete hörbar: »Das ist die ganze Erde, gute Frau.«
Mütterchens Augen glänzten: »Ach, zeigen Sie mir doch mal Amerika!«
Der Amtswalter ließ den Planeten kugeln und drückte den Zeigefinger auf die Vereinigten Staaten.
»Ui«, staunte das Mütterchen. »Und Rußland?«
Der Hilfreiche drehte vor den kurzsichtigen Augen der Neugierigen die Sowjetunion ab.
»Mein Gott, ist Rußland groß!« murmelte das Mütterchen. »Und unser herrliches Großdeutschland?«
Der Geduldige suchte seine Brille, setzte sie auf, nahm einen gut gespitzten Bleistift und tippte ins Bunte.
»Nein!« stöhnte das Mütterchen. »Weiß das der Führer?«

In einer Versammlung der Tiere tanzte der Affe, und weil sein Vortrag gefiel, wählte man ihn zum König. Der Fuchs, der ihm die Würde mißgönnte, fand einige Tage später eine Falle mit Fleisch. Dahin führte er den Affen. Ihm, dem König, stünde der Schatz zu, sprach er. Der Affe fühlte sich geschmeichelt, tappte hinein, war gefangen und schalt den Fuchs einen Betrüger. »Ei was!« erwiderte der Fuchs. »Wer so dumm ist wie du, soll nicht König sein wollen!«

Äsop,
Der Fuchs und der Affe

In der Schweiz fragte man nach dem Unterschied zwischen Blue jeans und der Regierung. Und antwortete: Keiner. An allen entscheidenden Stellen Nieten.

Graf Eugen von Kinsky auf die Frage, was die Wiener Regierung in einem bestimmten Falle tun werde: »Weiß ich, was das Dümmste ist?«

Ohne Regierung hätte man in Frankreich nichts mehr zu lachen.

Gabriel Graf von Mirabeau

Ein deutscher Kardinal 1775 zu Pius VI.: »Sie sind nun Papst und hören zum letzten Male die Wahrheit. Schmeichler werden Sie zum großen Manne machen. Erinnern Sie sich manchmal, daß Sie zuvor ein unwissender, reicher Mann waren! Und nun leben Sie wohl! Ich eile, Eure Heiligkeit anzubeten.«

Hochwiern hör geischlinger Rad, ich mus inen meine Glickseligeid mideilen, die wo mir ale gehabd hawen in der freidingen Erwardung dises schenen Dages, disses ährendages, wo inser hochwiern her Bresadent Orderer seine sülberne Hozeit mit dem Barlamend feuern derf, nemling den ersden Merz. Oh wi unervorschlich sind Godes Wäge un wi krenzenlos is seine Barmherzikeid, das er in fon einen ladeinischen Schulmeisder bis zu der Schbize der Regirung gepracht had!
Teo krazias.
Lobed God, wo auf der nidrigsten Greadur sein aug had und das ermste Geschäbf erhäht.

Ludwig Thoma,
Jozef Filsers Briefwexel,
An den hochwierningen Gabidlforsdand
und geischlingen Rad Dobias Angerer

Bürgermeisterwahl im Oberland: Einstimmig für Schwammbichler Leonhard. Siegesfeier. In vorgerückter Stunde ein Gemeinderat zum neuen Vorsteher: »Eigentli, woaßt, hättst Di net sölm z' wähln braucha! Hättst Di scho auf uns verlaßn kenna!«
»Mei«, schnauft der Schwammbichler, »i ko ja koan andern Nama net schreim!«

Aus einem Schüleraufsatz »Die Weihe der neuen Kirchenglocken«: »Die zwei Glocken wurden eingeholt. Der Herr Pfarrer hielt eine Rede; der Herr Bürgermeister auch. Dann wurden beide aufgehängt. Seitdem ist es in unserem Dorf viel schöner.«

Ein Neunzigjähriger wird vom Amtsgericht Potsdam zu einem Jahr Gefängnis verurteilt, weil er Ulbricht einen Idioten genannt hat.
Der Verurteilte erhebt Einspruch: Er habe sowohl Wilhelm II. wie Hitler mit dem gleichen Prädikat beleidigt,

jedoch immer nur einen Monat Gefängnis erhalten.
»Für die Beleidigung bekommen Sie auch nur einen Monat«, belehrt ihn der Richter. »Die übrigen elf Monate sind für Hochverrat.«

John Kennedy am 21. Januar 1961, nachdem er getadelt worden war, weil er seinen Bruder Robert zum Justizminister ernannt hatte: »Ich kann nichts Unrechtes daran finden, wenn Robert als Justizminister ein bißchen Erfahrung sammelt, bevor er eine Anwaltspraxis aufmacht.«

Ein Kannibale schwärmt: »Am liebsten Minister: Viel Sitzfleisch und kein Rückgrat!«

Der amerikanische Finanzminister George Humphrey war aus seinem Amt ausgeschieden. Sein Nachfolger wurde Robert Anderson. Humphrey führte Anderson durch die staatliche Druckerei, in welcher eben die neuen Geldscheine aus der Presse kamen, die den Namenszug des neuen Finanzministers trugen. Auf ihnen stand auch zum ersten Mal der neue Leitspruch: »Auf Gott vertrauen wir!«
Anderson betrachtete die Scheine, schüttelte den Kopf und klagte: »Ich bin noch gar nicht richtig im Amt, und schon wird einem öffentlich das Mißtrauen ausgesprochen.«

Als Harold MacMillan Regierungschef war, trug er im Urlaub einmal geflickte Hosen. Angesprochen auf diese bei Leuten seiner Position ungewohnte Kleidung, erklärte er: »In der Politik ist auch vieles Flickwerk. Außerdem möchte ich verhindern, daß an Großbritannien allzu große Kreditforderungen gestellt werden.«

Der zurückgetretene französische Minister des Post- und Telegraphenwesens, eine Stunde nach der Abdankung, an seinen ehemaligen Staatssekretär: »Sehr verehrter Herr Kollege! Ich weiß nicht, ob Sie sich meiner noch erinnern . . .«

Ein dicker Sack, den Bauer Bolte,
der ihn zur Mühle tragen wollte,
um auszuruhn, mal hingestellt
dicht an ein reifes Ährenfeld,
legt sich in würdevolle Falten
und fängt 'ne Rede an zu halten.

»Ich,« sprach er, »bin der volle Sack.
Ihr Ähren seid nur dünnes Pack.
Ich bin's, der euch auf dieser Welt
in Einigkeit zusammenhält.
Ich bin's, der hoch vonnöten ist,
daß euch das Federvieh nicht frißt,
ich, dessen hohe Fassungskraft
euch schließlich in die Mühle schafft.
Verneigt euch tief; denn ich bin Der!
Was wäret ihr, wenn ich nicht wär?«

Sanft rauschten die Ähren:
»Du wärst ein leerer Schlauch, wenn
wir nicht wären.«

Busch,
Ein dicker Sack

Regierte

Französische Formel des Staatsbürgers: Cher administré. Lieber Verwalteter.

Demikratie.

Erhard Blanck

Phokion erhielt in einer Athener Volksversammlung stürmischen Beifall. Erschreckt wandte er sich zu seinem Begleiter: »Habe ich etwas Dummes gesagt?«

Wenn man meiner Meinung zustimmt, habe ich immer das Gefühl, daß irgend etwas an ihr falsch sein muß. (Cecil Graham)

Wilde,
Lady Windermeres
Fächer III

Es stellte Zeus den Löwen als
Regenten
des ganzen Reichs der Tiere dar.
Nur fand er, daß es nötig war,
daß sie ihn selbst dafür erkennten.
Drum schrieb er einen Reichstag aus.
Es mußten hier die Großen wie die
Kleinen,
vom Elefant bis auf die Maus,
bei höchster Ungnad schnell
erscheinen.
Es rief der Herold mächtig aus:
»Es zeige sich, wer gegen den
Regenten
und seine Wahl was einzuwenden
und etwas zu erinnern hat!«

Der erste war der Fuchs, der auf den
Schauplatz trat.
Er sprach: »Der Ruhm von seinen
tapfern Taten
erfüllt das ganze Land bis jetzt.
Allein, ich will es nicht verraten,
ob er auch Klugheit und Verstand
besitzt.
Und darf ich meine schlichte Meinung
wagen,
so dächt ich wohl, man kann nach
seiner Pflicht
bei einer Königswahl auf alles,
aber nicht
auf den Verstand entsagen.«

Jetzt zeigte sich der Hirsch und sprach:
»Ich dächte, meiner Meinung nach,
kann es sehr häufig Fälle geben,
wo zu dem Wohl des Staats, zumal in
Kriegeszeit,
der Fürst sich mit Behendigkeit
von einem Ort zum andern muß
begeben.
Nun weiß ich wirklich nicht,
wenn es die Not erfordern sollte,
ob dies das schreckliche Gewicht
von seinem Körper leiden wollte.«

Der Hund stand auf mit finsterem
Gesicht:
»Das Kleinod in der Krone des
Regenten
ist, meiner Meinung nach, die
Wachsamkeit.
Sein Blick muß die Gefahr, wenn sie
von ferne dräut,
schon sehn und wissen abzuwenden.

Es kann der Geist, den Stolz und Mut
beseelt,
sehr oft in kühnem Angriff siegen,
allein er kann, wenn ihm die Vorsicht
fehlt,
auch oft dem Schwachen unterliegen.«

Noch mancher stand aus der Versammlung auf
und zeigte deutlich aus der Dinge Lauf,
er schicke nicht sich zum Regenten.
Der Esel selbst fand vieles einzuwenden.
Kurz, sie gestanden, daß er manche
Gaben
und manche Tugenden vereint,
nur die nicht, die ein jeder selbst zu
haben
und für sich zu besitzen meint.

Johann Heinrich Merck,
Versammlung der Tiere

Der Pöbel von Theben schleppte Epaminondas auf den Markt und sprach ihm das Todesurteil. Der Feldherr nahm den Spruch an unter der Bedingung, daß hinzugefügt werde: »Er schlug die Spartaner, rettete Theben und befreite Griechenland.«
Das Volk zögerte, murmelte, klatschte, jubelte und trug ihn auf den Schultern nach Hause.

Vatinius griff in langer Rede Cicero an. Bevor das beeindruckte Auditorium Beifall spenden konnte, rief der Angegriffene dem Gegner, den ein Kropf verunstaltete, zu: »Welch ein aufgeblasener Redner!« Das Volk brach in Gelächter aus, und alle Argumente des Vatinius gingen darin unter.

Thykidides über Perikles: »Wenn ich mit ihm ringe und ihn niederwerfe, so behauptet er auf dem Markt das Gegenteil, und die Leute glauben ihm.«

Karl V. beschäftigte sich nach seiner Abdankung im Kloster St. Just mit Uhren und sagte: »Und ich verlangte, daß Menschen übereingehen?«

Der große Haufe ist allerwärts Ochs mit den beiden Hörnern Aberglaube und Intoleranz. Nimmt man sie ihm, so kann man ihn weder fassen noch anspannen, und läßt man sie ihm, so richtet er Unglück an. Aber immer ist letzteres doch besser, sobald man dafür sorgt, daß die Ochsentreiber ihre Hörner ablegen.

Karl Julius Weber,
Demokritos IV, 4

Vom Sumpf aus sah ein Frosch den
Kampf der Stiere.
»Ach,« rief er, »welches Unheil droht
uns dort!«
Wie er so sprechen könne, fragt ein
andrer:
Die Stiere stritten um der Herde
Herrschaft,

und weit vom Sumpfe lebten ja die
Rinder.
»Geschlecht und Wohnort trennen,«
sprach der erste,
»doch wer geschlagen wird, der flieht
zu uns
hierher in die Verborgenheit des
Sumpfes,
und mit den Hufen wird er uns
vernichten.«

Phädrus, Fabeln I,
Die Frösche in Furcht wegen
des Kampfes der Stiere

Ein Jude, sein Bündel unter dem Arm, rannte durch das Polenstädtchen.
»Wohin, Moische?« fragte der Rabbi.
»Fort! Hast du nicht gehört, daß an die Bevölkerung Gewehre verteilt werden, um zu erschießen die vielen Bären?«
»Bist du denn ein Bär?«
»Bin ich a Bär? Bin ich a Bär? Wenn du tot bist, kannste beweisen, daß du bist kein Bär?«

Ein Neger in einem amerikanischen Eisenbahnabteil setzt sich einem Juden gegenüber und entfaltet eine hebräische Zeitung.
»Entschuldigen Sie!« spricht der Jude. »Neger genügt Ihnen wohl nicht?«

Das Verhältnis des Herrschers aber zu seinem Volke kleidete König Nikifor XIII. in die folgende Fabel: Ein Mann rupfte eine lebende Gans, um ihre Federn zu gewinnen. Dabei wendet sich die Gans an ihn und spricht: »Angenommen, du wärest an meiner Stelle – würdest du alles angenehm empfinden, was du mit mir tust?«
»Angenommen, es wäre so und du wärest an meiner Stelle,« erwidert der Mann, »würde es dir angenehm sein, mich zu rupfen?«
»Wahrlich, so wäre es«, entgegnete die verbitterte Gans.

Gregor von Rezzori,
Maghrebinische Geschichten 23

Ein schlauer Sperling haschte sich
ein blaues Mückchen. »Weh mir
Armen!«
rief es. »Ach, Herr, verschone mich,
laß meiner Jugend dich erbarmen!«
»Nein,« sprach der Mörder, »du bist
mein;
denn ich bin groß, und du bist klein.«

Ein Sperber fand ihn bei dem
Schmaus;
so leicht wird kaum ein Floh gefangen
als Junker Spatz. »Gib,« rief er aus,
»mich frei! Was hab ich denn
begangen?«
»Nein,« sprach der Mörder, »du bist
mein;
denn ich bin groß, und du bist klein.«

Ein Adler sah den Gauch und schoß
auf ihn herab und riß den Rücken
ihm auf. »Herr König, laß mich los,«
rief er, »du hackst mich ja in
Stücken!«
»Nein,« sprach der Mörder, »du bist
mein;
denn ich bin groß, und du bist klein.«

Schnell kam ein Pfeil vom nahen Bühl
dem Adler in die Brust geflogen.
»Warum,« rief er, indem er fiel,

zum Jäger, »tötet mich dein Bogen?«
»Ei,« sprach der Mörder, »du bist
mein;
denn ich bin groß, und du bist klein.«

Pfeffel, Die Stufenleiter

Ein Straßenkehrer zieht im Herbst 1945 seine Halbkreise. Ein Fremder stellt sich neben ihn: »Diesen Besen da habe ich früher geschwungen.«
»Warum tun Sie es nicht mehr?«
»Partei gewesen.«
Schweigen.
»Waren Sie früher auch bei der Straßenreinigung?« hebt der Zuschauer wieder an.
»Oberlandesgericht.«
»Verstehe. – Partei gewesen.«

Ein junger und ein alter Arbeiter marschieren über den Ostberliner Protzdamm zur Maikundgebung. »Was für ein Unterschied gegen früher, Genosse!« schwärmt der junge. »Rammtatamm! Unsere sozialistischen Errungenschaften – hoch!«
Der Alte, sorgsam bedacht, dem Vordermann nicht auf die Hacken zu treten: »Recht haste, Kleener! Früher wurd'ste rausjeschmiss'n, wenn de demonstrierst. Heute fliegste raus, wenn de nich demonstrierst.«

Mark Twain besuchte seinen alten Freund Cook, den amerikanischen Generalkonsul in Frankfurt am Main. Der Diplomat, Mitglied der Republikaner, hatte seine Abberufung erhalten, nachdem soeben die Demokraten ins Weiße Haus eingezogen waren.
Twain schrieb an die zweijährige Tochter des neuen Präsidenten: »Meine liebe Ruth Cleveland! Einer meiner Grundsätze ist, keine Gunstbeweise von Regierungsmitgliedern zu erbitten. Ich halte es aber für angebracht, Deine Aufmerksamkeit darauf zu lenken, daß Dein Vater einen großen Fehler begeht, wenn er einen der besten Konsuln verabschiedet, weil er Republikaner ist und ein Demokrat seine Stellung haben möchte... Wenn Du mit Deinem Vater sprichst, erwähne doch bitte diese Angelegenheit und sage ihm, daß ich wenig von einer Regierung halte, die einen verdienstvollen Beamten unfair behandelt.«
Einige Wochen später kam die Antwort des Präsidenten: »Miss Ruth Cleveland bestätigt den Eingang Ihres Briefes. Sie hat sich die Freiheit genommen, ihn dem Präsidenten vorzulegen, der sich hiermit für die Aufklärung bedankt und versichert, daß Kapitän Cook nicht entlassen wird.«

Ulbricht fragt Mao Tse-Tung, ob es in der Volksrepublik China noch eine Opposition gäbe.
»Läppisch,« antwortete Mao. »Sechzehn bis siebzehn Millionen. Höchstens.«
Ulbricht nickt: »Bei mir sinn's auch nich mehr.«

»Was hältst du von Ulbricht?« fragt einer in Ost-Berlin. Der andere zuckt

zusammen, blickt sich um und flüstert: »Komm mit!«
Er führt den Frager durch Nebenstraßen: »Weiter!« Über Friedhöfe: »Weiter!« Vor die Stadt auf eine große Wiese. Noch einmal schaut er sich um. Dann setzt er seinen Mund an das Ohr des Freundes: »Ich bin für ihn.«

Ein DDR-Bürger kaufte jahrelang am Kiosk neben der Straßenbahnhaltestelle eine Zeitung, warf einen Blick auf die erste Seite und versenkte das Blatt im bereitstehenden Papierkorb. Eines Tages fragte ihn der Händler nach dem Grunde seines seltsamen Verhaltens.
»Ich suche eine Traueranzeige.«
Der Kioskbesitzer bedeutete ihm, Traueranzeigen stünden auf einer der hinteren Seiten.
Der andere schüttelte den Kopf: »Die Anzeige, die ich suche, steht auf der ersten.«

Zwei Juden treffen sich 1938 auf dem Kurfürstendamm.
»Was gibt es Neues?« fragt der erste.
»Ich habe eine gute und eine schlechte Nachricht.«
»Sag die gute!«
»Hitler ist tot.«
»Prima! Und die schlechte?«
»Die gute stimmt nicht.«

Politik

Politik ist die Kunst, Gott so zu dienen, daß der Teufel darüber nicht böse wird.

Napoleon I.

Timon umarmte den Alkibiades: »Mache dich beliebt, mein Sohn! Du wirst einst der Jammer des Volkes sein.«

Großherzog Karl Alexander von Sachsen-Weimar-Eisenach empfing Reserveoffiziere: »Wie heißen Sie?«
»August Schulze, Königliche Hoheit.«
»Was sind Sie?«
»Oberförster, Königliche Hoheit.«
»Woher sind Sie?«
»Aus Prenzlau, Königliche Hoheit.«
Der Goßherzog strahlte: »Da sind Sie ja der Oberförster Schulze aus Prenzlau!«

Claire Boothe Luce wollte nach Rom zurückfliegen, wo sie als Botschafterin die Vereinigten Staaten vertrat, als in Idlewild eine italienische Maschine abstürzte und 26 Menschen in den Tod riß. Die Diplomatin gab ihre Flugkarte an die amerikanische Gesellschaft zurück und buchte für die nächste Alitalia-Maschine.

Nach unserer Übersiedlung nach Washington wollte ich unsere neuen Be-

kannten zu einem mexikanischen Essen einladen. Ich konnte jedoch nirgendwo tortillas bekommen, diese flachen Brote aus Maismehl, ohne die eine lateinamerikanische Mahlzeit nicht zu denken ist.
Da hatte ich eine Eingebung: Sicherlich würde man mir in der mexikanischen Botschaft einen Rat geben können. Als ich anrief, war der Botschafter selbst am Telefon. Er bat mich, am nächsten Tag in der Botschaft vorzusprechen; er werde bis dahin drei Dutzend tortillas beschaffen.
Das Essen war ein Erfolg, und ich rief am nächsten Tag den Botschafter nochmals an, um ihm zu danken und mich zu erkundigen, wo man diese besonders guten tortillas bekomme.
»Tortillas kann man hier nirgends kaufen«, erwiderte er. »Meine Frau hat sie gebacken.«

M. H. M.,
Das Beste, Mai 1956

In den dreißiger Jahren. Einer Regentin passiert bei einem Staatsbankett ein hörbares Mißgeschick. Der französische Botschafter verneigt sich: »Pardon, Majestät!«
Das Malheur wiederholt sich: Der deutsche Botschafter knallt die Hacken zusammen: »Diesen und die drei nächsten übernimmt die Reichsregierung.«

Politik ist die Kunst, das Geld der Reichen und die Stimmen der Armen durch das Versprechen zu erhalten, beide voreinander zu schützen.

Verfasser unbekannt

Er wird es weit bringen: Er denkt wie ein Konservativer und redet wie ein Radikaler. (Mrs. Erlynne)

Wilde,
Lady Windermeres Fächer II

Wenn ein Politiker sagt, wir säßen alle in einem Boot, dann heißt das: Er will den Kapitän spielen, und wir sollen rudern.

Verfasser unbekannt

Ein Vorturner während der Französischen Revolution: »Da drüben marschieren meine Leute. Ich muß sehen, wohin sie marschieren, damit ich sie führen kann.«

Ehrenwerter Politiker = Gekaufter Mann, der seinen Kunden treu bleibt.

Churchill, nach der wichtigsten Eigenschaft des Politikers befragt: »Die Fähigkeit, vorauszusehen, was kommt, und zu erklären, warum es nicht eintraf.«

Laut offizieller Verlautbarung fühlte sich Hitler im Juni 1934 zutiefst betroffen, als er von den abseitigen Neigungen seines Stabschefs Röhm erfuhr. »Was wird der Führer sagen,« flüsterten die Leute, »wenn er den Klumpfuß seines Propagandaministers sieht!«

In der bolidik mus mahn es machen wie im wierzhauß bald ein freind zuhaud und eine fozen hergiebt siet mahn es nichd aber bald die andern herschlahgen siet mahn es schon und ist fohler abschei.

Ludwig Thoma,
Jozef Filsers Briefwexel II,
Das neie Barlahmend

In England ist ein Mann, der nicht zweimal die Woche vor einem großen, gewöhnlichen, unmoralischen Publikum Moral predigen kann, als ernsthafter Politiker nicht denkbar. (Lord Goring)

Wilde,
Ein idealer Gatte II

Volksredner = Redseliger Bursche, stets bereit, das Leben seiner Zuhörer für sein Vaterland zu opfern.

Druckfehler: »Heute findet im Bürgerbräukeller eine Großkundgebung statt, in deren Versauf der Brigadeführer D. sprechen wird.«

Münchner Neueste Nachrichten,
1. 12. 1937

»Heil Hitler! Wie geht es Ihrer Familie?«
»Heil Hitler! Keine Ahnung.«
»Geschieden?«
»Keineswegs. Ich bin Blockwalter. Meine Frau ist Kreisbeauftragte in der Frauenschaft. Mein Sohn ist Gefolgschaftsführer in der HJ. und meine Tochter ist BDM-Ringführerin. Wir sehen uns nur auf dem Parteitag in Nürnberg. Einmal im Jahr.«

Paule aus Ostberlin fragt seinen Kumpel, wann er mal wieder Zeit habe, einen zu zwitschern.
»Laß mich nachdenken!« fordert der Orje. »Sonnabend Kampfgruppenübung, Sonntag Muskelkater, Montag Schulung, Dienstag Kopfschmerzen, Mittwoch Versammlung, Donnerstag Magenkrampf. Freitag also.«

Arpad Földy kommt gegen 4 Uhr morgens in sein Budapester Heim.
»Wo kommst Du her?« tönt es aus dem Ehebett.
»Ach, Liebling!« ächzt der Heimkehrer. »Ein bildhübsches blondes Mädchen saß an meinem Tisch im ›Moskwa‹. Wir kamen ins Gespräch und so. Dann gingen wir noch auf ein Gläschen in den ›Plattensee-Keller‹. Nun ja. Und dann habe ich sie nach Hause gebracht, und da sagte sie: ›Komm doch noch auf eine Tasse . . .‹«
»Hör auf, Lump! Du warst wieder in der Versammlung!«

Ein Franzosenkönig führte seine Maitresse, die sich in die Politik zu mischen versuchte, vor den Spiegel: »Wäre es nicht schade, mit einem so hübschen Gesicht über Staatssachen zu sprechen?«

Napoleon zu einer Dame: »Ich liebe nicht, wenn sich Frauen in die Politik mischen.«
Sie erwiderte: »In einem Lande, wo man ihnen die Köpfe abschneidet, dürfen sie doch wohl fragen, warum? Oder nicht?«

In den Jugendtagen des Völkerbundes hatte jeder Mitgliedsstaat Anrecht auf fünf Sitze. Daniele Varé, der zum italienischen Sekretariat gehörte, entdeckte hinter Venezuela ein leeres Pult. Zu nachtschlafender Zeit schlich er sich in den Sitzungssaal und malte auf das unbeschriebene Schild das Wort »ZEMBLA«.
Als am nächsten Morgen die Abgeordneten den Saal betraten, blickten sie auf das Schild ZEMBLA und nickten, als wollten sie sagen: »Ach ja, natürlich – Zembla.« Für den Rest der Sitzungsperiode saßen fünf Delegierte der »République de Zembla« im Saal.

L. D. T.,
Das Beste, Juli 1951

Der amerikanische UNO-Delegierte Arthur Goldberg über die Diplomatie in der Weltorganisation: »Wie jener junge Mann, der sein Mädchen fragte: ›Wenn ich dich bäte, mich zu heiraten, würdest du dann ja sagen?‹, worauf sie erwiderte: ›Wenn ich diese Frage mit Ja beantwortete, würdest du mich dann bitten, dich zu heiraten?‹«

Politisches Bündnis = Zwei Partner, die ihre Hände so tief in die Taschen des anderen stecken, daß keiner von beiden unbemerkt einen Dritten plündern kann.

Russischer Diplomat zu Tschu En-lai vor einer Konferenz mit dem Westen: »Chew and lie!« (Kaue und lüge!)

Erstes Redezvous der Mächtigen – zwei Tiger an derselben Wasserstelle.
Den ersten Blick von der Sehne geschnellt – Duell mit Lichtgeschwindigkeit.
Wer verbeugt sich zuerst, das feindliche Auge zu unterwandern?
Herzlicher Händedruck – welche Hand entläßt die andere?

Hans Kasper,
Abel, gib acht!,
Die kritische Minute

Einst kamen durstgetrieben Wolf und Lamm
zu einem Bach. Der Wolf stand oberhalb
und unterhalb das Lamm. Da trieb sein Bauch
den Räuber, Anlaß herzuziehn zum Streite.
Er rief: »Was trübst du, wo ich trinke, mir
das Wasser?« »Ich?« erwiderte das Lamm.
»Ich bitte dich: Wie kann ich das denn tun?
Von dir doch fließt der Strom zu meinem Platze!«
Der Wolf bedachte sich und sagte böse:

»Vor jetzt sechs Monden hast du mich
geschmäht!«
Das Lamm sprach: »Nein! Da lebte
ich noch nicht.«
»Wohlan!« schrie er. »Beim Zeus! Dann
war's dein Vater!«
Und sprang herzu und packte es.

Phädrus,
Fabeln I,
Wolf und Lamm

Eine Katze hatte einen Hahn ergriffen und suchte nach einem Vorwand, ihn zu fressen. Sie beschuldigte ihn, daß er durch sein nächtliches Krähen den Menschen den Schlaf raube. Er tue das den Menschen zum Nutzen, erwiderte der Hahn; denn er wecke sie zur Arbeit. Darauf klagte ihn die Katze an, gegen die Natur zu freveln, indem er seiner Mutter und seinen Schwestern beiwohne. Auch dies tue er zum Nutzen der Menschen, verteidigte sich der Gefangene; er sorge dafür, daß sie genügend Eier bekämen. »Wie reich du auch sein magst an scheinbaren Entschuldigungsgründen,« sprach da die Katze: »Ich will nicht ohne Speise bleiben.« Da fraß sie ihn.

Äsop,
Die Katze und der Hahn

Hitler, Stalin und Churchill werden vor dem Jüngsten Gericht nach ihren Kriegszielen befragt.
»Vernichtung des Bolschewismus«, spricht der Braune.
»Vernichtung der Nazis«, erklärt der Rote.
»Ich«, sagt der Engländer, »schließe mich den Worten meiner Herrn Vorredner an.«

Ungarn hatte auf Drängen Deutschlands den USA den Krieg erklärt. Ein amerikanischer Senator wollte sich über den neuen Feind informieren und befragte einen in der Kongreßbibliothek tätigen Auswanderer: »Was ist los mit Ungarn?«
»Ungarn ist ein Königreich und hat 8,5 Millionen Einwohner.«
»Wie heißt Euer König?«
»Wir haben keinen König, sondern einen Reichsverweser, den Admiral Horthy.«
»Einen Admiral? Also habt Ihr eine starke Flotte?«
»Nein. Die Flotte haben uns die Italiener 1918 weggenommen.«
»Aha. Und jetzt kämpft Ihr gegen die Italiener?«
»Nein. Die Italiener sind unsere Verbündeten. Wir kämpfen gegen die Russen.«
»Territoriale Ansprüche?«
»Nein. Unsere territorialen Ansprüche richten sich gegen Rumänien und die Slowakei.«
»Und mit denen habt Ihr Krieg?«
»Nein. Mit Rumänien und der Slowakei gemeinsam geben wir Europa eine neue Ordnung.«

Nach der Unterzeichnung des Diktates von St. Germain am 10. September 1919 bat der italienische Ministerpräsident Orlando den französischen Pre-

mier, ihm den Füllfederhalter als Andenken zu überlassen.
»Bedauere, Exzellenz,« erwiderte Clemenceau. »Dieser Federhalter ist mein Eigentum.«

Die Kuh, die Ziege und das sanfte
  Schaf
begaben mit dem Löwen sich zur Jagd,
und als sie einen großen Hirsch
  erbeutet,
geteilt und ausgebreitet, sprach der
  Löwe:
»Der erste Teil ist mein, weil ich der
  Löwe,
den zweiten gebt ihr mir, weil ich der
  Tapferste.
Der dritte Teil gehört dem Stärksten,
  mir,
und wehe dem, der nach dem vierten
greift!«

Phädrus, Fabeln I,
Kuh und Ziege, Schaf und Löwe

Löwe, Fuchs und Esel jagten miteinander und fingen einen Hirsch. Da hieß der Löwe das Wildbret teilen. Der Esel machte drei Teile. Darüber ward der Löwe zornig und riß dem Esel die Haut über den Kopf, daß er blutrünstig dastand, und hieß danach den Fuchs das Wildbret teilen. Der Fuchs stieß die drei Teile zusammen und gab sie dem Löwen. Da sprach der Löwe: »Wer hat dich so gelehret zu teilen?« Der Fuchs zeigte auf den Esel und sprach: »Der Doktor da im roten Barett.«

Luther,
Von dem Löwen, Fuchs und Esel

Ein Chirurg, ein Architekt und ein Politiker stritten, wessen Beruf der älteste sei.
Der Chirurg sagte: »Gott entnahm Adam eine Rippe und schuf die Eva. Die erste Tat unter den Menschen war eine Operation!«
Der Architekt widersprach: »Vor Adam und Eva herrschte das Chaos. Gott baute die Welt. Die erste Tat war eine architektonische Leistung.«
Der Politiker lächelte: »Und von wem, meine Herren, stammte das Chaos? Na? Von wem denn wohl?«

Presse

Einleitung eines Diskussionsbeitrages: »Ich bin nur ein Zeitungsleser, versuche aber trotzdem, mir meine eigene Meinung zu bilden.«

Der Schatten eines Journalisten stellt sich dem Fährmann ins Jenseits vor:

Ich habe Jahre lang die ganze Welt
  regiert.
Mein Machtwort hat die Toten auferweckt
und Legionen hingestreckt.
Wo ist ein Krieg, den nicht mein Arm
  geführt?
Er setzte Kronen auf und machte
  Throne wanken;

mein Finger zeichnete dem Welt-
regierer Schranken,
und mein geweihtes Ohr beherrschte
die Gedanken.
Was niemand sah, ja selbst was nie
geschehen,
das alles hat mein scharfes Aug'
gesehen.

Pfeffel, Charon

Sie lauft die langen Straßen aus,
schleicht unverschämt in jedes Haus,
verratet alles, was sie kann,
lügte alle, die ihr glauben, an
und ziert sich noch mit Fürstenschmuck
die Stirne.
Wie heißt die freche Gassendirne?

Johann Peter Hebel, Rätsel (Zeitung)

Ein Herr kauft in Leipzig eine Zeitung, zahlt dreißig Pfennige, erkennt auf dem Titelblatt die Preisangabe »20 Pfennige« und reklamiert. »Guder Mann«, erwidert der Händler, »sie dürf'n nich alles glaum, was in der Zeidung stehd.«

La Presse, Paris, 9. Mai 1927:
»New York, 5 Uhr. – Als Nungessers Flugzeug vor dem amerikanischen Kontinent auftauchte, flog ihm Commander Poullois, Chef der Marine-Jagdflieger, mit einer Eskadrille entgegen, die eine Ehreneskorte bildete. Auf allen Schiffen wurden Flaggen gehißt; die Sirenen heulten. Viele Fahrzeuge fuhren in die Bai hinaus, zum Teil mit Filmleuten und Journalisten besetzt.
Nach glatt verlaufener Wasserlandung verharrten Nungesser und Coli eine Zeitlang unbeweglich in ihrem Apparat, unempfindlich den brausenden Hochrufen gegenüber. Dann erhoben sich beide von ihren Sitzen und umarmten sich. Ein Boot legte am Flugzeug an und holte die beiden kühnen Flieger zum Kai. Eine riesige Menschenmenge empfing sie dort, darunter mehrere Regierungsdelegierte und andere Persönlichkeiten wie Mr. Harmon, der Bruder von Clifford Harmon, dem Vorsitzenden der Internationalen Aviatiker-Liga, welchem Nungesser einen Brief aus Paris zu übergeben hatte. Ferner waren erschienen der Vorsitzende des Aeroclubs der Vereinigten Staaten, sowie der Vorsitzende der Orts-Sektion der Internationalen Aviatiker-Liga.
Nungesser gab bisher keinen Bericht über seine Ozeanüberquerung. Er sagte lediglich, das Gelingen des Unternehmens mache ihn glücklich; er brauche dringend Ruhe.«
Nungesser und Coli haben New York niemals erreicht; sie sind an unbekannter Stelle über dem Atlantik abgestürzt und verschollen.

Greta Garbo entstieg in Idlewild dem Flugzeug. Ein lauernder Reporter erkannte sie und fragte: »Was führt Sie nach New York, gnädige Frau?«
Die Göttliche schritt vorüber: »Ich wohne hier.«

Johnson und Kossygin, angeheitert, veranstalteten rund um die Datscha ein Autorennen. Der Amerikaner gewann.

Am nächsten Tag berichtete die »Prawda«: »Bei dem gestrigen Automobilrennen um das Landhaus des sowjetischen Ministerpräsidenten belegte Kossygin einen ehrenvollen zweiten Platz. Johnson passierte das Ziel als Vorletzter.«

»Gestern meldeten wir als erstes Blatt die Hochzeit unseres Lesers Valentin Bormann mit Fräulein Josephine Mekkel. Heute sind wir wiederum als erste Zeitung in der Lage, unseren geschätzten Lesern mitzuteilen, daß die Nachricht falsch war.«

»Wir berichteten in unserer letzten Ausgabe, daß sich in K. eine junge Schauspielerin aus Liebeskummer erschossen habe. So dargestellt, entspricht die Nachricht nicht in allen Teilen den Tatsachen. Der Selbstmord ereignete sich nicht in K., sondern in L. Betroffen war nicht eine junge Schauspielerin, sondern ein alter Feuerwehrmann, welcher sich nicht wie gemeldet aus Liebeskummer, sondern in einem Anflug akuten Irreseins umbrachte, wobei er sich mittels eines Strickes erhängte, nicht jedoch erschoß.«

»Lieder sind wir. Unser Vater
schickt uns in die offne Welt;
auf dem kritischen Theater
hat er uns zur Schau gestellt.«

So beginnt Uhlands Vorwort zur Erstausgabe seiner Gedichte 1815.

Eine Zeitung druckte: »Luder sind wir.«
Die erste Berichtigung lautete: »Leider sind wir.«
Die zweite: »Leder sind wir.« Ob die Zeile später noch glückte, ist unbekannt.

Rudyard Kipling an eine Zeitung: »Sie haben die Nachricht von meinem Tode gebracht. Da Sie im allgemeinen gut informiert sind, wird das stimmen. Ich bitte Sie daher, mich von der Liste Ihrer Abonnenten zu streichen.«

Im November 1911 wurde Wien von einem kleinen Erdstoß heimgesucht. Die »Neue Freie Presse« füllte Tag um Tag mit nichtssagenden gschaftelhuberischen »Beobachtungen aus dem Leserkreis« ihre Spalten. Alle Schleusen der Druckerschwärze flogen auf.
Da erschien folgende Notiz:
»Neue Freie Presse, 18. November 1911. Die Wirkungen des Erdbebens im Ostrauer Kohlenrevier. Von Dr. Ing. Erich von Winkler, Assistenten der Zentralversuchsanstalt Ostrau-Karwiner Kohlenbergwerke, erhalten wir folgende Zuschrift:
Gestatten Sie, daß ich Ihre Aufmerksamkeit auf eine Beobachtung lenke, die ich, dank eines glücklichen Zufalls, gestern abend zu machen in der Lage war und die durch Veröffentlichung in Ihrem hochangesehenen Blatte auch außerhalb unseres Vaterlandes hohe Beachtung aller technischen und speziell montanistischen Kreise finden dürfte.

Da ich gestern abend mit dem Nachtzuge nach Wien fahren mußte, benützte ich die vorgerückte Stunde, um noch einige dringende Arbeiten in unserer Versuchsanstalt zu erledigen. Ich saß allein im Kompressorenraum, als – es war genau 10 Uhr 27 Minuten – der große 400-pferdekräftige Kompressor, der den Elektromotor für die Dampfüberhitzer speist, eine auffällige Varietät der Spannung aufzuweisen begann. Da diese Erscheinung oft mit seismischen Störungen zusammenhängt, kuppelte ich sofort den Zentrifugalregulator aus und konnte neben zwei deutlich wahrnehmbaren Longitudinalstößen einen heftigen Ausschlag (0,4%) an der rechten Keilnut konstatieren. Nach zirka 55 Sekunden erfolgte ein weit heftigerer Stoß, der eine Verschiebung des Hochdruckzylinders an der Dynamomaschine bedingte, und zwar derart heftig, daß die Spannung im Transformator auf 4,7 Atmosphären zurückging, wodurch zwei Schaufeln der Parsons-Turbine starke Deformationen aufwiesen und sofort durch Stellringe ausgewechselt wurden.
Da bei uns alle Wetterlutten im Receiver der Motoren zusammenlaufen, so hätte leicht ein unabsehbares Unglück entstehen können, weil auf den umliegenden Schächten die Förderpumpen ausgesetzt hätten.
Völlig unerklärlich ist jedoch die Erscheinung, daß mein im Laboratorium schlafender Grubenhund schon eine halbe Stunde vor Beginn des Bebens auffallende Zeichen größter Unruhe gab. Ich erlaube mir bei dieser Gelegenheit anzuregen, ob es im Interesse der Sicherheit in Bergwerken nicht doch angezeigt wäre, die schon längst in Vergessenheit geratene Verordnung der königlichen Berginspektion Kattowitz vom Jahre 1891 wieder in Erinnerung zu bringen, die besagt, daß in Fällen von tektonischen Erdbeben die Auspuffleitungen aller Turbinen und Dynamos stets zur Gänze an die Wetterschächte derart anzuschließen sind, daß die explosiblen Grubengase selbst bei größtem Druck nicht auf die Höhe der Lampenkammer gelangen können.
Mit der Veröffentlichung des Vorgesagten glaube ich, einen kleinen Beitrag zu den nie rastenden Bemühungen unserer Bergbehörden zwecks Sicherung des Lebens der Bergarbeiter geleistet zu haben, und bitte Sie, hochverehrter Herr Redakteur, den Ausdruck meiner aufrichtigsten Hochschätzung entgegennehmen zu wollen.«

Sigismund von Radecki,
Das ABC des Lachens, Der Grubenhund

Mark Twains Zeitungsnotiz, nachdem er vom Chefredakteur angehalten worden war, nur erwiesene Tatsachen zu berichten: »Eine Dame, die sich Frau Mildred Taylor nannte, hat, wie verlautet, einen sogenannten Gesellschaftsabend abgehalten für einige Gäste, von denen man sagt, daß sie Damen wären. Von der Gastgeberin erzählt man sich, sie sei mit dem Bürgermeister dieser Stadt verheiratet.«

Lord Beaverbrook hatte im »Daily Expreß« einen jungen Unterhausabgeordneten angegriffen. Er traf ihn einige Tage später in der Toilette eines Clubs und entschuldigte sich.
»Vielleicht können wir vereinbaren«, erwiderte der Gekränkte, »daß Sie

mich in Zukunft auf der Toilette beleidigen und sich in Ihrer Zeitung entschuldigen.«

Was die Presse auch über dich verzapfen mag: Kümmere dich nicht darum! Hauptsache, dein Name ist richtig geschrieben.

Max Schmeling

In Bulgarien fragt man: »Was ist ein Telegraphenmast?«
Und antwortet: »Ein redigierter Christbaum.«

Ein schwedischer Bischof landete in New York. Er war vor den amerikanischen Reportern gewarnt worden und rief, als er ihnen gegenübertrat, alle Geister diplomatischer Vorsicht an Deck. Auf die Frage, ob er die New Yorker Nachtclubs zu besuchen gedenke, erwiderte er lächelnd: »Gibt es Nachtclubs in New York?«
Am nächsten Morgen fand er die Schlagzeile: »Erste Frage Seiner Eminenz: ›Gibt es Nachtclubs in New York?‹«

Redakteur, Setzer, Drucker und Zensor schlüpften um Haaresbreite am Gefängnis vorbei, als Napoleon in einer Zeitung las: »Die Schlacht wäre verloren gewesen, wenn nicht noch zu rechter Zeit ein Artilleriedespot gekommen wäre.«
Gemeint war »Artilleriedepot«.

Über die Rückkehr Napoleons von Elba berichteten die Pariser Blätter:

28. 2. 1815: »Der bluttriefende Menschenwürger ist seiner Höhle entflohen.«
7. 3.: »Die nimmersatte Hyäne ist im Golf von Juan gelandet.«
11. 3.: »Der alles verschlingende Löwe befindet sich in Grenoble.«
16. 3.: »Lyon hat dem Tyrannen die Tore geöffnet.«
17. 3.: »Bonaparte nähert sich in Eilmärschen der Hauptstadt.«
19. 3.: »Morgen wird Napoleon in Paris erwartet.«
20. 3.: »Der Kaiser ist in Fontainebleau angekommen.«

Der Serbe Nikola Paschitsch gab im Beisein eines Freundes ein Interview. Die Tür ging auf. »Meine Frau Militza«, sagte der Politiker.
»Militza?« fragte der Freund, als der Journalist fort war. »Deine Frau heißt doch Djurdjina!«
Paschitsch lachte: »Gefällt mir der Artikel nicht, werde ich ihn als erlogen erklären, und der falsche Name meiner Frau wird als Beweis dienen.«

Eine Sex-Bombe keß auf das Titelblatt,
die so gut wie nur ihre Formen anhat.

Soweit nicht reklamebelegt, die bequeme
sichere Tour für den Rest: Man nehme:

Den Mörder auf dem elektrischen
Stuhl,
kurz vor der Abfahrt zum höllischen
Pfuhl.

Um jedem etwas, das Seine zu geben:
Den Papst auf dem heiligen Stuhl
daneben.

In sinniger Folge die Leiche der Dame
vom Lust-Mord, natürlich in Groß-
aufnahme,

und als Clou zum Schluß, einen jeden
begeistert's:
Das adlige Antlitz des Box-
Weltmeisters.

Gerhard Schumann,
Stachelbeeren-Auslese, Gewisse Illustrierte

»Kein Mord, kein Skandal in den letzten achtundvierzig Stunden!« stöhnt der Chefredakteur des Wochenschinkens. »Womit sollen wir aufmachen?« »Wir haben noch einen Tag Zeit«, tröstet der Herausgeber. »Haben Sie Vertrauen zur Menschheit!«

Die Steigerung der Eigenschaftswörter wird geübt. Um einen Beispielsatz gebeten, sagt ein Kind: »Die Bildzeitung ist mir lieb und wert.«
Der Lehrer ist zufrieden und verlangt den Komparativ. Die Antwort lautet: »Die Bildzeitung ist mir lieber und werter.«
»Gut«, spricht der Pädagoge. »Und der Superlativ?«
Auch diesen beherrschen die Kinder: »Die Bildzeitung ist mir am liebsten am Allerwertesten.«

Am besten Du die Zeitung liest,
wo's rauscht, wenn Du die Leitung
ziehst.

Verfasser unbekannt

John Kennedy am 27. April 1961 vor dem Verband Amerikanischer Zeitungsherausgeber:
»Sie erinnern sich vielleicht, daß 1851 die ›New York Herald Tribune‹ als Londoner Korrespondenten einen obskuren Journalisten namens Karl Marx beschäftigte.
Dieser Mann lebte von der Hand in den Mund. Seine Familie war krank und unterernährt, und so lag er ständig Greeley und dem Chefredakteur Charles Dana wegen einer Aufbesserung seines Honorars in den Ohren. Er wollte pro Lieferung fünf Dollar mehr. Er und Engels nannten die Entlohnung den ›schändlichsten Hungerlohn bourgeoiser Betrüger‹.
Als alle Bitten auf taube Ohren stießen, sah sich Marx nach einer anderen, einträglicheren und ruhmreicheren Tätigkeit um. Er brach seine Beziehungen zur ›Tribune‹ ab und widmete seine Talente der Sache, die der Welt den Leninismus, Stalinismus und den Kalten Krieg bescherte.
Ich hoffe, alle Zeitungsherausgeber vergessen diese Lektion nicht, wenn sie das nächste Mal von einem darbenden, unbekannten Journalisten um eine kleine Erhöhung seines Honorars gebeten werden.«

Mark Twain erhielt als Redakteur des »Arizona Kickers« ein unverlangtes Manuskript nebst einer Kiste Zigarren. Er antwortete: »Ihre Zigarren sind hervorragend; das Manuskript ist leider nicht verwertbar. Bitte schicken Sie künftig nur noch Zigarren!«

Ein Bettler hielt William Randolph Hearst den Hut hin. Der Zeitungskönig lüpfte den seinigen: »Presse«.

Samuel Johnson wurde parlamentarischer Berichterstatter von »Gentleman's Magazine« zu einer Zeit, als die Presse noch ausgeschlossen und auf vertrauliche Informationen der Türsteher angewiesen war. Diese aber wußten meistens nicht viel mehr, als wer wann gesprochen hatte. Johnson erfand sich deshalb aus der Persönlichkeit des Abgeordneten, seinen Interessen und Verpflichtungen, bezogen auf den Hintergrund der gegenwärtigen politischen Situation, seine Parlamentsreden selbst. Schon kurze Zeit später wurden sie für historisch gehalten. Lord Chesterfield nahm in seine »Gesammelten Werke« zwei Parlamentsreden auf, die in Wirklichkeit nicht er, sondern Samuel Johnson »gehalten« hatte.

Nachrichten: Weil sich viele Leute danach richten.

Bei der Zeitungsredaktion trifft eine unfrankierte, mit Strafporto belegte Postkarte ein: »Wenn Sie die Serie Ihrer albernen Schottenwitze fortsetzen, habe ich mir Ihre ansonsten geschätzte Zeitung heute zum letzten Mal geborgt. Hochachtend!«

Briten amüsieren sich an cross readings: Zeitunglesen von einer Spalte in die benachbarte hinüber. Hier einige Funde:
Der Ochse, der auf dem letzten Markt ein Kind zertrat – wird wohl schwerlich mehr bei Hofe erscheinen dürfen.
Am 13. schlug der Blitz in den Dom – Er setzte tags darauf seine Reise fort.
Von dem neulichen starken Gewitterregen – kostet das Glas vier Shilling.

»Wie kommt es, Vater«, fragt der Junge, »daß immer gerade soviel passiert, wie in die Zeitung hineingeht?«

»Ich möchte gern ein Zeugnis haben,
wo, wie und wann mein Schatz
gestorben und begraben!
Ich bin von je der Ordnung Freund
gewesen,
möcht ihn auch tot im Wochen-
blättchen lesen«,

verlangt Frau Marthe Schwerdtlein von Mephistopheles und stellt damit auch für einen Teufel kaum erfüllbare Wünsche; denn die erste Zeitung in Deutschland erschien erst hundert Jahre später, 1607.

In dem Lande der Pygmäen
gibt es nirgends eine Zeitung;

denn man kann dort nicht verstehen,
daß die tägliche Verbreitung
all der Dinge, die geschehen,
von erheblicher Bedeutung.
Viel zu kurz sei dieses Leben,
sich mit solchen Albernheiten
abzugeben.

Siegfried von Vegesack,
In dem Lande der Pygmäen,
Es gibt keine Zeitung

Funk etc.

In dem Lande der Pygmäen
gibt es keinen Rundfunk mit
Geräuschen.
Keiner läßt von einem Lautsprecher
sich täuschen,
keiner kann es dort verstehen,
daß es ein Genuß sei, Lärm sich anzuhören,
weil man unumwunden
meint: Geräusche stören.
Lärm wird als Tortur empfunden,
Lärm erschreckt.

Deshalb hat man dort
einen Apparat erfunden,
der das Gegenteil bezweckt:
Er ist so gebaut,
daß durch eine sinnreich angebrachte
Filterhülle
jedes Wort,
jeder Lärm und Laut
aufgesogen wird durch absolute Stille.

Siegfried von Vegesack,
In dem Lande der Pygmäen,
Der lautlose Rundfunk

Ein junger Amerikaner erklärte seiner alten Tante das Geheimnis von Telegraphie und Radio: »Du hast einen Hund, der so lang ist wie die Strecke New York–Chikago. Wenn Du ihm in New York auf den Schwanz trittst, bellt er in Chikago. Das ist Telegraphie. Radio ist das gleiche, nur ohne Hund.«

Rundfunk = Pausenmusik außerhalb der Fernsehzeiten.

Michael Schiff,
Von Abs bis Zwiebelmuster

Die Großmama, die ganz moderne,
holt's Märchen aus der Ätherferne,
weil es für sie bequemer so.
Sie dreht es aus dem Radio.
»Dies Märchen«, spricht das Kindchen
dann,
»das drehte mir die Oma an.«

Robert Högfeldt,
Das harmonische Familienleben

Reporter Heinz Maegerlein 1964 von der Innsbrucker Olympiade: »Tausende standen an den Hängen und Pisten . . .«

Neue, inoffizielle Zeiteinheit in der Zone: Ein Ulb = Dauer zwischen

Ulbrichts Anrede »Genoss'n« und dem Abschalten des Empfängers.

Auf eine Umfrage des französischen Fernsehens berichtete ein Handwerker aus Lyon: »Am liebsten sehen wir Opern. Wir stellen den Ton ab und erraten die Handlung.«

Am Tage nach dem Wallace-Fernsehkrimi ist die frisch geweißte Wand des Schulhauses verunreinigt. Der Lehrer fragt nach dem Dreckspatz. Er bittet, droht, forscht. Kein Erfolg.
»Wir verbinden uns jetzt alle die Augen«, spricht er schließlich. »Der Schuldige geht vor und schreibt an die Tafel: ›Ich werde das nicht wieder tun‹, und der Fall ist erledigt.«
Man verbindet sich die Augen. Tiefe Stille im Klassenzimmer.
Leise Schritte zur Tafel. Quietschende Kreide. Leise Tritte zurück. Entwarnung.
Ergebnis: Pfütze auf dem Podium, und an der Tafel die Widmung: »Der Piser had wider zugeschlahgen.«

Auf der Mattscheibe läuft eine Revue an. Mama wendet sich an die Kinder: »Ins Bett jetzt! Marsch! Die Tanten im Fernsehen sind auch schon ausgezogen.«

Das Fernsehen macht aus dem Kreis der Familie einen Halbkreis.

Verfasser unbekannt

»Menschen, die behaupten, das Fernsehen habe keine erzieherische Wirkung, irren«, erklärte ein Fachmann vom Flimmergewerbe. »Ein mir bekannter Mann, der Apparate repariert, hat bereits zwei Söhne zum Stupidium auf die Unität geschickt.«

Im Schaufenster einer Buchhandlung: »Kaufe ein Buch! Hilf mit, das Fernsehen auszurotten!«

Das erste Telegramm der Welt enthielt die Worte: »Mikkelmann kömmt«. Es wanderte von der Göttinger Sternwarte nach dem Hause der Gelehrten Gauß und Weber in der Stadt.
Mikkelmann war das Faktotum der beiden. Unzählige Male war er zwischen den Gebäuden, auf die sich die Gelehrten verteilt hatten, hin- und hergelaufen. Schließlich war der große Tag gekommen. Mikkelmann war soeben in Marsch gesetzt worden – und diese Tatsache wurde zum epochemachenden Bericht.

Eine französische Fernsehkundin schlug in einem Brief an die Intendanz vor, eine Eheanbahnung via Bildschirm einzurichten. In der programmlosen Zeit könne man die Bilder Heiratswilliger flimmern lassen, kommentiert von den Lebensdaten und Wunschvorstellungen. Die Kosten will die Dame durch eine leichte Erhöhung der Fernsehgebühren gedeckt wissen.

»Wir haben jetzt auch ein Farbfernsehgerät. Vierzig mal sechzig.«
»Bildschirmgröße?«
»Nein. Raten.«

Chef zur Sekretärin: »Schicken Sie ein Telegramm an meine Tochter! Sie soll aufhören zu telefonieren. Ich muß mit meiner Frau sprechen.«

Der Chef rief seine Frau an. Es dauerte lange, bis sie abhob: »Du holst mich aus der Badewanne. Nicht einmal ein Handtuch habe ich an.«
»Verzeihung!« sagte der Gatte. »Ich melde mich in einer halben Stunde wieder.« Und legte auf.
Teilte seinem neben ihm sitzenden Teilhaber den Grund für die Kürze des Gespräches mit, und der andere wählte erneut.
Die Frau war sofort am Apparat.
»Hier ist Brinkmann«, sprach der Teilhaber. »Ist Hans ... O, wie reizend! ... Und klitschnaß ...!«
»Klack!« machte es in der Leitung.

Der Verkaufsleiter hat ein sehr lautes Organ. Eines Morgens hört ihn der Chef brüllen. Er drückt auf den Sprechapparat und ruft die Sekretärin des Stimmgewaltigen: »Was hat denn der Blaschke?«
»Er spricht mit Amsterdam, Herr Direktor.«
»Warum nimmt er nicht das Telefon?«

Jehudi Menuhin probte mit Toscanini in einem Hotelzimmer, als das Telefon schellte. Toscanini war so vertieft, daß er das Klingeln nicht zu hören schien. Menuhin wurde um die Konzentration gebracht. Beim zehnten oder zwölften Glockenzeichen erhob sich der Maestro ruhig von seinem Klaviersessel, riß Schalter samt Putz aus der Wand und setzte sich ohne ein Wort wieder an den Flügel.

Als für König Ibn Saud in Er Riad die erste Telephonverbindung gelegt wurde, protestierten die Hirten des Islams gegen die teuflische Technik. Der König entschied: »Ist das Telephon ein Werk des Teufels, so wird es die heiligen Worte des Korans nicht hindurchgehen lassen.«
Dann setzte er einen Mullah in seinen Palast an den Hörer, den anderen in die Zentrale. Sie lasen sich gegenseitig Suren vor, und die Religionshüter gaben sich zufrieden.

Aufruhr

Ein Fischer wollte in einem Fluß Fische fangen und spannte sein Netz von einem Ufer zum anderen. Dann band er einen Stein an ein Seil und schlug das Wasser, um die Fische in das Netz zu treiben. Ein Anwohner des Flusses aber schalt ihn, daß er das Wasser, das man zum Trinken braucht, verunrei-

nige. Der Fischer antwortete: »Wenn ich das Wasser nicht trübe, muß ich Hungers sterben.«
Die Fabel lehrt, daß die Politiker ihre besten Geschäfte machen, wenn sie ihre Mitbürger zum Aufruhr verleiten.

Äsop, Der Fischer

Ein Volksredner in der französischen Revolution: »Ja, Bürger, ich will meinen Kopf bei den Haaren packen. Ich will ihn abschneiden, dem Despoten bringen und sagen: Siehe, Tyrann, so handelt ein freier Mann!«

Der Revolutionspöbel schrie hinter dem Abbé Maury: »Hängt ihn! An die Laterne mit ihm!«
Der spätere Kardinal wandte sich um: »Und Ihr glaubt, daß Ihr dann besser sehen könnt?«

Hylax, aus dem Geschlecht der Wolfshunde, bewachte ein frommes Lamm. Ihn erblickte Lykodes, der gleichfalls an Haar, Schnauze und Ohren einem Wolfe ähnlicher war als einem Hunde, und fuhr auf ihn los. »Wolf«, schrie er, »was machst du mit diesem Lamme?«
»Wolf selbst!« versetzte Hylax. (Die Hunde verkannten sich beide.) »Geh! Oder du sollst es erfahren, daß ich sein Beschützer bin!«
Lykodes will das Lamm dem Hylax mit Gewalt nehmen; Hylax will es mit Gewalt behaupten, und das arme Lamm – treffliche Beschützer! – wird darüber zerrissen.

Lessing, Fabeln,
Das beschützte Lamm

Als Napoleon von Elba zurückkehrte, jubelten die Pariser. Aber kaum ein Taschentuch wurde geschwenkt. Der Korse wunderte sich, und Fouché erklärte: »Leute, die sich auf einen Umsturz freuen, besitzen in der Regel kein Taschentuch.«

In New York soll sich ein Unternehmen aufgetan haben, das Demonstranten vermietet. Standardrandalierer drei Dollar pro Stunde; Bärtige Aufpreis.

Ein Schüler definierte: Irredentisten = verrückte Zahnärzte.

Die irische Revolution von 1916 wurde durch eine Zeitungsannonce abgeblasen.
Die Engländer hatten bemerkt, daß ein deutsches Schiff Waffen landen wollte, und Vorbereitungen getroffen, den Aufstand zu ersticken. McNeill, einer der Führer der Rebellen, erkannte die Gefahr und ließ in letzter Stunde folgende Anzeige in eine der größten Tageszeitungen einrücken: »Alle Befehle, die den irischen Volontären für morgen gegeben wurden, werden wegen der äußerst kritischen Lage zurückgenommen.« Es ist bis heute unbekannt,

ob die Veröffentlichung von der Obrigkeit geduldet oder übersehen wurde.

Ferdinand trank soeben seine Morgenschokolade, als die Wiener Achtundvierziger losbrachen. »Majestät!« rief der Adjutant. »Revolution! Die Burg wird gestürmt!«
Der Kaiser schüttelte unwillig das Haupt: »Sagen Sie den Leut'n, i bin beim Frühstück!«

Der zweite Sohn des abgedankten Friedrich August von Sachsen heiratete in Regensburg eine Prinzessin von Thurn und Taxis. Der Ex-Monarch versuchte, unauffällig zu reisen, doch in Zwickau hatte sich seine Durchfahrt herumgesprochen, und auf dem Bahnsteig warteten viele Menschen.
Sie klatschten und riefen. August blieb verborgen. Sie jubelten und trommelten an die Fenster. Da wurde der Vorhang zurückgeschoben und die Scheibe heruntergelassen. Ein Kopf erschien und eine bekannte Stimme raunzte: »Ihr seid mir scheene Rebubliganer!«

Aus dem Begriff »Révolution française« wurden zwei Anagramme gebildet.
1799: »Veto! Un corse la finira.« Ich verbiete. Ein Korse wird sie beenden.
1814: »La France veut son Roi.« Frankreich will seinen König.

Danton zu Chabot auf dem Weg zur Guillotine: »Sollte es im Jenseits einmal Revolution geben, ich denke, wir lassen die Finger davon.«

Ein Presbyterianer zu Karl II. von England, der ihn fragte, ob es recht sei, gegen den König die Waffen zu erheben: »Ich wünschte, daß Könige und Minister den Aufruhr für rechtmäßig, die Bürger ihn aber für unrechtmäßig hielten.«

XXVI. Kapitel

Militär
Krieg
Feldherr
Frieden

Militär

Ganz unverhofft an einem Hügel
sind sich begegnet Fuchs und Igel.
»Halt!« rief der Fuchs. »Du Bösewicht!
Kennst du des Königs Order nicht?
Ist nicht der Friede längst verkündigt?
Und weißt du nicht, daß jeder sündigt,
der immer noch gerüstet geht?
Im Namen Seiner Majestät:
Geh her und übergib dein Fell!«
Der Igel sprach: »Nur nicht so schnell!
Laß dir erst deine Zähne brechen,
dann wollen wir uns weiter sprechen!«
Und alsogleich macht er sich rund,
schließt seinen dichten Stachelbund
und trotzt getrost der ganzen Welt,
bewaffnet, doch als Friedensheld.

Busch,
Bewaffneter Friede

Besucher: Ich möchte Ihnen eine Erfindung anbieten.
Kriegsminister: Und das wäre?
Besucher: Ein Luftkreuzer, der ein Regiment Soldaten aufnehmen und sich sieben Tage lang in der Luft halten kann. Hier sind die Pläne.
Kriegsminister: Ich unterstelle, daß die Zeichnungen stimmen. Für welchen Betrag verkaufen Sie?
Besucher: Eine Million.
Kriegsminister: Hier haben Sie den Scheck auf die Staatsbank. Wenn Sie wieder einmal eine Idee haben, bitte kommen Sie zuerst zu mir!
Besucher: Ich habe noch ein Geschütz, das den Luftkreuzer mit absoluter Sicherheit vernichtet.
Kriegsminister: Das ist dreist.
Besucher: Sie werden zugeben, daß sich die Kriegstechnik mit rasender Geschwindigkeit entwickelt.
Kriegsminister: Natürlich. Aber daß ausgerechnet Sie die Gegenwaffe mitliefern . . .!
Besucher: Sollte ich mir erst draußen den Bart abrasieren und dann wieder eintreten?
Kriegsminister: Geben Sie her! Ich habe keine andere Wahl, wenn ich verhindern will, daß Ihre Erfindung in die Hand des Feindes gelangt. Kostet?
Besucher: Eine Million.
Kriegsminister: Bitte. Das Geschütz erscheint mir als verheerende Waffe.
Besucher: Wenn der Luftkreuzer mit einer neuen Isolierschicht versehen wird, vermag ein Geschoß aus der Wunderkanone keinen Schaden anzurichten.
Kriegsminister: Wollen Sie mich zum Narren halten?
Besucher: Ich verstehe Sie nicht. Ist mein Kreuzer schlecht? Ist mein Geschütz schlecht?
Kriegsminister: Sie hätten mir die Isolierschicht zusammen mit dem Kreuzer verkaufen müssen.
Besucher: Bedauere. Die Technik entwickelt sich organisch.
Kriegsminister: Wieviel?
Besucher: Eine Million.
Kriegsminister: Ausbeuter! Da! Ich habe also die Gewähr, daß mein Kreuzer jetzt unverletzbar ist?
Besucher: Sofern keine neuen Geschosse mit größerer Durchschlagskraft erfunden werden.
Kriegsminister: Sie meinen, solche Geschosse könnten erfunden werden?
Besucher: Sind bereits.
Kriegsminister: Von wem?

Besucher: Von mir.
Kriegsminister: Zum Teufel! Und wenn ich Ihre neuen Geschosse gekauft habe, bieten Sie wieder eine neue Panzerung und darauf abermals bessere Geschosse!
Besucher: Freilich.
Kriegsminister: Sie ruinieren unser Land! Wer sind Sie? Nennen Sie Ihren Namen, damit wir ihn an jedem Kreuzweg verfluchen können!
Besucher: Schimpfen Sie, solange Sie wollen! Ihnen nützt es nicht, und mir schadet es nicht.
Kriegsminister: Ihren Namen!
Besucher: Solange sich die Völker von Leuten Ihres Schlages regieren lassen, bin ich ein Patriot. – Die mir zustehenden öffentlichen Ehrungen bitte an die auf diesem Zettel angegebene Adresse. Guten Abend!

nach *Awertschenko*,
Der gesunde Menschenverstand

Bei einem Festessen in den fünfziger Jahren des vorigen Jahrhunderts erhob der Kriegsminister sein Glas: »Gott erhalte die bayerische Armee!«
»Bravo!« erwiderte Finanzminister Johann Ritter von Aschenbrenner. »Das ist ein Vorschlag. Ich kann es nicht mehr.«

Der 1912 bei Kirk Kilissé die Türken kommandierende Pascha, als die Balkanmächte auf dem rechten Flügel die gesamte Artillerie genommen hatten: »Sie war zum Glück noch nicht bezahlt.«

Nach dem Reichstagsbrand 1933 wurde nach dem Unterschied zwischen der Reichswehr und der SA gefragt. Und geantwortet: »Bei der Reichswehr heißt es: ›Legt an, gebt Feuer!‹ Bei der SA: ›Gebt an, legt Feuer!‹«

Bonn 1956: »Die Franzosen wünschen eine deutsche Armee, die stärker ist als die russische, aber schwächer als die französische.«

Der Friedensapostel William T. Stead erbat, nachdem der Zar seine Bereitschaft zur Abrüstung erklärt hatte, Mark Twains Meinung. Der Schriftsteller antwortete: »Lieber Herr Stead! Der Zar ist zur Abrüstung bereit. Ich bin dazu bereit. Versuchen Sie nunmehr, den Rest der Menschheit zu überzeugen, was nicht mehr allzu schwer sein dürfte! Ihr M. T.«

Musterung zur Kriegsmarine im jungen Staat Israel: »Können Sie schwimmen?«
Der Kandidat leise zum Gefährten: »Was habe ich gesagt? Schiffe haben sie auch nicht.«

Der Wehrpflichtige berichtet dem Psychologen ausführlich von seinen körperlichen Gebrechen, seinen seelischen Schwankungen, seinen Pflichten, seinem Beruf. Er werde niemals ein guter Soldat, und im übrigen »ist mir der ganze

Militärklimbim zutiefst zuwider.« »Normal«, entscheidet der Psychologe. »K. v.«

Musterung. Das nackte Opfer wird vom Stabsarzt abgeklopft: »Rumdrehn! – Bücken! – K. v.!«
Der Wehrpflichtige richtet sich auf: »Konnten Sie mir das nicht ins Gesicht sagen?«

Vorstellung im Eisenbahnabteil: »Von Bredow – Leutnant der Reserve.«
»Angenehm. Meier – d. u.«

Ein junger, reicher, kerngesunder Kaufmannssohn des zaristischen Rußlands erzählte: »Ich verstehe nicht, warum man mich beim Militär nicht haben will. Vor jeder Musterung wette ich mit dem Oberstabsarzt um tausend Rubel, daß ich tauglich bin, und jedesmal verliere ich.«

Der Schreibstubengefreite zu Dr. Jeremias Witzenberg: »Volksschule?«
»Jawohl, bitte sehr! Vier Jahre. Dann humanistisches Gymnasium acht Jahre. Darauf Studium an den Universitäten Göttingen, Heidelberg und Köln. Medizinisches Staatsexamen nebst Promotion sowie Doktorat der Philosophie. Sodann ...«
»In Ordnung,« unterbricht der Gefreite und stempelt die Karteikarte: »Kann lesen und schreiben.«

Der Korporal stemmt die Hände in die Hüften: »Wat sin Sie eijentlich von Beruf?«
»Doktor der Philosophie.«
»Ausjezeichnet. Wissen Sie, was ne Idee is?«
»Jawohl, Herr Unteroffizier. Eine Idee ist ein Gedanke höheren Grades. Platon hat gültig formuliert. Kant nannte die Idee das Vermögen der Vernunft. Schelling sagte ...«
»In Ordnung. Nehmen Se Ihr Jewehr ne Idee höher!«

»Tellijent wollt Ihr sein?« brüllt der Unteroffizier die Einjährigen an. »Wißt Ihr, was Ihr seid? Intellijent seid Ihr!«

»›Stillgestanden!‹«, erklärt der Unteroffizier den Rekruten, »heißt soviel wie ›scheintot‹, klar?«

Leutnant vor Monstranzenvitrine: »Rennpreise?«

»Kreuz durchdrücken!« schreit der Reitlehrer. »Ihr hockt ja auf dem Gaul wie die Iphigenie auf Tauris!«
»Schliefke!« rügt der Kompaniechef. »Ein- für allemal: Jottes Wort jehört nich auf den Kasernenhof!«

Leutnant von Zitzewitz unterbricht den allgemeinen Unterricht des zweiten Zuges: »Schweinerei, Unteroffizier

Schliefke! Erster Zug lernt, Sonne geht im Westen auf. Sie behaupten, geht im Osten auf. Soll mir ejal sein, wo sie aufgeht, aber in meiner Kompanie bitte ich mir Einheitlichkeit aus, klar?«

Kavallerist Fischbein wird angeblasen, weil er nur einen Sporn trägt.
»Is überflüssig der zweite, Herr Rittmeister«, erwidert der Gerügte. »Stoß ich dem Gaul rechts in die Flanke, läuft er links genauso.«

»An Ihrer Montur fehlt ein Knopf!« rügt der Feldwebel.
Der Rekrut lächelt: »Ihre Sorgen möcht' ich haben!«

»Das nennen Sie ein gereinigtes Gewehr?« schreit der Unteroffizier. »Wie heißen Sie?«
»Detlef«, antwortet der Gefragte. »Und Du?«

Moses Fischbein läuft mit brennender Zigarette über den Kasernenhof. Der Spieß brüllt ihn herbei: »Warum soll der Rekrut nicht mit brennender Zigarette über den Kasernenhof gehen?«
»Eben«, antwortet der Moses freundlich. »Warum eigentlich nicht?«

Moses Fischbein wird auf Posten gestellt, die Ankunft des Generals zu melden. Der Schlachtenlenker hat Verspätung; dreimal war der Feldwebel bereits zur Inspektion bei dem Späher. Schließlich kommt der Hohe doch. »Machen Sie sich auf Einiges gefaßt, Herr General!« spricht der Moses. »Der Feldwebel hat schon dreimal nach Ihnen gefragt.«

Moses Fischbein wird zur Bewachung einer Kanone postiert. Eine Stunde später findet ihn der Korporal schlafend in der Unterkunft.
»Wieso verantwortungslos?« verteidigt sich der Wachgebrüllte. »Ich habe versucht, die Kanone fortzuschaffen. Das ging nicht. Also wird sie einer allein auch nicht stehlen. Und wenn mehrere kommen, kann ich als einzelner sowieso nichts machen.«

Er meldet sich mit Halsschmerzen im Revier. Der Stabsarzt untersucht ihn und macht schmale Augen: »Wären Sie im Zivilleben wegen einer solchen Lappalie auch zu mir gekommen?«
»Nein«, erwidert der Patient. »Da hätte ich Sie rufen lassen. Auf Krankenschein.«

Der Artilleriefeldwebel zu einem intelligenten Fabrikantensohn: »Du paßt nicht hierher. Kauf dir eine Kanone und mach dich selbständig!«

Ein Offizier erwiderte jeden Gruß eines Untergebenen mit einem gemurmelten »Du mich auch!«. Um Begründung gebeten, erläuterte er: »Ich habe als Gemeiner angefangen und weiß, was die Leute denken.«

Zu Oldenburg im Tor,
da steh' ich auf der Wacht,
schau rechts und links und vor
und hab auf alles acht.

Major und Kommandant
und Hauptmann noch viel mehr
sind mir von fern bekannt:
Schnell greif ich ans Gewehr.

Und kommt mit Saus und Braus
der Großherzog heran,
so schrei ich gleich: »Heraus!«
und zieh die Flinte an.

Gern rief ich, geht mein Schatz
vorüber, auch: »Heraus!«
Sie spitzt den Mund zum Schmatz –
ich schau geradeaus.

Sie knüpft am Schuh das Band
und tut nicht sehr pressiert.
Ich rühre nicht die Hand:
Mein Herz nur präsentiert.

Karl August Mayer,
Selbstbeherrschung

Ein Musterungspflichtiger klagt über Kopfschmerzen.
»Kopfschmerzen? Pah!« macht der Stabsarzt. »Ich habe auch Kopfschmerzen, und der Herr Major und der Herr General haben auch Kopfschmerzen, und trotzdem tun wir unseren Dienst.« Untersuchung. Tauglich.
Ein anderer hat »Magenschmerzen.«
»Magenschmerzen? Pah!« macht der Stabsarzt. »Ich habe auch Magenschmerzen, und der Herr Oberst und der Herr General haben auch Magenschmerzen, und trotzdem tun wir unseren Dienst.« Untersuchung. Tauglich.
Der dritte: »Ich bin verrückt.«
»Soso«, sagt der Stabsarzt.

Der Soldat im Ehestande
steht vor folgendem Problem:
Zieht die Frau mit durch die Lande,
hat's die Kompanie bequem.
Anderseits macht es auch Sorgen,
wenn sie fern zu Hause sitzt;
Nachbarn werden manchmal borgen,
was dem Gatten doch nichts nützt.
(Soldat)

John Gay,
Achilles

Ich habe mich als Frau eines Marineoffiziers längst daran gewöhnt, daß mein Mann den Fußboden Deck, die Türe Schott und die Eßecke Pantry nennt. Ich war auch nicht sehr überrascht, daß er nach der Geburt unserer Kinder jedesmal »Gut gemacht« telegraphierte. Ein bißchen viel aber wurde es mir, als er mich am ersten Abend nach langer Trennung im Bett ansah und sagte: »Fein, dich längsseits zu haben!«

Das Beste,
November 1967

Ball in Königsberg. Mittelpunkt ein Offizier der Kaiserlichen Marine. End-

lich kann Käthchen Piepereitsche mit ihm tanzen. Selig liegt sie in seinen Armen.
»Sie bekleiden sicherlich einen hohen Rang?« haucht sie.
»Deckoffizier, Gnädigste.«
»Ach, wie schön!« Käthchen schließt die Augen. »Ich kenne Trakehnen.«

Wer war der erste Offizier?
Joseph. Er legte einen bunten Rock an und dünkte sich mehr als seine Brüder.

Unter allen Ständen ist der Soldat dem Paradiese am nächsten. Im Leben und im Sterben.

Weber, Demokritos

Ein alter Oberst besuchte nach langer Abwesenheit Potsdam und begleitete Friedrich II. zur Kirche. Es wurde über Beelzebub, den Obersten der Teufel gepredigt.
»Seit zwanzig Jahren war ich in keiner Kirche mehr«, sprach der Alte. »Aber wie ich höre, geht's in der Hölle zu wie auf Erden: Beelzebub ist immer noch Oberst.«
Der König verstand und erhöhte die Pension des Veterans.

1910 besuchte Wilhelm II. ein schweizerisches Manöver. In der Gefechtspause trat ein Musketier zu seinem Hauptmann und bat um Feuer.
Mit einem Blick auf den Kaiser entgegnete der Kompaniechef: »Wämmer jetzt z'Preuße wäred, hetsch du din Haupme nüd dörfe um Für bättle!«
Der Soldat ließ den Tabak aufleuchten: »Wämmer z'Preuße wäred, so wärsch du au nüd Haupme!«

Wilhelm II. war Manövergast in der Schweiz. Als der Oberstdivisionär mitteilte, er könne im Ernstfall 400 000 Mann auf die Beine bringen, scherzte der Hohenzoller: »Was würden Sie denn machen, wenn ich mit zwei Millionen einrückte?«
»Zwei Millionen?« wiederholte der Schweizer. »Das wären pro Mann fünf Patronen.«

Eine Frau bat Lincoln um eine Hauptmannsstelle für ihren Sohn: »Mein Großvater kämpfte bei Lexington. Mein Onkel lief als einziger bei Bladensburg nicht davon. Mein Vater focht bei New Orleans, und mein Mann fiel vor Monterey.«
»Ihre Familie tat genug für das Vaterland«, erwiderte der Präsident. »Es ist an der Zeit, ihr eine Chance zum Fortbestehen zu geben.«

Johannes XXIII. an eine Abordnung französischer Fallschirmjäger: »Euer Bemühen, korrekt vom Himmel zu fallen, in allen Ehren! Aber vergeßt darüber nicht, dafür zu sorgen, daß ihr wieder hinaufkommt!«

Krieg

Vertraulich hatten sich gestellt
in sichrer Waldschlucht Fuchs und Bär
und redeten gescheit daher
vom Menschen, von Natur und Welt.
Der Bär: »Begreife, wer es kann:
Der alte Erbfeind fällt uns an,
schießt, mordet uns und frißt uns auf,
zieht uns die Haut ab zum Verkauf.
Von uns die Edelsten und Besten
setzt er in Mast, sich selbst zu mästen.
Was sind wir? Futter für den Gauch,
für seinen Wanst, für seinen Bauch.
Und die Natur, die alle schuf,
so uns wie ihn vor grauer Zeit,
sie hört nicht unsern Hilferuf.
Es gibt keine Gerechtigkeit.«

Der Fuchs: »In allem sprichst du
wahr.
Nur der Natur trittst du zu nah.
Sie sorgt auch hier, das ist mir klar,
für einen Ausgleich. Ohne Rühren
frißt uns der Zweibeinige, ja,
doch, Vetter, hast du denn vergessen
die Kriege, die die Narren führen,
wie sie zugleich sich selber fressen?«

Alois Wohlmuth,
Trost

Quidquid delirant reges, plectuntur Achivi. Wenn die Könige verrückt sind, werden die Völker (die Griechen vor Troja) geprügelt.

Verfasser unbekannt

Anfang September 1914 nahm Friedrich August III. vor dem Dresdner Schloß den Vorbeimarsch der ausrückenden Truppen ab. Die letzte Kompanie grüßte. Der König biß die Lippen: »Meine scheen Soldadn! Nu schießn se se dood!«

Kathederblüte: »Schon im siebzehnten Jahrhundert war der Krieg ein Übel.«

Mehrere Kriege, der Spanisch-Amerikanische, der Chinesische, der Transvaalkrieg und mancherlei Bürgerkriege, gehässige, ja blutige, füllten die Welt.

Friederike Kempner,
Gedichte,
Vorwort zur achten Auflage 1903

Ein Mensch, der, sagen wir, als Christ
streng gegen Mord und Totschlag ist,
hält einen Krieg, wenn überhaupt,
nur gegen Heiden für erlaubt.
Die allerdings sind auszurotten,
weil sie des wahren Glaubens spotten!

Ein andrer Mensch, ein frommer
Heide,
tut keinem Menschen was zuleide,
nur gegenüber Christenhunden
wär' jedes Mitleid falsch empfunden.

Der ewigen Kriege blutige Spur
kommt nur von diesem kleinen »nur«.

Eugen Roth,
Mensch und Unmensch, Nur

Ein Mönch predigte den Soldaten, daß alle Tapferkeit nichts vermöge und Gott allein den Sieg schenke. Arnauld le Fort fuhr ihm in die Parade: »Schert Euch zum Teufel oder lehrt die Leute, daß Gott auf Seiten derer steht, die am kräftigsten dreinschlagen!«

»Gott steht auf unserer Seite!« schloß der Geistliche seine Aufmunterung an die schlachtbereite Truppe.
»Verzeihen Sie!« sprach Abraham Lincoln. »Der Herrgott steht auf seiten der Wahrheit. Lasset uns hoffen, daß wir auf Seiner Seite stehen!«

Ein Rekrut, aufgefordert, den Unterschied zwischen Vorsicht und Feigheit zu erklären: »Stäbe sind vorsichtig und setzen sich ab. Soldaten fliehen und sind feige.«

Übrigens: Das Sturmgepäck darf auch bei Windstille getragen werden.

Timur Tamerlan schwor der Besatzung von Sebastie in Samaria, er werde, wenn sie sich ergebe, kein Blut vergießen. Die Belagerten legten die Waffen nieder und wurden lebendig eingemauert.

Der Kompaniechef schließt seine Ansprache: »Und nun vorwärts! Mann gegen Mann!«

»Wäre es möglich, Herr Hauptmann«, fragt Moses Fischbein, »daß Sie mir meinen Mann zeigen? Vielleicht kann ich mich gütlich mit ihm einigen.«

Die italienischen Stellungen am Isonzo liegen unter schwerem österreichischem Artilleriefeuer. Ein Bersaglierihauptmann zieht den Säbel, schreit »Avanti« und stürzt sich in die Schrapnelle.
Die Soldaten recken die Köpfe und klatschen in die Hände: »Bravo, Capitano! Bravo!«

»Ihr kämpft für Geld, wir für die Ehre«, sagte ein Franzose nach der Schlacht von Marengo zu einem Österreicher.
»So ist es«, bestätigte dieser. »Jeder kämpft um das, was ihm fehlt.«

Friedrich August III. von Sachsen verabschiedete in Hamburg das deutsche Kontingent gegen den Boxeraufstand. Er sprach einen Grenadier an: »Wie heeßd'n du?«
»Wilhelm Piesecke, Majestät.«
»Wo kommsd'n her?«
»Aus Berlin, Majestät.«
»Warum hasd'n dich nach China gemelded?«
»Meinem Vaterlande zu dienen, Majestät.«
Der König klopfte ihm auf die Schulter: »Komm gesund wieder heem!« Und fragte den nächsten.
»Füsilier Xaver Schneidhuber aus Bayrischzell, Majestät.«

»Sehr scheen. Und was willst du in China?«
»I hab mir denkt, Majestät, daß i mi amoi umasunst umschaug in der Welt.«
»Nuja.« August kratzte sich hinter dem Ohr. »Baß uff, daß dir nischt bassierd dabei!«
»Und du?« fragte der König den dritten.
»Gefreider Ginder Ehmichn aus Borna bei Leibzsch.«
»Na gucke! Aus Borne! Und du willst ooch nieber?«
»Jawohl, Majestät.«
»Soso«, machte der Monarch. »Und warum willst du nieber?«
»Aus Bluddurscht, Majestät.«

Der achtundzwanzigjährige Kurt Kluge hatte im Oktober 1914 den Stellungsbefehl erhalten. Er ging nach Plagwitz, um sich von Max Klinger zu verabschieden.
Der Siebenundfünfzigjährige legte den Meißel weg, betrachtete den Kollegen lange, griff zu einer neben ihm stehenden Flasche Sekt und nahm einen tiefen Schluck.
Arbeitete weiter.
Setzte ab und nahm einen zweiten Schluck.
Arbeitete weiter und sprach: »Bloß jetz keen glahrn Kopp behaldn, Kluche!«

Krieg ist nur glänzend in den Zeitungen und den Büchern der Geschichte, so wie etwa ein wohlgeordnetes Mahl im Speisesaale. Aber wenn es schmecken soll, gehe man ja nicht nach der Küche!

Karl Julius Weber,
Demokritos X, 14

Im Laufe der Jahrhunderte (seit dem barbarischen Alter an) erlitten unglücklicherweise die Monumente in Ravenna zahlreiche Verstümmelungen und Zerstörungen vor Alterswirkung sowie Eroberertäten und Kriegsereignissen.

Besuchsführer für die Stadt Ravenna,
1954, Seite 7

Eine Hinrichtung ist dem Pöbel soviel als ein Trauerspiel; selbst das Bombardement von Mainz 1794 war nicht minder ein Schauspiel für Leute mit Roß und Wagen. »Es sollte mich doch ärgern, wenn wir vergebens hergefahren wären«, sagte eine Dame.
Jetzt unterbrachen hundert Bomben in der Luft die mitleidige Pause wie die Langeweile und Dialoge der Herren und Damen, und hundert Stimmen riefen: »O wie schön! Wie schön!« Neue Teufelsfliegen stiegen empor; hoch schlug die Flamme in Mainz gen Himmel. »Superbe! Superbe!«

Karl Julius Weber,
Demokritos I, 13

Gerhart Hauptmann angesichts des brennenden Dresdens: »Wer das Weinen verlernt hat – hier lernt er es wieder.«

Bei Jacobitzki, Rittmeister im Heere des Königs Matiasco von Ungarn, beschwerte sich ein Bauer: Soldaten hätten ihm alles Gut gestohlen; nur den Rock, den er auf dem Leibe trage, habe man ihm gelassen.
»Verschwinde!« schrie der Offizier. »Wenn es meine Reiter gewesen wären, hättest du auch den Rock verloren.«

nach *Jakob Frey*,
Die Gartengesellschaft, Der gute Rock

Ich wurde einstmals mit einer Partei von der Götzischen Armee, die damals zu Neustadt auf dem Schwarzwald lag, in die Schwabenheit kommandiert. Da kriegten wir einen Bauer, der uns den Weg am Bodensee weisen mußte. Diesen fragten wir per Spaß, ob er schwedisch oder kaiserisch sei. Er dachte: Sagst du kaiserisch, so geben sich diese für schwedisch aus und räumen dir den Buckel ab; sagst du aber schwedisch, so widerfährt dir's abermal. Antwortete deswegen, er wisse es nicht.
Darauf sagte der Offizier: »Wenn du mir die Wahrheit bekennst und sagst, wie es dir ums Herz ist, so will ich dich gleich wieder deines Wegs laufen lassen; wo nicht, so mußt du im Bodensee ohn alle Barmherzigkeit ersaufen.«
Der Bauer antwortete: »Ich hab mein Lebtag gehört, ein Ehrlicher von Adel, wie ich Euch für einen ansehe, halte sein Wort.«
»Ein Schelm ist, der sein Wort nicht hält!« antwortete der Offizier.
Da sagte der Bauer: »Es bleibt dabei! Was aber meine Affektion anbelangt, so wollte ich wünschen, die kaiserlichen Soldaten wären eine Milchsuppe so groß als dieser See und die Schwedischen wären die Brocken drein, alsdann möcht der Teufel sie miteinander auffressen!«
Das gab bei uns ein Gelächter und dem Bauern wieder die Freiheit.

Grimmelshausen,
Der deutsche Bauer

Aus einer Tübinger Chronik: »Anno 1674, als die Franzosen vor der Festung gelegen, wurde der Wall von den Bayern unterminiert und in die Luft gesprengt, wobei über achtzehn Personen der feindlichen Besatzung ums Leben kamen. Als man das Pulver angezündet, ist versehentlich von einigen Bürgersleuten, die in der Nähe standen, auch ein alt Bauernweiblein in die Luft geflogen und eine Ackerlänge weit wieder zu Boden gefallen, ohne Schaden zu nehmen. Hat aber arg geschimpft.«

Im sechsundsechziger Krieg mühte sich ein Bayer, einem gefallenen Preußen die Schuhe auszuziehen. Ein Gefährte trat hinzu und erbat für seine Kreszenz »die Knöpf von dera Uniform und des schöne Hemad.«
Unwillig brummte der Sieger: »Schiaß dir selber oan!«

Karl V., als seine Soldaten das Grab Luthers zerstören wollten: »Zurück! Ich führe Krieg mit Lebendigen, nicht mit Toten.«

»Mutti, gelten nach dem Kriege die Zehn Gebote wieder?«

Simpl, 1918

Wilhelm II. besuchte ein Lazarett, trat an das Bett eines protestantischen Verwundeten und fragte: »Werden wir den Endsieg erringen?«
»Ich zweifele nicht daran, Majestät.«
Der Kaiser fragte einen Katholiken, und dieser erwiderte: »Wenn wir auf Gott vertrauen, Majestät, werden wir siegen.«
Der Monarch wandte sich an einen jüdischen Blessierten. »Majestät,« antwortete der Gefragte, »ich glaube schon, daß wir werden siegen. Aber lassen Se vorsichtshalber de Mark Brandenburg umschreiben auf den Namen Ihrer Frau!«

Max M. Warburg 1916 zu seinem Syndikus Carl Melchior: »Sollte Deutschland den Krieg verlieren und die Reichsbank nicht in der Lage sein, ihre Garantien uns gegenüber einzulösen, werden wir eine Annonce in die Zeitung setzen: ›Auf dem Felde der Ehre stellten ihre Zahlungen ein M. M. Warburg & Co.‹«

Eines Abends im Jahre 1943 kam Weiß Ferdl mit zerrissenem Anzug und zertretenen Schuhen auf die Platzlbühne. Das Publikum wieherte.
»Lachts net so blöd, Leit!« sagte der Volkssänger. »I bin euch bloß um zwoa Joar voraus.«

Schließlich muß ich noch des exzentrischen Bülow gedenken, der aus dem Lachen eine Kriegslist macht. Ein anmarschierendes Corps, sagt dieser Generalskopf, der es nicht weiter als bis zum dimittierten Lieutenant brachte, muß entmutet werden, wenn der Feind, das Gewehr ruhig im Arm, zum schallenden Gelächter kommandiert; er muß glauben, er sei verraten, umgangen und in den Rücken genommen. Man sagt, daß die Preußen unter l'Estocq bei Eylau diesen Pfiff Bülows versucht haben, der vielleicht bei Jena von größerem Erfolg gewesen wäre. In Ägypten machten in der Tat die angreifenden Araber wieder links um, als Friants Division zufällig in ein allgemeines Gelächter ausbrach über ihres Anführers Befehl: »Ein Viereck! Esel und Gelehrte in die Mitte!«

Karl Julius Weber,
Demokritos I, 2

Ein englisches Bombergeschwader überflog im Zweiten Weltkrieg die Schweiz. Funkspruch der Bodenabwehr: »Ihr befindet euch über schweizerischem Hoheitsgebiet!«
Antwort aus der Höhe: »We know it.«
»Wenn ihr nicht sofort das schweizerische Hoheitsgebiet verlaßt, schießen wir.«
»We know it.«
Die Schweizer schießen.
Von oben: »Ihr schießt daneben.«
Von unten: »We know it.«

Am Tage vor der Schlacht erbat ein Soldat Urlaub, um die sterbenskranken Eltern zu besuchen. Der Kommandant willigte ein: »Ehret Vater und Mutter, auf daß ihr lange lebet auf Erden!«

Als die spanische Flotte unter Admiral Cervera 1898 bei Santiago de Cuba eingeschlossen und von den überlegenen Amerikanern unter Admiral Sampson zusammengeschossen wurde, jubelten die Matrosen auf dem Schlachtschiff »Texas«. Captain Philips gebot Ruhe: »Die armen Teufel da drüben sterben.«

Das Regiment hatte Befehl, keinen Pardon zu gewähren. Ein Gefangener flehte um Schonung. Ein Gascogner antwortete: »Bitten Sie mich, Monsieur, um alles, was beliebt: Ich stehe zu Ihrer Verfügung. Nur mit Ihrem Leben kann ich Ihnen nicht dienen.«

Der Marschall von Sachsen begnadigte einen Soldaten, der hängen sollte, weil er sechs Livres gestohlen hatte, schalt ihn jedoch: »Nur ein Lump setzt sein Leben an sechs Livres!«
»General«, erwiderte der Mann, »wie oft habe ich es an sechs Sous gesetzt!«

Amarillis meint es gut, daß sie fleißig
Kinder bringet,
seit ihr Mann im Kriege lebt und daselbst um Ehre ringet:
Denn sie bringt mit Kinderzeugen
soviel möglich wieder ein,
was der Mann im Krieg erwürget.
Schlage er nur tapfer drein!

Johann Grob (1643–1697),
Kinder ohne Mann

Die gegen Messena zu Felde liegenden Spartaner, die geschworen hatten, vor Beendigung des Krieges nicht nach Hause zu kehren, schickten Jünglinge, die diesen Eid nicht geschworen hatten, mit Empfehlungsschreiben an ihre Weiber mit der Bitte, die Republik nicht aussterben zu lassen. Und die guten Weiber, von gleichem Patriotismus beseelt, machten den Empfehlungen alle Ehre. Sie lieferten die Parthenier oder Jungfernkinder, die man aber später zuviel neckte, und so zogen sie ab und gründeten Tarent in Unteritalien.

Karl Julius Weber,
Demokritos V, 9

Als Mazarin über die sechstausend vor Freiburg gefallenen Soldaten weinte, tröstete ihn Ludwig, der zweite Condé: »Eine Pariser Nacht ersetzt alle.«

Ein erfolgreicher Feldherr belehrte seine von Skrupeln angenagten Kollegen: »Der Krieg ist der Vater aller Dinge. Krieg muß sein, sonst degeneriert die Menschheit. Der Tod eines Menschen ist eine Katastrophe. Hunderttausend Tote sind Statistik.«

Beim Nahen eines Krieges sondert sich ein neuartiger Schweiß von allen lebenden Wesen ab. Alle Ereignisse überziehen sich mit einem neuen Lack. Es ist die Lüge. (Andromache)

Giraudoux, Kein Krieg in Troja II, 8

Sie wissen doch, Vater, daß es die Mutigen sind, die im Kriege fallen. Um nicht zu fallen, muß man entweder viel Glück haben oder äußerst schlau sein. Man muß wenigstens einmal vor der Gefahr den Kopf gebeugt haben.

Giraudoux, Kein Krieg in Troja I, 6

Das Glück der Schlachten ist das Urteil Gottes. (Thibaut)

Schiller, Jungfrau von Orleans, Prolog 3

Im Frühjahr 1954 berichtete ein nordamerikanischer Admiral auf einem Ärztekongreß: Jeder Feind, den Cäsars Legionen umbrachten, kostete Rom 2 Mark. Napoleon hatte für jeden getöteten Feind 12 000 Mark aufzubringen. Im amerikanischen Unabhängigkeitskrieg erhielt man für rund 20 000 Mark eine gegnerische Leiche. Jeder tote deutsche Soldat des ersten Weltkrieges kostete die Alliierten 90 000 Mark, jeder gefallene Deutsche, Italiener oder Japaner des zweiten Weltkrieges die Siegermächte rund eine Million Mark. Für die Tötung eines Gegners in einem künftigen Krieg prophezeite der Admiral Spesen in Höhe von 4,5 Millionen Mark.

»Die weitverbreitete Furcht, neue Waffen zur Massenvernichtung könnten die westliche Kultur auslöschen, hat den Papst bewogen, in einer Bulle allen christlichen Staaten den Gebrauch dieser Waffen gegen einen anderen ohne Rücksicht auf den Anlaß zu untersagen.«

Innozenz II.,
1139 nach Erfindung der Armbrust

Feldherr

O Vare, Vare, redde mihi meine legiones!

Galletti

Aus einem Schüleraufsatz »Die Jungfrau von Orleans«: »Ein Landmädchen namens Johanna stellte sich der französischen Armee zur Verfügung.«

Friedrich II. von Preußen vor der Tafel zu Laudon: »Setzen Sie sich hierher! Ich habe Sie lieber neben mir als gegenüber.«

Varus war der einzige römische Feldherr, dem es gelang, von den Deutschen besiegt zu werden.

Galletti

Nelson vor der Schlacht von Abukir: »Morgen bin ich ein Engel oder ein Lord.«

Als der 26jährige Bonaparte an die Spitze der französischen Truppen in Oberitalien gestellt wurde, mokierten sich die bejahrten Offiziere. Der Korse erwiderte: »In einem Jahr, meine Herren, bin ich tot oder alt.«

Wie oft schon wurden Potentaten,
die anfangs schönste Taten boten
und als des Fortschritts Boten taten
dann von Millionen Toten Paten.

Zephises

Napoleon zu Marschall Berthier, der ihm 1809 die Konskriptionsliste vorlegte: »Ich habe also monatlich 10 000 Mann zum Verbrauchen.«

Aus einem Schüleraufsatz: »Als Napoleon seine nach Ruhm lechzende Zunge bis zu den Eisfeldern Rußlands ausstreckte, mußte er sich mit verbrannten Fingern zurückziehen.«

Letizia Bonaparte über ihren Sohn: »Er hat anstelle des Herzens eine Kanonenkugel.«

Melzi über Napoleon: »Er hat ein Chaos im Kopf und im Herzen die Hölle.«

Madame de Staël über Napoleon: »Robespierre zu Pferd!«

Ein Spötter empfahl, dem 1813 abgesetzten Bonaparte das halbe Korsika zu überlassen. Auf die Frage, warum nur die Hälfte, erläuterte er: »Damit er sich die Zeit damit vertreiben kann, die andere zu erobern.«

Wenn Philipp von Mazedonien eine Stadt niedergeworfen hatte, weinte Alexander. Er fürchtete, sein Vater beraube ihn der Möglichkeit zu eigenen Eroberungen.

Alexander dem Mazedonier trat vor Lampsakos sein Lehrer Anaxarchos entgegen. »Bei den Göttern!« rief der Eroberungswütige. »Ich werde nie tun, worum du mich bitten willst.«

Der Philosoph erwiderte: »Zerstöre Lampsakos!«

Menenius über Coriolan (Shakespeare, Coriolanus V, 4): »Er sitzt da in seiner Herrlichkeit wie ein Abbild Alexanders.«
Coriolans Tod datiert die Sage ins Jahr 488 vor Christus, Alexanders Geburt die Geschichte ins Jahr 356.

Der Unterschied zwischen Cäsar und Mussolini?
Cäsar kam, sah und siegte. Mussolini kam, als er sah, daß man siegte.

Kasinostrophe 1942:
Es stimmt so manchen Leutnant heiter,
daß unser Feldherr nur Gefreiter.
Wir freun uns dieser seltnen Ehre,
weil er sonst noch Gemeiner wäre.

Der größte Feldherr der Gegenwart?
Ulbricht: Drei Millionen in die Flucht geschlagen und siebzehn Millionen Gefangene.

Premierminister Lloyd George 1917 zu einer Gruppe von Parlamentariern, die Sondervollmachten für den Generalstab forderten: »Der Krieg ist eine zu ernste Angelegenheit. Man darf ihn nicht den Generalen überlassen.«

Grabschrift:
Er war der Generale einer.
Was er getan hat, das weiß keiner.

Ein englischer Soldat erlitt während der Flandernschlacht 1917 einen Nervenzusammenbruch. Er rannte zurück, bis ihn ein General aufhielt: »Wo kommen Sie her?«
Der Soldat deutete zur Front.
»Wissen Sie, daß dort eine große Schlacht im Gange ist?«
Der Soldat nickte.
»Wo wollen Sie hin?«
Der Soldat zuckte die Schultern.
»Wissen Sie, wer ich bin?«
Der Soldat schüttelte den Kopf.
»Ihr General! ! !«
Der Erschöpfte sank zu Boden: »Dank sei Gott! Hier bin ich sicher.«

Ein englischer Oberst in Zivil wandelte über den Piccadilly. Ein Bursche in abgeschlissener Uniform grüßte. Der Oberst blieb stehen: »Du kennst mich?«
»Nie vergesse ich meinen Lebensretter.«
Der Oberst fingerte ein größeres Geldstück aus der Tasche: »Wo rettete ich dir das Leben?«
»Vor New Orleans, Sir. Ihr ranntet, so schnell Euch die Füße tragen konnten, den Yankees davon. Und ich gab mir die Ehre, Euch zu folgen.«

Eine stolze Mutter berichtet, daß ihr Sohn Unteroffizier geworden ist. Die Nachbarin, sichtlich beeindruckt, fragt, ob das wohl ein recht hoher Posten sei.

»Freilich«, bestätigt die Mutter. »Erst gehen die Kinder zum Lehrer in die Schule. Dann gehen sie zum Professor auf die Universität. Und dann kommen sie zu meinem Hansl.«

Charles de Gaulle besucht Israel. Kaum hat er seinem Freund Ben Gurion auf dem Flugplatz die Hand geschüttelt, begehrt er auch schon, am Grabmal des Unbekannten Soldaten einen Kranz niederzulegen. Der Israeli läßt den Wagen zum Friedhof steuern und führt den General vor ein pompöses Grab, vor dem der Gast seine Ehrenpflicht erledigt.
Auf dem Heimweg fragt er Ben Gurion, was die Worte auf dem Grabstein bedeutet hätten.
»Moritz Fischbein«, erklärt der Israeli. »Als Soldat war er wirklich vollkommen unbekannt.«

Nach der Schlacht von Eckernförde 1864 dankte General von Bonin den Truppen für ihre Tapferkeit.
»Und Ihnen, Herr General«, rief ein bärtiger Kanonier, »danken wir für die wunderschöne Schlacht.«

Für seinen König muß das Volk sich
  opfern,
das ist das Schicksal und Gesetz der
  Welt.
Der Franke weiß es nicht und will's
  nicht anders. (Dunois)

Schiller,
Die Jungfrau von Orleans I, 5

Ich kam zu den Soldaten,
und was ich erblickte, war mein.
Den Globus wollten wir braten,
doch war die Pfanne zu klein.

Wir ritten auf Haubitzen
von Saint Marmelotte nach Brest
und schossen mit unseren Spritzen
die feindlichen Hühner vom Nest.

Wir lagen vor Grutschenka,
die Lage war horizontal.
Mein Feldwebel lag bei Panjenka,
bei Matka mein Korporal.

Wir standen hinterm Dnjepr,
da fror es uns an die Zehn.
Wir schlachteten unsere Klepper
und ließen die Spritzen stehn.

Wir kamen nach Gumbinnen,
mein Zahlmeister war schon weg,
nach rückwärts Land zu gewinnen
mit Kasse und Eßbesteck.

Wir lagen an der Pleiße,
da sagte mein General:
»Für diesmal war es Scheiße –
entlassen bis nächstes Mal.«

Grasshoff, Die große Halunkenpostille,
Neues Soldatenlied

Aus einem Schüleraufsatz: »Als Widukind die Schlacht verloren hatte, stellte er sich vor seine Feinde und übergab sich.«

Philosophisch aufklären, bis die Heerführer als Eselteiber gelten!

Krates

Frieden

Als der Schah Fahr-ud-dowleh gestorben war, herrschte die Königin Sayadeh anstelle des minderjährigen Sohnes über den Irak. Schah Mahmud Ghaznawi, der Herr über Persien, Afghanistan und Indien forderte Tribute und das Kind als Geisel.
Sayadeh lehnte ab: »Ich bin sicher, daß Ihr zu klug seid, um meine Weigerung, Euren Wunsch zu erfüllen, mit Krieg zu beantworten. Würde ich siegen, wäret Ihr das Gespött der Welt, weil Ihr Euch von einer alten Frau überwinden ließet. Würdet Ihr siegen, dann verfielet Ihr der Verachtung, weil Ihr Euch nicht scheutet, eine alte Frau zu bekriegen.«
Es gab keinen Krieg.

Als einmal ein böser Feind mit Panzertruppen
gegen die Pygmäen angerückt,
hat zum Schutz der Grenzen Mädchen man mit Puppen hingeschickt.
Und die kleinen Mädchen rührten
so den General,
daß die Truppen, obwohl stark an Zahl,
statt zu schießen, lachend wieder abmarschierten.

Siegfried von Vegesack,
In dem Lande der Pygmäen,
Es gibt keine Uniformen

Ein Mann aus Quaswin, dem Schilda Arabiens, nahm den Bogen, um in den Krieg zu ziehen.
»Und die Pfeile?« fragte ein Freund.
»Brauche ich nicht. Ich hebe die Pfeile auf, die der Feind herüberschießt.«
»Und wenn er keine herüberschießt?«
»Um so besser«, sagte der – Narr.

Pazifist = Ein Mensch, der nicht vom Frieden sprechen kann, ohne seine Fäuste zu gebrauchen.

Schreibfehler: »Nachdem der Herzog das Ansehen des Reiches nach außen gehoben hatte, waren seine Gedanken unablässig auf die Erweiterung seiner Hausmagd gerichtet.«

Ein Azteke zu Cortez: »Du hast uns besiegt. Bist du Kaufmann, wirst du uns verhandeln. Bist du Fleischer, wirst du uns schlachten. Bist du Fürst, so wirst du uns glücklich machen.«
Cortez war Fleischer.

Im Jahre 390 vor Christus hatte Brennus die Römer an der Allia besiegt. Für ihren Abzug aus Rom verlangten die Gallier 1000 Pfund in Gold.
Die Römer schleppten ihre Schätze herbei. Die Gallier wogen mit falschen Gewichten. Der Tribun Marcus Manlius protestierte.
Da warf Brennus sein Schwert in die Waagschale und rief: »Vae victis! Kein Recht für die Besiegten!«

So wurde der Gallier bis zum heutigen Tag zum Vorbild fast aller Sieger, auf daß beim Abschluß des einen Krieges Vorsorge getroffen werde, daß der nächste nicht ausbleibt.

Siege werden bald erfochten, aber ihre Erfolge zu befestigen, das ist schwer.

Ranke, Hardenberg

Nichts ist geregelt, was nicht gerecht geregelt ist.

Abraham Lincoln

Wenn alle Mütter ihren Söhnen den rechten Zeigefinger abschneiden, dann werden die Armeen in der ganzen Welt ohne Zeigefinger Krieg führen. Wenn sie ihren Söhnen das rechte Bein amputieren, nun, so werden die Armeen einbeinig sein. Und wenn sie ihnen die Augen ausstechen, dann werden die Armeen aus Blinden bestehen. Aber Armeen wird es geben, und im Handgemenge werden sie einander mit tastenden Fingern an die Kehle fahren. (Hektor)

Giraudoux,
Kein Krieg in Troja I, 3

Die Emanzipation vom Kriege wird geraten, wenn die Weisheit erfinderisch genug sein wird, der menschlichen Streitlust ein anderes Bett zu bereiten.

Hans Kasper,
Abel, gibt acht; Halbzeit der Emanzipationen

XXVII. Kapitel

Sprache
Deutsch
Fremdsprache
Stil
Kürze
Gespräch
Schweigen

Sprache

Die Sprach' soll uns auch auszeichnen vor die Tier', und mancher zeigt grad' durch das, wann er red't, was für a Viech er is.

Nestroy,
Nur Ruhe

Lessing über eine Dame, die ein sehr schlechtes Deutsch redete: »Solange sie mich nicht ansprach, sprach sie mich an. Als sie mich aber dann ansprach, sprach sie mich nicht mehr an.«

Ein Esel war in eine Löwenhaut geschlüpft, spazierte umher und setzte die anderen Tiere in Furcht. Er ging auch auf einen Fuchs zu, doch dieser lachte: »Ich würde mich vor dir fürchten, wenn ich dich nicht eben hätte ›ia‹ schreien hören.«

Äsop,
Der Esel und der Fuchs

Auf einer Probe tadelte der Schauspieler X den Kollegen Y mit Ernst von Possarts singender Stimme: »Wenn Sie Ihre Rollen weiterhin so schlecht memorieren, dürften Sie diesem Ensemble bald die längste Zeit angehört haben.«
»Und Sie, mein lieber X.«, tönte es aus der im Dunkel liegenden Loge mit gleicher Stimme, »werden Ihren Kollegen begleiten, wenn Sie Ihren Intendanten in läppischer Weise kopieren.«
Nach der Probe stürzte X. ins Zimmer Possarts, um sich zu entschuldigen. »Ich saß nicht in der Loge«, sagte der Mächtige. »Der Waldau wird es gewesen sein. Nehmen Sie als Strafe dafür, daß Sie mich kopierten, die Einsicht, daß ein anderer diese Kunst noch besser beherrscht!«

In warmer Luft öffnet man den Mund; die Sprache erhält Vokale und mit ihnen Sanftheit und Rundung wie im Italienischen.
In kalten Ländern wimmelt sie von Konsonanten, weil man da das Maul nicht gerne weit auftut.

Karl Julius Weber,
Demokritos III, 11

Geduldig hört sich der Seelenarzt die Klagen der Frau an. Immer feuchter wird ihre Aussprache, und immer näher rückt sie heran: »Ein Sadist ist mein Mann! Ein Sadist!«
Der Psychiater streicht ihr begütigend die Fäuste: »Sagen wir Grobian, gnädige Frau!«

»Kommste mit ins Porsch?« fragt ein Berliner den Gefährten.
»Was für Zeug?«
»Ins Porsch, ins Bierlokal.«
»Pschorr heeßt det.«
»Kann ick nich saren, sonst fliegt mir et Jebiß aus de Schnauze.«

Hasenscharten werden in der Zone kostenlos operiert. Die SED kann das Wort »Arbeiter- und Mauernstaat« nicht ertragen.

Eine nicht mehr identifizierbare Wasserleiche ist angeschwemmt worden. Eine Frau, deren Mann seit längerer Zeit verschwunden ist, meldet sich und bittet um Witwenbescheinigung.
»Woran wollen Sie erkennen, daß diese Leiche tatsächlich Ihr Mann ist?« fragt der Beamte.
»Er stotterte.«
»Stottern ist kein Beweis. Viele stottern.«

»Warum haben Sie diesem Herrn eine Ohrfeige gegeben und ihn absichtlich auf die Füße getreten?« fragt der Richter.
»E-e-es w-war der D-D-Dritte«, antwortet der Beklagte, »der m-mich zur B-Be-Bedürfnisanstalt sch-sch-schickte, als ich ne-ne-nach der Pi-Pi-Pinakothek fragte.«

Ein Stotterer plädierte auf Wehruntauglichkeit. »Du sollst nicht plaudern, sondern dreinschlagen«, entgegnete der Heldenklau.
»A-aber k-kann der F-Feind, wenn wenn ich Schi-Schildwache stehe, nicht a-anrücken, bevor ich das ›W-W-Wer d-d-da?‹ herausbringe?«
»Ich stelle Dich neben einen anderen. Du brauchst bloß zu schießen.«
»A-aber k-kann ich nicht z-zusammengehauen werden, bevor ich P-Pa-Pardon s-sagen k-kann?«
Da ließ man ihn laufen.

Der Schweißer Lehmann kommt nach einem schweren Betriebsunfall ins Krankenhaus. Wer soll seiner Frau Bescheid sagen?
Der Werksarzt beauftragt den Kollegen Müller.
Müller stottert.

Der Berliner Schauspieler Helmerding wurde verklagt, weil er in einem Café einen stotternden Prominenten nachgeahmt hatte. Vor Gericht stotterte er wiederum.
Der Vorsitzende verbat sich den Unfug: »Jeder weiß, daß Sie auf der Bühne flüssig sprechen.«
»Auf d-d-der B-Bühne«, entgegnete Helmerding, »ver-ver-st-stell-le ich m-mich.«

In Berlin treffen sich ein Hinkender und ein Stotterer.
»S-s-soll ick d-d-dir ein M-m-ittel saren, dette n-n-nich mehr h-h-hinkst?«
»Schieß los!«
»Du j-j-ehst mit det e-e-ene Been uff 'm B-b-bürjersteig und m-m-it det a-a-ndre uff 'm D-d-amm.«
Der Gehbehinderte schnauft: »Soll ick dir 'n Mittel saren, dette nich mehr stotterst?«
»B-b-bitte d-darum.«
»Halt' die Schnauze!«

Zwei Taubstumme unterhalten sich im Eisenbahnabteil. Ein dritter Reisender schaltet sich ein, notgedrungen ebenfalls mit Gesten, obwohl er Gehör und Sprechvermögen besitzt.
»Netter Mensch«, signalisiert der eine Taubstumme dem Leidensgefährten, als der Dritte ausgestiegen ist. »Aber unmöglicher Dialekt.«

Schmuel kam zum ersten Mal in die Stadt. Mit wachsendem Erstaunen beobachtete er den Polizisten auf der Kreuzung. Schließlich ging er zu ihm: »Mit wem sprechen Sie eigentlich?«

Ein Dorfjude kam zum ersten Mal in die polnische Stadt, sah das Telefon im Postamt und wollte probieren.
»Nehmen Sie mit der linken Hand den Hörer ab«, gebot die Dame hinter dem Schalter, »und drehen Sie mit der Rechten die Kurbel!«
»Und womit soll ich sprechen?«

Nur zwei Juden, Nichtschwimmer, überleben die Schiffskatastrophe und paddeln sich auf Strand. »Wie war das möglich?« fragen die Küstenbewohner.
»Wir verhandelten über ein Geschäft«, berichten die Erschöpften, »und sprachen einfach weiter.«

Und hast du studiert auch bei Tag und
bei Nacht,
und hast du es auch zum Gelehrten
gebracht,
zwei Dinge erfassest du nimmer und
nie:
Die Frau'n und die deutsche
Orthographie.

Fritz Singer (1841–1910),
Schwere Dinge

Aus einem Schüleraufsatz: »Die Rechtschreibung bereitet dem Menschen sein ganzes Leben lang Schwierigkeiten, es sei denn, er ist Analphabet.«

Der Germanist, allein im Zugabteil, kann den Blick nicht von der gegenüberliegenden Wand lösen. Dort hat eine Kinderhand gekritzelt: »Wer das liest ist ein Esel.«
Das fehlende Komma beunruhigt ihn. Endlich zückt er den Bleistift und korrigiert.
In diesem Augenblick tritt der Schaffner ein. »Soso«, spricht er, und ein Leuchten liegt auf seinem Antlitz: »Da hätten wir ja den Schmierfinken!«

Der preußische General von Petery stand mit der Orthographie auf Kriegsfuß. Einmal entschuldigte er sich: »Früher stimmte alles. Aber seitdem man mir den rechten Arm zerschossen hat ...«

Ein amerikanischer Stenographielehrer zu seinen Schülern: »Gray schrieb sieben Jahre an seiner ›Elegy in a Country Churchyard‹. Wer Kurzschrift beherrscht, kann sie in sieben Minuten schreiben.«

Deutsch

Ein Schulmädchen warf die Frage auf, warum man immer nur von »Muttersprache« rede. Die Freundin fand daran nichts Merkwürdiges: »Was hat Vater schon zu sagen?«

Den Satz »Der Herr Pastor segnet sieben Kinder« sollen die Schüler passiv ausdrücken. Antwort: »Der Herr Pastor wurde mit sieben Kindern gesegnet.«

Mikosch beschwerte sich: »Nikt genuk, daß daitsche Spraak hat drei Artikel. Gibt Wörter, wo haben alle drai gleichzeitig.«
»Unsinn«, entgegnete Windischgrätz. »Bitt scheen: Daß di der Teifi hol!«

Die Gattin eines ausländischen Diplomaten beklagte Bismarck gegenüber, daß die deutsche Sprache so viele Synonyme besäße: »Senden« und »schicken« zum Beispiel, »sicher« und »gewiß«. »Das sind keine Synonyme«, erwiderte der Kanzler. »Ihr Herr Gemahl ist zweifellos ein Gesandter, aber kein Geschickter. Und falls jetzt ein Feuer ausbräche, würde ich Sie an einen sicheren Ort führen, keineswegs aber an einen gewissen.«

Im Musikalienkatalog fehlen Kommas: »Nr. 2378: Zwei Nachtigallen sangen Sopran und Alt; Nr. 3506: Haydn, Gott erhalte Klavier und Violine.«

Staatsoper Berlin. Der Tenor schluchzt: »Holdselige, ich liebe dich!«
Leise Stimme auf der Galerie: »›Dich‹ is jut.«

Berliner Brautvater zum Wiener Bräutigam: »Wollen Sie mir Ihren Vater nennen?«
»Mein Vater heißt Ferdinand Burgmüller.«
»Nicht doch! Ich will Ihnen meinen Sohn nennen.«
»So, Sie haben auch noch einen Sohn?«
»Nu verstehen Sie mir doch: Sie sollen mir Ihren Schwiegervater nennen!«
»Entschuldigen Sie: Ich bin doch ledig.«
»Eben. Und darum will ich Ihnen meinen Schwiegersohn nennen.«
»Sie haben schon einen – was?«
»Also nun: Wollen Sie meine Tochter heiraten? Ja oder nein?«

»Wann heißt es eigentlich bei euch ›mir‹ und wann ›mich‹?« fragte ein Hamburger.

»Immer ›mir‹«, antwortete der Berliner. »Auch wenn es zufällig richtig ist.«

Ein Barmer Fabrikant schrieb an seinen Bankier: »Senden Sie mich durch den Überbringer dieses 5000,– Mark!«
Der Prokurist erlaubte sich, auf den Fehler aufmerksam zu machen.
»Schriev du ›Schicken Sie mir‹, und eck schriev ›Schicken Sie mich‹«, raunzte der Alte, »und dann wölln wie ens kieken, wer wat kritt!«

»Auf mein Ohr schauen!« gebietet der Münchner Augenarzt.
Der Patient blickt zu Boden.
»Auf mein Ohr schauen, habe ich gesagt!«
Der Patient holt aus und läßt seine Pranke auf das weiß umkittelte Hinterteil des Arztes sausen: »Wenn S' moana!«

Zu Beginn der Urlaubssaison werden in München die Straßen aufgerissen. Zwei norddeutsche Touristen fragen die Wühlmäuse, was gemacht werde.
»Ramma damma«, antwortet ein Arbeiter.
Die Hochdeutschen fragen den zweiten. »Ramma duri«, antwortet dieser. Hilfesuchend wenden sie sich an einen Zuschauer neben ihnen. »Ramma duata«, erklärt er.
Die Frau zieht den Mann weiter: »Alles Inder!«

Ein Berliner lieh sich an der Westfront von seinem bayrischen Schützengrabenkollegen den Spaten.
»Balst firti bist«, sprach der Oberlandler, »bringst'n wieda vieri!«
»Wa?«
»Vieri bringa sollst'n, balst firti bist!«
Hilflos zuckte der Preuße die Schultern. Der Bayer dachte angestrengt nach: »Si fini, retour!«
Da hellte sich das Gesicht des anderen auf: »Oui, oui!«

Ein Engländer, ein Franzose und ein Bayer unterhalten sich über die Unterschiede zwischen Schreibweise und Aussprache.
»Sehr schwierig bei uns«, erklärt der Brite. »Wir schreiben zum Beispiel ›Bir-ming-ham‹, sprechen aber ›Börming-häm‹.«
»Kein Vergleich zu uns«, trumpft der Franzose auf. »Wir schreiben ›Bor-deaux‹ und sagen ›Bor-do‹.«
»Ois nix!« erklärt der Bayer. »Mir schreim ›Wie meinen Sie bitte?‹ und sprechen ›Ha?‹«

Sächsisch im Selbststudium, Lehrsatz 1: »Undergiefer vor! Gusche uff und nausloofen lassn!«

Ein Fahrwilliger zu einem Berliner Taxichauffeur: »Nach Zehlendorf! Kürzesten Weg über Mariendorf!«
»Brauchen Se mir nich zu saachen. Ich genn mich aus«, erwidert der Steuermann pikiert.

»So? Haben Sie sich eingelebt?«
»Was heißdn da eingeläbt? Woher wissn Se denn, daß ich ni von hier bin? Sinn Se schoma mid mir gefahrn?«

Im Auffanglager meldet sich ein Flüchtling.
»Sie haben, nehme ich an«, sagt der Beamte, »die Zone verlassen, weil Sie die Diktatur Ulbrichts nicht mehr ertragen können.«
»Ulbrich? Diggdaduhr! Kee Word ieber Ulbrichdn! Das is ein wahrer Freind des Volges, ein echder Sohn der Arweederglasse, ein Befreier vom Gabidalismus und von die Monobohle.«
»Soso. Aha«, sagt der Beamte. »Also waren Ihre persönlichen Verhältnisse unbefriedigend. Hatten Sie Arbeit?«
»So enne Frache, Mann! In der Deutschn Demogradschen Rebubligg gibds keene Arweedslosen, mergn Se sich das! Elfhundertdreiundfuffzch off de Hand, mei Liewer. In der Feinmechanischn in Dräsdn.«
»Das ist eine hübsche Stange Geld«, sagt der Beamte und wiegt den Kopf. »Und Sie konnten mit Ihrem Verdienst auch etwas anfangen? Ich meine: Es gab auch genug zu kaufen?«
»Nu was glaum denn Sie! Mehr als hier, wo die Breise immer mehr nuffmachen. Is doch alles viel billicher driem.«
Da platzt dem Beamten der Kragen: »Zum Teufel, nochmal! Warum bleiben Sie denn dann nicht drüben?«
Der Herr aus Sachsen beugt sich über den Schreibtisch, und ein schmerzhafter Zug tritt in sein Gesicht: »Das will ich Ihn'n sachen, guder Mann: Ich gann die Schprache ni mehr hern!«

Zwei westliche Korrespondenten sitzen auf der Pressetribüne am Marx-Engels-Platz. Ulbricht redet.
»Ich finde es erstaunlich«, sagt der eine, »daß ein Mann in dieser Position ein so miserables Deutsch spricht.«
»Ich finde es erstaunlich«, antwortet der andere, »daß er überhaupt Deutsch spricht.«

An der Murmelrieselplauderplätscher-
quelle
saß ich sehnsuchtstränentröpfeltrauer-
bang,
trat herzu ein Augenblinzeljunggeselle
in verwegnem Hüfteschwinge-
schlendergang,
zog mit Schäkerehrfurchtsbittegruß-
verbeugung
seinen Federbaumelriesenkrämpenhut.
Gleich verspürt' ich Liebeszauber-
keimeneigung,
war ihm zitterjubelschauderherzens-
gut!
Nahm er Platz mit Spitzbubglücke-
tückekichern,
schlang um mich den Eisenklammer-
muskelarm:
Vor dem Griff, dem grausegruselsieges-
sichern,
wurde mir so zappelseligsiedewarm!
Und er rief: »Mein Zuckerschnuckel-
putzelkindchen,
welch ein Schmiegeschmatzeschwelge-
hochgenuß!«
Gab mir auf mein Schmachteschmolle-
rosenmündchen
einen Schnurrbartstachelkitzelkose-
kuß ...

Hanns von Gumppenberg,
Sommermädchenküssetauschelächelbeichte
(Nach O. J. Bierbaum
und anderen Wortkopplern)

Gutgemeinter Rat: »Sprich Fremdwörter immer so aus, wie sie geschrieben werden, und lächle dazu!«

Claire Waldoff saß mit Kollegen hinter den Kulissen. Da kam der Bote des Theaterrestaurants und empfing die Bestellung auf Kaffee. Claire rief ihm, schlechter Erfahrung eingedenk, nach: »Menschenskind, aba keene Lorke! Der Kaffee muß sein ...« Suchte ein Reimwort und erschuf: »... knorke.«

Eine Patientin erzählte dem alten Heim, sie habe eine Explosion nach Berlin gemacht, um ihn zu insultieren, da sie an Konfektionen nach dem Kopfe litte. Heim verschrieb ihr Rhinozerosöl und schickte sie in die Hypotheke.

Fremdsprache

Als Bismarck auf dem Berliner Kongreß den Vorsitz führte und eine hochpolitische Frage in die Debatte geworfen wurde, sprangen die englischen Delegierten auf und riefen: »Käsai kosä billai!« Was alle Anwesenden verblüffte, da sie es nicht verstanden. Bis Bismarck dahinterkam, daß dies lateinisch gewesen. Es hieß, in das Latein der Lateiner zurückgehoben: »Quasi causa belli (Geradezu ein Kriegsgrund)!«

Hanns Braun,
Hier irrt Goethe, Käsai kosä billai und Shakespeare

Clare Boothe Luce, die ehemalige Botschafterin der Vereinigten Staaten in Rom, begann eine Rede in Italienisch: »Ich spreche jetzt in einer Sprache zu Ihnen, die nicht meine eigene ist, und wenn ich sie spreche, werden Sie sie vermutlich auch nicht für die Ihrige halten.«

In einem Schaufenster in Oslo: »English Spoken, American Understood.« (Hier wird Englisch gesprochen und Amerikanisch verstanden.)

Ein amerikanischer Soldat bemüht sich liebevoll um ein deutsches Mädchen. »Oh du ... du ... du ...!« flüstert sie. Der Kavalier wird böse: »Goddam! I do, what I can!«

La Marquise de Pompadour était la maitresse des Louis XV.: Das Sonnendach des Handtäschchens war eine Meisterin des fünfzehnten Zuhälters.

Ein deutscher Oberzahlmeister in Zivil fixierte im Sommer 1941 in einem Pariser Café eine Dame und fragte: »Mademoiselle, voulez-vous?«

Sie, eine privatisierende Luftwaffenhelferin, erwiderte: »Mais, Monsieur, je ne suis pas si une!«

Ein junger französischer Arzt an einem Krankenhaus in Chikago gab den Schwestern abends Unterricht in französischer Konversation.
»Hast du ihnen schon ›je vous aime‹ beigebracht?« klopfte ein Kollege an.
»Nein«, sagte der Gesprächsförderer. »Das ist das letzte, was ich ihnen beibringe; denn an dem Punkt hört die Konversation auf.«

Ein Dresdner erzählte: »Neilich, wie ich midder Elfe nach Hause fahre, steicht am Schloßplatz e Dommy ein. Fahne im Gnobbloch, Schbortmitze und so. Setzch mir geechnieber, lecht de Beene off mein Schoß und liest de Daims.«
»Na und?« fragt der Freund. »Was hasd'n gemachd?«
»Was sollchn mach'n? Ich gann doch gee Englisch.«

Eine Stewardess stürzt mit zerzauster Garderobe ins Flughafengebäude von Daressalaam: »Rasch, bitte: Was heißt ›Nein‹ auf Kisuaheli?«

Ein Franzose fällt in einen Fluß und wird von einem Bauern gerettet.
»Mon Dieu, je suis sauvé!« haucht der Geborgene.

Der Samariter knurrt: »Hättste statt Französisch lieber Schwimmen gelernt!«

Friedrich Wilhelm IV. hatte sich als Kronprinz lange geweigert, die französische Sprache zu lernen. Als er endlich einlenkte und gefragt wurde, auf welcher Erwägung sein Sinneswandel beruhe, sagte er: »Der Vater hat die Franzosen nicht schlagen können. Ergo muß der Sohn Französisch lernen, damit er mit ihnen verhandeln kann.«

Der Neureiche verlangte, daß man seinem Sohn eine Fremdsprache beibringe. »Welche, bitte?« fragte der Professor. »Englisch, Französisch, Spanisch, Russisch . . . ?«
Der Wohlhabende griff sich eine Zigarre und biß die Spitze ab: »Welche ist die fremdeste?«

Mäusemutter und Tochter gehen spazieren. Eine Katze begegnet ihnen, hungrig und entschlossen. »Wauwau!« piepst Frau Maus. Die Katze stiebt davon.
»Siehst du, mein Kind, wie recht ich habe«, spricht die Mutter, »wenn ich dir immer sage: Eine Fremdsprache muß man beherrschen?«

Rudolf Johannes Schmied, der Verfasser des Kinderbuches »Carlos und Nicolas«, war mit seinem Bruder von

Santiago aufgebrochen, unbekannte Südseeinseln zu entdecken. Sie landeten an einem herrlich begrünten Eiland.
Schmied schritt ins Innere. Plötzlich tauchten sieben dunkle Gestalten auf und hielten ihm die Speere vor die Nase.
Er war unbewaffnet. Einem blitzartigen Einfall folgend, streckte er beide Arme aus und sprach: »Ge-duuuu-ld!«
Die Schwarzen zuckten zusammen.
Schmied wiederholte Geste und Worte noch eindringlicher: »Geee-duuuuu-llld!«
Die Eingeborenen sanken auf die Knie, ließen die Speere sinken und neigten die Köpfe.
Da ritt den überraschten Magier der Teufel. Er reckte sich auf und rief: »Franz Blei!«
Die Dunklen murrten, richteten sich auf, erhoben ihre Speere. Schmied wußte, daß er verspielt hatte. Mit letztem Aufwand an Kaltblütigkeit wandte er sich und schritt dem Boote zu, die spitzen Eisen im Rücken erwartend.
Aber der Angriff erfolgte nicht. Als das Boot vom Ufer abstieß, folgte ihm höhnisches Geschrei.

Der Löwe nahm den Esel mit zur Jagd
und barg ihn, durch Geschrei das Wild zu schrecken,
im Unterholz. Er selbst begab sich dahin,
wo die gescheuchten Tiere fliehen wollen.
Aus Leibeskräften schrie der Esel nun,
und von der fremden Weise aufgeschreckt,
verfiel das Wild der mordbereiten Pranke.
»Nun?« fragte nach vollbrachter Tat
der Esel, »wie gefällt dir meine Leistung?«
»Trefflich!« sprach darauf der Löwe. »Trefflich!
Wüßt' ich nicht, wer du bist, ich flöhe selbst.«

Phädrus, Fabeln I,
Der Esel und der Löwe auf der Jagd

Der Bernhardiner Capistrano predigte lateinisch. Das Volke hörte andächtig zu, klatschte Beifall, wenn er die Stimme hob, zog die Köpfe ein, wenn er scharf artikulierte, und jubelte, wenn er Gott pries.
Als Capistrano geendet hatte, trat der Dolmetscher auf. Da liefen die Leute davon.

Milton, als man ihn tadelte, weil er seine Tochter keine Fremdsprache lernen lassen wollte: »Eine Sprache ist mehr als genug für Weiberzungen.«

Bevor Alexander III. 1888 sein Geschwader nach Toulon schickte, um dem Deutschen Reich seine sinkende Sympathie anzudeuten, forderte er eine Liste der russischen Admirale. Auf ihr war der Grad der Französischkenntnisse angegeben. Der Zar beauftragte den Admiral Avellan mit der Mission, einen Mann mit sehr geringen Kenntnissen in der französischen Sprache: »Der redet nicht zuviel.«

Kongreß der kommunistischen Parteien in Moskau. Ein Eskimo spricht. Genosse Radek übersetzt ins Russische. Ein Bantu spricht. Genosse Radek übersetzt. Ein Polynese spricht. Genosse Radek übersetzt. Ein Brasilianer, ein Japaner, ein Ungar, ein Deutscher – Genosse Radek übersetzt.
Nach der Kundgebung fragt ein Journalist den Genossen Radek, wie viele Sprachen er eigentlich beherrsche.
»Eine«, antwortet der Dolmetsch. »Russisch. Was werden die schon sagen?«

Stil

»Was schreibt der Sohn, Reb Jankel?«
»Seine Frau ist gestorben. Der Älteste hat sich beide Beine gebrochen. Sein Haus ist abgebrannt. Den Laden haben die Kosaken zertrümmert. Er besitzt nicht mehr als ein Hemd auf dem Leib. Aber – ein Hebräisch schreibt der Junge! Ich sage Ihnen: Ein Genuß zu lesen!«

Ein Jesuit fragte Jean-Jacques Rousseau nach dem Geheimnis seines bezwingenden Stiles.
»Ich will Ihnen gern Auskunft geben«, sprach der Dichter. »Aber sie wird Euch nichts nützen: Mein Geheimnis besteht darin, niemals anders zu schreiben, als ich denke.«

Ich hörte kürzlich folgende Unterhaltung zwischen meiner Frau und dem Mädchen:
»Hier«, sagte meine Frau, »das können Sie draußen irgendwo wegstellen.«
»Zu den anderen?«
»Nein. Stellen Sie es zu denen hinter den anderen.«
Jede wußte ganz genau, was die andere meinte.

Ich könnte eine ganze Liste solcher dunklen Klarheiten aufstellen, die meine Frau mir zumutet, wie etwa: »Erinnerst du dich noch daran, als wir an der See waren und es so regnete?« (Wir waren vierzehn- oder fünfzehnmal an der See, und geregnet hat es beinahe jedesmal.) Oder: »Wie hieß doch noch das Ehepaar, das wir an dem Abend getroffen haben?«
Ich komme abends nach Hause, und meine Frau empfängt mich: »Die Männer waren da.«
Ich frage zurück: »Was hast du ihnen denn gesagt?«
Aber der Schuß ging nach hinten los. Sie antwortete: »Ich habe ihnen gesagt, sie sollten sich beeilen!« Die einzige Gewißheit, die mir blieb, war: Wobei sich die Leute auch beeilt haben mögen, auf jeden Fall hat es mein Geld gekostet.

R. G. B.,
Das Beste, März 1952

Der Beichtvater erzählte dem sterbenden François de Malherbe von den Herrlichkeiten des ewigen Lebens.
»Hören Sie auf!« unterbrach der Dichter. »Ihr schlechter Stil raubt mir jegliche Hoffnung.«

Berliner Droschkenkutscher auf die Bitte des Kollegen um einen Schwamm: »Nee, haben dun hab' ick keenen, aber kriejen kann et sind, det ick welchen due.«

Kathederblüte: »Zu den Meisterwerken des griechischen Rhetors Demosthenes gehört seine wundervolle Rede vom Kranze. Diese Rede beginnt bekanntlich mit den unsterblichen Worten: – Welcher Lümmel schmeißt denn da mit Papierkugeln?«

Der Altphilologe zur Gattin auf den Resten des Tusculanum: »Ich muß gestehen, Emmeline, daß mir angesichts dieser imponierenden Anlage die Vorliebe dieses Mannes für den AcI noch unverständlicher wird.«

Ein Schulrat in Bayern, bemüht um hochdeutsche Ausdrucksweise der Kinder, deutet durch das Fenster und fragt, welches Tier da unten grase.
»A Goaß«, meldet ein Bub.
Enttäuscht über den Mißerfolg seiner Spracherziehung fragt der Schulrat den nächsten Jungen.
»Herr Schulrat«, spricht dieser, »des is a Goaß.«
Der amtliche Gast macht noch einen dritten Versuch, doch auch dieser scheitert. Wütend mahlt er mit dem Unterkiefer. Da tritt der Lehrer neben ihn. »Herr Schulrat«, flüstert er, »Sie werden entschuldigen. Aber des da untn is wirkli a Goaß.«

Zwei sächsische Urlauberinnen begeistern sich an einer oberbayerischen Bauernbühne. »Schade«, sagt die eine, »daß mir keen Dialekt ham!«

Virchow soll angesichts eines wissenschaftlich hervorragend fundierten medizinischen Werkes geäußert haben: »Es verdiente, ins Deutsche übertragen zu werden.«

»Eigentlich sollte man erwarten«, lehrte ein Germanist, »daß der Jurist Martin Luther übersetzt hätte: ›Anfangs wurden seitens Gottes Himmel und Erde erschaffen. Letztere war ihrerseits eine wüste und leere, und ist es auf derselben finster gewesen.‹«

Friedrich Graf von Wrangel, preußischer Generalfeldmarschall, hatte die Angewohnheit, Lazarette zu besuchen und seine unfachmännische Nase in alle Angelegenheiten zu stecken. Dr. Lauer, Chefarzt des Berliner Garnison-Lazarettes, wußte sich jedoch zu wehren. Er führte den Gast an das erste Bett und dozierte: »Das hier ist eine Pleuro-Pneumonie mit suspektem Vitium cordis. Interkurrent hat sich Albuminurie gezeigt, aber Fibrincylinder sind nicht nachgewiesen. Die Medikation hat sich wesentlich um Digitalis und Kali aceticum bewegt.«
Bevor sich Wrangel von diesem Schlag erholen konnte, fuhr Lauer am nächsten Bett fort: »Hier der seltene Fall eines malignen Ulcus ventriculi bei recht jugendlichem Alter. Allerdings

hat der Mann keine Haemorrhagien gehabt, aber die faeces sind ab und zu sanguinolent gewesen.«
Der damals Sechsundsiebzigjährige riß seinen Pallasch unter den Arm und dröhnte: »For die böhmischen Dörfer, die Sie mich da in Ihrem Latein vorgeführt haben, danke ick Ihnen. Morjen!« Und raus.

Ceres' Geschenk, zu festen, gequollenen
Klumpen geründet
und in dem wallenden Kessel zu zähem
Teige verdichtet,
sei nur dem Fröndling und Drescher
willkommnes Gericht!

Das heißt in drei Worten Prosa: Iß keine Klöße!

Karl Julius Weber,
Demokritos XI, 8

Matthias Claudius auf die Frage nach dem Unterschied zwischen ihm und Klopstock: »Ich sage: ›Johann, zieh mir die Stiefel aus!‹ Klopstock sagt: ›Du, der Du weniger bist als ich und dennoch mir gleich, nahe Dich mir und befreie mich, Dich beugend zum Grunde unserer Allmutter Erde, von der Last des staubbedeckten Kalbfells!‹«

Ein Bewunderer Klopstocks reiste nach Hamburg, um sich eine unklare Stelle deuten zu lassen.
»Was ich gemeint habe«, antwortete der Barde, »weiß ich selbst nicht. Ich weiß nur, daß es die schönste Stelle ist, die ich jemals schrieb, und Sie können nichts Besseres tun, als Ihr Leben der Ergründung des Sinnes zu widmen.«

Jean le Rond d'Alembert über die Mehrzahl seiner schriftstellernden Zeitgenossen: »Ils se croient profonds et ne sont que creux.« Sie halten sich für tief und sind nur hohl.

Das kann ich noch nicht fassen. Das ist mir noch nicht dunkel genug.

Galletti

Was soll man zu den Dichtern sagen, die so gern ihren Flug weit über alle Fassung des größten Teiles ihrer Leser nehmen? Was sonst, als was die Nachtigall einst zur Lerche sagte: »Schwingst du dich, Freundin, nur darum so hoch, um nicht gehört zu werden?«

Lessing,
Fabeln, Die Nachtigall und die Lerche

Primitiv unverlogen,
verständlich bis zur Qual,
auch nicht ein bißchen verbogen –
hoffnungslos normal!

Gerhard Schumann,
Freundliche Bosheiten, Vernichtendes Urteil

Der heilige Hieronymus warf die Satiren des Flaccus Persius mit den Worten von sich: »Si non vis intellegi, non debes legi.« Wenn du nicht verstanden werden willst, verdienst du auch nicht, gelesen zu werden.

Kürze

Zwei Bundestagsabgeordnete sind in Streit geraten. »Was wollen Sie eigentlich hier, Sie hohle Maus«, beißt der eine. »Sie haben in den letzten drei Jahren noch nie den Mund aufgemacht.« – »Das ist nicht wahr«, widerspricht der andere. »Wenn Sie Ihre Reden halten, gähne ich regelmäßig.«

Ein Reichstagsabgeordneter: »Ich habe nichts dagegen, meine Herren Abgeordneten, wenn Sie auf die Uhr schauen. Aber ich muß eine Kränkung darin erblicken, daß Sie die Uhr ans Ohr halten, um festzustellen, ob sie stehengeblieben ist.«

Schluß eines zweistündigen Zonen-Vortrages: »Hat noch jemand ene Frache zu Marx?«
Schüchterne Stimme: »Isser bewohnt?«

Ein britischer Parlamentarier verbreiterte sich über den Schiffsbau und begann bei Noah. Lord North schlief ein; sein Sekretär machte Notizen. Nach einiger Zeit erwachte der Premierminister und fragte, worüber der Redner gegenwärtig parliere.
»Über Elisabeth I.«
Lord North machte es sich wieder bequem: »Wecken Sie mich in zweihundertfünfzig Jahren!«

Ein junger Mann bewirbt sich beim SSD. Um seine Tauglichkeit zu prüfen, schickt man ihn zu einer Versammlung, in der sich ein westlicher Agent befinden soll.
Der Redner geht in die vierte Stunde. Plötzlich springt der SSD-Kandidat vom Stuhl, deutet auf einen Mann in der sechsten Reihe und ruft: »Das ist der Agent!«
Er war es.
Auf die Frage der entzückten Oberspitzel, woran er den Spion erkannt habe, schlägt sich der Aspirant an die Brust: »Unser großer Lehrer, Wladimir Iljitsch Lenin, sagte: ›Der Klassenfeind schläft nicht.‹ Dieser da war der einzige, der nicht schlief.«

Festredner – weil er sich meistens festredet.

Ein Gesandter Lydiens protestierte auf dem Marktplatz Spartas gegen Übergriffe der Perser und bat um Hilfe. Er schenkte seinen Zuhörern kein Detail, und als er endete, liefen die Leute davon. Ein Geront trat zu ihm: »Deine Rede war sehr schön, aber so lang, daß wir den ersten Teil vergaßen und daher den zweiten nicht verstanden.«

Zwei Athener Künstler bewarben sich öffentlich um einen großen Auftrag. Der erste sprach eine Stunde lang von seinen Erfolgen und Plänen, seinem Wissen und Können, und das Volk lauschte hingerissen. Als er abgetreten war, sprach der zweite: »Athener! Was Euch dieser versprochen hat, werde ich halten.«
Er bekam den Auftrag.

Es predigte statt des Pfarrers ein Missionar, der eine prachtvolle Stimme hatte. In ergreifender Schlichtheit erzählte er von den Leiden der Neger. Ich war so gerührt, daß ich statt der fünfzig Cents, die ich zu opfern gedachte, die Spende verdoppeln wollte. Die Schilderungen des Missionars wurden immer eindringlicher, und ich nahm mir vor, meine Gabe weiter zu steigern: Auf zwei, drei, fünf Dollar. Schließlich war ich dem Weinen nahe. Ich fand, alles Geld, das ich bei mir trug, reiche nicht, und ich tastete nach meinem Scheckbuch.
Der Missionar aber redete und redete, und die Sache wurde mir allmählich langweilig. Ich ließ die Idee mit dem Scheckbuch fallen und ging auf fünf Dollar zurück. Der Missionar redete. Ich dachte: Ein Dollar genügt. Der Missionar redete. Und als er fertig war, legte ich zehn Cents auf den Teller.

Mark Twain

Einzelbeitrag aus einer langen Rednerliste: »Mein Vater hat mir gesagt: Wenn ich heute Abend aufgerufen würde, zu Ihnen zu sprechen, dann sollte ich aufstehen, damit mich alle sehen, laut sprechen, damit mich alle hören, und Schluß machen, damit mich alle leiden mögen.«

Der englische Journalist Wickham Steed empfahl: »Wenn Sie das Bedürfnis haben, Ihren Mitmenschen etwas mitzuteilen, dann bringen Sie es zu Papier und stellen Sie sich vor, Sie müßten den Wortlaut auf eigene Kosten nach Australien kabeln! Vergessen Sie nicht: Ein Telegrammwort nach Australien kostet fünf Schillinge!«

Ich hatte als Telegraphist bereits fünf oder sechs Telegramme eines jungen Vertreters aufgenommen, der seiner Firma Bericht gab. Da fiel mir eines Tages die Unterschrift auf. Georg Kadild. Ich blätterte in meiner Ablage und sah, daß die früheren Telegramme zwar alle mit dem Vornamen Georg unterzeichnet waren, der Familienname aber jedesmal etwas anders lautete: Kadold, Kamild, Kasold. Nach einiger Zeit erschien er wieder mit einem Telegramm. Dieses Mal war er Georg Kamold. »Sagen Sie mal«, stellte ich ihn zur Rede, »wie heißen Sie eigentlich?«
»Georg Winter«, sagte er verwundert. »Weshalb?« Ich hielt ihm seine verschiedenen Telegramme unter die Nase.

»Ach so«, lachte er. »Das ist so: Ich bin mit der Sekretärin meines Chefs verlobt, und sie bekommt die Telegramme. ›KA‹ bedeutet immer ›Komme am‹. ›MO‹ heißt Montag, ›DI‹ Dienstag, ›MI‹ Mittwoch und so fort. Das ›LD‹ am Schluß heißt einfach ›Liebe dich‹. Also Kamold.«

T. H. H.,
Das Beste, Juni 1952

Wat jestrichen is, kann nich durchfallen.

Otto Brahm

Wer bei den Indianern von Matto Grosso in den Versammlungen weitschweifig wird, muß auf einem Bein stehen. Berührt das hochgezogene Bein den Boden, ist die Redezeit beendet.

Madame de Sévigné schloß einen fünf Seiten langen Brief: »Ich bitte Sie, mein langes Schreiben zu entschuldigen. Stünde mir mehr Zeit zur Verfügung, dann hätte ich mich kürzer gefaßt.«

»Der schönste Brief, den ich jemals erhielt«, sagte der greise Herzog von Broglie, ein Enkel der Madame de Staël, »stammt von einer bezaubernden Frau und bestand nur aus einem einzigen Wort: ›Freitag‹.«

Mark Twains Zeitungsnotiz, nachdem er vom Chefredakteur aufgefordert worden war, Weitschweifigkeit zu meiden: »Unser Mitbürger Tom Smith war im Golfklub, klagte über Unwohlsein, trank einen Whisky, nahm seinen Mantel, seinen Hut, seinen Abschied, keine Notiz von seinen Freunden, einen Wagen, den Revolver aus der Tasche und sich selbst das Leben. Netter Bursche. Allseitiges Bedauern und so.«

Ein Hauptmann, der mehrfach um Auszahlung seines Soldes gebeten hatte, meldete sich bei Heinrich IV. von Frankreich: »Drei Worte, Sir: Geld oder Abschied!«
»Zwei Worte«, erwiderte der König: »Weder noch!«

Student telegraphiert an Vater: »Wo bleibt Geld?«
Vater an Sohn: »Hier.«

Ein Amerikaner schrieb an Rudyard Kipling: »Ich höre, daß man Ihnen für jedes Wort einen Dollar zahlt. Sie finden beiliegend einen Dollar. Ich bitte um Muster.«
Kipling antwortete: »Danke!«
Ein zweiter Brief traf ein: »Ich habe die Danke-Anekdote für zwei Dollar verkauft. Anbei finden Sie in Briefmarken den halben Gewinnanteil abzüglich Porto: 45 Cents. Danke.«

Ein Offizier, der bei Moritz Saphir in Wien wohnte, wollte ohne Einhaltung der Kündigungsfrist ausziehen. Der schriftstellernde Hausbesitzer erklärte sich einverstanden, falls die Kündigung in einem Wort abgefaßt würde.
Der Offizier schrieb: »Judicium.« (Jud, i zieh um.)
Saphir genehmigte: »Officium.«

Die »Miserables« waren erschienen. Victor Hugo wollte wissen, ob der Roman Erfolg habe, und schrieb an den Verleger: »?«
Das Buch ging blendend, und der Verleger antwortete: »!«

Kathederblüte: »Fassen Sie sich kurz und lassen Sie alles Wesentliche weg!«

Ein Bauer geht zu seinem Nachbarn: »Meine Kuh ist krank.«
»So.«
»Deine war doch kürzlich auch krank.«
»Jo.«
»Was hast du denn gemacht?«
»Petroleum ins Wasser.«
»Danke«, sagt der Besucher und geht. Drei Tage später kommt er wieder: »Meine Kuh ist an deinem verdammten Petroleum gestorben.«
»Meine auch.«

Gespräch

Frau von Staël besuchte Goethe in Weimar. Der Dichter berichtete: »Es war eine interessante Stunde. Ich bin nicht zu Wort gekommen. Sie spricht gut, aber viel, sehr viel.«
Weimarer Freundinnen fragten die Schriftstellerin, welchen Eindruck Goethe auf sie gemacht hätte. Sie antwortete: »Ich bin zwar nicht zu Wort gekommen. Wer aber so gut spricht wie er, dem hört man gern zu.«

König Karl II. von England mag für den König der Schwätzer gelten. Er erzählte allen, die ihn anhören mochten, seine Geschichten in Schottland, Frankreich und den Niederlanden ausführlich, und gewöhnlich verloren sich seine Zuhörer, einer um den anderen, ohne daß es Seine Majestät merkten. Rochester sagte ihm, er begreife nicht, wie er den geringsten Umstand im Gedächtnis behalten und dann doch wieder vergessen könne, daß er alles schon hundertmal erzählt habe.

Karl Julius Weber,
Demokritos IV, 23

Es wird behauptet, der weibliche Wortbestand sei geringer als der männliche, der Umsatz aber bedeutend höher.

Der Ehemann steht unschlüssig im Blumenladen. »Laßt Blumen sprechen!« zitiert die Verkäuferin. »Vielleicht Rosen für die Frau Gemahlin?«

»Gut«, nickt der Kunde. »Eine Rose.«
»Eine?«
»Eine. Mehr kommen nicht zu Wort.«

Wie die Blätter der Bäume beständig vibrieren und die Luft reinigen, so ist die beständige Vibration weiblicher Zungen, vorzüglich im Zimmer, eine wohltätige Naturanstalt gegen die eingesperrte Luft.

Jean Paul

Ein Weib, das nichts spricht, ist in der Regel dumm. Beim Manne ist der Fall oft umgekehrt.

Weber, Demokritos IV, 23

Sie zu ihm: »Halte den Mund, wenn ich dich unterbreche!«

Der Schriftsteller Rider Haggard war einer von acht riesenhaften, stimmstarken Söhnen eines ebenso konstruierten Vaters. Die zarte, kleine Mutter wurde gefragt, wie sie sich in dieser Gesellschaft bemerkbar mache. Sie antwortete: »Ich flüstere. Das schockiert.«

Auf dem Lande habe ich ein höchst beredtes Schreckmittel, wenn während der Predigt zuviel Geräusch ist, bemerkt, das mir stets ungemein gefiel und das Schönste oft an der ganzen Predigt schien: Der Prediger hält plötzlich inne, und Alles ist mäuschenstill.

Weber, Demokritos IV, 2

Aus Tante Karlas Sprachwolf: »Man dreht mir das Wort im Leibe herum.«

Echo = Das einzige Phänomen, das eine Frau daran hindert, stets das letzte Wort zu haben.

Ein Arnauld wurde gefragt, wie er einer zwar hübschen, aber vom Geist unberührten Frau stundenlang zuhören könne. »Wer sagt Ihnen, daß ich zuhöre?« erwiderte der Jansenist. »Ich schaue zu.«

Ein Maler aus Marseille riet: »Wer Knoblauch gegessen hat, sollte nicht mit Dritten sprechen.«

Die Gastgeberin: »Nun wollen wir endlich einmal von Ihnen sprechen. Wie finden Sie meinen neuen Hut?«

Der Schriftsteller I. M. Barrie im amerikanischen Smith College vor tausend Studentinnen: »Um der Wahrheit die Ehre zu geben: Ich spräche lieber tausendmal zu einem Mädchen als einmal zu tausend Mädchen.«

Eine britische Zeitung vermerkte: »Man sah gestern in Brighton James McNeill Whistler und Oscar Wilde beisammen. Sie sprachen, wie üblich, unentwegt über sich selbst.«
Der Maler schnitt die Notiz aus und schickte sie dem Dichter: »Wenn die Herren Journalisten doch genau sein wollten! Wie Sie sich erinnern, sprachen wir ausschließlich über mich.«
Wilde antwortete: »Stimmt, Simmy. Aber es scheint Ihnen entgangen zu sein, daß ich dabei ausschließlich an mich dachte.«

Wo jeder das Recht hat, seine Meinung zu sagen, hat jeder auch das Recht, nicht hinzuhören.

Verfasser unbekannt

Mark Twain hatte behauptet, daß in der New Yorker Gesellschaft keiner dem anderen zuhöre. Auf der nächsten Party lieferte er den Beweis.
Er kam eine halbe Stunde zu spät und begrüßte die Hausherrin im Kreise der Erwartungsvollen: »Entschuldigen Sie bitte meine Unpünktlichkeit! Ich mußte noch meine alte Tante erwürgen, und das dauerte ein wenig länger, als ich vermutete.«
»Reizend von Ihnen«, erwiderte die Gnädige, »daß Sie trotzdem gekommen sind.«

Ein Wichtigtuer stellte Aristoteles auf der Straße, sprudelte Unsinn, bemerkte endlich, daß er keine Aufmerksamkeit fand, und entschuldigte sich.
»Keine Ursache!« erwiderte der Philosoph. »Ich habe nicht zugehört.«

»Alles, was Sie sagen, geht bei mir zu einem Ohr hinein und am anderen wieder hinaus«, spricht der Erzürnte.
»Das heißt also«, konstatiert der Gesprächspartner, »daß sich zwischen Ihren beiden Ohren nichts befindet, was geeignet wäre, meine Worte aufzuhalten.«

Nasr-eddin Hodscha wollte auf dem Markt einen Truthahn verkaufen und stellte sich neben den Besitzer eines Papageis, der für sein Tier zehn Pfund verlangte.
Der erste Interessent schrie den Eulenspiegel an: »Bist du wahnsinnig? Der Papagei dort kann sprechen und kostet zehn Pfund, und du verlangst zwanzig?«
»Mein Truthahn kann mehr als sprechen«, erwiderte der Hodscha. »Er kann zuhören.«

Der alte Mann redet mit sich selbst. Der Arzt erkennt auf Altersschwachsinn.
Der Greis lächelt: »Zum erstenmal in meinem Leben spreche ich mit einem vernünftigen Menschen. Und nun bin ich verrückt!«

Chaim Fischkopp klagt: »Doktorleben, ich hab a böse Kränk! Ich leid wie Hiob; ich red mit mer selbst!« »Das ist nicht so schlimm!« spricht der Arzt. »Ich rede auch häufig mit mir selbst. Machen Sie sich keine Sorgen!« »Keine Sorgen, Doktorleben! Haben Se gut reden! Wenn Se wärn so a fader Mensch wie ich, möchten Se anders sprechen!«

Schweigen

Guet esse un drinke ischt ällewoil bessr wie domm schwätze.

Aus dem Allgäu

Eine Tischdame warf Joseph Addison Schweigsamkeit vor. »Der Geist, Madame«, entgegnete der Dichter, »gleicht dem Gelde: Man darf von beiden nur soviel ausgeben, wie gefordert wird.«

Mir hat noch nie geschadet, was ich nicht gesagt habe.

Calvin Coolidge

Wandspruch im Büro eines Politikers: »Wer redet, erfährt nichts.«

Der Hirsch sprach zu dem Fuchse: »Nun wehe uns armen schwächeren Tieren! Der Löwe hat sich mit dem Wolfe verbunden.«
»Mit dem Wolfe?« sagte der Fuchs. »Das mag noch hingehen! Der Löwe brüllet, der Wolf heulet, und so werdet ihr euch noch oft beizeiten mit der Flucht retten können. Aber alsdann möchte es um uns alle geschehen sein, wenn es dem gewaltigen Löwen einfallen sollte, sich mit dem schleichenden Luchse zu verbinden.«

Lessing,
Fabeln, Der Hirsch und der Fuchs

Ein schwäbisches Weinbauerehepaar sitzt vor dem Haus. Ein Bekannter kommt, grüßt und fragt nach dem Wohlbefinden. Erhält keine Antwort und trollt sich.
»Warom hoscht koi Antwort gebe?« fragt die Frau.
»Sag i, es ganget schlecht«, anwortet der Goge, »na freut sech de Lomp. Sag i, es ganget guet, na soll i ehm Geld pumpe.«

Die Menschen werden mit zwei Augen und einer Zunge geboren, damit sie doppelt soviel sehen wie sprechen.

Aus den USA

Die größte Plage kluger Ohren,
ein Ausbund von beredten Toren,

ein unentfliehlich Ungemach,
ein Schwätzer, der zu allen Zeiten
mit rednerischem O! und Ach!
von den geringsten Kleinigkeiten,
von Zeitungsangelegenheiten
und, was noch schlimmer war, meist
von sich selber sprach
und, daß es ihm ja nicht am Stoffe
fehlte,
was er vorher erzählt, gleich noch einmal erzählte –

ein so beredter Mann sah einen
wackern Mann,
der denkend schwieg, verächtlich an.
»Der Herr«, zischt er dem Nachbarn
in die Ohren,
»hat wohl das Reden gar verschworen?
Ich wett, er ist ein Narr und weiß
nicht, was er will.«
»Das dächt ich nicht«, zischt der ihm
wieder in die Ohren,
»ein Narr, mein Herr, schweigt niemals still.«

Gellert,
Der Schwätzer

Wer von jemand sagt: »Es ist ein sehr verständiger Mann; nur schweigen kann er nicht«, kommt mir vor wie einer, der ein Mädchen lobt: »Es ist ein sehr braves, hübsches Mädchen. Wenn nur ihre vier Bankerten nicht wären!«

Karl Julius Weber,
Demokritos IV, 23

Erfahrung lehrte mich, ein Wort, das auf der Zunge liegt, dort liegen zu lassen.

Verfasser unbekannt

Es ist auffallend, daß Jesus bei seinem trefflich moralischen, folglich göttlichen Charakter und bei seinen vielen Wundertaten immer gebietet, daß man es niemand sagen solle. Jedem, den er gesund machte, sagte er: »Gehe hin und sage es niemand!« Das war gerade das Mittel, daß alles recht bekannt wurde.

Karl Julius Weber,
Demokritos IV, 23

Was ist Einem zu eng, Zweien gerecht und Dreien zu weit?
Ein Geheimnis.

Der Verlust der Schließmuskeln des Mundes ist ein so großes Unglück wie die Erschlaffung der Schließmuskeln der Urinblase und des Afters.

Karl Julius Weber,
Demokritos IV, 23

General von Kalckreuth, sein ehemaliger Erzieher, fragte Friedrich II. unmittelbar vor Beginn des Ersten Schlesischen Krieges, worauf die Truppenbewegungen zielten.
»Kann Er schweigen?« fragte der König.
»Unbedingt, Majestät!«
»Ich auch.«

Während des Zweiten Weltkrieges erhielt eine junge Dame in den Vereinigten Staaten einen Brief vom ostasiatischen Kriegsschauplatz. Sie öffnete und fand einen Zettel der Zensurbehörde: »Ihr Freund liebt Sie noch. Aber er schwätzt zuviel.«

Ein Exporteur erfuhr, daß eine große japanische Firma falliert habe. In Sorge, es sei sein Kunde, ging er zur Bank. Doch diese verweigerte jede Auskunft.
Der Kaufmann bat, eine Liste mit zehn japanischen Firmen vorlegen zu dürfen; der Bankier möge nur sagen, ob sich die Bankrotteure darunterbefänden.
So geschah es. Der Bankier nickte; der Kaufmann wurde blaß und nannte den Namen seines Kunden. Auf die erstaunte Frage des Geldverleihers, wie er den kritischen Namen habe entdecken können, erklärte der Schlaue: »Es war der einzige echte. Die neun anderen erfand ich.«

Es scheint richtig, daß Männer besser fremde, Weiber leichter eigene Geheimnisse zu verschweigen wissen.

Karl Julius Weber,
Demokritos IV, 23

Der gestrenge Geistliche visiert auf dem Golfplatz das letzte Loch an. Holt aus und schlägt daneben. Der Ball rollt nur Zentimeter.
Er starrt auf die weiße Kugel, beißt sich die Lippen und atmet schwer.
»Das, Hochwürden«, lacht der Partner, »war das profanste Schweigen, dessen ich jemals Zeuge wurde.«

Franz Joseph lud Alexander Girardi zum Nachmittagskaffee und war enttäuscht über die Einsilbigkeit des als witzig und geistreich gerühmten Schauspielers.
»Jausen Sie amal mit aan Kaiser!« verteidigte sich der Gast. »Da verschlogt's Ihnen a die Red'.«

Vergeblich hatte die hübsche Tischdame versucht, den Gelehrten in ein Gespräch zu verwickeln. Nun fragte sie: »Könnten wir nicht einmal von etwas anderem schweigen?«

Schäl besucht den Tünnes und wundert sich über die Schweigsamkeit der Apollonia. Der Gatte erklärte: »Här Muul es wege Renovierung jeschlosse.«

Ich sage Euch aber, daß die Menschen müssen Rechenschaft geben am Jüngsten Gericht von einem jeglichen unnützen Wort, das sie geredet haben.

Matthäus 12, 36

XXVIII. Kapitel

Schönheit
Häßlichkeit

Schönheit

Aristoteles auf die Frage, warum ihm das Schöne gefalle: »Das ist die Frage eines Blinden.«

Eine Schwalbe und eine Krähe stritten sich, wer schöner sei. Die Krähe sprach: »Deine Schönheit leuchtet nur im Sommer, die meinige aber erträgt auch den Winter.«

Äsop,
Die Schwalbe und die Krähe

Der Sturm heult. Die Wogen peitschen. Das Schiff kracht in allen Fugen. Die Mannschaft sinkt betend auf die Planken. Claude Joseph Vernet, der Maler, starrt hingerissen auf die Szene und ruft: »Grands Dieux, que c'est beau!« (Ihr Götter, ist das schön!)

Das Weib ist vollkommen schön, das den Kopf aus Prag, den Busen aus Österreich, den Rücken aus Brabant, die weißen Schenkel und Hände aus Köln, die Füße vom Rhein, die Scham aus Bayern und den Hintern aus Schwaben hat.

Heinrich Bebel

Frauen sind wie Birnen: Dort am süßesten, wo sie am schwersten sind.

Gregor von Rezzori,
Maghrebinische Geschichten I

Ludwig XV. erfuhr von Bouret die Ankunft Marie Antoinettes, der Verlobten des Thronfolgers. »Wie gefällt sie Euch?« fragte er.
»Sie ist sehr schön, Majestät.«
»Hat sie einen hübschen Busen?«
»Majestät, ich wagte nicht, nach ihrem Busen zu blicken.«
Ludwig schüttelte ärgerlich den Kopf: »Bouret, Ihr seid ein Esel. Wenn man eine Frau beurteilen will, dann schaut man zuerst nach dem Busen.«

Eine Herrengesellschaft im Leipziger Ratskeller warf die Frage auf, welcher Teil bei den Frauen der schönste wäre. »Der Mund« wurde genannt, »die Augen« wurden gerühmt, »die Hände« und »die Hüften«. Da schlug einer mit der flachen Hand auf den Tisch: »Uffhern! Sonst sachd noch eener de Wahrheid!«

Zur Blüte ist ihr Mund erwacht.
Das tat der Liebe Wunder-Macht.

Gerhard Schumann,
Freundliche Bosheiten,
Frühlingswunder

Das ältere Ehepaar vom Lande kommt zum erstenmal nach München. Vaters Augen flackern. Mutter mault: »Hast du noch nie Frauenfiaß gseng, ha?«
Mit verdrehtem Kopf erwidert der Alte: »I glaub net.«

Vera incessu patuit Dea. Die wahre Göttin offenbart sich am Schreiten.

Verfasser unbekannt

Ein Medizinstudent zum Kollegen, nachdem sie soeben belehrt worden waren, daß der Mensch aus 92 % Wasser bestehe, über eine vorüberschwebende Kommilitonin: »Schau an, was die aus ihren 8 % gemacht hat!«

Eine junge Schönheit rügte den 97-jährigen Fontenelle: »Vorhin sagten Sie mir so viele freundliche Worte, und jetzt, da man zum Essen ruft, gehen Sie blicklos an mir vorüber!«
»Hätte ich Sie angesehen«, erwiderte der Dichter, »wäre es mir unmöglich geworden, vorüberzugehen.«

Joseph II. bot in Versailles der Madame Dubarry den Arm. Sie zögerte und hielt sich der Ehre nicht für würdig. Der Kaiser bestand auf seinem Wunsch: »La beauté est reine.« (Die Schönheit ist Königin.)

Der Herzog von Braganza führte Dutens, den englischen Gesandten in Paris, vor die Herzogin von Arenberg: »Gestatten Sie, daß ich Ihnen einen meiner Freunde vorstelle, einen Mann, dem ich großen Dank schulde!« Dann wandte er sich an Dutens und sprach: »Wir sind quitt.«

Induitur formosa, exuitur ipsa forma est. Bekleidet ist sie schön, unbekleidet die Schönheit selbst.

Aristänet

Rabelais vor einem Gemälde »Urteil des Paris«: »Wie? Dieser Spitzbube steht vor drei nackten Grazien, und der Zeiger seiner Uhr weist auf sechs?«

Gary Cooper über den Unterschied zwischen Charme und Schönheit: »Eine schöne Frau wird von mir bemerkt. Eine charmante bemerkt mich.«

Eine hochnäsige Alte bat Johann Matthias Dreyer, zwei Verse zu übersetzen:

De tous vos charmes on ne peut se défendre,
en vous voyant il faut se rendre.

Der Schriftsteller erfüllte den Wunsch:

O Schönste, deinem Reiz kann niemand widerstreben.
Kaum hat man dich erblickt, muß man sich übergeben.

Mrs. Cheveley ist groß und ziemlich schlank. Sehr dünne und stark geschminkte Lippen. Tizianrotes Haar. Grau-grüne Augen, die rastlos umherwandern. Sie ist in heliotrop gekleidet, mit Brillanten. Sie erscheint fast wie eine Orchidee und erregt jedermanns Interesse. In all ihren Bewegungen ist sie außerordentlich graziös. Alles in allem ein Kunstwerk, aber man merkt den Einfluß zu vieler Schulen. (Regieanweisung)

Wilde,
Ein idealer Gatte I

Ein Ehemann auf die Frage, ob seine Frau noch immer so hübsch sei wie ehedem: »Gewiß. Nur: Sie braucht jetzt eine halbe Stunde länger.«

Voltaire fragte den in Frankreich weilenden Lord Chesterfield, ob er die Engländerinnen oder die Französinnen für schöner halte. Der Gast antwortete: »Ich habe kein Urteil. Ich verstehe nichts von Malerei.«

Gott macht die Frauen schön und der Teufel hübsch.

Victor Hugo

Mißglückte Stammform: Sie gefällt – sie gefiel – sie ist gefallen.

Sie bewundert die schönen Hände der Freundin, fragt, was sie zur Pflege täte, und erhält zur Antwort: »Nichts. Aber das regelmäßig und ganztägig.«

American, 37/172, quiet, honest, secure good income, wishes matrimony with sincere lady. No beauty wanted.

Süddeutsche Zeitung,
18. 11. 1967

Häßlichkeit

Ludwig XVI. überließ einer schönen, jungen Dame den Vortritt: »Passez, beauté!«
Kurz darauf traf er an der gleichen Stelle eine boshafte Alte. Er trat wiederum zurück: »Beauté – passée.«

Frau Professor führte die Patientin im Hörsaal vor und erklärte: »Hier sehen Sie einen typischen Fall von Skrofulose: Aufgedunsenes Gesicht, geschwollene Nase, triefende Augen ...«

Die Explizierte unterbrach: »So schön sind Sie nun wieder auch nicht!«

Fritzchen zu Tante Frieda: »Gehörst du wirklich zum schönen Geschlecht?«

Der Heiratsvermittler hatte ein bildschönes Angebot versprochen. Man traf sich in einem Café. Dem Interessenten traten die Augen aus dem Kopf: Blumenkohlohren, Karottennase, Ananasfrisur und Silberblick. Der Kandidat zischte: »Ich höre immer ›bildschön‹!!!« Bedauernd zuckte der Vermittler die Schultern: »Entweder man liebt Picasso oder man liebt ihn nicht.«

Ein Ehemann wies die Behauptung, seine Frau sei häßlich, zurück: »Innerlich ist sie schön.« Der andere empfahl: »Laß sie wenden!«

Der alte Reinhard Begas zum neun Jahre jüngeren Makart: »Wenn ich eine häßliche Frau sehe, atme ich auf.«

Mit der Häßlichen begeht man eher Buße als Sünde.

Aus Italien

Häßliche mögen sich damit trösten, daß Schönheit vergänglich ist, Häßlichkeit aber noch nach zwanzig Jahren so aussieht wie heute.

Karl Julius Weber,
Demokritos I, 15

»Das Nilpferd ist aber häßlich!« rief das Kind im Tiergarten.
»Macht gar nichts!« erwiderte das späte Fräulein Erzieherin. »Wenn es gut ist und sauber und sich ein reines Herz bewahrt!«

Es gibt keine häßlichen Frauen. Es gibt nur Frauen ohne Fähigkeit, sich hübsch zu machen.

La Bruyère

Der Narr Chojsek gerät vor einen Spiegel, betrachtet sich und lacht.
»Warum lachste, Chojsek?«
»Soll ich nicht lachen über so einen häßlichen Kerl? Aber«, fährt er ernsthaft fort, »ihr müßt nicht glauben, daß ich bin immer gewesen so mies. Meine Mamme, Gott soll sie schützen, hat erzählt, daß ich war a scheenes Kind. Aber eines Tages sind gekommen Zigeuner ins Städl und haben mich vertauscht.«

Der häßliche Timur fragte seinen Gesellschafter, warum er weine. Der Kühne erwiderte: »Du bist traurig, wenn du dich im Spiegel betrachtest. Ich aber sehe dich den ganzen Tag.« Der Despot nahm den Scherz mit Gelächter hin.

Frau von Sévigné über den Schriftsteller Péllison: »Er mißbraucht das männliche Privileg, häßlich zu sein.«

Marc-Antoine Le Grand, Dichter und Schauspieler mit einem ungewöhnlich häßlichen Gesicht, auf einem Ball, als man ihm auszuweichen suchte: »Es ist leichter für Sie, sich an mein Gesicht zu gewöhnen, als für mich, es zu ändern!«

Der alte Voltaire: »Gebt mir ein paar Minuten Zeit, mein Gesicht hinwegzuplaudern, und ich verführe die Königin von Frankreich!«

Die beste Schönheitspflege ist ein aktiver Geist, der immer Neues entdeckt.

Verfasser unbekannt

Der erste Schmelz eines jungen Mädchens hat weder Ausdruck noch geistige Festigkeit. Hinter ihm steht noch keine Bemühung, keine Entscheidung, kein Kampf, keine Kraft und keine Tapferkeit. Erst Jahre später, wenn aus dem Mädchen eine Frau geworden ist, wenn es Schwierigkeiten mutig bewältigt hat, wird seine Schönheit einen Hauch von Unvergänglichkeit erlangen. Erst dann ist diese Schönheit ein Teil seines Wesens.

Das Beste, September 1956

Mein lieber Sohn, sieh nur die Menge um dich her, und du wirst erfassen, was Helena ist! Sie ist eine Art von Absolution. Sie beweist all diesen Greisen, die sie umlauern und die ihre weißen Haare auf den Zinnen der Stadt flattern lassen – dem Räuber, dem Mädchenhändler, dem Entgleisten, der sein Leben verpfuschte –, daß sie alle im geheimsten ihrer Herzen zu einer Forderung berechtigt waren: Es ist die Schönheit! Wenn Schönheit ihnen immer so nahe gewesen wäre, wie es Helena heute ist, dann hätten sie ihre Freunde nicht bestohlen, ihre Töchter nicht verschachert, ihr Erbe nicht versoffen. Helena bedeutet ihnen: Ihre Gnade, ihre Vergeltung und ihre Zukunft. (Priamus)

Giraudoux,
Kein Krieg in Troja I, 6

XXIX. Kapitel

Kunst
Literatur I
Literatur II
Literaturformen
Drama
Theater
Schauspieler
Bücher
Musik
Konzert
Gesang
Oper
Tanz
Bildende Kunst
Malerei I
Malerei II
Porträt
Photographie
Architektur
Rezension

Kunst

»Herr Sachverständiger«, spricht der Richter, »können Sie den Geschworenen kurz klarmachen, was Kunst ist?«
Der Gelehrte schaut die Damen und Herren der Reihe nach an: »Nein.«

Ein heimkehrender Kreta-Tourist brachte zwei antike Schalen mit, eine unbeschädigte und eine angeschlagene. Die unversehrte sollte er verzollen. Er protestierte: Beide Gegenstände seien Kunstwerke und zollfrei.
Der Beamte blieb jedoch hart: »Die heile Schale ist noch nutzbar. Ein Kunstwerk ist ein Gegenstand, der zu nichts zu gebrauchen ist.«

Schwind über das jüngste Werk eines Kollegen: »Gute Technik!«
»Sonst nichts?« fragte der Enttäuschte. »Ich habe das Bild für zweitausend Mark verkauft.«
Der Meister staunte: »Alle Achtung! Das ist Kunst.«

Kunst in zwei Worten beschreiben?
Weglassen und übertreiben.

Gerhard Schumann,
Freundliche Bosheiten,
Das Wesen der Kunst

Adolph Menzel zu seiner Schwester, die ihm den Haushalt führte und zum xten Male »Mittagessen« gerufen hatte: »Wenn ich arbeite, brauche ich keine Atzung!«

Der sechsundachtzigjährige Ingres, der einen Giotto kopierte, auf die Frage, warum er das tue: »Um zu lernen.«

Franz Adolf von Sturler brachte Ingres ein Bild. »Sehr gut«, urteilte der Meister. »Geschickt und mit echtem Talent gemalt.«
Der Schweizer schüttelte den Kopf: »Ich bin zu Ihnen gekommen, weil ich weiß, daß es schlecht ist.«
Der Franzose maß den jungen Mann von oben bis unten: »So ist das. Aha. Sie sind mit dem, was Sie machen, nicht zufrieden? Also denn: Ihr Bild taugt nichts. Reine Geschicklichkeit! Kein Stil, kein Charakter. Wenn Sie höherkommen wollen, dann vergessen Sie alles, was Sie bisher gelernt haben, und fangen Sie von vorn an!«

Rudolf von Gottschall, Literaturpapst und Dramenschreiber in Leipzig, pflegte nach Tisch im Garten zu lustwandeln. Punkt drei Uhr öffnete sich ein Fenster, und die Frau Gemahlin rief: »Reingomm! Dichten!«

Franz Werfel und Walter Hasenclever wohnten in Leipzig auf einem

Zimmer. Eines Tages wurde der Langschläfer Werfel von der Wirtin geweckt: »Wie kann mer denn so lange schlafn? Nähm Se sich mal den Herrn Hasenclever zum Vorbild! Der had schon drei Gedichde gemachd!«

Die Nachtigall sang einst mit vieler
Kunst.
Ihr Lied erwarb der ganzen Gegend
Gunst;
die Blätter in den Wipfeln schwiegen
und fühlten ein geheim Vergnügen.
Der Vögel Chor vergaß die Ruh
und hörte Philomelen zu.
Aurora selbst verzog am Horizonte,
weil sie die Sängerin nicht gnug
bewundern konnte;
denn auch die Götter rührt der Schall
der angenehmen Nachtigall.
Und ihr, der Göttin, ihr zu Ehren
ließ Philomele sich noch zweimal
schöner hören.
Sie schweigt darauf. Die Lerche naht
sich ihr
und spricht: »Du singst viel reizender
als wir;
dir wird mit Recht der Vorzug
zugesprochen.
Doch eins gefällt uns nicht an dir:
Du singst das ganze Jahr nicht mehr
als wenig Wochen.«

Doch Philomele lacht und spricht:
»Dein bittrer Vorwurf kränkt mich
nicht
und wird mir ewig Ehre bringen.
Ich singe kurze Zeit. Warum?
Um schön zu singen.
Ich folg im Singen der Natur;
so lange sie gebeut, so lange sing
ich nur.
So bald sie nicht gebeut, so hör ich auf
zu singen;
denn die Natur läßt sich nicht
zwingen.«

Gellert,
Die Nachtigall und die Lerche

Ein Bewunderer forderte Liebermann auf, mehr Bilder zu malen. Der Künstler lehnte ab: »Ick bin nich mit der Kunst verheiratet. Ick habe ein Verhältnis mit ihr.«

Voltaire, der einer Aufführung seiner »Mérope« beigewohnt hatte, warf Mademoiselle Dumesnil vor, daß sie im vierten Akt, in der Auseinandersetzung mit Polyphonte, nicht genug Feuer auf die Bühne gebracht habe. »Um Ihren Vorstellungen zu genügen«, erwiderte die Schauspielerin, »müßte man ja den Teufel im Leib haben.« Der Dichter erklärte: »Jeder große Künstler hat den Teufel im Leib.«

Degas über Ernest Meissonier: »Sein Unrecht besteht darin, daß er sich mit der Kunst einließ. Mit seiner Ordnung, Sorgfalt und Regelmäßigkeit hätte er einen ausgezeichneten Schwiegervater abgegeben.«

Ein Böcklein, das hinter der Herde zurückgeblieben war, wurde von einem Wolf gestellt. Da sprach es: »Da du mich nun einmal fressen wirst, so laß mich wenigstens eines vergnügten

Todes sterben! Spiele auf der Flöte; ich will dazu tanzen!«
Der Wolf musizierte, das Böcklein tanzte; die Hunde aber hörten die Musik, kehrten zurück und vertrieben den Wolf, welcher sprach: »Das geschieht mir recht! Warum mußte ich auch, der ich ein Fleischhacker bin, zur Flöte greifen!«

Äsop,
Das Böcklein und der Wolf

Kaunitz unterhielt sich mit Casanova über Rubens.
»Er war also ein Gesandter«, fragte der Kanzler, »der sich mit Malerei die Zeit vertrieb?«
»Nein«, widersprach der Gast. »Ein Maler, der sich damit unterhielt, den Gesandten zu spielen.«

Mein lieber Sohn!
Du schreibst mir, daß du eine Madonna malst und daß dein Gefühl dir für die Vollendung dieses Werks so unrein und körperlich dünkt, daß du jedesmal, bevor du zum Pinsel greifst, das Abendmahl nehmen möchtest, um es zu heiligen. Laß dir von deinem alten Vater sagen, daß dies eine falsche, dir von der Schule, aus der du herstammst, anklebende Begeisterung ist und daß es, nach Anleitung unserer würdigen alten Meister, mit einer gemeinen, aber übrigens rechtschaffenen Lust an dem Spiel, deine Einbildungen auf die Leinwand zu bringen, völlig abgemacht ist! Die Welt ist eine wunderliche Einrichtung, und die göttlichsten Wirkungen, mein lieber Sohn, gehen aus den niedrigsten und unscheinbarsten Ursachen hervor. Der Mensch, um dir ein Beispiel zu geben, das in die Augen springt, gewiß, er ist ein erhabenes Geschöpf; und gleichwohl, in dem Augenblick, da man ihn macht, ist es nicht nötig, daß man dies mit vieler Heiligkeit bedenke. Ja, derjenige, der das Abendmahl darauf nähme und mit dem bloßen Vorsatz ans Werk ginge, seinen Begriff davon in der Sinnenwelt zu konstruieren, würde unfehlbar ein ärmliches und gebrechliches Wesen hervorbringen; dagegen derjenige, der in einer heiteren Sommernacht ein Mädchen ohne weiteren Gedanken küßt, zweifelsohne einen Jungen zur Welt bringt, der nachher auf rüstige Weise zwischen Erde und Himmel herumklettert und den Philosophen zu schaffen gibt. Und hiermit Gott befohlen!

Heinrich von Kleist,
Brief eines Malers an seinen Sohn

William Turner über die Entstehung seines »Seesturm«: »Ich mietete ein Fischerboot, als der Sturm heraufzog, ließ mich am Mast festbinden und hinausfahren. Ich habe den Sturm nicht nur gesehen und erlebt; er ist in mich hineingeblasen, so daß ich ein Teil wurde von ihm. Dann kehrte ich zurück und malte.«

Im Oktober 1891 wurde im Dachgeschoß eines Hauses der 19. Linie in Petersburg ein Mädchen ermordet aufgefunden. Die Polizei fahndete vergeblich.
Fünf Monate später wurde in der Sammlung Dazario ein Bild mit dem

Titel »Der Mord in der 19. Linie« ausgestellt. Es zeigte in äußerstem Realismus die Mansarde, das auf dem Bett liegende Opfer und an halbgeöffneter Tür die untersetzte Gestalt eines rotblonden Mörders, der einen letzten Blick auf die Tote warf.
Das Schaufenster war ständig umlagert. Eines Tages ertönte ein Schrei aus der Menge; ein Mann stürzte zu Boden und wälzte sich in Krämpfen. Er glich auf's Haar dem gemalten Mörder. Bevor ihn die Menge lynchen konnte, nahm ihn die Polizei in Gewahrsam.
Der Maler gab zu Protokoll: Er habe an jenem Oktobermorgen in der Nähe der Mordstelle von der Untat gehört und Gelegenheit erhalten, einen Blick auf die Dachkammer zu werfen. Er habe den Raum rasch skizziert. Wochenlang sei er dann auf der Suche nach einem Menschen gewesen, der seiner Vorstellung von dem Mörder entsprochen habe. Eines Tages habe er in einer Kneipe die gesuchte Gestalt gefunden und heimlich porträtiert.
Der Inhaftierte gestand die Tat.

»Wenn man sich über Kunst und Literatur unterhalten will«, behauptete ein Erfahrener, »muß man sich mit Kaufleuten und Anwälten zusammensetzen. Künstler und Autoren reden nur vom Geld.«

Non deest materia, sed artifex. Es fehlt nicht an Stoff, sondern am Künstler.

Verfasser unbekannt

Ein »Künstler« trat vor Alexander von Mazedonien und zeigte seine Fähigkeit, Hirsekörner durch ein Nadelöhr zu werfen. Der König bewunderte und entlohnte ihn angemessen: Mit einem Sack Hirse.

Louis O'Bony in New York bohrt Löcher in eine starke Leinwand und steckt halbe Würstchen oder Schaschlikspieße hinein. Auf der freien Leinwand zwischen den Happen hinterlegt er Senfhäufchen. Dann zieht er an einer hinter der Leinwand befestigten Schnur: Die Würstchen und Spieße beginnen zu wippen, den Senf aufzutippen und auf die Fläche zu verspritzen.
Der Künstler empfiehlt seine Bilder als Dinerdekoration.

Der Artist stellt sich vor: »Ich springe aus der Zirkuskuppel in eine Zweiliterflasche.«
»Nicht möglich«, behauptet der Agent. »Da muß ein Trick dabei sein.«
»Ein kleiner«, konzidiert der Stellungsuchende. »Ich arbeite mit Trichter.«

Unter allen Künsten bleibt die Kunst, in der die Franzosen immer noch, wie im Tanz, die Meister sind, die erste und beste: L'art de vivre.

Karl Julius Weber,
Demokritos

Literatur I

Mag man mich auch um meine Worte
schelten,
um meine Taten lobt mich einst die
Welt.«
Über diese Verse Dershawins sagte Puschkin zu Gogol: »Er hat unrecht. Die Worte des Dichters sind bereits Taten.«

Dichter = Ein Mensch, der entweder Feuer in seine Verse steckt oder seine Verse ins Feuer.

Der Pegasus ist das schwerste, was man reiten kann.

Karl Joachim Marquardt

Francesco Pastouchi auf die Frage, ob Gedichteschreiben schwer sei: »Nicht schwer. Leicht oder unmöglich.«

Dumm ist mein Kopf und schwer wie
die Tobaksdose ledig, [Blei,
mein Magen leer. Der Himmel sei
dem Trauerspiele gnädig!

Ich kratze mit dem Federkiel
auf den gewalkten Lumpen.
Wer kann Empfindung und Gefühl
aus hohlem Herzen pumpen?

Feu'r soll ich gießen auf's Papier
mit angefrornem Finger?
O Phöbus, hassest Du Geschmier,
so wärm' auch Deine Sänger!

Die Wäsche klatscht vor meiner Tür,
es scharrt die Küchenzofe,
und mich, mich ruft das Flügeltier
nach König Philipps Hofe.

Ich steige mutig auf das Roß;
in wenigen Sekunden
seh ich Madrid. Am Königsschloß
hab ich es angebunden.

Ich eile durch die Galerie
und – siehe da! – belausche
die junge Fürstin Eboli
in süßem Liebesrausche.

Jetzt sinkt sie an des Prinzen Brust
mit wonnevollem Schauer,
in ihren Augen Götterlust,
doch in den seinen Trauer.

Schon ruft das schöne Weib Triumph,
schon hör ich – Tod und Hölle!
Was hör ich? Einen nassen Strumpf,
geworfen in die Welle.

Und weg ist Traum und Feerei,
Prinzessin, Gott befohlen!
Der Teufel soll die Dichterei
beim Hemdenwaschen holen!

Schiller,
Bittschrift

Die Söhne des Sophokles hatten beantragt, den Vater, weil er die Geschäfte vernachlässigte, zu entmündigen. Der Dichter erschien mit dem Manuskript seines »Ödipus auf Kolonos« vor Gericht und las vor. Am Ende

des Stückes, dem die Richter schweigend zugehört hatten, fragte er, ob er schwachsinnig sei.
Die Klage wurde abgewiesen.

Die Poesie, die Poesie,
die Poesie hat immer recht.
Sie ist von höherer Natur,
von übermenschlichem Geschlecht.

Und kränkt Ihr sie, und drückt Ihr sie,
sie schimpfet nie, sie grollet nie:
Sie legt sich in das grüne Moos,
beklagend ihr poetisch Los.

Friederike Kempner,
Die Poesie

Horaz und Virgil schwätzten gar viel von Abgeschiedenheit und Muße, und doch lebten und starben beide am Hofe, und wer in Versen jammert wie Ovid, der ist schon halb kuriert.

Karl Julius Weber,
Demokritos XI, 8

Mark Twain empfahl Kipling: »Die Tatsachen verschaffen und dann nach Belieben verdrehen!«

»If I can get him within my pistol's length (Wenn ich ihn im Bereiche meiner Pistole habe)« läßt Shakespeare (Perikles I, 1) den zum Mord an Perikles bereiten Thaliard zu Antiochus sagen – um 200 vor Christus.

Ein schriftstellernder Freund legte Mark Twain die erste gedruckte Skizze vor: »Endlich habe ich herausgefunden, wie es gemacht wird. Es ist wirklich keine große Kunst!«
»Psst!« erwiderte Mark Twain. »Verrate uns nicht!«

Ein Verleger bat Shaw um ein Manuskript. Der Ire erwiderte: »Ich kann das Buch schreiben, habe aber keine Lust. Bitte wenden Sie sich an Herrn X.! Er kann es nicht, wird es aber gern tun.«

Der Sanguiniker wird witzig schreiben, der Choleriker kurz, feurig, scharfsinnig, der Melancholiker weitschweifig, trocken, dunkel, mitunter fromm, das Phlegma nachlässig, unordentlich und am liebsten gar nicht.

Karl Julius Weber,
Demokritos III, 5

Der Mensch ist endlich auch ein Federvieh; denn gar mancher zeigt, wie er a Feder in die Hand nimmt, daß er ein Viech ist.

Nestroy,
Die schlimmen Buben in der Schule

»Jetzt will ich fliegen«, rief der gigantische Strauß, und das ganze Volk der Vögel stand in ernster Erwartung um ihn versammelt. »Jetzt will ich fliegen«, rief er nochmals, breitete die ge-

waltigen Fittiche weit aus und schoß gleich einem Schiffe mit aufgespannten Segeln auf dem Boden dahin, ohne ihn mit einem Tritte zu verlieren.
Sehet da, ein poetisches Bild jener unpoetischen Köpfe, die in den ersten Zeilen ihrer ungeheuren Oden mit stolzen Schwingen prahlen, sich über Wolken und Sterne zu erheben drohen und dem Staube doch immer getreu bleiben!

Lessing,
Fabeln, Der Strauß

Anton Kippenberg, Herr des Inselverlages, zu einem Rilkegegner: »Lesen Sie unseren neuen Band ›Rilkes Briefe an seinen Verleger‹! Wenn er mir schrieb wegen Vertrag, Honorar und Vorschuß, war er real, klar und nüchtern. Die Briefe in den anderen Bänden – da sind die Frauensleut schuld. Die Weiber haben den armen Rilke verrückt gemacht.«

Blair über Shaftesbury: »Er lacht wie ein Schriftsteller, nicht wie ein Mensch.«

Metamorphose der Tiere, 1965: Ochsen, die sich für heilige Kühe hielten, wurden zu Stieren, als ein Frosch sie Pinscher nannte.

Aus Eitelkeit bleiben viele gern ehelos – jedoch auch oft aus Dürftigkeit – und schnitzen sich gleich Pygmalion ein Bild aus Elfenbein, woraus sich Soldaten und andere lieber Pfeifenrohre oder Billardkugeln gemacht hätten. Zuletzt aber heiraten sie ihre Mägde.

Karl Julius Weber,
Demokritos XI, 10

Bedenklich bleibt immer, daß die Lyra ursprünglich nichts weiter war als ein Rindviehschädel, zwischen dessen Hörner Hermes vier Saiten spannte.

Karl Julius Weber,
Demokritos XI, 8

Kardinal (schreibend): »Nun, Spitzel, was spricht man von mir?«
Spion: »Hm – man sagt – man redet –«
Kardinal: »Willst du nicht sprechen?«
Spion: »Man sagt, Ihr habt ein hübsches Mädchen als Pagen, das neun Monate lang durch Eure Schuld krank war.«
Kardinal (schreibend): »Stimmt nicht. Das Mädchen selbst war schuld.«
Spion: »Ferner sagt man, Emminenz, der Kardinal X habe Euch das Mädchen abspenstig machen wollen, und Ihr hättet ihn dafür beseitigen lassen.«
Kardinal (schreibend): »Auch nicht wahr. Es war ein anderer Grund.«
Spion: »Schließlich behauptet man noch, Ihr hättet Euer letztes Werk nicht selbst verfaßt.«
Kardinal (aufspringend): »Welche unverschämte Bestie wagt dieses auszusprechen?«

Galiani,
um 1750

Der Ghostwriter des Samuel Goldwyn war erkrankt. Ein anderer »Neger« setzte den Artikel auf. Der Filmproduzent las, bevor er den eigenen Namen darunterschrieb, den Text und knurrte: »Was ich sonst schreibe, ist besser.«

Wilde und Whistler spielten Billard. Als der Maler ein Bonmot fallen ließ, quittierte der Dichter: »Ich wünschte, ich hätte das gesagt.«
Der anwesende Frank Harris klopfte dem großen Kollegen auf die Schulter: »Du wirst es sagen, Oscar!«

»Besonders geglückt in dem neuen Stück des Autors sind die Banditen«, schrieb der Rezensent. »Selbst was sie sprachen, war gestohlen.«

Ein junger irischer Schriftsteller ahmte Shaw nach. Dem Dichter wurde geraten, dem Imitator Einhalt zu gebieten. Er lehnte ab: »Soll ich einem Krüppel die Krücken wegnehmen?«

Heinrich Heine über den galanten, 1848 aus Böhmen geflohenen Dichter Moritz Hartmann: »Er hat bei allen Frauen Chancen. Nur nicht bei den neun Musen.«

Zwei schriftstellernde Damen begegnen sich: »Ihr neues Buch ist vorzüglich, meine Liebe. Wer hat es denn geschrieben?«
»Welche Überraschung, daß Sie mein Buch loben!« antwortet die Gefragte. »Wer hat es Ihnen denn vorgelesen?«

Die Nachricht, der Reiseschriftsteller Petersen aus Kopenhagen sei von Kannibalen verzehrt worden, nahm Jens Peter Jacobsen mit Zweifel auf: »Sollte es tatsächlich Leute geben, die ihn genießbar finden?«

Gerhart Hauptmann erwartete Thomas Mann am Lehrter Bahnhof. Die Nobelpreisträger kannten sich nicht von Angesicht, und als sie sich gefunden hatten, erzählte der Dramatiker, er habe bereits zwei Herren gefragt, ob sie Thomas Mann seien. Der eine habe geantwortet: »Nein, wirklich nicht!«, der andere: »Ich wünschte, ich wäre es.«
»Womit bewiesen wäre«, erwiderte der Gast aus München, »daß mindestens einer von beiden meine Bücher kennt.«
»Mag sein«, gab der Schlesier zu. »Aber welcher ist es?«

Als Twiss seine »Reisen durch Irland« herausgebracht hatte, erschienen auf dem Markt der grünen Insel Nachtgeschirre, deren Böden das Porträt des Schriftstellers zeigten mit der Umschrift: »Let us piss on Mr. Twiss!«

Literatur II

Gutmütig haben Gänse lange Zeit
zum Schreiben ihre Federn uns geweiht.
Das konnte länger nicht so bleiben:
Sie fangen an, jetzt selbst zu schreiben.

Karl Julius Weber,
Demokritos

Ein Habicht schoß auf eine singende Nachtigall. »Da du so lieblich singst«, sprach er, »wie vortrefflich wirst du schmecken!«
War es höhnische Bosheit oder war es Einfalt, was der Habicht sagte? Ich weiß nicht. Aber gestern hört' ich sagen: »Dieses Frauenzimmer, das so unvergleichlich dichtet, muß es nicht ein allerliebstes Frauenzimmer sein? Und das war gewiß Einfalt!

Lessing,
Fabeln, Die Nachtigall und der Habicht

Man kann Liebhaber eines Weibes sein, die ein Buch geschrieben hat, aber Ehemann ist man besser von solchen, die Suppen, Hemden, Strümpfe oder Menschen liefern.

Karl Julius Weber,
Demokritos II, 22

Romanschriftstellerin sucht Gatten, der sie im Schaffen stützt und völlig ihre Lebenseinsamkeit ausfüllt. Die Künstlerin, 32 J., starkpulsierendes Temperament, ist in wirtschaftlichen Fragen ein Kind. Daher muß der Gesuchte so viel wirtschaftliches Denken besitzen, daß er versteht, aus den von der Kritik als genial bezeichneten Arbeiten Kapital zu schlagen. In Betracht kommen Ärzte, Gelehrte, Künstler, Verleger; ausgeschlossen sind Maler und Schriftsteller.

Buchheim,
Des Alleinseins müde

Verschont mit Schriften uns, Ihr allerliebsten Puppen!
Zum mündlichen Geschwätz leihn wir Euch gern das Ohr.
Kocht, wenn's nicht anders ist, kraftlose Wassersuppen,
nur setzet sie uns nicht in Euren Büchern vor!

Karl Julius Weber,
Demokritos II, 22

Orpheus führte seine Euridike aus der Tiefe des Orkus, aber wo ist der Orpheus, der die seinige je von der Höhe des Parnasses wieder herabgebracht hätte in die irdische Küche und ihren Keller, zu Nadel, Faden und Kinderstube?

Karl Julius Weber,
Demokritos II, 22

All mein Dichten,
lohnt sich mir's?
Wert ist's kaum
des Stück Papiers.

Friederike Kempner

Shaw zu einem Vater, der die Anlagen seines Sohnes rühmte und fragte, ob er ihn Maler oder Schriftsteller werden lassen solle: »Lassen Sie ihn schreiben! Papier ist billiger als Leinwand.«

Die Dichter bauen Luftschlösser, die Leser bewohnen sie, und die Verleger kassieren die Miete.

Maxim Gorki

Der junge Balzac schickte einem Verleger ein Manuskript. Der wollte es für 3000 Francs erwerben und machte sich auf, den Dichter zu besuchen.
Als er sah, daß der Weg in ein schlechtes Viertel führte, meinte er, zweitausend Francs seien auch viel Geld.
Er stand vor dem Haus, las den gesuchten Namen im sechsten Stock und hielt tausend Francs für angemessen.
Er klingelte, trat in das armselige Dachzimmer und sprach: »Monsieur Balzac, Ihr Roman ist ausgezeichnet. Ich biete Ihnen dreihundert Francs.«
Der Dichter dankte und verkaufte.

An Puschkins Türe klopfte es. Der Dichter öffnete, glaubte einen Bettler vor sich zu haben und schrie: »Keine Kopeke!«
Es war aber ein Schuster, der eine neue Wichse erfunden hatte und einen Satz des Poeten kaufen wollte, um ihn auf die Büchsen schreiben zu lassen: »Heller als der Tag, dunkler als die Nacht.«
Dankbar nahm der Verarmte 50 Rubel.

Kommerzienrat August Tengelmann, Inhaber vieler Berliner Kaffeeläden und Besitzer von Plantagen in Übersee, wollte dem notleidenden Frank Wedekind helfen. Er schrieb ihm per Adresse »Café des Westens«, erbat einen Werbevers und erhielt:
»Mein lieber August Tengelmann!
Was geht mich denn Dein Kaffee an?
Leck Du mich doch am Arsche,
mit Deiner Scheiß-Plantage!«

Welcher angesehene Verlag übernimmt Lyrik-Band eines bereits im Druck befindlichen Schriftstellers?

Börsenblatt des deutschen Buchhandels,
1948, Nr. 14

Der Verleger, als sich ein Autor beschwerte, daß sein Manuskript nach zwei Jahren noch nicht gedruckt ist: »Homer mußte zweitausend Jahre warten, bis er gedruckt wurde.«

Ein junger Mann kam mit Begeisterung der Aufforderung des Zollbeamten nach, den Koffer zu öffnen. »Warum freuen Sie sich?« fragte der Beamte. »Weil ich nicht glaubte, daß sich noch einmal jemand für den Inhalt dieses Koffers interessiert.«
Er enthielt Manuskripte.

Eine englische Autorin beschwerte sich bei George Horace Lorimer, daß er ihr

Manuskript nicht gelesen habe; die Seiten 15 bis 17 habe sie aneinandergeklebt und in selbiger Verbindung zurückerhalten.
Der Verleger antwortete: »Wenn ich ein gekochtes Ei aufschlage und rieche, daß es faul ist, werde ich es doch nicht essen!«

So wurde von einem japanischen Verleger ein Manuskript zurückgeschickt: »Wir haben Ihr Werk mit unsagbarem Genuß gelesen. Wir schwören Ihnen bei der heiligen Erinnerung an unsere Vorfahren, daß wir noch nie bisher Gelegenheit hatten, ein derart bewundernswertes Meisterwerk zu lesen. Wenn wir uns unterstehen würden, es zu veröffentlichen, würde Seine Majestät der Kaiser uns befehlen, es künftig als Vorbild zu benutzen und zum Maßstab dessen zu nehmen, was wir verlegen. Ja, er würde uns nicht mehr gestatten, irgendein Buch herauszubringen, das weniger gut wäre als das Ihre. Auf diese Weise würde es uns unmöglich werden, unsere verlegerische Tätigkeit fortzusetzen – zumindest für die nächsten Jahre. Aus diesem zwingenden Grunde sehen wir uns gezwungen, Ihr göttliches Werk Ihnen zurückzugeben, es demütig Ihnen zu Füßen zu legen, wobei wir, dies unternehmend, zitternd des Urteils gedenken, das die kommenden Generationen über uns fällen werden.«

Ein junger Reimling bat Henrik Ibsen um Rat, wie er seine Gedichte unter die Leute bringen könne. Der Meister empfahl: »Machen Sie aus dem Manuskript Konfetti!«

Ein älterer Herr stöberte in den Auslagen der Bouquinisten in Paris und rannte dann, scheue Blicke werfend, davon. Man setzte ihm nach, visitierte ihn, aber fand kein Diebesgut.
Es war der Philologe Catharinot. Er hatte einige Exemplare seiner eigenen Werke unter die ausgestellten Bücher gemischt, um Leser zu finden.

Mark Twain traf den Verleger Carlton, der zwanzig Jahre vorher sein erstes Manuskript abgelehnt hatte. »Es gibt einen Menschen, der noch berühmter ist als Sie«, sprach der Kaufmann.
»Das wäre?« fragte der Schriftsteller.
»Ich. Man nennt mich das größte Kamel aller Zeiten.«

»Seit unserem letzten Zusammentreffen«, berichtete ein Schriftsteller, »hat sich meine Leserschaft verdoppelt.«
Der Kollege trat einen Schritt zurück: »Geheiratet?«

Der Dichter Lomonossow, der gleich Molière seine Schauspiele dem Bedienten vorzulesen pflegte, war ungemein geschmeichelt, als dieser unruhig ward, seufzte, ächzte, weinte. »Warte nur, warte, das Rührendste kommt noch!« – »Ach, lieber Herr, ich muß auf den Abtritt!«

Karl Julius Weber,
Demokritos IV, 16

Kathederblüte: »Der ›Homer‹ wurde nicht von Homer geschrieben, sondern von einem anderen Mann desselben Namens.«

Kathederblüte: »Ob Homer gelebt hat, wissen wir nicht. Nur daß er blind war, ist bekannt.«

Ich helfe Kisten laden,
doch mach ich auch Scharaden.

Johann Peter Hebel,
Rätsel (Hebel)

»Kennen Sie Ibsen?« fragte der junge Dichter seinen Schatz aus Sachsen.
»Nein«, erwiderte das Mädchen errötend. »Wie macht man das?«

Fontane und Virchow umwarben die gleiche Dame. Nach einigen abendlichen Schoppen gerieten sie auf das sonst gemiedene Thema.
»Ich werde sie heilen, wenn sie nach der Lektüre Ihrer faden Romane darniederliegt«, stichelte der Arzt.
»Und ich«, erwiderte der Dichter, »werde sie, wenn sie an Ihren Rezepten verendet, zur Unsterblichkeit erwecken.«

Als Jean Baptiste Rousseau seine »Ode an die Nachwelt« veröffentlichte, sagte Voltaire: »Sie wird nicht ankommen.«

Von den Sternen fiel ich nieder
und verwinde nie den Fall,
aber meine Hohenlieder
ziehen klangvoll durch das All!

Und wenn ich dereinst mal sterbe,
mahnet Euch der Musen Chor:
Nicht enthaltet dieses Erbe
Euren Nachekommen vor!

Friederike Kempner

Friederike Kempners mißglückte Gedichte drangen in höchste Kreise. Man lachte und nahm ihre humanitären Anliegen zur Kenntnis. Sie stieß mit Denkschriften nach und erreichte, daß die lebenslängliche Einzelhaft abgeschafft wurde, daß die Gemeinden die Auflage zum Bau von Leichenhäusern erhielten und zwischen Tod und Bestattung eine fünftägige Wartefrist eingelegt wurde, damit keine Scheintoten unter die Erde gerieten. Friederike baute selbst ein kleines Leichenhaus und pflegte jahrzehntelang Sterbende.
Gerhart Herrmann Mostar schreibt im Vorwort zu seiner Auswahl aus den Gedichten des Schlesischen Schwans: »Wieviele unter unseren großen Lyrikern, unter den zahlreichen Bewohnern des von Sainte-Beuve nur erdich-

teten, von Rilke aber gelebten Elfenbeinturmes ist Gleiches, auch nur Ähnliches zu danken? Wieviel wäre ihnen zu danken, wenn sie ihr Genie so in den Dienst der Menschheit und Menschlichkeit gestellt hätten wie Friederike ihren Dilettantismus?
Und hier sind wir beim inneren Geheimnis von Friederikes Wirkung: Man hat sie nämlich lieb, wenn man über sie lacht. Man fühlt den tüchtigen, tapferen, sauberen Kerl in diesem alten Mädchen durch ihre hundsmiserablen Verse. Man fühlt, daß wir, die wir über sie lachen, ihr Anliegen sind.«

Literaturformen

Hans Christian Andersen schrieb seinen Roman »Der Improvisator« in Rom. Alle Personen der Dichtung wurden lebenden nachgebildet, und Peppo, der Bettler von der Spanischen Treppe, behielt sogar seinen Namen.
Siebenundzwanzig Jahre später, 1861, kam Andersen als Berühmtheit wieder nach Rom. Sein Landsmann Björnstjerne Björnson empfing ihn und warnte vor Peppo, der, im Roman als Bandit dargestellt, sich beklagt, daß seine Einnahmen stark zurückgegangen seien, und geschworen habe, den Dichter umzubringen.
Andersen reiste sofort wieder ab.

Der bußpredigende Bernhardiner Capistrano nannte Romane: »Libri Venerem olentes. Bücher, die nach Liebe stinken.«

Eine präzis auf das moralisierende Kleinbürgertum zugeschnittene Zeitschrift pflegte ihre Romane vor Abdruck gründlich zu desinfizieren. Einmal erschien aber doch eine Mär, deren Zusammenhang nicht gestattete, jede Spur auf eine ledige Liebesnacht zu vertuschen.
Die Redaktion tat das Äußerste: Sie ließ am Ende der einen Fortsetzung zwei junge Leute zu später Stunde allein auf der Bude und setzte sie zu Beginn der nächsten an gleicher Stätte vor den Frühstückstisch.
Die Post schwemmte eine Woge der Entrüstung ins Haus.
Die hektographierte Antwort gipfelte in dem Satz: »Die Redaktion kann für das, was zwei Romanfiguren zwischen zwei Fortsetzungen tun, nicht verantwortlich gemacht werden.«

Unseren Romanschreibern, älteren wie den neuesten, wenn wir ihnen auch nicht dankbar sein wollen für das, was sie gaben, wollen wir doch für das danken, was sie in der Feder ließen.

Karl Julius Weber,
Demokritos

»Mein Mann«, berichtet die Frau eines Schriftstellers, »veröffentlicht jährlich einen Liebesroman.«

»Der meinige«, entgegnet die Gefährtin, »verheimlicht jährlich einen.«

Ein Freund wollte Edgar Wallace besuchen. »Sorry«, sprach der Butler, »ich kann Mr. Wallace jetzt nicht stören. Er hat soeben einen neuen Kriminalroman begonnen.«
Der Besucher trat näher: »Ich warte, bis er fertig ist.«

Eine französische Schnellschreiberin erwartete Nachwuchs. »Endlich einmal ein Werk«, höhnten die Rezensenten, »für das selbst sie neun Monate benötigt.«

Der ältere Dumas, Verfasser von dreihundert Romanen, beschäftigte mehrere Mitarbeiter. Als er nach einem seiner Werke befragt wurde, wußte er keine Auskunft.
»Aber Sie haben das Buch doch geschrieben, nicht wahr?« kontrollierte der Fragesteller.
»Gewiß«, sagte Dumas. »Aber nicht gelesen.«

Selbst unsere berühmtesten Autoren, wenn sie einmal Namen haben, machen es wie der Speisemeister zu Kana, geben zuerst guten Wein und, wenn die Gäste trunken sind, den schlechten, ja, werden durch die unsinnige Vergötterung wahre Dalai-Lamas, die selbst ihren Unrat für einen Schatz ansehen und teuer verkaufen.

Karl Julius Weber,
Demokritos

Ein Autor schrieb sehr viele Bände
und ward das Wunder seiner Zeit.
Der Journalisten gütge Hände
verehrten ihm die Ewigkeit.
Er sah vor seinem sanften Ende
fast alle Werke seiner Hände
das sechste Mal schon aufgelegt
und sich mit tiefgelehrtem Blicke
in einer spanischen Perücke
vor jedes Titelblatt geprägt.
Er blieb vor Widersprechern sicher
und schrieb bis an den Tag, da ihn der
Tod entseelt,
und das Verzeichnis seiner Bücher,
die kleinen Schriften mitgezählt,
nahm an dem Lebenslauf allein
drei Bogen und drei Seiten ein.

Man las nach dieses Mannes Tode
die Schriften mit Bedachtsamkeit.
Und seht: Das Wunder seiner Zeit
kam in zehn Jahren aus der Mode,
und seine göttliche Methode
hieß eine bange Trockenheit.
Der Mann war bloß berühmt gewesen,
weil Stümper ihn gelobt, eh Kenner
ihn gelesen.

Gellert,
Der unsterbliche Autor

Schopenhauer prophezeite seiner Mutter, daß in einigen Jahrzehnten von ihrer seichten Unterhaltungsliteratur kein Exemplar mehr vorhanden sein werde.

»Während Deine Bücher«, erwiderte Johanna, »noch in voller Auflagenhöhe existieren.«

Bei Romanen sind wie bei Damen dreißig bis vierzig Jahre schon Alter.

Karl Julius Weber,
Demokritos

Ludwig Tieck schrieb für die Brockhaus'sche Zeitschrift »Urania« eine Novelle. Er lieferte abschnittweise, und in Fortsetzungen erschien sie. Da entdeckte der Verleger in einer gedruckten Folge, daß der Liebhaber seine Eugenie plötzlich als ›Emilie‹ anbetete.
Was sollte geschehen? Die Auflage neu drucken? Verleger tun das ungern. Tieck wußte Rat.
In der nächsten Fortsetzung ließ er den Helden sagen: »Teure Eugenie, die ich mitunter auch ›Emilie‹ zu nennen pflege, du bist mir unter beiden Namen wert und lieb!«

Carlo Collodi schlurfte im Morgengrauen deprimiert durch Florenz. Er hatte eine hohe Summe am Spieltisch verloren und sein Ehrenwort verpfändet, weil er nicht zahlen konnte. Da begegnete ihm der Verleger Felice Paggi, erfragte die Ursache seines Kummers und erbot sich, ihm das Geld zu geben. Der Dichter winkte ab.
Nach einigen Stunden Schlaf entsann er sich der Begegnung. Er ging ins Haus des Verlegers, fand dort den kritischen Betrag nebst Quittung: »Vorschuß auf ein innerhalb eines Jahres zu lieferndes Kinderbuch.« Steckte ein, unterschrieb und schuf den »Pinocchio«.

Westliche Märchen beginnen: »Es war einmal ...«, östliche: »Es wird einmal ...«.

»Wer kann uns eine Geschichte erzählen?« fragt der Lehrer.
Der kleine Korbinian steht auf und sagt: »Ausbliebn.«
»Das soll eine Geschichte sein?«
»Freili. Mei Schwester hat gestern zu earenem Bräutigam gsagt: ›Ausbliebn‹, und der hat gsagt, des wär a schöne Gschicht.«

Reichsgerichtsentscheidung vom 5. 6. 1928: Es ist der Satire wesenseigen, daß sie mehr oder weniger stark übertreibt, d. h. dem Gedanken, den sie ausdrücken will, einen scheinbaren Inhalt gibt, der über den wirklich gemeinten hinausgeht, jedoch in einer Weise, daß der des Wesens der Satire kundige Leser oder Beschauer den geäußerten Inhalt auf den ihm entweder bekannten oder erkennbaren tatsächlich gemeinten Gehalt zurückzuführen vermag, also erkennt, daß tatsächlich nicht mehr als dieser geringere Inhalt gemeint ist.

Wenn man auf hundert Narren zugleich zielt, so findet sich immer einer, der alles lediglich auf sich bezieht und fragt: »Herr! Haben Sie mich gemeint?« Und dieser ist in der Regel der ärgste Narr. Nicht der Hund schreit, nach dem gezielt, sondern der getroffen wird, und bei uns gar ganze Stände, und da zeigen sie noch den meisten Gemeingeist.

Karl Julius Weber,
Demokritos VIII, 11

Kathederblüte: Ein wichtiges Literaturdenkmal bietet das Werk von Sebastian Brant »Das Narrenschiff«, auf das ich in der nächsten Stunde kommen werde.

»Die neue Biographie von Napoleon mußt Du lesen! Grandios! Erst der Aufstieg, dann die Krönung, dann die Verbannung nach Elba, die ...«
»Psst! Nichts verraten!«

Ein junger Autor fragte Piron nach einem Stoff, der noch nie bearbeitet wurde. Der Satiriker empfahl eine Autobiographie.

Alle Selbstbiographen, vom heiligen Augustin und Cardanus an bis herab zu Jean-Jacques (Rousseau) und dem juristischen Hans Stephan Pütter, haben nie ganz zu ihrem Nachteile gesprochen. Man fühlt seine Wichtigkeit, wenn sie auch die Welt nicht fühlt, und macht sich Luft. Selbstliebe ist ja unsere Erbsünde. Wahrlich, viele Lebensbeschreiber haben dereinst vor Gott zwei Leben zu verantworten!

Karl Julius Weber,
Demokritos XI, 6

Madame de Staël auf die Frage, ob sie in ihren Memoiren aufrichtig sein werde: »Ich gebe nur ein Brustbild.«

Grillparzer auf die Frage, wie ihm Chrysanders Händel-Biographie gefalle: »Interessant. Aber beschriebene Musik is halt wie a erzähltes Mittagessen.«

»Sei auf deine Größe, auf deine Stärke so stolz, als du willst!« sprach der Sperling zu dem Strauße. »Ich bin doch mehr ein Vogel als du. Denn du kannst nicht fliegen; ich aber fliege, obgleich nicht hoch, obgleich nur ruckweise.« Der leichte Dichter eines fröhlichen Trinkliedes, eines kleinen verliebten Gesanges ist mehr ein Genie als der schwunglose Schreiber einer langen Hermanniade.

Lessing,
Fabeln, Der Sperling und der Strauß

Unnütz lyrisches Gesinge,
unnütz lyrisches Geklinge,
gehst du mir nicht aus dem Sinn,
schreib' ich auf's Papier dich hin!

Friederike Kempner

Nur als hätte ich all die Gedichte der
Liebe empfunden
unverehelicht noch, sehe der Leser
sie an.*

* Dieses gilt hinsichtlich der früheren sowohl als der späteren.

Ludwig I. von Bayern

Als einst der Monsieur Witz die
Madame
Unhöflichkeit in die Arme nahm,
entstand daraus das Epigramm.

Castelli, Entstehung des Epigramms

Vor- und rückwärts lesbarer Hexameter, Diabolicus genannt. Der Teufel spricht zum heiligen Johannes:
Signa te, signa, temere me tangis et
angis!
Kreuze, bekreuze dich nur! Du drängst
und ängstest umsonst mich!

Drama

Kathederblüte: »Von Sophokles sind viele Tragödien verlorengegangen. Darunter befinden sich leider einige Dichtungen, die ich für die Oberprima als unersetzlich bezeichnen muß.«

Herr Schmitz hat den »Hamlet« gesehen: »Ech hätten nie jedacht, dat in de feine Familjen och ewig Jedöns es.«

In der alten Tragödie kommt das oft vor: Erst schlägt einer mich tot, und dann schlage ich ihn wieder tot.

Karl Joachim Marquardt

Aus dem Aufsatz einer zehnten Berliner Mädchenklasse: »Statt eines schlechten Krimis sollte man lieber Goethes ›Egmont‹ lesen. Er ist mindestens so spannend und in besserem Deutsch geschrieben.«

Aus einem Schüleraufsatz: »Am Gardasee nahm Goethe die Iphigenie das erste Mal aus seinem Reisewagen, bearbeitete sie und goß sie in fünffüßige Jamben.«

Klein-Ernas Mama erzählt: »Gestern war ich in Theater. ›Faust‹. Ich denk, is'n Trauerstück und zieh mir ordentlich 'n bedeckte Bluse an. Is'n Luststück!«

Aus einem Schüleraufsatz: »Die ›Luise Millerin‹ ist eine Frucht der Beschäftigung Schillers mit der ›Emilia Galotti‹.«

O Wallenstein, du eigner Held,
bewundert viel, begeifert von der Welt,
im Tode doch blüht dir ein Glück:
Von Schillers Hand das hübsche Stück!

Friederike Kempner

Kathederblüte: »Den erwähnten Umständen hatte es die historische Jungfrau von Orleans zu verdanken, daß sie als Hexe verbrannt wurde. Bei Schiller befindet sie sich bekanntlich in anderen Umständen.«

Aus einem Schüleraufsatz: »Die Schuld der Jungfrau von Orleans bestand darin, daß sie in der entscheidenden Schlacht einem englischen Krieger das Leben schenkte.«

Kathederblüte: »Sie wissen natürlich wieder nichts von den inneren Zusammenhängen der ›Jungfrau‹, weil sie bei ihr geschlafen haben. Die Folgen werden sich zu Ostern zeigen.«

Aus einem Schüleraufsatz: »Die Penthesilea ist aktlos, aber ein abendfüllendes Drama.«

Modernes Theater, vierter Rang, letzte Reihe: »Ich verstehe nur die Hälfte, und was ich verstehe, das verstehe ich auch nicht.«

George Buckingham, 1592–1628, über die Lustspiele seiner Zeit im Vergleich zur antiken Komödie:

In jeder Szene sprudelte verständiger Humor,
und wer sie aufmerksam besah, ward klüger als zuvor.
Jetzt aber nimmt ein neuer Witz erstaunlich überhand:
Beim Suchen nach dem Sinn im Stück verliert man den Verstand.

Klein-Ernas Mama kommt erst nach Fausts Osterspaziergang ins Theater. Sie nimmt ihren abonnierten Platz neben Frau Pumeier ein und fragt: »Was war denn bis jetzt?«
»Ooch«, antwortet die Nachbarin. »Bis jetzt kein Sinn in!«

Bernard Shaw, als ihm berichtet wurde, ein zeitgenössischer Dramatiker sei neuerdings mit einer attraktiven Schauspielerin befreundet: »Unmöglich! Bei dem schläft nur das Publikum.«

Shaw steuerte seinen Wagen selbst. Dem neben ihm sitzenden Chauffeur erklärte er den Plan eines neuen Stükkes. Dabei vernachlässigte er seine Aufmerksamkeit, so daß ihm der Beifahrer ins Lenkrad greifen mußte.
Der Dichter empörte sich.
»Ihre Idee«, erwiderte der Chauffeur, »ist so gut, daß Sie das Stück unbedingt schreiben müssen, bevor ich Sie sterben lasse.«

Molière auf den Vorwurf, in seinem »Tartuffe« werde zuviel gepredigt: »Solange es üblich ist, auf der Kanzel Komödie zu spielen, nehme ich mir die Freiheit, auf der Bühne zu predigen.«

Darf ein Prediger Komödien schreiben? Warum nicht, wenn er kann! Darf ein Komödienschreiber Predigten machen? Warum nicht, wenn er mag!

Lessing

Der alte Voltaire wurde gefragt, welche seiner Tragödien ihm am besten gefalle. Er nannte die »Olympia«.
»Warum ausgerechnet Ihr letztes Werk?«
»Aus eben dem Grunde«, sprach der Dichter, »aus dem ein Fünfundsiebzigjähriger stolz ist, noch ein Kind gezeugt zu haben.«

Eine alte Lübeckerin hatte den Intendanten Christian Mettin monatelang mit einem Gesellschaftsstück bedrängt. Nun erschien sie zur entscheidenden Begegnung. Sie öffnete ihre Handtasche, entnahm ihr einige Fläschchen nebst Löffel, sowie einige Schachteln mit Tabletten und sprach: »Ich bin schwer herzleidend. Ich werde diese Mittel brauchen, falls Sie mir etwas Erschreckendes mitteilen.«

Die Berliner Theaterdirektorin Mutter Gräbert lehnte es ab, die Autoren in Form von Tantiemen zu honorieren: »Det wäre ja so, als ob ick bei Jerson ne Mantille koofe und jedesmal, wenn ick ihr umbinde, dafür bezahlen soll!«

Theater

Am 24. August 79 nach Christus verschüttete der Vesuv Pompeji. Im Amphitheater war gerade Vorstellung. Als nach den Ausgrabungen im Jahre 1862 der Theaterbetrieb wieder aufgenommen wurde, erließ der Direktor, Antonio Langini, folgende Einladung: »Das Stadttheater in Pompeji wird am kommenden Sonntag mit der Oper ›Die Regimentstochter‹ von Donizetti wieder eröffnet werden, nachdem unter der Direktion meines Kollegen, des Herrn Quintus Martius, zuletzt ›Die Trojanerinnen‹, ein Trauerspiel von Seneca, gegeben worden und seitdem die Vorstellungen fast achtzehnhundert Jahre unterblieben sind. Ich bitte einen hohen Adel und ein verehrungswürdiges Publikum, die meinem Vorgänger bewiesene Gunst auf mich zu übertragen. Ich werde mich bemühen, meinen Spielplan des seinen würdig zu gestalten.«

»Es wird noch besonders darauf hingewiesen, daß die antitheatralische Anlage des Prinzregententheaters von allen Plätzen eine gleich gute Sicht ermöglicht.«

Münchner Neueste Nachrichten,
29. 9. 1931

Tun sich des Theaters Pforten auf,
strömt ein der Pöbel in vollem Hauf.
Da ist es denn des Dichters Sache,
daß er ein Publikum aus ihnen mache.

Grillparzer

Julie Gräbert vom Theater auf dem Berliner Weinberg zu einem jungen Autor, der ein Stück anbot, dem noch der Titel fehlte: »Komm' da Pauken un Trompeten drin vor?«
»Nee.«
»Denn ham wa't schon. Et heeßt: ›Ohne Pauken und Trompeten‹«.
Der Autor protestierte.
»Sabber nich so ville, Kleener!« entschied die Direktorin. »Dat Stück heeßt so und damit basta!«
Es wurde ein großer Erfolg.

Adalbert Matkowsky sollte in Konstantinopel vor dem Sultan Abdul Hamid den »Othello« spielen. Vor der Vorstellung stürzte ein Freund hinter die Bühne: Der Sultan sei entrüstet, daß die Handlung auf Cypern spiele. Cypern sei Bestandteil seines Reiches, und ein Mohr habe dort nichts verloren.
Matkowsky wies alle Schauspieler an, statt »Cypern« jeweils »Helgoland« zu sagen. Der Sultan war zufrieden und honorierte mit hohen Orden.

Schütz, Regisseur des »Vorstädtischen Theaters« am Wollankschen Weinberg, inszenierte Schillers »Jungfrau« und gab die Titelrolle an Carla Kaisar.
»Nich in de Tüte!« protestierte Julia Gräbert, die Besitzerin. »De Kaisarn als Jungfrau? Da lachen alle.«
Schütz bestand auf seiner Besetzung. Der Streit wogte. Schließlich gab Mutta Gräberten nach: »Also jut. Awa uff'n Zettel kommt ›Det Meechen von Orleans‹! Ick kenne mein Publikum.«

Ich bekam von Otto Falckenberg den Auftrag, den Prinzen Alfons von Bayern als Repräsentanten der Wittelsbacher zur Eröffnungsvorstellung der Münchner Kammerspiele in der Maximilianstraße zu Büchners »Dantons Tod« einzuladen. Ich wurde in der großen Bibliothek empfangen und sagte mein Sprüchlein, worauf sich folgender Dialog entspann:
Prinz Alfons: »›Dantons Tod‹? Ist des net eigentlich was Revolutionäres?«
Ich, etwas zögernd: »Na ja . . . aber es endet mit dem Ruf ›Es lebe der König!‹«
Prinz Alfons: »So? Aha, nacha ging's ja. Kann i da die Prinzessina mitnehma?«
Ich, wieder zögernd: »Ja, ich weiß nicht, königliche Hoheit . . .«
Prinz Alfons: »Also net. Nacha komm i.«
Und er kam. Einige Tage später traf ich ihn wieder. Er winkte mich über die Straße zu sich her und sagte mit erhobenem Finger: »Sie, mei Liaber, da hamm S' mi aber schön angschmiert mit Eahnerem Danton!«
Ich: »Wieso? Sie hat doch gerufen ›Es lebe der König!‹«

Die königliche Hoheit winkte ab: »Jaja. Aber die war ja narrisch!«

Willem Holsboer,
Gedenkschrift der Münchner Kammerspiele

Die Laienspielgruppe hat sich an ein modernes Gesellschaftsstück gewagt. Es beginnt damit, daß die Liebhaberin, auf der Couch liegend, dem eintretenden Helden entgegenfragt: »Was wollen Sie schon wieder?«
Der Vorhang hebt sich und, von Lampenfieber geschüttelt, kommt die junge Dame ins Stottern. »Was?« ruft sie. »Wollen Sie schon wieder?«

Ein Varietédirektor in Berlin pflegte an Premierenabenden an Lampenfieber zu leiden. Er stand in der Nähe des Büfetts, eine Hand am oberen Westenknopf. Mißfiel ihm die Nummer, begann er zu drehen. Er drehte, bis der Knopf ab war, verstaute den erlösten in der Tasche und widmete sich dem nächsten.
Es gab Premieren, die er mit offener Weste beschloß.
Es war an einem 1. September. Saisonbeginn mit langem, teuerem Programm. Drei Knöpfe waren bereits in der Versenkung verschwunden. Da nahte die Hauptnummer, ein Tierpotpourri.
Die Tiere hatten zwei Tage auf dem Schiff gestanden, dann sofort auf die Bahn steigen müssen und waren unmittelbar vor der Vorstellung eingetroffen. Ihre Dompteuse, eine ausladende Erscheinung auf mächtigen Piedestalen, hatte gerade noch Zeit, sich ins Trikot zu pressen.
Die Glocke erklang. Der Affe raste herein, zollte der Natur ihren Tribut und hüpfte auf seinen Schemel. Kichern. Der Hund folgte seinem Vorbild. Lachen. Das Schwein machte seinem Namen Ehre, und das Pony paßte sich an. Jubel. Vom Elefanten wurde Großes erwartet, und er enttäuschte die johlende Menge nicht.
Tusch. Strahlend tänzelte die Dompteuse auf. Von der Galerie fiel eine Stimme: »Jetz paß uff!«
Ein Orkan des Gelächters brach los, verebbte, lebte wieder auf und veredelte sich zu begeistertem Beifall.
Des Direktors verkrampfte Hände lösten sich von der offenen Weste, und seine Frau atmete auf: »Noch ein Tier, und er hätte an den Hosenknöppen weitergemacht.«

Herr Unzelmann, der seit einiger Zeit in Königsberg Gastrollen gibt, soll zwar, welches das Entscheidende ist, dem Publico daselbst sehr gefallen, mit den Kritikern aber (wie man auch aus der Königsberger Zeitung ersieht) und mit der Direktion viel zu schaffen haben. Man erzählt, daß ihm die Direktion verboten, zu improvisieren. Herr Unzelmann, der jede Widerspenstigkeit haßt, fügte sich diesem Befehl; als aber ein Pferd, das man bei der Darstellung eines Stückes auf die Bühne gebracht hatte, inmitten der Bretter, zur großen Bestürzung des Publikums, Mist fallen ließ, wandte er sich plötzlich, indem er die Rede unterbrach, zu dem Pferde und sprach: »Hat dir die Direktion nicht verboten zu improvisieren?« – Worüber selbst die Direktion, wie man versichert, gelacht haben soll.

Heinrich von Kleist

Engel, der langjährige Direktor des Krollschen Etablissements, spielte Richard III. und rief: »Ein Pferd! Ein Pferd! Mein Königreich für ein Pferd!«
»Kann's nich ooch 'n Ochse sein?« fragte es von der Stehgalerie.
»Freilich!« erwiderte Engel. »Komm runter!«

»Wallensteins Tod« im Dresdner Schauspielhaus. Fünfter Akt, elfte Szene: Der Leichnam wird, in einen roten Teppich gehüllt, über die Bühne getragen.
Ergriffenes Schweigen im Zuschauerraum.
Halblaute Stimme auf der Galerie: »Iebrichens, Lehmanns ziehn morch'n um.«

Wedekind spielte vor fast leerem Hause. Schließlich zischte auch noch einer. Der Mime trat an die Rampe: »Nehmen Sie sich in acht da unten! Wir haben die Mehrheit!«

Ein Schauspieler, der schon häufig von einer mißgünstigen Clique im Parkett ausgepfiffen worden war, schrie eines abends – über den vorgeschriebenen Text hinwegsetzend – als Hausherr seinen Diener an: »Schurke! Wie lange willst du das Pfeifen im Hause noch dulden, ohne Rattenpulver zu besorgen?«
Der Witz mobilisierte die Mehrheit des Publikums gegen die Tadler, und die Mißfallensäußerungen unterblieben.

Adalbert Matkowsky hatte sich zu einem Gastspiel nach Brünn verpflichten lassen. Der beglückte Theaterdirektor feierte am Nachmittag mit dem Berühmten aus Berlin ausgiebig.
Der abendliche Hamlet schwankte. Das Publikum murmelte, lachte und pfiff schließlich. Da trat der Dänenprinz an die Rampe: »Meine Damen und Herren! Wenn ein Schauspieler wie ich in einem Nest wie Brünn spielt, muß er entweder verrückt oder besoffen sein. Ich habe das letztere vorgezogen.«
Der Vorhang fiel.

Ludwig Ganghofer war im Münchner Hoftheater eingenickt. Er überschlief den letzten Vorhang, und der Logenschließer weckte ihn: »Sie, Herr Nachbar: Länger als wiar fümf Akte derf ma im Hoftheater net schlafn!«

Das Berliner Hebbeltheater in der Saarlandstraße war anfangs sehr schlecht besucht. Aus der ersten Reihe, so wurde erzählt, habe man einen Mann in die Psychiatrische gebracht, weil er behauptet habe, es säße jemand hinter ihm.

Oskar Blumenthal brachte das Stück eines Freundes zur Uraufführung. Unmittelbar vor der Vorstellung Öde im Berliner Lessingtheater.
Da rollte ein Wagen vor. Zwei elegante Damen stürzten ins Foyer: »Sie geben heute den ›Faust‹, nicht wahr?«
Blumenthal unterrichtete sie: Goethe im Deutschen Theater. Die Damen eilten davon.
»Aber meine Gnädigsten!« rief der Direktor. »Bleiben Sie doch bei uns! Den ›Faust‹ können Sie noch oft sehen. Aber was wir heute spielen, kehrt nie auf die Bühne zurück.«

1839 wurde in Berlin das Drama eines gewissen Rellstab uraufgeführt: »Franz von Sickingen«. Es endete damit, daß der sterbende Sickingen auf den Landgrafen Philipp von Hessen, der nur mit wenigen Sätzen in Erscheinung getreten war, deutete: »Was ich erstrebt, soll Euch Philipp sagen!«
Die Studenten im Parkett honorierten den Titelhelden zurückhaltend, riefen in Sprechchören aber nach Philipp von Hessen. Verlegen ob der unerwarteten Ehre kam der Gewünschte.
Der Jubel legte sich, und eine Stimme fragte: »Wat wollte denn der Franz?«
Das Stück versank auf Nimmerwiedersehen im Gelächter.

Professor Brander Matthews von der Columbia-Universität über eine Theaterpremiere: »Das Stück hat vier Akte. Ich war Gast des Autors. Nach dem ersten Akt habe ich anstandshalber als einziger applaudiert. Nach dem zweiten Akt verhielt ich mich still, während das Publikum pfiff. Nach dem dritten Akt ging ich zur Kasse und kaufte einen Stehplatz. Nach dem vierten Akt habe ich ›Buh‹ gerufen.«

Auf dem Programmzettel des Münchner Residenztheaters zur Uraufführung 1944: »›Treue‹. Drama von Kurt Langenbeck in 5 Akten. Ende nach dem 3. Akt.«

Frau von Pollak, die kein Wiener Theaterstück versäumte, über ihren Eindruck von einer Erstaufführung: »Es war ka Stück für a Premiere.«

Der Schriftsteller Ludwig Fulda behauptete: »Um in Berlin als Dramatiker Erfolg zu haben, muß man tot sein oder pervers oder Ausländer. Am besten ist man ein toter perverser Ausländer.«

Nach der Premiere seines »Pygmalion« trat Shaw auf die Bühne. Das Publikum raste. Er gab ein Zeichen, daß er sprechen wolle. Es wurde still. Da rief es von der Galerie: »Quatsch! Blöder!«
Der Dichter lächelte hinauf: »Ich bin ganz Ihrer Meinung. Aber was vermögen wir zwei gegen diese Menge hier?«

Die Komödie, die dem amerikanischen Publikum vor dem Vorhang vorgemacht wird, würde sich kein anderes Publikum gefallen lassen.
Eine berühmte, reizende Kollegin, eine Amerikanerin, sang die Gänsemagd in Humperdincks Märchenoper »Die Königskinder«. Eine kleine Schar Gänse wurde vorher durch Füttern dressiert, so daß sie ihr überall nachliefen, was natürlich großen Jubel auslöste. Nach Aktschluß trat die Gänsemagd vor den Vorhang mit einer Gans unter dem Arm. Sie zwickte dieselbe irgendwo hinein, daß das liebe Tierchen gellend aufschrie. Das Publikum war beglückt.

Leo Slezak,
Meine sämtlichen Werke, Press Work

Moritz Saphir zum Souffleur des Wiener Burgtheaters: »Ich habe schon viel Gutes von Ihnen gehört.«
»Wirklich?«
»Ja. Ich sitze oft in der ersten Reihe.«

»Auch abonniert?« fragt ein Herr seine Nachbarin im Theater.
»Seit Jahrenden. Kuck schon nicht mehr hin.«

»Minge schönste Stonde verdank ech dat Theater«, erzählt Tünnes.
»Gehste so oft?« fragt Schäl.
»Ech nit, aber minge Frau.«

Aus einem Schüleraufsatz über »Das griechische Theater«: »Den Frauen war der Zutritt strengstens verboten; denn schon die alten Griechen fanden, daß eine Frau ins Haus und nicht ins Theater gehört.«

Definition der Pantomime: Die Leute reden miteinander, aber sagen nichts.

Schauspieler

Baron, Mitglied der Gruppe L'illustre théâtre des Molière, empfahl: »Tragische Schauspieler sollten an den Brüsten von Königinnen gesäugt werden.«

Schauspieler = Ein Mensch, der alles zu sein versucht, nur nicht er selbst.

Ein Schauspieler ist ein Mensch, der es fertigbringt, von der Bühne einen entzückten Blick in die Seitenkulisse zu werfen, die mit verstaubtem Theatergerät, Skat spielenden Kollegen, Feuerwehrleuten, alten Kostümen und sonstigen Requisiten vollgestellt ist, und auszurufen: »Mein Gott! Welch wundervolle Aussicht von diesem Fenster!«

Heinz Rühmann

Der amerikanische Schauspieler Lionel Barrymore fragte den russischen Theaterleiter Stanislawski, ob er ihn, falls er darum ersuche, engagieren werde.
Der Russe forderte ihn auf, einen Augenblick den Raum zu verlassen, und als der Amerikaner zurückkam, sprach er: »Ich habe eine Nadel versteckt. Bitte suchen Sie!«
Barrymore nahm das Geschirr vom Tisch, tastete die Decke ab, hob sie hoch und fand die Nadel.
»Ich engagiere Sie«, sprach Stanislawski. »Wer wie ein normaler Sterblicher überlegt, tastet, Augen aufmacht, ist brauchbar. Wer durch das Zimmer stolziert, gestikuliert, mimt und die unsinnigsten Stellen visitiert, scheidet aus. Mit anderen Worten: Wer schauspielert, ist kein Schauspieler.«

Ferdinand Bonn gastierte als Hamlet. Er wünschte, den Monolog »Sein oder Nichtsein« vor einem Stuhl mit geschlossener, bis zum Boden reichender Rückwand zu sprechen, und man gewährte ihm das Requisit.
Er trat auf, zog einen Dolch und stach mehrmals hinter den Stuhl ins Leere.
»Was haben Sie sich denn bei diesem Spielmoment gedacht?« fragte der Regisseur nach der Vorstellung.
»Ich?« erwiderte Bonn. »Nichts. Das Publikum soll sich etwas denken.«

Ein Münchner Schauspieler hatte seiner frisch vom Wald importierten Hausangestellten eine Freikarte geschenkt. Am nächsten Tag fragte er sie, wie es ihr im Theater gefallen habe.
»Sans mir net bös«, erwiderte die Gute. »I moag des net, wenn Leit, wo was g'lernt ham, für andre den Hanswurschtn abgeb'n!«

Dancourt zu einem Erzbischof, der ihn verächtlich behandelte: »Ich bin Schauspieler des Königs, Eminenz, und Sie Schauspieler des Papstes. Kein großer Unterschied.«

Shakespeare spielte vor der Königin »Heinrich VI.«. Um die Reaktionsfähigkeit des berühmten Mannes zu prüfen, ließ die Queen ihren Handschuh auf die Bühne fallen.
William wies mit königlicher Geste die Partner auf Distanz, bückte sich, hob den Handschuh auf, reichte ihn zur königlichen Loge hinauf und sprach:

»Wenngleich mit diesen edlen Ambassaden
beschäftigt Wir in Planen hohen Rangs,
geruhen Wir doch, unserer Cousine
entfloh'nen Handschuh ziemlichst aufzuheben.«

Die Tragödie hat den Höhepunkt erreicht. Die Todfeinde stehen sich gegenüber, einer mit dem Messer in der Hand, der andere mit Pistole. Letzter Wortwechsel: Finger durchgekrümmt ... Stille! Die Knallbüchse des hinter den Kulissen lauernden Hilfsmimen versagt.
Noch einmal versucht es der Zorngeladene auf den Brettern. Nichts. Da läßt er sein Bein schwingen und tritt

dem bösen Gegenüber in die Gesäßgegend. Der Gespitzelte sinkt zu Boden und ächzt: »Weh mir! Der Stiefel! Vergif . . . tet . . . t!«
In das Triumphgeheul des Siegers fetzt ein Schuß.
Da richtet sich der Sterbende noch einmal auf und stöhnt: »Auch das noch!«

Brieftexte lernte Adalbert Matkowsky niemals auswendig. Einmal überreichte ihm ein Kollege auf der Bühne statt des Briefes ein leeres Blatt.
Matkowsky warf einen langen Blick auf die Öde, schloß die Augen und sprach: »Lies Du! Schmerz übermannt mich. Tränen fließen.«
»Meine Brille, Hoheit!« stammelte der andere. »Ich habe sie vergessen.«
»Dann extemporiere, Schuft!« donnerte der Gefoppte.
Und der Schalk löffelte seine Suppe aus.

Der junge Guido Thielscher probte die Hexe im »Faust«. Er stieß ein Geschrei aus und begann:

»Au! Au! Au! Au!
Verdammtes Tier! Verfluchte Sau!
Versäumst den Kessel . . .«

»Halt!« schrie Lehfeldt. »Herr Ottomeyer! Mit Liliputanern spiele ich nicht. Haben Sie keinen Blick dafür, daß dieser Knirps zu klein ist für den großen Geist Goethes? Die Rolle ist für einen erwachsenen Schauspieler geschrieben. Dieser Homunculus ist keine Hexe!«
Der kleine Thielscher schlotterte. Lehfeldt ging auf ihn zu: »Die Folge Ihrer Winzigkeit ist ein saft- und kraftloses Gezirpe. Habe von Ihnen weder etwas gehört noch verstanden.« Zog eine Schleife über die Bühne und fuhr fort: »Der Ton muß vorn sitzen! Auch bei Zwergen. Haben Sie nicht wenigstens sprechen gelernt?«
»Bei Herrn Hofschauspieler Oberländer, jawohl.«
»Ausgezeichnet«, tönte Lehfeldt. »Ein großer Künstler! Ein vortrefflicher Lehrer, dieser Oberländer.« Und zum Regisseur gewandt: »Schaffen Sie mir diesen Kurrendejungen aus den Augen, Herr Ottomeyer! Sonst zertrete ich ihn.«
Da platzte dem Guido die Geduld, und aus vollem Halse brüllte er: »Ich bin nicht zum Theater gegangen, um mich von Ihnen zertreten zu lassen!«
Einen Augenblick herrschte Schweigen. Dann rollte Lehfeldt: »Bravo, junger Mann! Na also! Haben ja eine vortreffliche Röhre! Glänzende Stimmbildung! Nehme alles zurück. Grüßen Sie Oberländer! Trotzdem sind Sie für diese Rolle figürlich unbrauchbar. Da muß mir Goethe recht geben.«
Goethe äußerte sich nicht, und Thielscher spielte.

Ein junger Schauspieler rühmte sich, erstmalig eine Charakterrolle bekommen zu haben: Er mußte ein im zweiten Akt angebotenes Glas Kognak mit »Nein, danke!« zurückweisen.

Paul Kemp hatte in Berlin einige kleine Rollen gespielt. Eines Nachts pflanzte sich in einer nahe dem Theater gelegenen Kneipe ein Vierschrötiger vor den Kleinen, legte den Zeigefinger auf die Lippen und nickte freundlich. Kemp verstand. Er lächelte glücklich. Eben wollte er sagen: »Wo haben Sie mich denn ...«, da drehte sich der Schrank zur Theke und sprach: »Und ick eß doch noch ne Bulette!«

Adalbert Matkowsky hatte den »Hamlet« an den neu am Schauspielhaus in Berlin verpflichteten Rudolf Christians abgeben müssen. Am Nachmittag vor der Premiere lud er den jungen Kollegen in die Weinstube von Lutter und Wegner, trank Brüderschaft mit ihm und ließ den Charme seiner Persönlichkeit spielen. Als sich Christians erhob und zur Türe schwankte, fiel Matkowskys Bärentatze auf seine Schulter und eine Donnerstimme dröhnte: »So, mein Sohn! Nu geh rüber und mach' den Hamlet!«

Oberammergau 1930: »Lang, jetz' warst scho zwoamal Christus, jetz' laßt amol an andern ans Kreuz!«

Simpl

Von einem Schauspieler wurde gesagt: »Wenn er daheim den Regen gegen das Fenster klatschen hört, verbeugt er sich.«

Possart zu Richard Stury: »Heute nacht habe ich geträumt, ich sei gestorben und bitte an der Himmelspforte um Einlaß. ›Nix da‹, sagt der Petrus zu mir, ›Schauspieler kommen nicht in den Himmel!‹ Durch die offene Türe sehe ich zufällig Sie über eine Wolke wandeln. ›Ha!‹, sage ich zum Petrus, ›und der da, der Stury?‹ Rümpft doch der Alte die Nase und antwortet: ›Der Stury? Pah! Der Stury ist doch kein Schauspieler!‹«

Im Gästebuch einer alten Münchner Familie befinden sich untereinander folgende Eintragungen: »Mein Leben der Kunst! Ernst von Possart.« »Meine Kunst dem Leben! Adolf von Sonnenthal.« »Weh dem, der lügt! Josef Kainz.«

Ein Bühnenkünstler erklärte: »Hinter der abgegriffenen Feststellung, wir Schauspieler lebten vom Applaus, steckt eine viel tiefere Wahrheit, als der Laie ahnt. Der Applaus gibt uns nämlich nicht nur Selbstvertrauen, Anerkennung, Freude. Er gibt uns etwas viel Wichtigeres: Luft zum Atmen.«

Heinrich Laube rügte Karl Sonntag, weil er seine Kleidung vernachlässigte. Als der Getadelte auf die keineswegs ansehnlichere Garderobe Laubes hinwies, sagte dieser: »Für einen Theaterdirektor sind derartige Anzüge gut genug, nicht aber für einen jugendlichen Liebhaber.«

Ludwig Devrient, auf der Bühne jenseits von Jugend und Alter, trug im

ungeschminkten Alltag deutlich Spuren. Einmal schellte eine junge Verehrerin an seiner Tür, Blumen im Arm. Der Mime öffnete. Das Mädchen erschrak: Ob der Herr Devrient zu Hause sei?
Der Kluge verneigte sich: »Der junge Herr sind leider ausgegangen.«

In einem Dorf wurde, vor vielen Jahren, die Passion des Herrn aufgeführt. »Na, Zenzi«, fragte mein Vater die Kellnerin, »schaust du dir das Spiel nicht an?«
»Naa«, gab sie grinsend zur Antwort, »ich kenn an Christus z' guet; ich müßt z'viel lachn!«

Eugen Roth, Lebenslauf in Anekdoten, Unverhoffte Antwort

Eine Schauspielerin auf die Frage des Zahnarztes, wo es ihr wehtue: »Erste Reihe Balkon rechts.«

Ein Herr im Parkett bewunderte die berühmte Woffington in der Hosenrolle des Sir Harry Wildair: »Ich bin überzeugt, daß sie von der Hälfte des Publikums für einen Mann gehalten wird.«
Der Nachbar flüsterte zurück: »Die andere Hälfte allerdings besitzt den Beweis des Gegenteils.«

Franz I. ließ von einer jungen Schauspielerin des Burgtheaters einen Kupferstich fertigen. »Das Original, Franzl«, sagte Maria Theresia, als sie die Kosten erfuhr, »hätt'st billiger kriegt.«

Eine Händlerin auf dem Berliner Gendarmenmarkt wies zum Apollo auf dem Schauspielhaus: »Wer is'n det?«
»Der Iffland«, wußte die Kollegin.
»So in't bloße Hemde?«
»Freilich. Ick sare Ihnen, die Kommedianten: Det schämt sich nich un det jrämt sich nich!«

Adalbert Matkowsky kam nach einer »Faust«-Vorstellung ins Café Bauer in Berlin. Deprimiert: »Ich habe saumäßig gespielt.«
Um den Künstler aus seiner Grübelei aufzustören, fragte ein junger Privatdozent, wie er das Verhältnis zwischen Faust und Mephisto sehe.
»Ich möchte sagen«, begann Matkowsky langsam: »Faust ist der weiße Mephisto und Mephisto der schwarze Faust. Ja.« Und eifriger: »Ich kann das nicht beweisen, aber ich will es Ihnen zeigen.« Nimmt einen Stuhl, stellt ihn auf den Tisch, setzt sich darauf und beginnt, das »Vorspiel auf dem Theater« zu sprechen.
Das Gespräch im Café verstummt. Die Gäste rücken heran.
Matkowsky spricht den »Prolog im Himmel«. Eingeweihte spüren: Hier züchtigt sich ein Begnadeter für eine als unter seiner Würde empfundene Leistung.
Matkowsky spricht »Der Tragödie Ersten Teil«. Menschen kommen von draußen: Späte Spaziergänger, Nachtvögel, Dirnen. Der Wirt stellt Sitz-

reihen auf. Blumenfrauen nehmen Platz, Offiziere bleiben, Polizeibeamte.
Matkowsky spricht »Der Tragödie Zweiten Teil«.
Und endet acht Uhr morgens:

»Alles Vergängliche
ist nur ein Gleichnis;
das Unzulängliche,
hier wird's Ereignis.
Das Unbeschreibliche,
hier ist's getan.
Das Ewig-Weibliche
zieht uns hinan.«

Steigt vom Tisch, greift einen Hut vom Kleiderhaken, zeigt auf ein paar elende Gestalten und bittet: »Geben Sie für unsere Armen!«

Bücher

Klugen bin ich über alles, Narren dien
ich nicht gar viel.
Keiner, der mich kann entbehren, der
viel lern' und wissen will.
Mich deckt eines Tieres Haut. Hat
mein Vater was verbrochen,
wird mit Feuer es an mir, aber nicht an
ihm gerochen.

Hofmannswaldau,
Rätsel (Buch)

Einem reichen amerikanischen Bibliophilen sollte ein Streich gespielt werden. Freunde brachten einen Schauspieler mit, und als das Thema 1 angeschnitten wurde, bemerkte dieser, er habe viele Jahre lang eine alte Bibel im Hause gehabt; sie habe aber so gestunken, daß er sie einer Tante geschenkt habe.
Der Gastgeber stutzte: »Wie alt war das Buch?«
»Weiß ich nicht. Gedruckt von einem gewissen Gurkenberg oder Guggenheim in Mainz.«
Der Gastgeber ließ die Gabel fallen: »Gutenberg?«
»So, ja.«
Der Gastgeber sprang auf: »Los, wir chartern ein Flugzeug. Wo wohnt die Tante?«
Der Schauspieler winkte ab: »Lassen Sie es gut sein! Der Schinken ist völlig verdorben. Er muß ursprünglich einem gewissen Mack Luther gehört haben, und der hat ihn total verkritzelt.«

Der Kardinal Passioneio empfing Gäste, die sich für seine einzigartige Bibliothek interessierten. Er rief seinen Bibliothekar und beauftragte ihn, den Besuchern zu Diensten zu stehen. Nach der Besichtigung verwunderten sich die Gäste über die Einfalt des Verwalters. »Meine Bücherei«, erwiderte der Kardinal, »ist mein Harem. Als Wächter erschien mir daher ein Eunuche zweckmäßig.«

Alfred Polgar erhielt ein ausgeliehenes Buch voller Fettflecke zurück: Er schickte dem Entleiher eine Ölsardine und schrieb: »Ich bestätige den Empfang meines Buches und erlaube mir,

Ihnen anbei Ihr Lesezeichen zurückzugeben.«

Der preußische Justizminister Friedrich Leopold von Kircheisen sah auf dem Schreibtisch eines Freundes eine Broschüre, die ihn interessierte. Er bat sie sich aus. Dreiundzwanzig Jahre später verlangte der Freund das Buch zurück. Kircheisen brachte es umgehend, fragte jedoch, ob er es noch einmal haben dürfe: Er sei nicht dazugekommen, es zu lesen.

François Genin hatte die ersten beiden Bände einer wertvollen Reihe ausgeliehen und mehrfach vergeblich zurückgefordert. Er schickte dem Unzuverlässigen auch noch die übrigen Bücher: »So hat wenigstens einer von uns das Werk komplett. Daß ich derjenige sei, wäre mir allerdings natürlicher erschienen.«

Inserat: »Umfangreiche humoristische Bibliothek wegen Heirat zu verkaufen.«

Ein Bücherwurm ist entweder ein Mensch, der lieber liest als ißt, oder ein Wurm, der lieber ißt als liest.

Alte Dame in der Leihbücherei: »Würden Sie bitte einmal auf meiner Karte nachsehen, ob ich ›Veilchen an der Friedhofsmauer‹ schon gelesen habe?«

Bücher sind oft nichts als Symptome eines kranken Geistes, und Jean Paul vergleicht Predigten mit dem Durchfall, Gedichte mit Fiebern, Epigramme mit Krätze, Rezensionen mit Gelbsucht und so weiter. Wahrlich, wahrlich, ich sage Euch: Geht mit dem Lesen etymologisch um! Legere heißt auswählen.

Karl Julius Weber,
Demokritos VI, 5

Germanicus war, wie wir gesehen haben, am Anfang dieses Buches gestorben.

Karl Joachim Marquardt

»Wer hat das Buch ›Mein Kampf‹ geschrieben?« fragte der Lehrer 1934. Nach langem Schweigen sprang das Moritzchen auf: »Ich nicht.«
Der Lehrer war empört und ließ den alten Goldstein kommen. »Mei Moritz is a vorlautes Kind«, entschuldigte der Vater. »Vielleicht sogar a freches Kind. Aber lügen tut mei Moritz nich. Wenn er sagt, daß er das Buch hat nich geschrieben, dann hat er es nicht geschrieben.«
Der Lehrer rieb sich die feucht gewordenen Hände.
»Und wenn er es wirklich hätte geschrieben«, fügte Senior Goldstein hinzu: »Bittschön! A Kind!«

»Sage mir, was du liest, und ich sage dir, wer du bist!«
»Homer lese ich, Plato, Augustin, Goethe, Nietzsche, Kafka ...«
»Ein Lügner bist du. Ein dreister Lügner!«

»Lies mir doch etwas vor, während ich nähe!« bittet die Gattin. Der Ehemann blickt lächelnd aus der Zeitung auf: »Ein anderer Vorschlag: Nähe mir etwas vor, während ich lese!«

Der Ehemann liest einen Krimi. Seit drei Stunden. Die Welt ist für ihn versunken.
Die junge Frau klappt vernehmlich das Nähkästchen zu: »Bist du schon an der Stelle, wo herauskommt, daß der Neffe der Mörder ist?«

Eine Dame auf die berühmte Frage, was sie, auf eine einsame Insel verschlagen, am liebsten lesen würde: »Die Tätowierung eines Matrosen.«

Graf Bobby war enttäuscht, daß Rudi noch nicht wußte, daß er, der Bobby, neuerdings einen Telefonanschluß besitzt: »Ja, liest denn du kein Telefonbuch?«

Auskunft eines Primaners zum Aufsatzthema »Bücher, dir mir geholfen haben«: »Das Kochbuch meiner Mutter und das Scheckbuch meines Vaters.«

Ein Mann, getadelt, weil er keine Bibel im Hause hatte, entschuldigte sich: »Kein Wort in der Heiligen Schrift, das nicht auch im Lexikon steht.«

Aus dem Aufsatz einer zehnten Berliner Mädchenklasse: »Das Lexikon ist kein Buch, bei dem man seine innere Ruhe finden kann.«

Ob ich Biblio- was bin?
phile? »Freund von Büchern«, meinen Sie?
Na, und ob ich das bin!
Ha! und wie!

Mir sind Bücher, was den andern Leuten
Weiber, Tanz, Gesellschaft, Kartenspiel,
Turnsport, Wein und weiß ich was bedeuten.
Meine Bücher – wie beliebt? Wieviel?

Was, zum Henker, kümmert mich die Zahl!
Bitte doch mich auszureden lassen.
Jedenfalls: Viel mehr, als mein Regal
halb imstande ist zu fassen.

Unterhaltung? Ja, bei Gott, das geben
sie mir reichlich. Morgens zwölfmal nur
nüchtern zwanzig Brockhausbände

heben –
Hei! das gibt den Muskeln die Latur.

Oh, ich mußte meine Bücherei,
wenn ich je verreiste, stets vermissen.
Ob ein Stuhl zu hoch, zu niedrig sei –
sechzig Bücher sind wie sechzig Kissen.

Ja, natürlich auch vom künstlerischen
Standpunkt. Denn ich weiß die
Rücken
so nach Gold und Lederton zu mischen,
daß sie wie ein Bild die Stube
schmücken.

Äußerlich? Mein Bester, Sie vergessen
meine ungeheure Leidenschaft,
Pflanzen fürs Herbarium zu pressen.
Bücher lasten; Bücher haben Kraft . . .

Ringelnatz,
Der Bücherfreund

Ein Verleger: »Bei einem Buche kommt es auf den Anfang und den Schluß an. Was dazwischenliegt, ist Schafskäse.«

Ein Verleger zu einem jungen Schriftsteller: »Entfernen Sie sich nie zu weit von der Bibel und dem Decameron!«

Eine Zeitschrift hatte einen Preis für die beste Kurzgeschichte ausgesetzt. Bedingung: Große Welt, erotische Atmosphäre und religiöser Hintergrund. Der Sieger schrieb: »›Eminenz‹, hauchte die Gräfin, ›bitte nehmen Sie die Hand aus meinem Dékolleté!‹«

In Englisch oder Französisch schreibt,
was euch der Geist zu schreiben treibt!

Dann übersetzt es Stück um Stück
ins Deutsche rück!

Als Übersetzung
findet's der Fachleute Schätzung.

Wonach sonst kein Hahn gekräht:
Es geht.

Schumann, Stachelbeeren-Auslese,
Rezept für deutsche Dichter

Verlagswerbung: »Der Rock der Kaiserin – demnächst in gekürzter Volksausgabe.«

Ein amerikanischer Verleger hatte auf das Buch »Sieg der Liebe« große Hoffnungen gesetzt. Aber sie erfüllten sich nicht.
Da inserierte seine Werbeabteilung in mehreren großen Zeitungen: »Junger Millionär, blond, sportlich, am Kulturleben interessiert, sucht Frau, die der Heldin des Romans ›Sieg der Liebe‹ gleicht.«
Die Auflage war in wenigen Tagen vergriffen.

Habent sua fata libelli. Bücher haben ihre Schicksale.

Sprichwort

Kunde zur Buchhändlerin: »Wo haben Sie Ihren antiquarischen Teil?«

Folgende Nachfragen registrierte eine Buchhandlung:
Herders Kitt?
Emilia Galoppi?
Die Braut von Messing?
Schillers Wendelstein?
Kleists Petersilie?
Mörike, Die schöne Limousine?
König Lehar?
Dantes gottlose Komödie?
Fallada, Wer einmal in den Fettnapf tritt?
Etwas von Annemarie Rilke?
Trostbüchlein in allen Liebeslagen?
Einen Globus von Schlesien?
Textbuch zum fröhlichen Fridolin (Fidelio)?
O diese Irrfahrten (Odyssee)?
Wir Maler (Via Mala)?
Dreißig mollerte Geschichten (Tolldreiste Geschichten)?

Ein Arzt zu Ingolstadt dedizierte 1610 sein Buch: »Der Allerheiligsten, Großmächtigsten und unüberwindlichsten Fürstin und Frauen, Frau Jungfrau Maria, gekrönten Kaiserin, des heiligen Reiches Großherrscherin, gebornen Königin in Israel, Fürstin von Juda etc.« und unterzeichnete: »Ew. Jungfräulichen Kaiserlich Königlichen Majestät alleruntertänigstes, allerdemütigstes und allerverworfenstes Knechtle.«

Weber, Demokritos III, 23

Gefallen werd ich nicht den Hör' und Lesern allen:
Mir will auch jeder Hör' und Leser nicht gefallen.

Valentin Loeber

Musik

Unmittelbar nach dem ersten Weltkrieg, vor Fritz Kreislers Wiederauftritt in London, schrieb eine Zeitung: »Das Publikum wird heute Abend nicht erscheinen, um einen Mann zu ehren, der unter österreichischer Flagge gegen uns gekämpft hat. Sollten sich dennoch Konzertbesucher einfinden, so kommen sie nur, um die herrliche Amatigeige zu hören, die er spielt.«
Der Saal war ausverkauft. Langer Beifall dankte für den ersten Vortrag. Kreisler verneigte sich oft.
Als der Applaus verebbte, faßte der Künstler seine Geige an beiden Enden und brach sie über das Knie.
Entsetzen und atmenlose Stille. »Meine sehr verehrten Damen und Herren«, sprach Kreisler. »Dieses Instrument hier kaufte ich heute morgen in einem hiesigen Warenhaus. Den Rest des Programms spiele ich auf meiner Amati.«

Der Intendant Botho von Hülsen hatte Hans von Bülow das Betreten des Berliner Opernhauses untersagt. Der Zwist sprach sich herum, und bei seinem nächsten Konzert wurde der Dirigent mit demonstrativem Beifall empfangen.
Da flüsterte Bülow ins Orchester, die Musiker flüsterten weiter, der Taktstock hob sich, und – vom Publikum wohlverstanden – erklang:

»Will der Herr Graf ein Tänzchen
wagen,
mag er's nur sagen:
Ich spiel ihm auf ...«

Ein weitgereister Brite fragte Anton Rubinstein, wie er sich ohne Spanisch- oder Französischkenntnisse auf seiner lateinamerikanischen Tournee verständigt habe.
Der Pianist zeigte auf den Flügel: »Damit.«

Anweisung des Chefs einer Clowntruppe an das Berliner Wintergartenorchester: »Marsch, wenn wa rauskommen. Janz schnell, wenn ick meinen Kollejen eene klebe, bis zu der Stelle, wo er die Neese leuchten läßt. Dann jehn Se in Schimmytempo, bis ick über ihm stolpere, und det bleibt dann ooch, wenn jeschossen wird und er mich mit'm Stock uff'n Kopp haut. Dann tret ick ihm in'n Hintern, und da spiel'n Se Walzer, klar? Dann tanz mer zu Ende, und ick jieß ihm 'n Eimer Wassa über'n Pinsel. In diesem Aujenblick Tusch! Raus. Vorhang.«

Der aufstrebende Max Reger hatte Weidener Honoratioren ins Nebenzimmer eines Gasthofes geladen und gut bewirtet. Dann setzte sich auf des Komponisten Wunsch ein Fingerfertiger ans Klavier, um die »Mühle im Schwarzwald« zu spielen. Die anderen wurden zu naturalistischer Geräuschkulisse verpflichtet. Einer mußte unter einen Stuhl kriechen und mit Hilfe eines Kochlöffels, gegen die Stuhlbeine geschlagen, »klappern«.
Das Konzert lief. Reger holte einen Eimer Wasser und schwemmte ihn über das zusammengekauerte Mühlrad. Gegen die aufbrausende Empörung verteidigte sich der Übermütige mit dem Hinweis: »Ihr seid's guat! Zur Mühle im Schwarzwald gehört aa's Wasser!«

Handwerker (Musiker), 25/169, evangelisch, möchte zwecks Heirat ...

Westdeutsche Allgemeine, 18. 11. 1967

Musikbegeisterung ist: Wenn ein Mann, der die Bardot im Badezimmer singen hört, das Ohr ans Schlüsselloch legt.

Eine Schulklasse besichtigte die Orgelempore. »Wer von Euch weiß, warum es auf dem Manual schwarze und weiße Tasten gibt?« fragte der Lehrer. »Die weißen Tasten sind für Hochzeiten«, erklärte das Karlchen, »die schwarzen für Beerdigungen.«

Eine Firma hatte Richard Wagner eine Salonorgel von mäßiger Qualität geschenkt und als Gegenleistung ein (positives) Gutachten erbeten. Wie er sich aus der Klemme zu ziehen gedächte, fragte ein Freund. Wagner erwiderte: »Einer geschenkten Orgel, sieht man nicht in die Gorgel.«

Max Reger an Julius Klengel, nachdem sein Freund, Karl Straube, der Thomaskantor, 1915 zur Feldartillerie eingezogen worden war: »Früher protzte er auf der Orgel, jetzt orgelt er auf der Protze!«

»Können Sie Klavier spielen?«
»Weiß nicht. Mal versuchen.«

Der Junge übt Klavier. Ein Fremder tritt ein: »Ist Deine Mutter da?«
Der Bengel knurrt: »Dumme Frage!«

»Ob sich das viele Geld, das Sie in die musikalische Ausbildung Ihrer Tochter stecken, jemals auszahlt?« fragte der Freund.
»Leicht«, erklärte der Vater. »Ich besitze bereits drei Häuser: Nachbaranwesen für den halben Preis.«

»Habe ich Sie richtig verstanden?« forscht der Bekannte. »Ihr Sohn spielt wie Gieseking?«
»Jawohl«, spricht der Vater. »Mit beiden Händen.«

»Wie findest du sein Spiel?«
»Christlich.«
»???«
»Die linke Hand weiß nicht, was die rechte tut.«

Ein junger Pianist spielte vor. Der Meister wiegte den Kopf: »Sie müssen noch viel üben, bis Sie begreifen, daß Sie kein Talent haben.«

»Ich werde etwas von Wagner spielen«, sagte die Dame und setzte sich ans Klavier. »Ich habe gehört, Sie lieben diese Musik.«
»Gewiß«, antwortete George Bernard Shaw. »Spielen Sie trotzdem!«

Die Tante sitzt am Klavier. Die Familie lauscht. Dem kleinen Fritz dauert es zu lange. Er starrt auf die Füße der Virtuosin und ruft: »Links ist die Bremse!«

Die Dame des Hauses erhebt sich vom Klaviersessel: »Das war Siegfrieds Tod.«
Ein Zuhörer zu seinem Nachbarn: »Kann ich verstehen.«

Ein Pianist fragte Mark Twain, ob er Klaviermusik liebe.
»Sehr«, antwortete der Dichter. »Ein Klavier hat mir einmal das Leben gerettet.«
»Nein!«
»Gewiß. Der Fluß war über die Ufer getreten. Als das Wasser den ersten Stock unseres Hauses erreichte, schwamm mein Vater auf einer Kommode davon. Ich habe ihn auf dem Klavier begleitet.«

Ein Berliner Bühnenarbeiter über Yehudi Menuhin: »Streicht 'n kessen Darm, der Junge!«

Der Trompeter an der Trajanssäule in Rom war von ganz eigentümlicher Konstruktion: Er hatte das Mundstück vorn und das Schalloch hinten.

Karl Joachim Marquardt

Ein Musiker auf die Frage, warum Dudelsackpfeifer stets im Gehen spielen: »Bewegliche Ziele sind schwerer zu treffen.«

Ein junger Komponist wollte eine Symphonie schreiben und bat Mozart um Rat. »Schreiben Sie eine Ballade!« empfahl der Meister.
»Warum nur eine Ballade? Sie haben doch mit zehn Jahren schon Symphonien geschrieben.«
»Freilich«, nickte Mozart. »Aber ich habe nicht gefragt, wie.«

Jean Philippe Rameau, Komponist von zweiundzwanzig Opern: »Man gebe mir eine holländische Zeitung! Ich werde sie in Musik setzen.«

Gaetano Donizetti unter einer seiner Symphonien: »In fünf Viertelstunden komponiert«.

Im Dusel komponiert niemand, auch das Genie nicht.

Max Reger

Über das herrliche Musizieren Ihrer Königlichen Hoheit waren die Bediensteten stets auf das äußerste entzückt. Prinzessin Margaret ist so musikalisch, daß, wenn sie bei Tisch erscheint, neben ihrem Gedeck stets ein Blatt Notenpapier auf einer silbernen Unterlage sowie ein silberner Bleistift bereitliegen müssen, damit Ihre Königliche Hoheit Töne, welche ihr beim Speisen zufliegen, sofort zu Papier bringen kann.

Exbutler Cronin in »Der Stern«, November 1960

Ein Komponist, der mangelnde Ideen durch Überproduktion an Noten ausgleichen wollte, beklagte sich bei Bellini: »Wenn ich mein Auskommen haben will, muß ich die halbe Nacht durcharbeiten.«
»Sie sind ein guter Mensch«, antwortete der Meister. »Sie stehlen sich den Schlaf, um ihn anderen zu schenken.«

Alexander Moszkowski blätterte in einem Pariser Gästebuch und las: »Dans la musique il y a trois grands ›B‹: Bach, Beethoven, Brahms. Les autres sont crétins! Hans von Bülow.« Er schrieb darunter: »Dans la musique il y a aussi trois grands ›M‹: Mendelssohn, Meyerbeer, Moszkowski. Les autres sont chrétiens (Christen)!«

Ein Freund klagte Beethoven die Mißhelligkeiten in seiner Familie.
»Es gibt Schlimmeres«, tröstete der Meister. »Ich kenne eine Familie mit drei Söhnen. Der erste spielt und der zweite stiehlt.«
»Ich weiß, von wem Sie sprechen«, ergänzte der Freund. »Der dritte Sohn ist Komponist.«
»Richtig«, nickte Beethoven. »Der tut beides.«

»Kennen Sie schon meine neue Symphonie?« fragte der Komponist.
»Wahrscheinlich«, erwiderte der Kritiker.

Strawinski ließ in einer Wiener Orchesterprobe eine Stelle seines Werkes viele Male wiederholen.
»Dieser Takt«, tröstete ein Musiker, »geht in Mahlers Achter auch immer schief.«

In der Hauptprobe seiner Oper »Dame Kobold« legte Felix von Weingartner eine Pause ein. Die Wiener Philharmoniker lasen Zeitung. Als der Dirigent zurückkam, rief der Cellist Friedrich Buxbaum: »Kinder, seid's stad! Da kommt einer von den Komponisten!«

Hellmesberger senior zeigte einem Freund sein neues Streichquartett. »Den ersten Satz hast du bei Mozart gestohlen«, erklärte der Kundige.
Der Wiener lachte: »Weißt du einen besseren?«

Max Reger saß mit dem Schweizer Komponisten Volkmar Andreae zusammen.
»Deine Musik macht mich matter, statt reger«, stichelte Andreae.
»Und wenn ich die deine höre, dann höre ich immer andreae.«

Schlagerkomponist = Musiker, dessen Nachahmer starben, bevor er geboren wurde.

»Lieben Sie moderne Musik?«
»Ich fürchte sie nicht.«

In einer mittelgroßen deutschen Stadt hatte ein Dirigent die fünf Orchesterstücke von Arnold Schönberg einstudiert. Als er nach geglückter Generalprobe die Lobpreisungen der örtlichen Sachverständigen entgegennahm, trat der dritte Klarinettist hinzu: »Gestern habe ich meine Stimme auf der A-, heute auf der B-Klarinette geblasen. Bei welcher soll ich bleiben?«

In einem amerikanischen Konzertsaal erklingt ein moderner Russe. »Sind Ihnen die Motive deutlich geworden?« fragt ein Enthusiast seinen Nachbarn. »Freilich«, erwidert dieser. »Rache.«

Alexander Moszkowski über Arnold Schönberg: »Ein gottbegnadeter Kakophoniker!«

Inserat: »Dauermiete für Konzertreihe (moderne Musik) billig abzugeben. Guter Parkettsitz, Nähe Ausgang.«

Konzert

Münchner Telegraphen-Zeitung vom 9. 8. 1931: »Heute auf allgemeinen Wunsch Abschiedskonzert des ungarischen Symphonie-Orchesters«.

Konzertanzeige Leopold Mozarts in Frankfurt am Main, 1764: »Meine Tochter, zwölf Jahre alt, mein Sohn, der sieben Jahre zählt, werden die Konzerte der größten Meister auf einem Klavizin mit und ohne Schweif ausführen, mein Junge auch ein Konzert auf der Violine. Mein Sohn wird die Tasten des Klavizin mit einem Tuch zudecken und auf demselben spielen, als wäre es nicht zugedeckt. Von Weitem, wie aus der Nähe wird er jeden Ton, jeden Akkord erraten, den man ihm auf dem Klavizin oder an einer Glocke oder auf irgend einem Instrumente angeben wird. Zum Schlusse wird er so lange frei phantasieren, als man nur will, und zwar nach Wahl, auf der Orgel oder am Klavizin in allen Tonarten.«

Fritz Kreisler stand mit einem Freund vor dem Schaufenster eines Fischladens. Das Angebot war im Halbkreis ausgelegt, die offenen Mäuler zur Straße. »Verdammt!« rief der Virtuose. »Ich muß ins Konzert.« Und rannte davon.

Friedrich Wilhelm IV. wartete auf den Beginn der musikalischen Soiree. Da flüsterte ihm der Adjutant ins Ohr, das Quartett könne nicht beginnen, da die Prinzessin Wilhelmine auf den Noten sitze.
»Aufstehn, Wilhelminchen!« rief der König. »Die Noten sind nicht für Blasinstrumente.«

Ein junger Lehrer ist ins Dorf gekommen, der auch das sonntägliche Orgelspiel übernommen hat. Nun sitzt er zum ersten Mal über der überfüllten Kirche am Instrument. Es ist der Namenstag des Kirchpatrons. Feierlich gekleidete, erwartungsvolle Menschen lauschen seinem Spiel. Er zieht sämtliche Register und läßt das Kirchenschiff unter dem Gloria erzittern.
Da bricht plötzlich der Ton ab, verjault und erstirbt. Die Sänger lassen ihre Blätter sinken. Die Gläubigen recken ihre Hälse.
Der unglückliche Organist stürzt zum Blasebalg. Seelenruhig lehnt der alte Treter an der Wand. »Junger Mann«,

spricht der Alte, »ich trete hier seit zweiunddreißig Jahren. Ich weiß genau, wieviel Luft man für das Gloria braucht.«

Wilhelm Furtwängler begann nicht, bevor im Saale Ruhe herrschte. Bei einem Gastspiel in Italien hatte er bereits dreimal den Stock erhoben. Das Geschwafel wollte nicht verstummen. Als er zum dritten Mal absetzte, kam eine freundliche Stimme von den Rängen: »Coraggio, maestro!«

Sir Thomas Beecham über orchestrale Musik: »Das Wichtigste ist: Zusammen anfangen und zusammen aufhören!«

Aus der Neuen Bonner Zeitung, 1892: »Mottl befiehlt und zwingt. Wer ihn einmal in einer Probe den Liebestod hat dirigieren sehen, vergißt es nicht wieder. Im zarten Anfang dicht gebückt, fest zusammengekrümmt über seinem Pulte; dann streckt er sich langsam, die Arme greifen nach beiden Seiten aus, die Augen rollen, er hebt das Bein ...«

Eine Londoner Zeitung hatte nach Furtwänglers Konzert von »faszinierender Dirigentenkunst« geschrieben. Am zweiten Abend bat eine Dame ihre Nachbarin: »Sag mir Bescheid, Diana, wenn er anfängt zu faszinieren!«

Ein Konzertmeister zu Furtwängler: »Bei welchem Zacken von Ihrem Blitz sollen wir einsetzen?«

Richard Strauss probte seine Alpensymphonie. Bei den Geigenpassagen im »Gewitter und Sturm« flog dem Konzertmeister der Bogen aus der Hand. Der Komponist klopfte ab: »Wir müssen das Gewitter noch amal machen, meine Herrn! Der Herr Konzertmeister hat grad beim Abstieg seinen Regenschirm verlorn!«

Clemens Krauß auf die Frage, warum er nicht auswendig dirigiere: »Ich kann Noten lesen.«

Clemens Krauß über einen Dirigenten, der sich Tempowechsel durch eigenwillige Pausen erleichterte: »Er hat den Caesuren-Wahn!«

Richard Strauss probte mit den Wiener Philharmonikern. Klopfte ab, beugte sich zum Konzertmeister Mairecker aus Gumpoldskirchen und sagte: »Mein Wein ist alle.« Hob den Taktstock und ließ weiterspielen.

Otto Klemperer besuchte Richard Strauss 1932 in Garmisch und bat um Rat für einige schwierige Stellen im »Heldenleben« und dem »Rosenkavalier«. Der Komponist erwiderte: »Ich wäre selbst froh, wenn ich als Dirigent über diese Stellen hinwegwäre.«

Jules Massenet wurde vom Publikum aufgefordert, die hundertste Aufführung seiner »Thais« selbst zu leiten.
Er begab sich ans Pult, dankte für den Beifall und beugte sich zum Konzertmeister: »Bringen Sie mich gut durch!«

Ein Philharmoniker über ein gelungenes Konzert: »Der Dirigent leistete keinen nennenswerten Widerstand.«

Ein junger Dirigent, der sich für viel Geld ein erstklassiges Orchester gemietet hat, erläutert weitschweifig seine Auffassung. Die Streicher grinsen, die Bläser maulen, und dem Paukisten geht der Gaul durch. Seine Arme sausen herunter: Bong, bumm, bong.
Wütend wirft der Maestro sein Stöckchen hin: »Wer war das?«

Franz Liszt fragte in Altenburg, wo er eine seiner symphonischen Dichtungen einstudierte, den Oboisten, der sein kurzes Pianissimo-Solo trotz wiederholter Ermahnungen stark blies: »Können Sie denn kein pp blasen?«
»Wenn ich piano blasen könnte«, erwiderte der Mann, »wäre ich nicht in Altenburg.«

Als Hans Pfitzner 1923 in Dresden seine Kantate »Von deutscher Seele« einstudierte, patzten einige Mitglieder der Staatskapelle. »Das klingt ja scheußlich!« rief der Dirigent.
Ein Fagottist erwiderte: »So sieht's äm jetzt aus in der deutschen Seele!«

Toscanini probte die »Aida«. Sänger wie Orchester erregten sein Mißfallen. Als die Elefanten über die Bühne zogen, erlaubte sich einer der Riesen eine riesige Ungehörigkeit.
»Schlechte Manieren!« rief Toscanini. »Aber ausgezeichnetes Gehör!«

Dirigent zum Orchester: »Spielen Sie nicht, was nicht in der Partitur steht! Es fehlt so schon genug.«

Kriegerfest in Skaisgirren. Eine aus Insterburg geholte Blaskapelle spielt falsch. Der Gastdirigent tadelt. Die Musiker behaupten, sie hielten sich streng an die Noten. Der Dirigent läßt sich die Blätter zeigen, kratzt mit dem Daumennagel und entdeckt die Ursache des Mißklangs: »Joa, wenn ju ook de janze Fleejeschiet mötspeele!«

Eine Engländerin auf einem Platze Londons zu einer Truppe böhmischer Musikanten: »Ihr wollt deutsche Musiker sein und spielt so falsch?«
»Sie«, erwiderte der Primas, »wollen eine Engländerin sein und hören es?«

Als der amerikanische Geiger Mischa Elman gefragt wurde, wann er nach Europa kommen werde, wollte sein Vater wissen: »Gegen wen soll denn mein Mischa spielen?«

»Es war bei Beethovens c-moll-Konzert. Ich hatte noch nie mit Toscanini gespielt. Ihr könnt euch meine Nervosität vorstellen. Bei der Probe setzte ich mich an den Flügel. Wir nickten einander zu und fingen an. Es wurde eine Katastrophe. Seine Auffassung war völlig anders als die meine. ›Ist das der große Toscanini?‹ dachte ich. Nach dem ersten Satz sah Toscanini mich an und fragte, ob ich meinen Part so zu spielen gedächte. Ich sagte: ›Ja‹. ›Gut‹, sprach Toscanini. ›Von Anfang!‹ Und nun kam das Wunder. Während ich gespielt hatte, hatte er sich jedes meiner Tempi, jede Phrasierung, jede Betonung eingeprägt. Die Wiederholung klappte, als hätten wir ein Leben lang zusammen gespielt.«

Artur Rubinstein

Joseph Hellmesberger senior zwischen zwei Sätzen einer Violinsonate zu dem in der ersten Reihe sitzenden Lustspieldichter Eduard von Bauernfeld: »Warum lachen Sie, wenn ich spiele? Lache ich vielleicht in Ihren Komödien?«

Shaw bei einem Hausmusikabend: »Der Geiger erinnert mich an Paderewski.«
Die Gastgeberin: »Paderewski ist doch kein Geiger.«
Der Dichter: »Eben.«

Der Pianist Arthur Schnabel verweigerte grundsätzlich Zugaben. Das Publikum bettelte dennoch nach jedem Konzert. Einmal zeigte es sich besonders hartnäckig. Worauf sich Schnabel an den Flügel setzte und eine Sonate von einer dreiviertel Stunde spielte.

Leonard Bernstein fand nach einem Konzert einen Zettel in seiner Garderobe: »Ich erlaube mir, Sie darauf hinzuweisen, daß der Mann in Ihrer Kapelle, der das Instrument spielt, das man immer hineinschiebt und herauszieht, nur bläst, wenn Sie ihn gerade anschauen. Ein Freund.«

Der Bürgermeister einer englischen Industriestadt auf der Nachfeier zu einer Aufführung der Neunten Symphonie Beethovens: »Unsere Stadt zählt nach den letzten Ermittlungen eine Million und einhundertdreiundsechzigtausend Einwohner. Dennoch glaube ich, behaupten zu dürfen, daß es in ihr kaum mehr als ein Dutzend Leute geben wird, die imstande wären, eine Musik wie die soeben gehörte zu schreiben.«

Die Deutschmeisterkapelle gratulierte Richard Strauss zum fünfzigsten Geburtstag mit dem Walzer aus dem »Rosenkavalier«. Der Gefeierte dankte. Der Kapellmeister strahlte: »Das freut mich schon recht, daß 's Ihnen g'falln hat. I sag Ihnen: Schreibn kann des a jeder! Aber spieln, des is a Sauarbeit.«

Der späte Ludwig XIV., unter dem Einfluß der Frau von Maintenon, hörte Lullys »Miserere« auf den Knien. Er hatte vorsorglich Kissen legen lassen. Der Hofstaat dagegen, gezwungen, seinem Beispiel zu folgen, ging unvorbereitet zu Boden. Als der Sonnenkönig nach der Aufführung den Herzog von Gramont fragte, wie ihm die Musik gefallen habe, antwortete dieser: »Sie ist weich für das Ohr, aber hart für die Knie.«

Franz Liszt weilte bei Bülow. Da trat der Konzertagent Hermann Wolff ein. »Der Menageriebesitzer«, höhnte Liszt, »der Euch Löwen in den Käfig setzt!« »Kein gewöhnlicher Käfig«, ergänzte Wolff. »Bei mir füttern die Löwen den Wärter.«

Gesang

Ein reicher Mann hielt auf seinem Hofe einen Schwan und eine Gans, diesen seines Gesanges wegen, jene für die Tafel. Als die Gans geschlachtet werden sollte, war es Nacht, und die Magd ergriff versehentlich den Schwan. Der aber hub an zu singen und entging so dem Tode.

Äsop, Der Schwan

Die Sängerin Gabrieli forderte von Katharina II. freie Wohnung, Equipage und jährlich siebentausend Rubel. »Soviel hat keiner meiner Feldherren«, erwiderte die Zarin.
Die Primadonna empfahl: »Dann lassen Sie Ihre Feldherren singen!«

In einer Verwandlung während einer »Bohème«-Aufführung im Münchner Nationaltheater wurde Caruso von einer umstürzenden Kulisse verletzt. Er legte sich in die Garderobe. Nach unbedeutender Pausenverlängerung stand er wieder auf der Bühne.
»Wenn er invalid g'wesen war«, sagte später der Pförtner zu Baron Speidel, dem Intendanten, »hätt' mer 'n derschlag'n müess'n. A lebenslängliche Pension für den kenna mir uns net leisten.«

Caruso hatte auf einem Wohltätigkeitsfest gesungen. Er forderte fünftausend Dollar. Das Komitee erbleichte und zeichnete.
Caruso nahm den Scheck, zerriß ihn, holte das eigene Scheckbuch aus der Tasche und schrieb 5000,– Dollar aus: »Caruso der Sänger läßt sich bezahlen. Caruso der Mensch hilft.«

»Mein Vater gäbe ein Vermögen, wenn er Sie hören könnte!«
»Warum sollte das nicht möglich sein?« fragt die Sängerin interessiert.
»Er ist taub.«

Max I. von Bayern empfing eine Abordnung der Sänger des königlichen Hoftheaters, die um Zahlung der Gehälter bat. Die Kasse war leer. Alle Hofbediensteten warteten auf Geld.
Der König entschied: »Erst diejenigen, die weinen, dann diejenigen, die singen.«

Kinderaufsatz: »Meine liebste Schulstunde ist das Singen. Ich kann noch schneller singen als unsere Lehrerin. Wenn wir alle miteinander singen, muß ich immer warten, bis die anderen Kinder und das Fräulein fertig sind.«

Leo Slezak zu einem Schüler: »Bitte: ›Und ist der Mai erschienen‹! Nicht: ›Und ißt der Maier Schienen‹!«

Ein Tenor: »He-Niemand he-liebt Dich he-wieso iiich?«

»Die Stimme meiner Tochter wird stärker,« freut sich der Vater. »Bisher beschwerten sich nur die Leute über und unter uns. Gestern kam die erste Reklamation aus dem Nachbarhaus.«

»Ich fahre mit meinem Gesangsstudium fort.«
Glücklicher Nachbar: »Wohin?«

Der Komponist Robert Freiherr von Hornstein, Schwiegervater Lenbachs, mußte sich im Hause eines Gastgebers den Gesang der Tochter anhören.
»Meinen Sie nicht, lieber Meister«, fragte die Mutter, »daß meine Luise mit ihrer Stimme ruhig an die Oper gehen könnte?«
Hornstein nickte: »Ruhig, ja.«

Hans von Bülow zu einer Primadonna: »Würden Sie die Güte haben, mir Ihr ›a‹ anzugeben?«

Eine von der Gunst des New Yorker Publikums getragene Primadonna sang bei einer Orchesterprobe das erste Mal unter Toscanini und erlaubte sich rhythmische Unebenheiten.
Der Maestro drängte: »Avanti – avanti, Signorina!«
Die Sängerin wurde ungehalten: »Sie müssen so dirigieren, wie ich singe; denn ich bin ein Star.«
Er klopfte ab, wartete, bis alles still war, und erwiderte: »Die Sterne sind am Firmament. Hier sind wir Künstler, gute und schlechte. Sie sind ein schlechter Künstler.« Schlug auf das Pult, und die Probe ging weiter.

Leo Slezak,
Meine sämtlichen Werke,
Press Work

Toscanini zu einer vollbusigen Sängerin, auf ihre Stirne deutend: »Was wären Sie für eine Künstlerin, wenn Sie das da oben hätten, was Sie weiter unten haben!«

»Herrlich, diese Koloraturen!« flüstert der Mann.
Die Frau zischt: »Hör lieber zu!«

Der Vater hat seinen Sohn zum Konzert in die Berliner Kongreßhalle mitgenommen.
»Warum droht denn der da vorne der Frau imma mit'n Stock, Vata?«
»Der droht nich, der dirijiert.«
»Warum heult se denn da?«

»Füllte meine Stimme den Saal?« fragte die Sopranistin.
»Vollständig«, erwiderte der Kritiker. »Eine ganze Anzahl von Leuten mußte ihr sogar Platz machen.«

Die Arie scheint nicht sehr gelungen,
dieweil den Saal sie leer gesungen.

Die Kammersängerin Fiala hatte Friedrich Augusts III. Geburtstagsfeier verschönt. Da ihm Komplimente nicht lagen, fragte er: »Wie issn hier de Akustik?«
»Sehr gut«, antwortete die Künstlerin, wie es die Höflichkeit gebot.
Der Sachsenkönig grinste: »Warum hamm S'n da so gebrilld?«

»Wie finden Sie unsere neue Altistin?« fragte der Intendant.
»Ich würde sagen«, erwiderte der Kritiker: »Keine gute Sängerin, keine gute Schauspielerin, aber eine gute Vierzigerin.«

Rezension über eine Schlagersängerin in Brüssel: »Die Nachtigall in ihrer Brust ist sehr winzig, aber sie wohnt herrlich.«

Bissiger Kollege über eine vom Weinkrampf geschüttelte Primadonna: »Sie schluchzt an einer Notiz für die Abendzeitung.«

»Es muß schrecklich für Sie gewesen sein, gnädige Frau«, sagte der Grandseigneur zur abgetretenen Primadonna, »als Sie merkten, daß Sie Ihre Stimme verloren haben.«
»Es wäre schlimmer gewesen«, antwortete die Künstlerin, »wenn ich es nicht gemerkt hätte.«

Händel engagierte für einen erkrankten Sänger Ersatz auf Treu und Glauben. Der Mann versagte.
»Haben Sie mir nicht ausdrücklich versichert«, schrie der Meister nach der

Aufführung, »daß Sie vom Blatt singen können?«
»Kann ich auch«, erwiderte der Biedere.
»Aber doch nicht auf Anhieb!«

Der Kastrat Tambolini hatte in Berlin ein Konzert gegeben. »Großartig«, kommentierte eine junge Dame. »Nur in der Tiefe schwach.«

Udo von Drewitz spielt Papa neue Schallplatten vor: »Finde, Tenor singt enorm.«
»Papperlapapp! Wenn ich seine Stimme hätte, würde ich genauso singen.«

Ein Tenor erzählt im Operncafé, er habe seine Stimme für fünfhunderttausend Mark versichern lassen. Der andere staunt: »Fünfhunderttausend? Donnerwetter! Und was haben Sie mit dem Geld gemacht?«

Hans Pfitzner zu einem Tenor, der, nachdem er vor der Probe stolz den neuen Daimler vorgeführt hatte, ein langes »des« zu tief ansetzte: »Das war mehr ce als des!«

Hans Pfitzner fragte »Was ist paradox?« und antwortete: »Wenn ein Sopran baß erstaunt ist, daß ein Tenor alt wird.«

Ein drittklassiger Tenor quälte sich in Kamenz die Titelpartie des »Troubadour« ab. »Da capo!« schrie das Publikum nach der berühmten Stretta.
Der Sänger ließ sich nicht nötigen. Aus krebsrotem Kopf quollen die Augen.
»Da capo!« riefen die Leute, und abermals wiederholte der Tenor.
Ein Fremder im Parkett wandte sich kopfschüttelnd an seinen Nachbarn: »Der singt doch schrecklich!«
»Ähm«, erwiderte der Kamenzer, ohne im Applaus innezuhalten. »Heute mach' mern fertch!«

»O sole miiio . . .« schluchzt der Tenor.
Sie, flüsternd zu ihrem Gatten: »Daß wir es nicht vergessen: Deine Schuhe müssen zum Schuster.«

Der unzuverlässige Tenor Malfatti mußte sich von einem Intendanten fragen lassen: »Haben Sie Ihre Indispositionen für die kommende Saison schon getroffen?«

In die Garderobe des Provinztenors wird ein Brief gebracht. Der Adressat ist nicht anwesend. Ein Kollege nimmt das Schreiben und, weil der Umschlag nicht verklebt ist, liest es: Grobe Mahnung eines Schuhmachers. Der Neugierige klebt den Brief zu und legt ihn vor den Spiegel des Schuldners.
Dieser schwingt herein, erbricht den Umschlag, liest und lächelt: »Dummes kleines Mädel du!«

Ein Tenor auf der Überfahrt nach Amerika hat sich zwei Tage auf knallbunter Decke gesonnt.
Plötzlich springt er auf, stürzt zur Reling, legt die flache Hand über die Brauen und ruft: »Teufel! Sind wir immer noch nicht weiter?«

Felix Mottl erklärte die angeblichen Mängel gewisser Tenöre mit der Behauptung: »Die hohen Töne drücken das Gehirn zusammen.«

Hans von Bülow (angeblich) über die Bassisten: »Sie reden genau so dumm daher wie Tenöre. Nur eine Oktave tiefer.«

Schlagerstar zum Reporter: »Mein Aufstieg war lang und schwer. Er begann mit Liedernvon Brahms und Strauss.«

Quartett ist, wo: Jeder einzelne von vier Leuten glaubt, daß die anderen drei nicht singen können.

Vier Schüler wollten Zelter am Morgen seines Geburtstages ein Ständchen bringen. Der vierte verschlief, und so begann das Quartett zu dritt. Oben wurde ein Fenster aufgerissen: »Zum Teufel! Wo ist der zweite Baß?«
»Er hat uns versetzt.«
»Wartet!« sprach Zelter.
Kam, sang den zweiten Baß und bedankte sich mit einer Flasche Wein.

»Kommen Sie in unseren Gesangverein«, wirbt der Präsident. »Wir treffen uns einmal in der Woche, trinken, erzählen Witze, pflegen die Gemeinsamkeit. Und einmal im Monat kommen die Damen mit.«
»Ich denke, Sie singen.«
»Natürlich. Auf dem Heimweg.«

Druckfehler: »In der Preiskonkurrenz, welche die ›Sängerwarte‹ in Trier zwecks neuer gediegener Wettstreit-Chöre veranstaltete, wurde unter etwa 800 Werken die Komposition des kgl. Musikdirektors Karl Hirsch ›Verstohlen geht der Mund auf‹ mit dem ersten Volksliederpreis gekrönt.«

Neckar-Zeitung, 1896, Nr. 54

Oper

»Oper ist«, definiert Fritzchen, »wenn man mit dem Dolch im Rücken nicht blutet, sondern singt.«

»Textbuch gefällig?« fragt der Logenschließer. »Danke!« erwidert Bodo von Drewitz. »Bin heiser.«

Mark Twain wurde von einer reichen Dame in die Metropolitan eingeladen. Sie saßen Loge, und die Gastgeberin redete ununterbrochen.
»Ich hoffe«, sprach sie nach dem letzten Vorhang, »Sie bald wiederzusehen. Was halten Sie von nächstem Freitag? ›Carmen‹?«
»Mit Vergnügen«, antwortete der Dichter. »In ›Carmen‹ habe ich Sie noch nie gehört.«

»Was hörten Sie gestern in der Oper?«
»Mancherlei, sage ich Ihnen. Mancherlei. Schmidt hat bankrott gemacht, Meiers leben in Scheidung, und die Lehmann hat jetzt eine Nebenbeschäftigung, sozusagen. Haha!«

Mozart war am 19. Mai 1789 zum zweiten Male in Berlin eingetroffen und in einem Gasthof Charlotten- Ecke Jägerstraße abgestiegen. Da erfuhr er, daß im Nationaltheater »Belmonte und Constanze« gegeben wird. Er eilte, in den Reisemantel gehüllt, ins Theater, verharrte am Parketteingang, lauschte, brummte, nickte beifällig und bewegte sich gedankenverloren auf die Bühne zu.
Das Publikum schmunzelte über den Kauz, den keiner kannte.
Da begann Pedrillos Arie »Frisch auf zum Kampf«, und bei der Stelle »Nur ein feiger Tropf verzagt« spielten die zweiten Geigen dis. »Verflucht!« rief der Vermummte. »Wollt Ihr wohl d greifen?«
Man erkannte ihn, und der Abend wölbte sich zu festlicher Huldigung.

Frau Schmitz in der Wolfsschlucht des »Freischütz« zur Nachbarin: »Dat Jewitter spör ech schon de janze Tach en de Knochen.«

Eine Mutter über die Freischütz-Begeisterung ihrer Tochter: »Sie geht mit dem Jungfernkranz zu Bett und steht mit dem Jägerchor auf.«

Zelter schritt hinter einem Berliner Jungen, der unentwegt sang »Schöner, jrüner, schöner jrüner Jungfernkranz«, über diese Zeile hinaus aber nicht vorzudringen vermochte. Der hilfsbereite Komponist ergänzte: »Veilchenblaue Seide!«
Der Bengel fuhr herum: »Wenn Sie den ›Jungfernkranz‹ singen wolln, dann fangen Sie'n sich jefälligst selber an!«

Agathes Zeile »Liebe pflegt mit Kummer stets Hand in Hand zu gehn« im zweiten Akt des »Freischütz« führen Celli und Bässe unisono über fast eine Oktave in die Tiefe. Weber schrieb diesen Teil der Oper in Dresden. Der erste Cellist des Opernorchesters soll Kummer geheißen haben, der erste Contrabassist Liebe.

Giacomo Meyerbeer fragte Moritz Saphir, welche seiner Opern ihm am besten gefiele.
»Die Hugenotten«, antwortete der Wiener Glaubensgenosse. »Da schlagen

sich die Christen gegenseitig tot, und ein Jude macht dazu Musik.«

Ein gewisser Bertani in Reggio war zweimal nach Parma gefahren, um sich Verdis »Aida« anzuhören. Er schrieb dem Komponisten: »Die Oper enthält durchaus nichts, was begeistert; sie wird das Theater noch einige Male füllen und dann in den Bibliotheken vermodern. Sie werden sich, lieber Herr Verdi, mein Bedauern vorstellen, daß ich 32 Lire ausgegeben habe. Ich bitte Sie daher, mir die Summe zurückzusenden:

Hinfahrt per Bahn	2,60 Lire
Rückfahrt	3,30 Lire
Theater	8,00 Lire
verbrecherisch schlechtes Abendessen auf dem Bahnhof	2,00 Lire
	15,90 Lire
Dieselbe Summe mal 2	31,80 Lire

In der Hoffnung, daß Sie Verständnis zeigen werden, grüßt Sie von Herzen
Bertani.«

Verdi schrieb an seinen Verleger Ricordi: »Ich bitte Sie, ihm 27,80 Lire zu schicken. Das ist freilich nicht die ganze Summe, die er verlangt, aber es geht mir über den Spaß, daß ich ihm auch noch sein Abendessen bezahlen soll; er hätte ganz gut zu Hause essen können.« Verdi verlangte von Bertani eine Quittung und die schriftliche Erklärung, keine seiner Opern mehr zu besuchen.

Hast Schulden über'n Kopf gemacht,
hast Deinen König ausgesogen,
die Zwietracht hast Du angefacht
und B. um seine Frau betrogen.
Doch eine wahre Wunderwelt,
sie lebt in jedem Deiner Stücke.
Die Schönheit, sie ist dargestellt,
doch manchmal Sinnlichkeit und
Tücke.

Friederike Kempner,
Richard Wagner

Graf Bobby geht am Wiener Opernhaus vorbei und liest im Schaukasten: »Heute ›Tannhäuser oder Der Sängerkrieg auf der Wartburg‹«.
Schüttelt den Kopf und murmelt: »Typisch! Am Nachmittag noch net wissen, was s' am Abend spün!«

Gioacchino Rossini über Wagners »Lohengrin«: »Sehr schöne Momente, aber böse Viertelstunden.«

Elsa aus Astpreißen zu Lohengrin: »Mein Schirm! Mein Engel! Mein Erlöser, der fast an meine Unschuld glaubt!«

Aus einem Schüleraufsatz: »Im Brautgemach angekommen, setzte Lohengrin der Elsa solange mit Singen zu, bis sie ihn fragte, wes Geschlechtes er sei.«

Dem »Lohengrin« Slezak wurde in Wien der Schwan, den er besteigen sollte, vor der Nase weggezogen. Er wandte sich an einen Ritter seines Gefolges: »Bitte, wann geht der nächste Schwan?«

»Wer singt: ›Nun sei bedankt, mein lieber Schwan!‹?« fragt die Musiklehrerin.
Elfriedchen antwortet: »Leda.«

Im »Freischütz« spielt bekanntlich die »Wolfsschlucht« eine sehr romantische und eindrucksvolle Rolle. Wo diese Wolfsschlucht gelegen sei, darüber haben sich seinerzeit die Leute ebenso gestritten, wie man sich in der Antike darum stritt, die Geburtsstadt Homers zu sein. Eine Gedenktafel steht im Brohltal, das vom Rhein in die Eifel hinaufführt. Carl Maria von Weber berichtet, daß er seine Eindrücke auf den Elbwiesen empfangen habe, als der Nebel auf ihnen lastete. Friedrich Kind, der Textdichter, läßt die Freischützsage in Böhmen spielen. Aber er schrieb das Libretto in Leipzig und pflegte, in den Elsterauen zu spazieren.

Einige Tage später sang ich wieder den Lohengrin. Es war dies zur Zeit des Burenkrieges. Die Stadt Mafeking war durch viele Wochen von den Buren umzingelt gehalten worden und ihre englische Besatzung in großer Gefahr, kapitulieren zu müssen.
Der erste Akt näherte sich seinem Ende. Ich werfe dem Telramund einige Beleidigungen zu, bis er sich gezwungen sieht, mich zu fordern. König Heinrich schreitet vom Thron herab, nimmt die Krone vom Haupte, um vom Himmel zu erbitten, daß keine Protektion bei diesem Kampfe obwalte. Da ruft jemand von der Galerie herunter: »Mafeking ist befreit.«
Der Prince of Wales, der spätere König Eduard, der König von Schweden und noch eine große Anzahl von Fürstlichkeiten erheben sich von den Sitzen. Das Orchester intoniert »God save the Queen«. Kein Mensch denkt mehr an den »Lohengrin«.
Wir stehen da; die meisten stimmen mit ein; dann strömt das Publikum zum Theater hinaus. Und der Vorhang fällt.

Leo Slezak,
Meine sämtlichen Werke, In London

Heut' dirigiert der Mottl den
»Tristan«.
Schau dir doch nicht, du Trottel, den
Mist an!
Schaff dir doch lieber als Mittel den
Trost an:
Trink dir im fülligen Drittel den
Most an!

Unbekannte Wiener Philharmonikerzunge

Hans Pfitzners Spitzname für Heinrich Schlusnus, der ursprünglich Postbeamter war: »König Marke«.

Der Bariton Perron stand an der Dresdner Oper mit einer Kollegin auf Kriegsfuß. In einer »Rheingold«-Aufführung fragte er als Wotan die aus bläulichem Dunst steigende Erda leise:

»Welche Eier wünschen die Dame heute?«
Pflichtgemäß antwortete sie – doch der Einsatz war nicht ganz korrekt –: »Weiche, Wotan, weiche!«

Und daß man das Festspiel
»Nibelungenring« nennt,
das paßt ganz vortrefflich;
denn der Ring hat kein End'.

Bayreuther Schnadahüpfel

Ein in Bayreuth weilender Geschäftsreisender hat sich, um den Abend zu füllen, eine Karte für den »Parsifal« gekauft. Eine Stunde nach Beginn der Vorstellung beugt er sich zu seinem Nachbarn und flüstert kopfschüttelnd: »Ich kann nicht lachen.«

Bayreuth. Zwei Musiker stellen sich vor. »Schabest du Schello, schäbiger Schuft?« fragt der eine.
Der andere verneint: »Ich goge die Giege, geifernder Gauch!« (Simpl)

Richard Strauss zum Orchester bei der Einstudierung seiner »Salome«: »In dieser Oper gibt es keine besonderen Probleme. Es handelt sich einfach um ein Scherzo mit tödlichem Ausgang.«

Richard Strauss bekam in Berlin bei der Einstudierung seiner »Salome« Zwist mit dem Dirigenten wegen des Tempos. Nach angemessenem Wortwechsel fragte der Komponist: »Haben Sie die Oper komponiert oder ich?«
»Sie«, erwiderte der Gefragte. »Gott sei Dank!«

Strauss auf einer »Arabella«-Probe: »Couragierter, meine Herren! Je falscher es klingt, desto richtiger ist es.«

Als Clemens Krauß Pfitzner um einige Striche in seiner »Rose vom Liebesgarten« bat, wetterte der Komponist: »Bei mir kann man nicht so streichen wie bei Ihrem Richard Strauss.«
»Der Strauss«, entgegnete der Dirigent, »ist ein Barock-Komponist. Bei dem kann man die halbe Oper weglassen, und es bleibt immer noch genug Musik übrig.«

Salome singt: »Fächle mich, holder Knabe!« Im Parkett beugt sich ein Kopf zum Ohr des Nachbarn: »Was ist das denn für ein Dialekt?«

Es wird immer die Schönheit der Form, des Stiles sein, des herrlichen Körpers, in den der Gedanke sich kleidet, welcher ihm Unsterblichkeit verleiht. Nicht dem Wollen des Künstlers, sondern dem, was ihm auszusprechen gelungen ist, trägt die Nachwelt Rechnung.

Franz Lißt

Es ist ein eignes Laster aller Sänger,
daß sie, ersucht, sich unter Freunden hören
zu lassen, immer keine Stimme haben,
hingegen wenn kein Mensch sie hören mag,
des Singens gar nicht müde werden können.

Horaz,
Satiren I, 3

Sie sind früh zu Bett gegangen. Die Sängerin über ihnen übt noch. Er schimpft: »Jetzt klimpert sie auch noch auf dem Scheißklavier!« Die Gattin rügt: »Sage wenigstens ›Kotflügel‹!«

Der russische Historiker Kliutschewski: »Die Operette ist das Lächeln auf dem Antlitz der Kunst.«

Tanz

Graf Bobby beim Ballettabend: »Warum tanzen die auf den Zehenspitzen? Hat man keine größeren?«

Ein alter Anatom hatte dem Drängen seiner Freunde nachgegeben und war zu einer Vorstellung der Tänzerin Adele Grantzow gekommen. Er setzte das Glas nicht mehr ab.
»Herrlich, was?« fragten die begeisterten Freunde.
»Herrlich«, bestätigte der Anatom. »Diese Muskeln möchte ich präparieren.«

Ihr alle, die ihr euch wünscht, eine Balletteuse zur Geliebten zu haben, hofft nur nicht, daß sie sich euch je hingeben wird! Glaubt es mir: Eine Balletteuse gibt sich nur auf der Bühne hin!

Edgar Degas

Man ist oft zu einer Hochzeit geladen oder man hat selbst eine Hochzeit oder andere Unterhaltungen, wo man hingehen muß, und wenn man das Tanzen nicht kann, so macht es einem kein Vergnügen, weil man zuschauen muß und sich dadurch langweilt.

Pepi Burger,
Tanz- und Anstandsbüchlein

Mein Bauch
ist nicht froh,
weil er nicht tanzen kann.
Traurig ist auch
mein Popo,
lieber Briefkastenmann.
Mein Verlobter ist Scheich,
der von El Um,
einer Oase voll Öl.
Mein Bauch, sagt er, wäre so weich
und so dumm
wie bei einem Kamel.
Er wünsche sich einen
wie die Bäuche in Jemen.

Ich meine, ich kann mich des meinen
nur schämen.
Mein Bauch muß studieren.
Es fehlt ihm noch viel.
Er soll, sagt er, repräsentieren
zwischen Euphrat und Nil.
Bitte schreibe mir,
lieber Briefkastenmann,
wo man den Bauchtanz lernen kann.
Allah ist groß
und Arabien weit,
und mein Bauch
ist zu allem bereit.

Grasshoff, Die große Halunkenpostille, An den Briefkastenonkel

Wenn man tanzen kann, wird manches große Unglück bei dem jetzigen regen Straßenverkehr verhütet, durch Besonnenheit, Drehungen und rasche Fußstellungen.

Pepi Burger, Tanz- und Anstandsbüchlein, 1919 (Josef Burger, Tanzmeister, Arrangeur vieler Münchner Feste, wurde am 20. Januar 1956 am Isartorplatz von einer Straßenbahn erfaßt. Er starb an den Folgen am 5. Februar, im sechsundsiebzigsten Lebensjahr.)

Nach der Haltung kann man ganz genau den Charakter eines Tänzers erkennen.

Burger, Tanz- und Anstandsbüchlein

Wenn der Tänzer mit einer Dame tanzt, die eine weiße Bluse anhat, und man legt nicht das Taschentuch auf den Rücken, so kommt es vor, daß nach dem Tanze die Dame auf dem Rücken die ganze Hand des Tänzers abgedrückt hat, und die Bluse ist wertlos.

Pepi Burger, Tanz- und Anstandsbüchlein

Ein Astronaut berichtete, die Frauen auf dem Mars trügen den Busen auf dem Rücken.
»Sieht das nicht urkomisch aus?« fragte ein Zuhörer.
»Schon«, gab der Weitgereiste zu. »Aber: Beim Tanzen hat es Vorteile.«

Es gehört nicht unter die Schwärmereien Werthers, wenn er schwört, daß sein Mädchen nie mit einem andern walzen solle. Wenn das Paar sich eng umschlingt, Knie an Knie, Brust an Brust, Aug in Auge, die Hand des Mädchens auf der Schulter des Jünglings und die seinige noch traulicher auf schwellenden, runden Hüften ruht, muß da nicht Phantasie und Sinnlichkeit rege werden?

Karl Julius Weber, Demokritos VI, 14

Der Ausbruch wilder Auerhahnsbrunst
heißt bei den Jägern Balzen.
Tut eben dies mit Schwabenkunst,
so heißt die Sache Walzen.

Karl Julius Weber, Demokritos VI, 14

Ein Grandseigneur über den Tango: »Reizend anzusehen. Ich frage mich nur, warum sie ihn aufrecht tanzen.«

Wo Saxophone Stimmung krähn
wir in verzückter Krümmung stehn.

Ein junges Paar tanzte Boogie. Als das Mädchen zum dritten Mal ein bejahrtes Paar rempelte, dessen weibliche Hälfte große Angriffsflächen bot, drohte der Alte: »Wenn Sie noch einmal mit Ihrer Dame nach mir werfen, schlage ich Sie mit meiner zu Boden!«

»Der Twist«, erklärte ein Tanzlehrer, »ist von einer zehnköpfigen Familie erfunden worden, die nur eine Toilette im Haus hatte.«

Zwei Soldaten haben zum Bataillonsfest das gleiche Mädchen eingeladen. Wenn die Musik beginnt, holt der eine ein Kartenspiel aus der Tasche, und beide ziehen eine Karte. Einmal tanzt dieser, ein andermal jener. Plötzlich steht das Mädchen auf und verschwindet grußlos. Ein Soldat vom Nachbartisch fragt: »Warum haut sie ab?«
»Wir sind den ganzen Tag herumgelatscht und müde«, antwortet der eine, »und sie hat gemerkt, daß sie immer mit dem Verlierer tanzte.«

Ein Hindu zu tanzenden Europäern: »Können das nicht Eure Diener für Euch tun?«

Die junge Dame zu ihrem Partner: »Nur zwei Dinge hindern Sie, ein guter Tänzer zu werden.«
»???«
»Ihre Füße.«

Veranstaltungsbericht der Lokalzeitung: »Das Fest stand unter dem Motto ›Lasset uns tanken und fröhlich sein!‹«

Bildende Kunst

Schadow ließ einen Schüler, der im Aktsaal der Berliner Akademie die Proportionen verfehlte, aufstehen, setzte sich selbst und tupfte mit der Kreide Punkte auf das Papier. Dann verband er sie mit Linien und brummte: »Det ha' ick von mein Vater. Der war Schneider.«

Schadow über den Wert guter Entwürfe: »Papier is weech. Steen is hart.«

Ein Maler betrachtete eine Marmornymphe von Reinhold Begas. Eindringlich. Dann wandte er sich an die

Freunde des Bildhauers: »Sagt's ihm! Er soll sich einmal verlieben, sei es auch nur platonisch, damit er lernt, auch den Gesichtern Aufmerksamkeit zu schenken.«

Napoleons Schwester Pauline, als man ihr vorwarf, daß sie Canova unbekleidet Modell gesessen hatte: »Es war gut geheizt.«

Auf dem Schachtgelände wird das Denkmal eines unbekleideten Bergmannes enthüllt. »Was ist das?« fragt Wladislaw Strinczynski. »Symbolik« antwortet der Kollege.
Wladislaw rümpft die Nase: »Simbollick von Sohle Sieben! Pah! War sich schon immer Ferkel!«

An die daheimgebliebene Braut: »... und war ich in Athen auch im Museum und habe mich für Dich neben dem Apollo photographieren lassen. Wo keine Kleider anhat, ist der Apollo.«

Aus einem Schüleraufsatz: »Meine bisherige Schule war früher ein Waisenhaus. Daran erinnert über dem Eingang noch eine ausgehauene Frau, die vorn einen Buben und hinten ein Mädchen empfängt.«

Zwei Weinbauern spazieren durch den Stuttgarter Stadtpark und bewundern die Statuen. »Do siescht erscht«, konstatiert der eine, »was mir für en Dreck dahoim habbe.«

Das Töchterchen wird nach dem ersten Besuch der Glyptothek gefragt, wie ihr die Statuen gefallen haben. Sie antwortet: »Gut. Nur: Warum haben die einen Blätter und die anderen Früchte?«

Die Mutter zu ihrer kleinen Tochter vor der Venus von Milo: »So geht es den Mädchen, die an den Nägeln kauen!«

Vor einem »Der Sieger« etikettierten Torso: »Meine Fresse! Wie muß der Verlierer aussehen!«

Nimm mir ein »nu«,
so bleib ich ein Nu.

Schleiermacher,
Rätsel (Monument)

Sir John Steel sollte eine Statue des Herzogs von Wellington fertigen, aber der Feldherr ließ sich zu keiner heroischen Pose stellen. Der Künstler flehte: »Denken Sie doch an die Schlacht bei Salamanca, als Sie Ihre Truppen zum Widerstand begeisterten!«
»Salamanca?« echote der Lustlose. »Vor Salamanca kroch ich auf dem Bauch durch schlammige Gräben.«

Die Stadt München wollte Ludwig I. ein Denkmal errichten. Der Entwurf zeigte ihn auf einem Pferde sitzend, das rechts und links von zwei Edelknaben geführt wurde. Der König, als schlechter Reiter bekannt, befürchtete Glossen. Daraufhin wurden die Hände der beiden Knaben vom Roß gelöst, und heute tragen sie zwei Tafeln mit dem Wahlspruch des Königs: »Gerecht« und »Beharrlich«.

Zum hundertsten Todestag von Alexander Puschkin (1937) plante die Stadt Moskau ein Denkmal. In engste Wahl kamen die Entwürfe »Puschkin auf dem Kaukasus«, »Puschkins Tod im Duell« und »Puschkin im Reigen der Musen«.
Ausgeführt wurde »Stalin liest Puschkin«.

Auf Begas' Denkmal Wilhelms I. vor dem Berliner Schloß wollen die Berliner gezählt haben: 19 mehr oder weniger sorgfältig gekleidete Damen, 22 dito Männer, 12 dito Kinder, 21 Pferde, 2 Ochsen, 8 Schafe, 4 Löwen, 16 Fledermäuse, 6 Mäuse, 1 Eichhörnchen, 10 Tauben, 2 Adler, 2 Raben, 16 Enten, 1 Eisvogel, 32 Eidechsen, 18 Schlangen, 1 Karpfen, 1 Frosch, 16 Krebse.

Wie wir der dortigen Presse entnehmen,
wird auf dem Pintenplatz zu Bremen,
vor der alten Kaplanei,
der Sockel eines Denkmals frei.

Unser Urgroßonkel ist Admiral.
Man ehrte ihn nicht gebührlich!
Wie bieten ihn an für das Piëdestal,
gratis und ganz natürlich.

Er wird ausgestopft,
behelmt, bezopft,
trägt Orden, Schärpe und Galafrack
und erhält einen wasserfesten Lack.

Wir lassen ihn schnell
und human um die Ecke bringen.
Sie haben keinerlei Schererei.
Ein Kadettenchor wird singen,
und der Pfarrer ist auch dabei.

Alles geschieht
mit seinem ausdrücklichen Einverständnis.
Wir setzen Sie nach Vollzug
in Kenntnis.

Fritz Grasshoff,
Die große Halunkenpostille,
An den Herrn Kultursenator

In einem Land wohnen, in dem die Denkmäler stimmen!

Hans Kasper,
Abel, gib acht;
Mehr Sorgfalt für den Sockel

Kinderaufsatz über die Einweihung eines Kriegerdenkmales: »Vor dem Denkmal standen die weißgekleideten Ehrenjungfrauen und warteten auf die Enthüllung durch unseren Herrn Bezirksamtmann. Diese geschah unter feierlichem Schweigen zu den Klängen der Feuerwehrkapelle, die das Lied vom ›Guten Kameraden‹ spielte.«

Rossini, als er erfuhr, welche Summe die Stadtväter Mailands für sein Denkmal aufbringen wollten: »Für diesen Betrag stelle ich mich täglich einige Stunden selbst hinauf.«

Hast erhoben die Nation,
großer deutscher Volkessohn!
Klein im Leben war Dein Lohn,
kleiner noch wirkt Gips und Ton!

Friederike Kempner,
Vor Schillers Denkmal in Berlin

Paradox ist: Wenn ein Goethedenkmal durch die Bäume schillert.

Hofmannsthal und Friedell spazierten durch den Wiener Volkspark. Der Kulturhistoriker deutete auf eine Baumgruppe: »Hier wird eines Tages Ihr Denkmal stehen.«
Der Dichter lächelte geschmeichelt.
»Und die Leute werden stehenbleiben«, ergänzte Friedell, »und fragen: Wer war denn der Kerl?«

Von den breiten und zahlreichen Fenstern beleuchtet, ziehen in anmaßender Weise unseren Blick die Mosaikwerke (der Basilica di Sant' Apollinare Nuovo).

Besuchsführer für die Stadt Ravenna,
1954, Seite 50

Das Skema der Darstellung in der Kuppel der Arier-Taufkapelle ist ganz ähnlich demjenigen der Neonian Taufkapelle, fehlt hier jedoch all jene bezaubernde Mosaikdekoration, die in der Neonian Taufkapelle die Räumlichkeit benützt, um die Figuren-Zusammensetzung an dem Gewölbe ferner und verfänglicher zu machen.

Besuchsführer für die Stadt Ravenna,
1954, Seite 29

Linke Wand (der Basilica di Sant' Apollinare Nuovo): Der Hafen und die Stadt Classe mit zwei Leuchttürmen; ferner eine Teoria (Reihenfolge) mit zweiundzwanzig Jungfrauen. Der Frauenzug wird von drei, dem Kinde Jesus geschenkträgenden Dreikönigen vorgegangen. Das Kind liegt im Schoß der von vier Engeln beseitigten Jungfrau.

Besuchsführer der Stadt Ravenna,
1954, Seite 52

Die teilweise restaurierten Figuren der Dreikönige (in der Basilica di Sant' Apollinare Nuovo) bringen eine ungewöhnliche und unerwartete Verlebung in die Szene. Dies geschieht sowohl der bewegten Stellung, in der sie dargestellt wurden, als auch der vielfärbigen Varietät der Gewände halber.

Besuchsführer für die Stadt Ravenna, 1954, Seite 54

Obere Zone (der Mosaiken in der Basilica di Sant' Apollinare Nuovo): Rechte Wand: (inmitten dekorativer, dasselbe Skema wiederholenden Gehänge): Dreizehn Bilder über die Passion und Auferstehung des Christi (besonders bemerkenswert sind Das letzte Abendmahl – Jesus in Jetsemans Garten – Judas Küssen – Jesus vor dem Synedrium – Der handwaschender Pontius).
Linke Wand: (gleich wie die rechte Wand mit Gehängen beschmückt): Dreizehn Bilder des Christi Lebens (hier sind besonders zu bemerken): Die Heilung des Besesseners – Lazarus Auferstehung – Die Samaritanerin an der Quelle – Canaans Hochzeit).

Besuchsführer für die Stadt Ravenna, 1954, Seite 51

Bei diesen Mosaikwerken (der Basilica di Sant' Apollinare Nuovo) ist die Neigung nach dem Byzanthinismus entschieden. Die, auf einer kleinen grasigen Erdscholle hervortretenden Figuren sind auf einem goldenen Hintergrund ersichtlich und haben, besonders wegen der allweissen, verschiedenartig gefalteten und bewegten Drapierungen, Aufsprung. Was die Körper und Ausdrücke anbelangt, vermindert sich jede Nachforschung für physische und psychische Persönlichkeit, während sich dagegen ein stetiges und intensives Verhalten getont.

Besuchsführer für die Stadt Ravenna, 1954, Seite 51

Malerei I

Lionardo da Vinci malte bereits zwei Jahre an seiner Mona Lisa. Sie wollte nicht zu seiner Zufriedenheit geraten. Seine Laune sank häufig bis zum Wutausbruch.
Er hatte einen neuen Farbenreiber angenommen, der angeblich Alberto hieß und bei Giovanni Bellini in Venedig gelernt hatte. Wenn der Gehilfe ihm allzu interessiert auf die Finger sah, nannte er ihn Bertoldo (Dummkopf).
Wieder einmal überwältige Lionardo der Mißmut. Er warf Pinsel und Lappen weg und rannte aus dem Atelier. Als er zurückkam, entdeckte er eine Fliege auf der Stirn der Schönen. Er wollte sie verjagen, doch sie war gemalt. Langsam wandte sich der Meister an den Farbenreiber: »Wer, zum Teufel, bist Du?«
»Ich heiße Albrecht Dürer.«

Degas vor einer Rötelzeichnung zu dem englischen Kunstschriftsteller

George Moore: »Es ist eine Frauenhand von Ingres. Sehen Sie sich die Fingernägel an! Nur angedeutet. Das ist meine Auffassung von Genie: Ein Mann, der eine Hand so reizend, so wundervoll, so schwer wiederzugeben findet, daß er sich sein Leben lang einschließt und zufrieden ist, nichts anderes zu machen, als Fingernägel zu skizzieren.«

Renoir, siebzigjährig: »Mein Ziel war immer, eine weiße Serviette malen zu können.«

Eduard von Gebhardt bemängelte, daß bei Cézannes »Junger Mann mit roter Weste« ein Arm zu lang sei.
Max Liebermann widersprach: »So scheen, wie der jemalt is – der kann jar nich lang jenuch sin!«

Liebermann vor Rembrandts »Nachtwache«: Wenn man Frans Hals sieht, bekommt man Lust zum Malen. Wenn man Rembrandt sieht, möchte man es aufgeben.«

Corot zu Guillemet an einem Teich bei Ville d'Avray: »Male nur, was Du siehst!«
Nach einiger Zeit trat der Schüler vor die Staffelei des Lehrers: »Sie sagten, ich solle nur malen, was ich sehe.«
»Jawohl.«
»Und diese Nymphen da bei Ihnen?«
»Die sehe ich. Du nicht?«

Delacroix hat das Wesentliche des Gesetzes von der Tönung einer Farbe im Schatten durch die komplementäre Farbe ebenso spontan entdeckt wie Goethe vor dem Krokusbeet in Weimar. Er war eines Tages dabei, einen gelben Vorhang zu malen, und außer sich, weil es ihm nicht gelang, dem Gelb den Glanz zu geben, der ihm vorschwebte. Er beschließt, in den Louvre zu gehen, und läßt einen Wagen holen. Man bringt ihm eines der kanariengelben Kabrioletts, die damals im Gebrauch waren. Wie er einsteigen will, hält er plötzlich inne und sieht zu seinem Erstaunen, daß das Gelb des Wagens im Schatten Violett erzeugt. Er entläßt den Kutscher, läuft die Treppen wieder hinauf und beginnt sofort, das Gesehene auf die Leinwand zu bringen.

Julius Meier-Graefe,
Delacroix

Carl Spitzweg, der zunächst Apotheker gewesen war, auf die Frage, ob ihm die Umstellung Schwierigkeiten gemacht habe: »So groß war die Umstellung gar nicht. Früher kam erst das Geschmier und dann das Mischen, und jetzt hat sich nur die Reihenfolge verkehrt.«

Ingres zu Delacroix: »Zeichnen, Herr, ist Anstand! Zeichnen ist Ehrensache!«

Der Maler küßt sein Modell. Die Haustüre klackt: »Schnell ausziehen! Meine Frau kommt.«

Klage eines Modells: »Wenn ich nackt bin – ich weiß nicht –, habe ich nie die rechte Arbeitslaune.«

Ein Maler, der seinen Ruhm außergewöhnlich schön gemalten Jesuskindern verdankte, auf den Kontrast zu seinen weniger schönen eigenen Kindern angesprochen: »Jene erschaffe ich am Tage, diese bei Nacht.«

Ein Schüler Adolph Menzels hatte sich infolge eines Rendezvous' verspätet. Der Meister schimpfte.
»Haben Sie denn niemals ein Herz für Frauen gehabt, Exzellenz?«
»Nein«, erwiderte der Maler. »Nur Augen.«

Otto Ubbelohde, der Illustrator der Grimmschen Märchen, begab sich im Schwälmer Malerdorf Willingshausen zum Schuster, um sich Gamaschen anmessen zu lassen. Der Handwerker bezeugte Respekt vor dem strammen Gestell des Künstlers: »Wer so Beeng hat, brüchcht net ze male. Der kann arbeiten.«

Zwei Maler im alten Damaskus stritten, wer naturgetreuere Bilder zu schaffen imstande wäre, und vereinbarten einen Wettbewerb.
Der erste malte einen Weinstock. Die zur Entscheidung aufgerufenen Freunde trugen das Bild in einen Weinberg, und da kamen die Vögel und pickten nach den gemalten Beeren.
Seines Sieges sicher begab sich der Maler mit der Jury ins Haus des Gefährten. Man fragte nach dessen Bild, und er sprach: »Hinter dem Vorhang dort steht es.«
Die Besucher wollten den Vorhang beiseiteschieben. Aber er war auf die Wand gemalt.
Da sprachen die Richter zum Hausherrn: »Du hast gewonnen. Er täuschte nur Tiere, Du aber täuschtest Menschen.«

Ein reicher Mann zu Augsburg kam in die Werkstatt eines Malers und erbat eine gemalte Bettstatt. Man einigte sich über den Preis.
Nach einigen Tagen kam der Kunstfreund wieder, besah das Gemälde und fand es gut.
»Meister«, sprach er jedoch, »malt mir noch ein freundlich Bettzeug hinein von bunter Seide und lasset auf ihm ein nacktes Fräulein liegen!«
Der Künstler versprach, den Wunsch zu erfüllen. Nach einigen Tagen kehrte der Kaufmann zurück. »Unter der Bettlade aber«, sprach er, »sollte ein feines zinnernes Nachthäfchen stehen. Wäre es Euch möglich, dieses noch anzubringen?«
Der Maler erklärte sich bereit und fähig, und als der Kunde abermals erschien, war er über alle Maßen entzückt. »Nur eines noch«, sagte er schließlich. »Malt mir vor das Bett

noch einen feinen grünen Vorhang! Ich will Eure Mühe reich belohnen.«
Der Maler entsetzte sich und riet, einen Vorhang zu kaufen und vor das Bild zu hängen, allein der Mann bestand auf seinem Willen. »Ich weiß, was hinter dem Vorhang ist«, sprach er, »und keinen anderen geht es etwas an.«
Darauf ergriff der Künstler seinen dicksten Pinsel, tauchte ihn in grüne Farbe und strich ihn über Bettstatt, Laken, Fräulein und Nachthafen. Der Herr nahm das Bild, zahlte und ging zufrieden nach Hause.

nach *Valentin Schumann*,
Nachtbüchlein, Der grüne Vorhang

Ein Fresko zu Karthaus im Schnalsertal zeigt Abraham, der ein Gewehr auf Isaak richtet. Darüber befindet sich ein auf Wolken kniender Engel und darunter die Zeile:
»O Abraham – 's ist alles umsunst,
weil dir der Engel auf d'Zünd-
pfannen prunst.«

Kirchenmalers Rechnung:

Zehn Gebote verbessert und ergänzt	24,–
Pontius Pilatus verschönert sowie ein neues Band um seine Mütze	13,–
Neuer Schwanz für den Hahn des Petrus	16,–
Bei Johannes dem Täufer Nase ergänzt und Augen gerichtet	8,–
Im rechten Flügel des Engels mit dem Flammenschwert neue Federn aufgesteckt	20,–
Wangen des Knechtes vom Hohenpriester gewaschen und Rot aufgelegt	8,–
Himmel erneuert, mit zehn neuen Sternen ausgerüstet, Mond gesäubert	24,–
Fegefeuerflammen vergrößert und heller gemacht, vier Seelen aufgefrischt	18,–
Linken Huf des Teufels instandgesetzt, einige Verdammte ausgebessert	16,–
Dem Sohn des Tobias neue Gamaschen verabfolgt, Knöpfe auf den Mantel gesetzt	10,–
Robe des Herodes mit neuen Borden versehen, Perücke geputzt	12,–
Die Ohren von Bileams Esel gereinigt	7,–
Ohrringe für Sara	15,–
David eine neue Schleuder eingehändigt	12,–
Noahs Arche geschmückt	10,–
Magdalenas Hemd verlängert	4,–
	217,–

Adolph Menzel zu einem Maler, der sich beklagte, daß er an einem Tage ein Bild zu schaffen imstande sei, aber ein Jahr brauche, um es zu verkaufen: »Malen Sie ein Jahr lang an Ihrem Bild, und Sie werden es innerhalb eines Tages verkaufen.«

Zwangzigtausend Schilling verlangt der Maler für den liegenden Akt.

Altgraf Bobby läßt das Monokel sinken: »Zwanzig für die Adresse.«

Degas war anwesend, als seine »Danseuses à la barre« für fünfhundert Goldfranken versteigert wurden. Wie ihm zumute wäre, wurde er gefragt.
»Wie dem Pferd«, erwiderte der Maler, »das, nachdem es den Grand Prix gewann, den Hafersack umgehängt bekommt.«

Ein Kunsthändler in Paris erwarb ein Corot zugeschriebenes Gemälde. Er schickte es dem Meister und bat um Signatur.
Corot schrieb: »Allerdings habe ich das Bild gemalt. Wenn ich es jedoch signieren soll, muß ich an der Wertsteigerung beteiligt sein. Ich werde Ihren Wunsch erfüllen, wenn Sie mir 200 Francs bezahlen.«
Der Kunsthändler ließ das Bild zurückholen: »Ich danke Ihnen für Ihren Brief und verzichte auf die Signatur; denn nun habe ich eine Echtheitserklärung, die ich auf der Rückseite des Bildes befestigen werde.«

Als sich in Amsterdam das Gerücht verbreitete, Rembrandt sei gestorben, stürzten die Kunden in Hendriekje Stoffels Kramladen. Alle vorhandenen Bilder wurden ersteigert. Einige Tage später tauchte der Maler wieder auf. Er wurde bedroht und »Betrüger« genannt.
»Ist es mein Tod«, fragte Rembrandt, »der meine Bilder schönmacht?«

Rembrandt = Wandaktie, die keiner Baisse unterliegt.

Michael Schiff,
Von Abs bis Zwiebelmuster

Ein französischer Fabrikant erstand in Italien einen sündteuren Rembrandt. Um Schwierigkeiten und Kosten bei der Aus- und Einführung zu sparen, ließ er von einem Drittklassigen eine Landschaft darübermalen. In Paris wurde die Landschaft fachgemäß abgewaschen. Dabei verschwand auch der Rembrandt. Übrig blieb Mussolini.

Neureich hat einen Rembrandt erworben. »Ein begnadeter Künstler«, sagt der Gast.
»Und gar nicht eingebildet«, ergänzt Neureich. »Wir haben ihn auf Mallorca kennengelernt.«

Ein amerikanischer Händler bot der Frau Desfossés in Paris für Corots »Toilette« eine Million Franken. Ihr Freund, der Kunsthändler Durand-Ruel, riet ab: »Eine Million mehr oder weniger hat für Sie keine Bedeutung. So aber bleiben Sie für alle Ewigkeit die berühmte Frau Desfossés, die eine Million abschlug.«

Eine Privatsammlung wird verkauft. »Zwanzigtausend für ein gebrauchtes Bild?« murmelt Graf Bobby. »Sind die irr?«

1946. Schwarzer Markt. Ein alter Professor, ein Bild unter dem Arm, traf einen Bekannten.
»Wie geht's?« fragte dieser.
»Danke«, sagte der Professor. »Man lebt so von der Wand in den Mund.«

Malerei II

Auguste Preault, der Bildhauer, über Ingres und Delacroix: »Eteokles und Polyneikes, feindliche Brüder, und beide krank: Einer Gelbsucht, der andere Scharlach!«

Max Liebermann zu einem Schüler über den Unterschied zwischen einem Mäzen und einem Kunstkenner: »Wenn ich von Ihnen ein Bild kaufe, bin ich Mäzen. Wenn Sie ein Bild von mir kaufen, sind Sie Kunstkenner.«

Samuel Morse, der Erfinder des Strich-Punkt-Alphabetes, hatte einen Sterbenden gemalt. Er bat einen befreundeten Arzt um ein Urteil. Der Doktor schaute gründlich und sprach: »Malaria.«

»Warum führen Sie Ihre Bilder niemals aus?« fragte der Akademiker Leighton den Maler Whistler.
Der Gefragte lachte: »Warum fangen Sie Ihre Bilder immer an?«

Ein Maler zeigte Moritz von Schwind sein Wandgemälde »Sintflut«.
»Ausgezeichnet!« rief der Professor.
»Im Ernst?«
»Im Ernst«, sprach Schwind. »Es freut mich, daß das ganze Loderzeug da ersaufen muß.«

Ein Pinselschwinger zu Moritz von Schwind: »Grüß Gott, Herr Kollege!«
»Wie?« staunte der Meister. »Auch Sodbrennen?«

Heinrich von Angeli in der Münchner »Allotria« zu einem einheimischen Kollegen: »Der Rembrandt, mei! In Wien wird er net sehr g'schätzt.«
Der Münchner erwiderte: »Bei uns in Feldmoching a net.«

Lesser Uri hatte behauptet, einige Bilder, die Liebermann signiert habe, stammten von ihm.
»Es stört mich nicht, wenn er behauptet, er habe meine Bilder gemalt«, konterte Liebermann. »Aber wehe ihm, er sagt, ich hätte seine gemalt!«

Eingedenk der Worte des Conti in Lessings Emilia Galotti (I, 4), daß Raffael der größte Maler geworden wäre, auch wenn er keine Hände gehabt hätte, sagte Max Liebermann: »Wenn Anton von Wernerooch ohne Hände jeboren wäre, er hätte trotzdem die jrößte Schnauze!«

Als Josef Olbrich das Gebäude der Wiener Sezession baute, versammelten sich Neugierige. Einer zeigte auf den Fries: »Eulen sollen das sein! Daß ich nicht lache! So sehen doch keine Eulen aus!«
Koloman Moser, der Freund des Baumeisters, fragte: »Woher wissen Sie denn, daß das Eulen sein sollen?«
»Das sieht man doch!«

Abraham Lincoln über einen Maler: »Ein frommer Mann! Er macht sich kein Bildnis noch Gleichnis dessen, was oben im Himmel, auf Erden oder unter Wasser ist.«

“Wie geht es denn in der jungen Künstlerehe?„ fragte der Nachbar.
»Ausgezeichnet«, erklärte die Frau. »Claus malt, ich koche, und dann raten wir immer, was der andere meint.«

In der deutschen Kunstausstellung, München: »Wie kann man so ein Bild aufhängen!«
Der Freund: »Wahrscheinlich hat man den Maler noch nicht erwischt.«

Der französische Kunstkritiker Delormes über Picassos ›Sündenfall‹: »Bei Betrachtung der Eva fragt man sich: Wie konnte es dazu kommen?«

Der Akademieprofessor berichtete, einmal habe ihm ein Bild Tränen entlockt. »Ein modernes Bild?« fragte eine Studentin.
»Jawohl«.
»Figürlich?«
»Nein, abstrakt. Komposition in Grün und Blau, achtzig mal einsdreißig. Es fiel mir in der Galerie auf den Kopf.«

Dem Preisgericht der Berliner Akademie der Künste wurde ein abstraktes Bild vorgeführt. Liebermann starrte es an. Dann sprach er zum Saaldiener: »Schaffen Se den Dreck weg, sonst jefällt er mir noch!«

Ein Maler hängte eine leere Leinwand auf mit dem Titel: »Zug der Kinder Israels durch das Rote Meer.«
»Wo ist das Meer?« fragte ein Betrachter.
»Es hat sich zurückgezogen.«
»Wo sind die Juden?«
»Gerettet. Auf dem anderen Ufer.«
»Wo sind die Ägypter?«
»Noch nicht da.«

Das mit der Nummer 3 bezeichnete Gebäude (In der Via Baccarini) beherbergt die Feinkunst-Akademie (Accademia di Belle Arti). Diese wurde im Jahre 1827 nach Gemeindenbeschluß begründet. Aus der künstlerischen Erbteilen und Austauschen, Geschenken und Kaufsoperationen bestand die Möglichkeit, die nebenstehende Pinakothek zu gründen.

Besuchsführer für die Stadt Ravenna, 1954, Seite 38

Ein Oberlandler vor einem Rubens: »Nix zum Oziang, aber malen lassen!«

Ein Museumsbesucher rätselt, ob er vor einem »Sonnenaufgang« oder vor einem »Sonnenuntergang« stehe.
»›Sonnenuntergang‹«, erläutert ein Nachbar. »Ich kenne den Maler. So früh steht der nicht auf.«

Tünnes und Schäl betrachten das Bildnis »Friedrich der Große auf dem Totenbett«. »Woran is der eijendlich jestorben?« fragt der Schäl.
»Kannste nich lesen, Jeck? Nach eine Stich von Menzel.«

Friedrich August III. betrachtete in der Dresdner Gemäldegalerie die berühmten »Blauen Pferde«. »Sie, Marc«, sprach er zum Künstler, »de Pferde sinn doch nich blau.«
»Ich sehe sie so, Majestät.«
Hoheit wiegte ihr Haupt: »Mußd'n Se denn da ausgerechnet Maler wern?«

Das soeben vom Lande gekommene Dienstmädchen zu Odilon Redon, der »Apollo auf dem Sonnenwagen« malte: »Glauben Sie mir, Herr: Pferde können nicht fliegen!«

Eine Dilettantin rühmte Cimabue.
»Sie glauben wirklich«, erwiderte William Turner, »daß man ihn mit dem Florentiner Mortadella vergleichen darf?«
»Vergleichen? Ich bitte Sie! Cimabues Farben sind ungleich schöner!«
»Ich weiß nicht«, sinnierte der Maler. »Es kommt auf den Geschmack an.«

Apelles zu Alexander von Mazedonien, der sich in der Werkstatt des Meisters über Bilder äußerte: »Schweige bitte, damit Dich meine Farbenreiber nicht auslachen!«

»Das Lächeln der Mona Lisa«, sagte ein Kunstfreund, »erinnert mich an meine Frau, wenn sie glaubt, daß ich lüge.«

Ein britischer Kunstgelehrter schrieb in einem Zeitungsartikel, das rätselvolle Lächeln der Mona Lisa sei der Reflex einer Schwangerschaft.
Ein Kollege protestierte in einem Leserbrief: »Es gibt für dieses zufriedene und verstohlene Lächeln nur eine Erklärung: Mona Lisa hat soeben entdeckt, daß sie nicht schwanger ist.«

Kunsthistoriker sind keineswegs überflüssig. Wer sonst soll nach unserem Tode unsere schlechten Bilder für unecht erklären?

Max Liebermann

Porträt

Cromwell zu seinem Porträtisten: »Wenn Ihr auch nur eine Falte oder Narbe weglaßt, zahle ich keinen Schilling.«

Ein Maler zu einer sorgfältig Geschminkten: »Wir müssen uns entscheiden, gnädige Frau: Malen Sie oder male ich?«

Eine Dame bat Lenbach um »ein wirklich ähnliches und hübsches Porträt«.
Der Maler soll erwidert haben: »Gnädige Frau, Sie müssen sich entscheiden.«

Ein spätes Fräulein bat Lenbach, sie zu malen: »Sie schaffen so zauberhafte Porträts!«
Der Künstler erwiderte: »Nur wenn man mich rechtzeitig konsultiert.«

Max Liebermann zu einer Geschwätzigen: »Ein Wort noch, und ich male Sie, wie Sie sind!«

Kees van Dongen, der erfolgreichste Porträtmaler Frankreichs, verriet: »Ich male die Frauen schlanker, als sie sind, und die Juwelen, die sie tragen, dikker.«

Sauerbruch saß Liebermann und wurde ungeduldig. Er mußte zu einer Operation in die Charité.
»Imma mit die Ruhe!« mahnte der Maler. »Wat Sie vermurcksen, deckt der jriene Rasen. Mein Zeug hängt ins Museum.«

Luitpold von Bayern ließ sich porträtieren. Der Künstler konnte kein Ende finden und klagte: »Es will mir nicht gelingen, das Geheimnisvolle, das zwischen den Augenbrauen und der Stirn Ihrer Königlichen Hoheit liegt, zum Ausdruck zu bringen.«
Der Prinzregent winkte ab: »Des geht koan Menschn was o.«

Max Liebermann zu einer Kundin, die ihr Porträt bemängelte: »Ick habe Sie ähnlicher jemacht, als Sie sin!«

Wilhelm von Kaulbach hatte eine Dame mit ungewöhnlich großem Mund porträtiert, den Mund aber angemessen verkleinert. Dennoch bemängelte sie, der Mund sei zu groß. Liebenswürdig erbot sich der Künstler: »Wenn Sie wollen, gnädige Frau, lasse ich ihn ganz weg.«

Richard Dehmel äußerte, als er sein Porträt begutachtete, eine Anzahl Zusatzwünsche. Liebermann bremste: »Sie können nich verlangen, daß 'n Bild ooch noch ›Papa‹ und ›Mama‹ sahren kann.«

Ein junger Maler durfte dank der Vermittlung eines hohen Klerikers Leo XIII. porträtieren. Als das Bild fertig war, bat er den Heiligen Vater um einen Vermerk am Bildrand.
Der Papst schrieb: »Joh. 6, Vers 20« (Ich bin es; fürchtet Euch nicht!).

Joseph Stieler hatte die Schönheitengalerie zur Zufriedenheit Ludwigs I. ausgeführt. Nur das Bild der Lola Montez gefiel nicht.
»Stieler«, sprach der König, »Ihr Pinsel wird alt.«
Der Maler nahm das Bild mit. Zwei Wochen später legte er es unverändert wieder vor. Jovial urteilte der Wittelsbacher: »Jetzt, Stieler, sehen Sie, ist's schön!«
Stieler nickte: »Für einen alten Pinsel jedenfalls ist es gut genug.«
Ludwig verstand und lachte.

Ein reicher Mann verweigerte Annahme und Bezahlung seines Porträts: Der Dargestellte sei er nicht. Der Maler ließ sich diese Behauptung schriftlich geben und stellte das Bild aus unter dem Titel »Alter Wucherer«.

Ein moderner Porträtist in Verlegenheit: »Dem Auftraggeber gefällt die Nase nicht. Ich soll sie ändern, aber kann sie nicht finden.«

Eine junge Spanierin hatte sich in Paris von Picasso porträtieren lassen. Auf der Heimfahrt gab es Schwierigkeiten. Die Zollbeamten witterten Verrat und holten einen Ingenieur.
Der betrachtete das Bild lange. Dann empfahl er, es durchzulassen: »Was es ist, weiß ich nicht. Sollte es aber eine Maschine sein, funktioniert sie nicht.«

Bruchbands vor einem Abstrakten. »E wunderscheenes Porträt«, spricht die Rebekka.
»Unsinn«, kontert der David, »e Landschaft! Haste keine Augen?«
Der Streit dauert an. David schaut in den Katalog und liest: »Mandelbaum an der Riviera.«
»Na also«, sagt die Rebekka.

Shaw lehnte das Angebot eines Malers, ihn zu porträtieren, ab: »Wenn ich ein Bild von mir haben will, gehe ich zum Photographen. Er ist mein Freund. Der Maler ist mein Kritiker.«

Der Wiener Maler Heinrich von Angeli schenkte dem Professor von Mosetig-Moorhof, der ihn von einer Geschwulst am Hinterkopf befreit hatte, ein Selbstporträt mit der Unterschrift: »Kopf von Angeli, verbessert von Mosetig.«

Photographie

Stoßseufzer des nach seiner Wahl von Photographen umlagerten Johannes XXIII.: »Seit siebenundsiebzig Jahren weiß Gott, daß ich Papst werden würde. Hätte er mich da nicht ein wenig photogener machen können?«

Cecil Beaton hatte die englische Königinmutter Mary zum siebzigsten Geburtstag aufgenommen. Jedes Fältchen war retouchiert.
Er bekam die Bilder zurück: »Ich habe siebzig Jahre lang den Stürmen des Lebens getrotzt und möchte nicht den Anschein erwecken, es sei alles spurlos an mir vorübergegangen.«

Eine Dame beklagte sich beim Photographen: »Die früheren Aufnahmen waren besser.«
Der Meister erwiderte: »Da war ich auch noch jünger.«

»Halt!« rief die alte Dame. Der Photograph kroch unter seinem schwarzen Tuch hervor.
Sie verlangte ein Band, bekam es und zog sich den Rocksaum fest um die Waden. »Ich bin zwar nur eine einfache alte Frau«, sprach sie. »Aber so dumm bin ich nun wieder nicht, daß ich nicht wüßte, daß ich in Ihrem verdammten Apparat da auf dem Kopf stehe.«

Dieses hat mir ein Freund erzählt, der das alles aus einem Versteck mit ansah. Ort der Handlung: Eine Meeresbucht und ein menschenleerer Strand mit einer Sanddüne. Jetzt kommen zwei Mädchen, ziehen sich splitternackt aus und legen sich hinter die Düne. Nun erscheint ein Geistlicher mit einer Kamera, glaubt sich allein, wirft seine Kleider ab und schwimmt weit hinaus – um das nächste Vorgebirge herum. Darauf huschen die beiden Mädchen hinter ihrer Düne hervor, ergreifen die Kamera des Geistlichen, worauf jede von der anderen ein Bild knipst. Dann legen sie die Kamera mit den beiden Paradiesporträts sorglich wieder zurück und kehren heim in ihr Versteck.

Sigismund von Radecki,
Das ABC des Lachens,
Das Idyll

Mussolini, Hitler und Goebbels hießen dereinst die drei besten Photographen der Welt: Der erste entwickelte, der zweite kopierte, der dritte vergrößerte.

Louis B. Mayer, Generaldirektor von Metro-Goldwyn, verhandelte mit Shaw über die Verfilmungsrechte der »Heiligen Johanna«. Er dozierte über Kunst und Kintopp und die Mission seiner Firma, bis der Dichter unterbrach: »Wir zwei kommen nicht zusammen: Sie denken nur an Kunst, und ich denke nur an Geld.«

Der Filmproduzent hat bereits fünf Werbemanager hinausgeworfen. Nun legt ihm der sechste seinen Text vor: »Dieser Film vereint Shakespeares Poesie, Poes Hintergründigkeit, Voltaires Witz und Racines Dramatik. Er ist mehr als ein Epos, größer als die Bibel. Er wird Ihnen für den Rest Ihres Lebens einen kalten Schauer auf dem Rücken hinterlassen.«
»Na also«, sagt der Produzent. »Tatsachen will ich. Kein Geschwafel.«

Hitchcock über einen neuen Star: »Sie ist herrlich! Genau der Typ, der eine vielköpfige Familie umbringt und als Engel erscheint.«

Die Filmdiva hat zum dritten Mal geheiratet. Einen Arzt. »Schreiben Sie«, sagt sie zum Reporter, »ich bin sehr glücklich und werde künftig nur noch Ärzte heiraten!«

»Phantastisch, mein neuer Manager!« schwärmte eine Filmdiva. »Drei Wochen habe ich ihn. Inzwischen wurde mir der Schmuck gestohlen; mein Mann trennte sich von mir und kehrte vorgestern seelisch zerrüttet zurück. Mein Haus brannte nieder, und heute morgen drohte ein anonymer Anrufer, die Kinder zu entführen.«

Heldenklau griff im Zweiten Weltkrieg auch nach Hollywood. Adolph Menjou zu einer Diva, die sich über die Schwierigkeit beklagte, einen geeigneten Gegenspieler zu finden: »Traurig, traurig! Ich sehe die Zeit kommen, wo sich unsere Stars mit Partnern des eigenen Jahrganges werden abfinden müssen.«

»Als ich sechzehn war, starben kurz hintereinander meine Eltern, und ich stand nackt und mittellos da«, berichtete der Filmstar.
»Verstehe«, erwiderte der Reporter. »Und da begann Ihre Karriere.«

Die Filmdiva sitzt am Morgen nach der Hochzeitsnacht, den Pudel auf dem Schoß, am Frühstückstisch. Der Ehemann tritt auf.
»Bist Du gewaschen?« fragt sie.
»Ja, mein Liebling.«
»Bist Du rasiert?«
»Ja, mein Liebling.«
»Hast Du Deinen Mund gespült?«
»Ja, mein Liebling.«
Sie streckt ihm den Hund entgegen: »Dann darfst Du ihn küssen.«

»Hallo, Baby!« ruft der Partylöwe in Hollywood. »Kannst Du Dich nicht erinnern? Vor fünf Jahren hielt ich um Deine Hand an.«
Der Diva geht ein Licht auf: »Aja. Richtig. Und? Wie weiter? Haben wir geheiratet?«

Kinoplakat: My Fair Lady – jetzt 9. Monat!«

Eine Dame mit Riesenhut setzte sich im Kino vor ein Ehepaar. Der Mann wollte wettern; die Frau hieß ihn schweigen und sprach: »Sieh mal, Erwin! Diesen Hut da trug meine Tante Elfriede, als sie vor acht Jahren verunglückte.«
Nach einer Prestigeminute verschwand der Hut.

Ein Pariser Kino läßt in den Werbevorspann den Satz einblenden: »Die Direktion möchte älteren Damen Unbequemlichkeiten ersparen und gestattet ihnen, den Hut während der Vorstellung aufzubehalten.«

Ein amerikanischer Matrose hatte während eines Heimaturlaubs im Zweiten Weltkrieg den Dokumentarfilm über die Bombardierung des Flugzeugträgers »Franklin«, die er miterlebt hatte, gesehen. Kreidebleich hockte er am häuslichen Tisch. Die Eltern machten sich Vorwürfe, nicht verhindert zu haben, daß in ihrem Jungen die überstandene Angst erneut wachgerufen wurde.
»Wachgerufen?« brummte der Sohn. »Erneut? Unfug! Erst jetzt, nachdem ich diesen verdammten Film sah, habe ich Angst.«

Frauenstimme im dunklen Kino: »Nehmen Sie sofort die Hand von meinem Knie!«
Pause.
Die gleiche Stimme: »Sie doch nicht!«

Dieser Film zählt zu den besten. Inhaltlich sind Einschränkungen zu machen, die aus dem doppelten Ehebruch resultieren, der aber in der Darstellung sympathisch und angenehm wirkt.

St. Heinrichsblatt Bamberg, 3. 9. 1950

Karl Valentin wurde von einem Geiselgasteiger Regisseur gefragt, wie ihm der neue Film gefallen habe. »Hätte schlechter sein kenna«, knurrte der Dürre.
Der Flimmervirtuose schien enttäuscht. Valentin fühlte Mitleid und korrigierte sich: »Er hätt net schlechter sein kenna.«

Zwei Ziegen finden hinter dem Kino einen Film und fressen ihn. Eine mault: »Der Roman war besser.«

Architektur

Der Platz, der den Mittelpunkt der Stadt darstellt, ist viereckig. Er wird von einer Sammlung angenehmer Gebäude verschiedenen Stils begrenzt und neben dem Ende von zweien, während der venetianischen Herrschaft erhebten Kolonnen verziert.

Besuchsführer für die Stadt Ravenna, 1954, Seite 11

Besonders bemerkenswert (in San Maria in Porto) sind der Hinaufdrang der schönen, zweireihenfolgigen, vieleckigen Kuppel, welche von einer Laterne überwältigt ist.

Besuchsführer für die Stadt Ravenna, 1954, Seite 55

Das Äußere (der Neonian Taufkapelle): Es ist außerordentlich einfach; es zeigt einen achteckigen Grundumriß mit vier Äpsisleinen.

Besuchsführer für die Stadt Ravenna, 1954, Seite 41

Das Äußere (der Basilica di San Vitale): Es ist aus Ziegelstoff gebaut und sieht lebendig artikuliert bei all seinen architektonischen Strukturen aus, die einen feinen Vorsprung geometrischer Art besitzen.

Besuchsführer für die Stadt Ravenna, 1954, Seite 13

Man geht zur Basilika (di San Vitale) von einer kleinen, in einer Weide abgesteckten Allée, wo sich altertümliche Grabarchen befinden, und erreicht man den jetzigen Eingang, der ein Renaissance-Tor (an der südlichen Seite) mit feinen Marmordekorationen besitzt. Von hier aus, entdeckt man den Hinterteil des Tempels, der die größte Bewegung zeigt.

Besuchsführer für die Stadt Ravenna, 1954, Seite 13

Das Äußere (des Mausoleums der Galla Placidia): Dieses stellt eine sehr große Einfachheit vor und bietet jedoch einen lebendigen Licht- und Schattenspieleindruck, einem betonten Entgegenstellen der architektonischen Dimensionen dank.

Besuchsführer für die Stadt Ravenna, 1954, Seite 24

Der ganze Fußboden (der Basilica di Sant' Apollinare Nuovo) und die Kolonnenreihe wurden – unter Zufügung andere Bögen – im 16. Jahrhundert erhöht, um den Wasserdrang zu vermeiden, wie es schon bei anderen Monumenten in Ravenna geschieht.

Besuchsführer für die Stadt Ravenna, 1954, Seite 50

Vom architektonischen Sichtpunkt aus gesehen, neigen tatsächlich die Inneren der Basilike Ravennas hin, ein Gefühl der Unendlichkeit der Weite und ein Linienrhythmus der Oberflächen gegen dem bestimmten Räumlichkeitswesen und Erhöhung der plastischen Werte, die eigen der römischen Kunst sind, zu bieten.

Besuchsführer für die Stadt Ravenna, 1954, Seite 4

Der englische Dichter William Morris hatte sich ausgiebig über die »Häßlichkeit« des 1889 errichteten, 300 Meter hohen Eiffelturmes entrüstet. Bei seinem Pariser Aufenthalt saß er fast täglich oben im Restaurant. Er erklärte: »Es ist die einzige Stelle in Paris, wo ich das verdammte Unikum nicht sehe.«

Neben dem herrlichen Alten erbaut ihr
Erbärmliches *), zeiget,
daß, was von innen nicht kömmt, niemals von außen uns wird.

*) Ausnahmen sind selten.

Ludwig I. von Bayern,
Auf die jetzigen italienischen Architekten

Rezension

Der Bildhauer Falguière malerte in seiner Jugend. Ein Freund betrachtete die Bilder. »Großartig!«, rief er, und »Toll!« und »Herrlich!«. Vor einer Statuette, im Winkel postiert, hielt er den Atem an: »Das ist gut.«

Bei Leuten, die etwas von der Kunst verstehen, bedarf es keiner Worte. Man sagt »Hm! Ha!« oder »Ho!«, und damit ist alles ausgedrückt.

Edgar Degas

Eine amerikanische Zeitung veranstaltete eine Umfrage, ob Raffael oder Michelangelo der Größere sei. Auch Edouard Manet erhielt eine Anfrage. Er warf sie in den Papierkorb und erhielt eine zweite telegraphisch: Ein Wort genüge.
Der Maler antwortete: »Ja.«

Wir haben von diesem Werke aus Entzückung beinahe epileptische Anfälle bekommen, uns fast außer Atem gelacht und dann wieder Tränenbäche vergossen. Alle Schriftsteller vor und nach Christi Geburt sind wahre Dummköpfe gegen den Verfasser dieses Werkes, und wenn alle Bibliotheken vernichtet werden, so wird dieses Buch, »Ludwig Wagehals«, den Schaden ersetzen.

Posselt,
Annalen 1795, VIII

Die Makulatur von heute rühmt die Makulatur von gestern.

Karl Julius Weber,
Demokritos

»Ich versichere dich«, sagte die Grille zur Nachtigall, »daß es meinem Gesange nicht an Bewunderern fehlt.«
»Nenne sie mir doch!«, sprach die Nachtigall.
»Die arbeitsamen Schnitter«, versetzte die Grille, »hören mich mit vielem Vergnügen, und daß dieses die nützlichsten Leute in der menschlichen Republik sind, das wirst du doch nicht leugnen wollen?«
»Das will ich nicht leugnen«, sagte die Nachtigall, »aber deswegen darfst du auf ihren Beifall nicht stolz sein. Ehrlichen Leuten, die alle ihre Gedanken bei der Arbeit haben, müssen ja wohl die feineren Empfindungen fehlen. Bilde dir also ja nichts eher auf dein Lied ein, als bis ihm der sorglose Schäfer, der selbst auf seiner Flöte sehr lieblich spielt, mit stillem Entzücken lauschet!«

Lessing,
Fabeln, Die Grille und die Nachtigall

Ein kluger Maler in Athen,
der, minder weil man ihn bezahlte
als weil er Ehre suchte, malte,
ließ einen Kenner einst den Mars im
Bilde sehn
und bat sich seine Meinung aus.
Der Kenner sagt ihm frei heraus,
daß ihm das Bild nicht ganz gefallen
wollte
und daß es, um recht schön zu sein,
weit minder Kunst verraten sollte.
Der Maler wandte vieles ein.
Der Kenner stritt mit ihm aus Gründen
und konnt ihn doch nicht überwinden.

Gleich trat ein junger Geck herein
und nahm das Bild in Augenschein.
»O!« rief er bei dem ersten Blicke,
»Ihr Götter, welch ein Meisterstücke!
Ach welcher Fuß! O, wie geschickt
sind nicht die Nägel ausgedrückt!
Mars lebt durchaus in diesem Bilde.
Wie viele Kunst, wie viele Pracht
ist in dem Helm und in dem Schilde
und in der Rüstung angebracht!«

Der Maler ward beschämt gerühret
und sah den Kenner kläglich an.
»Nun«, sprach er, »bin ich überführet!
Ihr habt mir nicht zuviel getan.«
Der junge Geck war kaum hinaus,
so strich er seinen Kriegsgott aus.

Wenn deine Schrift dem Kenner nicht
gefällt,
so ist es schon ein böses Zeichen,
doch wenn sie gar des Narren Lob
erhält,
so ist es Zeit, sie auszustreichen.

Gellert,
Der Maler

Pope las Lord Halifax aus seiner »Ilias« vor. »Halt!« rief der Edelmann. »Diese Stelle kann nicht so bleiben.«
Der Dichter versprach, sie den Intentionen des Mentors gemäß zu bessern, und kehrte nach zwei Wochen mit unverändertem Text zurück.
»Sehen Sie«, sprach der Lord. »Das klingt doch schon ganz anders!«

Am 8. März 1826, vormittags 11 Uhr, dichtete Goethe:

Wirke, Jüngling, Ziele schaffe
hoher Mannestätigkeit!
Nur im Palmenbaum der Affe
spielt und tändelt allezeit.

Der Olympier diktierte diese Verse dem Dr. Eckermann und sandte es an Cotta, damit es noch in die Ausgabe Letzter Hand gebracht werde. Am 30. Oktober kamen die Korrekturbogen, in denen der Vers stand. Goethe hatte gerade keine Zeit; denn er hatte einen fossilen Rhinozerosschädel vor, an dem er die Knochennähte des Os sphenoideum zu studieren gedachte. Er schob also den Bogen Eckermann hinüber, damit er die Korrektur besorge. Aber Eckermann schrieb einen Liebesbrief an seine Braut aus dem Unreinen ins Reine ab. Er hatte also ebenfalls keine Zeit und las die Korrektur auch nicht. So blieb ein Fehler stehen:

Wirke, Jüngling, Ziele schaffe
hoher Mannestätigkeit!
Nur im Palmenbaum das Affe
spielt und tändelt allezeit.

Auf diese Weise kam die berühmte Lesart »das Affe« in die Ausgabe Letzter Hand und in die deutsche Nationalliteratur.

Dreißig Jahre später wurde die Goethephilologie erfunden. Und wenn nun mehrere Goethephilologen beisammen sind und einer den Vers »Wirke, Jüngling« zitiert, so passen die anderen scharf auf, ob er auch ja richtig »das Affe« sagt, wie es der Meister geschrieben hat. Wenn er aber aus Versehen zitiert: »Nur im Palmenbaum der Affe«, so schreit alles durcheinander: »Falsch! Es muß heißen: Nur im Palmenbaum das Affe.«

In der Zeitschrift für deutsche Philologie, Jahrgang XXXVIII, aber schrieb Professor Horitza: »Die Lesart ›das Affe‹, die dem banausischen Verstand auffallen könnte, ist von dem Meister mit sichtlichem Vorbedacht und mit feinstem Sprachgefühle gewählt worden. Der Affe – das wäre nur ein individueller Affe in einem individuellen Palmenbaum ohne jede Allgemeinbedeutung. ›Das‹ Affe aber umfaßt die ganze Affenschaft der Welt. Man glaubt es tausendfältig kribbeln und wimmeln zu sehen, wenn man diese Wendung ›das Affe‹ liest, in der wahrhaft ein echt weimarischer Hauch von Ewigkeit und Unendlichkeit zu wehen scheint.«

Victor Aubertin

Ein reicher Mann versprach den Leuten Spiele
und lud die Künstler, bei ihm aufzutreten.
Es meldete sich auch ein Possenreißer
und kündigte ein Stücklein an, das nie
ein Mensch noch im Theater je gesehn.
Die Stadt erfährt es; alles strömt zur Bühne
und drängt sich Kopf an Kopf und gafft und wartet.
Der Künstler kommt, das Haupt im Kleid verborgen,
und es ertönt des Ferkels Schrei so täuschend,
daß jeder glaubt, es stecke im Gewand.
Der Künstler wird durchsucht: Man findet nichts
als seinen Kopf. Das Volk springt von den Plätzen
und klatscht und trampelt in Bewunderung.
Ein Bauer aber spricht: »Das kann ich auch.«
Man lacht, man spottet und beschließt darauf,

daß sich der Bauer mit dem Künstler
messe. –
Am nächsten Tag versammelt man sich
wieder.
Der Possenreißer grunzt, die Menge
johlt.
Der Bauersmann begibt sich auf die
Bretter,
ein Ferkel wirklich, wohlverhängt, im
Arm.
Er zwickt das Tier ins Ohr; das Ferkel
quiekt.
Die Menge schreit: »Der Künstler kann
es besser!
Hinaus mit ihm! Herunter mit dem
Großmaul!«
Da öffnet der Gescholtene den Mantel,
zeigt das Verborgene dem Volk und
spricht:
»Seht her! Ein Schwein ist eures Urteils
Richter.«

Phädrus,
Fabeln V, Der Bauer als Possenreißer

Ede: »Wat suchste denn da in de Zeitung?«
Karle: »De Recensjon von mein letzten Einbruch.« (Zille)

Ein eitler Dilettant hatte Theokrit Verse vorgelesen: »Welche gefielen Dir am besten?« Der Dichter erwiderte: »Die Du verschwiegen hast.«

Ein junger Dichter las Rivarol einen Hexameter vor. »Ausgezeichnet«, sprach der Epigrammatiker. »Aber zu lang.«

Voltaire gab eine ihm zur Begutachtung vorgelegte Schrift zurück: »Zu verbessern fand ich nichts, gestrichen habe ich nur einen Buchstaben, und mein Urteil finden Sie am Schluß.« Bei »Fin« war das n gestrichen. (Fi = pfui)

Shaw in einer Buchbesprechung: »Der Autor gehört zweifelsohne zu den vier- bis fünfhundert besten Englands.«

Wie den Dichter ihr ankläfft,
nie ihr doch ihn tödlich trefft.
Schnell er steiget auf den Baum,
träumt daselbst den schönsten Traum.

Wie wüßtet ihr, was ich empfinde?
Ihr wißt es nicht, ich sag es frei!
Wart ihr denn etwa auch dabei,
als sich entfesselten die Winde?

Friederike Kempner,
An meine Kritiker

Ein Leser, dem das Vermögen, Bücher zu beurteilen, mit dem Hinweis abgesprochen worden war, daß er selbst noch nie geschrieben habe: »Ich habe auch noch nie ein Ei gelegt. Dennoch kann ich die Qualität eines Omeletts besser abschätzen als eine Henne.«

Ein Theaterkritiker: »Ich sah das Stück unter ungünstigsten Bedingungen. Der Vorhang war hoch.«

Friedrich Mitterwurzer spielte in »Kabale und Liebe« den Hofmarschall Kalb. Am nächsten Tag stand in der Zeitung: »Mitterwurzer war als Kalb vollendet.«

Zeugnis: »Ein Schauspieler von ungewöhnlicher Vielseitigkeit. Er spielt Egmont, Tell, den alten Moor, Richard III. und Skat. Letzteren weitaus am besten.«

Demonax auf die Frage, wie ihm der Kitharoede gefallen habe, dem er zugehört hatte: »Zeus versagte ihm das eine und gewährte ihm das andere. Er versagte ihm, gut zu singen, und verlieh ihm die Gabe, schlecht Zither zu spielen.«

Eine junge Dame versicherte Giacomo Meyerbeer, singen und tanzen zu können, und bat um eine Empfehlung an die Oper. Der Komponist ließ sich ihre Kunst zeigen und urteilte: »Für eine Tänzerin singen Sie nicht übel, und als Sängerin tanzen Sie beachtlich.«

Eugen D'Albert zu einem jungen Pianisten, der, um sein technisches Können zu zeigen, prestissimo durchhielt: »So schnell spielt Ihnen das keiner nach.«

Kaiser Franz Joseph trat, als sich der Applaus gelegt hatte, auf den Pianisten zu, schüttelte ihm die Hand und sprach: »Liszt hat hier gespielt. Rubinstein habe ich gehört. Aber so wie Sie, Herr Bachmair, hat keiner geschwitzt.«

Shaws Besprechung eines Chorkonzertes des Londoner Ärzte-Musikvereins: »Man sollte sie an ihre Schweigepflicht erinnern.«

Puccini hörte in der Mailänder Scala seine »Tosca«. Eine Dame neben ihm applaudierte bei jeder Gelegenheit. Puccini rührte keine Hand.
»Gefällt Ihnen die Oper nicht?« fragte sie.
»Nicht ganz. Einige Stellen erscheinen mir kontrapunktisch sehr gewagt.«
»Ich finde die Kühnheit Puccinis wunderbar.«
»Auch die Anlehnung an Verdi ist bisweilen peinlich.«
»Keineswegs. Es handelt sich um gute italienische Schule.«
»Und was die Chöre betrifft, Signorina: Lockerer müßten sie sein und beschwingter im Thema.«
Die Dame schaute den Meister scharf an: »Ist das wirklich Ihre Meinung?«
»Absolut.«
Am nächsten Morgen stand dieser Dialog in der Zeitung. Überschrift: »Unterhaltung mit Puccini über seine ›Tosca‹«. Die Dame war Rezensentin.

Shaw beendete seine langjährige Musikkritik für die Londoner »Daily News« mit der Notiz: »Nach meiner anstrengenden Tätigkeit als Gratiszuhörer brauche ich dringend Erholung. Ich begebe mich zu meinem Zahnarzt in Behandlung.«

Shaw, als ihm der Vorwurf gemacht wurde, seine Rezensionen seien zu bissig: »Sie müßten lesen, was ich in den letzten Jahren aus Wohlwollen gestrichen habe.«

Shaw zu einem Kritiker, der ihn verrissen hatte: »Sie sind das Gegenteil von einem Hahn.«
»Wie meinen, Sir?«
»Der Hahn scharrt im Mist, um ein Korn zu finden. Sie scharren in einem Körnerhaufen, um ein Stückchen Mist zu finden.«

Dumme Jungen, Pamphletisten,
schlechte Juden, schlechte Christen
legten Dynamit und Gift –
keins von beiden je mich trifft!

Anonyme Flüche blitzen,
zünden, treffen und erhitzen
nur den Fluchenden allein:
Armer Flucher, urgemein!

»Feige Memme, geh zur Ruh«,
ruft Dir selbst die Erde zu,
»anonymer Bube, Du!«

Friederike Kempner,
Pfui

Carl Maria von Weber über eine ihm feindlich gesonnene Dresdner Rezensentin: »Sie leidet an einer bösen Krankheit: Sie kann die Tinte nicht halten!«

Max Reger schrieb einem Kritiker: »Ich sitze hier im kleinsten Raume meiner Wohnung und habe Ihre Kritik vor mir. Bald werde ich sie hinter mir haben.«

Hellmesberger über Dr. Eduard Hanslick: »Er ist leberleidend nach Karlsbad gefahren, aber leider lebend zurückgekommen.«

Der Wiener Tonkünstlerverein hatte Franz Liszt, Anton Rubinstein, Johannes Brahms und die russische Pianistin Annette Essipoff zum Bankett geladen. Die Künstlerin begehrte, ihren drei großen Kollegen je eine Locke vom Haupte zu rauben, und zückte eine Schere. Liszt und Rubinstein ließen sich den Scherz gefallen. Brahms entwandt ihr die Schere. Dabei schnitt er sich in den Finger.
Der Konzertagent Albert Gutmann ergriff ein Glas Wasser, fing die Blutstropfen auf und sprach: »Wer von diesem Blute kostet, lernt die Sprache Hanslicks verstehen!«
Hanslick, prominentester Kritiker Wiens, war leidenschaftlicher Propagandist für Brahms.

Ein Reporter fand im Atelier eines Malers einen Schädel und einen Hau-

fen Knochen: »Sie treiben anatomische Studien?«
»Nein«, erwiderte der Künstler. »Das war einer meiner Rezensenten.«

Der Cellist Gregor Piatigorsky über sein erstes Zusammentreffen mit Casals: »Er forderte mich auf, mit Rudolf Serkin eine Beethovensonate zu spielen. Wir waren aufgeregt und pfuschten, und Casals rief immer wieder ›Wundervoll!‹ und ›Großartig!‹ Am Schluß umarmte er mich, und ich grübelte tagelang, warum er, der doch jeden Fehler gehört haben mußte, so begeistert tat.
Einige Jahre später traf ich ihn in Paris wieder. Da faßte ich mir ein Herz und gestand ihm meinen Zweifel an der Aufrichtigkeit seines Lobes. Casals griff zu seinem Instrument und spielte einige Takte aus jener Sonate: ›Haben Sie diese Stelle nicht mit jenem Fingersatz gespielt? Und das hier: Mit Aufstrich, nicht wahr?‹ Ich bejahte.
›Sehen Sie‹, sprach Casals. ›Das war wunderbar, und ich bin Ihnen heute noch dankbar dafür. Die Fehler zu zählen, können Sie den Dummen überlassen.‹«

Verdi zum Opernimpresario Gatti-Casazza, der wissen wollte, welchem der vielen sich widersprechenden Rezensenten Gewicht beizumessen sei: »Der einzig gewichtige Rezensent ist die Theaterkasse. Sie liefert keine Meinungen, sondern Tatsachen. Wenn die Leute kommen, haben wir unser Ziel erreicht. Bleiben sie aus, haben wir es verfehlt.«

Mir ist jede Kritik gleichgültig, mit Ausnahme derjenigen, die mich lobt.

Alexandre Gabriel Decamps

Ein junger Komponist legte Richard Strauss eine neue Arbeit vor. Der Meister fand sie schlecht. Aber: »Machen Sie sich nichts aus meiner Meinung, junger Mann! Mir hat man früher das gleiche gesagt.«

Sascha Guitry tröstete einen jungen Dramatiker: »Die Kritik ist nicht das Publikum. Sehen Sie sich um: Überall stehen Denkmäler von Dichtern, Malern, Musikern. Haben Sie schon ein einziges Denkmal zum Ruhme eines Rezensenten gesehen?«

Jean Paul traf 1796 Goethe in Weimar, und das Gespräch wandte sich der Kunstkritik zu. »Die Kerle mögen über mich schreiben, was sie wollen!« rief der Gast. »Ich antworte ihnen nicht, es müßte denn so weit kommen, daß einer behauptet, ich hätte silberne Löffel gestohlen.«
Goethe erwiderte: »Auch dann müssen Sie schweigen.«

»Laß sie doch, Freund, laß sie, die kleinen hämischen Neider deines wachsenden Ruhmes! Warum will dein Witz ihre der Vergessenheit bestimmten Namen verewigen?«

In dem unsinnigen Kriege, welchen die Riesen wider die Götter führten, stellten die Riesen der Minerva einen schrecklichen Drachen entgegen. Minerva aber ergriff den Drachen und schleuderte ihn mit gewaltiger Hand an das Firmament. Da glänzt er noch; und was so oft großer Taten Belohnung war, ward des Drachen beneidenswürdige Strafe.

Lessing,
Fabeln, Minerva

Es gibt Leute, die sich die Epochen, in welchen die Bildung einer Nation fortschreitet, in einer gar wunderlichen Ordnung vorstellen. Sie bilden sich ein, daß ein Volk zuerst in tierischer Rohheit und Wildheit daniederläge; daß man, nach Verlauf einiger Zeit, das Bedürfnis einer Sittenverbesserung empfinden und somit die Wissenschaft von der Tugend aufstellen müsse; daß man, um den Lehren derselben Eingang zu verschaffen, daran denken würde, sie in schönen Beispielen zu versinnlichen, und daß somit die Ästhetik erfunden werden würde: Daß man nunmehr, nach den Vorschriften derselben, schöne Versinnlichungen verfertigen und somit die Kunst selbst ihren Ursprung nehmen würde: Und daß vermittelst der Kunst endlich das Volk auf die höchste Stufe menschlicher Kultur hinaufgeführt werden würde.
Diesen Leuten dient zur Nachricht, daß alles, wenigstens bei den Griechen und Römern, in ganz umgekehrter Ordnung erfolgt ist. Diese Völker machen mit der heroischen Epoche, welche ohne Zweifel die höchste ist, die erschwungen werden kann, den Anfang. Als sie in keiner menschlichen und bürgerlichen Tugend mehr Helden hatten, dichteten sie welche. Als sie keine mehr dichten konnten, erfanden sie dafür die Regeln. Als sie sich in den Regeln verwirrten, abstrahierten sie die Weltweisheit selbst, und als sie damit fertig waren, wurden sie schlecht.

Heinrich von Kleist,
Betrachtungen über den Weltlauf

XXX. Kapitel

Wissenschaft
Philosophie
Geschichte
Mathematik
Medizin
Krankheit
Krankenhaus
Heilmittel
Psychiatrie
Zahnarzt
Arzthonorar

Wissenschaft

Archimedes saß am Strand von Syrakus und zeichnete geometrische Figuren in den Sand. Da nahte das Heer der Römer, um seine Stadt zu bestürmen. Der Wissenschaftler rief ihnen entgegen: »Zerstört meine Kreise nicht!«

Aus der Abschiedsvorlesung des achtzigjährigen Zoologen Leipert an der Universität Genf: »Der Traum meiner Jugend waren die Eingeweidewürmer, und der Abend meines Lebens wurde durch die Wasserflöhe verschönt.«

Ein Gelehrter war für Louis Agassiz, den Schweizer Naturforscher, ein Mann, der sah, was andere übersahen. Einer seiner Schüler schrieb: »Mir wurde eine Blechschale mit einem kleinen Fisch angewiesen. Den sollte ich studieren, ohne mit jemandem darüber zu sprechen und ohne darüber nachzulesen. ›Wenn ich der Meinung bin, daß Sie fertig sind, werde ich Sie danach fragen‹, sagte Agassiz. Nach einer Stunde hatte ich das Gefühl, an dem Fisch sei nichts mehr zu entdecken, und brannte darauf, einen Bericht zu geben. Aber Agassiz schenkte mir keine Beachtung.
Ich merkte aber, daß er mich beobachtete. Ich nahm meinen Verstand zusammen, und nach hundert Stunden hatte ich das Hundertfache dessen, was ich zu Beginn für möglich gehalten hatte. Ich studierte, wie die Schuppen aufgereiht und geformt waren, die Gestalt und Anordnung der Zähne und anderes. Ich war begierig, meine Entdeckungen an den Mann zu bringen, aber noch immer hatte mein Lehrer außer einem freundlichen ›Guten Morgen‹ kein Wort für mich. Am siebenten Tage fragte er: ›Na?‹, und ich hielt ihm, während er auf der Tischkante saß und an seiner Zigarre zog, meinen Vortrag. Nachdem ich eine geschlagene Stunde gesprochen hatte, schwang er sich vom Tisch, sagte: ›Zu wenig‹ und ging.
Nach einer weiteren Woche zäher Arbeit hatte ich Ergebnisse, die mich verblüfften und ihn befriedigten.«

G. H.,
Das Beste, November 1957

Conrad Wilhelm Röntgen auf die Frage, was er gedacht habe, als er auf dem Bariumplatinzyanürschirm die Knochen seiner Hand gesehen habe: »Nichts. Ich habe beobachtet.«

Agassiz lehnte ab, einen gut honorierten Vortrag zu halten: »Ich kann meine Zeit nicht mit Geldverdienen vergeuden.«

»Der Forscher arbeitet nicht um Geld. Er hat keine Zeit dazu«, sagte Edison. »Ich bin kein Forscher. Wirft meine Idee keine Dollars ab, dann interessiert sie mich nicht.«

Abbas der Große in Isfahan, fest davon überzeugt, daß Freundschaft unter Gelehrten nicht möglich sei, wollte die Eintracht zwischen dem berühmten Molla Meer Mohammed Baghar Damad und dem nicht weniger anerkannten Scheich Baha-ed-din Amili als Heuchelei entlarven. Er lud beide zur Jagd, gab dem Molla einen feurigen Hengst und dem Scheich eine Mähre.
»Seht den Scheich!« sprach er darauf zum Molla. »Er kann nicht mit uns Schritt halten.«
»Mächtiger Herr«, erwiderte der Jagdgenosse, »es ist ein Wunder, daß sich das Pferd, mit soviel Gelehrsamkeit beladen, überhaupt fortzubewegen vermag.«
Ein wenig später wandte sich der Schah an den Scheich: »Wie das Pferd des Damad tänzelt! Mir scheint diese Gangart der Würde seines Reiters nicht angemessen.«
Der Scheich lächelte: »Bedenkt, Herr, wie stolz das Tier sein muß, einen Mann wie Damad tragen zu dürfen!«

Die Lyoner Seilerin Louise Labé, eine geistreiche Lais des 16. Jahrhunderts, hatte horrende Tarife. Gelehrten diente sie gratis.

Laband hatte in der Straßburger Aubette den guten Weinen zugesprochen. Auf dem Heimweg über den Kleberplatz bedrängte ihn ein Bedürfnis. Vor dem steinernen General traf er entsprechende Vorbereitungen. Da fiel eine schwere Hand auf seine Schulter: »Wie können Sie sich unterstehen, das Denkmal zu verunreinigen? Wer sind Sie?«
Der Jurist zeigte seine Karte: »Dr. Paul Laband, o. ö. Professor, Mitglied des Staatsrates, Straßburg.«
»Verzeihung, Herr Professor!« bat der Polizist. »Von Verunreinigung kann in diesem Falle natürlich nicht die Rede sein.«

Archimedes hatte lange darüber nachgedacht, welche Zusätze der Goldschmied bei der Anfertigung der Krone für den zweiten Hieron, König von Syrakus, verwandt haben mochte. Eines Tages glaubte er, die Lösung gefunden zu haben. Er saß gerade in der Badewanne. Beglückt von seiner Entdeckung sprang er, ohne sich Zeit zum Ankleiden zu nehmen, auf die Straße und rief: »Heureka (Ich habe es gefunden)!«

Ein Astronom ging abends immer aus
und schaute zu den Sternen und
studierte,
und eines abends kam er in die Vorstadt
und fiel in einen ungedeckten Brunnen.

Ein Mann, der ihn um Hilfe wimmern
hörte,
erfragte, was geschehen war, und
sprach:
»Du kennst den ganzen Himmel,
großer Geist,
das Wichtige vor deiner Nase aber
siehst du nicht.«

Babrios,
Der Sternkundige

Das Hausmädchen klopft an: »Herr Professor, der Arzt ist da.«
Der Gelehrte fährt unwillig vom Schreibtisch hoch: »Dauernd diese Störungen! Sagen Sie ihm, ich sei krank!«

»Mein Arbeitszimmer«, erzählt der Gelehrte, »ist nur durch eine dünne Wand vom Kinderzimmer getrennt. Ich höre meine Lieblinge den ganzen Tag.«
»Stört Sie denn der Lärm nicht?« fragt die Studentin. Gütig lächelt die Kapazität: »Sie haben wohl noch nie Kinder gehabt, Fräulein?«

Der Herr Professor trifft eine ehemalige Schülerin, die ihm erzählt, daß sie inzwischen eine siebenjährige Tochter und einen fünfjährigen Sohn hat. »Wie die Zeit vergeht!« murmelt er. »Mir ist, als hätte ich Sie gestern noch im Seminar gehabt, und jetzt sind Sie schon zwölf Jahre verheiratet!«

Der Gelehrte wird durch einen Gruß aus dem Spaziergang aufgeschreckt. »Siehe da!« spricht er. »Freue mich, Sie zu sehen. Wie geht es? Wie geht es dem Herrn Gemahl?«
»Ich bin nicht verheiratet.«
»Soso. Ihr Herr Gemahl ist also noch Junggeselle.«

Einem gelehrten Arzt, auf dem Weg zur Frankfurter Messe, zerbrach kurz vor der Stadt der Wagen. Er ging ins Gasthaus und schrieb an seinen in der Nähe wohnenden Bruder, er möchte ihm die Kutsche leihen.
Der Brief war eben versiegelt, als der Kutscher meldete, der Schaden sei behoben.
Der Gelehrte zerriß den Brief und schrieb einen neuen, in welchem er dem Bruder für die Bereitschaft, mit seinem Gefährt auszuhelfen, dankte und mitteilte, daß der eigene Wagen wider Erwarten in Ordnung gebracht hätte werden können. Er siegelte den zweiten Brief, gab ihn dem Eilboten und setzte die Reise fort.

nach dem Exilium Melancoliae

Die Frau, die mit einem kleinen Laden die Familie ernährt, bittet ihren Mann, der den Talmud studiert, sie ein paar Minuten hinter der Theke zu vertreten. Sie kommt zurück und findet zwei Kosaken, die sich die Taschen vollstopfen. Der Gelehrte schaut zu.
»Ja, Du Erznarr!« ruft sie. »Warum schreist Du nicht nach der Polizei?«
»Ich verstehe Deine Aufregung nicht«, erwidert der Mann. »Wenn Rabbiner stehlen würden, das wäre beunruhigend. Aber daß Kosaken klauen, ist doch bekannt.«

Zwei Talmudschüler studieren nachts in der Synagoge. Zwei Kosaken stürzen herein und nehmen Leuchter, Kerzen und Sitzpolster.
Nachdem sich die Bochers vom Schrekken erholt haben, fragt der eine: »Zu welcher Schul gehören nun eigentlich

die Kosaken? Zu der, welche meint, die Nacht sei zum Lernen? Warum nehmen sie uns dann die Leuchter? Oder zur anderen, welche sagt, die Nacht sei zum Schlafen? Warum nehmen Sie uns dann die Polster?«
Lange schweigen beide. Dann gibt der andere die Lösung: »Du hast gesehen: Der eine hat uns genommen die Kissen, also ist er der Meinung, die Nacht sei zum Lernen. Der andere hat uns genommen den Leuchter und die Kerzen, also ist er der Meinung, die Nacht sei zum Schlafen.«

Newton besichtigte sein neues Scheunentor. »Wofür ist das Loch da unten?« fragte er.
»Für den Hund, Euer Gnaden«, antwortete der Schreiner.
»Sehr gut«, nickte der Gelehrte. »Schneiden Sie noch ein kleineres hinein für die Katze!«

Von Newton geht die Sage, er habe eines Mittags sein Essen auf den Ofen gestellt, um es warmzuhalten, bis die vorliegende Aufgabe gelöst war. Ein Dieb schlich sich ins Haus und verzehrte das Mahl. Als der Gelehrte den leeren Topf fand, ging er kopfschüttelnd in sein Arbeitszimmer zurück, erstaunt darüber, wie er hatte vergessen können, daß er bereits speiste.

Der Reichshofrat von Senckenberg, als Gast, fand die Mahlzeit unbefriedigend. »Verzeihen Sie, daß die Suppe schlecht ist!« sprach der Zerstreute. »Meine Frau liegt in den Wochen.«

Max von Pettenkofer, der Begründer des ersten hygienischen Instituts, war Ehrengast eines Festmahles. Zum Nachtisch wurden Kirschen gereicht. Er ließ sich ein Glas Wasser bringen und tauchte jede Frucht, bevor er sie zum Munde führte, ein.
Die Gäste wunderten sich und fragten. Pettenkofer, auf sein innerstes Anliegen angesprochen, fing Feuer. Dozierte, argumentierte, warnte, und die Tafelgenossen lauschten.
Als seine Kehle trocken wurde, griff er zum Wasserglas und trank es aus.

Antonello Raponsa in Mailand wurde geschieden, weil er nachweisen konnte, daß seine Frau ihn mit einem Professor hinterging. Beweis: Der im ehelichen Schlafzimmer gefundene Schirm des Beflissenen.

Dissertation von M. Groß im Jahre 1727: »Quanta Adami statura fuerit?« (Wie groß war Adam?)

Goethe am 5. März 1830 zu Eckermann: »Ich sehe die reizende Lili wieder in aller Lebendigkeit vor mir, und es ist mir, als fühlte ich wieder den Hauch ihrer beglückenden Nähe. Sie war in der Tat die erste, die ich tief und wahrhaft liebte. Auch kann ich sagen, daß sie die letzte gewesen; denn

alle kleinen Neigungen, die mich in der Folge meines Lebens berührten, waren, mit jener ersten verglichen, nur leicht und oberflächlich.«
Fußnote von Professor Düntzer in seiner Brockhaus-Ausgabe von »Goethes Gespräche mit Eckermann«, 1885: »Dies konnte Goethe nicht mit Recht behaupten, selbst wenn wir von seiner letzten Liebe zu Ulrike von Levetzow absehen.«

Ein Professor der Wirtschaftswissenschaften zeigte seinem neuen Assistenten, einem ehemaligen Schüler, die Themen für das anstehende Examen.
»Das sind ja die gleichen Fragen«, rief der Gehilfe, »die mir auch gestellt wurden.«
»Gewiß«, bestätigte der Professor. »Die Fragen sind in jedem Examen die gleichen. Aber in jedem Jahr sind andere Antworten richtig.«

»Wenn ich lachen will«, sagte Kurfürst Karl Ludwig von der Pfalz, »lasse ich mir ein paar Professoren kommen und sie miteinander disputieren.«

A. Bier: »Jede Sache läßt sich von zwei Seiten betrachten, einer wissenschaftlichen und einer vernünftigen.«

Virchow in einem Examen: »Es ist unerläßlich, junger Freund, daß der Arzt zumindest einmal in seinem Leben auf der Höhe der Wissenschaft weilt.«

Kathederblüte aus der Zone: »Auch das Proletariat fußt auf den Brüsten der Wissenschaft.«

Als Duval wieder einmal seine nicht ungewöhnliche Antwort gab: »Ich weiß es nicht«, stellte ihm der Gesprächspartner die Zusatzfrage: »Bezahlt Sie nicht der Kaiser, damit Sie wissen?«
»Der Kaiser«, sprach der Gelehrte, »bezahlt mich für das, was ich weiß. Wollte er mich für das, was ich nicht weiß, bezahlen, so reichten alle seine Schätze nicht.«

»Sei auf deinen Flug nicht so stolz!« sagte der Fuchs zum Adler. »Du steigst doch nur deswegen so hoch in die Luft, um dich desto weiter nach einem Aase umsehen zu können.«
So kenne ich Männer, die tiefsinnige Weltweise geworden sind, nicht aus Liebe zur Wahrheit, sondern aus Begierde zu einem erträglichen Lehramte.

Lessing,
Fabeln, Der Adler und der Fuchs

Die Brofesser sind lauder Goggel und jäder meint, er had die schenern Fädern.

Thoma, Jozef Filsers Briefwexel,
Bolidische Gedangen 2

Kuno Fischer öffnete das Fenster seiner Heidelberger Wohnung und rief den

Pflasterern zu, die seine philosophischen Studien störten: »Wenn Sie nicht sofort aufhören, folge ich dem Ruf nach Berlin.«

Um dem Rivalen Robert Koch, der 1883 den Erreger der epidemischen Cholera entdeckt hatte, die eigene These zu beweisen, daß Cholera nur in gewissen Gegenden und nur bei persönlicher Disposition auftrete, schluckte Max Pettenkofer vor Studenten in München einen Teelöffel Cholerabazillen-Reinkultur. Er blieb gesund. Ob der Hygieniker vorher ausreichend verdünnte Salzsäure genossen hatte, ist unbekannt.
Sein Assistent, der das Experiment wiederholte, entging knapp dem Tode.

N. N., bislang geringgeschätzt,
wird Akademiker zuletzt;
denn Einfalt, die zum Himmel führt,
wird schon auf Erden honoriert.

Unbekannter französischer Verfasser

Jean Cocteau nahm in der Uniform der Académie Française, mit Degen und Dreispitz, an einem Bankett teil. Ein amerikanischer Offizier starrte auf die seltsame Montur: »Kavallerie?«
»Non, Monsieur. Genie.«

Bernis fragte einen Akademiker von Angers: »Was tut eigentlich Eure Akademie?«
»Nichts, Monseigneur«, erwiderte der Gelehrte. »Und sie tut gut daran.«

Indessen die Haupteitelkeit der Gelehrten bleibt immer die Autorschaft, die Salomo unter seinen Eitelkeiten nicht aufzählte, vermutlich, weil er sie selbst beging.

Karl Julius Weber,
Demokritos IV, 16

Der Berliner Physiker Ries definierte die Chemie als: »Der unsaubere Teil der Physik.«

Professor für Chemie bei einem Experiment: »Wenn ich nicht äußerst vorsichtig verfahre, landen wir alle im Jenseits. Bitte treten Sie näher heran, meine Damen und Herren, damit Sie mir besser folgen können!«

Eine französische Chemikerin hielt einen Vortrag in Deutschland. Er war von einem deutschen Kollegen sprachlich überarbeitet worden. In der anschließenden Diskussion fand sich die Wissenschaftlerin jedoch ohne Sprachbeistand.
Als sie gefragt wurde, wie sie die schwierigen Experimente durchgeführt habe, antwortete sie: »Mit die kleine Versukungen isch bin allein fertig geworden. Bei die große Versukungen mein Assistent at mir geolfen.«

Erfindung = Neuheit, der man bei uns solange mißtraut, bis sie aus den USA wieder zurückkommt.

Michael Schiff,
Von Abs bis Zwiebelmuster

Im Vestibül des Technischen Museums von Moskau stehen zwei bärtige, bebrillte Statuen. »Wer ist das?« fragt ein westlicher Besucher, auf den Linken deutend.
»Wladimir Iwanowitsch Peschkow«, antwortet der Cicerone, »Erfinder der Glühbirne, des Verbrennungsmotors, der Rasierklinge und der Wasserspülung.«
»Aha«, macht der Besucher und deutet auf den Rechten: »Und der hier?«
»Fjodor Wissarionowitsch Kabuchin. Erfinder des Wladimir Iwanowitsch Peschkow.«

Die wichtigsten Erfindungen verdanken wir der stupidesten Nation, den Deutschen.

Swift

Philosophie

Anagramm von »Democritus«: Docet risum. Er lehrt lachen.

Anagramm von »Aristoteles«: Iste sol erat. Er war die Sonne.

Philosoph = Ein Mensch, der sich angesichts saurer Milch mit dem Gedanken tröstet, daß sie zu vier Fünfteln aus Wasser besteht.

Für die Metaphysiker gilt, was Scaliger von den Basken sagte: »Man behauptet, daß sie ihre Sprache verstehen, aber ich glaube es nicht.«

Chamfort

Bernardo Tasso tadelte seinen Sohn, weil er das Jurastudium zugunsten der Philosophie aufgegeben hatte: »Was hat sie Dir denn eingebracht, Deine Philosophie?«
»Zumindest lehrte sie mich bisher«, antwortete Torquato, »ungerechte Vorwürfe mit Ergebenheit anzuhören.«

Primo vivere, deinde philosophari! Erst leben, dann philosophieren!

Sprichwort

A, B und C haben Kohlen getragen und sich ein schwarzes Gesicht geholt. Sie lachen und trennen sich.
C grübelt: A lachte über das schmutzige Gesicht von B; B lachte über das

schmutzige Gesicht von A. Daß ich lachte, wunderte keinen; denn jeder dachte, ich lache über den anderen. Aber warum wunderte sich A nicht, daß B lachte? Und warum wunderte sich B nicht, daß A lachte?
Ganz klar: Ich bin auch dreckig.

Logik: Der Esel hat Ohren; ich habe Ohren: Ergo bin ich ein Esel.

Der Sophist Diodoros belehrte den Arzt Erophilos, daß es keine Bewegung gäbe: »Wenn sich ein Körper bewegt, dann entweder an dem Ort, an dem er sich befindet, oder an einem Ort, an dem er sich nicht befindet. An dem Ort, an dem er sich befindet, kann er sich nicht bewegen, weil ›sich befinden‹ ›ruhen‹ bedeutet. An dem Ort, an dem er sich nicht befindet, kann er sich nicht bewegen, weil dort, wo nichts ist, auch nichts geschehen kann.«
Einige Tage später verrenkte sich der Scharfsinnige den Arm. Der Arzt erklärte: »Entweder hat sich Dein Knochen an dem Ort bewegt, an dem er sich befindet, oder an einem Ort, an dem er sich nicht befindet. An dem Orte, an dem er sich befindet, kann er sich nicht bewegen, weil er in Ruhe war. An dem Ort, an dem er sich nicht befindet, kann er sich erst recht nicht bewegen. Dein Arm ist nicht verrenkt.«
»Verdammt«, stöhnte der Sophist, »renke meinen Arm ein!«

Kathederblüte: »Angesichts Ihrer Logik würde sich der selige Immanuel Kant im Grabe umdrehen, wenn er noch lebte.«

Kant richtete seinen Blick, wenn er besonders scharf nachzudenken hatte, nach einem Königsberger Turm. Als zwischen seinem Fenster und dem Blickfang Pappeln hochschossen, fühlte sich der Philosoph in seinem Schaffen gehemmt. Er wandte sich an den Eigentümer der hohen Bäume, und dieser ließ die Wipfel abschlagen.

Ich werde keinen Ball mehr mit einem zierlichen Menuett eröffnen, aber es ist mir jetzt das Sinnbild der Philosophie: Nach hundert Touren und zierlichen, gelehrten Schritten kommen wir immer wieder auf den alten Fleck.

Karl Julius Weber, Demokritos

Geschichte

Die Jenenser Stammtischfreunde Schillers ließen eines Tages unter dem Namen des Gothaer Geschichtsprofessors Galletti einen Brief an den Dichter los: »Ich habe den ersten Teil Ihrer Geschichte des Dreißigjährigen Krieges und auch die Geschichte des Abfalls der vereinigten Niederlande gelesen und finde, daß Ihre Sprache gebildet ist und Ihre Phantasie lebhaft. Nur

Ihre Fakten sind falsch und unhistorisch vorgetragen. Es scheint, daß es Ihnen an gründlicher Kenntnis fehlt. Diese besitze wiederum ich nun im höchsten Grade, und so schlage ich Ihnen vor, die Geschichte gemeinschaftlich zu bearbeiten. So würden Verstand und Phantasie in schönem Bunde ein Werk liefern, das Anspruch auf Vollkommenheit erheben könnte.«
Zur nächsten Stammtischrunde kam Schiller in gereizter Stimmung: »Dieser verfluchte Kerl!« Den ihm angetragenen »schönen Bund« empfand er als den Gipfel der Zumutung.

Voltaire behauptete, die französischen Kreuzfahrer hätten in der Sophienkirche Konstantinopels einen Ball veranstaltet. »Wo steht das?« wurde er gefragt.
Er antwortete: »Es liegt im französischen Nationalcharakter.«

L'histoire n'est qu'une fable convenue.
Die Geschichte ist nichts als eine Fabel, die zu glauben man übereingekommen ist.

Verfasser unbekannt

Geschichte = Systematische Zusammenstellung von unrichtigen Nebensächlichkeiten.

Sir Walter Raleigh schrieb den zweiten Teil seiner »Weltgeschichte« im Tower. Eines Tages beobachtete er eine Rauferei auf der Straße. Kurz darauf besuchte ihn ein Freund, der neben den Prügelnden gestanden hatte. Er schilderte die Vorgänge ganz anders, als der Admiral sie wahrgenommen hatte. Da warf Raleigh sein Manuskript ins Feuer.

Einst sah ich ein Kreuz auf flachem
  Land,
das da einsam im Felde stand.
Dort hat, so wurde mir klargemacht,
ein Gendarm einen Räuber umgebracht.

Wie treulos doch die Überlieferung ist!
Als wieder ich hinkam, nach einiger
  Frist,
erzählte man mir: Hier blies, o Graus,
ein Räuber einem Gendarmen das
  Lebenslicht aus.

Ramón de Campoamor,
Wahrheit der Überlieferung

Winston Churchill während des Zweiten Weltkrieges: »Die Geschichte wird uns glimpflich beurteilen; denn ich gedenke sie selbst zu schreiben.«

»Sehr geehrter Herr Lehrer! Hiermit bitte ich zu entschuldigen, das mein Oskar die Weltgeschichte nich gemacht had. Er hatte es im Hals. Hochachtungsfollst! Herr Krüger.«

Examensfrage: »Wer schlug wann wen wo?«

Inschrift:
Zum Gedenken an die Schlacht von
Halberstadt,
Die am 12. April 1904
Weder hier
Noch sonstwo stattgefunden hat,
Somit 11 490 Mann vor dem Tod
bewahrt
Und unsrer Stadt Not und Elend
erspart!
Schenke uns Gott allhier auf Erden
Noch viele Schlachten, die nicht
geschlagen werden!

Otto-Heinrich Kühner

Max Liebermann auf die Frage, warum er im Rathaus zu Altona die vier Jahreszeiten an die Wand male und keine Stadtgeschichte: »Was passiert hier schon außer den Jahreszeiten?«

Mathematik

Der Lehrer an der Braunschweiger Klotzpantinenschule beauftragte die Kinder, die Zahlen von eins bis hundert zu addieren. Er brauchte zwanzig Minuten Ruhe für einen Bericht. Zwei Augenblicke später stand einer der Bengel, ein gewisser Karl Friedrich Gauß, mit der Lösung am Pult: 1 + 100 = 101, 2 + 99 = 101; 50 × 101 = 5050.

Ein kleiner Judenjunge, der bisher die jüdische Schule besuchte, wird von seinem Vater in der Volksschule angemeldet.
»Sehn Se hier meinen Sohn Moses David«, sagt der Vater. »Ein ausgeßaichneter Mensch; er helft mir schon ins Jeschäft; er rechnet Sie allens aus en puren Kopf.«
Der Rektor ist verschnupft, weil ein Kind ohne seine Lehrkunst solcher Leistungen fähig sein soll, und stellt die Aufgabe: »Wenn ich mir in Euerm Laden $1^3/_4$ Ellen, die Elle zu $1^3/_4$ Talern, zu einem Beinkleid kaufe, wieviel muß ich zahlen?«
Moses David stutzt einen Augenblick. Dann kommen seine kleinen Hände in Bewegung: »Nu, Se werden doch nich nehmen zu $1^3/_4$ Taler de Elle. Is doch zu schlecht for Sie. Sie müssen nehmen for 2 Taler de Elle. Und Sie werden auch nich auskommen mit $1^3/_4$ Elle bei Ihrer Größe, sondern Se werden brauchen 2 Ellen. Macht 4 Taler.«

nach *Fritz Reuter*

Auf die Frage der Lehrerin, wer von den Erstklaßlern schon bis zehn zählen könne, meldete sich der Sohn des Astronauten: »Zehn – neun – acht – sieben – sechs – fünf – vier – drei – zwei – eins – null – merde!«

Der Lehrer fragt: »Der Vater hat eine Kuh, die täglich zwei Liter Milch gibt.

Wieviel Milch gibt sie in zehn Tagen? Fritzchen!«
»Mein Vater hat keine Kuh.«
»Karlchen!«
»Ich habe keinen Vater.«
»Rudi!«
»Unsere Kühe geben zur Zeit keine Milch.«

Die Berliner Lehrerin fragte: »Wieviel ist drei hoch eins?«
Ein Schüler: »'n Hund, wo an Baum steht.«

Aufgabe: Bei einem Pferderennen siegte ein 96 Pfund schwerer Jockey in 2 Minuten und 32 Sekunden. In welcher Zeit hätte er gewonnen, wenn er nur 50 Pfund gewogen hätte?

Aufgabe: Zehn Maurer bauen bei acht Stunden täglicher Arbeitszeit ein Haus in 150 Tagen. Wieviel Maurer werden benötigt, um das Haus in einer Stunde zu bauen?

Einmal ist keinmal: $1 \times 0 = 0$; $0 \times 0 = 0$; $1 \times 0 = 0 \times 0$. Beide Seiten dividiert durch 0 ergibt $1 = 0$.

Heinerle Neureich berichtet, daß er in der Schule bald mit gemeinen Brüchen rechnen werde.
»Bestelle Deiner Lehrerin einen schönen Gruß«, spricht die Mutter, »und sage ihr, ich wünsche, daß Du mit den besten Brüchen rechnest, die da sind!«

Die Mutter zum Mathematiklehrer des Sohnes: »Es ist nicht, daß mein Peterchen vielleicht nicht rechnen kann. Er kann es, Herr Studienrat. Aber er glaubt nicht an Mathematik.«

Die Reste des Kolosses von Rhodos wurden auf 900 Kamele geladen, wovon jedes 200 Pfund trug. Das macht also 900 Kamele.

Galletti

Es gab fünfzehn Auguren. Wenn einer starb, waren es nur noch vierzehn. Diese wählten dann nach dem Tode des Kollegen den fünfzehnten aus ihrer Mitte.

Karl Joachim Marquardt

Kathederblüte: »Die drei Nachfolger Karls des Großen kamen darin überein, keinen zu bevorzugen. So wurde das Reich durch den Vertrag von Verdun in drei gleiche Hälften geteilt.«

Nachbarschaftshilfe am Gartenzaun: »Gute Blumenerde, wenn Sie haben wollen: Ein Viertel Humuserde, ein Viertel Komposterde, ein Viertel Dünger, ein Viertel Knochenmehl und ein Viertel Hornspäne.«
»Sind fünf Viertel.«

»Macht nichts! Haben Sie eben ein bißchen mehr.«

Ein Bäckerbursche hatte neun Sack Mehl an der Mühle empfangen, war aber in der Wirtschaft hängen geblieben und hatte, weil er nicht zahlen konnte, zwei Sack hinterlassen.
»Hast du neun Säcke?« fragte der Bäcker.
»Jawohl«, sprach der Bursche. »Zähl mit!«
Er brachte den ersten und sprach: »Das ist der neunte.«
Er kam mit dem nächsten: »Das ist der zweite, also der achte.«
Beim nächsten Mal: »Der dritte, also der siebente.«
Schließlich: »Hier ist der sechste. Schaut raus: Drei sind noch auf dem Wagen!«
»Stimmt«, sagte der Bäcker.

Kurier der Manöverleitung zu Oberleutnant von Bredow: »In MG-Falle geraten! Achtzig Prozent Verluste!«
»Lächerlich!« protestiert der Kompaniechef. »Hawe ja nur siebzich Mann einjesetzt!«

Der Lehrling strahlt: »Ich habe viermal nachgerechnet.«
»Ausgezeichnet«, entgegnet der Oberbuchhalter.
»Hier sind die Ergebnisse.«

Eine blonde Schönheit bewarb sich bei einer Bank. Sie wurde gefragt: »Wer einen Gegenstand für 12 Mark und 25 Pfennige kauft und für 9 Mark und 75 Pfennige verkauft – hat er bei dem Geschäft gewonnen oder verloren?«
Sie schlug die entzückenden Beine übereinander: »Teils, teils. Bei den Mark hat er verloren, bei den Pfennigen gewonnen.«

Der Tausendkünstler Amor ließ
sich bei der jungen Dorilis
zum Rechenmeister dingen
und wußt' in einer Stunde da
die ganze Arithmetika
ihr spielend beizubringen:

»Im Rechnen und im Lieben sind
fünf Spezies, mein schönes Kind,
die will ich Dich dozieren:
Ich küsse Dich ein-, zwei-, dreimal,
Du zählest diese Küßchen all,
und das heißt numerieren.

Zu meinen Küssen setzest Du
dann auch die Deinigen hinzu,
so lernest Du addieren.
Zählst Du mir Deine Küßchen her
und findest dann um einen mehr,
so kannst Du subtrahieren.

Die vierte Spezies, mein Kind,
könnt ich zwar ebenso geschwind
Dir praktisch explizieren,
allein das Einmaleins ist lang,
und jungen Mädchen wird oft bang
vor dem Multiplizieren.

Dies, Mädchen, merke Dir nur an:
Wo eins der Faktor ist, da kann
man nicht multiplizieren,
doch käm ein Nullchen noch hinzu
– auch noch so klein –, so würdest Du
gar bald das Faktum spüren.

Drum laß in diese Spezie
nicht früher Dich als in der Eh'
durch Hymen instruieren;
denn aufs Multiplizieren kömmt,
wie man sich auch dagegen stemmt,
von selbst das Dividieren.«

Aloys Blumauer,
Der Rechenmeister Amor

»Kannst Du rechnen?« fragt Max.
»Gewiß, Liebling.«
»Dann rechne nicht mehr auf mich!«

Daß die niedrigste aller Geistestätigkeiten die arithmetische sei, wird dadurch belegt, daß sie die einzige ist, welche auch durch eine Maschine ausgeführt werden kann; wie denn jetzt in England dergleichen Maschinen bequemlichkeitshalber schon in häufigem Gebrauche sind.

Schopenhauer,
Parerga und Paralipomena II, 356

Es wurde erzählt, daß Pascal als junger Mensch Kopfschmerzen durch das Erfinden geometrischer Probleme bekämpft habe. Der Zeichner Forain erwiderte: »Ich habe als junger Mensch geometrische Probleme durch das Erfinden von Kopfschmerzen bekämpft.«

Kathederblüte: »Ein mathematischer Punkt ist ein Winkel, dem man beide Schenkel ausgerissen hat.«

Der indische Lehrer zog einen senkrechten Strich auf die Wandtafel, fügte an dessen unteres Ende einen nach rechts verlaufenden horizontalen Strich und sprach: »Das ist ein rechter Winkel.«
Darauf zeichnete er einen weiteren senkrechten Strich, ließ die Horizontale an seinem unteren Ende aber nach links verlaufen: »Wenn Sie glauben, das sei ein linker Winkel, sind Sie im Irrtum. Nach dem unerforschlichen Ratschluß der britischen Regierung ist das ebenfalls ein rechter.«

Der Enkel sucht den Hauptnenner. »Mein Gott!« seufzt der Opa. »Den haben wir ja schon gesucht. Hat man ihn denn immer noch nicht?«

Statistik = Lehre, daß es besser sei, an Typhus zu erkranken, als Millionär zu werden. Denn: Alle Millionäre sterben; von den Typhuskranken sterben nur siebzehn Prozent.

Die Statistik ist dem Politiker, was die Laterne dem Betrunkenen ist: Sie dient zum Festhalten, nicht der Erleuchtung.

Verfasser unbekannt

»Sie werden doch zugeben, daß Zahlen nicht lügen!« trumpfte ein Statistiker auf.
»Warum nicht?« widersprach der Zweifler. »Wenn Lügner rechnen.«

Beim Leiter des Statistischen Landesamtes wird eingebrochen. Bevor der Dieb den Schreibtisch öffnen kann, steht der Hausherr neben ihm: »Lassen Sie den Unfug, Mann! Werden Sie Fensterputzer oder Platzanweiser! Der durchschnittliche Erlös eines Einbruchs liegt derzeit bei 8,85 Mark.«

Auf dem Grab eines Mathematikers:

Des Rechnens müde lieg ich hier im
Grabe;
denn endlich mußt' ich in die Brüche
gehn.
Wenn ich mich nicht verrechnet habe,
dann werd' ich wieder auferstehn.

Medizin

Automechaniker zu einem unzufriedenen Kunden, einem Arzt: »Sie haben gut reden! Sie haben es nur mit zwei Modellen zu tun!«

Unbekannter Verfasser über den alten Heim:

»Ein jeder meint, er wär nie krank
gewesen,
wenn er nur mit dir spricht.
Wo du erscheinst, da sind sie schon
genesen:
So froh macht dein Gesicht.«

Heim an einen Freund: »Da habe ich eben einen rechten Ärger und aus demselben Anlaß eine rechte Freude gehabt. Ich hatte nämlich einen Menschen ärztlich behandelt, und war sein Zustand von der Art, daß er nach meiner Überzeugung in kürzester Zeit sterben mußte. Dennoch ist er wieder genesen und läuft nun munter in den Straßen umher. Nun ärgert es mich infam, wenn ich ihn sehe. Freilich, als Mensch freue ich mich, daß ich mich geirrt habe.«

Ludwig XIII. ließ den Doktor Moreau kommen und verlangte, »nicht wie ein gewöhnlicher Patient« behandelt zu werden. Der Arzt erwiderte: »Leider kann ich keinen Unterschied machen, Sire; denn ich behandele alle meine Patienten wie Könige.«

Hufeland fragte den alten Heim, der Wechselfieber mit Arsenik behandelte, wie er sich verteidigen wolle, wenn der Herr ihn wegen dieses verwegenen Spieles dereinst zur Rechenschaft ziehe. Heim klopfte dem Kollegen auf die Schulter: »Ich werde sagen: Alter, das verstehst Du nicht.«

Der Heidelberger Anatom Friedrich Tiedemann 1840 am Ende einer Vorlesung: »Ärzte ohne Anatomie gleichen den Maulwürfen. Sie arbeiten im

Dunkeln, und ihrer Hände Werk sind Erdhügel.«

Der Hallenser Anatom Wilhelm Roux hatte die Schriftstellerin Lisbeth Dill kennengelernt. Als er vernahm, daß sie zum Ball bei Professor Bramann geladen würde, bat er um einen Platz an ihrer Seite. Frau Bramann lehnte ab mit der Begründung, er sei zu alt. Frau Dill, die er schriftlich gebeten hatte, einen entsprechenden Wunsch zu äußern, teilte mit, sie griffe dem Schicksal ungern in die Speichen.
Als sie dann doch nebeneinander saßen, fragte die Schriftstellerin den Professor, wie er sich durchgesetzt habe. Roux verkündete: »Ich habe dem Bramann meine schönste Leiche geschenkt.«

Die Medizin ist eine Kunst, die man in der Hoffnung ausübt, sie eines Tages zu entdecken.

Emile Deschamps

Christoph Wilhelm Hufeland, der Verfasser des Buches »Makrobiotik oder die Kunst, sein Leben zu verlängern«, widersprach einem Freunde, der ihm unterstellte, er kenne den menschlichen Körper so genau, daß ihm keine Krankheit verborgen bleiben könne: »Es geht uns Ärzten wie den Nachtwächtern. Wir kennen die Straßen unseres Bezirkes, aber was im Innern der Häuser vorgeht, wissen wir nicht.«

Vernage im Paris des Sonnenkönigs, als er seine Praxis aufgab: »Ich bin des Ratens müde.«

Sir Samuel Garth, der Leibarzt Georgs I., war auf seiner Krankentour im Club hängen geblieben. Zu später Stunde wurde er erinnert, daß er noch fünfzehn Patienten aufsuchen wollte.
»Lassen wir's für heute«, sprach er. »Neun dieser Kranken sind so übel dran, daß kein Arzt Englands sie noch retten kann, und die anderen sechs haben eine so gute Konstitution, daß ihnen kein Arzt Englands gefährlich wird.«

Jeden Tag zur festgesetzten Stunde erschien der Hofrat Kerzl bei Kaiser Franz Joseph zur Visite. Man plauderte und rauchte.
Eines Tages verwehrte der Kammerdiener dem Leibarzt den Zutritt: »Heute dürfen Sie Seine Majestät nicht stören, Herr Hofrat! Sie fühlt sich nicht wohl.«

Ich kannte einen Mediziner, einen Fachmann ersten Ranges, aber in drei Dingen pflegte er sich zu irren: In der Prophylaxe, in der Diagnose und in der Therapie.

Verfasser unbekannt

Der Doktor greift nach dem Puls des fiebernden Malers: »Scharlach.«

»Scharlach?« wiederholt der Kranke. »Das kann doch nicht sein. Ich habe als Kind Scharlach gehabt und bin jetzt fast siebzig.«
»Schauen Sie sich Ihre Hände an!«
»Das ist Farbe, Herr Doktor!«
»Farbe?« spricht der Arzt. »Soso. Na. Da haben Sie noch mal Glück gehabt.« Er macht ein sehr ernstes Gesicht: »Wenn das keine Farbe wäre, wäre es Scharlach!«

Zwei Ärzte streiten am Bett eines Kranken. Die Diagnosen haben keinen Berührungspunkt. Einer bricht ab: »Bei der Autopsie werden wir ja sehen, wer recht hat.«

Der Arzt greift nach dem Puls: »Warum haben Sie trotz meines Verbotes ein weiches Ei gegessen?«
Der Patient schnauft: »Das merken Sie am Puls?«
»Freilich! Der Schwefel und der Phosphor im Ei reizen zusammen mit dem Albumin die Magenwand, und die Reaktion zeigt sich am Puls.«
»Unwahrscheinlich«, murmelt der Assistent, als der Patient entlassen ist, »was Sie alles am Puls erkennen!«
»Kamel!« antwortet der Arzt. »Am Eigelb auf seiner Weste.«

»Ich entsinne mich nur einer einzigen wirklich falschen Diagnose«, berichtet ein Arzt. »Ich konstatierte Fettsucht, bezeichnete die Beschwerden als Folgeerscheinungen derselben, gebot Bewegung und schickte den Mann fort.«
»Und er war wirklich krank?«
»Nein. Millionär.«

Der Kurpfuscher ist schwer krank. Der Arzt des Ortes ringt seine Abneigung nieder, geht hin und greift nach dem Puls.
»Für unsere Patienten«, flüstert der Amateur, »gut und schön. Aber unter uns? Was soll der Schwindel mit dem Puls?«

Ein Quacksalber wollte einem Hufschmied vom Fieber helfen. Es wurde aber täglich schlimmer, so daß der Mann ganz von Kräften kam. Da fiel dem Kranken ein, er wolle einmal wieder nach Herzenslust Sauerkraut essen. Und er aß und wurde besser. Als dies der Quacksalber erfuhr, schüttelte er den Kopf, mußte es aber doch gut sein lassen; und er trug in sein Arzneibuch ein: »Sauerkraut gut für's Fieber.« Nicht lange drauf geschah, daß ein Schneider das Fieber bekam. Dem verordnete der Quacksalber sogleich Sauerkraut. Und der Schneider starb. Der Quacksalber schüttelte den Kopf, mußte den Schneider aber doch tot sein lassen. Und er schrieb in sein Rezeptenbuch: »Sauerkraut gut für Hufschmiede, aber nicht für Schneider.«

Ludwig Aurbacher,
Von Ärzten

Ein Kurpfuscher pflegte Ernst Ludwig Heim als »Herr Kollege« anzusprechen. Eines Tages erhob das Berliner Original Einspruch: »Mit dem gleichen Recht könnte der Tischler den Optiker ›Kollege‹ nennen; denn beide fertigen Brillen.«

Ein schlechter Schuster war in Not
geraten.
Die Kunden blieben aus, und er
beschloß,
sein Leben mit Quacksalberei zu
fristen.
Er zog durch's Land und wurde rasch
berühmt.
Der König, der an schwerer Krankheit
litt,
vernahm des wunderbaren Arztes
Kunde
und ließ ihn rufen, seine Kunst zu
zeigen.
Bevor der Herrscher sich ihm
anvertraute,
verlangte er, den Medicus zu prüfen:
Er stellte sich, als ob die Schale er,
die ihm der Fremde gab, mit Gegen-
gift
gemischt, und hieß den Arzt, sie aus-
zutrinken.
Der aber fiel zu Boden und gestand.
Da rief der König alles Volk und
sprach:
»Ihr Narren! Ihr vertraut das Leben
jenem,
dem keiner seine Schuh zu flicken gab!«

Phädrus,
Fabeln I, Der Schuster als Arzt

Ein Mann, wegen Kurpfuscherei angeklagt, bat vor einer – wie er sagte – entscheidenden Aussage, die Öffentlichkeit auszuschließen. Nach langem Zögern gab das Gericht dem Antrag statt.
Der Angeklagte legte sein Diplom vor: »Verstehen Sie bitte! Wenn die Leute erfahren, daß ich Arzt bin, ist meine Praxis ruiniert.«

Schild im Warteraum: »Die verehrten Patienten werden gebeten, keine Symptome auszutauschen.«

Ein altes Jüngferlein zögert, sich auszuziehen: »Muß das sein?«
Der Doktor nickt: »Ja, leider.«

Der Patient, auf das im Sprechzimmer stehende Skelett deutend: »Ihr Ersatzteillager?«

»Ihnen darf man zu Ihrer Gesundheit gratulieren«, sprach der Arzt. »Sie werden mindestens achtzig Jahre alt.«
»Das bin ich schon, Herr Doktor.«
»Na bitte!«

Die Ehefrau trifft den Hausarzt und berichtet tränenüberströmt, daß ihr Mann in der letzten Nacht gestorben ist. Der Erfolglose, bestürzt, faßt sich und fragt: »Hat er geschwitzt?«
»Schrecklich«, schluchzt die Witwe.
Der Doktor nickt gütig: »Schwitzen ist gut. Sehr gut.«

Vor einem Londoner Spital hing ein Schild: »Chefarzt Dr. Whilton teilt hierdurch seinen Mitarbeitern, Patienten und Schülern mit, daß ihm die hohe Ehre widerfuhr, zum Leibarzt Ihrer Majestät, der Königin Victoria, ernannt zu werden.«
Am nächsten Tag hatte eine anonyme Hand daruntergeschrieben: »God save the Queen!«

Dein Hausarzt seit Jahren
schläft mit Deiner Frau.
Du läßt sie sich paaren
und weißt's doch genau.

Nun ja, mir will scheinen,
daß Angst Dir's gebot:
Du stürbst halt gern einen
natürlichen Tod.

Martial/Mostar, Verständlich

Dem Spartaner Pausanias wurde vorgeworfen, er tadele einen Arzt, den er nie konsultiert habe.
»Hätte ich ihn besucht«, erwiderte der Feldherr, »wäre ich nicht mehr imstande, ihn zu tadeln.«

Und wie der Dichterfürst Homer
gesungen manch Jahrtausend her,
ein guter Arzt sei weit mehr wert
als hundert Mann zu Fuß und Pferd,
so pflegt Ursin sich zu erweisen
und würget mehr denn Stahl und
Eisen.

Samuel Butler

Oliver Goldsmith, Autor des berühmten »Vikar of Wakefield« und Mediziner mit allseits bezweifeltem Talent, erklärte, er behandele nur seine Freunde.
Beauclerc erwiderte: »Die Leute behaupten, Sie behandelten nur Ihre Feinde.«

Der Arzt Zimmermann, als ihn Friedrich II. von Preußen fragte, wie viele Menschen er bereits unter die Erde gebracht habe: »Sehr viel weniger als Eure Majestät und mit wesentlich geringerem Ruhm.«

Aus einem Schüleraufsatz: »Das Bedürfnis unserer Stadt, keinen Arzt zu haben, wird täglich fühlbarer.«

Ein Fall, wo die Ursache der Wirkung folgt: Arzt hinter dem Sarg des Patienten.

Kathederblüte: »Als die Pest in Florenz wütete, erlagen ihr sämtliche Ärzte. Als der letzte dahingerafft war, entschwand die Seuche.«

Daiboya Gakuemon in Tokio rühmte sich, Schwerstkranke geheilt und Halbtote erweckt zu haben.
»Und von denjenigen, die Du umgebracht hast, sprichst Du nicht?«

fragte ein Zuhörer mit halb zugekniffenem Auge.
»Nein«, sagte der Arzt. »Über diese Leute wird in den Häusern der Patienten gesprochen.«

Hier ruht mein lieber Arzt,
Herr Grimm,
und, die er heilte, neben ihm.

Grabschrift

Der Berliner Mediziner Rudolf von Renvers: »Wer mit fünfzig Jahren noch nicht gelernt hat, sein eigener Arzt zu sein, bei dem ist Hopfen und Malz verloren.«

Die Ärzte können leicht über sich Witze machen lassen; denn der, zu dem sie gerufen werden, lacht nicht.

Sigmund Graff,
Lächelnde Weisheiten, Berufe

Krankheit

Er klagte über Herzbeschwerden. Der Doktor untersuchte und sprach: »Solange Sie leben, hält es durch.«

Kathederblüte: »Was? Herzkrank sind Sie? Ich möchte wissen wo!«

»Wie gut, daß Sie zu mir gekommen sind!« sprach der Arzt. »Sie haben einen Herzfehler. Was wäre geschehen, wenn Sie nicht gekommen wären? Sie hätten lustig drauflos gelebt und wären alt geworden, ohne zu wissen, daß Sie ein kranker Mann sind.«

McNepp zu seiner kranken Frau, nachdem der Arzt das Zimmer verlassen hat: »Doppelte Lungenentzündung tss tss! Hätte nicht auch eine einfache genügt?«

Der Arzt wiegt bedenklich das Haupt: »Der Magen Ihres Mannes ist nicht in Ordnung.«
Verständnisvoll nickt die Gattin: »Sie sollten mal seinen Schreibtisch sehen!«

Kathederblüte: »Wenn jemand Typhus hat, verliert er den Verstand oder er stirbt. Ich hatte auch einmal Typhus.«

»Hat das Kind heute nacht phantasiert?« fragt der Arzt.
»Ja«, antwortet die Mutter. »Ganz dünn.«

Zum Schiffsarzt: »Am Anker piekt's, und zwischen Fock und Achter juckt's.«

Der Arzt untersucht gründlich: »Was sind Sie von Beruf?«
»Erster Liebhaber am Stadttheater.«
Der Doktor furcht die Stirn: »In dem Falle waren Sie es nicht.«

Tristan Bernard auf die Frage, welches Wort der französischen Sprache ihm am schönsten erschiene: »Herpès (Blasige Hautflechte). Mein Arzt sprach es aus, als ich mit tiefer Besorgnis darniederlag.«

Friedrich II. von Preußen über Maria Theresia und die Zarin: »Sie haben mir die Franzosen aufgehängt.«

Unter Betriebskollegen: »Hast Du schon Deine Grippe genommen?«

Der stark verschnupfte Friedrich August III. von Sachsen, als ihm ein Herr des Gefolges ein Taschentuch leihen wollte: »Danke! Ich wer's schon erschniffeln!«

Studenten wollten den alten Heim in Berlin auf den Arm nehmen. Einer legte sich ins Bett und heuchelte. Der Berühmte kam, sah sich im Raume um, schnubberte die Luft, sprach ein paar Sätze mit dem Simulanten und gebot: »Zunge raus! Weiter! Noch weiter! So ist es gut. Und nun leck mich ...!«

Der Patient, als ihm der Arzt vorwarf, er hätte mit seinem Leiden zwanzig Jahre früher kommen müssen: »Kam ich. Sie waren damals Stabsarzt und nannten mich einen Simulanten.«

Der Arzt diktiert den Befund. »Ist das eine seltene Krankheit?« fragt der Patient.
»Bewahre! Die Friedhöfe sind voll davon.«

»Es besteht nicht die geringste Gefahr«, beruhigt der Arzt. »Ich hatte vor einigen Jahren die gleichen Beschwerden.«
Der Patient stöhnt: »Aber nicht denselben Arzt!«

Shaw hatte sich lange geweigert, einen Arzt rufen zu lassen, endlich aber nachgegeben. Der Doktor tröstete: »Harmlose Sache!«
Der Dichter schüttelte verzweifelt den Kopf: »Müssen Sie mich auch noch demütigen?«

»Bitte, Herr Doktor, auf deutsch: Was fehlt mir?«
»Nichts. Sie sind, auf deutsch: Ein

Fresser, ein Säufer und ein Faulpelz.«
»Danke! Und auf lateinisch, für meine Frau?«

Das Damenkränzchen über eine Abwesende: »Sie soll zwei Ärzte haben, einen jungen und einen alten. Den alten ruft sie, wenn sie krank ist, und den jungen, wenn ihr etwas fehlt.«

Der Höfling Semonville galt als rücksichtsloser Egoist und Opportunist. Eines Tages legte er sich mit einer schweren Krankheit nieder. Talleyrand grübelte: »Welche Absicht, zum Teufel, verfolgt er nun schon wieder?«

»Stehen Sie auf!« sagte der Arzt. »Gehen Sie spazieren! Sie sind gesund.«
»Junger Mann«, erwiderte der Hypochonder, »voriges Jahr saßen Sie noch auf der Universität. Wie reden Sie eigentlich zu einem Kranken mit dreißigjähriger Erfahrung?«

Ein Arzt bestellte einen Hypochonder, der nicht laufen zu können vorgab, in seine Praxis. Kurz vor Eintreffen des eingebildeten Kranken verließ er das Haus. Ein Zettel meldete dem Besucher, wo sich der Arzt aufhielt, und bat, dorthin zu kommen. Der Patient lief zur angegebenen Adresse. Dort fand er statt des Arztes wiederum einen Zettel, der ihm einen neuen Treffpunkt anwies. Abermals machte sich der Hypochonder auf die Sohlen. Auf halbem Wege aber besann er sich eines Besseren und ging nach Hause.

Ein Hypochonder bildete sich ein, daß ihm ein Kirschkern in der Luftröhre sitze. Er legte sich nieder und stöhnte. Der Arzt kam, gab seinem Gesicht den Ausdruck größter Besorgnis und fragte: »Haben Sie denn wenigstens husten können?«
»Nein, o mein Gott! Seit vierundzwanzig Stunden nicht mehr.«
»Stehen Sie auf!« sagte der Arzt. »Sie sind gesund.«

Echte Hypochonders haben alle Krankheiten, von denen sie lesen, und jener, der gelesen, daß Kirschkerne im Magen gekeimet und Erbsen im Ohrenschmalz, ängstete sich, daß dies in seinen verschleimten Gedärmen auch der Fall werden könnte mit den reichlich genossenen Stachelbeeren. Schade, daß bei moralischen Krankheiten der Fall umgekehrt ist! Die rechten Sünder rechnen sich gar nicht unter die geschilderten Kranken; daher das traurige Schicksal der Predigten.

Karl Julius Weber,
Demokritos III, 6

»Kannst Du die Krücken denn immer noch nicht entbehren?« rief der Freund.
»Der Arzt sagt ›Ja‹«, erklärte der Verunglückte. »Der Anwalt ›Nein‹.«

»Wie geht es Ihrem Mann, Frau Meier?«
»Danke. Der Arzt sagte ihm, er werde niemals wieder arbeitsfähig. Von diesem Tage an ging es aufwärts.«

»Wie geht es Deiner Mutter?« fragt der Lehrer in Neukölln.
»Danke«, antwortet Fritze. »Besser. Mir hat se jestern schon wieda vertrimmt. Bloß an Vatan traut se sich noch nich ran.«

Wochenlang hat der alte Pichelmayer mit dem Tode gerungen. Nun kommt der Doktor strahlend aus dem Krankenzimmer: »Wir haben es geschafft, Frau Pichelmayer. Er ist über den Berg!«
Ihr Gesicht wird lang: »Ja, Sie g'frein mi! I hab scho sei ganz' Gwand vakaft!«

Chamfort nach seiner Genesung: »Ich werde nun *mit mir* rechnen; früher habe ich *auf mich* gerechnet.«

»Wie geht's?« fragt der Arzt den Patienten auf der Straße.
»Danke. Mir fehlt nichts.«
»Das ist ein gutes Wort.« Der Doktor lächelt zufrieden.
»Ich hatte Ohrensausen«, fährt der Kunde fort. »Das habe ich noch. Ich litt an chronischem Kopfschmerz. Den habe ich noch. In den Ellenbogen saß der Rheumatismus. Er ist mir geblieben. Wie gesagt: Mir fehlt nichts.«

Was bringt den Doktor um sein Brot?
a) Die Gesundheit, b) der Tod.
Drum hält der Arzt, auf daß er lebe,
uns zwischen beiden in der Schwebe.

Eugen Roth, Gleichgewicht

Krankenhaus

Neumann hat sein Einzelzimmer in der Klinik bezogen. Fünf Minuten später klopft es.
»Herein!«
Eine massive Dame im weißen Kittel: »Dr. Müller. Ziehen Sie sich aus!«
»Ganz?«
»Natürlich.«
Untersuchung.
»Morgen Operation. Noch eine Frage?«
»Ja«, gesteht Neumann. »Warum haben Sie angeklopft?«

Der Patient liegt auf dem Narkosetisch. Der Professor belehrt die Studenten: »Er heißt Moses Fisch, ist vierzig Jahre alt, und seine Eltern sollen leben und gesund sein.«

Da richtet sich Moses auf und spricht gerührt: »Und Ihre Eltern auch, Herr Professor, und Sie und Ihre Kinder und Kindeskinder! Sie sollen alle leben und gesund sein!«

Der Patient auf dem Operationstisch beobachtet mit wachsender Besorgnis die zahlreichen Vorbereitungen. »Verzeihen Sie meine Aufregung!«, sagt er. »Es ist meine erste Operation.«
Der Arzt schlägt ihm freundschaftlich auf die Schulter: »Meine auch.«

Es wurde von einem berühmten Chirurgen erzählt, der sich selbst den Blinddarm entfernt hatte. Graf Bobby wollte wissen: »Mit oder ohne Narkose?«

»Na bitte«, sagt der Arzt zu dem aus der Narkose Aufdämmernden. »Sie haben nichts gespürt.«
Der Kranke wiegt das Haupt: »Glauben Sie ja nicht, daß es angenehm ist, von Einbrechern zu träumen!«

Junger Arzt beim Fädenziehen an der Operationsnarbe einer Unwiderstehlichen: »Sie liebt mich – liebt mich nicht – liebt mich ...«

Der amerikanische Senator Theodor Green blickte auf die Uhr und unterbrach den Redeschwall des Freundes, der ihn am Krankenhausbett besuchte: »Rasch, das Radio an!«
Der Freund gehorchte kopfschüttelnd. »Nachrichten«, erklärte der Kranke. »Ich möchte wissen, wie es mit mir steht.«

Ein Admiral, mit einer Fußflechte im Lazarett, vertrieb sich die Langeweile damit, die Schwestern zu hetzen, die Ärzte zu schikanieren und auf seinen Rang zu pochen. Eines Tages ergriff ein Matrose die Initiative: Er zog einen weißen Kittel an, setzte eine Gazemaske auf, stürzte mit einem barschen »Guten Morgen!« ins Zimmer des Admirals und befahl: »Bitte herumdrehen! Fieber messen.«
Der Admiral gehorchte. Der Matrose gebot völliges Stilliegen und versprach, in einigen Minuten wiederzukommen. Eine halbe Stunde später betrat eine Schwester das Zimmer des erkrankten Strategen.
»Aber, Herr Admiral! Um Gottes willen!« japste sie.
»Was Besonderes daran, bei einem Admiral Fieber zu messen?« brummte der Patient.
»Nein«, sagte die Schwester. »Das nicht. Aber mit einer Narzisse?«

Mark Twain lag im Krankenhaus. Er bat um etwas zu essen und erhielt einen Löffel Nährsalz.
Schluckte es und sprach: »Und nun bitte etwas zum Lesen, vielleicht eine Briefmarke.«

Stationsarzt zur hübschen Schwester: »Gehen Sie so oft wie möglich am Bett des Herrn Ypsilon vorbei! Er braucht mehr Willen zum Leben.«

Chef der Frauenklinik zu einem Assistenzarzt, den er über einer Schwester ertappt: »Sie befinden sich hier in einer Entbindungsanstalt, junger Mann, nicht im Zeughaus!«

Im Sanatorium spricht man bei Tisch nicht über Krankheiten. Der Neue weiß das nicht. »Wie wirkt bei Ihnen das Brunnentrinken?« fragt er. »Pschsch!« macht der Nachbar. Der Neue nickt: »Bei mir auch.«

»Werden Sie die Operation bezahlen können, wenn ich sie für nötig halte?« fragt der Chirurg. Der Patient erwidert: »Wenn ich sie nicht bezahlen kann, werden Sie sie für nötig halten?«

Ein Wiener Schneidergeselle hatte sich mehrfach, der guten Pflege wegen, in Choleraspitäler geschmuggelt. Nachdem er das vierte Mal ergriffen worden war, kam er vor Gericht: »Wegen unbefugten Anmaßens der Cholera.«

Heilmittel

Briefanfang der alten Griechen: »Hygiaine! Sei gesund!« Briefschluß der alten Römer: »Vale! Bleibe gesund!«

Der holländische Arzt Boerhave hinterließ bei seinem Tode 1738 ein versiegeltes Päckchen mit der Aufschrift: »Die einzigen und tiefsten Geheimnisse der ärztlichen Kunst.« Es wurde für 10 000 Gulden ersteigert und enthielt einen Zettel: »Halte den Kopf kühl, die Füße warm und den Leib offen! Dann kannst Du aller Ärzte spotten.«

Eine Bäuerin hatte neun Kinder aufgezogen und war nie krank gewesen. Nach ihrem Gesundheitsrezept befragt, erklärte sie: »Jedes Mal, wenn ich im Begriffe war, zusammenzuklappen, mußte ich Essen kochen.«

Fehlen Dir Ärzte, so mögen die drei
als Ärzte Dir gelten:
Ruhe, heiterer Sinn und Diät, die
mäßig und recht ist.

Aus der alten Arzneischule Salerno

Der beste Arzt ist die Natur. Sie heilt drei Viertel aller Krankheiten und spricht niemals schlecht über Kollegen.

Galen

Shakespeare läßt Menenius im »Coriolanus« (II, 1) zu Volumnia sagen: »Das herrlichste Rezept im Galen ist dagegen nur Quacksalbsudelei.«
Coriolans Auszug aus Rom, Bündnis mit den Volskern und sein Ende ereigneten sich – laut Sage – im Jahre 488 vor Christus. Der römische Arzt Galen lebte sechshundert Jahre später.

Der Arzt Weickhardt heilte den gelähmten Arm einer Dame, indem er vorgab, einen kühnen Griff zu wagen: Die Patientin wehrte sich mit dem kranken Arm wie mit dem gesunden.

Die Gattin des Gynäkologen hatte dem vierjährigen Söhnchen den Beruf des Vaters so erklärt: Kranke Frauen kommen zu ihm, und dann macht der Papi »heile, heile Segen!«, und dann sind sie wieder gesund.
Einige Tage später gibt der Junge sein Wissen weiter: »Kranke Frauen kommen zu meinem Papi, und dann macht er ›hoppe, hoppe Reiter‹, und dann sind sie wieder gesund.«

Denkt, wie gesund die Luft, wie rein,
sie um dies Jungfernstift muß sein!
Seit Menschen sich besinnen,
starb keine Jungfer drinnen.

Lessing,
Auf das Jungfernstift zu ...

Schlechte Luft in Krankenzimmern vertreibt man am einfachsten auf folgende Weise: Zwei, auch drei große Zwiebeln werden auseinandergeschnitten und auf einen Teller gelegt. Diesen stellt man alsdann auf den Fußboden, woselbst er etwa 5–6 Stunden stehenbleibt. Während dieser Zeit saugen nun die Zwiebeln alle in den Zimmern befindlichen Dünste vollständig auf.

Gartenlaube, 1880

»Gegen diese furchtbare Krankheit«, lehrte der Berühmte, »gibt es nur zwei Mittel. Und das Traurige ist: Beide helfen nicht.«

Die Anastasia Oberweger ist dem Tod noch einmal von der Schaufel gesprungen. »Gestern waar s' beinah scho gschtorm«, berichtet der Xaver, »aba da san a paar so Ratschweiber kemma, die hams wieda drausbracht.«

Lichtenberg empfahl gegen die Gicht: »Nimm das Taschentuch eines Mädchens, das nie den Wunsch hatte zu heiraten, wasche es dreimal im Graben eines rechtschaffenen Müllers, trockne es im Garten eines kinderlosen protestantischen Pfarrers, zeichne es mit der Tinte des Advokaten, der noch niemals eine ungerechte Sache verteidigte, übergib es einem Arzt, der noch nie einen Patienten tötete, und laß das kranke Glied verbinden!«

»Das Beste, was ich Ihnen raten kann«, spricht der Doktor streng: »Keinen

Alkohol mehr, Rauchen aufstecken, Diät und früh ins Bett!«
Nachdenklich blickt der Patient durchs Fenster: »Und das Zweitbeste?«

Altes Rezept: Spiesset eine Kröte an und dörret sie! Danach bemühet euch auch umb eine Schlange! Schlaget sie zu todt und brennet die beyden in einem Topf zu Pulver, zerreibt sie klein und streuet das Pulver in die Schäden, so werdet ihr Geschwüre heilen!

Altes Rezept: Vermische ein Quentlein Hühnerdreck in 5 Loth Wein, thue Zucker und Zimmet daran und gebe dem Patienten ettlich Morgen nüchtern diesen Wein zu trinken, und er wird von seiner Gelbsucht geheilet!

Rezept gegen die Grippe, vom Leibarzt der Königin Victoria: »Man lege sich ins Bett, hänge seinen Hut ans Fußende und trinke soviel Whisky, bis man zwei Hüte sieht!«

Joseph II. wurde eines abends in Wien von einem Jungen um einen Gulden gebeten. Auf die Frage des Kaisers, ob ihm nicht auch mit einem Käsperlein oder zwei Vierundzwanzigern geholfen sei, erzählte das Kind, seine Mutter läge krank daheim; er sei schon bei zwei Ärzten gewesen, aber keiner komme, wenn ihm nicht vorher ein Gulden gezahlt werde. Seine Mutter aber sei arm.
Der Monarch gab dem Kind das Geldstück, ließ sich die Wohnung bezeichnen, ging hin, gab sich als Doktor aus und erbat sich Schreibzeug für die Ausstellung eines Rezeptes. Als er wegging, kam der wirkliche Arzt.
Das Rezept des Kaisers wurde wenige Tage später beim kaiserlichen Zahlamt eingelöst. Es lautete auf fünfundzwanzig Dublonen.

Der schwäbische Doktor trifft seinen Patienten und fragt, ob die Medizin geholfen habe. »Großartig«, beteuert der Dankbare. »Mei Huschte isch weg, der Kinder ehre Ousschlach, dem Großvadder sei Foronkel, ond de Rescht nemmt de Frau zem Putze.«

Er hat einen schweren Husten, geht zum Arzt, bekommt ein Rezept, läuft zur Apotheke, und dort gibt man ihm versehentlich ein Abführmittel.
Gewissenhaft nimmt er es, und nach drei Tagen meldet er sich wieder. Der Doktor empfängt ihn strahlend: »Der Husten ist weg, wie ich höre oder besser nicht höre.«
Der Patient lächelt gequält: »Ich trau mich nicht mehr.«

Der Patient hat das verschriebene Abführmittel auf einen Zug geleert.
»Mein Gott!« ruft der Arzt. »Wie oft sind Sie denn da gelaufen?«
»Zweimal. Einmal von morgens 5.30

Uhr bis gegen zwölf. Dann eine Stunde Mittag, und dann wieder von 1 Uhr bis gegen fünf.«

Der Arzt klopft dem Patienten, der mit Gleichmut die bittere Medizin schluckt, auf die Schulter: »Sie sind des Krankseins würdig.«

Auch Medizin kann uns nicht
frommen,
voreingenommen eingenommen.

Eugen Roth,
Der Wunderdoktor, Vorurteil

Vergeblich hatte die Mutter tagelang versucht, dem kleinen Bengel die Medizin einzuflößen. Jeder Tropfen kehrte via Mundwinkel zurück.
»Laß mich machen!« sprach der Vater endlich. Er löste das Problem, indem er die bittere Flüssigkeit in die Wasserpistole füllte und dem Junior in den Rachen spritzte, welchen Letzterer mit Wohlgefallen aufsperrte.

Britische Grabschrift: »I was well, would be better, took physic and died.« Ich befand mich wohl, wollte, daß es mir besser gehe, nahm Arznei und starb.

Psychiatrie

»Helfen Sie meinem Mann!« bittet die Frau den Psychiater. »Er hält sich für ein Pferd, wiehert, verzehrt nur noch Hafer und hat sich die Füße beschlagen lassen.«
Der Arzt ist betroffen: »Das ist viel auf einmal! Die Behandlung wird lange dauern und kostet viel Geld, gute Frau.«
Sie lächelt: »Geld haben wir. Er hat schon drei Rennen gewonnen.«

Der Patient erbat ein starkes Beruhigungsmittel. Überall sehe er blaue Püschemüscher.
»Was sind denn blaue Püschemüscher?«
»Das weiß ich nicht. Das ist es ja!«

»Ich komme häufig in Versuchung, mich umzubringen«, klagte der Patient.
»Seien Sie ganz ruhig! Legen Sie sich nieder!«, gebot der Arzt. »Haben Sie Vertrauen zu mir!«

Der Psychiater führt seinen Studenten einen Kranken vor: »Dieser Mann leidet unter der Wahnvorstellung, unsterblich zu sein. Unsere Aufgabe ist es, ihn vom Gegenteil zu überzeugen.«

Zwei Filmschauspieler besuchen seit Jahren regelmäßig am gleichen Wo-

chentag den gleichen Psychoanalytiker. Der eine geht morgens 11 Uhr in die Praxis, der andere 14 Uhr. Seit Jahren ärgern sie sich, daß der Arzt auf die Seelen-Strips nichts anderes zu antworten weiß als »Hm!«.
Sie beschließen, ihn zu foppen, denken sich einen Traum aus, und der eine Flimmerheros erzählt ihn morgens, der andere nachmittags.
»Hm«, sagt der Arzt nach der Behandlung des zweiten. »Sie sind heute schon der dritte, der mir diesen Traum berichtet.«

Ein Psychiater in Seattle/Washington riet einer Patientin, die an Frigidität und Schuldkomplexen litt, zu einer »extra marital affair«. Da die Hilfsbedürftige keine Apotheke wußte, übernahm er selbst die Behandlung.
Der Psychiater fand Gefallen an seiner Therapie, verschrieb sie des öfteren und erzielte erstaunliche Heilerfolge.
Eines Tages wurde er angezeigt. »Freilich gibt es andere Methoden«, verteidigte er sich vor Gericht. »Aber sie sind langwieriger und teurer als die meine, die ich ›die direkte‹ nennen möchte.«

»Sehr interessanter Fall von Schizophrenie zur Zeit«, berichtet ein Psychiater dem Kollegen. »Der Patient glaubt nicht nur, daß er aus zwei Personen besteht, sondern zahlt auch für beide.«

Im riesigen Kuhstall einer der Öffentlichkeit zur Besichtigung offenstehenden Musterfarm in Amerika fiel ein Mann auf, der immer wiederkehrte und nicht den Eindruck eines landwirtschaftlich Engagierten machte. Eines Tages sprach ihn der Verwalter an und erfuhr: »Ich bin Psychotherapeut und brauche hin und wieder zur Erholung eine Stunde unter weiblichen Wesen, die mit sich und der Welt zufrieden sind.«

Ein Gestörter zieht mit Hilfe eines Bindfadens eine Zahnbürste durch den Anstaltsgarten. »Na, wie geht es denn dem lieben Hündchen?« fragt der Stationsarzt.
»Das ist kein Hund, Herr Doktor«, erwidert der Insasse milde lächelnd, »sondern eine Zahnbürste.«
Der Aufgeklärte stammelt »Ach, ja, ja!« und schreitet weiter. Der Kranke bückt sich und streichelt sein Anhängsel: »Den haben wir angeschmiert, gell, Fiffi!«

»Unserem Ludwig XIV. geht es besser«, berichtet der Pfleger dem Chefarzt. »Er nennt sich seit einigen Tagen Ludwig IX.«

»Was werden Sie tun, wenn Sie draußen sind?« fragt der Arzt den zur Entlassung Vorgesehenen.
»Ich kaufe mir eine Schleuder und schieße nach den Sternen.«
Der Patient wird ein weiteres Jahr behalten und erneut vorgeführt: »Was machen Sie, wenn Sie draußen sind?«
»Suche mir ein Mädchen.«

»Sehr gut. Und dann?«
»Nehme sie mit auf mein Zimmer.«
»Bravo. Weiter!«
»Ziehe sie aus.«
»Wunderbar. Und?«
»Nehme ihr den Strumpfhalter weg, baue mir eine Schleuder und schieße nach den Sternen.«

Ein Patient beendet jeden Satz mit »Schscht«.
»Was soll denn das Zischen?« fragt der Psychiater.
»Es vertreibt die Elefanten.«
»Hier sind keine Elefanten.«
»Sehen Sie!«

»Gut geht's«, erklärte am Gartenzaun der aus der Heilanstalt Entlassene, in welche man ihn eingewiesen hatte, weil er sich für eine Dogge hielt, dem Nachbarn. »Sehen Sie meine Nase! Kalt und feucht.«

Ein Mann, der sich jahrelang für eine Maus hielt, soll aus der Heilanstalt entlassen werden. Am Portal zögert er: »Da drüben! Sehen Sie! Die Katze!«
»Mein Gott!« stöhnt der Arzt. »Sie wissen doch nun, daß Sie keine Maus sind!«
»Schon, schon«, bestätigt der Furchtsame. »Aber weiß es die Katze?«

In Irrenhäusern findet man vergleichsweise nur wenige Irre aus der Klasse derer, die mehr den Verstand als die Imagination üben, nur selten Naturforscher und Mathematiker, Juristen und Ärzte, desto mehr aber Dichter, Künstler und Mystiker.

Weber, Demokritos IV, 8

»Herr Doktor«, bittet die Patientin, »wäre es Ihnen möglich, meine Persönlichkeit zu spalten? Ich bin immer so schrecklich einsam.«

Zahnarzt

»Kann es etwas Schlimmeres geben als Zahn- und Ohrenschmerzen gleichzeitig?« klagte ein Freund.
»Gibt es«, erwiderte Mark Twain. »Rheumatismus und Veitstanz gleichzeitig.«

Ein Zahnarzt beantragte Armenrecht: Er lebe von der Hand in den Mund.

Zahnarzt zum Patienten: »Es tut jetzt ein wenig weh. Bitte den Mund weit aufmachen und die Zähne zusammenbeißen!«

Ein Engländer ging in Paris zum Zahnarzt. »Wo und wem«, fragte der Hilfsbereite, »soll ich Ihr Leid annoncieren?«

Zahnarzt = Ein Mann, der seinen eigenen Zähnen Arbeit verschafft, indem er anderen die Zähne wegnimmt.

Ein Mann in Mamadrakului wurde, wie mir auffiel, immer wieder von einem anderen Manne gegrüßt, ohne auch nur einmal dessen Gruß zu erwidern. Da mir die Sitten meiner Mitmenschen viel zu denken gaben, trat ich einmal auf ihn zu und fragte: »Warum«, so fragte ich, »erwidern Sie niemals den Gruß dieses Höflichen? Haben Sie einen Streit mit ihm gehabt, so zeigt sein Entgegenkommen, daß er bereit ist, sich mit Ihnen zu versöhnen, und es ist unschön, ihn so schnöde abzuweisen. Haben Sie aber keinen Streit mit ihm gehabt, so widerspricht es den Sitten unseres höflichen Landes, für einen gebotenen Gruß nicht zu danken.«
»Ich habe«, so antwortete er, »mit jenem Manne keinerlei Streit gehabt. Er ist mein Zahnarzt.«
»Ist das ein Grund, ihn nicht zu grüßen?« fragte ich.
»Wir gelten beide«, so erwiderte mir mein Gewährsmann, »für die beharrlichsten Leute dieser Stadt. Ich ging also eines Tages zu ihm und sagte, mir schmerze ein Zahn; er solle ihn ziehen. ›Welcher ist es?‹ fragte er. ›Bin ich der Zahnarzt oder sind Sie es?‹ fragte ich dagegen. Er zog mir einen Zahn. ›War es dieser?‹ fragte er. ›Bin ich der Zahnarzt oder sind Sie es?‹ fragte ich dagegen. Er zog mir einen zweiten Zahn. ›War es dieser?‹ fragte er. ›Bin ich der Zahnarzt oder sind Sie es?‹ fragte ich dagegen. So zog er mir alle Zähne; und als er den letzten an seinem Haken hatte, fragte er: ›War es dieser?‹ – ›Bin ich der Zahnarzt oder sind Sie es?‹ fragte ich dagegen. ›Ich bin der Zahnarzt‹, erwiderte er, ›und ich weiß: Es war der erste.‹
Nun hatte ich aber«, so sagte mir der Mann, »in der Tat ein prachtvolles Gebiß und niemals keinerlei Beschwerde gehabt, und wenn ich auch im allgemeinen nicht unhöflich bin, so verachte ich doch einen, der sein Handwerk nicht versteht.«

Gregor von Rezzori,
Maghrebinische Geschichten 19

Ein Mann beglich seine Zahnarztrechnung mit falschen Banknoten. Zur Rede gestellt, verteidigte er sich mit dem Hinweis, die ihm eingesetzten Zähne seien auch nicht echt.

Der Schwiegersohn des Zahnarztes weigerte sich, das ihm in Rechnung gestellte Gebiß für seine Frau zu bezahlen: »Ersatzteile kostenlos.«

Referenz für einen Zahnarzt: »Alle Zähne, die er mir einsetzte, sind zu meiner vollen Zufriedenheit ausgefallen.«

Zwei Tagdiebe, die schon lange miteinander in der Welt herumgezogen, weil sie zum Arbeiten zu träg oder zu ungeschickt waren, kamen doch zuletzt in große Not, weil sie wenig Geld mehr übrig hatten. Da gerieten sie auf folgenden Einfall: Sie bettelten vor einigen Haustüren Brot zusammen, das sie nicht zur Stillung des Hungers genießen, sondern zum Betrug mißbrauchen wollten. Sie kneteten nämlich und drehten aus dem Weichen desselben lauter kleine Kügelein oder Pillen und bestreuten sie mit Wurmmehl aus altem zerfressenen Holz, damit sie völlig aussahen wie die gelben Arzneipillen. Hierauf kauften sie für ein paar Batzen einige Bogen rotgefärbtes Papier bei dem Buchbinder. Das Papier zerschnitten sie alsdann und wickelten die Pillen darein, je sechs bis acht Stücke in ein Päcklein. Nun ging der eine voraus in einen Flecken, wo eben Jahrmarkt war, und in den Roten Löwen, wo er viele Gäste anzutreffen hoffte.

Er forderte ein Glas Wein, trank aber nicht, sondern saß ganz wehmütig in einem Winkel, hielt die Hand an den Backen, winselte halblaut für sich und kehrte sich unruhig bald so her, bald so hin. Die ehrlichen Landleute und Bürger, die im Wirtshaus waren, bildeten sich wohl ein, daß der arme Mensch ganz entsetzlich Zahnweh haben müsse. Aber was war zu tun? Man bedauerte ihn, man tröstete ihn, daß es schon wieder vergehen werde, trank sein Gläslein fort und machte seine Marktaffären aus.

Indessen kam der andere Tagdieb auch. Da stellten sich die beiden Schelme, als ob noch keiner den andern in seinem Leben gesehen hätte. Keiner sah den andern an, bis der zweite durch das Winseln des ersten, der im Winkel saß, aufmerksam zu werden schien. »Guter Freund«, sprach er, »Ihr scheint wohl Zahnschmerzen zu haben?« und ging mit großen, aber langsamen Schritten auf ihn zu. »Ich bin der Doktor Staunzius Rapunzia von Trafalgar«, fuhr er fort. »Und wenn Ihr meine Zahnpillen gebrauchen wollt, so soll es mir eine schlechte Kunst sein, Euch mit einer, höchstens zweien, von Euren Leiden zu befreien.«

»Das wolle Gott«, erwiderte der andere Halunk. Hierauf zog der saubere Doktor Rapunzia eines von seinen roten Päcklein aus der Tasche und verordnete dem Patienten, ein Küglein daraus auf den bösen Zahn zu legen und herzhaft daraufzubeißen. Jetzt streckten die Gäste an den andern Tischen die Köpfe herüber, und einer um den andern kam herbei, um die Wunderkur mit anzusehen.

Nun könnt ihr euch vorstellen, was geschah. Auf diese erste Probe wollte zwar der Patient wenig rühmen, vielmehr tat er einen entsetzlichen Schrei. Das gefiel dem Doktor. Der Schmerz, sagte er, sei jetzt gebrochen, und gab ihm geschwind die zweite Pille zu gleichem Gebrauch. Da war nun plötzlich aller Schmerz verschwunden. Der Patient sprang vor Freude auf, wischte den Angstschweiß von der Stirne weg, obgleich keiner dran war, und tat, als ob er seinem Retter zum Danke etwas Namhaftes in die Hand drückte.

Der Streich war schlau angelegt und tat seine Wirkung. Denn jeder Anwesende wollte nun auch von diesen vortrefflichen Pillen haben. Der Doktor bot das Päcklein für 24 Kreuzer, und in wenigen Minuten waren sie alle verkauft.

Johann Peter Hebel,
Der Zahnarzt

Arzthonorar

Der Kranke traut nur widerwillig
dem Arzt, der's schmerzlos macht und
billig.
Laßt nie den alten Grundsatz rosten:
Es muß a) wehtun, b) was kosten.

Eugen Roth, Einsicht

Der Arzt hat in den Augen des Kranken ein dreifaches Gesicht. Das Gesicht eines Engels, wenn er ans Krankenbett tritt und helfen soll, das eines Gottes, wenn er geholfen hat, und das eines Teufels, wenn er die Rechnung schickt.

Ernst Ludwig Heim

Der Arzt zieht dem Bankier die Gräte aus der Speiseröhre. »Was bin ich schuldig?« fragt der Finanzmann. »Den dritten Teil des Betrages«, antwortet der Medicus, »den Sie mir geben wollten, als Sie die Gräte noch im Hals hatten!«

Theo Lingen erzählte von einem Krankenhausaufenthalt: »Jede Woche bekam ich einen Brief, der meine Genesung förderte: Arztrechnungen.«

Oskar Wilde, als er während seiner letzten Krankheit eine hohe Arztrechnung erhielt: »Ich sterbe über meine Verhältnisse.«

»Haben Sie Ihre Krankheit überstanden?«
»Noch nicht ganz.«
»Was fehlt Ihnen denn noch?«
»Die Arztrechnung.«

»Ich werde Ihnen hoch anrechnen, daß Sie mich mitten in der Nacht besuchten«, dankte die Patientin.
»Ich auch«, erwiderte der Arzt.

Auf die Bemerkung des Arztes, der Patient verdanke seine Genesung nur seiner hervorragenden Konstitution, erwiderte dieser: »Denken Sie daran, wenn Sie die Rechnung schreiben!«

»Leider kann ich Ihnen nicht helfen«, sagt der Arzt. »Ihre Krankheit ist vererbt.«
Der Patient steht auf: »Schicken Sie die Rechnung meinem Vater!«

»Lieber Herr Doktor! Ich bestätige den Empfang Ihrer Rechnung über DM 140,– für meine Frau. Anbei Scheck über DM 20,– für die in Rechnung gestellte Medizin. Die DM 120,– für zwölf Besuche erlaube ich mir zu stornieren. Meine Frau wird sich die Ehre geben, die Besuche zu erwidern.

In vorzüglicher Hochachtung!«

Ein rühriger Zigarrenhändler schickte einem Arzt eine Kiste Zigarren nebst Rechnung über DM 25,–: »Ich erlaube mir, Ihnen diese hervorragende Qualität zu offerieren, und bin sicher, daß Ihr kultivierter Geschmack sie zu würdigen weiß.«
Der Arzt bedankte sich und schickte fünf Rezepte: »Ich darf der Hoffnung Ausdruck verleihen, daß Sie mit meinen Rezepten ebenso zufrieden sein werden, wie ich es mit Ihren Zigarren bin. Die Rezeptgebühr beträgt à fünf Mark. Ich habe mir erlaubt, diese Forderung mit der Ihrigen aufzurechnen.«

Auf einem schottischen Landsitz hat der Jüngste einen Penny verschluckt. Aus Glasgow kommt der Spezialist, und zwei Tage später präsentiert er das abwegige Geldstück.
»Bitte«, spricht der Herr des Hauses, »behalten Sie!«

Praesente medico nihil nocet. Frei übersetzt: Präsente schaden dem Arzte nichts.

McNepp trifft seinen Nachbarn, den Arzt, im Kino: »Was tun Sie eigentlich, wenn Sie Grippe haben?«
»Das ist verschieden«, sagt der Doktor. »Husten, Niesen, Schneuzen, Schüttelfrost, Schwitzen ...«

Der Landarzt pflegte für die erste Konsultation zehn, für die zweite fünf Mark zu berechnen.
»Guten Tag«, sagte Nathan Wasserzug bei seinem ersten Besuch. »Da bin ich wieder.«
»Gut sehen Sie aus«, erwiderte der Doktor. »Nehmen Sie das Mittel weiter!«

Ruben Krautsalat legt drei Mark auf den Schreibtisch. »Zehn Mark kostet eine Untersuchung«, sagt der Doktor.
»Verzeihen Sie bitte!« antwortet Ruben. »Man hat mir gesagt ›fünf‹.«

Schloime Braunstein bringt als Urinprobe eine volle Weinflasche. »Mehr konnten Sie wohl nicht auftreiben?« fragt der Arzt.
Schloime neigt den Kopf und schweigt. Am folgenden Tag holt er sich das Ergebnis, und freudestrahlend kommt er heim: »Alle gesund!«

Der Hausarzt wurde ans Bett des kranken Dienstmädchens gerufen. »Ich bin nicht krank«, flüsterte sie. »Ich streike, weil ich seit drei Monaten keinen Lohn mehr bekommen habe.«
»Rück ein Stück!« erwiderte der Doktor. »Ich lege mich dazu.«

»Ob Sie meine Frau heilen oder umbringen, Doktor«, sagt der Bauer: »Dreihundert Mark!«
Der Arzt kommt; die Frau stirbt. Der Bauer will nicht zahlen: »Haben Sie meine Frau geheilt?«
»Fragen Sie doch nicht so albern!«

»Haben Sie sie umgebracht?«
»Sind Sie wahnsinnig?«
»Also!«

Arzt zu ehemaligem Patienten: »Ihr Scheck ist zurückgekommen.«
»Mein Rheuma auch.«

Taokuang, »Glanz des Verstandes«, von 1820 bis 1850 Kaiser von China, allen Genüssen zugetan, politischem Handeln gänzlich abgeneigt, erfreute sich bester Gesundheit. In seinen Diensten standen vier Leibärzte. Er bezahlte sie hoch, solange er sich wohlfühlte. Sobald er krank wurde, stellte er bis zum Tage seiner Genesung die Entlohnung ein.

Sachgebiete

Personen

Abbas I., 1586–1628 Schah von Persien 941

Abdul Hamid II., 1842–1918, türkischer Sultan von 1876–1909, von Jungtürken abgesetzt 879

Abraham a Santa Clara (eigentl. Ulrich Megerle), 1644 Kreenheinstetten, Kreis Stockach/Württ. – 1709, Augustiner, Prediger in Wien 36, 48, 335, 354, 729

Abt, Franz, 1819 Eilenburg – 1885 Wiesbaden, Komponist, Kapellmeister in Bernburg, Zürich, Braunschweig 165, 168

Abu Nawas = Vater des Nawas, arabische Sagengestalt 712

Acheson, Dean, 1893 Connecticut – 1971, Anwalt, demokratischer US-Außenminister 1949/53; 761

Adams, John Quincy, 1767–1848, US-Präsident 1825/29; 400

Addison, Joseph, 1672–1719, englischer Schriftsteller, Staatssekretär 850

Adenauer, Konrad, 1876 Köln – 1967 Rhöndorf/Rhein 339

Agassiz, Louis, 1807–1873, Professor in Neuchâtel und Cambridge/Massachusetts 940

Agricola, Gnäus Julius, 40 Fréjus – 93, römischer Statthalter in Britannien, Schwiegervater des Tacitus 634

d'Aguesseau, Henri François, 1668–1751, frz. Kanzler 1717/22; 43

Ahab, König von Israel 875–854; 29

Albers, Hans, 1892 Hamburg – 1960 München, Schauspieler 433

Albert, 1828 Dresden – 1902 Sybillenort bei Breslau, 1873–1902 König von Sachsen 353, 356, 539

Albert, 1819 Rosenau bei Coburg – 1861 Windsor, 1840 vermählt mit Queen Viktoria 710

d'Albert, Eugen, 1864 Glasgow – 1932 Riga, Komponist, Pianist 701, 934

Alexander von Mazedonien, 356 Pella – 323 Babylon, König ab 336; 104, 308, 502, 548/9, 745, 825/6, 863, 923

Alexander VII., 1599 Siena – 1667 Rom, Papst ab 1655; 752

Alexander I. Pawlowitsch, 1777 Petersburg – 1825 Taganrog, Zar ab 1801; 772

Alexander II. Nikolajewitsch, 1818 Moskau – 1881 Petersburg ermordet, Zar ab 1855; 163, 372

Alexander III. Alexandrowitsch, 1845 Petersburg – 1894, Zar ab 1881; 840

Alexis, Willibald (eigentl. Wilhelm Häring), 1798 Breslau – 1871 Arnstadt/Thüringen, Romane 579

Alfons von Bayern, 1862–1933; 879

Ali, vierter Kalif nach Mohammed, 602 Mekka – 661 Kufa ermordet, Schwiegersohn Mohammeds 41

Aljechin, Alexander, 1892 Moskau – 1946 Portugal, Schachweltmeister 1927, 1929, 1934, 1937; 481

Alkibiades, um 450 Athen – 404 Melissa/Phrygien ermordet, Schüler des Sokrates, Heerführer 794

Allais, Alphonse, 1855 Honfleur/Le Havre – 1905 Paris, Humorist, Kabarettist 365

Allatius, Leo, 1586 Chios – 1669 Rom, Gelehrter, vatikanischer Bibliothekar 752

Alma Tadema, Sir Lawrence, 1836 Holland – 1912, englischer Maler 184

Altenberg, Peter (eigentl. Richard Engländer), 1859 Wien – 1919 Wien, Schriftsteller 515

Alxinger, Johann Baptist Edler von, 1755 Wien – 1797 Wien, Schriftsteller, Sekretär des Hofburgtheaters 705

Amasis, 569–529 König von Ägypten 258

Amati, Nicola, 1596–1684, Geigenbauer in Cremona 892

Anacharsis, Skythe aus königlichem Geschlecht, um 600 in Athen, einer der Sieben Weisen 509

Anaxarchos, Philosoph aus Abdera/Kleinasien, Begleiter Alexanders von Mazedonien 825

Andersen, Hans Christian, 1805 Odense – 1875 Kopenhagen, Dichter 108, 135, 222, 593, 872

Hardenberg, Karl August, Fürst von, 1750 Essenrode/Gifhorn – 1822 Genua, preußischer Staatsmann 829
Harmodius, erdolchte zusammen mit Aristogeitos 514 v. Chr. Hipparchos, den Sohn des Peisistratos, in Athen, hingerichtet 749
Harmon, Clifford 800
Harris, Frank, 1856 Irland – 1931 London, Schriftsteller 867
Hartleben, Otto Erich, 1864 Clausthal – 1905 Salo/Gardasee, Dramen, Erzählungen 637
Hartmann, Moritz, 1821 Duschnik/Böhmen – 1872 Oberdöbling bei Wien, Publizist, Lyriker 867
Harun al Raschid (= der Rechtgeleitete), 763/6–809, ab 786 Kalif in Bagdad 712
Hasenclever, Walter, 1890 Aachen – 1940 als Emigrant in Frankreich Freitod, Lyrik, Dramen 860
Hauff, Wilhelm, 1802 Stuttgart – 1827 Stuttgart, Gedichte, Märchen, Romane 649, 762
Haug, Johann Christoph Friedrich, 1761 Niederstotzingen Württ. – 1829 Stuttgart, Freund Schillers auf Karlsschule 333, 564
Hauptmann, Gerhart, 1862 Obersalzbrunn – 1946 Agnetendorf, Dichter 434, 515, 820, 867
Haydn, Joseph, 1732 Rohrau/Niederösterr. – 1809 Wien 835
Hearst, William Randolph, 1863 San Franzisko – 1951 Beverly Hills/Kalifornien, Besitzer von 38 Zeitungen und Magazinen 805
Hebbel, Friedrich, 1813 Wesselburen/Dithmarschen – 1863 Wien, Dramen, Gedichte 251
Hebel, Johann Peter, 1760 Basel – 1826 Schwetzingen, Gymnasiallehrer, Dichter 27, 64, 73, 81, 188, 363, 472, 537, 552, 634, 649, 800, 871, 970
Heilborn, Edwin, geb. 1874, Schriftsteller 148
Heim, Ernst Ludwig, 1747 Solz bei Meiningen – 1834 Berlin, Arzt 107, 140, 838, 953, 955, 959, 971
Heine, Heinrich (eigentl. Harry), 1797 Düsseldorf – 1856 Paris 64, 99, 263, 281, 343, 511, 555, 614, 664, 676, 679, 682, 867
Heinrich IV., 1553 Pau – 1610 Paris, ab 1589 König von Frankreich 270, 333, 350/1, 369, 578, 593, 619, 622, 846
Heinrich VI., 1421 Windsor – 1471, 1422/61 König von England 772, 884
Heinrich VIII., 1491 Greenwich – 1547 Westminster, ab 1509 König 46, 360, 663
Hellmesberger, Joseph, 1828 Wien – 1893 Wien, ab 1877 Hofkapellmeister 896, 900, 935
Helmerding, Karl, 1822 Berlin – 1899 Berlin, Komiker, Schriftsteller 833
Helmholtz, Hermann von, 1821 Potsdam, – 1894 Charlottenburg, Physiker, Physiologe 511
Hemingway, Ernest, 1898 Illinois – 1961, Nobelpreis für Literatur 1954; 183
Henckels, Paul, 1885 Hürth/Rhld. – 1967, Schauspieler 652
Henry, O. (eigentl. William Sidney Porter), 1862 North-Carolina – 1910 New York, Kurzgeschichten 654
Hensler, Peter Wilhelm, 1742 Preez/Holstein – 1779 Altona, Jurist, Epigramme 707
Hentschke, Heinz, 1895 Berlin, Schriftsteller und Theaterleiter in Berlin 616
Hepburn, Audrey, 1929 Brüssel – 1993 Lausanne, Schauspielerin 607
Hepburn, Katharine, 1909 Connecticut, Schauspielerin 672
Herberger, Valerius, 1562 Fraustadt – 1627 Fraustadt, prot. Erbauungsschriften 324
Herder, Johann Gottfried von, 1744 Mohrungen/Ostpreußen – 1803 Weimar, evang. Theologe, Dichter 621, 892
Hermann, Friedrich, 1828 Frankfurt/Main – 1907 Leipzig, Geiger, ab 1847 Lehrer am Konservatorium Leipzig 504
Herodot, um 480 Halikarnassos/Kleinasien – um 420, »Vater der Geschichtsschreibung« 145, 258
Herschel, Friedrich Wilhelm, 1738 Hannover – 1822 Slough bei Windsor, Astronom, seit 1765 in England 60
Hertz, Hans 162

Kühner, Otto-Heinrich, 1921 Nimburg-Kaiserstuhl/Baden, Schriftsteller in Stuttgart 949
Kunowski 378, 413
Kunst, Wilhelm, 1799 Hamburg – 1859 Wien, Schauspieler 482
Kyaw, Ernst August Wilhelm von, 1771 bis 1828, Schriftsteller 723
Kyros II. der Ältere, gefallen 529, Gründer des Perserreiches 85

Laband, Paul, 1838 Breslau – 1918 Straßburg, Staatsrechtslehrer 941
La Bare 681
Labé, Louise, um 1525–1566, Lyrik, Frau eines Seilers 941
Labouchére, P. C. 454
La Bruyère, Jean de, 1645–1696, frz. Moralist 857
Lachaud 454
Lais, die Jüngere, 415 als Kind aus Sizilien nach Athen, Hetäre 334, 658, 683, 685
Lambert, Johann Heinrich, 1728 Mühlhausen/Elsaß – 1777 Berlin, Philosoph, Mathematiker 295
La Mothe le Vayer, François de, 1583 Paris – 1672 Paris, Philosoph, Erzieher Ludwigs XIV. 637
Landmann, Julius, 1877–1931, Nationalökonom in Kiel 328
Lang, Anton, 1875–1938, Christusdarsteller in Oberammergau 1900, 1910 und 1922; 886
Lang, P. R. 169
Lang, Viktor Edler von, 1838 Wiener-Neustadt – 1921 Wien, Physiker 328
Langbein, August Friedrich Ernst, 1757 Radeberg bei Dresden – 1835 Berlin, Gedichte, Schwänke 726
Langenbeck, Bernhard von, 1810 Padingbüttel/Hannover – 1887 Wiesbaden, Chirurg in Berlin 267, 619
Langenbeck, Kurt, 1906, Schauspiele 882
Langini, Antonio 878
Laplace, Pierre Simon Marquis de, 1749 bis 1827 Paris, Astronom, Politiker 137
Laube, Heinrich, 1806 Sprottau/Niederschlesien – 1884 Wien, Dramen, Direktor des Wiener Hofburgtheaters 886
Laudon, Gideon Ernst von, 1717 Tootzen/Livland – 1790 Neutitschein/Mähren, österr. Feldmarschall 102, 824
Lauer, Gustav von, 1808 Wetzlar – 1889 Berlin, Militärarzt 842
Laurentius, gest. 258 Rom, laut Legende auf Rost verbrannt, Diakon, Heiliger 38
Lauzun, Armand-Louis de Gontaut, Herzog von, 1747 Paris – 1793 Paris hingerichtet, General im amerik. Unabhängigkeitskrieg 723
Lefebvre, Pierre François Joseph, 1755 Rufach/Elsaß – 1820 Paris, frz. Marschall, Herzog von Danzig 194
Le Fort, Arnauld 819
Legrand, Marc-Antoine, 1673–1728, Dichter, Schauspieler 857
Lehár, Franz, 1870 Komorn – 1948 Bad Ischl, Operettenkomponist 515
Lehfeld, Otto, 1827 Breslau – 1885 Weimar, Schauspieler 885
Lehndorff, Heinrich Ahasver Emil August, Graf von, 1829 Steinort/Ostpreußen – 1905 Schloß Preyl/Samland, Adjutant Wilhelms I.; 587
Leibniz, Gottfried Wilhelm Freiherr von, 1646 Leipzig – 1716 Hannover, Philosoph, Mathematiker, Politiker, Jurist, Theologe 178, 674
Leighton, Sir Frederick, Lord of Stretton, 1830 Scarborough – 1896 London, Maler 921
Leipert 940
Leistikow, Walter, 1865 Bromberg – 1908 Berlin, Landschaftsmaler in Berlin 626
Lenbach, Franz von, 1836 Schrobenhausen/Oberbayern – 1904 München, Maler 208, 295, 554, 902, 924
Lenclos, Ninon de, 1620–1705, Salon in Paris, Briefe 96, 432
Lenin (eigentl. Uljanow), Wladimir Iljitsch, 1870–1924, russ. Revolutionär, Schriftsteller 804, 844
Leo X. (Giovanni di Medici), 1475 Florenz – 1521 Rom, ab 1513 Papst 44
Leo XIII. (Giocchino Pecci), 1810–1903, ab 1878 Papst 40, 49, 105, 925
Leonardo da Vinci, 1452 Vinci bei Florenz

ab 1715 König 43, 110, 336, 496, 601, 661, 854
Ludwig XVI. von Frankreich, 1754 – 1793 enthauptet, ab 1774 König 19, 396, 625, 725, 766, 785, 856
Ludwig XVIII. von Frankreich, 1755 bis 1824, ab 1814 König 38, 428
Ludwig I. von Bayern, 1786 Straßburg – 1868 Nizza, König 1825/48; 48, 82, 106, 111, 321, 346, 572, 586, 876, 914, 925
Ludwig II. von Bayern, 1845 Nymphenburg – 1886 Berg/Starnberger See, ab 1864 König 907
Ludwig, Carl Friedrich Wilhelm, 1816 Witzenhausen – 1895 Leipzig, Physiologe 317
Luise Antoinette Maria, Kronprinzessin von Sachsen, 1870, Tochter des Großherzogs Ferdinand IV. von Toskana, 1891 vermählt mit Friedrich August III. von Sachsen, 1903 geschieden 728
Luitpold, 1821 Würzburg – 1912 München, Sohn Ludwigs I., ab 1886 Prinzregent für geisteskranken Neffen Otto von Wittelsbach 130, 133, 135, 193, 453, 489, 924
Lukrez (Titus Lucretius Carus), 55 v. Chr. Freitod, Lehrepos »Über die Natur« 274
Lully, Jean-Baptiste, 1632 Florenz – 1687 Paris, Komponist, Hofkapellmeister 901
Luther, Martin, 1483 Eisleben – 1546 Eisleben 23/4, 26, 44, 100, 102, 108, 128, 291, 347, 434, 550, 593, 674, 747, 799, 821, 842, 888
von der Lütt, Isa 96
Lwowitsch, Wassili 139

Machiavelli, Niccolò, 1469–1527, florentinischer Politiker, Geschichtsschreiber 771
Macmillan, Harold, 1894 London, 1957/63 brit. Premierminister 763, 789
Maddison 261
Maegerlein, Heinz, deutscher Sportreporter 806
Mahler, Gustav, 1860 Malischt/Böhmen – 1911 Wien, Komponist, Dirigent 500, 509, 896
Mahmud Ghaznawi, 970–1030, Eroberer türkischer Herkunft in Vorderasien, Förderer Firdausis 828
Maier, Reinhold, 1889 Schorndorf/Württ., Anwalt, FDP-Vorsitzender 1957/60; 180
Maintenon, Françoise d'Aubigné, Marquise de, 1635–1719, 1652 mit Scarron, 1684 mit Ludwig XIV. vermählt 171, 608, 901
Mainville 661
Mairecker 898
Makart, Hans, 1840 Salzburg – 1884 Wien, Maler 659, 837
Maleachi, letzter der zwölf kleinen Propheten 34
Malesherbes, Chrétien Guillaume de Lamoignon de, 1721 – 1794 enthauptet, Minister Ludwigs XVI.; 31
Malfatti 904
Malherbe, François de, 1555 Caen – 1628 Paris, Dichter 544, 841
Malraux (eigentl. Berger), André, 1901 Paris – 1976, Politiker, Schriftsteller 124
Manet, Édouard, 1832 Paris – 1883 Paris, Maler 930
Manlius, Marcus M. Capitolinus, röm. Patrizier, soll 390 Kapitol vor den Galliern gerettet haben 828
Mann, Thomas, 1875 Lübeck – 1955 Zürich, Dichter 867
Manzoni, Alessandro, 1785 Mailand – 1873 Mailand, romantischer Dichter 635
Mao Tse-tung, 1893 Hunan, Vorsitzender der KP Chinas 793
Mara, Elisabeth Gertrud, geb. Schmehling, 1749 Kassel – 1833 Reval, Opernsängerin 432
Marat, Jean Paul, 1744 Neufchâtel – 1793 Paris erstochen, Arzt, Sprachlehrer, Publizist, Jakobiner 287, 361
Marc, Franz, 1880 München – 1916 Verdun gefallen 923
Margaret Rose, Prinzessin von Großbritannien und Irland, 1930 Glamis/Schottland 895
Maria Antoinette, 1755 Wien – 1793 Paris enthauptet, 1770 vermählt mit Ludwig XVI. von Frankreich 725, 854

Literatur

Adler, Bill; Lachen mit Kennedy, Bechtle Verlag München und Eßlingen, 1965
Äsop, Fabeln und Äsopische Fabeln des Phädrus, Wilhelm Goldmann Verlag München, 1959
Alverdes, Paul, und Hermann Rinn; Deutsches Anekdotenbuch, DTV München, 4. Auflage Juli 1966
Ambros, Johannes; Münchner Anekdoten, Ilmgau Verlag Pfaffenhofen, 2. Auflage 1967
Anekdote, Das große Buch der, Bechtle Verlag München und Eßlingen, 1964
Arndt, Hans; Im Visier, Albert Langen und Georg Müller Verlag München und Wien, 1959
Artmann, Hans Carl; med ana schwoazzn dintn, Otto Müller Verlag Salzburg
Aulich, Bruno; Orpheus und Euryanthe, Musikeranekdoten, R. Piper & Co Verlag München, 1963
Berliner Luft, C. Bertelsmann Verlag Gütersloh, 1959
Bern, Maximilian; Die X. Muse, Otto Elsner Verlag Darmstadt, 720. Tsd. 1964
Braun, Hanns; Hier irrt Goethe, DTV München, 1966
Braun-Hilger, Lia; Das Herz auf der Zunge, Verlag Braun und Schneider München, Band I (1955) und II (1957)
Daninos, Pierre; Worüber die Welt lacht, Droste-Verlag Düsseldorf, 1956
Dor, Milo, und Reinhard Federmann; Der politische Witz, Verlag Kurt Desch München, Wien, Basel, 1965
Endrikat, Fred; Höchst weltliche Sündenfibel, Liederliches und Lyrisches, Der fröhliche Diogenes, Sündenfallobst, alle Blanvalet Verlag Berlin
Fechter, Paul; Der Zauberer Gottes, C. Bertelsmann Verlag Gütersloh
Frielinghaus-Heuß, Hanna; Heuß-Anekdoten, Bechtle Verlag München und Eßlingen, 1964
Gamm, Hans-Jochen; Der Flüsterwitz im Dritten Reich, Paul List Verlag München, 1963
Geißler, Horst Wolfram; Der Seidene Faden, Franz Ehrenwirth Verlag KG München, 1957
Goertz, Hartmann; Lieder aus der Küche, Ehrenwirth Verlag München
Görz, Heinz; Für Preußen »nicht« verboten, Sigbert Mohn Verlag Gütersloh, 1966
Graff, Sigmund; Lächelnde Weisheiten, Moderne Verlags-GmbH München, 1968
Graßhoff, Fritz; Die große Halunkenpostille, dtv München, 1963
Grosch, Christian; Heiteres Finanzamt, Verlag Franz Scharl München 5, 1964
Grüninger, Gerhart; Sie und Er, Verlag Franz Scharl München 5
Heimeran, Ernst; Alter Witz, Verlag Ernst Heimeran München, 1960

Heimeran, Ernst; Unfreiwilliger Humor, Verlag Ernst Heimeran München, 148. Tsd., 1959

Hillenbrandt, Ludwig; Panoptikum, Lichtenberg GmbH München, 1965

Hirche, Kurt; Der braune und der rote Witz, Econ Verlag Düsseldorf und Wien, 1964

Humor seit Homer, Rowohlt Taschenbuch Verlag GmbH Reinbek bei Hamburg, Band 625

Jossel, Chaim; Schabbes-Schmus, Verlag Hermann Seemann Berlin NW 87, 1907

Käufer, Albert; Und kennt noch nicht der Mode Laune, Verlag Franz Scharl München 5

Kempner, Friederike; Der schlesische Schwan, herausgegeben von Gerhart Herrmann Mostar, DTV München, Band 292

Klinger, Kurt; Ein Papst lacht, Anekdoten um Johannes XXIII., Ullstein GmbH Frankfurt und Berlin, 1967

Kusche, Ludwig; Stimmt denn das auch?, Musikeranekdoten unter der Lupe, Süddeutscher Verlag München, 1966

Landmann, Salcia; Der jüdische Witz, Walter Verlag Olten und Freiburg, 4. Auflage 1961

Lederer, Franz; Hier lacht Berlin, Verlag Industriedruck AG. Essen, 1941

Lederer, Franz; Ick lach ma 'n Ast, Sprache, Wesen und Humor des Berliners, Buchverlag der Germania AG. Berlin, 1929

Lembke, Robert E., und Ingrid Andrae-Howe; Aus dem Papierkorb der Weltpresse, Albert Langen und Georg Müller Verlag München und Wien, 1963

Limmroth, Manfred; Das güldene Schatzkästlein, Fackelträger Verlag Hannover, 1961

Lindt, Marion, und Otto Dikreiter, Das Hausbuch des ostpreußischen Humors, Gräfe und Unzer Verlag München

Martialis, Marcus Valerius; Freie Epigramme, übersetzt von Gerhart Herrmann Mostar, Scherz Verlag München, 1966

Meier-Graefe, Julius; Entwicklungsgeschichte der modernen Kunst, R. Piper & Co Verlag München, 1966

Miketta, Hubert; Der Herrenwitz, Verlag Karl M. Lipp München, 1953

Millowitsch, Willy; Da bleibt kein Auge trocken, Lichtenberg Verlag München, 1966

Minkowski, Helmut; Das größte Insekt ist der Elefant, Professor Gallettis sämtliche Kathederblüten, DTV München, Band 348, 3. Auflage 1966

Möller, Vera; Klein-Erna I und II, Hans Christians Verlag Hamburg 36, Band II 1940

Molnár, Franz; Die Jungen der Paulstraße, Cecilie Dressler Verlag Berlin

Mostar, Gerhart Herrmann; In diesem Sinn Dein Onkel Franz, Henry Goverts Verlag Stuttgart, 1956

Müller-Kamp, Erich; Das lachende Rußland, Wilhelm Goldmann Verlag München, Gelbe Taschenbücher Band 897

Musenklänge aus Deutschlands Leierkasten, Faksimile der Erstausgabe von 1849, Kiepenheuer & Witsch Köln und Berlin, 1965

Muthesius, Volkmar; Humor im Geschäft, Franz Knapp Verlag Frankfurt am Main

Oberegger, Albin; Heitere Marterlsprüche, Verlag Franz Scharl München 5

Perfahl, Jost; Flog Vogel federlos, Deutsche Rätseldichtung, Winkler Verlag München, 1967

Prochownik, Edda; Ick liebe Dir, Verlag Braun und Schneider München, 1961

Puntsch, Eberhard; Auf der Suche nach dem Glück zu zweit, Die interessantesten deutschen Heiratsanzeigen, Hornung-Verlag München, 1970

Radecki, Sigismund von; Das ABC des Lachens, Rowohlt Taschenbuch Verlag GmbH Reinbek bei Hamburg, 1953, Band 84

Rauch, Karl; Heiteres aus der Welt des Buches, Werner Classen Verlag Zürich und Stuttgart, 1962

Rehm, Hermann Siegfried; Das Lachen der Völker, H. Fikentscher Verlag Leipzig C 1, 1927

Rezzori, Gregor von; Maghrebinische Geschichten, Rowohlt Taschenbuch Verlag GmbH Reinbek bei Hamburg, Band 259, 1958

Ringelnatz, Joachim; Und auf einmal steht es neben dir, Henssel Verlag Berlin, 12. Auflage 1969

Ringenkuhl, E.; 666 Anekdoten, Herder-Bücherei Band 73, Verlag Herder KG Freiburg im Breisgau, 1960

Rosegger, Peter; Als ich noch der Waldbauernbub war (2 Millionen 1968), Waldheimat (400. Tsd. 1968), Die Schriften des Waldschulmeisters, L. Staackmann Verlag KG München

Roth, Eugen; Ein Mensch, Carl Hanser Verlag München, 679. Tsd. 1957

Roth, Eugen; Mensch und Unmensch, Carl Hanser Verlag München, 126. Tsd., 1955

Roth, Eugen; Der Wunderdoktor, Carl Hanser Verlag München, 308. Tsd. 1955

Scheffler, Karl; Das lachende Atelier, Gallus Verlag KG. Wien, 1953

Schiff, Michael; Von Abs bis Zwiebelmuster, Verlag Moderne Industrie München, 5. Auflage 1966

Schöffler, Herbert; Kleine Geographie des deutschen Witzes, Vandenhoeck und Ruprecht Göttingen, 6. Auflage 1960

Scholz, Wilhelm von; Das Buch des Lachens, Wilhelm Goldmann Verlag München, Gelbe Taschenbücher Band 358, 1961

Schumann, Gerhard; Freundliche Bosheiten, Hohenstaufen Verlag Schumann KG. Bodman/Bodensee, 1965

Schumann, Gerhard; Stachelbeeren-Auslese, Hohenstaufen Verlag Schumann KG. Eßlingen/Neckar, 1963

Schwarz, Peter Paul; Betthupferl für Monsieur, Franz Ehrenwirth Verlag KG. München, 1966

Schwind, Anton; Da legst di nieder!, Süddeutscher Verlag München, 1957

Sichtermann, Dr. S.; Bankhumor, Fritz Knapp Verlag Frankfurt am Main, 1955

Simplicissimus, Fackelträger-Verlag Schmidt-Küster GmbH. Hannover, 5. Auflage 1961

Skasa-Weiss, Andrea und Eugen; Des Alleinseins müde . . ., Buchheim Verlag Feldafing

Slezak, Leo; Meine sämtlichen Werke und Der Wortbruch, Rowohlt Verlag Berlin, 287. Tsd. 1953

Stemplinger, Eduard; Vom Jus und den Juristen, R. Piper & Co. Verlag München, 44. Tsd. 1966

Strehl, Simon; Fröhliche Wissenschaft, Willing Verlag Nürnberg, 1941

Thies, Hans Arthur; Zwei Knaben auf dem Schüttelrost, Verlag Braun und Schneider München, 1954

Thoma, Ludwig; Jozef Filsers Briefwexel, R. Piper & Co. Verlag München, 416. Tsd. 1955

Tillmann, Hans; Die lustige Blätterwiese, Droste-Verlag Düsseldorf

Valentin, Karl; Gesammelte Werke, R. Piper & Co Verlag München

Vegesack, Siegfried von; In dem Lande der Pygmäen, Albert Langen und Georg Müller Verlag München und Wien, 1965

Weber, Karl Julius; Demokritos I–XII, Riegersche Verlagsbuchhandlung Stuttgart, 8. Auflage ohne Jahreszahl

Weitnauer, Alfred; Allgäuer Sprüche, Verlag für Heimatpflege Kempten, 1958

Wieland, Ernest; Welscher Witz, Ein Franzosenspiegel in Anekdoten, Verlag Strecker und Schröder Stuttgart, 1914

Wildt, Dieter; Deutschland Deine Sachsen, Eine respektlose Liebeserklärung, Hoffmann & Campe Verlag Hamburg, 1965

Woll, Karl August; Pfälzische Gedichte, Verlag Franz Scharl München 5, 7. Auflage 1959

Wündrich-Meißen; Werbers Anekdotenbuch, Verlag Conradi & Co. Fellbach bei Stuttgart, 1965

Zentner, Karl; Bernard Shaw in der Anekdote, Heimeran Verlag München, 2. Auflage 1967

Zentner, Karl; Mark Twain in der Anekdote, Heimeran Verlag München,

Zille-Album, Das große, Fackelträger-Verlag Schmidt-Küster GmbH. Hannover,

Zoozmann, Richard; Unartige Musenkinder, Hesse und Becker Verlag Leipzig, 1914

und andere.

Bitte beachten Sie die folgenden Seiten

Brigitta Roth

Die *Frau* in *Zitaten* der Welt

DAS GROSSE HANDBUCH

Mit einem Vorwort
von Dr. Eberhard Puntsch

Bechtle

Brigitta Roth

Der MANN in Zitaten der Welt

Das große Handbuch

Mit einem Vorwort von Dr. Eberhard Puntsch

Bechtle